Vorrede.

Die Eigenthümlichkeit der englischen Staatsbildung beruht darauf, daß im elften Jahrhundert durch die Eroberung und Ineinanderschiebung zweier Nationalitäten die Wirksamkeit der altständischen Freiheiten aufgelöst und eine thatsächlich unbeschränkte Monarchie entstanden ist. Der Staat ist in England am frühesten zu Allem gelangt, was ihm zukommt, durch Ausbildung einer vollständigen Kriegs-, Gerichts-, Polizei-, Finanz- und Kirchenhoheit. Dagegen vermochten die besitzenden Klassen, welche in gleichmäßiger Unterwerfung dem Staate dienstbar geworden, die persönliche und politische Freiheit nur wieder zu gewinnen in gemeinsamer Action unter sich und auf dem Boden der Rechtsgleichheit mit den damaligen Mittelständen. Die Kirche und der große Besitz waren durch ihre Stellung sogar genöthigt in diesen Freiheitskämpfen voranzugehen, welche nach mannigfaltigen Wechselfällen dahin beigelegt wurden, daß die höheren Klassen gegen Uebernahme neuer Staatsleistungen neue politische Rechte eintauschten. Erst in der täglichen Uebung des Selfgovernment gewannen sie das Recht und die practische Einsicht, die Grundsätze dieser Selbstverwaltung auch selbst zu regeln durch die Gesetzgebung. Der geschichtliche Bildungsgang ist also gerade umgekehrt wie ihn die herrschenden Vorstellungen seit dem 18. Jahrhundert aufgefaßt haben.

I. Die primäre Grundlage ist ein frühzeitig und vollständig ausgebildetes System der Staatshoheitsrechte, welche in anerkannter Geltung dastanden, als die parlamentarischen Freiheiten sich langsam auszubilden begannen. Die besitzenden Klassen waren dadurch auf den allein möglichen Weg verwiesen, die Ausübung der Staatspflichten selbst zu übernehmen, und durch Gerichtspraxis und Gesetzgebung auf feste Grundsätze zurückzuführen. Schon die Magna Charta enthält die Grundlegung der englischen Verfassung durch eine gesetzliche Regelung der Ausübung der Staatsgewalten in klarer und unverkennbarer Weise. Mit jedem Jahrhundert ist dieser Bildungsgang ein fortschreitender. Im 16. und 17. Jahrhundert hat derselbe auch die Kirche gesetzlichen Normen und Schranken unterworfen. Im 18. und 19. Jahrhundert haben diese Gesetze einen solchen Umfang gewonnen, daß das englische Verwaltungsrecht an Durchbildung in jeder Einzelheit seines Gleichen in der Reihe der Staatsbildungen nicht findet.

II. Die zweite Grundlage des englischen Staatswesens ist daraus hervorgegangen, daß das Königthum der stetigen Forderung ständischer Rechte die Gegenforderung neuer Leistungen gegenüberstellte. Das grundlegende Jahrhundert dafür ist die Zeit Eduard's I.—III. Durch die persönliche Uebernahme des Militär-, Gerichts- und Polizeidienstes entstand die englische Kreisverfassung, — das heute sog. Selfgovernment, welches in der Periode der Tudors in den kleineren Gebieten des Kirchspiels fortgesetzt und consolidirt wurde. Die stetige Gewöhnung der nachbarlich verbundenen Kreise und Gemeinden an öffentliche Lasten überwand in England den Widerstreit der gesellschaftlichen Klassen, an welchem die ständischen Freiheiten des Continents zu Grunde gingen. Die geregelte, im Verlauf der Zeit durch tausend Gesetze geordnete Zwischenbildung des Selfgovernment enthält die praktische Vermittelung zwischen Staat und Gesellschaft, welche durch ein rohes System von bloßen Wahlen nicht zu erreichen ist.

III. Der Zwischenbau des Selfgovernment mit seinem tief verflochtenen System von Wahlen und obrigkeitlichen Ernennungen enthält zugleich die Unterlagen für das theils durch Ernennung, theils durch Wahl zusammengesetzte Parlament. Diese Parlamentsverfassung ist nicht sowohl der Grund als das Resultat jenes Verwaltungsrechts und dieses Systems des Selfgovernment.

Die Verfassungen des Continents haben trotz ihrer gleichen gesellschaftlichen Grundlagen einen umgekehrten Verlauf genommen. Nach dem Zerfall des carolingischen Reichs hatte das neue Dynastenthum in einem langsamen Kampf gegen die besitzenden Klassen die nothdürftigen Lebensbedingungen der Staatseinheit mühsam zu erringen. Der Staat wurde hier zuerst nur der schwächeren Klassen vollständig Herr, und konnte sich nicht wie in England zuerst an den persönlichen Dienst und das Geld der besitzenden Klassen halten, sondern lange Zeit nur an den Dienst und die Geldleistungen der niederen. Aus diesem Gange ergab sich einerseits die schrittweise Untergrabung der älteren ständischen Privilegien, andererseits die Pflicht der Monarchie, die sociale Erhebung der unteren Klassen zu ihrer Hauptaufgabe zu machen. Aus beiden Momenten folgte die Auflösung des ständischen Staats in den modernen Beamtenstaat.

Auf einer höheren Culturstufe kehrt auch bei uns nach gleichmäßiger Unterwerfung aller Klassen unter die Staatsgewalt eine Gemeinsamkeit der Lasten, Interessen und Gefühle zurück, welche die unverjährbaren Rechte der persönlichen und politischen Freiheit für die Völker des Continents zurückfordert. Dieser Freiheitsdrang sah aber die englischen Institutionen immer nur mit den Augen einer Gesellschaft an, in welcher gerade die höchsten und die gebildetsten Klassen am meisten des Gefühls für öffentliche Pflichten und der praktischen Selbstthätigkeit im Staat entwöhnt waren. Diese Entwöhnung und die Eifersucht gegen das berufsmäßige Beamtenthum verleitete sie dazu, im Ueberdruß an dem Bestehenden die nothwendigsten Forderungen der Staatsgewalt zu ignoriren, und aus dieser Negation große Systeme des Staatsrechts und der Politik aufzubauen. Dieselbe Entwöhnung verbreitete in Deutschland die thörichte Vorstellung, als ob unsere Staats- und Rechtsentwickelung seit Jahrhunderten sich auf eitel Irrwegen befinde, und als ob man niemals an die bestehenden realen Zustände, sondern an vergessene

Einrichtungen vergangener Jahrhunderte anknüpfen müsse. Die Auflösung des Gemeindelebens durch den Absolutismus traf im 19. Jahrhundert überdies zusammen mit dem Zersetzungsprozeß einer sich neu bildenden Gesellschaft. Die sociale Idee des Wählens und der Wahlrechte schob sich daher in allen Gesellschaftskreisen der politischen Idee der Freiheit unter. Indem man gewählte Gemeinderäthe in deutschen Dörfern und Kleinstädten für geeignete Körperschaften eines Selfgovernment, einfache Rittergutsbesitzer für Ebenbilder der englischen Pärie hielt, indem man an jedem Punkt den politischen Begriffen Englands gesellschaftliche Begriffe unterschob, kam man zu einer Summe unvereinbarer Vorstellungen, welche wohl noch sociale Reformen, aber nicht die Grundlagen eines freien Staats zu schaffen vermögen.

Unter solchen Mißverständnissen mußten die Versuche zur Nachbildung englischer Einrichtungen zu Enttäuschungen führen. Allein es bleibt darum nicht weniger wahr, daß England das einzige praktische Vorbild einer freien Staatsverfassung in der europäischen Welt ist, und daß alles affektirte, gespreizte Wesen der Gegner des „Parlamentarismus" mit den eigenen Vorschlägen immer wieder auf die bekannte Physiognomie englischer Institutionen zurückkommt. Inzwischen wird es in Deutschland endlich Zeit, aus philosophischen und socialen Betrachtungen zu dem wirklichen Staat, d. h. zu Verwaltungsgesetzen zu gelangen. Es fehlt dabei auch noch nicht an dem guten Willen, die staatlichen Erfahrungen anderer Völker zu benutzen, sondern zunächst an einer Kenntniß der Wirklichkeit. Jedes ernste Bestreben der Art ist aber darauf verwiesen, die englischen Institutionen in dem Gange zu verfolgen, in welchem sie wirklich entstanden und fortgebildet sind, nämlich

I. Verwaltungsrecht,

II. Selfgovernment,

III. die Zusammenfügung beider im Parlament.

Die erste dieser Aufgaben war in Deutschland nur deßhalb versäumt worden, weil die englischen Bearbeitungen des Gegenstandes jedem Außenstehenden das Verständniß unmöglich machten. Blackstone und seine Nachfolger geben das Verwaltungsrecht in einer so dürftigen, unzusammenhängenden Gestalt, daß man über das Wesen, ja über das Dasein desselben sich in einem entschuldbaren Irrthum befand. Die englischen Darstellungen sind überdies in so unangemessener Weise mit Rechtsantiquitäten verflochten, daß der reale Zusammenhang der heutigen Einrichtungen bis zur Unverständlichkeit verdeckt wird. Die erste Aufgabe war daher die durchgreifende Abscheidung des geschichtlichen von dem heutigen Recht.

Die erste Hauptabtheilung dieser Darstellung (Band I.) ist demgemäß der erste Versuch einer Geschichte der englischen Staatsverwaltung, zu welcher allerdings Vorarbeiten vorhanden sind. Das siebzehnte Jahrhundert war durch die Verfassungskämpfe zu geschichtlichen Untersuchungen gedrängt worden, für welche von Coke, Selden, Hale und Anderen sehr achtbare Anfänge gemacht waren. Allein diese gute Schule hat sich nicht fortgesetzt. Schon Blackstone's schön geschriebene Arbeit entbehrt fast jeder selbständigen geschichtlichen Forschung. Die Nachfolger Blackstone's haben dafür noch weniger gethan. Selbst die massenhaften Veröffentlichungen mittelalterlicher Urkunden durch die

Record-Commission wurden den Historikern von Fach überlassen, ohne merkbaren Einfluß auf die Rechtsdarstellungen. Die letzteren beschränken sich nach wie vor auf einen feststehenden Canon von antiquarischen Notizen, welche mit löblicher Accuratesse aus einem Buch in das andere Buch übergeschrieben, in Rechtswörterbüchern, Compilationen und Hülfsbüchern der Praxis immer mit denselben Sätzen reproducirt werden. Diese Notizen sind größeren Theils richtig dem Buchstaben nach, unrichtig der Sache nach; denn die Institutionen des Mittelalters lassen sich nicht trennen von gleichzeitigen Einrichtungen, mit welchen sie einst in lebendiger Verbindung standen. Losgerissen davon haben dieselben Worte heute eine andere Bedeutung als vor Jahrhunderten, und mit dem gewaltigen Fortschritt in Staat und Gesellschaft wird die Anknüpfung des Heutigen an jene Bruchstücke in jedem Menschenalter unrichtiger. Deutschen Juristen braucht das kaum gesagt zu werden. Die englische Advokatur aber ist jeder zusammenhängenden geschichtlichen Behandlung ihres Rechts längst entwöhnt, und vereinzelt sich in Folge ihrer rein praktischen Ausbildung sofort in die Spezialzweige des anzuwendenden Rechts. Der hergebrachte Canon hat überdies noch eine andere schwerwiegende Bedeutung. In zahlreichen Präjudicien der Gerichtshöfe sind jene Vordersätze als Entscheidungsgründe verarbeitet, auf welchen das bestehende öffentliche Recht beruht. Man hatte im 17. Jahrhundert zur Genüge erfahren, welche gefährliche Folgerungen aus einem tendenziösen Zurückgreifen der Parteien in die Rechtszustände der normannischen und der reichsständischen Periode gezogen werden konnten. Der an sich schon conservative Charakter der Jurisprudenz wird daher noch verstärkt durch das richtige Gefühl, daß durch willkürliche Construktion der Vergangenheit ein mühsam errungenes Resultat, der innere Friede des Landes gefährdet werden kann. Aus diesen und anderen Gründen fehlt es bis heute in England an jeder Anknüpfung der normannischen an die angelsächsischen Zustände, sowie der parlamentarischen Einrichtungen an das normannische Verwaltungsrecht. Folgeweise fehlt für das ganze Mittelalter eine zusammenhängende Auffassung. Die große Schwierigkeit, diese Zusammenhänge herzustellen, war die Veranlassung, daß die erste Auflage dieser Schrift sich auf eine äußere Geschichte der Aemter beschränkte. Erst die gegenwärtige Bearbeitung ist auf die inneren Verhältnisse des Verwaltungsrechts ausgedehnt, welche zugleich alle wichtigen Momente für die Entstehung der Parlamentsverfassung enthalten. In dem Maße wie es überhaupt gelingt, einen pragmatischen Zusammenhang herzustellen, um so vollständiger wird die Ausscheidung des Antiquarischen möglich, womit erst ein verständliches und nutzbares Bild der heutigen Zustände entstehen kann. Dankend muß ich bei dem geschichtlichen Theil der eingehenden Recension gedenken, welche von der sachkundigen Hand des Herrn Professor Marquardsen demselben zu Theil geworden ist. (Münchener Krit. Vierteljahresschrift Jahrg. 1859. 1860.)

Die zweite Hauptabtheilung, das heutige Verwaltungsrecht (Band II.), gewinnt schon durch die Ausscheidung des Antiquarischen eine von den englischen Darstellungen sehr verschiedene Gestalt. Noch durchgreifender wird die Umgestaltung durch eine Verarbeitung der neueren Gesetzgebung. Aus guten Gründen hatte Blackstone vor 100 Jahren seine Notizen über das Verwaltungsrecht an die durch mittelalterliche Verwaltungspraxis (common law) festgestellten königlichen Gewalten (prerogatives) angeknüpft. Noch einmal sind die auf dieser Quelle beruhenden Grundsätze verarbeitet in der Schrift von Chitty, the Law of the Prerogatives of the Crown 1820, welche freilich im Buchhandel vergriffen, so schwer zu beschaffen war, daß sie erst im Verlauf der Arbeit benutzt werden konnte. Die neueren Bearbeitungen von Blackstone pflegten daran die neueren Parlamentsstatuten mit ihrer Ueberschrift oder Inhaltsanzeige anzureihen. Specialkompilationen und praktische Hülfsbücher druckten die Gesetze stückweise ab. Allein diese Methode ist im 19. Jahrhundert völlig unzureichend geworden. Die Masse der Parlamentsstatuten ist inzwischen so angewachsen, daß das alphabetische Verzeichniß der bloßen Ueberschriften der Public Acts von 1801—1859 einen starken Folioband, (Parliamentary Papers 1860 vol. LXXI.) bildet, — darunter mehre Tausende von Gesetzen, welche das Verwaltungsrecht der common law bestätigen, abändern und erweitern. Diese Gesetze als einen bloßen Anhang dem veralteten Text Blackstone's anzureihen, führt zu einer Oberflächlichkeit, welche die Grenzen des Erlaubten überschreitet. Das Verhältniß hat sich heute völlig umgekehrt: mit wenigen Ausnahmen beherrscht das Statutenrecht die englische Staatsverwaltung in dem Maße, daß im Vergleich dazu die alte common law zu einer Vorrede zusammenschrumpft, so wichtig auch diese ratio civilis für die Conservirung der alten Grundzüge des Verwaltungsrechts bleibt. Es bedarf also einer neuen systematischen Auffassung, mit welcher die Jurisprudenz in England nicht zu Stande zu kommen vermochte. Sie hat sich ihre Gesetzgebung dermaßen über den Kopf wachsen lassen, daß ihr System nur noch in dem Alphabet besteht, in dessen innere Fächer Advokat und Richter sich allerdings noch zur Genüge einarbeiten. Die Schwierigkeit der Bewältigung einer solchen Masse hatte in der ersten Auflage dieser Schrift eine Beschränkung auf die äußere Gestalt der Aemter rathsam gemacht. Erst jetzt ist die Darstellung auf die materiellen Grundsätze des Verwaltungsrechts ausgedehnt und mit einigem Zögern diese Bezeichnung auch auf dem Titel angenommen. Es wird damit aber nicht der Anspruch einer durchgearbeiteten Parallele des französischen droit administratif erhoben, welches ganz andere Vorarbeiten und eine leichtere Aufgabe hat. Eine Staatsverwaltung, welche nicht nach Administrativsystemen, sondern in den streng bemessenen Grenzen erzwingbarer Gesetze geführt wird, läßt sich nicht in einfach- durchsichtigen Zügen wiedergeben. Eine wörtliche Uebersetzung der Parlamentsstatuten ist schon ihres Umfangs wegen unmöglich. Der englische Gesetzgeber erstrebt mit Recht eine exacte Ausdrucksweise, nach welcher die Gesetze für bestimmte Behörden und Berufskreise ein unmittelbar anwendbares, festgeschlossenes Verwaltungsrecht bilden. Diese schwerfällige, aber für den praktischen Gebrauch löbliche Umständlichkeit macht eine wörtliche Uebertragung geradezu unlesbar. Es bedarf vielmehr einer sehr freien Umbildung und einer äußersten Abkürzung, — oft bis zum Lapidarstyl, — wobei zugestanden werden muß, daß die hier gegebene Ausdrucksweise für eine Anwendung in englischen Gerichten unzureichend und incorrect sein würde, während sie für eine verständliche Darstellung die allein mögliche und brauchbare ist. Bei den wichtigsten

Verwaltungsgesetzen ist noch eine Analyse nach der Legalordnung hinzugefügt. — Der Reichthum dieser Verwaltungsgesetze über die schwierigsten und großartigsten Verhältnisse eines Weltreiches bildet einen überraschenden Contrast gegen die Unfruchtbarkeit continentaler Ministerverwaltungen und Parteikämpfe. Noch viel umfangreicher ist aber das legislatorische Material, welches durch die Parlamentsverhandlungen im letzten Menschenalter hinzugetreten ist. Nachdem die Parlamentspapiere den Umfang von 2000 Foliobänden überschritten haben, und das Alphabet allein zur Herstellung des Zusammenhanges nicht mehr ausreicht, ist unter Juristen und Politikern die stillschweigende Uebereinkunft getroffen, die Parl. Papers zu ignoriren, obgleich sie das reichste Material einer Verwaltungsgesetzgebung darstellen, welches in der civilisirten Welt zu finden ist. Durch eine systematische Darstellung wird eine Benutzung dieses Materials überhaupt erst ermöglicht.

Unter Beibehaltung des früheren Rahmens und der Grundzüge ist daher in dieser zweiten Auflage in der That eine neue Schrift entstanden in zwei- bis dreifach erweitertem Umfang. Mit Rücksicht darauf ist die Schlußabtheilung der 1. Auflage weggeblieben, welche zum einen Theil durch die Darstellung der englischen Communalverfassung ersetzt ist, zum anderen Theil sich mehr zu einer Monographie „über das Verhältniß von Rechtspflege und Verwaltung eignet", welche sich unmittelbar an diesen Theil anschließen wird.

Inzwischen ist auch der zweite Hauptheil des englischen Verfassungs- und Verwaltungsrechts, umfassend das Selfgovernment, in II. Auflage (1863. 2 Bände) erschienen.

Wenn der dritte Haupttheil, die Parlamentsverfassung, auch dieses Jahr noch im Rückstand bleibt, so erscheint die Bearbeitung desselben aus dem Grunde weniger dringend, weil sich das Parlamentsrecht geschichtlich und systematisch aus Verwaltungsrecht und Selfgovernment gewissermaßen von selbst zusammenfügt.

Berlin im November 1866.

Inhalts-Verzeichniß.

Die [ ] Zahlen bezeichnen die Abweichungen der Paragraphen-Folge in der ersten Auflage dieser Schrift, die mit einem * bezeichneten sind neue oder völlig umgearbeitete Paragraphen.

Erste Haupt-Abtheilung.

Geschichtlicher Abriß der Aemter und des Verwaltungsrechts.

I. Periode. Die angelsächsische Zeit.

II. Periode. Der normannische Militärstaat.

Zweite Haupt-Abtheilung.

Das heutige Amts- und Verwaltungsrecht in England.

A.

Die Lehre von der Königlichen Prärogative. Allgemeine Grundsätze des Amtsrechts.

B.

Die einzelen Verwaltungs-Departements.

I. Abschnitt. Der Staatsrath. Privy Council.

II. Abschnitt. Das Staats- und Finanz-Ministerium. Treasury.

A. Das Ministerial-Departement.

III. Der Minister der Colonien. Principal Secretary of State for the Colonial Department.

IV. Abschnitt. Die Kriegs- und Marine-Ministerien.

I. Das Kriegs-Ministerium.

II. Das ehemalige Feldzeugamt. Materialverwaltung, Artillerie und Ingenieurwesen.

III. Anhang. Die Miliz und die Freiwilligen-Corps.

IV. Die Admiralität. The Lords of the Admiralty.

V. Abschnitt. Die neugebildeten Central-Verwaltungen. Parliamentary Boards.

I. Das Handels-Amt. Board of Trade.

VIII. Abschnitt. Das Verwaltungssystem der Staatskirche.

IX. Abschnitt. Der Hofstaat.

C.

Anhang. Statistik, Pragmatik und Reform des Civil-Beamtenthums.

Erste Abtheilung.

Geschichtlicher Abriß der Aemter und des Verwaltungsrechts in England.

Erste Periode.

Die angelsächsische Zeit.

---

§ 1.

Die angelsächsischen Grundlagen.*)

Ecgbert 800—836.
Aethelwulf 836—857.
Aethelbald 857—860.
Aethelbert 860—866.
Aethelred 866—871.
Aelfred 871—901.
Eadward der Aeltere 901—924.
Aethelstan 924—941.
Eadmund 941—946.
Eadred 946—955.
Eadwi 955—959.
Eadgar 959—975.
Eadward der Märtyrer 975—978.
Athelred II. der Unberathene 978—1016.
Eadmund Eisenseite 1016.
Cnut 1016—1035.
Harold der Hasenfüßige 1035—1039.
Harthacnut 1039—1042.
Eadward der Bekenner 1042—1066.
Harold II. Jan.—Octbr. 1066.

Die Eroberung der britischen Insel durch Sachsen, Angeln und Jüten seit der Mitte des fünften Jahrhunderts hat den Charakter einer allmälig fortschreitenden Occupation. Die uneinigen, theils verweichlichten, theils verwilderten Briten werden in zahlreichen, wechselvollen Kämpfen überwunden, die städtischen Ansiedelungen aus der Zeit der Römerherrschaft fallen in Trümmer, die altrömischen Culturelemente und das Christenthum verschwinden, die alte Bevölkerung wird theils in die Berge verdrängt, theils in den Zustand der Leibeigenschaft oder einer verarmten Bauerschaft herabgedrückt. Es fehlen also in England die eigenthümlichen Verhältnisse, die in dem westlichen Europa aus der Vermischung der Germanen mit einer romanisirten Provinzialbevölkerung, mit römischer Cultur, römischer Provinzial- und Kirchenverfassung sich bildeten. Dagegen hat die Eroberung den Erfolg gehabt, den in der Heimath noch lebendigen Geschlechtsverband zu zersetzen. Die allmälig zuziehenden Schwärme der Eroberer scheinen ihren Zusammenhalt hauptsächlich in den größeren und kleineren Heerführern gefunden zu haben, aus denen Heerführerthum in späteren Generationen die Königswürde hervorgeht.

Nach der Besitznahme des Landes hatte eine Besitzvertheilung stattgefunden, in welcher als das geringste Maaß der Landansiedelung die hîda, familia, mansus, ein Pflug Landes, als das Normale genannt wird, welches nach den Untersuchungen Kemble's zu gewöhnlich 33 sächsischen Acres = 40 normannischen Acres anzunehmen wäre, wozu noch Weide und Holznutzung tritt, als genügende Grundlage eines bäuerlichen Hausstandes. An vielen Punkten hatte schon die britische Bevölkerung abgeschlossenen Grundbesitz, in welchen die Eroberer eintraten. An allen Punkten beschleunigte der aufgelöste Geschlechtsverband der Eroberer die Entwickelung des Privateigenthums mit allen seinen nachhaltigen Wirkungen für die Verfassung und die Gesittung der Völker. Nur in wenigen Landschaften Nordeuropa's war Boden und Klima so einladend und lohnend für die friedliche Arbeit des Landbaues und der Viehzucht, so geeignet, die Liebe und Anhänglichkeit an den heimischen Heerd zu begründen. Seit Anfang des 10. Jahrhunderts erscheinen die Ausdrücke Bôc-Land und Folk-Land als erschöpfender Gegensatz des ager privatus und ager publicus. Der angelsächsische Urkundenschatz macht die frühzeitige und sehr entschiedene Ausbildung des Privateigenthums und die volle Uebertragbarkeit desselben durch schriftliche Urkunden zur unzweifelhaften Thatsache. Ebenso unzweifelhaft ist aber die frühzeitige und große Ungleichheit dieses Besitzes. Der Grund derselben lag vorzugsweise in der Gestalt der schrittweis erobernden kleinen Heere mit ihren zahlreichen Häuptlingen und Führern, die bei der Vertheilung größere Besitzungen erhielten, welche dann in der Weise der Zeit durch Ansiedelung kleinerer Leute gegen Naturalleistungen nutzbar gemacht wurden.

Diese Ungleichheit des Besitzes hat in England die alte Stellung der Gemeinfreien etwas langsamer als im westlichen Europa, aber in einem stetigen Gange untergraben. Der frei geborene Mann bleibt zwar dem Namen nach die Grundlage des Gemeindeverbandes wie jedes größern Staatsverbandes. Das alte Erbtheil der Gemeinfreiheit, das ansehnliche Wehrgeld und der persönliche Rechtsschutz des liber homo, erhalten sich auch für den Landlosen bis zum Schluß der angelsächsischen Zeit. In jeder andern Beziehung dagegen wird das Heraufrücken des großen Besitzes über die Klasse der bäuerlichen Besitzer, und das Herunterdrücken des Freigeborenen ohne Eigen unter die Linie der Gemeinfreiheit fortschreitend sichtbar. Die angelsächsischen Besitzverhältnisse führen namentlich zu einer Abhängigkeit durch Landleihe und Dienst in größtem Maaßstabe. Die gemeinsamen Namen dafür, Folgan, Hlâfata, umfassen sowohl die Angesiedelten auf geliehenem Lande wie das persönliche Hausdienerthum. Das dadurch begründete Gesindeverhältniß (Gesith) erscheint Anfangs ziemlich gleichartig. Im weitern Verlauf tritt aber eine sehr merkbare Verschiedenheit ein.

Der Eintritt in den persönlichen Dienstverband gewinnt zunächst eine sehr verschiedene Bedeutung an dem Hofe der kleinen Häuptlinge. Die Ehre dieses Dienstes, seine Verbindung mit Geschäften des Heer- und Gerichtswesens, giebt den Gefolgen des Königs eine so hervorragende Stellung, daß diese Gefolgschaft von den besitzlosen Söhnen der größten Besitzer, und selbst von freien Grundbesitzern eifrig gesucht wird. Das Gesithverhältniß zum König bildet immer mehr eine besonders geehrte höhere Klasse, wachsend mit dem Umfange der Königsrechte und des Reichs.

Andererseits bringt die Abhängigkeit durch wirthschaftliche Ansiedelung auf geliehenem Privatland meistens eine niedere Stellung hervor, welche unter das Niveau der Gemeinfreiheit herabsinkt. Die so Angesiedelten sind der Mehrzahl nach kleine Colonen, sogar untermischt mit angesiedelten Leibeigenen, in der Stellung einer abhängigen, schwer belasteten kleinen Bauerschaft. Die vorhandenen Urkunden ergeben die äußerst mannigfaltigen Weisen der Verleihungen des Laenlandes auf Ruf und Widerruf, auf Zeit oder Lebenszeit, und den Vorbehalt zahlreicher Abgaben (gafol) in Naturalien und Geld, in Feld- und Ackerdiensten, gemessenen und ungemessenen. Der große Grundbesitz, persönlich außer Stande umfangreiche und zerstreute Ländereien selbst zu bewirthschaften, verwerthete sich normal durch solche Ansiedelungen, und beschaffte sich die Naturalleistungen und Dienste, deren ein großer Hausstand für das Privatleben und im Heerbann bedurfte. Die so begründeten Abhängigkeiten werden thatsächlich erblich, und vermehren sich in Kriegszeiten durch den Ruin der freien Bauerwirthschaften, in Friedenszeiten durch die Vermehrung der landlosen Familienglieder. In dieser Richtung erscheint die gesellschaftliche Bildung der angelsächsischen Zeit gleichmäßig fortschreitend. Die aus der späteren Zeit herrührende Gutsordnung unter dem Namen der rectitudines singularum personarum giebt in dem Gesetz des Thanen, dem Recht des Geneat, des Kotsaeten, des Geburen und des landwirthschaftlichen

Dienstpersonals das Bild einer festen Gesellschaftsordnung, die auf dem rechtlichen Wege entwickelter Besitzverhältnisse entstanden und mit Mäßigung gehandhabt, doch eine tiefverzweigte Abhängigkeit der gemeinfreien Klassen von dem großen Grundbesitz ausdrückt.

In nothwendiger Wechselwirkung mit diesen Besitzgrundlagen steht die Gestaltung des Staats, d. h. der Landesvertheidigung, Rechtspflege und der Kirche. Heer, Gericht und Kirche bleiben das ganze Mittelalter hindurch die drei verhältnißmäßig einfachen Grundlagen, an denen die Staatsbildung ihren Wandlungsprozeß vollzieht.

(1) das Heerwesen[1]) der Angelsachsen beruht noch auf der allgemeinen Wehrpflicht des Freien. Es ist damit gemeint die Pflicht des freien Mannes mit seiner Person dem Heerbann zu folgen, die Pflicht, sich auf eigene Kosten auszurüsten, die Pflicht sich auf eigene Kosten zu unterhalten während des Feldzugs. Die Unmöglichkeit der gleichmäßigen Erfüllung dieser Pflicht ist die Hauptwurzel aller Umwandlungen in den Ständeverhältnissen und in der Verfassung der Germanen. Die kleine Bauerwirthschaft, nur zur Erhaltung einer Familie berechnet, kann nach der festen Ansiedelung jene Pflicht nicht mehr als wiederkehrende Regel erfüllen; noch unerfüllbarer wird sie dem landlosen Gemeinfreien. Wie überall, so war auch wohl bei den Angelsachsen bald nach der Ansiedelung eine Eintheilung des Volksbannes nach Hundertschaften (hundreds) eingetreten, innerhalb deren sich das Correctiv für diese Uebelstände finden mußte. Man konnte dadurch helfen, daß die Hundertschaften nicht gerade 100, sondern geringere Contingente stellten, daß man bei der Vertheilung auf die Zahl der Hufen Rücksicht nahm, daß man dem Besitzer gestattete Söhne und Gefolgen statt seiner zu stellen, daß man die Regelung der Gestellungspflicht den Beschlüssen der Volksversammlung, — im Verlauf der Zeit den Statthaltern des Königs in der Grafschaftsversammlung überließ. Die angelsächsische Hundred bedeutet also für die Heerverfassung nur ein gleiches Contingent innerhalb einer größern Einheit. Und eben deshalb hat auch wohl in verschiedenen Epochen, wie unter Alfred dem Großen, eine neue Regelung der Hundreds stattgefunden. In der normannischen Zeit finden sich Eintragungen in dem Domesdaybook, nach welchen ein 5 Hufenbesitz in einzelen Grafschaften als Maaßstab des vollen Heerdienstes auf eigene Kosten galt. Zu einer festen gesetzlichen Ordnung ist aber die angelsächsische Zeit überhaupt nicht gelangt: alle Schwierigkeiten wurden der Grafschaftsverwaltung unter starkem Einfluß des großen Besitzes überlassen, wo-

raus nur eine sehr ungleichmäßige und mangelhafte Gestalt des Heerbannes hervorgehen konnte. — Schon in den Zeiten der Heptarchie waren daher die einzelen Häuptlinge für ihre zahlreichen Kämpfe auf andere Kräfte verwiesen, indem sie aus ihrem freien Haus- und Hofgesinde bewaffnete Gefolge zu ihrem persönlichen Aufgebot beibehalten oder neu bilden. Alle königlichen Hofämter haben von Anfang an einen kriegerischen Charakter. Aussicht auf Beute, Ehre, Gunst und Belohnung bewog auch freie Männer sich solchen Gefolgschaften vorübergehend anzuschließen, ohne die Absicht eines dauernden Dienstes. Außer der Beute war es vorzüglich die Ueberlassung des Folklandes und die Verleihung von Vertrauensämtern, durch welche Verdienste der Art belohnt wurden. So bildete sich um jene kleinen Könige ein kriegsgeübteres erstes Aufgebot, welches einen Rückgriff zur Volkswehr mehr auf die Fälle einer Landesnoth beschränkte. Zuerst in den Gesetzen Ines ist von solchen kriegerischen Gesithmännern (mit oder ohne eigenes Land) die Rede, deren erhöhtes Wehrgeld auf eine kriegsdienstpflichtige Klasse in höherm Sinne hinweist. In der weitern Entwickelung wird daraus die noch angesehenere „Thanschaft", die aus besonderer Kriegspflicht, Amtsstellung und größerem Grundbesitz combinirt erscheint. Analoge Gründe führten dahin, daß in dem späteren vereinigten Reiche die größten Grundbesitzer sich ebenso einen kriegerischen Hausstaat aus ihren Hausgenossen, waffengeübten Hintersassen und zum Theil aus freien Grundbesitzern bilden, so daß auch Thane im Dienst größerer Thane erwähnt werden. Die Masse der Gemeinfreien blieb daneben kriegsgeübt bis zu einem gewissen Maaß, verschieden wohl nach Lage der Landestheile. Allein der Dienst der Gemeinfreien scheint in Friedenszeiten von den Hundreds mehr zur Wachtleistung, Burgbesserung und zum Wegebau gefordert zu sein. Wenn auch in schweren Zeiten unter tapferer Führung die angelsächsische Bauerschaft von Zeit zu Zeit den alten Waffenruhm wieder gewinnt, so ist doch das stetige Zurückfallen des Grafschaftsaufgebots in den Zustand der Unbeholfenheit und zeitweisen Wehrlosigkeit der Beweis, daß es an durchgreifenden zeitgemäßen Einrichtungen fehlte. Auch die Regeneration unter Alfred ist keine dauernde geblieben und verläuft 100 Jahre später in einen Zustand völliger Entartung. Die „Thanschaft" erscheint seit dieser Zeit mit einem Besitz von 5 hîdae verbunden, ohne jedoch die Heerpflicht zu einer Reallast der Grundstücke zu machen. Das Uebergewicht einiger großen kriegerischen Thane mit ihren bewaffneten Gefolgsleuten am Schluß der angelsächsischen Zeit führt zu einem oligarchischen Charakter der ganzen Verfassung.

(2) Das zweite Gebiet, das angelsächsische Gerichtswesen,[2]) ergiebt trotz der zahlreichen Nachrichten kein zusammenhängendes Bild. Seit dem 10. Jahrhundert bilden die Gerichte zwei feste Abstufungen: das Grafschaftsgericht, shir-gemote, welches sich jährlich zweimal versammelt, und das Hundertschaftsgericht, hundred-gemote, in monatlichen Versammlungen zusammentretend. Die Parteien im Gericht erscheinen mit zahlreichen Eideshelfern; ziemlich häufig ist die Verwendung von Geschäftszeugen im Civilprozeß; anscheinend zahlreich erscheint auch noch die rechtfindende Gemeinde. Eine regelmäßige Theilnahme an solchen Gerichten mit ihren zahlreichen Urtheilern und Eideshelfern setzt indessen eine wirthschaftliche Selbständigkeit voraus, die nach der Ansiedelung bei dem kleinen Einhufenbesitz nur bedingt vorhanden war. Eine regelmäßige Theilnahme ist aber die nothwendige Vorbedingung aller Rechtskunde: der nur ab und zu Erscheinende kann nicht Träger des Rechtsbewußtseins und der Rechtssitte werden und bleiben. Die großen Grafschaftsgerichte sind daher schon in ihrer ersten beglaubigten Erscheinung nur Versammlungen von größeren Besitzern, die in ihrer Eigenschaft als regelmäßig wiederkehrende, rechtskundige Gerichtsmänner die Bezeichnung der witan führen. Ein Bild altgermanischer Bauerschaften, wie sie in vollen Versammlungen unter gewählten Vorständen Gericht halten, ist in den angelsächsischen Quellen auch der älteren Zeit nicht zu finden. Die Ungleichheit des Besitzes hat den kleinern Mann in den größeren Versammlungen zu der Stellung des Umstandes zurückgedrängt. Selbst in den kleineren Hundertschaftsgerichten tritt ein Uebergewicht der witan vielfältig hervor. Der Urtheilsspruch wird auch in wichtigen Prozessen sehr gewöhnlich einem engern Kreise von witan überlassen. Diese Anfänge einer Schöffenverfassung sind indessen auf der natürlichen Grundlage eines Uebergewichts der großen Besitzer stehen geblieben. Die Einrichtung stehender, von einem königlichen Vogt ein für alle Mal ernannter Schöffen ist dem angelsächsischen Wesen fremd. Ueberall eingreifend erscheint aber die Stellung der königlichen Gerichtsbeamten, als Gegengewicht gegen die Ungleichheit des Besitzes in den Gemeindeverbänden.

Auffallend stark tritt die obrigkeitliche Macht in dem Strafverfahren hervor. Die Blutrache erscheint nur noch geduldet gegen den vorsätzlichen Todtschläger und Ehebrecher, und wird auch in diesen Fällen seit Alfred ein Gegenstand obrigkeitlicher Vermittelung. Die Rechte und Verantwortlichkeiten der Geschlechts- und Familien-Verbände bei Friedensbrüchen nehmen eine ziemlich untergeordnete Stellung ein. Das System der Composition erscheint, soweit es Wehrgeld und Buße an die Parteien betrifft, schon frühzeitig mehr subsidiär. Zahlreiche Todes- und wirkliche Criminalstrafen sind für die schwereren Friedensbrüche angedroht und ausgeführt. Für schwere wie für leichte Vergehen aber werden ansehnliche Geldbußen unter mannigfaltigen Titeln und Namen an die Obrigkeit gezahlt. Schon in der angelsächsischen Zeit ist die Strafjustiz eng verwachsen mit den Finanzrechten des Königs, und in weiterer Fortbildung mit den Rechten grundherrlicher Privatgerichtsbarkeit. — Aus der obrigkeitlichen Gewalt im Strafverfahren bildet sich weiter ein System vorbeugender Sicherheitsmaßregeln zur Erhaltung des Friedens. Der Hausherr wird für seine Hausleute, der Landherr für alle auf seinem Boden Ansässige haftbar gemacht, zunächst für das Erscheinen im Gericht. Der landlose Mann, der nicht zum Hausstand eines ansässigen Grundbesitzers gehört, wird gezwungen, in einen Gemeindeverband einzutreten. Gegen den Schluß der angelsächsischen Zeit bildet sich dies Zehntschaftssystem zu gleichmäßigen kleinen Verbänden sowohl freier wie gutsabhängiger kleiner Leute, für welche dem praepositus der Zehntschaft eine Verantwortlichkeit obliegt. Dies System der Friedensbürgschaft (sogen. Gesammtbürgschaft) ist zu einer Sicherheitspolizei und einem Niederlassungsrecht ausgebildet, welches die ganze landlose Bevölkerung entweder dem Hausstand eines Thans, oder dem Grundbesitz eines Thans und einer von ihm abhängigen Gemeinde, oder einer freien Bauerschaft einverleibt.

(3) Das dritte Gebiet des angelsächsischen Lebens stellt die christliche Kirche[3]) dar, — die nothwendige Ergänzung zu den Verhältnissen des Heerbannes und des Gerichts. Der Kirche war der Beruf beschieden, das ganze Geistes- und Gemüthsleben jener Stämme zu bewahren und fortzubilden. Da der Einfluß des heidnischen Priesterthums in neuen Ansiedelungen, wie sie aus kleinen erobernden Schwärmen hervorgingen, anscheinend nirgends bedeutend war, so ist die Bekehrung der einzelen Königreiche zum christlichen Glauben im Laufe eines Jahrhunderts (a. 591—688) ohne erhebliche Kämpfe und Erschütterungen vor sich gegangen. Dem erfolgreichen Bekehrungswerk der schottischen Missionarien, welche vom Norden her den britischen Kirchenglauben ausbreiteten, kam seit Gregor dem Großen und dem heiligen Augustinus vom Süden her die gleich erfolgreiche Ausbreitung des römisch-katholischen Kirchensystems entgegen. Trotz dieses lange dauernden Zwiespalts der Glaubenslehren and das Christenthum einen fruchtbaren und nachhaltigen Boden in

den friedlichen Neigungen der angesiedelten Bevölkerung, und dabei ist das frühzeitige Eintreten der vornehmen Klassen in den geistlichen Stand für England charakteristisch. — Die Bedeutung der mittelalterlichen Kirche zeigt sich zunächst in dem Schutz der schwächeren Klassen. Eine einseitige Bewunderung altgermanischer Volksfreiheit übersieht leicht, daß jene Urverfassung freier Bauergemeinden sich mit der Auflösung der Geschlechtsverfassung, mit der Entstehung des Sondereigenthums und der Ungleichheit des Grundbesitzes auflöst, daß dagegen für die Unfreien, die Frauen, das Gesinde, die Landlosen kein Recht ist, sondern nur patriarchalische Bauersitte, welche in größeren Verhältnissen ihre Kraft verliert. Sobald mit der Entstehung des Sondereigenthums der Grundbesitz die Grundlage der Rechte wird, muß der ungleiche Besitz ungleiches Recht geben, und die alte Verfassung der Gleichen in ein ziemlich rohes Klassenrecht auflösen. Unter solchen Zuständen lagen die ersten Anfänge eines Rechtschutzes gegen Verkauf und Mißhandlung der Frauen, Kinder, Leibeigenen nur in der Kirche. Sie war es welche zuerst dem Knecht einen Ruhetag, einen eigenen Erwerb, eine wirksame Freilassung sicherte; sie die Schöpferin der ersten Unterrichtsanstalten für die höheren Klassen, während niedere Geistliche und Mönche allen Klassen durch Rath und Belehrung in allen Dingen zugänglich waren; sie die erste Pflegerin milderer Sitten, gewerblicher Fertigkeiten, friedlichen Verkehrs, die erste Schöpferin einer Armenpflege. Ihr war die Versittlichung der Ehe, die Verdrängung der Blutschande zu danken, die weitere Erhebung der Stellung der Frauen zunächst in der Sitte, dann aber auch im Privatrecht. In dem Gerichtswesen gewinnt sie ihren Einfluß durch die zahlreiche Anwendung der Gerichtseide und durch die Leitung der gerichtlichen Feuer- und Wasserproben, welche im Uebergang aus dem Heidenthum der christlichen Geistlichkeit zufallen. Als Leiter der Grafschaftsverwaltung erscheint der Bischof schon frühzeitig gemeinschaftlich mit dem Statthalter des Königs. So tritt die Kirche stetig fortschreitend in das Gemeinwesen ein, wie ein zweiter Staat zur Ergänzung der humanen Staatsfunktionen, für welche in der weltlichen Verfassung des Mittelalters noch keine Stelle war. Dem entsprechend nimmt auch die hohe Geistlichkeit frühzeitig den ersten Rang in den Berathungen der Landesversammlung ein. In allen Kreisen der öffentlichen Verwaltung sind die clercs das unentbehrliche Personal für alle Anfänge des Schreibwesens. Verwachsen mit allen Klassen der Bevölkerung und mit allen Lebensinteressen, hat sich die englische Kirche in ihrem Personal, ihrer Lehr- und Sinnesweise nationaler entwickelt als die Kirchen des

Continents. -- Trotzdem folgte die innere Organisation der Kirche ihrem Wesen als universale Lehranstalt. Für ihre weitgreifenden Funktionen bildet sich im germanischen Volksleben ein eigener Stand der geistigen Arbeit, der wie jede freie Arbeit des Besitzes bedarf; im Mittelalter also des Grundbesitzes, ohne welchen die Kirche unfrei und zur Erfüllung ihres Berufs unfähig geblieben wäre. Die kirchliche Verfassung nimmt daher auch in dieser volksthümlichsten aller Kirchenbildungen denselben äußeren Typus an, wie in dem ganzen christlichen Europa. Eine universale Lehranstalt der Völker ist nur durch geistige Ueberlegenheit zu leiten, und diese fordert Unterordnung und Disciplin, Hingabe der ganzen Persönlichkeit an ihren Beruf, — das erste Bild des reinen Beamtenstaats in dem germanischen Leben.

Diese staatlichen Verhältnisse sind es, welche in stetiger Wechselwirkung mit der Ungleichheit des Besitzes die Ständeverhältnisse †) der germanischen Stämme nach ihrer festen Niederlassung umbilden. Die Waffentragenden behaupten die Herrschaft über den Boden und werden Grundeigenthümer; die besitzlosen Freien kommen in eine dauernde, thatsächlich erbliche Abhängigkeit von dem Grundbesitz. Mit der Abschließung des Privateigenthums vermindert sich also der Kreis der leistungsfähigen Subjekte für den Staat. Die Mehrzahl der freigeborenen Leute erscheint im Heer wie im Gericht nur noch leistungsfähig im Dienst der Besitzenden, und verliert so thatsächlich die Reichsunmittelbarkeit. Durch den gesammten Besitz geht stetig fortschreitend ein Zug zur Abhängigkeit, welcher nach rechtlicher Anerkennung strebt, und sie auf folgendem Weg gewinnt.

Das Abhängigkeitsverhältniß der besitzlosen Klassen wird durch den König und die Reichsversammlung formell anerkannt. Das schon vorhandene familienähnliche Verhältniß wird dadurch zu einem Rechtsverhältniß. Die Verletzung der Treue und des Treueides wird zum Vergehen, der Verrath gegen den Herrn zum unsühnbaren Verbrechen, Alfr. 4. §. 2. Cn. II. 64. Der Mann steht unter dem besondern „Frieden" des Herrn; von seiner Tödtung erhält der Herr die Mannbuße so wie der König von unabhängigen Leuten. Auch der Dritte, welcher einen Anspruch gegen den Mann hat, soll zuerst den Herrn angehen und dann erst das Gericht des Königs. Dafür hat der Herr den Mann anzuhalten zur Erfüllung seiner Rechtspflichten gegen Dritte und gegen den Staat; er haftet für die Gestellung des Mannes zur Verantwortung vor Gericht und unter Umständen selbst für Schadenersatz und Buße. Das Verhältniß von

Hlâford und Hlâfaeta ist bereits ein ausgebildeter Theil angelsächsischer Gesetzgebung. In. 39. 50. Alfr. 37, 42. Athlr. I. 1. II. 4. 7. III. 5. IV. 1. Edm. III. 7. Cn. II. 29, 32, 78, 79.

Die höheren Leistungen in Heerbann und Gericht führen sodann weiter zu der rechtlichen Anerkennung eines höheren Werthes, Rechtes und Standes — zu dem Begriff der Thanschaft, — der angelsächsischen Gentry. Der unmittelbare Ausdruck des Mannwerthes ist das Wehrgeld, welches sich auf ein Verhältniß von 200 Schilling zu 1200 Schilling fixirt hat, also den Than 6fach höher stellt als den Gemeinfreien. Weiter vervielfältigte Summen sind für den Ealdorman und den Bischof bestimmt. Analog stuft sich die Mannbuße ab, welche der König oder der Herr des Erschlagenen erhält. Ebenso der Schutz des Hausrechts in der Verletzung des „Burgfriedens" für die höheren Klassen, Verletzung der Hauswehr für die niederen Klassen. Analog die Bußen für die Verletzung der Keuschheit und das Mundium der Wittwen. Da das Rechtssystem dieser Zeit zunächst auf einem Rechtsschutz durch Bußen beruht, so ist der durchgehend höhere Ansatz die Anerkennung eines höhern Klassenrechts oder Standes. Daß es sich dabei aber um feste Rechtsvorstellungen handelt, zeigt die ursprüngliche Entstehung der Geldsätze aus der Praxis der Volksgerichte.

Aus dem Zusammenwirken dieser beiden Verhältnisse entwickelt sich der Begriff der Grundherrlichkeit. Der Haus- und Landherr hatte zunächst die thatsächliche Macht seinen Gesith zu entlassen, dem Hintersassen sein Laenland zu nehmen, woraus sich ein Entscheidungsrecht des Herrn über Streitigkeiten seiner Gesith- und Laenleute unter sich ergiebt. Allein auch die Ansprüche Dritter sollen nach den späteren Gesetzen zuerst beim Herrn angebracht werden; gewöhnlich werden sie durch seine Vermittelung geschlichtet. Die erweiterte Polizeihaftung des Herrn für die zu seinem Hausverband Gehörigen und für die auf seinem Land Gesessenen führte auch zur Anerkennung polizeilicher Rechte. Durch die Anerkennung des Staats wird aus dem häuslichen Imperium schrittweise eine wirkliche Jurisdiction, welche für den gewöhnlichen Lebensverkehr das eigentlich wirksame Gericht der Abhängigen darstellt. Es bildet sich so ein herrschaftliches Gerichts- und Polizeisystem, welches zunächst vereinzelte herrschaftliche Gemeinden umfaßt. In den größeren Besitzungen fand sich eine Summe von Bauerschaften, die den Hundertschaften coordinirt werden konnte. Ueber diesen Maßstab hinaus indessen geht die angelsächsische Bildung nicht, weil von Hause aus die Besitzungen auch der größten Grundherren in verschiedenen Grafschaften zerstreut lagen. Mit der wachsenden Macht der Großen gehen noch weitere königliche Rechte auf die Grundherrschaften über, in späterer Zeit auch eine niedere Strafgewalt. Da überhaupt in den Leistungen für den Heerbann und in Allem, was der Staat nach dem Maßstab der Hufen fordern konnte, der Grundherr als Eigenthümer seine Leute vertritt, so entsteht hier ein Verhältniß der Reichsmittelbarkeit, in welchem die grund- und dienstherrlichen Gewalten, die Militär- Gerichts- und Polizeifunktionen der Herrschaft mit jeder Generation enger in einander wachsen. Die Anerkennung eines höhern Klassenrechts der Thane ist also nur der Ausdruck eines fast alle Lebensverhältnisse durchdringenden Gegensatzes von Herrn (eorls) und gemeinen Leuten (ceorls), der mit der Erblichkeit des Besitzes am Schluß der angelsächsischen Zeit der Ausbildung eines erblichen Adels schon ziemlich nahe stand.

Unter den Thanen scheiden sich danna ber wieder einige große Thane aus, als Inhaber großer Herrschaften und bewaffneter Gefolgschaften. Sie sind rechtlich ausgezeichnet durch eine Grundherrlichkeit in dem größern Umfang eines Hundertgerichts. Thatsächlich besetzen sie die hohen Hofämter, die weltlichen Würden der Ealdormen und bilden gemeinschaftlich mit den Prälaten die beschließenden Landesversammlungen der spätern angelsächsischen Zeit. Wie sich aus dem Besitz in seinen Leistungen für das Gemeinwesen das Ständewesen zusammenfaßt, so concentrirt sich aus den Ständeverhältnissen die Gestalt der witenagemote. Wie schon die Grafschaftsversammlung in ihrem activen Bestand sich auf Thane und einige ergänzende Elemente beschränkt, so ergab sich diese Beschränkung in weit erhöhtem Maße für die Landesversammlung. Die angelsächsische witenagemote ist eine Ablagerung der Besitzmassen nach dem System, nach welchem sie die Functionen des Staats erfüllen, also bestimmt durch Besitz, Amt und königliche Ernennung, nicht durch Wahl. Die vorhandenen Urkunden ergeben unzweifelhaft, daß der beschließende Theil der Landesversammlung nur aus dem engen Kreis der geistlichen Würdenträger bestand und aus größeren Thanen, deren Zahl in den Unterschriften oft hinter der der Geistlichen noch zurückbleibt. Die Gesammtzahl aller benannten Witan überschreitet nie ein Maximum von etwa 100 Personen auch in den zahlreichsten Versammlungen, denen allerdings ein zahlreiches Gefolge, und bei außerordentlichen Gelegenheiten, (wie bei der Anerkennung eines Königs) ein acclamirender Umstand sich anreiht. Innerhalb dieses engen Kreises hat aber im letzten Jahrhundert der angelsächsischen Zeit der große Besitz ein Uebergewicht gewonnen, welches dem Königthum eine nach Zeit und Persönlichkeit wechselnde Stellung giebt, und die Ausübung aller königlichen Rechte oft schon thatsächlich als Rechte der oligarchischen Witenagemote erscheinen läßt.

*) **Das innere Leben des angelsächsischen Staats,** wie es auf der Grundlage des Besitzes durch die Betheiligung am Heerwesen, am Gericht und an der Kirche ein festes Klassenrecht bildet, welches sich zuletzt in der Gestaltung der Landesversammlung zusammenfaßt, ist die Aufgabe des 2ten Haupttheils dieser Darstellung, (Gneist II. Seite 1—50 2. Aufl.), von welcher hier nur die Resultate zusammenzufassen, und dann die Entwickelung des Königthums und des Beamtenwesens in Staat und Kirche § 2—6 auszuführen sind.

Ueber Quellen und Litteratur dieser Zeit ist ein Abriß Th. II. S. 7—9 gegeben, aus welchem der nachfolgenden Citate wegen hier nur Folgendes zu bemerken sein wird. Die angelsächsischen Gesetze sind citirt nach der Ausgabe von Reinhold Schmid, die Gesetze der Angelsachsen, 2. Auflage 1858, nebst einem Glossarium; bei besonderer Veranlassung sind Citate aus der amtlichen Ausgabe der Record-Commission gegeben: (Thorpe) Ancient Laws and Institutes of England 2 Vol. in 8. 1840. Die einzelen Königsgesetze sind mit den von Schmid gebrauchten Abkürzungen citirt, nämlich: Athlb. (Aethelbirht a. 560—616), Wihtr. (Wihtraed 691—725), In. (Ine 688—727), Alfr. (Aelfred 871—901), Edw. (Edward der Aeltere 901—24), Athlst. (Aethelstan 924—40), Edm. (Edmund 940—46), Edg. (Edgar 959—75), Athlr. (Aethelred 978—1016), Cn. (Cnut 1016—1035). — Aus der normannischen Zeit enthalten auch die Leges Guilelmi Conqu. zum großen Theil eine Sammlung angelsächsischer Rechtsregeln. Die sogenannten Leges Henrici I. sind ihrem Hauptbestandtheil nach ebenso eine Privatcompilation über den spätern angelsächsischen Rechtszustand aus der Mitte des 12. Jahrhunderts. Auch die Leges Eduardi Confessoris sind eine Privatsammlung aus verschiedenen Quellen und Nachrichten über den Rechtszustand der spätern angels. Zeit, anscheinend auch noch im 12. Jahrhundert entstanden. — Die angelsächsischen Urkunden sind citirt nach Kemble's Codex diplomaticus 6 vol. 1839—46. 8.

Von den englischen Geschichtswerken für diese Zeit sind vorzugsweise benutzt: Kemble, the Anglo-Saxons in England 1849 2 vol. (übersetzt von Brandis, wonach die Citate). Sodann Sir Fr. Palgrave, the English Commonwealth 1831. 32. II. Vol. In gemeinfasslicher Bearbeitung: Palgrave, History of the Anglo-Saxons, London 1850. 12^{0}. Sharon Turner, History of the Anglo-Saxons 1799—1835 3 Vol., mit dem Ergänzungsband: The history of the manners, landed property etc. — Von deutschen Bearbeitungen: eine die Hauptpunkte umfassende angelsächsische Rechtsgeschichte von Konrad Maurer, Münchener kritische Ueberschau, Band I. S. 47 ff., fortgesetzt in Band 2. 3. Phillips, Geschichte des angelsächsischen Rechts 1825. Lappenberg, Geschichte Englands, Band I. 1838.

Ueber die Besitzverhältnisse, insbesondere die Gestaltung des Grundeigenthums siehe vor allen die Abhandlung von Konrad Maurer in der Münchener kritischen Ueberschau. R. Schmid, Glossarium v. Bôcland, Folkland, Hid. Kemble, Anglo-Saxons I c. 2. 4. und Anhang A. B. C. Ueber die ältere Geschlechtsverfassung R. Schmid im Hermes Band 32. (1829) Seite 232—264. Die Besitzverhältnisse sind es, die bei den Angelsachsen an erster Stelle das Gemeinwesen umgestalten und dem ganzen Staatswesen auf tausend Jahre hinaus ein festes Gepräge aufdrücken. „Mit dem Grundbesitz verlor der Mensch die Welt, die er sonst durchschweifte und gewann die Erdscholle dafür. Nur hier hatte er volle Daseinsrechte; nur hier konnte er sicher und frei aufathmen. Wem nichts gehörte, der mußte Jemandem angehören. — Nicht der Ackerbau an sich, sondern die Absonderung des Grundbesitzes zum Behuf desselben, verwandelte den Organismus der Staatsgesellschaften. Nicht in den deutschen Wäldern, sondern auf den deutschen Aeckern müßt ihr den Keim der bürgerlichen Ordnungen und der Civilisationen späterer Jahrhunderte suchen." Jochmann, Reliquien, herausg. von Zschocke, III. S. 25. 26.

1) **Ueber die Gestaltung des Heerwesens** siehe Gneist, Theil II. Seite 9—18. Palgrave II. pag. 368—75. Das sichere negative Resultat ist, daß keine gesetzliche Vertheilung der Heereslast in der angelsächsischen Zeit stattgefunden hat. Die Wehrpflicht ist persönliche Pflicht des freien Mannes, nicht Reallast bestimmter Grundstücke, sondern Gemeindelast nach dem Maßstab des Besitzes. Es blieb also dabei, daß Ealdorman und Grafschaftsversammlung das Contingent der Hundertschaft auf die einzelen Besitzer vertheilten. In den Besitzübertragungsurkunden ist daher nur von der Heerpflicht (sogen. trinoda necessitas) im Allgemeinen die Rede, nicht von einer bestimmten Zahl der Schilde. Dieser Charakter der Heerfolge ergiebt sich auch aus der persönlichen Buße für Versäumung und Verlassen der Heerfahrt. In. cap. 51. Athlr. c. 28 Cn. II. c. 65. Der Grundsatz, daß von 5 hidae 1 Mann zu stellen sei, kommt im Domesday book nur sporadisch vor (in Berkshire 1. 566: Si rex mittebat alicubi exercitum de V hidis tantum unus miles ibat etc.) Ein durchgreifender Grundsatz der Art wäre von so weit tragender Bedeutung gewesen, daß in den angelsächsischen Gesetzen, in den späteren Nachrichten darüber und in den Geschäftsurkunden die Sache zum Vorschein kommen müßte. Selbst die Verleihung des Folklandes wurde von den Königen nicht dazu benutzt, um ein bestimmtes Maß von Mannschaften aufzulegen. Die Verleihung erfolgt an große und kleinere Thane zur Vergeltung für geleistete Dienste und in Erwartung zukünftiger Dienste: sie ist ein Ausdruck der Gunst, aber keine Basis für fixirte Kriegsleistungen. — Die immer noch fortgeführte Streitfrage, ob schon in der angelsächsischen Zeit ein „Lehnswesen" bestanden habe, beruht auf einer Verwechselung einzeler unverbundener Elemente mit dem Ganzen. Landleihe und Leistung von Kriegsdiensten seitens der Beliehenen sind natürlich schon in der angelsächsischen Zeit vorhanden. Ebenso die Grundherrlichkeit mit Gerichts- und Polizeigewalten über Hintersassen. Ebenso ein Treuverhältniß zwischen dem König und seinen höheren Gesithmännern, zwischen jedem Herrn und seinem Diener, zwischen dem Hlâford und dem Hlâfaeta. Aber das Zusammenwachsen dieser Verhältnisse zu dem englischen Lehnswesen gehört erst der normannischen Zeit an, und hat sich auch in dieser erst im Lauf von Menschenaltern gebildet. Ein Bild der altherkömmlichen Confusion in diesen Dingen giebt beispielsweise Palgrave I. 583 ff. Unbefangener Hallam, Middle Ages cap. VIII. Part I. a. E.

2) **Ueber das Gerichtswesen der angelsächsischen Zeit** vergleiche Gneist II. S. 18—25. Lappenberg, Geschichte Band I. 581 ff. Phillips, S. 166—210. Die spätere Darstellung der Aemter und der Amtsbezirke (§. 3. 4.) führt auf die verschiedenen Seiten derselben zurück. Für die große Controverse über die sogenannten Gesammtbürgschaften verweise ich hier nur auf Reinh. Schmid, Glossarium S. 644—49. Marquardsen, Ueber Haft und Bürgschaft bei den Angelsachsen 1851. Konrad Maurer, Kritische Zeitschrift I. S. 87—96. Als Resultat ist anzuerkennen, daß sich aus der angelsächsischen Strafgerichtsbarkeit ein zusammenhängendes System der Friedensbewahrung mit einem festen Niederlassungsrecht zuletzt herausgebildet hat. Der angelsächsische König ist bereits „oberster Bewahrer des Friedens".

3) **Ueber die Kirche der angelsächsischen Zeit** vergleiche Gneist II S. 29—33. Auf die wichtigeren Verhältnisse ist in dem Gebiet der kirchlichen Verwaltung (§ 5) zurückzukommen. Ueber den äußeren Hergang des Bekehrungswerks vergl. vorzugsweise Lappenberg I. 132—205. Die Verbreitung der neuen Lehren erfolgte von oben nach unten, zuerst am Hofe und durch Beschlüsse der Landesversammlung, die gewöhnlich befragt wurde und durch ihre Mehrheit entschied. Es findet sich nirgends ein gewaltsames Aufdringen der neuen Religion, aber auch selten eine Verfolgung durch die Anhänger des alten Glaubens, wenn dieser noch einmal obsiegte. Ueber die Charakteristik des angelsächsischen Heidenthums vergl. den ausführlichen Versuch von Kemble I c. 12. Sie ist wichtig als Ausdruck des ursprünglichen Volkscharakters. „Denn solche Verehrer bilden sich ihre Götter und bilden sich nach ihnen; ihre Gottheiten kennen, heißt folgerecht sie selber kennen." Fast unerhört ist die Erscheinung, daß die christlichen Briten, wo sie in angelsächsischem Gebiet zurückbleiben, das Christenthum wieder aufgeben. Wie weit dennoch Reste römischer Colonisation und des christlichen Britenthums Einfluß auf den Culturzustand der Sachsen geübt, wird wohl immer nur ein Gegenstand der Vermuthungen bleiben. — Daß das Christenthum dieser ersten Jahrhunderte, tief vermischt mit dem Aberglauben der Zeit, auch fanatische und unsittliche Erscheinungen darbietet, ist selbstverständlich. „Im Allgemeinen aber war die Rechtschaffenheit, das Wohlwollen und die Sittenreinheit, welche durch die Religion des Kreuzes verwirklicht wurde, der Art, wie sie die Mythologie der nordischen und sächsischen Seekönige niemals in das Leben gerufen hätte, und sie läßt in dem Falle der Alfreds und Alcuins jener Tage alles aus jener Quelle Mögliche in unermeßlichem Abstand hinter sich. Die so vollendete intellectuelle, moralische und geistige Umwandlung war groß und enthielt die Keime größerer Dinge für die Zukunft." Vaughan, Revolutions in Engl. History I. p. 238. — Bemerkenswerth ist das Bestreben, die wenigen ausländischen Missionäre durch einheimische Bischöfe möglichst bald zu ersetzen, was schon von manchen Zeitgenossen als Mangel und als Grund des Zurückbleibens der Angelsachsen in der gelehrten Bildung empfunden wurde. „Doch gerade durch die Zuziehung der Eingeborenen zu der höhern Geistlichkeit wurde es möglich, daß die Kirche der Angelsachsen so früh eine nationale wurde, daß Liturgie, Ritual, Gebete und Predigten in der deutschen Landessprache so frühe erklangen und zu den Herzen des Volkes dringen konnten. Die Beibehaltung der germanischen Eigennamen, die Eigenthümlichkeit des angelsächsischen Kalenders und der Feste, der geringe Einfluß des

römischen Kirchenrechts, die Ausbildung der Landessprache durch die Geistlichen, die geschwächte Einwirkung Roms auf die Landesherren sind die unter sich enge zusammenhängenden eigenthümlichen Vorzüge der durch ihren frühern Mangel wahrhaft bereicherten Kirche." Lappenberg I. 163.

†) **Ueber die angelsächsische Ständebildung** siehe Gneist, Theil II. Seite 33—42. Ueber die Anerkennung einer rechtlichen Abhängigkeit der dienenden und auf geliehenem Besitz angesiedelten Klassen vgl. K. Maurer, Kritische Zeitschrift II. S. 331—365. Ueber die Stufen der Ständeverhältnisse: die umfangreiche und fleißige Monographie v. Sam. Heywood, Diss. upon the distinction in society and ranks. London 1818. Kemble, Anglo-Saxons Cap. 7. K. Maurer, über das Wesen des ältesten deutschen Adels 1846, S. 123—196, und in der krit. Zeitschr. II, S. 30—68, 388 ff. Die Heraushebung der Twelfhyndemen und der übrigen höheren Klassen des Wehrgeldes beginnt nicht von der Seite des größern Besitzes aus, sondern von der Seite des Amts und der Würde aus, also zunächst für die Bischöfe, Ealdormen u. s. w. In den Gesetzen Ine's hebt sich zuerst der Gesithcundman heraus, welcher anscheinend mit den Syxhindemen zusammenfällt. Es wird zuerst der gewohnheitsmäßige Dienst der Waffen unter dem persönlichen Aufgebot des Königs mit dem erhöhten Wehrgeld beehrt, mag der Gesithcundman eigenes Land haben oder nicht. Erst seit den Zeiten Alfreds erscheint die Würde eines Than in Verbindung mit einem Grundbesitz von mindestens 5 Hufen, welcher dann ein Wehrgeld von 1200 Schilling und den Rang eines Twelfhyndeman begründet. Ich vermuthe, daß dies mit einer veränderten Ordnung des Kriegsdienstes zusammenhängt, nach welcher der König die Mehrzahl der größeren Besitzer bewog, sich ihm zu persönlichem Aufgebot zu verpflichten, wofür dann die Ehre eines königlichen Thans, die Verwendung zu den Aemtern des Shirgerefa ꝛc. und die sich daran knüpfenden weiteren Vortheile, Gunstbezeugungen und Ehren wohl ein hinreichend wirksames Motiv gaben. Die Bezeichnung eines Than umfaßt nun die königlichen Diener von den höchsten Hofämtern herab bis zu den kleineren Aemtern der Grafschaftsverwaltung und der königlichen Domainen. Auch die Inhaber einer Privatgerichtsbarkeit gehören als solche zu den Thanen, indem ihre Gerichts- und Polizeigewalten zugleich als Aemter des Königs gelten, was sie ja auch in Folge der Verleihungen in der That sind. Die späteren Bezeichnungen der Thanschaft, und insbesondere der angelsächsische Aufsatz „von weltlichem Rang und Gesetz" und „vom Wehrgeld" (Schmid, Anh. V. VII. S. 389. 395.) welche erst der spätesten angelsächsischen Zeit angehören, bilden ein Gemisch von Verhältnissen des Besitzes, militärischen Standesberufs und Amts, wozu das vieldeutige Wort Than sich eben so gut eignete, wie das spätere Wort baro. Die Bezeichnung der „Mannen" umfaßt das volle active Staatsbürgerrecht der Zeit. Die rechtlich vorwiegende Seite bleibt aber doch die Rücksicht auf öffentliches Amt und öffentlichen Beruf, nicht das bloße Besitzmaaß. Es drückt sich also schon in den angelsächsischen Standesverhältnissen die spätere Ansicht aus, daß nicht der Besitz als solcher eine höhere Stellung in der Rechtsordnung giebt, sondern nur der Besitz in und vermöge seiner höheren Leistungen für das Gemeinwesen. Daß dies das Ueberwiegende in der vieldeutigen angelsächsischen Thanschaft ist, ergiebt (1) die Etymologie des Worts, welches (mit dem davon ab-

geleiteten thegnian, dienen) den serviens, minister ausdrückt. Dies letztere ist auch die gewöhnliche Uebertragung in den angelsächsischen Urkunden. (2) Auch in der spätesten Zeit ist eine Art von Amtsstellung mit dem Worte thegn so selbstverständlich verbunden, daß der Verlust der Thegnship als synonym mit der Enthebung vom königlichen Amt gebraucht wird. (3) Auch wo der 5 Hufenbesitz als Grundlage der Thanschaft erwähnt wird, ist doch der Vorbehalt hinzugefügt:

> Und wenn ein Ceorl dahin kam, daß er volle 5 Hiden eigenen Landes hatte, eine Kirche und eine Küche, ein Glockenhaus und einen Sitz im Burgthor (d. h. wohl eigene Gerichtsbarkeit, saca et soca) und ein besonderes Amt in des Königs Halle, dann war er hinfort Thanenrechts würdig (von weltlichem Rang §. 3 Schmid 381).

(4) Daß der vorausgesetzte Dienst das Entscheidende ist, ergiebt sich auch aus der rechtlichen Gleichheit aller Thane bis zum Schluß der angelsächsischen Zeit. Der Großthan mit fürstlichen Besitzungen ist ein Twelfhyndeman und nicht mehr als der einfache Grafschaftsthan mit 5 Hufenbesitz. Das verdoppelte und vervierfachte Wehrgeld hat auch der Großthan nur in der obrigkeitlichen Stellung des Highgerefa und Ealdorman. So wichtig die politische und sociale Stellung der großen Thane heraustritt, so bildet sie doch kein Klassenrecht gegen die kleineren Thane. Die angelsächsische Rechtssprache hat auch kein technisches Wort zur Unterscheidung der Großthane. Wenn es darauf ankommt, die Magnaten besonders hervorzuheben, wird allerdings die Bezeichnung als „Thane des Königs" mit einem gewissen Nachdruck gebraucht, um das wichtige Königsamt anzudeuten, während buchstäblich genommen auch die niederen Beamten der königlichen Verwaltung eben so gut Königsthane sind. — Ueber die Stellung der Großthane in der angelsächsischen Landesversammlung, vergleiche Gneist II. S. 43—50. und unten §. 4. a. E.

§ 2.

Das angelsächsische Königthum.

Mitten aus der Umbildung der Besitzverhältnisse und der Gemeinfreiheit heraus sehen wir in England das Königthum hervorgehen,*) als die großartigste staatliche Schöpfung des Mittelalters. Bei den nächstverwandten Stämmen des Continents in ihren alten Sitzen, bei Sachsen, Friesen, Holsten, Hadlern, Ditmarschen finden wir gleichzeitig kein Königthum. Wenn es bei den Angelsachsen entsteht, so läßt sich vorweg schließen, daß es nicht in nationalen Besonderheiten, sondern in den gesellschaftlichen Zuständen seinen Grund hat, wie solche aus der Ansiedelung auf dem eroberten Boden hervorgingen. Auch ist das Königthum in den ersten Menschenaltern noch nicht vorhanden. Allerdings hatten jene erobernden Schwärme meistens jeder einen Häuptling an der Spitze, welcher den kriegsberühmten Familien (nobiles) angehörte. Den erfolgreichen Heerführer finden wir auch in dem eroberten Lande an der Spitze seines besitzergreifenden Heeres. An seinen Namen knüpfte sich die Erinnerung an den Sieg und an die Erwerbung der jetzigen Wohnsitze. Bei der Vertheilung des Landes war ihm der Hauptantheil zugefallen, so wie die Spolien der überwundenen britischen Häuptlinge. Wie die Vererbung des Besitzes, so mußte auch eine Uebertragung der Herzogswürde auf den Sohn als etwas Naturgemäßes erscheinen. Solche Hergänge kamen jedoch auch bei den republikanischen Stämmen des Continents schon vor. Das wirkliche Königthum ist erst vorhanden sobald

(1) die Würde des Häuptlings nicht bloß als Heerführerthum, sondern als eine umfassende höchste Gewalt erscheint, zugleich das Richteramt, die Erhaltung des Friedens, die Kirche, die gesammte höchste Leitung des Gemeinwesens in sich begreifend.

(2) sobald diese höchste Würde sich als das Familienrecht eines vornehmen Geschlechts in der Vorstellung des Volkes gestaltet.

Sobald beides zusammentrifft, wird die neue Vorstellung dann auch in einem neuen Namen erkennbar. Nach errungenen großen Siegen führt zuerst Aella von Sussex († 514—519) den Namen „Cyning", und diesem Vorgang folgen allmälig die übrigen größeren und kleinern Häuptlinge bis herab auf sehr kleine, kaum den Umfang einer heutigen Grafschaft umfassende Landestheile. Der Schritt, welcher die für den Krieg anerkannte Herzogswürde zur dauernden höchsten Gewalt erhob, war äußerlich betrachtet, kein großer. Die Spitze des Heerbannes im Kriege wird zugleich die Spitze der Verfassung im Frieden, d. h. die Ordnung, nach welcher sich die Mannschaften unter ihrem Führer zusammenschaarten, wird die Form für den werdenden Staat.

Die gesellschaftlichen Zustände, die dabei im Hintergrund liegen sind in dem Obigen (§ 1) angedeutet. Mit der entschiedenen Ausbildung des Sondereigenthums gehen die Hauptfunctionen des Heeres und Gerichts auf eine Klasse von Großbauern über, die eben damit den herrschenden Einfluß auf das Gemeinwesen gewinnt. Die schichtenweise Bildung der Besitzmassen giebt den höheren Klassen eine geschiedene Stellung in Wehrgeld und Buße. Ihre verschiedene Geltung im Heerbann und im Gericht, Parteiungleichheit im Prozeß, die verschiedene Geltung der Eideshülfe, die verschiedene Theilnahme an der Urtheilsfindung, die wachsende Schwierigkeit gegen den Mächtigen bei seinen Genossen Recht zu finden, — kurz die Klasseninteressen, welche Heer, Gericht, Friedensbewahrung (später auch die Kirche) durchdringen, erzeugen ein Gefühl, daß die alte genossenschaftliche Verfassung für Besitz und Nichtbesitz in ihrem jetzigen

Gegensatz nicht mehr ausreicht. Die von den freien Männern gewählten Obrigkeiten werden in solchen Zuständen bewußt und unbewußt Repräsentanten der Interessen und des Rechts der höhern Klasse; die urtheilsfindenden Witan sind nur noch der Ausdruck des Rechtbewußtseins der höhern Klasse. Bei ihren Beschlüssen im Einzelen wie im Ganzen tritt naturgemäß das Bestreben hervor, ihre thatsächliche Macht zur rechtlichen Ausschließung und zur Belastung der unteren Klassen zu gebrauchen. In dem schweren Druck des Heerbannes auf den kleinen Besitz, wie in den massenhaften Verhältnissen der Landleihe und des Dienstes, war dazu die stetige Veranlassung gegeben. Durch Kriegsnoth und Unglücksfälle werden die selbständigen kleinen Besitzer aus ihren Höfen vertrieben, zur Ergebung an einen Hlâford genöthigt, die Hundertschaften durchbrochen durch Herrenhöfe und unfreie Gemeinden, die vereinzelten Allodbauern immer weniger fähig einander zu schützen und den Gemeindelasten zu genügen. — Diesen Zuständen gegenüber befanden sich die schwächeren Klassen sicherlich besser, wenn eine höhere unparteiische Macht die Obrigkeiten in Heer und Gericht ernannte, leitete und controllirte. Nur von einer solchen Hand konnte das Folkland seiner Bestimmung als Gemeingut erhalten werden. Nur von einer solchen Macht konnte die Initiative zu Anordnungen herkommen, deren es jetzt zum Schutz der unvertretenen Klassen bedurfte, nicht aus den Versammlungen der Optimaten. Die Zurückdrängung der kleinen Besitzer und der Besitzlosen aus allen größeren Versammlungen vermindert überhaupt das Interesse an dem genossenschaftlichen Leben und macht die Massen geneigt, lieber einem fernstehenden großen Herrn als vielen mächtigen Nachbarn unterthan zu sein. Das Mittelalter ist in seiner Staatsbildung von einem empirischen Takt geleitet. Sollte der höchste Leiter des Gemeinwesens über jene Interessen erhoben werden, so war es nothwendig, ihm eine so geehrte Stellung zu geben, neben welcher das gewöhnliche Streben der herrschenden Klasse verschwand. Es war nothwendig, diese Stellung zu einer *dauernden* Würde der Familie zu machen, die unabhängig von der Gunst der herrschenden Klasse dem dauernden Wohl der Gesammtheit gewidmet sein konnte, und in dem Gefühl ihres hohen Berufs dazu auch geneigt war. Im Gegensatz des Orients und der antiken Welt wurde so in der germanischen Welt durch das erbliche Königthum der Staat *über die Gesellschaft* erhoben, und dem ewigen Wesen des Staats ein Vertreter geschaffen, zur Erhaltung der rechtlichen Gleichheit gegen die Uebermacht des Besitzes, gegen die Abschließung des Standesrechts. Und eben darum ist das Königthum auch bei den

Angelsachsen durch die Neigungen der schwächeren Klassen erhoben und getragen worden, darum fand es sich mit der Gesammtheit des Volks durch ein gegenseitiges Band verbunden, welches unter allen Schöpfungen des weltlichen Staats die längste und sicherste Dauer gehabt hat.

In diesem Sinne bilden sich zunächst die Ehrenrechte des angelsächsischen Königthums.**) Sie ergaben sich daraus, daß die verkörperte Staatsgewalt, um unabhängig über der Gesellschaft zu stehen, die unbestrittene Spitze der Gesellschaft selbst, also eine Stufe über die höchste Klasse erhoben sein muß. Der König hat demgemäß die höchste Stufe des Wehrgelds, nämlich in Mercia 30,000 Sceatten = 7200 Sh. = 120 Pfd. Silber, also so hoch wie das Wehrgeld von 6 Thanen oder 36 Ceorls. In anderen Landestheilen ist die einfache Wehr des Königs anscheinend nicht höher als die des Erzbischofs; der Betrag des königlichen Wehrgeldes verdoppelt sich aber durch die gleich hohe Cynebot, welche nicht die Familie, sondern das Gesammtvolk für das Leben „seines Königs" fordert — zum Ausdruck des Gedankens, daß in gegenseitiger Zugehörigkeit der König nicht bloß seiner Familie und seinem Geschlecht, sondern dem Gesammtvolk, dem Gemeinwesen zugehört. Auch die nächsten Mitglieder der königlichen Familie sind durch die einfache Königswehr und durch erhöhte Mundbrüchte Cn. II. 58. Anh. IV. 4. über Prälaten und Thane erhoben, und bilden unter dem Namen Athelingi den einzigen rechtlich anerkannten Geburtsadel der angelsächsischen Zeit, in welchem bereits der familienrechtliche Charakter der Königswürde hervortritt. Die frühzeitig anerkannte Todesstrafe gegen Königsmord und Beherbergung von Verbannten oder aufrührerischen Gefolgsmännern des Königs gehört schon entschiedener zur Seite der höchsten obrigkeitlichen Würde. Die höhere Stufe des Wehrgeldes und der Buße für seinen Gefolgsmann, die höhere Geltung des Gefolgmannes als Eideshelfer bilden zugleich gesellschaftliches Ehrenrecht und Anerkennung obrigkeitlicher Autorität. Ein besonderer Schutz erstreckt sich sogar herab bis zu dem Pathen, dem Stallknecht und zu dem Mann, den der König dadurch ehrt, daß er in seinem Hause einen Trunk zu sich nimmt.

Der gesellschaftlichen Seite des Königthums gehört auch die Bildung des Hofstaats an, dessen 4 Hauptämter wie in den übrigen germanischen Königreichen der Kämmerer, der Marschall, der Haushofmeister und der Mundschenk sind. Dies Hofbeamtenthum ist indessen eine Bildung, die dem großen Grundbesitz als solchem zugehört, und daher auch bei den großen Thanen des Mittelalters ziemlich gleichmäßig wiederkehrt. Die überwiegend staatliche Ausbildung des angelsächsischen Königthums zeigt sich darin, daß das Hofbeamtenthum als solches keine hervorragende Stellung einnimmt.

Langsamer als die Ehrenrechte des Königs entwickeln sich staatliche Hoheitsrechte. Als Bezeichnung der höchsten Obrigkeit findet sich die eines Hlâford and Mundbora des ganzen Volks (Chr. Sax. a. 921). Und mit großem Nachdruck wird später von den Dänen zu Cambridge gesagt, sie hätten Edward zum Hlâford und Mundbora gewählt und dies mit Eiden bekräftigt. Während das Wort Hlâford die Oberherrlichkeit des ganzen Volks ausdrückt, welches ihm Treue und Gehorsam zu geloben hat, drückt die Bezeichnung des Mundbora die eines Schützers und Schirmers, defensor et patronus aus. Die erstere Bezeichnung entspricht mehr der Kriegsherrlichkeit, die zweite mehr der Gerichts- und Polizeiherrlichkeit des Königthums. Die weite Unbestimmtheit der Bezeichnung entspricht aber der Sache. Es war in der That ein langsamer Bildungsprozeß, in welchem die königlichen Regierungsrechte der spätern Zeit noch nicht zu finden sind. Ueberall waltet noch eine Analogie der Privatherrlichkeit der herrschenden Klassen, wie denn auch der dem König geleistete Treueid noch wörtlich ebenso lautet wie der Diensteid jedes Privaten an seinen Hlâford. Seit Edmund wird eine allgemeine Pflicht des Volkes anerkannt, dem König einen Treueid, hyld-âth zu leisten, ohne daß jedoch besondere Folgerungen für die Verfassung daraus gezogen werden. Eben deshalb ist es nicht angemessen von Hoheitsrechten des angelsächsischen Königs zu sprechen, sondern vielmehr von einer Kriegs-, Gerichts- und Polizeiherrlichkeit, von der Schutzherrlichkeit über die Kirche. Heer, Gericht, und Kirche sind auch hier die drei gegebenen Grundlagen.

I. Die Kriegsherrlichkeit[1]) lag als oberster Heerbefehl schon in der alten Herzogswürde, und geht unbestritten und unverändert durch die ganze angelsächsische Zeit hindurch. Vor und nach Vereinigung der Reiche streitet der König in normalen Zeiten persönlich an der Spitze seines Heeres in den zahllosen Schlachten der angelsächsischen Geschichte. Nächst dem König erscheinen am häufigsten Ealdormen als stellvertretende Heerführer, öfter auch ein Marschall (steallere) oder ein anderer großer Than. In Fällen dringender Gefahr führt zuweilen ein lokaler Shirgerefa unmittelbar die Mannschaften gegen den Feind. Die Statthalterschaft des Ealdorman enthält auch einen Auftrag des Heerbefehls. Uebrigens ist in der ganzen angelsächsischen Zeit keine Spur davon zu finden, daß die active

Führung des Gesammtheeres mit irgend einem Amt oder Besitz verbunden worden wäre. Die zufällige, nach Zeit und Ort wechselnde Erscheinung der stellvertretenden Heerführer beweist vielmehr das Gegentheil.

Verschieden aber von dem Heerbefehl ist die Beschlußnahme über Krieg und Frieden und die anordnende Gewalt über die Vertheilung und Ausrüstung der Contingente. Der Beschluß darüber gehörte von Hause aus dem Volk, ohne dessen Zustimmung kein „Volkskrieg" erhoben werden konnte. Auch später beschließt darüber der König in der Landesversammlung, die in den kleinen Königreichen mit der Grafschaftsversammlung noch zusammenfällt. Nach Consolidirung der größeren Reiche mit ihrer Untereintheilung fällt der Grafschaftsversammlung die Beschlußnahme über Vertheilung der Contingente unter Leitung des königlichen Statthalters zu.

Diese herkömmlichen Beschränkungen der Kriegsgewalt gelten indessen nicht für das bewaffnete Hofgesinde und die persönlichen Dienstmannschaften des Königs, deren Aufgebot sein persönliches Recht, deren Ausrüstung das Geschäft eines Hofbeamten, des Steallere war. Schon in den zahlreichen Fehden der kleinen Königreiche hat die Kriegführung durch Dienstmannschaften, und damit die Dienstmannschaft selbst einen Umfang und Einfluß gewonnen, neben welchem die alte Landesmiliz in Verfall kommt. Die unglücklichen Kämpfe mit den Dänen bekundeten die Unbeholfenheit und zeitweise Unbrauchbarkeit der Verfassung der alten Volkswehr so evident, daß in den Rettungskämpfen unter Alfred dem Großen überall die persönliche Anordnung des Königs hervortritt. Das persönliche Dienstverhältniß zum König, die „Thanschaft" erstreckt sich unter gewissen Bedingungen immer mehr auf alle größeren Besitzer von 5 hîdae. Seit dieser Zeit waren zahlreiche Präcedenzfälle vorhanden, in welchen auch ohne Beschlüsse der Landesversammlung das Volk willig dem persönlichen Aufgebot gefolgt war. Die Kriegsverfassung des Volksheers und der königlichen Dienstmannschaften verschmilzt dadurch in einem gewissen Maße. Der Beschluß über Krieg und Frieden konnte nicht mehr unbedingt und unbestritten von der Landesversammlung abhängen, wenn sie auch thatsächlich gewöhnlich befragt wurde, und jedenfalls ein Recht der Zustimmung beanspruchte, wenn es sich um eine Ueberschreitung der herkömmlichen Dienstzeit, um Winterfeldzüge, Seerüstungen, um Eroberungskriege in ferne Gegenden, überhaupt um ungewöhnliche Leistungen handelte. Auch in den Grafschaftsversammlungen muß die anordnende Gewalt des königlichen Beamten bei der Ausrüstung der Contingente im Ganzen erweitert sein. Der Umfang dieser Gewalten war indessen noch immer von Zeit und Persönlichkeit abhängig, und auch am Schluß der angelsächsischen Zeit unter dem dänischen Cnut offenbar eine andere als in den schwachen Händen Eduards des Bekenners.

II. Die Gerichtsbarkeit des Königs[2]) war die wichtigste neue Gewalt, welche bei dem Uebergang aus dem alten Herzogthum in die Königswürde den Häuptlingen zuwuchs. Als Mundbora des gesammten Volks ist der König lebenslänglicher Landesrichter über Leib, Leben und Gut, und „Quelle der Gerichtsgewalten“. Es ist damit aber nur die Person des höchsten Richters von der Wahl und unmittelbaren Einwirkung der mächtigen Klassen unabhängig gestellt. Das königliche Richteramt selbst behält noch immer den formellen Charakter der germanischen Obrigkeiten. Es liegt darin das Recht der Anordnung, Leitung, Zwangsvollstreckung, nicht das Recht der Urtheilsfindung, welches den Gemeindegenossen gebührt. In dem vereinigten Reich konnte auch der erbliche Landesrichter nicht zu Gericht sitzen (obgleich Beispiele dieses Rechts vorkommen), sondern die Gerichtsherrlichkeit in ihrer regelmäßigen Uebung zeigt sich in der anordnenden Gewalt, welche die Ealdormen und Shirgerefas als königliche Gerichtshalter in den Volksgerichten ernennt, und durch diese wieder die urtheilsfindenden Gemeindeausausschüsse ernennen läßt. Der König ist es ferner, der die Ausdehnung der Eigenthumsgerichte zu einern niedern Strafgewalt, ihre Ausdehnung auf einzele freie Allodbesitzer gestattet, dem grundherrlichen Gericht den Character und die Autorität der obrigkeitlichen Gewalt verleiht, das Verhältniß der Privatgerichte zu den Landesgerichten abgrenzt und regelt. Der König allein als erblicher Landesrichter über die „liberi homines“ kann diese Gewalten verleihen. Die Behandlung der Privat-Gerichtsherren als „Thane des Königs“ verhindert auch in der spätern angelsächsischen Zeit die Verwandlung solcher Rechte in bloße Eigenthumsverhältnisse, zu der die Macht des großen Besitzes hindrängt.

Ebendies Interesse der Großen und das Festhalten am Herkommen in allem Gerichtswesen hat nun aber die hergebrachte Competenz der Gerichtsbezirke eifersüchtig festgehalten. Wenn auch die königlichen Gerichtshalter nur Stellvertreter des Königs sind, so soll doch der König nicht willkürlich in unmittelbarer Concurrenz in die Bezirksgerichte eingreifen, sondern nur ergänzend und subsidiär, im Fall der Rechtsverweigerung, oder wo nach der hohen Stellung einer Partei im

Grafschaftsgericht kein unparteisches Recht zu finden oder zu erwarten ist. Diese subsidiäre Stellung ist am bestimmtesten ausgesprochen in Edg. III. 2:

„Und Niemand gehe an den König um einer Rechtssache willen, außer wenn ihm das Recht daheim versagt wird, oder er nicht zu seinem Recht gelangen kann.

Cn. II. §. 17: „Und Niemand gehe an den König, außer wenn er sein Recht nicht in seiner Hundertschaft erlangen kann; und man gehe bei Strafe an das Hundertgemot wie es Recht ist zu thun."

Es ist überhaupt eine germanische Grundidee, daß wenn die niedere Gewalt sich weigert Recht zu gewähren, die höhere eintritt um die Gewährung des Rechts zu erzwingen. Das Königthum erscheint demnach als die Gewalt, welche dem Richteramt seine Autorität verleiht, die Gerichte zur Fällung von Urtheilen nöthigt, ihre Sprüche nöthigenfalls mit starker Hand aufrecht erhält und vollstreckt, und eben deshalb persönlich eintritt, wenn bei den ordentlichen Gerichten das Recht nicht zu finden ist. So erscheint der „König in der Landesversammlung" als höchstes Landesgericht, in welchem er über Rechtsverweigerung und über mächtige Parteien Gericht hält, d. h. dem Gerichtsherkommen gemäß zur Rechtsfindung eine Anzahl unparteiischer Witan ernennt, analog wie Ealdormen und Shirgerefa in den Bezirksgerichten die Urtheilsfinder aus den Gerichtsmännern der Grafschaft ernennen. In den späteren Gesetzen findet sich jedoch bereits der seiner Fassung nach allgemeine Satz:

daß Niemand Gerichtsbarkeit (socne) über des Königs Thau habe, als der König selbst. Athlr. III. 11,

welcher bei der Vieldeutigkeit der socne dahin verstanden werden kann, daß über die großen Thane der Witenagemôt, — gegen welche ohnehin in der Grafschaft schwer Recht zu erlangen sein würde — die hohe Gerichtsbarkeit des Königs in der witenagemôte sofort eintreten solle. Von dem weiteren Begriff der Thanschaft ist diese Stelle in keinem Falle zu verstehen.

In dem Gebiet der Strafgewalt erscheint die königliche Gerichtsherrlichkeit auch schon als Begnadigungsrecht, allein doch nur so weit nicht ein Privatrecht auf Genugthuung entgegensteht. Wihtr. 26. In. 6 pr. §. 1. Alfr. 7 pr. Athlst. VI., 1, §. 4, 5. Edm. II., 6. Edg. III., 7. Athlr. III., 216. Cn. II., 67. In Edg. III., 2 wird allgemein gesagt, daß wenn Jemand das Urtheil zu hart finde, er bei dem König Milderung nachsuchen möge.

III. Die Polizeiherrlichkeit des angelsächsischen Königs macht ihn zum „obersten Bewahrer des Friedens“. Das Mundium des Königs gilt in dem Maaße als Quelle des Friedens, daß in dem Rechtssprachgebrauch Mund mit Frith (Grith) als gleichbedeutend genommen wird. Diese Friedensgewalten sind Ausfluß und Erweiterung der Strafgerichtsbarkeit, mit der sie auch noch im heutigen England im untrennbaren Gemenge liegen. Durch die Verleihung des königlichen Schutzes werden zunächst besondere Personen, Orte und Zeiten so geheiligt, daß ihre Vergewaltigung schwer gebüßt, und wo schon ein Friedensbruch nach dem Gewohnheitsrecht begangen sein würde, die Strafe verschärft wird von wegen des „besondern Königsfriedens“. Außerdem pflegt aber der König bei seinem Regierungsantritt und bei besonderen Gelegenheiten allgemeine Friedensgebote zu verkünden, die zunächst nur eine Bestätigung der rechtlichen Ordnung bilden, nach welcher rechtsherkömmlich die Friedens- und Rechtsbrüche in den Volksgerichten gebüßt wurden. Die oft damit verbundene Zustimmung der Landesversammlung, das feierliche Gelöbniß der anwesenden Thane und mächtigen Herren, die Einschärfung der Amtspflicht der königlichen Statthalter, Voigte und der Grundherren gab jedoch diesen Friedensgeboten eine lebendige Wirksamkeit, die freilich in bewegten Zeiten wieder in Vergessenheit kam, und dann zu immer wiederkehrenden Erneuerungen die Veranlassung gab. Im Verlauf der Zeit ist die Person des Königs als Träger der Rechtsordnung so sehr in dem Bewußtsein des Volkes lebendig geworden, daß der gemeine Volksfriede, der einst die Grundlage der rechtlichen Ordnung bildete, als Königsfriede bezeichnet wird. Der angelsächsische König erhielt dadurch den Beruf und die Initiative, mit Zustimmung der Landesversammlung das alte System der Composition umzubilden, die schwereren Verbrechen mit Leibes-, Lebensstrafen, Aechtung und Verwirkung des Guts zu bedrohen, die Blutrache zu verdrängen, das Erscheinen des Schuldigen vor Gericht durch verschärfte Bürgschaft zu sichern. In allen diesen Richtungen macht die angelsächsische Zeit verhältnißmäßig rasche Fortschritte. — Aus der Stellung des obersten Friedensbewahrers ergab sich aber auch eine ergänzende Verordnungsgewalt, die selbst ohne Zustimmung der Landesversammlung (über das Gebiet der herkömmlichen Friedens- und Rechtsbrüche hinaus) neue Straffälle schuf, die nun mit schweren Geldbußen belegt sind, sofern die Urtheilsfinder darin einen Bruch des ausdrücklichen königlichen Friedensgebotes erkannten. Die Vereinigung der obersten Friedensbewahrung mit der Stellung des Kriegsherrn in einer

Person, führt ferner zu einer **Verbindung der alten Milizverfassung**, ihrer Einrichtungen, Bezirke und Beamten **mit den Zwecken der Friedensbewahrung**. Das Aufgebot des Volksbanns kann nun auch in Friedenszeit innerhalb der Grafschaft zur Verfolgung und Ergreifung von Friedensbrechern erfolgen (Edw. et G. 6. §. 6, Cn. II. 29, II. 48. §. 6); die Hundertschaften und Zehntschaften der Volksmiliz können in der Person ihrer Vorsteher für die Erhaltung des Friedens, d. h. für die Ergreifung, Festhaltung, Verfolgung, Anzeige von Friedensbrüchen verantwortlich gemacht werden. Eine wichtige Einrichtung dieser Art war zunächst diejenige, nach welcher sicherheitsgefährliche Personen Bürgschaft für ihr Wohlverhalten zu bestellen genöthigt werden. Edm. III. 7. §. 1. Edg. III. 7. Athlr. I. 4. Cn. II. 25. 30. 33. Weitergehend aber wurden landlose Leute unter Androhung der Versagung des Rechtsschutzes genöthigt, sich einer Zehntschaft, d. h. einem engern Gemeindeverband mit einem verantwortlichen Praepositus, Chief-Pledge, Headborrough anzuschließen, oder einen grundbesitzenden Herrn zu suchen, der die Proceßbürgschaft für ihn übernehme. Als allgemeiner Grundsatz wird dies zuerst ausgesprochen in Edgar III. 6:

> „Und ein jeder Mann suche sich Bürgschaft, und der Bürge leite und halte ihn dann zu allem Recht, und wenn dann Jemand Unrecht thut und ausbricht, so trage der Bürge, was er tragen soll. Wenn es aber ein Dieb ist, und wenn er ihn binnen 12 Monaten erlangen kann, so stelle er ihn zu Recht, und man gebe ihm zurück, was er früher zahlte."

Für die nicht in dem Hausstand oder auf dem Land eines Than einbegriffenen Männer werden nun die Zehntschaften der Milizverwaltung benutzt, an welche sich der Unverbürgte so anzuschließen hat, daß ein Spezialbürge event. der Praepositus für ihn haftet. Als allgemeine Landeseinrichtung wird dies eingeschärft in Cn. II. 20:

> „Und wir wollen, daß jeder Freie in eine Hundertschaft und Zehntschaft gebracht werde, wer zur Reinigung und zur Were berechtigt sein will, wenn ihn Jemand erschlägt, nachdem er über 12 Winter alt ist, oder er sei hinfort nicht mehr der Rechte eines Freien würdig, mag er herdfest oder Dienstbote sein. Und daß Jeder sei in eine Hundertschaft und unter Bürgschaft gebracht, und der Bürge halte und geleite ihn zu allem Recht."

Das **System der polizeilichen Verbürgung** war damit generalisirt. Jeder Than ist verantwortlich für seine Hausleute; sein herrschaftlicher Dorfschulze, für die auf seinem Lande angesiedelten

Bauerschaften. Die noch übrigen selbständigen Gemeinfreien müssen sich bemühen, soviel Vertrauen bei einer freien Bauerschaft zu finden, daß diese durch ihren Headborrough die Bürgschaft übernehme. Natürlich war dies nicht leicht, und erschwerte jedem landlosen Manne den Wechsel des Wohnsitzes. Grundsätzlich anerkannt blieb freilich die Freizügigkeit, und allen Hlâfords ist gesetzlich geboten, keinen liber homo an der Aufsuchung eines andern Herrn, Hlâfordsocn, zu hindern, Athlst. III. 4. IV. 5. V. 1. Allein der Abziehende hat sich zuerst auszuweisen, daß er vorher bei seinem frühern Herrn alle Verbindlichkeiten vollständig erfüllt und dessen Erlaubniß zum Abzug erhalten habe; ohne das darf ihn der neue Herr nicht aufnehmen. Edw. II. 7. Athlst. II. 22. III. 4. V. 1. Edm. III. 3. Cn. II. 28.

Bemerkenswerth ist im Allgemeinen die Unbestimmtheit des Umfangs der Gewalten, das Schwankende in dem Namen und dem Begriff der angelsächsischen Friedensbewahrung, wie es nun einmal in Bestimmung und Wesen der Polizeigewalt liegt. Die insulare Lage und die überwiegend friedlichen Neigungen der späteren angelsächsischen Zeit haben aber die Friedensbewahrung zu einer gewissen Vollkommenheit entwickelt, so daß die Chronisten von der Ruhe und Sicherheit des Landes in der Zeit Aelfreds und einigen späteren Zeiträumen ein fast arkadisches Bild geben.

IV. Die Revenue oder das Finanzrecht der angelsächsischen Könige[1]) hat zunächst dieselbe Grundlage wie die eines jeden großen Grundherrn, in dem Privatbesitz des Königs, der wie anderes bôcland erworben, besessen, benutzt, Gegenstand von Veräußerungen und letztwilligen Verfügungen ist. Neben ihm kann auch die Königin (abweichend vom sonstigen ehelichen Güterrecht) Grundstücke im eignen Namen besitzen, verwalten und darüber verfügen. Ursprünglich viel bedeutender waren die nutzbaren Rechte des Königs am Folkland und alle dem, was bei der Occupation des eroberten Landes nicht Einzelen übereignet war, — sei es, daß es seiner Natur nach dazu nicht geeignet oder zufällig nicht vertheilt war. Diese zur Verfügung des Gemeinwesens gebliebenen Güter fallen der Verfügung des obersten Hlâford zu, jedoch mit dem Vorbehalt, daß die Landesversammlung zu allen Zeiten ihr Zustimmungsrecht festhielt, wenn Folkland in Bôcland verwandelt, also unwiderruflich aufgegeben werden sollte. Freilich mußten die nutzbarsten Theile des Folklands wohl in den meisten Theilen des Landes den Ealdormen, Shirgerefas und anderen königlichen Beamten in der Weise eines Gehalts überlassen werden.

Bestimmte Stücke davon bildeten bis zum Schluß der angelsächsischen Zeit die herkömmliche Dotation gewisser Amtsstellen. Massenhaft verloren ging das Folkland ferner durch Schenkung an Kirchen, Klöster und Stiftungen. Die Nutzung des sonst vorhandenen war stets in Anspruch genommen zur Erhaltung des bewaffneten Hofgesindes und der persönlichen Dienstmannen des Königs, zur Belohnung geleisteter Dienste und zu Gunstbezeugungen. Wenn auch dem Recht nach widerruflich, wurden solche Ueberlassungen meistens dauernd, und den Erben häufiger belassen als entzogen. Abgesehen von vorbehaltenen Gefällen und Diensten ging also die unmittelbare Nutzung dem Könige verloren. In späterer Zeit hat der allgemeine Andrang zum Grunderwerb, die Macht der Großen, der Einfluß der Günstlinge weiter und weiter zur Allodificirung geführt, die den Inhalt vieler noch vorhandener angelsächsischer Urkunden bildet. Es sind also mehr vereinzelte nutzbare Rechte, die aus dieser Quelle dem Königthum zufließen. — Namentlich hat sich aus den ursprünglichen Verhältnissen des eroberten Landes, aus dem Verfügungsrecht über das nicht übereignete Gut, ein königliches Recht über Häfen, Landungsplätze und Heerstraßen gebildet, welches die Quelle von Zöllen und Abgaben wird; ein Recht auf Salzwerke und Bleiminen, auf gestrandetes Gut und Schatzfund. Auch das königliche Recht an den Forsten datirt seinen unklaren Umfang wohl aus demselben Prinzip. Zur Zeit Knuts erscheint eine polizeiliche Forst- und Jagdordnung, in der auch wichtige nutzbare Rechte enthalten waren.

Jemehr nun im Verlauf der Zeit der wirthschaftliche Nutzen des Folklands und herrenlosen Guts für die Könige dahinschwand, um so wichtiger und nachhaltiger wurden die nutzbaren Rechte, die sich wie ein Niederschlag aus der Kriegs-, Gerichts- und Polizeiherrlichkeit entwickelten.

1) Aus der Kriegsherrlichkeit entsteht zunächst das Recht auf den Dienst des Volks beim Bau und der Unterhaltung der königlichen Wohnsitze und Burgen, welcher als gemeine Landeslast festgehalten, von den kleineren Gemeinfreien der verfallenen Landesmiliz geleistet wurde. Aus dem Verhältniß der persönlichen Dienstmannschaften bildet sich ferner das Recht des Heergewetes, vermöge dessen beim Tode des Dienstmannes die Rüstung oder ein Entgelt dafür dem König zu geben war. In der Zeit Knuts, als das Thanenrecht und die Thanenstellung der Reichsbeamten immer entschiedener fortgeschritten war, erscheint schon ein allgemeines Gesetz Cn. II §. 72, wodurch das Heergewete des Earl auf 8 Rosse, 4 Panzer 2c.

und 200 Mancus Gold fixirt wird, und so in ähnlich herabgehenden Abstufungen das Heergewette der größeren und kleineren Thane. In Cn. II §. 74 ff. wird auch ein nutzbares Recht der Vormundschaft und der Verheirathung regulirt, welches aber jedenfalls wohl nur für die Wittwe und Kinder des vom König unmittelbar ausgestatteten Dienstmannes gemeint war.

2) Aus der Gerichtsgewalt entsteht das königliche Recht auf die verwirkten Güter, sowohl Bôcland wie fahrende Habe, soweit solche in Folge von Verrath, Diebstahl und anderen Verbrechen nach den späteren Reichsgesetzen dem König verfallen. Noch viel umfangreicher sind die zahlreichen Geldbußen, die indessen in den grundherrlichen Gerichten dem Privatgerichtsherrn zufallen, und auch im königlichen Gericht durch die feststehenden Antheile des Ealdorman und Shirgerefa stark geschmälert werden.

3) Aus der Polizeigewalt entwickelt sich außer dem großen System der Geldbußen ein Marktrecht, welches hauptsächlich durch Verleihungen und vorbehaltene Leistungen nutzbar gemacht wird. Die polizeiliche Gewalt führt auch zu einer Erweiterung der Zölle, die in Seehäfen und schiffbaren Strömen erhoben werden; ingleichen zu Schutzgeldern von Handelsleuten, Juden und anderen schutzbedürftigen Ausländern.

Unbekannt dagegen ist dieser Zeit ein Recht der direkten Besteuerung. Besiegten Völkern durfte der germanische Häuptling Abgaben auferlegen; „vom eignen Volk empfing er nur Geschenke, insbesondere an Vieh und Früchten." Solche Ehrengaben wurden bei den Volksversammlungen gewährt. Aber auch wenn der König in dem Gebiet seines Heer- und Gerichtsbannes reiste, wurde er und sein Gefolge kostenfrei aufgenommen, was sich demnächst auf die Reisen der königlichen Statthalter, Sendboten und deren Gefolge ausdehnen konnte. Ebenso wenig darf man die Abgaben und Leistungen (Cyninges gafol), die dem König von seinen Domainen, vom Folkland oder verliehenen Rechten oder als Schutzabgaben an die Grundherrschaft entrichtet wurden, für Steuern halten, obwohl dies von Kemble u. A. geschehen ist. Das germanische Gemeinwesen im Großen wie im Kleinen, Staat und Gemeinde sind auf persönliche Leistungen im Heer und Gericht gebaut, und haben diesen Charakter zäher behauptet als die keltische und romanische Staatsbildung. Nur im Zustand der tiefsten Erniedrigung unter Aethelred dem Unberathenen konnte die Landesversammlung einen Landestribut beschließen, mit welchem das „Heer" der dänischen Seeräuber abgekauft werden sollte. Diese auf die einzelen Hufen vertheilte Abgabe wurde dann wiederholt bezahlt als Tribut an die Eindringlinge, von Zeit zu Zeit aber auch an den König als angebliches Schutzgeld zur Abwehr neuer Einfälle. Es fixirte sich zuletzt als Dänengeld auf 12 Pfennige für die Hîda. Es ist nur ein Ausdruck des Verfalls im letzten Jahrhundert des angelsächsischen Staats. Entstehung, Name, die unregelmäßige Weise der Erhebung, die Befreiung der Geistlichkeit davon lassen das Dänengeld als eine Anomalie erscheinen, welche nicht dazu bestimmt war, Grundlage des künftigen Besteuerungsrechts in England zu werden.

V. Die Schutzherrlichkeit über die Kirche[5]) bildet das letzte bedeutungsvolle Recht des Königthums. Sie fand ihre Anknüpfung darin, daß die Aufnahme des neuen Glaubens und Priesterthums überall durch die Beschlüsse der Könige und Landesversammlung entschieden war. Folgerecht wurde auch später noch der Streit unter der Geistlichkeit über die Feier des Osterfestes und andere kirchliche Differenzen durch die Könige entschieden. In den ursprünglich so kleinen Staatsbildungen der britischen Insel konnte es nicht leicht in Vergessenheit kommen, daß die Kirche ihre Duldung, Aufnahme, Herrschaft der Autorität des Königs verdankte, daß die reiche Ausstattung der Bisthümer und Klöster zum großen Theil königlicher Freigiebigkeit aus Folkland und Privatvermögen zu verdanken war. Der römische Stuhl lag zu weit entfernt, um Ansprüche auf Regierung in einem Gemeinwesen erheben zu können, welches noch immer die Autorität von der persönlichen Gegenwart zu trennen ebenso wenig gewöhnt wie geneigt war. Die einheimischen Prälaten aber standen in dem angelsächsischen Kleinstaatenthum der heimathlichen Bevölkerung wiederum so nahe, daß es ihnen schwer wurde hierarchische Ansprüche zu hoch zu spannen. Andererseits mußte die Kirche wie überall im Mittelalter, doch eine selbständige Stellung ihres Personals erstreben. Ihr Amtsorganismus sollte nicht mit der weltlichen Heer-, Gerichts- und Polizeiverfassung verschmelzen. Die königliche Schutzherrlichkeit ergreift daher mehr den äußeren Rahmen der Kirche, ohne in das innere Leben und die Verwaltung im Einzelen einzugreifen. Der angelsächsische König übt:

(1) Ein Ernennungsrecht für die Bischöfe, neben welchem das von der Kirche erstrebte canonische Wahlrecht zu keiner regelmäßigen Wirksamkeit kommen konnte, ebenso wenig wie die gelegentlichen Versuche des päpstlichen Stuhls. Auch für die Klöster hatte häufig schon die Weise ihrer Fundirung zu einem Ernennungsrecht der Aebte geführt.

(2) Das Königthum bewahrt ein Recht der Genehmigung für die kirchlichen Concilienbeschlüsse. Die weitere Verbindung zwischen dem kirchlichen und weltlichen Gemeinwesen ergab sich aus der Vereinigung der Prälaten mit den Thanen in der Witenagemôte und aus dem Zusammentreten des Bischofs mit dem Ealdorman bei der Grafschaftsversammlung.

Die Gesammtheit dieser Ehren, Gewalten und nutzbaren Rechte gestaltet sich nun in dem angelsächsischen Königthum zum erblichen Familienrecht.†) Wie bei der herrschenden Klasse der Zeit hat der königliche Grundbesitz sicherlich einen Antheil an der Entstehung dieser Erblichkeit. Indessen ist dies Element der grundherrlichen Rechte in dem angelsächsischen Königthum keineswegs überwiegend. Entscheidender für diese ganze Zeit war das Gefühl der Nothwendigkeit einer permanenten persönlichen Autorität für die Bedürfnisse des jetzigen Gemeinwesens, als Gegengewicht gegen das sich bildende Klassenrecht. Worauf es zunächst ankam, war die Beseitigung des Streits der mächtigen Familien und ihres Familienanhangs um den Besitz der höchsten Gewalt. Dieser Zweck war aber erreicht, wenn das Recht einer „von Wodan abstammenden" fürstlichen Familien selbstverständlich feststand. Innerhalb der königlichen Familie konnte sich eine Primogeniturordnung um so schwerer bilden, als auch beim angelsächsischen Bôcland noch kein ausschließliches Recht des Erstgeborenen galt. Die Einheit der Thronfolge und ein gewisses Vorrecht des Erstgeborenen ergab sich als ein Naturgemäßes, aber nicht als ein rechtlich Nothwendiges. Wie beim Privatbesitz zunächst der letzte Wille des Eigenthümers entschied, so beachtet man ihn auch bei der Thronfolge. Wie die Kriegstüchtigkeit im alten Volksrecht eine Vorbedingung der vollen Geltung in dem Gemeinwesen, so blieb sie im höchsten Maße die Vorbedingung einer angelsächsischen Königswürde; die Zeit der „Knabenkönige" konnte erst kommen, als die westsächsische Dynastie durch drei lange glorreiche Regierungen in ununterbrochener Folge befestigt war. Wie aber die altgermanische Volksgemeinde einst die Wehrhaftigkeit des Jünglings prüfte, so konnte und wollte man auch die Stimme des Gesammtvolkes nicht ausschließen bei Anerkennung der Vorfrage, ob der neu zu erhebende Monarch würdig sei, den Heerbann des Volkes zu führen. Seitdem ferner die Kirche die Vorfrage entschied, ob eine christliche Ehe dem Gesetze Gottes entsprechend gültig geschlossen, und ein rechtmäßiger Erbe daraus entsprungen sei, beanspruchte sie auch eine Anerkennung des neuen Herrschers von dieser Seite aus. Aus dem

Zusammenwirken dieser Verhältnisse ergab sich, daß in der Thronfolge der jüngere Sohn nicht selten dem ältern vorgezogen wurde, der kriegstüchtige Bruder des Monarchen dem unreifen, körperlich oder geistig schwachen Sohn. Es ergab sich ferner die Beibehaltung einer Wahlform bei der Einsetzung des neuen Königs, wobei nicht nur die Optimaten, sondern das Gesammtvolk, d. h. die anwesenden liberi homines durch Acclamation den neuen Herrn als rechtmäßigen Gebieter anerkennen. Mit dieser Maßgabe aber ist dennoch der Charakter eines erblichen Familienrechts in der angelsächsischen Zeit entschieden. „The royal authority was never allowed to be separated from the royal race." Die Erhebung Knuts zum König des Gesammtvolks der Dänen und Sachsen unter Ausschluß der jugendlichen Söhne Königs Edmund (a. 1016) war ein Akt der Noth und der Kriegsgewalt, der 26 Jahre später durch die einmüthige Berufung des letzten Königs aus Cerdics Stamme wieder gut gemacht wurde (Edw. Conf. 1042—1066). Allerdings aber war und blieb das angelsächsische Königthum eine persönliche Würde und Autorität über das Volk der Angeln, Sachsen und Dänen. Seine Regierungszeit datirt erst von der Krönung an. Sein regelmäßiger Titel ist nicht der eines Königs über das Land, sondern über die Völker. Die feudale Idee eines Grundherrn über Land und Leute ist erst spätere Schöpfung des normannischen Königthums. Kings were the leaders of the people, not the lords of the soil. (Palgrave I. 62.)

*) **Ueber die Entstehung des angelsächsischen Königthums** s. die scharfsinnige Monographie von I. Allen, Inquiry into the rise and growth of the Royal Prerogative in England 1830. 8. Die geschichtlichen Daten sind darin sorgfältig gesammelt und scharfsinnig combinirt. Die Entstehung der Schrift z. Z. der Reformbill und die abstracte Verstandesrichtung aber läßt den Verf. die Entwickelung des Königthums aus den gesellschaftlichen Verhältnissen verkennen. Im Hintergrund liegt bei ihm die Idee der Usurpation und eine stetige Mißgunst gegen die Monarchie. Alles Unfertige und Anomale in der Entwickelung des Königthums ist demgemäß in den Vordergrund gestellt, und eine Reihe von Schlüssen zwar logisch richtig, aber aus ganz unvollständigen Vordersätzen gezogen. — Unbefangen, würdig und im Wesentlichen erschöpfend ist die Grundauffassung von Turner, Anglo-Saxons, Ergänzungsband (IV) Seite 262. Ueber den historischen Hergang Aella's von Sussex s. Beda Hist. Eccles I. 15. Chron. Sax. a. 449. 495. Lappenberg I. 566. Etymologisch soll das Wort Cyning, Kyning nicht von Cyn (Geschlecht) abzuleiten sein, sondern von Cyne (Nobilis). Grimm, deutsche Rechtsalterthümer S. 230. Eine andere Ableitung als „Sohn des Volks" s. Allen, Prerog. 176. Ueber die sociale Stellung des Königthums vorzugweise: Stein, der Begriff der Gesellschaft und die sociale Gesch. der franz. Revol. 2. Aufl. 1855. Das Walten des

Königthums gegenüber dem Klassenrecht ist unverkennbar schon in den Rechtsnormen, welche den Uebergang in die höheren Klassen offen lassen, zunächst für die Knechte durch die Gesetze über die Freilassung; für den Wälen durch das Gesetz, welches ihm mit 5 Hufen Land Gesithcundrecht gewährt; für den ceorl durch das Gesetz, welches ihn dem Than gleichstellt, wenn er 5 Hufen Land, eine Rüstung und eine Hausglocke besitzt; ebenso für den Kaufmann der dreimal über See gereist ist. Noch am Schluß der angelsächsischen Zeit hebt es der Aufsatz „vom weltlichen Rang" mit Wärme hervor: es sei ein Antrieb zu redlichen Handlungen, daß durch Gottes Gnade ein sclavischer Leibeigener Than werden könne, ein ceorl ein eorl, ebenso wie ein Sänger Priester und ein Schreiber Bischof werden könne. Anhang IV. 12. V. 2. VII. 2. §. 9. In der Gesetzgebung über das Gerichtswesen und die Friedensbewahrung wären die allerwesentlichsten Grundzüge ohne das Königthum undenkbar. Die späteren ständischen Parlamente beweisen, daß solche Gesetzgebung aus dem abgeschlossenen Standesrecht einer höheren Klasse nicht hervorgehen kann. — Lehrreich ist auch der von Beda näher erzählte Hergang von a. 672, wo man in Wessex nach dem Tode des Cenwealh den Versuch machte zur Republik unter gewählten Ealdormen zurückzukehren, ein Versuch, der jedoch schon nach 10 Jahren durch die Rückkehr zum Königthum unter Ceadwalla ein Ende fand.

) **Die Ehrenrechte des Königthums gehören überwiegend der socialen Seite an, und es ist sicher nicht zufällig, wenn bei den Kelten in England wie auf dem Continent das Hofbeamtenthum eine viel bedeutendere Rolle spielt. Nationalität und das stärkere Ueberwiegen der großen Besitzmassen wirken zusammen, um dort das Königthum mit Vorliebe als das Haupt eines größten adlichen Hausstandes „repräsentiren" zu lassen. Charakteristisch ist die pedantische Wichtigkeit, mit welcher das Recht von Wales den Rang und die Perquisite der 24 Hofämter mit ihrem Platz an der Königstafel, Marschalls- und Gesindetafel feststellt.

Einen Abschnitt über des Königs Hof- und Haushalt enthält Kemble, Anglosaxons II. Cap. 3. Der Kämmerer kommt unter dem Namen Burthegn, Hordere, cubicularius, camerarius, thesaurarius vor, (es werden auch einmal 2 cubicularii genannt), jedoch ohne nähere Bezeichnung ihrer Geschäfte. — Der Marschall erscheint unter den Namen Steallere, Horsthegn, stabulator, strator regis. Dem Wortlaute nach Aufseher der Pferde, lag ihm wohl alles dasjenige ob, was mit der königlichen Ausrüstung zusammenhing, und insoweit eine besondere Autorität über die kriegerischen Gefolgmannschaften; die häufigere Erwähnung deutet auf eine gewisse Wichtigkeit dieses Hofamts. — Der Haushofmeister, Truchses, erscheint als dapifer, discifer regis, ohne bestimmte Bezeichnung seiner Amtsgeschäfte. Der angelsächsische Name war Discthegn. — Der Mundschenk kommt nur in lateinischen Urkunden als pincerna, pincernus vor. Die kleineren Hofämter werden so selten und so beiläufig erwähnt, daß schon daraus ihre geringe Bedeutung zu entnehmen ist. Allein auch die höheren sind doch nur ehrenvolle Aemter für Großthane, denen der König nach den Umständen auch die Führung des Heeres oder sonst eine hohe Stelle in seinem Rath überträgt. Sie werden bei Unterschriften gelegentlich als Ehrentitel geführt, aber mit keinem Hofamt als solchem sind bestimmte Staatsgeschäfte verbunden. Gerade im letzten Jahrhundert der angelsächsischen Zeit hat der Ernst der Zeit das Hofbeamtenthum neben dem ernsteren Beruf des Staatsbeamtenthums zurückgedrängt. Bei Männern wie den großen Earls Godwine, Harald, Leôfric, Sigeweard ist nicht von den Hofämtern die Rede, die sie etwa im Haushalt bekleidet haben, sondern nur von ihrem Amt als Herzöge und höchste Reichsbeamte. Die Stellung des Großthanen, des hohen Staats- und Hofbeamten, vereinigte sich sehr oft in einer Person; allein schon die Unterschriften der angelsächsischen Urkunden zeigen das Zurücktreten der Hofämter. Ueberall erscheinen die Unterschriften der Prälaten, Duces und Ministri (Thane) als der ordentliche Bestand. Der Titel eines Hofamts kommt nur sporadisch bei einigen Großthanen vor, und nur solchen, die nicht den höheren Rang eines Ealdorman (dux, comes) in der Reichsverwaltung bekleiden, dessen Unterschrift stets vorangeht.

Die staatlichen Hoheitsrechte giebt am ausführlichsten Kemble, Anglo-Saxons II. cap. 2. (Brandes S. 23—87); jedoch weder vollständig noch geordnet, und in allen rechtlichen Beziehungen sehr mangelhaft.

1) Die Kriegsherrlichkeit des angelsächsischen Königs bedarf nothwendig einer Unterscheidung nach ihren verschiedenen Bestandtheilen.

a. Die Beschlußnahme über Krieg und Frieden war von Alters her Sache der germanischen Volksgemeinde, soweit es sich um Erhebung eines wirklichen „Volkskrieges" handelte. Selbst nach der Vereinigung der Reiche bedurfte es zu einem Volkskriege eine Zeit lang wohl noch der Beschlußfassung der gemôtes der einzelen Reichstheile.

b. Die Beschlußfassung im Einzelen behufs Vertheilung und Ausrüstung der Contingente blieb Sache der einzelen Shires, in welchen der königliche Statthalter mit der Grafschaftsversammlung verhandelte. Der administrative Charakter dieser Verhandlungen über das Maaß und die Vertheilung der Heerpflicht ist auch in den Gesetzen ausgesprochen, wie in Athlr. VI. 32. §. 3.:

> Und Burgbesserung und Brückenbesserung beginne man willig aller Orten, und Heerrüstung auch und die Schiffsrüstung ebenso, immer wenn es Zeit ist, wie man es zu gemeinem Bedarf beschließt.

Der feste Bestand der Grafschaftsversammlung umfaßte freilich nur größere Besitzer (Thane), neben denen einzele Männer aus den Hundertschaften und Townships thätig gewesen sein mögen, soweit aus späterer Zeit und aus dem Bedürfniß zurückgeschlossen werden kann. In Ermangelung gesetzlicher Regeln blieb aber das Ausrüstungs- und Vertheilungsgeschäft dem überwiegenden Einfluß des großen Besitzes ausgesetzt, der dabei mancherlei Druck zu üben vermochte.

c. Die persönliche Führung des Volksheeres. Der König ist in erster Stelle Heerführer, und seine Kriegstüchtigkeit oder Untüchtigkeit für das Schicksal des Reichs in der Regel entscheidend. Aus dem obersten Heerbefehl folgt das Recht, alle übrigen Heerführer zu ernennen. Die Buße für Heerversäumniß war übrigens verschieden, je nachdem der König in Person beim Heere ist oder nicht. Im ersteren Fall hat der Heerflüchtige Vermögen und Leben verwirkt. Athlr. V. 28. VI. 35. Cn. II. 77. Henr. 10 §. 1, 13 §. 12, 43 § 2. 7.

Rechtlich ganz anders stand dagegen das Verhältniß der persönlichen Gefolgsmänner und des bewaffneten Hofgesindes. Schon unmittelbar nach der Eroberung erhielt sich wohl der Kern der Mannschaften, welche unter ihrem Führer oder Gefolgsherrn den Sieg erkämpft hatten, auch im Frieden als nähere Umgebung und Gefährten (comites) des Häuptlings. Mit dem Wachsen des Königthums wuchs die Möglichkeit und die Neigung die Zahl der Gefolgsmänner zu vermehren. Kemble I 142 sagt darüber der Zeit etwas vorgreifend: „Wir haben demnach, selbst in den ältesten Zeiten, den Kern eines stehenden Heeres, die Mittel und Werkzeuge der Machtentwickelung sowohl für den König als auch für die prätorianischen Cohorten selbst; kampferfahren und der Schlacht sich freuend, stets bereit sich an Unternehmungen zu betheiligen, welche Abenteuer, Ehre oder Beute versprachen, festlich bewirthet in Friedenszeiten, reich beschenkt in den Zeiten des Krieges; überzeugt, daß die Bande, welche sie mit ihrem Oberhaupte vereinten, geheiligter und bindender seien, als sogar die der Blutsverwandtschaft, und folglich bereit, für seine Interessen ihre Waffen gegen die freien Ansiedler im Districte zu wenden, wenn auch immer seine Laune, Leidenschaft oder Ehrbegierde ihre Dienste beanspruchte. In dem Verhältniß, wie seine Macht und Würde durch ihre Anstrengung und Unterstützung wuchs, wuchs auch ihre Macht und Würde; sein Rang und Glanz spiegelte sich auf Allem wieder, was ihn umgab, bis es endlich nicht nur ehrenvoller wurde, der unfreie Diener eines Fürsten zu sein, als der arme aber freie Landbauer, sondern sogar Sicherheit für Besitz und Eigenthum nur innerhalb ihrer Körperschaft erreicht werden konnte." —

Unter Cnut verdankte die von den Zeitgenossen viel besprochene Königsgarde der 3000 Huscarls (Kemble II. 100—105) demselben System ihre Entstehung. Alle Mannschaften dieser Art standen zum persönlichen Aufgebot des Königs, ihre Ausrüstung unter dem Steallere, oft auch wohl unter besonderer Führung desselben. Da der König seine Ealdormen und gerefas als Vertrauensämter aus nahestehenden Gefolgsmännern wählt, so verschmilzt dies Gefolgschaftswesen mit den obrigkeitlichen Aemtern zu der spätern Thanschaft mit hervorragendem Einfluß in den Landes- und Grafschaftsversammlungen. Im Verlauf der Zeit mußte dies Doppelverhältniß aber auf eine veränderte Stellung der Volksbeschlüsse über Krieg und Frieden zurückwirken. Die ungeregelte Kriegführung im 9. Jahrhundert war wohl völlig incongruent mit einer Kriegsverfassung, die von Beschlüssen einer Landesversammlung und zahllosen Einzelverhandlungen der Grafschaftsversammlungen abhängig sein sollte. In dem vollständigen Ruin des Reichs, aus welchem Alfred der Große sich und sein Volk emporhob, wurde die Beobachtung der alten Verfassungsformen zur Unmöglichkeit. Aelfred hatte einen Turnus eingeführt, in welchem sich bei langen Feldzügen die Mannschaften ablösten, sowie auch Magazine zur Proviantirung des Heeres auf Staatskosten angelegt, neue Einrichtungen für den Seekrieg und die Burgvertheidigung getroffen. Willig folgte die Bevölkerung dem persönlichen Aufgebot des Königs auch in solchen Dingen, die weder an die herkömmliche Zeit, noch an die alte Weise des Volksheerbannes sich binden konnten. Die Mitwirkung der Landesversammlung wurde später wohl nur noch für nöthig erachtet bei langen, ungewöhnlichen Zumuthungen und bei besonderen Seerüstungen, bei welchen zuweilen auch eine Weigerung der gemote erwähnt wird (Anno 1046). Eine ausdrückliche verfassungsmäßige Feststellung der Frage hat indessen niemals stattgefunden.

Aus dem Militärrecht des Königs folgt auch die **Erbauung von Burgen**, zu welcher die alte Landesmiliz in ihrer verfallenen Gestalt verwendet werden konnte. Es lag nahe, die kleineren Gemeinfreien, deren Dienste im wirklichen Krieg seltener aufgeboten wurden, in gemessenen Zeiten zu diesen Kriegszwecken zu verwenden. Derselbe Uebergang findet sich in der carolingischen Gesetzgebung Carol. II. Edict. Pistense a. 864. c. 27 (I. 495) . . . ut illi qui in hostem pergere non potuerint, juxta antiquam et aliarum gentium consuetudinem ad civitates novas et pontes ac transitus paludium operentur, et in civitate atque in marcha wactas faciant. — Das Befestigungswesen der angelsächsischen Zeit blieb jedoch schon wegen der Schwierigkeit einer angemessenen Besatzung mangelhaft, und kam, wenn die Nothstände vorüber waren, immer wieder in Verfall. Ein ausschließliches Recht des Königs zum Burgbau ist übrigens kaum nachzuweisen. (Die Notiz in der angelsächsischen Chronik a. 1052 bezieht sich auf Ausländer.) Befestigte Privatwohnorte, Burgen und Städte werden öfter erwähnt, und müssen in dem dänischen Kriege sich wohl zahlreich gebildet haben. Von Alfred wird erzählt, daß vor dem Schluß seiner Regierung schon mehr als 50 castles nach seinen Anweisungen gebaut worden waren.

2) **Die Gerichtsgewalt der angelsächsischen Könige** war in den kleinen Reichen längst begründet, als sie zu größeren Ganzen vereint wurden. Mediatisirte Häuptlinge, Unterkönige und Statthalter erschienen nun als die Stellvertreter des königlichen Gerichtsherrn. Ein weiteres Stellvertretungsverhältniß mußte sich bilden, wo die größeren Reiche zum Zweck der leichteren Verwaltung in Shires getheilt wurden. Dem Charakter der germanischen Gerichtsverfassung gemäß ist diese Gerichtsgewalt aber das Recht des Gerichthaltens. Die Urtheilsfindung durch die Gemeindegenossen gehört in der ganzen angelsächsischen Zeit zum ordo judiciorem. Mit diesem Vorbehalt galt aber der König wohl als befugt in jedem Grafschafts-, Bezirks- und Ortsgericht persönlich zu Gericht zu sitzen, wie dies auch in der Lebensbeschreibung Alfreds erwähnt wird. Es kommt eine Urkunde vor, die vom König mit den Thanen einer Grafschaft unterzeichnet ist, also wohl in einer Grafschaftsversammlung unter Vorsitz des Königs ausgestellt. 3. Hickes' Thesaur. 30. Die Gerichtshoheit zeigt sich praktisch in folgenden Punkten.

a. In dem Recht der Ernennung der Ealdormen und Shiregerefas als Gerichtshalter. Diese Beamten üben auch den entscheidenden Einfluß auf die Ernennung der Gemeindeausschüsse zur Urtheilsfindung. In erster Stelle entscheidet die Uebereinkunft der Parteien; in deren Ermangelung ist aber nirgends von einer Wahl der Urtheilsfinder durch die Gemeinde die Rede, für die bei der Ungleichheit des Besitzes und der Klasseninteressen in den großen Gerichten, an denen sich die Masse der Gemeinfreien nur als Umstand betheiligte, kein Platz war. Im Strafverfahren hatte der Angeklagte einen Antheil an der Auswahl.

b. Als Landesrichter über die liberi homines verleiht der König auch den Gerichtsbann an die Herrschaftsgerichte. Die Ertheilung einer niederen Strafgewalt, die Erstreckung der Herrschaftsgerichte auf einzele Allodbauern innerhalb ihres Bereichs, die Ausübung jeder obrigkeitlichen Zwangsgewalt, ließ sich nur durch Verleihung bewirken. In diesem Sinne war dann der Grundherr ein königlicher „Than" auch in seiner besondern Eigenschaft als Gerichtsherr. Der Gerichtsherr selbst verwirkt die Amtsbuße für den Ungehorsam, Athlst. IV. 7; er wird neben dem Gerefa auch als Urkundsperson bei Tauschhändeln genannt Athlst. II. 10 pr.; der Land-Hlâford soll gestohlenes Vieh verwahren, bis sich der Eigenthümer findet Edg. IV. 11. Athlr. I. 3. Die Gerichtsgewalt (Socn) des Privaten kann sich aber nie auf einen königlichen Than als solchen erstrecken; wenigstens kann dies der vieldeutige Sinn der oben citirten Stelle sein (Athlr. III. 11 nân man nâge sôcne ofer cynges pegen, buton cyng sylf).

c. Selbstverständlich ernennt der König auch die Ortsrichter auf königlichen Domainen, auf den in unmittelbarer Verwaltung gebliebenen Gebieten des Folklands und in eximirten Bezirken, indem er als Inhaber der Gerichtsgewalt auch Exemtionen mancherlei Art ertheilt.

d. Der König als Gerichtsherr tritt unmittelbar ein, wo der von ihm ernannte Richter seine Pflicht versäumt. Es folgte dies schon aus dem Stellvertretungsverhältniß, — aber nur ergänzend, wenn die Partei in ihrer Hundertschaft nicht Recht erhalten kann. Cn. II. §. 17 cit. Edg. II. §. 2 cit. Athlst. II. 3:

> „Und derjenige, welcher sich an den König wendet, bevor er so oft um Gerechtigkeit gebeten hat, als ihm ziemt, soll dieselbe Buße zahlen, wie der Andere sollte, welcher ihm Gerechtigkeit verweigert hat."

Als Oberinstanz erscheint dann der „König in der witenagemôte", und diese wichtigsten Rechtsfälle bilden den größern Theil der laufenden Beschäftigung der Landesversammlung, oder vielmehr ernannter Ausschüsse, die in dieser Gestalt einen „Gerichtshof des Königs" bilden. Unter Eduard dem Bekenner kommt freilich ein Beispiel vor (codex dipl. No. 1258), wo ein Proceß gegen einen Bischof durch ein Rescript eingeleitet, durch eine vom König ernannte Kommission außerhalb der witenagemôte entschieden wird. Es scheint dies Verfahren indessen nur ein außerordentliches Schiedsgericht darzustellen. Die noch subsidiäre Stellung des königlichen Entscheidungsrechts ist auch noch im Anfang der normannischen Zeit als das hergebrachte angelsächsische Recht anerkannt Wil. I. 43. L. Hen. I. 34, 6.

3) **Die Polizeigewalt oder Friedensbewahrung der Könige** ist Fortbildung ihrer Gerichts- und Militärgewalt, aus welcher der Rechtsgrund, die Formen und die Zwangsmittel der Friedensbewahrung entlehnt werden. Aus der Strafgewalt entwickelt sich im Verlauf der Zeit überall die Idee einer vorbeugenden Gewalt. Das Recht durch persönliche Anordnung den Frieden zu gebieten lag von Anfang an in dem Heerbefehl des Königs, und bei den kriegerischen Stämmen des Continents hat sich der der Kriegsverfassung angehörige Begriff des Bannes und der Bannbuße direct auf das Rechtsgebiet ausgedehnt und zu einer Erweiterung der Befugnisse der Gerichtsobrigkeit geführt. In England wird die Friedensgewalt anscheinend zunächst aus der Gerichtsgewalt und aus der Schutzpflicht (mundium) abgeleitet, hier erscheinen mund und frith als gleichbedeutend; dagegen werden die Einrichtungen der Volksmiliz zur Ausführung der Maßregeln der Friedensgewalt benutzt.

Die besonderen Friedensgebote erstreckten sich (1) auf gewisse Orte: den Wohnsitz des Königs und dessen Umgebung Athlb. 3. 5. In 6. Alfr. 7. Cn. II. 59; auf die häusliche Wohnung der höheren Klassen und unter andern Namen auch der niederen Klassen, besonders aber als Cirik-frith auf Kirchen und Klöster. (2) auf gewisse Zeiten: die Zeit wo der Heerbann aufgeboten ist Alfr. 40. §. 1. Cn. II. 61., die Volks- und Gerichtsversammlungen Athlb. II. 8. Athlr. III. 1. Cn. II. 82; Versammlungen zu Märkten, Vergabungen, Gildenversammlungen In 6 §. 5. Athlr. III. 1, den Krönungstag des Königs, und von der kirchlichen Seite auf die Fastenzeiten und Fasttage Alfr. 5. §. 5 etc.

(3) Auf gewisse Personen: die Wittwen Athlr. V. 21. VI. 26, die Nonnen Alf. VIII. 18 und die gesammte Geistlichkeit, anscheinend sogar auf die Besitzungen und einzelen Sachen des Klerus Athlb. 1. Edw. Conf. 1. §. 1. Ein allgemeines Friedensgebot pflegten die Könige bei ihrem Regierungsantritt zu erlassen. Immer waren es jedoch noch die urtheilsfindenden Gemeindegenossen, die darüber zu befinden hatten, ob in einer bestimmten Handlung der Königsfriede gebrochen sei. Oefter wurde in den Landesversammlungen mit großer Feierlichkeit das Friedensgebot verkündet und erneut, unter Zustimmung der Witan und Prälaten und Thane feierliche Versprechungen darüber abgenommen. Im Verlauf der Menschenalter gewöhnt man sich daran, die so begründete Rechtsordnung auf die so oft wiederholten, so oft in den Landesversammlungen bestätigten, so oft durch die Gerichte angewandten Friedensgebote zurück zu führen, daß der alte Volksfrieden in einen Königsfrieden übergeht, unter welchem nun die Staatssanktion der wichtigeren Verbrechen und häufigeren Vergehen einbegriffen wird. Am schwersten hielt es natürlich solche neue Verordnungen durchzusetzen, die den Gemeindemitgliedern neue Zumuthungen zur Ergreifung, Strafverfolgung von Friedensbrüchen, oder gar neue Verantwortlichkeiten dafür auferlegten. Trotz der Zustimmung der Landesversammlungen, die zu neuen Belastungen wohl als nothwendig galt, sind solche Einrichtungen immer am leichtesten verfallen, namentlich auch die oben ausgeführte, in ihrer Bedeutung viel bestrittene der Friedensbürgschaft, vergl. Gneist II. S. 23, 24, 28, in Anknüpfung an die normannische Zeit.

4) **Das Finanzrecht der angelsächsischen Könige** beruht auf einer sehr zusammengesetzten Reihe von nutzbaren Rechten, die von Kemble II. S. 42—87 ausführlich aber sehr planlos behandelt werden.

Der allodiale Privatbesitz des Königs ist wohl in der Weise eines jeden andern besessen worden. Unter anderm ergiebt das Testament König Alfreds, daß er wie sein Großvater Ecgbert nach Willkür über seine Privatdomainen verfügen konnte. Allen Prerogative 143. Die Masse der Außenländereien wurde nach der Wirthschaftsweise der Zeit durch angesiedelte Leute mit zahlreichen Abgaben, Naturalleistungen und Diensten nutzbar gemacht.

Die nutzbaren Rechte des Königs am ager publicus, Folkland, sind bis in die spätere angelsächsische Zeit wohl von Bedeutung gewesen. Die Ueberlassung desselben an königliche Thane und Grafschaftsbeamte zu widerruflicher Benutzung schloß meistens den Vorbehalt nutzbarer Leistungen für den königlichen Haushalt nicht aus.

Aus den ursprünglichen Verhältnissen der Eroberung ergab sich ein königliches Recht an den großen Straßen, an Häfen und Landungsplätzen, welches die Anknüpfung für besondere Friedensgebote, und ein Grund für Abgaben von Schiffen und ausländischen Handelsleuten wurde. Als herrenloses Gut galt auch das Gestrandete, welches dann wieder Gegenstand von Verleihungen wird (Cod. dipl. No. 809), oder als naufragium eine unmittelbare Einnahmequelle bildet Ld. Henr. I. 10 §. 10. — Auf die Herrnlosigkeit ist auch das königliche Recht auf den Schatzfund zurückzuführen, welches nach den Sitten der Zeit nicht ohne Bedeutung sein mochte. — Das in den Urkunden zuweilen erwähnte königliche Recht auf Salzwerke und Bleiminen kann ebensowohl aus der Idee der Herrenlosigkeit wie aus dem Domainenbesitz und den Rechten am Folkland erklärt werden. — Unzweifelhaft hängt das Recht der Forste ursprünglich mit den Verhältnissen des eroberten Landes zusammen, bei welchen die vorhandenen Waldungen nicht zum Privateigenthum übergeeignet wurden, vielmehr Folkland oder Gemeindemark und Gegenstand gemeiner Nutzung blieben. Im Verlauf der Zeit ist daraus mit Hülfe der Polizeigewalt eine Art von Forstregal geworden, dessen ältere Gestalt unklar, welches aber in den weitgehenden Constitutiones de foresta Cnut's bereits eine ausführliche Forst- und Jagdordnung darstellt, die den jagdlustigen Herrschern auch wichtige nutzbare Rechte vorbehielt. Die Forstgesetze Cnuts unterscheiden bereits eine hohe Jagd als Regal von der niedern Jagd. Der vorhandene Text ist jedoch nur eine spätere lateinische Uebersetzung und Ueberarbeitung, die für das ursprüngliche Alter mancher Einzelbestimmungen keine sichere Gewähr giebt.

Man kann alle diese Einnahmequellen als unmittelbare bezeichnen im Gegensatze der nun folgenden aus den obrigkeitlichen Rechten abgeleiteten Einkünfte.

1) Aus der Heeresverfassung entsteht das Recht der Hülfe der Landmiliz zu beanspruchen, wenn es galt den Wohnsitz oder die Burg des Königs zu bauen oder zu umzäunen. Als Theil der sog. trinoda necessitas wird diese Leistung in Verleihungsurkunden bei dem allerfreiesten Besitz in der Regal vorbehalten. — Aus dem besonderen Recht der Dienstmannschaft andererseits bildet sich das Recht des Heergewettes, heregeatwe. Heergewette von Bischöfen, Ealdormen, Thanen, kommen schon in den Urkunden des 10. Jahrhunderts ziemlich häufig vor (Codex dipl. 492, 593, 699, 716, 957, 967, 979, 1173, 1223). Ob sie aber ein allgemeines Gesetz des Thanrechts, oder ob sie nur von solchen Gefolgsmännern gefordert wurden, welche ihre Ausrüstung vom König thatsächlich wirklich erhalten hatten, ist dennoch zweifelhaft. In den Gesetzen Cnut's aber (Cn. II. §. 72) erscheint das Heergewette in folgenden Ansätzen: Das eines Earl acht Rosse, vier Helme, vier Panzer, acht Speere, acht Schilde, vier Schwerter, 200 Mancus Gold. Bei den höheren „dem König nahestehenden" Thanen ungefähr die Hälfte der Waffen und 50 Mancus Gold. Bei einem weniger hochstehenden Than ein aufgezäumtes Roß mit seinen Waffen — oder in Wessex seinen Healsfang, in Mercia und Ostangeln 2 Pfund Silber. Als feste Revenue wird es auch im Domesdaybook erwähnt. In Kent kommt eine Verpflichtung zu einer Art Heergewette auch bei freien Allodialbesitzern vor, vergl. Ellis Introd. I. 54. Ueber die nutzbaren Rechte aus Vormundschaft und Verheirathung vergl. Kemble II. 80.

2) Aus der Gerichtsgewalt entwickelt sich ein umfangreiches Recht auf verwirkte Güter. Schon in den Gesetzen Ine's steht die Verwirkung der Habe auf das Fechten in des Königs Hause In. §. 6. — ferner auf Verrath Alfr. §. 4. Athlst. II. 4. Athlr. V. 30, VI. 37. Cn. II. 57. — Aufnahme und Unterstützung von Dieben Athlst. I. §. 3 und nach sonstigen Gesetzen. Die angelsächsischen Urkunden geben viele Belege von Besitzeinziehungen sowohl des Boclandes wie der fahrenden Habe wegen Diebstahls und anderer Verbrechen. Cod. dipl. 579, 601, 719, 1035, 1078, 1090, 1112, 1258, 1295, 1307, 1310, 1312. Noch viel bedeutender war der Ertrag der zahlreichen Geldbußen, deren große Masse freilich immer mehr den Grundherren als Inhabern der Privatgerichte zufiel. Edg. II. 3. Athlr. VIII. 8. Cn. I. 8. In den späteren Zeiten wurde immer mehr die Gesammtheit der königlichen Bußen den Grundherren verliehen. Die Gesetze Cnuts kehren daher das Ver-

hältniß schon um, und zählen umgekehrt als königliches Reservat die sechs Vergehen auf, deren Strafgelder dem König noch zufallen. Cn. II 12—15. In Wessex und Mercia gelten dafür die gleichen Grundsätze; nach dem Dänenrecht sind die aufgezählten Rechte noch etwas beschränkter, und es wird überhaupt hinzugefügt, daß dies königliche Reservat nur gelte, wenn der König nicht Jemanden mit weiteren Rechten beliehen habe. Mit Recht hebt Maurer krit. Ueberschau II. 57 hervor, wie wichtig die Verleihung der Gerichtsgefälle in Masse an die Grundherren für die thatsächliche Erweiterung ihrer Macht wurde, insofern der Grundherr durch Zahlung des Angyld fortan der Berufung seiner Hintersassen an die königlichen Gerichte vorbeugen, und die Frage ob und welches Strafgeld er von letzteren für sich erheben wolle, als rein innere Angelegenheit abthun konnte.

3) aus den Polizeigewalten entwickelte sich das Marktrecht, welches die Befugnisse Zölle zu erheben und eine Marktpolizei zu üben, an Grundherren und Gemeinden verlieh und dafür öfter sich Geldzahlungen und nutzbare Leistungen vorbehielt. — Das nahestehende Recht der Erhebung von Zöllen in Seehäfen und vom Transport auf großen Straßen und schiffbaren Strömen kann ebensowohl aus den Gewalten der Friedensbewahrung, wie aus der Idee der Herrenlosigkeit dieser res publicae entstanden sein, und gewährt dem König unmittelbare Einnahmen. Unzweifelhaft hatte der König zu bestimmen, welche Landungsplätze gefriedet, gefrithod, sein sollen, woraus sich eben das Vorrecht eines Hafenorts ergab. Noch öfter wird das Zollrecht Gegenstand von Verleihungen an Private; noch häufiger Gegenstand von Befreiungsurkunden, bei welchen wiederum ein Aequivalent oder ein dauerndes Gefälle für den König entstehen konnte. — Unzweifelhaft aus der Friedensbewahrung entstand das Recht des Fremdenschutzes für Handelsleute, später namentlich für die Juden leg. Edw. Conf. §. 25, als Quelle von Schutzabgaben. Dies Schutzrecht mit dem Anspruch auf das Wehrgeld gilt aber nur für die eigentlich Volksfremden Edw. et G. 12. Athlr. VIII. 33. Cn. II. 40. Henr. 10. §. 3. 75. §. 7.

Ein Besteuerungsrecht dagegen liegt in dem germanischen Königthum bekanntlich noch nicht. Von Geschenken an Vieh und Früchten spricht schon Tacitus. Herbergung und Aufnahme bei Rundreisen erstreckten sich mit der Person des Königs auch auf seine Gefolgen, und wurden nach der Weise aller Ehrengaben aus einer Anstandspflicht zu einer Art Recht, welches als pastus oder convivium von seinem Reisegenossen gefordert wurde. Es lag nicht weit das Recht der Herberge und Beköstigung auch auf königliche Sendboten und Bedienstete auszudehnen, weiter auf Stellung von Pferden, auf Fortschaffung von Gütern, auf Bewirthung der Dienerschaft. Mancherlei Besitzungen und nutzbare Rechte des Königs waren an Klöster und Grundherren mit ausdrücklichem Vorbehalt solcher Ehrengaben verliehen, und beförderten durch die Vermischung eines bloßen Herkommens mit reservirten Rechten in Verlauf der Zeit mißbräuchliche Ausdehnung. Auf diese später so viel erwähnten Mißbräuche bezieht sich schon die gut gemeinte Vorschrift Cnuts II. 69. §. 1: „das ist das Erste was ich allen meinen Gerêfen gebiete, daß sie zu dem Meinigen recht Sorge tragen und mich daraus unterhalten, und daß ihnen Niemand als Beihülfe zum Unterhalt etwas zu geben braucht, außer wenn er es selbst will".

Ueber den geschichtlichen Hergang der Entstehung des ersten Dänentributs vergl. Lappenberg I. 423. Die späteren schmachvollen Tribute stiegen

a. 1018 bis zu 82,500 Pfund Silber. Die Vertheilung nach Hufen war schon bei den Kriegslasten üblich, und wurde namentlich auch bei Seerüstungen anerkannt. (Im Jahre 1008 wird durch einen ausdrücklichen Reichsbeschluß von je 310 Hiden ein Kriegsschiff ausgerüstet.) Ueber das Befreiungsprivilegium der Geistlichkeit vergl. Leg. Ed. Conf. c. 11. Unter Eduard erwähnt dann aber die angelsächsische Chronik anno 1052 das Dänengeld als abgeschafft.

Selbstverständlich ist von einem Staatshaushaltetat in der angelsächsischen Zeit noch nicht die Rede. Die freie Verfügung des Königs über die Staatsrevenüen ergiebt sich namentlich aus der Erzählung Asser's, nach welchem Alfred die eine Hälfte seiner Revenüen für die Kirche, die andere Hälfte für weltliche Zwecke bestimmt hatte. Von der weltlichen Hälfte soll er $1/3$ für seine Krieger und Dienstmannen, $1/3$ der Gastfreundschaft, $1/3$ für die unzähligen Künstler und Bauleute bewilligt haben, die er aus der Fremde um sich versammelte.

5) **Die Schutzherrlichkeit des Königs über die Kirche** basirt zunächst auf dem königlichen Ernennungsrecht der Prälaten. Ziemlich unbefangen ist dies anerkannt von dem katholischen Lingard, Hist. of the Anglosaxon Church I. 89. Die große Mehrzahl der Präcedenzfälle ergiebt, daß namentlich die Bischöfe durch königliche Willensacte frei eingesetzt und entsetzt wurden. Bezeichnend ist auch die Thatsache, daß eine so große Zahl königlicher Capellane zu Bischofssitzen erhoben wurde. Ein Schriftsteller des 12. Jahrhunderts bezeichnet dies königliche Recht als Reichsgewohnheit: Cum autem juxta regni consuetudinem in electionibus faciendis potissimas habeat partes. Pet. Blesensis Ep. de Henrico II. An. Frivet ad ann. 1154, p 35. (Kemble II. 328.) Unter Eduard dem Bekenner wurde die Ernennung eines Prälaten durch königliche Charte verkündet, welche ausdrückt, daß der König „den Bischofssitz mit allen dazu gehörigen Rechten verliehen habe." Palgrave I. 173. 174. — Das Zustimmungsrecht des Königs zu den Beschlüssen der Geistlichkeit ergab sich ursprünglich aus dem Hergang der Aufnahme des neuen Glaubens bei Hofe mit Zustimmung der Landesversammlung. In älterer Zeit kommt der König sogar als Vorsitzender von Versammlungen vor, die den Charakter einer eigentlichen Kirchensynode tragen Cod. dipl. No. 116. Willibald Vita Bonifacii II. S. 338. Als Staats- und Kirchenverfassung sich strenger sonderten, hielt man doch daran fest, daß eine Aenderung der äußerlichen Einrichtungen der Kirche von König und witenagemote zu genehmigen sei, wie die Bestimmungen über Heilighaltung des Sabbath, der Fasten, Feste und kirchliche Abgaben. Auch die große Frage des Mönchthums wurde im 10. Jahrhundert wiederholt von den Witan berathen, Kemble II. 189. Die großen Acte der angelsächsischen Gesetzgebung bilden oft zwei Reihen: erstens kirchliche, zweitens weltliche Gesetze Athl., Edmund's, Cnut's etc. Beide Reihen werden aber als „Gesetze des Königs" promulgirt, und ihr Inhalt ergiebt, daß man annahm, neue Verpflichtungen können den Laien nur vom König in der Landesversammlung auferlegt werden. Die befestigte Macht des Königthums zeigt sich namentlich auch bei den Kirchenstreitigkeiten. In den beiden ersten Epochen eines Streits zwischen Königthum und Kirchenhierarchie — zur Zeit des Bischof Wilfried und des Erzbischof Dunstan — behauptet das Königthum siegreich eine Obergewalt über die Beschlüsse der Kirche, sowie das Ernennungs- und Absetzungsrecht der Prälaten sowohl gegen Rom, wie gegen die einheimischen Kirchenconcilien. Die

formelle Gewalt des Königs tritt bei dem Streit so stark hervor, daß der Gegner sofort genöthigt ist das Feld zu räumen, und erst im Verlauf der Zeit durch die Parteiungen in der Landesversammlung und günstige Umstände indirekt zum Ziel gelangt.

†) **Die Erblichkeit des angelsächsischen Königthums** wird insofern einseitig behandelt, als man von dem feudalen und heutigen Grundsatz der Primogeniturordnung im Grundbesitz ausgeht, wonach allerdings unter 19 Thronfolgen der vereinigten Monarchie nicht weniger als 8 unregelmäßige zu finden sind. Selbst auf dem Höhepunkt der westsächsischen Dynastie geht Alfred seinen älteren Brüdern vor, Athelstan seinen legitimen Brüdern. Allein im letztern Fall war eine Art von Legitimation durch den zeitigen König unter Anerkennung der Landesversammlung und der Geistlichkeit unzweifelhaft vorangegangen. Eine feste Primogeniturordnung, welche Carte annimmt, war überhaupt den Angelsächsischen noch fremd. Alle sogenannte Unregelmäßigkeit der westsächsischen Thronfolge läßt sich auf letztwillige Anordnung, Erbvertrag oder auf die persönliche Unfähigkeit des Uebergangenen zurückführen. Alfred der Große in seinem Testament führt seinen Titel zur Krone ausdrücklich zurück (1) auf den Willen seines Vaters (2), auf Uebereinkunft mit seinem Bruder Aethelred (3), auf die Zustimmung der Witan von Wessex. — Ausdrücke die auf eine Volkswahl deuten, erhalten sich zwar noch Jahrhunderte lang, wie die Bezeichnung „gekoren und erhoben" zum König (in Erinnerung an den uralten Volksgebrauch der Erhebung auf den Schild). In Krönungsceremonien erhalten sich indessen alte Formeln stets mit Vorliebe, auch wenn der uralte Sinn derselben nicht mehr besteht. Auch in der heutigen Krönungsceremonie wendet sich der Prälat „nach dem Osten und dem Westen, dem Norden und dem Süden und befragt die Stimme der Menge". Es ist das etwas Analoges wie die Zustimmung des „Umstands" in dem späteren Volksgerichte. Palgrave I. 562 bezeichnet sie als eine Bestätigung des inchoate title des Souverains. An ein freies Wahlrecht unter den Familien des Landes dachte weder die Landesversammlung noch die Bevölkerung. Wie fest das Erbrecht der Familie stand, beweist sicherlich die Periode der sogenannten 6 Knabenkönige und die feierliche Zurückberufung des von den Dänen verjagten Aethelred des Unberathenen oder Ungerathenen nach den vollgültigsten Beweisen seiner Unfähigkeit und Verkehrtheit. Noch verkehrter ist es freilich, wenn einige ältere Beispiele der Entthronung eines Königs durch die unzufriedenen Großen, wie des Siegebert von Wessex und des Beornred von Mercia, als Präcedenzfälle aufgeführt werden für ein angebliches constitutionelles Recht der Witenagemote „den König abzusetzen", woraus dann wieder auf ein Wahlrecht zurückgeschlossen werden soll. S. dagegen Palgrave I. 653. 655.

Die Frage ob der angelsächsische König als Regierer des Volks oder als Herr des Landes betrachtet wird, kann nicht aus einzelen Ausdrücken angelsächsischer Urkunden beurtheilt werden, in welchen der lateinisch concipirende Clericus sich jedesmal verschieden nach seinem Geschmack ausdrückt. Bezeichnungen wie totius Britaniae Monarchus, rex, rector, basileus kommen schon in Urkunden des 10. Jahrhunderts vor. Alfred der Große selbst nennt sich aber in seinem Testament nur König der Westsachsen, und wird auch von seinem Geschichtsschreiber Asser stets nur so genannt. Sein Sohn Edward der Aeltere nennt sich auf den Münzen rex Anglorum. Eigenthümlich ist der Styl

Cnut's, der sich Cn. I. pr. König von ganz England, eallas Engla-landes, König der Dänen und Nordmänner nennt, mit einem begreiflichen Anklang an die Idee eines eroberten Landes. Eduard der Bekenner nennt sich wiederum rex Anglorum oder Herr der Angli (Saxon. Chron. a. 1066). Die ersten Normannenkönige nennen sich auf den Münzen rex Anglorum, in den Charten zuweilen rex Angliae. Auf dem großen Siegel erscheint der Titel rex Angliae erst unter König Johann. (Allen, Prerogative S. 50. 51.)

§. 3.

Die Vereinigung der Königreiche und die Reichseintheilungen der Grafschaften, Hundreds- und Ortsbezirke.

Die Entstehungsweise des angelsächsischen Königthums aus socialen Zuständen führte zu einer Vielheit von Kleinstaaten. In den Einzelgebieten, in welchen die kämpfenden und erobernden Gefolgschaften unter ihren Häuptlingen sich angesiedelt, hatten sich auch jene Besitzverhältnisse gruppirt, deren innerer Widerstreit den Uebergang der Herzogs- in die Königswürde herbeiführte. Die Häuptlinge, wenn auch von verschiedener Macht, betrachteten sich gleichmäßig als Nachkommen Wodans. Das gleiche Bestreben nach Selbständigkeit beseelte sie wie ihre Gefolgschaften, ihre kleinen Landes- und Gerichtsversammlungen. Eng an einander gerückt, mit einem bald fühlbaren Bedürfniß zu neuer Landerwerbung und zur Befriedigung der gewohnten Lust an Kampf und Beute, gerathen sie in zahlreiche Reibungen und Fehden, denen keine „natürliche Grenze" ein Ziel setzte. In bedenklicher Weise durchkreuzen sich damit die endlosen Kämpfe gegen die stammfeindlichen Nachbarn im Westen und Norden, gegen Britten und Scoten. Die immer noch dauernde Kriegsbereitschaft, welche solche Zustände erforderten, gaben den geübten und besser bewaffneten Gefolgsmännern ein wachsendes Uebergewicht über die kleinen Bauerschaften, die immer verdrossener Hof und Heerd verließen, zu beutelosem Streit gegen die stammverwandten Nachbarn. Im Verlauf der ersten Menschenalter angelsächsischer Ansiedelung haben unzweifelhaft beständige Kriege eine Menge kleiner Häuptlinge und Reiche vernichtet, von denen die Geschichte nicht einmal die Namen bewahrt hat.

Nach festerer Abgrenzung der Länder erscheinen im Anfang des 7. Jahrhunderts im angelsächsischen England 7 oder 8 größere oder kleinere Königreiche: Kent, Sussex, Essex, Wessex, Eastanglia, Mercia, Deira, Bernicia — die letzteren beiden frühzeitig vereint zu dem alten großen Northumberland. Die Geschichtsschreibung hat diesen Zustand als Heptarchie*) bezeichnet, wobei das frühzeitige Verschwinden von Sussex und das Vorhandensein noch kleinerer Königreiche nicht beachtet wird. Auch diese Gruppirungen konnten indeß weder auf den Fuß der Gleichheit noch als dauernde bestehen. Als gemeinsames Interesse blieb diesen Kleinstaaten der Widerstand gegen die plötzlichen, oft gefahrvollen Einfälle der westlichen und nördlichen Nachbarn. Aus diesen Zuständen heraus hat derjenige König, welcher die erfolgreiche Bekämpfung der Reichsfeinde zu übernehmen im Stande war, zeitweise eine Art von Vorrang gewonnen, den einzele Geschichtsschreiber unter der Bezeichnung des Bredwalda hervorheben. Es kann damit nur ein völkerrechtlich oder wenigstens thatsächlich anerkannter zeitweiser Vorrang gemeint sein, der zuerst dem Aella von Sussex zugeschrieben wird, der später auf Northumbria übergeht, bis zuletzt Wessex eine wirkliche und dauernde Oberhoheit gewinnt. Entscheidend für diese Machtverhältnisse wurde die geographische Lage. Die kleinen Reiche im Westen fanden sich durch die größeren — Northumberland, Mercia und Wessex — wie durch halbmondförmige Vorländer gegen den Reichsfeind so gedeckt, daß in ruhigerem Besitzstand das alte Schwert leicht rostete, und keine Aussicht auf Beute und Ruhm die Kriegsmannschaften mehr belebte. Dagegen wurden die Reiche von Northumbria, Mercia und Wessex in ihren Kämpfen mit den walisischen Reichen, mit Strathclyde und Cumbria, mit Picten und Scoten in reger Waffenübung gehalten, in welcher der „Sieg über wenige Feinde den Triumph über viele Friedliche nach sich zieht". So folgen die kleinen westlichen Reiche allmälig den 3 kriegführenden, um die sich 2 Jahrhunderte hindurch die angelsächsische Geschichte dreht, bis zuletzt in Wessex die meisten Bedingungen eines großen Staatswesens zusammentrafen.

Verhältnißmäßig gut und gleichmäßig bevölkert, durch keine natürlichen Grenzen geschützt, und auf eine stetige Rüstung gegen die Wälschen angewiesen, hat Wessex einige Aehnlichkeit mit der Entwickelung der großen Marken in Deutschland — mehr Aehnlichkeit als die eigentlich sogenannten Marken (Mercia, Marches). Kriegszucht, gesetzliche Thronfolge, eine verhältnißmäßig geordnete nüchterne Fortbildung der inneren Verhältnisse, hatten das angelsächsische Kriegs- und Staatswesen hier straffer conservirt, bis gerade mit dem Beginn eines neuen Jahrhunderts ein an dem Hofe Carls des Großen erzogener König (Egbert 800–836) die Herrschaft antrat, mit Maximen des fränkischen Reichs, einsichtsvoll und kräftig die Staatengruppe von Mercia sich unterwarf, und eine anerkannte Oberherrlichkeit über das ganze Land der Angeln und Sachsen südlich des Humber gewann. Erst mit Egbert tritt das Reich der Angelsachsen in die Reihe der europäischen Staaten. Mit ihm beginnt ein Menschenalter der innern Ruhe, wohlthätig für die Consolidirung der Landesverfassung und die geistige Entwickelung seines Volks. Nur zu bald folgt freilich wiederum ein Zeitraum endloser Kämpfe mit dänischen und norwegischen Seeräubern, deren Kriegsweise den Heerbann des vereinigten Reichs in Verwirrung bringt. Allein das gemeinsame Unglück des Landes hat auch das Bedürfniß und das Gefühl der Einheit in dem westsächsischen Theil von Neuem gestärkt.

Unter Alfred dem Großen erhebt sich das Sachsenvolk, um das Joch der fremden Eindringlinge abzuwerfen und das Verhältniß mit den Nordmännern vertragsmäßig zu ordnen. Ein Menschenalter später ordnet sich die glänzende mächtige Regierung Aethelstan's auch die dänischen Landestheile wiederum vollständig unter. Reich und Dynastie haben den Höhepunkt ihrer eigenthümlichen Entwickelung erreicht, den die spätere Zeit vorzugsweise an den Namen Alfred's knüpft. Er der Retter des Vaterlands vom dänischen Joch, in welchem mit der Kriegstüchtigkeit die besten sittlichen und geistigen Charakterzüge seines Volks sich verkörperten, hat nun in späteren Menschenaltern einem dankbaren Volk als der Urheber alles Ehrwürdigen und Guten gegolten, was aus der alten Zeit in die spätere hinüberreicht. Drei aufeinanderfolgende Regierungen wie die eines Aelfred, Edward und Aethelstan, an die sich etwas später auch noch die glückliche Regierung Edgars anschließt, haben das Königthum als Träger der Staatseinheit der britischen Insel unwiderruflich begründet.

Freilich folgt dann eine zweite Periode der Kämpfe mit den Dänen, in denen das alte Königsgeschlecht sich zeitweise fast ebenso entartet zeigt wie die Merovinger und Karolinger. Nach einem Menschenalter unglaublicher Schwäche und Demüthigung der Dynastie und des Reichs unter Aethelred II. vertauscht das Volk der Angeln und Sachsen das alte Königsgeschlecht mit der kraftvollen Herrschaft des Dänen Cnut, auf dessen schnell erloschenen Stamm dann Eduard der Bekenner als der letzte rechtmäßige Erbe des westsächsischen Königsgeschlechts folgt.

Das Jahrhundert von Alfred dem Großen bis zum Tode Edgars a. 871—975 ist also die Zeit der Consolidirung, in welcher Land und Leute sich in einer Weise gruppiren, deren äußerer Rahmen in wunderbarer Stetigkeit bis heute fortdauert. Die Formation der englischen Grafschaften und größtentheils auch ihrer

Unterabtheilungen, datirt aus diesem Jahrhundert, als der entscheidenden Zeit, in welcher nun auch die angelsächsischen Gesetze die Bezirke von Grafschaften und Hundertschaften ausdrücklich als Reichseintheilung und staatliche Einrichtungen nennen, als deren unterstes Glied dann die Zehntschaften, freilich irrig, betrachtet werden.

I. Die Bildung der englischen Grafschaften, Shires,[1]) war das Erzeugniß der spätern Reichseinheit. Das Königthum Egberts hat allerdings noch keine Einheit der Reichsverwaltung erlangt, sondern nur eine anerkannte Oberherrlichkeit, unter welcher frühere Könige als mediatisirte Unterkönige fortdauern. Nach dem Aussterben oder der Verdrängung der mediatisirten Häuptlinge aber treten nahe Verwandte des regierenden Hauses (Athelingi) oder verschwägerte oder sonst nahestehende Großthane in die Stellung solcher Unterkönige ein, bis die fortschreitende Reichseinheit diese Statthalter allmälig auf den Fuß bloßer Reichsbeamten bringt. Umgekehrt findet sich in den größeren Reichen, die schon frühzeitig eine straffere Einheit erlangt hatten, eine Bezirkseintheilung, welche durch die Staatsgewalt neu gebildet wird. Die periodischen Versammlungen der witan zur Abhaltung des großen Landesgerichts wären nämlich unausführbar geworden in allzu großen Gebieten. In ähnlicher Weise bedurfte die Ausrüstung des Volksheerbannes einer Gruppirung nach Landestheilen in nicht allzu großem Umfang. Dies Bedürfniß wurde durch neue administrative Eintheilungen befriedigt, unter dem Namen Scire, abgeleitet von Sciran, dividere, — welche zur Zeit ihrer Entstehung etwas ebenso Modernes und zum Theil willkürlich Gebildetes, waren wie die heute formirten „Divisions" der Grafschaften. Der ganz abstrakte Name, Scire (nicht Gau, Gà, was in den angelsächsischen Gesetzen nicht vorkommt) wird daher ebenso häufig auch von den größeren Bezirken der Kirchenverwaltung, den bischöflichen Diöcesen 2c. gebraucht. In Wessex, wo verhältnißmäßig früh eine geordnete Verwaltung war, findet sich schon in den Gesetzen Ine's ein Vorsteher der Shire In. 36. §. 8., und der Wechsel des Aufenthalts von einem „Scir" in den andern In. 39. In ähnlicher Weise muß in der großen Mark von Mercia eine administrative Untereintheilung frühzeitig Bedürfniß geworden sein. Beiläufig werden auch schon vor den Zeiten Alfreds einzele Namensbezeichnungen von Scires erwähnt, wie Hamtûnscir a. 755, Defena-scir a. 851. — Als es nun aber nach der Ueberschwemmung des Reichs durch die Dänen, nach namenloser Verwirrung unter Aelfred (nach 880) zur Reichstheilung mit den Nordmännern kam, muß eine durchgreifende Reichseintheilung für die Zwecke des Heeres, des Gerichts und der Friedensbewahrung stattgefunden haben, die aus inneren Gründen zu vermuthen wäre, auch wenn sie nicht durch die Ingulf bezeugt würde. Mag unter Athelstan, Edgar und Cnut, namentlich in Folge der Wiedervereinigung und Wiedertrennung der den Dänen überlassenen Landschaften, noch manche Modification eingetreten sein: in jedem Falle ist das Jahrhundert des Höhepunkts der angelsächsischen Monarchie die Zeit, in welcher die englische Grafschaftseintheilung ihre entscheidende Grundlage erhalten hat. Durch das seit Aethelred's Zeit wiederkehrende Uebergewicht der dänischen Eindringlinge ist aber ein dauernder Antheil des dänischen Elements erhalten, so daß nun die Grafschaften nach den drei großen Gruppen des Sachsenrechts, des Dänenrechts und des Rechts von Mercia sich scheiden. Aus dem Schluß der angels. Zeit geben Sim. von Durham und Malmsbury folgendes Verzeichniß von 32 Grafschaften, welches nun eine sichere Grundlage bildet:

Anglia habet triginta duo Sciras extra Cumberland et Cornwalas. (In Cornwalas sunt septem parvae Scirae). Sunt hae triginta duo Scirae divisae per tres leges: West Sexenalaga, Denelaga, Marchenelaga. (1) West Sexenalaga habet novem Scyras: Suthsexia, Suthwai, Kent, Berocscire, Wiltescire, Sudhamtescire, Somersetescire, Dorsetescire, Devenascire. (2) Denelaga habet quindecim Sciras: Eborascira, Snotinghamscira, Deorbiscira, Leorcestrescira, Lincolnescira, Norhamtunscira, Huntedunescira, Grantebrigescira, Northfolc, Sudfolc, East-Saxe, Bedefordscira, Hertfordscira, Midlesexa, Bukingehamscira. (3) Merchenelaga habet octo Sciras: Herefordscira, Gloucestrescira, Wircestrescira, Scrobscira, Cestrescira, Steadfordscira, Warewicscira, Oxenefordscira.

Nach dieser Entstehungsweise müssen lange Zeit hindurch erhebliche Verschiedenheiten bestanden haben zwischen einer Statthalterschaft, die aus einem alten mediatisirten Königreich, und einer solchen, die aus einer administrativen Theilung eines größeren Reichs hervorging, — Verschiedenheiten, die sich erst im Verlauf der Zeit durch Gesetzgebung und gleichmäßige Uebung mehr verloren. Die Gesetze, welche des königlichen Ealdorman und Shirgerefa Rechte und Pflichten bestimmen, sind zugleich auch im Lichte solcher Ausgleichungen anzusehen. Alle Ausgleichungen mußten aber ebenmäßig dahin führen, diese Gebietseintheilungen als eine Theilung der einheitlichen Kriegs-, Gerichts-

und Polizeigewalt des Königs erscheinen zu lassen, die von seinem Willen abhänge. Es entstand daher der traditionelle Grundsatz: Divisiones scirarum regis propriae sunt. Edw. Cap. 13.

II. Die Hundertschaften, Hundreds,[2]) kommen als die regelmäßigen Unterbezirke der Grafschaft erst seit dem 10. Jahrhundert in den Gesetzen Edgar's vor. Sie müssen aber älter sein. Die Hundred ist uralte germanische Eintheilung des Heerbannes, die bei allen germanischen Stämmen, auch bei den Sachsen des Continents wiederkehrt. Daß der Name dann leicht auf einen Bezirk überging, der nach der Ansiedelung ein Hundert zum Heerbann zu stellen hatte, läßt sich aus der vieldeutigen Stelle des Tacitus Germ. Cap. 6 (quod primo numerus fuit jam nomen et honor est) folgern, mehr noch aus der Natur der Sache, der Analogie des Continents und den späteren unzweifelhaften Zuständen. Sicherlich fand sich der angelsächsische Heerbann bald nach der Ansiedelung in gleiche Contingente geordnet, die zugleich eine Gebietseintheilung wurden, seitdem man genöthigt war die active Kriegs- und Ausrüstungspflicht nach Hufen zu vertheilen. Da indessen eine gesetzliche Regel darüber nicht zu Stande kam, da Bedürfniß und Leistungsfähigkeit unter den Wechselfällen der Zeit, der Verschiedenheit der Territorialbildung und später unter den furchtbaren Verwüstungen der Dänenzeit häufige Aenderungen bedingten, so blieb das Vertheilungsgeschäft auch noch in späterer Zeit Sache des Arrangements und der Beschlüsse der Grafschaft unter Leitung königlicher Statthalter und Vögte. Die überlieferte Regel lautete hier: divisiones hundredorum et wapentagiorum comitibus et vicecomitibus cum iudicio comitatus. Edw. Conf. 13. Es erklärt sich daraus, warum die Hundred verhältnißmäßig so spät als eine feste Gebietseintheilung vorkommt, warum die Sachsenchronik die Hundertschaften nicht erwähnt, warum die angelsächsischen Besitzurkunden die Lage der Grundstücke selten nach der Hundertschaft beschreiben, warum das Geschichtswerk des Beda in seinen so oft vorkommenden Gebietsabschätzungen nicht nach Hundertschaften, sondern immer nach hîdae schätzt. Als Bezirke der zeitigen Milizverwaltung, und folgerecht auch der Friedensbewahrung, waren also die Hundreds gewiß schon lange vor Aelfred vorhanden. Als gewiß ist es aber anzusehen, daß bei der Reorganisation des Staats unter Aelfred eine durchgreifende Revision oder Neueintheilung der Contingentsbezirke des Heerbannes stattfand. Wilhelm von Malmesbury II. 4 bezeichnet diese neuen Eintheilungen Aelfreds ausdrücklich als Centurias, quas hundred dicunt. In der Sprache von Wales und Hibernia wird dafür Cantred = hundred gebraucht; in den nördlichen Landschaften die Bezeichnung Wapentake, hergenommen von einem Kriegsgebrauch bei der Musterung der Mannschaft. In der Höhezeit der angelsächsischen Monarchie ist nun in den angelsächsischen Gesetzen die Hundred ein geographisch abgegrenzter Unterbezirk der Shire, mit eignen Versammlungen für Zwecke des Heeres, des Gerichts und der Friedensbewahrung. In dieser spätern Zeit ist das Hundredgericht das ordentliche Gericht der Gemeinfreien mit monatlich wiederkehrenden Sitzungen. Das Bedürfniß eines Bezirksgerichts von kleinem Umfang für die gewöhnlichen Streitigkeiten muß aber in England (wie auf dem Continent) schon in der Zeit der kleinen Königreiche da gewesen sein.

Die Hundertschaftseintheilung, so wie sie in dem Jahrhundert von Alfred bis Edgar geworden war, ist nun aber ziemlich stehend geblieben bis in die neuere Zeit. Wie bei der Eintheilung der Grafschaften hat sich dabei ein historisches und ein administratives Princip durchkreuzt und große Ungleichheiten erzeugt. In den südlichen früh und dicht angesiedelten Landestheilen ist ihre Zahl sehr groß, in Kent 62, in Sussex 64. Die mittleren Grafschaften bilden gewissermaßen einen Uebergang, wie Dorset mit 43, Suffolk mit 21, Essex mit 20 Hundreds. Im Norden, wo die Bevölkerung dünner, der Anbau mangelhafter, das Land ärmer, die Organisation später erfolgt war, sind die Zahlen auffallend klein, in Warwick 4 Hundreds, in Cumberland und Westmoreland 4 Wards, in Stafford, Worcester, Rutland 5 Hundreds; in Leicester, Nottingham, Derby, Lancaster 6 Hundreds; in Durham, Northumberland 6 Wards, in Cornwallis 9 Hundreds.

In großen Gebieten entstand zuweilen eine Zwischeneintheilung zwischen Grafschaft und Hundred, wie die Trithings (Drittel) in York.

III. Eine Eintheilung nach Zehntschaften, trithings, tithings, decaniae[3]), wird oft mit Unrecht für eine durchgreifende örtliche **Gebiets**eintheilung der angelsächsischen Zeit gehalten. Die Veranlassung dazu gab wohl die Nachricht des Pseudo-Ingulf, daß Alfred die Grafschaften „in centurias, id est hundredas, et in decimas id est trithingas divisit", bei der schon in dem Worte trithing ein Mißverständniß obwaltet, und die wohl auf eine Verwechselung mit der späteren Milizverfassung zur Zeit des Pseudo-Ingulf zurückzuführen ist. Uralt war allerdings die Eintheilung in Zehntschaften bei dem alten Heerbann, in welchem die Zahlengruppen von 10 und 100 als unterste Gliederung fast überall nachzuweisen sind. Auch die angelsächsische Volksmiliz hatte wohl zu allen Zeiten ihre Zehntschaften, die aber keine Veranlassung zu einer dauernden Gebietseintheilung gaben. Die Einzelvertheilung der Contingente blieb eine wechselnde Verwaltungssache, für die kleinsten Abtheilungen in noch viel höherem Maß als für die größeren. Alles was die angelsächsischen Gesetze über die Zehntschaften decaniae, theôtings wirklich enthalten beschränkt sich auf Folgendes. — Nach Athlst. VI. 4 sollen die Leute der Zehntschaft mit reiten bei dem Aufgebot zur Verfolgung von Verbrechern. Nach Athlst. VI. 8. §. 1 sollen in London diejenigen, welche die Zehntschaft weisen (die Vorsteher), sich allmonatlich mit den Hyndemaennern versammeln zum Zweck der Erhaltung des Friedens. Nach Edg. I. 1. 2 soll den Hundert- und Zehntmännern die Anzeige vom Diebstahl gemacht werden. Nach Edg. I. 1. 4. soll Niemand unkundliches Gut (Vieh) haben, ohne daß er die Zeugnisse des Hundertmannes und des Zehntmannes hat. Nach Cn. II. 20 soll jeder Freie in eine Hundert- und eine Zehntschaft gebracht werden zum Zweck der polizeilichen Verbürgung. Offenbar ist hier von Milizeintheilungen und ihrer Benutzung zu polizeilichen Zwecken die Rede, so wie von polizeilichen Verbänden der Einwohner, aber nicht von Ortsbezirken oder Dorfmarken. In manchen Urkunden der angelsächsischen Zeit wird die örtliche Lage der Grundstücke wohl nach der Hundertschaft bestimmt, niemals nach einem Zehntschaftsbezirk. In den unendlichen Einzelheiten, welche das normannische Domesdaybook giebt, kommen die Worte decania, decenna, teôthing, tything auch nicht ein einziges Mal vor. Die untersten Ortsbezirke der angelsächsischen Verwaltung sind vielmehr überwiegend durch die Besitzverhältnisse bestimmt. Die massenhafte Ansiedelung von Colonen auf geliehenem Lande, Ergebungen der noch vorhandenen Allodbauern an einen Hlâford, so wie die spätere Ausdehnung der Herrschaftsgerichte auf Allodbauern, machte den Typus der unfreien Gemeinden zu dem thatsächlich vorherrschenden, eine durchgehende Gebietsgliederung nach freien Bauerdörfern dagegen zu einer Unmöglichkeit. In dem normännischen Domesdaybook wird dieser Zustand evident; er war aber schon in der spätern angelsächsischen Zeit vorhanden. So schwer es ist ein sicheres Bild von der lokalen Gestaltung des Reichs auf dieser untersten Stufe zu gewinnen, so sind doch die Grundsätze erkennbar, nach welchen die Masse der ehemaligen Gemeinfreien in eine gutsherrliche Abhängigkeit gekommen ist.

Der erste Grund ist die Last des Heerbanns, deren der kleine freie Bauer ledig wurde, wenn er seine Hufe einem Than offerirte (se commendare), und sie als Laenland zurückerhielt. Die Staatsgewalt konnte dies nicht hindern. Bei der Vertheilung der Milizlast nach Hufen hält sich nun der Staat an den Herrn als Eigenthümer des Landes. Dieser hat folgeweise oft eine ansehnliche Zahl von Mannschaften zu stellen, gestellt aber seine bewaffneten Gefolgen und Dienstleute, wählt unter seinen Laenleuten wenigstens die Abkömmlichsten und Kriegslustigsten aus, und sorgt zugleich für Ausrüstung und Verproviantirung. Der Staatsgewalt gegenüber erleichtern sich so die öffentlichen Lasten in verführerischer Weise. So sehr sich der angeborene Freiheitssinn sträubte, so haben doch in schweren Hungers- und Kriegsjahren vollständige Ergebungen in diesem Sinne ohne Zweifel stattgefunden. Die Hauptmasse der englischen Bauerschaft, die 102,704 villani welche am Schluß der sächsischen Zeit vorkommen, enthielten unzweifelhaft eine Anzahl ehemaliger Allodbauern und deren Nachkommen.

Der zweite Grund lag in den besonderen Vortheilen, welche die Bildung eines gesonderten Gerichtsbezirks auch für Allodbauern haben konnte. Wo eine größere Zahl unabhängiger Leute in einer Landschaft dichter beisammen saß, erleichterte sich die Gerichtslast des Hundertgerichts, wenn ihnen der König einen eigenen Vogt setzte, unter dessen Leitung sie dann einen besondern Gerichtsbezirk mit der Competenz einer Hundertschaft bildeten. Ebenso wichtig wurde dem Freisassen in seinem Verhältniß zu den benachbarten Thanen der Schutz eines viel mächtigeren Großen; zuweilen kamen dazu wirthschaftliche Vortheile in Wald und Weide. Es handelte sich hier nicht um Ergebungen mit Person und Besitz, sondern nur um eine Gerichtsvogtei (soca), unter welcher der erbliche Besitz und die unmittelbare Verpflichtung zum Heerbann unverändert blieb. Analog wie für den König entstanden auch für einige Großthane und Prälaten durch königliche Verleihungen solche den Eingesessenen günstigere große Gerichtsvogteien. In dieser Weise sind wohl die am Schluß der angelsächsischen Zeit vorhandenen 23,404 Sochmanni zu denken, welche sich als eine Grundlage günstigerer Standesverhältnisse conservirten.

Ein dritter Grund lag in dem Bedürfniß eines besondern militärischen Schutzes seit der Dänenzeit. Ein Hügel mit Erdwällen oder eine stärkere Ummauerung genügte gegen plötzliche Angriffe raublustiger Schwärme. In den Gesetzen bezeichnet Burh, Byrig sowohl ein einzeles befestigtes Gebäude Edm. II. 2. Anh. IV. 15. Athlr. III. 6, als eine Stadt Athlst. II. 20. §. 1. 4. Edg. IV. 2. pr. 3, 4, 5. Athlr. II. 5. §. 2. II. 6. Cn. 34.

Umsichtige Herrscher wie Alfred benutzten die Reste alter civitates und castra und sonst günstige Punkte zu solchen Befestigungen, deren Schutz von benachbarten Freisassen und Länleuten, aber auch von Landlosen und kleinen Gewerbsleuten gern gesucht wurde, die sich nun mit den Dienstleuten und dem Hofgesinde der Herrschaft beisammen fanden. Die verschiedenen Rechtsverhältnisse der so zusammengedrängten Leute machten wiederum die Einsetzung eines besonderen königlichen Gerichtsvogts (Gerêfa) allerseits wünschenswerth und zweckmäßig, der dann oft besondere militärische, Polizei- und Finanzfunktionen erhielt. Die Bildung solcher Burhs konnte auch zu Gunsten großer Thane und Bischöfe erfolgen; jedoch in geringerem Maaß, da die Anlegung von Privatburgen zu keiner Zeit von Bedeutung war. Aus dieser Bildung sind die 17,105 Burgenses am Schluß der angelsächsischen Zeit und später die englischen Städte hervorgegangen.

Diesem Bildungsprozeß entsprechend finden sich nun als Untereintheilungen der Hundertschaften folgende locale Formationen.

1. Herrschaftliche Güter mit ihren Län- und Dienstleuten, obenan die königlichen Domainen, in welchen ein königlicher Ortsvogt die Wirthschaftsverwaltung mit der Erhebung der königlichen Gefälle, der Gerichtsgewalt über die Hintersassen und anderen Funktionen für Miliz und Polizei verband. Eine ähnliche Stellung nahm aber auch der Gerêfa der größeren Privatgüter ein. Wo mehr als zehn angesiedelte Familien von Hintersassen beisammen waren, bilden sie nach dem spätern System der polizeilichen Bürgschaft ihren eigenen Polizeiverband als herrschaftliche Zehntschaft, und ebenso ein Gutsgericht für die Streitigkeiten der Leute unter sich, ausgedehnt durch die späteren königlichen Verleihungen — zuweilen sogar auf die dazwischen sitzenden Allodbauern (super omnes allodiarios, quos eis habeo datos cod. dipl. No. 902).

2. Größere Verbände von unabhängigen Leuten, die zunächst für die Gerichtsverwaltung unter einem königlichen Gerêfa vereint, von dem Erscheinen als Gerichtsmänner bei der Hundred oft befreit, überhaupt den Hundreds ganz oder theilweise coordinirt sind. Wo Besitzungen der größten Thane und Prälaten massenweise zusammenliegen, kommen durch königliche Verleihung auch solche größeren socas von Privaten vor, am Schluß der angelsächsischen Zeit sogar die Verleihung einer ganzen Hundertschaft. So ist unter Edward Conf. dem Abt von Abingdon eine Hundred in Berkshire, dem Abt von Chertsey eine Hundertschaft in Surrey verliehen, mit dem Gebot

„daß kein königlicher Shirgerêfa dort Gericht halte“ oder gerichtlich einschreite. Cod. dipl. 840. 849.

3. Eine analoge aber mehr zusammengesetzte Formation sind die zahlreichen königlichen (zuweilen aber auch herrschaftlichen) Burhs, die unter einem besonderen Gerêfa ihren Gerichtsbezirk bilden, in welchem eine jährlich 3mal abzuhaltende Burh-gemot den Hundertgerichten coordinirt ist Edg. III. 5. Cn. II. 18, und die auch für die Milizverwaltung öfter ihre selbständige Bedeutung haben.

4. Mitten unter diesen massenhaften herrschaftlichen Gebilden sind die Gemeinfreien eingeengt, die auf erblichem Freibesitz sich die alten Freiheitsrechte, die Reichsunmittelbarkeit in Heer, Gericht und Friedensbewahrung vollständig bewahrt haben. In manchen Landschaften saßen solche Bauerschaften noch dicht genug beisammen, um aus 10 oder mehr Hausständen eine freie Teothing bilden zu können. In der Mehrzahl der Landschaften mußte man die zerstreuten Freibauern oft schon in größeren Entfernungen mühsam zu einer Teothing zusammenbringen, während die Hauptmasse bereits durch Gutsherrschaften, durch Gerichts- und Burgvogteien angezogen war.

Für die innere Landesversammlung durchkreuzen sich aber die verschiedenen örtlichen Gruppirungen. Die meisten derselben haben für die Verwaltung keine absolut abgeschlossene Competenz; die Mehrzahl bildet auch nicht streng abgeschlossene Ortsbezirke. Eine bloße Gerichtsvogtei des Königs oder Grundherrn schließt nicht die Milizpflicht in dem Hundredbezirk aus. Die Hintersassen der Privatgerichte stehen bei Streitigkeiten mit Dritten unter dem Hundertgericht. Die polizeiliche Organisation ist theils den Miliz-, theils den Gerichtsbezirken eingeordnet. In dem engen Umkreis einer Burg und der nächsten Umgebung eines herrschaftlichen Mansus konnten freigeborene Leute in den mannigfaltigsten Rechtsverhältnissen, und mit sehr verschiedenen Pflichten gegen den König oder einen Privatherrn dicht neben einander wohnen. Die angelsächsischen Urkunden ebenso wie die Chroniken ergeben daher die Negative, daß es keine systematische Bildung von Ortsbezirken gab, und daß am allerwenigsten die Zehntschaft eine solche durchgehende Ortseintheilung war.

*) **Ueber die Hauptverhältnisse der sogenannten Heptarchie** vergl. Lappenberg I. S. 203 ff. 242 ff. 277 ff. Kemble, Anglo-Saxons Cap. 1. Ausführliche Uebersicht über den Verlauf der Einzelstaaten giebt Palgrave, Commonwealth Th. II. in chronologisch-tabellarischer Form aus den Geschichtsquellen zusammengedrängt, — eine verdienstliche und sehr nutzbare Ar-

heit, trotz einzeler Flüchtigkeiten und Versehen, welche Lappenberg oft und mit Recht gerügt hat. Von großem Nutzen sind auch die Königstafeln von Kent, Essex, Wessex, Mercia, Ostanglien, Bernicia, Deira und der dänisch angelsächsischen Könige am Schluß des I. Bandes der Geschichte von Lappenberg. Kleinere Reiche, die noch neben der sog. Heptarchie namhaft gemacht werden, sind: das Reich der Jüten auf der Insel Wight, Suthrige (Surrey), Hecana (Hereford), Mittelanglen, Elmete, das Land der Huricas, das Land der Lindiswaren u. a. — Eine seltsame Idee von Sachße (Grundlagen des deutschen Staats- und Rechtslebens, §. 11, 12) will die angelsächsischen Territorien auf ein Duodecimalsystem zurückführen. Jedes Reich habe in 4 Provinzen = 12 Scires enthalten; jede Scire in 3 Trithings = 12 Hundreds; jedes Hundred = 12 Decanien, jede Decanie = 12 Freihöfe. So habe das a. 455 gestiftete kantuarische Reich die 4 Provinzen Kent, Sussex, Essex und Middlesex enthalten, — das Gebiet der Angeln dagegen die 4 Reiche Ostangeln, Mercia, Bernicia Deira. Es bedarf keiner Ausführung, daß diese militärisch-mechanischen Eintheilungen geschichtlich nicht möglich sind. Wer hätte im 5. Jahrhundert dieser Departementsbildner sein sollen, wer sie Jahrhunderte aufrecht erhalten sollen!

Die sogenannte Bredwaldaschaft zur Zeit der Heptarchie ist Gegenstand mancher Fabeln geworden, um so mehr, als man das Wort irrthümlich mit den „Britten" in Verbindung brachte, während es etymologisch nur den Gewaltigen, Weitherrschenden ausdrückt. Beda giebt eine förmliche Liste von 7 Bredwalda's: Aella von Sussex, — Ceawlin von Wessex, — Ethelbert von Kent, — Redwald von East-Anglia, — Edwin, Oswald und Oswy von Northumbria. Die angelsächsische Chronik sagt für die ältere Zeit nichts weiter, als daß Aella zuerst eine „umfangreiche Herrschaft" geübt habe. Nach dem Verfall des großen northumbrischen Reichs tritt eine Pause ein bis zu Egbert von Wessex, von welchem dann die angelsächsische Chronik a. 827 sagt: „König Egbert eroberte das Reich der Mercia und alles was südlich von dem Humber war, und war der achte König, welcher Bredwalda war". Sehr gut ist diese Bredwaldaschaft auf ihren richtigen Inhalt zurückgeführt von Kemble, Anglo-Saxons II. c. 1. S. 7–19 als eine faktische Hegemonie, für die aber nirgends eine besondere Amtsthätigkeit noch eine eigentliche Verpflichtung, noch ein anerkanntes Vorrecht zu ermitteln ist.

Die Vereinigung des Reichs unter Egbert soll die Veranlassung gegeben haben, den Namen England als Gesammtbezeichnung einzuführen. Ein altes Register der Abtei St. Leonard in York (citirt in Dugdales Monasticon), enthält die etwas seltsame Notiz: Memorandum quod anno Domini 800 Egbertus Rex totius Britanniae, in Parlamento apud Wintoniam mutavit nomen Regni (de consensu populi sui) et jussit illud de caetero vocari Angliam. Schon das Jahr 800 läßt dies als ein später Gemachtes erkennen. Wilhelm von Malmesbury sagt indessen wenigstens allgemein, daß Egbert die Verschiedenheiten der Reiche, unter Bewahrung ihrer besonderen Gesetze, zu einem uniforme dominium gebracht und dies „Anglia" genannt habe. Allerdings mag der dem Stamm der Angeln entlehnte Gesammtname England seit dieser Zeit üblicher geworden sein. Egbert selbst nennt sich nur in einer einzigen Charte (a. 828) König der Engländer, sonst in der Regel nur König von Wessex.

I) Die Eintheilung der Grafschaften, Shires, wird in der späteren juristischen Tradition kurzweg auf Aelfred zurückgeführt, und der Unterschied der historischen von den administrativen Shires zur Zeit ihrer ersten Entstehung ignorirt. Wie sehr das Wort Shire, division, allgemeine Bezeichnung eines öffentlichen Verwaltungsbezirks ist, ergiebt sich daraus, daß gerade die älteste Erwähnung einer shire in der sächsischen Chronik einen Bischofssprengel, biscopscira, betrifft (Chr. Sax. a. 709.) Auch noch in den Gesetzen der angelsächsischen Könige bedeutet Shire häufig einen kirchlichen Sprengel wie in Edm. II. 4. Edg. III. 3, 5. Athlr. V. 6, VI. 1, §. 3. 21. Erst allmälig ist die Shire ausschließliche Bezeichnung der großen Grafschaftsbezirke für Heerbann und Gerichtswesen geworden. Gesetzlich kommt diese Bedeutung zuerst vor In. 36. §. 1. 39. Alfr. 37 pr. §. 1. Daß unter Alfred eine durchgehende Gebietseintheilung stattgefunden, bezeugt glaubhaft Wilhelm von Malmesbury de gest: Angl. II. 4, spricht aber nur von einer Eintheilung in centurias quas hundred dicunt. Sehr positiv sagt Ingulf Historia Croyland I. 41: totius Angliae pagos et provincias in comitatus primus omnium commutavit; comitatus in centurias, id est hundredas, et in decimas i. e. tritingas divisit. Nach den neueren kritischen Untersuchungen insbesondere von Palgrave, Quarterly Review 1829 Bd. 67. S. 289—298 steht es nun zwar fest, daß dieser Schriftsteller nicht der alte angelsächsische Abt, sondern ein Pseudo-Ingulf aus dem Ende des 13. oder Anfang des 14. Jahrhunderts ist, der aber doch aus alten Nachrichten schöpfte, und wo das Interesse seines Klosters und Standes nicht im Spiel ist, mancherlei Glaubhaftes und anderweitig Bestätigtes berichtet. In der That stimmt seine Nachricht mit allen sonstigen überein. Die sächsischen Chroniken, soweit sich übersehen läßt, kennen vor der Zeit Alfreds nur die alten Eintheilungen nach Stammnamen und Landschaften. Cantwaraland = Kent; Westseaxan, Suthseaxan, Eastseaxan, Middelseaxan, Eastengle, Northanhymbraland, Suthamhymbraland, Myrcnaland = Mercia; Lindisware, Lindisse = Lincolnshire; Suthrige = Surrey; Hwiccas = die Hwiccii in Gloucestershire und Worcestershire; Merscware = das Volk von Romney-Marsh; Wilsaetan, Dornsaetan und Somorsaetan (= Wiltshire, Dorsetshire, Somersetshire). Aber nach der Zeit Alfred's ändert sich der Sprachgebrauch, und die verschiedenen Handschriften brauchen gewöhnlich das Wort Scir. Kemble I. 63. Von dieser Zeit an hat Kemble a. a. O. folgende Namen ausgezogen: Bearrucscir, Bedanfortscir, Buccingahamscir, Defenascir, Deórabyscir, Coforwicscir, Gleawanceasterscir, Grantabryegscir, Hámtonscir (Southampton), Hámtúnscir (Northampton), Heortfordscir, Herefordscir, Huntandonscir, Legeceasterscir, Lindicolnascir, Oxnafordscir, Scrobbesbyrigscir, Snotingahamscir, Staeffordscir, Waeringwicscir, Wigraceasterscir, Wiltunscir. Daß sich daneben noch alte Gebietsbezeichnungen (Middelseaxe, Eastseaxe, Suthseaxe, Suthrige, Cent) erhalten, ist sehr natürlich, da im Volkssprachgebrauch solche Namen oft Menschenalter hindurch fortdauern neben den neueren Bezeichnungen der Staatsverwaltung. Der wahrscheinlichste Zeitpunkt für eine durchgreifende Provinzialeintheilung ist bald nach a. 880. Als nämlich mit dem Friedensschluß zwischen Aelfred und Guthrun die förmliche Theilung des Reichs zwischen Dänen und Sachsen erfolgte, und die lange verwüsteten und verödeten Landestheile durch Alfreds weise Regierung sich bald wieder erhoben, da muß sicherlich die neu geregelte kraftvolle Reichsverwaltung auf eine neue Organisation des Gebietes für die Heer-, Gerichts- und Polizeiverwaltung basirt sein. Ein Zeugniß dafür enthält Wilhelm von Malmesbury und Andere in den oben angegebenen Aufzählungen. Ganz übereinstimmend damit, nur mit veränderter Orthographie, ist das von Bromton gegebene Verzeichniß (X Script. ed. Twysden p. 956.), der nach den drei Provinzialrechtssystemen folgende Aufzählung giebt:

1) Gruppe des Westsachsen-Rechts: qua lege antiquis temporibus novem australes schirae, i. e. provinciae, quatenus flumen Thamesiae eas a reliqua parte Angliae secuerit, judicabantur, videlicet Kent, Suthsex, Suthereye, Barokschire, Wilteschire, Suthamteschire, Somersete, Dorsete et Deveneschire.

2) Gruppe der Danelaga in 15 Shiren: Essex, Middlesex, Suthfolc, Northfolc, Herthfordeschire, Cantebriggeschire, Huntyngdonschire, Lincolneschire, Nothynghamschire, Derbyschire, Northamtonschire, Leycestreschire, Bokynghamschire, Beddefordschire et Eboracschire.

3) Gruppe des Rechts von Mercia: qua lege olim octo schirae i. e. provinciae judicabantur, videlicet Glocestreschire, Wircestreschire, Herefordeschire, Salopschire, Chesterschire, Staffordeschire, Warewikschire et Oxnefordschire.

Nach Lage der Gebietstheile bilden diese feststehenden 32 Grafschaften folgende 3 Gruppen:

a. Die historische Grafschaftseintheilung herrscht vor an dem südlichen und westlichen Rande des Reichs, der von der See aus zuerst erobert, von Angeln und Sachsen stark bevölkert und frühzeitig zu einer staatlichen Ordnung gelangt war. Hier werden aus den beiden Königreichen Kent und Sussex die späteren Grafschaften gleichen Namens. Das Königreich der East-Saxons bildet die Grafschaften Essex und Middlesex. East-Anglia theilte sich in das Gebiet des Nordvolks und Südvolks, und danach später in die Grafschaften Norfolk und Suffolk. In Wessex bilden die Ansiedelungen der Wilsaetan, Dormsaetan, Samorsaetan, die spätern Grafschaften Wilts, Dorset, Somerset, nach alten Stammnamen einst selbständiger Reiche.

b. Das zweite große Gebiet bildet Mercia, die alte große Mark gegen die Briten, und das Binnenland. Hier bekundet sich die administrative Bildung der Shires dadurch, daß alle Grafschaften nach einer Ortschaft benannt werden, die schon einige Bedeutung erlangt hatte und zum Versammlungs- und Mittelpunkt der Verwaltung geeignet war. Alle Grafschaftsnamen enthalten hier eine anglische, sächsische oder nordische Bezeichnung einer Ortschaft: ham, ford, ton, byrig, wick, by, cester (castrum), — also Herfordsh., Buckinghamsh., Oxfordsh., Northamptonsh., Gloucestersh., Herefordsh., Shropsh. (Scrottesbyrigscir), Warwicksh., Leicestersh., Nottinghamsh., Derbysh., Chesh., Lancashire.

c. Das große northumbrische Reich, der nördliche Landestheil, ist in stürmischen wechselvollen Schicksalen zum Theil erst spät colonisirt und ungleich formirt. Der nördlichere Theil (Bernicia u. A.) gehört später zu Schottland; im südlicheren Theil bilden Lincoln, York und Durham formirte Grafschaften die nach einem Hauptort bezeichnet sind. Rutland und Cumberland sind dagegen nach einem Stammnamen, Northumberland und Westmoreland geographisch bezeichnet, und erst später unter die Grafschaften eingereiht. Cumberland wird zwar von Malmesbury schon genannt, aber als ein Landstrich für sich. Das Land zwischen dem Ribble und dem Mersey, das neue.e Lancashire, erscheint zur angelsächsischen Zeit noch nicht als eigener Verwaltungsbezirk. Ein Paar kleine Shires, die eine Zeit lang selbständig bestanden, sind später anderen incorporirt, wie Winchelcombeshire unter dem Statthalter Eadric Streone mit Gloucester vereinigt wurde. Vgl. über das System der Grafschaftseintheilung, Palgrave I. 117 und Introduction zum Census von 1851.

2) Die Eintheilung in Hundreds wird in den älteren Nachrichten häufig als ein Verein von 100 hidae oder Familien bezeichnet. In mißverständlicher Verwechselung damit werden daraus weiter sogar 100 villae wie bei Bromton (Ed Twysd. p. 956) hundredas continet centum villas. Ranulphus Cestr. I. 50: Wapentakium et hundret idem sunt quod procinctus centum villarum. Es ist das erweislich unwahr und für die große Mehrzahl der kleinen Hundreds gradezu unmöglich. Spelman 365 sagt darüber: Nusquam (quod scio) reperiuntur 100 villae in aliquo Hundredo per totam Angliam. Nescio an medietas. Magni habentur qui vel 40, vel 30 numerant. Multi ne 10: quidam duas tantum et nonnulli (ut Hundredi de Chetham, Warden etc. in Comitatu Cantii) unicâ sunt contenti. Das Richtige ist wohl, daß der ursprünglichen Ansiedelung der kleinen Bauerschaften der Inhaber einer Bauerhufe, familia, einen Mann stellen sollte, daß also bei der ersten Colonisation die Hundred gerade hundert hidae unter dem Pflug umfassen konnte. Da aber die Contingentsbezirke dauernder waren als der Culturzustand, so enthielten die Hundreds in ihrem spätern Zustand oft sehr viel mehr als 100 Hufen unter dem Pflug, zuweilen auch weniger bei zurückgekommenem Wohlstand. Die spät gebildeten großen Hundreds im Norden sind nach dem Maßstab von 100 Hufen unförmlich groß (in Lancashire durchschnittlich 300 engl. □Meilen) während manche kleine Hundred kaum 1/4 □Meile umfaßt. In einigen früh cultivirten Gebieten, deren Ackerstand wesentlich unverändert blieb, konnte es auch später noch vorkommen, daß man die Hundred noch zu 100 Hufen berechnet. Uebrigens ging Hufenzahl und Bevölkerungszahl natürlich immer weiter auseinander, je länger man alte Hundertschaftseintheilungen beibehielt. Mögen in Northampton zu König Eduards Zeit die meisten Hundertschaften noch zu 100 hidae berechnet sein, (Ellis Introduction to Domesday I. 184), so erkennen doch die etwas späteren Geschichtsschreiber die Unbestimmtheit des Hufenmaßes ausdrücklich an. Gervas. Tilb. I. cap. pen: Hida ex Cacris constitit, Hundredus vero ex hidarum aliquot centenariis. Dialog. de Scaccario. Hundredus ex hydarum aliquot centenis, sed non determinatis constat; quidam enim ex pluribus, quidam ex paucioribus constat. Diese Ungleichheit gab im spätern Mittelalter auch die Veranlassung, daß in einigen Grafschaften die Hundreds in Halbhundreds getheilt, umgekehrt bisweilen 2 oder 1½ Hundreds für die Verwaltung vereinigt wurden. Die zähe Festhaltung der auf dem Höhepunkt der angelsächsischen Monarchie entstandenen Hunderteintheilung erklärt sich wohl daraus, daß das Hundertgericht alle 4 Wochen als ordentliches Gericht für Streitigkeiten der Gemeinfreien gehalten wurde (Edw. II. 8. Edg. I. 1., III. 5), wodurch sich den Hundertschaften der allem Gerichtswesen eigene zähe conservative Charakter mittheilte. Daß aber bei der ersten Entstehung der jetzt historisch gewordenen Hunderteintheilung administrative Zweckmäßigkeit in starkem Maße vorwaltete, ergiebt sich daraus, daß man die Hundertschaft wo möglich um eine als Mittelpunkt geeignete Ortschaft gruppirte. Von 799 heutigen Namen von Hundreds, Wapentakes oder Liberties sind nicht weniger als 362 noch heute identisch mit einer darin belegenen Ortschaft. (Introduction zu dem Census of Great Britain 1851). Der Name Wapentake kommt nur vor in den Grafschaften York, Lincoln, Nottingham, Northampton, Leicester bis zur Watlingstrete und noch 8 Milliaria darüber, — also in Gebieten der Danelage, Edm. Conf. 30. Vergl. über die Hundreds überhaupt Landau, Territorien 215, 216. Die Auffassung von Gemeiner, Verfassung der Centenen, München 1855, wird trotz vieler treffenden Gesichtspunkte im Einzelen durch die Zustände des angelsächsischen Reichs im Ganzen nicht bestätigt. In einzelen Grafschaften kommt noch eine Mitteleintheilung vor, die augenscheinlich positiv zu Verwaltungszwecken gebildet, aber auch schon von sehr altem Datum ist. In Kent finden sich mehre Hundreden unter dem Namen Lathes vereinigt, welche die Gerichtsbarkeit der Hundreden ausübten. In Sussex findet sich die Eintheilung in Rapes, ohne Gerichtsbarkeit, welche vielmehr den Hundreden verblieb. York und Lincolnwaren in Drittheile (thrithings) eingetheilt, welche unter dem Namen ridings sich bis heute erhalten haben.

3) **Die Eintheilung nach Tithings und die Ortseintheilungen des angelsächsischen Gebiets** werden nach Lage der Quellen niemals klar festzustellen sein. Der alte Irrthum, daß die angelsächsische Teothing ein geographischer Ortsbezirk sei, scheint sich aber in der That durch die Notiz des Pseudo-Ingulf festgesetzt zu haben, welcher die Sache in Verbindung bringt mit einem Grundbuch, welches König Alfred habe anlegen lassen (talem rotulum ediderat, in quo totam terram Angliae in comitatus, centurias et decurias descripserat). Während Wilhelm von Malmesbury sagt, es sei verordnet: ut omnis Anglus haberet et centuriam et decimam, macht Ingulf daraus: ut omnis indigena in aliqua centuria et decima existeret. Während jene Worte mehr einen Verband von Personen ausdrückten, enthielten diese näherliegend die Bezeichnung eines Ortsbezirks. Da nun die Milizverfassung des 14. Jahrhunderts wirklich locale Tithings unter einem petty constable darbot, so dachte man sich diesen Zustand in die angelsächsische Zeit zurück, brachte damit das System der Polizeibürgschaften, wie es von dem Verfasser der Leges Eduardi Conf. c. 20 etwas verworren beschrieben wird, in Verbindung, und schmückte dann phantasiereich die decenna unter ihrem Zehntmann zu einem Dorfgericht aus, welches eine förmliche Jurisdiction üben soll, analog wie die Hundertschaft unter ihrem Hundertmann und die Grafschaft unter ihrem Shirgerefa — worunter man sich dann ein System von mehren tausend volksthümlich gewählten Richtern dachte! An der Stelle dieses völlig aus der Luft gegriffenen Netzes von großen, kleinen und kleinsten Volksgerichten ist in den Quellen nur das oben bezeichnete Bild der Ortsverwaltung zu finden, innerhalb dessen aus einer bloßen Corporalschaft der Miliz sich keine freien Dorfgerichte und Dorfmarken bilden lassen. Das völlig widersprechende Bild, welches im Anfang der folgenden Periode sich aus dem Domesdaybook ergiebt, sollte dann das Product normannischer Tyrannei sein, — als ob in 2 Jahrzehnten die Besitz- und Rechtsverhältnisse eines Landes sich von unten herauf umkehren ließen! Ein wirklich aus älteren Nachrichten geschöpftes Verzeichniß einer Eintheilung des Landes nach hidae enthält Gale scriptores I. 168 (besser abgedruckt in Camden Britannia) vgl. Spelmans Glossarium v. Hida.

Die Zahl der Hufen ist indessen so summarisch angegeben, und das Verzeichniß enthält so viele Fehler, welche auf eine spätere Interpolation deuten, daß davon wenig Gebrauch zu machen ist. Die Summe der Hidae wäre danach in der spätern angelsächsischen Zeit = 243,000 gewesen.

Der Zustand, der sich im Domesdaybook scharf ausgeprägt vorfindet, muß ein längst begründeter gewesen sein, in folgenden Hauptmomenten:

1) Das Gesammtgebiet bildet im Anfang der Normannenzeit ein Material für 60,000 kleine Ritterlehne, auf denen sich weniger als 9000 Herren und größere Gutsbesitzer angesiedelt finden. Das Uebrige ist kleiner zersplitterter und abhängiger Besitz. (108,407 villani, 23,072 socmanni, 7968 burgenses u. s. w.) Die thatsächliche Regel war also eine Auftheilung des Landgebiets in größere Güter mit abhängigen Leuten. Die Zahl solcher Mansi mit angesiedelten ceorls ist freilich nicht mit Sicherheit anzugeben. Da sie aber im Wesentlichen identisch sind mit den in der normannischen Zeit sogenannten Manors, so muß nach den Zusammenstellungen aus dem Domesdaybook die Zahl mehre Tausende betragen haben.

2) Die größeren Bezirke einer saca et soca, die zu Gunsten größerer Gütercomplexe oft mit weitergehenden Gerichtsgewalten ausgestattet war, lassen sich ebenso wenig der Zahl nach feststellen. Sie fielen jedoch zum Theil zusammen mit den in der normannischen Zeit sogenannten Honors. Die Ueberlassung ganzer Hundreds an Klöster, Bischöfe, Thane kann nur in sehr vereinzelten Fällen stattgefunden haben.

3) Die Bildung der Burhs steht nach der überzeugenden Beweisführung Kemble's in keiner unmittelbaren Verbindung mit den brittisch-römischen Städten des 5. Jahrhunderts, welche Gildas schon im 6. Jahrhundert als verlassen und im Verfall begriffen darstellt. Allein die vorhandenen Baureste werden in späterer Zeit wohl öfter zu neueren Befestigungen mit benutzt sein. Bei einigen Orten erhielt sich auch der Name City als Erinnerung an eine alte civitas. Das eigenthümliche Leben der Burhs entwickelt sich daraus, daß hier Freisassen, Laenleute, Dienstmannschaften, Gesinde, Leibeigene sowohl des Königs wie eines Privatherrn dicht beisammen saßen, und daß unter dem Burhgerefa die Gerichts-, Polizei- und Finanzverwaltung eine eigene Gestalt annahm. Daß die Burgenses als solche von der Milizpflicht nicht befreit waren, ergeben vielfache Angaben im Domesdaybook (z. B. Bury St. Edmunds 371). Nur waren viele Burhs dadurch begünstigt, daß sie bei der Einstellung der Contingente nur zu einem geringen Besitzmaß von 5 hidae, 15 hidae, 20 hidae (Chester zu 50, Shrewsbury zu 100 hidae) eingeschätzt waren. Natürlich waren dafür die königlichen Gefälle verhältnißmäßig erhöht und die Burhs viel wichtiger für die Finanzverwaltung als für die Landesvertheidigung geworden, seitdem man die Befestigungen wieder verfallen ließ. Die Zahl der Burhs war eine ansehnliche. Kemble II. S. 470—478 hat aus der angelsächsischen Chronik 88 Ortschaften ausgezogen, die unter den Namen burh, byrig, caster oder sonst nach geschichtlichen Zeugnissen einigermaßen als befestigte Orte gelten konnten, zu denen aus dem Ortsverzeichniß des Codex diplomaticus sich noch manche andere Ortschaft hinzufügen ließe.

4) Ganz unabhängig von dieser untersten Gebietseintheilung, in welcher die Besitzverhältnisse überwiegen, steht die Bildung der Pfarrgemeinden, parishes, welche sich damit durchkreuzt, den Besitzer auf geliehenem Gut wie

den Landlosen gleichmäßig umfaßt, und daher die spätere Grundlage einer freien Ortsgemeindeverfassung wird.

Alle diese Ortsverhältnisse mußten sich auf das Mannigfaltigste durchkreuzen. Entscheidend ist namentlich, daß die persönliche Wehrpflicht unabhängig von der Unterwerfung unter eine Gerichtsvogtei fortdauern kann, daß auch die vollständig hintersässigen Gutsbauern bei Streitigkeiten mit Dritten vor dem königlichen Hundertgericht erscheinen, und daß dann wieder die Polizeiverwaltung sich mit der Miliz und der Gerichtsverfassung durchkreuzt. Die Gesetzgebung bleibt daher noch auf die alte Verfassung, also auf die Gemeinfreiheit basirt. Grafschafts- und Hundertversammlungen sind noch immer in wichtigen Beziehungen für Miliz, Gericht und Friedensbewahrung auch über den Gütercomplexen thätig. Die rechtliche Regel schließt aber nicht aus, daß für die gesammten Lebensverhältnisse die Gutsabhängigkeit bereits das überwiegende Moment bildet, und die Eintheilung in Gutsbezirke mit ihren Hintersassen die vorherrschende Localeintheilung darstellt.

Völlig ausgeschlossen ist damit eine eigentliche Markenverfassung und eine Verfassung freier Landsassen, von welcher Kemble B. I. c. 2 aus deutschen Schriften so viel gelernt hat. Die endlosen Einzelkämpfe und Fehden der frühern Zeit und die nachhaltigen Verwüstungen der späteren dänischen Zeit haben unaufhörlich an dem Ruin des Allodbauerthums gearbeitet. Kemble selbst gesteht denn auch später zu Th. II. S. 20, „daß schon in sehr früher Zeit die Markorganisation, welche den Keim ihres Verfalles schon in sich trug, zu verfallen begann und daß dagegen die sogenannte commendatio an einen benachbarten Lord in umfassender Weise Sitte zu werden anfing.“ Da Kemble einzele Spuren dieses Verfalls schon vor dem Ende des 6. Jahrhunderts (!) zu entdecken glaubt, so liegt ihm doch wohl das Geständniß nicht fern, daß diese Verfassung von Hause aus die Grundlage des englischen Staatswesens nicht geworden ist.

Die natürlich lückenhafte Kenntniß aller Lokalverhältnisse dieser Zeit trifft zusammen mit der unvollständigen Kenntniß der rechtlichen Verhältnisse des Grundeigenthums und der Stände, für welche ich schließlich das Resümé wiedergeben will, zu welchem K. Maurer gelangt ist. „Nur der freie Grundeigenthümer, d. h. nach dem frühen Verschwinden des Edhel nur der Besitzer von Bocland, konnte als selbständiger Mann für sich leben, der Freie ohne Grundeigenthum dagegen war jederzeit als Hausdiener oder Hintersasse einem Herrn unterworfen, ganz abgesehen von dem materiellen Bedürfnisse war ihm diese Unterwerfung durch das Recht auch zu einer formellen Nothwendigkeit gemacht, und der Freigeborene unterschied sich hiernach solchenfalls vom Lät oder Freigelassenen nur darin, daß ihm die Wahl seines Herrn freistand, und daß der bloße Erwerb von Buchland seinen Uebertritt in die höhere Klasse sofort zur Folge hatte. Nur der Grundeigenthümer gehört ferner unmittelbar dem Staate an und steht direct unter dem König, und mit ihm kommen zugleich, wenn sich andere Leute auf seinem Grundeigenthum niederlassen, die Rechte des Landesherrn über diese ohne weiteres zu; der landlose Mann dagegen ist jederzeit selbst der Gewalt eines Landherrn unterworfen, und hängt nur durch dessen Vermittelung mit dem Staate zusammen. Auch der Landlose kann zwar wiederum Hausdiener und Hintersassen unter sich haben, die Rechte des Landesherrn können ihm über diese aber nie zustehen; umgekehrt kann auch der Grundeigenthümer fremdes Land zur Leihe nehmen, und allenfalls sogar in fremden Hausdienst treten, ohne daß darum seine unmittelbare Beziehung zum Staat gelöst würde. Der Unterschied zwischen freien Grundeigenthümern und Freien ohne Grundeigenthum ist demnach zugleich ein Unterschied zwischen unmittelbaren und mittelbaren Angehörigen des Staats; nur die Ersteren können an den politischen Rechten in demselben Antheil haben. Wir ersehen aber auch, daß gegen das Ende des angelsächsischen Reichs die Grenze zwischen den obigen Klassen sich wesentlich verschoben hat, indem die kleinen Grundeigenthümer, d. h. diejenigen, die nicht zugleich Landherren waren, der Territorialgewalt der benachbarten Landherren unterworfen wurden; statt der früheren Eintheilung in freie Grundeigenthümer und landlose Freie ist damit eine Eintheilung des Volks in Landherren und Landsassen getreten." (Münchener Krit. Ueberschau II. 59. 60.)

§. 4.

Die Aemter der angelsächsischen Monarchie. Ealdormen. Shiregerefas. Ortsvögte.

In nothwendiger Wechselbeziehung mit den Amtsbezirken steht die Gestaltung der Aemter des angelsächsischen Reichs, namentlich der beiden Hauptämter des Ealdorman und des Shirgerefa. Wie bei den Amtsbezirken durchkreuzt sich dabei ein historisches Princip mit einem administrativen: jenes waltet bei der Entstehung der Ealdormen vor, dieses bei den Shirgerefas.

I. Der Ealdorman, Dux, Comes, [1]) ist der höchste weltliche Beamte der angelsächsischen Zeit. Als die Vereinigung der kleineren Königreiche mit den größeren begann, beschränkte sich die Oberherrlichkeit des neuen Gesammtherrschers zunächst auf Ehrenrechte und nutzbare Rechte, während der frühere Kleinstaat seine Landesversammlung behielt, und mit einem Unterkönig (Subregulus) an der Spitze die Verwaltung seines Heer- und Gerichtswesens fortsetzte. Der älteste Ealdorman war in der That ein Vicekönig, subregulus, welche Bezeichnung auch in den Unterschriften angelsächsischer Urkunden oft vorkommt. Seine Erlasse stylisirt er wie der König „cum consilio episcoporum optimatumque meorum" Das Gebiet solcher Ealdormen umfaßt also einen früher selbständigen Staat. Die Person war nicht selten identisch mit dem unterworfenen König und seinem Geschlecht; oder es wurden Athelingi, nahe Anverwandte des jetzigen Oberkönigs, in eine solche Vertrauensstellung eingesetzt. Auch der Name Ealdor ist Reminiscenz aus einer älteren Epoche patriarchalischer Stammhäuptlinge; es bedeutet nicht den an Jahren alten Mann, sondern den superior, senior in hoher, würdevoller Stellung. Schon zur Zeit der Heptarchie zieht sich indessen die einheitliche Heer-, Gerichts- und Polizeiverfassung etwas enger zusammen. Der Ealdorman wird abhängiger von der Centralverwaltung. Die neue administrative Eintheilung der großen Reiche in Shires veranlaßt die Einsetzung einer Menge neuer Statthalter, die von Hause aus nur höchste Bezirksbeamte sind, deren Grafschaftsversammlungen kein hergebrachtes Recht der Selbständigkeit beanspruchen. Die Erwähnung solcher Ealdormen läuft daher ganz parallel mit dem schrittweisen Auftauchen der Reichseintheilung in Shires. In dem früh geordneten Reich von Wessex kommt der Ealdorman schon in den Gesetzen Ina's vor, welche der König mit dem Rathe „aller seiner Ealdormen" promulgirt. In. pr. — wo der pflichtwidrige Ealdorman schon mit dem Verlust seiner Shires bedroht wird (In. 36.) Das kleine Königreich Kent dagegen scheint im Anfang des 8. Jahrhunderts noch keine Ealdormen gehabt zu haben; wogegen sich auf einer Landesversammlung unter Coenwulf a. 814 schon 3 duces von Kent und 16 duces von Mercia in den Unterschriften finden. Es ergiebt sich daraus, daß also schon lange vor Alfred das Bedürfniß der großen Reiche zu administrativen Statthalterschaften geführt hat. Die Durcheinanderwerfung der ursprünglichen Verhältnisse durch die Ueberschwemmung der Dänen, die Reorganisation des Ganzen unter Aelfred haben auch wohl eine größere Gleichmäßigkeit in dem administrativen Charakter der Ealdormen herbeigeführt. Diese Annahme bestätigt sich durch die isländische Eigils-Saga c. 21. (K. Maurer, krit. Ueberschau I. 86), welche meldet: „Alfred der Mächtige hatte allen Schatzkönigen (skatconunga, Vice-Königen) ihren Namen und ihre Gewalt genommen; Jarle hießen fortan die, welche Könige oder Königssöhne geheißen hatten." — In dem Jahrhundert der Höhezeit angelsächsischer Monarchie erscheint nun der Ealdorman als Statthalter des Königs in dreifacher Richtung.

1. Er leitet mit seiner Grafschaftsversammlung die Ausrüstung des Heerbanns, die Vertheilung der Contingente, und führt die Mannschaften seiner Shire dem königlichen Heere zu. Er kann auch im Auftrag des Königs die Führung eines Gesammtheeres übernehmen, wie ihn die angelsächsische Chronik bei wichtigen Veranlassungen erwähnt, — entweder Ealdormen als Heerführer einzeler Grafschaften (a. 837, 845, 851, 853, 905) oder Ealdormen schlechthin als Führer eines Gesammtheers (a. 851, 871, 894, 992, 993 2c.). In den Gesetzen wird diese Stellung als selbstverständlich vorausgesetzt.

2. Er führt den Vorsitz in seiner Grafschaftsversammlung als dem ordentlichen Landesgericht In. 50. Alfr. 38. Edg. III. 5:

„Man halte . . zweimal im Jahre Shirgemôte, und es sei da auf dem Shirgemôte der Bischof und der Ealdorman, und beide sollen hier weisen göttliche und weltliche Rechte.“ (Fast wörtlich wiederholt in Cn. II. §. 16.)

In den angelsächsischen Urkunden werden Grafschaftsgerichte unter Vorsitz eines Ealdorman wiederholt erwähnt (Cod. dipl. 219, 755, 898).

3. Als Friedensbewahrer innerhalb seines Bezirks handhabt er die königliche Polizeigewalt. An ihn werden die Friedensgebote des Königs in erster Stelle gerichtet. Das ergänzende Verordnungsrecht, welches in der königlichen Friedensbewahrung liegt, verleiht auch ihm eine abgeleitete Befugniß, Friedensgebote in seinem Bezirk zu erlassen. Der Bruch seines Friedens wird durch eine besondere Friedensbuße geahndet Aethlr. III. c. 1. Bei ihm hat sich der Mann zu melden, welcher den Herrn zu wechseln beabsichtigt Alfr. 37. Er soll nach begangenem Friedensbruch die Fehde verhüten und dem schwächeren Theil beistehen Alfr. 42. §. 3., Bürgschaft von angeklagten Friedensbrechern annehmen Edm. III. 7. §. 1., den Bewohnern königlicher Burgen starke Hand zur Ergreifung von Friedensbrechern reichen Athlr. II. 6.

Die daraus hervorgehende Gesammtstellung war die einer höchsten Würde und eines höchsten Standesrechts, die nun nach dem Rechtssystem der Zeit in einem hohen Wehrgeld gleich dem des Bischofs, viermal so hoch als dem des weltlichen Thans, ihre Anerkennung findet (Anh. VII. 2. §. 3.), in einer erhöhten Buße des Burgfriedensbruchs In. 6. 45. Alfr. 40., in erhöhter Borgbryce und Mundbyrd Alfr. 3. Cn. II. 58. Anh. IV. 11. in einer erhöhten Fechtwette Alfr. 15. 38. Anh. IV. 12., in einem besondern Asylrecht Athlst. IV. 6. §. 3. V. 4. §. 1. Anh. IV. 5. Als Amtseinkommen gebührt ihm die Benutzung oft ansehnlicher Stücke des Folklands und ein Drittel von königlichen Verwirkungen, Geldbußen und manchen anderen königlichen Gefällen. — Der Ealdorman in dieser Stellung ist in der That der vornehmste Beamte des Reichs und hat die erste Stelle im weltlichen Rath des Königs, aber dennoch ist er nur ein Statthalter, dessen Recht auf königlichem Auftrag beruht, dessen Amt mit Zurücknahme dieses Auftrages erlischt. In den historischen Ealdordoms war er allerdings Anfangs ein Nachfolger des Landeskönigs gewesen, bei dessen Einsetzung die Form einer Wahl der Landesversammlung und des Volks sich wohl noch längere Zeit erhielt. Allein ein actuelles freies Wahlrecht konnte unmöglich anerkannt werden, wenn die Incorporation des mediatisirten Königreichs eine dauernde bleiben sollte; vielmehr behauptete das Königthum grundsätzlich ein Recht der Absetzung. Es heißt schon in den Gesetzen Ine's cap. 36 von dem Ealdorman, der den Dieb fortläßt oder den Diebstahl verbirgt, unbedingt: „er verliere seine Shire, außer wenn ihn der König begnadigen will". Von Alfred wird berichtet, daß er seine Reichsbeamten nachdrücklich daran erinnerte, „wie sie ihr Amt von Gott und von dem König trügen". Wie viel mehr mußte der Charakter des widerruflichen Auftrags bei der großen Zahl von Ealdordoms hervortreten, die aus rein administrativen Divisionen hervorgingen! Dem historischen Charakter blieb indessen die rein angelsächsische Zeit in sofern treu, als nur mediatisirte Fürsten, Anverwandte des Königs oder Großthane in einer nahezu fürstlichen Stellung das Amt bekleideten. Nach Lage der Verhältnisse konnte die Ernennung nur auf einen mächtigen in der Shire angesessenen Mann fallen. Immer war wohl nur von einer Wahl zwischen sehr wenigen Personen die Rede, und das wohlbegründete Ansehen einer solchen Familie war auch die genügende Veranlassung das Amt des Vaters zuweilen dem befähigten und bewährten Sohne zu verleihen, obwohl die Würde ebenso wenig erblich wurde wie sie jemals ein Wahlamt gewesen.

Einige Aenderungen hat jedoch im letzten Jahrhundert die Einwirkung des dänischen Elements herbeigeführt. Bei den nordischen Seeräubern finden wir neben den Königen sogenannte Jarls als höhere Kriegsanführer. Dies nordische Wort war verwandt dem angelsächsischen Eorl, welches von jeher den Mann in hoher Stellung oder von hohem Stande bedeutete, und wohl dazu geignet mit dem Earl = Eorl zu verschmelzen. Eine Zeitlang werden bei den Nachrichten über die Kämpfe der beiden Theile auf der sächsischen Seite Ealdormen, auf der dänischen Earls genannt. Schon in dem Gesetze Edwards und Guthrums kommt jedoch c. 12 die Wendung vor,

> „daß der Eorl da im Lande und der Bischof des Volks die Stelle des Magen und Mundherrn bei den Geistlichen und Fremden vertreten sollen".

Hier ist der Ausdruck wohl gebraucht als die beiden Theilen gleich verständliche Bezeichnung des königlichen Statthalters. Ebenso bezeichnend ist die Ausdrucksweise in Edg. IV. 15. Begreiflich wuchs der Einfluß des dänischen Elements in der zweiten Periode der Dänenherrschaft seit Aethelred, in dessen Gesetzen III. 12 von der Gebühr gesprochen wird, die in einer Rechtssache vor einem Earl oder Bischof zu erlegen. Unter dem Königthum Cnut's meldet die Geschichte nur noch die Einsetzung von neuen Earls. Das Gesetz Cnut's über die Höhe des Heergewettes §. 7 spricht nur vom Eorl; in der Shirgemôt Cn. II. 18. dagegen wieder vom Ealdorman. — Wichtiger noch war der Bruch, welcher damals in die hergebrachte Stellung der vornehmsten angelsächsischen Familien hineinkam. Dänische Familien, zuweilen auch emporgekommene tapfere Krieger, verdrängen zum großen Theil die alten Geschlechter der Ealdormen, und mit den Wechselfällen der Kämpfe unterliegen auch die Statthalterschaften einem durchgreifenden Wechsel. Schon früher war es für die Zwecke der Landesvertheidigung rathsam gefunden, oft mehre Shires unter einem Ealdorman zu vereinigen. Unter Aethelred wächst diese Neigung zur Centralisation des Heerführeramts, offenbar damit an den vom Reichsfeind bedrohten Punkten das ganze Heer eines großen Landestheils rascher gesammelt und wirksamer verwendet werde. Cnut bildet in diesem Sinne 4 große Reichstheile, an deren Spitze ein großer Eorl gesetzt wird, dessen Würde einer Herzogswürde auch nach dem größeren Maßstab des Continents entspricht. Unter Eduard dem Bekenner wird diese Gruppirung der Grafschaften zwar wieder verändert, und eine kurze Zeit ist noch wieder von Ealdormen und Eorls nebeneinander die Rede. Da sich aber seit Cnut's Zeit einmal die Idee einer höheren, größeren Statthalterschaft an die Bezeichnung Eorl knüpfte, so wurde, wie gewöhnlich, der für höher gehaltene Titel der herrschende. Die angelsächsische Chronik spricht seit a. 1048 nur noch von Eorls, und von dieser Zeit an ist anscheinend von Ealdormen in dem alten Sinne nicht mehr die Rede. In dem Sprachgebrauch der spätern Zeit erhielt sich die ehrwürdige alte Bezeichnung des Alderman nur noch für obrigkeitliche Würden in niederen örtlichen Verwaltungen (LL. Henr. 7. §. 2, 8. §. 1, 92. §. 1).

II. Das Amt des Shirgerefa[2]) erscheint als eine zweite Amtsstelle unter dem Ealdorman, für die Verwaltung der ganzen Grafschaft bestimmt. Dem Range nach dem Ealdorman untergeordnet, Ealdormonnes gîngra Alfr. 38, §. 2, hat es doch im Verlauf der Zeit für die laufende Verwaltung eine steigende Wichtigkeit erhalten, und ist am Schluß der angelsächsischen Zeit das wichtigste Verwaltungsamt geworden. Im Unterschied vom Ealdordom hat das Amt keine Reminiscenzen an alte Königswürden und königliche Verwandtschaften an sich, sondern einen rein administrativen, ursprünglich sogar einen wirthschaftlichen Charakter, wie er durch die Verhältnisse des großen Grundbesitzes bedingt wurde. Jeder angelsächsische Große hatte Grundzinsen, Naturalabgaben, Schutzgelder und Gefälle zu erheben, Dienste seiner Leute zu beaufsichtigen, Streitigkeiten unter den Leuten zu entscheiden, den königlichen Anforderungen für den Heerbann, den Gerichts- und Polizeipflichten zu genügen. Der dazu bestellte Bevollmächtigte führt den Namen Gerêfa, der auch den einfachen Gutsverwalter einbegreift. Große Herren hatten für ihre zerstreuten Besitzthümer oft zahlreiche Gerêfas in mehren Stufen. In erhöhtem Maaße bedurfte aber der König in den verschiedenen Reichsbezirken eines Hauptgerefen für die Ausübung seiner nutzbaren Rechte und die Einzelgeschäfte einer königlichen Verwaltung. Dies Gerefenthum durchzieht so sehr das ganze Leben der angelsächsischen Zeit, daß in normannischer Zeit die Privatrechtsammlungen Veranlassung finden konnten, den Zeitgenossen einer büreaukratisirten Verwaltung die ursprüngliche Bedeutung des Gerefenthums in Erinnerung zu bringen. Es heißt in den LL. Edw. Conf. c. 32:

> Greve autem nomen est potestatis; apud nos autem nihil melius videtur esse, quam praefectura. Est enim multiplex nomen: greve enim dicitur de scire, de waepentagiis, de hundredo, de burgis, de villis.

In den Gesetzen wird daher nicht selten die Bezeichnung cyninges gerêfa vorsorglich hinzugefügt, um den königlichen Gerêfen im Volksgericht von Privatgerefen zu unterscheiden. Alfr. 22. 34. Cn. I. 8. II. 33. Die Grafschaftsverwaltung des vereinigten Reichs gab mit der wachsenden Ausbildung der königlichen Rechte die dringendste Veranlassung zur Einsetzung eines solchen Landpflegers, welchen der König in öffentlichen Erlassen „seinen Gerêfa" nennt, z. B. Athlr. II. 26:

> Wenn einer meiner Gerêfen aber dies nicht thun will, so gelte er den Ungehorsam gegen mich, und ich finde einen anderen der will.

Ebenso bezeichnend für die Amtsstellung des Gerêfa ist die Amtsbuße oder Ungehorsamsstrafe, welche summarisch jedem Gerêfa gedroht wird, wenn er sich bestechen läßt Athlst. V. 1. §. 3, wenn er als Richter ein ungerechtes Urtheil fällt Edg. III. 3, wenn er nicht den rechten Gerichtstag einhält Edw. II. 7. 8, wenn er die Buße wegen Rechtsverweigerung nicht eintreibt Edw. II. 2., wenn er seine Pflicht zur Handhabung des Friedens versäumt Athlst. II. 26. pr. V. 1. §. 2. VI. 8. §. 4. 11. Die verhältnißmäßig häufige Erwähnung der

Strafen des Ungehorsams (oferhyrnes) und der Absetzung im Fall der Pflichtverletzung charakterisirt den Bevollmächtigten in rein persönlicher Amtsstellung. Wurde auch mit der wachsenden Bedeutung des Amts meistens ein größerer Grundbesitzer, ein im Kreise der Grafschaftsthane angesehener Mann ernannt, wurde auch wohl auf die Wünsche der Grafschaftsversammlung zeit- und ortweise Rücksicht genommen, so ist doch von einem Wahlamt hier noch weniger die Rede als bei der Würde des Ealdorman, und noch viel weniger von einem erblichen Besitzthum davon.

In den Amtsgeschäften des Shirgerêfa tritt überall das Finanzielle und die Besorgung der Einzelgeschäfte in den Vordergrund. Wo in dem Grafschaftsbezirk königliche Domainen (Athlst. II. pr.), Folkland, nutzbare Rechte daran und andere Regalien zu verwalten sind, ist der Shirgerêfa der verwaltende Beamte, soweit nicht eine speciellere Verwaltung dafür eingesetzt ist. Unbeschadet der Stellung des Ealdorman ist er wohl immer als der eigentlich verantwortliche Rechnungsbeamte gemeint. Dieselbe nächste Beziehung auf die Revenue des Königs führt den Shirgerêfa auch in das Gebiet der Kriegs-, Gerichts- und Polizeigewalten ein.

1. Bei dem Aufgebot des Volksheerbanns waren zunächst die Bußen für Versäumniß der Heerfahrt beizutreiben, auch Geldbeiträge zur Ausrüstung der Mannschaften zu erheben, die sich bei der Vertheilung der Contingente ergaben (tributa expeditionalia Cod. dipl. Nr. 362, vergl. Domesdaybook Berksh. I. 56b). Bei dem ganzen Ausrüstungs- und Vertheilungsgeschäft war der Shirgerêfa wohl von Anfang an als Assistent des Ealdorman thätig. Wo Gefahr im Verzuge, führt er gelegentlich selbst seine Mannschaften gegen landende Seeräuber. Aus ähnlichen Gründen führt er das schleunige Aufgebot der Mannschaften zur Verfolgung von Friedensbrechern Athlst. VI. 8. §. 4. Die Verwendung der Milizeinrichtung zu Polizeizwecken erforderte überhaupt einen Localbeamten, und der hochstehende Earl erschien zu solchen Functionen weniger geeignet. In der späteren Zeit, als der Earl mehr in die Stellung eines Oberstatthalters zurücktritt, mag der Shirgerêfa mit den Thanen im Grafschaftsgericht die laufenden Geschäfte der Miliz- und Polizeiverwaltung fast ebenso vollständig und regelmäßig geführt haben, wie dies bei den Gerichtsgeschäften unzweifelhaft der Fall war. Das Vertheilungsgeschäft der Contingente fiel um so mehr der laufenden Verwaltung des Sheriff zu, je mehr das Maaß der Leistung stehend wurde.

2. In der Gerichtsverwaltung war zunächst die Einziehung der Bußen (Edw. II. 2) und der verwirkten Güter (Cod. dipl. No. 328. 1258) das unzweifelhafte Geschäft des Shirgerêfa. Ihm lag auch die Einzelvollstreckung der Urtheile ob Athlr. I. 4. pr. §. 1. Cn. II. 33. Vor ihm werden Kauf- und Tauschgeschäfte abgeschlossen Athlst. II. 10. Edm. III. 5. Den ordentlichen Vorsitz im großen Grafschaftsgericht führt zwar der Ealdorman mit dem Bischof; allein auch dabei ist der Shirgerêfa urkundlich Beistand des Ealdorman (Cod. dipl. No. 765.), und seine Anwesenheit als Rechnungsbeamter unumgänglich. Schon in den älteren Gesetzen erscheint er aber auch als alleiniger Gerichtshalter des Königs im Volksgericht Wihtr. 22. Alfr. 22. 34. Edw. I. pr. Athlst. II. 12., namentlich bei Verhandlungen über verwirkte Bußen. Je mehr dann das Earldordom als militärische Obergewalt über große Provinzen zurücktritt, um so vollständiger wird der Shirgerêfa der regelmäßige Leiter der Shirgemôte. In die normannische Zeit hinein reicht ein Zustand, in dem die Abhaltung des Grafschaftsgerichts durch den Shirgerêfa als altes Herkommen galt — ein Erfolg der allmälig fortschreitenden Trennung der Civil- und Militärverwaltung.

3. In den Geschäften der Friedensbewahrung ist der Gerêfa wiederum Beistand des Ealdorman. Er soll in seiner Shire „von Allen die Verpflichtung annehmen, daß sie alle den Frieden halten wollen" Athlst. VI. 10. Insbesondere werden ihm Polizeifunctionen auferlegt, die für den hochstehenden Ealdorman in fürstlicher Stellung sich weniger eigneten: die Verfolgung der Spur bei Viehdiebstählen Athlst. VI. 8. §. 4, das Einschreiten gegen die Begünstiger von Dieben Athlst. VI. 8. §. 2, die Controlle beim Abschluß von Kauf- und Tauschgeschäften u. dgl. Wenn ein Mann da ist, welcher gegen das ganze Volk unzuverlässig, so soll des Königs Gerêfa hingehen und ihn unter Bürgschaft stellen Athlr. I. 4. Als königlicher Executionsbeamte soll er auch der Kirche behülflich sein bei Eintreibung der kirchlichen Abgaben und in anderen weltlichen Dingen Athlst. I. pr. u. §. 4. Edg. I. 3. Athlr. VIII. 8. 32. Cn. I. 8.

Wenn so die Einzelverwaltung der Grafschaft immer vollständiger in die Hände des Shirgerêfa kam, so mußte dies in noch verstärktem Maße bei den noch kleineren Localgeschäften der Hundreds eintreten. In der Blüthezeit des angelsächsischen Reichs soll das Hundredgericht 12mal jährlich abgehalten werden als das ordentliche Gericht für die gewöhnlichen Streitigkeiten der Gemeinfreien Edw. II. 8; Edg. I. 1; Cn. II. 17. Allmälig häufen sich auch die specielleren

Verpflichtungen der Hundreds zur Aufrechterhaltung der polizeilichen Ordnung, zur Gestellung ihrer Mitglieder vor Gericht, zur Verfolgung der Diebe Edg. I. 5. Cn. II. 20. Henr. I. 8. §. 2. Wil. I. 22. III. 3. u. s. w. Es wäre nun allerdings denkbar, daß dem entsprechend jede Hundred ihren Hundred-Gerêfa vom König erhalten hätte. Allein dieser Ausdruck kommt urkundlich nirgends vor. In der constitutio de Hundredis Edg. I. 2, 4, 5 wird ein Hundredes-man erwähnt, allein in enger Verbindung mit dem Tithing-man der Miliz und zum Zweck specieller Polizeigeschäfte; es scheint also, daß hier eher von besonderen Beamten der Miliz die Rede ist, vergleichbar dem Chiefconstable und Pettyconstable der späteren Jahrhunderte. Freilich wird andererseits, wenn von dem Vorsitzenden der Hundertversammlung im Allgemeinen die Rede ist, doch auch wieder der Shirgerêfa nicht bestimmt genannt, sondern des Königs Gerêfa. Edw. II. 8: „Ich will daß jeder Gerêfa immer um vier Wochen ein gemôt habe.“ Athlr. III. 3: „daß man ein gemôt habe in jedem Wäpentake, und daß die zwölf ältesten Thane hinausgehen und der Gerêfa mit, und sie auf das Heiligthum schwören ... daß sie keinen Schuldlosen anklagen und keinen Schuldigen verhehlen.“ Bei allgemeinen Anordnungen für die Gerichtsvögte werden Gerefa's überhaupt genannt Edw. I. 1: „König Eduard gebietet allen Geresen, daß ihr so gerechte Urtheile sprecht als ihr irgend könnt und es in dem Urtheilsbuch steht.“ Ebenso bei den Strafbestimmungen gegen Versäumnisse der königlichen Vögte Edw. II. 2. Athlst. II. 26. IV. 7. V. 1. VI. 11. Es läßt sich aus diesem Sprachgebrauch aber wohl nur folgern, daß die Verwaltung der Hundreds keine durchgreifend gleichmäßige war; sofern manche Hundreds und viele den Hundreds coordinirte Bezirke Specialvögte erhielten. Abgesehen davon aber waren die Amtsgeschäfte des Shirgerêfa, seine sehr speciellen Finanz-, Gerichts- und Polizeigeschäfte so bestimmt auf die Hundertversammlung berechnet, daß er der regelmäßige Vorsteher aller nicht eximirten Hundreds sein mußte. Dies entspricht auch dem Zustand, welchen wir in der normannischen Periode als den hergebrachten vorfinden. — Als lateinische Bezeichnungen kommen in späteren Schriften vicecomes und vicedominus vor, der spätere Volkssprachgebrauch macht ihn zum reeve, shir-reeve, sheriff.

III. Königliche Gerêfas für engere Bezirke, Ortschaften und Specialverwaltungen[3]) ergaben sich neben dem Shirgerefa aus der Gestaltung der königlichen Rechte und aus den Territorialzuständen, wie solche vorher §. 3. Abschnitt III. bezeichnet sind.

Zunächst konnten in Hundertschaften und selbst in noch größeren Unterbezirken einer Grafschaft Spezialvögte eingesetzt sein, wie der königliche Gerêfa in Dinge der 5 Burgen, Aethlr. III. c. 1, einem besonderen Gebiet dänischer Ansiedler, wo er sogar koordinirt neben dem Ealdorman genannt wird.

Nach einem andern Princip konnten die großen königlichen Forstgebiete zur Einsetzung der Swângerêfas führen, die schon unter Egbert vorkommen (cod. dipl. 219), in der spätern constitutio de foresta Cnut's aber Hauptbeamte der Forstverwaltung mit ausgedehnten Gerichts- und Polizeigewalten sind.

Das Gerefensystem erstreckt sich aber auch auf Ortschaften. Burhgerêfas oder wenigstens Gerêfas schlechthin erscheinen in Ortschaften, die sich auf altem Domainenbesitz, Folkland oder unter besonderer königlicher Schutzherrlichkeit um eine Burg herum gebildet hatten. Die Burhgemôt soll jährlich dreimal stattfinden, Edw. III. 5. Cn. II. 18., und wird so bestimmt neben der Shirgemot genannt, daß sie wohl eine eximirte Stellung einnahm, wenigstens für die eigentliche Gerichtsverwaltung, während für die Miliz die gewöhnliche Unter- und Einordnung in Grafschaft und Hundertschaft unverändert bleiben konnte.

Ein Portgerêfa kommt in solchen Ortschaften vor, welche als Handelsplätze eine besondere Bedeutung für die königlichen Gefälle hatten, wie in London und Canterbury. In London hat er die Stellung des Shirgerêfa, und die königlichen Schreiben werden an den Ealdorman, Bischof und Portgerêfa gerichtet (cod. dipl. B. IV. wiederholt). Gewöhnlich werden hier 2 Portgerêfas erwähnt als die höchsten Verwaltungs- und Gerichtsbeamten der Stadt, auch werden hohe Beamte des königlichen Hofhalts (also Großthane) in dieser einträglichen und angesehenen Stelle namhaft gemacht, Cod. dipl. 872.

Ein Wicgerêfa erscheint unter ähnlichen Umständen als königlicher Vogt in kleineren Ortschaften. In mancher ansehnlichen Stadt behielt der königliche Vogt der Burhgemôte auch später noch den herkömmlichen anspruchsloseren Titel bei. In London selbst wird in der ältesten gesetzlichen Erwähnung H. et E. 16, also im 7. Jahrhundert, des Königs Wicgerêfa erwähnt, an dessen Stelle dann die späteren Portgerêfas auftreten.

Ein gleiches System von Gerêfen bestand, wie erwähnt, für den großen Privat-Grundbesitz. Auch Bischöfe, Ealdormen, größere und kleinere Thane hatten von ihrem Grundbesitz Gefälle zu erheben, die Streitigkeiten ihrer Leute zu schlichten, die Verantwortlichkeit für die mancherlei Gebote des Heerbannes und der Friedensbewahrung zu übernehmen. Solche herrschaftlichen Tungerêfas können einfache Gutsverwalter sein. In größeren Ortschaften und bei einer durch königliche Verleihung erweiterten Gerichtsgewalt (saca et soca) konnten sie thatsächlich die Bedeutung eines königlichen Wicgerêfa haben. Der Ausdruck socngerêfa kommt indessen nur einmal in den alten Corporationsstatuten von London vor. Große herrschaftliche Bezirke standen in manchen Beziehungen den Hundreds coordinirt. Als der verantwortliche Träger der obrigkeitlichen Gewalten wird aber auch der beliehene Thau selbst angesehen. Nach Athlst. IV. 7. soll der königliche Gerefa, der seine Amtspflichten versäumt, die Amtsbuße von 120 Shilling bezahlen; et si thainus sit, qui hoc faciat vel aliquis alius, sit hoc idem. Der vielseitige Charakter des gerêfa theilt sich übrigens auch dem lateinischen Sprachgebrauch mit, in welchem praefecti und praepositi die königlichen und die Privatvögte in den mannigfaltigsten Abstufungen umfassen.

Das Gesammtsystem der königlichen Gerêfas*) durchzieht das Gebiet der angelsächsischen Reichsverwaltung in allen Richtungen und bildet den herrschenden Typus derselben. Seit den Zeiten Alfred's werden zahlreiche judices, praefecti, praepositi genannt, die eben nur eine Latinisirung der vieldeutigen Gerêfas enthalten. Die Gesammtheit dieser Beamten ist schon ein gleichmäßiges Ganze, wie denn auch zur Zeit Edgar's der König schon die Gesammtheit der Beamten seines Vaters bestätigt, Edg. IV. 2 pr. Die Finanzrechte und der ganze Bildungsgang der königlichen Gewalten hatten zu diesem System königlicher Ernennungen geführt. Schon dem Könige Withred in der Landesversammlung zu Baccanceld legt die angelsächsische Chronik die Worte in den Mund a. 694:

> „Es ist Sache der Könige Eorls (?), Ealdormen, Shirgerefen und Richter zu ernennen.“ (Monum. Hist. Britt. I p. 324).

In einer angelsächsischen Urkunde (cod. dipl. 996) ebenso: illius autem est, comites, duces, optimates, principes, praefectos, judices saeculares statuere. Diese Urkunde ist zwar unächt und verräth die geistliche Hand, allein sie ist wie die meisten dieser Urkunden von sehr altem Datum, und drückt die herrschenden Vorstellungen aus, welche als Herkommen galten. Auch die Bezeichnung der königlichen „Thanschaft“ umfaßt in diesem Sinne öfter die Gesammtheit der obrigkeitlichen Aemter. Die Amtsvergehen werden generell mit Geldbuße und Verlust der Thegnship bedroht (Thegenscypes et omni judiciaria dignitate privatur Ll. Henr. I. 34 §. 1). In enger Verbindung mit dem großen Grundbesitz hat diese „Thanschaft" das ganze Reich überzogen, die in der alten Verfassung enthaltenen Volksämter und Volkswahlen verdrängt. In dem angelsächsischen Staat ist von Wahlen in dem modernen Sinne weder in der Reichs- noch in der Grafschaftsverwaltung eine sichere Spur zu finden, so daß sich Palgrave I 118 zu dem Ausspruch gedrungen sieht: „Es mag bezweifelt werden, ob Volkswahlen im modernen Sinne jemals unter den Angelsachsen bestanden." Wenn das Wesen der staatlichen Freiheit nur in Wahlen und Wahlbeamten bestände, so würde in der That die Freiheit mit der angelsächsischen Zeit nicht beginnen, sondern zu Ende gehen. Der ausgebildete angelsächsische Staat ist eine Transaction zwischen dem großen Grundbesitz und einem königlichen Präfectenwesen, welches den Grundzügen einer germanischen Verfassung nach Tacitus sehr wenig zu entsprechen scheint. Der eigentliche Staat verkörpert sich in verhältnißmäßig wenigen Personen: den vom König ernannten Bischöfen, Ealdormen, Shirgerefas. Die Localverwaltung verzweigt sich dann noch in ein System von Gerêfas in engeren Kreisen, und durchkreuzt sich mit einem gleichartigen System grundherrlicher Vögte. Eine Herabdrückung der politischen Bedeutung der Freisassen, der landlosen Freimänner, der ganzen friedlichen, arbeitenden Bevölkerung ist dabei unverkennbar. Dennoch ermäßigt die Gerichtsverfassung diesen scheinbaren Präfekten-Charakter. Im Hundredgericht und selbst in grundherrlichen Gerichten ist die Urtheilssprechung noch nicht ein Akt eines Einzelvogts, sondern der Spruch der als Gerichtsmänner und Eideshelfer noch thätigen Freileute. Im Grafschaftsgericht ist der königliche Landvogt umgeben von noch einflußreicheren Witan als Gerichtsmännern. Auch die Grafschaftsverwaltung des Kriegswesens und der Friedensbewahrung besteht noch in einer lebendigen Verhandlung mit den Thanen der Grafschaft und wahrscheinlich auch Deputationen aus den Hundreds und analogen Bezirken. Höher hinauf waltet der König in der Witenagemôte mit dem Rath und mit der Zustimmung von noch mächtigeren Prälaten und Großthanen. Wenn dieses starke aristokratische Element dennoch mit einem durchgehenden System königlicher Vögte besteht, so erklärt sich dies aus der Gesammtbildung des Staates. Es war eine Anzahl mächtiger Grundherren vorhanden, aber ihre Grundherrlichkeit concentrirte sich nicht an einem Punkte. Es war hier von Hause aus kein geschlossener großer Domänenbesitz, vergleichbar etwa den possessiones auf dem ehemaligen römischen Provinzialboden. In den Gebieten der früheren kleinen Königreiche hatte sich eine zahlreiche mittlere Thanschaft gebildet mit einem Besitznormal von 5 Hufen; nicht aber geschlossene große Herrschaften, aus denen eine Territorialhoheit hätte hervorgehen können. Nach der Vereinigung des Reichs überragte der königliche Besitz und die königliche Gewalt auch den mächtigsten Großthan noch so weit, um den Grundsatz einer Reichsverwaltung durch Statthalter und ernannte Vögte durchzuführen. Andererseits waren aber auch Prälaten und Thane in ihrer Gesammtheit so zahlreich, so stark begütert, durch die grundherrlichen Rechte so fest gewurzelt, daß sie als Klasse die obrigkeitlichen Aemter so gut wie ausschließlich besetzen.

Diesen Zuständen entspricht dann die Concentrirung der Reichsgewalt, „der König in der witenagemôte“, als eine Versammlung beamteter Grundbesitzer und grundbesitzender Beamter, welche die einflußreichen Elemente des geistlichen und weltlichen Staats in derselben Mischung von Amt und Besitz darstellt, die auch in der Grafschaft, Hundertschaft, Orts- und Gutsverwaltung das Reichsgebiet durchzieht. Ihre Zusammensetzung beruht auf dem Ernennungs-, Berufungs- und Verleihungsrecht, welches der König innerhalb der Heeres-, Gerichts-, Polizei- und Kirchenverfassung übt. Sie ist daher eine berufene, keine gewählte, auch keine unmittelbar durch Geburt oder Besitz bestimmte Versammlung. Je kleiner die Zahl der bedeutungsvollen Aemter, desto leichter konnten sie dann dienstbar werden dem vereinigten Einfluß der Prälaten und Großthane am Hofe und in der Witenagemôte. Das Uebergewicht dieser oft eng verbundenen Familien nöthigte den König immer mehr die wichtigen Aemter „mit ihrem Beirath“ zu besetzen, und begründete so schon frühzeitig einen Zustand, in welchem sich die Macht des großen Grundbesitzes nicht in geschlossenen Gebieten feudaler Kleinstaaten gestaltet, sondern corporativ mit einem entscheidenden Einfluß auf die Ausübung königlicher Gewalten.

1) **Ueber das Amt des Ealdorman und Earl** enthält eine umfangreiche Zusammenstellung Heywood, on ranks S. 53—117. Die Etymologie des Worts ist unbestritten. Daß es allgemein die Obrigkeiten der patriarchalischen Zeit des Geschlechterstaats ausdrückt, ergiebt sich unter anderm daraus, daß der Stammvater der Dynastie von Wessex, Cerdic, von der Sachsenchronik als Ealdor bezeichnet wird. Als lateinische Bezeichnung wechseln dux, princeps und comes in sehr willkürlicher Weise, öfter auch consul, patricius, praefectus, je nach dem Geschmack des Geistlichen der die Urkunde aufsetzte. Nicht genügend beachtet wird aber die Verschiedenheit der Amtsstellung in verschiedenen Jahrhunderten und in den verschiedenen Landestheilen. Verwirrend ist ferner das Hereinziehen von Analogien des comes, dux, senior der carolin-

gischen Reichsverfassung, welche andere Gebiets-, Besitz- und Nationalitätsgrundlagen, auch eine ganz andere Vorgeschichte hat. Von den einzelen Amtsgeschäften des Ealdorman sind

a. Die Geschäfte des Heerbannes, kein Gegenstand der Gesetzgebung eben deshalb, weil sie persönliche Stellvertretung blieben und bleiben sollten. In der angels. Chronik werden Ealdormen als Heerführer schon vor der Zeit des vereinigten Reichs genannt (a. 684, 699, 710, 823, 825) aber ohne Beziehung auf eine besondere Shire, es steht also dahin, ob hier nicht eine allgemeinere Bedeutung von Ealdorman zu Grunde liegt. Die Beschlüsse der Landesversammlungen unter dem Ealdorman beanspruchten wohl noch lange Zeit eine größere Selbständigkeit in den Landestheilen, in welchen das Ealdordom aus einem mediatisirten Königreiche entstanden war. Irrig ist es aber, wenn Palgrave den einzelen Grafschaftsversammlungen überhaupt eine eigene Beschlußnahme über Krieg und Frieden u. dgl. vindiciren will! In den rein administrativ gebildeten Shires wäre dies widersinnig. „Ich kann mir wohl vorstellen daß der Gâ, aber sicher nicht die Shire einem Nachbar Krieg erklärte." Kemble I. 69.

b. In der Gerichtsversammlung ergab sich das Zusammentreten des Ealdorman mit dem Bischof aus dem Verhältniß der kirchlichen Verwaltung (§. 5).

c. In den Geschäften der Friedensbewahrung ist die Stellung als höchste Landesobrigkeit so selbstverständlich, daß die Gesetzgebung nur einzele Pflichten und obrigkeitliche Rechte der Einschärfung halber besonders hervorhebt. Alfred 37 ꝛc.

Daß bei der aristokratischen Richtung dieser Staatsbildung die Klasse der Ealdormen zusammenfiel mit einer kleinen Zahl größter Grundbesitzer verstand sich nach dem Zeitverhältnisse fast von selbst. Ihr Wehrgeld entspricht einem Besitz von mindestens 40 Hufen. War der mit so hoher Würde begnadigte nicht von Hause aus großer Grundbesitzer, so bedurfte es einer so reichlichen standesmäßigen Ausstattung, daß schon dieser Umstand die Erhebung eines homo novus erschwerte. Das Personal der Ealdormen zeigt daher eine frühzeitige Stetigkeit in großen Familien, aber keine Erblichkeit. Unter den namentlich bekannten Ealdormen sind die Beispiele, daß in derselben Grafschaft Vater und Sohn unmittelbar nach einander folgen, doch auffallend selten; selten freilich auch die Beispiele der Absetzung eines Ealdorman. Ungemein häufig sind die Verschwägerungen zwischen den Ealdormen und den Familien der angelsächsischen Könige, welche seltener ihre Gemahlinnen aus den fürstlichen Häusern des Continents nahmen, wogegen ihre schönen Töchter sich vielfach mit den Dynastenfamilien des Continents vermählten. Alle diese Verhältnisse sind der Ausdruck des großen Besitzeinflusses, der militärischen Macht einiger großen Familien und eines stark ausgeprägten Klassenrechts, aber noch nicht eines ständischen hohen Geburtsadels. — Noch weniger konnte bei dieser Lage der Verhältnisse das Ealdordom ein Wahlamt sein, von welchem irriger Weise auch noch Kemble II. 126 spricht. In den Gesetzen Eduards des Bekenners Cap. 32a, §. 2. findet sich in dem Text Lambards folgende isolirte und wunderliche Notiz de herotochiis: „Erant et aliae potestates et dignitates per provincias et patrias universas, et per singulos comitatus totius regni praedicti constitutae, qui Heretoches apud Anglos vocabantur, scilicet barones, nobiles et insignes sapientes, et fideles, et animosi. Latine vero dicebantur ductores exercitus: apud Gallos, capitales constabularii, vel marechalli exercitus. §. 1. Isti vero viri eligebantur per commune consilium pro communi utilitate regni, per provincias et patrias universas, et per singulos comitatus in pleno folcmote, sicut et vicecomites provinciarum et comitatuum eligi debent: Ita quod in quolibet comitatu semper fuit unus heretoch per electionem electus, ad conducendum exercitum comitatus sui juxta praeceptum domini regis." — Die Sache ist ebenso wie der Name der Heretoches dem angelsächsischen Wesen völlig fremd. Man darf nicht vergessen, daß es sich um eine Privatarbeit aus dem 12. Jahrhundert handelt, deren gelehrter Verfasser von hundert Stellen seine den Geistlichen der Zeit zugängliche Kenntniß der Volksrechte des Continents einmengt. Zur Zeit der Entstehung jener Privatversammlung gab es unter dem normannischen Amtsdruck wohl nichts populäreres, als die Idee einer freien Volkswahl des obersten Beamten der Grafschaft, wie denn auch in späteren Jahrhunderten aus den Rechtsquellen und aus dem Feudalwesen des Continents immer nur das citirt wird, was der Stellung der regierenden Klasse zusagt. Nicht nur das anerkannte Absetzungsrecht der Ealdormen (In. c. 36, cod. dipl. No. 1078), sondern die Gesammtheit der angelsächsischen Rechts- und Geschichtsdenkmäler steht der Idee gewählter Ealdormen entgegen. Das örtliche Bedürfniß mag in einer einzelen Grafschaft eine besondere Stetigkeit der Würde veranlaßt haben. So erzählt Selden of Feods. 13, daß die Würde des Algar von König Aethelbald an bis zur Eroberung über 300 Jahre in derselben Familie gewesen. Allein wenn die Sache wirklich erweislich ist, so enthält sie eben eine Besonderheit, die in den Bedürfnissen einer weit abgelegenen Mark ihre Erklärung findet. Ohne genügenden Beweis nimmt Selden, Works III. 673 ferner an, daß die Oberstatthalter von Mercia, Northumbria und East-Anglia die in der normannischen Zeit sogenannte jurisdictio palatina besessen hätten, während geschichtlich nichts weiter feststeht, als daß sie eine Oberstatthalterschaft mit einem Militärcommando über ihren ganzen Bezirk besaßen.

Zu den Aenderungen welche die dänische Zeit herbeiführt gehört zunächst der veränderte Name. Das Wort Eorl kommt schon in den kentischen Gesetzen und sehr alten Urkunden in dem Sinn einer hohen Stellung oder Geburt vor (eorl im Gegensatz von ceorl). Wahrscheinlich ebenso unbestimmt ist die ursprüngliche Bedeutung des nordischen Jarl, der den dänischen Anführern gegeben wird, und unter den wilden Banden nordischer Seeräuber sicherlich auch noch keine ausgebildete Amtswürde bezeichnete. Die Verschmelzung der beiden Worte zu dem spätern Earl machte sich leicht, so daß nun für beide Stämme ein gleichverständlicher Ausdruck da war, der im gemeinen Leben und allmälig auch in Gesetzbeschlüssen angewandt wurde. Wichtiger ist die sachliche Aenderung unter Cnut, nämlich die Eintheilung des Reichs in 4 ansehnliche Provinzen a. 1017. Wessex reservirt Cnut sich selbst, East-Anglia wird dem Thurkill, Mercia dem Eadric Streone (der als Angelsachse den Titel Ealdorman fortführt), Northumbria dem Eric als Oberstatthalterschaft anvertraut. Die Aenderung kann aber wesentlich nur die Heeresverfassung betroffen haben. Die Abhaltung des Grafschaftsgerichts in einem so umfangreichen Gebiet war praktisch nicht ausführbar. Die alten kleineren Grafschaftsbezirke blieben als Gerichtsversammlungen bestehen, in denen nun der Shirgerefa regelmäßig den Vorsitz führte. Es vollzieht sich damit also thatsächlich eine Trennung der Civil- und Militärverwaltung. Für die erstere wird der Shirgerefa der eigentliche Hauptbeamte, und es vermindert sich dadurch auch die Gefahr der Bildung so großer Reichsbezirke. Unter Eduard dem Bekenner wird diese Gefahr jedoch zur Wirklichkeit durch den großen Earl Godwin und seine Söhne. Der Verlauf dieser Kämpfe zeigt indessen doch, daß bei der Trennung der Militär- und Civilverwaltung, bei der großen Abhängigkeit der Shirgerefas vom König und nach der Gesammtanlage der Reichsverwaltung, es auch dem kriegstüchtigsten Earl sehr schwer wurde, sich gegen den Willen des Königs zu behaupten. Der starke Wechsel der Ealdordoms unter Edward beweist aber auch, wie weit die angelsächsische Zeit von der Anerkennung einer erblichen Würde noch entfernt war.

2) Ueber die Stellung des Shiregrefa enthält ein reiches Material Spelman, Glossarium v. Grafio, welches den herkömmlichen englischen Darstellungen zu Grunde liegt. Vergl. auch Kemble, Anglo-Saxons II. c. 5 über den Gerefa. Ein Namensverzeichniß der Shirgerêfas aus dem 11. Jahrhundert, Kemble II. 141—143. Die Streitpunkte sind hauptsächlich folgende:

1. Die Ableitung des Worts Gerêfa, wie des deutschen Grafen, ist eine noch ungelöste Streitfrage. Die Ableitung von grau, gravio in dem Sinne von senior, ealdor ist von Grimm beseitigt. Die von Grimm versuchte Ableitung von râvo, tignum, tectum, domus, aula wonach es einen comes, socius bedeuten sollte (Deutsche Gram. II. 736, Rechtsalterth. S. 753) ist aber wohl ebenso gesucht und unglaublich, wie die Lambard'sche von Gereccan, regere und die Kemble'sche von rôf, rêfan, clamor, clamare, bannire, bannitor. Spelman will es von reâfan rauben, in dem Sinne des späteren feudalen distress, Zwangspfändung, ableiten, als den Beitreiber der königlichen Bußen. Damit würde die später übliche Form reeve nothdürftig stimmen, ebenso auch die wirkliche Stellung des Gerefa, der lateinisch durch exactor wiedergegeben wird. Er würde danach allerdings der Bedeutung der Bruchvögte und Schultheißen in Deutschland entsprechen.

2. Ob neben dem Shirgerêfa noch andere Hauptbeamte der Shire vorhanden waren, wird dadurch zweifelhaft, daß in den Gesetzen zuweilen ein Shirman genannt wird, namentlich In. c. 8. wo der Shirman oder anderer Richter (Dêman) genannt wird. Im Cod. dipl. kommt ebenso ein Aethelwine scîrman vor No. 761, der aber an anderer Stelle Aethelwine Shirgerêfa genannt wird. Ebendaselbst kommen die Formen Scirigman, sciresman, scireman vor (No. 761, 732, 929, 972, 1288), es kann also damit einfach der Shirgerêfa gemeint sein, wie dies auch Kemble und Schmid annehmen. Denkbar ist es allerdings aber auch, daß noch ein besonderer Scirman vorkam, und daß für einzele Zwecke der Milizverwaltung, auch wohl für einzele Gerichts- und Polizeifunctionen, noch Wahlbeamte der älteren Ordnung vorkamen. Bei Ingulf 28 findet sich die seltsame Notiz: Praefectos vero provinciarum qui antea vicedomini vocabantur in duo officia divisit, id est in judices, quos nunc justiciarios vocamus et in vice-comites, qui adhuc idem nomen retinent. Diese Nachricht ist durch nichts bestätigt und enthält augenscheinlich nur ein Bild des Jahrhunderte später bestehenden Zustandes königlicher Justiciarien und königlicher Vicecomites.

3) Die in England verbreitete Annahme, daß der Shirgerêfa ursprünglich ein gewählter Volkswahlbeamter gewesen sei, hat keinen andern Boden als die oben citirte Stelle der leg. Ed. Conf. de Heretochiis c. 32 a. (sicut et vicecomites provinciarum et commitatuum eligi debent), die schon der Fassung nach nur ein Räsonnement des Privatverfassers ausdrückt, und ihrem Inhalt nach nur eine gelehrte Notiz über die Grafschaftsverfassung bei den Stämmen des Continents enthält. Alle angelsächsischen Nachrichten aus Gesetzen, Urkunden, Geschichtsschreibern weisen auf die freie Ein- und Absetzung des Shirgerêfa durch den König. Auch das, was Anstey, Guide to the Constitutional History 128, 126 von der Zusammensetzung, den Wahlen, Repräsentanten und Verhandlungen der Shir- und Hundredgemótes erzählt, ist eine rein willkürliche Uebertragung und Ausschmückung aus Jahrhunderte jüngeren Zuständen. Die wirklichen Verhandlungen einer Shiregemôte in Hereford zu König Cnut's Zeiten s. in Hickes dissert. epistol, c. 2.

4. Ob der Shirgerefa der ordentliche Vorsitzende des Hundertgerichts, oder ob besondere Untervögte in den Hundreds vorhanden waren, wird sich kategorisch allerdings nicht entscheiden lassen. Es läßt sich aber die Negative geltend machen, daß die später so überaus häufige Erwähnung der Hundreds und ihrer Gemôtes zu einer Erwähnung des Hundertgerefa hätte führen müssen, wenn ein solcher Beamte zur Verfassung der Hundertschaft gehört hätte. Ein Bedenken könnte obwalten, wenn die Shirgemôte die Appellationsinstanz der Hundertgemote gewesen wäre, so daß nun der Shirgerêfa in beiden Gerichtsinstanzen den Vorsitz geführt hätte. Allein dies Verhältniß waltet zwischen den beiden Gemôtes nicht ob. Die Shirgemôte tritt ein bei Streitigkeiten unter verschiedenen Hundertschaften, bei Streitigkeiten unter Grafschaftsthanen, überhaupt ergänzend für die wichtigeren Fälle und insbesondere wenn der Kläger behauptet, sein Recht in der Hundertschaft nicht erlangen zu können Cn. II. 19. Es ist im Allgemeinen dasselbe ergänzende Verhältniß, welches zwischen der Landesversammlung und den einzelen Shirgemôtes obwaltet. Es war also kein Hinderniß für den Shiregerêfa in der größeren wie in der kleineren Versammlung den Vorsitz zu führen. Ein weiteres Bedenken könnte aus der großen Zahl der Hundertschaften entnommen werden, in denen ein einzeler Mann nicht alle 4 Wochen Gericht halten konnte. Allein in der Mehrzahl der Grafschaften war die Zahl der Hundredbezirke so mäßig, daß sie kein Hinderniß bildeten. In Kent waren die vielen kleinen Hundreds für die Gerichtsverwaltung in Lathes vereinigt. Weiter ergiebt sich aus der spätern Zeit, daß die Sitzungen und Geschäfte mehrer Hundreds sehr gewöhnlich zusammengefaßt und gleichzeitig abgehalten wurden. Ebenso ergiebt der spätere Zustand, daß der Sheriff unter seiner Verantwortlichkeit Substituten ernennen konnte. — Die Rechtsammlungen der normannischen Zeit sind freilich für diese Frage nicht sicher beweisend. In den L. Henr. I. 8. §. 1. heißt es: Praesit Hundredo unus de melioribus et vocetur aldremannus. 91. §. 1: per solutionem vadiare debet Aldermanus hundredi. Ein Hundred's Ealdor kommt nur in Edg. IV. 8. 10. vor und bedeutet wohl überhaupt nur die obrigkeitliche Person, nicht einen bestimmten Amtstitel.

5. In der Abhandlung über das Wehrgeld cap. 2. §. 4. kommt die isolirte Bestimmung vor: eines Holdes und Hochgerefen (heâhgerêfas) des Königs Wehrgeld sei 4000 Thrymsen (also doppelt so hoch als das eines

weltlichen Thans, halb so hoch als das des Ealdorman). Man hat bei diesem Hochgerêfa zuweilen an den Shirgerêfa gedacht. Allein für keinen Shir- oder andern Gerêfa kommt sonst ein besonderes Wehrgeld als Gerêfa vor. Da in der Stelle von einem besonderen Recht der Norderleute die Rede ist, so läßt sich denken, daß für den unruhigen mühevollen Bezirk der nördlichsten Landschaften zeitweise kommissarische Statthalter, praefecti, mit etwas niederem Range ernannt wurden, unter dem Range der gewöhnlichen Eorls. Schmid Glossarium S. 599. denkt an einen höchsten richterlichen Reichsbeamten.

3. Ueber die Specialgerefas für Bezirke, Orte und Verwaltungszweige vergl. Kemble Anglo-Saxons II. c. 5. S. 144—154. Es sind dies:

a. Spezialvögte für Hundertschaften und noch größere Bezirke. Der besondere Statthalter für das Gebiet der 5 Burgen hängt mit der besondern Geschichte dieser dänischen Militäransiedelungen im Norden zusammen, vergl. Lappenberg I. S. 314. In der Sachsenchronik a. 897. kommt ferner ein Hofbeamte Wulfriêd vor, welcher zugleich Wealgerêfa war. Man könnte dabei an eine Art von Markgrafen gegen Wales denken, oder an den oben erwähnten Hochgerefa; doch fehlt dafür jeder weitere Anhalt.

b. Der Swângerêfa kommt in den constitutiones de foresta als ein hochgestellter Obervogt der großen Forstbezirke mit erweiterten Polizeigewalten und zahlreichen Unterbeamten vor, und rührt in dieser Gestalt erst von dem jagdlustigen Dänenherrscher her.

c. Der Burhgerêfa wird in Gesetzen und Urkunden seltener erwähnt, als die Wichtigkeit der Burggemote erwarten ließ. Einzele Namen von Gerêfen in königlichen Burhs giebt Kemble II. 146. Er hält diesen Gerefen zunächst für den Vertreter des unfreien Stadtvolks in den königlichen Gerichten. Unzweifelhaft war es das Geschäft des grundherrschaftlichen Gerêfa die Verantwortlichkeiten des Herrn für die Hintersassen im Gerichts- und Polizeiwesen zu übernehmen; allein diese Verbindlichkeit ist in England eben schon frühzeitig mit der Stellung eines königlichen Ortsrichters in einem Gerêfa vereinigt. Der gewöhnliche Amtstitel war wohl Gerêfa schlechthin.

d. Ein Portgerefa kommt in London, Canterbury, Bath und Bodmin vor Kemble II. 148. Nach Aethelred IV. 9. sollen die Marktaufseher, qui portus custodiunt, bei Amtsstrafe dafür sorgen, daß alle Gewichte gehörig gezeichnet sind, womit die Portgerêfas gemeint sein können. Uebrigens macht der Titel Portgerêfa den Gerêfas der Burhs auch allgemeiner gegeben sein, wo sie mehr polizeiliche als militärische Functionen zu üben hatten vgl. Athlst. II. 12. Edm. III. 5, wie denn auch der lateinische Ausdruck praepositus civitatis angelsächsisch bald Burhgerêfa, bald Portgerêfa gelautet haben mag. Ohne Angabe von Gründen glaubt Kemble der Portgerêfa sei gewöhnlich ein Wahlbeamter gewesen, etwa unter Bestätigung des Königs. In London erscheinen die beiden Portgerêfas schon frühzeitig in einer gewissen Verbindung mit dem Shirgerêfa von Middlesex. Aus dieser Verbindung ließ es sich erklären, daß in der sogn. libertas civitatum Anh. XXIII. 4. unter London „vicecomites civitatis" genannt werden.

e. Der Wicgerêfa kommt außer der alten Erwähnung in London namentlich auch in Winchester vor, Chr. Sax. 897. Kemble glaubt, daß viele Orte früher als Wic bezeichnet sein mögen, welche später eine bedeutendere Stellung in der Staatsgesellschaft erhielten R. M. Schmid, Glossarium 598. In jeder königlichen Villa oder Wic mußte jedenfalls von Hause aus ein Villicus angestellt sein, dem dann auch die Verwaltung des Privatgerichts übertragen wurde.

f. Die Privatvögte der Bischöfe, Ealdormen und Thane können auch die kleinsten Gutsverwalter einbegreifen. Der Gesithcundman, der in In. 63. „mit seinem Gerêfa, seinem Schmid und seiner Amme" umzieht, hat gewiß keinen obrigkeitlichen Beamten, sondern einen bloßen Großknecht mitgenommen. Daß die Grundherren sich durch ihren Gerêfa vor dem königlichen Gericht bei Leistung von Eiden in Specialfällen vertreten lassen konnten, sagt schon Athlr. I. 1. §. 2. Die bedeutenderen Gerêfas sind aber wie die Gutsverwalter des Königs zugleich Gerichtshalter Aethlr. IV. 3. VII. 2. VII. Anh. §. 3. Vielerlei völlig Unerweisliches über die Wahl und die Geschäfte der herrschaftlichen Gerefas erzählt wie gewöhnlich Anstey Guide Const. hist. S. 125.

*) **Die Gesammtheit des obrigkeitlichen Beamtenthums** bildet in enger Verschmelzung mit den Verhältnissen des großen Grundbesitzes die angelsächsische Thanschaft. Eine ausführliche Abhandlung über die Thanschaft giebt Heywood, on Ranks S. 118—243. Die Vermengung der Besitz- und Amtsverhältnisse in den hier sehr vollständig gesammelten Quellenstellen entspricht der Wirklichkeit; nur sind die Namen und die Verhältnisse der verschiedenen Jahrhunderte von Heywood nicht genügend auseinander gehalten. In der Regel wird der Gesammtname Thaini nur von den höheren obrigkeitlichen Beamten von dem Range der Twelfhyndemen gebraucht, und der Ausdruck King's thanes vorzugsweise von den Großbeamten, höheren Hofbeamten und einflußreichen Thanen in der Witenagemote. Der ursprünglichen Wortbedeutung gemäß kann es aber auch je nach dem Zusammenhange das niedere Gerefenthum und die Hausdienerschaft sowohl des Königs wie der Privatgrundherren bedeuten. In dem späteren Sprachgebrauch des Domesdaybook wird diese niedere Klasse von Thanen öfter als servientes regis abgesondert. Die Unbestimmtheit aller solcher Bezeichnungen geht aber so weit, daß in anderen Grafschaften auch wieder die größten Thane unter demselben Ausdruck einbegriffen werden. Von den Besitzverhältnissen aus ist die Thanschaft erörtert in Gneist II. S. 37—42. Ueber die Ablagerung der Besitz- und Amtsverhältnisse in der Landesversammlung vergl. Gneist II. S. 43—46.

§ 5.

Die kirchliche Verwaltung der angelsächsischen Zeit.

Die Bekehrung der heidnischen Angelsachsen durch Beschlüsse des Königs in der Landesversammlung, hatte dahin geführt, in jedem der Einzelreiche ein Bisthum zu gründen. Gegen Ende des 7. Jahrhunderts fanden sich diese Bisthümer unter einem durch glückliche Fügung vom Papste designirten Erzbischof Theodor vereint, und wurden damit ein Element der Centralisation, welches der späteren Vereinigung der Reiche mächtig vorgearbeitet hat. Die so verbundene Kirche war und blieb jedoch eine Nationalkirche, in anderer Stellung als bei den Britten und den romanischen Ländern. Ihre Einführung, Einrichtung, Ausstattung war eine freie That der anglischen und sächsischen Stämme gewesen. Ihr Personal gehörte mit seltenen Ausnahmen einheimischen Familien an. Ihre Verfassung entstand also nicht aus einer Uebertragung fremdländischer Einrichtungen, sondern aus dem inneren Bedürfniß. In der Kirche dieser Jahrhunderte stehen die Wissenden den Nichtwissenden, die Lehrer den zu Belehrenden in einem Verhältniß gegenüber, auf welches die Einrichtungen und Formen des Heerbanns, des Gerichts und der Friedensbewahrung unanwendbar sind. Als Lehranstalt der Völker mußte sich die Kirche von oben nach unten hin organisiren; sie übt ihre Functionen nur durch Beamte, die ihrem Beruf ganz und ausschließlich angehören, unabhängig von Stand und Besitz. Die Vereinigung des Reichs wirkte nur in soweit auf die kirchliche Verfassung zurück, als sie die Unzuträglichkeiten der historischen Bildung der Kirchensprengel allmälig beseitigte, und die kirchlichen Bezirke mit der Eintheilung nach Shires so weit in Uebereinstimmung brachte, wie dies für eine gemeinsame Verhandlung kirchlicher und weltlicher Dinge erforderlich schien. Die Institutionen der Kirche, denen noch eine längere Dauer beschieden war, als den weltlichen Einrichtungen dieser Zeit, bilden nun folgende drei Stufen:*)

1. Die Bisthümer, welche ursprünglich mit den Gebieten der kleinen Königreiche zusammenfallen, bleiben in den kleinen Territorien unverändert, während in den größeren Königreichen das administrative Princip der Theilung in Shires eine entsprechende Vermehrung der Sprengel durch Theilung herbeiführt.

In dem kleinen Reiche von Kent war und blieb (1) das Erzbisthum Canterbury das Mutterbisthum von ganz England, neben welchem aber schon frühzeitig (2) das Bisthum zu Rochester entstanden war. — Für Essex entstand (3) das Bisthum London. — Für Sussex (4) das Bisthum Selsea, später Chichester. — In East-Anglia war zuerst (5) das Bisthum Dunwich in Suffolk gestiftet, von dem dann für Norfolk (6) das Bisthum zu Elham, später Norwich, abgelöst wurde.

Für das große Gebiet von Wessex war zuerst (7) das Bisthum Dorchester gestiftet, von welchem (8) das Bisthum Winchester getrennt wurde; dann weiter ein drittes (9) Bisthum zu Sherburn, später zu Altsarum, zuletzt Salisbury. Von letzterem wurde weiter (10) das Bisthum Wells und (11) das Bisthum zu Kirton, nachmals zu Exeter abgelöst. Es waltet hier das administrative Princip der Shires, nach welchem diese Sprengel nunmehr je eine, zwei oder drei Grafschaften umfassen.

In Mercia wurden von dem Stammbisthum (12) Lichfield (nachmals Chester, zuletzt Coventry) abgetrennt: die Bisthümer (13) Worcester, (14) Hereford, (15) Lincoln, von denen zwei noch immer eine ansehnliche Zahl von Grafschaften einbegriffen.

Das nordische Reich von Deïra hatte als Stammbisthum (16) den Bischofssitz von York erhalten, welcher sich auch über Bernicia erstreckte, und mit der Bildung des großen Reiches von Northumbria noch weiter ausdehnte. Als gesondertes Bisthum entstand jedoch (17) das zu Lindisfarne, später Durham. Ein bedeutender Theil des großen Sprengels von York ging später auf schottische Bischöfe über. Anomale Verhältnisse entstanden für den Bischof der Inseln Sodor und Man, der seit der normannischen Zeit unter dem Erzbischof von Drontheim stand und noch später unter Privatpatronat kam.

So bestanden mit einigem Wechsel am Schlusse der angelsächsischen Zeit 17 Diöcesen, deren Mehrzahl schon zur Zeit Theodors sich unter der Leitung des Metropoliten von Canterbury zu Provinzialsynoden zu vereinigen begann. Ein zweites Erzbisthum für die kleine Gruppe der nordischen Diöcesen consolidirte sich erst nach langen Schwankungen, und konnte unter den ungeordneten Verhältnissen des Nordens weder nach außen noch innen zu einer vollen Gleichheit mit Canterbury gelangen. — Jeder Erzbischof und Bischof ist auch nach der angelsächsischen Auffassung der ordentliche Träger des Kirchenregiments. In den äußerlichen Verhältnissen soll er „an gerichtlichen Versammlungen Theil nehmen, Streitigkeiten beilegen und den Frieden herstellen im Verein mit den weltlichen Richtern, Unrecht verhüten bei der Leistung von Eiden und bei der Vornahme von Gottesurtheilen, keinem unrichtigen Maaß oder falschen Gewichte nachsehen, überhaupt die Aufrechterhaltung des göttlichen wie des weltlichen Rechts überwachen“. Institutes of Eccles. Polity. Thorpe II. 312.

2. Die Klöster und geistlichen Körperschaften hatten für diese Epoche eine besondere Wichtigkeit. Eine klösterliche Institution war das erste Bedürfniß des Christenthums, als Sammelplatz und Obdach für Missionäre, Lehrer und Schüler. Das Bedürfniß des Lebensunterhalts, der Sicherheit der Person, der gegenseitigen Hülfe in dem Missionswerk erhielt dies Zusammenleben noch lange Zeit. Die späte Entstehung und der lange dauernde Mangel an Pfarrkirchen begünstigte dieselbe. Die Zahl der Klöster und ihre Ausstattung vermehrt sich daher stetig, insbesondere auch die Nonnenklöster. Frühzeitig treten Frauen und Männer auch aus den königlichen Geschlechtern und aus

den Familien der Großthane mit Vorliebe in das klösterliche Leben ein. Die Geistlichkeit der großen Kathedralkirchen behält auch später die ursprünglich klösterliche Verbindung und Einrichtung bei, in welcher die Domherren den Titel „Mönche", monks, fortführen. Nach Lage der Verhältnisse ließ sich die Stiftung von höheren Schulen nicht wohl anders als mit dem Personal und dem Besitz solcher Körperschaften vereinigen, wie denn auch die Anfänge der Armenpflege und milder Stiftungen nur in den dauernden Besitzverhältnissen solcher Körperschaften Halt und Dauer gewinnen konnten. „In der Umgebung der Kathedrale sammelten sich die Verstümmelten, Lahmen, Blinden, Heimath- und Freudlosen, um wegen der Liebe Gottes genährt, gekleidet und gepflegt zu werden." (Kemble II. 440.) Es erklärt sich daraus die unverhältnißmäßige Begünstigung dieser Körperschaften nicht nur durch die einsichtsvollsten Monarchen wie Alfred d. Gr., sondern selbst unter den schweren Heimsuchungen der dänischen Zeit. Die angelsächsische Zeit schließt mit einer großen Zahl fest dotirter klösterlicher und kathedraler Körperschaften, in einer freilich ungleichen Vertheilung über das Reich und mit sehr ungleichem, zum Theil überreichem Besitz.

3. Die Stiftung der Pfarrkirchen ist in England langsam und unvollständig erfolgt. Noch lange wanderten nach dem Zeugniß Beda's die Bischöfe mit ihren Gehülfen in ihrer Diöcese; noch in der Mitte des 7. Jahrhunderts zog der heilige Cuthbert von Dorf zu Dorf. Seit Erzbischof Theodor beginnt jedoch die Bildung von stehenden Ortspfarren in größerer Zahl, die sich von den südlicheren Theilen des Landes langsam nach dem Norden erstrecken, von freigiebigen Thanen oft mit Ackerstücken bedacht, seit der Durchführung der Kirchenzehnt-Abgabe etwas gleichmäßiger ausgestattet durch die Zehnten ihres Ortsbezirks. Die Canones des Erzbischof Egbert (Excerpta Ecgb. Thorpe II. 100) zeigen, was die Kirche jener Zeit wenigstens erstrebte. Die Ortskirche soll mit einer Hufe Land (mansus) ausgestattet werden, und diese hîda frei von allen öffentlichen Lasten bleiben, während aller Besitz darüber hinaus herrschaftliche Abgaben und Staatslasten zu tragen hat. Die späteren Gesetze Edgars und Cnuts enthalten die Vorschrift, daß ein jeder Grundbesitzer eine auf seinem Bôcland belegene Kirche mit einem Drittel der Zehnten ausstatten mag, sofern ein Begräbnißplatz damit verbunden ist; ist kein Begräbnißplatz dabei, so sollen die Zehnten an die „Mutterkirche" fortgezahlt, für die Nebenkirche ein neues Einkommen von dem Stifter beschafft werden. — Diese Bemühungen (gleichlautend mit Verordnungen

Kaiser Ludwigs Pertz II. 626.) haben indessen nur unvollständigen Erfolg gehabt, und noch am Schluß der angelsächsischen Zeit erscheint die Ausstattung etwas kärglich, verglichen mit dem Besitzthum der Cathedralkirchen und Abteien. Das normannische Domesdaybook weist wenig mehr als 1700 Kirchen nach, mit Länderstücken von gewöhnlich 5 bis 50 Acres, welche eine in den verschiedenen Reichstheilen sehr ungleichmäßige Formation der kirchlichen Ortsämter darstellen.

Das gewaltige Gebäude der Kirche steht nun mit dem weltlichen Gemeinwesen in fester Verbindung sowohl von der Seite ihres Besitzes, wie von der Seite ihres Personals.

Die Besitzverhältnisse der Kirche**) haben einen Umfang gewonnen, der am Schluß der angelsächsischen Zeit die Bedeutung der königlichen Revenue weit überragt. Mit Unrecht würde man der Kirche der ersten Jahrhunderte das Streben nach weltlichem Gut zum Vorwurf machen. Ihre ausgedehnte, vielseitige, stetige Thätigkeit wäre ohne diese Grundlage unmöglich gewesen. Die geistige wie die erwerbende Arbeit bedürfen des Besitzes in gleichem Maaße zu ihrer Erhaltung und Fortentwickelung. Die geistige Arbeit muß sich aber jeder Zeit an die bestehenden Besitzverhältnisse anschließen: sie mußte sich also im Mittelalter auf den Grundbesitz basiren, um sich auf gleichem Fuß mit dem vollfreien Besitz zu erhalten. Auch das Besitz maaß der Kirche hat als Ganzes genommen wohl noch lange Zeit der Bedeutung entsprochen, die im Vergleich zu kriegerischem Leben und erwerbender Arbeit das in der Kirche concentrirte geistige Leben beanspruchen konnte. Die einzelen Bestandtheile des Besitzes sind in folgender Weise zu gruppiren:

1. Der kirchliche Grundbesitz, der dem wohlberechtigten Allodialbesitz gleich bleiben mußte in einer Zeit, wo die volle Rechtsfähigkeit und Rechtsgleichheit durch diesen Besitz bedingt war. Unfreie Dienste und Frohnden zu übernehmen war die Kirche als solche überhaupt außer Stande. Es ist aber eine alte Erfahrung, daß neubekehrte Stämme in der Freigebigkeit gegen die Kirche kein Maaß zu kennen scheinen. Wie König Athelbirth seinen Palast mit seinen Ländereien dem heiligen Augustinus geschenkt hatte, so folgten angelsächsische Könige und Große mit reichen Gaben diesem Vorgang. Der angelsächsische Urkundenschatz gestattet die Vermuthung, daß wohl jede fürstliche Person mit irgend einer solchen Gabe aus dem Leben schied. Wer in ein Kloster trat brachte nicht selten ein ganzes Vermögen mit; die Kinder vornehmer Eltern wenigstens eine Schenkung an Ländereien. Ueber-

standene schwere Krankheiten und Unglücksfälle wurden ebenso wie freudige Ereignisse die Veranlassung zu Vergabungen, welche die Geistlichkeit durch ihre unentbehrliche Mitwirkung bei den Testamenten dem reichen Sünder in der Todesangst gewohnheitsmäßig einschärfte. Selbst die schweren Verluste, welche die Kirche durch die Zerstörungswuth der dänischen Seeräuber erfahren, wurden später ersetzt durch die Vergabungen der bekehrten dänischen Großen. Nach der Besitzweise der Zeit knüpften sich dann an den großen Grundbesitz reservirte Abgaben, Dienste und Schutzrechte über Hintersassen. Nutzbare Realrechte dieser Art konnten auch der unmittelbare Gegenstand der Vergabung sein; die königlichen Schenkungen umfassen insbesondere auch Zölle und Marktrechte, Forsten, Hafenplätze, Fischereien, Bergwerke, Weiderechte. Es knüpfen sich ferner an den großen Grundbesitz die durch Verleihung erweiterten obrigkeitlichen Rechte, die ganze Grundherrlichkeit in ihrer angelsächsischen Gestalt. So bildete sich in fast stetiger Zunahme ein Grundbesitz, der bei manchen Kathedralen und Klöstern dem der weltlichen Großthane gleichstand. Ihm gegenüber erscheinen dann die vereinzelten Ackerstücke der Pfarrkirchen in einem fast ähnlichen Verhältniß, wie der kleine Freisassenbesitz dieser Zeit zu dem soliden Besitz der Thaini regis.

2. Die Abgabe der Kirchenzehnten wurde für eine dauernde und gleichmäßigere Ausstattung der kirchlichen Institute fast noch wichtiger als der Grundbesitz. Wie in der ganzen Christenheit, so hat auch in England das vereinte Bestreben der Geistlichkeit schon am Ende des 8. Jahrhunderts zu einer Anerkennung des Zehntrechts in den Landesversammlungen von Mercia und Northumberland geführt: zu einer durchgreifenden gesetzlichen Anerkennung erst in Athelstan's Constitutio de decimis, seit welcher Zeit auch die weltliche Macht sich zur gleichmäßigen Erzwingung durch die königlichen Gerêfas verpflichtet hat. Ein Drittel des Zehnten soll zur Kirchenbesserung verwendet werden, das zweite Drittel für die Diener Gottes, das dritte für die Bedürftigen Gottes und die armen Dienstleute. Aethlrd. VIII. 6. Fast jede folgende Regierung hat mit Zustimmung der Witan die gesetzliche Zehntpflicht von neuem bestätigt. Die Kirche hat damit ein direktes Besteuerungsrecht früher gewonnen als der weltliche Staat.

3. Als periodische Nebenabgaben schließen sich den Kirchenzehnten an: Seelenschosse von Begräbnissen, Lichtschosse, Pflugalmosen — Abgaben, die auf einer Freigebigkeit beruhen, dann zum örtlichen Herkommen werden und endlich auch in den Beschlüssen der

Landesversammlungen ihre Anerkennung finden. Hierher gehört auch ein Kirchenschoß, Ciric-sceat, welcher am St. Martinstage von jedem freien Heerd, und zwar nach Verhältniß von Halm und Heerd entrichtet werden soll, dessen allgemeine Durchführung trotz gesetzlicher Anerkennung aber nicht gelungen ist, der wenigstens in der normannischen Zeit nur als hergebrachte Abgabe einzeler Grundstücke vorkommt.

Als temporäre Einnahmequellen schließen sich daran zahlreiche Schenkungen der Gläubigen an Mobilien, bestehend in Kreuzen, Ringen und Kostbarkeiten, Lebensmitteln und dergleichen, die sich in den Testamenten der angelsächsischen Großen bis zur Schenkung ganzer Heerden von Pferden, Ochsen, Schafen und Schweinen pro salute animae vergrößern.

Von der Seite des kirchlichen Personals***) andererseits ist die Verbindung der Kirche mit dem Laienthum vollständiger und enger als in den meisten Ländern des Continents. Während das Christenthum anderswo in seinem Entstehen von den ärmsten Schichten der Gesellschaft begonnen, hatte sich in England dieser Gang umgekehrt. Die Bekehrung hatte bei den Königen, ihren Hausgenossen und Gefolgsleuten, ihren Witan und Comites begonnen, und erstreckte sich von da ab in das Gemeinde- und Familienleben des Volks. Begreiflicher Weise ergab sich daraus eine enge und eigentlich nationale Verbindung mit dem angelsächsischen Staatswesen.

Dem Familienleben angehörig bleibt die angelsächsische Geistlichkeit insofern, als sie von Anfang an aus allen Klassen der Gesellschaft hervorgeht, vom Königssohn herab bis zum leibeignen theow. Allerdings verlangt das Klosterleben mit der strengeren Durchführung der Ordensregel das Opfer des Familienbandes. Dagegen war und blieb die Weltgeistlichkeit zum großen Theil im ehelichen Leben. Der rücksichtslose Eifer Dunstans versuchte zwar auch die Weltgeistlichkeit unter die Ordensregel zu beugen. In einer Zeit schwerer Mißbräuche und einer drohenden Veräußerlichung der Kirche sollte der ganze Clerus der natürlichen Bestimmung des Menschengeschlechts entsagen, um nur dem geistlichen Beruf anzugehören. Die Macht des Herkommens war indessen in der sächsischen Nationalkirche so stark, daß wenige Jahrzehnte später das Kirchenregiment wieder ziemlich unverändert seinen Gang geht, der Cölibat eine feste Regel der angelsächsischen Kirche nicht geworden ist.

Dem Gemeindeleben gehört die Geistlichkeit an durch die festgehaltene Verpflichtung ihres gesammten Grundbesitzes zu den Gemeinlasten. Mit unerheblichen Ausnahmen sprechen die Gabebriefe auch der begünstigtsten Klöster die fortdauernde Pflicht zur Brycgbote, Burhbote und Fyrd aus, die immer wiederkehrende trinoda necessitas, an die sich noch manche andere, dem Könige vorbehaltene Leistungen anschließen, wogegen dann umgekehrt die Kirche an allen Rechten und Vorrechten des Grundbesitzes theilnahm. Es erhielt sich dadurch das lebendige Bewußtsein gemeinsamer Interessen und Rechte aller Geistlichen und weltlichen Personen im nachbarlichen Verbande. Die Canones zeigen, daß man kirchlicher Seits an dieser Stelle keine grundsätzlichen Befreiungen erstrebte, wenn auch ein Kloster hier und da in Schenkungsurkunden mehr zu erlangen suchte. Eben damit blieb nun aber auch das Personal der Kirche der weltlichen Obrigkeit, der königlichen Kriegs-, Gerichts-, Polizei- und Finanzherrlichkeit grundsätzlich unterworfen, mit folgenden Maßgaben.

1) Die Kriegspflicht der Geistlichkeit ist durch kein angelsächsisches Gesetz aufgehoben worden, wenn auch gegen die Person der höheren ordines nicht leicht ein Zwang geübt wurde. Die biegsame administrative Behandlung der Miliz in den Versammlungen der Grafschaft und Hundred ließ mannigfaltige Vertretungen zu, wenn nur die Gemeindelast im Ganzen mit gleichen Schultern getragen wurde. Das Interesse der Nachbarn aber wachte darüber, daß der kirchliche Besitz seine Mannschaften ungefähr pro rata stelle, daß wenigstens eine Begünstigung der Kirche nicht ihre Leistungen vermehre.

2) Die Gerichtspflicht der Geistlichkeit stand dahin fest, daß sie im Streit mit Laien ihr Recht in der Hundred- und in der Shirgemôte zu suchen hatte, deren Strafgewalt sie unterworfen war wie der Laie. Die Geistlichkeit bleibt daher auch die Trägerin des Rechtsbewußtseins und der Rechtsgewohnheit des Landes. Die Geistlichkeit erscheint unter den urtheilsfindenden Witan, Alfr. 38 §. 2. Sie erscheint noch specieller thätig bei den Eidesleistungen und leitet die Gottesurtheile, Edw. Conf. c. 9. In Ermangelung einer besondern Klasse von tabelliones versahen Geistliche den Dienst der Notare bei Verträgen, Vergabungen, Testamenten (quoniam tabellionium usus in regno Angliae non habetur. Matth. Paris. hist. Henr. III.) und traten auch als Geschäftszeugen auf Edm. III. 5. Athlst. II. 10. Unter ihrer Aufsicht wurde die Heirath geschlossen, Anh. VI. 8. An sie wandte man sich als Schiedsmänner und Berather in streitigen Rechtssachen. Geistliche fungiren als Gerichtsschreiber, soweit davon in dem angelsächsischen Verfahren die Rede war. Das Amt des Shirgerêfa selbst wird in vereinzelten Beispielen von Geistlichen versehen, und wenn die kirchlichen Canones diesen

Gerêfadienst im allgemeinen untersagen, so beweist das nur, wie diese Geschäftsführung rechtlich zulässig und üblich war. Ein Privilegium wurde den Geistlichen nur bei der Eideshülfe gegeben, bei dem die Anwendung der gewöhnlichen Grundsätze zu Härten geführt hätte, wobei aber auch zugleich die besondere Glaubwürdigkeit eines Dieners Gottes in Betracht gezogen ist. Der Reinigungseid wird daher durch besondere Gesetze geregelt und erleichtert, Aethlr. VIII, 15. — Erheblicher als diese mäßigen Begünstigungen war die eigne Gerichtsgewalt, welche sich für die Kirche in causis ecclesiasticis und für geistliche Verbrechen gebildet hat, die aber keinen Abbruch der weltlichen Gerichtsgewalt enthält, sondern neue Verhältnisse umfaßt, die aus Kirchengeboten entsprangen und zu einer Beurtheilung durch die Volksgerichte in ihrer damaligen Gestalt wenig geeignet erscheinen mußten, Edw. et G. 12, Cn. II. 48. 53. Abgesehen davon ist aber eine Exemtion der Geistlichen von der weltlichen Gerichtsgewalt in der angelsächsischen Zeit nicht durchgesetzt, und damit auch bei diesem entscheidenden Punkte der Clerus den Lebensbedingungen einer Nationalkirche treu geblieben.

3) Der Polizeigewalt des Königs war die Geistlichkeit schon unterworfen vermöge ihrer grundsätzlichen Unterwerfung unter die weltliche Strafgewalt. Die Pflicht der Friedensbewahrung erstreckt sich selbstverständlich und vorzugsweise auf die Clerisei. In ihrem Grundbesitz haftet sie für die Hintersassen, Gesinde und Dienstmannschaften mit allen strengen Verpflichtungen der spätern Gesetzgebung über die Friedensbewahrung. Aus dem System der besonderen Friedensgebote ergab sich ein weiteres Zusammenwirken geistlicher und weltlicher Obrigkeit für den besonderen Frieden der kirchlichen Personen, Besitzungen, Zeiten, der aber in dem Königsfrieden seinen Ausgangspunkt findet und zuletzt ein vom König verliehener Friede ist. Wil. I. 2.

Die durchgehende Verflechtung der Geistlichkeit mit dem weltlichen Gemeindewesen hat dann auch zu einer Adjunktion der Aemter in den mittleren und höheren Stufen der Verwaltung geführt. In der Grafschaftsversammlung tritt der Bischof zusammen mit dem Ealdorman und Sheriff zu einem gemeinsamen Vorsitz, doch so, daß die rein geistlichen Dinge meistens gesondert verhandelt werden. Der Bischof konnte unter solchen Umständen eine Cognition auch über rein weltliche Dinge gewinnen, wie die Aufsicht über Maß und Gewicht, Erbschaftsregulirungen u. A., welche später in England als auffallende Erweiterungen der geistlichen Gerichtsbarkeit erscheinen. Wie dem Shirgerêfa die Unterstützung der geistlichen Obrigkeit zur

Pflicht gemacht wird (Athlst. I. pr. §. 4. Edg. I. 3 Athlr. VIII. 8. 32. Cn. I. 8), so andererseits den Bischöfen die Aufsicht und Unterstützung der Shirgerêfas. Die Ungehorsamstrafen des Gerêfa, der seine Amtspflichten versäumt oder ungerechtes Urtheil spricht, sollen von dem Bischof eingetrieben werden, Athlst. I. 26, Edg. III. §. 3. Wie weit diese sich gegenseitig ergänzende Amtsstellung nach unten in die Hundreds reichte, ist nicht klar ersichtlich. Nach oben aber faßt sie sich zusammen in der Landesversammlung, in dem Erscheinen der Bischöfe und größeren Aebte in der witenagemôte unter den Thanen des Königs, vor denen sie stets in erster Stelle gleich nach den nächsten Verwandten des Königs genannt werden.

Die Einordnung des Clerus unter die Pflichten des Gemeinwesens ergab zugleich die Einordnung der Geistlichkeit in die Standesverhältnisse der Zeit. Wie in der angelsächsischen Thanschaft öffentliche Pflicht und Amt sich mit dem Besitz zu einem Klassenrecht verschmilzt, so auch in den höheren ordines der Geistlichkeit. Wie in dem weltlichen Staat der Besitz zum Amt, so führt hier das Amt zum Besitz, und stellt die Bischöfe und größeren Aebte den großen Thanen gleich, die Pfarrgeistlichkeit den Thanen der Grafschaft. Vollständig und ausnahmslos ist durchgeführt die Gleichstellung der Bischöfe mit den Ealdormen, also mit den höchsten Würdenträgern des weltlichen Staats. Es ist dies geschehen mit dem Wehrgeld Anh. VII 2. §. 3; Henr. I. 68 §. 6, mit der Mannbuße Ed. Conf. 12 §. 5, mit Borg und Mundbyrd des Bischofs Alfr. 3. Cn. II. 58, Anh. IV 11, mit der Burhbryce In. 45, Alfr. 40, mit der Fechtwette Alfr. 15; Anh. IV 12, mit dem Asylrecht des Bischofs Athlst. V. 4. Anh. IV. 5, mit der Ungehorsamsstrafe Henr. 35. §. 1. 87 §. 5. Ebenso ist die Stellung des Messepriesters als „Messethan" dem Wort und der Sache nach feststehendes Recht; er ist „Thanen-Rechts und Thanen-Wehre würdig" Athlr. V. 9 VI. 5. VIII. 28. Cn. I. 6. §. 2. Der Ansatz des Wehrgeldes ist bei den Nordermännern gleichmäßig für den Messethan wie für den weltlichen Than = 2000 Thrymsen Anh. VII. 2 §. 5 und dem entsprechend das höhere Gewicht des Priestereides. Wihtr. 16, 17, 18. Anh. VIII 2. Streitig wurde indessen die Höhe des Wehrgeldes, Dialogus Ecg. 12. (Thorpe II. 92), und die spätere Meinung ging dahin, daß der Geburtsstand entscheide Henr. I 68 §. 3. Für die unteren Ordines der Geistlichkeit blieb im Bußsystem die gewöhnliche Stellung des liber homo (ceorl).

Die Landesversammlung bildet den Mittelpunkt, in

welchem sich der weltliche Staat mit dem geistlichen zusammenkettet. Unter der persönlichen Leitung des Königs werden hier die geistlichen Reichsangelegenheiten in erster Stelle und meistens wohl ausschließlich von den Prälaten berathen. Alle weltlichen Beschlüsse der sogenannten Gesetzgebung dieser Zeit sind aber gemeinschaftlich von Thanen und Prälaten gefaßt; der Beruf der Kirche bildet hier das Gegengewicht gegen die Alleingeltung des Besitzes. In den Beschlüssen der angelsächsischen Landesversammlung ist diese Mitwirkung der Geistlichkeit ebensowohl erkennbar in ihrer Richtung nach der Seite der Humanität, wie das Walten des Königthums in dem Schutze der Gemeinfreiheit. Dies periodische persönliche Zusammentreten des Königs mit den Prälaten und Thanen erhielt denn auch den Gedanken der letzten Einheit weltlicher und geistlicher Gewalt in menschlichen Dingen lebendig. Die beiden Gewalten waren darauf angewiesen durch einträchtiges Zusammenwirken den höheren Beruf des Staats zu verwirklichen. Den stets erneuten und erweiterten Schutz, welchen die königliche Gewalt der Kirche verleiht, erwiedert die Geistlichkeit mit immer wiederholten Ermahnungen zum Gehorsam gegen die geheiligte und unverletzliche Person des Königs — des „geheiligten Statthalters Christi," wie ihn eine sächsische Homilie nennt, des „Christus Domini", wie ihn schon eine geistliche Versammlung zu Cealchythe a. 785 genannt hatte. In Uebereinstimmung damit betrachten die weltlichen Gesetze den König als Stellvertreter Christi, Cristes gespelia Athlr. VIII. 2. 42, als vicarius Summi Regis Ed. Conf. 17; schon Ine von Wessex nennt sich mid Godes gife West seaxena Cyning. In. pr. Andererseits mußten wiederum die Könige, welche die Versittlichung ihres Volks, die Anfänge der Wissenschaft und Kunst, den Frieden des Landes, die Besserung der Verwaltung erstrebten, eben die Kirche fördern, ihrer Einsicht, ihrem Rathe folgen in einer Weise wie dies Alfred und Carl der Große gethan haben.

Sicherlich war die angelsächsische Kirche keine reine Verwirklichung der Lehren der heiligen Schrift, sondern eine Verwirklichung des Christenthums mit einem starken Erbtheil von Aberglauben und Aeußerlichkeit. Allerdings waren Verehrung von Heiligen und Reliquien, Unterwürfigkeit und Freigebigkeit gegen die Geistlichkeit, Befolgung von auferlegten Büßungen und Fasten ihre Hauptlehren, denen Unwissenheit, Aberglaube und böses Gewissen mehr Eingang schaffte als jeder anderen Lehre. Aber die Kirche bestand, und sie bestand als eine große moralische Macht in einem Zeitalter, in welchem die physische Kraft und die Besitzmacht die fast allein anerkannten Mächte bildeten. Sie enthielt dasjenige Christenthum, dessen die Zeit fähig war, ebenso wie der weltliche Staat diejenige Freiheitsidee, deren die Zeit fähig. Dies Christenthum hatte doch unbestreitbar die Sachsen, Angeln und Jüten des 6. Jahrhunderts zu einem neuen, friedlichen und rechtschaffenen Volke vereint, seine Sitten gemildert, die Gewohnheit der Arbeitsamkeit befördert, allen Einrichtungen des Gemeinwesens einen milderen und wohlwollenderen Charakter aufgeprägt, die Geister erhoben, in Männern wie Beda und Albuin auch geistige Erscheinungen ersten Ranges erzeugt, wie sie nur in einem hochgehobenen Zustand aus gleichartigen Umgebungen hervorgehen. Als dann in zwei langen Epochen die Ueberschwemmung des Reiches durch barbarische Horden nordischer Seeräuber begann, als das schon consolidirte Reich in namenlosem Elend und Zerrissenheit noch einmal den Schicksalen der Völkerwanderung zu erliegen schien, da hat zum zweiten Male die Kirche ein großes Bekehrungswerk vollendet, welches in wunderbarem Wechsel die barbarischen und treulosen Horden der Seeräuber mit Land und Leuten in ein friedliches Verhältniß bringt und die Verschmelzung der beiden Nationen in Aussicht stellt.

Diese Stellung der Kirche, ihre volksthümliche innere Organisation bestimmten denn auch das Verhältniß der angelsächsischen Kirche zum römischen Stuhl.†) Die nationale Abgeschlossenheit, die sich in der Erhaltung der Landessprache in Liturgie und Gebet beurkundet hat den römischen Stuhl nur zu geringem Einfluß gelangen lassen. Die eifrigen Bemühungen Wilfrieds haben zwar eine Conformität in wichtigen Lehren herbeigeführt, aber noch keinen stetigen Einfluß der Curie auf das englische Kirchenregiment. Erst seit den Zeiten des Erzbischofs Dunstan und Odo beginnt (unter Widerstand eines großen Theils der Geistlichkeit selbst) eine romanisirende Richtung, die dem römischen Stuhl eine Obergewalt und Appellationsinstanz einräumt und in einzelen Fällen zur thatsächlichen Geltung bringt. Diese Richtung ist im letzten Jahrhundert der angelsächsischen Zeit im Ganzen die vorherrschende, jedoch mehr in Bestrebungen als Erfolgen. Neben der großen Zahl der angelsächsischen geistlichen Gesetze zeigt auch die letzte Zeit einen nur geringen Einfluß der päpstlichen Decretalen. Das angelsächsische Recht bleibt bis zum Schluß im höheren Maaße ein nationales Kirchenrecht wie in irgend einem anderen Lande Europa's.

*) **Ueber die Bildung der kirchlichen Sprengel**, Körperschaften und Ortsämter vergl. insbesondere Palgrave, Commonwealth Cap. XI. Kemble II.

c. 8 und Lappenberg I. S. 185—195 (die kirchliche Geographie der angelsächsischen Zeit).

1) Ueber die Bildung der bischöflichen Sprengel s. auch Kemble II. 314. Mit den Bisthümern der alten britischen Kirche ist dabei kein Zusammenhang irgend einer Art zu ermitteln, Palgrave I 152—154. Die obige Uebersicht ist vereinfacht durch Weglassung einiger kurz vorübergehenden Formationen. — Die Abtei Ely wurde erst später unter Heinrich I. zum Bisthum erhoben. Ebenso wurde erst 1109 für Cumberland das Bisthum Carlisle fest gebildet. Die 4 Bisthümer von Wales waren zur angelsächsischen Zeit noch getrennt, und wurden erst Jahrhunderte später durch die Eroberung von Wales dem englischen Kirchensystem einverleibt.

2) Die klösterlichen Stiftungen (Kemble II c. 9) wurden von Hause aus sehr befördert durch die Gewohnheiten der ältesten Missionäre. Die Geistlichen lebten in Gemeinschaft, selbst wenn sie nicht Mönche waren, und schlossen sich der Benedictiner- oder irgend einer anderen Ordensregel an. Von den Königen gefördert hat dieser Innungsgeist (welchen der englische Juristenstand sogar bis zum heutigen Tage bewahrt hat), insbesondere auch in dem System der hochgehaltenen Frauenklöster, ein nationales Gepräge. Das reale Bedürfniß der Zeit wird man an den Anschauungen eines Alfred des Großen messen müssen, nicht nach der später veränderten Lage der Dinge, nicht nach den Verhältnissen der Reformation und nach den Anschauungen der heutigen Staatskirche, wie es gewöhnlich geschieht. Asser berichtet, daß Alfred die volle Hälfte der königlichen Revenüe kirchlichen Zwecken zu widmen pflegte, und zwar 1/4 für die Armen, 1/4 für die beiden von ihm gestifteten Klöster, 1/4 für die von ihm gestiftete Gelehrtenschule, 1/4 für die benachbarten Kirchen, Klöster und deren Diener. Darin spiegelt sich wohl das wirkliche Bedürfniß der Zeit ab. Höhere Unterrichtsanstalten (nach dem Maßstab der Zeit) konnten nur auf ein Personal und auf Besitzverhältnisse fundirt werden, wie sie damals jene Körperschaften darboten. Für die Armenpflege in ihrer ersten Gestalt machten zwar weltliche und geistliche Große ansehnliche Spenden, welche Jahr für Jahr aus ihren Gütern entrichtet werden sollten. Es sollte ferner ein Theil der Beute und ein Theil der an die Kirche zu zahlenden Bußen an die Armen gezahlt werden. Alle solche Stiftungen fanden jedoch keinen Halt in dem System der weltlichen Verwaltung, alle Zuwendungen waren schnell verbraucht und vergessen. Nur Hospitäler und Almosenhäuser der Klöster und Kathedralen bildeten solche permanente Einrichtungen, auf die es hier ankam, s. auch Kemble II. cap. 11 (die Armen).

3) Für die Gestaltung und Ausstattung der kirchlichen Ortsämter giebt nur das Domesdaybook einen zuverlässigen Anhalt. Vergl. Ellis, Introduction I. pag. 286, 295. Eine Pfarrhufe von mehr als 50 acres, (wie eine von 83, eine von 100, eine von 120 acres Wiesen) sind vereinzelte Erscheinungen; umgekehrt freilich ist auch eine „aecclesia sine erra" eine Seltenheit in dem Reichsgrundbuch. Es scheinen aber die Kirchen ohne Land nach dem Zweck des Domesdaybook überhaupt nicht verzeichnet zu sein. Die Zahl der wirklich vorhandenen Pfarrkirchen wird wohl erheblich größer als 1700 gewesen sein; nur läßt sich annehmen, daß die mit irgend einem Landbesitz ausgestatteten Kirchen vollständig aufgezählt sind. In der Gesetzgebung wird die Vermehrung der Pfarrkirchen sichtbar in der Unterscheidung verschiedener

Klassen. Bei einer Hauptkirche (heâfod mynster) büßt man den Friedensbruch mit 5 £, bei mittleren Kirchen mit 120 Sh., bei noch geringeren mit 60 Sh., bei Feldkirchen mit 30 Sh. Aethlr. VIII. 5. Cn. I. 3. §. 1, 2. Henr. 79 §. 6. Anh. IV. 3).

Die Unterhaltung der Pfarrkirche gab denn auch den ersten Anhalt für eine Theilnahme der Ortsgemeinde an der Verwaltung des Kirchenvermögens. Es ist zwar in der angelsächsischen Zeit von Kirchspielsversammlungen noch nicht die Rede. Die Analogie der nordischen Kirchspiele aber und die späteren Rechte der Kirchspielsgenossen in England gestatten den Schluß, daß auch die sächsischen Pfarrgenossen einen gewissen Antheil an der Verwaltung des aus ihren Beiträgen gebildeten Kirchenvermögens nahmen. Die Kirchenverwaltung des spätern Mittelalters, auf dem Höhepunkte ihrer Macht und ihrer Ansprüche würde eine solche Theilnahme sicherlich nicht anerkannt haben, wäre sie nicht auf altem Herkommen begründet gewesen.

) **Die Besitzverhältnisse der Kirche (Kemble II. c. 10) sind zwar nicht vollständig festzustellen, an manchen Punkten aber doch genügender als die des weltlichen Besitzes.

1) Von der ungleichen Vertheilung des Grundbesitzes mag als Beispiel die Erwähnung genügen, daß das Gebiet von Chilcombe (ein Theil der Besitzungen des Bisthums Winchester) zu 100 Hidae berechnet wird, (cod. dipl. No. 642). Indessen war doch eine solche Concentrirung der Besitzthümer, die zu geschlossenen Territorien hätte führen können, bei dem geistlichen Besitz eben so wenig möglich, wie bei den weltlichen Großen, aus deren Theilvergabungen er hauptsächlich entstand. Schon König Withred von Kent und Ethelbald von Mercia haben zwar den Willen ausgesprochen, den kirchlichen Besitz ihres Reichs von „weltlichen Lasten, Arbeiten, Abgaben und Beiträgen" zu befreien; allein es sind damit nur die grundherrschaftlichen Lasten gemeint, und es wird ausdrücklich declarirt, daß darunter die 3 Gemeinlasten, expeditio exercitus, burgorum constructio, pontium refectio nicht verstanden seien. Es sind wenig kirchliche Verleihungen nachweisbar ohne den Vorbehalt dieser Gemeinlasten, der von der spätern Jurisprudenz sogenannten Trinoda Necessitus, Palgrave I. 156, 157. Sehr streitig ist der Sinn einer vielgedeuteten Schenkung des Königs Aethelwulf von Wessex nach seiner Rückkehr aus Rom, die aber höchstens auf eine Befreiung eines Zehntels des Grundbesitzes von der Trinoda necessitas zum Zwecke von Seelenmessen hinausläuft. Lappenberg I. 192, 193. Einige technische Schwierigkeiten entstanden bei Vergabung des Grundeigenthums zu idealen Zwecken, die nach den Rechtsformen der Zeit an die Person und ihre Rechtsnachfolger geschehen mußte, wobei die stiftungsmäßige Verwendung eine innere Kirchenangelegenheit blieb, die lange Zeit Gelegenheit zu Mißbräuchen gab. Vergl. Palgrave I. 160, 161.

2) Der kirchliche Zehnt wird in dem geschriebenen Recht anscheinend zuerst erwähnt in einem Synodaldecret von 786 (Selden, c. 8. §. 2.), welches dann die Bestätigung der weltlichen Macht gefunden hat in Beschlüssen der Könige von Mercia und Northumberland mit ihren Landesversammlungen. Anerkannt wird die Zehntpflicht sodann in dem Gesetze König Edwards und Guthrum's um das Jahr 900, (E. et G. c. 6), kurz erwähnt in Athlst. III. 1, ausführlich aber in der Verordnung über die Zehnten Athlst. I. §. 1—5, mit zwei etwas abweichenden Texten. Die Verordnung erwähnt nur den Bei-

rath der Bischöfe und ist als eine Amtsanweisung an alle königlichen Gerefen gerichtet. Die späteren Anerkennungen sind Edm. I, 2. Edg. II. 1, 2, 3; IV. 1, §. 3 u. 4; Athlr. V. 11; VI, 17; VII, 1, §. 2, 4, 7; VIII. 6–9, 14, 15. Cn. I. 8, 11. Ed. Conf. 7, 8. Daß ein Drittel der Zehnten zur Reparatur der Kirchen verwendet werde, wiederholt Athlr. VII, 6; doch sollen auch die an die Kirche zu zahlenden Bußen dazu mit verwandt werden Athlr. V. 51, insbesondere soll auch der Bischof Edm. I. 5, überhaupt Jedermann zur Kirchenreparatur beitragen Cn. II. 65.

3) Unter den kleinen periodischen Abgaben an die Kirche ist der Kirchenschoß Ciric-sceat Gegenstand eines weitläuftigen Streits geworden, der mit der streitigen Lage der heutigen Churchrate zusammenhängt. Die Natur desselben wird nirgends genau beschrieben, doch deutet vieles darauf, daß er als die Abgabe der Erstlinge von den Früchten des Feldes nach dem Vorbild des mosaischen Rechts gemeint war. Die Erwähnung in den Gesetzen ist überaus häufig. In. 4. 61. Edg. II. 2. 3. IV. 1. Athlr. VI. 18, VII. 4. VIII. 11. Cn. I. 10. II. 11. Die Eintreibung wird den Gerêfas besonders eingeschärft, Athlst. I. 4, mit Androhung der Excommunication, Edm. I. 2. Es wird sich daher kaum leugnen lassen, daß die Gesetzgebung eine allgemeine kirchliche Abgabe anerkennen wollte, die aber an dem besonderen Widerstreben der Landbauer eine hartnäckige Gegnerschaft fand, und allen Verordnungen zum Trotz nur ungleichmäßig durchgeführt wurde. Kemble II. 460, Beilage D. führt die überaus künstliche Ansicht durch, daß eine ursprüngliche Abgabe der Inhaber von kirchlichen Gütern in recognitionem domini gemeint sei, die erst in den Gesetzen des 10. Jahrhunderts zu dem Grundsatz der primiciae seminum des mosaischen Gesetzes durchgeführt sei. Eine gute und vollständige Erörterung der Frage giebt Schmid Glossarium 545—547. — Dem Erfolge nach gehören zu den periodischen Kirchentributen auch die unzähligen Ablösungsgelder für Fasten und Pönitenzen. Von dieser Vervielfältigung der Gnadenmittel geben die Pönitenziarbücher der angelsächsischen Zeit ein seltsames Bild der Verzerrung eines ursprünglich berechtigten und sittlichen Gedankens. — Von den Gelegenheitsgeschenken an Edelsteinen, Bechern, Ringen, Kreuzen, Schmuckkästchen, Gold, Teppichen, Kleidungsstücken, Brot, Wein, Bier, Honig, Fleisch enthalten die angelsächsischen Urkunden Beispiele.

Die gelegentlichen Geldanleihen der Könige bei den geistlichen Großen beweisen, wie sehr in späterer Zeit die Besitzthümer der Krone schon geschmälert und auf wen sie übergegangen waren.

***) **Die staatsrechtlichen Verhältnisse des Personals der Geistlichkeit** sind zunächst:

1) Rücksichtlich der Kriegspflicht nicht direkt ausgesprochen, Palgrave I. 156, 157. Wir finden in den gefahrvollen Zeiten hohe Geistliche oft unter den Kämpfenden und unter den Gefallenen; doch ist andererseits von einem persönlichen Aufgebot der Clerici nicht die Rede. Ausdrücklich aber wird die Gestellungspflicht nach dem Maßstab des geistlichen Besitzes erwähnt, zuweilen sogar die herkömmliche Zahl der Mannschaften ausdrücklich vorbehalten, wie in der großen Schenkung an ein Kloster (a. 821. cod. dipl. 272) expeditionem cum duodecim vasallis et cum tantis scutis exerceant. Darauf zu halten war zunächst Sache des Shirgerêfa. Im cod. dipl. Nr. 1323 wird der Shirgerêfa Aethelric und die Grafschaftsversammlung von Kent angewiesen, den

Erzbischof Aethelnoth nicht höher abzuschätzen, als es vor seinem Amtsantritt geschehen, und daß in Zukunft kein Shirgerêfa mehr von ihm verlangen solle. — Nach Analogie des Continents könnte man vermuthen, daß ein besonderer Gerêfa im Namen des Bischofs dessen Contingent dem Volksheere zuzuführen hatte, wie dies Kemble II. 341 ohne weiteren Beweis behauptet. Allerdings findet sich eine Notiz aus Heming Cart. pag. 81, nach welcher unter den Zeugenunterschriften eine Person bezeichnet wird als „the leader of the army of the same bishop to the king's service." Allein diese Notiz steht ganz vereinzelt. Es war dafür bei der Stellung des Sheriff kein Bedürfniß, und die spätere normannische Zeit ergiebt, daß sich keine feste Einrichtung der Art ausgebildet hat.

2) Rücksichtlich der Gerichtsbarkeit bemerkt Kemble II. 378 mit Recht, daß die zahlreichen Vorkehrungen in den Gesetzen über die Art und Weise der Proceßführung von Geistlichen den vollgültigen Beweis für die grundsätzliche Unterwerfung unter die weltliche Gerichtsbarkeit enthält. Er citirt Athlr. 18. 19., Athlr. VIII. 19—24. 27., Cn. I §. 5, II. §. 41.; vergl. auch Henr. I. 64. §. 8.; 5. §. 7 ff. 57. §. 9. Die Bestrebungen nach Befreiung von der weltlichen Gerichtsbarkeit sind jedoch erkennbar in folgenden Punkten. — Bei Streitigkeiten der Geistlichen unter einander bestand die Kirche schon frühzeitig darauf, daß sich die Parteien ausschließlich an die geistlichen Oberen wenden (Can. Edg. 7.); der des Todtschlages überführte Priester wird von der geistlichen Obrigkeit der priesterlichen Weihen beraubt, und so als Laie der Strafgerichtsbarkeit überlassen Alf. 21. Athlr. VIII. 26. Cn. II. 41. Geistliche sollen neben den verwirkten Bußen an die weltliche Gewalt noch eine besondere kirchliche Buße übernehmen Edw. et G. 3. Athlr. VIII. 27. Cn. II. 5. §. 3; bei einem todeswürdigen Verbrechen sollen sie bis „zum Urtheil des Bischofs" in Gefangenschaft gehalten werden Edw. et G. 4. §. 2. Cn. II. 43. Ein anerkanntes Personalforum der Geistlichen beginnt aber erst in der normannischen Zeit. L. Wil. IV. §. 4 sodann Henr. I. 57. §. 9. In der normannischen Periode wird sich auch die Erörterung über den Umfang der eigentlich geistlichen Gerichtsbarkeit anknüpfen.

3) Im Gebiet der Friedensbewahrung war den Bischöfen die ausdrückliche Pflicht auferlegt, den Frieden herzustellen, und im Verein mit den weltlichen Richtern Unrecht zu verhüten. Institutes of Eccles. Polity Thorpe II. 312. Die Bischöfe haben ein besonderes Asylrecht analog dem des Ealdorman. Neben dem Königsfrieden wird auch der Kirchenfrieden als Gottes Gebot besonders hervorgehoben Athlr. V. 10. 21. VI. 13. 26, ja wohl noch über den Königsfrieden gesetzt Cn. II. 1. §. 1. Anh. IV. 1. 31., doch so, daß in erster Stelle der Schutz der Kirche als Pflicht des Königs anerkannt bleibt Thorpe II. 304. Wie die weltlichen Thane, so sollen auch die Prälaten Gerêfas für ihre Leute ernennen, welche dann vor dem Landesgericht die Hintersassen zu gestellen, und besonders auch die polizeilichen Verpflichtungen der Friedensbürgschaft zu besorgen haben.

Die Gesammtzahl der Geistlichkeit, besonders der niederen ordines und der Mönche war überaus groß. Die friedlichen Neigungen der angelsächsischen Bevölkerung nach ihrer festen Ansiedelung und fleißigen Urbarmachung des Bodens, das Verschwinden des abenteuerlichen Unternehmungsgeistes und der Aussicht auf Beute, das wachsende Ansehen und der reiche Besitz der Kirche zogen die unteren Klassen in fast unglaublicher und doch glaubhaft berichteter Zahl in den Dienst der Kirche. Selbst in Northumbria ist unter dem Einfluß der Kirche das Verschwinden des alten kriegerischen Geistes der höheren Klassen von Beda als etwas Auffälliges bemerkt (magis acceptat tonsura monasterialibus ascribere votis, quam bellicis exercere studiis). Er schließt mit den Worten: quae res quem sit habitura finem posterior aetas videbit. Der ehrwürdige Beda erkennt selbst an, daß durch die übermäßigen Verschleuderungen des Staatsguts die Vertheidigung des Landes gefährdet und der König außer Stande gesetzt sei, tapfere Krieger gebührend zu belohnen.

Ueber die Verschmelzung der Besitzverhältnisse mit den Amtsrechten zu dem Standesrecht der Geistlichkeit vergl. auch Gneist II. S. 30. 31. Der allgemeine Ausspruch, daß der Priester Thanrechts und Thanwehrgeldes würdig sei, erscheint in Athlr. V. 9, VI. 5. VIII. 28, Cn. I. 6. §. 2, die Gleichstellung des Eides mit dem des weltlichen Thans, Anh. VIII. §. 2; der Betrag des Wehrgelds wird nach dem Recht der Norderleute ausdrücklich auf 2000 Thrymsas gestellt, gleich dem der weltlichen Thane, Anh. VII. 2, §. 5, das des Bischofs und Erzbischofs auf 8000 und 15000 Thrymsas, Anh. VII. 2, §. 2, 3. Ueber die Ehen der Geistlichen, darunter selbst des Bischof Wilfried s. Kemble II. 383. Die volksthümliche Vereinigung der Weltgeistlichkeit mit den Laien, die das ganze angelsächsische Volks- und Staatsleben durchdringt, wurde natürlich dem spätern Feudalstaat unverständlich und erzeugte die bis heute fortgeführte Streitfrage, ob die angelsächsischen Prälaten vermöge ihres Grundbesitzes oder vermöge ihres geistlichen Amts Sitz und Stimme in der Witenagemôte gehabt hätten.

Von der Seite des Besitzes wie von der Seite des kirchlichen Personals aus werden die Gefahren des Mißbrauchs und der Veräußerlichung der Kirche im letzten Jahrhundert der angelsächsischen Zeit schon an zahlreichen Punkten sichtbar. Wenn man indessen mit seinem Urtheil nicht den Jahrhunderten vorgreifen will, so soll man nicht vergessen, daß die Menschheit einer Jahrhunderte langen Entwickelung bedurfte um zu begreifen, daß die Bestimmung des Besitzes nicht ausschließlich das Wohl und der Genuß des Einzelen, sondern die humane Fürsorge für den armen und unglücklichen Mitmenschen ist. Dieser Fortschritt des gemeinen Bewußtseins ist nur durch die Kirche vermittelt; in weltlichem Gerichtswesen und Friedensbewahrung lag noch keine Bestimmung des Besitzes zu humanen Zwecken. Auch von der persönlichen Seite aus ist in dieser Zeit noch die Erinnerung begründet, welche Kemble II. 325 giebt: „Aber zu welchen Thaten auch von Zeit zu Zeit die Geistlichen ihr Standesinteresse verleitet haben mag, müssen wir doch immer gedenken, daß in ihnen eine beständige vermittelnde Gewalt zwischen den Reichen und Armen, den Starken und Schwachen bestand, und daß, zu ihrem unvergänglichen Ruhme, sie die Pflichten ihrer ehrenvollen Stellung begriffen und erfüllten. Niemand außer ihnen war im Stande, die starke Hand der Gewaltigen zu hemmen, die gerechte Strenge des Gesetzes zu mildern, im Sclaven einen Schimmer von Hoffnung zu erwecken und für den Hülflosen, dessen rechtliche Existenz nicht einmal der Staat anerkannte, in dieser Welt eine Stelle und Versorgung zu finden."

****) **Das Verhältniß zum römischen Stuhl** war lange Zeit wenig mehr gewesen als ein Pietätsverhältniß mit seinen ehrwürdigen Erinnerungen an das Missionswerk Gregor's des Großen und des heiligen Augustinus. Die brittische

Kirche, welche vom Norden her durch schottische Missionäre verbreitet war, hatte andere Ansichten über die Zeit des Osterfestes, die priesterliche Einsegnung der Ehe u. A., andere Meinungen über die bischöfliche Succession, indem ihre zahlreichen Bischöfe durch bloße presbyteri ordinirt wurden; namentlich aber erkannte sie den Supremat des römischen Bischofs und die bindende Kraft der nur von ihm berufenen Concilien nicht an. Die Verdienste und der Einfluß dieses Kirchensystems innerhalb der Heptarchie waren ebenso bedeutungsvoll wie die der römisch-katholischen Kirche, und in den ersten Jahrhunderten hing die Bevölkerung ebenso gläubig der einen wie der anderen Kirche an, je nachdem sie von Augustinus und dessen Nachfolgern, oder von denen des Columbanus bekehrt worden war. Seit dem 8. Jahrhundert aber tritt der Primat der römischen Bischofskirche in den germanisch-romanischen Völkergruppen des Continents entschieden hervor. Constantinopel hatte seine kaiserliche Stellung verloren gegeben. Ohne Nebenbuhlerin war Rom eine der ältesten, jetzt ohne Frage die mächtigste der christlichen Kirchen, mit dem ganzen Zauber der Erinnerungen eines alten Weltreichs, mit einem großen Vermächtniß antiker Bildung und der Weisheit altrömischer Verwaltungsmaximen. Nicht bloß in dem Glauben der Völker, sondern in der Wirklichkeit war Rom der Hauptsitz der Bildung und der geistigen Kraft, welche die Einheit des Glaubens, der Lehre und der Gottesverehrung über die Welt auszudehnen vermochte. Am Ende des 8. Jahrhunderts hat nun zuerst Wilfried mit der vollen Lebhaftigkeit und Energie seines Wesens den römischen Primat in der angelsächsischen Kirche vertreten, und in manchen äußerlichen, aber nicht unwichtigen Dingen, wie der Feier des Osterfestes durchgekämpft. Sein Streit mit den brittischen und schottischen Bischöfen beweist indessen, wie fremd dem Inselreich die Idee einer Appellation an die römische Curie bis dahin geblieben war. Dem ruhelosen Kampf dieses Mannes mit oft verwerflichen Mitteln verdankt die angelsächsische Kirche zuerst den Anschluß an das europäische Glaubenssystem mit allen seinen gewichtigen späteren Folgen. Schon im 9. Jahrhundert nennt ein Schriftsteller des Continents die Engländer maxime familiares apostolicae sedis, — die thatkräftigsten und glücklichsten Missionäre Roms waren Angelsachsen geworden. Immer blieb dies Verhältniß aber doch nur das einer äußerlichen, örtlich weit entfernten Autorität, die der geschlossenen Nationalkirche gegenüber in das Personal und in die Verwaltung nicht eingriff, sondern sich mit einem schiedsrichterlichen Ansehen bei einzelen Gelegenheiten begnügte, wenn bei innerem Streit die Meinung des apostolischen Stuhles eingeholt ward. Am Besten beweisen dies die Klagen, welche gelegentlich der geistliche Stand aus seiner Mitte erhebt, über welche Kemble II. 324 das treffende Wort sagt: „Eine jede weise und mächtige Regierung hat die Klage, daß die „Braut Christi" in Knechtschaft wäre, mit verdienter Geringschätzung behandelt. In dieser Hinsicht hat unser Land sich im allgemeinen ehrenvoll ausgezeichnet. Bonifaz — selbst ein Engländer und vor allen seinen Zeitgenossen päpstlich gesinnt — klagt, daß keine Kirche in ärgerer Knechtschaft läge als die englische, ein für die Volksthümlichkeit der Einrichtung, den Gemeinsinn des Volks und die Kraft des Staats ehrenvolles Zeugniß."

Eine neue Epoche beginnt mit den Einfällen der Dänen. Noch einmal hatte sich ein unaussprechlicher Haß fahrender Krieger gegen die friedlichen Ansiedelungen der Angelsachsen und mit besonderer Wuth gegen die reichen Sitze der von den Kriegern verachteten faulen Mönche gewandt. Die Periode des

Märtyrerthums ist für die angelsächsische Geistlichkeit hier erst spät nachgefolgt, wie sich dasselbe nochmals in der englischen Reformation wiederholte. Allein wie die schlimmsten Zeiten überhaupt die besten Christen gesehen haben, so hat die Kirche aus namenloser Zerstörung sich wieder erhoben zu dem Bekehrungswerk der Dänen, die erst nach der Annahme des Christenthums in ein Verhältniß auf Treue und Glauben mit der angelsächsischen Bevölkerung treten. Mit der Bekehrung scheint nicht bloß der selbstsüchtige treulose Geist der alten Odinsverehrer überwunden, sondern aus dem Dänenvolk heraus gehen nun die eifrigsten Priester, bald auch die höchsten Prälaten der angelsächsischen Kirche hervor. Die Erhebung der Kirche durch Alfred, die glänzende Regierung Athelstans waren wohl geeignet auch den Glanz und das Streben nach Macht in der Kirche zu erhöhen, während im Stillen noch die Nachwehen der dänischen Kämpfe, innerer Zwiespalt, Veräußerlichung und Mißbrauch im Innern der Kirche herrschten. In dieser Periode ist es Dunstan, der mit dem bewußten Bestreben nach der Erhöhung der geistlichen Macht die Unterwerfung unter den päpstlichen Stuhl vertritt. Mit dem dänischen Elemente ist ein neuer Geist auch in die kirchlichen Streitigkeiten gekommen, und mit charakteristischer Energie werfen sich jetzt die Nachkommen der alten Vikinger in die Kämpfe des neuen Glaubens. Die alte Neigung zur Gewaltthätigkeit lebt auch in diesen Kämpfen, die im Namen Gottes geführt werden; an die Stelle der dänischen Kriegslisten tritt die Benutzung des Wunderglaubens und andere zweideutige Mittel. Die dänischen Großthane vertauschen die alte Freude an den Strapazen des Krieges mit den quälerischen Büßungen und Kasteiungen des neuen Glaubens. Der ascetische Geist in dem fortschreitenden Theil der Kirche ist ein Ausdruck des tiefen Zwiespalts der Volksgeister, der aus dem Eindringen des Dänenvolks, und dem wachsenden Gegensatz zwischen Armuth und Reichthum hervorgegangen war. Gewiß ist es nicht zufällig, wenn zwei Jahrhunderte nach Wilfried die Einheit und Macht der Kirche unter dem päpstlichen Primat, der Cölibat der Geistlichkeit, die Befreiung des kirchlichen Personals von den Banden der Weltlichkeit mit Feuereifer nicht nur von einem Theil der Geistlichkeit, sondern auch von weltlichen Großen erstrebt wird, und Jahrzehnte hindurch als förmliche Parteirichtung auftritt. Die zahlreichen Lebensbeschreibungen des heiligen Dunstan und ebenso sehr die späteren Parteien der englischen Kirche haben den Namen des Heiligen zum Mittelpunkt eines bitteren Streits über das Verhältniß von imperium und sacerdotium gemacht, in höherem Maaße als es vielleicht der historische Dunstan verdient (vergl. auch Allen, Prerogative 217 ff.) Der Streit mit König Edwi wegen seiner jugendlichen, unglücklichen Königin Aethelsgive und die darauf folgende Demüthigung des Königthums haben ihm den Namen des angelsächsischen Hildebrand eingetragen. Allein die wüsten heillosen Zustände, welche bald darauf unter Aethelred II. eintraten, ergeben doch für das unbefangene Urtheil, daß in Kirche und Staat Zügellosigkeit, Rohheit und Sinnlichkeit die Aufforderung zu einem kräftigen Eingreifen enthielten. Der persönliche Einfluß Dunstan's unter Edgar hat dem Reich die äußere Macht und den inneren Frieden wiedergegeben. Die hierarchische Richtung ist in der englischen Kirche in dieser Periode eine Stufe weiter gerückt. Der mächtige Dänenkönig Cnut hat seine Blutschuld in Unterwürfigkeit gegen Rom zu büßen gesucht, in welcher Eduard der Bekenner noch weiter geht. Der formelle Anschluß an das römische Kirchenregiment ist indessen erst das Werk der normannischen Eroberung.

§. 6.

Verfall und Fall des angelsächsischen Reichs.

Der Staat soll vereinigen, was die Gesellschaft trennt. Die Bedeutung eines Staatswesens ist daher zu bemessen nach den Gegensätzen, die es zu überwinden vermocht hat. Diese Gegensätze waren weniger schroff als diejenigen, welche der gefährliche Boden der römischen Provinzen den angesiedelten Germanen darbot; doch hatten auch die Sachsen, Angeln und Jüten auf der brittischen Insel bedeutungsvolle nationale, sociale und kirchliche Disharmonien zu bekämpfen, deren sie schließlich nicht vollständig Herr zu werden wußten.

I. Als nationaler Gegensatz[1]) war zunächst der des keltisch-brittischen Elements zu überwinden. Die barbarische Kriegführung der ersten Menschenalter hatte die romanisirten Britten theils getödtet, theils verjagt und zurückgedrängt, zum Theil aber auch in sich aufgenommen. Der Uebermuth der Eroberer nannte sie jetzt die Fremden „Waelen". Die Bildung der englischen Sprache, in welcher viele auf Hauswirthschaft und weibliches Leben bezüglichen Worte altbrittischen Ursprungs sind, ergiebt aber, daß die angesiedelten Sachsen (wie meistens die auf Beute ausziehenden kleineren Heerzüge), eingeborene Frauen nahmen, ohne jedoch ihre kräftigere Stammeigenthümlichkeit aufzugeben. Ein Theil der Britten wurde als Knechte erhalten. Wo die germanische Ansiedelung die Landschaft nur theilweis zu bevölkern vermochte, blieben auch brittische Grundeigenthümer in ihrem bäuerlichen Besitz, oder gewannen wenigstens einen Besitz auf geliehenem Lande. Die Einverleibung brittischer Ländertheile in der christlichen Zeit erfolgte überhaupt unter besseren Bedingungen. Die spätere Zeit erkennt sogar ein höheres Standesrecht des Waelen bei 5 Hufen Besitz an. Das Christenthum und das Zusammenleben von Jahrhunderten haben die nationale Feindseligkeit überwunden. Eine Folge dieser Verhältnisse blieb aber, daß in dem großen Gebiet von Mercia die germanische Nationalität ihr Staatswesen weniger gleichartig und fest zu bilden vermochte, und daß die hier stark gemischte Bevölkerung eine Tendenz zur Absonderung behielt.

Als zweiter Gegensatz standen sich Stammverschiedenheiten unter den angesiedelten Germanen selbst gegenüber. Angeln, Sachsen und Jüten waren zwar von Hause aus in Sprache, Recht und Sitte wenig verschieden. Allein die Gegensätze schärften sich, nachdem die einzelen Häuptlinge mit ihren Gefolgsmännern und Mannschaften auf eigenem Besitz Kleinstaaten gebildet hatten. Länger als zwei Jahrhunderte bietet die sog. Heptarchie das Bild eines hin- und herwogenden Kampfes dar, in welchem die Chroniken wohl hundert Schlachten und Feldzüge melden, in Folge deren die friedfertigeren Kleinstaaten sich den drei größeren kriegerischen unterordneten. Von großer Wichtigkeit wurde es weiter, daß schon gegen Ende des 7. Jahrhunderts der größte Theil der angelsächsischen Kirche sich unter Erzbischof Theodor vereint fand. Nachdem die kirchliche Einheit der staatlichen anderthalb Jahrhunderte lang mächtig vorgearbeitet, ist das Land (a. 827) zu einem Oberkönigthum Egberts wenigstens bis an die Grenze des Humber angelangt. Das gemeinsame Unglück der Dänenkriege aber, und die gemeinsame Errettung unter Alfred haben die innere Verschmelzung weiter geführt. Die glänzende Regierung Athelstan's zeigt uns die alten Stammverschiedenheiten unter der Dynastie der Cerdics wirklich vereint; die Unterschiede der „Heptarchie" haben aufgehört. Schon seit Edward dem Aelteren ist auch das Zusammenfassen der früher getrennten Landesversammlungen ziemlich sicher nachweisbar.

Allein inzwischen war ein gefährlicherer Gegensatz durch das Eindringen der dänischen und norwegischen Seeräuber entstanden, die mit immer wachsenden Heeren nach endlosen Verwüstungen um das Jahr 878 sogar die Herren des Landes geworden sind. Zwar ermannt sich der südliche Reichstheil unter Alfred zu siegreichen Kämpfen. Allein der schwer errungene Friedensschluß zwischen Alfred und Guthrun führt doch nur zu einer Reichstheilung, in welcher den Dänen Norfolk, Suffolk, Cambridge, Ely, ein Theil von Bedford und große Länderstriche von Mercia in Unterordnung unter Wessex überlassen wurden. Die verhältnißmäßig geringe Zahl der fremden Krieger suchte hier einen Halt in der militärischen Ansiedelung der „5 dänischen Burgen" Lincoln, Nottingham, Derby, Leicester, Stamford, zu denen zeitweise auch York und Chester gerechnet wurden. In den größeren Gebieten bemächtigten sich die mehr vereinzelten Eindringlinge womöglich größerer Besitzungen. Wie immer wird vorzugsweise die besitzende Klasse durch die Eroberung betroffen. Im Ganzen jedoch hat diese erste Schichtung dänischer Ansiedelung sich so wenig consistent erwiesen, daß in dem Zeitraum von Alfred bis zum Tode Edgar's die Dynastie der Cerdics der dänisirten Landestheile wiederum Herr wird. Der Einfluß der friedlichen Landansiedelung, Verheirathung, vor allem die gleichmäßige Arbeit der Kirche, haben in dieser Höhezeit des angelsächsischen Reichs das dänische Element bis auf einige centralisirte Punkte anscheinend assimilirt. Der unabhängige Bund der dänischen Städte war schon nach Unterwerfung von Leicester und York wieder aufgelöst (a. 918).

Allein unter Aethelred dem Unberathenen folgt die zweite Periode der Ueberschwemmung durch größere Dänenheere, die in ihrer Bedeutung und Gesittung über den rohen Horden der früheren Epoche standen. Der Ausgang wechselvoller Kämpfe führt a. 1016 zu einer Reichstheilung zwischen Edmund Eisenseite und Cnut, in welcher der nördliche Theil des Reichs den Dänen überlassen wird. Nach der Ermordung Edmund's fügt sich aber auch der südliche Theil dem mächtigen Dänenkönig, zwar nicht als Eroberer, sondern als dem durch die Witan „erkiesten" Oberhaupt des Gesammtreichs. Das Vierteljahrhundert dieser dänischen Dynastie hat allerdings schwerwiegende Folgen zurückgelassen. War auch die Gesammtzahl der nordischen Eindringlinge noch immer vielleicht kein Zehntel der Gesammtbevölkerung, so war doch in die herrschende Klasse ein tiefgehender Zwiespalt gekommen, der um so verhängnißvoller wurde, als Cnut seine Herrschaft nicht anders als durch Mord, Verbannung und Verdrängung der volksbeliebten alten Familien zu befestigen wußte. Die große Versammlung der Witan des Reichs zeigt von nun an ein seltsames Gemisch dänischer Großthane mit großen kriegerischen Gefolgen und sächsischer Herren und Prälaten, deren gegenseitige Stimmungen, Gefühle und Interessen die lakonische Geschichtsschreibung der Zeit zwar nicht wiedergiebt, die aber aus den äußeren Hergängen zu errathen ist. Dieser innere Zwiespalt zerklüftete weniger das alte Stammland der Dynastie von Wessex; das große Gebiet von Mercia aber war durch die von Hause aus gemischte Grundlage seiner Bevölkerung und durch die anglodänische Thanschaft ein Landestheil geworden, auf welchen in ernster Landesgefahr nicht mehr zu rechnen war. Am schlimmsten stand es mit den nördlichen Landschaften, in welchen ein jetzt fast characterloses Gemisch von Völkerstämmen ehrgeizige Statthalter sogar in Versuchung führen konnte, sich für unabhängig zu erklären. Unter Eduard dem Bekenner erscheint das dänische Element (vereint mit der Bekämpfung der hierarchischen Richtung der Kirche) in der Familie des Earl Godwine, welche im Besitz der großen Statthalterschaften das Königthum bereits zu einem Schattenreich herabgesetzt.

Der Gegensatz der Nationalitäten wurde aber der Dynastie wie dem Reich verderblich, weil er sich mit einem tiefer gehenden Zwiespalt durchkreuzte. Es war dies

II. Der sociale Gegensatz der Besitzklassen[2]), welcher das angelsächsische Reich schon seit Jahrhunderten in seinen Grundlagen schwächte. In manchen Landestheilen hatten schon die Verhältnisse der ersten Ansiedelung das Element des freien Bauerthums verhältnißmäßig schwach begründet. Die hergebrachten Institutionen des Heerbanns und des Gerichtswesens hatten unter den Fehden der Heptarchie überall ziemlich gleichmäßig zum Druck und zur Herausdrängung der kleineren Landbesitzer geführt. Das Reich Egbert's hatte schon in den meisten Landestheilen nicht mehr die freie Dorfschaft als Grundlage, sondern war thatsächlich zum größeren Theil in Güter und herrschaftliche Besitzungen aufgetheilt. Das tiefe Elend, welches die beiden Epochen der dänischen Ueberschwemmung über das Land verbreiten, hat den massenhaften Ruin des noch vorhandenen kleinen Freibesitzes herbeigeführt, dessen Resultat in Cnut's Gesetzen und grundherrlichen Verleihungen sichtbar wird. Die Kraft der gemeinen Volksfreiheit, das Selbstgefühl und die Kriegstüchtigkeit des angelsächsischen ceorl sind von Jahrhundert zu Jahrhundert gesunken trotz der erhaltenden Kraft des Königthums. Auch die glücklichsten Zeiten der Monarchie haben diesen Auflösungsproceß nur aufgehalten, nicht geheilt. Noch hatte sich kein städtisches und gewerbliches Leben entwickeln können, um auf dem Boden neuer Besitzverhältnisse die alte Gemeinfreiheit zu neuer Kraft und neuen Ehren zu erheben. Noch war in England kein neuer geigneter Grundsatz der Kriegspflicht erfunden, um den zerstörenden wirthschaftlichen Einfluß der Heerespflicht von dem kleineren Besitzer abzuwenden. Durchgreifende Reformen, wie sie die Gesetze der Karolinger wenigstens versucht, erschienen in England weniger dringend, da die insulare Lage stets zur Sorglosigkeit verleitete. Vorzugsweise war es die Kirche, welche sich in der schlaffen Verwaltung des angelsächsischen Milizwesens wohl befand. Die mild regierende Königsfamilie der Cerdics, berathen von ihren geistlichen und weltlichen Thanen, war stets einem gewaltsamen Eingreifen abgeneigt und nur auf eine Ordnung der Verwaltung bedacht, ohne an den Grundlagen des Heerwesens (Dienstmannschaft und Gemeindepflicht) zu rühren. Cnut's gewaltthätige Persönlichkeit zog es vor in einer gefahrvollen Lage den Königsthron lieber auf eine Söldnergilde von 3000 Huscarls zu stützen, die in den Volkssitten, in den Besitzverhältnissen, in den Finanzen der Zeit keinen dauernden Halt gewinnen konnte. Uebrigens ging die Landesmiliz in den gewohnten Geleisen weiter; Cnut hatte es gerathen gefunden, auch darin seinen Frieden mit der Kirche zu schließen. Ebenso läßt er der Fortentwickelung der Grundherrlichkeit ihren ununterbrochenen Gang. Wie ein Meteor ist daher die Erscheinung des gewaltigen Königs der Nordmänner vorübergegangen, ohne eines der Probleme dieses Staatswesens zu lösen. Am wenigsten dazu geeignet war die schwache Regierung des letzten Erben aus dem alten Königshause von Wessex. Unter der schwachen Regierung Eduard's tritt vielmehr noch ein dritter Gegensatz hervor, der im Verlauf der letzten Menschenalter vorbereitet war. Es ist dies:

III. Der Gegensatz der Kirchengewalt gegen die königliche.[3]) Von Hause aus war die Kirche vielmehr das vereinigende Element der nationalen Gegensätze gewesen. Sie hatte auch das dynastische Kleinstaatenthum überwinden helfen. Sie hatte noch einmal in der ersten Dänenzeit sich als die versöhnende staatsbildende Macht so großartig bewährt, daß grade diese Zeit einen Rückschluß auf die Bedeutung des Christenthums für die aus der Völkerwanderung hervorgegangenen Zustände gewährt. Allein die Kirche hatte diese mächtige Stellung nur gewinnen können auf der breiten Basis des Besitzes, der in der späteren angelsächsischen Zeit wohl zu mehr als ein Drittel der Grundeinkünfte der Kirche gehörte. Ihre höheren Aufgaben waren also schon verflochten mit den Interessen des Besitzes in einer Weise, die jetzt nach zwei Richtungen hin den Forderungen des Staates zu widersprechen beginnt.

Zunächst war es die Kirche, welche ein Haupthinderniß für die immer dringender gewordene Aenderung des Heerwesens bildete, indem sie durch ihre Ausdehnung den Staatsbesitz am Folkland verschränkte, und damit dem Königthum die Mittel entzog, die nöthige Zahl kriegsgeübter Mannschaften zu erhalten, wie dies schon Beda anerkennt. Noch mehr dadurch, daß das Interesse der Kirche jeder neuen Vertheilung der Heerlasten entgegenstand; denn jede feste, gerechtere, wirthschaftliche Vertheilung auf den Grundbesitz traf in erster Stelle die Kirche, welche am wenigsten geneigt war, neue schwere Opfer für solche Zwecke des Staates zu übernehmen, oder etwa gar Säcularisationen des Kirchengutes sich gefallen zu lassen. Und doch war keine andere Kriegsverfassung mehr möglich, ohne Zumuthungen an den kirchlichen Besitz. Es hätte einer gewaltigen, ja wohl gewaltthätigen Persönlichkeit bedurft, um den Widerstand der geistlichen Witan gegen solche Neuerungen niederzuschlagen, — kurz es fehlte dieser Monarchie ein Pipin oder Carl Martell im 9. oder 10. Jahrhundert.

Andererseits hat die Kirche auch in dem Gerichtswesen der Ausdehnung der Grundherrlichkeit nur noch weiteren Vorschub geleistet. Selbst im Besitz der bevorrechteten Herrschaften und Güter, weiß sie sich in erster Stelle jetzt die Erweiterungen der privatherrlichen Macht theils thatsächlich, theils durch Verleihungen zu verschaffen, und drückt so gemeinschaftlich mit den weltlichen Magnaten die alte Gemeinfreiheit immer tiefer in ein Hintersassenthum hinab.

Der Eintritt der vornehmsten Klassen in die Kirche war ein Segen gewesen in jenen Menschenaltern, in welchen die Kirche der gewaltthätigen Selbstsucht gegenüber die große Arbeit der Erziehung und Versittlichung des Volkes zu vollziehen hatte. Seitdem sie selbst die größte Besitzmacht geworden, besonders aber seit der dänischen Zeit, erscheint sie immer tiefer verflochten mit den Interessen und dem Zwiespalt der Thanschaft, an deren Parteiungen sie sich in oft sehr weltlicher Weise betheiligt. Allerdings tritt dieser Verweltlichung eine streng ascetische Richtung der Kirche gegenüber. Allein diese neue Richtung ist eine romanisirende, die ihr ideales Oberhaupt in Rom findet, die in dem päpstlichen Stuhl lieber als in dem Königthum den Halt der Kirche erblickt, die in dem Streit zwischen Dunstan und Edwy auch vor einer Demüthigung des Königthums nicht mehr zurückschreckt. Den Regierungen Edgars und Cnuts ist die Kirche bereits eine Stütze der äußeren Macht und eben dadurch ein Hinderniß des staatlichen Berufs geworden. Römische Ansichten und Neigungen, die Ueberlieferungen vom Kaiserreich und der Weltstadt, die Gesetzgebung der Kaiser und der Päpste sind bereits ein lebendiger Theil der Bestrebungen des angelsächsischen Clerus geworden, denen schließlich die persönliche Neigung Eduards des Bekenners nur zu sehr entgegenkam.

Um die Mitte des 11. Jahrhunderts trafen alle diese Gegensätze in einer Weise zusammen, welcher nur noch eine starke Persönlichkeit gewachsen war. Das Königthum Alfreds d. Gr. und seiner nächsten Nachfolger hatte auf allen Gebieten des Gemeinwesens wohl die Richtung bezeichnet, in welcher die Reformen vor sich gehen mußten, um dem Staate die schwindende Kraft wiederzugeben. Allein der Dynastie der Cerdics war es nicht beschieden, die staatsbildende Kraft Englands über das Jahrhundert ihrer Höhezeit hinaus zu bleiben. Während Mangel an Gemeinsinn, Hader und offene Gewalt auf allen Punkten hervortreten, trifft die Angelsachsen grade in dieser kritischen Periode das Mißgeschick einer persönlichen Unfähigkeit ihres Königsgeschlechtes. Die Ansiedelung der kriegsmächtigen dänischen Thane hat die Bande gelöst, welche einst die angelsächsischen Großen an das Königshaus knüpfte. Neben ihnen steht ein mächtiges intriguirendes Prälatenthum, welches verflochten in die Familien- und Besitzinteressen der Großen, nach innen an die Befestigung seiner Macht und die Versicherung seiner Vorrechte zu denken beginnt, nach außen theils in der Anlehnung an Rom, theils auch schon in Verbindungen mit dem normannischen Herzog auf eine Erweiterung dieser Machtstellung bedacht ist. Mit dem Verfall der alten Grafschaftsverfassung, mit der Untergrabung des Heeres- wie des Gerichtswesens durch die Grundherrschaften, mit dem stärker werdenden Druck und der Erniedrigung der Gemeinfreien, sinkt auch das Nationalgefühl und die Nationalkraft, und bereitet das Land vor zur Beute eines auswärtigen Eroberers. Vor allem ist es die Verfassung des Heerbanns, welche den schwächsten Punkt des angelsächsischen Staatswesens bildet, und die sich auffällig schon dadurch beurkundet, daß auch das vereinigte Reich der brittischen und schottischen Grenznachbarn nie vollständig Herr zu werden wußte. Alle besseren Einrichtungen gerathen wieder in Verfall, die Burgen und befestigten Plätze werden vernachlässigt, die Soldatengilde Cnuts ist bald wieder aufgelöst. Wenige Jahrzehnte der Ruhe, das Nichterscheinen eines Feindes von Außen, scheinen zu genügen, um in die alte Sorglosigkeit zurückzufallen, in welcher sich die Geister nur noch mit dem Streit der Großen und mit der Kirche zu beschäftigen scheinen. Aus Kirche und Staat ist Harmonie und Selbstvertrauen entschwunden.

So trübe indessen das Bild des letzten Menschenalters auch der Geschichtsschreibung erscheint, so treten doch aus der Zerfahrenheit dieses Zeitalters noch immer zwei Charakterzüge hervor die kein Wechsel der Zeit zu tilgen vermocht hat.

Das erste ist die Erhaltung der germanischen Gerichtsverfassung, welche noch immer die persönliche Freiheit mit schützenden Schranken umgab. Das Urtheil durch Rechtsgenossen (pares) und die Formen der Eideshülfe konnten dem Schwachen versagen gegen den Mächtigen: sie blieben aber eine starke Wehr gegen die Willkür königlicher und herrschaftlicher Vögte. Auch in den Zeiten des beginnenden Verfalls macht doch das angelsächsische Gerichtsverfahren noch immer den Eindruck eines fair trial. Und eben darum wird das Grundrecht des genossenschaftlichen Gerichts auch von dem schwerbelasteten ceorl noch immer eifersüchtig festgehalten als der wesentliche Punkt, der dem privatrechtlichen Begriff der Freiheit noch einen Werth giebt. Selbst in den größeren Privatgerichten scheint der alte ordo judiciorum sich noch erhalten zu haben. Eine förmliche Gerichtsversammlung der Dienstleute (theningmanna gemôt) wird zwar nur für königliche Dienstleute in einer Urkunde von a. 966 erwähnt Cod. dipl. 1258. Der Sinn der angelsächsischen Thanschaft neigte jedoch im Ganzen nicht zu Willkür und Härte, und die späteren Nachrichten ergeben wenigstens soviel, daß sich in den Privatgerichten eine feste Gerichtssitte und ein, nach der Oertlichkeit natürlich verschiedenes Hofrecht gebildet hatte. Auch im Gebiet der Friedensbewahrung hatte das genossenschaftliche Element in den polizeilichen Zehntschaften und mancherlei freiwilligen Vereinigungen (Gilden) der Umwohner der Burgen noch einige Kraft bewahrt.

Das zweite dauernde Vermächtniß war die **Entwickelung des Familienlebens und des Volkscharakters durch die Nationalkirche**. Es ist wahr, daß in keinem Lande Europa's die Bekehrung zum Christenthum so tiefgehende, so ausdauernde und so nachhaltige Wirkungen zurückgelassen hat. Diese Thatsache wird nur scheinbar verdeckt durch die spätere Haltung der höchsten Geistlichkeit und durch die Treulosigkeit dänischer Thane, in denen die neuen christlichen Glaubensformeln den alten Geist der Odinsverehrung noch nicht zu überwinden vermocht hatten. Wo sich in der späteren Zeit in einzelen Zügen ein Gegensatz zwischen Dänen und Angelsachsen bemerkbar macht, ist es ein Gegensatz des persönlichen Charakters, nicht der Rechtsverhältnisse und der politischen Institutionen. Soweit aber das christliche Element mit dem national-angelsächsischen dauerhaft verwachsen ist, zeigt sich in Hoch und Niedrig ein sittlicher Kern des Wohlwollens, der Wahrhaftigkeit und der Treue, der auch in dem milden Regiment der angelsächsischen Herren im Gegensatz ihrer habsüchtigen Nachfolger seinen Ausdruck fand.

Wohl war es möglich auf diesen Grundlagen ein kraftvolles monarchisches Staatswesen wieder herzustellen. Was aber die sinkende, kümmerlich hinsterbende Dynastie der Cerdics nicht mehr vermochte, das sollte diesem Lande nach der Fügung der Vorsehung zu Theil werden **durch die Hand eines auswärtigen Eroberers!**

1) **Der Gegensatz der Nationalitäten** bewegt sich in England um die folgenden drei Punkte:

1) Ueber die Fortdauer des **britisch-celtischen Nationalelements** vgl. Lappenberg I. 122 ff. 104 ff. Ein statistischer Anhalt für die Stärke des keltischen Elements ist natürlich in keiner Weise zu finden. Für die Sprachbildung, in welcher Whitaker noch 3000 Worte britischen Ursprungs annimmt, ist es aber richtig, daß die zahlreichen gälischen Worte in dem Gebiet des häuslichen Lebens und namentlich der kleinen häuslichen Verrichtungen auf zahlreiche Verheirathungen mit britischen Frauen hinweisen, vergl. Creasy the English Constitution 1853 S. 22 ff. Im Allgemeinen sind es die östlichen Grafschaften nach der

Gränze von Wales hin, die eine Vermischung des angelsächsischen mit dem keltischen Element darbieten. Natürlich ist es vorwiegend in den erst von Alfred dem Großen incorporirten Grafschaften Dorset, Somerset, Wilts, Devon, sowie in Cumberland.

2) Die Stammverschiedenheiten der Angeln, Sachsen und Jüten behandelt gründlich und erschöpfend Lappenberg I. 85—103. In den angels. Gesetzen sind die Spuren derselben ziemlich unerkennbar geworden, und alles was beiläufig darüber berichtet wird, erscheint so unbedeutend, daß es kein Hinderniß der Staatenbildung werden konnte.

3) Der Stammgegensatz der Angelsachsen und Dänen erscheint, soweit es sich um die bloße Verschiedenheit der Rechtsbildung handelt, in dem Reichsvertrage zwischen Eduard und Guthrum ebenfalls von keiner großen Tragweite, Edw. et G. 3, 6—9. Zur Zeit Cnuts wird erwähnt eine verschiedene Buße für die Versäumniß der trinoda necessitas Cn. II. 65, für die Rechtsverweigerung Cn. II. 15 §. 1. für Hâmsôcn Cn. II. 62. Verschiedenheiten bestanden bei den königlichen Gerechtsamen Cn. II. 15, bei der Reinigung von der Anklage wegen Königverraths, Athlr. VI. 37, für die Bürgschaft bei Diebstählen Wilh. I. 3. §. 3. I. 21. §. 2. Schon in der frühern dänischen Periode hatte Edgar den Dänen die Erhaltung ihres Rechts zugesichert Edg. IV. 12, 13. In erhöhtem Maße galt dies von der zweiten Periode, namentlich von der Regierungszeit Cnuts, in welcher nun auch ein Dänenrecht, Danelage, als ein Inbegriff von einzelen besonderen Rechtssätzen (Provinzialrecht) von der West-Sexenalage und von der Merchenalage unterschieden wurde, welche in anderen Grafschaften galt. Daß es sich dabei nicht um durchgreifend verschiedene Systeme des ganzen Privatrechts handelt, zeigen die Angaben über den wirklichen Inhalt der Verschiedenheit, welche doch gewiß nicht das Unwichtige, sondern das Wichtige der Unterschiede hervorheben wollen. Eine weitere Stammverwandtschaft der Eindringlinge aus den scandinavischen Ländern mit den Angeln und Jüten der ersten Ansiedelung in England war ja von Hause aus vorhanden, Clima und Lebensweise beider Länderstriche nicht weit auseinander liegend, so daß die sog. Dänen, wenn es nur erst zur friedlichen Ansiedelung und zur Annahme des Christenthums gekommen war, sich leichter assimilirten. In neuester Zeit ist diese Frage Gegenstand eines Tendenzstreits geworden, in welchem der Nachweis versucht wurde, daß das germanische Grundwesen Englands nicht auf die Angeln und Sachsen (also ehemalige Bewohner von Schleswig-Holstein), sondern auf Dänen und Dänemark zurückzuführen sei: E. I. H. Worsaae, An Account of the Danes and Norwegians in England. 1852. Jene Nordmänner, die vom 8. bis 11. Jahrhundert Europa beunruhigen, sind Schwärme des großen teutonischen Gesammtstammes, die von Norwegen, Dänemark und Schweden aus den Norden, Westen und Süden des Continents heimsuchen. Die angelsächsische Bevölkerung nannte sie „Dänen" von der nächstgelegenen Küste, ohne nach den Hinterländern zu fragen, aus denen sie auszogen. Der Name Norwegen ist überhaupt erst im 11. Jahrhundert gebildet. Wenn nun alle Wortbildungen und Sylben, die in Eigen- und Ortsnamen ebenso gut anglisch als dänisch sind, zu Symptomen des Dänenthums gemacht werden, so kann allerdings die Hälfte von England dänisch gemacht, und das angelsächsische Element als das heruntergekommene und untergeordnete dargestellt werden. Vergl. dagegen Donaldson, English Ethnography, Cambrigde

Essays 1856. Ueberwiegend ist das dänische Element allerdings in Norfolk und Suffolk geworden und an dem Küstenstrich zwischen dem Humber und Forth, den Norden und Nordwesten mag es sich ungefähr mit dem angelsächsischen theilen. In dem großen Gebiet von Mercia kann es aber nur durch seinen Antheil an der Thanschaft, nicht durch die Zahl bedeutend geworden sein. Die Gesammtschätzung welche den zurückgebliebenen Bestand der Nordmänner auf vielleicht 200,000 Köpfe anschlägt, ist wahrscheinlich eher zu hoch als zu niedrig. Richtig aber ist es, daß die Kriegstüchtigkeit tapfere Jarls und Emporkömmlinge schon frühzeitig in die Reihen der angelsächsischen Großthane bringt, daß die Verschwägerungen mit den großen angelsächsischen Familien frühzeitig beginnen, daß schon 50 Jahre vor Cnuts Regierung die Erzbischofssitze von Canterbury und York in die Hände der Dänen gelangen, und daß am Schlusse der angelsächsischen Zeit die Königsfamilie selbst halb dänisch geworden ist. Allein es handelt sich doch immer nur um eine theilweise Mischung und lokale Colonisation. Es ist dabei ferner zu beachten, daß diese Nordmänner mit einer großen Bildungsfähigkeit auch die Eigenschaft einer schnellern Assimilirung verbinden, die sich an der Entwickelung der Normandie in so auffallender Weise beurkundet.

2) Die socialen Gegensätze haben das verderbliche Endresultat einer Verkümmerung des Bauerthums herbeigeführt, auf dem von Hause aus die Volkskraft der germanischen Ansiedelungen beruhte. Ich verweise dafür nochmals auf das im §. 3, Note †) gegebene Bild der örtlichen Besitzvertheilung. Es war dies das Grundübel, welches der angelsächsische Staat, trotz vieler tüchtigen Grundlagen, aus seiner Verfassung heraus nicht mehr zu lösen vermochte. Erst das Zusammentreffen dieser socialen Zustände mit dem Zwiespalt der regierenden Klasse hat die Zustände des letzten Jahrhunderts verschuldet. Mit Recht bemerkt Kemble I. 252: „Nordische Einbrüche würden die räuberischen Zustände nicht genügend erklären, welche Aethelred und seine Räthe in so vielen ihrer Gesetze beklagen. Der Untergang der freien Anbauer und die wachsende Uebermacht der Adligen sind die weit wahrscheinlicheren Ursachen.“ — Von den Landesversammlungen dieser Zeit erzählt Wilhelm von Malmesbury: „so oft die Eorls im Rath zusammenkommen, wählte der Eine diese, der Andere jene Sache. Sie wurden selten einig über irgend eine gute Meinung. Sie berathschlagten mehr über häusliche Verrätherei als über die öffentlichen Bedürfnisse.“ — Es grenzt aber an das Unbegreifliche wie unter der Regierung Aethelreds, Edmunds und Cnuts die einflußreichste Heerführerwürde und Oberstatthalterschaft immer wieder einem habituellen Verräther wie Eadric Streone anvertraut werden konnte, der in jedem entscheidenden Kampf mit seinen Mannschaften dem König davonlief. Allein ist dieser Herzog nicht eben nur der verkörperte Ausdruck der zwiespältigen, völlig unzuverlässig gewordenen Thanschaft von Mercia? Diese und manche damit zusammenhängende Hergänge sind gar nicht anders zu erklären, als daß sie ein Ausdruck der Zweideutigkeit und Charakterlosigkeit sind, die aus der Mischung der Nationalitäten in der Thanschaft ganzer Landestheile hervorgegangen war. In überscharfen Zügen zeichnet das Bild derselben Lappenberg I. 460: „Der Staat bestand nicht länger in dem vereinten Interesse des Königthums, des Adels und der Kirche, in welchem die Würdigsten des Volks sich vereinten, sondern in einigen Leuten, welche jene zu repräsentiren vorgaben; einiges zufällig durch die Laune des Königs zusammengetroffene, verschwägerte und vervetterte Hofgesinde bildete eine Gesellschaft, welche sich für den Staat hielt, dem Einflusse nach für den Augenblick es wirklich war. Schon jetzt haben wir genug von der angelsächsischen Hofgeschichte vernommen, von der hohen Eitelkeit wie den Ausschweifungen der Fürsten, der Herrschsucht der Prälaten, tückischem Morden und boßhaftestem Verrath selbst unter nächsten Verwandten, um diesen Hof für so byzantinisch zu halten, als jener am Bosporus es je war, und den Zusammensturz einer auf denselben gestützten Staatsmaschine zu verstehen." Die übermäßig gewachsene Militär-, Gerichts- und Polizeigewalt der Grundherren über die ländliche Bevölkerung, die Abhängigkeit der wenig zahlreichen Städtebewohner, kurz der Mangel eines Mittelstandes ist es, welcher erst den nationalen Zwiespalt so verderblich gemacht hat. Käme es nach einer modernen Lieblingsvorstellung nur auf das „Erbtheil der Race" an, so hätte sich in den schottischen Unterlanden die germanische Freiheit zu höchster Blüthe entwickeln müssen. Und doch hat sich der Feudalismus nirgends so roh und gewaltthätig, das Parlament als gesetzgebender Körper nirgends in so ständischer Selbstsucht und Unfähigkeit entwickelt, als in jenem von der angelsächsischen Race dicht besetzten, nur mit nordischen Elementen gekräftigten Landestheil. Die Bildung der Staatsgewalt ist es, welche die politische Freiheit später in dem mit Normannen und Celten gemischten Landestheil erzeugt, während sie in rein germanischen Landestheilen aus der bloßen Fortbildung der am Schluß der angelsächsischen Zeit vorhandenen Zustände nicht hervorgeht. Ziemlich unbefangen ist gegen das moderne „Nationalitätsprincip" die Darstellung von Vaughan, Revolutions in English History Vol. I. (Revolutions of Races) London 1861, 8; wenn auch das Verständniß der Rechtsverhältnisse in der Darstellung des gelehrten Geistlichen überaus mangelhaft erscheint.

3) **Ueber die kirchlichen Gegensätze der späteren Zeit** vgl. §. 5. Note †) Ein Vorläufer des verderblichen Einflusses, welchen die oligarchische Verfassung auch auf die Stellung der Prälaten übte, ist die von den gewöhnlichen Handschriften der angelsächsischen Chronik unterdrückte Thatsache, daß bei den Däneneinfällen unter König Edmund Erzbischof Wulfstan von York gemeinschaftliche Sache mit den Heiden in dem Kampf gegen Edmund gemacht hat (Chr. Sax. a. 843 bei Ingram). Unter König Edgar tritt freilich noch einmal Ruhe und Ordnung im Innern ein, die aber anscheinend darauf beruht, daß unter dem Namen des Königs Erzbischof Dunstan die Regierung führt. In der langen elenden Zeit Aethelreds II. erscheint das Prälatenthum durchschnittlich charakterlos und unzuverlässig. In den Gesetzen dieser Zeit wird der sittliche Zustand erkennbar in den nachdrücklichen besonders an den Clerus gerichteten Ermahnungen zu einem ordnungsmäßigen Leben und zur Meidung von Gewalt und Missethaten. Athlr. V. 4 ff. VI. 2. Conf. Cn. I. 6. 26. — In Eduard dem Bekenner, ebenso in Godwine und seinem kriegerischen Anhang verkörperten sich zwei große Gegensätze in dem Leben der späteren angelsächsischen Zeit, freilich gemischt mit persönlichen Zufälligkeiten. Dem im Exil auf dem Boden Frankreichs erzogenen König widerstreben die Trinkgelage und Sitten der anglodänischen Magnaten, wie denn auch die clerikalen und normannisch gesinnten Chronisten die derbe Landessitte als Trunksucht und plumpe Schwelgerei zu bezeichnen lieben. Eduard sucht aus dem weltlichen high life seiner Zeit in das stille Klosterleben zu fliehen, wo ihm aber wieder der nationale Sinn der angelsächsischen Geistlichkeit in ihrer Abweichung von der römischen Kirche als

ketzerische Secession entgegentrat. Er ist ein Fremder in seinen Lebensgewohnheiten und umgiebt sich mit seinen Jugendfreunden und mit französischen Kaplanen, die er zu Bischöfen befördert. Die Hofsprache ist bereits fränkisch. Fränkische Leibgarden und fränkische Burgvögte treiben zuletzt die Partei der dänischen Thanschaft zu offenem Widerstand, der mit dem Siege Godwins und seiner Familie endet, und das Königthum von da an unter die Vormundschaft der weltlichen Magnaten setzt.

In seiner Todesstunde hat der kinderlose Eduard seinen Schwager Harald nach glaubhafter Nachricht zu seinem Nachfolger ernannt. Von normannischen Schriftstellern wird dieser entscheidende Umstand begreiflich unterdrückt oder geläugnet. Dagegen wird ein früheres mündliches Versprechen geltend gemacht, welches Eduard zu Gunsten des Normannenherzogs Wilhelm abgegeben, und welches Harald mit schweren Eiden anerkannt habe, als er sich durch Zufall in der Gewalt des Normannenherzogs befand. Alle Umstände, welche über diesen Hergang berichtet werden, sind schon dadurch verdächtig, daß kein urkundlicher Buchstabe und kein Augenzeuge jemals dafür produzirt werden konnte. Nach früheren Präcedenzfällen konnte Harald auf dem Boden Englands als rechtmäßiger Nachfolger seines kinderlosen Schwagers gelten, und er hat in den wenigen Monaten seiner Regierung sich eines bessern Schicksals werth gezeigt. Allein die letzten Zeiten der Regierung Eduards bilden ein Netz von Intriguen innerhalb der Oligarchie, in welchem auch ein Theil der vornehmen Geistlichkeit schon zu dem Normannenherzog und der neuen fränkischen Bildung hinüber blickte. Ein Theil der geistlichen Herren hatte sich bereits längst der aufgehenden Sonne zugewandt, und den spätern offnen Uebergang zur Sache des Erobrers vorbereitet. In dem entscheidenden Kampf um die nationale Existenz des Reichs sah sich Harald fast nur auf die Kraft des alten Reichtheils Wessex angewiesen, in welchem Staat und Kirche, Thanschaft und Volk noch am meisten zusammenhingen. Während Herzog Wilhelm seine Armada ausrüstete, sah sich König Harald im Norden des Reichs von seinen eignen Brüdern im Bündniß mit einem dänischen Heere angefallen. Als das große Heer des Normannenherzogs bereits auf englischem Boden stand, hielt sich noch immer der Heerbann von Mercia und der größte Theil der weltlichen Magnaten in treuloser Neutralität von dem Kampfe um die Sache des nationalen Reichs zurück. Die entscheidende Schlacht bei Hastings (Senlac) war nur ein Kampf des bäuerlichen Heerbannes von Wessex, zahlreicher Gefolgsmänner und Söldner. Die „Männer von Kent" und der Volksbann haben im Bewußtsein eines Kampfs um die nationale Existenz noch einmal mit einer Ausdauer und Tapferkeit gestritten, gegen welche die normannischen Heere die Schlacht bereits verloren gaben, als Harald mit den hervorragenden Führern fiel. Schon der Ausgang des letzten entscheidenden Kampfs kann den Beweis liefern, daß mit der Zerrissenheit und Entartung der regierenden Klasse doch der Kern des Sachsenvolkes nicht entartet war.

Zweite Periode.

Der normannische Militärstaat.

§ 7.

Die Besitzgrundlagen des normannischen Lehnstaates.*)

Wilhelm I. 1066—1087.
Wilhelm II. 1087—1100.
Heinrich I. 1100—1135.
Stephan 1135—1154.
Heinrich II. 1154—1189.
Richard I. 1189—1199.
Johann 1199—1216.
Heinrich III. 1216—1272.

Der alte Streit, ob Wilhelm der Bastard England erobert, oder unter welchem anderen Titel er das Land erworben hat, ist von dem Eroberer selbst dahin entschieden worden, daß er als angeblicher Testamentserbe und legitimer Nachfolger König Edward's in den Besitz des Landes getreten. Es war dies die einzige Weise, in welcher der neue Monarch einen Halt gegen den Uebermuth seines siegreichen Heeres und gegen maßlose Ansprüche seiner Gefolgen gewinnen konnte. Nicht der Volksstamm der Normannen also, sondern Herzog Wilhelm hatte das Land erworben, mit einem Titel aus dem angeblichen Testament Edward's, mit Zustimmung der höchsten Autorität der Kirche, mit zahlreichen Bundesgenossen und Lohntruppen. Thatsächlich und rechtlich wurde es dadurch möglich das Land als eine persönliche Erwerbung zu behandeln, als die Seigneury, Dominion, Terra Regis Anglica, Terra mea, — eine in Urkunden nicht selten gebrauchte Bezeichnung. „Gulielmus I. conquestor dicitur, qui Angliam conquisivit, i. e. acquivisit (purchased), non quod subegit.“ Spelm., Glossar.

Das gegenseitige Verhältniß der Sachsen und Normannen indessen war und blieb mehre Menschenalter hindurch ein feindseliges. Die unterworfenen Sachsen erwiderten den Uebermuth ihrer Sieger mit Empörungsversuchen; als diese mißglückt, mit stiller Erbitterung gegen die Ausländer und ihre französischen Sitten. Es war klar, daß das Normannenthum sich nur als geschlossene Heeresmacht behaupten, und daß der erobernde Stamm selbst sich einer einheitlichen festen Herresverfassung unterordnen mußte.

Aber auch in den Bedürfnissen des Landes selbst war dieselbe Forderung begründet. Das angelsächsische Gemeinwesen war erlegen nicht sowohl wegen Entartung der Masse des Volkes, als durch innere Zersplitterung, durch mangelhafte Verfassung des Heerbannes, durch fehlerhafte Vertheilung der Heereslast. Um die verlorene Einheit und Kraft wieder zu gewinnen, mußte das zwiespältige System des Volksheeres und der persönlichen Dienstmannschaft aufhören, vielmehr das ganze Grundeigenthum, so weit es den jetzt erforderlichen Heerdienst zu tragen vermochte, die Gestalt eines stehenden, mit Land besoldeten Heeres annehmen. Es war dies ein ziemlich gleichmäßiges Bedürfniß aller germanischen auf den Trümmern der alten Welt entstandenen Staaten, und in Jahrhunderte langem Ringen danach zeigen sich die einzelen Elemente und Vorstufen des Lehnswesens auch in der angelsächsischen Zeit. Immer aber fehlte noch ein solches dauerndes und gleichmäßiges Band der Dienstpflicht, welches mit der persönlichen Freiheit der Gehorchenden und mit der Ehre eines freien Eigenthumsbesitzes bestand; daher die vielgestalteten Vorstufen, Versuche und Rückfälle. Die Zeit des Lehnswesens beginnt erst, wo im Grundbesitz der militärische Gesichtspunkt überwiegend wird, und die Verleihungen, den Charakter des Soldes festhaltend, eine dauernde Abhängigkeit des Kriegsmannes begründen. England ist nun aber der einzige Staat, in welchem durch besondere Fügung der Umstände eine systematische Durchführung der neuen Herrespflicht in einer Weise möglich wurde, welche den „Staat" gewissermaßen zum Alleineigenthümer macht und dann von Neuem Theilung hält.

Entscheidend wurde auch für diese Frage die von Wilhelm angenommene Stellung als legitimer Nachfolger König Edward's. Indem König Harald und die mit ihm kämpfenden und später Widerstand leistenden Sachsen als Rebellen behandelt wurden, fand sich der Rechtsgrund zu den allerumfassendsten Gütereinziehungen. Die Erbschaft Edward's, der Besitz der Familie Harald's, die Reste des alten Folklands wurden als königliches Reservat vorweggenommen. In die

Besitzungen der Großthane traten durch Verleihung die Führer des erobernden Heeres, und ebenso wurden die unmittelbar unter dem Herzog dienenden Mannschaften mit einzelen vacant gewordenen Gütern in den verschiedenen Theilen des Reichs beliehen. In gleicher Weise verfuhren die Großlehnsträger mit ihren Mannschaften durch Afterverlehnung ihrer Ländereien; doch so, daß ein großer Theil der nicht compromittirten sächsischen Thane als Untervasallen auf ihrem alten Besitz blieben. In ähnlicher Weise wurden die Besitzungen der Kirche insbesondere auch der Klöster erhalten, zum Theil sogar erweitert, und nunmehr der ganzen Masse der alten und neuen Besitzer eine gleichmäßige Heerbannpflicht auferlegt. Der Maßstab dabei entsprach ungefähr dem 5 Hufenbesitz der angelsächsischen Zeit, jedoch mit strengerer Einschätzung nach dem zeitigen Stande der Cultur und Erträge. Ein Grundbesitz von solchem Ertragswerth ist fortan schuldig, auf königliches Gebot einen schwer bewaffneten Reiter zum Dienst auf 40 Tage im Jahr zu stellen (servitium unius militis).

Die rechtlichen Einzelheiten der neuen Besitzweise**) sind allerdings erst seit Heinrich II. urkundlich feststehend; durch Rückschlüsse und Interpolationen ergiebt sich aber, daß man ziemlich einfach die in der Normandie gebildeten Lehnsgewohnheiten den bestehenden sächsischen Grundverhältnissen anpaßte: illis (nämlich den angelsächsischen Gesetzen) transmarinas leges Neustriae quae ad regni pacem tuendam efficacissimae videbantur adiecit (Dialogus de Scaccario). Es treten dabei fünf Rechtsverhältnisse scharf ausgeprägt, und zum Theil von dem Lehnrecht des Continents abweichend hervor:

1. Die bedingte Erblichkeit der Verleihung. Sie ist bei den anglonormannischen Lehen nach normannisch-französischem Herkommen von Anfang an zugesagt. Die Verleihungsformel dedi et concessi tibi et heredibus tuis enthält aber immer nur eine Concession als fortgesetzter Kriegssold. An den Erben ist die Beleihung nur geschehen unter der Voraussetzung, daß er ein kampffähiger Mann; an die Erbtochter nur in Ermangelung von Söhnen und damit sie einen kampffähigen und dem Kriegsherrn genehmen Mann heirathe. Es versteht sich danach, daß der Beliehene nicht ohne Genehmigung des Herrn veräußern, verpfänden, noch das Gut für Schulden haftbar machen, noch durch Testament verfügen kann, und es folgen daraus die nachstehenden weiteren Rechtsverhältnisse:

2. Das Relevium, Relief, Anfallsgeld. Zur Anerkennung, daß der Lehnsmann das Gut nur als Kriegsmann besitze, wird bei Veränderungen in der dienenden Hand ein Quantum von

Waffen und Kleidungsstücken oder eine Geldsumme nach normannischer Gewohnheit geleistet, woraus nach wechselnder Praxis ein festes Anerkennungsgeld von 100 Schillingen für das einzele Ritterlehen hervorgeht. — Gewissermaßen ein Zusatz dazu ist die Prima Seisina, Primer Seisin. Zu mehrer Sicherheit kann nämlich der König als Lehnsherr nach dem Tode des Vasallen das Gut in Besitz nehmen, bis der Erbe sich ausgewiesen, nöthigenfalls sein Recht erstritten, sich zum relevium verbindlich gemacht hat, und unter diesem Titel ein ganzes Jahreseinkommen fordern nach alter Lehnsgewohnheit (II. Feud. 24.)

3. Lehns-Vormundschaft und Heirath. Da es Gnade des Lehnsherrn ist, wenn er das Lehen einem persönlich Dienstunfähigen läßt, so kann er, wenn der Erbe minderjährig, das Gut an sich nehmen, die dazu gehörigen Rechte selbst oder durch einen custos ausüben, und diese nutzbare Vormundschaft bis zum vollendeten einundzwanzigsten Jahre fortsetzen ohne Rechnungslegung (Glanvilla VII. 9. §. 6.). Als tutor legitimus der Person darf er auch den mündig gewordenen verheirathen, und sich dabei Geldvortheile ausbedingen, — eine Sitte, die unter Umständen aufwuchs, wo auch der nächste Agnat mit der Heirath des Mündels Handel zu treiben pflegte. — In Ermangelung von Söhnen steht auch die Erbtochter unter dieser nutzbaren Vormundschaft bis zur Mündigkeit. Die mündig Gewordene wird durch den Lehnsherrn an einen Gatten verheirathet, der nun der eigentliche Lehnsmann wird. Im Geist der alten Vormundschaft wird ebenso die Verheirathung des weiblichen Mündels als Handelsgeschäft betrachtet. Die Schatzrollen ergeben, wie auch in der Normandie die Mündelinnen für 100, 600, 700 livr. Anjouv. vergeben wurden (Madox I. 520. Glanvilla VII., 12. §. 1).

4. Hülfsgelder, Auxilia, Aids. Die ursprüngliche Bestimmung des Lehns für den Dienst des Herrn verpflichtet den Mann zu einem außerordentlichen Beitrag in außerordentlichen Ehren- und Nothfällen, namentlich zur Auslösung des gefangenen Herrn, zur Ausstattung der ältesten Tochter und zum Ritterschlag des ältesten Sohnes (pur faire Fitz-Chevaler). Diese drei Fälle werden als die gewohnheitsmäßigen auch im Grand Coutumier und bei den Normannen in Neapel und Sicilien genannt, schließen aber andere dringende Fälle nicht unbedingt aus, insbesondere Beiträge der Untervasallen zu den reliefs und aids ihres Herrn an den Oberlehnsherrn und zur Bezahlung seiner Schulden.

5. Der Rückfall des Lehens, Escheat, Forfeiture,

ist der letzte entscheidende Punkt, an welchem die bedingte Geltung der Verleihung zum Vorschein kommt. Er tritt ein zunächst wenn der Lehnsmann ohne lehnfähige Erben stirbt (escheat), ein Fall der häufig vorkommen mußte, da bis zu Heinrich VIII. das Recht über Grundstücke zu testiren fehlte. Noch häufiger tritt eine Verwirkung ein wegen felony, die fast alle erheblichen Verbrechen unter dem Gesichtspunkt eines Ungehorsams gegen den Lehnsherrn enthält. Die besondere Strenge des englischen Lehnrechts verbindet mit der förmlichen Verurtheilung (attainder) wegen treason und felony eine Verderbniß des Bluts, d. h. Erbunfähigkeit der Descendenten.

Dies sind die fünf Punkte des Feudalsystems, um welche sich Jahrhunderte lang die wichtigsten Verhandlungen mit den Ständen drehen. Man hat vergeblich gesucht nach einem Gesetz, durch welches das so zusammengesetzte Recht eingeführt worden. Ebensowenig kann es aus den Verleihungsurkunden entstanden sein, welche erst später eine umständliche Fassung erhielten. Der Hergang war vielmehr wohl folgender. Wenn der Eroberer einem seiner Getreuen die Investitur ertheilte, so lag in dem Gebrauch der festen und herkömmlichen Worte eine Bezugnahme auf ein herkömmliches Rechtsverhältniß nach zwei Seiten, nämlich der beliehenen Person und der verliehenen Sache.

1. Die beliehene Person unterwirft sich durch das „devenio homo vester" dem Recht, wie es sich in der Normandie festgestellt, im dortigen Exchequer nach Herkommen gehandhabt wird; auch der Angelsachse kann von dieser Seite kein anderes Recht beanspruchen als der Normann.

2. Die verliehene Sache ist ebenso selbstverständlich nach dem Recht verliehen, welches der Besitzvorgänger gehabt, also mit den Lasten und Leistungen, die aus den Verhältnissen des angelsächsischen Folklandes, Laenlandes und aus den Veräußerungsbedingungen des Bôclandes entstanden waren; auch der Normann soll darin kein größeres Recht haben als der Sachse.

Wo beide Verhältnisse sich nicht decken, war die Krone von Hause aus geneigt, das ihr günstigere Recht geltend zu machen. Andererseits war eine möglichst gleiche Behandlung der Lehnsmannen nothwendig. In dem Exchequer und der Curia Regis, d. h. vom finanziellen und rechtlichen Standpunkt aus bilden sich daher häufig neue Grundsätze, welche zwischen normannischem und sächsischem Herkommen mitten hindurchgehen, beide verschmelzen, und nach einigem Schwanken ein einheitliches Recht herstellen. Man kann nach diesen Gesichtspunkten fast alle Einzelheiten des englischen Lehnrechts reconstruiren.

Die bedeutendste Abweichung von dem Lehnrecht des Continents liegt im Verhältniß der Aftervasallen. Da die Eroberung selbst und die Mischung der Nationalitäten das naturwüchsige Band zwischen den großen Vasallen und ihren Gefolgsleuten zerrissen hat, so konnte der Eroberer die Maxime erzwingen, daß jeder Untervasall dem König unmittelbar den Lehnseid zu leisten hat, daß also in der Kriegspflicht alle Unterthanen reichsunmittelbar sind. Folgerecht nimmt jeder Treueid, welcher dem Privatlehnsherrn geleistet wird, den Königsgehorsam aus (salva fide debita domino regi et heredibus ejus, Bracton II. 35. §. 8.). Dieser Schlußstein ist dem System erst gegen Ende der Regierung des Eroberers hinzugefügt auf einem großen außerordentlichen Hoftage zu Salisbury, verbunden mit einer Musterung der Lehnsmilizen, von welcher die sächsische Chronik die viel erörterten Worte gebraucht:

> Omnes praedia tenentes, quot-quot essent notae melioris per totam Angliam, ejus homines facti sunt, et omnes se illi subdidere ejusque facti sunt vasalli, ac ei fidelitatis juramenta praestiterunt, se contra alios quoscunque illi fidos futuros (Chron. Sax. a. 1086.).

Durch einen großen Huldigungsakt wurde so die im Einzelen bereits vollendete Thatsache proklamirt. Gewiß aber war es ein bedeutungsvoller Vorgang der englischen Geschichte, als Wilhelm seine Getreuen vom größten Herrn herab bis zum knappenlosen Ritter niederknieen, und die gefalteten Hände in die Hände des königlichen Herrn gelegt, den Treueid von wegen seines Besitzes schwören ließ. Schon dieser Akt mußte dem englischen Staatsleben eine andere Richtung geben, wie den Staaten des Continents.

In Verbindung mit dieser systematischen Durchführung des Lehnswesens ist in den Jahren 1083—1086 ein umfassendes Reichsgrundbuch, das Domesdaybook, in einer beispiellosen Ausführlichkeit und Genauigkeit entworfen worden, welches der normannischen Staatsverwaltung ebenso wie der Geschichtsforschung als zuverlässige Grundlage dient. Die Auftheilung des Landes nach der Kriegspflicht umfaßt danach 60,215 Ritterlehne, von welchen nach der gewöhnlichen Berechnung 28,015 auf den kirchlichen Besitz, mehr als 30,000 auf die weltlichen Mannen fallen. Das Ritterlehen ist an sich kein geschlossenes Gut, keine Hufe von festem, gleichen Umfang, sondern ein Besitzquantum, welches dem Besitzer die Verpflichtung auferlegt einen vollbewaffneten Mann auf die herkömmliche Zeit eines Feldzuges zu stellen. Die angelsächsischen Ortschaften bilden ein oder mehre Ritterlehen. Die Lehne umfassen aber nicht bloß landwirthschaftlichen Boden, sondern ebenso Gebäude, Holzungen, Mühlen, Fischereien, Salz- und Bergwerke, Zölle, Marktgerechtigkeiten, Zehnten u. s. w.; sodann als „Bekleidung des Bodens" die Masse der Hintersassen, die größten Städte wie die kleinsten Dörfer und Einzelhöfe, den einst allodfreien Bauer wie den angesiedelten Knecht mit allen herkömmlichen Dienstleistungen, Abgaben, Schutzgeldern. Die bestehenden Verhältnisse des Grund und Bodens bleiben nach unten unverändert, bilden aber das Material für neue Besitzweisen (tenures) durch Verleihung. Die Versuche das Ritterlehn auf eine feste Zahl von Aeckern zu fixiren (Coke 2. Inst. 596) sind spätere Conjecturen; das ganze Mittelalter hindurch ist das Normale des Ritterlehns nicht ein Ackermaaß, sondern eine Grundrente von 15, später 20 Pfund Silber.

An der Spitze dieser großen Colonie von angesiedelten Lehnsmilizen steht der König mit einem Reservat von ursprünglich 1422 Landgütern (manors), 30 Jagden, 781 Parks, 67 Forsten, gebildet aus solchen Besitzungen, zu deren Reservirung die alten Verhältnisse des sächsischen Königshauses und des alten Folklandes einen hinreichenden Titel hergaben.

Die Besitzungen der angelsächsischen Großthane und Grafschaftsthane bilden das durch Tod, Flucht und Aechtung vacant gewordene Hauptmaterial zur Versorgung der Mannen des Königs; die im Besitz gebliebenen sächsischen Thane sind größtentheils unter den Aftervasallen der normannischen Großen zu suchen. Die Besitzungen der Bischöfe und Klöster sind mit der Verpflichtung ihre Untervasallen zu den Lehnsmilizen zu gestellen in das neue Besitzsystem eingereiht. — Die noch vorhandenen Freisassen, vogteipflichtigen Besitzer (sochemanni) und die burgenses sind zwar durch den Krieg decimirt, zum Theil auch wohl der Confiscation unterworfen; die vorhandenen Stellen scheinen jedoch der Zahl nach ziemlich unverändert erhalten. Die angelsächsischen Gutsbauern, ceorls, villani, sind größtentheils unverändert erhalten; ebenso die Gutsgesinde (bordarii), obwohl auch diese durch die mitgebrachten Knechte normannischer Herren zum Theil ergänzt sein werden. An den noch vorhandenen Leibeigenen (servi) ist keine Aenderung sichtbar.

Da in dem Domesdaybook zugleich die Besitzverhältnisse am Schluß der angelsächsischen Zeit (tempore R. Eduardi) und beim Regierungsantritt Wilhelms angegeben sind, so läßt sich der eingetretene Besitzwechsel an folgender Tabelle veranschaulichen:

Tempore Eduardi:		Tempore Wilhelmi:	
Chief-and other proprietors	1,599	Kronvasallen	600 (1400)
King's thanes	326	Untervasallen	7,871
Milites	213		
Tenentes et Subtenentes	2,899	liberi homines	10,097
Ecclesiastici	1,564	Ecclesiastici	994
Sochmanni	23,404	Sochemanni	23,072
Burgenses	17,105	Burgenses	7,968
Villani	102,704	Villani	108,407
Bordarii	74,823	Bordarii	82,119
Cottarii	5,497	Cottarii	5,054
Servi	26,552	Servi	25,156

Durchgreifende Aenderungen sind also nur im großen Besitz eingetreten, und noch im Laufe der Regierung des Eroberers sind die letzten Sachsen aus dem Besitz und aus der Stellung von Großthanen verdrängt worden. Die Abstufungen des jetzigen Besitzes sind nunmehr folgende:

1. Ungefähr 600 Personen und Körperschaften erschienen als weltliche und geistliche Kronvasallen (tenentes in capite), aber in sehr verschiedenem Maße. Etwa 20 bis 40 Herren sind mit Gütercomplexen belehnt, vergleichbar den Herrschaften der sächsischen Großthane, jedoch zerstreut in den verschiedenen Grafschaften. Es sind dies die späteren Barones majores. Etwa 400 unmittelbar unter dem Herzog dienende Mannschaften sind mit einzelen Ritterlehen oder manors ausgestattet, — die später sogenannten Barones minores. Die Grenze zwischen beiden ist in dieser Periode nur eine thatsächliche und flüssige. — Unter den geistlichen Herren ist der Besitz der meisten Bischöfe und einiger großen Aebte vergleichbar dem der weltlichen Meistbelehnten; die große Mehrzahl sind auch auf dieser Seite kleinere Lehen. Erst mit Einzählung vieler kleiner und zweifelhafter Besitzverhältnisse kommt die von Ellis angegebene Zahl von 1400 tenentes in capite zum Vorschein.

2. Die zweite Stufe bilden 7871 Untervasallen. Da die Meistbelehnten ganze Hunderte und Fähnlein Schwerbewaffneter zu stellen haben, und auch die kleineren Mannen sehr oft mehr als einen Mann, so war eine Afterbelehnung schon aus diesem Grunde nothwendig geworden. Für den normannischen Soldaten lag darin eine neue Verleihung von Seiten seines Führers; für den sächsischen Than, den man im Besitz ließ, lag darin eine bedingte Recognition des Besitzes mit neuen Lasten. Auch von den Untervasallen sind einzele mit

2, 3, und selbst bis zu 10 feuda beliehen. Es kommen auch Kronvasallen und Corporationen zugleich als Untervasallen vor.

3. Die übrige, nicht vom Besitz wegen kriegspflichtige Bevölkerung ist größtentheils, wenn auch nicht durchgängig, den Kriegslehnen einverleibt, in einem meistens precären oder schwer belasteten Besitz, dem noch einige andere Lasten durch die Lehnspflicht des Grundherrn hinzutreten. Als stetige Begleiterin des Lehnswesens kommt dazu eine Schatzungspflicht (tallagium), der alle nicht kriegspflichtigen Einsassen in Stadt und Land unterliegen. Die Hauptmassen sind:

10,097 liberi homines, bei welchen freilich aus dem Namen nicht nothwendig ein freier Besitz folgt.

23,072 Sochemanni, erbliche Besitzer, welche nur der Gerichtsvogtei (Soca) eines Grundherrn unterworfen sind, ohne als Hintersassen einem Gut einverleibt zu sein.

7968 Burgenses, deren starke Verminderung sich aus der Verwüstung durch den Krieg erklärt.

108407 Villani, die jetzige Bezeichnung der angesiedelten ceorls oder eigentlichen Hofgutsbauern.

82,119 Bordarii, d. h. landwirthschaftliches Gesinde, Dienst- und Arbeitsleute, oft aber auch im Besitz von Häusern und kleiner Stücke Land.

Die durchgreifende Maxime für die Fortbildung dieser Verhältnisse war, daß der Sachse nicht mehr beanspruchen könne als der Normanne, und daß die niederen Klassen (abgesehen von der Pflicht zum Kriegsdienst) sich den Beschränkungen und Lasten der höheren Klassen unterwerfen mussen. Durch die Ausdehnung des Treueides, der reliefs, escheats und forfeitures auf diese Klassen kam es dahin, daß nach mehren Menschenaltern die Jurisprudenz den Satz abstrahirte: „daß der König der allgemeine Herr und ursprüngliche Eigenthümer aller Ländereien in seinem Reiche ist, und daß Niemand besitzt oder besitzen kann einen Theil davon, der nicht mittelbar oder unmittelbar abgeleitet ist von einer Verleihung durch ihn."

Die neue Grundanschauung ist eine durchgreifende Gliederung der Gesellschaft nach der Kriegspflicht, eine unmittelbare und wirksame Unterordnung der höheren Klassen in militärischem Gehorsam unter den König, und eine daraus folgende um so strengere Unterordnung der unteren Klassen. Der gesammte Grundbesitz ist damit gleichmäßig dem Staate dienstbar geworden, und geblieben bis heute.

*) **Ueber die inneren Verhältnisse, Gemeindeleben und Ständeverhältnisse** s. Gneist II. 51—143. Die hier folgende Ausführung betrifft die Hoheitsrechte und die Staatsverwaltung.

Aus dem Abriß der Quellen und Litteratur Gneist II. 56, 57 ist hier der Citate wegen folgendes hervorzuheben:

1) Die sog. Leges et consuetudines quas Willelmus rex post adquisitionem Angliae omni populo Anglorum concessit tenendas sind größtentheils nicht neue Gesetze, sondern angelsächsisches Recht, so weit es von dem Eroberer anerkannt ist, (mit einigen Zusätzen c. 22. 31) in einem lateinischen und französischen Text. Dazu kommt (II) ein kurzes Gesetz über das Strafverfahren zwischen Engländern und Franken in angelsächsischem und lateinischem Text (III.) Carta legis Wilhelmi Conquistoris de quibusdam statutis etc. in lateinischem Text mit Spuren der Interpolation, anscheinend aus dem Anfang seiner Regierungszeit (IV) Carta Wilhelmi über die Trennung der geistlichen Gerichtsbarkeit von der weltlichen, welche nach Spelman um das Jahr 1085 zu setzen. Vgl. Schmid, Gesetze der Angelsachsen LVI bis LXI und den Abdruck S. 322—357. — Die sogenannten Leges Henrici I. und Eduardi Confessoris sind Privatarbeiten aus dem 12. Jahrhundert, enthaltend angelsächsisches Recht in seiner Anwendung unter normannischer Herrschaft, und deshalb schon unter den angelsächsischen Rechtsquellen aufgeführt.

2) Die Rechtsbücher normannischer Rechtsbildung sind: Glanvilla, Tractatus de LL. et consuetudinibus Angliae tempore Henrici II. compositus (abgedruckt u. A. in Phillips Englischer Rechtsgeschichte Bd. II.), betr. das Verfahren vor der Curia regis. — Bracton de LL. et consuetudinibus Angliae (London 1640 etc.), ausführliche Darstellung des Privatrechts und Proceßverfahrens aus der Zeit von 1240—1255. Britton und Fleta zwei abgekürzte Rechtsbücher aus der Zeit Eduard's I. Generalübersicht der Rechtsquellen dieser Zeit: Biener, Engl. Geschwornen-Ger. Bd. II. Anh. VI. S. 83—99.

3) Staatsverträge und Verwaltungsurkunden der normannischen Zeit in Rymer, foedera, conventiones, litterae etc. New edition 1816 bis 1830. 3 Vol. in 6 Parts A. D. 1066—1391 fol. Die Verwaltungsurkunden, welche seit König Johann chronologisch inrotulirt, neuerdings von der Recordcommission theils beschrieben, theils herausgegeben sind, zerfallen in folgende Hauptgruppen: (1) Patent-rolls von 1200—1483, im Tower befindlich, betr. die eigentlichen Regierungsacte einschließlich der Rechtssachen, auswärtige Verträge und Correspondenzen, Verleihung von Aemtern, Privilegien, Incorporationen, Commissionen. A description of the Patent-rolls in the Tower of London, by Duffus Hardy 1835. Rotuli Litterarum Clausarum in Turri Londinensi asservati. 2 Vol. (2) Gerichtsprotokolle und Akten, seit Heinrich II. vorhanden, theilweise gedruckt: Placitorum abbreviatio, London 1811. Rotuli curiae regis, ed. Palgrave. (3) Rechnungen und Verhandlungen des Schatzamtes Exchequer, theilweise gedruckt: (Rotuli oblationum et finium, Magnus Rotulus Pipae etc). Dazu der Dialogus de Scaccario bei Madox, the History and Antiquities of the Exchequer of the Kings of England. 2 Vol. 4 London 1769, — eine Schrift die durch den zuverlässigen Abdruck der Urkunden zugleich einen hohen allgemeinen Werth hat. Ueber das Reichsgrundbuch, Domesdaybook vgl. unten Note ***).

4) Bearbeitungen der englischen Rechtsgeschichte: Sir M. Hale's History of the Common Law, 2 Vol. 8. ed. Rimmington 1794. Reeves, History of the English Law, third Edition 1814. (hierher gehörig Bd. 1 und 2 theilweis). Spelman, Codex legum veterum statutorum regni Angliae etc. abgedruckt in Houard, anciennes loix des François, Rouen 1766 Vol. II. S. 180—482.

5) Allgemeine Geschichte Englands. Hallam, Middle Ages, cap. VIII. Lappenberg-Pauli, Geschichte von England (Bd. 2 u. 3).

Ueber die Abstammung des Eroberers von Herzog Robert dem Teufel und dem Kürschnermädchen Harlette, vgl. Sismondi III 5. Ueber den persönlichen Charakter des Eroberers Vaughan, Revolutions I 290: „Few men with the bad tendencies of human nature in such force have risen to such greatness. No man loved him. No man hoped for anything from his virtue. His seeming good was never good, it was always something meted out by personal considerations. William was reserved, gloomy, and hardly more remarkable for his ambition than for his covetousness."

) **Ueber die privatrechtlichen Verhältnisse des Lehnswesens sind die Darstellungen von Littleton, Selden, Coke, Blackstone anschaulich condensirt in der umfangreichen Note Hagrave's zu Coke, Littleton 191. Der Hergang des großen Huldigungsakts auf dem Hoftage zu Salisbury wird sehr übereinstimmend mit der angelsächsischen Chronik auch in den Annales Waverlienses a. 1084 angegeben: ibique venerunt coram eo barones sui, et omnes terrarii hujus regni, qui alicujus pretii erant, cujuscunque feodi fuissent; et omnes homines sui effecti sunt, et juraverunt illi fidelitatem contra omnes homines (I. Report Dign. Peer 34). Daß es sich um eine Neubildung der Rechtsverhältnisse handelt, ergiebt sich auch aus der völlig neuen lehnrechtlichen Terminologie feod, feudum, barones, vavassores, felony, relief etc., welche schon im Domesdaybook, vermischt mit den alten Bezeichnungen, den durch die Einzelbelehnungen entstandenen Zustand ausdrückt. So häufig jetzt das Wort feudum, so kommt es doch in keiner gleichzeitigen Quelle des angelsächsischen Rechts vor. Das Wort baron soll zum ersten Mal in einem Brief des Papstes Nikolaus II an Eduard den Bekenner vorkommen, Heywood, on Ranks 210. Die einzelen Rechtsverhältnisse betreffend, wird

1) Die Erblichkeit der englischen Lehne bis zu König Johann bezweifelt von Palgrave I 385. Erst damals sei das Writ de terris liberandis entstanden; bis dahin sei die Investitur des Lehnsfolgers als Gegenstand eines neuen compact angesehen worden. Dagegen enthält die Carta Wilhelmi III 5 bereits die ausdrückliche Zusicherung: Prout statutum est eis, et illis a nobis statutum et concessum jure hereditario in perpetuum, per commune consilium totius regni nostri. Der schwache Punkt lag nur in dem einseitigen Charakter der früheren königlichen Charten und in den Mängeln der Gerichtsverfassung, namentlich in dem Mangel einer Klage gegen den König auf Lehnserneuerung. Dadurch wurde die Frage allerdings zu einer Verwaltungssache, und in Ermangelung eines festen Herkommens dem Schatzamt die Möglichkeit gegeben, die relevia beim Wechsel der dienenden Hand in die Höhe zu schrauben.

2) Die Reliefs beruhen wohl überwiegend auf normannisch-französischem Rechtsherkommen. Den sächsischen Thanen gegenüber konnte sich der König allerdings auch auf die Gesetze Cn. II. 70, 71 berufen, und dies ist wohl der

Sinn der LL. Wilhelmi I. 20, wo mit unbedeutenden Abweichungen das Gesetz Cnuts übersetzt wird, ähnlich in Henr. I. c. 14. Es blieb aber dem Schatzamt vortheilhafter sich auf die normannische Gewohnheit zu stützen, nach welcher keine gesetzliche Fixirung der Anfallsgelder bestand. Die Entrichtung desselben in Pferden und Waffen hörte mit der Assize of arms 27 Henry II. auf, nach welcher die Waffen des Verstorbenen stets für den Erben conservirt werden sollen. Seitdem ist ein Geldansatz von 100 sh. für das einzele Ritterlehen fixirt worden.

3) Die Lehnsvormundschaft und Verheirathung beruht ebenso überwiegend auf normannisch-französischer Lehnsgewohnheit, während die Berufung auf Cnuts Thanenrecht Cn. II. 72—75 für das Schatzamt weniger vortheilhaft gewesen wäre. In Frankreich war es so scharf ausgebildet, daß Philipp der Schöne den Grafen von Flandern, Guy von Dampierre wegen Felonie einkerkern ließ, als dieser ohne Consens seine Tochter dem ältesten Sohne Königs Eduard I. verlobt hatte. Genaueres giebt Glanvilla VII. 12, wonach die Verheirathung der Töchter des Kronvasallen aus der tutela legitima des Lehnsherrn abgeleitet wird, der Consens zur Ehe einer jeden Erbtochter aber daraus, weil dem Lehnsherrn sonst ein Vasall aufgedrungen werden dürfte. Die Einwilligung soll nicht ohne iusta causa verweigert werden; ihre Umgehung wird aber mit Verlust des Lehns gebüßt.

4) Die Hülfsgelder, auxilia, aids, werden unten in dem Gebiet der Finanzhoheit erörtert werden. Natürlich mußte auch der sächsische Vasall sich diesem Lehnsherkommen fügen, nach dessen Analogie dann auch die nichtkriegspflichtigen Grundbesitzungen zu einem tallagium in Noth- und Ehrenfällen herangezogen wurden.

5) Das Recht auf erblose Güter war schon im angelsächsischen Recht begründet (Cod. dipl. Nr. 1035), erhält aber durch den Wegfall des Testirungsrechts beim Lehnsmann einen neuen unerhörten Umfang. Die Verwirkung wegen Verbrechen beschränkte sich schon in der angelsächsischen Zeit nicht bloß auf Verrath, wie gewöhnlich angenommen wird, sondern kam auch bei anderen schweren Verbrechen vor (vgl. oben S. 40). Durch das Lehnrecht kamen aber die viel strengeren Grundsätze von der felony zur Anwendung.

***) **Die Entstehung des Domesday Book** vgl. bei Lappenberg II. 143—154. Es wurde amtlich gedruckt i. J. 1783 2 vol. fol., dazu 4 ergänzende Verzeichnisse und Inhaltsverzeichnisse in 2 Nachtragsbänden der Record-Commission. 1816. Erläuternde Bearbeitungen von Kelham 1788. Sir H. Ellis, Introduction to the Domesdaybook. 1833. Verzeichnet sind 34 Grafschaften. Nicht verzeichnet die Grafschaften Northumberland, Cumberland, Westmoreland, Durham, die wohl noch nicht im sicheren Besitz der Normannen waren. Lancaster ist anscheinend erst unter Heinrich III. als Grafschaft organisirt. Auch fehlen London, Winchester und einige andere Städte. Die Gesammtzahl der constatirten Männer beträgt 283, 242. Die den Commissarien ertheilte Instruktion lautete:

Hic subscribitur inquisicio terrarum, quomodo Barones Regis inquirunt, videlicet per sacramentum Vicecomitis Scirae et omnium Baronum et eorum Francigenarum et totius centuriatus — presbiteri, praepositi, vi villani unius cujusque villae. — Deinde quomodo vocatur mansio, quis tenuit eam tempore Regis Edwardi, quis modo tenet, quot hidae, quot carrucatae in dominio, quot homines, quot villani, quot cotarii, quot servi, quot liberi homines, quot sochemanni, quantum silvae, quantum prati, quot pascuorum, quot molendinae, quot piscinae, quantum est additum vel ablatum, quantum valebat totum simul, et quantum modo, quantum ibi quisque liber homo vel sochemannus habuit vel habet. Hoc totum tripliciter, scilicet tempore Regis Eduardi; et quando Rex Willelmus dedit; et quomodo sit modo, et si plus potest haberi quam habeatur. Isti homines juraverunt rel.

Bezüglich der einzelen Eintragungen finden sich in den statistischen Zusammenstellungen mancherlei leicht erklärliche Varianten:

1) die Zahl der tenentes in capite giebt Ellis auf 1400 an, jedoch mit Einrechnung einer Menge zweifelhafter Verhältnisse. Die namentlichen Excerpte bei Kelham ergeben:

a) geistliche Eintragungen: Erzbischöfe und Bischöfe 19 (darunter einige normannische), Canonici (20), Aebte, Aebtissinnen, Abteien (56), Ecclesiae (38), Presbyteri (11), Diaconi (2), Capellani (3), zusammen 153 einzele Eintragungen;

b) weltliche Herren: 10 Comites, 394 andere Herren (darunter 214 nur in einer Grafschaft, 180 an zwei oder mehren Stellen eingetragen) 10 Comitissae, 20 andere Frauen und Töchter, sodann ein Paar Mal Collectivbezeichnungen, Homines Liberi R. etc.

Ich nehme danach eine runde Zahl von 600 Kronvasallen als Minimum an. Aus den großen Besitzungen waren die Angelsachsen unzweifelhaft verdrängt: als letzter Ealdorman wird Waltheof, als letzter Bischof Wulfstan genannt. Unter den kleinen Kronvasallen kommt jedoch noch eine kleine Zahl mit sächsischen Namen vor.

2) Unter den 7871 Untervasallen ist etwa die Hälfte der Namen noch sächsisch; wie denn auch das Domesday Book nahezu in allen Grafschaften tainos namhaft macht Heywood S. 120, 135, 200; insbesondere taini als Untervasallen, Heywood 85, 208., vgl. auch Ellis I. 143.

3) 10,097 liberi homines und 2011 l. h. commendati erscheinen hauptsächlich in Norfolk (4,487) und in Suffolk (7,470), also in dänischen Grafschaften. Nach Danelage war die Mannbuße des liber homo 3 Mark, die des socmannus nur 12 oras. Insofern scheint die Bezeichnung eine etwas höhere Stufe als die sochemanni auszudrücken; während andere Stellen dies wieder zweifelhaft machen.

4) Die 23,072 sochemanni werden schon fast genau mit derselben Zahl als tempore Eduardi vorhanden verzeichnet. Es muß also ein fester Rechtsbegriff zu Grunde liegen, und dies kann nur die angelsächsische soca, Gerichtsvogtei, sein. Wenn man in späterer Zeit das Wort von soc, Pflug, ableitet, als Leute, welche Pflügerdienste leisten müßten, so ist dies sicherlich ein Wortspiel und würde auf die villani viel mehr passen als auf die soc-Männer. In der Schrift de natura brevium bei Spelman werden sie als dinglich berechtigte mit gemessenen Diensten bezeichnet, die als Gerichtsmänner von den gemeinen Volksgerichten befreit, nur in ihrem Gericht dingpflichtig sind, die auch selbst wieder andere in villenagio unter sich haben können. Einzele sochemen kommen auch als Untervasallen im Besitz eines ganzen manor vor. Ellis II. 389.

5) Die burgenses sind hauptsächlich durch den Krieg von ihrer alten

Zahl (17,105) zusammengeschmolzen, wie denn auch das Domesdaybook bei vielen einzelen Städten den Zustand des Verfalls und die Zahl der verlassenen Häuser angiebt.

6) Die villani (108,407) sind die Masse der angelsächsischen ceorls in der Stellung von herrschaftlichen Gutsbauern. Für sie enthält die Charta Wilhelmi I. 29 die allgemeine Zusicherung: Coloni et terrarum exercitores non vexentur ultra debitum et statutum; nec licet dominis removere colonos a terris, dummodo debita servitia persolvant. Es war damit freilich nicht viel geholfen. Wie wenig auch die Bureaukratie geneigt war, daraus mehr als eine Gnadensache zu machen; zeigt der Dialogus de Scaccario I. c. 10. Indessen umfaßt die große Masse der Villani doch nicht bloß Pachtbauern, sondern auch alte Eigenthumsbauern und erbliche Besitzer. Es ergiebt sich dies unter anderm daraus, daß zur Zeit Eduard's III. die Gerichtspraxis eine höhere Klasse von erblichen und dinglich berechtigten Bauern (villanum socagium) anerkannte, welche doch eine alte Rechtsgrundlage gehabt haben werden. Es ergiebt sich daraus, daß von Anfang an in allen Reichstheilen libere tenentes zur Besetzung der Gerichte vorhanden waren. Vor Allem aber ist es unglaublich, daß in dem alten Reichstheil von Wessex, unter dem immer noch tapferen Heerbann der Bauern von Wessex und der „Männer von Kent" ein erblicher Eigenthumsbesitz völlig verschwunden sein sollte! Es war nur ein anderer Provinzialsprachgebrauch, der in diesen Reichstheilen unter Villani die Eigenthumsbauern einbegriff, die der dänische Sprachgebrauch in anderen Grafschaften Sochemanni nannte. Für den Geburtsstand des liber homo war übrigens der Besitz eines Bauerguts ohne bestimmenden Einfluß: Item tenementum non mutat statum liberi, non magis quam servi. Poterit enim liber homo tenere purum villenagium, faciendo quicquid ad villenagium pertinebit, et nihilominus liber erit, cum hoc faciat ratione villenagii, et non ratione personae suae. Bract. II. c. 8.

7) Die 82119 Bordarii werden im Domesdaybook regelmäßig hinter den Villani als noch kleinere Leute genannt. Nach du Cange würde das Wort unserem Häusler entsprechen, also arbeitende Klassen bezeichnen, denen neben der Wohnung auch nicht selten ein Garten und ein Paar acres Land überlassen sind.

Erschwert wird die Uebersicht dieser Verhältnisse dadurch, daß der lateinische Sprachgebrauch des Domesdaybook die angelsächsischen Ausdrücke wohl öfter willkürlich und ungenau wiedergab, daß die Commissarien in den verschiedenen Grafschaften keinen regelmäßigen Sprachgebrauch befolgten, daß ein und derselbe Ausdruck localverschiedene Rechtsverhältnisse umfassen konnte, daß umgekehrt gleichartige Verhältnisse örtlich verschieden bezeichnet wurden, daß überhaupt unsere Kenntniß der kleinen Besitzverhältnisse im äußersten Maaße mangelhaft ist. Vgl. über die Standesverhältnisse dieser Zeit Gneist II. 119—130.

§. 8.

Die normannische Grafschaftsverwaltung.

Der Eroberer fand eine wohlgeordnete Eintheilung des Landes in Shires, Hundreds und Gutsbezirke vor, und ein dem entsprechendes Beamtensystem von Earls, Shirgerêfas, königlichen und Privatgerefen.

Für den legitimen Nachfolger König Eduard's war die Beibehaltung desselben natürlich. Wenige Jahre der Anwesenheit in England mußten aber auch genügen, den Eroberer zu überzeugen, wie es keine vortheilhaftere Grundlage seines Regiments gebe als das vorgefundene Gerefensystem. Nach dem Sprachgebrauch der Zeit war dies einbegriffen, als als er im vierten Jahre seiner Regierung die „Leges Eduardi" d. h. die vorgefundene Verfassung feierlich bestätigte. Der äußere Rahmen der Landesverwaltung blieb also unverändert, die vorgefundene Bezirksverwaltung wird nur erweitert durch neue dem Lehnswesen entsprungene Gewalten, in manchen Punkten aber auch vereinfacht durch die frühzeitig eintretende Centralisation.

I. Das Amt der Eorls war schon in den letzten beiden Menschenaltern der angelsächsischen Zeit in die Stellung einer Oberstatthalterschaft zurückgetreten, mit einer wechselnden Gruppirung der Shires und ziemlich häufigem Personenwechsel. Es enthielt nach der Landessitte den höchsten weltlichen Rang, entsprechend der Herzogswürde des Continents. In diesem Sinne wurde es beibehalten, und zwar:

1. Als höchste weltliche Würde des Landes, was sie bis zu Eduard III. blieb, da die duces der Normandie es begreiflicher Weise vermieden, ihren Unterthanen den Titel eines dux zu ertheilen. Einzelen einheimischen Großthanen scheint die Fortführung dieses Titels bestätigt oder wenigstens gestattet zu sein; einzelen Führern des erobernden Heeres wurde die höchste Würde neu verliehen, und zwar mit folgenden Attributen:

2. Ein hoher militärischer Rang wurde gewöhnlich, aber nicht nothwendig, mit der Stellung des Eorl verbunden, und dann durch eine besondere Ceremonie der Schwertumgürtung (gladio comitatus cingi) ertheilt, ohne damit ein actives Commando in dem Lehnsheere zu verbinden.

3. Ein Ehrenrang in der Gerichts- und Friedensverwaltung der Grafschaft, vielleicht ein Ehrensitz in der Grafschaftsversammlung, von welchem aber meines Wissens kein beglaubigtes Beispiel vorkommt. Dagegen wurden die nutzbaren Rechte des Eorl, namentlich das herkömmliche Drittel von den eigentlichen Grafschaftsgefällen Anfangs gewöhnlich damit verbunden.

Dabei ist aber die normannische Verwaltung stehen geblieben. Das ehemalige Verwaltungsamt ist in eine höchste Würde übergegangen, mit möglichst vielen Ehren, aber möglichst wenigen Funktionen. In diesem Sinne erhielten bald nach der Eroberung etwa 10 große Herren die

Würde des Eorl. Zehn Comites und zehn comitissae werden auch im Domesdaybook verzeichnet. Die große Mehrzahl der Grafschaften hat also überhaupt keinen Comes. Wo er vorkommt, ist mit seiner Würde keine Gerichtsbarkeit verbunden, kein Commando im Heer, keine Verwaltung im Grafschaftsgericht, keine spezielle Amtsgewalt irgend einer Art. Der Eorl steht mit der Grafschaft, von welcher er den Namen führt, in keiner anderen Verbindung, als durch den tertius denarius von der Jahrespacht des Sheriff. Schon die ältesten Schatzrechnungen enthalten die Zahlung solcher Summen von 11. 16. 20. 33 £. u. s. w. unter der Rubrik des tertius denarius. Es ist aber nur eine donatio sub modo, Bewilligung einer dauernden Rente „for the better support of the dignity of an Earl"; sie beruht auf einer bloßen Zahlungsanweisung an den Sheriff (precept), ist also ein Forderungsrecht, kein feudales Recht, auf welches auch keine Investitur stattfindet. Gelegentlich wird der Eorl zugleich zum Sheriff — sogar in seiner eigenen Grafschaft ernannt, wie Cospatrick unter Wilhelm I. Ein solcher Eorl legt aber Rechnung beim Schatzamt wie jeder andere Sheriff, wobei ihm nur das Innebehalten des tertius denarius durch Schatzrescript, warrant, gestattet wird (Madox II. 164). Die Grafenwürde hat also schon den Charakter der späteren Adelstitel; auch schon dieselbe Unbestimmtheit der Namen, welche bald von einer wirklichen Grafschaft entnommen werden, bald von einer Stadt (Salisbury, Winchester, Carlisle), bald von einer Ortschaft (Striguil, Clare?), bald von einem Familiennamen (Warenne, de Ferrers). Dem kreirten Grafen wird bald ein tertius denarius bewilligt, bald eine feste Rente, später oft weder das Eine noch das Andere. Die Würde vererbt sich bald auf Frauen bald nicht, je nach der Wortfassung der Verleihung, die von Anfang an auf Patent zu beruhen scheint.

Der ordentliche Verwalter der Grafschaft ist nach dem Verfall des Eorl der angelsächsische Shirgerêfa geworden, — abhängig nicht mehr vom Eorl, sondern von den persönlichen Befehlen des Königs und von den Organen der normannischen Centralverwaltung.

II. Das wichtige Amt des normannischen Vicecomes[2]) ist identisch mit dem alten Amt des Shirgerêfa in neuer Besetzung mit zuverlässigen normannischen Herren. Auf französischem Boden bestand ein analoges Verwaltungssystem unter Vögten und Untervögten, Bailiffs, welche als Stellvertreter des mit der carolingischen Grafenwürde beliehenen Herzogs den Titel Vicecomites führten. Die lateinische Geschäftssprache im normannischen England nahm den Titel Vicecomes auf, der sich aber in der sächsischen Volkssprache nicht einbürgerte. Auch die normannische Bezeichnung bailiff, ungefähr entsprechend dem sächsischen Gerêfa, wurde mehr von den Untervögten des Vicecomes gebraucht. Die einheimische Bevölkerung behielt wohl die herkömmliche Bezeichnung Shirgerêfa bei; der Titel Sheriff hätte später nicht der vorherrschende werden können, wenn er nicht auch in dem Volkssprachgebrauch dieser Zeit fortgelebt hätte. Dem angelsächsischen Verwaltungssystem entsprechend war nun aber die Stellung des Vicecomes eine vierfache:

1. Als militärischer Vogt des Königs hatte er mit der Grafschaftsversammlung die Vertheilung der Contingente und die Einzelgeschäfte der Kriegsverwaltung zu leiten. Diese Geschäfte vereinfachen sich jetzt, da die Zahl der Mannschaften durch die Lehnsmatrikel feststeht. Der Sheriff hat also lediglich die königlichen Orders zum Aufgebot der Lehnsmannen auszuführen, welche an ihn als Executivbeamten ergehen. Seine Thätigkeit ist in diesem Gebiet eine mehr ergänzende. Wo eine königliche Burg zur Grafschaft gehört, sorgt der Sheriff für die Ausrüstung der Ritter (knights), der Reisigen (serjeants) und Fußsoldaten, sowie für deren Verproviantirung, wofür er die Auslagen im Schatzamt berechnet. Nach Bedürfniß besorgt er auch die Ausrüstung von Schiffen. In den Grenzprovinzen leitet er die Landesvertheidigung, wo nicht ein Statthalter mit größeren Machtvollkommenheiten eingesetzt ist. Seitdem unter Heinrich II. die alte Landwehrverfassung wieder auflebt, ist er der Commandirende der Grafschaftsmiliz und bleibt es das ganze Mittelalter hindurch. Ueberall aber, wo zu Kriegs-, Gerichts- oder Finanzzwecken militärische Hülfsvollstreckung nöthig, ist es der Sheriff, welcher starke Hand leiht.

2. Als königlicher Gerichtshalter ist der Vicecomes Nachfolger des angelsächsischen Shirgerêfa in der Rechtsprechung, welche der König mit dem Lande als Recht und Pflicht übernommen hat. Als solcher führt er den Vorsitz im Grafschaftsgericht, und hält periodisch sowohl in der Grafschaft wie in den Hundreds die herkömmlichen Gerichtstage. Die Gerichtsmänner sind die Freisassen der Grafschaft; an Stelle der Thane aber stehen jetzt die Besitzer der Ritterlehne, Normannen und Sachsen. Im Uebrigen konnte die Gerichtsverwaltung in äußerlich ziemlich unverändertem Rahmen fortdauern. Die mangelhafte Besetzung der Gerichte und andere Umstände führen jedoch bald zu einer Centralisation, die dem Vicecomes viele Gerichtsgeschäfte entzieht; während andererseits der scharfe polizeiliche Geist des neuen Regiments die Strafgerichtsbarkeit in den einzelen Hundertschaften zu einem Hauptgeschäft macht. In allen Fällen bleibt ihm die alther-

kömmliche Einzelvollstreckung aller Urtheile, die Einziehung der Bußen und der verwirkten Güter.

3. Als Polizeivogt des Königs übt er die herkömmlichen Geschäfte zur Bewahrung des Friedens, zur Verfolgung der Friedensbrecher, nöthigenfalls mit dem Aufgebot der ganzen Grafschaft, die Annahme der Bürgschaften für gutes Verhalten, die Controlle des allgemeinen Bürgschaftsystems der Zehntschaften. Durch das Bedürfniß der Zeit sind diese Polizeifunctionen vielfach erweitert und verschärft zu einem bald unabsehbaren System von Polizeibußen. Zur Aufrechterhaltung dieser Polizeiordnung werden nun periodische Polizeigerichtstage in den einzelen Hundertschaften unter dem Namen des turnus vicecomitis und visus frankplegii angeordnet. Je mehr die richterliche Stellung des Sheriff Abbruch erleidet, um so stärker tritt seine Stellung als königlicher Polizeivogt in den Vordergrund.

4. Die Stellung als königlicher Domainenrentmeister (gerêfa, bailiff) war eine ursprüngliche, und ihre Bedeutung wächst durch die Gestalt der normannischen Verwaltung im höchsten Maße. Wie in der angelsächsischen Zeit ist dem Vicecomes die Verwaltung königlicher Domainen anvertraut, die er innerhalb seines Bezirks in der Weise eines Gutsverwalters administrirt. Er erhält solche mit vollständigem Inventar, ergänzt fehlende Stücke und berechnet die Anschaffungskosten durch Abzug vom Pachtgeld nach bestimmten Taxen (Madox II. 152). In manchen Grafschaften reihen sich daran Reste der Ländereien, die dem sächsischen Shirgerêfa als Amtseinkommen angewiesen waren (Reeveland). Die Gesammtheit dieser Ländereien bildet das Corpus Comitatus, aus welchem die jährliche Amtspacht zunächst zahlbar. Als in späterer Zeit das Corpus comitatus durch Schenkungen (terrae datae) vielfach geschmälert war, berechnet er nur das „Remanens firmae post terras datas", was weiter oft mit laufenden Jahresgeldern, Gnadengehalten u. s. w. belastet war, welche ebenfalls discontirt werden. — Ein wichtiger Theil seines Rentamtes sind ferner die Leistungen der Hintersassen an den königlichen Grundherrn. Die Naturalleistungen in Korn, Lebensmitteln, Fuhren, Handdiensten erscheinen schon im Domesdaybook vielfach in Geld verwandelt. In Folge des großen Maßstabes dieser Verwaltung schreitet diese Umwandlung fort, und ist schon unter Heinrich I. zur Regel geworden. — Daran reihen sich die herkömmlichen Rechte auf Schiffbruch, Schätze und andere unmittelbare Ansprüche des alten Finanzregals.

Aus dem Gebiet der obrigkeitlichen Functionen ergeben sich dann wie in der angelsächsischen Zeit die nutzbaren Rechte auf heimfallende und verwirkte Güter, die mannigfaltigen Gebühren und Bußen, die Einziehung der beweglichen Güter (catalla) hingerichteter und flüchtiger Verbrecher. Dieser Finanzniederschlag aus den Rechten der Obrigkeit, der in der angelsächsischen Zeit zu Gunsten der Grundherrlichkeit stark reduzirt war, ist durch das Feudalsystem in außerordentlichem Maße gewachsen, und dieser Zuwachs von den Normannenkönigen vorsichtiger festgehalten als von ihren Vorgängern. Das Lehnswesen hat dazu gebracht die relevia und andere zufällige Einnahmen, bei denen der erhebliche Betrag jedoch schon frühzeitig eine Centralisation veranlaßt. Zur Zeit des Domesdaybook bestand die Maxime, daß nur die Vasallen (taini), welche sechs oder weniger maneria besitzen, ihr relevium an den Vicecomes zahlen; die mehr als sechs maneria besitzenden zahlen unmittelbar an den König, d. h. an das Schatzamt. Wenigstens wird dieser Grundsatz in zwei Grafschaften ausdrücklich erwähnt. Do. 280. b. 298 b.

Zur Bewältigung so zahlreicher Finanz- und Gerichtsgeschäfte bildet sich frühzeitig ein Büreauwesen mit Rentschreibern, Clerici, Clerks, unter welchen die Stammväter der heutigen Untersheriffs zu suchen sind. Zur Einsammlung von Gebühren und Renten, für Pfändungen und Ladungen bestellt der Sheriff seine Untervögte in den Bezirken (Ballioi Hundredorem); ferner dienende Beamte zur Aufwartung und Botendienst, ebenfalls bailiffs oder servientes genannt; auch reisende Unterbeamte, bailiffs errant. Ueberhaupt war die finanzielle Stellung des Sheriff zwischen dem Schatzamt und den Zahlungspflichtigen bald so verwickelt geworden, daß eine Verpachtung des Sheriffamts natürlich, fast nothwendig erschien, um die ungewissen Gefälle in feste Etatssummen zu verwandeln. Das Verhältniß bietet nur zuviel Analogien mit den Generalpächtern späterer Jahrhunderte dar. Allerdings kommen unter den Landvögten abwechselnd Pächter (fermors) und Administratoren (custodes) vor, deren Unterschied in der Spezialität der Rechnungslegung bestand. Die Verpachtung ist aber die Regel, und unter manchen Regierungen fast für jede Grafschaft nachweisbar. Sie erfolgt zuweilen auf ein Vierteljahr, ein Halbjahr, am gewöhnlichsten auf ein Jahr; nicht selten auch auf eine Reihe von Jahren, doch immer von Jahr zu Jahr berechnet und nach Belieben des Königs widerruflich. Die Pachtsumme ist sehr oft die des Vorgängers (antient ferm), oder die alte Summe mit einem Zuschlag (increment). Die Schatzrechnungen zeigen, daß ein förmliches Ueberbieten stattfand. Einmal z. B. bietet der Kanzler, Bischof von Ely, für die Grafschaften York, Lincoln und Northampton 1500 Mark

Silber im Voraus und 100 Mark Zuschlag über die jährliche Pacht; der Erzbischof von Ybrk dagegen für York allein 3000 Mark Silber im Voraus und 100 Mark Silber Zuschlag. Der Generalpächter hat zugleich angesehene Männer dem Schatzamt als Bürgen zu stellen, was natürlich die Folge hatte, das Sheriffamt auf einen Kreis einflußreicher Personen zu beschränken.

Charakteristisch ist aber die Ausbildung einer verwickelten Rechnungslegung, welche der angelsächsischen Zeit noch fremd war. Alljährlich zweimal, zu Ostern und in dem Haupttermin zu Michaelis erscheint der Sheriff in Person vor dem Schatzamt. Es sind dies die duo Scaccaria in der Bedeutung von Zahlungsterminen, welche allen Schuldnern des Königs in der Grafschaft zeitig vorher verkündet werden. In jedem Termin ist eine Rate des Pachtgeldes und die sonst fälligen Posten (Summonces) als vorläufige Zahlung (Profer) abzuführen; dann folgt mit Einreichung der Belege der Visus Compoti; schließlich die Summa. Oft werden Special-Commissarien abgeordnet zur Untersuchung gegen Sheriffs, welche Posten eingezogen haben ohne Quittungsertheilung und wegen anderer Unregelmäßigkeiten.

Die Gesammtstellung des Sheriff als eines Kriegscommissars, welcher Herren und Ritter aufbietet, eines Rentmeisters, durch dessen Seckel die Finanzen einer kleinen Provinz gehen, eines Gerichtsvogts, der Urtheil und Königsfrieden gegen die Mächtigsten im Lande zu handhaben hat, ergab von selbst, daß nach den Begriffen dieser Zeit nur ein Kronvasall oder hoher Geistliche ein solches Amt verwalten konnte. Die normannischen Herren verschmähten keine gewinnreiche Stellung. Wir finden daher unter den Sheriffs Königssöhne (Richard, des Königs Sohn unter Heinrich III.); ferner die Großrichter des Reichs und andere Großbeamte am Hofe; die späteren reisenden Richter; ferner die Erzbischöfe von Canterbury und York und unzählige Bischöfe, zuweilen einen hochgestellten Königscaplan; am zahlreichsten endlich sind die Namen normannischer Herren vertreten, denen das Sheriffamt ein lucratives Einkommen neben ihrem Besitz gewährt.

Trotz der angesehenen Stellung dieses Personals ist und bleibt das Amt des vicecomes ein rein persönliches, nur auf dem Willen des Königs beruhendes, also stets ein widerrufliches. Der König hat selbstverständlich daher auch die Befugniß, einzele Zweige von der Grafschaftsverwaltung abzutrennen. So finden sich frühzeitig besondere Forstbeamte Foresters, Zollbeamte Customers, Verwalter heimgefallener Güter Escheaters, Specialpächter von Städten, Gilden u. s. w.; später besondere Rendanten der Tallagia, der Fünfzehnten und anderer Subsidien. Der König kann ferner seine Burgen besonderen Burgvögten anvertrauen, mit oder ohne eine Gerichts- und Finanzverwaltung im Burgbezirk. Er kann die Gerichtsgewalt in besonderen Bezirken abzweigen, Exemtionen ertheilen an Städte und Andere. Allen diesen Spezialverwaltungen hat dann der Sheriff starke Hand zu leihen, wo es auf Pfändung und Zwangsvollstreckung ankommt. Der König kann die Modalitäten der Amtsführung bestimmen, z. B. eine Verwaltung durch Stellvertreter in außerordentlichen Fällen gestatten. Er kann eben deßhalb endlich die Sheriffs absetzen, einzele oder massenweis, wie dies im 12. und 13. Jahrhundert wiederholt als eine sehr populäre Maßregel vorkommt. Er kann sie jederzeit vom Amte suspendiren, ihnen Custodes setzen, ihre Amtsführung durch Commissarien untersuchen, durch Dienstanweisungen regeln, durch neue Amtseide ihre Pflichten einschärfen. Wie zur angelsächsischen Zeit ist in der ganzen Stellung der Vicecomites keine Spur zu finden von einem Recht auf das Amt, noch von einem Recht der Grafschaftsversammlung bei Besetzung des Amtes, noch von einer Ernennung durch Wahl.

III. Die örtliche Verwaltung der Unterbezirke und Güter[3]) innerhalb der Grafschaft dauert im Wesentlichen ebenso fort, wie unter dem angelsächsischen Gerêfensystem. Wie damals bestimmt sich die Ortsverwaltung weniger durch die staatlichen Eintheilungen in Hundreds und Zehntschaften als durch die Gestaltung des Grundbesitzes. Durch die Eroberung und das Lehnswesen ist ein Personenwechsel und mit den Personen eine andere Gruppirung der Besitzungen entstanden, der alte Besitzstand aber im Ganzen conservirt. Die Beschreibungen der Ländereien im Domesdaybook geben daher den am Schluß der angelsächsischen Zeit gewordenen Zustand wieder unter den zum Theil neuen Namen manors, honors, burghs, welche unter dem Einfluß des Lehnswesens eine nach oben und unten hin gleichmäßiger begrenzte Bedeutung erhalten.

1. Der Manor, manerium oder herrschaftliche Hof, ist identisch mit dem Mansus der angelsächsischen Zeit und den ihn umgebenden angesiedelten Ceorls und Dienstleuten, welche meistens eine nachbarlich verbundene Gutsgemeinde, villa, villata, bilden. Durch die neue Besitzweise (tenure) als Lehen sind die realen Rechte des Grundbesitzes an sich nicht verändert. Der neubeliehene Normanne, ebenso wie der im Besitz gebliebene angelsächsische Than, übt die nutzbaren Rechte seines Vorgängers, erhebt also durch seine herrschaftlichen Schulzen, Praepositi villae, Reeves, Bailiffs, Stewards die herkömm-

lichen Abgaben. In dem System der Polizeibürgschaften bildet die villa eine herrschaftliche Zehntschaft, sofern sie 10 oder mehr Familien umfaßt. Der Besitzer beansprucht als selbstverständlich das herkömmliche Hofgericht über seine Leute nebst den durch Verleihung entstandenen Erweiterungen, die in den specieller gefaßten Verleihungsurkunden nun auch unter den Bezeichnungen saca, soca, infangtheft, und outfantgheft aufgezählt werden. Es war nur ein neuer Name, wenn man dies in der Ausdrucksweise normannischer Herren jetzt einen Manor nannte, — ein Name, welcher zuerst unter Eduard dem Bekenner mit anderen normannischen Liebhabereien aufgetaucht war. Die Mehrzahl der Manors befand sich jetzt in den Händen von Kronvasallen; eine Anzahl auch im Besitz von Untervasallen, namentlich auch ehemaliger sächsischer Thane (Ellis I. 90). Die normannische Staatsverwaltung war bemüht, die Befugnisse und Gerichtsgewalten die an dieser Stelle auch nach Lehnrecht beansprucht wurden (§. 10), nach einheitlichem System zu ordnen und abzugrenzen, keineswegs aber im Ganzen sie zu erweitern. Allerdings sind nach dem Domesdaybook eine Anzahl neuer Manors durch Theilung schon vorhandener entstanden; a. 1290 aber hat das Statut Quia emptores 18. Edw. I. der Entstehung von neuen Manors für immer ein Ende gemacht.

2. **Die Gestaltung der Herrschaften, Honors,** reicht ebenfalls in die angelsächsische Zeit zurück, als Complexe von Gütern in nachbarlicher Lage, denen im polizeilichen Bürgschaftssystem eine Mehrheit von herrschaftlichen Schulzen praepositi vorgesetzt, denen oft eine saca et soca in erweitertem Maßstabe verliehen, die in mehrfachen Beziehungen den Hundreds coordinirt waren. Die Nachfolger dieser Thane sind die normannischen Meistbelehnten, welche nach der Weise ihrer Heimath unzweifelhaft das Bestreben hatten daraus geschlossene Feudalherrschaften zu bilden. Wir finden auch in England um einzele Große einen kleinen Hofstaat, einen Steward (Dapifer), einen Butler (Pincerna), einen Marshal, Chamberlain rc., zuweilen als erbliche Aemter. Die vielen Venatores und ein halbes Hundert andere Klassen höherer und niederer Ministerialen im Domesdaybook deuten darauf, daß auch kleinere Kronvasallen diese Sitte nachahmten. Die Prachtliebe der Normannen wetteiferte darin mit den fürstlichen Herren des Continents; 16 solche Herren werden im Domesdaybook als Besitzer von Parks bezeichnet, einzele besaßen auch wohl eine befestigte Burg. Allein der Eroberer hatte dafür gesorgt, den größten Lehnsträgern ihre Besitzungen in soviel Grafschaften anzuweisen, daß in dem einzelen Grafschaftsbezirk dieser Besitz von dem der mittleren und kleineren tenen-

tes in capite sich wenig unterschied. Sie konnten sich also eben so wenig örtlich wie zeitlich consolidiren, da das strenge Rückfallsrecht dieselbe Besitzung in einem Jahrhundert oft mehrmals an die Krone zurückbrachte. Sodann hat das Interesse der Finanzverwaltung vorzugsweise diese größeren Bildungen in Schranken erhalten und bei jeder günstigen Gelegenheit herabzudrücken gesucht. Der Hauptsitz des Herrn, das später sogenannte caput baroniae, konnte daher wohl ein Sammelplatz von Untervasallen für Feierlichkeiten, Investituren, Rechtsgeschäfte, Abhaltung von Gutsgerichtstagen werden, aber kein geschlossener Lehnshof in französischem Styl. Vielmehr sind die normannischen Herrschaften eben nur Gütercomplexe, die durch gleichzeitige Verleihung, Uebertragung, Verwaltung, eine Einheit bilden, nicht aber durch specifische Hoheitsrechte. Nach den so häufigen Rückfällen wurden die eingezogenen honors allerdings neu verliehen, doch meistens mit Vorbehalt der höheren Rechte und in geschmälertem Umfang, so daß spätere Schatzrechnungen die Herrschaften alter und neuer Verleihung ausdrücklich unterscheiden. Selbstverständlich hat die Beschränkung der Bildung neuer Manors später auch die Neubildung von Honors verhindert.

3. Die normannischen Burghs sind ebenso eine Fortsetzung der in der angelsächsischen Zeit in der Umgebung eines befestigten Gebäudes oder einer Burg entstandenen besonderen Gemeinde- und Gerichtsbezirke. Viele waren bei der normannischen Eroberung stark mitgenommen und verwüstet. Uebrigens wurden sie von Wilhelm I. in ihrer rechtlichen Verfassung übernommen, die erheblicheren dem königlichen Domainenbesitz unmittelbar einverleibt. Ein Verzeichniß derselben, etwa 80 an Zahl, giebt Ellis I. 190. In dem Grafschaftsverband bilden sie oft eine Hundred, zuweilen mehre, z. B. da wo eine Altstadt und Neustadt verbunden sind. Als befestigte Orte werden im Domesdaybook nur Canterbury, Nottingham, York, Oxford, Hereford, Leicester, Stafford, Chester, Lincoln, Colchester bezeichnet. Wie die Grafschaften im Ganzen, so werden nun auch die königlichen Cities, Burghs, Towns, als Specialpachtungen behandelt, und entweder dem Corpus Comitatus einverleibt, oder an Specialpächter, Fermors, oder besondere Stadtvögte, Custodes, Provosts etc. überlassen nach königlichem Belieben. Kaiserin Mathilde überläßt z. B. London für 300 £. Pacht an Geoffrey von Essex. Bestanden in größeren Städten mehre Specialgilden, so konnten sie wieder Unterpachtungen bilden. So zahlen in 5 Henr. II. die Weber von London 5 Mark Gold Pacht für ihre Gilde auf zwei Jahre; die Bäcker 1 Mark und 6 Unzen Gold; in 11 Henr. II. die Weber 12 Pfund Silber, die Bäcker 6 Pfund

Silber pro gilda sua. Ebenso die Gilden in Oxford und anderen Orten. Außerdem werden sie eine Quelle specieller Einkünfte durch Zölle. Es wird sich ferner unten ergeben, wie das Feudalsystem den nicht lehnskriegspflichtigen Grundbesitz zu periodischen Schatzungen in Ehren- und Nothfällen des obersten Lehnsherrn heranzuziehen anfing. Unter dem Namen tallagium wurde eine solche Schatzung nach Bedürfniß ausgeschrieben, gewöhnlich erst nach mehren Jahren wiederholt. Sie wurde erhoben entweder von den Einzelen oder im Ganzen (in gross); im letzteren Fall einigten sich die beitragspflichtigen Hausstände im eignen dringenden Interesse über die Aufbringung; oft übernahm eine schon vorhandene Gilde von Handelsleuten, Gewerbtreibenden, Haus- oder Grundbesitzern gegen namhafte Vortheile die Aufbringung des tallagium. Noch einfacher aber war es, wenn anstatt des Sheriff, dessen Rechnungslegung ohnehin verwickelt genug geworden war, die „Männer der Burg“ die Pachtung selbst übernahmen. Der König fordert dann seine taille von der Gesammtheit der Bürger, oder von einer engeren Gilde die das Geschäft übernommen hat, nicht mehr von dem Einzelen, dessen Besitz dadurch wieder abgabefrei wird. Man präsentirt dann dem Schatzamt eine geeignete Person, die zum Stadtvogt ernannt die Verantwortlichkeit für die Zahlung der Pachtsumme mit Bürgen übernimmt, und welche wieder Gebühren und Gefälle von dem Einzelen einzieht. Der so bestellte Vogt führt nach wie vor den Namen reeve, bailiff, oder auch den normannischen Namen mayor. Eine Zeitlang findet sich ein eifriges Ueberbieten zwischen den Bürgern, dem Vicecomes oder einem anderen bietungslustigen Herrn. Im Verlauf der Zeit aber gehen die meisten Städte in Selbstpacht, firma burgi, feefarm über, und erhalten damit die erste Stufe ihrer Selbständigkeit. Seit Richard I. beginnen auch weitergehende Bewilligungen, Marktrecht, neue Gilden, eigene Gerichtsbarkeit, eigene Beamtenwahlen. Aus der firma burgi aber in Verbindung mit einer eigenen Gerichtsbarkeit geht das englische Stadtrecht hervor, welches am Schluß der Zeit in festen Umrissen entwickelt dasteht.

Die Sonderverwaltung der Burgen bildete schon in der angelsächsischen Zeit ein überwiegend königliches Domänenrecht. Daneben erscheinen jedoch auch Mediatstädte, freilich in geringerer Zahl und von geringerem Umfang. Zu den Besitzungen der Meistbelehnten als Nachfolger der Großthane gehörten öfter auch Burghs, in denen dann der Grundherr die herkömmlichen Renten und Abgaben bezog und Gericht hielt. Das Schatzungsrecht nach dem Bedürfniß des Herrn haftete auch an diesen Einsassen, und kommt gelegentlich zum Vorschein, wenn in Folge eines Rückfalles oder einer Lehnsvormundschaft solche Orte vorübergehend „in die Hand des Königs" treten und so durch die Schatzrechnungen hindurchlaufen. Dies Schatzungsrecht wurde wie überall Veranlassung zu Druck, Beschwerde und Unruhen. Wie es von normannischen Herren gehandhabt wurde, läßt der Umstand vermuthen, daß die Städte häufig das herrschaftliche Recht bestreiten und dem König schatzungspflichtig zu sein behaupten. Der König scheint daher frühzeitig (gegen Geldzahlung) diese Orte gegen Ungebühr geschützt zu haben; die überaus häufige Erwähnung einer besonderen königlichen Erlaubniß deutet auf eine allgemeine Controlle des königlichen Schatzamtes über diese tallagia. Bei dem häufigen Rückfall der Herrschaften wurde in der neuen Verleihung stets der Vorbehalt gemacht, „daß solche Orte nur dann tallagia zahlen sollen, wenn der König die Seinigen schätzt". Was danach von einem Schatzungsrecht der Herren noch übrig geblieben, ist schließlich durch Abkauf verschwunden.

Unverkennbar ist es der Gesichtspunkt der Finanzverwaltung, der in erster Stelle die Gestaltung der Ortsverwaltung bestimmt hat. Im Interesse der Finanzverwaltung sind die königlichen Manors und größeren Gütercomplexe in stärkerem Maaße der Administration des Shirgerêfa überlassen als in der angelsächsischen Zeit. Manors und Honors erscheinen daher vorzugsweise als Grundherrlichkeiten im Besitz von Privatgrundherren. In den Burghs dagegen, die dem königlichen Schatz eine reichlich fließende Quelle darboten, erscheint eine königliche Administration überwiegend, mit dem fortschreitenden Bestreben gegen schwere Geldzahlungen hier wieder communale Selbständigkeiten zu bilden.

1) **Ueber die Würde des normannischen Eorl** vgl. Spelman Glossarium v. Comes. Selden, Titles of Honor III 638 ff. Heywood, Ranks S. 95 ff. Madox, Exchequer II 400 ff. Baronia Anglica I. c. 1. Hallam, Middle Ages. Ellis Introduction. Peerage Reports III. 178, 211 ff.; über die erste Verleihung von Grafenwürden nach der Eroberung Lappenberg II. 70. Spelman ist der Ansicht, daß Wilhelm einzelen englischen Eorls widerruflich ihre Würde beließ, daß dagegen die von ihm ernannten Normannen nach der Gewohnheit ihrer Heimath die Grafenwürde auf Lebenszeit erhielten. Der Streit der antiquarischen Autoritäten darüber, von welchem Zeitpunkt an der Eorl eine bloße Titularwürde geworden, ist mehr ein Wortstreit. Madox hält die Titulargrafenwürden für so alt wie die Eroberung. Andere sehen die Titulargrafen bis zu Heinrich II. als eine Anomalie an. Von einer bloßen Titularwürde kann man allerdings bei denjenigen comites nicht sprechen, denen noch das Drittel der Gerichtsgefälle, fines und andere Revenüen verliehen waren. Ueber dessen Umfang vgl. Heywood 100, 101, 108. Die entscheidende Frage

ist aber, wie fern der Comes als solcher ein Militärcommando führt, wie weit er die Grafschaftsversammlung und die Friedensbewahrung der Grafschaft leitet. Dies ist aber nach allen Nachrichten der Verwaltungsurkunden auf das Entschiedenste zu verneinen. Daß auch schon unter Wilhelm I. Grafenwürden auf einen Theil einer Grafschaft beschränkt wurden, ergiebt sich aus einzelen Beispielen bei Heywood 79. 95. Daß nicht einmal die militärische Würde nothwendig mit dem Comitat verbunden war, zeigt sich an dem Vorgang zweier Grafen unter Johann bei Hoveden 451: qui licet antea vocati essent comites et administrationem suorum comitatuum habuissent, tamen non erant accincti gladio comitatus; et ipsi allodie servierunt, ad mensam regis accincti gladiis etc. Ueber die Beispiele, in welchen ein Comes als Vicecomes eine Grafschaft verwaltet vgl. Madox II. 400.

Eine örtliche Ausnahme macht nach der Eroberung die Grafschaft Chester, in welcher mit Rücksicht auf das Bedürfniß der Grenzvertheidigung noch ein Statthalter mit unmittelbarer Ausübung der jura regalia betraut wurde. Seit Heinrich II. nannte man solche Ausnahmsverhältnisse nicht selten Pfalzgrafschaften. Erweiterte Gewalten der Art wurden später nach Bedürfniß ertheilt in den Marken von Wales, Durham, Pembroke. Solche Statthalter heißen gewöhnlich Grafen, öfter aber auch nicht (Marchers of Wales); und wenn sie den Grafentitel führen, so ist nur dieser erblich, während die Statthalterschaft als eine davon getrennte Verleihung behandelt wird. II. Peerage Report 255. Unter Stephan scheinen neue Comites in größerer Zahl und mit erweiterten Gewalten ernannt zu sein; diese Pseudo-Grafen wurden aber unter Heinrich II. wieder entsetzt. Die Entstehung der spätern Pfalzgrafschaft Lancaster hatte einen persönlichen Grund in dem Bestreben dieses Hauses neben der usurpirten Krone sich einen Hausbesitz zu conserviren. Alle diese wechselnden Bildungen von verhältnißmäßig geringem Umfang haben keinen bestimmenden Einfluß auf die Gesammtverfassung geübt. Den Charakter des Eorl als einer von Hause aus persönlichen Würde erkennt auch der Peerage Report III. 178. 211. 212 unumwunden an.

2) **Die Stellung des normannischen Vicecomes** gewinnt namentlich durch die reichhaltigen und zuverlässigen Nachweisungen und Urkunden in Madox Exchequer eine sichere Grundlage, die sich aber noch viel enger an das angelsächsische Verwaltungssystem anschließt als dies gewöhnlich angenommen wird.

Auf die Stellung des Viecomes als Kriegscommissar ist in §. 9 zurückzukommen. Seine besonderen Geschäfte bei der Ausrüstung und Soldzahlung der Burgbesatzungen waren dadurch bedingt, daß der gewöhnliche 40tägige Lehndienst dafür nicht ausreichte, vielmehr stehende Besatzungen auf Sold nothwendig wurden. Daher die häufigen Zahlungen für milites und servientes, für Reiter und Fußvolk in den Burgen, öfter aber auch in den Feldzügen. Dialogus de Sc. Madox II. 422. Vgl. Madox I. 220, 370 etc. wo sogar eine Auslage von 1228 £ vorkommt. Auf den Vicecomes als Gerichtshalter ist in §. 10 zurückzukommen, auf seine Stellung als Polizeivogt in §. 11. Beispiele der Strafvollstreckungen durch den Vicecomes bei Madox I. 372—374. Die Erwähnung der Polizeistellung ist in den Rechtsbüchern dieser Zeit ganz analog wie die des Shirgerefa der angelsächsischen Zeit, z. B. über den von ihm zu ertheilenden Frieden, Henr. 79 §. 4 über die

Ladungen Henr. 41 §. 5, über Pfändungen Henr. 6, 51, §. 4, Anklagen wegen Diebstahls Henr. 66 §. 9. Namentlich bestätigen auch die leges Wilhelmi die alte Polizeistellung des Shirgerefa. Auf die finanziellen Pflichten ist in §. 12 ausführlich zurückzukommen.

Ueber die Rechnungslegung des Vicecomes giebt der Dialogus de Scaccario II c. 1, 2, 4, Madox II. 407—16 die systematischen Grundsätze zur Zeit Heinrichs II. Das Ladungsformular zur Rechnungslegung lautet:

> Vide sicut te ipsum et omnia tua diligis, quod sis ad Scaccarium ibi vel ibi, in crastino Sancti Michaelis et habeas ibi tecum quidquid debes de veteri firma vel nova, et nominatim haec debita subscripta (folgen die einzelen Posten).

Die Strafandrohung für den Ausbleibenden wurde unter Umständen noch geschärft: „Alioquin sic te castigabimus, quod poena tua aliis Ballivis nostris dabitur in exemplum." Madox I 356. Eine Stellvertretung in der Rechnungslegung wird streng genommen nur auf königliche Specialmandate gestattet, in späterer Zeit auch mit Specialgenehmigung des Präsidenten. Es soll dafür gesorgt werden, daß unter den Stellvertretern wenigstens ein miles sich befindet, und nicht bloß clerici, weil bei diesen die Anwendung der Haft und Zwangsmaßregeln mehr Umstände machen würde „quia si secus egerint, non decet eos pro pecunia vel ratiociniis comprehendi." Madox II. 415. Ist der Rechnungspflichtige ein Kronvasall, so tritt auf kurzem Wege eine Lehnspfändung oder die persönliche Haft ein, doch soll der miles in anständiger Haft gehalten werden. — Eine Verwaltung des ganzen Amts durch Stellvertreter kann nur durch königliche Specialorder gestattet werden. In den Rotuli 5 Jo. kommt in dieser Stellung ein Subvicecomes pro Cancellario vor. In 55. Henry III. kommittirt der Erzbischof von York als Sheriff von Nottingham und Derbysh. den Hugo von Babington als seinen Custos: Rex autem — commissionem illam acceptans, volens et concedens, quod praedictus Hugo regi respondere possit ad Scaccariam etc. Umgekehrt überläßt Johann dem W. de Stutevill die custodia von York, reservatis castris et forestis, und ernennt ihm zwei Untercustodes, qui erunt intendentes ipsi Willelmo; et ipse erit supremus custos et respondebit ut vicecomes etc. Wo solche Stellvertreter gestattet werden, bleibt doch der Prinzipal in der Regel rechnungspflichtig. Aber auch andere Rücksichten werden gegen Geldzahlung genommen. In 12 Joh. zahlen die Männer der Grafschaft Dorset und Somerset 1200 Mark Silber, quod rex constituat eis Vicecomitem de se ipsis talem, qui residens sit in comitatibus illis, excepto W. Brieverre et suis etc. Ein solches Verbitten einzeler Personen als Sheriffs ist nicht selten. Auf diesem Wege kommen die ersten Einzelfälle vor, in welchen die Selbstwahl der Sheriffs gegen eine Gebühr gestattet wird.

Ueber die persönlich hohe Stellung der Sheriffs giebt Madox zahlreiche Beispiele. In dem Dialogus II. c. 4 Madox II. 417 wird zwar ausdrücklich gesagt, daß der Vicecomes kein Kronvasall zu sein braucht: video ex praedictis perpendere, quod miles vel quilibet alius discretus possit a Rege vicecomes vel alius Ballivus creari, etiamsi nihil ab ipso possideat, sed solum ab aliis. Debetur haec praerogativa dignitatis publicae potestati, ut cujuscunque sit, cuicunque vir aliquis in Regno militet vel ministret, si egi necessarius visus fuerit, libere possit assumi, et Regiis obsequiis deputari. Es geht daraus jedoch nur hervor, wie sehr die Besetzung des Amts durch Kronvasallen die Regel war, deren Lehnsbesitz die bequemen Mittel der Auspfändung darbot.

Zahlreich sind in späterer Zeit die Amtsinstruktionen der Vicecomites. So wird in 42 Hen. III. ein allgemeiner Amtseid vorgeschrieben, der manches Licht auf den Geist dieser Verwaltung wirft. Die Sheriffs sollen unter Anderem schwören, unparteiisch und prompt dem Armen wie dem Reichen Recht zu gewähren; nichts anzunehmen selbst oder durch Andere, außer Essen und Trinken für einen Tag; nicht mit mehr als 6 Pferden sich einzuquartiren; bei Niemand zu logiren der weniger als 40 £ Grundrente hat, und nicht öfter als einmal im Jahre oder höchstens zweimal auf Einladung und ohne daraus Präcedenz zu machen; kein Präsent über 12 Pfennige zu nehmen; nicht mehr Dienstthuende mit sich zu führen, als für die Sicherheit ihres Amtsbezirks nöthig; daß diese Dienstthuenden mit Essen und Trinken nicht das Land überschweren noch von irgend einem Einsassen Schafe, Korn, Wolle, bewegliches Gut, Geld oder Geldeswerth nehmen. (Madox II. 147).

3) **Für das normannische Ortsverwaltungssystem** ist auf die angelf. Periode §. 3. Abschn. III zurückzuverweisen, woraus sich die Uebereinstimmung im Ganzen und Großen ergiebt, zugleich aber auch eine Menge von Lücken, in Folge deren die privatrechtlichen Verhältnisse nur vermuthungsweise festzustellen, vielfach kaum zu errathen sind. Als Proben der Weise der Eintragung gebe ich folgende:

D. 65. Rex tenet Aldeborne. — In dominio sunt XVIII hidae, et ibi X carucatae et XXV servi, et XIII coliberti. Ibi LXXIII villani, et XXXVIII cozets cum XXVI carucis. — D. 65. In dominio sunt II carucae, et VI servi, et X coliberti. Ibi XII villani, et VI bordari, et XIV cocsets cum XVII carucis.

D. 274b. In Aidimtune sunt XVI hidae. De his sunt in dominio IX hidae, una virgata minus. Ibi II in dominio et VI villani et II cosets cum II carucis. Ibi VI coliberti reddunt per annum XI solidos et II denarios et arant et seminant de proprio semine XII acros.

D. 278. Terra est una carucata. In dominio est una caruca, et VI bordarii, et IV servi cum II carucis et dimidia.

Bequemer wird die Uebersicht durch die neueren Abdrücke der einzelen Stücke des Domesdaybook. Von einigen Grafschaften wie Middlesex, Surrey ist auch der lateinische Text ohne die Abkürzungen in extenso gedruckt und mit englischer Uebersetzung (London 1862 fol.) Es ist übrigens bemerkenswerth, daß in dem Domesdaybook ein specifisch feudaler Sprachgebrauch keineswegs ausschließlich herrscht, — gewiß noch ein ergänzender Beweis dafür, daß das englische Lehnswesen erst im Laufe von Menschenaltern aus den Consequenzen der normannischen Belehnung in ihrer Anwendung auf angelsächsische Besitzverhältnisse zusammengeschmolzen, und durch die Praxis der Verwaltung allmälig ausgebildet ist. Die einzelen Verhältnisse angehend, so sagt

1) über die manors das Glossarium von Somner folgendes: ante Normannorum tempora vox apud nos, in chartis aut aliis nostris bonae fidei monumentis, frustra quaeritur. — Nec in toto legum antiquarum gentium exterarum Codice, Manerii vocabulum reperitur. A. Normannis (inter alia ejus farinae verba) e Gallia huc adductum conjicio, quorum in Anglia

praecessoribus, Hida, Familia, Villa, Sulinga, Casata, Mansura, Manens (ut Mansus, Mansio, Mansum, Colonia, et eis, et exteris simul) idem significarunt, ac ipsis et aliis posterioris aevi populis Manerium. Ellis I. 224, 225. Ueber die technische Bedeutung der Worte saca, soca, infangtheof, team, toll in den Belehnungsurkunden vgl. die Abhandlung von Zöpfl über die Rechte der alten Barone im XI. und XII. Jahrhundert §. 38—42. In Zöpfl's Alterthümern des deutschen Reichs und Rechts, Leipzig 1860, Band I. S. 170—211.

2) Der Begriff Honour ist ebenfalls nur ein neuer Name für eine alte Sache. Mit Recht macht Heywood S. 188, 189 darauf aufmerksam, daß wenn im Domesdaybook das Wort Honour in einzelen Fällen vorkommt, es identisch und abwechselnd gebraucht wird mit dem Land oder dem Lehn gewöhnlicher Vasallen. Erst allmälig wird es vorzugsweise für die großen Lehne gebraucht, Henry Huntingdon, de contemptu mund., c. 23: Possessiones magnas, quas vulgo vocant honores. In den Schatzrechnungen wird, so viel ich übersehen kann, die Bezeichnung Honour seit Heinrich II. für die großen Besitzungen von earls, von den Besitzungen des high constable und weniger Großvasallen gebraucht. Die ungefähr um dieselbe Zeit entstandene Rechtssammlung der sog. LL. Henrici I. braucht das Wort schon bestimmt von solchen Besitzungen, zu denen mehre maneria gehören (Henr. c. 55).

3) Ueber die normannischen burghs und die allmälige Entstehung des Stadtrechts aus dem Zusammenwachsen der Steuerverhältnisse der firma burgi mit einer verliehenen Polizeigerichtsbarkeit (court leet) vgl. Gneist II. 104—112. Ich erinnere hier nochmals daran, daß die moderne Lieblingsidee, politische Schöpfungen aus socialen Interessen hervorgehen zu lassen, dem Gildewesen der englischen Städte eine übertriebene Bedeutung beigelegt hat. Die sogenannten iudicia civitatis Lundoniae, ebenso wie die Gilden zu Cambrigde, Canterbury, Exeter u. A. sind freiwillige Verbindungen zu bestimmten beschränkten Zwecken, die nur bei der ersten Entstehung der firma burgi eine Bedeutung haben. Das Stadtgericht dagegen (court leet) mit seiner regelmäßigen Gerichtsfolge ließ sich nicht auf eine Privatgilde beschränken oder basiren. Es ist a. a. O. auch die Verschiedenheit der städtischen Verhältnisse hervorgehoben, von denen allerdings einige reich und angesehen, die Mehrzahl aber noch in kleinen und ärmlichen Verhältnissen sich darstellt, Heywood 323.

Daß die Mediatstädte eine verhältnißmäßig untergeordnete Bildung sind, ergiebt ihre seltne Erwähnung, die Kleinheit der so bezeichneten Orte und die geringe Zahl der baronial charters, verglichen mit den 1500 königlichen Charten, auf denen die Bildung des englischen Stadtrechts beruht. Ueber die Befugnisse der Grundherren zur Erhebung von tallagia in den Mediatstädten vgl. Madox I. 756 und die charta 11 Henr. III.: concedimus insuper eidem episcopo et successoribus suis, quod pro necessitatibus suis et ecclesiae suae tallagium vel rationabile auxilium capiant de praedictis civibus suis, quando nos vel haeredes nostri tallagium faciemus in Dominicis nostris. Madox I. 751.

§ 9.

I. Die Entwickelung der normannischen Kriegshoheit.*)

Auf dem Boden der eben geschilderten Grafschaftsverwaltung tritt nunmehr eine Umbildung der königlichen Gewalten ein, welche überraschend früh die wesentlichen Hoheitsrechte des neuern Staatswesens darstellt. Zunächst ist es die Kriegsgewalt, welche durch Hinzutreten des normannischen Lehnsystems in allen Richtungen eine absolute Gestalt annimmt.

1) Die Beschließung über Krieg und Frieden[1]) wurde am Schluß der angelsächsischen Zeit noch häufig von der Witenagemote geübt, und wohl als ein Recht beansprucht, wenn ungewöhnliche Leistungen des Volksbannes verlangt waren. Die Grenzen standen indessen nicht fest (S. 36); gegen die Thanschaft wenigstens konnte der König ein Recht des persönlichen Aufgebots wohl grundsätzlich beanspruchen. Dies letztere Recht ist jetzt die allgemeine Regel, seitdem jeder Kronvasall und jeder Untervasall des Königs homo geworden. Der gestellten Bedingung, dem König intra et extra regnum zu dienen, mußte sich der Normann fügen im eignen Interesse seiner Besitzungen und seiner Landsleute in der Normandie und als Bedingung seines neuen Besitzes auf englischem Boden. Der angels. Than mußte zufrieden sein, wenn er unter gleicher Bedingung in seinem Besitze blieb. Wilhelm konnte daher diesen entscheidenden Punkt durch eine einfache Proklamation regeln, Carta Will. III. c. 2:

> Willelmus rex Anglorum dux Normannorum omnibus hominibus suis, Francis et Anglis, salutem. Statuimus ut omnes liberi homines foedere et sacramento affirment, quod intra et extra universum regnum Angliae (quod olim vocabatur regnum Britanniae) Willelmo regi, domino suo, fideles esse volunt, terras et honores illius fidelitate ubique servare cum eo, et contra inimicos et alienigenas defendere.

Die Probe des neuen Gesammtverhältnisses wurde gegen den Schluß der Regierung Wilhelms gemacht. Als a. 1085 der Einfall eines dänischen Heeres drohte, zog der König mit den Mitteln seines Schatzes ein gewaltiges Soldheer aus vieler Herren Länder zusammen und überwand durch starke Einquartirungen das noch vorhandene Widerstreben. Im folgenden Jahre erschien willig der gesammte größere Grundbesitz zur Heerschau bei Salisbury, um durch einen großen militärischen Huldigungsact anzuerkennen, daß alle Kron- und

Untervasallen des Königs Dienstmannschaften geworden. Es war damit eben proclamirt, daß das neugestaltete Heer kein Volksbann, sondern eine vom König aufzubietende Mannschaft ist. Die heutige königliche Prärogative der Entscheidung über Krieg und Frieden war damit begründet. — Als Ergänzung dazu wurde auch das Recht der Anlegung von Burgen entschieden als Regal geltend gemacht. Die Castellatio sine licentia ist von jetzt an ein mit der misericordia regis und schweren Bußen bedrohtes Vergehen, Henr. 13 §. 1, 10. §. 1, und es ist davon in so reichlichem Maße Gebrauch gemacht, daß für die Landesbefestigung der britischen Insel die Regierung Wilhelms eine entscheidende Epoche bildet.

2) Die Ausrüstung der Mannschaften und die Vertheilung der Contingente[1]) war in der angelsächsischen Zeit noch Gegenstand der Verhandlungen des Sheriff mit der Grafschaftsversammlung. Diese Verhandlungen fallen jetzt fort. Die Zahl der Kriegslehne bildet die Matrikel, nach welcher der große Grundbesitz in festen Zahlen die Ausrüstungslast trägt. Der Einhufenbesitz, das gesammte kleinere Freisassen- und Bauerthum ist von der Ausrüstungs- und Unterhaltungspflicht der Mannschaften befreit, — ein Resultat, zu welchem die wirthschaftlichen Zustände der Angelsachsen schon seit Jahrhunderten hingewiesen hatten. Zum Aufgebot der 60,215 Kriegsleute, welche die Matrikel enthielt, bedurfte es jetzt nur einer persönlichen Order des Königs an die 600 Kronvasallen und zugleich an die 7871 Untervasallen des Domesdaybook, welche für das Aufgebot auch homines regis sind. Da es aber auf die Gestellung, Ausrüstung und Verproviantirung der Mannschaften von den einzelen Gütern ankam, so mußte dies Geschäft durch die Grafschaftsverwaltung, also durch die Person des Vicecomes gehen. Man konnte nicht Tausende von persönlichen Orders an die einzelen Vasallen erlassen, und auch die größten Lehnsträger waren insofern nicht die geeignete Adresse, als ihre großen Besitzungen, und damit auch ihre Untervasallen und berittenen Mannschaften in vielen Grafschaften zerstreut lagen. Nach den Verzeichnissen des Domesdaybook vertheilten sich die Besitzungen von etwa 134 weltlichen Kronvasallen in 2 bis 5 Grafschaften, von 29 Herren in 6 bis 10 Grafschaften, von 12 großen Herren sogar in 10 bis 21 Grafschaften, und beinahe ebenso der Besitz der großen geistlichen Kronvasallen. Der Geschäftsgang mußte sich daher begreiflich dahin gestalten, daß die Mobilmachungsorder an die Vicecomites erging nach folgendem Formular:

Vicecomiti Kanciae salutem. Praecipimus tibi quod sine dilatione summoneri facias per totam ballivam tuam Archiepiscopos, Episcopos, Abbates, Priores, Comites, Barones, Milites, et libere tenentes, et omnes alios qui servitium nobis debent sive servitium Militare vel Serjantiae: quodque similiter clamari facias per totam ballivam tuam, quod sint apud Wigorniam in crastino S. Trinitatis anno regni nostri septimo, omni dilatione et occasione postpositis, cum toto hujusmodi servitio quod nobis debent, parati cum equis et armis ad eundum in servitium nostrum quo eis praeceperimus. — Eodem modo scribitur omnibus Vicecomitibus Angliae. (Cl. 7. Henr. 3).

Die Sheriffs erließen dann weiter ihre Proclamation, persönlich oder durch ihre Bailiffs, in allen burghs und Marktstädten der Grafschaft mit dem Gebot an alle Kriegspflichtigen sich zu gestellen „bei Gefahr der Verwirkung ihrer Lehne oder schwerer Büßung nach des Königs Gnade.“ Größerer Dringlichkeit und Courtoisie halber konnten daneben auch noch Specialorders an große Kronvasallen und Prälaten ergehen und durch den Vicecomes insinuirt werden. Daß aber die Generalorder an den Sheriff der eigentlich entscheidende Akt war, ergiebt ihre Fassung ebenso wie die Natur der Verhältnisse. Jeder Kronvasall hat dafür zu sorgen, daß in jeder Grafschaft so viel Schwerbewaffnete auf einen Dienst von 40 Tagen gestellt wurden, wie nach der Lehnsmatrikel auf ihn fielen. Die Vorbereitungen zur Ausrüstung und Verproviantirung mußten auf den einzelen Gütern vorher getroffen sein, und es war Sache der großen Lehnsträger in jeder Grafschaft einen ihrer Untervasallen oder Hausbeamten dafür verantwortlich zu machen. Da die Gesammtzahl der besitzenden Kron- und Untervasallen nicht volle 8500 betrug, so konnten von 60,000 Schwerbewaffneten mindestens fünf Sechstel nur durch Ausrüstung von Söhnen, Angehörigen und freien Dienstleuten gestellt werden. Da ferner das normannische Heer zu allen Zeiten nicht blos Reiter, sondern auch Massen von Fußvolk brauchte, so waren die Vasallen gern damit zufrieden, wenn durch Uebereinkunft statt der überflüssigen Reiter eine entsprechende Zahl Bogenschützen oder Hellebardiere angenommen wurde. Das Gestellungsgeschäft erhielt dadurch doch wieder einen weitläuftigeren Charakter und mußte nothwendig nach Grafschaften gesondert vor sich gehen. Weder bei der Ausrüstung, noch im Felde, vielleicht nicht einmal bei der Heerschau konnten die Mannschaften eines großen Vasallen eine feste Einheit bilden, und damit auch seine Stellung als erblicher Capitän (senior, seigneur) nicht die Bedeutung gewinnen wie auf dem Boden Frankreichs. Ueber alle diese Verhältnisse war aber nicht mehr mit den Thanen der Grafschaft zu verhandeln, wie in der angelsächsischen Zeit, sondern der Vasall hat sich vor den königlichen Beamten auszuweisen über die Erfüllung seiner matrikelmäßigen Pflicht.

3. Das Commando der einberufenen Lehnsarmee[3]) gehört selbstverständlich dem König, wie in der angelsächsischen Zeit. Alle aktiven Commandos beruhen auf seinem persönlichen Auftrag (commission). Die Reiterordnung der Lehnsmilizen bringt es mit sich, daß die zusammengezogenen Truppen ihren Comes stabuli und ihren Marescalcus haben müssen, wie heute ihren Generaladjutanten und Generalquartiermeister. Constable und Marshal ordnen die versammelten Truppen nach Abtheilungen und Fähnlein, entscheiden Streitigkeiten über den Vortritt und die Feldzeichen im Felde wie im Turniere, führen die Präsenzlisten der Mannschaften, und ertheilen Certificate darüber, durch welche im Schatzamt der Ausweis über die geleistete, abgekaufte oder erlassene Lehnspflicht geführt wird. Aus dieser Stellung entwickelt sich auch eine vom König abgeleitete militärische Jurisdiction. Wie aber jedes stehende Heer die nothwendigen Einrichtungen des Krieges auf den Friedensstand zu übertragen strebt, so galt dies in erhöhtem Maße von der auf den Grundbesitz basirten Lehnsmiliz. Je mehr das Kriegsvasallenthum sich als große Gilde und dominirender Stand zu fühlen anfing, um desto lebhafter wurde das Verlangen, ihren Constable und Marshall für das ganze Lehnsherr auf dem Friedensfuß zu haben, wie die Lehnsmiliz der Normandie ihren Constable und Marshall längst hatte, dauernd wie ihren Lehnbesitz. Nach langem Zögern ist dieser Punkt nachgegeben. Wenigstens unter Stephan, vielleicht schon etwas früher, erscheint eine Constabularia und ein Kriegsmarschallamt des gesammten Lehnsheeres auf Friedensfuß mit gewissen Ehren- und nutzbaren Rechten. Für das Heer im Felde aber hat sich der König das persönliche Commando ebenso wie die Ernennung des activen Constable und Marshall aus den Seigneurs jedesmal vorbehalten, und wenn so an höchster Stelle die Commandos den Amtscharacter festhielten, so erstreckte sich derselbe auch auf die niederen Commandos, für welche der Name Constabularia, Constable, die allgemeine Bezeichnung von den obersten bis zu den untersten Stufen herab wurde. Die Hierarchie des Lehnswesens enthielt nur gewisse Schranken für die königliche Ernennung aus den Reihen der größeren, mittleren und kleineren Vasallen. Die Innehaltung dieser Schranken war durch das

militärisch nothwendige Gefolge bedingt, welches die höheren Führer begleitete; eben so sehr aber auch durch den sich mächtig entwickelnden Innungs- und Standesgeist der Lehnsmilizen. Der schwere Reiterdienst bedingte eine langjährige Uebung und Gewöhnung, womöglich schon vom Knabenalter an. Das ritterliche Gildewesen mit seiner Meisterwürde, mit den Abstufungen des Ritters (knight), des Knappen (esquire) und des Pagen haben sich seit den Kreuzzügen gleichmäßig auch in England entfaltet. Die Turniere blühen unter Stephan und Richard Löwenherz. Aus der Pflicht zum vollen Ritterdienst folgerte man auch die Verpflichtung zur Erlangung der Ritterwürde, und es ergingen von Zeit zu Zeit königliche writs an die Kronvasallen: „ut arma capiant et se milites fieri faciant, sicut tenementa sua quae de nobis tenent diligunt". (Rot. cl. 19. Hen. III.)

In geordneten Zeiten bot diese normannische Lehnsmiliz ein imponirendes Gesammtbild dar, sie tritt als die eigentliche Grundlage der Staats- und Standesbildung in den Vordergrund. Das Staatswesen war ein anderes geworden durch die strenge persönliche Kriegspflicht von 8000 großen und größten Grundbesitzern. Auf anderthalb hundert Jahre bedurfte ein legitimer Herrscher keiner anderen Macht, um selbst eine widerstrebende Bevölkerung in Gehorsam zu erhalten. Mit diesem Heersystem waren die Normannenkönige zum ersten Male die vollständigen Herren der brittischen Insel geworden seit dem Abzug der römischen Legionen. Diese Militärmacht (verbunden mit den zahlreichen und starken Befestigungen) wurde endlich auch der westlichen Briten und der nördlichen Nachbarn Herr, machte den dänischen Einfällen ein für alle Mal ein Ende, und verwandelte England in einen wirklichen Einheitsstaat, der von Seiten der Machtverhältnisse die Grundlagen einer großen Zukunft bereits enthielt, dem nur noch die Regelung der Rechtsverhältnisse fehlte, die in langsamem Bildungsgang später nachfolgte.

Trotz alles äußeren Prunks und trotz ihrer Kriegstüchtigkeit fehlt diesen Lehnsmannen freilich Eines, was die Lehnsmilizen des Continents charakterisirt: der territoriale Zusammenhang zwischen den Untervasallen und den großen Lehnsträgern. Es handelt sich dabei nicht bloß um die zerstreute Lage der großen Lehnsbesitzungen, sondern mehr noch um den nationalen Zwiespalt. Noch mehre Menschenalter hindurch konnte der ehemalige angelsächsische Than und Großbauer nur unwillig einem aufgedrungenen normannischen Herrn als Untervasall dienen. Nicht besser stand es mit der Mehrzahl der normannischen Untervasallen, zusammengerafften normannischen

Reitersleuten und Bauern, welche jetzt als Gutsherren auf englischem Boden figurirten, „rohen Parvenüs, beinahe verrückt geworden durch ihre plötzliche Erhebung, verwundert, wie sie zu solcher Machthöhe gekommen und meinend, daß sie thun könnten was sie wollten" (Ordericus IV. c. 8.) Von einem wirklichen Treuband zwischen einer solchen kleinen und großen Vasallenschaft war in den ersten normannischen Zeiten kaum die Rede. Mit dem Wegfall der königlichen Autorität unter dem Usurpator Stephan zerfährt vielmehr auch die kleine Vasallenschaft in ein wüstes gewaltthätiges Stegreifritterthum. Es fehlt dem Militärstaat noch die nationale Einheit.

Eben diese Schwächen des Militärstaates veranlaßten länger als 100 Jahre nach der Eroberung die Wiederbelebung der alten sächsischen Volksmiliz. Uneinigkeit in der königlichen Familie selbst, der Einfluß der Kreuzzüge, das böse Beispiel der Normandie und Frankreichs, die Zwistigkeiten mit der Kirche trafen in dieser Zeit zusammen, um das einst so gehorsame Lehnsheer zu einer nicht mehr gleichartigen und nicht mehr zuverlässigen Masse umzugestalten, gegen welche die Könige selbst ein Gegengewicht suchen. In diese Zeit tritt die Assize of Arms 27 Henry II. (1181) mit folgenden Vorschriften: Jeder Besitzer eines Ritterlehns soll eine eiserne Rüstung, einen Helm, einen Schild und eine eiserne Lanze haben, und zwar jeder Ritter soviel Rüstungen wie Ritterlehne. Jeder weltliche Freisasse, der in beweglichem Gut oder Rente 16 Mark besitzt, soll ebenso Rüstung, Helm, Schild und Lanze halten. Jeder Freisasse von 10 Mark in Gütern oder Renten soll eine Halberge (Brustharnisch ohne Armstücke), eiserne Pickelhaube und Lanze haben. Alle Bürger und übrigen Freisassen sollen ein gestopftes Wams, eiserne Pickelhaube und Lanze haben. Diese Waffenstücke dürfen nicht veräußert oder verpfändet werden. Anscheinend sind für diese vom Lehnsbesitz unabhängigen Milizen auch schon Offiziere (Constables) in den einzelen Hundertschaften ernannt worden. Erst in der folgenden Periode ist daraus jedoch eine wirksame Waffenmacht geworden.

*) Ueber das normannische Heerwesen als Ganzes vgl. d. Abschn. Gneist II. 61—68, der sich nach der Natur des Heerwesens mit der hier von der Seite der Kriegshoheit aus gegebenen Darstellung zum großen Theil deckt. Einiges brauchbare Material enthalten Grose's Military Antiquities. London, ohne Jahreszahl 2 Vol. 4°. Vergleiche auch einzele Notizen in der British Military biography, 2nd. Ed. 1846. 8.

1) **Das königliche Recht des Aufgebots der Lehnsmannschaften** beruht rechtlich darauf, daß das System der persönlichen Dienstmannschaft nunmehr die ordentliche Heeresverfassung darstellt, der alte durch die Gemeinden

aufzubringende Volksbann dagegen zurücktritt und auf länger als hundert Jahre nur polizeilichen und Finanzzwecken dient. Es war dies so sehr die Consequenz der neuen Belehnungsweise, daß die ganze neue Einrichtung gewissermaßen durch einen Tagesbefehl des Kriegsherrn in Wirksamkeit tritt. Carta Will. III. c. 8:

Omnes comites et barones, et milites et servientes, et universi liberi homines totius regni nostri praedicti, habeant et teneant se semper bene in armis et in equis, ut decet et oportet; et sint semper prompti et bene parati ad servitium suum integrum nobis explendum et peragendum cum opus fuerit; secundum quod nobis debent de feodis et tenementis suis de jure facere; et sicut illis statuimus per commune concilium totius regni nostri praedicti, et illis dedimus et concessimus in feodo jure hereditario. Hoc praeceptum non sit violatum ullomodo super forisfacturam nostram plenam.

Es wird hier allerdings noch Bezug genommen auf eine Berathung mit den angesehensten Kronvasallen (per commune concilium totius regni nostri), und eine solche Besprechung wird auch thatsächlich stattgefunden haben. Allein das Resultat konnte nur das Obige sein, da der Eroberer seine Belehnungen von dieser Bedingung abhängig machte. Das eigene Interesse der Normannen gebot die Verwendung der Kriegsmacht extra regnum, da ihre angesehensten Männer auf beiden Seiten des Meeres Besitzungen hatten. Kriege für die Normandie waren daher stets populär, so lange die Verbindung beider Länder dauerte. Der angelsächsische Theil mußte sich der neuen Auffassung fügen, von welcher in der Carta Wil. III. c. 9 gesagt wird: ut omnes liberi homines totius regni nostri sint f r a t r e s c o n j u r a t i ad monarchiam nostram, et ad regnum nostrum contra inimicos pro posse suo defendendum et viriliter servandum et pacem et dignitatem coronae nostrae integram observandam.

Diese umfassende Kriegshoheit führt dahin, den Lehnsverpflichtungen gegen den König immer mehr einen besonderen s t a a t l i c h e n Charakter beizulegen im Unterschied von der Lehnstreue gegen den Privatherrn. Allmälig wird dies auch im Sprachgebrauch sichtbar. Der Ausdruck dominus ligius wird zwar noch lange Zeit auch für den Privatlehnsherrn gebraucht Allen, Prerogative 71. 72. Am Schluß dieser Periode aber steht der Sprachgebrauch ziemlich fest, unter homagium ligium den Treueid an den S o u v e r ä n zu verstehen, unter homagium simplum den Treueid vermöge Lehnsbesitzes, welcher einem Privatmann nur geleistet werden kann für ein wirklich verliehenes Gut, nicht aber ohne das. Bracton II. c. 35. §. 6. Nec pro solo domino fit homagium, nisi soli regi vel principi, sine tenemento vel servitio.

Das ausschließliche königliche Recht der B u r g b e f e s t i g u n g ist für die angelsächsische Zeit noch zweifelhaft (oben S. 37), unzweifelhaft aber für die normannische Zeit, in welcher der Eroberer den reichlichsten Gebrauch davon macht. Math. Parisius sagt: Ad Castra quoque construenda rex antecessores suos omnes superabat. Von den 49 Burgen, die das Domesdaybook erwähnt, wird nur die von Arundel als tempore Eduardi vorhanden bezeichnet; 8 werden als vom Eroberer selbst erbaut sicher bezeugt; 10 als von größeren Baronen erbaut; 1 von einem Untervasallen des Earl Roger; bei 11 weiteren findet sich die Bezeichnung als neu errichtete ohne Angabe des Erbauers. Nicht erwähnt sind im Domesdaybook die Burgen von Dover, Nottingham, Durham und der weiße Thurm im Tower von London, deren Erbauung durch den Eroberer anderweitig bezeugt ist. Diese Masse von starken Befestigungswerken an allen strategisch wichtigen Punkten mit großentheils stehenden Besatzungen sicherte die normannische Herrschaft nach außen wie nach innen, übte freilich aber auch einen schweren Druck auf die umliegende Landschaft. Die Erinnerung an die normännischen Castle-men blieb im Mittelalter unvergessen.

2) Ueber die Aushebung der Lehnsmannen vgl. Grose, Military antiquities I. 63. Thomas Exchequer p. 53; über die zerstreute Lage der Besitzungen der Kronvasallen Gneist II. 66. 67. Nach meiner Zählung aus den Indices zum Domesdaybook saßen etwa 290 Kronvasallen mit ihren Besitzungen in einer Grafschaft; 69 in 2 Grafschaften; 28 in 3; 20 in 4 Grafschaften; 17 in 5; 12 in 6; 5 in 7; 6 in 8; 2 in 9; 4 in 10; 2 in 11; 3 in 12; 1 in 13; 2 in 14; 1 in 20; 1 in 21 Grafschaften. Von den geistlichen Kronvasallen mehr als 90 in einer Grafschaft, mehr als 30 in 2, etwa ebenso viel in 3 und mehr Grafschaften, die drei meist zerstreuten in 9, 10 und 11. In ähnlicher Weise zerstreute Besitzungen der Großthane kommen übrigens schon in der angelsächsischen Periode vor Heywood 115. Die Orders an die Sheriffs zum Aufgebot erscheinen formulärartig gleichmäßig Madox I. 653 und konnten in dringenden Fällen dann noch schärfer lauten Madox I. 654. Das Ausbleiben des Geladenen wird bei den hohen Geistlichen meistens nur mit hohen Geldbußen (amerciaments) gebüßt, beispielsweise mit Summen von 100 Mark Silber; bei weltlichen Vasallen tritt anscheinend die Besitzentsetzung unmittelbar ein Madox I. 662, 663. Außer der Person des Kronvasallen war die matrikelmäßige Zahl von Schwerbewaffneten zu stellen, für die allmälig der Ausdruck Servientes vorherrschend wird Heywood 129. Zum Ausweis der erfüllten Dienstpflicht dient entweder ein Certificat des Höchstkommandirenden, oder des Constable, oder des Marshall, oder auch eines von ihm bestellten Lieutenant, oder die Rotuli des Marschallamts der Armee. Madox I. 656, 657. —

Die Entstehung der Schildgelder, Scutagia, zur Abfindung des Kriegsdienstes seit Heinrich II., giebt sorgfältig Madox I. 625 ff. 642 ff., vgl. unten §. 12. Abschn. VI. Von militärischer Seite aus war der Uebergang dazu naheliegend. Die Lehnsmatrikel der 60,215 Ritterlehne war nur die rechtliche Grundlage der königlichen Ansprüche. Für die wirklichen Feldzüge wurden immer viel kleinere Heere aufgeboten, und daher auch die Entschuldigung einzeler Mannschaften (essoins) gegen eine Geldabfindung angenommen. Nach einigen Menschenaltern macht sich aber auch die insulare Lage des Landes, die Neigung zur friedlichen Lebensweise bei einem Theil der Lehnsmänner wiederum geltend. Zum ersten Mal im zweiten Regierungsjahre Heinrichs II. wird den Prälaten gestattet bei dem Feldzug nach Wales 20 Solidi von jedem Ritterlehn statt eines Reiters zu leisten. In 5. Henr. II. erhalten auch die weltlichen Vasallen die Erlaubniß von dem Feldzug nach Wales zurückzubleiben und statt des Dienstes zwei Mark für jeden Schild zu zahlen. Von dieser Zeit an wird eine Abfindung des Lehndienstes durch scutagia häufiger. Bei so geringen Ansätzen erschien sie in der That als eine Vergünstigung, die auch lange Zeit nicht aufgedrungen wurde. Als freilich später die Taxen höher gestellt, als die Forderung von Schildgeldern häufiger wiederkehrte und vom Schatzamt zu einer Finanzabgabe gestaltet wurde, da rückte die Zeit heran, wo die absolute Gewalt an dieser Stelle eine Schranke fand, und wo das Königthum nach langem Widerstreben sich dazu verstehen mußte, mit seinen Kronvasallen über die Einschätzung der scutagia in Verhandlung zu treten. Verschieden davon war die viel früher und später vorkommende Zulassung eines Stellvertreters für Fälle besonderer Verhinderung, über die eine vergleichsmäßige Geldzahlung (fine) im einzelen Fall vereinbart wurde unter der Rubrik: ne transfretent, pro remanendo ab exercitu, ne abeat cum rege etc. Madox I. 657, 658.

3) **Ueber das Commando der Lehnsmilizen** vergl. unter §. 19. die „Großämter“ des Constable und Marshall, und den Peerage Rep. III. 199b. Die Anfänge des Gildenwesens und die Meisterwürde im Reiterdienst beginnen schon in der angelsächsischen Zeit, Turner, History of the Anglo-Saxons III. 73—75. In den angelsächsischen Urkunden ist cniht eine häufige Bezeichnung der waffenkundigen Dienstmannschaften. Ein einzeles Beispiel von Ertheilung der Meister- oder Ritterwürde ist aber noch kein Beweis für ein daraus gebildetes Heersystem oder Standesrecht. Selbst im Domesdaybook ist die Bezeichnung miles noch vieldeutig, ebenso gut anwendbar auf einen Königsthan wie auf einen gemeinen Reitersmann. Einen durchgreifenden Einfluß auf das Heerwesen und die Standesverhältnisse erhält das ritterliche Gildewesen erst seit den Kreuzzügen. Ueber die königliche Ordnung des Turnierwesens unter Richard Löwenherz vergl. Lappenberg-Pauli III. 280. Auch daraus wird indessen systematisch eine Finanzquelle gemacht, ebenso wie aus der Sitte des Ritterschlages. Aus den königlichen Charten der früheren normannischen Zeit, namentlich wohl aus den Worten armis et equis se bene instruant, folgerte die Praxis des Schatzamtes um die Mitte der Regierung Heinrichs III. die Maxime, daß jeder Vasall, auch der Untervasall, als homo regis und jeder Besitzer eines Theilgutes, wenn er nur so viel besitze um überhaupt Reiterdienst leisten zu können, verpflichtet sei, den Ritterschlag gegen Sporteln bei Hofe einzuholen, oder eine Strafgebühr für die Versäumniß zu zahlen. Madox I. 510. Es entstand daraus das seltsame Verhältniß, daß bis zur Zeit der Stuarts das Einholen des Ritterschlages als eine lästige Zumuthung angesehen wurde, der sich die Mehrzahl von Besitzern der Rittergüter zu entziehen suchte, zufrieden mit ihrer Würde als Scutarii (Esquires) in der Lehnshierarchie, nach der Maxime „sufficiens honor est homini, qui dignus honore est“. Coke, Inst. I. 231, 233.

Ueber die Wiederbelebung der Grafschaftsmiliz unter Heinrich II. vergl. Gneist II. 67, 68. In den Hundreds und Flecken sollten Gemeindecommissionen ernannt werden um die Vermögensstufen der Milizpflichtigen festzustellen. Die Ritter der Grafschaft werden dadurch außer ihrer Lehnpflicht von Besitz wegen nun auch wieder kraft einer Gemeindepflicht wie die übrigen Freisassen zum Milizdienst herangezogen. Eine wirksame Einrichtung kann jedoch diese erste Gestalt der Landmiliz kaum geworden sein, da die Kämpfe zur Zeit der Magna Charta und unter Heinrich III. mit einer wirksameren Grafschaftsmiliz anders hätten verlaufen müssen.

§. 10.

II. Die Entwickelung der normannischen Gerichtshoheit.

Die Gerichtsverfassung als der stetigste Theil aller Staatsbildung, ist am meisten unverändert in die normannische Zeit übergegangen, aber im Verlauf derselben aus inneren Bedürfnissen heraus umgebildet worden.

Schon nach der ersten vorläufigen Ordnung der Verhältnisse hatte Wilhelm in seinem vierten Regierungsjahre feierlich beschworen, „die guten und bewährten Gesetze Eduards des Bekenners aufrecht zu erhalten," mit Vorbehalt der nothwendig gewordenen Aenderungen (Sax. Chron. a. 1070). Er hatte dazu 12 Männer ernannt, welche des Rechts kundig, solche Gesetze und Gewohnheiten sammeln sollten, die zur Zeit der Sachsenkönige in Gebrauch gewesen. Seit Heinrich I. wiederholt sich diese Zusicherung periodisch. Im Sinn und Sprachgebrauch der Zeit ist damit der ganze Rechtszustand, also sowohl das öffentliche wie das Privatrecht, das Verfahren wie das materielle Recht gemeint, d. h. es soll von denselben und für dieselben Personen nach denselben Formen und Grundsätzen Recht gesprochen werden wie in der sächsischen Zeit.*)

1) Die Justiz wird also von denselben Personen verwaltet, d. h. der normannische Vicecomes tritt als Gerichtshalter an die Stelle des sächsischen Shirgerefa, und hält periodisch in der Grafschaft und Hundred die herkömmlichen Gerichtstage. Die Gerichtsmänner sind die Freisassen der Grafschaft wie zur sächsischen Zeit. Eine Charte Heinrichs I. (Rymer foedera I. 12) bestätigt dies mit einem königlichen Reservat:

> Sciatis quod concedo et praecipio, ut a modo comitatus mei et hundredo in illis locis et iisdem terminis sedeant, sicut sederunt in tempore regis Edwardi, et non aliter. Ego enim, quando voluero, faciam ea satis summoneri propter mea dominica necessaria ad voluctatem meam. Et si modo exurgat placitum de divisione terrarum, si est inter barones meos dominicos, tractetur placitum in curia mea. Et si est inter vavassores duorum dominorum, tractetur in comitatu. Et hoc duello fiat, nisi in eis remanserit. Et volo et praecipio, ut omnes de comitatu eant ad comitatus et hundreda, sicut fecerunt in tempore regis Edwardi.

Die Rechtssammlung der sog. leges Henrici I. bemüht sich immer wiederholt die Grafschaftsgerichte als Versammlungen in derselben Gestalt und Besetzung darzustellen wie in der alten Zeit. Damals war das Hundertgericht mit Freisassen besetzt; in dem Grafschaftsgericht aber waren Thane die regelmäßigen Urtheilsfinder, Gemeinfreie nur aushilflich oder als Umstand thätig. An Stelle der Thane stehen jetzt die Kron- und Untervasallen in ihrer Eigenschaft als Freifassen. Die herkömmliche Gerichtsverfassung macht sie also zu Gerichtsmännern:

Regis judices sunt barones comitatus, qui liberas in eis terras habent; Villani vero vel Cocseti, vel qui sunt hujusmodi viles et inopes personae, non sunt inter judices numerandi. L. Henr. I. c. 29.

2) Es sind zunächst dieselben Processe, welche vor dem normannischen Landvogt verhandelt werden sollen, wie einst vor dem sächsischen Earl und Shirgerefa. Omnis causa terminetur in comitatu vel hundredo vel halimoto sacam habentium Henr. c. 9. §. 4.) Ebenso zeigen die Anordnungen über die Gerichtsfolge, daß das Grafschaftsgericht das ordentliche Gericht für die höchsten wie die niedrigsten Klassen sein soll: Intersint autem episcopi, comites, vicedomini, vicarii, centenarii, aldermanni, praefecti, praepositi, barones, valvasores, tungrevii et caeteri terrarum domini diligenterintendentes. (Henr. 7. §. 2.) — Es schloß dies nicht aus, daß Streitigkeiten über die vom König unmittelbar verliehenen Kriegslehne der unmittelbaren Entscheidung bei Hofe vorbehalten wurden.

3) Das Gerichtsverfahren, welches der sächsische Freisasse hier suchte, war das herkömmliche mit sächsischer Ladung, Acht, Bürgschaft, Eideshelfern, Gottesurtheil. Der Normann dagegen meinte ein Verfahren, welches mit zierlichen Plaidirregeln meistens auf den Zweikampf als ultima ratio hinausläuft. Die nothwendige Rechtsregel zwischen beiden mußte durch königliche Anweisung geschaffen werden. Einen Hauptpunkt, den Beweis, hat schon der Eroberer nach einem ius aequum angeordnet Carta Will. III. 1—3. Allein es war dies eben nur ein Hauptpunkt. Uebrigens muß eine Prozeßverhandlung unter Vögten, Gerichtsmännern, Parteien und Eideshelfern, welche allerseits ihr hergebrachtes Recht beanspruchten, und doch nicht einmal gegenseitig ihre Sprache verstanden, lange Zeit unaussprechliche Verwirrung herbeigeführt haben, in welcher Parteilichkeit und Bestechung ihren Platz fanden. Jedenfalls wurde in diesem Mischrecht die Willkür der Landvögte in Verfahren, Beweis und Urtheil vorherrschend, und eine Käuflichkeit, die selbst die Ordalien abkaufbar macht. Mit kleinen Leuten wurde wohl sehr summarisch verfahren.

4) Das anzuwendende Recht war im Sinne normannischer und angelsächsischer Parteien und Urtheilsfinder ebenfalls ein sehr verschiedenes. Nach langen Schwankungen hat die Nothwendigkeit der Einheit eine Vermittelung herbeigeführt, in welcher das bewegliche Vermögen überwiegend nach sächsischem Recht, das unbewegliche Vermögen

nach normannischem Lehnrecht, das persönliche Familienrecht unter dem Einfluß der Kirche sich gestaltet. Besonders im Erbrecht durchkreuzten sich die Systeme. Das sächsische hatte gleiches Erbrecht der Söhne; normannische Gewohnheit und Bedürfniß des Ritterlehens führten zum Erstgeburtsrecht. Ein Mittelweg lag in der Maxime: Primum patris feodum primogenitus filius habeat; emptiones vero et deinceps aequisitiones suas det cui magis velit (Legg. Henr. I c. 70). Schließlich siegt aber im Grundbesitz das normannische Recht; nur wo sächsische Eigenthumsbauern in dichten Gruppen sitzen, wie in Kent, bleibt die gleiche Theilung unter den Söhnen als Lokalgewohnheit (gavelkind). Die Veräußerung des Grundbesitzes ist gegen den Schluß der Periode durch einen Mittelweg geschlichtet. Aber nicht mehr die urtheilsfindenden Gemeinden, sondern nur Anweisungen von oben herab, in späterer Zeit eine Rechtsprechung durch königliche Justitiarien, konnten in dieser Periode die Grundlage der englischen Common Law als eines gemeinen Rechts für alle Klassen bilden.

Mit der Beibehaltung der Gesetze Eduards war nun aber auch die Zusicherung der Beibehaltung der grundherrlichen Gerichte gegeben, wie dies in den Rechtsbüchern als selbstverständlich vorausgesetzt, in der Carta Henrici I. nachdrücklich anerkannt wird. Die schon vorhandenen Gutsgerichte trafen zusammen mit den herkömmlichen Rechten normannischer Feudalherren, welche zum Theil noch weiter gingen. In dem daraus hervorgehenden Mischrecht wird wieder ein feudaler Sprachgebrauch vorherrschend, namentlich die Bezeichnung curia baronum; es bedarf dabei jedoch einer Sonderung dreier, zum Theil alter, zum Theil neuer Verhältnisse.

a) Selbstverständlich beanspruchte der Inhaber eines Manor eine Gerichtsgewalt über die hintersässigen Villani, umfassend die Uebertragung des unfreien Guts, Streitigkeiten darüber, über vorbehaltene Dienste und Leistungen, Streitigkeiten der Länleute unter sich. Die spätere Rechtssprache nennt dies hergebrachte Hofgericht in Civilsachen den Customary court, und noch Jahrhunderte vergingen bis die Gerichtspraxis diesen Gutsbauern eine Klage auf Schutz des Besitzes bei den königlichen Gerichten gewährte.

b) Schon die angelsächsische Zeit hatte, besonders seit Cnut, die Gutsgerichtsbarkeit auch auf allodiarii ausgedehnt. Durch das Lehnswesen trat nun der Grundsatz hinzu, daß dem Privatlehnsherrn eine Gerichtsgewalt über das verliehene Gut zusteht. In Consequenz derselben beanspruchte der normannische Grundherr auch eine Subjektion der Freisassen, welche dem Lehnsbesitz eines Vasallen mit irgend welchen

Abgaben, Schutzgeldern oder Leistungen überwiesen waren, nach Analogie der Untervasallen. Die so entstehende Privatgerichtsbarkeit über libere tenentes nannte man jetzt curia baronum, court baron, Mannengericht, und aus den späteren Zuständen ist ersichtlich, daß die normannische Verwaltung eine solche gleichmäßig zugestanden hat. Das Verfahren überließ man der Gewohnheit der einzelen Ortschaften, Glanvilla XII. 6.: „placita cuiusque curiae secundum consuetudines suas agitantur. Solent autem placita ista in curiis dominorum deduci secundum rationabiles consuetudines ipsarum curiarum, quae, tot et tam variae ut sunt, in scriptum de facili reduci non possunt.“ Die Rechtsbücher übergehen daher das Verfahren des court baron mit Stillschweigen, lehren aber den feststehenden Grundsatz, daß derselbe eine Civilgerichtsbarkeit analog dem Hundred Court sowohl für dingliche Klagen wie für Schuldsachen übt. Bei persönlichen Klagen trat erst später eine Beschränkung auf kleinere Sachen bis zu 40 Sh. ein; bei einem Hauptprozeß über ein liberum tenementum muß der Kläger zuvor ein breve de recto von der Kanzlei ausbringen zur Anerkennung der Justizgewalt des Königs über liberi homines und seines Obereigenthums am Grundbesitz.

c) Die Gutsgerichte der spätern angelsächsischen Zeit enthielten aber auch eine Strafgerichtsbarkeit in ungleichem, oft sehr weitgehendem Umfang. Andererseits beanspruchte nach den Grundsätzen des Feudalrechts der Lehnsherr eine gewisse Strafgewalt der curia feudalis über die Untervasallen, mindestens eine Disciplinarstrafgewalt an der beweglichen Habe zur Aufrechterhaltung des militärischen Gehorsams. Beide Grundsätze erscheinen in dem normannischen Verwaltungsrecht verschmolzen zu einer gleichmäßigen niederen Strafgewalt der curia baronum über Untervasallen, libere tenentes und Gutsbauern. Diese Strafgewalt bleibt aber auf kleine Vergehen und Diebstähle in flagranti beschränkt. Aus finanziellen Gründen hat der König die schwereren Fälle vorbehalten und die weitergehenden Verleihungen aus der angelsächsischen Zeit bei späterer Gelegenheit meistens beschränkt.

So geordnet diese Gerichtsverhältnisse äußerlich erscheinen mochten, so mangelhaft und zerrissen war dennoch ihr inneres Leben. Habsucht und Uebermuth normannischer Landvögte und Vasallen, Stammeshaß der normannischen und sächsischen Untervasallen und kleineren Leute, machten diese Gerichte zur Stätte der Ungerechtigkeit und Unterdrückung. Die anzuwendenden Gerichtsformen und Rechte waren noch mehre Menschenalter hindurch einander widerstreitend; die Gerichtsmänner durch nationale Abneigung getrennt; die normannischen Elemente übermüthig und gewaltthätig, die sächsischen zähe, mißtrauisch, jeder Neuerung widerstrebend. Der Eroberer hatte allerdings versucht durch Commissarien die wichtigeren Gewohnheiten der Grafschaften feststellen zu lassen; diese Arbeit war aber wegen ihrer sachlichen Schwierigkeit wohl nicht vollendet worden. Die daneben entstandenen Privatsammlungen konnten der Aufgabe wenig genügen. Die Collision nationalverschiedener Rechtsvorstellungen ließ ein weites Gebiet offen, welches die Parteilichkeit des normannischen Landvogts und Gutsverwalters wohl meistens für seine Landsleute und Standesgenossen oder für den Meistbietenden ausbeutete. Nur das gelegentliche Eingreifen des Königs, die fast in jeder Erzählung der Zeitgenossen als selbstverständlich vorausgesetzte Parteilichkeit der Vicecomites, sowie der gewohnheitsmäßige Haß gegen das Amt läßt ahnen, wie tausendfältiges Unrecht hier das Schweigen der Geschichte deckt. Diese inneren Schäden sind es, welche die anglonormannische Gerichtsverfassung in einen Zustand der Bewegung bringen, der in stetigem Proceß von unten nach oben zu einer Centralisation der Justiz drängt, in folgendem Gange.

I. Die localen Privatgerichte[1]) sind nur insoweit als reine Eigenthumsrechte anerkannt, wie die Grenzen des Gutsgerichts über die villani reichen, also nur der customary court. Die Jurisdiction einer curia baronum wird als persönliche Verleihung behandelt: non sequitur sokna Regis data maneria, sed magis est ex personis Henr. c. 19. Aus finanziellen und politischen Gründen hat nun aber die königliche Gewalt (anders als auf dem Continent) jede Fortbildung des court baron gehemmt und ohne denselben grundsätzlich anzugreifen doch die Gerichtsgewalt der Privatherren allmälig lahm gelegt. Es treffen dabei folgende Umstände zusammen:

1) Die zerstreute Lage der herrschaftlichen Besitzungen, welche die Bildung großer Lehnshöfe schon durch die Entfernung auf das Aeußerste erschwerte (Henr. I. c. 55). Der Hauptsitz des Herrn, das caput baroniae, konnte wohl ein Sammelplatz von Untervasallen für Feierlichkeiten, Investituren und dergl. werden, aber kein großer Lehnshof, zu welchem sich die Gesammtheit der Vasallen gewohnheitsmäßig zusammenfand, keine cour de baronie im französischen Sinn. Ein solcher Court Baron war bedeutender, da zu den gewöhnlichen Freisassen hier auch zahlreichere undertenants und der persönliche Vorsitz des Herrn hinzukommen konnten. Immer aber war die Gerichtsgewalt des größten Lehnsherrn, soweit urkundlich zu

übersehen, nur ein Aggregat von Gutsgerichtsbarkeiten, manorial jurisdictions nicht qualitativ verschieden von der Gerichtsbarkeit eines Manor.

2) Wenn auch die Civilgerichtsbarkeit eines Court Baron im Allgemeinen der Competenz eines Hundertgerichts gleichstand, so blieb doch über beiden die sehr wirksame oberaufsehende und concurrirende Gewalt des Königs als des obersten Reichsrichters stehen, und wurde im Geist normannischer Verwaltung schon der Sporteln wegen eifrig geübt. Die Schatzurkunden ergaben, wie frühzeitig ein förmliches System von Justizmandaten vom Hofe aus die Lehnscurien zur Rechtsertheilung anhielt unter der Androhung, daß andernfalls die höhere Gewalt eintreten werde. Die Writs of right an die kleineren Patrimonialgerichte werden sogar als letters patent offen erlassen, und gehen durch den Vicecomes mit der stehenden Clausel „et nisi feceris, vicecomes hoc faciat, ne amplius clamorem audiamus pro defectu recti.“ Jeder Mangel der Privatgerichtsgewalt wird in diesem Sinne benutzt. Das dem Privatlehnsherrn zustehende Pfändungsrecht, distress, ist nur eine Sequestration ohne Verkaufsrecht. Bei eigentlichen Zwangsvollstreckungen muß also der König angerufen werden und die Sache durch writ zur weiteren Verhandlung an den Sheriff gehen. Jede Klage, daß das herrschaftliche Gericht Recht verweigere oder nicht gehörig Recht spreche, bringt Civil- wie Strafsachen an das Königliche Gericht; ebenso die Appellationen durch Writs of false judgement. Bei nicht gehöriger Besetzung des herrschaftlichen Gerichts, (die bei der zerstreuten Lage der Untervasallen so oft vorkommen mußte) devolvirt die Sache sofort an das königliche Gericht. Alle Versuche zur Bildung einer Obergerichtsbarkeit der größeren Lehnscurien über die Urtheile einer kleinern Curia schneidet schließlich das Statut Marlebridge durch die Clausel ab: Nullus de caetero (excepto domino regio) teneat placitum in curia sua de falso judicio facto in curia tenentium suorum; quia hujusmodi placita specialiter spectant ad coronam et dignitatem domini regis.

3) Ebenso entscheidende Gründe lagen in der Beschaffenheit des anzuwendenden Rechts. Schon nach einem Jahrhundert war man dahin gelangt, die Rechtsprechung in einem gelehrten Richterpersonal zu concentriren, neben welchem die Besetzung der Privatgerichte immer unzureichender wurde. Ebenso erschien das Beweisverfahren, insbesondere das Verfahren mit Eideshelfern (legis vadiatio) immer unanwendbarer. Während in den königlichen Gerichten eine

zeitgemäße Reform eintrat, die sich zu einer Civiljury und etwas später zu einer Criminaljury ausbildete, wurden diese Reformen durch kein Gesetz auf die Privatgerichte ausgedehnt, auf welche sie auch ihrer Kleinheit wegen größtentheils unanwendbar blieben. Schließlich genügte zum unabwendbaren Verfall schon der Umstand, daß die Privatgerichte auf dem alten Fuß stehen blieben, während eine unermüdliche Gesetzgebung den königlichen Gerichten die bedeutungsvollsten Reformen zuwandte.

Wenn dann im Verlauf der Zeit große Herrschaften durch Rückfall oder Verwirkung an die Krone zurückkamen, wurden bei der Neuverleihung theils die weitergehenden Gerichtsgewalten einbehalten, sehr gewöhnlich auch die Aftervasallen zu unmittelbaren Vasallen des Königs gemacht. Dadurch und durch das endliche Verbot der Afterbelehnungen verloren die courts baron ihre angesehensten Gerichtsmänner. Man nahm nun an, daß ihre Gerichtsbarkeit suspendirt ist, sobald nicht mindestens 2 Freisassen zur Besetzung des Gerichts übrig. In alle diese Lücken tritt nun aber die höhere Stufe der Gerichte ein und zieht die Privatgerichtsbarkeit in die höheren Instanzen der Grafschafts- und königlichen Gerichte hinauf.

II. Die Grafschaftsgerichte der angelsächsischen Zeit waren mit ihren beiden Abstufungen der hundred-gemote und der shir-gemote anfangs unverändert in die normannische Zeit hinübergetreten.[2])

1) Das Hundertgericht erscheint mit seinen monatlichen Sitzungen in den L. Henr. I. c. 51. §. 2. de summonitione hundreti: Debent autem ad singulos menses, i. e. per annum duodecies, congregari hundreta; et omnis homo rectum faciat alteri ad rectum terminum. Ebenso c. 7. §. 4. Debent autem hundreta vel wapentagia duodecies in anno congregari, et sex diebus ante summoniri Will. I. 44.: Nullus namium capiat in comitatu vel extra, nisi rectum in hundredo vel in comitatu tertio postulaverit. In Henr. 41. §. 6. wird wiederholt, daß ein hlâford seinen angeklagten Mann vor der hundred gestellen soll. Unverkennbar hat jedoch das Hundert-Gericht eine starke Einbuße dadurch erlitten, daß der Court-Baron mit der Competenz eines Hundert-Gerichts auf Untervasallen und libere tenentes ausgedehnt ist. Die Hundreds waren fast überall durchbrochen von herrschaftlichen Gerichten, und boten bei dem jetzigen Zwiespalt der Nationalitäten dem schwächeren Theil gegen den stärkeren wohl die geringsten Garantien dar. Es ist kaum begreiflich, wie jetzt noch eine genügende

Besetzung des Hundertgerichts von Monat zu Monat möglich war; sehr wohl begreiflich aber, daß der mit Geschäften überbürdete Vicecomes wenig Neigung hatte, zwölf Mal im Jahre in jeder Hundertschaft kleine Civilprozesse zu verhandeln, welche als Sportelquelle wenig zu bedeuten hatten. Bei dem ergänzenden Verhältniß, welches von jeher zwischen Grafschaft und Hundertgericht bestand, wurden daher die Civilprozesse massenhaft an das Grafschaftsgericht gebracht. Etwas anders verhielt es sich mit den Straffällen, die im Sporteliuteresse jetzt absichtlich concentrirt und von der polizeilichen Seite aus (§. 11) umgebildet wurden. Wenn dessen ungeachtet bei anscheinend geringer Gerichtsthätigkeit die Verfassung des Hundred-Court bis zum Schluß des Mittelalters festgehalten wird, so erklärt sich dies aus dem zähen Festhalten des Volks an allem Gerichtswesen, welches den Standesverhältnissen des Gemeinfreien eine Zeit lang noch den letzten Halt gab. Die Eigenschaft eines Gerichtsmannes bei dem Hundred-Court bleibt das rechtliche Merkmal der „liberi et legales homines“, die sich neben der Ritterschaft conserviren, und welche das Personal für die später bedeutungsvollen Geschwornengerichte enthielten.

2) Das Grafschaftsgericht, jetzt Curia comitatus, hat herkömmlich die Jurisdiction über die wichtigeren Prozesse, über Klagen gegen Thane (jetzt milites) und angesehenere Parteien. Aus dem Gebiet der Hundertgerichte und Courts baron gehen jetzt dahin eine Menge Civilprozesse. Von Strafsachen werden am häufigsten erwähnt Diebstähle und kleinere Vergehen (metletae, verbera, plagae, transgressiones). Die Ueberhäufung mit Geschäften hat dahin geführt, daß später (in der Magna Charta) 12 Sitzungen jährlich vorkommen. Schon die LL. Hen. 51 §. 2 sagen: Comitatus bis, si non sit opus amplius, congregari. Es scheint also, daß außer den gesetzlichen zwei „Shirgemotes“ noch prorogirte Sitzungen eingeführt wurden, zu denen als gebotenen Gerichtstagen „County-Courts“ nur die Betheiligten citirt wurden.

Auch so reichte indessen das Grafschaftsgericht nicht aus, um die Uebermasse der kleinen Straffälle abzuurtheilen, zu denen Parteien und Zeugen nicht in so weiten Entferuungen citirt werden konnten. Aus dem Grafschaftsgerichte zweigt sich daher noch ein Turnus Vicecomitis, Sheriffs-tourn aus, d. h. eine Einrichtung, nach welcher der Landvogt wenigstens zweimal jährlich die einzelen Hundertschaften bereist und in denselben als königlicher Commissar die leichteren Bußfälle erledigt, deren Verhandlung an Ort und Stelle praktisch geboten war. Dieser turnus vicecomitis wird nicht mehr als originale

Gerichtsbarkeit der Hundertschaft behandelt, sondern als eine Auszweigung aus dem Grafschaftsgericht kraft königlichen Auftrags. Veranlaßt war dies insbesondere durch neuere polizeiliche Verordnungen (§. 13) auf welche Hen. c. 8. §. 1. hindeutet: Speciali tamen plenitudine si opus est, bis in anno conveniant in hundretum suum quicunque liberi, tam hudefest, quam folgarii, ad dinoscendum scilicet, si decaniae plenae sint etc. Commissarische Abordnungen ähnlicher Art fanden auch in der Normandie statt. Aus der Stellung des Vicecomes als königl. Commissar erklärt sich auch wohl, warum der tourn als königlicher Court of record gilt, während das alte verfassungsmäßige Grafschaftsgericht ein solcher nicht ist. Für die Mannigfaltigkeit dieser Geschäfte dienen den Vicecomites ihre höheren bailiffs auch als Stellvertreter, die niederen zu Ladungen, Zwangsvollstreckungen, und zur Dienstleistung bei den Gerichtstagen.

So zahlreich und wichtig hienach die Grafschaftsgeschäfte sind, so wird doch frühzeitig eine Verminderung der Competenz sichtbar durch den königlichen Vorbehalt der Prozesse über Kronlehne und der schweren Straffälle, auf dessen Umfang nachher zurückzukommen ist. Auch im Grafschaftsgericht liegt ein Zug nach oben, dessen Grund außer der Parteilichkeit der Sheriffs noch tiefer gehend in der jetzigen Beschaffenheit des Rechts und der Rechtsfindung zu suchen ist. Die Rechtsfindung durch Gemeindegenossen (in Deutschland die Schöffenverfassung) hört überall auf, wo an die Stelle einfacher, gleichmäßiger besonders ländlicher Besitzweisen zusammengesetzte Besitz- und Standesverhältnisse treten. Im anglonormannischen England hatte das Besitzrecht sich durch Anwendung des normannischen Kriegsdienstrechts auf sächsische Grundverhältnisse, also von Anfang an aus disparaten Elementen gebildet. Ebenso war die Gemeinsamkeit der Rechtsanschauung der Urtheilsfinder gebrochen durch den Gegensatz der beiden Nationen und allmälig auch der Besitzweisen, je mehr die ländlichen und städtischen und kirchlichen Rechtskreise in täglichen Wechselbeziehungen an einander rücken. Die verschiedenen Interessen und Lebensanschauungen einer so zusammengesetzten Gesellschaft heben den einheitlichen Rechtssinn auf, und machen es nothwendig, die Fortbildung des Rechts von staatlicher Einheit ausgehen zu lassen. Die Rechtsfindung mußte hier schon frühzeitig auf Interpretationen und Analogien beruhen; denn ein Gewohnheitsrecht aus dem „Rechtsbewußtsein der Gemeinde" wäre fast in jeder Grafschaft, Hundertschaft, Stadt ein anderes geworden, je nach der Mischung der Nationen und nach der

Mischung von Rittern, Freisassen, Bürgern. Noch in erhöhtem Maße galt dies vom Strafrecht und Strafverfahren, in welchem zur Aufrechterhaltung der öffentlichen Ordnung die wichtigsten Grundsätze von oben herab octroyirt werden mußten. Aus diesem innern Zersetzungsprozeß erklärt sich nunmehr

III. die Stellung der königlichen Gerichtsbarkeit unter dem vieldeutigen Namen der Curia regis.[3]) Wahrscheinlich schon bei der Bestätigung der angelsächsischen Gerichtsverfassung waren mehre durch das Lehnswesen bedingte Vorbehalte gemacht worden.

Von den Civilsachen war der Rechtsstreit über das Kronlehn dem König zur persönlichen Anordnung des Gerichts vorbehalten; aus Rücksicht auf die kirchlichen Verhältnisse Streitigkeiten über advocatiae u. A. Die hergebrachte Gerichtsgewalt des Königs konnte ferner jeden Prozeß aus den unteren Gerichten an sich ziehen, theils wegen defectus recti, theils wenn anzunehmen, daß in der unteren Instanz unparteiische Justiz nicht zu finden sei. Es war damit nicht gemeint, daß für alle solche Fälle ein besonderes Gericht von Rechtsgenossen am Hofe des Königs gebildet werden sollte. Die große Mehrzahl dieser Sachen wurde vielmehr commissarisch dem Grafschaftsgericht oder einem benachbarten Grafschaftsgericht aufgetragen, als ein außerordentliches Geschäft, welches nicht zur Generalpachtung, firma, des Vicecomes gehörte. Nur sehr selten, für Prozesse gegen die allergrößten Magnaten, ernannte der König wohl eine Commission von Prälaten und Kronvasallen zur Aburtheilung der Sache bei Hofe. Die zwiespältige, wenig vertrauenerweckende Besetzung der Grafschaftsgerichte und das Bedürfniß einheitlicher Rechtsgrundsätze für das Vermögensrecht befördern die Anrufung dieser königlichen Immediatjustiz, besonders seitdem man anfing dafür besondere richterliche Commissarien, Justiciarii zu ernennen, die von der Gehässigkeit und dem Sportelinteresse des Sheriff freigehalten wurden. Nachdem der Weg dazu unter Heinrich II. einmal eröffnet war, strömte eine Fluth von Civilprozessen unmittelbar an den Hof, der sich nun gegen Geldgebühr den mannigfaltigsten Rechtsansprüchen öffnete. Der daraus hervorgegangene Zustand wird sichtbar in dem Rechtsbuch des Glanvilla I. cap. 3, wo ein stattliches Verzeichniß vorbehaltener Civilprozesse erscheint, mit dem weiteren Zusatz: quodlibet placitum de libere tenemento vel feodo potest rex trahere in curiam suam, quando vult (c. 5).

Einen analogen Verlauf nimmt die Strafjustiz. Auch hier findet sich anfänglich ein Vorbehalt gewisser schwerer Bußfälle, wie solche in den Gesetzen Cnut's als königliche Reservate gegen die Privatgerichte aufgestellt waren, Henr. I. 10. Die Masse der reservirten Fälle wurde dennoch Anfangs dem Grafschaftsgericht überlassen. Nur bei Anklagen gegen Prälaten und die größten Kronvasallen, und zwar nur in wenigen geschichtlich bekannten Fällen, macht der König von seinem Recht Gebrauch, durch eine ernannte Commission von Prälaten und Kronvasallen seine hohe Strafjustiz zu üben, welche nicht leicht an Leib und Leben ging, sondern die Kapitalverurtheilungen in Lehnseinziehungen und Confiscationen verlaufen ließ. Mit dieser Maßgabe ist aber das königliche Reservat im Wachsen, und schon Glanvilla rechnet alle feloniae contra pacem zu den reservirten Kronfällen, selbst Schlägereien und Raufereieen, wenn sie einen tumultuarischen Character annehmen, si accusator adjiciat de pace regis infracta Glanvilla I. c. 2. Die schweren Criminalfälle erscheinen nun als feloniae contra pacem domini Regis, und in processuarischer Beziehung als placita coronae. Ein besserer Geist tritt auch in diesem Theil der Rechtsverwaltung ein durch die Trennung des Pachtinteresses von der Rechtsprechung, durch die Ernennung königlicher Justiciarii an Stelle des Vicecomes. Die persönliche Anordnung des Gerichts durch den König wird von der Ausnahme immer mehr zur Regel. Der Vorbehalt des königlichen Einschreitens gestaltet sich jetzt zu einer periodischen Abordnung delegirter Strafrichter.

Die ganze Zeit Heinrichs II. ist eine Uebergangsperiode, welche centralisirend durch reisende Richter die wichtigeren Sachen an den Hof (ad curiam) zieht, und welche nun auch durch eine collegialische Formirung der gelehrten Richter den Halt für eine solidere Rechtsprechung nach einheitlichen Grundsätzen für das ganze Reich findet. Das System der königlichen Justiciarii um die Mitte dieser Periode bildet so sehr ein zusammenhängendes Ganze, daß es noch einer besonderen Darstellung im Zusammenhange mit der Centralverwaltung (§. 16) bedarf. Der Uebergang in die Rechtsprechung durch beamtete und gelehrte Richter, welcher in Deutschland erst Jahrhunderte später durch die Aufnahme der fremden Rechte vor sich ging, vollzieht sich hier bereits im 12 Jahrhundert. Er wäre bei dem zähen Festhalten der sächsischen Bevölkerung an ihrem Rechtsherkommen nahezu unbegreiflich, wenn nicht ein sehr übler Zustand der Grafschaftsgerichte als treibender Nothstand dahinter gestanden hätte. Er geht aber auch Hand in Hand mit einer Umbildung des alten Antheils der Gerichtsmänner an der Urtheilssprechung, die schon unter Heinrich II. die äußeren Umrisse der Civiljury, unter Heinrich III. die der Urtheilsjury in Strafsachen annimmt.

Die Umwandlung von Grund auf, welche hier vor sich geht, beruht aber auf königlichen Verordnungen, ja ganz formlosen Anordnungen. Die Zusicherung der Fortdauer des angelsächsischen Rechtszustandes beruhte nur auf einer einseitigen Charta Wilhelms I. und Heinrichs I. Nur bei wenigen entscheidenden Neuerungen hat das Königthum eine Berathung mit Notabeln-Versammlungen durch sogenannte assizes für rathsam befunden. Die meisten neuen Einrichtungen gingen aus einem wirklichen Nothstand hervor, wurden als eine Wohlthat von den Rechtsuchenden bei Hofe erbeten, waren überdies so specieller technischer Art, daß sich nur empirisch und langsam die bessere Rechtspflege aus der Praxis, aus dem besseren Geist des Richterpersonals herausbildete. So Vieles auch nach den jetzt veröffentlichten Staatsurkunden noch lückenhaft und schwankend bleibt, so steht doch am Schluß der Periode folgendes Resultat fest.

1. Die Gerichtsverfassung ist durch Verordnungen des Königs umgestaltet; seine anordnende Gewalt hat Recht, Gerichtsverfassung und Verfahren im weitesten Maße umgebildet.

2. Die Anordnung des Gerichts ist in allen wichtigen Civil- und Criminalfällen auf die Person des Königs übergegangen: in curia domini Regis ipse in propria persona jura decernit. Dial. de Sc. I. c. 4.

3. Die Urtheiler in diesen Fällen sind nicht mehr die Gerichtsmänner der Grafschaft, sondern vom König ernannte Justiciarii, größeren Theils schon juristisch gebildete Beamte, denen als unmittelbaren Organen der königlichen Rechtsprechung die Grafschaftsgerichte sich als Unterinstanz unterordnen.

4. Der alte Antheil des Volkes an der Rechtsprechung ist auf das beschränkt, was die Gemeindegenossen in dieser veränderten Ordnung der Dinge noch sein und leisten konnten, nämlich auf die Feststellung der quaestio facti durch ernannte Gemeindecommissionen in Gestalt einer Civil- und Criminal-Jury.

Es ist einleuchtend, daß die Gewalten des Königs zu etwas ganz anderem geworden sind, als das formale und nur ergänzende Richteramt des angelsächsischen Königs. Der König ist die „Quelle der Justiz" in einem ganz neuen Sinne geworden, die königliche Gerichtsgewalt der angelsächsischen Zeit zu einer königlichen Gerichtshoheit der normannischen Zeit im allerweitesten, dem Mittelalter in diesem Umfange sonst unbekannten Sinne.

*) **Ueber den Anschluß der anglonormannischen Gerichtsverfassung** an die angelsächsische vergl. Gneist, Theil II. S. 68—81. Die Schrift Dugdale's, Origines juridiciales, mit ihrem antiquarischen Material, verräth leider den Mangel an Rechtskenntniß. Ebenso antiquarisch und verworren sind die zerstreuten Notizen in Spelman's Glossarium. Sachverständiger ist der Abriß in Spence's Equitable Jurisdiction Vol. I. 1846, S. 99—127, aber unkritisch und oft gewagt. Eine bessere Richtung beginnt in der Schrift von Edward Foss, the Judges of England, London 1848—64, 9 Bände 8. Leider aber hat der Verfasser den Anschluß an die angelsächsischen Rechtsinstitutionen versäumt, knüpft vielmehr an eine traditionelle Curia Regis als einen ständischen Gerichtshof an. Um so größer sind die Verdienste der deutschen Schrift von Biener, das englische Geschwornengericht 1852. 1855. 3 Bände, in sehr sorgfältiger Benutzung der Quellen; mangelhaft nur in der Herstellung eines pragmatischen Zusammenhanges.

Die älteren normannischen Rechtsbücher, besonders die sogenannten Leges Eduardi, enthalten manches erweislich Mißverstandene. Entscheidend aber ist, daß in den leges Wilhelmi, Henrici und Eduardi gleichmäßig das angelsächsische Rechtsherkommen als geltendes Recht vorausgesetzt wird. Ueber den Sinn der Bestätigung der „leges Eduardi“ waltet jetzt in England wohl kein Zweifel mehr ob. Es steht fest, daß König Eduard niemals einen besonderen Codex von Gesetzen publicirt hat, sondern daß das hergebrachte Landesrecht am Schluß der angelsächsischen Zeit gemeint ist. Es bezeugt dies auch ausdrücklich Wilhelm von Malmesbury Gest. Reg. II. 11, indem er erzählt, daß Cnut die Gesetze seines Vorgängers Aethelred beibehalten habe, und daß dies wesentlich die jetzt geltenden Landesgesetze seien, in quarum custodia etiam nunc tempore bonorum sub nomine regis Edwardi juratur, non quod ille statuerit, sed quod observaverit.

Es ergab sich daraus zunächst die alte Besetzung des Hundertgerichts mit Freisassen, des Grafschaftsgerichts mit Thanen, an deren Stelle jetzt mehr als 8000 Kron- und Untervasallen standen. Eine Beschränkung auf Kronvasallen, welche oft behauptet worden, ist völlig unstatthaft; denn kein Hundertgericht, und selbst viele Grafschaftsgerichte wären mit der vorhandenen Zahl der in der Grafschaft wohnhaften tenentes in capite nicht hinreichend zu besetzen gewesen. Die Untervasallen sind keine Hintersassen auf Länland, sondern unzweifelhaft libere tenentes im Sinne angelsächsischer Verfassung. Auf die Abstufungen der Lehnshierarchie kommt es im Gerichtswesen überhaupt nur für den speciellen Punkt an, daß kein Untervasall Urtheilsfinder in dem Prozeß seines Lehnsherrn sein soll, Henr. 32 §. 2, — eine Bestimmung, welche gerade die Rechtsgenossenschaft von Kron- und Untervasallen als pares in dem Grafschaftsgericht grundsätzlich voraussetzt. In der That wird auch im Gebiet der Gerichtsverfassung ein Unterschied von Kron- und Untervasallen schon in dem Wortausdruck vermieden; es werden vielmehr stets Ausdrücke gebraucht, die alle Freisassen gleichmäßig umfassen. Si quis baronum regis vel aliorum comitatui secundum legem interfuerit. Henr. 7 §. 7. — Libere tenentes et qui sequuntur curiam de comitatu in comitatum etc. Die Publikation einer königlichen Ordre in der Grafschaft York a. 1217 erfolgt, in pleno comitatu coram baronibus, militibus et omnibus libere tenentibus ejusdem comitatus.“

Am schwierigsten wird stets die Frage bleiben, wie das Verfahren vor dem normannischen vicecomes sich gestalten mochte (Biener, Engl. Geschwornengericht I. S. 52—56). Für die Einzelheiten des angelsächsischen Processes giebt ein ungefähres Bild Schmid, Glossarium v. Eid. Ordal. Dem gegenüber beanspruchte aber auch der Normanne das in seiner Heimath übliche Recht, der Kriegsmann insbesondere die Gewohnheiten seiner curia feudalis. Wie zäh die angelsächsische Bevölkerung an ihrem Rechtsherkommen festhielt, ergeben eine Menge Einzelheiten der älteren Rechtsbücher, z. B. Edw. c. 9 über das Verfahren mit den legales homines bei den Ordalien; über die Auswahl der Urtheiler von dem Angeklagten Henr. 5 §. 5, 33 §. 5. u. a.

Irrig ist die alte Tradition, daß der Eroberer die angelsächsische Sprache aus den Gerichten verdrängt habe. Die Charten der ersten normannischen Könige sind in der angelsächsischen als der Landessprache erlassen, welche Wilhelm selbst zu lernen sich bemühte. Als Geschäftssprache bestand daneben die lateinische. Alle Geschäftsverhandlungen des Schatzamts, alle Justizrescripte, alle reports über die ältesten Prozesse, alle records der curia Regis selbst noch unter Richard I. sind in lateinischer Sprache. Es war augenscheinlich nicht die Absicht des Eroberers, seine normannischen Lehnsleute durch irgend eine offizielle Anerkennung ihres Sprachidioms als Landessprache als eine regierende Classe anzuerkennen. Erst Menschenalter später tritt abwechselnd das Französische als amtliche Sprache königlicher Verordnungen auf. Wenn in den Gerichten französisch gesprochen wurde, so war dies ein Nothstand, sofern die Vicecomites und die weltlichen Großbeamten meistens normannische Ritter sind. Es entstand dadurch eine wichtige Stellung der clerks und Unterbeamten als Dolmetscher und Fürsprecher, aus welcher sich die frühzeitige Entwickelung einer Klasse von niederen Anwälten erklärt. Uebrigens wäre eine Verhandlung in französischer Sprache mit einem angelsächsischen Untervasallen und Bauern im elften Jahrhundert wohl ebenso schwierig gewesen wie im neunzehnten. Bei den Grafschafts- und Ortsgerichten wurde daher wahrscheinlich in einem wunderlichen jargon verhandelt, der ungefähr dem Gemisch der Rechtsnormen entsprach. Nur bei den Centralbehörden hat die technische Ausbildung des Geschäftsganges und die Besetzung mit normannischen Herren ein frühzeitiges Uebergewicht der französischen Sprache herbeigeführt, welches dann später von der curia regis herunter eine französische Gerichtssprache bildet. Wie das Verfahren vor dem königlichen Oberhof unter dem Einfluß der Gerichtsschreiber und Fürsprecher am Schluß des XII. Jahrhunderts sich gebildet hat, zeigt uns in anschaulichem Bilde Glanvilla's Rechtsbuch, und nach ihm Philipp's Engl. Rechtsgeschichte II. 97—334. Ein Rückschluß daraus auf die Grafschaftsgerichte des vorhergehenden Jahrhunderts ist aber nur in sehr beschränktem Maße statthaft.

Zur Uebersicht über die mögliche Besetzung geben ich eine Tabelle der Kronvasallen, Untervasallen und anderen Einsassen in den einzelen Grafschaften nach Maßgabe des Domesdaybook und wiederhole die obige Bemerkung über die villani, unter denen noch liberi et legales homines als Gerichtsmänner für die Lehnsgerichte sein konnten.

	Kronv.	Unterv.	liberi h.	Socm.	Burg.	Villani.
Bedfordshire	104 (56)	229	—	107	—	1,829
Berkshire	80	185	—	—	—	2,623
Buckinghamshire . . .	70	223	—	20	26	2,893
Cambridgeshire . . .	45	257	—	213	29	1,902
Chestershire	2	167	42	—	8	797
Cornewall	7	97	—	—	—	1,730
Derbyshire	25	75	—	128	140	1,840
Devonshire	77	402	—	—	246	8,070
Dorsetshire	146	195	—	—	151	2,613
Essex	95	520	314	520	581	4,087
Gloucestershire . . .	102	166	16	—	72	3,627
Hampshire rc.	182	236	—	—	—	3,416
Herefordshire	37	282	15	—	—	2,124
Hertfordshire	55	184	8	41	—	1,830
Huntingdonshire . . .	35	85	—	22	—	1,933
Kent	13	212	—	44	650	6,597
Leicestershire	53	196	—	1,914	—	2,665
Lincolnshire	92	414	—	11,503	1,036	7,723
Middlesex	30	62	—	—	—	1,141
Norfolk	63	435	4,350	4,571	1,390	4,729
Northamptonshire . .	66	261	3	1,062	—	3,952
Nottinghamshire . . .	50	138	—	1,516	—	2,603
Oxfordshire	84	207	26	—	—	3,545
Rutlandshire	7	4	—	5	—	730
Shropshire	9	199	14	—	—	1,788
Somersetshire	80	368	—	—	—	5,298
Staffordshire	32	138	13	—	—	1,728
Suffolk	74	625	7,239	998	644	2,812
Surrey	44	168	—	—	—	2,363
Sussex	15	531				5,898
Warwickshire	55	176	24	—	—	3,500
Wiltshire	156	286	—	—	—	3,049
Worcestershire	28	129	4	—	—	1,520
Yorkshire . . . . :	105 (29)	222	2	447	—	5,079

1) **Ueber das System der normannischen curiae baronum** vergl. Biener, Geschichte der Geschw. Ger. I. 48—56. Der Anschluß an die angelsächsischen Zustände wird hier aus den Rechtsbüchern sichtbar. Die leges Henrici primi brauchen dafür die Bezeichnung Hallimotum, Henr. 9. §. 4; 20 §. 1. 2; 57 §. 8; 78 §. 2, welche in den angelsächsischen Gesetzen nicht vorkommt und dem neueren Feudalsprachgebrauch anzugehören scheint. Die häufigste Bezeichnung ist Saca et Soca, — ein Ausdruck, der im Domesdaybook hauptsächlich in den Grafschaften des Dänenrechts vorkommt Heywood 152. Die leges Henrici I. c. 20. enthalten zunächst den allgemeinen Satz: Archiepiscopi, episcopi, comites et aliae potestates, in terris propriae potestatis suae, sacam et socam habent, tol et theam et infangentheaf; in caeteris vero per emptionem, vel cambitionem, vel quoquo modo perquisitis socam et

sacam habent, in causis omnibus, et hallemotis pertinentibus, super suos et in suo, et aliquando super alterius homines. Selbstverständlich hat auch der König dieselbe Gutsgerichtsbarkeit auf seinen Domänen c. 19: omnium terrarum, quas rex in dominio suo habet socnam habet; quarundam terrarum maneria dedit, sed socnam sibi retinuit singularem et communem. Nec sequitur socna regis data maneria, sed magis est ex personis. Der Verfasser der sogn. leges Eduardi sieht sich sogar veranlaßt, eine Art von Definition der Worte Saca et soca zu geben (Edw. c. 22), deren Correctheit bezweifelt werden kann. Die späteren angelsächsischen Verleihungsbriefe enthielten die Klausel: concedo ei libertatem plenariam, id est sacam et socam, tol et tem, et infangenethef, monbriche, hemsokne, forstell. (Beispielsweise cod. dipl. IV. 167.) Daß der Sinn solcher Worte nicht mehr klar verstanden wurde, war kein Hinderniß, vielmehr gerade eine Veranlassung sie formulatartig beizubehalten. Wenn die normannischen Könige, wie Heinrich I. bei seinem Regierungsantritt veranlaßt waren, ihren Kronvasallen mit freundlichen Zusicherungen entgegen zu kommen, so gehörten dazu in erster Stelle auch die Gutsrechte: Sacam in terra et in aqua, in silvis et in campis, tolnetum et team, grithbrecam et hamsocnam, foresteallum et infangthief; et in fugitivorum receptionem (flaemene fermthey) super eorum proprios homines (there agene maen) intra burgos et extra, tam plene et tam directe, quam mei proprii ministri (wicnaeres) ipsum exquirere deberent et super tam multos tanorum quot ego eis concessi. (Lye's Saxon. Dict. App. Chart. No. 6.)

Der Umfang der Gerichtsbarkeit des customary court, court baron und court leet wird bei Blackstone und in den neueren Rechtsdarstellungen in einer Weise angegeben, welche aus verschiedenen Zeiten herrührt. Der Court leet entstand erst aus dem neuen System der Polizei. Von Alters her stand es aber fest, daß die Civilgerichtsbarkeit des court baron so weit gehe wie die Civilgerichtsbarkeit eines Hundredgerichts, Scriven, on Copyholds II. 717 u. citt. Die Besitzer der größeren Herrschaften, umgeben von ihren Hausbeamten hielten wohl feierlichere Lehnskurien ab, wie eine solche aus einer merkwürdigen Urkunde Madox I. 101 beschreibt, und stylisirten ihre Urkunden analog der königlichen Justizverwaltung: „Dapifero meo et omnibus baronibus meis et hominibus meis francis et anglis," wie solche in dem Monasticum Anglicanum und in dem Formulare Anglicanum mehrfach vorkommen. Allein die völlig zerstreute Lage ihrer Besitzungen ließ doch practisch kein anderes Verhältniß aufkommen, als das der mittleren und kleineren Kronvasallen. Ihre haute justice konnte sich weder örtlich noch zeitlich consolidiren. So wurden beispielsweise die Besitzungen von Moreton und Odo schon unter Wilhelm II. wieder confiscirt. Zu ihren Lehnshöfen konnten die Untervasallen nicht 20 oder 100 Meilen weit herankommen, um in der Weise eines Hundertgerichts monatlich Gerichtssitzungen zu halten. Mit dem caput baroniae war öfter die Gerichtsbarkeit mehrer naheliegender manors vereint, Heywood 148; über den Maßstab einer Pluralität von manors kam man indessen nirgends hinaus, wie dies auch schon die älteren Darstellungen anerkennen: Although an honour consists of many manors, and there is for all the manors one court only held, yet are they quasi several and distinct courts; and so it was in the time of the abbots, who kept but one court for several manors. Scroggs 81, 82., citirt bei Scriven on Copyholds 6. Ueber die Mangelhaftigkeit des herrschaftlichen distress als Executionsmittel vergleiche Scriven vol. II. 737. Ueber das Leihen von Gerichtsmännern, welches später nicht mehr vorkommt siehe Ellis 1. 236. 237. Durch das stat. Quia emptores 18. Edw. I. ist dann auch die Fortbildung rechtlich abgeschnitten, da nach dessen Usualinterpretation eine neue Unterbelehnung und die Neubildung von manors unmöglich wurde. In den seltenen Fällen wo später noch der König die Verwaltung einer Hundred erblich verleiht, geschieht dies mit Vorbehalt der Gerichtsbarkeit der königlichen Richter und Sheriffs. Verleihungen weitgehender Gerichtsgewalten sind nur noch an Stadtgemeinden erfolgt, vergl. Biener, Geschwornengericht II. 246. u. ff.

2. Die Grafschafts- und Hundertgerichte bilden die unmittelbarste Uebertragung aus der angelsächsischen in die normannische Zeit. In dem Styl der Charten: „Ich Wilhelm König Gruß dem Shiregrafen und allen Thanen von Hamptonshire u. s. w." Hickes Thesaurus 137. leben alle Erinnerungen der angelsächsischen Zeit fort, wie denn auch die leges Henrici c. 7, 8, 14, 41, 91. und in einer Reihe anderer Stellen das Grafschafts- und Hundertgericht in seiner vorgefundenen Gestalt schildern. Die ursprüngliche Competenz des Grafschaftsgerichts vor seiner Schmälerung durch die fortschreitende Centralisation erkennt nach Maßgabe der Schatzrechnungen auch an Thomas, Exchequer p. 51. Die späteren Rechtsbücher setzen sämmtlich schon einen Zustand voraus, in welchem durch die reisenden Richter und die curia regis die wichtigen Civil- und Straffälle an eine höhere Stelle übergegangen waren.

3. Die Gerichtsbarkeit der curia regis ist im Zusammenhang der Centralverwaltung (§. 15. 16.) nochmals zu erörtern. Der königliche Vorbehalt für Civilprocesse beschränkte sich ursprünglich vielleicht auf die Bestimmung der Carta Henrici I., nemlich auf Rechtsstreitigkeiten über Thronlehne. Glanvilla I. 3. zählt dann als reservirte Fälle auf: placitum de baroniis, pl. de advocationibus, questio status, pl. de dotibus unde nil, querela de fine facto de homagiis faciendis, de releviis recipiendis, de purpresturis, pl. de debitis laicorum. Eine spätere Erweiterung enthalten jedenfalls die Worte Glanvilla's I. 5.: Quodlibet placitum de libero tenemento vel feodo potest rex trahere in curiam suam, quando vult. Seit Heinrich II. erst beginnen die zahlreichen Fälle von Sportelzahlungen für die Annahme des Processes bei Hofe unter der Rubrik ne placitet nisi coram Rege de tenementis suis; ne ponatur in placitum nisi coram Rege vel ejus capitali iusticiario etc. Madox I. 117 ff.

Der ursprüngliche Vorbehalt in Criminalsachen wird in den LL. Henrici I. c. 10 dahin aufgezählt:

> Haec sunt jura, quae rex Angliae solus et super omnes homines habet in terra sua: infractio pacis regiae per manum vel breve datae; danegildum; placitum brevium vel praeceptorum ejus contemptorum; de famulis suis ubicunque occisis vel injuriatis; infidelitas et proditio; quicunque despectus vel maliloquium de eo; castellatio trium scannorum; utlagaria; furtum morte impunitum; murdrum; falsaria monetae meae; incendium; hamsocna; forestel; fürdinga; flemenfyrme; premeditatus assultus; robaria; stretbreche; praesumptio terrae vel pecuniae regis; thesaurus inventus; naufragium; maris algarum; violentus concubitus;

raptus; forestae; relevationes baronum suorum; qui in domo vel familia regis pugnabit; qui in hostico pacem fregerit; qui burgbotam, vel brigbotam, vel firdfare supersederit; qui excommunicatum vel utlagum habet et tenet; borchbreche; qui in bello campali vel navali fugerit; injustum judicium; defectus justiciae; praevaricatio legis regiae. Diese Stelle ist zum Theil Uebersetzung der leges Cnuti II. 12—15, und es steht dahin, wie alt die bunt hinzugefügten neuen Rubriken sein mögen. Am Schluß fügt der Verfasser jedoch hinzu: der Sinn dieses Vorbehaltes sei, daß die Verhandlung dieser schwereren Criminalfälle nicht zu der Generalpachtung gehöre: haec sunt Dominica placita Regis, nec pertinent Vicecomitibus vel Apparitoribus vel Ministris ejus sine definitis praelocutionibus in firma sua. Es schloß das nicht aus, solche Fälle zur commissarischen Verhandlung vor das Grafschaftsgericht zu verweisen, was bis zur Magna Charta noch sehr gewöhnlich geschah. Zuverlässiger ist die Angabe in Glanvilla I. 2, aber für den Zeitpunkt der Ausdehnung nicht beweisend.

§. 11.

III. Die Entwickelung der normannischen Polizeihoheit.

Wie der angelsächsische König als oberster Bewahrer des Friedens bei seinem Regierungsantritt den Königsfrieden verkündet, so geschieht dies auch von den normannischen Königen, und diese Proclamation galt wenigstens seit Heinrich II. als stehend während der ganzen Regierungszeit. So beginnt die Carta Wil. III. mit einem Friedensgebot, und im Laufe der Regierung fanden sich noch oft Veranlassungen zu allgemeinen und besonderen Friedensgeboten. Die ältesten Schatzurkunden schon enthalten Bußsummen von 5 Mark, 11 Mark, 20 £. pro pace fracta vorzugsweise gegen normannische Herren. Die ältesten Verordnungen darüber sind offenbar nur Wiederholung bestehender Einrichtungen, welche aber in der Hand der Normannenkönige fortschreitend größere Dimensionen annehmen.*)

1. Zunächst wird der Grundsatz der Polizeibürgschaft in der Carta Will. III. c. 14 dahin wiederholt: omnis homo qui voluerit se teneri pro libro sit in plegio, ut plegius eum habeat ad justiciam, si quid offenderit. Et (si) quisquam evaserit talium, videant plegii, ut solvant quod calumpniatum est, et purgent se, quia in evaso nullam fraudem noverint. Requiratur hundredus et comitatus, sicut antecessores statuerunt, rel (vergl. Wil. I. c. 25). Ebenso die Haftung des Than für seine Leute Wil. I. c. 52. „ut dominus in francplegio habeat suos. Omnes qui servientes hacent, eorum sunt francplegii; quod si rectati fuerint, ad rectum in hundredo eos habebunt. Quod si infra rectationem aliquis fugerit, dominus solvat were". Noch

ausführlicher wiederholt Edw. c. 21, daß die Kronvasallen ihre milites und servientes unter ihrer Bürgschaft haben sollen, und diese wieder ihre armigeros vel alios servientes. Zur wirksamen Controlle hat die normannische Verwaltung eine jährlich wiederkehrende Revision der Polizeiverbände eingeführt, den visus francplegii, view of francpledge. Diese Revision wird mit der Rundreise des Vicecomes zu Michaelis verbunden und dauert dem Namen nach sogar bis heute fort, Henr. I. c. 7: Bis in anno conveniant in hundretum suum quicunque liberi, tam hudefest quam folgarii, ad dinoscendum, si decaniae plenae sint, vel qui, quomodo, qua ratione recesserint vel super accreverint. In diesen Gesetzen ist zunächst nur von einer Bürgschaft überhaupt, von einem haftbaren Bürgen oder von zwei Bürgen die Rede: conductitii vel solidarii vel stipendiarii duorum plegio teneantur. Die normannische Finanzverwaltung aber hat die Weise der Beitreibung hier wie in anderen Fällen vereinfacht und verschärft. Der den sächsischen Gemeinden fremd gegenüberstehende normannische Beamte fordert die Buße kurzweg von den Leuten tributim (in gross), und überläßt ihnen sich unter einander abzufinden. Dem Erfolge nach gestaltet sich dadurch die Polizeibürgschaft zu einer gegenseitigen Haftung der Zehntschaft, und es erklärt sich daraus wohl, wie in dem 12. Jahrhundert der Privatverfasser der LL. Eduardi die Polizeibürgschaft als eine gegenseitige auffaßt: Quod de omnibus villis totius regni sub decennali fidefussione debeant esse universi, ita quod si unus ex decem forisfacit, ad rectitudinem novem haberent decimum (Edw. c. 20. §. 1); doch so, daß der schuldige Thäter, wenn er ermittelt wird, den Schaden selbst ersetzt (§. 2) — wenn er entflieht und unvermögend, hat der Vorsteher der Zehntschaft de suo et frithborgi Ersatz zu leisten (§. 4). Es sind dies die Stellen, nach denen die Wissenschaft fälschlich ein System der Gesammtbürgschaft für die angelsächsische Zeit angenommen hat. Die Gemeindepflicht wird aber auch in den späteren Rechtsbüchern wiederholt, z. B. Bracton 124: de eo autem qui fugam ceperit, diligenter inquirendum, si fuerit in francplegio et decenna, tunc erit decenna in misericordia coram justitiariis nostris, quia non habent ipsum malefactorem ad rectum. Vergl. Fleta I. 27. §. 4. Das angelsächsische Niederlassungsrecht, die Nothwendigkeit der Aufnahme eines jeden Umziehenden in den Gemeindeverband, war durch diese Büßung der Gemeinde in wirksamster Weise zu handhaben, und blieb Jahrhunderte lang die Basis einer strengen Behandlung vagabundirender und verdächtiger Personen.

2. An diese strengere Behandlung der Zehntschaft schloß sich sodann eine **Ausdehnung der Haftung auf den größeren Verband der Hundertschaft**. Die Unsicherheit der Normannen inmitten einer erbitterten Bevölkerung veranlaßte eine Verordnung Wilhelms, nach welcher die Hundred kurzweg 46 Mark zahlen soll, in deren Bezirk ein Normann erschlagen gefunden wird, wenn der Thäter nicht binnen 8 Tagen ergriffen und vor Gericht geführt wird, Will. I. 22. Es tritt hier wieder das Verhältniß des königlichen Verordnungsrechts auffallend hervor. Die sächsische Witenagemote hätte sicherlich ihr Zustimmungsrecht zu derartigen unerhörten Zumuthungen beansprucht. Jetzt aber acceptirte das bedrohte Normannenthum natürlich bestens die wirksame Schutzmaßregel; von einer Zustimmung war weder für den angelsächsischen noch für den normannischen Theil weiter die Rede. Nach Feststellung entscheidender Präcedenzfälle hat aber die Verwaltung den Grundsatz weiter ausgedehnt, und in den Schatzrechnungen sind die Büßungen von Hundreds in gross so überaus häufig, daß ihre Haftung in subsidium anscheinend überall eintritt, wenn die Ortschaft zur Zahlung verwirkter Polizeibußen nicht die Mittel besitzt. Durch Anordnungen aus dem Schatzamt und aus der curia regis ist die Haftung auf die größeren Verbände ausgedehnt.

3. **Einen Schritt weiter entwickelt sich aus diesem System eine organisirte Rügepflicht.** Das Bedürfniß, die Verfolgung von Friedensbrüchen nicht lediglich der Privatwillkür des verletzten Theils zu überlassen, sondern im Interesse des beleidigten Gemeinwesen (des Königs) ex officio zu verfolgen, war schon in der angelsächsischen Zeit empfunden, und hatte zu der Verordnung Aethelreds III. 3. §. 3. geführt von einer Rüge der Friedensbrüche durch 12 Thane der Hundertschaft. Diese Verordnung war isolirt geblieben und bald in Vergessenheit gerathen. Die normannische Verwaltung aber, so wie sie mit ihren Vögten einer feindseligen Bevölkerung und einem zerrissenen Gemeinwesen gegenüberstand, war von Anfang an darauf verwiesen, locale Feststellungen zu Finanz- und Gerichtszwecken durch ernannte eingeschworene Nachbarsleute vorzunehmen. Als sodann (nach überstandenen stürmischen Zeiten) unter Heinrich II. die Abordnung reisender Commissarien von Hofe (justiciarii) eine regelmäßige Einrichtung wurde, fanden sich die angesehenen Organe des Staats, deren man bedurfte, um die schon bestehende Einrichtung der kirchlichen Rügegerichte auf das weltliche Gerichtswesen zu übertragen. Da die Einrichtung durch Maßregeln der Verwaltung in Gang kam, so ist der Anfangspunkt nicht genau festzustellen. Spuren eines Rüge-

verfahrens vor dem königlichen Justiciarius finden sich schon a. 1176. Die capitula placitorum coronae regis v. J. 1194 und 1198 (Spelman, Codex 330. 340) ergeben, daß man damals den reisenden Richtern eine Reihe von Fragestücken mitgab, nach welchen sie zu inquiriren, d. h. die Gemeinden zu examiniren haben über eingetretene Straffälle und Beeinträchtigung königlicher Hoheitsrechte. Einmal in Gang gebracht ließ sich die neue Einrichtung dann auf den Sheriffstourn und von da ab auf die Localgerichte übertragen. Ausdrücklich ist von den inquisitiones coram Vicecomitibus indessen erst die Rede in dem St. Marlebridge 1267 c. 25 und in dem St. Westminster I. c. 11. 15; St. Westminster II. (1285) c. 13, wo auch die Untervögte der eximirten Bezirke dasselbe Verfahren vorzunehmen haben. Um die Mitte des 13. Jahrhunderts giebt das Rechtsbuch des Bracton das Bild eines völlig entwickelten Rügeverfahrens, noch ausführlicher Fleta I. c. 19. 20., II. 52; Britton c. 2—21. 29; der Mirror und das Statutum Walliae (1284). Danach werden im Beginn der Verhandlungen zunächst die Freibürgschaften und Ortschaften durch ihre Vorsteher verpflichtet, nach Anleitung gewisser Frageartikel die vorgekommenen Uebertragungen zu rügen. Ueber diese indictatio haben dann 12 Geschworene aus den Angesehensten der Hundred ihr Verdict abzugeben, insbesondere auch darüber, ob nichts verschwiegen ist. Die Fragestücke erstrecken sich darauf, was die ernannten Geschworenen wissen über begangene Verbrechen und deren muthmaßlichen Urheber, über Eingriffe in königliche Rechte, Amtswidrigkeiten und Erpressungen der Landvögte und ihrer Untervögte, Uebertretungen gegen die Polizeigesetze über Maß und Gewicht, Brod, Bier und Wein, und sind mit späteren Zusätzen auf etwa 138 Fragen angewachsen. Die 12 Geschworenen der Hundertschaft werden darauf vereidet: quod veritatem dicam de hoc, quod a me interrogabitis ex parte domini regis. Die von 12 Geschworenen bestätigte Rüge gilt als amtliche Anklage (indictment, presentment), und kann sogleich zur Hauptverhandlung kommen. Bis zum Schluß des Mittelalters entwickeln nun reisende Richter, Sheriffs und Ortsgerichte concurrirend eine Inquisitionsthätigkeit, welche durch die formularartigen Instructionen sich gleichmäßig fortbildet. Die gesammte männliche Bevölkerung wird in kurzen Perioden versammelt, nicht mehr um als Gerichtsmänner Urtheil zu finden, sondern um passiv Rechenschaft zu geben über Erhaltung der Ruhe und Ordnung, um auf Verlangen den Unterthaneneid zu leisten oder zu erneuern, um eine förmliche Polizeirevue zu passiren. Es wird sich unten ergeben, wie dies System der amtlichen Anklage auch zu einer Aenderung des

Beweisverfahrens führt, da gegen die amtliche Anklage von Eideshelfern und Zweikampf nicht mehr die Rede sein konnte, und da die Gottesurtheile durch kirchliche Verordnungen seit a. 1215 außer Anwendung traten. Wenige Jahre nachher tritt daher die neue Praxis ein, nach welcher auch der Schuldbeweis definitiv durch eine Gemeindecommission festgestellt wird. Wie aus den Verordnungen Heinrich's II. die Anklagejury hervorgeht, so aus den Verordnungen Heinrich's III. der Schuldspruch durch jurata, welcher schon in dem Rechtsbuch des Bracton ein völlig geläufiges Verfahren geworden ist. Verfolgen wir indessen hier nur die polizeiliche Seite, so ergab sich aus diesem Gange:

4. die Umbildung des turnus Vicecomitis zu einem Untersuchungsamt und Polizeigericht, sowie die Entstehung der damit coordinirten courts leet. Durch das System der reisenden Richter und die fortschreitende Centralisation der Straffälle wurden die Grafschaftsgerichte zu einem bloßen Untergericht für Strafsachen, mit dem sich aber das neugebildete Rügeverfahren zweckmäßig verbinden ließ. Seit dem 13. Jahrhundert wird der turnus Vicecomitis eine sehr wirksame Stelle, welche die Indictments oder amtlichen Anklagen der Hundert wegen der schwereren Straffälle an die höhere Instanz bringt. Zugleich bleibt der turnus Strafgericht für die leichten Uebertretungen, deren Zahl durch neuere Verordnungen, insbesondere Ordonnanzen über Maß und Gewicht, Brot, Bier und Wein mit jedem Menschenalter wächst. Das Aufbieten der Hundertschaften zu so unpopulären Geschäften und das vom Sheriffamt untrennbare Sportelwesen machen nun aber den tourn zu einer wiederkehrenden Landesbeschwerde. Die oft wechselnden Sheriffs und ihre Bailiffs, auch wenn sie guten Willen hatten, brachten oft die zu solchen Geschäften nöthige Localkenntniß nicht mit. Es zeigt sich daher das Bestreben dicht bewohnter Ortschaften für diese Aufgebote der ganzen männlichen Bevölkerung, die man nun wieder vorzugsweise Volksgerichte courts leet nannte, einen Gerichtsbezirk für sich zu bilden, und bei diesem lästigsten Geschäft wenigstens des sportulirenden Landvogts ledig zu werden. Durch königliche Concession gelang dies am leichtesten den Bischofssitzen und Abteien. Gegen ansehnliche Geldzahlungen wurde es seit Johann auch den burgs in großer Zahl gewährt, die durch den court leet eine Hauptgrundlage des späteren Stadtrechts erhielten. Aber auch das Interesse kleinerer Ortschaften und Manors ging dahin, einen eigenen Gerichtsbezirk zu bilden, in welchem ein herrschaftlicher Vogt jetzt nach dem Verschwinden nationaler

Abneigungen weniger drückend und verhaßt erschien als der sportulirende Vicecomes und seine Untervögte. Der Privatgerichtsherr hatte dasselbe Interesse und war ebenso geneigt die alte Strafgewalt des court baron, die ihm durch das stetige Eingreifen des Vicecomes und durch die immer wiederkehrenden Büßungen wegen angeblicher Ueberschreitungen verleidet wurde, zu vertauschen gegen eine königliche Concession, welche ihm eine Polizeigerichtsbarkeit in dem Umfang des Sheriffsturn verlieh. Die so verliehene Gewalt ging weiter als die herkömmliche Patrimonialjustiz, war in ihren Grenzen bestimmt und keiner Contestation ausgesetzt. Im Verlauf der Zeit ist diese Umwandlung in den alten Manors so massenhaft vor sich gegangen, daß ein court leet ein fast regelmäßiger Begleiter eines Court Baron geworden. Man unterschied nun die private leets von dem public leet des Sheriff. Der private leet ist indessen nur ein übertragenes Gutspolizeigericht, ein Ausfluß der königlichen Gerichtsgewalt, ein court of record, welcher im Namen des Königs die Einsassen zur Gerichtsfolge, secta regis, suit royal aufbietet, weshalb auch das Ausbleiben der Gerichtspflichtigen von dem Gutsherrn nicht einseitig erlassen werden darf. Gegenstand der Verleihung ist das Recht, ein königliches Polizeigericht (tourn) für ein kleineres Gebiet abzuhalten, Bußen und Sporteln zu ziehen (amerciaments, fines, essoign pence) und gewöhnlich noch einen kleinen Gerichtszins, certum letae, certmoney. Der Gerichtsherr ist nur berechtigt zu den profits of the court; der Gerichtstag aber gehört nach der Rechtssprache dem König: the day is to the king. Der Gerichtshalter, Steward, repräsentirt die Person des Königs und soll die richterliche Qualifikation des Sheriff im tourn haben, weshalb auch wohl der Gerichtsherr nicht selbst das Gericht abhalten kann. Wegen Nichtgebrauchs, nicht gehöriger Besetzung oder nachlässiger Verwaltung kann die Krone den leet suspendiren, sequestriren oder definitiv einziehen; die versäumte Jurisdiction kehrt dann wieder an den Sheriffsturn zurück. Das lokale Polizeigericht ist eine Abzweigung des Sheriffsturn, also mit gleicher Gerichtsbarkeit über Vergehen, die nach gemeinem Recht und nach dem einfachen Bußsystem geahndet, oder welche durch neuere Verordnungen vor den leet verwiesen werden, nicht aber über placita coronae, über welche wie im Sheriffsturn nur zu inquiriren und die öffentliche Anklage durch Indictment zu erheben ist. Es ist also nach neuerer Ausdrucksweise die Verbindung eines Untersuchungsamtes mit einem Polizeistrafgericht, welche auch in den späteren englischen Institutionen fortdauert.

Es eröffnete sich in dieser Fortbildung wiederum ein aus der Friedensgewalt abgeleitetes Gebiet des königlichen Verordnungsrechts in außerordentlichem Umfang und von großer Tragweite. Auch hier bildet sich der Rechtszustand in den wichtigsten Punkten durch königliche Erlasse um, welche nach einer Richtung hin an Stelle des älteren Bußsystems immer mehr öffentliche Strafen an Leib, Leben und Gliedern setzen, auf der andern Seite eine Reihe neuer Straffälle unter Androhung von Geldbußen einführen (vergl. oben §. 10). Während die angelsächsische Friedensgewalt ihren Rechtsgrund zunächst in der Schutz- und Gerichtsgewalt (mundium) des Königs fand, tritt in dem normannischen Militärstaat die aus dem Heerbann abgeleitete anordnende Gewalt (der eig. Königsbann) in den Vordergrund.

Hand in Hand mit diesem Recht der Strafverordnungen geht nun aber die Ausbildung eines summarischen Strafverfahrens,**) welches den Verordnungen erst ihre volle Wirksamkeit verschafft. Schon die angelsächsische Zeit kennt eine Ordnungsstrafe, die für das Ueberhören der Befehle des Königs (oferhyrnes) mit 120 Schillingen entrichtet wird (Edw. II. 1. II. 2.) In den LL. Hen. I. wird diese Ordnungsstrafe als Buße für das Uebersehen der königlichen Befehle, overseunessa regis, wiederholt, und auf weitere Fälle ausgedehnt. Es durchkreuzt sich hier wieder das neuere Lehnssystem mit dem vorgefundenen Recht.

Das normannische Lehnswesen brachte ein Strafsystem als Theil der militärischen Disciplin mit, welche der Kriegsherr in leichteren Fällen durch Lehnbuße (amenda) am beweglichen Gute handhabte. Unter dem Namen misericordia, merci, ist dies auch den normannischen Rechtssammlungen bekannt, doch anscheinend ohne große Bedeutung. Da aber in England die Gesammtheit der Grundbesitzer des Königs homines geworden sind, so ließ sich daraus eine Strafgewalt wegen Indisciplin im weitesten Umfange folgern, die man nun theils auf die alten Fälle der overhyrnes anwandte, theils auf neue Fälle ausdehnte. In regelmäßiger Weise geschah das durch einen doppelten Act:

a) durch einen Gerichtsspruch, welcher den Schuldigen mit seinem beweglichen Gut als der Gnade des Königs verfallen erklärt: in misericordia regis est de pecunia;

b) durch einen Verwaltungsact, durch welchen das verwirkte Vermögen mit einer festen Geldsumme nach dem Stande der Person taxirt und abgelöst wird, admensuratur, adforatur, und so festgestellt ein Amerciament heißt. Dies letztere Verfahren war eine Folge der normannischen Finanzmaxime, welche zur Durchführung vollständiger Rechnungslegung alle Naturalleistungen, also auch das verwirkte bewegliche Gut, auf Geldleistung zurückführt.

Die Praxis des Schatzamts hat hier wieder sächsisches Herkommen und normannisches Lehnrecht so verschmolzen, wie es den königlichen Finanzen am vortheilhaftesten erschien. Die Ordnungsstrafe erscheint also nicht mehr in einer festen Summe, sondern abgestuft nach den Ständen, für die höheren Klassen höher, für die ärmeren Klassen meistens niedriger als 120 sh. alten Münzfußes, je nach dem muthmaßlichen Werth des beweglichen Vermögens. Und dabei absorbirt die administrative Gewalt immer vollständiger das Element des Gerichtsspruchs, der dabei vorangehen sollte. Wo nämlich die Amtsbuße gegen einen absetzbaren Gerefa in einem klaren Fall der Amtsversäumniß erkannt wurde, pflegte sie wohl schon in der sächsischen Zeit brevi manu ohne Gerichtsverfahren festgesetzt zu werden. Diese kürzere Procedur hat man jetzt in sehr dehnbarer Weise auf alle Vasallen und auch auf die libere tenentes bei Erfüllung ihrer Gerichtspflicht, secta regis, ausgedehnt. Die Berufung auf einen Gerichtsspruch erschien dagegen als eine sehr gewagte Sache, da der königliche Gerichtshalter die Urtheilsfinder ernennt, und da die Einschätzung der Buße nach erwiesenem Trotz und Ungehorsam um so höher ausfiel. Die Handhabung der Amerciaments geräth daher frühzeitig auf den geschmeidigen Weg der Administration. Der in Anspruch genommene erklärt sich meistens kurzweg selbst in misericordia regis, und die Abmessung der Buße erfolgt nun im Schatzamt durch die niederen Beamten, bei höheren Bußen durch die dirigirenden Beamten. In den wichtigsten und verwickelten Fällen wurde ein Specialcommissar zur Einschätzung in die Grafschaft gesandt, der die Männer der Grafschaft oder Hundertschaft kopfweise einschätzt.

Es entsteht damit für den normannischen König eine **arbiträre Strafgewalt**, wie sie wohl kein anderer Fürst des Mittelalters besessen hat. Das Unterscheidende von dem alten Bußsystem ist, daß das Vorhandensein des Straffalles und die Angemessenheit der Buße nicht mehr durch die urtheilsfindende Gemeinde, sondern durch den persönlichen Willen des Herrn oder seiner Beauftragten festgestellt wird. Es handelt sich nicht mehr um die herkömmlich beschränkte Gerichtsgewalt, sondern um eine eigentliche Polizei- und Disciplinarstrafgewalt, deren Tragweite für die Gestaltung der englischen Verfassung noch nicht genügend gewürdigt ist. Die Anwendung derselben zur

Durchführung und Erweiterung der angelsächsischen Polizeiordnung ist bereits in dem Obigen dargethan. Die übrigen zahllosen Beispiele der Schatzrechnungen dürften sich wohl unter folgende drei Gesichtspunkte bringen lassen:

1) Amerciaments zur Ergänzung des Strafrechts. Die in den Schatzrechnungen erwähnten Fälle sind Geld- und Waffenleihen an die Feinde des Königs, Verweigerung der Arbeiten an königlichen Burgen und Brücken, Einsperrung königlicher Diener, Beleidigung königlicher Beamteter mit Schmähworten, Vorenthalten fremden Guts u. A. An eine specielle Aufzählung ist nicht zu denken, da die misericordia sehr gewöhnlich ohne Angabe des Grundes erwähnt wird. Ein eigenes Gebiet bildet die misericordia de foresta. Während die schwereren Forstvergehen mit Leibes- und Lebensstrafe bedroht sind, bleiben die leichteren, wie die bloße Unterlassung der Verstümmelung der Hunde, der misericordia überlassen. Auch werden die Großen, Bischöfe, Aebte u. A. mit amerciaments von 500 Mark, 100 Pfund Silber und ähnlichen Summen belegt, wo Geringere Leib und Leben verwirkt hätten. Die allgemeine Rubrik Infractio Pacis und Contemptus Brevium Regis ließ formell soviel offen, daß zuletzt jede Anordnung des Königs durch amerciaments erzwungen werden konnte. In verstärktem Maße galt dies von Anordnungen wie sie später mit Beirath der Stände erlassen wurden. Uebertretungen dagegen fielen als breach of assize in Ermangelung speciellerer Strafen unter diese Rubrik. Daher die zahllosen amerciaments wegen Besitzentsetzungen (novell disseisin), die namentlich gegen Aebte und weltliche Große, gegen deren clerks und Knappen vorkommen, und die Grundlage eines kräftigen Besitzschutzes und einer neuen Besitztheorie werden.

2) Amerciaments zur Aufrechterhaltung der gerichtlichen Ordnung treten ein wegen Ungehorsams im weitesten Sinne (default, non appearance), selbst gegen Mündelinnen, die sich auf eine Ladung zur Verheirathung nicht gestellen; nicht gehörige Verfolgung einer Klage, Verlassen des Gerichtshofs ohne Erlaubniß, unbefugter Vergleich (concordia de pace Regis sine licentia Regis); Regelwidrigkeiten im Beweis, Verweigerung des Zweikampfs, Ausbleiben im Kampftermin, Zulassung einer Person zu zwei Duellen in einem Tage; quia posuerunt hominem ad aquam sine warranto, sine visu Servientium Regis etc. — Bei der späteren Bildung von Gemeindeausschüssen für das Beweisverfahren (Jury) tritt ein amerciament ein wegen nicht gehöriger Besetzung: pro rusticis ad-

ductis ad faciendam juratam; quia elegit rusticos ad assisam; quia recepit hominem ad juratam, qui non fuit de hundredo; gegen solche, die mit den Geschworenen sprechen; wegen falschen Zeugnisses und falschen Urtheils; wegen ungehöriger Urtheilsvollstreckung, pro latrone suspenso sine visu Servientium Regis etc.; gegen Sheriffs und Provosts wegen ungehöriger Pfändungen u. A. Es ergiebt sich daraus die Methode, nach welcher die Reformen des Gerichtsverfahrens durch einfache Anweisungen von Hofe durchgeführt wurden.

3) Amerciaments zum Schutz königlicher Gerechtsame gegen Anmaßungen von Privatpersonen z. B. wegen unrechtmäßiger Erhebung eines Zolls, wegen unbefugter Aneignung königlicher Besitzungen, (purprestura), Anmaßungen an öffentlichen Wegen und Flüssen, — überhaupt als wirksames Mittel gegen Competenz-Ueberschreitungen. So wird W. de Friston gebüßt wegen Aburtheilung einer robbery an seinem Hofe; milites Curiae Comitissae de Coupland, quia fecerunt judicium de placito, quod non pertinuit ad eos etc.

Neben diesem endlosen Bußensystem steht dann noch das Recht der Sequestration, das Capere in manum Regis, ebenfalls ein Ausfluß aus dem Grundprincip der Verleihungen, oft auf geringfügige Veranlassung eintretend.

Wie die frühere Darstellung die factische Macht der Normannenkönige, so ergiebt diese Polizeigewalt ihre rechtliche Macht Ruhe und Ordnung im Lande zu erhalten, und das wirksame Mittel der landesherrlichen Autorität gegen ihre Beamten, gegen die Größten im Lande und selbst gegen die Kirche. Tausendfältige Eintragungen in den Schatzrechnungen ergeben, wie sich diese Gewalt auf Personen, Gemeinden und Körperschaften, auf geistliche und weltliche Würdenträger, auf den größten Herrn wie auf den kleinsten Bauern, auf die Eingesessenen ganzer Grafschaften und Hundertschaften erstreckt, rechtlich unbegrenzt in der Zahl der Fälle wie in der Höhe der Bußen. Die Befreiungen davon beziehen sich nur auf die Beitragspflicht zu gemeinen Polizeibußen der Grafschaft (common amerciaments), wovon die königlichen Domänen, die Güter der Königin und die höheren Beamten des Schatzamts (Residentes ad Scaccariam), durch Spezialprivilegium auch einzele Große für ihre Besitzungen eximirt sind. Selten werden einzele Grundherren, wie der Bischof von Bath mit dem Ertrag der königlichen amerciaments beliehen, welche dann aber vom König festgesetzt, von königlichen Beamten eingezogen und von dem Beliehenen bei dem Schatzamt erhoben werden (Madox II. 66).

Die Gewalt der Amerciaments ist die eigentliche Handhabe wirksamer Polizeiverordnungen geworden und weiter des königlichen Verordnungsrechts auf jedem andern Gebiet. Durch diese Gewalt erst wurde es möglich, das Verordnungsrecht an die Stelle der älteren Gesetzesbeschlüsse der Witenagemote zu setzen, und so den Mechanismus des absoluten Staats durch Ordonnanzen mit einseitiger Festsetzung von Strafen und administrativen Executionen herzustellen. Im Entstehen lag diesem polizeilichen Strafsystem wohl eine praktische Nothwendigkeit zu Grunde. Der Uebermuth des erobernden Stammes, die soldatische Neigung zur Gewaltthätigkeit, die stetigen Reibungen der Normannen unter sich und mit den sächsischen Thanen machten die eiserne Militärdisciplin nothwendig, welche die Geschichtschreiber an dem Eroberer rühmen. Nach einigen Menschenaltern aber wird, wie im modernen Polizeistaat, die andere Seite der Sache, die grenzenlose Willkür von oben, die Schutzlosigkeit der Unterthanen gegen den Mißbrauch sichtbar. Zunächst ist einleuchtend, wie sehr den Grundherren und Corporationen die Ueberschreitung, ja selbst die Ausübung einer Gerichtsbarkeit durch dies System verleidet werden mußte. Der geringste Verstoß gegen Formen und Grenzen ihrer jurisdiction und franchises setzte sie willkürlicher Strafe und Sequestration ihrer Besitzungen aus wegen trespasses, contempts, defaults, false claims aller Art. Es ist ein wunderbarer Contrast gegen die Zustände des Continents, wenn wir in England fortwährend große Herrschaften und große Städte unter königlichem Sequester finden wegen Amtsvergehen oder Versehen ihrer Bailiffs, wegen Verlassen des königlichen Gerichts ohne Erlaubniß, wegen Nichtbefolgung der königlichen Ordres u. s. w. Zugleich ist einleuchtend, welcher maßlosen Willkür von oben Person und Gut hier unterworfen sind, und wie später die ersten Versuche der Magna Charta zur Erlangung von Grundrechten dahin gingen die amerciaments auf den gerichtlichen Weg zu bringen: „Comites et Barones non amercientur nisi per pares suos, et nonnisi secundum modum delicti, — liberi homines, nonnisi per sacramentum proborum et legalium hominum de vicineto".

*) **Der Anschluß der normannischen Landespolizeiordnung** an das angelsächsische System der Friedensbewahrung ergiebt sich zunächst aus den umständlichen Nachweisungen Palgraves II. 105. ff. über die Verkündigung des Peace of the King beim Regierungsantritt und bei besonderen Veranlassungen. Der Unterschied der Pax data manu Regis und der pax a vicecomite data wird in Henr. 79. §. 3. 4. hervorgehoben; die gleiche Geltung aller unmittelbaren und mittelbaren Friedensgebote in Edw. 12. §. 1. 27 pr. Ueber die Rückwirkung

derselben auf die Privatfehden s. Bracton I. 2. c. 35. §. 5. Fleta I. 3. c. 16 §. 16. Britton 68. und Allen, Prerogative 121.

Der Anschluß an die angelsächsische Polizeibürgschaft insbesondere hat durch die etwas confuse Darstellung der sogenannten L. L. Eduardi c. 20. eine Menge Streitfragen hervorgerufen vgl. Gneist II. 27. 95. und cit. Marquardsen. Waitz, Deut. Verf. Gesch. 2. Aufl. 1865. S. 426—257. Das dort vorkommende Wort Frithborg, nach Lambard Freoborg, mag mehr aus dem Volkssprachgebrauch als aus den Gesetzen herstammen. Das Francplegium ist offenbar normannische Uebersetzung in den Sprachgebrauch des damaligen Geschäftslebens. Daß bei dem Vergehen Eines „die anderen Neun" haften sollen, kann von Seiten des Privatverfassers ein Mißverständniß sein, während der Präpositus oder Herr der Zehntschaft zunächst haftet, und sich dann der Reihe nach an dem Schuldigen, an dessen ein oder zwei Specialbürgen, eventuell an allen Gemeindegenossen erholt. Die Aenderungen der normannischen Zeit sind wohl zunächst durch die veränderte Praxis entstanden, in welcher das Schatzamt und die königlichen Vögte mit verstärkter Militär- und Polizeigewalt den „widerspenstigen und übelgesinnten" Gemeinden gegenüberstanden, und nun auf kürzestem Wege die Buße eintrieben. Das Fortschreiten dieses Systems beruht auf dem Ineinandergreifen der Beamtenpraxis mit den persönlichen Anordnungen des Königs.

1) Daß zunächst eine Uebertragung der angelsächsischen Einrichtungen gemeint war, ergeben die citirten Gesetze und übereinstimmend die Schatzrechnungen. In zahllosen Fällen werden hier Ortschaften gebüßt wegen „Beherbergung eines Unbekannten, ohne francplegium von ihm zu nehmen"; wegen Beherbergung eines Mannes „der nicht im Francplegium war"; wegen Aufnahme eines Mannes „ohne Tething" u. s. w. Z. B. das Francplegium des Nicholas, son of Selary, wegen Nichtgestellung eines von ihm Verbürgten; das Francplegium des Roger, son of Geoffrey, wegen der Flucht des William u. s. w. (Madox I. 546. ff. 555.). Gervase, son of Stigend, weil er Odo den Kempen in seiner Herrschaft hatte wohnen lassen ohne einen Bürgen zu finden (Madox I. 545); die Hundertschaft von Reckham, weil sie wissentlich einen Mann unter sich wohnen lassen ohne Francplegium (I. 565). Die jährlich wiederkehrende Freipflegeschau war eine wirksame, für das System aber gerade nicht wesentliche Controllmaßregel, die in vielen nördlichen Landestheilen nicht zur Ausführung kam. Die spätere Handhabung derselben ergiebt sich aus der Magna Charta, aus Fleta II. 52. 72., Britton c. 29., Horne's Mirror c. 1. §. 16. Ueber die abweichenden Einrichtungen in einem Theil von Lancastershire zwischen Ribble und Mersey vergl. Heywood 180—182. Gewöhnlich wird die Einführung der Freipflegeschau auf eine Anordnung Heinrich's I. zurückgeführt, was doch aus ihrer Erwähnung in den sogenannten L. L. Henrici I. nicht folgt. Die Einrichtung war gerade in den Landschaften nördlich des Trent nicht eingeführt (Palgrave II. 123), worin eher ein Symptom dafür gefunden werden kann, daß sie von dem Eroberer selbst herrührt, aus einer Zeit, als diese nördlichen Landschaften in ungeordnetem Zustand, dem normannischen Verwaltungssystem noch nicht eingefügt waren. Es spricht dafür auch der spätere Grundsatz, daß der visus francplegii nur mit solchen Gutsgerichten verbunden sein soll, deren „antecessor" mit dem Eroberer herübergekommen sei. Vergl. Palgrave II. 125, wo insbesondere auch daran erinnert wird, daß der Name Zehntschaft

nur die geringste erforderliche Zahl des Polizeiverbandes ausdrückt, der eben so gut auch 70, 80 und mehr Familien umfassen konnte.

2) Die Ausdehnung der Polizeihaftung auf die Hundertschaften im Fall des Murdrum beruht unzweifelhaft auf directer Anordnung des Eroberers Wil. I. c. 22. Das Neue darin ist die principielle Haftung aller Männer der Hundertschaft sammt und sonders, so wie die gewaltig hohe Buße von 46 Mark Silber = 640 Thaler Silberwerth, etwa 6000 Thlr. nach heutigem Werth. Die Praxis verschärfte dies noch durch die legale Vermuthung, daß jeder unbekannte Leichnam für einen Normannen zu erachten bis zum geführten Beweis, daß der Erschlagene ein Engländer sei. Der Verfasser der leges Eduardi c. 15. stellt die Sache so dar, als ob nach den angelsächsischen Einrichtungen die 46 Mark zunächst in der schuldigen Villa aufzubringen seien, und daß nach der neueren Einrichtung die Summe von der Hundertschaft eingesammelt werde, um den Ruin der kleinen Ortschaften abzuwenden: sed quia villa omnino confundebatur (nach dem anderen Text si villa omnino destruetur), providerunt barones, quod per hundredum colligerentur etc. Ebenso drückt die carta Wilhelmi III. 3. eine principale Haftung der herrschaftlichen Ortsgemeinde aus, für die dann die Hundertschaft ergänzend eintrete, ubi vero substantia domino defecerit, totus hundredus in quo occisio facta est, communiter soluat, quod remanet. Aus diesen Anordnungen folgerte dann wohl die Praxis des Schatzamtes ein subsidiäres Eintreten der Hundertschaft für die Polizeibußen überhaupt. (Vergl. über die häufigen Büßungen der Hundreds Madox I. 565 und in dem ganzen Abschnitt von den Amerciaments.) Ausgenommen von diesem System war die Grafschaft Salop. Es heißt in den Schatzrechnungen 40 Henr. III.: Nullum murdrum est in comitatu isto, nec Englesheria praesentatur, nec ibi quis est in decenna. Ebenso waren begünstigte Städte wie Worchester und Bristol eximirt: quia nullum francumplegium est in civitate, nec warda quae debuerat repondere de fugitivis. Palgrave II. 123. Die bewegliche Verwaltungspraxis documentirt sich hier wieder in Exemtionen von der verhaßten Strenge der Englesheria. Die meisten Verordnungen von vorübergehendem und örtlichem Interesse sind natürlich einer späteren Zeit nicht erhalten. Allein selbst ein vereinzeltes Beispiel ist charakteristisch genug, wie es der Textus Roffensis p. 171 giebt: „Henricus Rex Anglorum, Haimoni Dapifero et Hugoni de Bock (2 reisende Richter) salutem. Prohibeo ne piscatores piscent in Tamesia, ante piscaturam de Rovecestra de Niovera, et si ulterius invenientur piscantes, sint mihi foris facti.“

3) Die Entwickelung der Rügepflicht der Hundreds und Ortsgemeinden wird in der Regel an Athlr. III. 3. von einer Rüge der zwölf Thane in der Hundertschaft angeknüpft, die sich aber in dieser den Gemeinden lästigen Gestalt nicht erhielt, vielleicht niemals zur Ausführung gekommen war. Spuren des Rügesystems in kleineren Gemeinden lassen sich allenfalls in Cn. II. 30. Wil. I. 51. finden. Indessen ergiebt sich trotz der Strenge des Francplegium auch in der regelmäßig wiederkehrenden Freipflegeschau noch keine Spur einer weitergehenden inquisitorischen Thätigkeit. Das normannische Rügeverfahren ging vielmehr aus dem neueren Verwaltungssystem hervor, welches mit seinen Beamten einer fremden, feindseligen Bevölkerung gegenüberstehend, von Anfang an darauf verwiesen war, locale Feststellungen durch ernannte eingeschworene Leute vorzunehmen. Dies schon bei Aufnahme des Domesdaybook

befolgte Verfahren kehrt in zahlreichen Anwendungen, besonders zu Finanzzwecken wieder, als inquisitiones ad quod damnum, inquisitiones post mortem, inquest of office etc. Das nächste Vorbild für die Zwecke der Strafjustiz gaben die längst im Gange befindlichen geistlichen Rügegerichte. Wirksam wurde die neue Einrichtung aber erst, seitdem in den königlichen Justiciarien als Sendboten die Organe zur Leitung des Rügeverfahrens entstanden waren. Die Capitula itineris, die amtlichen Formulare durch die das Rügeverfahren in Gang kam, sind offenbar zuerst für die reisenden Richter berechnet, und alle Zeugnisse für ein Rügeverfahren aus dem letzten Viertel des 12. Jahrhunderts beschränken sich auf die reisenden Richter. Trotz des dagegen erhobenen Widerspruchs bleibe ich also bei der Behauptung stehen, daß dies neue Verfahren wie alle Maßregeln der Inquisition von oben nach unten organisirt, also erst von den reisenden Richtern auf den turnus Vicecomitis und auf die gleichgestellten private leets ausgedehnt worden ist. Ausführlicher über die Fortbildung des Rügeverfahrens zur Anklagejury handelt Gneist II. 96. 97., besonders aber Biener, Engl. Geschw. G. I. §. 12—14. 19. Die dadurch nothwendig gewordenen Aenderungen des ganzen Beweisverfahrens führen zur Entstehung der Urtheiljury in Strafsachen. Gneist II. 97—100. Biener, Engl. Geschw. G. Bd. I. §. 16. 17. S. 103—124., Bd. II. Exc. I. S. 219—239. Palgrave II. 186 bis 190 u. ff.

4) Die Entstehung der örtlichen Polizeigerichte, courts leet siehe ausführlich in Gneist II. 90, 91, 100—103. In dem Obigen war vorzugsweise der Beweis zu führen, daß diese etwas neuere Gestalt der Ortspolizeigerichte auf königlichen Verordnungen und Verleihungen beruht. Die ältere hergebrachte Strafgewalt des court baron in kleinen Straffällen wurde dadurch nicht aufgehoben; aber sie wurde practisch ziemlich unwirksam. Denn das alte herkömmliche Patrimonialgericht hatte nur eine beschränkte Executionsbefugniß durch distress, und eine Jurisdiction nur für die hergebrachten Straffälle, nicht für die durch königliche Ordonnanzen eingeführten Polizeibußen, amerciaments. Der Gerichtsherr also, welcher ein wirksames Polizeigericht für seinen manor haben wollte, war thatsächlich genöthigt, sich die königliche Verleihung eines court leet zu verschaffen, wie dies im Verlauf der Zeit als Regel geschehen ist. Das patrimoniale Element erscheint an dieser Stelle von Neuem überwachsen durch die höhere Gerichts- und Polizeigewalt des Staats.

) **Der Anschluß des normannischen Systems der Amerciaments an das angelsächsische Recht ist nur in den einzelen Gliedern vorhanden die man zusammenzufügen versäumt hat. Es ist dies

a) Die angelsächsische Amtbuße gegen den königlichen Gerêfa, der seine feststehenden Amtspflichten versäumte. Athlst. I. §. 5. Diese Vorschrift wird theils allgemein wiederholt, theils insbesondere angedroht: bei Fällung eines ungerechten Urtheils Edg. III. 3., bei Bestechung Athlst. V. 1. §. 3, bei Versäumung des Gerichtstags Edw. II. 7. 8., bei versäumter Beitreibung der Strafen Edw. II. 2., bei Versäumung der Amtspflichten zur Friedensbewahrung Athlst. II. 26. pr., V. 1. §. 2., VI. 8. §. 4 u. s. w. Da hier der Beauftragte unmittelbar dem Auftraggeber gegenübersteht, so würde ein Widerspruch wohl in der Regel die Entziehung des Amts herbeigeführt haben. Es konnte daher leicht ein summarisches Verfahren für solche Fälle entstehen.

b) Ein weiteres System der overhyrnes erstreckt sich als Ordnungsstrafe auch auf Unterthanen wegen Versäumung feststehender Gerichts- und Polizeipflichten, namentlich wegen Versäumung des Gerichtsdienstes Athlst. II. 20 pr., wegen Versäumung des Aufgebots zur Execution gegen Ungehorsame und zur Verfolgung von Friedensbrechern Athlst. II. 20. §. 2., VI. 7. Edg. II. 7., wegen Verletzung der Polizeiordnung durch Aufnahme eines Dienstmannes, ehe derselbe einen Losschein von dem früheren Herrn erhalten hat Edw. II. 7., Athlst. II. 22., V. 1., Edm. III. 3., Cn. II. 28.; ferner wegen Nichterfüllung eines richterlichen Spruchs, wegen Kaufs außerhalb der gefriedeten Marktorte u. a. Die Strafsumme ist in allen Fällen eine feste Summe von 120 Schillingen. Im Fall des Widerspruchs gegen die rechtlichen Voraussetzungen des Bußfalls konnte hier ein rechtliches Verfahren verlangt werden; in den meisten Fällen lag aber das thatsächliche Verhältniß wohl so klar, daß die Buße gegen den Geständigen brevi manu eingetrieben wurde.

Die leges Henr. I. schließen sich an dies hergebrachte Recht unter dem Namen overseunessa, Henr. 34. §. 3., 35. §. 1., 36., 38., 41. §. 1., 48. §. 1., 51. §. 7., 52. §. 1., 53. §. 1., 60. §. 1., 80. §. 9., 81. §. 2. 3., 87. §. 4. 5. Es wird ausdrücklich bemerkt, daß die alte Buße von 120 Schilling nach dem jetzigen Münzfuß gleich 50 Schilling betrage. Wie aber überall auf das sächsische Herkommen das normannische Lehnssystem aufgepfropft erscheint, so concurrirt nun die feudale Maxime, welche dem Lehnsherrn das Recht der Büßung am beweglichen Gut giebt. Dies

c) neuere System der Lehnsbußen ist als ein selbstverständliches Attribut des königlichen Lehnsherrn geltend gemacht. Es scheint darüber keine ausdrückliche Verordnung ergangen; die Sache kam vielmehr in der Praxis des Schatzamts so in den Gang wie es der Dialogus de scaccario II. c. 16. Madox II. 439 schildert:

> quisquis in regiam majestatem deliquisse deprehenditur, uno trium modorum juxta qualitatem delicti sui regi condempnatur (1) aut enim in universo mobili suo reus judicatur pro minoribus culpis (2), aut in omnibus immobilibus, fundis scilicet et reditibus, ut eis exhaeredetur, quod si (3) pro majoribus culpis aut pro maximis quibuscunque vel enormibus delictis in vitam suam vel membra.

Der Dialogus kommt dann wieder auf den ersten Fall zurück: cum igitur aliquis de mobilibus in bene placito regis judicatur, lata in eum a iudicibus sententia per haec verba: Iste est in misericordia regis de pecunia sua: idem est ac si de tota dixissent. Die Verschmelzung der emenda feudalis mit dem angelsächsischen Recht führt aber zu folgenden Aenderungen.

1) Das Recht der Amerciaments besteht jetzt auch zu Gunsten der Unterlehnsherren gegen ihre Untervasallen, und stuft sich nach dem Range in der Lehnshierarchie ab für den Eorl und für den Baro oder Than Henr. c. 35. 87. Henr. 41 enthält die ausdrückliche Zusicherung: unusquisque dominus plenam overnesseam suam habeat secundum locum et modum culpae de homine suo, et qui sunt ejus super terram suam. Dies neue Recht deckt sich zum Theil mit dem älteren, nach welchem auch die Ealdormen, Shirgerêfas und Privatgerichtsherren ihre Amtsautorität durch kleinere Ordnungsstrafen aufrecht erhalten Henr. 34. §. 4., 35. §. 1., 41. §. 1., 53. §. 1., 87. §. 5. — entsprechend den Ordnungsstrafen die früher an den Eorl

und die Hundertschaft zu zahlen waren Cn. II. 15. §. 2. Diese misericordia Vicecomitis und der Privatlehnsherren spielt jedoch in den Schatzrechnungen eine sehr unbedeutende Rolle, weil sie in der Regel kein Gegenstand der Rechnungslegung war. Die höhere Gewalt des Königs war auch in dem ganzen System der Polizeibußen von Anfang an die weit überwiegende, und mit dem Herabsinken der Grafschafts- und Privatgerichte sank auch sachlich die Bedeutung der amerciaments der unteren Instanzen.

2) Die neueren amerciaments werden nicht mehr in fester Summe erhoben, sondern nach dem muthmaßlichen Betrag des beweglichen Vermögens, also nach dem Stande abgestuft. Es erschien nunmehr als eine königliche Gnade, daß der Schuldige mit einer Geldsume davon kam, die meistens weniger betrug als seine gesammten catalla. Verwirkt ist der Strenge nach das ganze bewegliche Vermögen: est in misericordia regis de pecunia sua, idem est ac si de tota dixissent. Das Eintaxiren adforare im Schatzamt erscheint als ein Act der Milderung im administrativen Wege. Anknüpfungen auch dafür lagen wiederum in dem angelsächsischen Herkommen, welches bei gewissen Vergehen die Verwirkung des beweglichen Guts annahm. Ebenso lag die Abstufung nach dem Vermögen des Schuldigen in dem administrativen Geist der kirchlichen Verwaltung, wie er sich schon in Athlr. VI. 52 ausspricht:

> Und immer so wie Jemand von den Mächtigeren ist jetzt hier in der Welt oder durch Würden höher an Stand, so soll er seine Sünden um so schwerer büßen und jede Missethat höher vergelten, — und darum soll man ermäßigen und sorgfältig unterscheiden sowohl bei geistlichen wie bei weltlichen Strafen Reiche und Arme und jeglichen Stand.

Die ersten Zusicherungen einer Milderung des administrativen Büßungsrechts in der carta Henr. I. 1. §. 8. sind demnach leicht verständlich: siquis baronum vel hominum meorum forisfecerit, non dabit vadium in misericordia totius pecuniae suae sicut faciebat tempore patris mei; sed secundum modum forisfacti ita emendabit sicut emendasset retro — in tempore aliorum antecessorum meorum.

3) Die Zahl der Fälle verlor jede Begrenzung, seitdem man über das angelsächsische Herkommen hinaus jeden Ungehorsam gegen königliche Anordnungen unter Buße stellte, und damit ein Zwangsverfahren zur Ausführung aller möglichen Anordnungen schuf. Schon die L. L. Henr. c. 13 geben ein buntes Verzeichniß: quae placita mittunt homines in misericordia regis, wo aber noch Criminalstrafen und Polizeibußen zusammengeworfen werden. Ein Verzeichniß von 15 Rubriken der Amerciaments giebt Madox I. 526; ein kürzeres aber nicht vollständiges Hardy, Rotuli finium pag. XVII. ff. Die Zahl mag man danach schätzen, daß in späterer Zeit einmal 50 Rotuli zugleich einem baron of the Exchequer zur Abtaxirung vorgelegt wurden. Madox II. 65. 66. Ueber einen älteren Versuch die Amerciaments in der Grafschaft Hereford auf feste niedrige Sätze zu fixiren berichtet Wil. von Malmesbury 59.

4) Die Grenze zwischen einer Unterwerfung unter die Misericordia und dem ordentlichen Gerichtsverfahren war wohl von Anfang an nicht scharf zu ziehen. Die Vorentscheidung: in misericordia est, erscheint nach dem Dialogus de Scaccario im Fall der Bestreitung allerdings noch als Gegenstand eines Gerichtsspruchs. Für die persönlichen Beamten des Königs fand indessen die Feststellung der Amtsbuße wohl schon in der sächsischen

Zeit brevi manu statt. Das normannische Lehnswesen hatte alle Vasallen in eine ähnliche Abhängigkeit vom König gebracht, welche die Berufung auf den Rechtsweg ziemlich unpraktisch macht. Selbstverständlich gilt diese Abhängigkeit auch für die Untervasallen, und selbstverständlich ist der Sachse denselben Gehorsam schuldig wie der Normanne. Eine Berufung auf die angelsächsischen Gesetze, d. h. auf die ordentlichen Formen des Gerichts, wurde eine bedenkliche Sache, da der König, sein Commissar oder sein Vogt die urtheilsfindenden Gerichtsmänner ernennt, die Garantien für ein gerechtes Urtheil gegen den erzürnten Herrn also sehr gering, die Gefahr der Verurtheilung in schwerere Buße oder in den Verlust des Lehns eine große ist. Der Dialogus deutet dies verständlich genug an I. c. 8: Regi, cui militatur, in pecuniam reus judicabitur, nisi festinaverit postulando misericordiam praevenire judicium. Die Feindschaft der Nationen, die factiösen Streitigkeiten unter den normannischen Großen selbst haben der Gerichtsverfassung ihren festen Halt nach oben entzogen. Indem die alte ehrwürdige Gerichtsverfassung in ihren Grundvesten weicht, geht das normannische Verwaltungssystem in den Polizeistaat über.

§. 12.

IV. Die Entwickelung der normannischen Finanzhoheit.*)

Im Anschluß an die Revenüe der angelsächsischen Könige läßt sich das jetzt geltende Finanzrecht nach folgenden Gruppen scheiden:

1) Unmittelbares Einkommen aus den königlichen Domänen, neu fundirt nach der Eroberung durch ein großes Reservat von Domänen und Forsten, vermehrt durch die häufig zurückfallenden Lehen. Die älteren von Domänen und Folkland vorbehaltenen Naturalleistungen sind seit Heinrich I. nach der Weise der jetzigen Finanzverwaltung in Geldleistungen verwandelt. Es dauern auch noch fort einzele Reste nutzbarer Rechte am Folkland, die kleinen Regalien an Schatzfund, Schiffbruch, herrenlosen Sachen, die hergebrachten Zölle an Wolle, Wollfellen und Leder (custumae).

2) Nutzbare Rechte aus der obrigkeitlichen Gewalt:

a) aus der Militärgewalt das Recht auf die Dienste der Einsassen bei Brücken und Burgbau, jetzt wirksam erzwungen durch summarische Amerciaments. Weit überboten wird aber dieser alte Bestand durch die neuen Einkünfte aus dem Lehnskriegsrecht, durch reliefs, nutzbare Vormundschaft und Verheirathung.

b) Die aus der Gerichtsgewalt fließenden Sporteln und Bußen, in der angelsächsischen Zeit sehr zusammengeschwunden, jetzt wieder reichlich strömend durch die Centralisation der wichtigeren Processe bei der curia regis. Ebenso ergiebig ist das ausgedehnte Recht der Verwirkung durch Felonie und die Confiscationsfälle des beweglichen Guts.

c) Das Einkommen aus der Polizeigewalt, sonst dürftig, jetzt reichlich fließend durch die unabsehbare Reihe der polizeilichen Amerciaments.

3) Anfänge directer Besteuerung, bisher nur vorhanden in dem unglückseligen Dänengeld, welches unter Eduard dem Bekenner zwar aufgehoben, von den Normannenkönigen als Mißbrauch zeitweise wieder eingetrieben wird, bis es unter Heinrich II. für immer erlischt, seitdem nämlich wirksamere und geeignetere Ansätze zu einer directen Besteuerung an seine Stelle treten:

a) Die auxilia, aids, der Kronvasallen, jedoch nur in drei bestimmten Ehren- und Nothfällen.

b) Die scutagia, Schildgelder, seitdem unter Heinrich II. die Geldabfindungen für den Lehnskriegsdienst beginnen.

c) Die tallagia von den nichtkriegspflichtigen Einwohnern der Städte und des platten Landes, welche sich als die stetigen Begleiter des Lehnswesens auch in England eingefunden haben.

Schon der erste Blick ergiebt, daß das neuere Lehnswesen alle die alten Grundlagen der königlichen Revenüe weit überragt. Das normannische Verwaltungssystem weiß jedem Gebiet des Staats eine fiscalische Seite abzugewinnen; die flüssige Verwaltungswillkür geht mit dem unabsehbaren System von Polizeibußen und Gebühren, amerciaments und fines, in einer Weise durch alle Gebiete hindurch, welche jeder systematischen Anordnung Trotz bietet. Durch die Centralisation in einem königlichen Schatzamt gewinnt das Finanzwesen ein ganz neues Ansehen. Nach Anleitung der Schatzurkunden bildet der große Kenner des historischen Finanzwesens, Madox, folgende 7 Rubriken, in welche solche Einzelheiten mit aufgenommen werden sollen, die den Geist der Staatsverwaltung verdeutlichen.

I. Die königlichen Domänen und Forsten.[1]) Ihr Stamm sind die im Domesdaybook verzeichneten 1422 Ritterlehne, Ländereien, Parks und Forsten (antient demesne), stetig vermehrt durch Rückfälle und Confiskationen, stetig vermindert durch neue Verleihungen, zeitweise Verschleuderungen. Nur ein Theil der Domänen, besonders wohl in der Nähe der Residenzen, stand gewöhnlich unter der eigenen Verwaltung des Königs, d. h. seiner Hofbeamten und persönlichen Diener; die in den Grafschaften zerstreuten befanden sich im Corpus Comitatus, kehren daher wieder unter den Pachtgeldern der Grafschaften.

II. Rückfallende Lehne[2]) durch die so häufigen Fälle des Aussterbens Escheat und der Verwirkung Forfeiture. Bei der späteren Trennung der Normandie sind z. B. die Besitzungen der Normannischen Herren in England, sowie die der Engländer in der Normandie massenweis confiscirt. So lange solche Güter in manu Regis bleiben, bilden sie einen Theil der Domainen mit den daran hängenden Grundrenten, Reliefs, Vormundschaften, Verheirathungs-Rechten. Die früheren Aftervasallen sind nunmehr Kronvasallen, aber nicht des Königs als solchen, ut de corona, sondern des Königs als Besitzer der Herrschaft, ut de honore. — Die größeren Güter dieser Art werden an Specialpächter (fermors) oder Verwalter (custodes) überlassen; gegen Ende der Regierung Heinrichs II. bilden sie ein besonderes Domainendepartement, Escheatry, für welches später besondere Custodes Escaetarum, Escheatours vorkommen. Nur die kleineren Escheats werden später noch dem Sheriff auf ein Spezialconto überlassen. — Auch bei der Vakanz eines Bischofssitzes oder Klosters fielen dem König die Einkünfte bis zur Wiederbesetzung zu, welche zeitweise ein großes Einkommen bilden konnten, da die ersten Könige das Erzbisthum Canterbury und einzele Bischofssitze öfter bis zu 5 Jahren unbesetzt ließen. Diese Temporalien wurden Anfangs durch besondere Custodes, später durch die Escheatry verwaltet.

III. Die Lehns-Accidenzien, Reliefs, Vormundschaften, Verheirathungen [3]). Die Relevia sind Anfangs wechselnd, seit Heinrich II. für das einzele Ritterlehen auf 5 Pfund Silber oder 100 Schillinge fixirt; für Complexe von Ritterlehen, welche eine Herrschaft bilden, werden seit den Zeiten der Magna Charta hundert Mark gezahlt, für die Herrschaften eines Eorl 100 £. Die nutzbaren Vormundschaften werden oft nach Meistgebot einem Kronvasallen überlassen; die dafür gezahlte Gebühr beträgt bei den großen Lehen oft mehre hundert oder tausend Mark Silber, in einem Fall sogar zehntausend Mark. Noch mannigfaltiger ist die Finanzpraxis der Verheirathung männlicher und weiblicher Mündel. So zahlt Geoffrey de Mandeville 20,000 Mark für die Heirath mit Isabella Gräfin von Gloucester und für den Besitz ihres Landes (Hardy, Rot. XXX). Die mannigfaltigen Heirathsgebühren sind dahin gestellt, ut Rex concederet ei ducere uxorem; ut ducat uxorem ad velle suum; ne capiat virum nisi quem voluerit. — Lucia Comitissa Cestriae zahlt 500 Mark, ne capiat virum infra quinque annos (Mag. Rot. 31. Hen. I.). Gundreda Comitissa 100 Pfund Silber, ne maritetur invita. Alicia Comitissa Warewic 1000 Pfund und 10 Zelter, quod sit vidua, quamdiu sibi placuerit, ita quod per Regem non esforcietur ad se maritandam, et pro habenda custodia puerorum suorum (7 Jo.); ähnliche Summen bei vornehmen Damen, ut non distringantur ad se maritandum. — R. de Seinsperia dagegen 9 Pfund Silber, quia renuit filiam Hasculphi Musard etc.

IV. Die Pachtgelder der Vicecomites[4]) und Spezialpächter in den Grafschaften. Sie bilden eine Zusammenfassung von lokalen Einkünften aller Art aus Domänen, Gefällen, Sporteln und Verwirkungen, kleinen Regalien, welche im Interesse der Finanzverwaltung in eine Generalpacht zusammengefaßt werden. Wo statt eines Pächters ein Custos administrirt, hat er mit spezieller Rechnungslegung die Verwaltungsüberschüsse abzuliefern.

V. Die Fines und Amerciaments,[5]) von welchen die letzteren schon in dem System der Polizeiverwaltung dargestellt sind. Die Fines sind königliche Gebühren im weitesten Sinne des Worts, ebenso charakteristisch für das System dieser Verwaltung wie die amerciaments, mit denen sie oft zusammenfließen. Die Stellung des Königs ergab eine lange Reihe arbiträrer Gewalten, Verhältnisse, in denen er bewilligen oder versagen konnte. Dabei erscheint als unabänderliche Maxime, daß nichts, was versagt werden kann, ohne Geldgebühr gewährt wird; eine Maxime, deren Reminiscenzen noch in das heutige Verwaltungsrecht hineinreichen. Die Zeitgenossen scheinen dies System mehr als Druck, wie als Ungebühr empfunden zu haben; denn der König hatte die Macht und das formelle Recht dazu; er verfuhr in der Normandie ebenso, und die normannischen Herren wetteiferten mit dem Schatzamt überall, wo sie es konnten. Die unabsehbare Reihe der Fines läßt sich einigermaßen gruppiren in 3 oder 4 Hauptklassen:

1) Fines für Liberties und Franchises. Das Recht der Grundherren auf Lehns- und Patrimonialgerichte war oft nach dem Herkommen zweifelhaft, ließ sich dem Umfang nach bestreiten. Der Mangel wird dann durch eine fine gedeckt. So zahlt Uctred 20 Mark Silber, 3 Zelter und 3 Chaseurs für eine Saca et Soca. Lucia Gräfin von Chester 100 Mark, damit sie Recht sprechen möge in ihrer Curia zwischen ihren Vasallen. (Madox I. 397. 398.). Einzele Grafschaften erhalten auf diesem Wege zuerst die eigene Wahl d. h. ein Vorschlagsrecht für ihre Sheriffs unter Hein. III. So zahlen die Männer von Devonshire 23½ Pfund Silber, die Commoners der Grafschaft Dorset und Somerset ähnliche Summen für die Erlaubniß ihre Sheriffs zu wählen. (Madox I. 417 ff.) Die Städte erhalten so die Anfänge ihrer Selbstverwaltung. London zahlt

100 Mark für die eigene Wahl seines Sheriff (31. Hen. I.); Carlisle 10 Mark für die Selbstwahl der Coroners; Cambridge 300 Mark Silber und eine Mark Gold für Ueberlassung der Stadt in eigene Pacht und Exemtion von der Einmischung des Sheriff der Grafschaft; Lincoln 200 Mark für firma burgi und einmalige Befreiung vom tallagium. Zuweilen werden Exemtionen, Befreiung von tallagia, Entforstungen u. dgl. gegen eine hohe fine dauernd verliehen; dann aber neue Gebühren bezahlt für Erneuerung und Bestätigung solcher Befreiung, besonders unter einer neuen Regierung.

2) Fines in Prozeßsachen, seit Heinrich II. unabsehbar. Der König gewährt an Stelle der mangelhaften Grafschaftsgerichte eine Verhandlung vor dem königlichen Oberhof und zugleich ein verbessertes Beweisverfahren (recognitio, jury), aber nur gegen starke Bezahlung. Daher die zahllosen fines, „ut haberet justiciam et rectum“, d. h. die Erlaubniß, bei Hofe statt in der Grafschaft zu klagen. Jedes einzele Prozeßmandat (writ) wird verkauft; nicht selten noch mit besonderen Summen für den Fall des Sieges. Jede Modalität des Processes, Antretung eines Gerichtshofes statt des andern, vor allem jeder inquest durch jury setzt eine Gebühr voraus. So zahlt R. de Luci 15 Mark und einen Zelter um eine Untersuchung zu erhalten „durch die Eide von 12 guten Männern“, welche Gebührnisse und Dienste seine Hintersassen in Coupland ihm schuldig. — W. de Mahurdin 20 Schilling für einen inquest, ob er sein Land als sergeanty oder Ritterlehn halte. Einmal werden 4 Mark gezahlt, damit an Stelle von 6 angeblich bestochenen Rittern 6 andere in die assize gesetzt werden. — Zahlreiche fines ferner, damit der König „dem Kläger zu seinem Recht verhelfe“, z. B. einmal 200 Mark, damit der König zu einer Schuldforderung gegen die Juden helfe. Noch zahlreichere fines für Beschleunigung einer Sache. — Oft bieten die Parteien im Voraus ein Viertel, ein Drittel oder ein Halb der einzuklagenden Summe. Oft gestaltet sich dies Bieten zu einer zweiseitigen sponsio, so daß entweder beide eine Summe bieten um denselben Gegenstand zu erhalten (concurrent fine), oder jeder von Beiden auf den entgegengesetzten Ausgang der Entscheidung wettet (counterfine). Ebenso verfänglich sind die großen Fines für des Königs Gunst, Protection, Vermittelung, ut Rex juvet eum versus N., ut Rex manuteneret eum etc. Unter Johann wurde sogar eine Sistirung des Rechtsverfahrens (stopping, delay) gegen Geld gewährt. Robertus de Amouesdal debet V marcas, Pro habendo Brevi de Protectione, ne ponatur in placitum de

aliquo tenemento suo nisi coram Rege vel per Breve Regis; Et ut sit quietus de Sectis et hundredis, et de omnibus placitis et querelis, excepto murdro etc. (Rot. 2 Jo.) Decanus et Capitulum Londoniae II. palefridos, pro Protectione, ne vexentur contra Libertates cartarum suarum. (Rot. 2. Jo.)

In Streitsachen wurde die Strenge der Strafen und Amerciaments häufig besänftigt durch Vorwegzahlung einer fine. Die Beispiele betreffen gerade normannische Große. Osbertus de Lerec debet XX. marcas argenti, ut rex perdonaret ei et Osberto Clerico suo Malivolentiam suam. (Mag. Rot. 31. Hen. I). Robertus de Abrincis. r. c. de CLXX marcis argenti, ut rex perdonet ei Malivolentiam suam pro filia Geldewini de Dol (Ib. 31. Hen. I.). Willelmus de Filia r. c. de X marcis pro habenda gratia et benevolentia regis etc. Grafschaften, Hundertschaften und Sheriffs zahlen Summen von 100 Mark für ein „nachsichtiges Verfahren", für ein friedliches Gehör u. dgl. — Daran schließen sich Gebühren für Entlassung aus dem Gefängniß oder sonstige Vergünstigungen. Der Dechant von Ely zahlt 100 Mark für die Freilassung seiner Beischläferin und deren Kinder; die Frau des Hugo von Neville 200 Hennen für die Erlaubniß, eine Nacht bei ihrem Manne zuzubringen. Hierher gehört auch eine fine pro licentia comedendi. Statt der verwirkten Leibesstrafe wird zuweilen gegen Gebühr der Eintritt in das Kloster gestattet, ut liceat transferre se ad habitum religionis. (Rot. 5. Jo.)

3) Fines für Gnadenbewilligungen von Aemtern, Gilden, Dispensationen. Dahin gehören zahlreiche fines für Personen, die gegen Gebühr das Amt ihres Vaters erhalten, oder ein Amt für ihre Angehörigen, oder die Bewilligung eines Sheriffthums, oder eine Spezialpachtung zur alten Pachtsumme. Umgekehrt Gebühren für die Entlassung und Decharge aus einem Amt, oder Quittirung der Verantwortlichkeit, auch wohl ut Rex faciat recipi compotum sine ira et indignatione. Ferner Gebühren für Gestattung von Handels- und Gewerberechten, besonders für Erneuerung der Gildae, für Erlaubniß zur Ausführung von Getreide u. s. w. — Seit 19 Hen. III., wahrscheinlich schon früher, ergehen periodisch Ausschreiben an die Sheriffs, quod omnes illi, qui de nobis tenent in capite feudum unius militis vel plus, et milites non sunt, arma capiant et se milites fieri faciant. Dieser Zwang, sich den Ritterschlag gegen Gebühr zu holen, dauert, zeitweise ruhend, bis Karl I. Gegen Gebühr wird aber auch eine Dispensation ertheilt; daher die zahlreichen

fines pro habendo respectu de militia. — In diese Rubrik können auch die oben berührten fines der Lehnsvormundschaft gestellt werden.

4) Fines für Lehnserneuerungen und Veräußerungen. Die Schatzakten darüber sind neuerdings theilweise gedruckt unter dem Titel Rotuli Finium und enthalten wichtige Verhandlungen über Vererbungen und Veräußerungen von Kronlehen.

Schon diese Classification ergiebt, eine wie reichlich fließende Quelle die fines dem königlichen Schatz waren. Kronvasallen zahlten dabei noch einen Zuschlag als aurum Reginae.

VI. Aids, Tallages, Scutages.[6]) Der Rittergutsbesitz wird allerdings grundsätzlich frei von Hintersassen-Schatzungen besessen, „libere ab omni tallagio", wie schon der Eroberer zugesichert hat. Die lehnrechtlichen auxilia aber gewährten dem König außerordentliche Beihülfen, wenigstens zum Ritterschlag des Sohnes, zur Verheirathung der Tochter und schlimmsten Falls zur Auslösung aus der Gefangenschaft.

Die eigentlichen Schatzungen, Tallagia, werden nach Bedürfniß periodisch von königlichen Städten und Domänenbauern erhoben. Die Veränderung des Kriegswesens hat dahin geführt, die kleineren Freisassen aus dem jetzt stehenden Heer der Lehnsmilizen ganz zu beseitigen und sie damit von den Leistungen und Beisteuern zu befreien, welche ihnen früher zu dem Contingent der Hundertschaft noch oblagen. Die Beisteuer glaubte das Lehnssystem indessen beibehalten zu müssen in Gestalt periodischer Geldzuschüsse, welche auf dem Continent meistens zu dauernden Grundlasten, Grundsteuern wurden. Als stetiger Begleiter des Lehnswesens tritt das tallagium, die taille, auch in England mit der Eroberung auf. Die starke staatliche Entwickelung des Lehnswesens hält aber die gleichmäßige Belastung aller Klassen fest. Da überhaupt die alte Volksmiliz neben der Lehnsmiliz niemals ausdrücklich aufgehoben, ja seit Heinrich II. allmälig wieder ins Leben gerufen wurde, so behandelte die Praxis des Schatzamts den bäuerlichen und den städtischen Besitz auch in soweit nach Analogie des eigentlichen Lehnsbesitzes, als man die tallagia ebenso wie die auxilia der Lehnsmannen auf außerordentliche Ehren- und Nothfälle beschränkt hielt, und diese nur etwas weiter interpretirte als bei den Lehnsmannen. Es fließen deshalb Aids und Tallages häufig zusammen, und werden als Hufengelder (Hidages), oder als Dona, oder mit anderen zweideutigen Worten bezeichnet. So werden in 9. Richard I. 5 Schillinge von jeder Hufe im Lande erhoben unter dem Namen eines Hidagium. Die Städte, um die zu schnelle Wiederkehr der Schatzungen abzuwenden, zahlten oft auch freiwillige Dona, pro bono adventu Regis, pro dono novi anni, zur Besänftigung des Königs u. s. w., welche mit dem System der fines zusammenfließen.

Noch wichtiger wurden später die Schildgelder, Scutagia. Die Verhältnisse der Lehnsmilizen, aus der Normandie übertragen, erschienen auf die Dauer für die insulare Lage England's doch nicht ganz passend. Sobald die inneren Verhältnisse geordnet waren, kam es nicht mehr an auf kurze Feldzüge im Inland, sondern auf eine Anzahl dauernder Besatzungen und auf längere Feldzüge gegen Wales, Schottland, Irland, Frankreich. Für beide Bedürfnisse waren die Lehnsmilizen mit ihrer kurzen Dienstzeit ungenügend. Die Normannenkönige hielten daher zu allen Zeiten Soldtruppen daneben, und gestatteten einzelen Kriegspflichtigen einen Abkauf der Dienstpflicht für einzele Feldzüge. Nach einer glaubwürdigen Nachricht soll zum erstenmale in 2. Hen. II. dies System generalisirt sein, indem die Prälaten 20 Schillinge pro Lehn statt eines Dienstmannes zum Feldzug nach Wales leisteten. Die zweite Ausschreibung 5. Hen. II. zum Feldzug nach Wales geschieht mit 2 Mark pro Lehen von allen Kronvasallen unter dem Namen Donum. In 18. Hen. II. werden zur Armee von Irland theils Naturaldienst theils Geldzahlungen unter dem Namen Scutagia angenommen. Ebenso werden 33. Hen. II. zu dem Feldzug nach Wales 20 Schillinge per Lehn erhoben a militibus, qui non abierunt cum rege. Von da an wird die Ausschreibung von Schildgeldern statt der Naturaldienste immer mehr geregelt, zahlbar von allen tenentes in capite, sowohl de corona wie de honore. Den zahlenden Kronvasallen wird dann gestattet, von ihren Aftervasallen eine gleiche Summe pro Lehn zu erheben (ut haberent scutagia sua). Ausnahmsweise durch königliche Ordre erhebt sie der König unmittelbar von den Aftervasallen in manum suam. Die Erhebung der neuen Lehns-Steuer bildet von nun an eine neue Amtsfunktion des Sheriff, der nöthigenfalls durch Geschworene feststellt, welche Güter in der Grafschaft dem König schildgeldpflichtig sind, und auf Verlangen den Kronvasallen starke Hand leiht zur Beitreibung der Scutagia von ihren Untervasallen.

VII. Die Schlußrubrik zufällige Einnahmen[7]) umfaßt gefundene Schätze (treasure trove), vom Dieb weggeworfene Güter (waifs), Schiffbrüche (wrecks), das bewegliche Vermögen der felons, Hingerichteter, Flüchtiger, Geächteter, deodands und andere kleinere Regale, welche, soweit sie nicht an Private verliehen sind, meistens durch den Sheriff erhoben und abgeführt werden. — Aus der angelsächsischen Zeit dauert ferner fort die gemeinsame Verpflichtung der Einsassen zur Herstellung von Straßen, Brücken, Befestigungen (trinoda necessitas), auch das Fouragiren der königlichen Diener auf Reisen (purveyance), was später zur stehenden Landesbeschwerde wurde. Endlich das sogenannte Dänengeld, welches aber unregelmäßig und mit zahlreichen Befreiungen erhoben wird.

Uebersieht man diese lange Reihe von königlichen Finanzeinkünften, so begreift man, wie die Sage entstehen konnte, daß der Eroberer täglich 1060 Pfund Silber eingenommen habe.

*) Für das Finanzsystem dieser und der folgenden Periode ist maßgebend: Thomas Madox, the History and Antiquities of the Exchequer of the kings of England. 2. Ausgabe. 2 Vol. London, 1769, 4. nach welcher hier citirt ist. Für das Mittelalter ist ziemlich unbedeutend Sinclair, Hist. of the Revenue 1803. 1804. 3 Vol. 8. Cunningham, Hist. of Customs, aids, subsidies etc. 1764. Wichtig sind die in neuerer Zeit von der Record Commission gedruckten Schatzrollen, namentlich Hunter, Magnus Rotulus 1833. Hunter, Great Roll of the Pipe for 1155—1158. 1189—1190. (1844). Rotulus Cancellarii de 3. Jo. (1833). Rotuli de Liberate regn. Joh. cur. D. Hardy. Rotuli finium, cur. Hardy. — Der Anschluß an die Revenüen der angelsächsischen Zeit ergiebt sich leicht aus der oben angegebenen Darstellung (S. 28—31). Die Disposition in 7 Rubriken giebt Madox I. 295. Ueber das Dänengeld vergl. unten Note 7.

1) Die königlichen Domänen werden in der Regel auf 1422 Manors, 30 Jagden, 781 Parks, 67 Forsten angegeben. Bei der Beschaffenheit des Domesdaybook sind indessen etwas abweichende Zählungen, namentlich die Angabe von 1290 Manors mit einer Anzahl Vorwerke ꝛc. leicht erklärlich. Ueber die Bildung derselben aus den Besitzungen König Eduards und der Familie Godwins, Resten des Folklands ꝛc. vergl. Ellis Introduction I. 228. 229., Allen, Prerogative 152. 153. Statt der gewöhnlichen Bezeichnung terra regis findet sich im Exon Domesdaybook die genauere dominicatus regis ad regnum pertinens. Die absolute Bestimmung des Grundbesitzes für den Staatskriegsdienst hat auch auf die Behandlung der königlichen Domänen zurückgewirkt. Nach der aus dem Feudalstaat hervorgegangenen Rechtsansicht gehört der Grundbesitz dem König kraft Rechts der Krone, und descendirt auf den Thronfolger als solchen, auch wenn er von dem König in einer privaten Eigenschaft erworben oder von einem Vorfahren ererbt ist, der niemals die Krone trug. Comyn, Digest., Prerogative D. 64. Allen, Prerogative 154. 155. Ebenso reflectirt der Grundsatz der Unveräußerlichkeit des Kriegslehns auf die Krone. Wie der Lehnsmann sein Stammgut dem Erstgeborenen hinterlassen muß, und nur über neu erworbenes Gut verfügen kann, so waren die späteren Parlamente geneigt die Veräußerung der antient demesne als Irregularität zu behandeln; frivole Verschleuderungen werden auf Verlangen der Stände durch acts of resumption widerrufen. — Ueber die Verwandlung der noch vorkommenden Naturalleistungen in Geldabgaben an die Krone siehe Madox I. 272.

2) Der Rückfall der Lehne wird finanziell um so mehr ausgebeutet, als die ersten Normannenkönige selten Strafen an Leib und Leben gegen ihre Kronvasallen zur Ausführung bringen, dagegen um so rücksichtsloser das Recht der Sequestration und der Einziehung der Kronlehne handhaben. Seit der Ausdehnung der Lehnslasten auf den kirchlichen Besitz wurde die Vacanz des Sitzes als eine Lehnsvacanz behandelt. Ueber das technische Verfahren dabei vergl. Thomas Exchequer 54.

3) Die reliefs der einzelen Ritterlehne waren schon zur Zeit des Dialogus de Scaccario II. c. 10 auf 100 Schillinge fixirt, Madox II. 426. Die Reliefs von größeren Herrschaften sind im Dialogus II. 24. noch ex bene placito und erst später auf 100 Mark für eine Baronie fixirt, Madox I. 318, — die Grenze zwischen beiden hat ersichtlich nur die Praxis des Schatzamts gezogen.

Die Praxis der nutzbaren Lehnsvormundschaft wird aus einigen Beispielen erhellen. So zahlt Will. de St. Marie Church 500 Mark für die Vormundschaft von R. Fitz Harding „nebst seinem ganzen Erbe, Ritterlehnen, Frauenheirathen" ꝛc. Ein Vormund erhält die Erlaubniß den Mündel an eine seiner Verwandten zu verheirathen, soll aber nach Großjährigkeit die Länder herausgeben (Madox I. 322.) Simon de Montfort zahlt sogar 10,000 Mark für die custodia terrarum et heredis des Gilbert de Unfranville bis zur Volljährigkeit des Erben, „mit Verheirathung, Kirchenpatronaten, Ritterlehen und anderen Pertinenzen und Vacanzen". Oefter werden die Vormundschaftsernennungen wieder cassirt, weil sich später ein Mehrbietender gefunden hat, Hardy Rot. XXXI. Noch mannigfaltiger sind die von Madox und Hardy zusammengestellten Beispiele der Verheirathungspraxis.

Es mag hier daran erinnert werden, daß die relativen Werthe des Geldes im 11. Jahrhundert etwa 10 Mal so hoch angenommen zu werden pflegen als die heutigen. Der Besitzer eines kleinen engl. Ritterlehens zahlt also bei jedem Besitzwechsel 100 *sh.* = $7\frac{1}{2}$ Mark = 100 Thlr. Silberwerth = 1000 Thlr. heutigen Werths; der Besitzer einer größeren Herrschaft 100 Mark = 13,300 Thlr. heutigen Werths; ein Earl 100 Pfund Silber = 20,000 Thlr. heutigen Werths; Das Maximum des Werths einer Vormundschaft konnte bis auf 10,000 Mark = $1\frac{1}{3}$ Million Thaler heutigen Werths steigen, der Werth einer Lehnsverheirathung sogar auf das Doppelte.

4) Die Pachtsumme Firma des Sheriffs ist nur eine Zusammenfassung der mittleren und kleineren Revenüen, welche innerhalb des Gebiets der Grafschaft oder der specielleren Pachtung zu erheben waren. Schon die ältesten Schatzrechnungen aus 31 Henr. I. enthalten Pachtsummen von 400 und 500 Mark, welche zugleich beweisen, wie umfangreich in jener Zeit die Jurisdiction des Grafschaftsgerichts gewesen sein muß. Die spätere Centralisation der Justiz hat dann freilich auch auf eine Verminderung der Jahrespachten des Sheriff zurückgewirkt. Ueber die Anordnungen der einzelen Contos in der Firma Vicecomites vergl. Thomas Exchequer 51.

5) Die Fines werden von Madox I. 395. 425. 456. unter zahlreichen Rubriken geordnet, denen ich eine etwas einfachere Anordnung substituirt habe. Hardy, Rotuli finium bildet 3 Klassen: (1) Fines für Bewilligung und Bestätigung von Liberties und Franchies, (2) Fines für Proceßproceduren, mit 5 Unterarten, (3) gemischte Fines mit 10 Unterrubriken. Ueber die Eintheilung

in freiwillige Fines oder Oblations und in unfreiwillige Fines vergl. Hardy, Introd. XVIII. Geldzahlungen für die Erlaubniß einen Sheriff aus der Grafschaft selbst zu wählen s. bei Madox I. 416. 417. 420. Hardy Introduction pag. XXIX. — Ueber den Zuschlag des aurum reginae Ellis I. 172.

6) Die Ansätze zu einer directen Besteuerung werden von Madox als Aids, Tallages, Scutages zusammengezogen theils aus sachlichen Gründen, theils weil die Namen schon frühzeitig in einander laufen. Madox fügt dieser Gruppe noch die Custumae hinzu, die hergebrachten Zölle an Wolle, Wollfellen und Leder, welche schon oben als hergebrachte Revenüen angeführt sind.

6a) Die Auxilia, Aids, waren zwar dem Rechte nach auf die 3 bestimmten Fälle beschränkt. Da aber die Unterlehnsherren diese Fälle gern ausdehnten, und da in der analogen Anwendung auf die königlichen Städte und Domänendörfer der Begriff weit ausgedehnt wurde, so wirkte dies auch zurück auf die auxilia der Kriegsvasallen. Die Tendenz die aids auf andere Fälle eines Bedürfnisses auszudehnen, ergab dann seit den Zeiten der Magna Charta die Anknüpfung für ein ständisches Bewilligungsrecht.

6b) Die Tallagia Madox I. 693 ff. 732—751 sind ein specifisches Erzeugniß des Lehnswesens. Der große Grundbesitz, welcher jetzt als stehendes Heer die Landesvertheidigung auf sich genommen, verlangte, daß der nichtkriegspflichtige Besitz nach ungefährem Verhältniß seinen alten Antheil in Geld zahle. Der Uebermuth der bewaffneten und waffengeübten Klassen bezeichnete nun in Frankreich die übrigen als taillables, vom grundherrlichen Standpunkte aus als corvéables. Auch in England wurde die Taille als so selbstverständlich geltend gemacht, daß selbst das große und mächtige London beispielsweise in 7 Henr. III. 1000 Mark, 26 Henr. III. 1000 Mark, 37 Henr. III. 1000 Mark nebst 20 Mark Gold, 16 Jo. 2000 Mark tallagia zahlte. Ein verunglückter Versuch das Schatzungsrecht zu bestreiten endete unter Heinrich III. mit einer formellen Anerkennung. Das Drückende der Tallagia lag in der Unbestimmtheit der Fälle und der Perioden der Einschätzung. In England kamen zwei besondere Gründe hinzu, welche den taillabelen Klassen ein besonderes Recht des Widerspruchs gaben. Der Eine war die Wiederbelebung der Landmiliz durch die Verordnungen Heinrichs II.; je mehr diese Grafschaftsmilizen im Laufe der folgenden Menschenalter lebendig und zu einer wirklichen Kriegsmacht wurden, um so mehr wuchs ihr Anspruch mit den Ritterlehnen auf gleichem Fuß behandelt und mit diesen gleichzeitig zu Hülfsgeldern eingeschätzt zu werden. Der andere Grund lag in der firma burgi; um die Pachtgelder der Städte nämlich zu erhöhen, waren in der Geldnoth einzelen Städten Zusicherungen der Nichterhöhung ihrer Abgaben gemacht worden, die nun ein Grund zu stetigen Reclamationen ergaben, ebenso wie die Streitigkeiten über die Höhe der Einschätzung. Im allgemeinen wurden übrigens die tallagia der königlichen Domänendörfer in ancient demesne höher gestellt als die der anderen Schatzungspflichtigen. Es finden sich daher zuweilen Petitionen von Besitzern, die mit der „Community" eingeschätzt zu werden wünschen, statt mit den Besitzern in ancient demesne.

6c) Ueber die Scutagia giebt Madox das vollständige Material der schrittweisen Entstehung, die aus einer Vergünstigung und Ausnahme ziemlich bald die Regel wird. Der Dialogus de scaccario am Schluß kennt die scutagia bereits als Finanzpraxis: Fit interdum, ut imminente vel insurgente in regnum hostium machinatione, decernit rex de singulis feodis militum summam aliquam solvi, marcam scilicet, vel libram unam; unde militibus stipendia vel donativa succedant. Mavult enim princeps stipendiarios quam domesticos bellicis exponere casibus. Haec itaque summa, quia nomine scutorum solvitur, scutagium nominatur. — So lange sie den Vasallen als eine Vergünstigung bewilligt wurde, war natürlich kein Grund des Widerspruchs zu finden. Allein das Bedürfniß der Kriegs- wie der Finanzverwaltung drängte bald dahin eine feste Regel zu gewinnen, um danach die Kriegsausrüstung im Voraus zu bestimmen. Sollte nun aber eine Taxe für den zu leistenden Kriegsdienst dem Besitzer aufgedrungen werden, so war dies eine Abänderung der ursprünglichen Bedingung der Gutsverleihung und führte nothwendig zu der Forderung des ständischen Zustimmungsrechts, um so mehr als auch die Höhe der Ansätze so vielfach wechselte, daß aus gleichem Grunde wie bei den städtischen tallagia der Streit über die Höhe des Ansatzes immer wiederkehrte. Es kam dazu noch der besondere Grund, daß den Tenentes in capite gegen zahlreiche und ansehnliche Gebühren (fines) die Veräußerung und Parcellirung von Ritterlehen so häufig gestattet war, daß schon gegen Ende der Periode eine große Verwirrung in der Lehnsmatrikel herrschte, und es deshalb der Mitwirkung der Grafschaftsversammlung und localer Commissionen bedurfte um zu bestimmen, welche Ländereien und Parcellen die beitragspflichtigen seien, vergl. Madox I. 580. 680. 681. — Ueber das frühzeitige Ineinanderfließen der Ausdrücke Auxilia, Scutagia, Tallagia, Hydagia, Dona vergl. Madox I. cit.

7) Von den zufälligen Einnahmen (Madox I. 342) ist das Dänengeld auch in den Rechtssammlungen erwähnt. Edw. Conf. 11. Henr. 10. §. 1. 15 cart. civ. Lund. §. 2. Madox I. 686—694. Thomas Exchequer p. 41. Sinclair, Revenue I. 69. 70. 72. Nach der Veranlassung des Dänentributs und nach seiner Aufhebung unter Eduard dem Bekenner muß die Erhebung von Dänengeldern als ein Mißbrauch angesehen werden; man kann es als das „Schiffsgeld" der Normannenzeit bezeichnen. Von Wilhelm dem Eroberer erzählt die sächsische Chronik a. 1083, daß er 72 *d.* von jeder Hyde in ganz England erhoben habe. Da kurz darauf ein Däneneinfall wirklich vorbereitet ist, so sieht dies wie ein Dänengeld aus, welches in Folge der Befreiung des geistlichen Besitzes und zahlloser anderer Befreiungen für die übrig bleibenden Grundstücke wohl zu jener enormen Höhe steigen konnte. Noch im Anfang der Regierung Heinrichs II. legen die Sheriffs Rechnung über Dänengeld.

Die Sage von dem Betrag der regelmäßigen Tageseinnahmen Wilhelms I. beruht auf Odericus Vitalis IV. p. 523. Ipsi vero regi (ut fertur) mille et sexaginta librae sterilensis monetae, solidique triginta, et tres oboli ex justis redditibus Angliae, per singulos dies redduntur, exceptis muneribus regiis et reatuum redemptionibus aliisque multiplicibus negotiis, quae regis aerarium quotidie adaugent. Eine fast übereinstimmende Angabe bei Hoveden 437 giebt a. 1196 die Revenüen von 2 Jahren auf 1,100,000 Mark Silber an.

§. 13.

Das normannische Schatzamt, Exchequer.

Wie das Finanzwesen die Hoheitsrechte des weltlichen Staats abschließt, so ist es auch die erste Grundlage dauernder Aemter und Amtseinrichtungen im normannischen Staat geworden. Das erbliche Königthum hat eine verstärkte Grundlage erhalten durch neuen Domänenbesitz und durch ein Lehnsobereigenthum, auf welchem die Vertheidigungskraft der königlichen Regierung beruht. Aber auch weit über das Bedürfniß hinaus durchdringt dieses Regierungssystem ein fiskalischer Geist, welcher selbst die Gerichtsverwaltung unmittelbar dem Finanzinteresse unterordnet. So lange der Geist des normannischen Königthums in der englischen Geschichte waltet, ist die Finanz der Schwerpunkt aller Regierung. Wo Provinzen, Kreise und Städte die Gestalt von General- und Specialpachtungen erhielten, konnte auch die wichtigste Reichsbehörde nur den Charakter einer Finanzstelle haben, vergleichbar einer „Hof-, Kriegs- und Domänenkammer" oder einem „Generaldirectorium" in den späteren Verfassungen des Continents. Dies ist die Bedeutung des normannischen Schatzamts, Echiquier, Exchequer, und mit Rücksicht auf diese hervorragende Wichtigkeit soll schon an dieser Stelle (1) die Entstehung und äußere Gestalt, (2) das Verfahren, (3) das Personal des Exchequer im Anschluß an die Finanzhoheit erörtert werden.

I. Die Entstehung des Exchequer.[1]) Es war natürlich, daß der Eroberer seine Finanzkammer nach den Einrichtungen der Normandie bildete, wo ein Scaccarium, Echiquier, als oberste Reichsbehörde jedenfalls schon im Jahre 1061 vorhanden war. Allerdings ist der Exchequer nur ein Theil der königlichen Reichsregierung (Curia Regis) und heißt deshalb im amtlichen Styl Curia ad Scaccariam. Im Unterschied der übrigen nur zeitweisen und periodischen Functionen der Reichsregierung bildet der Exchequer aber die einzige fest organisirte Reichsbehörde, Curiarum omnium apud Anglo-Normannos antiquissima (Hickes, Diss. Epist. p. 48.), in welcher alle laufende Verwaltung vereint erscheint. Der Name Scaccarium wird in dem Dialogus I. 1. auf das getäfelte Tuch zurückgeführt, welches zu Rechnungsoperationen schachbrettartig über den Sitzungstisch ausgebreitet wurde:

> Scaccarium tabula est quadrangula, quae longitudinis quasi decem pedum, latitudinis quinque, ad modum mensae circumsedentibus apposita undique habet limbum altitudinis quasi quatuor digitorum, ne quid appositum excidat. Superponitur autem Scaccario Superiori pannus in Termino Paschae emptus, non quilibet, sed niger, virgis distinctus, distantibus a se virgis vel pedis vel palmae extentae spacio.

Jahr aus Jahr ein finden wir hier eine Anzahl Großbeamte und

Mannen des Königs mit zahlreichen Büreaubeamten beschäftigt, die Zahlungen der Sheriffs, Specialpächter und Custodes in Empfang zu nehmen, ihre Rechnungen zu prüfen und zu dechargiren, periodische Schatzungen, aids, tallages, scutages auszuschreiben und zu vereinnahmen; die Sheriffs und andere fermors und custodes einzusetzen und zur Rechenschaft zu ziehen; Rechtsstreitigkeiten in dem Bereich dieser Verwaltung zu entscheiden; andererseits Zahlungen anzuweisen für den Bedarf der königlichen Familie, ihrer Gefolgen und Diener, für Kriegsprovisionen und Garnisonen, für Befriedigung der Gläubiger des Königs aus Darlehnen, für Verwaltungskosten aller Art; — alles unter dem persönlichen Vorsitz des Königs oder nach seinem wirklichen oder vermutheten persönlichen Willen. In ähnlicher Weise umfassend, aber mit stärkerer Hervorhebung der gerichtlichen Geschäfte ist die Beschreibung des normannischen Echiquier im Grand Coustumier (c. 56).

Diesen Funktionen entsprechend haben sich schon frühzeitig zwei Abtheilungen gebildet, 1. die Rechnungsseite, Scaccarium majus; 2. die Einnahmeseite, Scaccarium de Recepta, Recepta Scaccarii, Scaccarium inferius. Die eine Abtheilung hatte ihr Local später auf der rechten, die andere auf der linken Seite der Westminster-Halle. Oft unterschieden werden auch die Sitzungszimmer: das Staatssitzungszimmer mit dem Thron, Scaccarium i. e. S., und das kleinere Berathungszimmer, Thalamus baronum. Durchgehend zweideutig bezeichnen diese Worte sowohl den Ort der Amtsverwaltung wie die Behörde selbst. Die Kammer, in welcher das Metallgeld wirklich deponirt ist, heißt speziell der Thesaurus Regis.

II. Der Geschäftsgang des Exchequer[2]) umfaßt in früh entwickelter Geschäftsordnung:

1. Die Zahlungen an den Staatsschatz. Sie geschehen in der Kasse (Office of Tellers) in Gold oder Silbermünze. Das Pfund Livre, der normannischen Zeit ist ein wirkliches Pfund Silber (24 Loth) und zerfällt in 20 Schillinge, der Schilling in 12 Pfennige. Der Silberpfennig (denarius) ist die regelmäßig ausgeprägte kurrente Münze. Die Mark Silber ist also = 13 sh. 4 d.; der Schilling ungefähr ein heutiger preußischer Thaler. Die Mark Gold wird = 9 Mark Silber geschätzt. Diese Geldwerthe sind ziemlich feststehend; erst unter Heinrich VI. hatte die Münze etwa ein Drittel ihres Silbergehalts verloren. Die Unregelmäßigkeit der Ausmünzung, so wie die Abnutzung und Fälschung, führten aber besondere Vorsichtsmaßregeln herbei. Bei Zahlungen ad scalam werden 6 d. auf das Pfund als Ergänzungs-

gewicht verlangt; bei Zahlungen ad pensum mehr als 6 d. Ist der Feingehalt zweifelhaft, so tritt eine Schmelzungsprobe ein, die aber gegen Zahlung von 1 Schilling auf das Pfund auch erlassen wird (nominal combustion). Die geleistete Zahlung wird in ein Kassenbuch eingetragen, und aus diesem übertragen auf einen Streif Pergament, genannt die Bill oder Tellers Bill. Dieser Pergamentstreif fällt durch eine röhrenförmige Oeffnung in das Kerbholzbüreau (Tally Court), wo ein Kerbholz darüber angefertigt wird. Diese tally ist ein Stückchen trockenes Holz, in welches der Cutter of the Tallies die der Summe entsprechenden Kerben zu schneiden hat; während der Writer of the Tally auf zwei Seiten des Holzes zugleich mit Zahlen die Summe aufschreibt. Nach der Länge des Schnitts bezeichnet eine Kerbe 1000 £, eine andere 100 £; 20 £; 20 sh.; 1 sh. u. s. f. Der Kämmerer spaltet das Kerbholz in der Mitte durch, so daß jede Hälfte die geschriebenen Summen und die durchgespaltenen Kerben enthält. Die beiden so gespaltenen gleichen Stücke heißen Tally und Countertally, oder Tally und Foil (folium). Das eine behält der Kämmerer, das andere erhält der Zahler als Quittung und Ausweis bei der Rechnungsseite des Schatzamts. (Erst 1783, durch 23 Geo. III. c. 82. sind diese Kerbhölzer im Schatzamt abgeschafft und checks an ihre Stelle getreten.)

2. Auszahlungen aus dem Schatz erfolgen auf Grund einer königlichen Order (Writ oder Mandate) unter dem großen oder Privatsiegel, gewöhnlich adressirt an den Schatzmeister und die Kämmerer, Treasurer and Chamberlains. Das gewöhnliche Formular dafür heißt ein Liberate. Periodisch wiederkehrende Zahlungsanweisungen, z. B. auf Gehalte, heißen eine Liberate current oder dormant und lauten beispielsweise:

> Rex Thesaurario etc. salutem. Liberate de Thesauro nostro singulis annis quinque Capellanis nostris, ministrantibus in Capellis S. Johannis et S. Stephani Westmonasterii, duodecim libras et decem denarios pro stipendiis suis. (29. Henr. III.)

Im Verlauf der Zeit sind der Controle halber noch andere Mandate eingeschoben. Die königliche Cabinetsorder wird nemlich auf der Rechnungsseite des Schatzamts deponirt und auf Grund derselben ein Zahlungsrescript (Treasury Warrant) von dem Treasurer oder einem Mitglied des Schatzkollegiums erlassen. Auf Grund dieses Rescripts expedirt der Rechnungsrevisor (Auditor) eine Kassenanweisung (Order to one of the Tellers), die dann nochmals von einem Mitglied des

Schatzkollegiums gezeichnet und in dieser Gestalt endgültig honorirt wird.

3. Die Buchführung des Exchequer zerfällt in den Rotulus annalis, die Memoranda und andere Journale, und ist schon frühzeitig technisch geordnet. Das Hauptbuch ist der Rotulus annalis, the Great Roll of the Exchequer, die stattlichste und wichtigste Urkunde des Schatzamts „in welche die Rechnungen der königlichen Revenüen durch die verschiedenen Kanäle eintraten, wie Flüsse sich in einen Ocean ergießen." (Madox II. 112.) Diese Magni Rotuli Pipae, so genannt wegen ihrer röhrenförmigen Aufrollung, nach Grafschaften geordnet, sind seit dem ersten Regierungsjahr Heinrich's II. vollständig erhalten (mit Ausnahme von zwei Jahren), zum Theil gedruckt von der Record Commission, und bilden die umfassendste Quelle für das Verwaltungsrecht der normannischen Zeit.

4. Rechnungslegung im Exchequer. Die bedeutendsten Rechnungsleger waren die Sheriffs der Grafschaften. Durch ihre Hand ging ein großer Theil der Domainen-, Lehns- und Gerichtsgefälle, andererseits zahlreiche Ausgaben für Kriegsmunition, Ausrüstungen, Gehalte. Es handelte sich also nicht bloß um Einnahme und Abführung an das Schatzamt, sondern um verwickelte Rechnungen mit Belägen. Gewöhnlich vergingen daher Monate von der vorläufigen Einzahlung (Profer) bis zur definitiven Feststellung (Summa). Viele Posten, wie confiscirte catalla, Einkünfte sequestrirter Güter, welche in der Rechnung als runde Summen erscheinen, mußten summarisch geprüft werden. Verausgabungen passiren nur mit Vorlegung eines Mandats (Warrant of Discount) und sind regelmäßig durch eine Kabinetsorder (King's Writ) zu justificiren, bei etatsmäßigen currenten Ausgaben wenigstens durch ein Rescript des Schatzamts. Oft sind auch zur Tilgung von Anleihen des Königs Zahlungsanweisungen auf die Jahrespacht des Sheriff erlassen durch Writs of Allocate et Computate. — Der Rechnungsleger muß in Person erscheinen und wird vorher beeidet de fideli compoto reddendo; zuweilen wird eine Rechnung auch angenommen per fidem oder per verumdictum. Ausnahmsweise durch Kabinetsorder, später auch durch Schatzrescript, wird die Rechnungslegung durch einen Clerk als Stellvertreter (attorney) zugelassen. Die Schlußdecharge war oft so häklich, daß die Rechnungsleger Summen von mehren hundert Mark zahlen, um der Verantwortung für sich und ihre servientes ledig zu werden. — In ähnlicher Weise legen die Specialpächter und Verwalter der Städte ihre Rechnung, die Verwalter der heimgefallenen Güter (Escheators), die be-

sonderen Einnehmer der Zölle (Customers) und alle die vom König mit einer besonderen Verwaltung (bailwyck) betraut sind. Später gehören zu den Rechnungslegern auch die reisenden Richter.

5) Die Schatzgerichtstage. Zur Entscheidung der Streit- und Rechtspunkte bei der Rechnungslegung versammeln sich die höheren Beamten des Exchequer periodisch zu feierlichen Sitzungen, welche ebenfalls Scaccaria heißen, und welche der Dialogus II. c. 1. dahin beschreibt:

> Praecedente namque brevi summonitionis, quod Regiae auctoritatis signatur imagine, convocantur ad locum nominatum qui necessarii sunt; nec enim necesse habent accedere, nisi summonitione praemissa. Accedunt autem quidam ut sedeant et judicent, quidam ut solvant et judicentur. Sedent et judicant ex officio vel ex principis mandato Barones quorum supra meminimus. Solvunt autem et judicantur Vicecomites et alii plures in regno, quorum quidam voluntariis oblationibus quidam necessariis solutionibus obnoxii sunt rel.

Die einzelen Rechnungsleger werden dazu geladen mit der Verwarnung „sicut te ipsum et omnia tua diligis", mit Angabe der einzelen zahlbaren Posten (annotatis omnibus debitis seriatim cum causis) und mit der Schlußklausel: Et haec omnia tecum habeas in denariis taleis et brevibus et quietantiis, vel capientur de firma tua. Ausbleibende werden durch den Sheriff oder den Huissier (Usher of the Exchequer) realiter citirt, für jeden Tag der Versäumniß durch amerciament gebüßt, nöthigenfalls verhaftet und ihr ganzes Vermögen sequestrirt durch writ of nomine districtionis. Auf entdeckte Defekte folgt sofortige Verhaftung.

Auch Grundherren und Corporationen, welche eine Franchise beanspruchen, müssen jährlich im Exchequer erscheinen, wenn der Sheriff Rechnung legt, und selbst Rechenschaft geben über den Ertrag, von welchem ihnen dann soviel überwiesen wird (allowed), wie ihnen nach Inhalt ihres Privilegiums zukommt. Ausbleiben oder Weigerung der Rechenschaft hat Sequestration zur Folge.

Hatte der König ausnahmsweise eine Rechnung in Person oder in Camera sua abgenommen, so wird dies dem Schatzkollegium durch Writ notificirt.

Die Verwaltungsgrundsätze einer Domänenkammer mit solchen Machtvollkommenheiten erzeugten natürlich bedeutende Rechtsvorzüge des Staatsschatzes, — die Quelle der heutigen privilegia fisci in England. Die Entscheidungen des Exchequer erscheinen als die älteste Gestaltung einer Administrativ-Justiz. Der Anlage nach ist der

Exchequer allerdings kein Hauptgerichtshof, sondern nur bestimmt ad discernenda jura et dubia determinanda, quae frequenter ex incidentibus quaestionibus oriuntur (Dial. I. 4.). Allein das normannische Finanzwesen ist untrennbar verwachsen mit allen Theilen des öffentlichen und Privatrechts. Die Feststellung der fines, amerciaments, die Entscheidung der Reclamationen gegen ausgeschriebene tallagia und andere Schatzungen enthält eine Jurisdiction über die Hoheitsrechte in allen Richtungen. Alle Rechte der Privatgerichtsherren und Städte, alle liberties und franchises in dem jetzt gebräuchlichen Sinne, d. h. alle königlichen Verleihungen, mögen sie der Rechtsgültigkeit oder dem Umfange nach streitig werden, finden hier eine entscheidende Stelle. Bei jedem Streit um ein Kronlehn ist der Staatsschatz Interessent, ebenso wie bei jeder Lehnsverleihung und Vererbung. Die debita Regis verlangen ihre vorzugsweise Befriedigung bei jedem Erbfall und jeder Nachlaßregulirung. Auch den gewöhnlichen Privatrechtsstreitigkeiten (communia placita im Gegensatz derjenigen, an welchen der König ein unmittelbares Interesse hat) ließ sich leicht ein fiscalisches Interesse abgewinnen, z. B. dadurch, daß das Schatzamt einem fiscalischen Schuldner Assistenz gegen Dritte leistet, damit er in Stand gesetzt werde, seine Verpflichtungen gegen den König zu erfüllen. So erklärt es sich, daß die Administrativ-Justiz des Exchequer auch gewöhnliche Civilprocesse vor ihr Forum zieht. Allerdings sollen nach den leges Eduardi Rechtsstreitigkeiten durch ein judicium parium entschieden werden: allein auch dieser Zusicherung war formell genügt, insofern der Exchequer sein höheres Beamtenpersonal aus Kronvasallen nahm, Barones Scaccarii, in welchen auch der größte Lehnsträger ein gehörig besetztes Gericht anerkennen mußte.

III. Das Personal des Exchequer[3]) zerfällt in die höheren und die Büreau-Beamten. Da alle Gebiete der Staatsverwaltung in der Finanz zusammenlaufen, so haben auch alle Großbeamte des Staats hier ihren Sitz in Person oder durch Stellvertreter. Dem König selbst ist der persönliche Vorsitz vorbehalten und Jahrhunderte lang gelegentlich ausgeübt. War vom König ein Generalstatthalter, Capitalis Justicia, ernannt, so tritt dieser an seine Stelle. Unter Heinrich II. aber war dieser Großrichter schon ein stehender Beamter geworden; der Dialogus de Scaccario bezeichnet ihn daher als den Vorsitzenden, die höheren entscheidenden Beamten als Barones Scaccarii, und als angesehene, sämmtlich aber nur widerruflich ernannte Beamte.

Illic enim residet Capitalis Domini Regis Justicia, primus post Regem in Regno ratione fori, et Majores quique de regno, qui familiarius Regiis secretis assistunt; ut quod fuerit sub tantorum praesentia constitutum vel terminatum, inviolabili jure subsistat. Verum quidam ex officio, quidam ex sola jussione principis resident. Ex officio principaliter residet imo et praesidet primus in regno, Capitalis scilicet Justicia. Huic autem assident ex sola jussione Principis, momentanea scilicet et mobili auctoritate, quidam, qui majores et discretiores videntur in regno, sive de Clero sint sive de Curia. Assident inquam ad discernenda jura et dubia determinanda, quae frequenter ex incidentibus quaestionibus oriuntur (Dial. I. 4).

Zum Verständniß der Stellung der Barons of the Exchequer muß erinnert werden, daß sie die Oberbehörde der Generalpächter-Vicecomites, daß diese die ersten Männer des Reichs, Bischöfe, Meistbelehnte ꝛc. sind, daß ihr Spruch streitige Rechtsfragen auch gegen Prälaten und Kronvasallen entscheidet. Es verstand sich also, daß das dirigirende Personal der Oberbehörde einen gleichen Charakter haben mußte, — Personen mit dem nöthigen Rang in der Lehns- oder Kirchen-Hierarchie. Die Barones waren also aus den Großen des Landes die geschäftskundigsten und dem König am nächsten stehenden.

Die höchsten Hofchargen haben unter ihnen einen Ehrenplatz; ebenso der Kanzler und der Schatzmeister, welche in steigender Stellung bald Hauptpersonen unter den Schatzbaronen werden. Die Gesammtheit dieser höheren Beamten führt den Namen Sedendi ad Scaccariam; der spätere Name Residentes ad Scaccariam umfaßt auch die Unterbeamten.

Diese Unterbeamten sind schwer zu übersehen, da in älteren Urkunden eine Mehrheit von Personen unter der Bezeichnung Clericus Scaccarii zusammengefaßt wird. Madox hat indessen mit großer Mühe die einzelen Klassen ermittelt und in zwei Reihen gruppirt.

Die wichtigsten Unterbeamten der Rechnungsseite sind: der Remembrancer, als Protokollführer und Expedient, der Ingrossator Magni Rotuli, der Constable und Marshal als Vertreter der gleichnamigen Reichsbeamten im Schatzamt, der Usher (Huissier), in späterer Zeit die Auditores Compotum als Rechnungsrevisoren.

Die wichtigsten Unterbeamten der Einnahmeseite: der Clericus Brevium, die Chamberlains als Kassencuratoren, die Clerici Thesaurarii, die Tellers als Kassirer, die Beamten für das Wiegen der Münze und die Schmelzprobe.

Der Geist der Centralisation hat von Anfang an die gesammten Staatsfinanzen in dem Exchequer zusammengedrängt. Die daneben vorkommenden Nebenschatzämter sind von untergeordneter Bedeutung, und der Mehrzahl nach vorübergehende Bildungen. Für die persönlichen Ausgaben des Königs besteht noch eine Hofstaatskasse mit besonderen Clerici und einem Thesaurarius Camerae. Zuweilen werden Neben- und Localschatzämter für vorübergehende Zwecke gebildet, ein Scaccarium Redemptionis und ein Scaccarium zu Worchester. Eine wichtigere Nebenbehörde bildet aber das Judenschatzamt, Scaccarium Judaeorum,[4]) unter den Custodes oder Justiciarii Judaeorum zur Jurisdiction in allen Angelegenheiten des Judaism, mit zahlreichen Büreau- und Unterbeamten. Die specielle Ausbildung des Geschäftsgangs und der Attributirjustiz dieses Verwaltungskörpers ist so charakteristisch, daß man die späteren Verwaltungszustände unter König Johann kaum treffender bezeichnen kann, als daß die ganze Reichsverwaltung den Charakter des Judenschatzamts angenommen hat.

1) **Die Entstehung und äußere Gestalt des Exchequer** ist in der classischen Schrift von Madox ausführlich behandelt. Eine Hauptgrundlage dafür bildet der Dialogus de Scaccario, eine wissenschaftliche Abhandlung über das Recht des Exchequer, welche Madox im Theil II. abgedruckt und vielseitig erläutert hat. Sie giebt ein Zeugniß von der frühreifen Entwickelung der Verwaltungstechnik in dem normannischen Staatswesen, ein merkwürdiges Document des Geistes der Centralisation und der Beamtenanschauung vom Staat, wie man ein ähnliches im Mittelalter vergeblich suchen wird. Für den Verfasser wurde früher Gervasius Tilburgensis gehalten; Madox II. 334—345 entscheidet sich für Ricardus filius Nigelli, einen Hofcaplan Heinrichs II., spätern Bischof von London. Die Entstehungszeit ist ziemlich sicher in 24. Henr. II. a. 1178 zu setzen. In neuester Zeit sind die Einrichtungen des Exchequer wieder Gegenstand einer eingehenden als Manuscript gedruckten Monographie geworden: F. S. Thomas, History of the Exchequer 1846. 8. Theilweis dasselbe Thema behandelt die als Manuscript gedruckte Schrift von Thomas, Notes of Materials for the History of Public Departments. 1846. fol. Einzele Stücke der Schatzurkunden sind von der Record-Commission gedruckt [oben §. 12 Note *)]. Der vorhandene älteste, bisher sogenannte Rotulus 5. Stephan (ed. Hunter 1833) ist nach einer überzeugenden Beweisführung schon in das Jahr 31. Henr. I. zu setzen.

Für die Uebertragung der Haupteinrichtungen des Exchequer aus der Normandie ist schon entscheidend der Umstand, daß einer a. 1587 eingesetzten Commission ein Originalrotulus des Echiquier von Rouen vom Jahre 1061 (also 5 Jahre vor der Eroberung datirend) vorgelegt werden konnte. Floquet Hist. de Parlam. de Normandie p. 8. Ueber die Einrichtungen des normannischen Echiquier vergl. Madox I. 162—165; Warnkönig, französische

Reichs- und Rechtsgeschichte I. 346; Schäffner, französische Staats- und Rechtsgeschichte II. 408. 409. Negativ entscheidend ist der Umstand, daß nach dem jetzigen Stande der Untersuchungen über angelsächsische Zustände mit Sicherheit behauptet werden kann, daß vor der Eroberung weder der Name, noch die wesentlichen Amtseinrichtungen, noch die Verwaltungsformen des Exchequer da waren. Dazu kommt das positive Zeugniß des Dialogus de Scaccario: ab ipsa regni Conquisitione per Regem Willelmum facta coepisse dicitur, sumpta tamen ipsius ratione a Scaccario transmarino. (Dial. I. 4.). Auch die ganze Terminologie des Exchequer ist ein romanisirter Jargon, sowohl die Namen der Beamten, Justiciarii, barones, ballivi, balliva, serjeanteria; wie die Namen der verwalteten Dinge, amerciamentum, misericordia, finis, forisfactura, maritagium, custuma, prisa, relevium, tallagium, argentum blancum, catalla, feffamentum, tenementum, tenura; wie die Rechnungsausdrücke compotus, quietantia, talea, visus, computate, liberatio, deliberate, superplus, summa; wie die Bezeichnungen des Verfahrens warrantum, breve, rectum etc. Das obenerwähnte Stück einer Schatzrechnung aus der Normandie, stimmt auch in Handschrift, Methode und Weise der Eintragung augenscheinlich mit der großen Schatzrolle in England überein. Madox I. 165. Es kann noch hinzugefügt werden, daß die Normannen nach der Eroberung Neapels auch dort einen Echiquier aus ähnlichen Bestandtheilen bildeten. Dies Alles schließt freilich nicht aus, daß bei der Verschiedenheit der Grafschaftseintheilung und der Rechtsverhältnisse des Bodens erhebliche Verschiedenheiten zwischen dem englischen und normannischen Exchequer bestanden. Ueber das Locale des alten Exchequer vergl. Madox I. 192 ff. Thomas, Materials pag. 116 ff.

Das Zusammentreffen aller dieser Momente beweist das Vorhandensein des Exchequer unter Wilhelm dem Eroberer. Auch wenn der Dialogus nicht direkt sagte, daß diese Behörde ab ipsa regni conquisitione bestanden habe, so würde doch diese Folgerung zu ziehen sein aus den parallelen Einrichtungen des Echiquier der Normandie, aus der Uebereinstimmung der ältesten normannischen Schatzrollen mit der Methode der noch vorhandenen Schatzrolle 31. Henr. I., aus der akkuraten Methode, nach welcher 1083 die Bearbeitung des Reichsgrundbuchs begonnen wurde, aus der festen Technik, die schon in den ältesten Schatzurkunden auf eine lange Praxis hinweist. Das Urtheil eines so scharfen Kritikers wie Hickes, daß der Exchequer die curiarum antiquissima sei, d. h. die erste fest organisirte Behörde, ist also sicherlich wohl begründet. Mit Unrecht beruft man sich dagegen auf eine Aeußerung von Alexander de Swereford, eines Schatzbeamten unter König Johann, der in dem sogenannten „Rothen Buch" die Bemerkung macht, daß kein Jahres-Rotulus aus der Zeit des Eroberers von irgend einem seiner Zeitgenossen gesehen sei (Rot. Scaccariae Normanniae Observ. I. XIX—LXXII). In der neuesten Zeit kommt wiederum Foss, the Judges of England I. 21. auf dieses im wesentlichen schon von Madox beseitigte Argument zurück, um das hohe Alter des Exchequer zu bestreiten, und aus diesem Umstand einen meiner Ueberzeugung nach unrichtigen Entstehungsgang der englischen Reichsgerichte zu deduciren.

2) Ueber das Verfahren des Exchequer, insbesondere über die Placirung des Personals an der großen Rathstafel vergl. Thomas Exchequer p. 1. ff.

Das Verfahren ist oben ausführlicher geschildert, weil es zur Charakteristik des normannischen Verwaltungssystems gehört.

1) Die Einzahlungen an das Schatzamt behandelt Thomas, Materials 5. Zur Vergleichung der Münzverhältnisse angelsächsischer Zeit vgl. Schmid, Glossarium v. Geldrechnung.

2) Die Auszahlungen aus dem Schatzamt siehe bei Madox I. 348—350, 362—389. Die Hauptstelle darüber ist der Dialogus I c. 6, Madox II. 373:

Thesaurarius et Camerarii nisi Regis expresso mandato vel praesidentis Justiciarii, susceptam pecuniam non expendunt: oportet enim ut habeant auctoritatem rescripti Regis de distributa pecunia, cum ab eis compotus generalis exigetur; est autem hic tenor: H. Rex etc. N. Thesaurario et illi et illi Camerariis salutem. Liberate de Thesauro meo illi vel illi, hanc vel hanc summam. Testibus his apud N. ad Scaccarium. Additur autem ad Scaccarium, ut sic fiat discretio Brevium, quae in Curia Regis fiunt. Oportet enim, ut facto brevi de exitu thesauri, ut diximus, faciat idem scriptor rescriptum ejus, quod vulgo dicitur contrabreve; et illud penes se reservabit Clericus Cancellarii in testimonium liberatae factae per breve Regis originale, quod Thesaurarius Camerarii habent.

In späterer Zeit kamen noch weitere Controllen hinzu, in der Zeit der Stuarts eine Letter of Discretion, durch welche der Schatzmeister bestimmt, aus welchem speziellen Fonds die Zahlung geschieht, wonach die Kassenanweisung weiter an den einen oder anderen Teller adressirt wird, an welche sich dann die parlamentarische Controlle der Verausgabungen anschließt.

3) Die Buchführung siehe bei Madox II. 456 ff. Hunter, Introduction p. I. Ueber den sog. Rotulus 5, Stephan s. Madox II. 462. Ueber das richtigere Datum 31. Henr. I. s. Reeves History I. 218 und die Introduction zum Rotulus pipae de anno 31. Henr. I edid. Hunter 1833. Ueber die speciellen Rotuli de oblatis et finibus die Ausgabe von Hardy 1835.

4) Die Rechnungslegung im Schatzamt, insbesondere von Seiten der Sheriffs, wird sehr genau specificirt von Thomas, Exchequer S. 49—58, vgl. oben S. 129. Beispiele von der Rechnungslegung anderer Specialpächter und Finanzbeamten giebt Madox in großer Zahl. Als beispielsweise seit Richard I. eine besondere Münzwardein creirt war, legt H. de Cornhill eine Spezialrechnung über die Verwaltung der Münze, Cambium Angliae. Er ist belastet mit 1200 £ Vorschuß und 400 £ Verwaltungsüberschuß (Prägeschatz Seigniorage) und discontirt dagegen eine Reihe von Auslagen für Kriegsmaterial. Madox II. 132.

5) Die Schatzgerichtstage in ihrer charakteristischen Gestalt nach dem Dialogus de Scaccario (bei Thomas und Madox LL. cit.) haben auch einen gewissen Antheil an den späteren Geschäftsformen der Reichsgerichte, wie im Beamtenstaat Justiz und Verwaltung überhaupt eine gegenseitige Einwirkung auf den Geschäftsgang üben. Von dauernder Wirksamkeit sind die privilegia fisci geworden, welche aus der Praxis des Exchequer hervorgingen. War der Schuldner dem König und einem Privatmann schuldig, so ist natürlich das regis debitum vor allen zu bezahlen. Ein Schuldner des Königs kann über

sein bewegliches Gut nicht zum Nachtheil des Königs testiren; auch seine Intestaterben können die Verwaltung des beweglichen Nachlasses nicht ohne Erlaubniß des Exchequer erhalten. Ist die Zahlungsfähigkeit des Nachlasses zweifelhaft, so übernimmt der König die Sequestration, treibt ausstehende Forderungen im Verwaltungswege ein und befriedigt sich vorzugsweise, jedoch mit Vorbehalt der Beerdigungskosten. Fiskalischen Schuldnern wird auf Verlangen auch ein writ of aid gegen ihre Schuldner ertheilt, um durch beschleunigte Beitreibung dem Fiskus gerecht zu werden. Es knüpfen sich daran später eine Reihe von Artikeln der Magna Charta. Noch weittragender war aber das System der Administrativ-Justiz, welches sich in der placita ad Scaccariam oder loquelae ad Scaccariam darstellt und welches auch später, nachdem selbstständige collegialische Gerichtshöfe gebildet waren, noch Jahrhunderte lang eine concurrirende Justiz mit den übrigen Reichsgerichten fortsetzt.

3) Das Beamtenpersonal des Exchequer s. bei Madox I. 197. Auf die höheren Beamten ist in der Aufzählung der Großbeamten §. 15 zurückzukommen. Die sorgfältige Aufzählung und Darstellung des Unterpersonals ist ein Verdienst von Madox II. 263 ff.

Zur ersten Reihe, den Unterbeamten der Rechnungsseite gehören:

1) der Remembrancer, Rememorator, Registrator, Protokollführer und Expedient. Frühzeitig wird geschieden ein King's Remembrancer und ein Treasurer's Remembrancer, welche dann wieder Clerks unter sich haben.

2) Ingrosser, Ingrossator Magni Rotuli Pipae; auch wohl zwei Beamte der Art, oft Personen aus vornehmen Familien.

3) Der Usher, Thürhüter, ist mit der Fürsorge für die Sicherheit der Gebäude, Kasse und Registratur betraut; zugleich ein Huissier, welcher gegen herkömmliche Gebühr die Sheriffs zu den Schatzamtssitzungen ladet. Seit Heinrich II. ist es Erbamt, selbst theilbar und auf Frauen vererblich. Der mit der Serjeanty Belehnte bestellt nunmehr die dienstthuenden Huissiers, — eine Curiosität, welche sich bis in das 19te Jahrhundert erhalten hat.

4) Der Constable, ein von dem Connetable von England ernannter Unterbeamte, so lange dies Amt bestand. Dial. I. c. 5.

5) Der Marshal, ein von dem Marschall von England präsentirter Unterbeamte, mit gewissen Funktionen bei der Rechnungslegung (Forulus Marescalciae) und mit dem Recht die Verhafteten in Gewahrsam zu nehmen. Dial. I. c. 5.

6) Auditores Compotum, Madox II. 290. 291, Rechnungsrevisoren, kommen erst in der folgenden Periode 9. Edw. II. vor; während ursprünglich das Geschäft durch Clerks pro hac vice oder durch die Barons selbst besorgt wurde, Thomas, Exch. 122. 123.

7) Clerks of Estreats, ebenfalls später entstanden, zur Beitreibung der Amerciaments, Fines etc.

Die zweite Reihe der Unterbeamten gehört der Einnahmeseite, Recepta Scaccarii, dem Scaccarium inferius an.

1) Der Clericus Brevium, Clerk of the Writs.

2) Die Kämmerer, Chamberlains, eine höhere Klasse von Unterbeamten, Kassen-Curatoren, werden von dem Großkämmerer und dem Hofkämmerer des Königs als Stellvertreter präsentirt, und sollten eigentlich Ritter

sein; die laufenden Geschäfte werden dann wieder durch besondere Clerks, Clerici Camerariorum besorgt.

3) Clerici Thesaurarii, Tresaurer's Clerks, Anfangs als Clerici Thesaurarii et Camerariorum confundirt, später getrennt; unter ihnen hervortretend der Clerk of the Pells, Buchführer des Magnus Rotulus de Recepta, speciell erwähnt 9 Henr. III.

4) Die Tellers, die eigentlichen Kassirer oder Zahlbeamten, gewöhnlich 4 oder in größerer Zahl.

5) Die Pesours und Fusours, Unterbeamte für das Wiegen der Münzen und die Schmelzprobe, frühzeitig Erbämter, Sergeanties, mit Grundstücken verbunden, erblich und theilbar. Daneben werden Goldschmide für die Metallprobe, Essayers, und andere Hülfsbeamte zeitweis gegen Gebühr angenommen.

4) Das Judenschatzamt, Exchequer of Jews, giebt Madox I. 221 ff. Die rechtliche Voraussetzung desselben ist die ursprüngliche Rechtlosigkeit der Juden, die vergleichbar der deutschen Auffassung als „Kammerknechte" des Kaisers, nicht nur dem schonungslosen Recht der tallagia unterliegen, sondern auch in jeder beliebigen Richtung bald unter dem Titel eines Schutzrechts, bald unter dem Titel eines Occupationsrechts geschröpft werden. Unzweideutig ist diese fiscalische Ansicht in den L. L. Edw. Conf. §. 25. ausgesprochen: „Sciendum est, quod omnes Judaei ubicunque in rego sunt, sub tutela et defensione regis ligii debent esse. Neque aliquis eorum potest subdere si alicui diviti sine licentia regis; quia ipsi Judaei et omnia sua regis sunt· Quodsi aliquis detinuerit illos vel pecuniam eorum, rex requirat tanquam suum proprium, si vult et potest." Da sie keine persona standi in judicio, kein Grundeigenthum und Erbrecht haben, da ihre Rechtsfähigkeit nur auf königlicher Bewilligung beruht, so wird ihr rechtlicher Verkehr an beliebige Bedingungungen und Gebühren geknüpft. Zunächst die Klagbarkeit ihrer Verträge mit Christen wird nur anerkannt, wenn sich der Fuß der Verschreibung in dem Kasten des Judenschreibers, Chirographer, vorfand. Die Vererbung ihres Vermögens wird nur gegen schwere fines gestattet. So fordert Heinrich III. 6000 Mark von einer Wittwe für den beweglichen Nachlaß ihres Mannes. Koc zahlt 2000 Mark Silber und 4 Mark Gold für Ueberlassung der Ländereien, Renten und Mobilien seines Vaters. Zahllos sind natürlich die Veranlassungen und Vorwände zu amerciaments, z. B. wegen Verheirathung ohne königliche Permission. Zeitweise werden alle Juden ins Gefängniß gesetzt und dann gegen schwere Buße entlassen, einmal für 66000 Mark. Ein anderes Mal werden dem Grafen von Cornwallis die Juden für ein Darlehn von 5000 Mark verpfändet. Daher die zahlreichen Ransoms, Compositions, Fines for Protection, Licenses in der Judenverwaltung. — Gegen große Summen werden ihnen dann wieder bedeutende Privilegien zugestanden. So in der Charte 2 Johann: ut si Christianus habuerit querelam adversus Judaeum, sit judicata per pares Judaei. Et Judaei non intrabunt in placitum, nisi coram Nobis vel coram illis, qui turres Nostras custodierint, in quorum Ballivis Judaei manserint etc. Im fünften Regierungsjahre Johanns wird eine förmliche Jury von legales Christiani et Judaei gebildet.

Für diese Verwaltung ist unter Richard oder früher ein eigenes Nebenschatzamt von Custodes oder Justiciarii Judaeorum abgezweigt, Anfangs

Christen und Juden neben einander, später meistens nur Christen, ernannt unter dem großen Siegel. Sie haben die Jurisdiction in Angelegenheiten des „Judaism“, namentlich Prüfung der Rechnungslegungen, Entscheidung von Klagen aus Judencontracten und Streitfragen betreffend ihre Grundstücke, beweglichen Güter, Schatzungen, Geldbußen, Verwirkungen. Unter den Justiciarii stehen die Clerks für die Rotuli und Memoranda des Judaism, mit einem Büreauchef dem Custos Rotulorum et Brevium de Scaccario Judaismi. Sodann als Lokalbeamte die Chirografarii und Coffrarii, welche in Kasten die Charten und Verschreibungen zwischen Juden und Christen aufbewahren. Es sind gewöhnlich Juden und Christen gemeinschaftlich fungirend, ernannt in solchen Orten, in welchen eine erhebliche Zahl von Juden wohnt. Aus der Praxis dieses Neben-Exchequer bildet sich dann auch ein specielles Juden-Finanzrecht, Law, Assize oder Custom of Judaism; unter Richard I. werden auch den reisenden Richtern dem entsprechende Instructionen, Capitula de Judaeis, mitgegeben. Uebrigens stehen alle Proceduren der Judenrichter und Localbeamten unter Autorität und Controle des Hauptschatzamts. Noch in dem kurzen Zeitraum von 50 Henr. III. bis 2 Edw. I. (a. 1265—1273) wurden der Krone 420,000 £. de exitibus Judaismi in Rechnung gestellt. Coke Inst. II. 89. Die ganze Einrichtung nimmt schließlich ein jähes Ende durch die Vertreibung aller Juden aus England 19 Edw. I., in Folge welcher sie 364 Jahre lang aus dem Lande verbannt blieben. Die Zahl der vertriebenen Juden betrug 15,060. Die Hauptschrift über den Gegenstand ist: D'Blessier Tovey, Anglia Judaica Oxf. 1738. 4., vergl. J. M. Jost, Gesch. der Israeliten, Berlin 1820—28. Bd. 7. S. 102—171.

Ueber die sonstigen Nebenschatzämter und vorläufigen Einzahlungen an anderen Stellen vergl. Madox I. 262—271.

§ 14.

V. Entwickelung und Verfall der normannischen Kirchenhoheit.

Einen etwas anderen Verlauf hat das fünfte noch übrige Staatshoheitsrecht genommen. In dem Maße, in welchem der weltliche Staat sich unter einer absoluten Königsgewalt concentrirt und consolidirt, ist in der normannischen Zeit auch die Kirche in der Richtung einer romanisirenden Centralisation weiter gegangen, welche der absoluten Königsgewalt die absolute Gewalt des Papstthums gleich mächtig gegenüberstellt, und schon in der Mitte dieser Periode einen Bruch in das System des Absolutismus trägt.

Wilhelm der Eroberer hatte die Bedeutung der Kirche nicht unterschätzt. Er hatte sie vorgefunden als eine entscheidende Macht unter Eduard dem Bekenner, im Besitz von etwa einem Drittel der Einkünfte des Bodens. Mit ihrer Unterstützung war der neue Thron gewonnen, die Sanction des Papstes der einzige, unbestreitbare Titel dazu, die niedere Geistlichkeit der Stand von welchem Gehorsam oder Widerstand der Massen zunächst abhing. Lehnsstaat und kirchlicher Staat waren noch auf ein Bündniß angewiesen um ihren Höhepunkt zu erreichen. Der Eroberer erkennt dies Verhältniß an durch eine Reihe von Concessionen.

England nimmt die römische Liturgie an und fügt sich den Ritualvorschriften des römischen Stuhls. Eine erwünschte Gabe war der Curie auch die Zusicherung eines reichen pünktlich eingetriebenen Peterspfennigs. Nur der Cölibat der Geistlichkeit findet noch einen passiven Widerstand, welcher erst seit Heinrich I. allmälig überwunden wird.

Die reiche Ausstattung der Kirche in ihren Erzbisthümern, Bisthümern, Kapiteln, Klöstern und Stiftungen wird im Wesentlichen conservirt, durch manche neue Gabe und Klosterstiftung erweitert. Am Schluß der Periode sprach man vom Besitz der Kirche an ungefähr der Hälfte des Bodens.

Die kirchliche Gerichtsbarkeit über kirchliche Personen und Sachen wird in dem herkömmlichen Umfang anerkannt und nunmehr auch äußerlich von den weltlichen Gerichten getrennt.*) Der innere Gegensatz zwischen dem Geist des Volksgerichts und des kirchlichen Amtsgerichts hat sich fortschreitend geltend gemacht; die verlangte Trennung von Kirche und Staat wird an diesem Punkte zugestanden. Bezeichnend für die gesetzgebende Gewalt der Zeit erfolgt dieser Schritt gegen Ende der Regierung des Eroberers durch ein Circular-Rescript (writ) an die vicecomites, Carta Wil. IV., doch mit der Versicherung, daß es communi concilio et consilio archiepiscoporum et episcoporum et abbatum, et omnium principum regni geschehe:

> §. 2. Propterea mando et regia auctoritate praecipio, ut nullus episcopus vel archidiaconus de legibus episcopalibus amplius in hundret placita teneant, nec causam quae ad regimen animarum pertinet, ad judicium secularium hominum adducant, sed quicunque secundum episcopales leges de quacunque ceusa vel culpa interpellatus fuerit, ad locum quem ad hoc episcopus elegerit vel nominaverit veniat, ibique de causa vel culpa sua respondeat, et non secundum hundret, sed secundum canones et episcopales leges, rectum Deo et episcopo suo faciat. (Judicium vero in nullo loco portetur, nisi in episcopali sede, aut in illo loco quem ad hoc episcopus constituerit.)

Die Ladung der Parteien vor die nun selbständig formirten geistlichen Gerichte erfolgt unter Androhung der Excommunikation: et si opus fuerit ad hoc vindicandum, fortitudo et justitia regis vel vicecomitis adhibeatur. Umgekehrt wird den Vicecomites und königlichen Vögten jede Einmischung in den Geschäftskreis dieser Gerichte verboten. Bei dieser Trennung nahmen die curiae Christianitatis auch solche weltlichen Gegenstände mit sich, die bei der früheren Verbindung mehr aus äußerlichen Gründen der geistlichen Praxis überlassen waren. Die leges episcopales bilden hier den Gegensatz der leges Eduardi, umfassend Alles, was bisher nach den Rechten und Gewohnheiten der Geistlichkeit entschieden zu werden pflegte. Es entstand so eine unabhängige Gerichtsbarkeit über Ehesachen, Testamente, (mittelbar also auch über Legitimität und Vererbung des beweglichen Vermögens), über mündliche Verträge, über Zehnten, Kirchenabgaben und Kirchensitze; eine Strafgewalt zur Erhaltung der reinen Kirchenlehre und Disciplin, über Bigamie, Blutschande, Unzucht und andere Sittenvergehen; eine sich immer mehr abschließende obrigkeitliche Gewalt über das ganze Personal der Geistlichkeit. Trat dazu eine Appellation von der kirchlichen Entscheidung nach Rom, und die Praxis der päpstlichen Legaten, so war damit eine zweite souveräne Staatsgewalt auf englischem Boden begründet.

Der Eroberer hat die Möglichkeit dieses Ausgangs sehr wohl erkannt und durch folgende alte und neue Gegengewichte abzuwenden versucht.

I. Die althergebrachten Rechte der angelsächsischen Staatshoheit über die Kirche, vor allem die königliche Bestätigung der Concilienbeschlüsse, wird festgehalten. Alle höchste Gerichtsgewalt geht noch vom König aus. Kraft des königlichen Verordnungsrechts wird den Geistlichen verboten, das Königreich zu verlassen ohne königliche Licenz, einen Papst anzuerkennen ohne königliche Anweisung, Sendbriefe von Rom zu veröffentlichen, bevor solche vom König gesehen und approbirt seien, eine Excommunikations-Sentenz auszusprechen über einen der Kronvasallen ohne königliche Gestattung. Ebenso bleibt das Ernennungsrecht der Bischöfe und Aebte in hergebrachter Weise erhalten. Diese Ernennungen erfolgen jetzt an den glänzenden Hoftagen nach Anhörung der geistlichen und weltlichen Großen. Sehr gewöhnlich wird ein königlicher Kapellan, in jedem Fall ein Mann des persönlichen Vertrauens zum Bischof ernannt. Diesen alten Verhältnissen der Kirchenhoheit fügt dann der Eroberer ein weittragendes neues Verhältniß hinzu:

II. Der große Grundbesitz der Geistlichkeit ist zu gleichem Besitzrecht verliehen, wie die Herrschaften und Rittergüter, also mit der vollen Last der Lehndienste, der Lehnsgerichtsfolge und der Lehnsgefälle. Es war damit das Jahrhunderte alte Problem gelöst, an welchem die angelsächsische Heerverfassung gescheitert war. Die Heranziehung des reichen geistlichen Besitzes mit 28,015 Antheilen zu der Lehnsmatrikel des Reichs war ein Schritt von unermeßlicher Tragweite, und um so populärer, als die großen Bisthümer und Klöster damit auf die Nothwendigkeit einer Afterbelehnung verwiesen waren, in welcher Form viele alte Besitzverhältnisse sächsischer Thane conservirt, manche neue begründet wurden. Die Verwaltung bemühte sich das neue Verhältniß mit einiger Schonung geltend zu machen. Einzele Klostergüter und Pfarrhufen behielten ihre herkömmliche Befreiung als tenures of frankalmoign. Ein Theil der Lehndienste blieb zu allen Zeiten rückständig und wurde nachgesehen. Längere Zeit hindurch erscheinen in den Schatzrechnungen die Schildgelder der Prälaten in zwei Reihen geschieden, in solche quae recognoscunt, und in solche quae non recognoscunt, welche letztere dahin gestellt bleiben. Den geistlichen Herren wird in der gewöhnlichen Praxis kein persönlicher Heerdienst zugemuthet; ihnen zuerst wird eine Ablösung des Lehndienstes durch Geld gestattet. Auch bei den Aids, Amerciaments und Sequestrationen ist eine Schonung der Geistlichkeit sichtbar. Mit dieser Maßgabe aber machen sich alle königlichen Hoheitsrechte auch gegen die Geistlichkeit geltend.

Das **Kriegsaufgebot** erfolgt an alle kirchlichen Vasallen in gleicher Form, also gewöhnlich durch den Vicecomes und mit gleicher Wirkung. Die Schatzrechnungen ergeben, daß auch Bischöfe und Aebte aus diesem Grunde schwer gebüßt und ihre Güter sequestirt werden. Unter Heinrich III. kommen sogar Aufgebote der höheren und niederen Geistlichkeit zum persönlichem Dienste im Heere vor.

Der **Gerichtshoheit** sind höhere und niedere Geistliche in so weit unterworfen, als sie Gerichtsfolge (secta regis) sowohl im Grafschaftsgericht zu leisten haben wie bei den vom König unmittelbar gebildeten Gerichtscommissionen (curia regis). Es war nur eine mildere Praxis, welche ihnen bei der Grafschaftversammlung eine Stellvertretung gestattet, welche den Zwang zur persönlichen Urtheilsfindung auf die curia Regis beschränkt, und auch bei dieser den Prälaten keinen Antheil an einem Bluturtheil zumuthet. Passiv bleiben sie in **ihrer Eigenschaft als Kronvasallen** dem königlichen Gerichte unterworfen. „Ich verdamme nicht einen Geistlichen und Diener des Herrn, sondern meinen Grafen, den ich über mein Reich gesetzt", — hatte

Wilhelm I. gesagt, als er persönlich seinen Bruder Odo von Bayeux verhaftete.

Der Polizeihoheit unterliegt die Geistlichkeit mit ihren Hintersassen unzweifelhaft; schon die Schatzrechnungen ergeben, daß alle neueren Polizeiordnungen und die Praxis der amerciaments auch gegen die höchste Geistlichkeit geltend gemacht wird.

Ebenso unzweifelhaft waltet die Finanzhoheit des Königs gegen den Clerus in den normannischen Schatzrechnungen. Geldansprüche des Königs an einen clericus werden zunächst durch Pfändung aus dem Lehen beigetrieben; in dessen Ermangelung aber ergeht eine Order an den Bischof zur Auspfändung des kirchlichen beneficium, „widrigenfalls sich der König an des Bischofs Baronie halten werde." Alle Lehnsaccidenzen, relevia, auxilia, tallagia, scutagia sind auf die Kirche ausgedehnt. Für die hier wegfallenden Einkünfte aus Vormundschaft und Verheirathung entschädigt sich der König durch eine längere Einbehaltung der Temporalien des Bischofssitzes, der unter den ersten normannischen Regierungen oft bis zu 5 Jahren vacant blieb. Selbstverständlich bleibt der Geistlichkeit auch die alte Gemeindelast der trinoda necessitas, die seit Heinrich II. durch die Wiederbelebung der Landesmiliz eine neue Bedeutung erhält.

Soweit menschliche Berechnung reicht, schien damit die Aufrechterhaltung der königlichen Autorität auch nach dem Zugeständniß der getrennten kirchlichen Jurisdiction gesichert, und die drei ersten Könige der normannischen Zeit blieben auf dieser Grundlage in der That noch Herren der Kirche. Der Investiturstreit unter Heinrich I. verläuft in einen mehrdeutigen Vergleich, in welchem der König auf die Belehnung mit Ring und Stab verzichtet, aber die volle Lehnherrlichkeit reservirt. Die Thronusurpation Stephan's führt indessen zu einer unvorhergesehenen Erschütterung der königlichen Autorität. Die Ausschließlichkeit bischöflicher Jurisdiction wird in einem abgedrungenen Eide des Königs ausgesprochen, die Autorität der päpstlichen Legaten und die Appellationen an Rom greifen in so unerhörtem Maße um sich, daß Stephan's Nachfolger die schwere Aufgabe vorfand, die alte Ordnung der Dinge wiederherzustellen.

Ein Jahrhundert nach der Eroberung befinden sich unter Heinrich II. Kirche und Staat in einem Wendepunkt ihres gegenseitigen Verhältnisses, in welchem die Lage der Kirche um Vieles günstiger geworden war als im Beginn der normannischen Zeit. Was durch die Unterwerfung unter den normannischen Lehnsstaat für die Kirche verloren gegangen, war auf dem Boden eines moralischen Einflusses wiedergewonnen; denn zu dem alten Beruf und Recht der Kirche war jetzt ein Neues hinzugetreten. In dem Zwiespalt und Haß der beiden Nationen war sie die natürliche Vermittlerin, die nächste Schützerin des unterdrückten sächsischen Stammes, die einzige Macht geworden, welche die Normannenkönige mit Rücksicht behandeln, mit der sie auf ihren Hoftagen bisweilen auf den Fuß von Verhandlungen treten mußten. War auch die hohe Prälatur normannisch geworden, so war und blieb die große Masse der Geistlichkeit der sächsischen Bevölkerung angehörig. Sächsische clerks bildeten das Hauptpersonal der normannischen Büreauverwaltung, für die französisch redenden Herren die nothwendigen Dolmetscher, für die Masse des unterdrückten Stammes nicht einflußlose Fürsprecher. Der Standesgeist des Clerus war weit genug vorgeschritten um trotz des Zwiespalts der Nationen die Kirche als Einheit festzuhalten, die eben deshalb dem Normannenthum nicht dienstbar werden konnte. Bedeutungsvoll wurde es unter diesen Umständen, daß Heinrich II. selbst einen Mann wie Thomas a Becket auf den erzbischöflichen Stuhl berufen hatte, der seiner Geburt nach weder der normannischen Nationalität, noch der herrschenden Klasse angehörte.

In dieser Lage sah sich Heinrich II. in einen entscheidenden Kampf mit der kirchlichen Macht verwickelt, in welchem er die volle Staatsgewalt über die Kirche schließlich nicht wieder zu gewinnen vermochte. Ueberall stand sie mit ihrer Justiz und gesonderten Administration (jurisdictio) der weltlichen Justiz und Verwaltung gegenüber. Die Kirche war frei von der fiscalischen Gehässigkeit der weltlichen Verwaltung, sie theilte die Popularität aller Widerstandskräfte gegen eine absolutistische Verwaltung. Heinrich II. getraute sich unter diesen Umständen die Wiederherstellung der königlichen Rechte nicht ohne ein Aufgebot der mächtigsten und einflußreichsten Personen des Laienstandes durchzuführen. Er beruft daher zum ersten Male a. 1164 in der förmlichen Weise einer cour de baronie die Gesammtheit der größeren Kronvasallen und Prälaten zu den außerordentlichen Hoftagen von Clarendon und Northampton. Zur Eröffnung des ersten im Januar 1164 werden 16 Artikel vorgelegt und durchgesetzt, welche die herkömmlichen Gewalten der Kirchenhoheit zum Gegenstand haben. Der Hauptartikel XI. lautet:

Archiepissopi, episcopi et universae personae regni, qui de rege tenent in capite, habeant possessiones suas de rege, sicut baroniam; et inde respondeant justitiariis et ministris regis et sequantur et faciant omnes consuetudines regias, et sicut caeteri barones debent interesse judiciis curiae domini regis, cum baronibus, usque preveniatur in judicio ad diminutionem membrorum vel mortem.

Es war damit 1) die Unterwerfung unter die Lehnsgerichtsbarkeit und alle Lehnslasten von Neuem deklarirt, und damit auch die weltliche Strafgewalt über die Person der Geistlichkeit grundsätzlich festgehalten. Bei dem Verhör geistlicher Verbrecher in kirchlichem Gericht soll eine weltliche Justizperson zugegen sein, und der Ueberführte von der Kirche nicht ferner geschützt werden. Lehnsmannen des Königs sollen nur nach vorgängiger Untersuchung und mit Genehmigung des königlichen Gerichts gebannt werden.

2) Es wird die höchste Appellationsgerichtsbarkeit des Königs auf englischem Boden festgehalten, und den Parteien das Ulterius procedere, d. h. die Appellation an den römischen Stuhl ohne Speciallicenz untersagt:

art. VIII.: de appellationibus, si emerserint, ab archidiacono debent procedere ad episcopum, et ab episcopo ad archiepiscopum. Et si archiepiscopus defecerit in justicia exhibenda, ad dominum regem perveniendum est postremo, ut praecepto ipsius in curia archiepiscopi controversia terminetur, ita quod non debet ulterius procedere absque assensu domini regis.

3) Insbesondere werden die königlichen Rechte bei Besetzung erledigter Bisthümer und Abteien formell anerkannt. Die Einkünfte der erledigten Sitze fallen in die königliche Schatzkammer bis die Zeit zur Neuwahl gekommen. Die formelle Wahl findet in des Königs Kapelle und unter seiner Zustimmung statt, und dort hat der electus vor der Consecration dem König als Lehnsherrn wegen der weltlichen Lehne Huldigung zu leisten unter Wahrung des geistlichen Standes.

Diese und andere Grundsätze waren aus Präcedenzfällen zusammengestellt, und als hergebrachtes Recht so unstreitig, daß die Bischöfe sie ohne Zögern ebensowie die weltlichen Kronvasallen anerkennen. Thomas a Becket kannte diese Rechtsgrundsätze, hatte sie in einem mehrjährigen Kanzleramt anerkannt, und sah sich daher nach einigem Sträuben zu einem widerwilligen Zugeständniß gezwungen und zu dem Versprechen diese Artikel legitime und bona fide zu halten. Als er dennoch mit Hülfe der Klausel salvo iure ecclesiae und unter Autorität des Papstes seinen Widerstand fortsetzt, führt der König einen entscheidenden

Präzedenzfall dadurch herbei, daß er durch ein wohlbesetztes Gericht von geistlichen und weltlichen Kronvasallen am 17. Octbr. 1164 die Verurtheilung des Primas in die misericordia regis erlangt, die dann in der üblichen Weise vom König auf ein amerciament von 500 £ ermäßigt wird.

Der mühsam errungene Sieg geht indessen bald verloren durch ein leidenschaftliches und chicanöses Verfahren des Königs, durch den gewaltsamen Ausgang des Streites und das Märtyrerthum Beckets. Bei dem endlichen Friedensschluß werden dennoch Hauptpunkte der Kirche zugestanden, namentlich die Appellationen an den päpstlichen Stuhl. Die mit dem päpstlichen Legaten vereinbarten Artikel enthalten sogar das Zugeständniß, daß kein Geistlicher wegen Verbrechens vor den weltlichen Richter geladen werden soll, es sei denn wegen eines weltlichen Lehns oder eines Jagdvergehens.

Unter König Johann setzt der Papst in einem Streit zwischen dem König und dem Kapitel von Canterbury selbst die Ernennung des Primas unter päpstlicher Autorität durch, und erlangt im weiteren Verlauf des Streits die freie kanonische Wahl der Bischöfe, sowie die Oberlehnsherrlichkeit über die englische Krone.

So ist die Stellung zur Kirche die Achillesferse des Absolutismus geworden. Gegen den Schluß dieser Zeit kehrt sich das alte Verhältniß der hohen Geistlichkeit um. Während früher der König sicher war, auf den Bischofssitzen nur ihm bekannte und persönlich ergebene Prälaten zu sehen, ist es seit dem 13. Jahrhundert der kirchliche Standesgeist, welcher die Häupter des Kirchenregiments durch canonische Wahl designirt. Der königliche Einfluß beschränkt sich auf den moralischen Einfluß des Lehnseides, bei welchem sich durch Zurückbehaltung der Temporalien allenfalls ein Verzicht erzwingen ließ „auf alle Klauseln der päpstlichen Bulle, welche der königlichen Prärogative und dem Landesrecht zuwider sein sollten." Der an dieser Stelle entstandene Bruch in die absolute Königsgewalt war im ferneren Verlauf des Mittelalters nicht mehr heilbar. Er schuf die erste Lücke, in welche mit der Magna Charta die Anfänge des ständischen Rechts eintreten.

*) **Die Trennung der geistlichen Jurisdiktion in gesonderten Gerichten** war ein Schritt zur Trennung von Kirche und Staat, dessen Tragweite Wilhelm I. anscheinend gefühlt, zu dem er sich zögernd entschlossen hat. Die im Original noch vorhandenen Orders betreffen die Bischöfe von London und Lincoln, und zwar so formularartig, daß wahrscheinlich für jeden Bischof eine gleichlautende Order ergangen war. Es geschah dies in einer Zeit der

äußeren Spannung, in welcher die reichsgrundgesetzliche Proklamation des normannischen Kriegslehnrechts noch ein Widerstreben fand. Der König hat in dieser Zeit sehr drastische Mittel, wie die Einquartirung von Soldtruppen angewandt, um das Widerstreben zu überwinden, welches wie zu allen Zeiten in der Geistlichkeit seinen Haupthalt fand. Wenn man erwägt, daß dies der kritische Punkt war, vor dem das angelsächsische Königthum Jahrhunderte lang zurückgewichen war, so wird es begreiflich, daß sich der Eroberer zu einer Concession entschloß, welche die dringendste Forderung seiner hohen Geistlichkeit erfüllte und den großen Huldigungsakt zu Salisbury in dem darauf folgenden Jahre ermöglichte.

Der Inhalt der Verordnung über die Trennung der geistlichen Gerichtsbarkeit ist an sich klar; nur vermisse ich eine genügende Erklärung dafür, warum das Grafschaftsgericht als solches nicht genannt wird, warum vielmehr das weltliche Gericht und das weltliche Recht in einer sonst nicht gewöhnlichen Weise durch Hundred bezeichnet wird. Gewöhnlich wird angenommen, daß Heinrich I. noch einen Versuch gemacht habe, jene Trennung rückgängig zu machen. Allein es scheint dabei übersehen zu sein, daß die sogenannten leges Henrici I. nicht Gesetze dieses Königs sind, sondern eine Privatarbeit, deren Verfasser das ältere sächsische Herkommen darstellen wollte. Selbstverständlich schloß aber die Selbständigkeit der curia Christianitatis die Verpflichtung der Geistlichen nicht aus, in ihrer Eigenschaft als Kronvasallen Gerichtsfolge (secta regis) zu leisten. Was die LL. Henr. 7. §. 2. darüber enthalten, war das geltende Recht des Lehnstaats und wird als solches in den Constitutiones von Clarendon von den Prälaten anerkannt.

Eine Zeit lang wurde die Gefahr des Zwiespalts dadurch gemindert, daß der Clerus selbst innerlich zwiespältig geworden war. Seit a. 1070 hatte der Eroberer die beiden Erzbisthümer von Canterbury und York mit normannischen Geistlichen besetzt, dann schrittweise auch die Bisthümer und die wichtigsten Abteien. Es trat nun der seltsame Zustand ein, daß die Geistlichkeit mit ihren kirchlichen Oberen nicht mehr in der Landessprache verkehren, daß die hohe Geistlichkeit zu ihren Pfarrkindern nicht mehr verständlich zu reden vermochte. Die Abneigung der sächsischen Bevölkerung gegen fremde Sprache und Sitte kehrte sich nun auch gegen die hohe Geistlichkeit und erzeugte mindestens eine Gleichgültigkeit. Es kam auch wohl vor, daß der Eroberer einem Remi von Fechamp für 60 Boote, die er zur Eroberung gestellt hatte, den Bischofsitz von Dorchester und später Lincoln verlieh. Unter den vielen Parvenüs der Zeit befanden sich zahlreiche Abenteurer geistlichen Standes. Die Mehrzahl der wichtigen geistlichen Würden ist indessen, so viel ersichtlich, mit würdigen Personen besetzt worden, und die Kirche der Zeit documentirt sich als das reifere Staatswesen auch dadurch, daß der Nationalgegensatz hier am frühesten überwunden wurde. Das tägliche Wirken im geistlichen Beruf, das Gefühl der Solidarität gegen die Anmaßung und Gewaltthätigkeit des kriegerischen Vasallenthums und der mächtige Standesgeist des Clerus (erhöht durch den wirksam erzwungenen Cölibat) erscheinen auch in der anglonormannischen Kirche unzweideutig. Daneben ist aber im ersten Jahrhundert auch noch der starke persönliche Einfluß des Königs auf seine Prälaten sichtbar, die meistens Hofcaplane und Sekretäre des Königs gewesen, ihm ihre Erhebung in glänzende Stellen verdankten, ihm den persönlichen Treu-Eid geleistet, und durch viele discretionäre Gewalten in Abhängigkeit erhalten wurden.

) **Der Verlauf der Kirchenstreitigkeiten der normannischen Periode bildet den eigentlichen Messer der innern Kraft des absoluten Königthums und ist zu dem Zweck zusammenhängend darzulegen.

Unter Wilhelm I. betreffen die Zugeständnisse nur die nächsten kirchlichen Wünsche: Trennung der geistlichen Gerichtsbarkeit, den Peterspfennig, mäßige Einschärfung des Cölibats. Der König nimmt die Rücksicht zu der massenhaften Absetzung der sächsischen Prälaten (a. 1070) einen päpstlichen Commissar zu erbitten, der in Gegenwart des Königs ein geistliches Concil hält. Wilhelm hat auch keine Einwendungen gegen das Dogma der Transsubstantiation, welches durch seinen Erzbischof Lanfranc dem Gewissen der englischen Geistlichkeit eingeschärft wird. Dagegen weist er die Zumuthung Gregor's VII. auf eine Oberherrlichkeit und Leistung des Huldigungseids mit stolzer Entschiedenheit zurück, behauptet die Kirchenhoheit in allen äußeren Dingen, und versichert die Handhabung derselben durch Vorbehalt des placet zur Publikation aller Sendbriefe von Rom, durch Vorbehalt seiner Zustimmung zu allen Concilien, zu allen Canones, zur Excommunication eines königlichen Vasallen. Eadmer Hist. p. 6, Wilkins Concilia I. 199. Von Zulassung päpstlicher Nuntien war in England noch nicht die Rede.

Wilhelm II. läßt zuerst das Erzbisthum Canterbury nahezu 5 Jahre unbesetzt, geräth dann aber bald in Streit mit Erzbischof Anselm über die Leistung des Lehnseides, in welchem weltliche und geistliche Vasallen auf seine Seite treten. Ein Concilium von a. 1097 kommt zu dem Beschluß, „daß der Erzbischof binnen eilf Tagen das Königreich zu verlassen habe.“ Dessen Güter und Einkünfte werden vom König in eigne Hand genommen, seine Acte für null und nichtig erklärt. Diese Exilirung dauert bis zum Tode des Königs.

Heinrich I., der durch eine listige Bemächtigung der Krone seinem ältern Bruder Robert zuvorgekommen, war auf die Unterstützung der Geistlichkeit angewiesen, rief daher Erzbischof Anselm zurück, der nochmals den Lehnseid verweigert. Die treue Unterstützung Anselms, der bei dem Einfall Herzog Roberts durch seine Autorität die Kronvasallen auf der Seite des Königs festhält und ihm den Thron sichert, bedingt jedoch eine gewisse Nachgiebigkeit. Nach langem Streit erklärt Heinrich I. auf dem Concilium von a. 1107 aus königlicher Machtvollkommenheit, daß die Investitur mit dem Ring und Stab Seitens des Königs oder eines Laienpatron in Zukunft wegfallen soll.

Unter Stephan hat die Usurpation der Krone auch die Kirche in namenlose Verwirrung gebracht. Durch weittragende Verheißungen bringt Stephan die hohe Geistlichkeit auf seine Seite, die allen einst dem König Heinrich I. zu Gunsten seiner Tochter Mathilde gegebenen Gelübden untreu wird; ebenso aber später wieder König Stephan im Stich läßt. Schon a. 1138 ist es so weit gekommen, daß auf der Synode von Westminster ein päpstlicher Legat 16 Canones promulgirt und die Leitung des Wahlakts für die Besetzung des Erzbisthums Canterbury in eigene Hand nimmt. Im folgenden Jahr wagt es ein Legat (ein Bruder Stephans) den König selbst vor eine kirchliche Synode zur Verantwortung zu laden. In wenigen Jahren wird der päpstliche Stuhl die Appellationsstelle für alle streitenden Theile.

Heinrich II. in einer schwierig gewordenen Lage glaubt durch die Wahl seines Günstlings und Kanzlers Thomas a Becket seine königlichen Prärogativen zu sichern, findet in ihm aber sofort einen ehrgeizigen, kraftvollen, ebenbürtigen Gegner. Im Jahre 1164 kommt auf den Hoftagen zu Clarendon und Northampton der principielle Streit zur Contestation, in welchem geistliche und weltliche Prälaten wiederum auf der Seite des Königs stehen. Die 16 Artikel von Clarendon fassen die königlichen Hoheitsrechte des Lehnstaats formulirt zusammen, die Verurtheilung Beckets durch ein gehörig besetztes Gericht bildet ein entscheidendes Precedenz für die weltliche Gerichts- und Friedensgewalt über die Kirche. Leidenschaftliche Gereiztheit verliert aber in dem Verlauf des Streits die gewonnenen Vortheile wieder. Ein unbesonnenes Wort des Königs veranlaßt die Ermordung des Erzbischofs. Unter dem moralischen Eindruck dieses Märtyrerthums ist Heinrich II. genöthigt a. 1172 in Gegenwart der päpstlichen Legaten und einer großen Versammlung weltlicher und geistlicher Herren zu Avranches den Frieden mit der Kirche wieder zu gewinnen durch das eidliche Gelöbniß „fortan die Appellationen an den Papst bona fide zu gestatten und schlechte Gewohnheiten gegen die Kirche, welche während seiner Regierung in Gebrauch gekommen, zu beseitigen." Auf einem Hoftage zu Westminster mit Beirath auch der weltlichen Barone sind die früheren Beschlüsse nochmals formell bestätigt. (a. 1175).

Das erste Jahrhundert der normannischen Zeit hatte die beiden im Streit befindlichen Gewalten in den Zustand des Gleichgewichts gebracht, so daß die Frage noch unentschieden erschien, welche der beiden Souveränetäten die Oberhand behalten werde. Nach Heinrich II. sinkt aber die Macht des Königthums in ebenso fortschreitendem Verhältniß, wie die Macht des Papstthums emporwächst zu ihrem welthistorischen Höhepunkt unter Innocenz III., welcher mit dem elenden Königthum Johanns zusammentrifft. Schon Richard Löwenherz hatte in dem Streit zwischen den mönchischen Domherren von Canterbury und dem neu zu errichtenden Kapitel in sehr auffälliger Weise nachgegeben. Die demüthige Unterwerfung Johanns aber, seine Wiedereinsetzung in die Regierung als Vasall des Papstes, führen die Situation der Magna Charta (a. 1215) herbei, in welcher Nationalgefühl und Recht endlich wieder zu ihrer Geltung kommen gegen den zwiespältig gewordenen Absolutismus.

Die wesentlichen Streitpunkte dieser Periode sind in gedrängter Uebersicht ihres Verlaufs folgende fünf:

1) Der Cölibat der Weltgeistlichkeit. Er wird unter Wilhelm I. anfangs nur soweit anerkannt, daß den verheiratheten Geistlichen noch gestattet bleibt ihre Frauen zu behalten (a. 1076). Von da an lauten aber die kirchlichen Beschlüsse fortschreitend strenger. Die canones über den Cölibat häufen sich in unabsehbarer Reihe, welche den unwillkürlichen Beweis ergiebt für ihre Unwirksamkeit gegen die herrschenden Lebensansichten der nationalen Kirche. Die canones von 1107 enthalten das positive Gebot an den verheiratheten Clerus, sich von den Frauen zu trennen, und die Vorschrift, daß die Söhne der Priester niemals die Kirche ihres Vaters erben sollen. Schon im folgenden Jahre übersendet aber Papst Pascal II. einen Dispensationsbrief von dem letztern „weil dessen Ausführung in England sehr unangemessen sein würde, allwo der beste und größeste Theil der Geistlichkeit jener Art ist." Im Jahre 1126 auf einem vollen geistlichen Concilium zu Westminster (auf welchem zum erstenmale

ein päpstlicher Legat den Vorsitz führte) war es der Legat Johann von Crema, welcher mit großem Eifer für die immaculata castitas und mit großer Heftigkeit gegen die horrida impuritas der verheiratheten Geistlichkeit plaidirte, dem aber der Unfall widerfuhr in der darauf folgenden Nacht mit einem Freudenmädchen in einem Bett betroffen zu werden, unter völlig unleugbaren Umständen, deren Veröffentlichung ihn nöthigte, das Land in heimlicher Eile sofort zu verlassen. Huntingdon 219. Hoveden 274. Knyghton 2382. Im Jahre 1129 glaubte man das Eheverbot endlich durchzuführen, wenn man dem König die Ausführung desselben überließe. Allein Heinrich I. macht davon nur den Gebrauch, daß er gegen Zahlung einer Gebühr (fine) jedem clericus gestattet, die Frau zu behalten und daraus eine neue Sportelquelle bildet. Erst im Laufe des 12. Jahrhunderts hat die wachsende Macht Roms die Ehelosigkeit wirklich erzwungen.

2) Der Investiturstreit brach unter Wilhelm II. durch die Weigerung Erzbischof Anselm's aus, während bis dahin der König seine Prälaten auch mit dem Amtszeichen des Ringes und Stabes formell belehnt hatte. Auf der Rathsversammlung von 1095 stellen sich selbst die Bischöfe auf die Seite des Herkommens mit der Erklärung, „daß wenn der Primas nicht dem König Gehorsam leiste und seine Submission unter Papst Urban zurückziehe, sie ihn als ihren Primas nicht anerkennen, noch ihm Gehorsam leisten würden.“ Ebenso stimmen 2 Jahre später die Optimaten dem Verbannungsbeschluß gegen Anselm zu. Auf Veranlassung dieses Falls ergeht nun aber a. 1098 der feierlich promulgirte verschärfende Canon gegen die Laieninvestitur, welcher ebenso den Laien wie den Geistlichen, der die Investitur annimmt, mit der Excommunikation bedroht. Heinrich I. war durch seine Thronusurpation in der Lage die Vermittelung des Papstes in dieser Frage nicht zurückzuweisen. Auf der Rathsversammlung von 1102 wurde eine Gesandtschaft nach Rom beschlossen, von Seiten der weltlichen Vasallen jedoch die Erklärung abgegeben, „daß wenn der Papst das Recht des Königs auf Investitur und Lehnseid ferner bestreiten sollte, sie Erzbischof Anselm aus dem Reiche vertreiben, ihre Unterwerfung unter den päpstlichen Stuhl zurückziehen und ihre üblichen Zahlungen zurückhalten würden.“ Der König war indessen zufrieden, als sich Anselm dazu verstand, die Excommunikation gegen die Prälaten, welche eine königliche Investitur angenommen, zurückzunehmen; a. 1106 wurde auch die Zustimmung des Papstes zu dieser Friedensbedingung erlangt. Im folgenden Jahre, als die Frage auf einem Concilium zu London zur grundsätzlichen Entscheidung gebracht wurde, beendet der König den Streit, indem er aus persönlicher Machtvollkommenheit erklärt:

> „Daß in Zukunft Niemand von dem König oder einem Laienpatron mit einem Bischofssitz oder einer Abtei durch Uebergabe eines Hirtenstabes und Ringes belehnt werden soll, und daß keinem erwählten Prälaten andererseits die Consecration verweigert werden soll von wegen des homagium, welches er dem König leistet.“

Es entstand dadurch allerdings eine Theilung des Rechts der bisher ausschließlich königlichen Investitur; es hing aber von den Umständen ab, wohin nun der Schwerpunkt des Ernennungsrechts fiel. Auf dem Continent, wo die landesherrliche Gewalt durch ständische Rechte eingeengt war, fiel der Schwerpunkt in die Belehnung mit dem Ring und Stab. In England, so lange die landesherrliche Gewalt über die Bischöfe noch wirksam fortbestand, wurde die Entscheidung des Investiturstreits von a. 1107 wenig fühlbar; sie gewann aber eine ganz andere Gestalt, als später das königliche Ernennungsrecht der Bischöfe der Form und Sache nach verloren ging.

3) Die Ernennung der Bischöfe war ein so unzweideutig festgestelltes Herkommen, daß im ersten Jahrhundert der normannischen Zeit kaum ein Einspruch dagegen erhoben werden konnte. Nur bei der Wahl des Primas von England macht sich der jetzt abgeschlossenere Charakter des geistlichen Staats geltend, wobei man sich wahrscheinlich auf Präcedenzfälle berief, nach welchen bei der Ernennung des Haupts der englischen Kirche zugleich das Kapitel und die Stimme der Bischöfe gehört worden sei. Die Wahlen der Erzbischöfe Lanfrank, Anselm und Radulfus (a. 1070—1121) waren noch von den Königen ausgegangen, welche Prior und Convent erst nachträglich um ihre Meinung befragten. Der nun unter Heinrich I. beginnende heftige Streit zwischen den Mönchen und den Bischöfen zieht sich ein ganzes Jahrhundert hin. Nach der Ermordung Thomas a Becket's (1170) entsteht eine zwiespältige Wahl, welche der Papst entscheidet, und nach diesem Präcedenzfall die Bestätigung aller Bischofswahlen beansprucht. Die Wahlfrage wird schließlich von Innocenz III. zu Gunsten der Domherren von Canterbury gegen die Bischöfe entschieden. Im Verlauf des Streits war aber das königliche Recht immer mehr zu einem Bestätigungsrecht zurückgedrängt. Bei der Wahl Stephan Langton's suchte der päpstliche Stuhl durch eine kluge Wendung sich sogar zur wahlleitenden Behörde zu machen. Bei der Unterwerfung Johann's aber ging endlich das königliche Hauptrecht verloren durch Zugeständniß der „freien kanonischen Wahl für alle Bischofssitze."

4) Die Ausschließlichkeit der geistlichen Jurisdiction und ihrer Unabhängigkeit von der souveränen königlichen Gerichtsgewalt bildet den Schwerpunkt des Kirchenstreits. Noch Heinrich I. hatte sich in diesem Punkt der kirchlichen Ansprüche entschieden erwehrt. Unter Stephan aber wird die Ausschließlichkeit bischöflicher Jurisdiction über geistliche Personen und Sachen ausgesprochen, und nachdem das System der Appellation an den römischen Stuhl unter dem Legaten Bischof von Winchester einmal begonnen hatte, kam man in wenigen Jahren dahin, daß alle wichtigeren Sachen zur letzten Entscheidung nach Rom gingen. Diesen Zustand fand Heinrich II. vor und im Zusammenhange damit eine theilweis verwilderte Geistlichkeit, die unter dem Schutze des privilegirten Gerichtsstandes im Laufe von 10 Jahren mehr als 100 unbestrafte Fälle des Todtschlags aufzuweisen hatte. Es war nicht schwer, die Hergänge unter Stephan als Mißbräuche und Ueberschreitungen zu behandeln und Heinrich II. konnte auf die Zustimmung nicht nur seiner Kronvasallen, sondern auch der meisten Bischöfe rechnen. Bei dem beginnenden Streit mit Thomas a Becket läßt er daher von zwei seiner besten Justiziarien, Robert de Luci und Joscelin de Baliol, die 16 Artikel von Clarendon redigiren, die in der That nur die königlichen Prärogativen enthalten, welche aus der Verbindung der angelsächsischen Königsgewalt mit dem normannischen Lehnswesen hervorgegangen. Sie waren durch Präcedenzfälle so festgestellt, daß auf dem Hoftage vom Januar 1164 nicht nur die weltlichen Herren durch Acclamation zustimmten, sondern auch die Bischöfe das königliche Recht anerkannten, und der Erzbischof selbst nach einigem Zögern anerkennen mußte, daß dies das

königliche Recht sei. Thomas Becket suchte vergeblich nach einem Rechtstitel für die neue Stellung der kirchlichen Staatsmacht, die er nicht anders zu stützen wußte, als daß er seinen Zugeständnissen stets die Klausel salvo jure ecclesiae hinzufügte, so wie die Berufung auf die Autorität des päpstlichen Stuhls. Es war unter diesen Umständen allerdings ein wichtiger und entscheidender Schritt, wenn der König auf der Rathsversammlung zu Northampton (17. Okt. 1164) die Verurtheilung des Primas herbeizuführen suchte, der sich auch Becket nach einer schwachen Vertheidigung fügte. Allein Heinrich II. verdarb von da an seine Sache durch Verfolgungssucht und persönliche Chikane, welche die laute Sympathie der sächsischen Bevölkerung für den Erzbischof in Bewegung setzte. Gegen den bald darauf heilig gesprochenen Märtyrer war nach dem Geist des Zeitalters die Sache des Königs nicht mehr siegreich durchzuführen. Trotz aller Klugheit und Ausdauer ist daher bei dem endlichen Friedensschluß a. 1174 der Hauptpunkt des Streits dennoch verloren. Der König gestattet die Appellationen an den Papst, sofern sie bona fide et sine fraude geschähen, und beschränkt in seinem Anerkenntniß dem päpstlichen Legaten Petroleone gegenüber die königliche Gerichtsbarkeit in der That auf Processe über das Lehen und auf Jagdübertretungen. In dem Kampf gegen seine rebellirenden Söhne und gegen die Sympathien der angelsächsischen Bevölkerung für die kirchliche Sache war der König, ohnehin bedroht durch die periodische Einmischung des französischen Königs in den Kirchenstreit, alt und müde geworden. Unter Richard und Johann, unter dem Einfluß der Kreuzzüge und mannigfaltiger Wirren im Innern des Landes rückt nun die päpstliche Macht weiter bis zu ihrem äußerlichen Höhepunkt unter Innocenz III. Anfangs noch von der Zustimmung seiner weltlichen Großen getragen, verscherzt Johann durch eigene Schuld die Sympathien aller Klassen und bringt sich in die Lage einer unbeschränkten Unterwerfung.

5) Die Anerkennung der päpstlichen Legaten bildet einen bedeutenden Incidentpunkt in dem Jurisdictionsstreit. Heinrich I. hatte sich lange gesträubt, Legaten als solche auf englischem Boden zu empfangen; aber die Verwickelungen seines Streits nöthigten ihn zum Nachgeben. Kaum waren die Legaten zugelassen, als a. 1126 schon ein Legat als solcher ein Kirchenconcil abhalt, 17 canones unter alleiniger Autorität des Papstes promulgirt und die beiden englischen Erzbischöfe anweist ihren Streit um den Vortritt von dem päpstlichen Stuhl entscheiden zu lassen. Unter Stephan steigt die Anmaßung so hoch, den König zur Verantwortung vor einen Legaten und Kirchenconcil zu citiren. Man konnte dies später als Extravaganzen desavouiren. Allein das Legatenwesen hatte einmal Fuß gefaßt; und namentlich erwies sich der Umstand, daß Erzbischöfe von Canterbury die Stellung von Legaten angenommen hatten, als sehr verderblich für die Selbständigkeit der englischen Kirche. Den Höhepunkt hatte auch das Legatenthum in den Zerwürfnissen unter Johann erreicht.

Ein weiterer Incidentpunkt wurde die Exemtion der Klöster von der bischöflichen Gewalt. Sie begann mit dem Regierungsantritt Heinrich's II., seit welcher Zeit die Politik des päpstlichen Stuhls auch hier systematisch auf Schwächung der bischöflichen Gewalt hinarbeitet. Auf Grund eines üblen Präcedenzfalls werden die reichsten Abteien, eine nach der andern, eximirt und damit der Sache nach dem päpstlichen Stuhl und seinen Legaten unmittelbar untergeordnet.

Noch einen Incidentpunkt bildet der Streit der Erzbischöfe von Canterbury und York um den Primat, welchen Wilhelm I. noch persönlich vor sich gezogen und mit einer weltlichen Rathsversammlung für dies Mal entschieden hatte, der aber unter den Wechselfällen des folgenden Jahrhunderts dem päpstlichen Stuhl zur endlichen Entscheidung zufiel.

Charakteristisch für die Stellung der beiden Mächte sind ihre Streitmittel. Das Königthum streitet mit den Mitteln seiner Lehns-, Polizei- und Finanzhoheit, mit Einbehaltung der Temporalien, Sequestration des ganzen Lehnsbesitzes, Einziehung des beweglichen Guts, Handhabung der Polizeibußen, Anwendung des Verordnungsrechts für den einzelen Fall. Auf dem Höhepunkte des Streits läßt Heinrich II. alle beweglichen Güter und Einkünfte des Erzbischofs und der ihm anhängenden Geistlichen in Beschlag nehmen und schreitet dann weiter zur Einziehung des Grundbesitzes, zur Verbannung aller Verwandten, Officianten und nächsten Freunde Thomas Becket's, an Zahl 400. In einem andern Fall bedroht eine königliche Verordnung die Einbringung einer päpstlichen Excommunicationsbulle in das Land gegen geistliche Personen mit Castration, gegen weltliche mit Todesstrafe. Die formelle Gewalt des Königthums erweist sich in der Regel so stark, daß jeder Verbannungsbefehl wirksam wird, und auch die mächtigsten Prälaten einem flagranten Conflict sich meistens durch die Flucht entziehen. Unter Johann werden alle diese Mittel kumulirt und zum Ungeheuerlichen gesteigert. Diese Gewalt findet aber doch oft ihre Grenze in den Stimmungen der Masse, in der drohenden Stellung des französischen Königthums, welches als Oberlehnsherr und auf Ansuchen des Papstes in den Streit eintritt, in der Gefahr, welche den Besitzungen des englischen Königs auf dem Continent droht, und innere Unruhen, unter Heinrich II. sogar eine Rebellion seiner eigenen Söhne. Kam es in dem Kirchenstreit dahin, daß sich der König von seinen weltlichen Kronvasallen verlassen sah, wie unter König Johann, so war die Königsmacht an ihre Grenze gelangt.

Die Kirche ihrerseits streitet mit Interdict und Excommunication, die zuerst den Prälaten und Laien gedroht wird, welche den königlichen Befehlen Gehorsam leisten, die sich dann aber allmälig kühner gegen die Person des Königs richtet. Ein einsichtiger Monarch wie Heinrich I. unterschätzte die moralische Macht der geistlichen Waffen nach dem Zeitgeist so wenig, daß er die größten Opfer brachte, um diesen Gefahren auszuweichen. Dieselbe Situation kehrte unter Heinrich II. wieder. Einer frivolen Anwendung der geistlichen Streitmittel konnte indessen selbst Stephan und Johann Trotz bieten, so lange die Stimmung und das Interesse der höheren Klassen auf der Seite des Königthums blieb. Erst Johann brachte es dahin, daß alle moralischen Mächte der Zeit sich gegen das Königthum vereinen.

Durchkreuzt sind die verschiedenen Phasen des Streits durch Schismen des päpstlichen Stuhls, andererseits durch Thronstreitigkeiten auf der weltlichen Seite. Beide mögen sich im Ganzen das Gleichgewicht gehalten haben. Die Entscheidung lag zuletzt in der inneren Kraft der beiden Gewalten.

***) **Der Bruch der königlichen Kirchenhoheit unter Johann** beruht auf einem Zusammentreffen vieler längst vorbereiteten Umstände mit der Person des Königs. Den Anstoß gab wiederum die zwiespältige Wahl eines Erzbischofs von Canterbury. Am 21. Dec. 1206 hatte Innocenz III. dictatorisch entschieden, daß künftig der Convent von Canterbury mit Ausschließung aller Mitwirkung der Suffragan-Bischöfe den Primas zu wählen habe. Den als Gesandtschaft in Rom anwesenden Domherren hatte der Papst in sehr unkanonischer Weise seinen Freund und Studiengenossen Stephan Langton als Erzbischof octroyirt. Auf den fortdauernden Widerspruch des Königs gegen diese sogenannte Wahl folgte am 24. März 1208 der Ausspruch des Interdicts, nach welchem England „von der Gemeinschaft der Kirche und von allen geistlichen Gütern, welche dieselbe den Gläubigen gewähre, getrennt sein soll". Die Bevölkerung des Landes verhält sich indessen noch stumpf und passiv; die weltlichen Großen stehen noch auf der Seite des Königs. Drei Jahre später (a. 1211) rückt der Streit dahin weiter, daß der Legat dem König in Gegenwart seiner geistlichen und weltlichen Vasallen erklärt: er habe dem Papste in weltlichen wie in geistlichen Dingen zu gehorchen; daß der Legat mit lauter Stimme das Excommunicationsurtheil verkündigt, alle Unterthanen ihres Eides entbindet, und den König von seiner königlichen Würde degradirt. Noch immer halten indessen die weltlichen Vasallen zum König. Johann hat gerade in dieser Zeit zwei glückliche Feldzüge, — die einzigen erfolgreichen seiner Regierungszeit geführt. Die schwere Verschuldung des Königs selbst ist es, welche die endliche Krisis herbeiführt. Weder in England noch auf dem Continente ist jemals die Sache des Königthums mit so brutalen Mitteln geführt worden, wie sie Johann gebrauchte, — die Grausamkeit eines asiatischen Despoten mit der Praxis des Judenschatzamts in seltsamer Weise vereinend. Die rohen Gewaltthätigkeiten Johanns treffen unterschiedslos das geistliche wie das weltliche Vasallenthum; 3000 Schüler verlassen in jener Zeit die Universität Oxford, nachdem durch einen königlichen Machtspruch beiläufig drei aus ihrer Mitte gehängt worden waren. Im folgenden Jahre (1212) ergeht ein förmliches Absetzungsdekret des Papstes: Papa sententialiter definivit, ut Rex Anglorum Johannes a solio regni d e p o n e r e t u r, et alius, Papa procurante succederet, qui dignior haberetur. Ad hujus quoque sententiae executionem scripsit Dominus Papa potentissimo Regi Francorum Philippo, quatenus in remissionem omnium suorum peccaminum hunc laborem assumeret (Matthaeus Paris. 162, der überhaupt für diese Hergänge eine Hauptquelle bildet). König Philipp und der französische Adel ergreifen mit Begeisterung den Auftrag, und es beginnen Kriegsrüstungen in Frankreich, welche allerdings eine Wiederholung der Hergänge unter Wilhelm dem Eroberer in Aussicht stellen. Das Lehnsaufgebot Johanns, unterstützt von der persönlichen Furcht vor dem Tyrannen, brachte dagegen in England ein Heer von 60,000 Männern rasch zusammen (M. Paris 163.), die nur wegen des fehlenden Proviants zum Theil entlassen werden mußten. Wie ein elektrischer Funke aber ist in die versammelten Massen das g e m e i n s a m e B e w u ß t s e i n v o n d e r U n w ü r d i g k e i t d i e s e r K ö n i g s r e g i e r u n g gedrungen. Johann selbst hat dies empfunden. Die Furcht vor der französischen Kriegsmacht und vor der Stimmung seiner eigenen Vasallen bestimmt ihn zur Nachgiebigkeit; psychologisch glaubhaft ist es, wenn Matthäus Paris hinzufügt, daß Johann auch von „Besorgniß um sein Seelenheil" ergriffen gewesen, und von Angst über die Prophezeiung des Eremiten Peter. Am 13. Mai 1213 wird der formelle Vertrag mit dem päpstlichen Legaten Pandulfus zum Abschluß gebracht, entsprechend der ertheilten päpstlichen Instruction (Rymer I. 2. pag. 54). Zwei Tage später, am 15. Mai 1213, entsagt Johann zu den Händen des Papstes seiner Krone und seinen Reichen. In der Urkunde (Rymer I. 2. pag. 57., M. Paris 164) heißt es: „um Gottes Barmherzigkeit für die Beleidigungen zu erlangen, welche er der heiligen Kirche im Uebermuth zugefügt, übergebe er der Kirche und dem Papste seine Königreiche England und Irland mit allen Re:ten und Zubehörden, um dieselben von der Kirche als Lehnsträger wieder zu empfangen." — Erzbischof Primas Stephan Langton hält seinen Einzug in England, nimmt den erzbischöflichen Stuhl in Besitz und absolvirt den König von dem Excommunicationsurtheil. Die Verhandlungen über Aufhebung des Interdicts und die Entschädigung der Kirche ziehen sich noch längere Zeit hin. Es handelt sich indessen um einen Sieg der kirchlichen Ansprüche nach allen Richtungen. Mit der Anerkennung einer ausschließlichen und höheren kirchlichen Jurisdiction, war die höhere Autorität der Kirche als Staatsmacht in der That entschieden. Die Anerkennung einer päpstlichen Oberlehnsherrlichkeit war nur eine formelle Bestätigung des schon gewonnenen Resultats, übersetzt in die Sprache und in die Lebensvorstellungen des Feudalstaats. Von dauernder Rückwirkung auf die späteren Jahrhunderte ist die Charte vom 15. Januar 1214 (Rymer I. 197) über die Freiheit der kirchlichen Wahlen:

> „Daß für die Zukunft in allen und jeden Kirchen und Klöstern, Kathedralen und Konventen im Bereich unseres Königreichs England, Freiheit in allen und jeglichen Wahlen sein soll, sowohl der größeren wie der kleineren Prälaten, vorbehaltlich der custodia solcher vacanten Kirchen und Klöster, welche uns gehören. Wir versprechen auch, daß Niemand solche Wahlen hindern soll, noch soll irgend eine Hinderung von uns gestattet werden, noch wollen wir irgend einen Streit darüber erheben; sondern in allen und jeder der gedachten Kirchen und Klöster, sollen nach eingetretener Vacanz der Prälaturen, die Wähler frei sein zu wählen, wen sie nur immer wollen, so daß sie zuerst bei uns und unseren Nachfolgern petitioniren für die licentia eligendi, welche wir weder verweigern noch verzögern wollen. Und wenn wir etwa davon abweichen, oder unsere Licenz versagen oder verzögern sollten, mögen die Wähler nichtsdestoweniger vorschreiten zu ihrer canonischen Wahl; und in derselben Weise nach Vornahme ihrer Wahl, unseren Consens dazu nachsuchen, welchen wir in gleicher Weise nicht versagen wollen, wir müßten denn ein rationabilis causa oder einen gegesetzmäßigen Beweis haben, kraft dessen wir nicht zustimmen dürfen."

Diese Charter of liberty, die demnächst auch durch 25 Edw. I. st. 6. §. 2. bestätigt wurde, ist es, welche den Character der englischen Prälatur bis zum Schluß des Mittelalters wesentlich verändert hat. Das Gesammtpersonal derselben gewinnt von da an eine selbständige Stellung und einen früher unbekannten Geist der Unabhängigkeit. Die Kirche erhielt seitdem zugleich für die auxilia und scutagia ein sehr lebendiges und den weltlichen Vasallen gemeinsames Interesse, welches auf die Situation zur Zeit der M. Charta und auf die Streitigkeiten Heinrich's III. mit seinen Großen einen unmittelbaren Einfluß geübt hat.

§. 15.
Die Curia Regis als Hoftag, Hofgericht und Reichsregierung. Die Großbeamten des Reichs.

Die normannische Reichsregierung war eine Zusammenfassung der bisher dargestellten Verhältnisse der Kriegs-, Gerichts-, Polizei-, Finanz- und Kirchenhoheit, und mußte eben deshalb in der Person des Königs ihren Mittelpunkt finden. Der feudale Sprachgebrauch, welcher seit der Eroberung alle Gebiete durchdringt, hat dafür die neue Bezeichnung Curia Regis eingeführt, welche der socialen, militärischen, gerichtlichen und administrativen Stellung des Königthums entsprechend, je nach dem Zusammenhange bedeuten kann:

die Curia im Sinne der normannischen Hoftage,
die Curia im Sinne des königlichen Hofgerichts,
die Curia im Sinne der gesammten Reichsregierung.

I. Die Curia im Sinne der normannischen Hoftage. Der Eroberer war ein gar prachtliebender Herr. „Dreimal trug er seine Krone in jedem Jahre so oft er in England war; Ostern trug er sie in Winchester, Pfingsten in Westminster und Weihnachten in Gloucester. Und dann waren ihm gegenwärtig alle Großen durch ganz England, Erzbischöfe und Bischöfe, Aebte und Grafen, Thane und Ritter" (Chron. Sax. a. 1086). Diese Nachricht der sächsischen Chronik, öfter variirt von den Zeitgenossen, ist der Kern alles dessen, was wir von einer solchen Curia Regis wissen. Fielen die Festlichkeiten einmal aus, so wird dies ebenfalls bemerkt: hoc anno corona sua non indutus est (Chron. Sax. a. 1111) oder: er hielt nur zu Weihnachten seinen Hof und sonst diesmal keinen (a. 1114).

Natürlich war die Pracht des normannischen Hofes seit der Eroberung sehr vermehrt worden. Wir wissen nun aber, daß die Herzöge der Normandie dreimal jährlich, zu Ostern, Pfingsten und Weihnachten ein Hoflager hielten, und damit Rechnungs- und Gerichtsgeschäfte verbanden. Diese Hoflager waren also den Normannen herkömmliche Feste, heißen daher auch in England Curia de More, — den Zeitgenossen bald ein Gegenstand des Stolzes und der Schaustellung, bald der nationalen Abneigung und schmerzlicher Erinnerung an die Vergangenheit. Anfangs sah der unterdrückte Volksstamm hier noch einige aus seiner Mitte, und mochte in der Versammlung die Jahrhunderte alte Witenagemote erblicken; mancher stolze Normann mit fürstlichem Gefolge mochte darin eine Cour de Baronie sehen. Der Eroberer hatte dafür gesorgt, daß sie weder das Eine noch das Andere wurde. Die Curia war vielmehr nach allen beglaubigten Nachrichten eben ein Hoffest, dessen Glanz die Meistbelehnten (wie später auf dem Continent) für den Mangel politischer Macht und Bedeutung entschädigen mußte. „Die königliche Ordre, sagt W. von Malmesbury, berief zur Curia de More alle Großen, damit die Gesandten der fremden Völker bewundern möchten den Glanz dieser vereinten Menge und den Pomp dieser Feste."

Diese Erscheinung hat auf den ersten Blick etwas Befremdendes.

Wilhelm der Eroberer war aus einem Herzogthum mit beschließenden Reichstagen in ein Königreich mit einer beschließenden Witenagemote übergegangen. In beiden Ländern bestanden bedeutungsvolle Beschränkungen des Königs durch mächtige Stände. Allein jene Reichstage beruhten nicht auf geschriebenen und übertragbaren Verfassungsurkunden, sondern auf den Gerichtsgewohnheiten und auf dem Herkommen des Landes. Für die normannischen Kronvasallen war nun aber das in England Vorgefundene nicht die Landesverfassung, für die angelsächsische Thanschaft war die Umgebung des Normannenkönigs nicht mehr die Landesversammlung. Die Angelsachsen finden keinen Platz mehr in dem Rath des Königs, sondern eine geduldete Existenz in einem Untervasallenthum, welches sie nach dem System der Lehnshierarchie sogar von der Reichsunmittelbarkeit ausschloß. Für die Normannen andrerseits waren die Präcedenzfälle, auf welchen das alte Recht der Witenagemote beruhte, nicht „die von ihren Vorfahren erworbenen Rechte und zugesicherten Freiheiten." Beiden Nationen war die Fortdauer ihres angestammten Rechts zugesagt: aber aus der Ineinanderschiebung zweier Nationen und zweier Verfassungen ergab sich eine Neutralisirung beider und die Nothwendigkeit einer Neubildung für beide. Wie die alte Verfassung nur eine Zusammenfassung der Verhältnisse war, in welchen die königliche Gewalt in Heer, Gericht, Friedensbewahrung, Finanz und Kirche zu dem Grundbesitz stand: so konnte die neue sich nur aus den neuen Verhältnissen zusammenfassen, und diese hatten in jedem Gebiet mit unerbittlicher Consequenz auf eine Regierungsweise durch königliche Ordonnanzen, auf unbeschränkte Hoheitsrechte des Königs geführt. Wir wollen noch einmal diesen Entwickelungsgang zusammenfassen.

Im Gebiet der Heeresverfassung tritt an die Stelle der Beschlüsse der Landesversammlung über Krieg und Frieden das persönliche Aufgebot des Königs. Durch das Lehnswesen ist das alte Verhältniß der persönlichen Dienstmannschaft das allein geltende geworden: die Lehnsvasallen leisten ihren gemessenen Dienst intra et extra regnum. Die Normannen haben sich dem fügen müssen als Bedingung des neuen Erwerbs, die Angelsachsen als Bedingung der Erhaltung ihres Grundbesitzes.

Im Gebiet der Gerichtsverfassung beginnt der Eroberer mit der Zusicherung, die leges Eduardi fortdauern lassen zu wollen. Er mochte darüber wohl berathen mit seinen normannischen Großen: aber von ihrer Zustimmung konnte der legitime Nachfolger Eduards die Bestätigung der Rechte seiner sächsischen Unterthanen nicht abhängig machen. Dieselbe Lage wiederholte sich bei allen Collisionen zwischen dem Recht der beiden Nationen, die aus gleichem Grunde vom König entschieden werden mußten. Von Menschenalter zu Menschenalter häufen sich die Präcedenzen, welche aus dieser Lage hervorgehen. Am Schluß der Periode ist die Gerichtsverfassung von oben nach unten durch königliche Anordnungen völlig umgebildet.

Im Gebiet der Friedensbewahrung debütirt der Eroberer mit einer Verordnung, die das Leben seiner Normannen durch eine Mordbuße von 46 Mark schützt, gegen welche die Normannen sicherlich nichts einzuwenden hatten, die Angelsachsen nichts einwenden konnten. Diese Situation wiederholt sich; überhaupt aber fällt dem Inhaber absoluter Militär- und Gerichtsgewalten die Polizeigewalt von selber zu.

Im Gebiet der Finanzen bedurfte der König so wenig der Zustimmung der Normannen für die alte Revenüe der angelsächsischen Könige, wie der Zustimmung der Angelsachsen zu dem neuen Lehnseinkommen. Die Hauptsache aber war, daß die neue Revenüe reichlich floß, daß durch die auxilia, tallagia, scutagia ein neues Einkommen nach Bedürfniß periodisch flüssig wurde, welches auf Menschenalter hinaus für jedes Bedürfniß der Könige ausreichte.

Im Gebiet der Kirche hatte der angelsächsische König das Ernennungsrecht der Prälaten, das Zustimmungsrecht zu den Concilienbeschlüssen: die Lehnsverfassung unterwirft dieselben Personen noch einem weitergehenden Recht der Kriegsdisciplin, der Sequestration und Verwirkung alles größeren Grundbesitzes.

Wenn so alle Rechtsverhältnisse zu dem Absolutismus hinführten, so ergab sich dasselbe Ziel aus den gesellschaftlichen Zuständen im Einzelen, aus dem Zwiespalt der Nationen. Dieser Zwiespalt hat von unten herauf den Verband der Grafschaften durchdrungen und zerrissen und macht folgerecht auch nach oben hin den großen Besitz machtlos. Es waren freilich dieselben Besitzelemente wie in der angelsächsischen Zeit, äußerlich glänzender und anspruchsvoller; aber ohne den innern Zusammenhang, welcher die Wurzel politischer Macht und Freiheit ist. Es war der prachtvollste Hof der Christenheit, an welchen in langem und glänzenden Reiterzuge von Zeit zu Zeit die reichen normannischen Herren und Prälaten erschienen, gefolgt von ihren Untervasallen und Dienstleuten in den Farben und Abzeichen des Herrn. Es waren dieselben Besitzelemente, welche einst als Witenagemote das Königthum Eduard's zu einem Schattenkönigthum herabgesetzt hatten. Trotz alledem regieren die Normannenkönige das Land durch Kabinetsorders und Gnadenbriefe, setzen Jahr aus Jahr ein ihre Vögte in den Grafschaften ein oder ab, versammeln ihre Mannen und Prälaten zu Paraden und Hoffesten, ohne ihnen einen andern Einfluß zu gestatten, als in widerruflichen Aemtern und Commissionen. Den normannischen Großen fehlt dagegen jeder Halt, weil sowohl ihre Besitzungen durch die zerstreute Lage, wie ihre Mannschaften durch nationale Feindschaft getrennt und zerspalten sind. Ihre normannischen Untervasallen sind im Anfang zusammengeraffte Leute, ihre sächsischen Untervasallen dienen widerwillig einem aufgedrungenen Herrn, die Gesammtheit der sächsischen Bevölkerung bleibt noch Menschenalter hindurch der Gesammtheit der Eindringlinge abgeneigt. Das Zusammentreffen dieser Verhältnisse hat in unwiderstehlichem Gange die Zersetzung aller ständischen Rechte bewirkt, so sehr dieselben historisch begründet waren.

In voller Uebereinstimmung damit ist die urkundliche Geschichte. Es giebt in der That keine Gesetze aus dieser Zeit. Die sogenannten Gesetze Wilhelms I. sind Proclamationen, Charten, Amtsanweisungen, wie schon der Styl ergiebt: praecipio, prohibeo, der König will, befiehlt, verordnet. Und wenn zuweilen ein Plural vorkommt, ein statuimus, volumus, praecipimus, so ist daraus doch keine beschließende Versammlung zu folgern.

Unter Wilhelm II. kommen auch solche Verordnungen nicht vor; er scheint nicht einmal zur Bestätigung seines zweifelhaften Anspruchs auf die Krone einen Hoftag einberufen zu haben.

Heinrich I. beginnt allerdings seine Regierung mit einer vielversprechenden Charte, deren Kern in den Worten liegt: Ich gebe euch wieder die Gesetze meines Vaters, d. h. die Gesetze Eduards, mit den Abänderungen, welche mein Vater mit Zustimmung der Mannen gemacht hat, — worin gerade der einseitige Charakter der Proclamation bestimmt hervortritt.

Unter Stephan ist nur eine ähnliche Charte erlassen.

Unter Heinrich II. enthalten die Assisen von Clarendon und Northampton erste Anfänge einer Reichstagsgesetzgebung, welche aber wieder verschwinden.

Unter Richard I. und Johann sind wieder nur Dienstanweisungen und Charten vorhanden.

Die besonnene Untersuchung des neueren Oberhaus-Commitee's über die Pairie gesteht schließlich zu, daß unter Wilhelm I. und II. über Dasein und Verfassung einer gesetzgebenden Versammlung nichts zu entdecken ist. Die Charten Heinrichs I., Stephan's und Heinrichs II. ergäben jedoch, daß man die Zusicherung der Fortdauer der Gesetze Eduards als das „Landesrecht" betrachtet habe, und daraus lasse sich entnehmen, daß doch eine Art von gesetzlicher Verfassung bestand, von welcher eine gesetzgebende Versammlung wenigstens zu gewissen Zwecken (?) einen Theil bildete; daß insbesondere einseitige, willkürliche Auflagen als Kränkung der Rechte der Unterthanen angesehen wurden (I. Peers Rep. 36. 42.). Die Hauptfrage nach der Widerruflichkeit oder Unwiderruflichkeit der königlichen Charten und Gnadenbriefe wird hier nicht beantwortet.

Dies alles schloß freilich nicht aus, daß bei wichtigen Anordnungen die auf dem Hoftage versammelten Optimaten gehört, um ihre Meinung befragt wurden. Naturgemäß geschah dies wohl bei durchgreifenden Maßregeln, die den gesammten Lehnsbesitz angingen, wie in 4. Wil. I. bei der Verordnung, welche die Gesetze Eduards des Bekenners bestätigt und modificirt. Heinrich I. in der vielversprechenden Charte bei seinem Regierungsantritt sagt in diesem Sinne, jene Zusätze seien von seinem Vater consensu Baronum gemacht. Namentlich bei der Ernennung hoher Prälaten wurde der versammelte Hoftag gehört; wenn die Zeitgenossen von den Verhandlungen der Curia de More sprechen, ist dies das gewöhnliche Thema, aber doch nur so, daß der König die Prälaten ernennt nach Anhörung des Für und Wider. So hält Stephan Ostern 1136 ein Generale Consilium in Gegenwart von 18 Bischöfen, und einer gleichen Zahl weltlicher Herren und erläßt eine Charte zur Ernennung des Bischofs von Bath: „audientibus et collaudantibus omnibus fidelibus meis his subscriptis." Nach einer Thronbesteigung oder bei dem Ritterschlag des ältesten Sohnes erschien wohl eine besonders glänzende Versammlung, die ein außerordentlicher Hoftag genannt werden könnte.

Ein solcher war auch der, welchen Wilhelm I. zur Musterung der Lehnsmilizen und Abnahme des Lehnseides von den Untervasallen gegen Ende seiner Regierung ausschrieb.

Solche berathenden Stände hätten durch bloße Aenderung der Machtverhältnisse allerdings wieder zu beschließenden werden können. Allein auch dafür fiel der äußere Körper fort, seitdem die Normannenkönige, — vielleicht aus Besorgniß vor einem solchen Ausgang — die periodischen Hoftage einzustellen anfingen. Schon unter Heinrich I. wurde die Curia de more nicht regelmäßig abgehalten. Unter den schweren Wirren der Regierung Stephan's haben sie ganz aufgehört: Jam quippe Curiae solemnes et ornatus Regii scematis ab antiqua serie descendens prorsus evanuerant. (Huntingd. und Chron. Norm. a. 1139). Sie sind in der alten periodischen Weise nie wieder in den Gang gekommen. Für die Berathungen des Königs mit seinen Optimaten mußte sich also später in neuer Weise eine Körperschaft bilden, welche sich an das Reichsverwaltungssystem und an die vorhandenen Großämter anknüpfte.

II. Eine curia regis als höchstes Reichsgericht würde sich nothwendig an ein normannisches Parlament angeschlossen haben, wenn ein solches in der Weise der angelsächsischen Witenagemote bestanden hätte. Die Stellung als Gericht war und blieb der Kern jeder germanischen Bildung der Art; gerichtliche Verhandlungen bildeten die laufenden Geschäfte jeder Landesversammlung. Ein Gegenstand dafür war unzweifelhaft vorhanden; denn zu den leges Eduardi gehörte auch die höchste Entscheidung des Königs in der Witenagemote im Fall des defectus justiciae, der Rechtsverweigerung, des Rechtsanspruchs gegen übermächtige Parteien. Dieser Geschäftskreis war jetzt sogar erweitert durch den Vorbehalt einer königlichen Jurisdiction über die Kronlehne und weitere Reservate in Civil- und Strafsachen.

Allein die hergebrachte Weise eines Gerichts des Königs in der Witenagemote war jetzt unanwendbar geworden. Die Witenagemote bestand in der That nicht mehr. Die normannischen Herren, welche der König jetzt um sich versammelte, konnten mancherlei repräsentiren: aber die witan des Landes, die höchsten Träger und Depositare des Landesrechts waren sie nicht. Für alle wichtigen und höchsten Entscheidungen nach den leges Eduardi, waren sie ebenso parteiisch wie unfähig. Der König konnte nicht irgend eine Körperschaft von normannischen Herren als stehendes Reichsgericht bestellen oder anerkennen, ohne grundsätzlich ein jus iniquum für das Land zu proclamiren.

Ebenso unanwendbar wurde aber die auf französischem Boden hergebrachte Weise. Hätte sich ein großer fürstlicher Lehnshof in der Weise constituiren lassen, wie solche auf französischem Boden sich um die größeren Stammherzöge bildeten, so lag dies gewiß im Interesse der Kronvasallen; denn aus einer solchen cour de Baronie wäre alsbald ein politischer Körper von großer Bedeutung geworden, von dessen Beschlüssen die Geschichte dieser Zeit gar viel zu melden haben würde. Allein die mehr als 600 Kronvasallen waren dazu völlig ungeeignet. Es fiel den normannischen Earls und Großvasallen in nahezu fürstlicher Stellung nicht ein, einige hundert normannische Reiter und Parvenüs als ihre Pairs anzusehen blos darum, weil sie mit einem einzelen Gut tenentes in capite, unmittelbare Soldaten des Königs, geworden waren. Noch im 13ten Jahrhundert wollte die Bildung einer solchen Pairie durchaus nicht gelingen. Es hätte einer so unförmlichen Körperschaft aber auch an den nothwendigsten Eigenschaften der Gerichtsmänner gefehlt; denn es handelte sich bei diesen Entscheidungen nicht schlicht und recht um Lehnsgewohnheiten, sondern um die schwierigsten Fragen des alten Landesrechts, und um die noch schwierigeren Collisionsfragen zwischen den leges Eduardi und dem jetzt geltenden Feudalrecht.

Zu einer rechtsverständigen Entscheidung blieb daher nichts übrig, als eine kleine Auswahl von Gerichtsmännern. Unter den zahlreichen geistlichen und weltlichen Vasallen war für den einzelen Fall wohl eine Anzahl geeigneter und geschäftskundiger Herren zu finden. Unter mehr als 600 Vasallen, die nach dem Recht der Besitzverleihung allerdings formell Rechtsgenossen unter sich (pares) sind, erhielt die Auswahl der Gerichtsherren von selbst die Gestalt einer Commission für den einzelen Fall. Die königliche Ernennung gab dann auch dem kleinern Vasallen die nöthige Autorität. Der Großvasall mußte den so Ernannten als Urtheilsfinder anerkennen, auch wenn er ihn in seiner gesellschaftlichen Stellung nimmermehr als seines Gleichen anerkannt hätte. Sicherlich war diese Situation der großen Lehnsträger unter mehren hundert kleinen keine angenehme, und es erklärt sich daraus, warum die großen Herren sich lieber dem Schiedsspruch des Königs unterwerfen, als einer willkürlich zusammengewürfelten Commission, die im Gebiet der Rechtsprechung niemals Vertrauen gewinnt. Praktischen Werth hatte dies judicium parium in Gestalt von Commissionen so wenig, daß später die Magna Charta in ihrem Hauptartikel 39 wohl das judicium parium der liberi homines, aber kein besonderes judicium parium der Kronvasallen erwähnt. Es kam dazu, daß die großen normannischen Herren wohl wenig Geschmack fanden an der Beschäftigung mit Rechtsfragen, welche nicht ihr angestammtes Recht und ihre Lebensgewohnheiten, sondern fremde Orts- und Rechtsverhältnisse betrafen. Einer Thätigkeit als Urtheilsfinder zogen daher die meisten wohl freiwillig den militärischen Prunk der Hoftage vor; manchen der Herren wurde das neue Verhältniß so unheimlich, daß sie ihre schönen Besitzungen auf englischem Boden aufgaben und nach dem Continent zurückgingen.

Noch viel weniger hatten die Könige ein Interesse, formirte Gerichtsversammlungen aus den Vasallen bei Hofe zu bilden. Zwei Jahrhunderte lang haben sie systematisch der Entstehung größerer Lehnscurien in den Grafschaften entgegen gearbeitet, bis sie an das Ziel gelangten, durch das St. Marlebrigde alle Appellationen an die größeren Lehnscurien aufzuheben. Aus politischen Gründen wollten sie noch viel weniger eine centrale cour de baronie entstehen lassen! Viel lieber überließen sie einer geschmeidigen Administrativjustiz alle Entscheidungen, die in einiger Form Rechtens dahin gewiesen werden konnten. Wo das unmittelbare königliche Recht am Gut oder ein debitum Regis im Spiel war, entschied der Exchequer viel sicherer für das Interesse des Königs. Da die Sedentes ad Scaccariam auch Kronvasallen sind, auch in gerichtlichen Formen verhandeln, auch rechtsverständige Gerichtsmänner sind (so gut wie die Mitglieder einer ernannten Gerichtscommission), so ließ sich dem formellen Recht nach die Stellung des Schatzamts als judicium parium auch von den Kronvasallen nicht bestreiten. Der Amtstitel Barones scaccarii ist vielleicht von Anfang an gewählt worden, um diese Qualification der Mitglieder zur Urtheilsfindung auch gegen Kronvasallen auszudrücken. Der normannische Echiquier galt unbestritten als verfassungsmäßig besetzter Gerichtshof. War das Finanzwesen nicht im Spiel, so war es andererseits wieder bequemer, die reservirten königlichen Fälle den Grafschaftsgerichten zu überlassen; überdies konnte man lange Zeit die Mitwirkung der Grafschaftsgerichte nicht entbehren, wo es auf Ortsverhältnisse und sächsisches Rechtsherkommen ankam. Der Vicecomes verhandelt dann auf Grund eines königlichen writ mit seinen Gerichtsmännern in der gewöhnlichen Weise, nur mit dem Vorbehalt: haec dominica placita regis non pertinent Vicecomitibus sine diffinitis praelocutionibus in firma sua Hen. I. 10. §. 3. Erst seit Heinrich II. mit dem System der reisenden Richter beginnt die massenhafte Centralisation der königlichen Justiz auch in dem Personal der Richter.

Mit diesen gegebenen Voraussetzungen stimmen denn auch die geschichtlichen Zeugnisse. Wir finden die königliche Gerichtsbarkeit nur geübt in Form von Commissionen, und auch diese nur in verhältnißmäßig seltenen Fällen für Prozesse der mächtigsten und begünstigtsten Kronvasallen. In allen urkundlichen Fällen haben diese Commissionen einen so flüssigen Charakter in Personal-, Form und Rechtsgrundsätzen, daß aus den geschichtlichen Zeugnissen die Idee eines ständigen Gerichtshofes von normannischen Pairs niemals entstanden wäre, wenn man nicht geglaubt hätte die fehlenden Zeugnisse aus den Institutionen des Continents interpoliren zu müssen. Unter Wilhelm I. wird ein Streitfall zwischen dem Bischof von Rochester und einem Sheriff dem Grafschaftsgericht zur Entscheidung überwiesen, diesmal unter Vorsitz des Bischofs von Bayeux. Zur Entscheidung einer Klage des Erzbischofs von Canterbury wegen Entziehung von Ländereien, wird ein Gericht delegirt, welches unter Vorsitz des Bischofs von Coutance aus mehren Bischöfen, Kronvasallen, einem Sheriff, der ganzen Grafschaft von Kent, und anderen angesehenen Personen anderer Grafschaften gebildet wird. Unter Heinrich I. erhält der Bischof von London einen königlichen Befehl, dem Abt von Westminster sein Recht zu gewähren, „widrigenfalls der Exchequer Recht sprechen werde". Wilhelm I. verhaftet auf einem Hoftage sogar seinen eigenen Halbbruder ohne Pairsgericht. Ebenso verhaftet 1137 Stephan seinen Neffen Roger den Kanzler und zwei Bischöfe, et commisit eos custodiis, donec dederent castella. Vorbehaltlich eines endlichen Gerichtsspruchs durch Rechtsgenossen entscheidet also der König außerordentliche Fälle in Person oder durch Writ oder durch eine delegirte Gerichtskommission. Unter Heinrich I. reisen hohe Prälaten über See um dem König Rechtsstreitigkeiten vorzutragen, und Entscheidungen, welche der König in der Normandie durch „Writs de ultra mare" trifft, sind noch unter Heinrich II. und Richard I. ganz geläufig. Für den Geschäftsgang königlicher Gerichtscommissionen sind die von Palgrave Vol. II. abgedruckten Acten insofern von Wichtigkeit, als sie ein sehr arbiträres, administratives Verfahren beurkunden, welches ganz undenkbar wäre, wenn am Hofe des Königs eine Lehnscurie mit festem Personal als ständiger, d. h. wenigstens periodischer Gerichtshof bestanden hätte, der wie jede Lehnscurie ein festes und sehr formelles Verfahren ausgebildet haben würde.

Das negative Resultat ist also, daß unter dem Namen Curia Regis eine weitgehende Gerichtsgewalt des Königs bestand, für zahlreiche und wichtige Fälle das Gericht persönlich zu bestimmen und zu besetzen, daß aber diese Curia Regis:

nicht aus der Gesammtheit aller Kronvasallen bestand, die in ihrer jetzigen Gestalt gar keinen geschlossenen Körper bildeten;

auch nicht aus einer bestimmten Anzahl großer Vasallen, da für eine rechtliche Abgrenzung großer und kleiner Vasallen zur Zeit noch jeder Anhalt fehlte;

auch nicht aus einer bestimmten Anzahl von Großbeamten, da die Großämter dieser Zeit gar nicht so gestaltet sind, um daraus ein Pärsgericht zu bilden.

Nur in diesem Zusammenhang ist es erklärlich, wie in England die Gerichtsgewalt des Königs so weit über alle Schranken der germanischen Verfassungen des Mittelalters sich ausdehnen und centralisiren konnte; wie gegen alle Grundsätze des germanischen ordo judiciorum der englische König persönlich zu Gericht sitzt, persönlich an der Entscheidung Theil nimmt; wie die Formen eines Rescriptsprocesses durch writ entstehen, ja sogar eine directe Cabinetsjustiz durch Rescripte; wie noch Jahrhunderte lang dieser höchst persönliche Charakter des Hofgerichts verfassungsmäßig festgehalten wird, als einer Gerichts, „ubicunque fuerimus in Anglia". Es erklärt sich daraus, wie Bracton, Fleta und die späteren Rechtsbücher das königliche Amt nicht mehr in dem formellen Sinne des Gerichtshaltens auffassen, sondern als eine Pflicht zur Rechtsprechung selbst, und zwar als ein königliches Monopol: nec potest aliquis judicare in temporalibus, nisi solus rex vel subdelegatus. Fleta I. c. 17. §. 1.

Aus dieser in der Person des Königs bereits concentrirten Justiz entspringt dann erst später ein formirter Gerichtshof von beamteten Richtern unter Heinrich II., welcher urkundlich auf ganz anderen Wegen und nicht als Fortsetzung eines ständischen Pairsgerichtshofes entstanden ist.

III. Eine Curia Regis im Sinne einer höchsten Reichsbehörde, in welcher sich die centrale Leitung der Staatsgeschäfte zusammenfaßt, würde sich eben wie auf französischem Boden aus einem ständigen Lehnsgerichtshofe entwickelt haben, wenn ein solcher in England überhaupt bestanden hätte. Da aber die Hoftage des Königs Prunkversammlungen sind, da die königliche Gerichtsgewalt durch Commissionen gehandhabt wird, so fehlten von Hause aus auch die Elemente zu einem formirten königlichen Reichsrath. Allerdings ist die Person und Würde des Monarchen auch in den Hoffesten nie völlig zu trennen von Regierungssorgen und Regierungsgeschäften. Was daher auch die pensée immuable der Normannenkönige gewesen sein mag, so ergab sich oft unwillkürlich eine Verbindung von Regierungsgeschäften mit den Hoflagern, die sich aber darauf beschränkte, daß der König bei solcher Gelegenheit sich mit einer größeren oder kleineren Anzahl von Prälaten und Vasallen zur Berathung vereinigte. In dem Styl der Ordonnanzen konnte das als ein consilium baronum meorum bezeichnet werden. Allein gerade bei den wichtigsten Charten fehlt auch diese bescheidene Bezugnahme auf einen Beirath, vielmehr ist erst nachträglich bei späteren Verhandlungen davon die Rede, daß ein solcher Erlaß concilio Baronum ergangen sei. Zur verfassungsmäßigen Gültigkeit gehörte also dieser Beirath nicht, und mit den Hoftagen kann er schon deshalb in keiner nothwendigen Verbindung stehen, weil diese später aufhören.

Eine fortlaufende Berathung des Königs in den Reichsangelegenheiten war nun aber auch abgesehen von den Hoftagen, durch die verwickelten Rechtszustände dieses zusammengesetzten Reichs unentbehrlich. Es hat daher von Anfang an ein Consilium Regis bestanden, nur nicht in dem Sinne eines festen durch Besitz oder Amt bestimmten Körpers, sondern nur in dem Sinne, daß der König aus seinen geistlichen und weltlichen Mannen eine engere Auswahl zu seiner Berathung zur Seite hatte, ein consilium, dessen Gestalt und Geschäftsgang noch sehr unbestimmt, und nach der Persönlichkeit der Könige verschieden war. Es bestand in jedem gegebenen Zeitpunkt eine Art von conseil du roi, welches der feudale Sprachgebrauch ebenfalls als Curia Regis bezeichnete, aber nach dem Willen des Königs jeden Tag wechselnd, wie dies dem Rechtsbuchstaben nach noch heute das Verhältniß des privy council ist. Der Beweis dieser Negative ergiebt sich aber auch aus einer Prüfung des Charakters der Großämter, die in ihrer normannischen Gestalt ebenso wenig die Grundlage eines stehenden Raths wie eines stehenden Gerichtshofes bilden konnten. Es werden allerdings 7 Großämter namhaft gemacht, die aber theils des continuirlichen Characters entbehren, theils auf sehr bestimmte Einzelgeschäfte beschränkt sind.

1) Ein Justiciarius totius Angliae kommt als Generalstatthalter schon frühzeitig vor, aber nur als ein Stellvertreter des Königs, der commissarisch, auf Zeit, öfter mit anderen sammt und sonders ernannt wird. Es fehlt daher lange Zeit auch noch eine feste Bezeichnung eines solchen Vicekönigs, für den nach Geschmack und Sprachgebrauch des Schriftstellers bald dieser bald jener lateinische Ausdruck gebraucht wird. Die häufige Abwesenheit der Könige in der

Normandie machte eine Stellvertretung oft nöthig. Allein erst unter Heinrich II. wird R. de Beaumont, dann R. de Lucy und a. 1180 R. de Glanville bestimmt als „Summus Justiciarius totius Angliae" genannt. Richard I. ernennt bei seinem Regierungsantritt einen Bischof und einen Grafen und giebt ihnen zur Seite (associat) eis in regimine 5 Barone. Nachher bei seinem Uebergang nach der Normandie ernennt er zwei andere Bischöfe und 4 Barone; von Palästina aus fügt er den Erzbischof von Rouen bei. Später ist Erzbischof Hubert Summus Justiciarius. Aus 15 Jo. ist noch das Patent vorhanden, welches den Bischof von Winchester ernennt zum Justiciarius noster Angliae, quamdiu nobis placuerit, ad custodiendam loco nostro terram nostram Angliae. — Erst seit Heinrich II. scheint also das Amt als ein Reichsamt betrachtet zu werden; nach Heinrich III. hat es wieder aufgehört.

2) Der Seneschallus totius Angliae, Lord High Steward, Majordomus, Großhofmeister, scheint von Anfang an als Erbamt vorhanden zu sein. Die Normannenkönige waren die geldreichsten Herren der Christenheit, und schon ihre gesellschaftliche Stellung forderte eine Umgebung mit Hofämtern, von denen einige nach damaligen Standesbegriffen ebenso erblich sein mußten wie die Krone der sie dienten. Ein Seneschall, ein Marschall, ein Kämmerer, ein Butler, gehörten um so nothwendiger zur königlichen Krone und Würde, als selbst die Meistbelehnten solche Hofchargen um sich hatten. Unzweifelhaft bestand ein erblicher Majordomus auch schon in der Normandie. Politische Bedeutung aber hatte das Amt so wenig, daß der Seneschall Wilhelm's I. nicht festzustellen ist. Unter Wilhelm II. heißt es von Eudo: Majordomus regiae, quem nos vulgariter Senescallum vel Dapiferum vocamus; und eine alte Urkunde bei Coke bezeugt: Senescalcia Angliae pertinet ad comitivam de Leicester et pertinuit ab antiquo. Durch Verurtheilung Simons von Montfort am Schluß dieser Zeit ist das Erbamt wieder erloschen.

3) Der Lord Great Chamberlain, Großkämmerer. Der königliche Haushalt hat von Anfang an eine gesonderte Verwaltung für gewisse Güter, Gefälle, Naturallieferungen und persönliche Ausgaben des Königs (Camera). Die Verwalter, Camerarii, sind persönliche Beamte des Königs; der Erste unter ihnen aber (Magister Camerarius?) wird der Tendenz der Hofämter gemäß zu einem Erbamt. So verleiht Heinrich I. dem Alb. de Ver Magistram Camerariam totius Angliae in feodo heriditarie tenendam; und so blieb es bis zu Henry de Ver 18ten Grafen von Oxford. Da nun aber das

Erbamt wie immer ein Ehrenamt wird, so entsteht für die wirkliche Verwaltung der Camera ein neues persönliches Amt des Camerarius Regis, King's Chamberlain, Hofkämmerer, der auch einen Ehrenplatz im Exchequer hat, in welchem seine und des Großkämmerers Unterkämmerer, Chamberlains of the Exchequer, als Kassenkuratoren thätig sind. Unter den Plantagenets geht dieser Hofkämmerer dann wieder in einen dienstthuenden Oberkammerherrn über.

4) Der Constabularius totius Angliae, Lord High Constable, Connetable von England, ist unter den ersten normannischen Regierungen als erbliches Reichsamt unerweislich. In der Normandie scheint es vorhanden zu sein; in England war die Creirung eines solchen gegen alle Regierungsgrundsätze. Allerdings werden Constabularii oft genug erwähnt; denn jedes Commando bildet eine Constabularia, das Commando einer Truppe, einer Burg, eines Postens, eines Schiffs (Constabularia navigii Regis). Erst in der Zeit der Concessionen seit Stephan aber taucht eine Constabularia als Familienamt auf, und unter Heinrich II. sind ein oder zwei Constabulariae unzweifelhaft mit einem Complex von Rittergütern verbunden. Die Amtsbefugnisse scheinen aber nur folgende zwei zu sein:

a) eine Ehrenstelle als Großconnetable der Lehnsmiliz auf Friedensfuß, — kein Recht auf Commando, vielmehr eine militärische Jurisdiction, die Führung von Präsenzlisten und ähnliche administrative Befugnisse, welche durch Stellvertreter versehen werden. Wirkliche Commandos beruhen nur auf königlicher Commission.

b) Eine Ehrenstelle in der Kriegs- und Domänenkammer, mit formellen, durch Vertreter geübten Befugnissen. So entsteht die Constabularia im Exchequer, und nach der späteren Spaltung auch im Gerichtshofe der Common Pleas. Actives Mitglied des Exchequer ist der Constable aber nur durch besondere Commission.

In diesem Sinne hatten die Bohuns das Erbamt bis 1371; dann kam es durch Erbtöchter in die königliche Familie, dann in die Familie Stafford, in welcher es 1521 erlosch.

5) Der Marescallus Angliae, Kriegs- und Hofmarschall. Ein erblicher Kriegsmarschall ist von Hause aus in England eben so wenig vorhanden wie ein erblicher Constable. Allerdings hatte die erobernde Armee ihren Marschall (R. de Montgomery) gehabt. Allein die Idee eines Familienamts taucht erst zur Zeit Stephan's auf, wo (neben Milo von Gloucester als High Constable) Gilbert Clare als Marshal genannt wird, an dessen Descendenten von da an das Amt übergeht.

Dagegen war wohl von Anfang an ein erbliches Hofmarschallamt vorhanden, welches bei der Wichtigkeit des fürstlichen Marstalls nach den Standesbegriffen der Zeit kaum in einer Hofhaltung fehlte. Allerdings ist der Titel sehr unbestimmt. Jede Verwaltung oder Verproviantirung einer Anzahl Pferde heißt eine Marescalcia; ja es kommt eine Marescalcia avium, Marescalcia mensurae Regis vor. Unverkennbar ist aber ein erster Hofmarschall vorhanden, dessen Amt in dem Schutz der königlichen Person, Anweisung der Wohnungen im Palast, Aufrechterhaltung des Friedens im Haushalt bestand. Dieser erste Marschall heißt wohl Magister Marescallus, oder Marschall schlechthin, der sogar den Namen Marshal als Familiennamen führt, also auch das Amt wohl als Erbamt hat.

Da nun aber durch eine Erbtochter die Familie der Marshals (Hofmarschälle), und der Clares, Grafen von Pembroke (Kriegsmarschälle) vereint wurden, so sind absichtlich oder zufällig von da an beide Aemter confundirt. Die Funktionen sind nunmehr dreifach:

a) eine Ehrenstelle in der Lehnsmiliz, als Zweiter neben dem Constable, mit Befugnissen zur Führung von Präsenzlisten u. s. w., durch Stellvertreter geübt.

b) eine Ehrenstelle in der Hof-, Kriegs- und Domänenkammer, mit formellen Befugnissen, durch Stellvertreter geübt. So entsteht der Marschall im Exchequer, mit dem Recht, Rechnungspflichtige in Gewahrsam zu nehmen; nach der späteren Spaltung der Reichsbehörden sind daraus wieder die Marshals der heutigen Gerichtshöfe hervorgegangen.

c) eine höchste Hofcharge, welche mit dem Recht auf Gebühren und Besetzung gewisser Aemter noch heute ein Erbamt bildet.

6) Der Kanzler, Cancellarius Regis, ist die wesentliche geistliche Person im mittelalterlichen Hofstaat, also auch im Hofstaat der Königin, der Würdenträger und der Meistbelehnten, im Unterschied von welchen er Regis Cancellarius heißt. Seine ursprüngliche Stellung ist die eines ersten Kapellans, Chef de la Chapelle le Roi. Da aber alles Schreibwesen ursprünglich in Händen der Geistlichkeit ist, so expedirt der Kanzler die schriftlichen Communicationen des Königs mit dem Exchequer, den Unterbeamten und Privatpersonen, als persönlicher Secretair des Königs. Es ist daher ein Hofkaplan, etwas später gewöhnlich ein Bischof oder Abt, hat einen Sitz im Exchequer, und wird seit Heinrich II. eine Hauptperson in der Bildung von Reichsbehörden. Sein Amt ist und bleibt ein widerrufliches

Vertrauensamt und wird zeitweise gegen Gebühr (fine) verliehen, an deren Betrag die steigende Bedeutung des Amts sichtbar wird. Schon unter Stephan zahlt ein Kanzler 3000 Mark dafür. In 7 Jo. zahlt Walter de Grey 5000 Mark für das Kanzleramt auf Lebenszeit — eine Verleihungsweise von der man aber bald wieder zurückkam. Zeitweise wird auch ein Vicekanzler erwähnt; ferner ein Clericus Magister Scriptorii, der zugleich als Clerk im Schatzamt fungirt; ein Scriptor Rotuli de Cancellaria und andere.

7) Der Schatzmeister, Treasurer, gewöhnlich ein Geistlicher, erscheint unter Heinrich II. und wohl schon früher als einer der Barons of the Exchequer, unter denen er besonders hervorgehoben wird. Bischof Nigell hat das Amt für eine fine von 400 Pfund für seinen Sohn erhalten. In der späteren Gestaltung ist es aber so emporgewachsen, daß schließlich daraus der Premierminister des Landes wird.

Eine Uebersicht dieser Großämter ergiebt, daß sie weder gleichzeitig noch gleichartig neben einander bestanden. Unverkennbar weisen sie vielmehr auf eine büreaukratische Grundform der höchsten Reichsregierung hin. Bei einer Berathung über wichtige Kriegsangelegenheiten wird der König natürlich den High Constable nicht leicht übergangen haben, bei auswärtigen Beziehungen, besonders zum päpstlichen Stuhl, nicht leicht seinen Kanzler, bei Finanzfragen nicht seinen Treasurer. Aber als einflußreiche Rathgeber werden von den Geschichtsschreibern in der Regel einzele Personen, und auch diese häufig wechselnd erwähnt. Ueberhaupt aber haben die wichtigen Aemter so sehr den Charakter eines widerruflichen Auftrags, umgekehrt haben die großen Erbämter verhältnißmäßig so unbedeutende reale Funktionen, daß sich daraus die Basis einer ständigen Collegialverfassung nicht bilden konnte. Die Annahme eines permanenten königlichen Raths unter dem Namen „Concilium ordinarium" oder Select council ist daher eine willkürliche Fiction, oder vielmehr eine Zurückübertragung aus Zuständen, die sich erst viel später aus parlamentarischen Kämpfen herausbilden. Das Richtige davon ist aber nur, daß die Würde des Königthums und der Ernst, der alle Staatsgeschäfte umgiebt, eine Berathung des Königs in den wichtigeren Beschlüssen der Reichsregierung mit sich brachte. Man kann dies als eine moralische Verpflichtung oder als eine Anstandsrücksicht auch für die normannische Zeit anerkennen. Die Könige selbst erwähnen aus diesem Grunde in wichtigen Verordnungen die vorangehende Berathung consilio baronum; eben so oft geschieht es aber auch nicht. In keinem Falle bestand ein fester collegialischer Körper dafür, und am allerwenigsten war dies ein engerer Ausschuß der Reichsbaronie.

1) **Die Curia Regis im Sinne der normannischen Hoftage** ist Gegenstand eines Parteistreits von mehren Seiten aus geworden. In der Zeit der Stuarts wurde es wichtig, dem hinaufgeschrobenen Recht des „jure divino Königthums" einen mindestens ebenso alten Stammbaum des Parlaments gegenüber zu setzen. Die aus dem Zusammenhang gelösten unbestimmten Zeugnisse der Geschichtsschreiber wurden daher so zusammengeschoben, daß die Worte curia concilium und consilium als gesetzgebende und steuerbewilligende Versammlungen stetig fortgedauert haben sollten. Noch leichter machen sich die neueren politisirenden Richtungen den Beweis für die normannischen Parlamente. Für die Kunst oder Wissenschaft der Heraldik sind jene „Parlamente in Waffen" mit ihren glänzenden Helmen, Schilden und Paradeaufzügen schon an sich ein Gegenstand des Interesses. Es gehört aber zu dem besonderen Geschäft des Heroldsamts für den neu creirten Lord einen Stammvater zu finden, der vielleicht ein Untervasall, oder im glücklichen Fall ein kleiner Kronvasall gewesen ist, — ein berittener Knecht, Pächter oder Eigenthumsbauer in seiner Heimath, der auf englischem Boden in Besitz eines Großbauernguts gekommen, — der im Geiste der Heraldik aber zu einem „Lord, erblichen Reichsstand und Rath der Krone" gemacht wird, um als standesmäßiger Ahnherr an der Spitze des Stammbaums zu stehen. Ebenso interessirt ist der politische Dilettantismus bei einem alten Stammbaum der Parlamente. Eine zur Zeit der Reformbill sehr verbreitete Ansicht denkt sich das Normannenkönigthum als ein vollständig parlamentarisches. Sie faßt sich zusammen in folgende Sätze der mit „großem Beifall" aufgenommenen Abhandlung von Allen, Edinb. Rev. Bd. 35. S. 10:

> „Die angelsächsische Reichsversammlung machte Gesetze, legte Steuern auf, saß zu Gericht in wichtigen Straf- und Eigenthumsprocessen, berieth den König in seiner Regierung und mischte sich selbst in die Ernennung seiner Diener und Minister. Der Name und wahrscheinlich auch die Zusammensetzung der Versammlung wurde geändert bei der Ankunft der Normannen; ihre Funktionen aber blieben dieselben und kontinuiren sich in das heutige Parlament. Ihre Controle über die untergeordneten Theile der Verwaltung ist zu einer Zeit wirksamer gewesen als zur andern, ihre Rechte sind aber nie aufgegeben noch straflos bestritten worden jemals auf lange Zeit."

Dem gegenüber ist oben der neue aber sichere Weg eingeschlagen, die einzelen Bestandtheile und Gebiete der königlichen Regierung nach den urkundlichen Zeugnissen zu untersuchen. (Die Nachrichten über die Beschlüsse der angelsächsischen Witenagemote und die Fälle, in welchen ihre Zustimmung nöthig oder wenigstens eingeholt worden ist, giebt am vollständigsten Kemble, Anglo-Saxons II. c. 6. S. 154—230. Dem ist nunmehr gegenüberzustellen die Gestaltung der normannischen Kriegshoheit §. 9., Gerichtshoheit §. 10., Polizeihoheit §. 11., Finanzhoheit §. 12., Kirchenhoheit §. 14.) Wenn in jedem dieser Gebiete die anordnende Gewalt des **Königs** urkundlich gewiß feststeht, so bleibt für beschließende Parlamente kein Gegenstand übrig, ja nicht einmal ein abzugrenzender Körper.

Die Lieblingsidee von einer **Feudal-Reichsstandschaft** der Kronvasallen übersieht nämlich den socialen Abstand zwischen den 400 kleinen Kronvasallen und den fürstlichen Earls und großen Herren, welche Wilhelm als tenentes in capita beliehen hatte. Man übersieht ferner, daß die Abhängigkeit des Königs von der Majorität seiner normannischen Vasallen die extremsten Beschlüsse gegen das Recht der sächsischen Bevölkerung herbeigeführt haben würde, die zwar aus dem großen Besitz verdrängt, doch immer noch einen sehr großen Theil des Lehnsheers, das überwiegende Personal der Kirche und die große Mehrzahl der Gesammtbevölkerung bildete. So lange der Zwiespalt der Nationen dauerte, waren die dem angelsächsischen Theil gemachten Zusicherungen unter einer gesetzgebenden Versammlung von Normannen nicht aufrecht zu erhalten. Daß in dem angelsächsischen Sprachgebrauch der Chroniken der alte Styl zuweilen wiederkehrt, nach welchem der König alle seine Thane zu seiner gemote beruft (his gewitene môt Angl.-Sax. Chron. 224.) ist kein Beweis für die verfassungsmäßige Stellung der Versammlung, da ein seit Jahrhunderten eingewurzelter Sprachgebrauch trotz aller Verschiebungen der Rechtsverhältnisse fortdauert.

In der That befand sich kein Monarch des Continents seit Carl dem Großen in der günstigen Lage, so wie der Eroberer, ein Reich nach einem einheitlichen System durchgreifend zu gestalten. Wilhem I. und seine beiden Söhne zeigen aber dabei einen practischen Verstand und eine unerbittliche Consequenz, wie beide selten in der Geschichte mit so vielen begünstigenden Umständen zusammentreffen. Unzweifelhaft standen ihnen die Gefahren vor Augen, die aus dem Zusammenwachsen der staatlichen Rechte mit dem großen Grundbesitz in ihrem Stammland und überhaupt auf französischem Boden vollkommen sichtbar waren. Einmal in Gang gebracht hat dies Regiernngssystem dann seine Maximen durch das berufsmäßige Beamtenthum befestigt und fortgebildet.

Es bleibt also von den „Parlamenten in Waffen" wenig mehr übrig als ein militärisches Schaugepränge, von welchem Guizot wohl wesentlich richtig sagt: C'était la dignité, la puissance, pour le roi comme pour chaque baron dans ses domaines, de paraître au milieu du cortège de ses vasseaux; et bien souvent il les convoquait, ils se rendaient eux-mêmes auprès de lui, plutôt par un penchant social pour se divertir et briller ensemble, que dans une vue politique et pour traiter en commun des affaires de l'État. Die Ausdrücke concilium magnum und commune bedeuten insofern bei den Annalisten nichts besonderes, und oft genug ergeben die weiteren Angaben selbst, daß auf dem concilium magnum durchaus nichts Nennenswerthes verhandelt ist. Auch das Herkommen der Normandie ist für die Normannenkönige nirgends entscheidend gewesen, wo es um ihre Machtverhältnisse und Finanzinteressen sich handelte. Der normannische Echiquier verband allerdings die Hoftage mit den Staatsgeschäften. Nach beendeten Festlichkeiten war es hier Sitte an den Rechnungstisch zu gehen und in Ordnung zu bringen, was dem Herrn gebührte. Es erschien daher die Masse der rechnungslegenden Beamten, wie Baillifs, Vicomtes, Prevôts u. s. w. im Echiquier. Auch in England wurden bei Gelegenheit der Hoffeste wohl Sitzungen des Exchequer gehalten, Investituren ad Scaccariam ertheilt; gelegentlich kommen sogar Kriegsberathungen in dem vertraulichem Sitzungszimmer des Exchequer vor. Allein eine regelmäßige Verbindung ist nicht ersichtlich. Der Exchequer ist von Hause aus ein fester Beamtenkörper mit eigenem Geschäftsgang, seine beiden Haupttermine stimmen nicht mit der Periode der Hoftage, und nie ist die

Rede von einer Ladung der Rechnungspflichtigen zu dem Hoffest. Ebenso stehen die späteren vier Terminsperioden (law terms) der englischen Gerichtshöfe nicht in Uebereinstimmung mit den Perioden der Curia de more und beurkunden dadurch auch äußerlich, daß die spätere Behandlung der Gerichtsgeschäfte nicht aus den normannischen Hoftagen hervorgegangen ist.

Eine Anknüpfung von Staatsgeschäften an die großen Festversammlungen ergab sich freilich aus der Natur des Staats, und wird gelegentlich auch ausdrücklich erwähnt. Peractis igitur festivioribus diebus, diversorum negociorum causae in medium duci ex more coeperunt (Eadmer p. 37. 39. 102.) Alle Andeutungen beschränken sich aber darauf, daß die am Hoftage versammelten Großen um ihre Meinung befragt werden. Kriegs- oder Kirchenangelegenheiten werden mit ihnen besprochen: von einem verfassungsmäßigen Zustimmungsrecht zu Acten der Gesetzgebung, oder von ihrer Constituirung als Gerichtshof ist aber nichts zu finden. Daß bei einem Regierungsantritt und bei der Krönung des Königs sogar noch eine Form der Wahl oder Acclamation beibehalten wurde, erhielt sich als uralte Ceremonie, und bedeutete jetzt sicherlich nicht mehr als zur angelsächsischen Zeit (oben S. 43). Die übrigen Beispiele einer Anknüpfung von Staatsgeschäften an Hoftage sind hauptsächlich folgende: a. 1070 als die Heranziehung des geistlichen Besitzes zu den Lehnslasten ausgesprochen wurde (Matth. Paris h. a.). In dasselbe Jahr fällt die Verhandlung eines Rechtsstreits zwischen dem Erzbischof von York und dem Bischof von Worcester. — a. 1096 die Verhandlung einer Duellklage des Geoffrey Bainard gegen Wilhelm Grafen Eu wegen eines beabsichtigten Verraths gegen den König. — a. 1106 wegen Wiedervereinigung der Normandie. — a. 1107 zur Regelung kirchlicher Streitfragen. — a. 1223 wegen Ernennung des Primas. — a. 1124 eine „witenagemote“ bei welcher 44 Diebe gehängt werden, wird wohl kein Hoftag, sondern ein außerordentlicher Gerichtstag gewesen sein. — a. 1136 unter Stephan wegen Bestätigung des Bischofs von Bath; die darüber ausgefertigte Charte schließt mit den Worten: Audientibus et collaudantibus omnibus fidelibus meis his subscriptis, apud Westmonasterium in generalis concilii celebratione, et Paschalis festi solennitate hoc actum est etc. anwesend waren 13 englische Prälaten, 5 normannische, der Kanzler, 3 Grafen, 2 Constables, 4 Hofbeamte, 6 Barons. — a. 1155 bei Proclamation der beiden Söhne Heinrichs II. als Regierungsnachfolger. — a. 1164 bilden die außerordentlichen Hoftage zu Clarendon und Northampton allerdings außerordentliche Versammlungen in Folge der besonderen Lage des Kirchenstreits, auf welche §. 16. zurückzukommen ist. Dasselbe gilt von noch einigen Assisen unter Heinrich II. Der bei Lyttleton, Hist. Henr. II. 2. (II. 530) genannte in der Normandie abgehaltene Hoftag, kann aber gewiß nicht als ein englischer Reichstag angesehen werden.

Die älteren Streitschriften, wie Petyt's Rights of the Commons asserted, Brady' Tracts und citt. behandelten solche concilia wohl als normannische Parlamente. In neuerer Zeit es ist namentlich die Edinburgh Review, welche diese Beweisführung wieder aufnimmt in Abhandlungen Band 35, 69, vgl. Bd. 26. (wo Palgrave p. 26. sogar die Aldermen aus den Städten bei dem Parlament erscheinen läßt). Selbst Marquardsen, krit. Vierteljahresschrift 1859 S. 237 nimmt diese Beweisführung wiederum in Schutz mit der Behauptung, daß die Bewilligung von Steuern ein Hauptgegenstand gewesen. — Etwas zurückhaltend dagegen Hallam, Middle Ages Note X.; mit kritischer Vorsicht behandelt sie der Peer's Report. — Eine authentische Zusammenstellung aller Notizen über Concilia von der Eroberung bis zur M. Charta giebt Parry, the Parliaments and Councils of England, London 1839 p. 1—23., in welcher das völlig Schwankende und Formlose dieser Versammlungen und Besprechungen deutlich hervortritt. Diese neusten Darstellungen geben das Dasein von gesetzgebenden Versammlungen in der That auf, halten aber ein Zustimmungsrecht der Kronvasallen wenigstens zu neuen Steuern fest. Dies Letztere kann zugestanden werden in dem Sinne, daß der König Unrecht that, wenn er den Kronvasallen Geldzumuthungen machen wollte, welche über die Bedingungen ihrer Verleihungen hinausgingen. Dieser Umstand mußte eben die Anknüpfung für neue steuerbewilligende Versammlungen werden. Der erste Versuch solcher Bildungen ist aber erst in der M. Charta gemacht, bei welcher auf die Streitfrage zurückzukommen ist.

2) **Eine Curia Regis als Lehnshof und Reichsgericht** mußte auch in England insoweit verwirklicht werden, als der Kronvasall beanspruchen kann, nur von seinen Rechtsgenossen (pares) gerichtet zu werden. Der Untervasall kann niemals über seinen eigenen Lehnsherrn zu Gericht sitzen Henr. I. c. 32. Dies in der Normandie hergebrachte Recht ließ sich natürlich den normannischen Kronvasallen nicht entziehen. Wenn sich aber auf dem Continent aus diesem Recht ein stehender, d. h. wenigstens periodischer Lehnsgerichtshof bildete, so war dies eine Folge der verschiedenen Territorialverhältnisse des Continents. In England gestaltet es sich durch die Zersplitterung des großen Lehnsbesitzes auf viele Grafschaften so, daß jeder Kronvasall seine Rechtsgenossen in der Grafschaft fand, und einen königlichen Vicecomes oder Commissar aus der Reihe der Kronvasallen als Stellvertreter des Königs. Nach dieser Anlag eist das Grafschaftsgericht das ordentliche forum aller Kronvasallen; weshalb auch die persönliche Gerichtspflicht aller weltlichen und geistlichen Kronvasallen festgehalten ist L. L. Henr. I. c. 7. §. 2. Die große Mehrzahl ihrer Rechtsstreitigkeiten wurde auch in der Wirklichkeit noch lange Zeit vor dem Grafschaftsgericht entschieden. Die Verhandlungen von Processen, wie solche von Palgrave Vol. II. mitgetheilt sind, ergeben, daß daneben besondere Gerichtscommissionen ein verhältnißmäßig seltenes Verfahren bildeten, dessen Zulässigkeit neben einem ständig formirten Lehnsgerichtshof gradezu unbegreiflich wäre.

Ebenso unvereinbar mit einer ständigen cour de baronie wäre die Administrativjustiz des Exchequer, die Gestaltung des gesammten Verwaltungsrechts, die Polizeiwillkür der amerciaments und alle späteren Hergänge, aus welchen ein Pairsgerichtshof mit unendlichen Schwierigkeiten und Schwankungen erst nach Jahrhunderten mühsam zum Vorschein kommt. Die beliebten Citate aus den Lehnsverfassungen des Continents, zu denen man in England greift, um die parlamentarischen Rechte hinauf zu datiren, sind hier wie in den meisten Fällen nicht am Ort. Es ist wahr, daß dieser Zustand einer höchsten Reichsgerichtsbarkeit durch Commissionen und durch den Exchequer eine schlechte Justiz darstellt, die sich mit der zerrissenen Gestalt der Grafschaftsgerichte zu einem noch schlimmeren Gesammtbild ergänzt. Allein dies Bild entspricht der Wirklichkeit, die erst seit der Magna Charta lichter zu werden beginnt. Die Gerichtsverwaltung war und blieb der schwächste, der schlechteste Theil aller normannischen Verwaltung, in welchem die formelle Beibehaltung der „Leges Eduardi“ den inneren Schaden, den nationalen Zwiespalt, die Unzuverlässigkeit der Besetzung des Gerichts, den fiskalischen Geist des ganzen Systems nicht gut zu machen vermochte. Der Normanne fand in dem geldgierigen Exchequer und dem sportulirenden Landvogt wenigstens seinen Landsmann, Kriegscameraden, Standesgenossen. Aber der weniger glückliche sächsische Than und ceorl? —

Als Proben, wie sich dagegen noch heute die Constitutional Law die Bildung der **aula Regis** oder **curia Regis** denkt, beschränke ich mich auf folgende. „Die Aula Regis war zusammengesetzt aus den im Palast des Königs residirenden Großstaatsbeamten, welche gewöhnlich seine Person umgaben, also dem Lord High Constable, dem Lord Marshal, dem High Steward ꝛc., dem Lordkanzler, dem Lordoberschatzmeister. Diese hohen Beamten wurden unterstützt durch gewisse rechtsgelehrte Personen, die Justiciarii Regis, und die größeren Barone des Parlaments, die alle einen Sitz (!) in der Aula Regis hatten, und eine Art von Appellhof, oder vielmehr einen königlichen Rath bildeten in Sachen von großer Wichtigkeit und Schwierigkeit.“ (Bowyer Const. Law 243.) „Dieser Hof wurde an dem jedesmaligen Aufenthaltsort des Königs abgehalten. Er hatte dieselbe Jurisdiction wie das Parlament (!). Den ordentlichen Vorsitz führte der Lord High Steward, aus welchem der capitalis justiciarius hervorgegangen ist (!). In Civil- und Strafsachen saßen die Mitglieder des Hofes in der Halle des Königs, in fiscalischen Sachen im Exchequer“ (Millar, Engl. Constitution Bd. II. Cap. 3.). „Die Verwaltung der Justiz in letzter Instanz gehörte ursprünglich dem großen Rath. Es war des Königs baronial court und seine tenentes in capite waren die Gerichtsmänner und Richter.“ (Allen in der Edinburgh Review XXVI. p. 364.) Das Oberhauscomité beschränkt sich auf die Annahme eines ordinarium concilium des Königs, welches aus den Großbeamten und einer kleineren Zahl ernannter Prälaten, Barone und rechtskundiger Justiciarii bestanden habe. „Dieses Select council sei zugleich der oberste Gerichtshof gewesen, genannt die Curia Regis, welche sich gewöhnlich dreimal jährlich zu Ostern, Pfingsten und Weihnachten versammelte“ (Peer's Report pag. 20).

Diese Verwirrung rührt daher, daß später unter Heinrich II. ein Collegium von beamteten Justiciarii gebildet ist, und folgeweise die späteren Rechtsbücher von Glanvilla und Bracton von der Curia Regis in Gestalt eines stehenden Körpers handeln. Diese beamteten Richter werden irrig zu unmittelbaren Nachfolgern der großen Barone in der normannischen Lehnscurie gemacht. Zum Beweis dafür, daß ein solcher ständischer Pairsgerichtshof seit der Eroberung wirklich gebildet war, werden dann Bruchstücke der Lehnsverfassungen des Continents citirt. — Allein wo ist dieser gewaltige ständische Körper später geblieben? — Die englische Rechtsgeschichte weiß auch dafür Rath. „Die Unbequemlichkeit des Erscheinens bei dem großen Lehnsgerichtshofe veranlaßte viele Kronvasallen die Sitzungen zu versäumen; wahrscheinlich kamen nur die, welche speciell citirt waren.“ (Parry, Parliaments p. XII.) „Die Barone, obgleich zu einem Sitz in der Curia Regis berechtigt, hatten doch keine große Neigung, sich mit juristischen Dingen zu befassen, weshalb eine geringere Zahl, die sich vorzugsweise damit abgab, allmälig eine leitende Stellung bei der Urtheilsfindung gewann“ (Foss, Judges I. 20). Sei es das Gefühl ihrer Unfähigkeit gegenüber der beginnenden Rechtswissenschaft, sei es die Zunahme der Geschäfte des Gerichtshofes, — genug „die großen Barone zogen sich allmälig zurück", weil sie neben so massenhaften Gerichtsgeschäften ihre eignen nicht mehr hätten besorgen können. — Während also seit Heinrich I. das Selbstgefühl der Kronvasallen und ihre politische Macht von Menschenalter zu Menschenalter zu wachsen beginnt, während die spätere Baronie des 14. und 15. Jahrhunderts ihren politischen Einfluß dadurch zu gewinnen sucht, daß sie mit beispiellosem Eifer die Staats- und Gerichtsgeschäfte persönlich in die Hand nimmt, soll die Baronie des 12. und 13. Jahrhunderts ihre politische Stellung damit begonnen haben, sich aus den Gerichtshöfen zurückzuziehen! Auch die Schrift von Foss, the Judges of England, knüpft die englische Gerichtsverfassung wieder an eine vermeintliche Lehnscurie an, in welcher ein jeder Kronvasall seinen „Sitz" gehabt habe; — während doch der Verfasser selbst beispielsweise zugestehen muß, daß alle vorkommenden Beispiele von Civilprocessen der Curia Regis unter Heinrich I. vor Baronen des Schatzamts verhandelt sind. Foss II. 163.

Der thatsächlich richtige Niederschlag aus jenem Phantasiegebilde einer Aula Regis wird sich darauf zurückführen lassen, daß die commissarische Verhandlung der reservirten Kronfälle, der Geschäftsgang der writs (die überall erforderlich wurden, wo sich der König die Anordnung des Gerichts selbst vorbehalten hatte) und die gewohnheitsmäßige Verwaltung des Sheriffamts durch weltliche Kronvasallen, einen engern Kreis von rechtskundigen Prälaten und Baronen bildete, welche gewöhnlich zu Justizgeschäften verwendet wurden. Ein solcher Kreis von Personen war die natürliche Vorstufe der späteren Justiciarii und des später gebildeten Collegiums von Justiziarien. Eine gründlichere und zusammenhängende Kenntniß der Lehnsverhältnisse des Continents aber würde die englischen Juristen endlich überzeugen müssen, welche unaussprechliche Verwirrung in ihrer Rechtsgeschichte das brockenweise Einmengen von Citaten aus fremden Rechtsquellen anrichtet. Verhältnißmäßig der Wahrheit am treusten bleiben immer noch die Angaben von Madox I. 6., der stets nüchtern aus den Schatzurkunden referirt:

„Mit seinen Mannen berieth der König wichtige Angelegenheiten und nahm feierliche Acte vor in ihrer Gegenwart und mit ihrer Concurrenz. Diejenigen von ihnen, welche gewöhnlich auf seinen Befehl den Hof besuchten mit einigen Bischöfen und Prälaten waren gewöhnlich betheiligt bei der Verwaltung der Einkünfte und bei Ertheilung des Rechtsspruches in Sachen, welche in des Königs Hof gebracht waren, und wurden dann im Verlauf der Zeit Consiliarii oder Consilium regis genannt. Einige von ihnen besaßen die Ministeria oder Großämter an dem Hofe des Königs."

3) Die Curia Regis im Sinne der höchsten Reichsregierung ist ebensowenig auf eine bestimmte Gestalt zurückzuführen, wie der höchste Lehnsgerichtshof dieses Namens. Erst die Kindheit des Königs Heinrich III. nöthigte dazu, ein formirtes „Consilium regis" als Regentschaftsrath aus Prälaten, Vasallen und Rechtsverständigen zu bilden. Das nach diesem Vorgange später gebildete Permanent Council hat die irrige Vorstellung erzeugt von einem permanenten Rath in einer verfassungsmäßigen Amtsstellung während dieser Periode. Den fortgeschrittenen Rechts- und Verfassungsideen wird es immer schwerer, sich einen Zustand persönlicher Regierung zu denken, in welchem der Rath des Königs lediglich aus den Personen bestand, die er an jedem Tage zu Rath zu ziehen für gut fand. Auch hier ist es schwer festgewurzelten politischen Vorstellungen anders entgegen zu treten als mit der concreten Wirklichkeit.

Diese liegt aber in der Gestalt der Großämter, in ihrer aus temporären Stellvertretern, Hof- und Feudalämtern zusammengewürfelten Gestalt.

1) Der Capitalis Justiciarius wird von Spelmann S. 405—418 sprachlich und antiquarisch so behandelt, daß daraus eine gewisse Continuität des Amts zu folgen scheint. Allein unter den ersten Regierungen ist nur von einer zeitweisen Vertretung des Königs die Rede. Im Jahr 1067 ernennt Wilhelm I. den Bischof Odo und W. Fitz-Osbern zu Custodes Angliae. (Hoveden I. 450). Die sächsische Chronik sagt von Odo: Cum Rex in Normannia, fuit ille primus in hac terra. 1073 werden W. de Warenne und R. de Benefacta als Vicarii Regis oder Praecipui Angliae Justiciarii bezeichnet. — Unter Wilhelm II. wird ein Kapellan des Königs als Placitator et Exactor totius Angliae, oder Regiarum opum Procurator et Justiciarius genannt. — Unter Heinrich I. heißt Bischof Roger Justiciarius totius Angliae et Secundus a Rege. — Rex transiit in Normanniam, commisitque totam Angliam curandam ac gubernandam Rogero. Unter demselben König wird aber auch R. Basset in ähnlicher Stellung erwähnt und noch Andere. — A. 1153 bestellt Stephan seinen vertragsmäßigen Thronfolger zum Justiciarius Angliae, wenigstens behauptet dies Hoveden, obwohl der abgeschlossene Vertrag davon nichts enthält. Foss I. 145. Eine gute Uebersicht dieser ersten Generalstatthalterschaften giebt Foss: unter Wilh. I. p. 11. 20; unter Wilh. II. p. 53. 57; unter Heinr. I. p. 86—89. 92, unter Steph. p. 144. 146. Es wird auch der wichtige Umstand hervorgehoben, daß diejenigen Personen, welche die Geschichtsschreiber als summi justiciarii namhaft machen, in den Charten als Zeugen ohne diesen Titel unterschreiben, Foss I. 85.; wie denn überhaupt der Titel Justiciarius in den Charten Wilhelms I. gar nicht vorkommt, in denen Wilhelms II. sehr selten. Foss I. 90. — Unter Heinrich II. aber tritt mit der durchgreifenden Aenderung der ganzen Reichsverwaltung der Summus Justiciarius unverkennbar als förmliches Reichsamt auf Foss I. 169. Die Reihenfolge giebt Foss: unter Heinrich II. p. 170. 172—178; unter Richard p. 331, 332; unter Johann, Bd. II. p. 23; unter Heinrich III. 151, 159.

2) Ueber den Seneschallus totius Angliae vgl. die Nachweisungen bei Madox I. Als Seneschall Wilhelms I. wird Grentismenill genannt, an anderen Stellen aber andere Personen. Nach dem Erlöschen des Amts in der Person Simons von Montfort kam es durch neue Verleihungen an das Haus Lancaster, erlosch mit dessen Thronbesteigung und wird seitdem nur bei gewissen Ceremonien pro hac vice verliehen, namentlich bei der Krönungsfeierlichkeit. Eine Einzelbeschreibung des Hofstaats unter Heinrich II. giebt der sogenannte liber niger Scaccarii (ed Hearne).

3) Ueber den Great Chamberlain und die Camerarii vgl. die Nachweisungen bei Madox. Die Verleihung Heinrich I. an Albert de Ver dauerte bis zu Henry de Ver, 18ten Grafen von Oxford, seit dessen Tode das Erbamt, durch weibliche Succession getheilt, noch heute fortdauert mit gewissen Gebühren und Verrichtungen bei der Krönung des Königs.

4) Ueber den Constabularius Angliae giebt Spelman Glossarium p. 183—186 allerlei bunt zusammengelesene Nachrichten, unter denen aber die Angaben über die Amtsgeschäfte von Wichtigkeit sind. Die Vieldeutigkeit des Worts als Bezeichnung eines jeden großen und kleinen Commando's wird auch von Spelman anerkannt. Ebenso ergiebt sich, daß erst seit Stephan von einer

erblichen Constabularia die Rede ist in der Person des Milo von Gloucester. Dessen Vater Walter wird in der Geschichte einer alten Abtei als „Constabularius princeps militiae domus regiae“ bezeichnet (Foss I. 123), — ein Amt, welches wiederum mehrfache Deutungen zuläßt. Ein Familienrecht auf Militär-Kommandos hat in England in der That nie bestanden. Auch der Bericht des Oberhaus-Comité's faßt die Constabularia als Inbegriff von Dienstleistungen auf, welche der König anzunehmen oder zurückzuweisen befugt gewesen (IV. Peers Rep. 269. 270).

5) Ueber den Marescallus Angliae giebt Madox eine Reihe von zuverlässigen Nachweisungen, die den späteren Angaben zu Grunde liegen. Es ist dabei schließlich die Anomalie entstanden, daß der Grafentitel der Familie Pembroke zu einer Zeit, als dies noch ein höchster und seltener Titel war, verbunden mit ihrem erblichen Hofmarschallamt, zu dem Titel eines Earl-Marshal zusammengeschmolzen ist, der schon unter Henry III. vorkommt und später auch in Patenten gebraucht wird. — Verwirrend ist auch hier das Dasein mehrer Marschallämter. Unter Henry I. wird Wigan, der Marschall, mit gewissen Gütern für sein Marschallamt belehnt. Ein anderes, anscheinend niederes Marschallamt war bei der Familie Venuz, welche nach einer späteren Angabe die Magistra Marescalcia beansprucht, aber damit zurückgewiesen sein soll. (Charte 1. Jo.)

6) Der Kanzler, Cancellarius regis, wird von Spelman h. v. Seite 127—135 mit einem Namensverzeichniß der Kanzler bis zu Jacob I. ausführlich behandelt. Auch hier wird indessen der Stammbaum zu weit hinaufgerückt, wenn aus den capellani regis zur angelsächsischen Zeit Reichskanzler gemacht werden. Erst in dem letzten Menschenalter der angelsächsischen Zeit wird der Capellanus, Sigillarius, Notarius regis so häufig erwähnt, daß schon ein schriftlicher Geschäftsgang in dem Cabinet vorauszusetzen ist. Kemble Anglo-Saxons II. 97. Seit Eduard dem Bekenner datirt auch das dem Kanzler verliehene große Siegel, welches später seine eigene Geschichte hat. Palgrave II. 345 will auch schon unter Eduard die späteren Masters in chancery finden. Daß bei der Abfassung der Urkunden in der frühern normannischen Zeit die angelsächsische Form überwiegend beibehalten wurde, erklärt sich ziemlich einfach daraus, daß man niedere Geistliche als formulirende Notare beibehalten mußte, und diese regelmäßig Angelsachsen waren. — In neuerer Zeit hat Hardy (1843) zuerst genauer eine tabellarische Liste der Lordkanzler und Großsiegelbewahrer veröffentlicht; Lord Campbell eine Lebensgeschichte derselben (London, 1845—47) von geringer rechtsgeschichtlicher Bedeutung. — Sorgfältig ist die Reihe der ersten Kanzler zusammengestellt von Foss, Judges Band I. und zwar unter Wilhelm I. pag. 16—20, unter Wilhelm II. p. 54. 57., unter Heinrich I. p. 77—81. 92., unter Stephan p. 142, 146, unter Heinrich II. 163—166, 170, unter Richard I. p. 325—329, 332, — unter Johann Band II. p. 4—20, 23; unter Heinrich III. p. 138—148, 159. — Unter den ersten normannischen Regierungen erscheint der Kanzler noch als ein Beamter zweiten Ranges, rangirt in den Unterschriften hinter den Bischöfen und Earls, hat einen Platz unter den barons of the exchequer. Die Kanzler dieser frühern Zeit werden meistens erst später zu Bischofssitzen befördert. Immer war es jedoch schon ein wichtiges Amt, in welchem der Kanzler als Cabinetsrath meistens die Beziehungen zum päpstlichen Stuhl und diejenigen

Cabinetsgeschäfte führte, zu welchen eine gelehrte Rechtskenntniß vorausgesetzt wird. Um die Mitte der Periode ist die Stellung so gewachsen, daß die angesehensten Bischöfe, selbst Erzbischöfe das Kanzleramt versehen. Dessenungeachtet bleibt der Kanzler Mitglied des Exchequer und fungirt auch unter Heinrich III. noch als reisender Richter. Unter Heinrich III. war einmal ein Kanzler ernannt, welchem der König die eigentlichen Amtsgeschäfte nicht mehr anvertrauen konnte oder wollte, weshalb der Ausweg der Ernennung eines custos sigilli getroffen wurde, der die Hauptgeschäfte versah, ohne den Titel Kanzler zu erhalten. Foss II. 137 ff. Aus dieser Zeit datirt dann ein niemals klar festgestellter Unterschied zwischen einem Kanzler und einem „Großsiegelbewahrer". In 11. Henry III. war Ralph Bischof von Chichester zum Kanzler auf Lebenszeit ernannt worden; nach langen Streitigkeiten darüber verzichtet indessen der Bischof in 22. Henry III. auf sein Amt in Folge eines königlichen Befehls.

Ein Vicekanzler kommt schon einmal vorübergehend unter Heinrich II. vor. Foss I. 160. Unter Richard I. wird daraus eine förmliche Amtsstelle, Foss II. 21., die aber wieder aufhört. Die Angaben über die Stellvertreter und Büreaubeamten des Kanzlers sind überhaupt lange Zeit so schwankend, daß eine bestimmte Entstehungsweise des Master of the Rolls und der Masters in Chancery schwer anzugeben ist. Den clericus Cancellarii, als Stellvertreter des Kanzler im Exchequer, erwähnt der Dialogus de Scaccario I. 6. bereits als einen wichtigen Beamten.

7) Ueber den Thesaurarius Regis giebt die vollständigen Nachweisungen Madox I., auf welche in der folgenden Periode zurückzukommen ist.

So mangelhaft in Summa die Nachrichten über diese 7 Großbeamte sind, so ergeben sie doch, daß die eigentlich administrirenden, für die Reichsgeschäfte einflußreichen Personen widerrufliche Diener des Königs oder commissarisch ernannte Beamte sind. Die Erbämter haben nur eine untergeordnete Stellung im Finanz-, Kriegs- und Gerichtswesen, sind weniger zahlreich wie in anderen Ländern, und zerfallen in zwei Klassen:

1) Grand Serjeanties, entsprechend den höheren Ministerialen des Continents (High Steward, Great Chamberlain, Constable, Marshal, Butler, und noch einige), stets mit Ritterlehnen verbunden.

2) Niedere Serjeanties, entsprechend den niederen Ministerialen in verschiedenen Abstufungen, nicht blos mit Ritterlehnen, sondern auch mit anderen dienst- und schildgeldfreien Besitzungen verbunden.

Die Oeconomie der Normannenkönige ließ indessen die Serjeanties in nicht zu großer Zahl entstehen und gewährte ihnen weder einen erheblichen Besitz noch erheblichen Einfluß auf die Staatsverwaltung. Aus Oeconomie sind im Verlauf des Mittelalters vielleicht mehr Serjeanties in kriegspflichtige Lehne verwandelt, als neue creirt.

In Widerspruch mit diesem Charakter der Aemter scheint dennoch die Ansicht von einem stehenden königlichen Rath oder Reichsrath dieser Zeit nahezu unvertilgbar. Sobald der König laufende Regierungsgeschäfte mit einer kleinen Anzahl von Reichsbeamten erledigt, wird daraus ein formirtes Concilium ordinarium oder ein Select council gemacht. Sobald er eine Gerichtscommission ernennt, soll dies wieder ein Concilium ordinarium sein, entweder identisch mit dem vorigen oder auch getrennt davon. Wenn der König einmal wichtige Maßregeln mit einer Rathsversammlung von Prälaten und Baronen bespricht, so soll dies ein magnum concilium sein, ungefähr so, wie das spätere Oberhaus. Wo Geschichtsschreiber von irgend einer großen Versammlung zu einem Fest oder in einer kritischen Reichsangelegenheit reden, wird daraus ein commune concilium gemacht, welches entweder die Gesammtheit der Kronvasallen begreifen soll, oder auch etwas mehr oder weniger. Selbst die nüchterne und sonst so besonnene Darstellung von Parry, Parliaments p. X· kann von dieser traditionellen Behandlungsweise sich noch nicht losmachen:

The First was the King's Ordinary Council, consisting of Prelates, Earls and Barons, selected by himsef, and assisted by the Chancellor, Chief Justiciar, the Judges and other Officers of State. It was not only a Council of State, but the supreme Court of Justice, and met three times every year at the great Festivals of Easter, Whitsuntide and Christmas: sometimes, at Michaelmas, and at othertimes also, by adjournment.

The Magnum Concilium was a larger assembly of Persons of Rank and Property, convened on extraordinary occasions.

The Commune Concilium was a still more numerons body, collected together for more general purposes.

Es ist schwer sich dabei überhaupt etwas Bestimmtes zu denken. Aehnlich unterscheidet Hallam, Middle Ages II. cap. 8. Note XIII. ein commune concilium, bestehend aus allen Kronvasallen, ein select council für richterliche und administrative Zwecke und einen court of Kings bench, welcher sich unter Heinrich II. von dem select council abgesondert habe. Das Verfehlte in Allem ist die pedantische Construction, die aus einer persönlichen Reichsregierung mit persönlichen Rathgebern und persönlich berufenen Rathsversammlungen verfassungsmäßige Körperschaften bilden will. Ebenso vergeblich sind natürlich die Versuche der curia Regis, einen bestimmten Amtssitz anzuweisen. Ob sie in Westminster oder wo sonst ihren Sitz hatte, hing davon ab, an welcher Stelle der König gerade veranlaßt war, sich über einen Reichsgegenstand mit selbstgewählten Rathgebern zu berathen.

Die formlose Gestalt der normannischen Reichsregierung hat alle späteren Darsteller auch in die Verlegenheit gebracht, wie das Verhältniß des stehenden Beamtenkörpers des Exchequer zur sogenannten curia Regis zu bezeichnen sei. Madox I. 154. drückt sich vorsichtig aus, indem er den Exchequer einen Theil oder ein Glied a member of the court, eine Art von Subaltern Court nennt, was auch richtig ist, wenn unter curia die gesammte Reichsregierung in ihrer formlosen Gestalt verstanden wird. Foss I. 8. 21. 73. spricht von einem Extraordinary department der curia Regis, wobei aber die curia Regis als ein ständiger Gerichtshof vorausgesetzt wird.

§. 16.

Uebergangsmomente. Reisende Richter. Richtercollegien. Keime einer Reichsstandschaft.

Wie stark auch der normannische Staat durch seine Institutionen den Zeitgenossen erscheinen mochte, so zeigte sich doch bald die Einseitigkeit seiner Bildung. Eine bloß persönliche Regierung verliert stets den Halt mit dem Tode ihres Trägers. Schon die Scene bei Wilhelm's I. Ableben erinnert mehr an Zustände unter einem Wildenhäuptling, wie unter einem König von England. Unter Wilhelm II. waren die Meistbelehnten schon in der Lage einen Frieden zu stiften zwischen zwei kämpfenden königlichen Brüdern; unter Heinrich I. fiel dem Erzbischhof Anselm dieselbe Aufgabe zu. Die Voraussetzung einer solchen Regierung ist in jedem Fall ein anerkannt berechtigter Monarch und eine kräftige Persönlichkeit. Beides fiel weg unter Stephan, dessen Usurpation einen Kampf herbeiführt, welcher mit wenigen Ruhepunkten fast seine ganze Regierung ausfüllt. Beide Theile überbieten sich, um die Mehrheit der Mannen zu gewinnen, Stephan durch Verschleuderung von Krongütern, Ertheilung von Grafenwürden, Milde und Nachgiebigkeit; seiner Gegnerin, der Kaiserin Mathilde ähnlich, nur planloser, und in ihrem Verfahren gegen die Städte unverständiger. Die kleinen Städte aber und die Bevölkerung des flachen Landes, durch die Lehnsverfassung entwaffnet und entmündigt, werden das hülflose Opfer von Brandschatzung, Mord und Uebermuth jeder Art, verübt durch fremde Söldnerhaufen und verwilderte Ritter. Es ist die Periode des Faustrechts für England, ähnlich dem Interregnum in Deutschland. Die wohlgeordnete Staatsmaschine versagt ihren Dienst. Die arme Landbevölkerung wird zu Fröhndnerdiensten getrieben nicht für Königsburgen, sondern für die Zwingburgen der kleinen Herren. „Erant in Anglia fere tot tyranni, quot domini castellorum.“ Eine Hauptbedingung des endlich geschlossenen Friedens war denn auch die Schleifung der neu errichteten Burgen, deren Zahl sich auf 126 belief, nach anderen Angaben auf 375 oder gar auf 1115. Man begreift die Genugthuung, mit welcher nach solchen Zuständen das Volk die unbestrittene Thronfolge Heinrichs II. begrüßte und das gute Einvernehmen der langen kräftigen Regierung dieses Monarchen mit dem Lande.

Mit Heinrich II. besteigt das Königshaus der Plantagenets den Thron, und zwar auf Grund eines Staatsvertrags, an welchem der kriegerische Adel des Landes einen erheblichen Antheil hatte. Schon von diesem Gesichtspunkte aus erschien das Königthum in etwas veränderter Stellung. Heinrich II. selbst, unzweifelhaft der scharfsichtigste Monarch aus dem Hause der Plantagenets, scheint von Anfang an die nachhaltigste Befestigung des neuen Thrones in Reformen der Landesverwaltung gefunden zu haben, welche namentlich seit dem Beginn seiner Kämpfe mit der Kirche einen umfassenden Charakter gewinnen. In der Normandie geboren und erzogen hat er dabei wohl Einzeles aus den erprobten Einrichtungen des Stammherzogthums entlehnt. Die Verwaltung konnte überhaupt nicht mehr ganz in die alten Geleise zurückkehren, die Grafschaftsgerichte der Vicecomites sind nie wieder zu ihrem alten Ansehen zurückgekommen. Ungefähr 100 Jahre nach der Eroberung treten vielmehr gleichzeitig drei Aenderungen ein, welche bei der Entwickelung der Staatshoheitsrechte im Einzelen angegeben, hier in ihrem Zusammenhang näher zu würdigen sind: (1) die weitere Centralisation der Verwaltung durch reisende Richter, (2) die Bildung eines beamteten Richtercollegiums als Hofgericht, (3) die ersten Anfänge zu einer Reichsstandschaft der großen Barone.

I. Die Einführung der reisenden Richter beruhte in ungefähr gleichem Maße auf einem Bedürfniß der Staatsverwaltung und auf einer Concession an die dringendsten Wünsche der Bevölkerung. Die Administration der Grafschaften durch Landvögte hatte von Hause aus an schweren Mißbräuchen gelitten. Schon am Schluß der Regierung Heinrichs I. hatte man daher begonnen, den Vicecomites einzele Gerichtsgeschäfte durch Commissarien vom Hofe abzunehmen. Eine sichere aber isolirte Nachricht darüber giebt die älteste erhaltene Schatzrolle, für welche das Jahr 31. Henry I. (1131) nach den sorgfältigen Untersuchungen Hardys nun wohl aber sicher anzunehmen ist. Der Rotulus constatirt, welche Summen die Gerichtseingesessenen aus den „placita" der Commissarien schulden, z. B. „Robertus filius Toli debet XXX. marcas argenti de placitis G. de Clinton." Die Gesammtzahl der genannten Commissarien beträgt 9, darunter 3 Herren vom Hofe, die in der Verwaltung des Schatzamts und in dem consilium des Königs auch anderweitig bekannt sind, Ralph Basset, Richard Basset, Geoffrey von Clinton. Der Name des letzten kommt in nicht weniger als 18 Grafschaften unter den Commissarien vor; die Namen der beiden ersten in je 6 Grafschaften. Die übrigen 6 Herren sind größere Kronvasallen, ansässig in der Nähe der Grafschaften, für die sie als Commissarien einem der drei erstgedachten adjungirt sind. Von Richard Fitz-Allured wird ausdrücklich bemerkt, daß er eine fine von 15 Mark bezahlt habe, „um mit Ralph Basset zu sitzen bei Abhaltung der placita Regis in Buckinghamshire." Die Summen, welche an den Exchequer einzuliefern, sind immer nur auf den Namen eines gestellt, und es erhellt nirgends, daß mehre Commissarien zugleich thätig gewesen sind. In Buckingham wird einmal gesagt, der Sheriff lege Rechnung für eine Summe de veteribus placitis Radulfi Basset. Es sind also schon im vorangegangenen Jahre oder noch früher in dieser Weise placita abgehalten worden. Andere Geschäfte der Commissarien sind nicht ersichtlich. Es kann daher aus diesen Eintragungen nur soviel entnommen werden, daß man gegen Ende der Regierung Heinrichs I. angefangen hatte, die dem König reservirten Fälle (placita Regis), nicht mehr den Sheriffs commissarisch aufzutragen, sondern eine Specialcommission dafür zu ernennen, die sich in vorgeschriebener Weise so in die Grafschaften theilte, daß ein königlicher Commissar an Stelle des Vicecomes mit den Männern das Gericht abhielt. Diese Einrichtung stellt aber nur einen vorübergehenden Versuch dar; denn unter Stephan ist keine Spur mehr davon zu finden. Das Schweigen aller sonstigen Quellen ist auch ein Beweis, daß es sich noch um keine sehr wirksame Verbesserung handelte.

Heinrich II. fand aber Veranlassung zu durchgreifenderen Aenderungen. Unter Stephan waren die Sheriffs von zwei Prätendenten aus ihren Parteigängern ernannt worden, und unter den Zuständen des Faustrechts war zeit- und ortsweise ihre Rechnungslegung und die Aufsicht des Schatzamts weggefallen. Die innere Landesverwaltung befand sich in einem Zustand der Unordnung, welche an vielen Punkten wohl nur durch zuverlässige Commissarien gehoben werden konnte, und es beginnt nun ein System von reisenden Barones oder Justiciarii in viel weiterem Umfang, und zwar sowohl zu Verwaltungs- wie zu Justizzwecken, soweit beide in normannischer Regierungsweise geschieden werden können.

1) Zu Verwaltungs-, insbesondere Finanzzwecken, wurde die Abordnung nöthig, da die königlichen Gerechtsame und Gefälle in der Verwirrung der Zeit durch vielfache Anmaßungen gelitten hatten, da eine gleichmäßige Einschätzung der Hintersassen zu den tallages und ähnlichen Auflagen durch parteiische und bestechliche Sheriffs schwer zu bewirken, die Reclamationen dagegen immer häufiger und dringlicher geworden waren. Sie dienen zugleich zu einer periodischen Visitation der Amtsführung der Vicecomites. In größerem Maßstab werden 15. Henry II. Commissionen von Prälaten und Baronen abgeordnet mit bestimmten articuli zur Untersuchung der Amtsmißbräuche der Sheriffs, ihrer Unterbailiffs, der grundherrlichen Vögte, der Förster und anderer. Als Delegirte aus der Schatzkammer heißen diese Commissarien Barones errantes. Da es sich um ein amtliches Commissarium handelt, so ist es wohl kaum zu bezweifeln, daß diese Bezeichnung auf ihre Stellung als barones scaccarii zu beziehen ist.

Mit den finanziellen konnten sich auch militärische Zwecke

verbinden, betreffend theils die Burgen und ihre Besatzungen, theils andere vorübergehende Maßregeln. Seit a. 1181 kam dazu aber das dauerndere Geschäft der Ordnung der Landesmiliz. Das alte System der sächsischen Landesvertheidigung, bis dahin ruhend, wurde seitdem durch königliche Verordnung wieder belebt, und durch reisende Commissarien eine gleichmäßige Ausführung gesichert. Die Commissarien sollen die Waffenpflichtigen zur Musterung (assisa de armis habendis) versammeln und die Ausbleibenden büßen.

2) Noch gleichmäßiger war das Bedürfniß von Commissarien zu Gerichtszwecken, und zwar zunächst der Strafrechtspflege. Unter den Nachwehen des Faustrechts erhielt das vorbehaltene Recht des Königs, schwere Straffälle an den Hof zu ziehen, eine andere Gestalt. Der Königsfriede mußte wiederholt verkündet, und wo die Sheriffs nicht die Kraft oder den Willen hatten, durch Commissarien gehandhabt werden, oft wohl in sehr summarischer Weise. Von diesem Gesichtspunkte aus werden alle Verbrechen, die an Leib und Glieder gehen, Aufruhr, Todtschlag, Brandstiftung, Raub, Entführung, Fälschung, „et si quae sunt similia", an den Hof gezogen (Glanvilla I c. 2.), in dem schon oben (§. 10) bezeichneten Gange. Der Vorbehalt des königlichen Einschreitens gestaltet sich jetzt zu einer periodischen Abordnung delegirter Strafrichter. Zugleich wird die Rügepflicht der Hundertschaften eingeschärft und den reisenden Commissarien die Leitung der Gemeindeausschüsse zu diesem Zweck nach gleichmäßigen Instruktionen, Capitula Coronae, übertragen.

Andererseits tritt auch zu Zwecken des Civilprozesses eine Verwendung von Reisecommissarien ein, deren Grund mehr in der Beschaffenheit des geltenden Rechts lag. Die noch vielfach auseinander gehenden Rechtsvorstellungen in den Grafschafts- und Gutsgerichten über Vererbung der Lehne, Gestaltung des Witthums, über die Rechte des Privatlehnsherrn gegen seine Untervasallen, forderten eine endliche einheitliche Gestaltung; ebenso das fiscalische Interesse an dem Bestand der Ritterschaft und der Freisassen (quaestiones status). Aus diesen und anderen Gründen kommt jetzt eine erweiterte Reihe von Civilprozessen an den Hof (Glanvilla I. c. 3.), mit dem allgemeinen Vorbehalt: Quodlibet placitum de libero tenemento vel feodo potest rex trahere in curiam suam, quando vult. (c. 5.). Nachdem der Weg dazu einmal eröffnet war, strömt eine Fluth von Prozessen an den Hof, welche aber nun gegen eine Gebühr (fine) zugelassen werden. Eine sehr gewöhnliche Summe sind 5 Mark; einmal kommt eine Mark vor für einen Prozeß über eine Hufe Land;

dann aber auch wieder 100 Mark für einen Proceß über eine Herrschaft, 100 £. für einen Proceß zwischen dem Abt und den Bürgern von Whygby u. s. w. Zuweilen verleiht der König Personen von Rang oder Klöstern das Privilegium, daß sie an keinem anderen Ort belangt werden sollen, als vor ihm oder seinem Großrichter. Hand in Hand damit geht eine bedeutungsvolle Umgestaltung des Verfahrens und Beweises im Civilproceß. Der normannische Zweikampf, welcher dem nicht Waffengeübten das Recht verschränkte, war der Kirche, der sächsischen Bevölkerung, besonders den Städten, Gegenstand der Beschwerden geworden; einzele Städte ließen sich dagegen besondere Privilegien ertheilen. Jetzt wird einer jeden Partei in den ordentlichen Eigenthums- Erb- und Besitzklagen ein Wahlrecht gegeben, die Entscheidung der Streitfrage durch einen Ausschuß aus den Gerichtsmännern (Recognitio), statt durch Zweikampf zu verlangen. Als Abweichung vom gewohnheitsmäßigen Beweisrecht bedarf es dazu einer besonderen Dispensation, welche durch Cabinetsorder (Writ) gegen Gebühr ertheilt wird; Anfangs sogar nur wohlgesinnten Rittern und Freisassen.

Dies System reisender Commissarien zu so verschiedenartigen Zwecken hat noch lange Zeit eine wechselnde Gestalt. Schon Madox hat die in den Rotulis vorkommenden Namen der Comissarien aus 12, 13, 15—17, 20—26. Henr. II. gesammelt. Eine klare Uebersicht ist aber schwer zu gewinnen, da lange Zeit das augenblickliche Bedürfniß und Convenienz entscheidend blieb. Immer sichtbarer tritt aber der Zweck der Rechtspflege in den Vordergrund, an welchen sich Finanz- und militärische Zwecke mehr vorübergehend anschließen. Oft sind es Commissarien die nur an einem bestimmten Ort die Ordnung herstellen sollen (Justices of Oyer and Terminer), oft allgemeine Strafcommissionen (Justices of Gaol Delivery); oft specielle Justices of Dover, Justices of Assizes, dann wieder Justiciarii ad omnia placita oder ganz allgemeine Justiciarii itinerantes (Bracton III. c. 11—13). Auf dem Reichstag zu Northampton 22 Henr. II. 1176 hat die Einrichtung eine etwas festere Gestalt gewonnen durch Auftheilung des Landes in sechs Reisebezirke, Circuitus, welche schon die heutigen Grafschaften enthalten. Den Commissarien werden sowohl Straf- wie Civilprocesse überwiesen; ferner die Leitung des Rügeverfahrens, die Wahrnehmung der königlichen Rechte auf Domänen, Escheats, Lehnsgefälle, Lehnsvormundschaften u. s. w. Obgleich mit Beirath eines großen Hoftages erlassen, wird diese Anordnung doch in 25 Henr. II. wieder geändert und eine neue Bezirks-Eintheilung versucht. Im Jahre 1194 werden wieder neue Commissionen ertheilt, namentlich mit erweiterter Anwendung von Gemeinde-Ausschüssen in Civil- und Strafsachen (Juries) und mit Aufträgen zur Einschätzung der tallagia und Krongefälle. Schließlich hat sich bis heute dauernd die Eintheilung in sechs Circuits erhalten; doch gehen noch lange Zeit General- und Specialcommissionen, regelmäßige und ex tempore ernannte Commissionen neben einander fort.

Die unmittelbare Verwaltung so massenhafter Geschäfte vom Hofe aus mußte aber eine bedeutende Rückwirkung auf die Gestalt der Centralregierung üben. Bisher war der Exchequer die einzige feste Behörde mit organisirten Büreaus gewesen; alle übrigen Reichsgeschäfte wurden theils in formlosen conseils berathen, theils durch ernannte Gerichtscommissionen in den hergebrachten Gerichtsformen verhandelt. Aus dieser formlosen Weise der Reichsverwaltung geht nunmehr wie ein fester Niederschlag:

II. Die Entstehung eines collegialischen Hofgerichts unter dem alten Namen der curia regis hervor, — eine zweite organisirte Amtsbehörde neben, und noch vielfach verwachsen mit dem Schatzamt. Da die dem König vorbehaltenen Gerichtsfälle bisher entweder dem Schatzamt oder einem Grafschaftsgericht überwiesen waren, so kam es verhältnißmäßig selten zur Ernennung einer besonderen Gerichtscommission, entweder bei Gelegenheit der Hoftage oder in der Zwischenzeit. Die Hoftage hatten aufgehört; die zahlreich gewordenen Geschäfte des Hofes wurden jetzt in der Regel durch reisende Commissarien versehen, deren Geschäftslast fast unübersehbar anwuchs. Diese Reisecommissarien konnten Mitglieder des Exchequer sein, eben so oft aber andere geschäftskundige Prälaten und Barone mit Beiordnung von Unterbeamten des Exchequer oder anderen clerks. Der Geschäftsgang der Commissarien wies zunächst auf stetige Rückfragen im Schatzamt hin, mit welchem sie wegen der Gebühren, Geldbußen, Escheats, Verwirkungen, Tallages und wegen sonstiger Finanz- und Militärgeschäfte im Zusammenhang blieben.

Andererseits haben die reisenden Richter aber eine Menge von Geschäften, für welche neue Maximen sich bilden mußten, sowohl Grundsätze für das Verfahren, wie für das anzuwendende Recht. Unter Heinrich II. hat sich für diese in einem specielleren Sinne juristischen Geschäfte, eine Art von Collegium (bancum) gebildet, zuerst anscheinend aus reisenden Richtern bestehend, zum Theil noch identisch mit dem Personal des Exchequer. Beide Behörden haben einen Vorsitzenden und Anfangs auch wohl noch gemeinschaftliche Büreaus. Der Summus Justiciarius, jetzt der erste ordentliche Reichsbeamte, ist Chef des Exchequer und des bancum, und es besteht dabei längere Zeit ein ähnliches Verhältniß wie noch heute in England: Bildung einer Mehrheit von Behörden aus demselben Personal. Dieselbe Person kann als Reiserichter Justice in Eyre, als Mitglied des Schatzcollegium Baron of the Exchequer, als Mitglied des Hofgerichts Justice in Banco sein. Es ist daher schwer, ein bestimmtes Jahr zu ermitteln, mit welchem die Bildung des Justizcollegiums begonnen haben mag. Im Zusammenhange damit steht in jedem Fall eine Anordnung 24 Henr. II., nach welcher fünf Commissarien ernannt werden, „die nicht herumreisen, sondern Klagen am Hofe hören sollen". Die Geschäfte vertheilten sich so, daß die große Masse durch die reisenden Richter erledigt, die wichtigeren Fälle dagegen im Collegium, d. h. entweder in der Schatzkammer oder im Hofgericht (in banco) verhandelt werden.

Beide Behörden gelten aber noch immer als Ausfluß der persönlichen Regierung. In curia Domini Regis ipse in propria persona jura decernit (Dial. de Scac. I. c. 4). Der König tritt nach Belieben selbst als reisender Richter auf und präsidirt persönlich in banco. Fälle der Art bis zu Eduard II. sind neuerdings von Palgrave gesammelt. Nicht selten auch wird eine Entscheidung verschoben wegen Abwesenheit des Königs. Die ganze erste Gestaltung eines Hofgerichts hat hiernach den verschwommenen Charakter aller Neubildungen der Verwaltungspraxis. Das neu Entstandene aber wird erkennbar an dem regelmäßig wiederkehrenden Amtstitel der justiciarii im Sinne von ständigen richterlichen Commissarien, an der Regelmäßigkeit der Einrichtung und des Verfahrens und an dem Personal, welches schon vor Ablauf der Periode überwiegend aus rechtskundigen Personen gebildet ist.

Es kam jetzt die Zeit, in welcher auch für England das professionelle Beamtenthum seine große Periode gehabt hat. Es war die Würde des Berufs, der charakterbildende Einfluß der täglichen Beschäftigung in der Rechtsprechung, welcher auch unter einer absoluten Regierung einen ehrenhaften Richterstand zu bilden vermochte, wie ja auch einst das römische Imperatorenthum aus der berufsmäßigen Rechtsprechung einen respectablen Juristenstand geschaffen hat. Seit der Entstehung einer Collegialverfassung in der Curia Regis hat der einseitige fiscalische Geist des Exchequer unter den besseren Regierungen ein Gegengewicht gefunden. In dem Rechtsbuch des Glanvilla, welches schon am Schluß der Regierung Heinrich's II. geschrieben wurde, beurkundet sich ein unermeßlicher Fortschritt, nicht bloß in der feinen festen Technik, sondern vor Allem in einer würdigen Auffassung von dem königlichen Beruf der Rechtsprechung. Noch stärker wird ein halbes Jahrhundert später dieser richterliche Geist in dem Rechtsbuch des Bracton sichtbar, mit sehr freien Ansichten von den königlichen Pflichten und von der Herrschaft der Gesetze auch über den zeitigen Willen des Königs.

Die alte formlose Curia regis verkörpert sich also jetzt für die zwei Hauptgruppen der Reichsgeschäfte in zwei collegialischen Beamtenkörpern, dem Hofgericht und dem Schatzamt. Der schriftliche Geschäftsgang des Königs mit beiden wird vermittelt durch seinen Cabinetsrath, den Kanzler mit seinen clerks. Selbst Mitglied beider Behörden, bildet er zwischen beiden wiederum ein eigenes Departement, welches als Officina Justiciae die Proceßsachen und Proceßacte dirigirt, die auf königlicher Order beruhen und durch writ an die gehörige Stelle gebracht werden. Jedenfalls seit Ende Richard's I. führt der Kanzler seine eigene Registratur, Rotuli Cancellariae, welche in Charter-, Patent-, Fine-, Close- Rolls zerfallend, jetzt theilweise gedruckt sind.

Diesen bedeutungsvollen Aenderungen der Verwaltung tritt nun aber gleichzeitig die erste Andeutung von Verfassungsänderungen gegenüber, deren Bedeutung noch nicht überschätzt werden darf. Es waren dies

III. die ersten Keime einer Reichsstandschaft der großen Barone. Trotz der weitgehenden Staatshoheitsrechte befand sich Heinrich II. in minder günstiger Lage wie die drei ersten Normannenkönige. Die herrschenden Vorstellungen jeder Zeit bestimmen sich durch die unmittelbare Vergangenheit, und diese hatte den Glauben an die Allgewalt des Königthums erschüttert. Stephan wie seine Gegnerin hatten eine Reihenfolge von Zugeständnissen und Demüthigungen durchlaufen; Titel und Recht des Königthums war zwanzig Jahre lang in jeder Hütte erörtert worden. Der Erfolg, welcher vor aller Augen lag, hatte gezeigt, daß der Kronstreit durch die Macht der Großen entschieden, daß also neben dem Königthum noch eine andere Macht vorhanden war. Die Zeit des Faustrechts hatte Habsucht, Trotz und Ehrbegierde in den Starken erweckt, in einer Zeit, in welcher überall das Selbstgefühl des Ritterthums rege geworden. Die Verbindung mit der Normandie nährte in den Großlehnsträgern, die auf beiden Seiten des Meeres ansässig, einen Sinn, der mit der bisherigen Verwaltung sich schwer vertrug. Heinrich II. fand es doch nicht leicht nach solchen Zwischenzuständen die alte Regierungsweise wieder herzustellen. Mit dem scharfen Verstand seiner Nation wußte er zunächst ein tüchtiges ihm persönlich ergebenes Beamtenthum zu finden. Die Masse der sächsischen Bevölkerung wurde gewonnen durch eine scharfe Aufsicht über die Sheriffs, durch Schutz der Hintersassen gegen willkürliche tallagia der Grundherren, durch Concessionen an einzele Städte, durch allgemeine Erweiterungen des Rechtsschutzes mit Beschränkungen des Zweikampfes. Allen Klassen willkommen war die etwas mildere Handhabung der Forstgesetze, der Lehnsgefälle, die wiederkehrende Regelmäßigkeit der ganzen Verwaltung.

Am schwierigsten aber hatte sich das Verhältniß zur Kirche gestaltet. In der Zeit des Faustrechts war der privilegirte Gerichtsstand der Geistlichkeit in einer Weise ausgedehnt, welche dem einheitlichen System der Staatsverwaltung und der absoluten Geltung der Königsgewalt entschieden widersprach. Heinrich II. war ebenso fest entschlossen, diese Oberheit zu behaupten, wie sein ehrgeiziger Primas Thomas a Becket entschlossen, die neuen Grundsätze des Jahrhunderts von der höchsten Kirchengewalt zur Geltung zu bringen. Die kirchlichen Wirren bilden nun den Wendepunkt, in welchem es das Königthum rathsam fand, nur mit der ausdrücklichen Zustimmung seiner Kronvasallen vorzuschreiten. Es geschah dies, wie oben erwähnt (§. 14), so, daß der König zu außerordentlichen Hoftagen die angeseheneren Prälaten und Barone berief, um wichtige Maßregeln der geistlichen, und in Verbindung damit auch der weltlichen Gerichtsverwaltung mit ihnen zu besprechen, und als mit ihrer Zustimmung gemacht zu proclamiren.

Der erste Schritt in dieser Richtung ist, daß im Januar 1164 der König die 16 sog. „Artikel" von Clarendon vorlegt, betreffend die Unterwerfung des geistlichen Personals unter die königliche Lehns- und Gerichtsgewalt, daß er diese Artikel von den größeren Baronen und Bischöfen anerkennen, bestätigen, und förmlich einregistriren läßt.

Bei dem fortdauernden Widerspruch des Erzbischofs beruft der König bald nachher nicht eine gewöhnliche Gerichtscommission, sondern zum ersten Mal die Gesammtheit der großen Prälaten und Barone, um den Primas des Reichs durch formellen Gerichtsspruch für schuldig und in die misericordia Regis verfallen zu erklären.

Der unglückliche Verlauf des Kirchenstreits hat dann noch mehr als einmal die Berufung von Hoftagen veranlaßt, bei welchen Hand in Hand mit den kirchlichen Fragen auch wichtige Reformen der weltlichen Gerichtsverfassung zur Besprechung kommen. Es handelte sich dabei um grundsätzliche Abweichungen von dem judicium parium, von der normannischen Gerichtssitte des Duells, um Grundsätze, die zwar in der Praxis schon zur Geltung gebracht, denen sich die Rechtsuchenden thatsächlich gefügt hatten, bei denen aber doch eine Zustimmung der Kronvasallen rathsam schien, um entschiedene Abweichungen von dem Rechtsherkommen beider Nationen zu dauernden Einrichtungen des Landes zu machen. Da es dem König auf die Zustimmung seiner Vasallen in dem kirchlichen Streit sehr dringend ankam, so war er veranlaßt, die an sich zeitgemäßen Maßregeln noch annehmbarer zu machen durch das Ansuchen um die Zustimmung seiner Kronvasallen, welches in den ersten Anfängen ständischer Bildung stets populär ist. Der König verschmäht es auch nicht, wie in der angelsächsischen Zeit, den „Königsfrieden" einmal wieder mit Beirath seiner Witan zu proklamiren, wie solcher in der sog. „Assise" von Clarendon (zwischen 1164 und 1176) verkündet ist mit dem Zusatz: „quam dominus Rex Henricus consilio archiepiscoporum et episcocorum et abbatum ceterorumque baronum suorum constituit". (Palgrave I. 257.) Es treten also in dieser der Wiederbelebung ständischer Rechte günstigen Wendung zwei Neuerungen hervor:

1) an Stelle der formlosen Rathsversammlungen wird bei wichtigen Berathungen die Gesammtheit der großen Prälaten, der Earls und großen Barone eingeladen; in den Rathsbeschlüssen selbst wird dies consilium archiepiscoporum, episcoporum, abbatum, comitum et baronum (optimatum, procerum) ausdrücklich erwähnt; und bei der Verurtheilung Beckets fungirt diese Versammlung als Peersgericht, in der äußeren Gestalt einer großen Lehnscurie, an Stelle der sonst in anderer Weise ernannten Gerichtscommissionen.

2) Zu den gewichtigsten Beschließungen wird das eine oder das andere Mal sogar eine Anzahl kleinerer Kronvasallen eingeladen. Zu dem Reichstag von Northampton a. 1176 wenigstens sind auch „milites et homines Regis" neben den barones geladen, oder nach anderen Bezeichnungen auch vicecomites und „barones secundae dignitatis".

In Verbindung mit diesen Hergängen tritt zum ersten Mal die Unterscheidung von Barones Majores und Minores hervor, welche bis heute den Gegenstand eines lebhaften Streits bildet.

Das Wort Baro bezeichnet urspünglich allgemein einen Mann (Baron and feme, Barones civitatis London, Court-Baron, Baron of the Cinque Ports). Seit der Eroberung verdrängt es allmälig die angelsächsische Bezeichnung Than, anscheinend um ebenso wie das lateinische homo die Lehnsabhängigkeit der Mannen gegen den König auszudrücken. Ziemlich früh werden unter den Barones vorzugsweise die Barones Regis verstanden, also die tenentes in capite, welche von Anfang an in Meistbelehnte und kleinere Kronvasallen zerfielen.

In der That gab es von jeher Barones majores und minores in der Lehnsmiliz. Als Bannerherren oder Officiere sah man im Lehnsheere diejenigen an, welche eigene Abtheilungen führten. Auf dem Continent rechnete man wohl 50 milites oder wenigstens 25 auf einen Bannerherrn; in England scheint nach dem kleineren Maßstab der Belehnungen eine kleinere Zahl für die constabularia maßgebend. Im activen Heere ernannte allerdings der König die Führer; aber es war doch nicht zu ändern, daß die Großvasallen, welche vermöge ihres Lehnsbesitzes ganze constabulariae zu gestellen hatten, sich als „geborene" Officiere der Lehnsmiliz (seigneurs) ansahen, wie denn auch der König thatsächlich nur größere Vasallen zu Bannerherren ernennen konnte.

Von jeher wußte man von Barones majores und minores in der Schatzkammer. Anfallsgelder, Vormundschaften, Verheirathung der Meistbelehnten bildeten natürlich Hauptposten in der Finanzverwaltung. Kam die Herrschaft eines Meistbelehnten in manum Regis so bildete sie oft eine Specialverwaltung. Während die relevia des einzelen Ritterguts auf 100 Schilling fixirt sind, blieben diejenigen von größeren Herrschaften noch längere Zeit der persönlichen Bestimmung des Königs vorbehalten, und fixirten sich später auf 100 Mark. Der Wille des Königs und die Praxis des Schatzamts zogen hier die Grenze zwischen Herrschaft und kleinem Lehen; und in diesem Zusammenhange finden wir öfter einen Streit, ob das relevium von einem Lehen als Herrschaft, Baronia, oder ob es von den einzelen Lehen zu berechnen sei. Bei der Abmessung der amerciaments ferner werden die Meistbelehnten höher geschätzt, weshalb einzele Kronvasallen gegen ihre Abschätzung als „Barone" reklamiren, während sie nur Einzellehne besäßen (vergl. insbesondere den Fall des Abt von Croyland 19 Edw. II.).

Von jeher unterschied man Barones majores und minores bei Hofe. Natürlich konnten nur große Herren die glänzenden Hoftage mit einem Gefolge besuchen; an solche erging herkömmlich die Einladung; ihnen wurde herkömmlich eine andere Aufmerksamkeit zu Theil wie dem knappenlosen Ritter.

Von jeher gab es Barones majores und minores in dem Grafschaftsgericht, in welchem ein natürliches Uebergewicht solcher Herren hervortreten mußte, welche selbst Gericht halten über andere Vasallen, und die in der Versammlung der Grafschaftsritter selbst Untervasallen haben, welche nicht Urtheilsfinder über den Herrn sein dürfen.

Eben deshalb gab es von jeher auch Barones majores und minores in der Anschauung des Volks und in dem Sprachgebrauch des gemeinen Lebens.

Es ist bei dieser Sachlage begreiflich, daß schon gleichzeitige Schriftsteller die Ausdrücke barones majores et minores so gebrauchen, daß die spätere Zeit diesen Unterschied als einen feststehenden Unterschied der Stände auffassen konnte, welcher aber dennoch vor einer rechtlichen Prüfung nicht besteht. Ein Standesunterschied würde zunächst voraussetzen, daß die großen Besitzungen verschieden von dem einfachen Ritterlehn besessen wurden. Sie werden allerdings als baroniae oder honors zuweilen von manors und einfachen Ritterlehen unterschieden, eben so oft aber auch nicht. In dem großen Verzeichniß der Lehne aus der Zeit Heinrich III. und Edward I., welches unter dem Namen Testa de Nevill (1807) gedruckt ist, werden die Bezeichnungen honors, baroniae und feuda in solcher Vermischung gebraucht, daß eine feste juristische Scheidung augenscheinlich nicht da ist. Der eigentliche Sachverständige aber, der unter Heinrich VI. die Abhandlung über den Lehnsbesitz schrieb, Littleton on Tenures, welche den späteren Werken von Coke und Blackstone zu Grunde liegt, kennt keinen Unterschied zwischen tenure by barony und tenure by knights service, und schon diese juristische Autorität ist entscheidend. Eben so wenig unterscheiden sich die großen und kleinen Kronvasallen etwa durch einen Amtstitel. Die Meistbelehnten werden bald nur mit dem Vornamen bezeichnet, bald mit einem Familiennamen mit oder ohne den Vorsatz de. Das Gleiche kommt be ikleineren Kronvasallen und auch bei Aftervasallen vor. Bei wenigen Familien (Baro Stafford, Baro de Greystock) wird aus unbekannten Gründen das Wort Baro gewöhnlich. Doch gehören gerade diese keineswegs zu den großen Vasallen. Entscheidend ist auch der Umstand, daß selbst die Spitzen der großen Baronie, die Earls, schon seit der Eroberung eine bloße persönliche Adelswürde darstellen ohne die entfernteste Andeutung einer besonderen Stellung in einer Lehnscurie oder im Rath des Königs. Das Gewicht dieser Thatsachen ist denn auch genügend gewesen, das neuere Comité des Oberhauses über die Würde eines Pair zu dem Zugeständniß zu bringen, daß eine Reichsstandschaft vor den Zeiten der Magna Charta nicht bestand. Der thatsächliche und sociale Unterschied war noch immer kein juristischer: staatsrechtlich nicht, weil keine cour de baronie vorhanden ist; privatrechtlich nicht, weil große wie kleine tenentes in capite zu völlig gleichen Besitzrechten sind.

Wenn nun dennoch die Lage des Reiches Heinr. II. wiederholt dazu nöthigte, den angesehensten geistlichen und weltlichen Vasallen eine gewisse Stimme zuzugestehen, so ist es einleuchtend, daß der König für die Einberufung der Notabeln freie Hand hatte. Sie geschah nach persönlichem Vertrauen, besonders also an solche, die mit wichtigen Vertrauensämtern beehrt waren, — sie geschah in Gemäßheit der alten Hofsitte, welche gewisse große Vasallen von jeher mit einer persönlichen Einladung (writ) zu Hofe beehrte, — sie geschah nach der im Schatzamt bekannten Größe ihrer Besitzungen, nach der näheren oder größeren Entfernung des Wohnsitzes, — natürlich auch mit Rücksicht auf das persönliche Ansehen und Meinung der Standesgenossen. Aber dennoch waren diese Versammlungen kein „Lehnsparlament", sondern nicht mehr als große Rathsversammlungen von Notabeln, die eben deshalb auch bald wieder aufhören, auf länger als ein Menschenalter wieder verschwinden.

Ueber Form und Wirkung solcher Berufung ist in dieser Zeit nichts festgestellt worden. Allein es waren doch Präcedenzfälle, in welchen der König seine Vasallenschaft um ihre Zustimmung befragt und diese Zustimmung erhalten hatte. War diese Zustimmung angemessen in den Augen des Königs, so war sie um so angemessener in den Augen der Vasallen; und es lag der Schluß nicht fern, daß das mit Zustimmung der Baronie einmal Festgestellte, auch in derselben Weise, consensu baronum, und nicht mehr durch einseitige Cabinetsorder abzuändern sei. Für Beschlüsse dieser Art taucht nun auch schon die Bezeichnung assisae auf, entlehnt den Lehnscurien des Continents, und schon das Rechtsbuch des Glanvilla legt bei wesentlichen Aenderungen der Rechts- und Gerichtsverfassung ein Gewicht darauf, ob sie durch eine assisa generalis erfolgt seien oder nicht. Das Königthum hatte nur vorübergehende Zwecke bei diesen Berufungen befolgt; aber zum ersten Male seit langer Zeit hatte sich die große Baronie in Staatsberathungen wieder beisammengefunden. Die Geschichtsschreiber sprechen wiederum von dem König als „cum principibus suis de statu regni et de pace confirmanda tractans". Das ständische Recht hatte wieder einen Körper in erkennbaren Umrissen gewonnen, und darum waren jene großen Hoftage Heinrich's II. allerdings wichtige, bis heute unvergessene Präcedenzen, welche bei den Hergängen der Magna Charta und als eine der Unterlagen des späteren Parlamentsrechts in Betracht kommen.

1) Die Entstehung der reisenden Richter hat keine andere Quelle als die Praxis der Centralverwaltung und das Verordnungsrecht des Königs, und fast keine andere urkundliche Grundlage als die Notizen der Schatzrechnungen über die von den Reisecommissarien eingelieferten Summen. Darauf beruhen die Zusammenstellungen, welche Madox mit großer Sorgfalt zusammengebracht hat. In der Zeit Heinrich's I. handelt es sich nur um eine sporadische Erscheinung. Ganz anders erscheint die Zusammenstellung der Reiserichter aus dem 12., 13., 15—17., 20—26. Regierungsjahr Heinrich's II., wo es sich augenscheinlich um eine durchgeführte Verwaltungseinrichtung handelt. Die späteren Rechtsbücher sprechen dann von den Justiciarii errantes als einer hergebrachten Einrichtung, wie Bracton III. Cap. 11—13, ohne bestimmte Angabe auf welcher Grundlage dieselbe beruhe. Die spätere Jurisprudenz brachte alle diese Einrichtungen der Verwaltungspraxis, für die es an Citaten aus dem geschriebenen Recht fehlt, auf den allgemeinen Leisten einer „Common law".

Eine Revision aller Nachrichten enthält die Schrift von Edward Foss, the Judges of England, with sketches of their lives etc, London 1848 ff., von welcher die beiden ersten Bände diese Periode umfassen. Das Verzeichniß der reisenden Richter unter Heinrich I. wird in Bd. I. 92—95 gegeben; unter Heinrich II. p. 174 ff.; unter Richard I. p. 334; unter Johann Vol. II. p. 27; unter Heinrich III. p. 192. Der Verfasser hat aus dieser Periode die Personalnachrichten von nicht weniger als 580 Justiciarien zusammengebracht. Die Hauptresultate sind folgende.

Unter Heinrich I. ergiebt sich aus dem Magnus Rotulus 31 Henr. I. nur eine beschränkte Anwendung auf placita regis. Von 9 Grafschaften fehlen die Angaben. Schon Dugdale, Origines Juridiciales p. 52 hat übrigens darauf aufmerksam gemacht, daß die von Anfang an vorkommende Sitte, Gerichtscommissionen „mit den Männern der Grafschaft" reservirte Fälle verhandeln zu lassen, sehr leicht in diese erste Gestalt der reisenden Richter übergehen konnte. Unbestritten ist unter Stephan jede Spur davon wieder verschwunden. Foss I. 146.

Unter Heinrich II. ist in den ersten elf Regierungsjahren eine regelmäßige Einrichtung der Art eben so unerweislich Foss I. 171. Erst der Kirchenstreit mit Thomas a Becket scheint die großen und populären Reformen in Fluß zu bringen. Von 11 Henr. II. (1165) an erscheinen zunächst eine Anzahl kirchlicher Würdenträger, barons und Herren von Hofe als reisende Commissarien. Von 1166 an bis zum Schluß dieser Regierung bilden die reisenden Commissarien eine regelmäßige Kette mit kaum einer Unterbrechung Foss I. 174. Im Uebrigen treten dabei folgende Fortschritte hervor.

Schon in früheren Regierungsjahren, ehe eine dauernde Justizeinrichtung sichtbar wird, kommen einzele Commissionen zu Verwaltungszwecken vor, namentlich zur Untersuchung von Amtsmißbräuchen und zur Eintaxirung der tallagia. Das Hauptbeispiel ist in 15 Henr. II. die Absendung einer Anzahl von Aebten, Earls und Knights mit förmlichen articuli inquisitionis für die Amtsvergehen der Sheriffs und anderer Beamten in den verschiedenen Grafschaften. Die Zwecke der Gerichtsverwaltung treten aber doch schon seit 12 Henr. II. in den Vordergrund.

Eine neue Epoche bildet der außerordentliche Hoftag zu Northampton 1176, welcher die Grafschaften in 6 circuitus theilt und für jeden circuit

3 Justiciarii ernennt. Es ist hier augenscheinlich auf eine neue organische Einrichtung abgesehen, zu welcher die Zustimmung der Kronvasallen rathsam erachtet wurde. Bei aller Dehnbarkeit der königlichen Hoheitsrechte enthielt die Abordnung der Reisecommissarien doch einen bedenklichen Widerspruch gegen die leges Eduardi. In der älteren Praxis hatte man bei der Ernennung entweder ein Rescript des Königs vorbehalten, welches den Spruch für vollziehbar erklärt (Heming p. 77 ff.), oder doch ein Specialrescript, welches die Comissarien zugleich zur Urtheilsvollstreckung ermächtigte, Dugdale Monast. I. 478. Palgrave I. 295 nimmt an, daß die reisenden Richter überhaupt nur zur Untersuchung des Sachverhältnisses committirt waren, während das Urtheil dem König bei Hofe vorbehalten blieb. Die eigenthümliche Gestalt normannischer Hofjustiz hatte jedoch in England eine Fügsamkeit der Parteien herbeigeführt, welche auf dem Continent ihres Gleichen nicht fand. Da jede Berufung auf ein judicium parium doch immer nur zu einer willkürlich zusammengewürfelten Commission führte, so fügte man sich den Anordnungen des Königs meistens ohne Widerrede. Ein königlicher Specialcommissar brachte aber fast dieselbe Autorität mit sich, gegen welche die Berufung an die Curia Regis, d. h. an den Auftraggeber selbst, für erfolglos gehalten wurde. So erklärt es sich, daß Commissarien schon ziemlich früh nicht nur als Rechtsweiser fungiren, sondern daß sie de facto das Urtheil selbst sprechen, daß wenigstens dem Erfolge nach ihr Spruch als definitiv gilt. Sollte aber dieser nur aus dem Nothstand der Justiz hervorgegangene Zustand zu einer dauernden Reichseinrichtung werden, so ist es begreiflich, wie selbst ein absolutes Regiment die Zustimmung der Kronvasallen für rathsam hielt, besonders in jener Zeit der Kirchenwirren. Die zahlreich versammelten Kronvasallen haben die Zustimmung wirklich ertheilt, so daß nun die für jeden circuit ernannten drei Justiciarii in aller Form Rechtens, nicht nur die Assisen in Civilsachen, sondern auch den endgültigen Urtheilsspruch in Strafsachen abgeben sollten. Die damals festgestellten sechs circuitus umfassen bereits die heutigen Grafschaften; nur fehlen Durham und Chester, die als Pfalzgrafschaften gesonderte Gerichtsbezirke bilden; Rutland ist wahrscheinlich in einer Nachbargrafschaft einbegriffen, Monmouth gehörte damals noch zu Wales.

Es zeigt sich indessen, wie wenig die Beschlüsse der Notablenversammlungen als bindende Reichsgesetze galten. Schon drei Jahre später auf einer Rathsversammlung zu Windsor 25 Henr. II. werden jene Beschlüsse in erheblichen Punkten geändert. Es ist dabei nur die Rede von einer Anzahl Prälaten und Kronvasallen in der gewöhnlichen Weise der königlichen Rathsversammlungen (Parry, Parliaments 16). Das Land wird jetzt in vier circuits getheilt und für drei derselben je fünf Justiciarien ernannt, darunter ein Bischof, wenigstens ein königlicher Clerk; überhaupt ist bei den neuen Ernennungen eine besondere Rücksicht auf rechtskundige Mitglieder erkennbar Foss I. 171. In dem vierten circuit nördlich des Trent und Humber sind sechs Commissarien ernannt als Justiciae in Curia Regis ad audiendum clamores populi et ad faciendam justiciam, also anscheinend mit noch weiter gehendem Auftrag Palgrave I. 296. Die spätere Zeit ist, nach mehrfachen administrativen Experimenten, doch wieder auf die sechs circuits der Assisen von Northampton zurückgekommen.

Seit dieser Zeit finden sich an der Spitze der Liste der reisenden Richter in der Regel solche ordentliche Justiciarii, die zugleich Mitglieder des inzwischen gebildeten Hofgerichtscollegiums sind. Dann folgen die bloßen Justiciae itinerantes, — nicht selten untere Beamte, welche in späteren Jahren zu ordentlichen Justiciarien befördert werden. Oft sind noch Grundbesitzer und Geistliche der Grafschaft hinzugefügt, besonders wenn es sich um Einschätzung von tallagia und anderen Auflagen handelte. Foss I. 334. 335.

Unter Richard Löwenherz sind die Rundreisen anscheinend ziemlich regelmäßig gehalten. Unter Johann sind sie mehre Jahre unterbrochen, besonders wenn der König selbst Rundreisen hielt, in welchem Falle er sich von einigen Justiciarien begleiten ließ, denen er andere gelegentlich hinzufügte Foss II. 27. Unter Heinrich III. beginnen die regelmäßigen Rundreisen im dritten Regierungsjahre. An der Spitze der Commission steht in der Regel ein Bischof oder Abt und ein oder zwei ordentliche Justiciarien von dem Collegium; die übrigen sind große oder kleine Kronvasallen oder Geistliche aus der Grafschaft Foss II. 191. 192. Aus der Mitte des dreizehnten Jahrhunderts giebt dann das Rechtsbuch des Bracton das Formular eines Special writ zur Ernennung eines reisenden Richters:

„Rex dilecto et fideli suo N N. salutem. Sciatis, quod constituimus vos justiciarium nostrum, una cum dilectis et fidelibus nostris A. B. C. ad itinerandum per comitatum W. (vel comitatus D. S. R.) de omnibus assisis et placitis, tam coronae nostrae quam aliis, secundum quod in Brevi nostro de generali summonitione inde vobis directo plenius continetur.“

Die Art und Weise, in welcher mit den reisenden Richtern die neue Einrichtung der Recognitiones und der Rügegerichte in Civilprocessen verbunden wurde, ist bereits oben (§. 10. 11.) angegeben.

2) Die Entstehung eines collegialischen Hofgerichts ist ebenso eine Schöpfung der Verwaltungspraxis. Sie taucht in einem gewissen Zeitpunkt in den Verwaltungsurkunden auf, wird dann in den Rechtsbüchern als bestehende Einrichtung vorausgesetzt und wird endlich auf common law zurückgeführt. Der Zeitpunkt der Entstehung muß also durch eine Art von Indicienbeweis bestimmt werden, für welchen das Wort justiciarius einen Anhalt ergiebt. Früher wurde jeder königliche Commissar so genannt, z. B. die mit Aufnahme des Domesday-book Beauftragten, die königlichen Commissarien im Heere, sogar Schiffscapitäne, Justiciarii navigii Regis. Erst seit Heinrich II. erhält der Ausdruck die speciellere Bedeutung eines stehenden Commissarius für richterlichr Geschäfte. Solche Richtercommissarien waren früher ebensowenig vorhanden gewesen, wie stehende richterliche Commissionen. Auch der summus justiciarius wird erst seit Heinrich II. ein ordentlicher Reichsbeamter. Noch a. 1165 und 1177 bezeichnet Hoveden die vom König ernannten Richter ganz unbestimmt als fidelis, familiares, barones curiae. Es bestand allerdings ein engerer Kreis von Prälaten und Baronen um die Person des Königs, welche als rechtskundige Männer im Schatzamt und zu Commissionen habituell verwendet wurden; sie bildeten aber kein Collegium und keine organisirten Amtsstellen. Die Reichstage von Clarendon aber, also das Jahr 1164 oder 1165, scheinen auch hier den Wendepunkt zu bilden. Mit diesem Jahre beginnen die regelmäßigen Verzeichnisse der reisenden Richter. Die Nothwendigkeit diesen Commissarien gleichmäßige Anweisungen mitzugeben, die Nothwendigkeit einer gegenseitigen Mittheilung und Rechenschaft von den angewendeten Rechtsgrundsätzen führte wohl sehr bald zu einer Collegialverfassung, in der sich die nothwendige Stetigkeit der Praxis fand. Einen weiteren Anhalt für die Zeit gaben die Gebühren, welche von Parteien gezahlt werden, um eine Klage bei der Curia Regis anbringen zu können; die ältesten Beispiele einer solchen fine finden sich in den Schatzrollen 15 Henr. II., Madox I. 96. 429. Alles spricht dafür, daß eine Art von collegialischer Verfassung Hand in Hand mit der Institution der reisenden Richter vor sich geht, daß also der Zeitraum von a. 1165—1179 der entscheidende ist. Die Resultate der Verwaltungspraxis werden erkennbar an folgenden Punkten:

1) Eine ansehnliche Zahl von Personen unter dem Titel Justiciarii bilden von dieser Zeit an ein besonderes Justizpersonal, dem in königlichen Erlassen dieser Titel als Amtstitel gegeben wird. Die Personal-Nachrichten sind sorgfältig von Foss zusammengestellt: unter Heinrich II. Vol. I. 172, 173; unter Richard I. 333—335; unter Johann Vol. II. 25; unter Heinrich III. p. 186. Bald nach Heinrich II. kommen auch schon königliche Patente an den „Chief justice und seine anderen justices of England" vor, welche den Amtscharakter der ordentlichen Justiziarien formell ausdrücken. Unter den Justiziarien erscheint auch der Kanzler und gelegentlich alle Großämter, die eben deshalb auch unter den reisenden Richtern als Spitzen der Commission vorkommen. Daß namentlich die Geistlichkeit als rechts- und geschäftskundiges Personal fortwährend stark betheiligt bleibt, ergiebt das Verzeichniß bei Foss I. 161, welches unter den Kanzlern und Justiciarien dieser Zeit 5 Erzbischöfe, 8 Bischöfe, 3 Aebte, 8 Archidiakonen, 2 Königscaplane aufweist. Von der Zeit der collegialischen Bildung an erschienen die Mitglieder des Collegium als eine höhere Klasse von ordentlichen Justiziarii an der Spitze der Reisecommissionen, welche den bloßen justices itinerant vorgehen. Die letzteren sind dann aber in späteren Jahren oft zu ordentlichen Mitgliedern des Collegiums befördert. Es besteht so eine immer noch ziemlich bunte Verwendung des Personals, bei welcher beispielsweise unter Heinrich II. einmal der Kanzler und der Constable die Assisen von Kent abhält. Unter Richard I. präsidirt der Großrichter Erzbischof Hubert in den Grafschaftsassisen, seine Nebencommissarien verhandeln die placita coronae, Besitzentsetzungen, Erbfälle u. s. w. Die Verordnung aus 24. Henry II., nach welcher 5 Commissarien ernannt werden, qui a curia non recederent, sondern Klagen am Hofe hören sollen, (Bened. Petr. 266 a. 1178) enthält entweder die Entstehung oder ein Zeugniß für das schon frühere Vorhandensein eines Richtercollegiams.

2) Daß am Schluß der Regierung Heinrichs II. ein ausgebildetes Verfahren vor einem Richtercollegium am Hofe des Königs vorhanden war, ergiebt das Rechtsbuch des Glanvilla. Dies Verfahren ist so sicher und kunstvoll ausgebildet, stimmt so genau überein mit den Originalprotocollen des Hofgerichts, welche seit 6. Richard I. vorhanden sind, daß schon eine längere Praxis des Collegiums bestanden haben muß. Mit dieser Curia Regis sind bei Glanvilla die bedeutungsvollen Reformen des Beweisverfahrens im Civilprozeß (recognitio) in Verbindung gebracht, welche Biener, Geschw. G. I. 63, 64 sorgfältig nachweist. Es sind genau dieselben Besitz- Eigenthums- und Erbstreitigkeiten, welche gleichzeitig auch in der Normandie durch Gemeindecommissionen entschieden wurden, und die als gewohnheitsrechtliche enquêtes dort schon von älterem Datum waren. Es ist also möglich, daß

diese Theile der Justizreform aus der Normandie übertragen sind, obwohl der Schluß kein concludenter ist, da auch in England ein veridictum vicineti schon in älteren Anwendungen vorkommt, und die englischen Verhältnisse von Anfang an sich selbständig und eigenthümlich gebildet hatten, Glanvilla VII. 9. §. 7. XIII, 15. §. 6. II. 6. §. 4. V. 4; Spence, Equitable jurisdiction I. 101, 112, 128; Reeves I. 86. Da aber die Zulassung gewöhnlicher Civilprozesse bei Hofe und die Gestattung eines Recognitio eine königliche Vergünstigung sind, und da in allen reservirten Fällen die Anordnung des Gerichts einen persönlichen Act des Königs voraussetzt, so nimmt der Civilprozeß in der curia fast die Gestalt eines römischen Rescriptprozesses an. Der Kläger muß dazu eine Cabinetsorder (writ) erbitten und sich deshalb an den persönlichen Sekretair des Königs, den Kanzler, wenden. In den regelmäßig wiederkehrenden Fällen wird die Cabinetsorder sehr bald eine matter of course, welche bei den clerks des Kanzlers gegen eine Gebühr zu extrahiren ist. Die prozeßeinleitenden Cabinetsorders werden nun formulae actionum, vermittelt durch den Kanzler als officina justiciae. Durch die Verbindung der reisenden Richter mit den Grafschaftsgerichten entsteht dann wieder wie im römischen Prozeß ein ordo judiciorum: Einleitung durch writ, Ladung durch den Sheriff als Unterbeamten des Oberhofes, litiscontestatio und Einreden nach normannischen Plaidirregeln, in bestimmten Fällen Gestellung einer Jury (recognitio), die sich durch die Praxis ausdehnt zu einer allgemeinen Verwendung der Civiljury. Gedruckt sind diese ältesten Prozeßverhandlungen in der Placitorum abbreviatio. 1811. fol.; ausführlich in Palgrave, Rotuli curiae Regis Vol. I. from 6. Rich. I. Vol. II. a. 1. Jo. Lond. 1835. 8. Ein erhebliches Verdienst um die Darstellung dieses Formular-Prozesses hat die Schrift von Gundermann, Besitz und Eigenthum in England. Tübingen 1864, Buch I. und Buch II. Abth. 2.

3) Nach einer bisher weit verbreiteten Meinung soll schon in der Zeit Richards I. von dem collegialischen Hofgericht sich eine Civilabtheilung für die communia placita abgelöst haben, so daß jetzt schon ein doppeltes Collegium für Justizsachen bestanden hätte, das bancum Regis oder eigentliche Hofgericht und ein bancum commune. Die Hauptautorität dafür war die Vorrede Coke's zu seinem 8 th. Report, der sich dabei wieder einmal mit Lord Bacon in Widerspruch befand. Die sorgfältige Beweisführung von Foss II. 161—179 genügt wohl, um diese Ansicht zu beseitigen. Es ist richtig, daß die drei Stellen aus Glanvilla, welche von den justiciarii in banco residentes reden, von einem doppelten bancum nichts enthalten, daß andere Beweise dafür fehlen, daß eine Reihe von Umständen vielmehr dagegen spricht. Ich nehme es nach dieser Beweisführung (abweichend von der ersten Auflage) als feststehend an, daß bis zur M. Charta nur ein Gerichtscollegium bestand. Die Verhandlungen vor demselben werden von Glanvilla als „coram justiciariis in banco residentibus" bezeichnet; Ausdrücke, wie diem habet in banco werden seit Richard I. ziemlich häufig; auch königliche Erlasse ergehen schon an die justiciae in banco, oder an die justiciae de banco Foss II. 171. Der Ausdruck bancum (bench) als Bezeichnung des Richtercollegiums selbst ist jedoch erst in der folgenden Periode geläufig geworden.

Unverkennbar ist aber in der ganzen Bildung des collegialischen

Hofgerichts eine ursprüngliche und noch lange dauernde Verbindung mit dem **Exchequer**, welche sich aus dem Umstande erklärt, daß das Schatzamt schon seit der Eroberung als organisirte Behörde mit festen Büreaus bestand, an welcher sich der Geschäftsgang der Centralverwaltung vorzugsweise gebildet hatte, sowie daraus, daß die administrative Gestalt der Reichsregierung dasselbe Personal in immer noch beweglicher Gestalt bald zu den Finanz-, bald zu den Justizgeschäften verwandte. Die Momente dieser Verbindung sind folgende:

a) Der summus justiciarius ist der gemeinschaftliche Präsident sowohl des Hofgerichts wie des Schatzamts, und der Exchequer als die ältere Behörde bleibt so sehr coordinirt, daß erst Jahrhunderte später eine Appellation vom Exchequer gestattet wurde, während doch das bancum Regis für die Bank der communia placita gleich nach ihrem Entstehen ebenso wie für alle anderen Gerichtsbehörden die Oberinstanz wurde.

b) Alle Großbeamte, welche ex officio Mitglieder des Schatzamts waren und dort ihre Stellvertreter haben, erhalten dasselbe Recht auch in dem jüngeren Hofgericht. Der Constable und Marshal hat daher seinen gleichnamigen Stellvertreter auch in der curia Regis und in den Gerichtshöfen, welche durch weitere Spaltungen daraus hervorgingen. Dasselbe Recht wurde jenen Mitgliedern auch zugestanden, als der Juden-Exchequer sich von dem Hauptschatzamte ablöste. In ähnlicher Weise theilt sich das Amt des erblichen Usher.

c) Die Personal-Privilegien der Beamten des Schatzamts übertragen sich auf die Justiziarien des jüngeren Hofgerichts, namentlich die Befreiung von den common amerciaments der Grafschaft, die Befreiung von den scutagia, der privilegirte Gerichtsstand für ihre Prozesse und diese Exemtionen werden ausdrücklich auf das alte Privilegium des Schatzamts zurückgeführt: „per libertatem sedendi ad scaccariam."

d) Die Büreaus blieben bis zu einem gewissen Maße gemeinsam, ja auch wohl das Local. Das große Siegel blieb gewöhnlich in der Treasury des Exchequer aufbewahrt. Foss II. 9. Das Hofgericht folgt zwar dem Recht nach der Person des Königs; sein gewöhnlicher Sitz ist aber doch mit dem Exchequer in Westminster. Foss stellt die Vermuthung auf, daß der zweite Sitzungssaal im Schatzamt, welcher gegen Ende der Regierung Heinrichs II. eingerichtet wurde, mit besonderer Rücksicht auf die Justizgeschäfte des Hofgerichts eingerichtet sei. Foss II. 168. Die Gerichtsverhandlungen in einem Civilprozeß werden beispielsweise in 9. Rich. I. bezeichnet: in curia Regis apud Westmonasterium ad scaccarium coram justiciariis domini Regis. Foss I. 336, was ungezwungen wohl nur von dem Ort der Gerichtsverhandlung zu verstehen ist. Auch in den Mandaten an die Richter, werden sie zuweilen als Justiciae domini Regis de Westmonasterio bezeichnet, Foss II. 171.

e) Bei der ursprünglichen Verbindung beider Behörden hat sich auch der Büreaugang durch clerks aus dem Exchequer, also nach dessen älterem Muster gebildet. Daher die unverkennbare Uebereinstimmung der Rotuli und Records der Curia Regis mit den Geschäftsformen des Exchequer. Auch nach der späteren Trennung der Gerichte werden immer noch die fines, amerciaments, tallages, aids, scutages von den reisenden Richtern dem Schatzamt in alter Weise einberichtet. Der alte Grundsatz recordationem curiae Regis nulli negare licet, LL Henr. 31. 49. §. 4. war ein ursprünglicher Grundsatz aller königlichen Centralverwaltung, entstand keineswegs erst aus der collegialischen Bildung des Hofgerichts, sondern war vorher und nachher auch für den Exchequer geltend, für welchen er beiläufig unter Eduard I. einregistrirt wird: Recordum de his quae fiunt in Scaccario non debent alicubi coram quibuscunque Justiciariis extra id Scaccarium mitti, nec unquam a fundatione Scaccarii mitti consuevit; sed si Justiciarii quicunque ad explanationem placitorum, quae coram eisdem Justiciariis placitantur super hiis quae in Scaccario pertractantur seu fiunt, necesse habeant certiorari, debent ad Scaccarium venire etc. (Madox II. 25.) — Gewöhnlich legt man für das Alter des Hofgerichts ein Gewicht darauf, daß schon im 7. Regierungsjahre Heinrichs II. die spätere Weise der enrolments vorkomme, daß also das Büreauwesen des Reichsgerichts schon damals geregelt gewesen sei. Palgrave's Introduction to Rot. Curiae Regis p. II. Allein der Exchequer mit seinen Büreaus und völlig ausgebildetem Geschäftsgang bestand ja schon seit Menschenaltern, und es ist daher begreiflich, daß das jetzt entstehende bancum sich zunächst den Geschäftsformen des Schatzamts anschloß. Die Enrolments aus 7. Henry II. sind daher kein Beweis, daß in jenem Jahre ein von dem Exchequer gesondertes ständisches Justizcollegium schon bestand.

Der Exchequer erscheint unter Richard I. allerdings geschieden von dem Gerichtskollegium der Curia Regis. Nach wie vor entscheidet er aber auch die Rechtsfragen innerhalb der Finanzverwaltung, und noch immer macht der König von dem Recht Gebrauch, gewöhnliche Civilprozesse nach Befinden von den barones scaccarii entscheiden zu lassen. In seiner Hauptthätigkeit indessen ist und bleibt der Exchequer der Mittelpunkt der Einnahmen und Ausgaben, der Rechnungshof für die Sheriffs und sonstigen Accountants. Noch immer werden im Schatzamt die Sheriffämter besetzt (verpachtet) auf Anweisung oder mit dem präsumirten Willen des Königs. Sheriffs, Escheators und gewisse Unterbeamte leisten hier ihren Amtseid. Communen, denen eine Selbstwahl ihrer Sheriffs und Mayors verliehen ist, präsentiren solche im Schatzamt zur Beeidigung. Ebenso geht vom Exchequer aus die Absetzung einzeler Sheriffs, unter Heinrich III. sogar zu wiederholten Malen eine massenhafte Absetzung aller. Leistung von Lehnseiden, Ertheilung von Belehnungen, Vergleiche ad Scaccariam kommen jetzt häufig vor. Aus dem Schatzamt ergehen auch die Aufgebote der Landwehr, adressirt an den Sheriff. Das administrirende Collegium besteht jetzt aus dem Großrichter und den Barons, unter denen aber der Treasurer immer mehr hervortritt und nach Wegfall des Großrichters zuletzt der eigentliche Vorsitzende wird. Seit Henry III. scheint auch das Amt des Schatzkanzlers entstanden zu sein (Jo. Maunsell 18. II. III. vgl. Thomas, Materials 9. 10.). Jedenfalls wird er seit dieser Zeit öfter erwähnt; seit Eduard I. auch ein Treasurer's lieutenant. Die Sitzungen im Schatzamt finden gelegentlich noch unter persönlichem Vorsitz des Königs statt, welcher sonst schriftlich unter seinem Privatsiegel oder auch mündlich durch Boten ganz formlos seine Befehle ertheilt.

Auf den persönlichen Vorsitz des Königs bei den Gerichtsverhandlungen, sowie auf die Stellung des Kanzlers, der Reichskanzlei und auf das System der Rotuli ist in der dritten Periode zurückzukommen. (§. 20. 21.).

3) Die Keime der Reichsstandschaft der großen Barone liegen wiederum in dem halben Jahrhundert von dem Reichstag zu Clarendon bis zur M. Charta. Irreleitend ist auch für diese Frage die Analogie des Continents, wo die abgeschlossenen ständischen Rechte sich viel leichter bildeten. Die englische Verfassung hat, verglichen mit der deutschen, entgegengesetzte Ausgangspunkte. Die deutschen Kaiser fanden Macht- und Rechtsverhältnisse vor, deren auch die größte Persönlichkeit nicht Herr zu werden vermochte, — einen Stand von Dynasten, dessen Reichsstandschaft und Fortentwickelung zur Landeshoheit sie nicht zu hindern vermochten. In England fehlte den Meistbelehnten Beides: die Machtverhältnisse, d. h. geschlossene Gebiete, die Rechtsverhältnisse d. h. die geschlossene Grundherrlichkeit, welche in England im stetigen Sinken begriffen ist, auf dem Continent im stetigen Steigen. Um den langsamen, aber unwiderruflichen Gang der ständischen Rechte in England zu würdigen, muß man Verwaltung und Verfassung, Kirche und Staat in ihrem lebendigen Wechselverhältniß vor Augen behalten.

Unverkennbar sind es die kirchlichen Verhältnisse, welche in dem halben Jahrhundert von 1164—1214 die Ansätze einer neuen ständischen Verfassung vorbereitet haben, und es bedarf deshalb eines kurzen Rückblicks auf die concilia über die kirchlichen Angelegenheiten. Wilhelm I. und II. hatten die alte Weise der gemischten Concilien festgehalten, die sie als königliche Rathsversammlung frei berufen, wie das Concil von 1072 zur Entscheidung des Streits über den Primat, die Concilien von 1095 und 1097 über den Investiturstreit. Ebenso verfährt Heinrich I. auf den Concilien von 1102 und 1107, wo er sogar kraft königlicher Autorität den Investiturstreit persönlich entscheidet. Ebenso 1108, wo ein gemischtes Concil die canones über den Cölibat annimmt. Allein schon 1126 muß sich der König ein geistliches Concil gefallen lassen, welches unter der souveränen Autorität des Papstes eine Reihe von canones promulgirt, die freilich schon früher Angenommenes nur bestätigen. Unter Stephan scheint die Anmaßung der geistlichen Concilien jede Schranke zu überschreiten. Waren auch immer noch keine unzweideutigen Präcedenzfälle vorhanden, so tritt doch unwillkürlich das Anerkenntniß hervor, daß die kirchlichen Verhältnisse nicht durch die alleinige Autorität des Königs endgültig geordnet werden können, daß die Kirche ein Staatswesen aus eignem Recht bildet, daß die englische Kirche ein untrennbares Glied einer allgemeinen katholischen Kirche bildet, deren alleiniges Haupt der König von England nicht ist. Die berathenden Versammlungen über die Kirchenangelegenheiten nehmen daher in langsamem Fortschreiten einen verschiedenen Charakter an, wie Verhandlungen mit einer coordinirten Gewalt. Um dies Verhältniß wieder zu beseitigen, entschließt sich Heinrich II. zu einer Berufung der außerordentlichen Hoftage zu Clarendon und Northampton 1164 mit der gesammten großen Baronie des Reichs, allen Bischöfen und den angesehensten Aebten, welche aus der unterschiedslosen Masse der tenentes zum ersten Mal als Ganzes hervortraten. Das Königthum erhielt dadurch den kirchlichen Ansprüchen gegenüber allerdings eine entscheidende Verstärkung, damit freilich aber auch die Baronie das Gefühl einer entscheidenden Macht. Der Name assisae, der von dieser Zeit an bei den Geschichtsschreibern wie in den Rechtssammlungen auftaucht, drückt den Beginn einer veränderten Auffassung aus, die zwar noch unklar und unentschieden, doch schon eine Vorstufe für beschließende Parlamente bietet. Die festere Stellung gegen die

Kirche war unverkennbar mit einigen Concessionen an die Stellung des Kronvasallenthums erkauft.

Die Nothwendigkeit, das weltliche Vasallenthum durch Concessionen bei der Sache des Königs festzuhalten, hat in den kritischen 12 Jahren Heinrich II. veranlaßt, seine Notablen-Versammlungen auch über solche Punkte der weltlichen Verwaltung zu Rath zu ziehen, die eine wesentliche Aenderung des hergebrachten angelsächsischen und normannischen Rechtssystems enthielten, namentlich die Anerkennung der reisenden Richter als einer verfassungsmäßigen Einrichtung. Die „Assise" von Clarendon über die Bewahrung des Landfriedens, welche in dieselbe Periode fiel und von Palgrave aus einem Manuscript im brittischen Museum veröffentlicht ist, (Commonwealth I. 257, II. 168) enthielt auch die Anerkennung mehrer durch die Gerichts- und Polizeipraxis entstandenen Einrichtungen. Ein sehr abweichender Abdruck findet sich bei Hoveden, 549. Auch ist die Zeit der Assise zweifelhaft, wie überhaupt das Datum der Reichsberathungen zu Clarendon streitig. Ziemlich sicher aber hat eine Bestätigung jener Assisen auf dem Reichstage zu Northampton stattgefunden. Noch nicht ist aber die Rede von einer Mitwirkung der Kronvasallen bei der Feststellung der auxilia und scutagia; denn die Finanzen Heinrichs II. befanden sich noch in dem alten guten Verhältniß unter der strengen aber geordneten Verwaltung des Exchequer; die Ablösung der Kriegsdienste durch Schildgelder wurde noch so gehandhabt um als eine Vergünstigung zu erscheinen.

Nach der Auffassung des Königs sollten diese Vorgänge kein Präjudiz für die königlichen Hoheitsrechte enthalten. Man glaubte, daß wenn die Großen des Landes zu einer zeitgemäßen Einrichtung einmal ihre Zustimmung erklärt hätten die Sache damit abgemacht sei, daß die neue Einrichtung nun eben noch ein Anerkenntniß ihrer Rechtmäßigkeit für sich habe. In diesem Sinn ist die Staatsregierung noch ein volles Menschenalter weiter gegangen. Nach 1176 ist von Assisen unter Heinrich II. nicht mehr die Rede; ebenso wenig unter Richard Löwenherz. Erst in 5. Johann wird eine königliche Verordnung erwähnt (Patent Rolls 5 Jo.) welche communi concilio baronum nostrorum die „Assize of bread" geregelt habe. Es mag sein, daß man veranlaßt war, bei der Regelung der Preise der Lebensmittel als einer in das Volksleben tief eingreifenden Maßregel mit einiger Förmlichkeit an die assisa de pace servanda unter Heinrich II. anzuknüpfen. Es ist indessen nicht ersichtlich, daß in dieser Zeit (am 25. April 1204) irgend eine größere Versammlung berufen wurde (Selden, Titles of Hon. 735); es scheint vielmehr eine gewöhnliche Rathsversammlung abgehalten, deren Zustimmung aber bei der Publikation zu erwähnen rathsam befunden wurde.

Das Hinderniß des Fortschreitens in dieser Richtung lag noch immer in der Gestaltung des Kronvasallenthums selbst, welches in Hunderten von kleinen Lehnsbesitzern nicht die Elemente einer politischen Pärie enthielt. Und diese Schwierigkeit vermehrte sich gerade in dieser Zeit der Kreuzzüge durch die zahlreichen Veräußerungen von einzelen Ritterlehen und kleinen Parcellen, so daß jetzt tenentes in capite im Besitz von $1/20$, $1/100$, $1/300$ Ritterlehn vorkamen. Bei der Unmöglichkeit einer festen Abgrenzung zwischen Großen und Kleinen blieb nur die Form der königlichen Berufung übrig, um eine beschlußfähige Versammlung zu bilden. Unterblieb diese, so waren die großen Hoftage wieder zu Ende. Und so geschah es; die Assisen von Clarendon und Northampton finden ein volles Menschenalter hindurch keine Nachfolge.

In der obigen Darstellung sind indessen die wichtigeren Momente hervorgehoben, an welchen sich dennoch eine thatsächliche Gruppirung von barones majores et minores bilden mußte. In den privatrechtlichen Verhältnissen war nun einmal kein Unterschied zwischen Ritterlehn und Baronie zu finden. Alle Scheidungsmomente beruhen vielmehr auf der Verwaltungspraxis; und selbst in den Schatzurkunden dauert es lange, bevor namentlich die verschiedenen Beträge der Relevia zu einer festen Unterscheidung führen. So heißt es in den Rot. 9. Henry III.: per inquisitionem, quam Rex precepit fieri, idem Walterus tenuit de Rege in capite per foedum militis, et non per baroniam. Madox I. 318. 681 (wo auch noch andere Beispiele des Gebrauchs von baronia und honor für die Besitzungen vorkommen, die das große Relevium von 100 Mark in Bausch und Bogen zahlen). Die Art und Weise, in welcher der Dialogus de Scaccario II. cap. 10 von baroniae majores et minores spricht, beweist jedoch, daß selbst in der Praxis des Schatzamts keine feste Terminologie bestand. Erst das Rechtsbuch des Bracton II. 39. §. 6. bezeugt, daß damals auch die Gerichtshöfe in einzelen Beziehungen zwischen baronia und vasoria zu unterscheiden anfingen:

> quod dicitur de baronia non est observandum in vavasoria, vel aliis minoribus feodis quam baronia, quia caput non habent sicut baronia.

Allein dieser Satz datirt eben erst seit der Mitte des 13. Jahrhunderts. Erst unter Heinrich III., nachdem die M. Charta und mehrfache andere Präcedenzfälle vorangegangen waren, fing der Sprachgebrauch an von der „Baronage“ als der Gesammtheit der größeren Kronvasallen zu sprechen, Parry, Parliaments XI.

In neuerer Zeit ist das häkliche Thema von den barones majores und minores wieder ausführlich behandelt in Hallam, Middle Ages und mit besonders vorsichtiger Zurückhaltung in dem Peers Report III. 87. 97. ff. 109 ff. 254. Wenn man mit dem Peers Report anerkennt und anerkennen muß, daß eine rechtliche Grenze gar nicht zu ziehen war, daß also die Berufung der Kronvasallen zu einem consilium Regis in dieser ganzen Periode lediglich von einem Act des Königs abhing, so ist damit eben die „Reichsstandschaft“ der Kronvasallen negirt. Es ist das keine Reichsstandschaft, in welcher die Auswahl unter Hunderten nur von einem königlichen writ abhängt. Wenn die englische Pairie selbst auf einen erdichteten Stammbaum aus der normannischen Zeit verzichtet, so wird dies begreiflich, insofern die englische nobility selbst durch die verworrene Idee von einem „Sitz, zu welchem jeder Kronvasall in der normannischen Curia regis berechtigt“ gewesen wäre, in einen Nothstand versetzt wird; denn die Ansprüche auf einen Sitz im heutigen Oberhause würden unabsehbar werden, wenn jeder Nachkomme eines normannischen Reiters, der irgend einmal zu den tenentes in capite gehört hat, eine baronage by tenure beanspruchen könnte!

§ 17.

Die Magna Charta.

Auf Heinrich's II. kraft- und doch wechselvolle Regierung folgt Richard Löwenherz, abenteuerlich und planlos, doch ein treuer Ausdruck seiner Zeit, und darum volksbeliebt. Die während seines Kreuzzuges eingesetzte Regentschaft geräth bald in Streit mit den großen Baronen und mit des Königs Bruder Johann. Während der Abwesenheit des Königs sah England zum ersten Mal einen Theil der Barone mit einem anderen unzufriedenen Theile in Fehde. Mit der Rückkehr aus der Gefangenschaft kehrt indessen das persönliche Regiment des Königs zurück, welcher einen Hoftag (colloquium) in alter Weise abhält, zu Gericht sitzt über seinen Bruder Johann und einen Bischof, ein Hufengeld von 2 sh. von jeder Hufe Landes ausschreibt, in seinen unaufhörlichen Fehden auf dem Continent aber bei einer Belagerung das Leben verliert.

Die nun folgende Regierung Johann's scheint noch einmal die schlimmsten Eigenschaften der Normannen und der Normannenzeit zu vereinigen. Dieser König verwirkt durch die Ermordung seines Neffen Arthur seine französischen Lehne und führt damit die Trennung der Normandie von England herbei. Er verwickelt sich in einen Kampf mit dem päpstlichen Stuhl und beendet denselben durch demüthige Unterwerfung. Er schaltet in der Reichsverwaltung zielloser wie Richard, härter wie irgend ein Vorgänger und entfremdet sich durch Feigheit und Grausamkeit, durch Stolz, Habsucht und Willkür der Reihe nach alle Klassen der Bevölkerung. Er führt dadurch endlich einen Zustand herbei, in welchem alle Elemente des Widerstandes gegen den Absolutismus sich in eine gemeinsame Action zusammenfassen.

Obenan unter diesen Widerstandskräften stand seit Heinrich II. die Kirche, die sich schon einmal als eine dem Königthum ebenbürtige Macht erwiesen hatte. Jetzt ist die Zeit herangerückt, in welcher Innocenz III. auf dem Höhepunkt seiner Macht die Kirche als die Universalmonarchie des Mittelalters auf dem glänzenden Lateranensischen Concil (a. 1215) proklamirt. Im Bruch mit dieser Macht ist Johann dahin gekommen, daß ihm ins Angesicht die Excommunicationsbulle publicirt, die Entsetzung von seiner königlichen Würde und die Entbindung der Unterthanen vom Treueid auf englischem Boden proclamirt wird.

Aber auch in dem weltlichen Vasallenthum war seit der Eroberung Vieles anders geworden. Seit den Kreuzzügen war das Bewußtsein der Würde des kriegerischen Berufs mächtig gewachsen. Der starke Arm der Schwerbewaffneten hatte seit Menschenaltern jeden Kampf entschieden; alle Macht der Fürsten beruhte jetzt zunächst auf der Zahl solcher Arme. Die Gleichheit dieser Zustände in der ganzen Christenheit und die kirchliche Weihe hatten einen Corpsgeist erzeugt, welcher unter den Mauern von Jerusalem sich einen gemeinsamen Codex der Ehre bildete, dem auch die Fürsten ihre Huldigung nicht versagen konnten, der in Turnieren und geselliger Sitte einen weiteren Anhalt und Ausdruck fand. Während also die „Ritterschaft" sich als Einheit zu fühlen begann, während die Blüthezeit der Kreuzzüge den normannischen Sinn und das Selbstgefühl der Lehnsmilizen auf ihren Höhepunkt erhoben hatte, war in dem Schatzamt und in der Administration der Landvögte das prosaische System der amerciaments und fines auf den Höhepunkt gelangt, — gerade damals hauste Johann als Waisenvater mit seinen Lehnsmündeln in beispielloser Weise, und betrachtete die Frauen und Töchter seiner Großvasallen als Gegenstand seiner Wüstlingsneigungen.

Auch in den Städten Englands und in dem Freisassenthum war inzwischen Manches anders geworden. Die Ausdehnung des Lehnrechts auf den gesammten Grundbesitz mit der starren Regel der Unveräußerlichkeit und der Erstgeburt war in dieser Uebertreibung zur Unnatur geworden, gegen welche die Gesetze der Volkswirthschaft und des Familienlebens sich stillschweigend ihr Recht zu verschaffen anfingen. Auf dem Umweg der königlichen Licenz gegen Gebühr (fine) war die Veräußerung und Vertheilung der Lehngüter in ansehnlichem Maße zurückgekehrt. Heirath und Todesfall, Vererbung durch Erbtöchter zu gleichen Theilen, Rückfall und Wiederausleihung in kleineren Theilen, Afterbelehnung, sogar directe Parcellirung durch Verkauf (wie solche von den zu den Kreuzzügen ausziehenden Herren vorgenommen und von der Krone begünstigt waren), hatten ein neues Freisassenthum im ländlichen Besitz geschaffen. Die durch die Kreuzzüge beförderten Handels- und Geldgeschäfte hatten die cities und burgs mächtig gefördert und seit Richard I. eine erhebliche Zahl englischer Städte auf eine höhere Stufe der Selbständigkeit erhoben. Die an Zahl und Wohlstand vermehrte Classe hatte ein erhöhtes Selbstgefühl gewonnen durch den wiederkehrenden Ruhm des Fußvolks und der Bogenschützen als der nationalenglischen Waffe. Auch diese Klasse befand sich in einer bereiten Stimmung, mit geistlichen und weltlichen Kronvasallen gegen den Mißbrauch der königlichen Gewalten gemeinschaftliche Sache zu machen.

Vor Allem aber war es die Verschmelzung der normannisch-fränkischen und der angelsächsischen Nationalität, welche in unsichtbarer Weise die Wurzeln des Absolutismus zu untergraben begonnen hatte. Nach fünf Menschenaltern fühlten sich die normannischen Herren sicher in ihrem Besitz und in ihrem Einfluß auf Untervasallen, Schutzverwandte und Hintersassen. Generationen hatten jetzt unter einer Kirche, einem Königthum, einem Rechts- und Verwaltungssystem, in gleichem Frieden und gleichem Druck mit einander gelebt. Die Periode des Faustrechts unter Stephan, noch mehr der Kirchenstreit unter Thomas a Becket hatte zeitweise dann wieder andere Gegensätze über den nationalen Zwiespalt erhoben. Gemeinde- und Familienleben haben die Verheirathungen der Angli und Francigenae jetzt zu einer täglichen Erscheinung gemacht. Unter einer starken Staats- und Kirchengewalt ist eine neue insulare Volksbildung gereift, die durch die Trennung der Normandie zu dem Bewußtsein der Selbständigkeit gelangte. In dieser Neubildung ist aber das angelsächsische Element überwiegend, nicht bloß durch die Zahl (welche durch die höhere Besitzstellung des normannischen Elements ausgeglichen wurde), sondern durch die Charactereigenschaften, welche unvertilgbar fest das Angelsachsenthum in Familie, Sitte und Sprache festhielten. Der nüchterne sittliche Ernst dieses Familienlebens, gegenüber dem glänzenden beweglichen fränkischen Wesen, erwies sich auf die Dauer als das stärkere Element, welches in Kirche und Staat, in Gemeinde und Familie das fränkische assimilirt, und trotz des noch fortdauernden Unterschiedes der Sprache und des Standesgeistes, schließlich des französischen Elements wiederum Herr wird. Es ist wahr, daß dem Namen und Stammbaum nach, der größere Theil der mächtigen Klassen des Landes noch Normannen war; aber mit jeder weiteren Generation consolidirt sich die Bevölkerung der Insel zu einer dem Charakter nach germanischen Nation.

Diese Elemente sind es, welche sich in dem weltgeschichtlichen Hergang am 15. Juni 1215 zusammenfassen,*) der unter dem Namen der Magna Charta mit Recht als die Hauptgrundlage der englischen Verfassung betrachtet worden ist. Von dem Zeitpunkt an, als Johann in seinem Kirchenstreit den gesammten Heerbann des Landes gegen den König von Frankreich zusammengezogen hatte, war in der Bevölkerung das Bewußtsein ihrer Stellung zu diesem Königthum wach geworden. Der päpstliche Legat hatte dem König Beweise von dem Einverständniß der Barone mit König Philipp vorgelegt und dadurch zunächst die demüthige Ergebung Johann's an den päpstlichen Stuhl herbeigeführt, welche das Land in tiefere Bewegung brachte als das Interdict. Bei der Zusammenkunft der Großen in der St. Paulskirche am 25. August 1213 war es zu einer Conföderation gekommen, die von einem großen Theil der Prälaten unterstützt, in ihren Forderungen gegen die Krone langsam fortschritt. Erst gegen Ostern 1215 fand sich zu Stamford ein Heer von 2000 Rittern mit zahlreichem Gefolge zu Pferde und zu Fuß beisammen, darunter auch Großlehnsträger, besonders aber jüngere Söhne der ersten Familien des Landes. Sie wählen Robert Fitzwalter zum Marschall des „Heeres Gottes und der heiligen Kirche", lassen sich am 5. Mai durch die Domherren von Durham ihres Lehnseides entbinden, gewinnen aber erst eine feste Stellung gegen den König und seine Besatzungstruppen, seitdem sie, im Einverständniß mit der Bürgerschaft von London, die Herrschaft dieses großen befestigten Platzes gewonnen haben. In dieser Lage kommt es zu den Friedensverhandlungen auf der Wiese von Runimede (15—19. Juni 1215), in welcher der König mit einem kleinen Gefolge auf einer Seite, die aufständischen Barone in vollen Waffen auf der andern Seite verhandeln, der Earl von Pembroke die vermittelnde Stellung einnimmt. Die Barone (vielleicht Langton selbst) hatten ursprünglich die Beschwerden des Landes in Artikeln aufgesetzt, die nochmals revidirt und ergänzt, vom König durch Befestigung seines großen Siegels anerkannt und dann in förmlicher Ausfertigung zur königlichen Charte erhoben werden.**)

Die Magna charta führt zurück in die Einzelheiten des normannischen Verwaltungsrechts, so daß die bisherige Darstellung zugleich als Commentar dienen kann. Vorweg ist jedoch auszuscheiden das Verhältniß der Kirche. Nur im engen Bündniß mit der englischen Prälatur waren die Barone im Stande, den Kampf gegen das Königthum aufzunehmen. Die früher ertheilte charta über die Freiheit der kirchlichen Wahlen wird daher bestätigt und soll getreulich befolgt werden (Art. 1. 63. pr.). Die Trennung von Kirche und Staat ist gegenüber dem Absolutismus noch populär; an der jetzt vorhandenen Stellung der Kirche gedachten weder die Barone noch die englische Bevölkerung zu rütteln. Die Artikel der Magna charta umfassen also nur eine rechtliche Begrenzung der weltlichen Hoheitsrechte, bei denen sich die bisher befolgte Ordnung als naturgemäß darbietet.

I. Die erste Gruppe der Artikel umfaßt die rechtlichen Schranken der Lehnskriegshoheit,[1]) hauptsächlich von der finanziellen Seite aus: betreffend Vormundschaft, Verheirathung, Höhe der Anfalls- und Hülfsgelder. Es wird dabei das herkömmliche Recht der Krone anerkannt, aber fiscalische Interpretation und übertriebene Forderungen abgeschnitten durch Zurückführung auf gemessene Leistungen. Das Relevium von der Herrschaft eines Comes wird auf 100 Pfund Silber, von der Herrschaft eines Kronvasallen auf 100 Mark Silber, von dem einzelen Ritterlehen auf 100 Schilling fixirt (Art. 2). Der Lehnsvormund des minderjährigen Erben soll seine angemessenen Einkünfte und Dienste haben, die Ländereien nicht verwüsten, vielmehr im Stande erhalten (Art. 5. 6.). Lehnserben sollen standesmäßig verheirathet werden (7). Die Wittwe soll ihr Witthum haben und zur Wiederverheirathung nicht gezwungen werden (8. 9.). Die Ausschreibung der scutagia und auxilia betreffend (Art. 12. 14. unten unter V.). Keinem Unterlehnsherrn soll das Recht verliehen werden andere auxilia von seinen freien Vasallen zu nehmen, als ein angemessenes Hülfsgeld in den herkömmlichen drei Fällen (15.). Niemand soll pfändungsweise gezwungen werden, mehr an Diensten für ein Ritterlehn oder anderes Freilehn zu leisten, als er von früherher schuldig (16.). Kein Burgvogt soll einen Ritter zwingen, Geld zu zahlen für die Burgwacht, wenn er solche in eigener Person thut, oder im Fall der Behinderung durch einen geeigneten Mann; und wenn der König ihn zur Armee sendet, soll er frei sein von Burgwacht während der Zeit, wo er auf Befehl des Königs bei dem Heere ist (29.). Alle diese Festsetzungen sollen aber auch die Privatlehnsherren gegen ihre Mannen als bindend anerkennen, Artikel 60:

> „Omnes autem istos consuetudines predictas et libertates, quas nos concessimus in regno nostro tenendas, quantum ad nos pertinet erga nostros, omnes de regno nostro tam clerici quam laici observent, quantum ad se pertinet ergo suos."

Ein großer Theil dieser Lehnsartikel stimmt mit den alten Zusicherungen der Charta Henrici I. überein, unterscheidet sich aber durch die viel bestimmtere Fassung und durch eine Fürsorge für die Vollziehung.

II. Rechtliche Schranken der Gerichtshoheit,[2]) betreffend

1) die Civiljustiz: die Verhandlung der gewöhnlichen Civilprocesse soll nicht mehr dem Hofe folgen, sondern einen festen Sitz haben (Art. 17. — erinnernd an die Beschwerden der deutschen Reichsstände zur Zeit der Einsetzung des Reichskammergerichts.) Die Civilassisen sollen alljährlich in jeder Grafschaft durch umreisende Richter

gehalten werden (18. 19.) Ueberhaupt sollen keine Justiciarii, Grafschafts- und Ortsrichter ernannt werden, welche nicht das Recht des Landes kennen und es getreulich beachten wollen (45.). — Die willkürlichen und unverhältnißmäßigen Sporteln in Justizsachen sollen aufhören: nulli vendemus, nulli negabimus aut differemus rectum vel justitiam (40.) In der That verschwinden seit dieser Zeit die großen Proceß-Fines, die Counter-Fines und die Sistirungsgebühren aus den Schatzrechnungen.

2) Die Strafjustiz betreffend: kein Vicecomes, kein Burgvogt oder örtlicher Gerichtsvogt des Königs soll fortan eine wirkliche Criminaljustiz üben, placita coronae entscheiden (24.) Es wird daraus wiederum ersichtlich, wie populär die Centralisation der Justiz auf Kosten der Grafschafts- und Stadtvögte geworden war. Am weittragendsten, auch die Civiljustiz umfassend, ist aber der monumentale Artikel 39:

„Nullus liber homo capiatur, vel imprisonetur aut dissaisiatur aut utlagetur aut exuletur aut aliquo modo destruatur, nec super eum ibimus, nec super eum mittemus, nisi per legale judicium parium suorum, vel per legem terre."

Es ist die Zusicherung der Fortdauer der leges Eduardi, der herkömmlichen Gerichtsverfassung, mit dem darin enthaltenen Rechtsschutz der Person und des Vermögens. Mit dem judicium parium ist nicht die Jury gemeint, welche im Jahre 1215 nur in Anfängen einer Jurata in Civilsachen bestand, sondern der alte ordo judiciorum, die Urtheilsfindung durch die Rechtsgenossen. Der Zusatz vel per legem terrae lautet in einem Exemplar et per legem terrae, wie überhaupt in dem Sprachgebrauch dieser Zeit „vel" für „et" öfter vorkommt. Es handelt sich also um die oft wiederholte Zusicherung des hergebrachten Landesrechts und der Gerichtsordnung; die Zusicherung ist aber schärfer gefaßt, in ihrer jetzigen Gestalt von den normannischen Großen selbst gefordert, also auch von ihnen den liberi homines des Reichs nochmals garantirt.

III. Rechtliche Schranken der Polizeihoheit[3]) liegen bereits in den Artikeln über die Handhabung der Strafjustiz. Der practische Punkt aber war das System der Amerciaments; denn auf dem Wege der Polizeibußen ließ sich jeder gerichtliche Schutz der Person und des Vermögens illusorisch machen. Die M. Charta (20) richtet dagegen folgende Sätze.

1) Die Polizeibußen sollen in ihrem Maße der Größe der Uebertretung entsprechen: Liber homo non amercietur pro parvo

delicto nisi secundum modum delicti, et pro magno delicto amercietur secundum magnitudinem delicti.

2) Die Execution auf Polizeibußen soll mit dem beneficium competentiae stattfinden, so daß jedem liber homo der nöthige Unterhalt (contenementum), dem Kaufmann sein Waarenlager (marcandisa), dem Bauern sein Ackerinventar (waignagium) bleiben.

3) Bei Verurtheilung in eine Polizeibuße soll eine Mitwirkung der Gemeindegenossen eintreten; also ein summarisches Gerichtsverfahren: et nulla predictarum misericordiam ponatur, nisi per sacramentum proborum hominum de visneto.

Dieser ziemlich unscheinbare oft übersehene Punkt trifft die Wurzeln der Polizeiwillkür und der verfassungswidrigen Verordnungen und ist dann im Verlauf der reichsständischen Periode unter Mitwirkung des Parlaments vollständig durchgeführt. Ein ordentliches Rechtsmittel, das writ de moderata misericordia, hat die Berufung auf den Rechtsweg gegen Polizeibußen und administrative Executionen auch bei den Ortsgerichten grundsätzlich durchgeführt.

Ein Grundrecht der Freizügigkeit, auf welches nun auch die Geistlichkeit bei ihrem Verkehr mit Rom sich berufen konnte, enthält der Artikel 42.:

> Liceat unicuique de cetero exire de regno nostro et redire salvo et secure per terram et per aquam, salva fide nostra, nisi tempore guerre per aliquod breve tempus propter communem utilitatem regni, exceptis imprisonatis et utlagatis secundum legem regni et gente de terra contra nos guerrina et mercatoribus, de quibus fiat sicut predictum est.

IV. Rechtliche Schranken der Finanzhoheit[4]) enthalten bereits die Bestimmungen über die Kriegshoheit. Während jene aber zu Gunsten der höheren Klassen dienen, so folgt nun eine Reihe von Beschwerden der Freisassen und Städte gegen die fiscalische Verwaltung.

Mit den auxilia (eigentlich tallagia) der Stadt London soll es ebenso gehalten werden, wie mit den Hülfsgeldern der Lehnsvasallen (12.). London und alle anderen cities, burghs, villae et portus sollen ihre libertates et liberas consuetudines haben (13.), Kaufleute ihren sicheren Handel und Wandel, frei von willkürlichen Auflagen und Zöllen (41.). Ein Maß und Gewicht soll im ganzen Lande stattfinden (35.).

Keine Stadt und kein Freisasse soll zum Dämme- und Brückenbauen genöthigt werden, wo es nicht herkömmlich von Alters her (23.). Das Zwangsfouragiren (purveyance) und der Zwangsvorspann soll wider Freisassen nur gegen Baarzahlung stattfinden, beziehungsweise nur mit dem freien Willen des Besitzers. Kein Burgvogt oder königlicher Vogt soll namentlich Korn oder anderes Gut von Jemand nehmen, außer gegen Entgelt (28.). Kein Sheriff oder königlicher Vogt oder Anderer soll Pferde oder Wagen von einem Freimann nehmen zu Fuhren, außer mit dessen Zustimmung (30.). Weder der König noch ein königlicher Beamter oder ein Anderer soll Jemandes Holz nehmen zu königlichen Burgen oder anderem Gebrauch, außer mit Zustimmung des Eigenthümers (31.).

Außer dem Forst Wohnende sollen nicht vor die Forstgerichte geladen werden (44.). Die neu angelegten Forsten sollen entforstet werden (47.). Alle Mißbräuche, betreffend Forsten, Jagden, Förster, Sheriffs und ihre Beamten sollen in jeder Grafschaft untersucht werden durch zwölf geschworene Ritter der Grafschaft, gewählt durch die guten Männer derselben Grafschaft (48.).

Gemeinsam den Lehnsvasallen und den liberi homines ist auch die Zusicherung über die Regelung des beweglichen Nachlasses und Bezahlung der Schulden, besonders im Verhältniß zu den privilegia fisci (26. 27.). Aus dem Bereich der Verwaltung des Exchequer of Jews sind die Artikel über die Behandlung der debita Judaeorum (10. 11.).

Es zeigt sich von dieser Seite aus der Einfluß der schon vorhandenen Rechtsgleichheit der freien Bevölkerung. Die den Kronvasallen zugestandenen Freiheiten erstrecken sich beinahe unwillkürlich auf die Verhältnisse der Privatlehnsherren erga suos. Die Schranken gegen die willkürlichen Schatzungen sind wenigstens auf die Stadt London ausgedehnt. Umgekehrt kommt die Abhülfe der gemeinen Landesbeschwerden (welche fast alle aus fiscalischer Willkür hervorgehen), zunächst den mittleren Klassen zu gut, erstreckt sich aber auch auf die höheren hinauf. Kriegsvasallen und libere tenentes stehen in solchen Artikeln neben einander. Viele Clauseln lauten auf alle „liberi homines" ohne Rücksicht auf die Weise des Besitzes, und kommen insoweit auch den hintersässigen Gutsbauern zu Statten. Ein Paar Klauseln sind direct zu Gunsten der villani bestimmt.

V. Die rechtliche Sanction aller dieser Freiheiten und Zusicherungen steht in Verbindung mit einer Reihe von transitorischen Bestimmungen. [5]) Zugleich aber verbindet sich diese Sanction mit anderen Artikeln zu einer ersten Grundlegung reichsständischer Verfassung. Die bisherige Form der Freiheitsbriefe konnte den Baronen nicht genügen, da nicht einmal die Frage ihrer Unwiderruflichkeit in der Gerichtspraxis fest stand. Man schlug daher zunächst den Weg ein, durch einen feierlichen Eid der Charte den Character eines Friedensschlusses nach Lehnsgewohnheit zu geben: „Juratum est autem tam et parte nostra, quam ex parte Baronum, quod hec omnia supradicta bona fide et sine malo ingenio servabuntur". Die Charte erhält dadurch den Charakter eines zweiseitigen Pacts. Da nun aber ein Eid des Königs Johann werthlos, vom Papst dispensabel und alle zugesicherten Schranken der Verwaltung gegen die souveräne Curia und den Exchequer an sich haltlos waren, so wurde schon durch die Lage die Einsetzung eines landständigen Ausschusses mit anerkannten Widerstandsrechten bedingt, welche in Verbindung mit einigen früheren Artikeln die reichsständischen Clauseln der M. Charta bildet.

1) Das Widerstandscomité wird im Artikel 61. mit folgenden Maßgaben eingesetzt. Es sollen 25 Barone (darunter der Mayor von London) als Conservatoren der Charta erwählt werden, sich vorkommenden Falls durch Cooptation ergänzen, nach Stimmenmehrheit beschließen: und sollte nun der König einen Artikel überschreiten, so sollen je vier derselben beim König oder Großrichter auf Abhülfe antragen, und im Fall der Verweigerung dürfen sie die communa (wohl die ganze Vasallenschaft?) aufbieten, sich Gehorsam schwören lassen,

„und diese Barone mit der Gesammtheit des Landes (cum com„muna totius terrae) mögen uns auspfänden (distringet et grava„bunt) durch alle in ihrer Macht stehenden Mittel, nämlich durch „Wegnahme unserer Burgen, Ländereien, Besitzungen, und auf an„dere Weisen, wie sie können, bis dem nach ihrem Ermessen abge„holfen ist, mit Vorbehalt unserer Person, unserer Königin und un„serer Kinder; und wenn dem abgeholfen ist, so sollen sie uns „wieder gehorchen wie zuvor."

Jene Klausel entspricht insofern dem Wesen des mittelalterlichen Lehnstaates, als dieser auf ein gegenseitiges Verhältniß von Lehnsprotection und Lehnstreue, also auf Vertrag begründet war. Die Vasallen sprechen damit den Grundgedanken ihres Verhältnisses so aus, wie es in der Normandie und in Frankreich bestand; doch mit einer wichtigen Aenderung. Während auf dem Continent wohl der einzele Vasall sich als Richter über die Frage betrachtete, ob der Lehnsherr seine Protectionspflicht gebrochen, oft genug auf geringfügige Veranlassung seinen Absagebrief schickte und losschlug: so tritt hier der Adel corporativ auf. Nur die Barone in ihrer Gesammtheit, vertreten durch bestimmte

Organe und mit Zuziehung der communitas sind für widerstandsberechtigt erklärt, nicht aber die Fehde des Einzelen gegen das Königthum sanctionirt. In der That liegt in der barschen Klausel nicht mehr als ein Zugeständniß des lehnsrechtlichen Pfändungsrechts (distress), welches dem König verfassungsmäßig zusteht, in umgekehrter Anwendung für die Gesammtheit der Kronvasallen gegen den König. Die vertragsmäßige Einräumung der Pfändungsrechte lag überhaupt so sehr in den Rechtsvorstellungen des Mittelalters, daß dadurch das Widerstandscomité einen Theil seines revolutionären Charakters verliert.

2) Die zweite reichsständische Klausel war dazu bestimmt eine regelmäßige Berufung und ein Zustimmungsrecht sämmtlicher Kronvasallen in zwei bestimmten Fällen zu sichern. Sofern nämlich ein Lehnshülfsgeld, auxilium, außer den drei herkömmlichen Ehren- und Nothfällen verlangt würde, soll dies nicht anders geschehen als per commune consilium regni nostri (12); und dies soll auch von den auxilia der Stadt London gelten. In allen Fällen aber soll ein commune consilium berufen werden, wenn statt der Lehnskriegsdienste scutagia verlangt werden. Zu jenem commune consilium sollen die barones geladen werden nach folgender Maßgabe:

> Et ad habendum commune consilium regni de auxilio assidendo, aliter quam in tribus casibus predictis, vel de scutagio assidendo, summoneri faciemus archiepiscopos, episcopos, abbates, comites et majores barones sigillatim per litteras nostras. Et preterea faciemus summoneri in generali per vicecomites et ballivos nostros omnes illos, qui de nobis tenent in capite, ad certum diem, scilicet ad terminum quadraginta dierum ad minus, et ad certum locum, et in omnibus litteris illius summonitionis causam summonitionis exprimemus: et sic facta summonitione negotium ad diem assignatum procedat secundum consilium illorum, qui praesentes fuerint, quamvis non omnes summoniti venerint.

Mehr als dies hat die englische Baronie in Waffen, verbunden mit der Kirche, der Stadt London und der Zustimmung des Landes, auf dem Höhepunkt ihrer Erfolge nicht beansprucht. Kein Zustimmungsrecht zum Erlaß königlicher Verordnungen, kein Recht auf Berufung einer Cour de Baronie, keine Versammlung zur Verhandlung der Landesbeschwerden oder zur Steuerbewilligung überhaupt; sondern nur ein Zustimmungsrecht zu zwei positiven Abänderungen der rechtlichen Bedingungen des Lehnsbesitzes. — Den möglichen Keim einer besonderen Pairsgerichtsbarkeit enthielt endlich

3) die Clausel wegen der Amerciaments (21.):

comites et barones non amercientur, nisi per pares suos et nonnisi secundum modum delicti,

— was dem Wortlaut nach an das spätere Pairsgericht erinnert. Allein da eine rechtliche Grenze zwischen den großen und kleinen Kronvasallen noch nicht bestand, so lag darin nichts weiter, als die allgemeine Zusicherung der herkömmlichen Rechtsprechung, nicht mehr als das judicium parium, welches im Art. 39 allen freien Männern des Reichs zugesichert war.

Die Magna Charta enthält also an formellem Verfassungsrecht viel weniger, als man darin gesucht hat. Sie enthält aber bereits die größten Züge des englischen Charakters und Verfassungswesens. Die normannischen Großen waren jetzt genöthigt worden ihre Wahl zu treffen zwischen der Insel und dem Festland. Sie konnten in England sich nicht hinter den Wällen von Burgen gegen das Königthum schützen, sondern mußten bei der Unmöglichkeit des Einzelwiderstandes corporativ auftreten, d. h. in ihrer Gesammtheit — gemeinschaftlich mit der Geistlichkeit, mit den Sympathien des Volkes hinter sich, — die Willkürherrschaft brechen, sich und dem Volke gemeinschaftliche Rechte und Garantien dafür erkämpfen, und so die Verfassung zuerst auf die persönliche Freiheit, den gleichmäßigen Rechtsschutz für Person und Vermögen begründen. Dieser Adel, welcher die Lasten des Staats seit Menschenaltern in erster Stelle getragen, welcher die Regierung eines unwürdigen Königs im gleichen Maße empfunden wie alle anderen, hatte die Leiden des Volks fühlen gelernt, und begann daher seinen Beruf zu ahnen, sich in der entstehenden Verfassung an die Spitze der Nation zu stellen. In diesem Sinne war die Magna Charta zugleich ein Pfand der Versöhnung sowohl der Nationalitäten wie der Stände. Ihre Entstehung und ihre Bestätigungen hielten Jahrhunderte lang lebendig das Gefühl der Gemeinsamkeit gewisser Grundrechte für alle Klassen, das Bewußtsein, daß ein Adel keine Rechte und Freiheiten haben und behaupten kann, ohne die Garantie der persönlichen Freiheit für die schwächeren Klassen. Da das Vermögensrecht und Familienrecht der liberi homines sich einmal einheitlich gestaltet hatte, da ein besonderes Recht für Adel, Bürger und Bauern nicht mehr möglich, so nehmen fortan alle Kämpfe nur die Richtung auf gewisse Schranken der persönlichen Regierung, und so lange der Streit diese Richtung hat, finden wir Volk und Geistlichkeit auf der Seite des Adels. Auf dieser einmal gewonnenen Grundlage konnten auch alle weiteren Bestrebungen nicht dahin gehen, ein abgeschlossenes Sonderrecht für sich zu behaupten, sondern nur dahin, die Staatshoheitsrechte gesetzlich zu regeln, und eine verfassungsmäßige Mitwirkung dabei zu gewinnen. Durch die M. Charta erhielt die englische Geschichte unwiderruflich ihre Richtung dahin, das Verfassungsrecht aus dem Verwaltungsrecht herauszubilden. Und in diesem Sinne ist das Wort Hallam's wahr:

„Die Magna Charta ist noch immer der eigentliche Grundstein der englischen Freiheit. Alles später Erlangte ist wenig mehr, als Bestätigung, Commentar dazu; und wenn alle späteren Gesetze weggenommen würden, würden noch immer zurückbleiben jene kühnen Grundstriche, welche eine freie, von einer despotischen Monarchie unterscheiden."

Weil die Magna Charta aber den Anfang lebendiger Verfassungsrechte, d. h. erzwingbarer, durch Institutionen geschützter Rechte bildet, so sind die Engländer immer wieder darauf zurückgekommen, unter den besten wie unter den schlimmsten Monarchen. An die Stelle der früheren Bestätigung der „Gesetze Eduards" tritt nunmehr das immer wiederholte Verlangen der Bevölkerung nach Bestätigung der M. Charta. Ihr praktischer Sinn hat ein so großes Gewicht auf geschriebene Urkunden gelegt, daß bis zum Schluß des Mittelalters eine Bestätigung der Magna Charta 38 mal verlangt und ertheilt ist.

*) **Der Hergang der Entstehung der Magna Charta** ist von der Geschichtsschreibung mit wohl gerechtfertigter Vorliebe geschildert worden. So auch bei Lappenberg-Pauli III. 293—487. Wichtiger für den Zweck dieser Darstellung ist das relative Verhältniß der Mächte, die sich in dem Akt vom 15. Juni 1215 gegen das Königthum vereinigen und deren Verschiebung in dem folgenden halben Jahrhundert einen so wunderbaren Wechsel der Stellungen herbeiführt.

Die Gegenmacht der Kirche war zur Zeit die imponirendste und nachhaltigste. Erzbischof Stephan Langton selbst, trotz seiner Erhebung durch den Papst, hat unter dem moralischen Eindruck der Stimmung des Landes nicht nur eine Zeit lang die Leitung der Bewegung unternommen, sondern auch treu zur guten Sache gehalten und sich als nationaler Charakter bewährt. Allein unmittelbar nach dem errungenen Erfolg erinnerte das herrische unverständige Verfahren der Curie gegen die Barone nur zu lebhaft daran, daß der geistliche Absolutismus dem weltlichen gegenüber stand. Eine etwas veränderte Stimmung zeigt sich schon bei den ersten Bestätigungen der Charta, in welche eine Clausel gegen die Veräußerungen zur todten Hand aufgenommen wird.

Die Gegenmacht des Kronvasallenthums war allerdings gestärkt durch den Geist des Ritterthums und durch die Sympathien der Untervasallen und Freisassen. Allein die Macht der Gewohnheit kannte nur einen königlichen Heerbefehl in den Lehnsmilizen, die unter einem selbstgewählten Marschall sich leicht veruneinigten. Die zerstreute Lage der Kriegslehne, vor Allem die mangelnden Finanzkräfte machten einen dauernden Widerstand unausführbar. Es erklärt sich daraus, wie es den Baronen möglich wurde, im Juni 1215 eine imponirende Kriegsmacht zusammenzubringen, wie sie aber doch nach wenigen Monaten der Finanzgewalt des Königs, seinen Söldnerheeren und Besatzungstruppen nicht mehr gewachsen sind.

Die wachsende Bedeutung der Freisassen und Städte ist schon von Spelman, on Parliaments gewürdigt (vgl. Peer's Report I. p. 32, 35). Das Wiederaufleben der Grafschaftsmiliz, die Betheiligung der Freisassen an der Civiljustiz, an dem polizeilichen inquest, der Einfluß der selbständigen städtischen courts leet, der moralische Einfluß des gewohnheitsmäßigen persönlichen Zusammentretens zu öffentlichen Geschäften, sind in Gneist II. S. 124—126 hervorgehoben. Allein der Verlauf des nächsten halben Jahrhunderts zeigt doch, daß der neue Mittelstand noch viel zu sehr dem Verwaltungssystem unterworfen, zu sehr auf königlichen Schutz und Verleihungen angewiesen war, um eine selbständige Macht zu bilden. Erst in Verbindung mit der kleineren Ritterschaft gewannen diese Elemente später die ihnen noch fehlende Initiative und nachhaltige Kraft.

Die bedeutungsvollste neue Grundlage ist unzweifelhaft die Versöhnung des nationalen Zwiespalts, welcher schon um die Mitte des zwölften Jahrhunderts so weit gerückt war, daß man bei der polizeilichen Handhabung der Mordbuße den Sachsen und Franken unter den liberi homines nicht mehr zu unterscheiden vermochte, worauf sich das oft citirte Zeugniß des Dialogus de Scaccario bezieht: Jam cohabitantibus Anglicis et Normannis et alterutrum uxores ducentibus vel nubentibus, sic permixtae sunt nationes, ut vix discerni possit hodie, quis Anglus quis Normannus sit genere. Im Zwiespalt hatte die Wurzel des Absolutismus gelegen, und daß sie darin lag, zeigt sich in der Stetigkeit der freieren Richtung von dem Zeitpunkt der Verschmelzung an. Trotz alles Wechsels der Macht- und Parteistellungen in den nächstfolgenden Menschenaltern, war dieser Fortschritt unwiderruflich, consolidirte sich in jeder folgenden Generation und führte die ständische Freiheit bis zum Schluß des Mittelalters siegreich weiter. In dieser Verschmelzung ist aber das germanische Element das überwiegende geworden, wie denn auch der Hergang der M. Charta selbst nicht dem normannisch-fränkischen, sondern diesem Volksgeist angehört, mit seinem angebornen Festhalten an dem individuellen Recht. Es ist schließlich die Zähheit der sächsischen Nationalität, welche die Freiheit Englands gerettet hat. Während auf dem Continent Romanen und romanisirte Kelten sich an den Hof der Großen drängten, hatte der sächsische Than und Bauer in der harten Zeit grollend, fest und abgeschlossen auf seiner Hofwehr gesessen. Während die bildsamen scandinavischen Normannen bei ihrer Niederlassung in der Normandie nach wenigen Generationen die Sprache ihrer Frauen angenommen, in Wesen und Sitte fränkisch geworden waren, hat in England das französisch gewordene Normannenthum in allen Jahrhunderten seiner Stellung als regierende Klasse in die heutige englische Sprache nicht ein

Zehntel seiner fremdländischen Worte, in das englische Vaterunser nur drei Worte einzuführen vermocht, Hickes Thesaur. Praef. p. VI. Es sind schliesslich die Charaktereigenschaften, welche in der Nationalitätsfrage Englands den Ausschlag gaben.

) **Die urkundlichen Ausgaben und Bearbeitungen der M. Charta sind nicht ganz mit derjenigen Sorgfalt behandelt worden, welche der Gegenstand erwarten ließe. Die in staatsrechtlichen Fragen immer langsame Jurisprudenz hat die M. Charta zunächst kaum beachtet. Die Rechtsbücher des Bracton, Britton und Fleta berühren sie kaum beiläufig; für die Gerichtspraxis bedurfte es erst der Specialisirung durch die lange Reihe der aus ihren Grundprinzipien hervorgegangenen Parlamentsstatuten. Erst seit den Zeiten der Stuarts wurde die Wissenschaft der M. Charta gerecht, insbesondere der Herstellung des authentischen Textes. Die Originalurkunde der Magna Charta ist beschrieben von Blackstone, the Great Charter pag. XV. XVI. Sie befand sich (angeblich in Folge einer Beschlagnahme der Papiere des Erzbischofs Laud) a. 1689 im Besitz des Bischofs Burnet, — jetzt im brittischen Museum — Ms. Donat. 4838, abgedruckt bei Rymer I. 129. (Vgl. Lappenberg-Pauli III. 424). Von den durch die Barone verbreiteten Abschriften sind nur 2 Exemplare zu Lincoln und Salisbury von der Record Commission wieder aufgefunden, das erstere ist dem Texte bei Rymer I. 131. und in den Statutes of the Realm I. 9. zu Grunde gelegt. (Lappenberg-Pauli III. 436.) Von den Bearbeitungen sind etwa 3 hervorzuheben:

1. Blackstone, the Great Charter, Oxford 1759 fol. Die gelehrte Introduction enthält jedoch nur solche sachliche Erläuterungen, welche sich aus der Vergleichung der verschiedenen Texte ergeben. Vorangeschickt sind die älteren Charten Heinrichs I, Stephan's und Heinrichs II. p. IV—VI. Weiter wird der Verlauf der Redaction und der Bestätigung bis zum Ende der Regierung Edward's I. mit kritischer Sorgfalt gegeben. Dann folgt der Abdruck der 39 articuli, welche als Punktation der M. Charta zu Grunde liegen (p. 1—9); dann der correcte Text der ausgefertigten Charte in 63 Artikeln d.d. 15. Juni 1215 (p. 10—24). Bei diesem Druck war das cottonianische Manuscript zu Grunde gelegt, jedoch während des Drucks corrigirt nach dem Original-Exemplar, welches dem Verfasser inzwischen aus dem Nachlaß des Bischofs Burnet zugänglich geworden (p. XVI. XVII.). Angefügt sind die Redaktionen der M. Charta 1. Henr. III.; der M. Charta a. 1217; 9. Henr. III.; Ch. confirmationis 21. Henr. III.; 49. Henr. III.; 25. Ed. I; 28. Ed. I.; 29. Ed. I.; die Charta de foresta 9. Henr. III.; das Statutum de Marlebridge.

2. Einen materiellen Commentar giebt Coke II. Inst. S. 1—78 zu den Artikeln der Magna Charta in der Redaction 9. Henr. III. — weniger reichhaltig als der Gegenstand erwarten ließe. Einige brauchbare Zusätze zu dem Cokeschen Commentar enthalten Barrington's Observations on the more ancient Statutes, from Magna Charta to the 21. James I. 1766, 5te Ausgabe 1796.

3. Eine neuere Arbeit ist Richard Thomson, an Historical Essay on the Magna Charta, London 1829. 8., ein typographisches Kunstwerk mit einer recht guten historischen Einleitung und zweckmäßigem Abdruck der verschiedenen Texte. Die Explanatory Notes S. 159—328 sind aber recht unbedeutend. Von Interesse sind mehre der Zusätze, namentlich die Personal-Nach-

richten von den 25 Baronen des Widerstandscomités und anderen bei der M. Charta betheiligten Herren p. 270—321; die erläuternden Bemerkungen zu den Confirmationscharten S. 376—393; die Uebersicht über die Handschriften und Drucke der für die englische Verfassung wichtigen älteren und neueren Charten 394—460 (528—534).

In den gewöhnlichen Ausgaben der englischen Parlamentsstatuten steht nur die M. Charta in der späteren Fassung 9. Henr. III. Erst die von der Record-Commission besorgte officielle Ausgabe der Statutes of the Realm giebt die Original-Urkunden, und zwar die wichtigsten mit Beifügung des facsimile. In Deutschland am zugänglichsten ist der correcte Abdruck in Lappenberg-Pauli, Geschichte III. 897—909.

Der Eingang der M. Charta in voller Ausfertigung lautet: „Johannes „Dei gratia rex Anglie, Dominus Hibernie, . . archiepiscopis, episcopis, „abbatibus, comitibus, baronibus, justiciariis, forestariis, vicecomitibus, „prepositis, ministris et omnibus ballivis et fidelibus suis salutem. Sciatis, „nos intuitu Dei et pro salute anime nostre et omnium antecessorum „et heredum nostrorum ad honorem Dei et exaltacionem sancte ecclesie „et emendacionem regni nostri per concilium venerabilium patrum no- „strorum Stephani Cant' archiepiscopi totius Anglie primatis. . . (folgen „die Bischöfe) magistri Pandulfi domini Pape subdiaconi et familiaris, et „fratris Eimerici, magistri militie Templi in Anglia, et nobilium virorum „Willielmi Marescalli comitis Pembroc', Willielmi comitis Saresbyr, „(folgen weltliche Herren) et aliorum fidelium nostrorum, in primis con- „cessisse Deo et hac presenti charta nostra confirmasse pro nobis et „heredibus nostris in perpetuum: 1) quod Anglicana ecclesia libe- „ra sit et habeat jura sua integra libertates suas illesas etc. Concessimus „eciam omnibus liberis hominibus regni nostri in perpetuum omnes „libertates subscriptas habendas et tenendas eis et heredibus suis de „nobis et heredibus nostris."

Die nachfolgende Anordnung folgt der Entwickelung der Staatshoheitsrechte, im Einzelen aber der Reihenfolge der Artikel. Ein neuer Versuch der Anordnung der Artikel nach Maßgabe der Stände und Classen, zu deren Gunsten sie bestimmt sind, ist gemacht in David Rowland, a Manual of the English Constitution. London 1859. S. 50—60. Vergleiche auch die Darstellung vom Standpunkt der Graffschaftsverfassung und der ständischen Verhältnisse in Gneist II. S. 137—140.

1) Rechtliche Schranken der Lehnskriegshoheit enthalten die Artikel 2—8, 12, 14, 15, 16, 26, 29, 43, 60, namentlich: si quis tenentium de nobis in capite relevium debeat, habeat hereditatem suam per antiquum relevium, scilicet de baronia comitis integra per centum libras, de baronia integra per centum libras (soll heißen marcas), de feodo militis integro per centum solidos (2): Grundsätze der Lehnsvormundschaft (4, 5); heredes maritentur absque disparagatione i. e. unstandesmäßige Verheirathung (6); vidua post mortem mariti sui statim habeat maritagium (7); nulla vidua distringatur ad se maritandum (8); nullum scutagium vel auxilium ponatur in regno nostro, nisi per commune consilium regni nostri, nisi ad corpus nostrum redimendum et primogenitum filium nostrum militem faciendum et ad filiam nostram primogenitam semel maritandam, et ad hoc non fiat nisi rationabile auxilium

(12); Einberufung aller Kronvasallen zu dem commune consilium in solchen Fällen (14, s. Note 5). In den Herrschaften, die sich durch Rückfall in manu Regis befinden, sollen die Lehnsleistungen dieselben Ansätze nicht überschreiten (43); alle diese libertates sollen auch die Privatlehnsherren gegen ihre Untervasallen anerkennen (60). Viele dieser Zusicherungen waren schon in der Charte Heinrichs I. und sonst wiederholt gegeben, aber durch die Praxis des Exchequer wieder gebrochen worden, da das Versprechen alt, das Geldbedürfniß immer neu war. Jene älteren Zusicherungen waren nur zu Gunsten der tenentes in capite gemeint, die neueren für die ganze Kriegsvasallenschaft bestimmt. Eine gute Zusammenstellung der Charta Henr. I. mit dieser Gruppe der Artikel giebt Thomson S. 402—404.

2) **Rechtliche Schranken der Gerichtshoheit** enthalten die Artikel 17—19, 24, 34, 38—40, 45, 54, namentlich: communia placita non sequantur curiam nostram, set teneantur in aliquo certo loco (17); recognitiones de nova dissaisina, de morte antecessoris et de ultima presentatione non capiantur nisi in suis comitatibus et hoc modo etc. (18, 19); Nullus vicecomes, constabularius, coronatores vel alii ballivi nostri teneant placita corone nostre (24); zum Schutz der grundherrlichen Privatgerichte: Breve, quod vocatur Precipe, de cetero non fiat alicui de aliquo tenemento, unde liber homo possit amittere curiam suam (34); nichil detur vel capiatur decetero pro brevi inquisitionis de vita vel membris, sed gratis concedatur et non negetur (36). Nullus liber homo capiatur vel imprisonetur etc. (39, s. oben). Diese grundrechtl. Klausel hatte übrigens schon einen Vorgang. Schon während des Kampfes zwischen der von Richard I. eingesetzten Regentschaft und den Baronen war eine ähnliche Zusicherung wegen des ordentlichen Laufes der Justiz vereinbart worden (Sed et concessum est, quod Episcopi, et Abbates, Comites et Barones, Vassassores et libere tenentes non ad voluntatem Justiciarorum vel ministrorum Domini Regis, de terris et catallis suis dissaisientur, sed Judicio Curiae Domini Regis secundum legitimas consuetudines et assisas tractabuntur vel per mandatum Domini Regis. Et similiter Dominus Johannes in Terra sua faciet observare). Nulli vendemus, nulli negabimus aut differimus rectum aut justitiam (40). Nos non faciemus justiciarios, constabularios, vicecomites vel ballivos, nisi de talibus, qui sciant legem regni et eam bene velint observare (45). Nullus capiatur nec inprisonetur propter appellum femine de morte alterius, quam viri sui (54).

3) **Rechtliche Schranken der Polizeihoheit** enthalten die Artikel 20—22, 24, 32, 39, 42, 54, 56 (in enger Verbindung mit der Handhabung der Strafjustiz), betreffend vor Allem das System der Polizeibußen: Liber homo non amercietur pro parvo delicto nisi secundum modum delicti etc. (Art. 20. s. oben); für die Kronvasallen wurde dann noch hinzugefügt: Comites et barones non amercientur nisi per pares suos, et non nisi secundum modum delicti. (Art. 21.) Gegen Geistliche, welche kein weltliches Lehen besitzen, wurde das polizeiliche Büßungsrecht und die Administrativ-Execution ziemlich unwirksam durch die folgende Clausel: Nullus clericus amercietur de laico tenemento suo nisi secundum modum aliorum predictorum, et non secundum quantitatem beneficii sui ecclesiastici. (Art. 22.) — Nos non tenebimus terras illorum, qui convicti fuerint de felonia, nisi per unum annum et unum diem, et tunc reddan-

tur terre dominis feodorum Art. 32. — Gegen den Schluß wird unter den transitorischen Bestimmungen noch eine Niederschlagung illegaler Polizeibußen zugesichert: omnia amerciamenta facta injuste et contra legem terre omnino condonentur, vel fiat inde per judicium XXV baronum etc. (55. 56.) Die Durchführung dieser Grundsätze hing zunächst von dem Exchequer und dem Hofgericht ab als Oberinstanz des Sheriffs tourn und der übrigen königlichen courts of record. Für die Gutsgerichte und die sonstigen courts not of record bei denen noch das alte Herkommen fortdauerte, wurde später ein besonderes writ de moderata misericordia gebildet, welches die gleichmäßige Durchführung des Grundsatzes erzwingt. Scriven on Copyholds II. 852. 853.

4) **Rechtliche Beschränkungen der Finanzhoheit** enthalten die Artikel 9—11, 16, 25—33, 35, 37, 41, 43, 44, 48, 60, namentlich über die schonendere Beitreibung der fiscalischen Forderungen (9), über Judenschulden (10, 11); über die Beschränkung der auxilia auf die alten 3 Fälle: Simili modo fiat de auxiliis de civitate London' (12); et civitas London' habeat omnes antiquas libertates et liberas consuetudines suos, tam per terras, quam per aquas. Preterea volumus et concedimus, quod omnes alie civitates et burgi et ville et portus habeant omnes libertates et liberas consuetudines suas (13). An dieser Stelle ist unverkennbar der Einfluß der mit den Baronen verbündeten city von London, welche auch die später folgenden Clauseln über Handel, Maß und Gewicht, sowie eine Special-Clausel gegen die in der Themse angelegten Wehre durchgesetzt hat. — Nullus distringatur ad faciendum majus servitium de foedo militis nec de alio libero tenemento, quam inde debetur (16). Nec villa, nec homo distringatur facere pontes ad riparias, nisi qui ab antiquo et de jure facere debent (23). Omnes comitatus et hundredi, trethingii et wapentachii sint ad antiquas firmas absque nullo incremento, exceptis dominicis maneriis nostris (25). Regelung des Nachlasses mit Rücksicht auf die fiscalischen Ansprüche, Ausführung der Testamente über den beweglichen Nachlaß, Vertheilung der Intestat-Erbschaft an die nächsten Angehörigen unter Leitung der kirchlichen Behörden (26, 27); Nullus constabularius vel alius ballivus noster capiat blada alia catalla alicujus, nisi statim inde reddat denarios (28). Nullus vicecomes vel ballivus noster, vel aliquis alius capiat equos vel carettas alicujus liberi hominis pro carriagio faciendo, nisi de voluntate ipsius liberi hominis (30); Una mensura vini sit per totum regnum nostrum et una mensura cerevisie et una mensura bladi etc. (35); Regelung der Vormundschaften der tenentes per feodifirmam, per socagium, per burgagium, per parvam serjanteriam (37); omnes mercatores habeant salvum et securum exire ab Anglia et venvie in Angliam, morari et ire per Angliam tam per terram, quam per aquam, ad emendum et vendendum sine omnibus malis toltis per antiquas et rectas consuetudines etc. (41); mildere Handhabung der königlichen Forstordnungen (44, 47, 48). Die letzteren Artikel bilden den Hauptinhalt der später gesonderten Charta de foresta.

5) **Die transitorischen Bestimmungen der Magna Charta** beginnen Art. 49—52, dann 55—59, 61. 62. Sie betreffen die Rückgabe der gestellten obsides, die Entfernung benannter Personen von den königlichen Amtsvogteien, die Entlassung der fremden Söldlinge, die Zurückgabe der sine legali judicio

parium weggenommenen Ländereien, Niederschlagung ungesetzlicher fines und amerciaments, Rückgabe der weggenommenen Ländereien in Wales, Verhältnisse zum König Alexander von Schottland, allgemeine Amnestie (omnes malas voluntates, indignationes et rancores remisimus, omnes transgressiones factas occassione ejusdem discordie a Pascha a regni nostri XVI. usque ad pacem reformatam.) Unmittelbar davor steht die Clausel wegen des Widerstandscomités, welche in vollständigem Wortlaut des Art. 61 dahin lautet:

Cum autem pro Deo et ad emendationem regni nostri et ad melius sopiendam discordiam inter nos et barones nostros ortam hec omnia predicta concesserimus, volentes ea integra et firma stabilitate in perpetuum gaudere, faciemus et concedimus eis securitatem subscriptam: videlicet quod barones eligent viginti quinque barones de regno, quos voluerint, qui debeant pro totis viribus suis observare, tenere et facere observari pacem et libertates, quas eis concessimus et hac presenti carta nostra confirmavimus, ita scilicet, quod si nos vel justiciarius noster vel ballivi nostri vel aliquis de ministris nostris in aliquo erga aliquem deliquerimus, vel aliquem articulorum pacis aut securitatis transgressi fuerimus et delictum ostensum fuerit quattuor baronibus de predictis viginti quinque baronibus, illi quattuor barones accedent ad nos vel ad justiciarium nostrum, si fuerimus extra regnum, proponentes nobis excessum, petent, ut excessum illum sine dilatione faciamus emendari. Et si nos excessum non emendaverimus, vel si fuerimus extra regnum, justiciarius noster non emendaverit intra tempus quadraginta dierum, computandum a tempore, quo monstratum fuerit nobis vel justiciario nostro, si extra regnum fuerimus, predicti quattuor barones referant causam illam ad residuos de illis viginti quinque baronibus, et illi viginti quinque barones cum communa totius terre distringent et gravabunt nos modis omnibus, quibus poterunt, scilicet per captionem castrorum, terrarum, possessionum et aliis modis, quibus poterunt, donec fuerit emendatum secundum arbitrium eorum, salva persona nostra et Regine nostre et liberorum nostrorum, et cum fuerit emendatum, intendent nobis sicut prius fecerunt. Et quicunque voluerit de terra, juret, quod ad predicta omnia exequenda parebit mandatis predictorum viginti quinque baronum, et quod gravabit nos pro posse suo cum ipsis; et nos publice et libere damus licentiam jurandi cuilibet, qui jurare voluerit, et nulli umquam jurare prohibebimus. Omnes autem illos de terra, qui per se et sponte sua noluerint jurare viginti quinque baronibus de distringendo et gravando nos cum eis, faciemus jurare eosdem de mandato nostris, sicut predictum est.

Sehr zur Unzeit pflegen englische Juristen und Historiker zu diesem Artikel die trotzigen Widerstandsclauseln der Feudalherren des Continents, die Verfassung Arragoniens und dergl. zu citiren; während der Art. 61. der Magna Charta in Form und Geist einen sehr verschiedenen Charakter hat von dem individuellen gewaltthätigen Trotz des continentalen Vasallen.

Ebenso wird die Klausel wegen der Berufung des Magnum Concilium für außerordentliche Hülfsgelder und zur Einschätzung der Schildgelder von den politischen Parteien absichtlich verschoben. Nur in den Fällen, welche eine positive Abänderung der rechtlichen Bedingungen des

Lehnsbesitzes enthalten, wird ein Zustimmungsrecht beansprucht. Kein Wort von einem Zustimmungsrecht zum Erlaß königlicher Verordnungen oder Gesetze. Kein Wort von einem Recht auf Berufung einer Cour de baronie zur Ausübung der Gerichtsgewalt über die Kronvasallen. Kein Wort von einer herkömmlichen Landesversammlung zur Verhandlung der Landesbeschwerden oder zur Steuerbewilligung. Wie jede gründlichere Untersuchung im Einzelen die beliebte Tradition von einem „Lehnsparlament in Waffen", von einer ständigen Lehnscurie, von einer Reichsstandschaft der „stolzen Barone des 12. Jahrhunderts" zerstört, so ist dieser Hergang der Magna Charta zerstörend für die Gesammtauffassung der von den Antiquaren und von den politischen Parteien ausgedachten curia regis. Diese durchschlagenden Gründe haben freilich auf die „öffentliche Meinung" bisher im Ganzen eben so wenig Eindruck gemacht, wie die Ausführungen des Lord Redesdale und des Oberhauscomités in ihren sachverständigen Einzelheiten.

Es giebt wahrscheinlich kein Land und kein Ländchen in Europa, welches nicht in Zeiten der Geldnoth oder Landesnoth seine Magna Charta erhalten hätte; nur sind diese langen Verzeichnisse von Beschwerden und Vertröstungen in der Regel bald in Vergessenheit gekommen. Nur das Gesammtverhältniß der Staatshoheitsrechte, des ständischen und des Privatrechts, konnte die englische Magna Charta zur lebendigen Grundlage der Verfassung machen, und ihr die Triebkraft zur Erzeugung von hundert späteren Parlamentsstatuten geben. Eigenthümlich der englischen Charte ist die practische Kenntniß der Staatsverwaltung, die den damaligen weltlichen und geistlichen Großen eigen, und die daher auch den wirklichen Punkt der Abhülfe zu formuliren wußte. Die großartige Abweichung von den landständischen Magnae Chartae des Continents ist ihre practische Richtung auf den realen Rechtsschutz aller Klassen des Volks, ohne die bereits ausgebildeten Hoheitsrechte des Staats anzugreifen oder zu schmälern. Sie gab aber auch den weiteren Beweis, wie die persönliche und politische Freiheit nur entstehen und bestehen kann durch die Mäßigung und den Gemeinsinn, nicht durch die engherzige Absonderung der höheren Klassen. In diesem Sinne sprach einst Pitt die oft citirten Worte im Oberhaus:

„Ihren Vorfahren, meine Lords, den englischen Baronen, sind wir für unsere Gesetze, unseren Rechtszustand verpflichtet. Ihre Tugenden waren roh und unentwickelt, aber groß und aufrichtig. Ihr Verstand war unverfeinert wie ihre Sitten, aber sie hatten Herz genug, Recht von Unrecht zu unterscheiden, Kopf genug, Wahres und Falsches zu trennen, sie begriffen die Menschenrechte, und hatten den Muth für sie einzustehen. Meine Lords! ich glaube die Geschichte ist ihnen noch nicht gerecht geworden für ihr Verhalten, als sie die große Anerkennung der Volksrechte durchsetzten; sie dachten nicht an sich allein, sie gaben die Wohlthat dem ganzen Volke."

---

§. 18.

Die ersten Versuche reichsständischer Regierung.

Kaum in einem andern Lande Europa's hat die reichsständische Verfassung eine so langsame und schwere Geburt gehabt wie in England. Der Hauptgrund dieser Schwierigkeit, der nationale Zwiespalt, war zwar im 13. Jahrhundert gehoben. Allein inzwischen hatte die Staatsgewalt eine abgeschlossene Gestalt erhalten, welche die Einfügung eines ständischen Körpers auf das Aeußerste erschwerte. In frühreifer Entwickelung hatte das Königthum Finanz-, Militär-, Gerichts- und Polizeiwesen in einen büreaukratischen Mechanismus gebracht, welcher nur durch einen einheitlichen Willen zu handhaben war; bei einem Zwiespalt in diesem Willen sofort in Verwirrung oder Faustrecht verfiel. Die Prälaten und weltlichen Großen selbst hatten das gefühlt. Die Magna Charta beanspruchte daher noch keine unmittelbare Theilnahme der Stände an der Regierung, sondern nur rechtliche Schranken für die Ausübung der königlichen Hoheitsrechte, und für den äußersten Fall eine Suspension der persönlichen Regierung bis zur Hebung der Beschwerde.

Der Erfolg bestätigte nur zu sehr die Nothwendigkeit dieses bescheidenen Anlaufs. Der ständische Ausschuß von 25 Baronen wurde erwählt, ihre Namen sind uns noch erhalten; ebenso die writs zur Vereidigung der Communitas. König Johann indessen hatte nur deshalb die Magna Charta angenommen, weil er niemals den Willen hatte sie zu halten. Die Charte wurde nirgends einregistrirt und wäre unterdrückt worden, wenn nicht die Barone Abschriften zur Verwahrung in Kirchen und Klöstern über das Land verbreitet hätten. Der Papst entband den König auf Verlangen sofort seines Eides; eine Bulle mißbilligte und verdammte den ganzen Hergang, bezeichnete die Vereinbarung als einen „rechtswidrigen, unerlaubten und schimpflichen Vertrag“ und erklärte die Barone für schlimmer als die Sarazenen. Das Königthum war nur überrascht und gelähmt; noch immer aber selbst in den Händen eines unwürdigen Monarchen übermächtig. Johann zieht sich daher zurück, und, Herr der Finanzgewalt und der Burgen, bildet er mit den überlegenen Kräften des Staatsschatzes Soldheere, dem der Adel des Landes auch in gerechter Sache nicht gewachsen ist. An seiner Rettung verzweifelnd ruft der Adel einen französischen Prinzen und ein fremdes Heer zu Hülfe, und es beginnt ein zweifelhafter Kampf, während dessen Johann plötzlich stirbt.

Sein rechtmäßiger Nachfolger war ein 9jähriges Kind. Zum ersten Male seit der Eroberung befand sich die persönliche Regierung in den Händen eines Unmündigen. In stürmischer Zeit übernimmt der große Graf Pembroke als Reichsverweser (Protector) die Regierung. Es war das erste Beispiel in der englischen Geschichte, daß ein Staatsmann berufen wurde, Grundsätze anzuwenden, welche er selbst, wenn nicht aufgestellt, so doch als Vermittler unter den streitenden Theilen gebilligt und angenommen hatte. In der That wird auf einem concilium zu Bristol mit allgemeiner Zustimmung, selbst mit der des päpstlichen Legaten, die Magna Charta bestätigt, aber — mit Weglassung gewisser Artikel. „Die erste Charte, heißt es, habe einige ernste und zweifelhafte Dinge (gravia et dubitabilia) enthalten über Scutagia und Steuerbewilligung, Judenschulden, fremde Kaufleute und ähnliche, welche der König hiermit provisorisch aufhebe, bis er darüber in voller Rathsversammlung verhandelt haben werde."

Neben den schönen kräftigen Zügen eines zur Freiheit erwachenden Volkes zeigt die M. Charta zugleich das erste Bild der Widersprüche zwischen Staat und Gesellschaft in einer unfertigen Verfassung, und die Schwierigkeit ihrer Lösung. Dieser Schwierigkeit werden aber gerade die 3 Artikel geopfert, welche die erste Grundlage einer ständischen Verfassung enthielten.

1) Der Art. 61. wegen Bildung eines landständischen Ausschusses zur Aufrechterhaltung der M. Charta. Das Widerstandscomité war ins Leben getreten; allein seine Anordnung war in einen Bürgerkrieg verlaufen, in welchem die Barone einem fremden Fürsten gehuldigt hatten. Der erste Act der Ausübung war mit einem Flecken behaftet, der in der veränderten Lage nach dem Tode Johann's sofort zu einem Zwiespalt unter den Baronen selbst führte. Man ließ daher den Artikel, wie durch Wegfall der Veranlassung erledigt, stillschweigend fallen. In dem folgenden Menschenalter freilich kam die Adelspartei unwillkürlich auf die Praxis des Widerstandscomités zurück; erst der folgenden Periode war es vorbehalten, eine Verfassung zu gestalten, die ohne das rohe Hülfsmittel der Gewalt sich selbst zu tragen vermochte.

2) Die Clauseln wegen Bewilligung der Schildgelder und außerordentlicher Hülfsgelder durch ein commune concilium regni (Art. 12 u. 14) werden als unausführbar weggelassen. Ebenso ihre Ausdehnung auf die auxilia der Stadt London. Es be-

stätigt sich hier die immer wiederkehrende Erscheinung, daß die ersten, aus einem Widerstand gegen die Staatsgewalt unmittelbar hervorgehenden Verfassungsideen unausführbar sind. Da die Berufung eines Reichsraths nur für die scutagia und auxilia des Königs bestimmt war, so konnte dabei nur von Vasallen die Rede sein, welche an die Krone zahlen, also tenentes in capite; während doch die materielle Last des Heer-, Gerichts- und Polizeiwesens ebenso auf den Untervasallen, zum Theil schon auf Freisassen und Städten ruhte, welche gar nicht gehört werden sollten. Andererseits sollten große und kleine Kronvasallen ohne Unterschied berufen werden; während doch die großen Herren Hunderten von knappenlosen Rittern eine reale Gleichheit nicht zuerkennen wollten. Die großen Vasallen konnten ihre bisherigen Rechtsgenossen im Lehnsbesitz von jenem Zustimmungsrecht nicht ausschließen; und doch fand sich in dem Herkommen keine Form ihnen etwa vermindertes Stimmrecht zu ertheilen, da das Lehnswesen, auf persönliche Leistung basirt, die unabweisbare Tendenz hat, gleiche Stimmrechte (Pärien) zu bilden. Man war daher auf die herkömmliche Weise zurückgekommen, nach welcher die angesehenen Herren bisher durch Handschreiben (sigillatim per litteras nostras) zu Hofe geladen wurden. Wenn alle anderen nur collective durch den Vicecomes geladen wurden, so mochte man vielleicht darauf rechnen, daß die Mehrzahl nicht erscheinen würde. Immer wäre jedoch ein polnischer Reichstag entstanden, mit hunderten von kleinen Besitzern von Einzelhöfen und Parcellen. Noch weniger Neigung konnten die großen Prälaten fühlen, mit kleinen Abteien und Pfarren, oder gar mit einer Ueberzahl kleiner Ritter auf gleichem Fuße zu verhandeln. Es erklärt sich daraus, warum die so projectirte Versammlung niemals zur Ausführung gekommen, warum jene Clausel in keine spätere Redaction wieder aufgenommen wurde.

3) Die Clausel wegen der amerciaments der Barone per pares suos (Art. 21) wurde zwar wörtlich beibehalten, aber durch die Praxis dahin interpretirt, daß diese amerciaments im Schatzamt oder im eigentlichen Hofgericht erkannt werden: per Barones de Scaccario, vel coram ipso Rege (Bracton), oder coram consilio Regis wie es in einem writ 3 Henr. III. heißt. Die Vormundschaftsregierung der Barone selbst erkennt also an, daß dem Recht genügt ist, wenn die Sache vor eine Behörde oder Commission verwiesen wird, welche aus Kronvasallen besteht, — so, wie man das Gericht der Rechtsgenossen bisher überhaupt behandelt hatte. Das

Resultat war also nur ein privilegirter Gerichtsstand vor der Oberbehörde.

Auch der weitere Verlauf der Verfassungskämpfe ist ein Beweis für die Wahrheit, daß der gerechte Widerstand gegen den Despotismus und der edelste Aufschwung des Volksgeistes die politische Freiheit noch nicht unmittelbar zu begründen vermögen, daß es dazu vielmehr einer ausdauernden Arbeit und einer sehr positiven Gestaltung des gesammten Staatswesens bedarf, zu welcher die M. Charta nur den Anstoß zu geben vermochte. Nach Wiederherstellung einiger Ordnung war im Herbst 1217 eine neue Bestätigung der M. Charta erfolgt mit Weglassung der ständischen Clauseln, dagegen mit Gewährung einer besonderen Charta de foresta über mildere Handhabung der Forstgesetze. Nach dem Tode des Reichsverwesers beginnen unter der Regentschaft bedenkliche Streitigkeiten. In 9. Henr. III. wird indessen (wieder mit Weglassung jener Clauseln) die M. Charta nochmals bestätigt, und in dieser Gestalt ist sie später in die Gesetzsammlungen aufgenommen. Zwei Jahre später übernimmt aber Heinrich III. auf dem Reichstag zu Oxford persönlich die Regierung des Reichs (1227) und beginnt solche ohne die erwartete Bestätigung oder gar mit dem Widerruf der beiden Freibriefe, dem sich Adel und Geistlichkeit murrend fügen. Die Verwaltung wird in alter fiscalischer Weise im Innern, unbesonnen und schwach gegen die römische Curie und nach außen, durch Günstlinge und mit wechselnder Unzufriedenheit geführt. Die chronisch gewordene Finanzverlegenheit veranlaßt jedoch eine periodische Ausschreibung von außerordentlichen Hülfs- und Schildgeldern, über welche mit den zu Hofe geladenen Prälaten und Baronen verhandelt wird. In 21. Henr. III. sieht sich der König durch dringende Geldverlegenheit zur feierlichen Bestätigung der M. Charta gezwungen, in der jedoch auch diesmal die reichsständischen Clauseln wegbleiben. Bald nachher (wie gerade 100 Jahre früher in Frankreich) tritt nun auch zum ersten Male der Name Parliamentum auf (Chron. Dunst. 1244. Matth. Paris 1246), und merkwürdiger Weise bezeichnet Heinrich III. selbst in einem writ an den Sheriff von Northampton mit diesem Namen den Entstehungsact der M. Charta (Rot. Claus. 28. Henr. III. Parliamentum Runemede, quod fuit inter Dom. Joh. Regem patrem nostrum et Barones suos Angliae). Der Name Parliament wird von nun an häufiger, ohne die unbestimmteren Concilium, Colloquium etc. zu verdrängen.

Von da an beginnt zwei Jahrzehnte hindurch ein Streit zwischen Adel und König über Besetzung des königlichen

Raths. Die Reichsregierung hatte schon während einer 11jährigen Regentschaft eine mehr collegialische Form erhalten. Der beherrschende Einfluß, welchen dadurch einige der vornehmsten Familien des Landes gewonnen, war unvergessen. Ohne die königlichen Regierungsgewalten in Frage zu stellen, nehmen nun die Kämpfe des Adels unmittelbar die Richtung auf Besetzung der Hauptstellen in dem Rath des Königs; während dieser, das Recht der persönlichen Ernennung festhaltend, durch ausländische Günstlinge oder auch durch Büreaubeamte, planlos und verschwenderisch in alter Weise fortzuregieren sucht. Im Jahre 1248 beschweren sich die Barone gegen die „Günstlinge", insbesondere darüber, daß weder ein Großrichter, noch ein Kanzler, noch ein Schatzmeister im Parlament ernannt sei. Zur Beschwichtigung erfolgt einige Jahre später (a. 1253) nochmals eine Bestätigung der M. Charta mit Zuziehung der Prälaten in der großen Halle von Westminster unter dem größten kirchlichen Ceremoniell mit Verwünschungsformeln und Excommunicationsdrohungen gegen jeden Uebertreter. Heinrich beschwört sie, „so wahr er ein Mann, ein Christ, ein Ritter, ein gesalbter und gekrönter König" sei (erhielt aber doch noch einmal eine päpstliche Dispensation vom Eide). Die Bestrebungen des Adels gegen eine verkehrte Regierung greifen nun aber weiter. Dem König wird durch die Adelsverbindung ein Großrichter, Schatzmeister und Siegelbewahrer geradezu aufgedrungen. Auf dem Reichstag zu Oxford (1258) lebt die Idee eines landständischen Ausschusses nach dem Vorbild der Magna Charta wieder auf, mit allerlei künstlichen Projecten, welche die Neuheit des Verhältnisses hinreichend bezeichnen. Zwölf aus dem königlichen Rath und zwölf aus den Baronen sollen zusammentreten, und einen permanenten Rath von 15 bilden, der in der That auf einige Zeit alle Gewalten der königlichen Regierung an sich nimmt. Die Verfassungsideen dieser Zeit sind der naive Ausdruck der Weise, in welcher gesellschaftliche Klassen sich auch in späteren Jahrhunderten den bestimmenden Antheil an der Staatsregierung denken: jährlich dreimal ein Parlament; jährliche Ernennung des Großrichters, Kanzlers und Schatzmeisters u. A. im Parlament; die Barone übernehmen die Bewachung der königlichen Schlösser; die Sheriffs sollen künftig von den Grafschaften gewählt werden; dagegen sollen die Barone nicht mehr schuldig sein, als Gerichtsmänner vor dem Sheriff zu erscheinen u. s. w. Die nach diesen Ideen gebildete Regentschaft läßt sich Gehorsam schwören, vertreibt die nächsten Angehörigen des Königs, verlängert sich die Aemter; der Adel spaltet sich indessen, der König behält wieder die Oberhand (1262). Die Adelsverbindung unter Simon von Monfort greift nun aber zu den Waffen, der König wird in der großen Schlacht bei Lewes (12. Mai 1264) gefangen genommen, die Magna Charta nochmals bestätigt, eine neue Regentschaft im Namen des Königs eingesetzt, eine Versammlung von 23 Baronen der Adelspartei als Parliamentum berufen. Allein die siegreiche Partei findet von Anfang an zweifelhaften Gehorsam. Die von ihr eingesetzten Grafschaftsbeamten gebahren sich hochmüthig und willkürlich. In der sehr bald eintretenden Reaction unterliegen die Führer. Der König gewinnt wieder die Oberhand, die Besetzung der Aemter, und nach schweren Prüfungen finden wir 1267 Heinrich III. wieder auf dem Parlament zu Marlebridge als Gesetzgeber die Verhältnisse des Reichs ordnend, jedoch mit Beseitigung der ausländischen Günstlinge und unter wiederholter Bestätigung der Magna Charta. Der parlamentarische Fortschritt in dieser langen Kette von Hergängen betrifft 2 Punkte:

1) Das Zustimmungsrecht der Kronvasallen zur Ausschreibung von scutagia und außerordentlichen Hülfsgeldern ist durch mehr als zwanzig Präcedenzfälle festgestellt, und zwar ebensowohl durch Bewilligung wie Verweigerung. Die Geistlichkeit leistet Widerstand gegen eine Besteuerung zu weltlichen Zwecken überhaupt.

2) In Verbindung mit den steuerbewilligenden Versammlungen wird auch die Theilnahme der Magnaten an dem Erlaß königlicher Verordnungen wieder lebendig. Eine Anzahl der legislativen Beschlüsse dieser Zeit ist in der späteren Gerichtspraxis mit den nachmaligen Parlamentsstatuten auf einen Fuß gestellt und in die Gesetzsammlungen aufgenommen worden, namentlich die provisiones von Merton (Rotuli Cl. 20 Henr. III.), und das sogen. Statutum de Maleberge (Rot. Cl. 44. Henr. III. etc.). Dies letztere wird in seinem Eingang selbst als provisiones, ordinationes et statuta subscripta bezeichnet, und gleicht in Form und Inhalt bereits den unter Eduard I. erlassenen Statuten.

Unverkennbar ist also unter den Wechselfällen dieser Kämpfe ein Fortschreiten der Kronvasallen zu einer verfassungsmäßigen Stellung. Nach zahlreichen Bestätigungen ist es dahin gekommen, daß auch auf dem Höhepunkt einer Reaction von Widerruf oder Verkürzung der Magna Charta nicht mehr die Rede ist. Die Streichung der Artikel 12 und 14 über die Bewilligung der auxilia und scutagia hat einen Ersatz gefunden durch die noch wirksamere Praxis der Bewilligung und der Versagung. Alle Umstände scheinen zu Gunsten der großen Baronie zusammenzutreffen Ein characterschwacher wortbrüchiger Monarch sucht die lästigen Zusicherungen der M. Charta rückgängig zu machen: er wird zu fünf verschiedenen Malen gezwungen zu einer feierlichen Anerkennung. Er versucht in alter Weise, mit Günstlingen und Büreaubeamten, ein persönliches Regiment wieder herzustellen: die Macht der Prälaten und Barone zwingt ihn, diese Rathgeber zu entlassen, zu verbannen, die Großbeamten sich geradezu aufdringen zu lassen. Die fast stetige Geldverlegenheit nöthigt ihn zu stetigen Berufungen: aber fast an jede Forderung knüpfen sich Landesbeschwerden, denen abzuhelfen sich die Regierung genöthigt sieht. Prälaten und Barone wetteifern in einem Geist des Widerstandes, der auf den Erinnerungen der M. Charta, auf gemeinsamen Interessen mit dem Clerus, auf wachsendem Standes- und Associationsgeist, auf der Schwäche und Verkehrtheit des Königs beruht. Die unzufriedene Baronie findet endlich einen Führer wie Simon von Montfort, den Schwager des Königs, einen als Staatsmann und Feldherr dem König weit überlegenen Magnaten. Es gelingt dem Adel unter solcher Führung zum ersten Mal das Königthum in offener Feldschlacht zu überwinden, den König und den Thronfolger gefangen zu nehmen.

Und dennoch werden die größten Erfolge der Baronie in wunderbarer Schnelligkeit wieder rückgängig; dennoch entsteht daraus keine landständische Verfassung in dem Sinne der Feudalverfassungen des Continents, weil in der That von beiden Seiten, sowohl von oben als von unten aus betrachtet, die Vorbedingungen einer Reichsstandschaft der großen Barone noch immer fehlten.

Die königliche Regierung einerseits hatte noch immer die consolidirte Gestalt des Absolutismus. Alle Hoheitsrechte erschienen noch als Ausfluß eines bloß persönlichen Willens. Besitz und Recht der herrschenden Klasse, die Stellung der Vasallen wie der Städte, alle normale wie alle Ausnahmegestalt des obrigkeitlichen Rechts (liberties, franchises) beruhte noch auf persönlichen Anordnungen des Königs. Die Grenzen dieser Gewalt waren durch die M. Charta zwar in großen Umrissen bezeichnet; allein es fehlten noch die ausführenden Gesetze, welche diese Grundsätze in die Praxis des Schatzamts, der königlichen Grafschafts- und Ortsvögte einführten. Wie sollten die unzufriedenen Magnaten der Vergeudung der Staatsmittel, dem Mißbrauch der discretionären Kriegs-, Finanz-, Gerichtsgewalt Schranken setzen, ohne diese Gewalten selbst auszuüben? Alle Staatsverwaltung war so gestaltet, um ihre Impulse unmittelbar von dem König und seinen persönlichen Räthen zu erhalten. Diese büreaukratische Gestalt gab aber jeder Einwirkung der Magnaten sofort die Richtung auf Besetzung der Großämter und des Sheriffamts. Sie waren damit auf kürzestem Wege in den Besitz der Gewalt gesetzt: allein das Ansehen und die Einsicht auch des besonnensten Führers konnte den unmittelbaren Mißbrauch dieser Gewalt nicht verhindern, der sich sofort der Gegenpartei, sowie den unteren Classen fühlbar macht und zum Widerstand reizt. Jede Ausübung der Hoheitsrechte wird von eifersüchtigen Genossen als Willkür und Eigennutz, jede Versagung eines Willküracts oder einer Gunst wird von den Anhängern und Parteigängern als Beleidigung und Grund des Abfalls angesehen. Ohne erweisliche Schuld des Führers verkehrt sich die unbeschränkte Gewalt in den Händen der siegenden, politisch unerfahrenen Partei zum Partei-Instrument, welches ihr aus den Händen fällt. Sie kann nicht gesetzlich regieren ohne Gesetze. Die darauf folgende Unzufriedenheit und Reaction bringt wieder die sogenannten „Königsfreunde", d. h. fremde Abenteurer, habsüchtige Freunde und dienstfertige Büreaubeamte an dieselbe Stelle. Da das Königthum in keiner Richtung der Situation gewachsen ist, so entsteht ein hin und her wogender, anscheinend zielloser Kampf.

Aber auch von unten herauf fehlt der Kronvasallenschaft noch immer die Form zu einer entsprechenden Repräsentation als Gesammtheit. Ihre militärische Stellung schloß die Untervasallen, wie alle übrigen Freisassen von einer Pärie mit den Kronvasallen aus. Der genossenschaftliche Geist, das Selbstbewußtsein militärischer Ehre andererseits hielt auch in den kleinen Baronen Englands die Idee einer Pärie fest; während die fürstlichen, mit dem Königshause verwandten Herren, ebenso wie die Prälaten eine solche Gleichheit nicht anerkennen wollten, welche sie der Zahl nach in eine bescheidene Minorität gesetzt hätte. Sollten überhaupt die wirklichen Staatsleistungen repräsentirt werden, so bedeuteten die tausende von Untervasallen, das Freisassenthum und die Städte weit mehr als die kleine Baronie. Der Versuch auch nur 100 Barone auf dem Parlament zu Oxford an der Wahl eines landständischen Ausschusses zu betheiligen, nahm den sehr unglücklichen Verlauf einer übertriebenen Geltendmachung der Feudalansprüche. Dem persönlichen Regiment folgt ein persönliches Gegenregiment mit Confiscationen, Verbannungen, blutigen Kämpfen, in welchen man beiderseits das Gefolge preisgiebt, während die großen Herren unter sich das Fehdewesen, Absagebriefe und alles schonende Ceremonial des Ritterwesens einführen, — Zustände viel schlimmer als die vorangegangenen Landesbeschwerden gegen eine schwache und verkehrte Regierung.

Es war noch etwas Unfertiges in diesen Verfassungszuständen, welches weder das geistliche noch das weltliche Vasallenthum aus sich heraus zu überwinden vermochte. Es lag in der Einseitigkeit eines jeden gesellschaftlichen Klasseninteresses, wenn eine jede Partei der Barone nach dem erlangten Siege keinen anderen Gebrauch von der absoluten Staatsgewalt zu machen wußte, als zum Vortheil und zur Bereicherung ihrer Person und ihrer Partei. Es lag ebenso in den gesellschaftlichen Anschauungen, daß aus den Parteikämpfen heraus keine Form gefunden wurde, um den kleinen Baronen eine verfassungsmäßige Stellung neben den großen, den Freisassen des Landes den ihnen zukommenden Antheil neben beiden zu geben. Es wird hier zum ersten Male in der englischen Geschichte sichtbar, daß nicht aus dem Kampf der Interessen eine lebensfähige Form der Repräsentation hervorgeht, sondern nur aus der Initiative des Staats, also des Königthums. Der staatskluge Führer der Adelspartei hatte zwar die Form gefunden, die aber in dem Parteikampf noch einmal verloren geht. Erst dem regierungsfähigen Nachfolger Heinrich's III. war es vorbehalten, das dritte Element zur Geltung zu bringen, welches in der Repräsentation des Staates noch fehlte.

Diese dritte Macht ist aber die Gesammtheit der Untervasallen und freien Männer Englands, die Communitates der Grafschaften und Städte, welche durch die Feudalordnung bisher von jeder unmittelbaren Theilnahme an den Reichsangelegenheiten ausgeschlossen waren. Unwillkürlich ist dies von allen Seiten anerkannt. Vom Anfang der Regierung Heinrich's III. an mehren sich die Aufmerksamkeiten, welche man ihnen erweist. Man fordert sie auf, durch Abgeordnete ihre Beschwerden gegen die Sheriffs vorzubringen, man betheiligt sie bei der Umlegung und Erhebung von Steuern, man bietet ihnen die Wahl ihrer Sheriffs an; 1258 werden sie aufgefordert zwei Ritter vice omnium et singulorum zu erwählen, damit diese der Berathung der auxilia wegen coram consilio Regis erscheinen. 1261 beruft Simon von Montfort drei Ritter aus jeder Versammlung; während der König dieselben Abgeordneten zu seinem Concilium nach Windsor einladet. Nach der Gefangennahme des Königs aber beruft Simon unter dessen Namen zwei Ritter aus jeder Grafschaft, zwei Bürger aus einer Anzahl Flecken zu einem Reichsrath, am 28. Januar 1265, und insofern schließe dieser Zeitabschnitt, — mit dem Geburtstag des Unterhauses.

*) **Die Bestätigungen der Magna Charta** werden von Blackstone, the Great Charter, Introduction, authentisch bis zum Schluß der Regierung Eduard's I. festgestellt. Gleich nach der Genehmigung der Magna Charta hatte Johann eine Gesandtschaft an den Papst geschickt, um seiner Eide und Versprechungen ledig zu werden. Die Barone hatten ursprünglich einen Artikel aufgenommen, in welchem Johann versprach, niemals eine Dispensationsbulle einzuholen, und daß eine solche ohne Wirksamkeit sein solle: es war ihnen aber mit der äußersten Energie nicht gelungen, gerade diesen Artikel durchzusetzen. Schon am 24. August 1215 erfolgte eine Bulle, welche die compositionem, vilem, turpem, iniquam, iniustam verdammte. Der Papst, als oberstes Kirchenhaupt und Oberlehnsherr desavouirt das Verfahren der Barone, erklärt alles Geschehene für unverbindlich, Rymer I. 2. p. 67 ff.; bald darauf schreitet er zur Excommunication der Barone, die er den Sarazenen vergleicht, da ihr Verfahren den König an dem intendirten Kreuzzuge verhindere. Der nun folgende Kampf nimmt einen sehr unglücklichen Verlauf, da es den Baronen an Geld und Einigkeit fehlte. Erst mit der Landung des Prinzen Ludwig am 21. Mai 1216 nimmt der Kampf eine bessere Wendung, innerhalb deren Johann plötzlich stirbt. Die Umstände, welche auf eine mögliche, aber doch nicht wahrscheinliche Vergiftung deuten, sind neuerdings wieder geprüft von R. Thomson, S. 535—554. — Mit dem Tode Johann's ist die Situation so verändert, daß ein Theil der Barone die Sache des französischen Prinzen sogleich verläßt. Auf dem Concilium zu Bristol am 11. Nov. 1216 entbindet der päpstliche Legat die Barone von ihrem Eide gegen den Prinzen, und es erfolgt nun die erste Bestätigung der Magna Charta (1. Henr. III.) mit den Weglassungen, welche Blackstone pag. XXIX—XXXI zusammenstellt (placuit praedictis praelatis et magnatibus ea esse in respectu, quousque plenius auxilium habuerimus, et tunc faciemus plenissime emendanda). Die wichtigsten darunter sind die oben bezeichneten reichsständischen Clauseln, die auch in dem ersten Entwurf der 49 Artikel nicht enthalten waren (Blackst. XVIII, XIX). Insbesondere mußte die Clausel über das Widerstands-Comitee jetzt, wo man mitten im Bürgerkriege sich befand, ein ganz anderes Ansehen gewinnen. Gewiß war eine Regentschaft mit dieser Clausel schwer zu führen in einer Zeit, wo noch eine französische Armee im Lande stand, viele Burgen in den Händen der aufständischen Barone sich befanden, und das Land voll Parteigänger war, wie eines Fowkes de Bréauté, der später 35 mal wegen Besitzentsetzungen verurtheilt, schließlich den königlichen Richter selbst gefangen nahm. — Für den französischen Prinzen nahmen die Verhältnisse nunmehr eine solche Wendung, daß er mit leidlichen Friedensartikeln vom 11. Septbr. 1217 zum Abzug genöthigt war. Kurz darauf erfolgt eine zweite Bestätigung der M. Charta (2. Henr. III), wiederum mit einigen Aenderungen, welche Blackst. XXXVI—XXXVIII zusammenstellt. Unter den Zusätzen ist eine Clausel wegen Beseitigung der adulterine castles der Barone, in welcher sich die Besorgniß vor einer Wiederkehr des Faustrechts ausspricht, sodann eine Clausel gegen die Veräußerungen zur todten Hand. — Die neue Bestätigung in 9. Henr. III. am 11. Febr. 1224 erfolgt wieder mit einigen Abänderungen (Blackst. XXXXIX). Die Aufnahme der damaligen Redaction in die späteren englischen Gesetzsammlungen ist in sofern berechtigt, als von dieser Zeit an keine weiteren Aenderungen in dem Text vorgenommen sind. Alle späteren Confirmationen

beziehen sich auf den so festgestellten Text. Einige Incorrectheiten entstanden nur dadurch, daß man nicht die Originalurkunde 9. Henr. III. (Blackst. 60—67) abdruckte, sondern daß man den Text aus einem Inspeximus unter Eduard I. entnahm. — Im Februar 1226 übernimmt dann Heinrich III. persönlich die Regierung, ohne die wohl von allen erwartete neue Bestätigung der M. Charta auszustellen. Blackstone sagt nur: the king is said to have revoked all the charters of the forest (Matth. Paris). — Nach der neuen Confirmation 21. Henr. III. am 20. Januar 1236 wird einige Monate später auch eine Uebersendung von Exemplaren an alle Sheriffs verordnet zur förmlichen Publikation im versammelten Grafschaftsgericht. — Die Bestätigung in 37. Henr. III. (am 13. Mai 1253) erfolgt auf Betrieb der Geistlichkeit mit einer großen kirchlichen Ceremonie, unter Androhung der Excommunikation gegen alle künftigen Uebertreter, Blackst. I. III. — Bei der Bestätigung 49. Henr. III. a. 1264, als sich der König in der Gefangenschaft der Barone befand, wird die Clausel vom Widerstandscomitee Art. 61 wieder aufgenommen, sogar mit Weglassung der der königlichen Person und Familie vorbehaltenen Sicherheit; ohne daß jedoch nach der Befreiung des Königs irgend welche Notiz davon genommen wird. — Die letzte Bestätigung erfolgt in dem Statute Marlebridge Cap. V. (a. 1267), wiederum mit Weglassung der reichsständischen Clauseln. — Die späteren unter Eduard I. erfolgten Confirmationen behandelt Blackstone LX—LXXIV. Von 28. Edw. I. bis zur letzten Confirmation 4. Henr. V. werden noch 29 bestätigende Parlamentsbeschlüsse gezählt, darunter nicht weniger als 14 unter Edw. III.

) **Der Verlauf der ständischen Kämpfe unter Heinrich III. bildet ein Hauptgebiet für die Parteistreitigkeiten über das Alter der Reichsstandschaft und der parlamentarischen Rechte. Die allgemeine Geschichte dieser Zeit giebt unbefangen und sorgfältig Lappenberg-Pauli III. S. 489—857. Gegen die älteren Darstellungen enthält der Report des Oberhauscomitees on the Dignity of a Peer die nüchternste Kritik. Eine authentische Zusammenstellung der Nachrichten über 135 Concilia und ähnliche Versammlungen unter Heinrich III. giebt Parry, the Parliaments and Councils pag. 24—49, welche ein Zurückgehen auf die ältere Streitlitteratur beinahe überflüssig macht. Für den Gang des Verfassungskampfs kommen folgende Hergänge in Betracht.

In 2. Henr. III. (Concilium zu St. Pauls): zweite Bestätigung der M. Charta, wofür die Prälaten, Earls, Barons, Knights „et libere tenentes omnes de regno" einen Funfzehnten bewilligen. Auch a. 1220 wurde zur Krönung eine Beihülfe von 2 Schillingen von jeder Hufe, hida, im Lande bewilligt.

In 9. Henr. III. (curia zu Westminster 25. Dec. 1224): feierliche Bestätigung der beiden Charten, verbunden mit der Bewilligung eines Funfzehnten.

In 11. Henr. III. Januar 1227, (Concilium zu Oxford): der König tritt die Regierung persönlich an. The King declares himself of age, and by his own authority cancels the two Charters, „as made and signed when he was not his own master, and he was not bound to keep what he was forced to promise." Parry 27 u. citt. M. Paris. Hody 304. Die Richtigkeit dieser Angaben wird zwar neuerdings von vielen Seiten bezweifelt, und es ist mindestens auffallend, daß bei den späteren Bestätigungen und Verhandlungen auf diesen wichtigen Hergang niemals Bezug genommen wird. An einem durchgreifenden Grunde, jene Nachricht für unrichtig zu halten, fehlt es indessen. Vielleicht ist die Mittelmeinung richtig, daß nur ein Widerruf der Charta de foresta stattgefunden habe.

In 15. Henr. III. (Colloquium zu Westminster): Es wird ein auxilium de quolibet scuto verlangt. Die weltlichen Magnaten consentiren, die Prälaten behaupten, kirchliche Personen seien nicht verpflichtet, sich den Beschlüssen von Laien darin zu unterwerfen. Nach einer Vertagung wird indessen das Hülfsgeld einige Monate später beschlossen.

In 16. Henr. III. (7. März 1232 colloquium zu Westminster): Es wird ein auxilium generale verlangt. Die weltlichen Kronvasallen erklären, sie seien zu keinem Hülfsgeld verpflichtet, da sie persönlich Kriegsdienst außerhalb des Reichs geleistet haben. Die Prälaten geben die ausweichende Antwort, daß viele ihrer geladenen Mitglieder nicht anwesend seien. Am 14. Septbr. erfolgt jedoch die Bewilligung einer Subsidie (Colloquium zu Lambeth), im Namen der Geistlichkeit und der Earls, Barons, Knights, liberi homines et villani. Foedera 16. Henr. III. — In dieser Zeit war der Großrichter Hubert de Burgh entlassen, und für viele der Krone geleistete Dienste mit Undank belohnt worden. Sein Nachfolger, der Bischof von Winchester (aus Poitou gebürtig) tritt gewaltthätig den unzufriedenen Baronen gegenüber, erbittert das Land durch die Begünstigung seiner Landsleute und durch die treulose Ermordung des Marschall Pembroke, so daß sehr bald eine allgemeine Unzufriedenheit sichtbar wird.

In 17. Henr. III. (24. Juni 1233, Colloquium zu Oxford). Die Earls und Barons weigern sich persönlich zu erscheinen. Auf eine zweite Ladung zum 11. Juli folgt eine wiederholte Weigerung mit der Erklärung, daß sie des Königs Ladungen niemals Folge leisten und einen neuen König wählen werden, sofern er nicht den Bischof von Winchester (der im Mai zum Kanzler auf Lebenszeit ernannt war), so wie die Herren aus Poitou entlassen würde. Als auf dritte Ladung am 1. August die Earls und Barons in Waffen erscheinen, und eine Anzahl noch immer ausbleibt, spricht der König ihre Verbannung mit Einziehung der Güter aus. Hody 310. 311.

In 18. Henr. III. (Colloquium zu Westminster): Der Primas bedroht den König mit Excommunication, sofern er nicht sein Verfahren ändere; der König giebt nach, entläßt den Bischof von Winchester und die anstößigen Räthe und amnestirt die widerspenstigen Barone.

In 19. Henr. III. großes Concilium der Prälaten, Barone und „aller anderen Kronvasallen“, welche ein ansehnliches auxilium bewilligen. Cl. Rolls 19. Henr. III.

In 20. Henr. III. (20. Januar 1236) curia zu Merton, bei welcher von den anwesenden geistlichen und weltlichen Baronen die Provisiones, Assisae oder statuta von Merton beschlossen werden, „die von jeher als der älteste Act des Statutenrechts gegolten haben“ (Parl. History I. 32). Coke 2. Inst. 96. — Der Peers Report I. 460. erkennt an, daß die Autorität einer so berufenen engeren Zahl von Baronen nach diesem Hergange noch immer als genügend für legislative Acte angesehen werden müsse. Die Verordnung selbst nennt sich eine provisio; der schon frühzeitig gebrauchte Name „Statut“ wird öfter daraus erklärt, daß zum ersten Mal die Redaktion eines förmlichen

„Reichsabschiedes" Statt gefunden habe; indessen hat die Form und die Fassung des Rotulus nichts ungewöhnliches. Es ist vielmehr wohl nur der Sprachgebrauch der Normandie, nach welchem man allmälig anfing, die wichtigeren Gesetzesbeschlüsse établissements, statuta, zu nennen. — Im folgenden April wird auf einem Colloquium zu London auch ein Auxilium bewilligt.

In 21. Henr. III. (Concilium zu Westminster): die Prälaten Earls, Barons, Milites et liberi homines pro se et suis villanis bewilligen einen Dreizehnten der beweglichen Habe.

In 22. Henr. III. (Concilium zu London): die Magnaten erscheinen in Waffen, und nach langen Debatten verspricht der König eidlich die Regierung durch eine bestimmte Zahl angesehener Männer, die dazu ernannt werden sollen, zu führen.

In 24. Henr. III. (Concilium zu London): Die Bischöfe produciren 30 Artikel gegen den König, betreffend Verletzungen der M. Charta, Hody 320. — Inzwischen hatte der Onkel des Königs und dessen weitere Verwandtschaft sich des Einflusses auf Heinrich III. bemächtigt. Die fränkische Sippschaft drängte sich in die großen von der Krone zu vergebenden Lehne und in die Aemter. Um den Widerspruch der Großen des Landes zu beseitigen, fing man allmälig an die Großämter unbesetzt zu lassen und die Centralverwaltung durch Subalternbeamte zu führen. Zugleich verwickelt sich Heinrich III. in verkehrtester Weise in auswärtige Kriege und Unternehmungen.

In 26. Henr. III. (1242) großes Concilium zu London: anwesend „omnes Angliae Magnates". Für diese Versammlung ist bedeutungsvoll das königliche writ, welches bereits die ausdrückliche Ladung zur Verhandlung von Staatsgeschäften enthält: mandamus vobis rogantes etc., omnibus aliis negotiis omissis sitis ad nos apud London, a die St. Hillarii in 15 dies, ad tractandum nobiscum, una cum caeteris Magnatibus nostris, quos similiter fecimus convocari, de arduis negotiis nostris, statum nostrum et totius regni nostri specialiter tangentibus. — Nach langen Verhandlungen wird ein Hülfsgeld zu dem Kriege gegen Frankreich verweigert und ein schriftlicher Protest eingesandt. 3. Peers Report Append. I.

In 28. Henr. III. (Concilium in der Westminsterhalle). Prälaten und Barone berathen getrennt. Mit beiderseitiger Uebereinstimmung wird eine Commission ernannt zur Entwerfung bestimmter von der ganzen Versammlung zu genehmigender Artikel, welche das Verfahren des Königs, die Ernennung der Großbeamten u. A. reguliren. Die gemeinsame Erklärung der Stände wird aber vom König abgelehnt, die Versammlung vertagt. In der wieder einberufenen Versammlung verspricht der König die Freiheiten zu beobachten, die er bei seiner Krönung (1220) beschworen habe. Ein scutagium von 20 sh. wird zur Verheirathung seiner ältesten Tochter bewilligt, Hody 322.

In 29. Henr. III.: Die Magnaten verweigern ein Hülfsgeld zum Kriege gegen Wales.

In 30. Henr. III. (1246): große Versammlung zu London, welche zuerst ein Parliamentum genannt wird bei Matth. Paris a. 1246. vgl. Rot. Cl. 28. Henr. III. (Das nächste Beispiel von dem Gebrauch des Worts in einem officiellen Document ist 42. Henr. III. Peers' Report I. 91, 99, 461.)

Die Verhandlung betrifft die päpstlichen Geldansprüche, und der geistliche wie der weltliche Stand erlassen darüber ein Sendschreiben an den Papst.

In 32. Henr. III. (Concilium zu London): anwesend 9 Bischöfe und andere Geistliche, 9 Earls und viele barones, milites und nobiles. Die Versammlung verweigert ein Hülfsgeld, und präsentirt eine Liste von Landesbeschwerden, denen der König abzuhelfen verspricht.

In 33. Henr. III. (Concilium zu London): Die Magnaten verlangen, daß der Kanzler, Großrichter und Schatzmeister mit ihrem Beirath ernannt werden. In dieser Zeit versucht Heinrich III. durch einzele Verwaltungsmaßregeln ein Gegengewicht gegen die unzufriedenen Barone zu gewinnen. Er versammelt persönlich die Sheriffs im Schatzamt, empfiehlt ihrem Schutz die Kirche, die Wittwen und Waisen; ein Gutsbauer soll nur im Nothfall für die Schulden seines Herrn ausgepfändet werden; das Verfahren der Grundherren gegen ihre Hintersassen soll überwacht, und letztere gegen Ueberschreitungen geschützt werden; die Sheriffs sollen die Untervogteien in den hundreds und anderen bailwicks nicht gegen Pauschquanta (rack ferm) verpachten, und Sorge tragen, daß Niemand Gerichtsbarkeit oder andere liberties übe ohne königlichen warrant.

In 35. Henr. III. Versammlung zu London, bei welcher der Justiciarius Henry de Bath auf Verrath angeklagt wird.

In 36. Henr. III. (Parlament zu Westminster): Berathung über den Kreuzzug. Der päpstlichen Forderung eines Zehnten von den manors der Prälaten für den Kreuzzug wird widersprochen, weil zuerst ihren Beschwerden abgeholfen werden müsse.

In 37. Henr. III. (Parlament zu Westminster): Der Clerus bewilligt einen Zehnten zum Kreuzzug, die Ritter ein scutagium zum Feldzug nach der Gascogne. Die beiden Charters of Liberties werden nochmals bestätigt (13. Mai 1253).

In 38. Henr. III. (27. Jan. 1254). Concilium zu London mit förmlicher Ladung zu Staatsgeschäften (ad ardua negotia nostra). Die weltlichen Vasallen verweigern eine Geldbewilligung, die Bischöfe und Aebte versprechen ein Hülfsgeld für den Fall der Nothwendigkeit, aber nur für sich, nicht von dem übrigen Clerus. Peers Report I. 93. 94. — Am 26. April 1254 Concilium zu Westminster vor der Reichsregentschaft während der Abwesenheit des Königs. Die Magnaten haben sich verpflichtet cum equis et armis dem König nach der Gascogne zu folgen, die Sheriffs sind angewiesen, alle übrigen Kronvasallen, welche 20 libratas terrae in capite besitzen ebenso zum Dienst aufzubieten, und sodann je zwei legales et discretos milites zu dem Concilium zu senden. (vgl. Note ***).

In 39. Henr. III (Parlament zu London): Der König verlangt ein auxilium. Die Stände beanspruchen die strenge Befolgung der Charten und die Ernennung des Großrichters, Kanzlers und Schatzmeisters, welche nicht entfernt werden sollen, nisi de communi regni convocati concilio et deliberatione. Die Versammlung wird vertagt. Bei der Wiederversammlung erklären die Magnaten auf das Verlangen eines Hülfsgeldes zum Kriege in Sicilien: der König habe sich auf jene Angelegenheit eingelassen sine concilio suo et consensu baronagii. Sie seien nicht nach der Vorschrift der M. Charta

Alle geladen worden und würden deshalb keine Antwort geben und kein Hülfsgeld bewilligen ohne Mitwirkung der übrigen.

Im 40. Henr. III. (Parlament zu Westminster): Magnaten und Geistlichkeit verweigern wiederholt ein Hülfsgeld zu dem Kriege in Sicilien.

Im 41. Henr. III. (Parlament zu London): Der König erhält gegen das Versprechen der unverletzlichen Beobachtungen der Charten ein außerordentliches Hülfsgeld von der Geistlichkeit; drei Wochen später zu Westminster verweigern aber beide Stände nochmals das auxilium für den Krieg in Sicilien. — In dieser Zeit ist Graf Simon von Monfort, schwer verletzt von seinem königlichen Schwager, an die Spitze der Unzufriedenen getreten, und ist von nun an als Leiter der Bewegung anzusehen.

Im 42. Henr. III. (10. April 1258 Parlament zu London): Die Barone stellen ein commune auxilium in Aussicht, wenn der König die Reichsverwaltung reformiren will. Der König verspricht eidlich, daß dies geschehen soll durch 12 fideles von seinem Rath und 12 andere fideles, welche von den proceres selbst gewählt werden sollen auf einer Wahlversammlung zu Oxford, einen Monat nach Pfingsten, und giebt die schriftliche Erklärung ab, daß er nach den Regulationen dieser 24 Barone verfahren werde. — Am 11. Juni 1258 erscheinen die Prälaten, Grafen und „nahezu 100 Barons" zu dieser Versammlung zu Oxford, die in einer königlichen letter of save conduct vom 2ten Juni ein Parliamentum genannt wird. Beide Theile wählen je 12 zu dem Comitee der 24; diese 24 sollen dann 4 aus ihrer Zahl wählen, die 4 Wahlherren den königlichen Rath von 15 Personen bilden. — Das so gewählte Commitee der 24 verlangt zunächst die getreuliche Beobachtung der so oft beschworenen Charten. Die Ernennung des Großrichters, Kanzlers, Schatzmeisters und anderer Beamten, wählbar von Jahr zu Jahr, soll für immer dem Commitee zustehen. Dreimal jährlich soll ein Parlament (im Sinne einer cour de baronie) sein: am 6. October, 3. Februar, 1. Juni. Zu diesen Gerichtsversammlungen sollen aber auch die gewählten Räthe des Königs erscheinen (geladen oder ungeladen), zur Verhandlung der gemeinsamen Reichsgeschäfte, sofern dies der König befiehlt. Zu dem Zweck werden 12 Personen ernannt (2 Bischöfe, 1 Earl, 9 Barone) um die communitas bei solchen weiteren Berathungen zu vertreten, insbesondere auch bei der Tragung der Lasten der communitas. Die „12 probes hommes sollen mit dem Rath des Königs in den drei Parlamenten alle öffentlichen Landesangelegenheiten verhandeln, und die communitas wird als festgestellt annehmen, was die 12 thun." Es werden auch noch andere Ordonnanzen beschlossen. Die Versammlung wählt einen besonderen Ausschuß von 24 zur Berathung eines auxilium (3 Bischöfe, 8 Earls, 13 Barons), worüber man aber zu keinem Beschluß kommt. — Eine Ordonnanz bestimmt ferner, daß in jeder Grafschaft 4 discreti et legales milites gewählt werden sollen zur Berathung und Einberichtung der Landesbeschwerden an das nächste Parlament.

Dies sind die charakteristischen Hauptbeschlüsse des später sogenannten tollen Parlaments zu Oxford, welche der Peers Report I. 101—127 ausführlich behandelt. Bei allen ersten reichsständischen Versuchen handelt es sich um eine übertriebene Anwendung des Wahlprincips. Das Commitee der 24 scheint aus Personen ersten Ranges zu bestehen; zu dem administrirenden Rath der 15 aber wählen die Herren des Commitees 10 oder 11 aus ihrer eignen Mitte, und bringen damit in der That die gesammte Reichsregierung in die Hände eines gewählten Reichsministeriums von 15 Personen, deren Mehrheit dem König feindlich gesinnt war. Unter der Bezeichnung communitas regni verstehen die versammelten Herren natürlich nur die Kronvasallenschaft. Die dreimaligen Parlamente im Jahre sollen zunächst Gerichtsversammlungen sein, (cours de baronie), die aber im Auftrag des Königs der Kürze wegen dann auch andere Reichsgeschäfte verhandeln sollen. Für solche Functionen als gesetzgebende Versammlung ist der landständische Ausschuß von 12 bestimmt, der ohne weiteres die gesammte Kronvasallenschaft (communitas) darstellt. Die Beschlüsse von Oxford erwiesen aber durch den Erfolg, wie es unmöglich war, auf die unförmliche und ungleichartige Kronvasallenschaft Englands ein einfaches Wahlprinzip anzuwenden. Es waren „nahezu 100 Barone" in Oxford erschienen: allein selbst diese verhältnißmäßig geringe Zahl von kleinen Kronvasallen genügte, um nach allen Richtungen hin übertriebene Beschlüsse zu erzeugen. Die von den kleinen Kronvasallen Gewählten erscheinen nur als Vertreter outrirter Ansprüche des Feudaladels. Zunächst war bei diesen Wahlen die Kirche sehr stiefmütterlich bedacht. Aber auch die Mehrzahl der kleinen Ritterschaft war schlecht zufrieden mit dem ständigen Ausschuß der 12, der sie Alle ein für alle Mal vertreten sollte. Schon bei dem nächsten Parlament am 6. Octbr. 1258 reicht die „communitas bachellariae Angliae" eine Art Loyalitätsadresse und Beschwerde ein, welche an den Kronprinzen Edward adressirt ist. Sie sagen, „der König habe alle von den Baronen aufgelegte Bedingungen erfüllt, diese hätten aber nichts gethan zum Besten des Reichs, und nur gehandelt zu ihrem eigenen Vortheil und zum Schaden des Königs, und wenn sie nicht nach Gebühr verführen, alia ratio pactum reformaret." (Matth. Paris erläutert den Ausdruck bachellaria als Bezeichnung der kleineren Ritter: „multi de militibus universitatis regni, qui se volunt bachillarios appellari, Hody 354). Trotz solcher Stimmungen erläßt indessen das Commitee der 24 noch 19 Artikel, die von dem Parlament genehmigt werden. Hier und bei den nächsten fünf Parlamenten ist von der „universitas baronagiae" die Rede, da der landständische Ausschuß sich in der That als Vertreter der Gesammtheit betrachtet. Zu der Versammlung a. 1260 wird die baronage in den Tower von London geladen, verweigert aber zu erscheinen und verlangt eine Versammlung zu Westminster, „ubi parliamentum tenere consueverunt." Die Uneinigkeit unter den Baronen wächst.

In 45. Henr. III. (Parlament zu Winchester 1261): der König legt den Baronen eine päpstliche Bulle vor, durch welche er von dem Eid auf die Provisionen von Oxford dispensirt wird, und ebenso die Prälaten und Laien von ihrem Eide auf alle Verordnungen, welche den König präjudiciren. — Der Bischof von Worchester und Simon von Montfort berufen dagegen zum 21. Sept. 1261 eine Versammlung nach St. Albans, zu welcher auch 3 Ritter aus jeder Grafschaft geladen werden zur Verhandlung über die Angelegenheiten des Reichs. Der König ladet zu demselben Tage ein concilium nach Windsor und befiehlt allen Sheriffs diesseits des Trent die besagten Ritter an den König zu senden, und zu Niemand anders, supra promissis colloquium habituri. — Die nun folgenden Parlamente verhandeln vergeblich über einen abzuschließenden Vergleich, da die Barone auf der vollen Beobachtung der Provisionen von Oxford bestehen.

In 48. Henr. III. (Parlament am 13. Dec. 1263): der Streit wird zwischen dem König und den Baronen auf einen Schiedsspruch des Königs von Frankreich gestellt. Dieser ergeht und erklärt die Provisionen von Oxford für nichtig. Die Barone aber verweigern, sich dem Spruche zu fügen mit der Behauptung, daß alle Verordnungen von Oxford auf der Magna Charta begründet seien.

In 48 Henr. III. (Parlament zu Oxford, 30. März 1264): die versammelte Baronie bleibt bei der Behauptung, die feierlich beschworenen Provisionen seien auf der M. Charta begründet, und sie würden daran halten bis zum Ende ihres Lebens, Hody 359. — Unmittelbar darauf folgt der Baronenkrieg; der König wird in der Schlacht bei Lewes, am 12. Mai 1264 besiegt und gefangen. Am 25. Mai erfolgt eine Friedensproclamation; in 29 Grafschaften werden Friedensbewahrer eingesetzt und unter dem 4. Juni 1264 ergehen writs zur Abhaltung eines Parlaments, zu welchem auch „quatuor de legalioribus et discretioribus Militibus Comitatus, nobiscum tractaturi de negotiis praedictis" geladen werden. Auf diesem Parlament zu London werden von den anwesenden Prälaten, Baronen und von der „communitas terrae" Verordnungen pro pace regni erlassen. Ebenso ergehen aus zwei späteren Parlamenten Ordonnanzen von dem König, dem Grafen Simon und anderen Baronen der communitas. Es tritt jedoch ein Bruch zwischen Montfort und dem Earl von Gloucester ein.

In 49 Henr. III. (20. Jan. 1265) Parlament zu London, zu welchem folgende Ladung ergeht:

„Henricus Dei gratia etc. . . . Cum jam sedata turbatione super plena „securitate et tranquillitate pacis ac super quibusdam aliis regni „nostri negotiis, quae sine concilio vestro et aliorum Praelatorum „et Magnatum nostrorum nolumus expediri, cum eisdem tractatum „habere nos oporteat, — Vobis Mandamus rogantes in fide etc., „quod sitis ad nos London in octavis St. Hillarii prox. futuris; no„biscum et cum praedictis Praelatis et Magnatibus nostris, „quos ibidem vocari fecimus, super praemissis tractaturi et „consilium impensuri."

Diese Ladungen ergehen an den Erzbischof von York, 12 Bischöfe, 65 Aebte, 36 Prioren, und den Meister des Templerordens, sodann an 5 Grafen und 17 Barons, die letzteren wahrscheinlich sämmtlich von der Partei Simon's von Montfort (Peer's Report I. 141—145). Außerdem aber findet sich der Zusatz, daß die Vicecomites 2 Ritter aus jeder Grafschaft, die cities und burghs, 2 Bürger, die 5 Häfen je 4 Männer zu der Versammlung abzusenden haben. (Note***.) Inzwischen war aber am 28. Mai 1265 Prinz Eduard aus der Gefangenschaft der Barone entkommen, hatte mit schnell gesammelten Mannschaften die aufständischen Barone überrascht. In der Schlacht von Evesham war Simon von Montfort selbst erschlagen worden; die Partei der Barone wird im Laufe weniger Monate völlig versprengt.

In 49 Henr. III. (Parlament zu Winchester, 8. September 1265) werden die Bischöfe geladen, ausgenommen die 4 Bischöfe von Montfort's Partei. Dazu eine Anzahl weltlicher Kronvasallen, einschließlich der Wittwen der Grafen, Barone und Ritter, welche in der Schlacht erschlagen oder gefangen worden sind. Der Grundbesitz der „Rebellen" wird eingezogen und unter die „Freunde des Königs" vertheilt. Viele werden ob rebellionem suam in das Gefängniß gesetzt. Das rücksichtslose Vorgehen und die Wortbrüchigkeit des Königs veranlaßt jedoch den hervorragendsten Mann unter den Königsfreunden, den Earl of Oxford, wiederum zu den Waffen zu greifen und die Rolle des Herzogs Moritz von Sachsen gegen Kaiser Karl V. zu spielen.

In 50 Henr. III. (24. August 1266, Parlament zu Kenilworth): Es wird eine Commission von 3 Bischöfen und 3 Baronen ernannt, vom König et a baronibus consiliaribus Angliae, um für den guten Zustand des Landes zu sorgen und für die ihres Besitzes Entsetzten (disinherited). Jene Sechs sollen in gleicher Weise sechs Andere cooptiren. Der päpstliche Legat und Prinz Heinrich sollen als Obmänner entscheiden. Das sog. Dictum (award) von Kenilworth) wird vereinbart: der König bestätigt die alten Charten und verlangt einen Zehnten von der Kirche auf 3 Jahr; erhält aber zur Antwort, daß erst der Friede wieder hergestellt sein müsse. — Auf dem Parlament zu Northampton, am 26. October wird der Spruch der Zwölf publicirt und bestätigt. Die Anhänger Montfort's werden in ihren Besitz wieder eingesetzt gegen Zahlung eines fünfjährigen oder geringeren Einkommens von den Gütern, je nach der Schwere ihres Vergehens. Alle in Bezug auf die Provisionen von Oxford erlassenen Urkunden und Instrumente werden für null und nichtig erklärt, alle Personen ihres Eides darauf von Legaten entbunden.

In 51 Henr. III. (Parlament zu St. Edmunds): die Geistlichkeit verweiger noch einmal den vom König geforderten Zehnten. — Am 18. Nov. 1267, Parlament oder commune concilium regni zu Marlborough, „ad meliorationem regni et expeditionem justitiae". Anwesend sind außer den Magnates et Discreti auch der Großrichter, Kanzler, die Richter und andere von des Königs Rath. Die Beschlüsse unter dem Namen der Statuta von Marleberge „sind stets als ein Theil der Landesgesetzgebung angesehen worden", Peers' Report I. 159.

In 53 Henr. III. (Parlament zu Westminster). Zu der feierlichen Ueberführung der Gebeine Eduard's des Bekenners nach der Abtei zu Westminster sind außer den Magnaten auch die „Potentiores" der cities und burghs eingeladen. Nach dem Schluß der Feierlichkeit bilden die „Nobiles" ein Parlament, und bewilligen einen Zwanzigsten von dem beweglichen Gut aller Laien mit Zustimmung der „regni majores". Peers' Report I. 161.

In 54. Henr. III. bewilligen die Magnates einen Zwanzigsten von dem ganzen Reich zu dem bevorstehenden Kreuzzug. Peers' Report I. 162.

In 55. Henr. III., am 13. Januar 1271, auf einem Parlament der Magnates zu London werden die ihres Besitzes entsetzten Lords und Andere per communem assensum vollständig restituirt. Im folgenden Jahre stirbt Heinrich III.

Dies sind die Präcedenzfälle, aus welchen sich das obige Resultat, nämlich (1) das Zustimmungsrecht der baronage zu den außerordentlichen Hülfsgeldern, (2) ihre Theilnahme an den wichtigsten Verordnungen des Königs ergeben hat. Von dem sogenannten Statut Merton an wurde eine Anzahl dieser Verordnungen in die späteren Gesetzsammlungen aufgenommen, am vollständigsten in die von der Record Commission redigirten Statutes of the Realm, namentlich die Provisionen von Merton (Statutes p. 1), das Statutum

Hiberniae (p. 7), die Provisionen über den Schalttag (p. 7), das dictum von Kenilworth (p. 12), das Statutum de Marleberge (p. 19).

***) **Die Keime einer Repräsentation der Grafschaften und Städte** durch gewählte Mitglieder zeigen sich am Schlusse dieser Periode als erste Versuche. Sehr mit Unrecht wurden in den älteren politischen Streitschriften Vorgänge geltend gemacht, die von einer Theilnahme der Grafschaften und Städte an Steuerbewilligung und Gesetzgebung in der Wirklichkeit gar nichts enthalten. Das älteste Präcedenz soll schon in 15 Johann gemacht sein, in einem Kriegsaufgebot mit dem Zusatz:

„daß 4 discreti milites aus jeder Grafschaft in dem ersten county court zu „wählen ad loquendum nobiscum de negotiis regni nostri."

Allein es sind hier nur eine Anzahl Vertrauensmänner gemeint, mit welchen der König zur Zeit des von Frankreich drohenden Einfalls verhandeln will; es handelt sich nicht um Gesetze oder Bewilligung von Hülfsgeldern.

In 10 Henr. III. (1226) werden writs an die Sheriffs von Gloucester und 7 andere Grafschaften erlassen mit dem Befehl quatuor milites de legalioribus et discrecioribus wählen zu lassen „durch die milites und probi homines der Grafschaft." Allein die 4 milites sollen nur als Ankläger gegen die Vicecomites auftreten wegen einer Verletzung der M. Charta.

In 38 Henr. III. auf dem Concilium zu Westminster kommt das erste Beispiel einer regelrechten Wahl von 2 Rittern in jeder Grafschaft vor; aber in folgendem Zusammenhang. Es handelt sich zunächst um ein gewöhnliches Kriegsaufgebot der Kronvasallen; außerdem werden die Sheriffs angewiesen, je zwei legales et discretos milites zu dem concilium zu senden, vice omnium et singulorum eorundem ad providendum, quale auxilium nobis in tanta necessitate impendere voluerunt. Ebenso ergehen writs an die Bischöfe mit der Anweisung, die archidiaconos, viros religiosos et clerum in ihren Diözösen zu versammeln zur Berathung einer Subsidie. Diese niederen Geistlichen sollen dann ihre proxies senden und ihre Beschlüsse einberichten. (Prynne, welcher das writ an den Erzbischof von Canterbury aus den Rot. Cl. 38 Henr. III. abdruckt, bemerkt dabei, es sei schon damals üblich gewesen, die niedere Geistlichkeit zur Berathung von Geldbewilligungen in dieser Weise vorher zu versammeln.) Der Peers' Report I. 56 erkennt dies an als das erste urkundliche Beispiel eines Versuchs, Repräsentanten für Körperschaften zu einem Concilium abzusenden. Man darf darin aber nicht voreiliger Weise eine Repräsentation der Grafschaften und Städte suchen. Es handelt sich vielmehr nur um die Theilnahme der kleineren Kronvasallen an der Berathung über außerordentliche Hülfsgelder. Man macht zum ersten Male den Versuch, ihnen eine bestimmte Theilnahme neben den großen Baronen durch 2 aus ihrer Mitte gewählte Repräsentanten zu gewähren an Stelle der in der M. Charta beabsichtigten Collectivladung aller durch den Sheriff. Auch werden die 2 Ritter in dem writ nicht direct zum Parlament geladen, sondern nur zu einem Erscheinen coram consilio nostro. Parry, Parliaments XIII. Wichtig ist der Vorgang als erste Form einer Repräsentation aber nur für die Kronvasallen.

In 42 Henr. III. auf dem tollen Parlament zu Oxford, nimmt dies Wahlprincip die Gestalt an, daß man zum Parlament selbst an 100 Barone (also der Mehrzahl nach kleine Barone) einladet, und von den im Parlament

Anwesenden einen Ausschuß von 12 wählen läßt, — eine Anwendung der Wahlen, welche schließlich zu allgemeiner Unzufriedenheit und zum Bürgerkriege führt. Auch hier ist nur von der Kronvasallenschaft die Rede.

In 45 Henr. III. (im Sommer 1261) hat der Bischof von Worchester und der Graf Simon eine Versammlung zu St. Albans auf den 21. Sept. 1261 ausgeschrieben mit der Order, daß drei Ritter aus jeder Grafschaft erscheinen sollen, um mit ihnen über die Reichsangelegenheiten zu verhandeln. Der König dagegen bestimmt denselben Tag zu einem Concilium zu Windsor und befiehlt den Sheriffs, die besagten Ritter an den König zu senden, „supra promissis colloquium habituri". Es war dies allerdings ein Versuch, Repräsentanten der Grafschaften zu einer beschließenden Versammlung zuzuziehen, Peers' Report I. 133; er wurde aber in tumultuarischer und zwiespältiger Weise gemacht, und verlief so erfolglos, daß er nicht als Präcedenzfall gelten konnte.

In 48 Henr. III., auf dem Parlament zu London, am 24. Juni 1264, während der König sich in der Gefangenschaft der Barone befindet, werden durch Orders an die Friedensbewahrer von 29 Grafschaften 4 Ritter aus einer jeden nach folgendem Formular geladen:

„Et quia instanti Parliamento nostro de negotiis nostris et regni „nostri cum Praelatis, Magnatibus et aliis Fidelibus nostris „tractare necessario nos oportebit, vobis mandamus quatenus qua- „tuor de legalioribus et discretioribus Militibus dicti Comitatus, per assensum ejusdem Commitatus ad hoc electos, ad nos pro „toto Comitatu illo mittatis. Ita quod sint ad nos Londoni, in oc- „tavis etc., nobiscum tractataturi de negotiis praedictis."

Allein es handelt sich hier nur um Wiederherstellung des Reichsfriedens, und eine Berathung darüber mit 4 Vertrauensmännern. Da die fideles nostri genannt sind, so können nur Kronvasallen gemeint sein. Auch ergiebt sich, daß die Bewilligung eines Zwanzigsten in diesem Jahre nur durch die „praelati et magnates" gemacht ist. Parry, Parliaments XIII.

Erst in 49 Henr. III. zu dem Parlament von London am 20. Jan. 1265 tritt der erste Präcedenzfall der Ladung von Abgeordneten der Grafschaften und Städte in das Leben. Der noch in der Gefangenschaft der Barone gehaltene König erläßt zunächst die persönlichen Ladungen an 122 Geistliche und 23 weltliche Barone zur Verhandlung der Reichsangelegenheiten: ad tractandum nobiscum et cum concilio nostro, nec non et aliis arduis regni nostri negotiis. Dann aber weiter:

Item mandatum est singulis Vicecomitibus per Angliam, quod venire faciant Duos Milites, de legalioribus et discretioribus Militibus Singulorum Comitatuum, ad Regem London, in Octabis praedictis in forma sapradicta.

Item in forma praedicta, scribitur civibus Lincoln, et caeteris Burgis Angliae, quod mittant in forma praedicta Duos et discretioribus tam Civibus quam Burgensibus suis.

Item mandatum est Baronibus et probis Hominibus Quinque Portuum quod mittant Quatuor de legalioribus et discretioribus etc.

Der Wortlaut der Ladungen an die Sheriffs und Städte ist zwar nicht erhalten, wahrscheinlich aber ziemlich übereinstimmend mit denen an die 5 Häfen:

„Cum Praelati, Magnates et Nobiles regni nostri . . . convocari fece-

„rimus, ubi vestra sicut et aliorum fidelium nostrorum praesentia plurimum indigemus, vobis mandamus in fide etc., ita quod sint ibi in Octs. „praeds. nobiscum et cum Praelatis et Magatibus regni tractaturi et super praemissis auxilium impensuri etc.“

Erst mit diesem Act tritt eine Form der Berufung der communitates regni in das Leben, und zwar mit folgenden zwei Neuerungen:

a) Es werden nicht blos Repräsentanten der kleineren Kronvasallen geladen, sondern die Grafschaften und eine Anzahl Städte als solche vertreten durch 2 Mitglieder der verfassungsmäßigen Gesammtheit.

b) Diese Repräsentanten werden direct geladen zur Verhandlung der Staatsgeschäfte: nicht mehr wie früher blos zu militärischem Aufgebot, oder Friedensverhandlungen oder zu bestimmten Gerichts- und Verwaltungszwecken.

An dieser Stelle liegt also der erste Entstehungsact des späteren Unterhauses. Schon die älteren solideren Darsteller der Verfassungsgeschichte haben dies im Wesentlichen anerkannt, wie Spelman in seinem Glossarium v. Parliamentum und in der besonderen Abhandlung on Parliaments. Dasselbe Resultat ergab sich aus dem Abdruck der Parliamentary writs von Prynne (1659—1664), aus Dugdale's Summons, vor Allem aber aus den Reports des Oberhauscomités on the Dignity of a Peer 1819 ff., vol. I. u. V. Unter den neueren Darstellungen erkennen dies als sicheres Resultat auch an Hallam, Middle Ages und Parry, Parliaments XII. Dieser Hergang enthielt jedoch noch keinen Ausspruch darüber, bis zu welchem Maße die Einberufung der Grafschaften und Städte zu dem Erlaß von Verordnungen und zur Berathung von Subsidien verfassungsmäßig nothwendig sei. Die Umstände der Berufung waren so ungewöhnlicher Art, daß sich daraus allein noch nicht die Nothwendigkeit der Wiederholung ergab. Es verhielt sich damit ungefähr wie mit den Notablenversammlungen Heinrichs II.: es sind Rathsversammlungen, welche wieder aufhören, einfach dadurch, daß der König solche außerordentliche Versammlungen nicht mehr beruft. Nach der Besiegung Simon's von Montfort und seiner Partei war überall nur die Rede von Wiederherstellung der hergebrachten Verfassung und Landesrechte und von einer Amnestie wegen der Ueberschreitungen der letztvergangenen Jahre. Die weiteren concilia Heinrich's III. sind in der gewöhnlichen Weise durch persönliche writs an eine Anzahl Prälaten und Magnaten berufen; nur von ihnen gehen die späteren Geldbewilligungen aus; nur von ihnen die Statuten von Marlebridge. Von Wichtigkeit war der Hergang von 1265 aber dennoch ebenso wie die Hoftage von Clarendon und Northampton hundert Jahre früher: die kleinere Vasallenschaft und das Freisassenthum hatten zum ersten Mal einen formirten Körper erhalten und das Bewußtsein, daß ihnen unter Umständen eine mit entscheidende Stimme in dem Rath des Königs gebühre.

Dritte Periode.

Die reichsständische Zeit.

---

§. 19.

Das Jahrhundert der organisirenden Gesetze. Die Verbindung der Staatsverwaltung mit der Grafschaftsverfassung.*)

Eduard I. 1272—1307.	Heinrich V. 1413—1422.
Eduard II. 1307—1327.	Heinrich VI. 1422—1461.
Eduard III. 1327—1377.	Eduard IV. 1461—1483.
Richard II. 1377—1399.	Eduard V. 1483.
Heinrich IV. 1399—1413.	Richard III. 1483—1485.

Fast drei Menschenalter waren seit dem letzten Regierungsjahre Heinrichs II. verflossen, ohne daß das Land Ruhe zu finden vermochte. Die Zeit Johann's hatte unauslöschlich den Eindruck hinterlassen, daß die normannische Regierungsweise Personen und Vermögen schutzlos der Willkür preisgebe. Andererseits hatte sich aber gezeigt, daß Adel und Prälaten allein der neuen Aufgabe nicht gewachsen waren; die Magna Charta hatte zunächst nur Parteikämpfe erzeugt. In den Schwankungen der Regierung Heinrichs III. waren deshalb beide Theile unwillkürlich auf dieselbe Maßregel zurückgekommen: durch Aufnahme der Mittelstände, in Gestalt von Communalverbänden, der entstehenden Verfassung Halt und Gleichgewicht zu geben.

Neben den Großlehnsträgern, deren Antheil an der Reichsverwaltung seit Heinrich III. unwiderruflich feststand, war jetzt ein hervorragender Mittelstand in der Ritterschaft aufgewachsen durch die gehobene Stellung der Untervasallen. Mehre Menschenalter nach der Eroberung hatten die Subtenentes noch keinen angesehenen Stand gebildet. In Rechtsbüchern und Verordnungen sind die Besitzer der kleineren Kriegslehne und Parzellen (sofern sie nicht persönlich die Ritterwürde erworben haben), unter den libere tenentes einbegriffen. Durch die jetzige Gestalt des Kriegswesens, durch die Kreuzzüge und durch das ritterliche Gildewesen war aber jener Fortschritt entstanden, welcher bei dem Entstehungsakt der M. Charta geschildert worden. Besitzmaß, Erziehung, Lebensweise und kriegerische Ehre waren den Untervasallen gemeinsam mit den kleinen Baronen oder Kronvasallen, die Ritterwürde das gemeinsame Band der Ehre, das Grafschaftsgericht der gemeinsame Rechtskreis beider. Der Unterschied der kleinen Kron- und Untervasallen hatte sich ferner verwischt durch die normannische Verwaltungsweise, welche die Lehnscurien gleichmäßig beschränkte, und in allen Dingen sich möglichst unmittelbar an die Untervasallen hielt. Als dann die Sitte aufgekommen war den Kriegsdienst durch Geld zu lösen, bestand der Unterschied nur noch darin, ob die königliche Abgabe an das Schatzamt, den Vicecomes oder an einen Unterlehnsherrn gezahlt wurde: normirt wurde sie in allen Fällen durch königliche Anordnung. Die Unterbelehnungen erhielten dadurch mehr den Charakter der Bildung von casuellen Grundrenten, und wurden wegen der daraus entstehenden Verwickelungen schließlich ganz untersagt durch das Stat. Quia Emptores 18. Edw. I. Jede Veräußerung schuf also von nun an einen unmittelbaren Kronvasallen. Auch bei Gelegenheit der Rückfälle an die Krone wurde die Wiederbeleihung oft in kleineren Antheilen ertheilt, um neue Vasallen zu gewinnen, um die Matrikel der Lehnsmilizen einigermaßen vollzählig zu halten. In dieser Lage mußte endlich jeder Rest der Vorstellung eines niederen Standes der Untervasallen verschwinden; denn die Folge wäre gewesen, daß gerade die alte landsässige Ritterschaft, die Nachkommen der Ralfs, Rogers, Walters im Domesdaybook, welche noch als Subtenentes auf ihren alten Gütern saßen, zurückgesetzt worden wären gegen die neuen Erwerber, die nun reichsunmittelbare Vasallen wurden. Mit Anfang dieser Periode finden wir daher die Ritterschaft als Einheit auftretend. Landeskultur und wachsender Verkehr hatten ihren Wohlstand erhöht; Grafschaftsgericht, Wohnsitz und Familienverbindungen hatten ihr einen soliden Einfluß auch in den Städten gegeben, in welchen ebenfalls ein neuer Mittelstand, neben der Ritterschaft etwas zurücktretend, aus anderen Gründen zu Bedeutung gelangt war.

In diesen Mittelständen war das Personal gegeben für eine neue Regierungsweise, zu der das Königthum sich entschließen mußte, wenn es nicht im Streit mit den großen Baronen seine Gewalt an Commitees der Barone verlieren wollte. Die Erfahrung der Provisionen von Oxford und des Baronenkrieges wurden für diese Richtung entscheidend. Mit der M. Charta, mit den dadurch gebotenen zahlreichen Rücksichten der Reichsverwaltung, mit den großen Concessionen an die Kirche, mit der wachsenden Geltung der Ritterschaft und der Städte, war eine Regierung nicht mehr möglich, wie sie die Könige von England bisher mit ihrem Schatzamt und einigen vertrauten Rathgebern geführt hatten. Die Gestaltung dieser Verhältnisse war die Aufgabe der Zeit geworden durch eine Reihe von organischen Gesetzen, beginnend mit Eduard I., dessen Regierung die Glanzzeit der Plantagenets bezeichnet. Die bitteren Erfahrungen seines Vaters hatten ihn belehrt, daß eine ständische Theilnahme an der Regierung nicht zu versagen war. Fest und klug wußte er durch dieselben Institutionen, welche seinem Vorgänger zum Verderben geworden, dem Throne neue Stärke und Festigkeit zu verleihen. Mit dem Statut Marlebridge war die specialisirte Gesetzgebung eröffnet, welche nun dermaßen in Fluß kommt, daß nirgends im Laufe des Mittelalters so viel durch Gesetze gestaltet worden ist, wie in dem Jahrhundert der drei Eduarde. Für diese Gesetzgebung scheint kein Gegenstand zu groß, kein Gegenstand zu klein. Lord Oberrichter Hale behauptet emphatisch, daß in den 13 ersten Jahren Eduards das englische Recht mehr Fortschritte gemacht habe, als in allen Jahrhunderten seitdem. Es handelt sich aber in diesem Werke der Gesetzgebung nicht wie später auf dem Continent um eine bloße Ordnung des Vermögensrechts, sondern vor Allem um die Ordnung des öffentlichen Rechts. Ihr Grundcharakter ist die Verbindung der Staatsverwaltung mit der Grafschaftsverfassung in der Weise, daß die Ausübung der ungeschmälerten Staatshoheitsrechte durch gesetzlichen Auftrag an die Grafschafts- und Stadtverbände übergeht. So entsteht das vielbesprochene System des Selfgovernment, für welches die Staatshoheitsrechte in ihrer bisherigen Anordnung nochmals zu Grunde gelegt werden können.

I. Eine Verbindung der Kriegshoheit mit der Grafschaftsverfassung [1]) zu einem Landwehrsystem war in dieser Zeit sowohl durch das Bedürfniß der Landesvertheidigung nach außen, wie durch die Sicherung des Königthums gegen die Rückkehr eines Baronenkrieges im Innern bedingt. Die persönliche Kriegspflicht der Besitzer der Ritterlehne bildet zwar noch immer die ordentliche Kriegsverfassung; die Lehnsmatrikel war aber wahrscheinlich schon seit Menschenaltern sehr zusammengeschmolzen. Der wachsende Widerstand der Geistlichkeit gegen die Lehnslasten hatte die Gestellungspflicht der geistlichen Kronvasallen sehr beschränkt. Die Verwaltungsmaximen des Schatzamts hatten bei Neuverleihungen oft mehr auf große Einkünfte als auf das dauernde Interesse der Landesvertheidigung gehalten. Viele Gütercomplexe wurden unter dem Namen einer Herrschaft (barony) verliehen, um das große relevium von 100 Mark oder 100 £ bei dem Besitzwechsel zu erheben, während man die Zahl der Schilde verminderte. Die Parcellirung von Ritterlehen machte die Gestellung für wirkliche Kriegszwecke unpraktisch, die häufigen Veräußerungen brachten sie vollends in Unordnung. Nach allen Richtungen hin macht sich auch die Lage des Landes geltend. Die Militärzustände des Continents, Hunderte von fehdeberechtigten Grundherrschaften und befestigten Städten, unzählige Burgen, zahllose kurze Feldzüge und kleine Belagerungen sind in England nicht vorhanden. Die wenigen Burgen und befestigten Städte sind in der Regel in Besitz oder Botmäßigkeit des Königs. Es tritt deshalb allmälig ein Zustand ein, in welchem die Zusammenberufung der Lehnsmilizen mehr wie eine große Musterung erscheint. Die Besitzer der Rittergüter folgen nach ihrer Neigung bald dem Ackerbau, bald dem Kriegsdienst um Sold, bald dem früh angesehenen Staatsdienst. Eine stehende active Lehnsmiliz schien nur noch nothwendig für einige Grenzmarken, die eben deshalb eine abweichende Heeresverfassung behielten. Seit Heinrich II. hatte daher das System der Ablösung durch Schildgelder begonnen. Die Willkür dieser Geldansätze hatte die Kronvasallen zu der Forderung eines Zustimmungsrechts vereint. Seit der Magna Charta ist diese Forderung einmüthig festgehalten, unter Heinrich III. thatsächlich geübt, unter Eduard I., II. III. in aller Form Rechtens anerkannt. Die Ablösung wird nunmehr die Regel, seit Eduard II. schmelzen die Schildgelder der Sache nach mit den allgemeinen Bodensteuern, seit Eduard III. mit der Gesammtheit der direkten Steuern zusammen.

Der nothwendig gewordene Ersatz dafür fand sich nun in der Grafschaftsmiliz, wie solche durch die assize of arms (1181) erneut, doch bis zu den Zeiten des Baronenkrieges zu keiner rechten Wirksamkeit gelangt war. Sie erhält jetzt eine neue Ordnung unter der kriegerischen Regierung Eduards I. Mit Zustimmung des Parlaments erklärt das St. Winchester 13. Edw. I. c. 6. die waffenfähigen liberi homines vom 15ten bis 60sten Jahre pflichtig zu Landwehrdienst und Waffenhalten. Der römischen Centurienverfassung vergleichbar, werden 5 Stufen gebildet von 15, 10, 5, 2—5 und unter 2 Pfund Silber. Jeder Besitzer von Ländereien zum jährlichen Werth von 15 £ oder 40 Mark in beweglichem Vermögen soll Brustharnisch, eiserne Pickelhaube, Schwert, Messer und Pferd halten; von 10—15 £ ebenso mit Ausnahme des Pferdes; Personen von 5—10 £ in Land ein gestopftes Wamms, eine eiserne Pickelhaube, Schwert und Messer; von 40—100 sh. Schwert, Bogen, Pfeile und Messer; unter 40 sh. in Land Säbel, Piken und kleine Waffen; Personen unter 20 Mark in beweglichem Vermögen ähnliche Waffen. Durch die neue Berechnung nach Geldwerthen sind also Rittergutsbesitzer, Bürger, Freibauern, Hauseigenthümer stufenweis neben einander gestellt; die wohlhabenden freemen der Städte auch ohne Rücksicht auf Grundbesitz. Daneben sind die specielleren Vorschriften der assize of arms Henr. II. fortdauernd: der König hat also die Befugniß, durch seine Commissarien die Waffenpflichtigen zu verzeichnen, abzuschätzen, Ungehorsame zu büßen. In jeder Hundertschaft soll ein Constable (Chief Constable) ernannt werden; in den alten Zehntschaften und villatae wird der Dorfschulze meistens zum Constable (Petty Constable) ernannt und erhält zum alten Polizeiamt ein neues Milizamt. Eine Waffenschau der Mannschaften, view of armour, soll jährlich zweimal stattfinden.

Für die Zwecke des Landfriedens stehen diese Mannschaften unter dem Aufgebot des Sheriff. Bei drohendem Kriege aber sendet der König kriegskundige Personen als Commissarien, um die Miliz des Bezirks „in militärische Ordnung zu bringen.“ Es war damit ein verführerisch bequemer Weg betreten, auf welchem Eduard I. und II. anfingen, die Ritterschaft zu Schildgeldern heran zu ziehen, während man die Grafschaften nöthigte, Fußvolk und leichte Reiter zu gestellen und zum Theil zu verproviantiren. Eine solche mit der ganzen Bestimmung des Lehnssystems in Widerspruch stehende Verwendung stieß aber endlich auf den Widerspruch des Parlaments. Nach 1. Eduard III. st 2. c. 5. und 7. soll Niemand gezwungen werden aus seiner Grafschaft zu gehen, außer wo es die Nothwendigkeit erfordert und ein plötzliches Einbrechen fremder Feinde in das Reich. Nach 25. Ed. III. st. 5. c. 8. soll Niemand gezwungen werden, außerhalb des Reichs zu gehen unter allen Umständen, — noch aus seiner Grafschaft, außer in Fällen dringender Nothwendigkeit, — ohne Consens des Parlaments. Der regelmäßige Dienst war damit auf die Grafschaft und auf die Zwecke der Landesvertheidigung beschränkt, alles Weitergehende an die Zustimmung des Parlaments gebunden. Beide Statuten wurden dann bestätigt durch 4. Henr. IV c. 13 und namentlich wird die Commission of Array so gefaßt, um die Einführung neuer Strafartikel darin zu verhüten.

Die Zusammensetzung eines Heeres für den auswärtigen Dienst war nunmehr folgende. Die Masse der Reiterei bestand noch aus dem Lehnsadel und seinen Gefolgen unter den Bezeichnungen barons, knights, esquires, men-at-arms, unter welchen letzteren alle Schwerbewaffneten ohne Rücksicht auf Standesunterschiede einbegriffen sind. Es ist noch immer das Amt des Marschall diese schwere Reiterei in gleichmäßige Trupps, constabulariae, zu ordnen. Das Fußvolk dagegen, welches regelmäßig fünf bis acht mal zahlreicher formirt wird, bildet Compagnien von 100 Mann unter Constables oder Centenaren, und zerfällt in Pikenmänner und in Streitaxtmänner, in schwere und leichte Bogenschützen. Unter den Walisern scheinen auch schon uniformirte Truppen vorzukommen; als ganz neue Elemente erscheinen Compagnien von Handwerkern, Mineuren, Kanonieren. Seit dem Parlamentsbeschluß 25. Edw. III. fand man es nun angemessener, solche Truppen theils durch Commissions zur Anwerbung von Freiwilligen in den Grafschaften, theils durch Entrepriseverträge zu beschaffen. Der König contrahirte mit einem angesehenen Herrn als Condottiere auf Gestellung von größeren oder kleineren Trupps mit Tageslöhnung für Mann, Pferd, Rüstung und Waffen. Die Geschichte der französischen Kriege ergiebt, daß die bessere Taktik, Beweglichkeit, Disciplin und Bewaffnung dieser Massen die schwerfälligen Lehnsheere Frankreichs überwunden hat. Das Nebeneinanderstehen der Lehns- und der Grafschaftsmilizen gab die Möglichkeit, die starken Seiten des alten und des neuen Systems zu verbinden, zu Reiterei und Fußvolk die kampflustigsten und kampfgeübtesten Elemente herauszunehmen. Die Gefolgschaften der großen Barone dienten wie feste Cadres dazu die schwere Reiterei nicht nur in dauernder Uebung, sondern auch in tactischer Zusammengewöhnung auszubilden, so daß auch von dieser Seite aus die englische Reiterei trotz ihrer geringen Zahl den plumpen Massen der französischen gewachsen war.

Am Schluß der Periode hat sich das Verhältniß der beiden Bewaffnungssysteme umgekehrt. Die ordentliche und gleichmäßige Landesbewaffnung ist die Grafschaftsmiliz. Die alte Lehnsmiliz besteht hauptsächlich noch in den zahlreichen Gefolgen (liveries) der größeren Kronvasallen, also in sehr ungleichartiger Bildung; als active Heeresmacht nur noch in den nördlichen Grafschaften der schottischen Grenze. Die nothwendigen Militär-Vorräthe waren seit Heinrich III.

unter Verwaltung eines Ballistarius in dem Tower von London niedergelegt. In dieser Periode erscheint ein Attiliator ballistarum für Kriegszeug und Soldatenrüstung, ein Galeator, Armourer, Bowyer, Fletcher, die dann im 15. Jahrhundert unter dem Feldzeugmeister, Master of the Ordance, vereinigt werden.

II. Die Ausübung der Gerichtshoheit verbindet sich mit der Grafschaftsverfassung[2]) mittels des jetzt durchgeführten Systems der Geschwornengerichte. Am Schluß der vorigen Periode waren die drei Grundsätze der neuen Rechtspflege zur Geltung gekommen:

Trennung der Rechtsprechung von der Beweisfrage, welche von jeher in den Formen und Anschauungen des germanischen Processes lag;

Concentrirung der Rechtsprechung in beamteten königlichen Richtern;

Bildung von Gemeinde-Ausschüssen aus den Hundertschaften und Grafschaften zur Feststellung der Thatfrage, ernannt durch einen königlichen Beamten.

Die formirten Richtercollegien, welche seit der Zeit Heinrichs III. schon etwas stetiger besetzt erscheinen, als Court of Kings Bench, Court of Common Pleas, Court of Exchequer (§. 20) treten nunmehr in eine stetige Verbindung mit den Grafschaften. In der Civiljustiz wurde die Verbindung zunächst veranlaßt durch die Beschwerden, welche mit dem Erscheinen zahlreicher Beweiscommissionen bei dem Centralhofe verbunden waren. Zur Abhülfe der dadurch entstehenden Zögerungen und Kosten hatte die M. Charta versprochen, daß umgekehrt die Reichsrichter in die Grafschaft kommen sollen, was sich aber in der damaligen Weise nicht recht ausführbar erwies. Die definitive Gestaltung erfolgt durch st. 13. Eduard I. c. 3., das sog. Statut Westminster II. „Assisenrichter sollen sein 2 vereidete Reichsrichter, welche sich beiordnen einen oder zwei angesehene Ritter der Grafschaft." Der Sheriff ladet die Geschworenen fortan nur pro forma zur nächsten Sitzungsperiode nach Westminster, „wenn nicht zuvor" (nisi prius) an einem bestimmten Tage die Assisenrichter in der Grafschaft erscheinen, was nunmehr regelmäßig geschah. Nach weiteren Consolidationen durch 27. Edw. I. c. 4.; 12. Edw. II. c. 3.; 14. Edw. III. c. 16. tritt das gesammte Personal der Reichsgerichte in regelmäßige Verbindung mit den Civilassisen kraft periodischer Commissionen.

Einen analogen Verlauf nahm die Strafgerichtsbarkeit, die

allerdings in den politischen Zeitläufen lange Zeit in einem flüssigeren Zustand blieb. Die Abordnung besonderer Commissarien für die Strafjustiz, justices of oyer and terminer, fand noch oft statt, da die Herstellung des öffentlichen Friedens, die Verflechtung der Strafjustiz mit der Polizeigewalt und dem Finanz-Interesse, und die lange schwankende Behandlung des Criminalbeweises hier einen größeren Wechsel mit sich brachte. Allmälig jedoch werden die commissions of oyer and terminer und die noch weiter gefaßten commissions of gaol delivery die Form, in welcher auch die Strafjustiz der Reichsgerichte mit den Rüge- und Beweiscommissionen der Grafschaft (juries) in eine stetige Verbindung tritt. Durch die regelmäßige Verbindung der Civil- und Criminalcommissionen mit einander ist der neuere ordo judiciorum wesentlich durchgeführt. Die Trennung der Rechtsfrage von der Thatfrage bildet jetzt den Grundtypus der englischen Justiz in ganz anderer Weise als das judicium parium der Magna Charta gemeint war. Es bedurfte deshalb ausdrücklicher Parlamentsbeschlüsse zu den Reformen, als Abweichungen von der M. Charta. Nachdem aber die festen Organe für die Einheit und Fortbildung des gemeinen Landesrechts gewonnen waren, erfolgt die Consolidirung der bereits in der vorigen Periode gebildeten Juries in dreifacher Richtung:

1) die Civiljury bestand nach den assisae Heinrichs II., also Kraft Gesetzes, nur für die ursprünglich genannten Fälle, und dann noch immer in der Gestalt, daß 4 ernannte Grafschaftsritter und 12 von ihnen cooptirte Geschworne die Hauptfrage des Prozesses entscheiden sollen. Sie sind also noch eine Entscheidung „per judicium parium vel per legem terrae". Das praktische Bedürfniß hatte aber die Beweisführung durch Geschwornencommissionen von 12 als „iurata" über den ganzen Civilprozeß ausgedehnt. In dieser leichter zugänglichen (und wohlfeileren) Weise beschränkt sich ihr Spruch auf die question of fact, und wird bald in dem Maße geläufig, daß von der umständlichen Assisa mit den vier Rittern selten Gebrauch gemacht wird.

2) die Anklage-Jury war zunächst verbunden mit den Grafschaftsversammlungen, welche die königlichen Justiciarii in immer regelmäßigeren Perioden abzuhalten hatten. Da sich aber die Verhandlungen mit den Geschwornen der einzelen Hundreds als zu umständlich erwiesen, begann man unter Eduard III. die großen Versammlungen der Grafschaftsritter und Gerichtsmänner zugleich zu diesen Inquisitiones zu benutzen, und so entstand der Graund Inquest, die große

Jury, neben welcher die Rüge-juries der einzelen Hundreds allmälig verkümmerten und im 16. Jahrhundert verschwanden. Nachdem um dieselbe Zeit das Institut der Friedensrichter in Gang gekommen, wird eine ähnliche Formation des Graund Inquest auch auf die Quartalsitzungen der Friedensrichter übertragen.

3) Die Urtheilsjury in Strafsachen, welche Bracton und Fleta noch als eine Fortsetzung der Rügejury mit theilweis verändertem Personal darstellen, hat sich durch die Praxis allmälig abgesondert. Die prinzipielle Trennung erfolgt aber durch 25. Edw. III. c. 3., wonach jeder Geschworne der Rügejury (indictor) von der zweiten Jury (Urtheilsjury) ausgeschlossen werden soll. Und als nun bald nachher das Rügegeschäft immer mehr auf die große aus der Grafschaftsversammlung gebildete Jury überging, erscheinen beide Geschworenengerichte unter dem Namen der „großen" und „kleinen" Jury in dauernder Trennung.

In dieser Gestalt war nun die Grundmaxime Veritas in juratore, justicia et judicium in judice (Bracton 186b) verwirklicht. Gemeinsam allen drei Bildungen ist die zarte Rücksicht auf Parteigleichheit und Unparteilichkeit der Geschwornen (fair trial). Sie ist die schönste und die dauerhafteste Grundlage des englischen Rechtslebens geworden. Nach der Durchführung des Systems im großen Maßstabe stellt es sich nun aber auf die Nothwendigkeit einer Consolidirung des Geschwornendienstes heraus. Bisher sollten die Geschwornen in der Grafschaft, wie in den Unterbezirken aus den herkömmlichen Gerichtsmännern genommen werden, also legales milites, liberi et legales homines. Allein der Geschwornendienst war seinem Wesen nach auf eine breitere Basis angelegt als der der urtheilsfindenden Gerichtsmänner. Bei der Rechtsfindung war eine gewohnheitsmäßige Theilnahme nothwendig, die nur für den größeren Besitz ausführbar. Bei der Feststellung der question of fact kam es nur auf eine genauere Kenntniß im Kreise des vicinetum an und auf persönliche Rechtschaffenheit, und dafür war das kleinere Freisassenthum eben so geeignet wie unentbehrlich. Die Theilnahme an der Urtheilsfindung konnte als ein wichtiges politisches Recht erscheinen: die Heranziehung zu den neueren Beweiscommissionen erschien als ein neugestalteter Dienst, und die Betheiligung daran konnte kaum ein Gegenstand ständischer Eifersucht werden. Die Gefahr lag jetzt vielmehr nach einer Seite in einer Belästigung der ärmeren Leute durch den Dienst, nach der anderen Seite in der minderen Zuverlässigkeit, Bestechlichkeit, Furchtsamkeit dieser Elemente. Man sah sich daher genöthigt, nach einem Durchschnittssatz das Maß des Besitzes zu fixiren, welches den Geschwornendienst zu tragen vermag. In Erwägung des Uebelstandes, „daß sonst die Reichen frei werden, und die Aermeren die Juries besetzen,“ verordnet zuerst das stat. Westminster II. c. 38, daß nur Freisassen von 20 Schilling Grundbesitz für die assisa aufgeboten werden sollen. Durch 21. Edw. I. st. 1.; 2. Henr. V. c. 3. wird dieser Census verdoppelt: es sollen nur Personen von 40 Schilling Rente (= $\frac{1}{10}$ der Taxe eines Ritterlehns) aufgeboten werden.

Nach allen diesen Aenderungen hat das alte Amt des Sheriff seine eigentliche Jurisdiction eingebüßt. Es ist in diesem Geschäftskreis nur ein Organ des Obergerichts für Funktionen, in welchen ein Localgericht unentbehrlich, nämlich Ladungen, Executionen, Gestellung einer Jury. Als Civilrichter wird der Sheriff unter Eduard I. auf Bagatellprocesse bis zu 40 Schilling beschränkt; wozu dann seine Untersuchungs-, Polizei-, fiscalische und Administrativgeschäfte treten. Durch Polizeigewalt, Ehrenrechte und Gebühren ist aber das Amt noch immer bedeutend genug, um Gegenstand der Bewerbung zu sein. Offenbar nach den Wünschen der Ritterschaft ist daher zweimal der Versuch gemacht, das Sheriffamt durch Grafschaftswahlen zu besetzen. Der erste Versuch 1258, durch das Statut der Provisoren, lief aber auf reine Factionswahlen hinaus, und wurde nachher kassirt. Der zweite Versuch 28. Edw. I. endete damit, daß nach 7 Jahren die Sheriffs in Masse abgesetzt und neue ernannt werden mußten. Das Wahlsystem erwies sich unanwendbar auf Richter- und Polizeiämter. Der Sheriff bleibt also ein Unterbeamter des Exchequer und des Hofgerichts, wird daher dem König designirt durch den Schatzmeister, den Kanzler, die Schatzbarone und die Justiciarii (9. Edw. II. st. 2.) — wie wesentlich noch heute. Er soll hinreichenden Grundbesitz haben um seine Verantwortlichkeit tragen zu können, und darf sein Amt nicht in Pacht geben.

III. Die Ausübung der Polizeihoheit[3]) wird mit der Grafschaftsverfassung verbunden durch das nach langen Zwischenversuchen gebildete Amt der Friedensrichter. Die Parlamente dieser Zeit beginnen mit Klagen gegen den Uebermuth der Großen, gegen Fehden und Raufereien, welche seit den Zeiten des Baronenkrieges immer wieder periodisch auftauchten. Es erfolgt daher eine förmliche Polizeiordnung in dem Statut Winchester 13 Edw. I., welche mit den Worten beginnt: „Da Tag für Tag Räubereien, Mordthaten, Brandstiftungen und Diebstähle häufiger vorfallen, als je zuvor geschehen ist,“ — deshalb wird das alte Polizeiverfahren bei handhafter That (hue and crye) eingeschärft, der Wirth für die beherbergten Gäste, die Hundertschaft für Schadenersatz in ihrem Bezirk verantwortlich gemacht, eine erweiterte Pflicht zum Landwehrdienst und ein Nachtwachtsystem (Watch and Ward) eingeführt. — Es traf aber noch eine Reihe socialer Gründe zusammen, um das Gebiet der Polizeigewalt zu erweitern und zu vervielfältigen. Städtisches und Landleben hatten sich in England nie gegen einander abgeschlossen, und es war eine Freizügigkeit in dem Maße vorhanden, daß die Gemeinden (mißtrauisch wegen ihrer Haftung für Schadenersatz) häufige Anträge auf Friedensbürgschaft und Bürgschaft für gutes Verhalten gegen verdächtige Personen zu stellen hatten. Mit dem ziemlich frühen Absterben der Leibeigenschaft, mit der Entstehung freier Lohn- und Pachtverhältnisse lockerte sich an vielen Stellen das häusliche Band zwischen Besitz und Arbeit. Durch Freizügigkeit und Gewerbefreiheit knüpften sich tägliche Beziehungen zwischen Besitz und Arbeit, welche viel früher als auf dem Continent durch umfassende Gesetze zu regeln waren. Die zahllosen Gewerbe-Reglements, welche bei uns in städtischen Polizeiordnungen und Zunftstatuten zu suchen sind, erscheinen hier als Gegenstände allgemeiner Gesetzgebung: anfangs als königliche Verordnungen, assisae und ordinances, dann als Parlamentsbeschlüsse. Dahin gehören die gesetzlichen Taxordnungen für Brot, Bier, Feuerung und andere Lebensbedürfnisse, assisae venalium (zugleich mit Vorschriften gegen Fälschung), als deren wichtigste die assisa panis et cerevisiae 51. Henr. III. c. 5. genannt wird, und die sich als periodische Taxen fortsetzen. Reglements über das Bäckergewerbe, über die Bereitung und Verarbeitung des Leders und der Wollenwaaren, über Malzbereitung, Ziegelei, über Kohlenhandel und Brennholzverkauf, Marktpolizeivorschriften, auch schon allgemeine Bestimmungen einer Gewerbeordnung, bilden eine sehr complicirte Gesetzgebung. An diese reiht sich dann eine Arbeitspolizeigesetzgebung, welche an Stelle der Unterthänigkeit, der Zunft- und städtischen Polizeiinstitutionen des Continents steht. Das erste statute of labourers 23. Edw. III. c. 1. ff. erging nach einer großen Landescalamität, welche die Zahl der arbeitenden Hände vermindert, die Lohnforderungen erhöht hatte. Den Arbeitern wird dadurch anbefohlen, jedem Arbeitsgeber zu den gewohnten Lohnsätzen zu dienen; im Zusammenhang damit stehen Verbote der Verbindungen zur Erhöhung der Arbeitslöhne, Verbote des Almosengebens an arbeitsfähige Bettler und Beschränkungen der Freizügigkeit der arbeitenden Klassen. Anfänge einer Sittenpolizei liegen ferner in dem weiten Begriff der common nuisances, durch welche lärmende und unzüchtige Wirthschaften verfolgt werden; in Luxusgesetzen über Kleidung, Mahlzeiten und anderen Aufwand. Der Begriff des schädlichen Unfugs nuisance umfaßt aber auch eine Menge nachbarlicher Streitigkeiten; unter anderem auch die erste Gestalt einer Wegeordnung und Wegepolizei. Weiter schließen sich daran Jagd- und Fischereiordnungen in fast unabsehbarem Detail.

Zur Handhabung dieses verwickelten Systems war jetzt der Sheriff's tourn und die Courts leet vorhanden. Wenn auch die M. Charta dem Vicecomes die königlichen Criminalklagen ganz entzogen hatte, so blieb ihm doch der erste Angriff, die Annahme der Bürgschaften, die polizeiliche Inquisitio, das Polizeirichteramt über die kleinen Straffälle. Die „Untersuchung" in diesen Gerichten war aber etwas ganz anderes als im heutigen Proceß. Sie erfolgte nicht nur öffentlich vor der Gemeinde, sondern in und durch die Gemeinde, mit stetigen Aufgeboten von Schulzen und Gerichtsmännern, mit eidlichen Verhören über Wissen, Nichtwissen und Glauben. Es war nicht nur die schwerste Last des Gerichtsdienstes, wenn man dazu die Gemeinden in Masse aufbieten mußte: der Hauptmangel war, daß die Perioden und Formen eines Gerichts unzureichend wurden für die Präventivzwecke einer solchen Polizei, die ein viel größeres Maß von Beweglichkeit voraussetzt. Die örtlichen courts leet waren eben deshalb diesen Aufgaben ebenso wenig gewachsen wie der Sheriff und seine Untervögte. Die Erfahrung lehrte immer fühlbarer, daß Gemeindeversammlungen weder in pleno noch in Comités eine Polizeiverwaltung in der Weise führen können, wie sie jetzt durch den erweiterten Charakter der Friedensbewahrung, durch Gewerbe-, Arbeits- und Sittenpolizeiordnungen gestaltet war. Sobald an die Stelle patriarchalischer Ordnung eine Polizeiverwaltung nach Gesetzen trat, mußte auch die Handhabung dieser Ordnung aufhören Sache der Ortsgemeinden zu sein, vielmehr durch Einzelbeamte und mehr summarisch gehandhabt, sich zu einem Richteramt gestalten, welches die Anwendung von Wahlgrundsätzen ausschloß.

Schon unter Richard I. findet sich ein erster Versuch, dem Sheriff Kreisdeputirte, custodes placitorum coronae, coroners, zur Seite zu setzen, welche durch ein Vorschlagsrecht der Einsassen der Krone bezeichnet werden. Diese erste Bildung war indessen verfehlt durch die Anwendung des Wahlgrundsatzes. Sie hat keinen weiteren Fortgang genommen, das Amt der coroners beschränkt sich vielmehr später auf Untersuchungen über Todesursachen, Unterschlagung von Schätzen und einige Assistenzgeschäfte für den Sheriff.

Gegen Ende der Regierung Eduards I. begann man in unruhigen Zeiten und Landschaften eine Art von Standgerichten unter Justices of trail baston einzurichten, die auch später gelegentlich wiederholt wurden, aber wegen ihres allzu summarischen Charakters Widerspruch fanden. Kurz nach dem Regierungsantritt Eduard's II. werden in jeder Grafschaft conservatores pacis ernannt, welche beständig in ihren Grafschaften residiren und solche in allen Theilen visitiren sollen, „um zu überwachen die Befolgung der Polizeiordnung von Winchester und die darauf bezüglichen königlichen Erlasse“. Auch dies bleibt jedoch nur ein vorübergehender Versuch.

Eine sehr ernste Veranlassung zur Einsetzung örtlicher Polizeiherren fand sich aber bei dem Regierungsantritt Eduard's III. Nach der Thronentsetzung Eduard's II. fürchtete seine verbrecherische Gemahlin und ihr Anhang allgemeine Unruhen; sie veranlaßten daher durch Ordonnanz (1. Edw. III c. 16.) in allen Grafschaften die Einsetzung von Polizeiherren aus der herrschenden Faction: Bonnes gens et loyaux assignées à la Garde de la paix, — als Hülfsbeamte des Sheriffs und der reisenden Richter. Im folgenden Jahre werden Polizeiherren mit einer Commission of Oyer and Terminer, also wirklichen Strafgewalten ernannt, welche aber mit der Veranlassung und dem Parteiwechsel wieder verschwinden. Die Idee der Einsetzung solcher Polizeiherren war indessen populär geworden. In 18. und 20. Edw. III. folgen neue Versuche und Anträge. In 21. Edw. III. machen die Commoners dem König den Vorschlag, etwa 6 Polizeiherren in jeder Grafschaft zu ernennen, 2 Lords, 2 Ritter und 2 Gesetzesmänner. Die Differenz drehte sich hauptsächlich darum, daß König und Rath das königliche Ernennungsrecht festhalten, während die Stände das Hauptgewicht auf die Wahl großer Grundbesitzer legten. Inzwischen waren nun aber die Zerwürfnisse mit den arbeitenden Klassen entstanden, welche die Statutes of labourers 23. Edw. III. c. 1., 25. Edw. III. c. 8. hervorriefen. Zur Ausführung dieser Gesetze mußten nach Zweck und Fassung Commissarien mit außerordentlichen Gewalten ernannt werden, welche viermal jährlich ihre Sitzungen in jeder Grafschaft halten sollten. Von einer Anwendung des Wahlprincips konnte bei Gesetzen der Arbeitspolizei nicht mehr die Rede sein. Diese durch königliche Ernennung bestellten Polizeiherren haben sich bewährt, und im Anschluß daran erfolgt endlich nach so langen versuchsweisen Gestaltungen im Jahre 1360 die Einsetzung von Kreispolizeiherren als dauerndes Institut durch 34. Edw. III. c. 1.:

Zu jeder Grafschaft soll ernannt werden zur Erhaltung des Frieden ein Lord und mit ihm drei oder vier der Respectabelsten in der Grafschaft nebst einigen Rechtsgelehrten; und sie sollen Gewalt haben zu bändigen die Gesetzübertreter, Aufrührer und alle anderen Ruhestörer, und sie zu verfolgen, zu ergreifen, in Haft zu nehmen, und zu züchtigen nach Maß ihres Vergehens, und sie in das Gefängniß setzen lassen, und sie gebührend bestrafen nach dem Gesetz, nach den Gewohnheiten des Reichs &c. &c. und auch zu hören, zu verhandeln und zu entscheiden, auf Anklage im Namen des Königs alle in der Grafschaft begangenen felonies und Uebertretungen nach den vorgedachten Gesetzen und Gewohnheiten.

Unter mehren neuen Anträgen verlangt demnächst das Parlament, daß die Polizeiherren viermal im Jahre gemeinschaftliche Sitzungen halten: dies wird genehmigt und durch 36. Edw. III. c. 12. zum Statut erhoben. — Im nächsten Jahre folgt die Petition, daß der König den im Parlament versammelten Rittern und Bürgern gestatten möge, die Justices of the Peace und die Justices of labourers and artificers zu wählen, und daß die so Gewählten nicht wieder entfernt werden. Die Antwort lautet: das Parlament möge Personen vorschlagen, aber der König werde ernennen nach seinem Belieben. — Noch einmal in 50. Edw. III. folgt eine Petition, nach welcher das Parlament die Justices ernennen möchte, und sie nicht ohne Zustimmung des Parlaments abgesetzt werden sollen. Die Antwort lautet: die Richter sollen ernannt werden vom König und seinem Rath (continual council), — womit die Wahlfrage erledigt ist für alle Zeiten. In dieser Zeit wird auch der ehrenvollere Titel Justices neben oder anstatt der älteren custodes paces üblich. Die Form der Commissionen ist schon im Anfang der Regierung Richards II. der heutigen gleichartig, und consolidirt sich immer mehr zu einem umfassenden Auftrag der Strafjustiz, der Polizei und insbesondere der neuen specialisirten Polizeiordnungen. Der Inhalt der Friedenscommissionen war nun ein doppelter: (1) die Bewahrung des Friedens nach common law, d. h. Ergreifung, Verhaftung, Zwangsbürgschaft, und alle sonstigen Polizeigeschäfte, welche herkömmlich schon in der Amtsgewalt der normannischen Landvögte lagen, (2) die analogen Geschäfte nach der Polizeiordnung von Winchester, dem Statut Westminster und den späteren Gesetzen über Gewerbe- und Arbeitspolizei, die sich mit jedem

Menschenalter vermehren. Wirkliche Criminalstrafen erkennen sie nur collegialisch in ihren Quartalsitzungen mit Zuziehung einer Jury. Ihre Commission lautet aber so allgemein, daß sie mit den reisenden Richtern eine concurrirende Criminalgewalt üben. Andererseits sind ihnen eine Menge kleinerer Vergehen gegen die Gewerbe-, Sitten-, Arbeitspolizei, durch die Fassung der Statuten besonders vorbehalten. Es ist dabei noch nicht die Absicht vorwaltend, die Jury in ihrer Anwendung wesentlich zu beschränken. Allein die Fassung der neueren Polizeigesetze giebt ihnen auch für ihre Person erweiterte, ohne Jury zu übende Gewalten. Erst die Gesetze der folgenden Periode erweitern dies zu einer summarischen Urtheilssprechung ohne Jury auch gegen den leugnenden Angeschuldigten.

Das Personal der Friedensrichter sollte im Sinne der Parlamentspetitionen aus dem großen Grundbesitz entnommen werden, während König und Rath vorzugsweise auf Rechtskunde sehen. Aus beiden Elementen wird nunmehr das Personal nach Ortsbedürfniß wirklich zusammengesetzt. Erst der Adelseinfluß unter dem Hause Lancaster führt einen bestimmten Census ein, 18. Henr. VI. c. 11. Der Friedensrichter soll Ländereien zum Werth von 20 £. jährlich besitzen (die damalige Taxe eines Ritterguts), der Lordkanzler soll jedoch, „wenn nicht genügende grundansässige Personen in der Grafschaft vorhanden, welche der Rechte und der Verwaltung kundig, immer noch befugt sein, andere rechtskundige Personen in solche Commission zu setzen.“ Auf Grund dieser Klausel hat denn auch die Concurrenz von Grundbesitzern und rechtsgelehrten Friedensrichtern (quorum) bis in das achtzehnte Jahrhundert fortgedauert. Der Verzicht auf die gesetzlich zugebilligten Diäten, der immer mehr zur Sitte wurde, hat schließlich die Verdrängung der rechtsverständigen Beamten aus den Friedenscommissionen herbeigeführt.

Dies neue System der Polizeiverwaltung verdrängt nun im stetigen Fortschritt das alte, und zwar zunächst das Bezirkspolizeigericht des Sheriff. Der turnus vicecomitis bleibt zwar zunächst von den Friedensrichtern unberührt. Dem Sheriff bleibt also das Recht des ersten Angriffs, der Inquisition und die Strafgewalt in den kleinen Büßungsfällen unter Mitwirkung der Gemeinde. Im Allgemeinen aber bleibt das Verhältniß ein concurrirendes zum Nachtheil der Sheriffs, deren Unpopularität fortdauert, und deren Polizeigewalt schon durch den unangemessenen Wechsel des Amts von Jahr zu Jahr weiter zerfallen mußte. Die erheblichen Voruntersuchungsgewalten sind ihnen dann durch 1. Edw. IV. c. 2. 3. (a. 1461) abgenommen. Sie sollen sich auf den ersten Angriff und auf die Annahme von indictments beschränken, den definitiven Haftbefehl und die weitere Verhandlung den nächsten Quartalsitzungen überlassen. Dagegen bleibt dem Sheriff die Verwaltung der Grafschaftsgerichte und die Strafvollstreckung, auf welche die Büreauverfassung und Finanzverwaltung des Sheriffsamts berechnet war und bleibt. — Demselben Gange folgen endlich die aus dem Sheriffstourn abgezweigten städtischen und ländlichen courts leet. Sie concurriren noch längere Zeit mit dem Amt der Friedensrichter, aber ohne weitere Reform ihrer Verfassung. Sie fungiren also unter fortdauerndem Aufgebot der Gemeindeversammlungen für die Zwecke des inquest und des polizeilichen Strafurtheils, bis sie durch die Schwerfälligkeit ihrer Formen absterben.

IV. Die Verbindung der Finanzhoheit mit der Grafschaftsverfassung[1]) knüpft sich an das jetzt entstehende Communalsteuersystem. Die wichtigsten Verpflichtungen der Grafschaftsverbände bestanden zwar noch lange Zeit in persönlichen und Naturalleistungen, während die Reichsverwaltung schon frühzeitig in eine geregelte Geldwirthschaft übergegangen war. Ergänzende Geldleistungen kamen jedoch schon in der normannischen Zeit vor in Folge der zahllosen amerciaments und fines. Jetzt kommen dazu die Sporteln der coroners, Friedensrichter, Constables, die Diäten der Abgeordneten zum Parlament. Die Beitragspflicht lag denjenigen Personen ob, für die sie an Stelle einer persönlichen Dienstpflicht trat. Die ältesten Geldzahlungen waren Versäumnißbußen für eine persönliche oder Gemeindepflicht; andere dienten zur Beschaffung nothwendiger Anstalten und Materialien zur Erfüllung einer Gemeindepflicht. Direct oder indirect war also die Steuer ein Surrogat des Gerichts-, Polizei-, Milizdienstes der größeren und kleineren Verbände, wobei das Vorbild der Lehnslasten auch die niederen Sphären durchdringt, die Steuern also nach dem Maßstab des Freibesitzes vertheilt, eben so wohl auf Haus wie Land und nutzbare Gerechtigkeiten. Die Ortsbeiträge wurden natürlich vom Ortsvorstand erhoben; der praepositus mit den 4 Männern, welche die Zehntschaft beim Sheriff's tourn vertreten, diente auch als Comité zur Steuereinschätzung. Die Beiträge der Hundred wurden durch den Bailiff (später den Chief-Constable) auf die einzelen Ortschaften vertheilt, wo sie dann wieder als Gemeindesteuern auftreten. Die Erhebung der Grafschaftsbeiträge scheint ursprünglich so geschehen zu sein, daß die Sheriffs sie auf die Hundreds vertheilten. Durch 3. Edw. I. c. 16., 18. wurde zwar verordnet, daß die reisenden Richter diese Gelder auf die Zahlungspflichtigen vertheilen sollen; da aber solche Einzeleinschätzung doch wohl unausführbar erschien, so blieb die ältere Weise vorherrschend, die Zahlung auf die ganzen Hundertschaften und von diesen auf die Ortschaften zu vertheilen, wobei sich ein festes Beitragsverhältniß bildete. Standen aber die Proportionen fest, so fiel das ganze Einschätzungsgeschäft auf die Ortsgemeinde zurück. In dieser lagen überhaupt die häufigsten Veranlassungen zu Geldausschreibungen, und daher eine gewisse Praxis der Einschätzung des Nachbarn durch den Nachbarn, woran man durch die normannischen inquests gewöhnt war. Die wachsenden Geschäfte und Kosten der Instandhaltung der Wege, der Milizmusterungen, die später den Ortschaften zugemuthete Gestellung von Bewaffneten und mancherlei örtliche Bedürfnisse veranlaßten die Entstehung von Einschätzungscomités, committees of assessment.

Sobald aber der Geschäftsgang der Communalbesteuerung einmal geläufig geworden, machte sich seine Anwendung auf Staatssteuern gewissermaßen von selbst. Die Grundlage dafür war in der normannischen Zeit durch die auxilia und scutagia der Kriegsvasallen, durch die auxilia oder tallagia der übrigen Landsassen und Städte gelegt. Der größte und angesehenste Besitz war hier von Hause aus am meisten belastet. Alle Klassen aber litten gleichmäßig durch die Willkür der Ausschreibung, Willkür der periodischen Wiederkehr, Willkür der Höhe der Ausschreibung. Allen Klassen war wohl das Postulat der Magna Charta nach einer ständischen Zustimmung gleich populär, sobald nur eine Einigung über den Maßstab zu finden war. Wie langsam und stückweise auch dieser Verschmelzungsproceß vor sich gegangen ist, so steht doch das Resultat fest, daß man sich über einen gleichartigen Maßstab directer Besteuerung vereinigte, der nur zusammenfaßte, was man im Einzelen zu zahlen gewohnt war. Anfangs wurden noch Commissionen für das Geschäft im einzelen Fall gebildet, wie eine solche aus dem Jahre 1232 bei Mat. Paris aufbewahrt ist. In 25. Edw. I. erscheint die Sache schon vollständig auf dem Fuß der Communalbesteuerung. Die Ordonnanz schreibt vor, daß in jeder Gemeinde 4 Männer gewählt werden sollen, welche ihre Einschätzungen der Grafschaftsobrigkeit einberichten, die dann wieder von Hundertschaft zu Hundertschaft und von Gemeinde zu Gemeinde gehen soll, um Beschwerden zu hören und Irrthümer in der Einschätzung zu berichtigen. Neun Jahre später (a. 1306) ist verordnet, daß eine Commission (Jury von 12 Männern) aus jeder Hundred ihre Einschätzung den Einschätzern der Grafschaft zu überliefern hat. Sie sollen zu dem Zweck von Gemeinde zu Gemeinde gehen und mit dem provost und den 4 Männern eine richtige Einschätzung machen. Die Einschätzungscommission der Grafschaft geht dann wieder von Hundert zu Hundert und von Gemeinde zu Gemeinde, um zu sehen, daß kein Unrecht geschehen ist. Je häufiger nun aber der Vereinfachung wegen sich Hundertschaften und Grafschaften über feste Beitragsquoten zu Communalsteuern einigten, um so näher rückte die Uebertragung derselben Proportionen auf die Staatssteuern. Im achten Regierungsjahre Eduard's III. war eine umfassende Abschätzung der Einzelgemeinden zu festen Summen vor sich gegangen, und von nun an wird es Sitte, Städte und Ortsgemeinden nach diesen Proportionen einzuschätzen, die ihre Steuerquote im Verhältniß zu den übrigen bildet. Die Veranlagung und die Einziehung von dem Einzelen blieb der Communitas überlassen.

Damit war der Grafschaftsverband zu einem festgegliederten Ganzen für Heer, Gericht, Polizei und Steuer geworden und hatte damit die Gestalt gewonnen, in welcher er nun als festes Glied in die Parlamentsverfassung einrückt. Analog dehnte sich dies System der Kreisverbände auch auf eine ansehnliche Zahl von Städten [5]) aus, auf die Mehrzahl derselben in beschränkterem Maße, doch als Anwendung derselben Principien.

Auf dieser Grundlage erhält die absolute Königsgewalt das ihr bis dahin fehlende Gegengewicht. Dasselbe erwies sich nunmehr stark genug, um die Ausübung der Staatshoheitsrechte an Gesetze zu binden unter Zustimmung der großen Vasallen und der Abgeordneten der communitates. Die weltliche Seite des Staats erhielt nunmehr folgende festere Gestaltung,

1) die ordentliche Rechtsprechung consolidirt sich in festen Gerichtscollegien, Reichsgerichten, welche die stabilste Formation der reichsständischen Zeit bilden (§. 20).

2) Die Leitung der höchsten Reichsgeschäfte consolidirt sich in einem collegialischen Ministerrath, Continual Council (§. 21).

3) Die Theilnahme der Prälaten und Barone an der Reichsregierung erhält eine geordnete Gestalt durch eine periodische Einberufung zum königlichen Rath: mit diesem vereint bilden sie ein Parliamentum und Magnum Concilium, welches am Schluß der Periode zu einem erblichen Rath der Krone geworden ist (§. 22).

4) Der Antheil der communitates an der Reichsregierung gestaltet sich zu einem House of Commoners (§. 23).

Die ganze reichsständische Fortbildung beschränkt sich aber auf die weltliche Seite des Staats, welcher nun das kirchliche System fast isolirt gegenüber steht (§. 24).

*) Die Darstellung dieser Periode von den inneren Verhältnissen des Gemeindelebens aus, und deren Zusammenfassung in communitates und Parlament giebt Gneist II. S. 144—252. An dieser Stelle ist umgekehrt der Fortbildungsgang von der Seite der Staatsgewalt aus, insbesondere die Formirung des Staatskörpers in Reichsgerichte, Reichsrath, Magnum Consilium und Parlament, so wie der Gegensatz des kirchlichen Staatssystems darzustellen. Unter den Quellen und Hülfsmitteln (II. 147. 148) sind auch hier voranzustellen die Staatsurkunden, und zwar

1) die Statute Rolls, die als amtliche Redaction der Parlamentsbeschlüsse von dauernder Geltung, seit 6. Edw. I. bis zu 8. Edw. IV. vorhanden sind, und welche auch der amtlichen Gesetzsammlung von 1810 ff. (Statutes of the Realm) zu Grunde liegen. — Als nächste Quelle derselben kommen in Betracht die Parliamentary Rolls, d. h. Registraturen von Beamten der Kanzlei über die wichtigeren Hergänge im Parlament, jetzt gedruckt als „Rotuli parliamentorum ut et petitiones et placita in parliamento“ Vol I—VI und Index 1832 folio.

2) die Verhandlungen des Continual Council sind jetzt gedruckt in Sir H. Nicolas, Proceedings and Ordinances of the Privy Council of England, commencing 10. Rich. II. to 33. Henr. VIII. 7. Vols 8. 1834—1837; dazu die Monographie Sir Fr. Palgrave's, an Essay upon the Authority of the King's Council. 1. Vol 8. 1834. Ueber die Verwaltung des Schatzamts giebt die Schrift von Madox, Exchequer auch für diese Periode noch mancherlei Auskunft. Ueber die Gerichtsverwaltung: Foss, the Judges of England vol. III. IV. — Die allgemeine Sammlung der Staatsurkunden Rymer, Foedera, Conventiones etc. reicht bis 1391.

3) Von den Rechtsbüchern gehört in den Anfang dieser Zeit Britton und Fleta, sowie Horne's Myrrour aux Justices (vgl. Biener, Engl. Geschw. Ger. II. 387 ff.). Die eigentliche Autorität für die Gerichtspraxis sind die sog. Yearbooks, d. h. die seit Edw. II. beginnende Präjudiziensammlung der Reichsgerichte.

4) Von der englischen Rechtsgeschichte des Reeves, History of the English Law, (third Edition, London 1815) gehört hierher Bd. II. u. III.

5) Von den Darstellungen der allgemeinen Geschichte Englands vorzugsweise: Hallam, Middle Ages Cap. VIII. und die dazu gehörigen Supplemente. Lappenberg-Pauli, Geschichte Englands, Bd. IV. V.

Von der Fruchtbarkeit der Gesetzgebung dieser Zeit kann aus der Regierung Eduards I. folgendes abgekürzte Verzeichniß einen ungefähren Ueberblick geben: 3. Edw. I. das Stat. Westminster I., — 4. Edw. I. St. de Extenta Manerii, St. de Officio Coronatoris, — 6. Edw. I. das Statut von Gloucester, — 7. Edw. I. das St. über Veräußerungen an die todte Hand, — 10. Edw. I. das St. von Rutland, — 11. Edw. I. St. de mercatoribus, — 13. Edw. I. St. Westminster II., St. von Winton, St. Civitatis Londini, St. Circumspecte Agatis, Confirmatio Chartarum, — 14. Edw. I. St. Exoniae, — 18. Edw. I. Stat. Quia Emptores, (Westminster 3.), St. de

Judaismo, Stat. quo Warranto, St. Modus levandi fines, — 20. Edw. I. St. of Vaste, St. de Defensione Juris, St. de Moneta, — 21. Edw. I. St. de iis qui ponendi sunt in Assisis, St. de Malefactoribus in Parcis, — 25. Edw. I. St. Confirmationis Chartarum, — 27. Edw. I. St. de Finibus Levatis, de Libertatibus Perquirendis, St. de Falsa Moneta, — 28. Edw. I. St. über Vormundschaft und Reliefs, St. über Angeklagte, St. Articuli super Chartas, — 29. Edw. I. St. amoveas manum, — 33. Edw. I. Stat. de Protectionibus, Ordinatio Forestae, St. über Landmessung, Ord. of Inquests, — 34. Edw. I. St. de Conjunctione Feoffatis, St. de Tallagio concedendo (?), St. über Amortisation, Ord. Forestae, — 35. Edw. I. St. de Asportatis Religiosorum, — und so weiter namentlich unter Eduard III. Erklärlich wird dieser gewaltige Strom der Gesetzgebung aus dem Umstand, daß das halbe Jahrhundert der unfähigen Regierung Heinrichs III. die Anforderungen an die Legislatur nach allen Richtungen hin aufgehäuft hatte. Vollständig gewürdigt werden die Verdienste Eduards I. auch von Blackstone IV. 425—427. Ueberhaupt ist die Zeit Edw. I., II. u. III. die eigentliche Bildungszeit, die entscheidende Zeit für Englands Nationalcharakter, seine Staats- und Gerichtsverfassung, sein gemeines Privatrecht, seine Rechtswissenschaft, seine Universitäten, sein Sprachidiom.

1) Ueber die Heeresverfassung der reichsständischen Periode vergl. den Abschnitt Gneist II. 149—159. Im Anfang der Regierung Eduards I. finden sich die unzweideutigsten Spuren von der unzureichenden Gestalt der Lehnsmiliz und von den Verlegenheiten des Königs aus diesem Grunde, z. B. in 5. Edw. I. Parl. writs I. 213. Im Beginn der Regierung Eduards II. ist noch ein sog. statutum de militibus ergangen, in alter Weise als Ordonnanz des Oberkriegsherrn, welche bei Gelegenheit eines Parlaments erlassen und auf Befehl des Königs einregistrirt wurde, Reeves II. 288. Der Inhalt des Statuts betrifft aber hauptsächlich die Verpflichtung zum Ritterschlag und finanzielle Interessen, nicht die militärische Ordnung der Lehnsmiliz. Der Grundcharakter dieser Zeit ist die fortschreitende Entwickelung des Landwehrsystems der Grafschaftsmiliz. Die Constables derselben kommen beiläufig schon unter Heinrich III. vor; für die Vorsteher der polizeilichen Zehntschaften wird die Bezeichnung als petty constables erst seit Edw. III. üblich. Das Statut Winchester, welches die neue Ordnung in den Gang bringt, wird jetzt gewöhnlich nur als eine Polizeiordnung angesehen. Allein die Gewöhnung an die Subordination in dem normannischen Feudalwesen, die Kreuzzüge und die französischen Kriege geben dem Institut der Landesmiliz einen Charakter, der damals ebenso sehr militärisch als polizeilich war. Der relative Verfall der Lehnsmilizen neben diesem neuen System bedeutet nicht, daß mit der Ablösung der Lehnsdienste die kriegerische Neigung und Uebung des großen Grundbesitzes aufgehört hätte. Es tritt aber eine Arbeitstheilung ein, bei welcher der schwere Reiterdienst vorzugsweise von denen, welche Beruf dazu fühlen, insbesondere auch von jüngeren Söhnen gegen Soldzahlung versehen wird. Ueberhaupt führt diese Zersetzung zunächst wieder zur Erweiterung der Macht der großen Barone, deren Grundeinkommen durch den blühenden Zustand des Reichs erhöht wurde. Der Theil der kleineren Vasallen und jüngeren Söhne, deren Neigungen sich dem Kriegsdienst zuwandten, sammelte sich nun wieder wie ein Gefolge (retinue) um die kleinen Höfe der Grafen und großen Barone.

Aus Untervasallen und anderen nicht besitzenden Leuten von Rittersart, und weiter aus Pächtern und Dienstleuten, bilden sich hier wieder stehende kriegsgeübte Trupps in den Farben und Abzeichen eines Grundherrn (liveries), in welchen das Comitatswesen in neuer Gestalt auflebt. Verglichen mit dem verfallenden Lehnssystem des Continents, wo noch der Grundherr als solcher seine Hintersassen führt (mit allen Mängeln, welche aus der Ungleichartigkeit der Trupps, der Schwierigkeit tactischer Ordnung und der Indisciplin entstehen), war dies englische System entschieden im Vortheil. Jene Mängel glichen sich auf dem Continent dadurch aus, daß der Gegner an denselben Mängeln litt. Bei dem Zusammenstoß der beiden Systeme aber in den großen französischen Kriegen erwies sich das englische entschieden überlegen. Die Verträge über Gestellung der Mannschaften mit Lords und Rittern sind seit Edw. III. bis zum Schluß dieser Zeit noch zahlreich in den Archiven vorhanden, Grose Military Antiquities Vol. I. 71. ff. Als Beispiele der Zusammensetzung solcher Heere beschränke ich mich auf folgende. Bei der Einschiffung a. 1346: 2500 Ritter und 30,000 Dienstleute und Fußvolk (Villani pag. 943). Vor Calais: 13 Grafen, 44 Barone und Bannerets, 1046 Ritter, 4022 Esquires, Constables, Centenare, 5104 Vintenare und berittene Bogenschützen, 19,954 Fußvolk und Walliser (Archaeiol. Brit. VI. 213. Pauli V. 657). Bei dem Aufgebot unter Heinrich V. soll ein Herzog mit 50 Pferden, ein Graf mit 25, ein Baron mit 16, ein Ritter mit 6, ein Esquire mit 4, ein Schütze mit einem Pferd erscheinen. (Rymer 227 ff.) In den Staatsrathsprotokollen unter Heinrich V. u. VI. wechselt die Zusammensetzung der zum Feld- und Garnisondienst bestimmten kleineren Abtheilungen natürlich nach dem Bedürfniß. Ueberall aber erscheint der Fußsoldat, den die Lehnsmiliz nur als Knecht zu verwenden wußte, als gesonderte Waffe, und das Verhältniß des Leicht- und Schwerbewaffneten, des Reiters und des Fußmanns nicht mehr als das Verhältniß des Herrn zum Diener, sondern des Offiziers zum Soldaten, — ein Umstand, der in Verbindung mit der Geschwornenverfassung eine bedeutungsvolle Rückwirkung auf die Ständeverhältnisse übte. Bei den späteren parlamentarischen Berufungen wird es zuweilen zweifelhaft, ob ein königliches writ als Einberufung einer Rathsversammlung oder als militärisches Aufgebot gemeint ist. So ist bei der Versammlung 17. Edw. II., zu welcher die Sheriffs unter dem Privatsiegel angewiesen werden alle Ritter der Grafschaft zu laden, anscheinend ein militärisches Aufgebot gemeint. In dem Bericht auf diese writs wird ein Verzeichniß der Ritter und men-et-arms in England gegeben. Parl. writs II. 383. Unzweifelhaft enthalten ein militärisches Aufgebot die writs in 9. Edw. II. adressirt an den Earl of Lancaster, 200 andere Personen und an die Sheriffs, aus denen zu entnehmen, daß die Zahl der streitbaren, allenfalls namentlich aufzubietenden Kronvasallen sich noch auf annähernd 200 belief. Einzele Beiträge zur Kriegsverfassung dieser Zeit siehe noch in N. Harris Nicolas, the siege of Carlaverock in 23. Edw. I. Lond, 1828. 4. mit Abdruck der Rolls of Arms von Th. Wright. London 1864. — White, History of the battle of Atterburn in 1388. Lond. 1857.

2) **Ueber die Verbindung der Gerichtsverwaltung mit der Grafschaftsverfassung** siehe Gneist II. 159—171. Der noch immer in England weit verbreitete Grundirrthum sieht in dieser durchgreifenden Organisation eine Ausführung der M. Charta, während die Zusicherung des judicium parium

im Art. 39. der M. Charta gerade ein Haupthinderniß der neueren Organisation bildete. So sehr die praktische Nothwendigkeit dazu drängte, so zäh hielt doch die gemeine Meinung wohl noch immer an dem angelsächsischen Grundsatz der Besetzung des Gerichts mit urtheilsfindenden Rechts= und Gemeindegenossen fest. Am lebhaftesten war das Widerstreben begreiflicher Weise in den Strafsachen, und es erklärt sich auch daraus der langsamere Bildungsgang der Urtheilsjury an diesem Punkt. Die Praxis der Gerichte half sich dadurch, daß man den Angeklagten veranlaßte, sich freiwillig dem Schuldspruch einer Jurata zu unterwerfen an Stelle der gewohnheitsrechtlichen Beweisung. Verweigerte der Angeklagte dies, so wußte man keinen anderen Ausweg als den einer administrativen Maßregelung. Da nach den Zusicherungen der M. Charta Niemand ihm „an Leib und Glieder" gehen darf, ohne Spruch der Gemeindegenossen, so umgeht man das verfassungsmäßige Grundrecht durch folgende Maßregeln. Man legt den Angeklagten entkleidet auf den Erdboden, beschwert ihn mit Steinen, giebt ihm nothdürftige Nahrung durch Brot und schlechtes Wasser, und setzt diese Compresse so lange fort, bis er sich dem Spruch der Jury entweder unterwirft — oder stirbt. Diese sogenannte peine forte et dure entsteht auch in England aus dem Conflikt des Beamtenstaats mit den alten Grundrechten. Es ist die Umgehung des Princips durch eine im Grunde plumpe Sophistik, die auf dem Continent in viel größeren Dimensionen zu dem System der Tortur führt, während sie in England auf einen Zwischenpunkt beschränkt bleibt, in dieser weniger brutalen Gestalt endlich auch durch Parlamentsakte anerkannt wird, vergl. Palgrave II. 189, 190. Aus dem Festhalten am alten ordo judiciorum erklärt es sich auch, warum man bei den Criminalassisen noch immer ein Gewicht darauf legte, eine Anzahl Grafschaftsritter als Gemeindegenossen (pares) in die richterlichen Commissionen aufzunehmen. Der Gang der Umbildung erscheint im Criminalprozeß überhaupt stückweiser. Die gleichartigere Fassung der periodischen richterlichen Commissionen stellt allmälig auch eine regelmäßige Criminaljustiz durch Assisenrichter her, ohne zahlreiche Localgerichte daneben auszuschließen. Die Zuziehung einer Jury dabei ist für das Gericht ein medium eruendae veritatis, eine inquisitio per patriam. Noch am Schluß der Periode hebt Fortescue unter seinen Laudes Legum Angliae die Criminaljury nicht als ein politisches Institut hervor, sondern nur als eine zweckmäßige Gerichts= und Beweiseinrichtung. Von weittragender politischer Bedeutung wurde aber die jährliche Betheiligung von Tausenden an der praktischen Handhabung der Justiz, und die neuere gleichmäßige Vertheilung der Gerichtslast auf Ritter, Freisassen und Städte, die zu einer Hauptgrundlage des Parlamentsrechts geworden ist.

Zwischen den königlichen Richtern und der Jury konnte nunmehr das alte Amt der Vicecomes nur noch die Stellung einer Mittelsperson und unteren Gerichtsstelle behalten. Die Ernennung der Sheriffs auf Vorschlag des Schatzmeisters, Kanzlers und der Richter, 9. Edw. II. St. 2. ward in einer Zeit bestimmt, in welcher das Königthum wieder mit den großen Baronen im Streit um Besetzung der Großämter lag. Es sollte dadurch einerseits der verfassungsmäßige Einfluß des Continual Council gesichert werden, andererseits eine gewisse Unparteilichkeit der Besetzung. Die Meinung war, daß die Hauptbeamten des Continual Council das Vorschlagsrecht üben sollen. In 14. Edw. III. St. 1. Cap. 7; 23. Henry VI. cap. 8. werden daher der Lordkanzler, der Lordschatzmeister, der Präsident des Raths und die 3 Vorsitzenden der Reichsgerichte erwähnt. Zur Zeit Fortescues pflegten alle Reichsrichter mit den Großbeamten und Mitgliedern des Staatsraths zusammenzutreten. Es sind dies alles nur Variationen in der Geschäftsordnung des Staatsraths; wie denn auch die Sitte, dem König drei Kandidaten vorzuschlagen nur aus der Praxis entstanden ist.

Der mittelbare Erfolg dieser Amtseinrichtungen ist endlich noch das Erlöschen der ordentlichen Hundredgerichte und das weitere Absterben der Patrimonialgerichte. Kein neues Recht, keine Reform wird auf sie ausgedehnt; die Beweiskraft der Gerichtsurkunden beschränkt sich in der Regel auf die königlichen Courts of record; schon der Mangel einer Jury, eines Pfändungsrechts und arbiträrer Strafgewalt mußte sie unpraktisch machen, und die Jurisdiktion über die villani (copyholders) immer vollständiger an die ordentlichen Gerichte bringen. — Auch wo einem Grundherrn noch das Recht, einen Bailiff zu ernennen als franchise verliehen ist, darf doch der Sheriff jeden Gerichtsbefehl auch in dem Freibezirk vollstrecken, wenn es der Bailiff nicht gehörig thut (durch die Clausula non omittas 13 Edw. I. c. 29). Sporadische Reste der älteren Ordnung der Dinge kommen indessen allerdings noch vor. Der Infangtheft und Outfangtheft wurde noch unter Eduard I. gelegentlich von Patrimonialgerichten geübt, und noch a. 1285 kommen zwei Fälle eines Todesurtheils wegen felony in einem Court baron vor.

3) **Ueber die Verbindung der Polizeihoheit mit der Grafschaftsverfassung** vergl. Gneist II. 171—188. Die Hauptgesetze der allgemeinen Friedensbewahrung, der Gewerbe-, Arbeits- und Sittenpolizei dieser Zeit sind ebendaselbst S. 172—175 citirt. Sie sind in der Gesetzsammlung bis zum Schluß des Mittelalters schon so zahlreich, daß eine Uebersicht mehr den Rubriken als dem Inhalt nach möglich wird. Die erste Assistenz, welche dem Sheriff besonders für seine Polizeiverwaltung bestimmt war, bildet das Amt der coroners (Gneist II. 183, 184). Der weitergehende Versuch, örtliche Polizeiherren als conservatores pacis in den Grafschaften einzusetzen, ist dann von Simon von Montfort gemacht worden, gab aber durch den Parteicharakter der Ernennungen Veranlassung zur Unzufriedenheit. Die in 28. Edw. I. ernannten Justices of trail baston sollten zur Unterdrückung von Raub, Brandstiftungen und ähnlichen Verbrechen dienen, vergl. Coke II. Jnst. 538—540, welcher auch diesen Justices nur den Charakter der reisenden Richter zugestehen will. In allen Fällen war es eine sehr summarische Justiz, welche die späteren Parlamente als „zur Unterdrückung des Volks" dienend mißbilligten. Neuerdings ist Foss III. 31—38, 360 darauf zurückgekommen. Das Resultat ist jedoch nur, daß es sich um ein summarisches Verfahren gegen Räuberbanden u. dgl. handelt. In 20. und 22. Edw. III. kommen solche Commissionen noch wiederholt vor und sind erst seit Einführung der Friedensrichter gänzlich verschwunden, Foss IV. 19. Nach vielen Zwischenversuchen kam es also erst a. 1360 zu der Einsetzung des heutigen Friedensrichteramts. Ueber die geschichtlichen Darstellungen desselben vgl. Gneist II. 184, 185, wo namentlich auch die traditionelle Idee, daß es jemals in England gewählte Friedensrichter oder Patrimonialfriedensrichter gegeben habe, widerlegt wird. Dies neuere Friedensrichteramt ist in der That nur eine Combination längst vorhandener Elemente in neuer Weise, eine neue Gruppirung von Besitz und Amt. Der König konnte von jeher Justices

of oyer and terminer für die Abhaltung der Strafgerichte ernennen: durch die neue Einrichtung wird er genöthigt sie vorzugsweise aus den ansässigen Grundbesitzern der Grafschaft zu ernennen. Jene reisenden Richter hatten ihren Halt und Schwerpunkt im königlichen Rath und in den Reichsgerichten: die Friedensrichter haben ihn in der Grafschaft und bilden in ihren regelmäßig wiederkehrenden Sitzungen einen collegialischen Körper, der nun auch mit den ernannten Kreisausschüssen (juries) in eine dauernde Verbindung tritt, und eine neugestaltete Kreisverwaltung für Polizeizwecke im weitesten Sinne bildet. In den Commissionen der reisenden Richter wurden neben den Reichsrichtern auch Lords und Ritter der Grafschaft beauftragt, aber nur als secundäre Personen, deren Theilnahme frühzeitig eine nominelle wird: in den Friedenscommissionen sind die professionellen Beamten nur Collegen und rechtskundige Assistenten, die vor dem dauernden Einfluß des großen Grundbesitzes allmälig zurücktreten. Da die Nichtzahlung von Diäten schon nach 14. Ric. II. c. 11. als Ehrensache für Lords und Bannerets erklärt wird, so erschien die Nichtannahme der wages bald überhaupt als Ehrensache, womit der Zudrang von Advokaten und Minderbegüterten zu den Friedenscommissionen sich verminderte. Der große Grundbesitz fand darin Entschädigung in größerem Maßstab für die absterbenden Gutsgerichte. Für die praktischen Zwecke der Polizeiverwaltung aber war damit die nöthige Stetigkeit und die nöthige Kraft gewonnen. Da die Friedensrichter für den Bereich der Grafschaft ernannt, da ihre Amtsgewalt von Anfang an sowohl innerhalb wie außerhalb der Freibezirke geübt werden soll, so greifen sie über die zersplitterten Gerichtsbezirke über.

Und schon hierin liegt der nächste Grund, aus welchem die Friedensrichter schrittweise die alten courts leet zurückdrängen. Wie alle Neuerungen dieser Art sind sie cumulativ auf die alten Institutionen gesetzt. Die courts leet bleiben also bestehen, aber grundsätzlich beschränkt auf ihre alte Jurisdiction nach common law, wo ihnen nicht die Strafgewalt über neue Straffälle nach statute law ausdrücklich beigelegt ist, wie dies im Gebiet der Arbeits- und Gewerbepolizei allerdings öfter geschehen. In diesem Verhältniß der freien Concurrenz ist der court leet (außer an sehr wenigen Orten, wo mehr zufällige Umstände ihn lebendig erhielten) allmälig überwachsen und erdrückt durch die neuere kräftigere Institution der Friedensrichter. Sie waren jederzeit zugänglich, während der court leet nur zweimal jährlich auf kurze Zeit eröffnet wird. Sie erhalten von Menschenalter zu Menschenalter neue und wirksame Strafgewalten, während der court leet im Ganzen auf eine schwerfällige Inquisition und auf die Strafbußen der common law beschränkt bleibt. Am Schluß der Regierung Eduard III. (51. Edw. III.) bittet das Parlament noch einmal den Friedensrichter den keine Straffälle zu überweisen, welche in den leets der Grundherren und Städte zu entscheiden seien. Die Antwort lautet: „die bisher beschlossenen Gesetze (Polizeiordnungen) können nicht aufrecht erhalten werden, wenn diese Petition bewilligt wird.“ Von da an geht der Verfall der leets stillschweigend weiter.

Die unteren Functionen der Friedensbewahrung, die in den Ortsgemeinden, Zehntschaften, villatae, durch Schulzen und Gerichtsmänner, in Gestalt von Gemeindeausschüssen, als erster Angriff und amtliche Anzeigen gehandhabt wurde, ging immer ausschließlicher in das Amt der Ortsschulzen über, die sich nunmehr den Friedensrichtern ungefähr so unterordnen, wie früher dem Sheriffstourn. Diese unteren Functionen folgen dem Entwickelungsgange der höheren. An der Stelle der rügenden Ortsgemeinde erscheint bei den Sessionen der Friedensrichter jetzt der Gerichtsschulze, tithingman, der seit Eduard III. den von seinen Milizgeschäften hergenommenen Namen constable führt, macht dort seine dienstlichen Anzeigen (presentments) und überwacht den Frieden in seiner Ortschaft (ebenso wie die chiefconstables in der Hundertschaft) mit den alten Pflichten eines Friedensbewahrers und mancherlei neuen Amtsfunctionen, die ihm durch die Gewerbe= Arbeits= und Sittenpolizeigesetze successiv auferlegt sind.

4) **Ueber die Verbindung der Finanzverwaltung mit der Grafschaftsverfassung** vergl. Gneist II. 188—194. Ueber das Verfahren bei den ersten Versuchen zur Besteuerung des Gesammteinkommens von beweglichem Vermögen handelt Palgrave, Commonwealth I. 275. Bei diesen ersten Versuchen kommt ein dreifaches Verfahren vor (1) so daß man, (mit Ausnahme der Kronvasallen) alle Einsassen zwingt, den Betrag ihres Einkommens eidlich zu erhärten, wie dies in 8. Jo. geschieht, (2) so daß man eine Gemeinde=Commission (inquest) bildet zur Nachprüfung im Falle der Eid des Steuerpflichtigen zweifelhaft oder bestritten ist, wie dies in 9. Henr. III. geschieht; (3) mittels direkter Einschätzung durch inquests, welche man aus Ortschaften oder Hundertschaften bildet in 16. Henr. III., und dann häufiger wiederkehrend bis zur Regierung Eduard's II. Im Verlauf dieser Zeit hatte man die ursprüngliche Stellung des Vicecomes bei der Einschätzung ganz aufgeben müssen, da die Reclamationen dagegen kein Ende nahmen. Die reisenden Richter, die statt ihrer das Geschäft übernehmen sollten, waren wegen mangelnder Orts= und Personenkenntniß nicht geeignet. Man war also auch hier auf das System des Inquest durch Gemeindecommissionen verwiesen. Schon in 9. Rich. I. werden zur Erhebung eines hidagium je zwei Ritter in jeder Hundertschaft ernannt. Auch die gewählten Kreisdeputirten, coroners, waren unter anderen zur Beihülfe bei dem Einschätzungsgeschäfte bestimmt. Zu einer practikablen Methode kam man aber erst durch die gleichzeitige Entwickelung des Communalsteuersystems. Die Entstehung der county rate, hundred rate, tithing rate ist theils durch die neueren Parlamentsberichte on local taxation genauer begründet, besonders aber in der Monographie von Toulmin Smith, the Parish 1857 durch viele neue quellenmäßige Daten bereichert worden. Die eigentliche Grundlegung desselben enthält das normannische Verwaltungssystem, welches mittels seiner amerciaments die Miliz=, Gerichts= und Polizeipflichten nach dem zeitigen Bedürfniß in Gang brachte. Schon zur Zeit Eduards I. sind die Einschätzungscommissionen der Gemeinde, mit dem Reclamationsverfahren bei den größeren Commissionen der Hundred und Grafschaft, vollständig geordnet, Smith, Parish S. 16. 17. Von besonderm Interesse sind die durch st. 14. Ed. III. st. 1. c. 20. veranlaßten Inquisitiones Nonarum, gedruckt von der Record Commission 1807 fo., die von T. Smith zuerst sorgfältiger benutzt sind.

5) **Ueber die Ausdehnung des selfgovernment auf die Stadtgemeinden** vergl. Gneist II. 194—204. Von der Seite der Staatsverwaltung aus sind sie secundäre Bildungen. Die Ausübung der Staatshoheitsrechte durch die Gemeinden konnte der Natur der Sache nach nur durch größere Gemeindeverbände geschehen. Das englische Selfgovernment hat daher die Grafschaften und Hundertschaften, also Kreisverbände, nicht Ortsgemeinden

als Grundlage. Auf eine Anzahl von cities und burghs erstreckte es sich aber in beschränkterem Maße, so daß diese Stadtverfassungen das Bild einer Grafschaft in verkleinertem Maßstabe darbieten.

1) In der Miliz-Verfassung sind die Städte grundsätzlich den Grafschaften einverleibt, und gestellen ihre Contingente nach Ortschaften, Kirchspielen, Hundertschaften, ebenso wie das platte Land. Für London ergab sich indessen ein eignes Milizwesen schon daraus, daß die Grafschaft Middlesex mit der Stadtverwaltung vereint war. Einer kleinen Zahl anderer Städte wurde in dieser Periode durch Charte mit dem „Recht einer Grafschaft" auch eine besondere städtische Miliz beigelegt.

2) In der Gerichtsverfassung ist ein besonderer Court leet schon in der vorigen Periode Hauptmerkmal der Stadtverfassung geworden. Einzelen Städten ist dann freilich auch eine Civiljurisdiction nach dem neuen Muster von judge and jury verliehen. Die erheblicheren Civil- und Strafprozesse werden aber durchgehends von den reisenden Richtern mit einer aus der gesammten Grafschaft gebildeten Jury entschieden.

3) Die damit eng zusammenhängende Polizeiverwaltung zeigt ein allmäliges Ueberwachsen des Court leet durch die Friedensrichter. Die Zahl der Städte, in welchen am Schluß des Mittelalters der Court leet noch eine Bedeutung hatte, ist wahrscheinlich keine sehr erhebliche. Die neueren Stadtcharten gehen indessen seit Rich. II. auch häufig auf eine abgesonderte Friedenscommission, deren Quartalsitzungen zu einem ordentlichen Strafgericht werden, für welches die Stadt ihre eigene Geschwornenliste stellt.

4) In der Communalsteuer-Verfassung haben die kleinsten Städte nur die Bedeutung einer Ortschaft, beziehungsweise eines Kirchspiels, die Mehrzahl aber wohl die Bedeutung einer Hundertschaft: London und einige andere haben auch dafür die Bedeutung einer Grafschaft.

Die Zahl der boroughs nach diesem System ist ansehnlich vermehrt. Unter Edw. I. werden 54 neue aufgezählt, unter Edw. II. 16, unter Edw. III. 28, unter Heinr. IV. 3, unter Heinr. VI. 4, unter Edw. IV. 2, so daß die Zahl der mit einer Art von Stadtverfassung versehenen Orte schon am Schluß des Mittelalters 200 überstieg. Den Charakter eines vollständigen Kreisverbandes hat indessen eigentlich nur die city von London. Von da an abwärts bis zu einer Menge kleiner Flecken bildet die Stadtverfassung, der Natur der Sache nach nur eine unvollständige Uebertragung des Systems der Kreisverbände (Selfgovernment) auf einen Localverband. Die beiden Grundlagen der Stadtverfassung, firma burgi und Court leet, verändern nämlich ihren Charakter wieder durch die Aenderungen der Gerichts- und der Finanzverwaltung. Der Court leet kommt in Verfall durch die Einführung der Friedensrichter, welche die wichtigeren laufenden Geschäfte der Polizei übernehmen. Die firma burgi geht immer mehr in das System der parlamentarischen Subsidien und Einkommensteuern auf. Die allgemeinen Bürgerversammlungen verlieren also ihren Gegenstand, die Bürgerschaft ihren Zusammenhang in persönlicher Selbstthätigkeit. Schon das 15. Jahrhundert giebt den überzeugenden Beweis, daß ein bloßes periodisches Wahlrecht keine freie Gemeindeverfassung zu erzeugen vermag, keine vorhandene freie Gemeindeverfassung zu erhalten vermag und auch keine lebensfähige Grundlage für Parlamentswahlen bleibt. Das allgemeine Stimmrecht der steuerzahlenden Gerichtsmänner der Städte (paying scot and bearing lot) stirbt in dieser Zeit ab. In der großen Mehrzahl der Flecken concentrirt sich alle Verwaltung der Stadt in einem Gemeinderath Town council, welcher nun auch in den meisten Städten der Wahlkörper für die Abgeordneten zum Parlament wird.

Das Verhältniß der Städte zu den Grafschaften läßt sich im Allgemeinen dahin bezeichnen, daß in der Grafschaft sowohl die Ritterschaft, wie das Freibauerthum vollständig und gleichmäßig zur Miliz-, Gerichts-, Polizei- und Steuerlast herangezogen, und dadurch zu einem organischen Glied des Staatskörpers wird; in den Städten dagegen zunächst nur die Steuerlast ihre Coordinirung mit den Grafschaften herbeiführt, während die persönliche Heranziehung der Bürgerschaft zu dem Gerichts-, Polizei- und Milizdienst eine ungleichmäßige bleibt. Umgekehrt wie in Deutschland ist daher die Stadtverfassung der schwache Theil des Selfgovernment, und es erklärt sich schon daraus das Zurückbleiben der Städte, die etwas untergeordnete Stellung der städtischen Abgeordneten im Unterhause trotz ihrer Ueberzahl. Das Friedensrichteramt und die besonderen Friedenscommissionen für einzele Städte geben jedoch der höheren Classe der Bürgerschaft eine etwas stärkere persönliche Entwickelung, in Folge deren am Schlusse des Mittelalters die standesmäßige Gleichstellung der städtischen Honorationen mit den Rittergutsbesitzern beginnt, und ihre spätere Verschmelzung mit der Ritterschaft zu einer einheitlichen Gentry sich vorbereitet. Ueber die Ständeverhältnisse der Stadtbevölkerung, welche sich daraus ergaben, vergl. Gneist II. 218—221., 227—229.

§. 20.

Die Reichsgerichte, Courts of Common Law.

Die festeste Schranke der persönlichen Regierung bilden in dieser Periode drei collegialische Beamtenkörper unter dem Namen des Court of King's Bench, Court of Common Pleas und Court of Exchequer. Sie lassen sich als die ordentlichen drei Reichsgerichte bezeichnen, neben welchen jedoch einige Specialgerichte der normannischen Feudalordnung noch fortdauern, auf welche am Schlusse zurückzukommen.

I. Der Court of King's Bench [1]) ist schon unter Heinrich III. ein ziemlich stetig besetztes Hofgerichtscollegium geworden, in welchem der König das Recht des persönlichen Vorsitzes beansprucht. Dieser Gerichtshof soll also noch immer der Person des Königs folgen, als Curia coram Rege ubicunque fuerimus in Anglia. Abgesehen von diesem Vorbehalt besteht der Hof aus einem Collegium von 4 oder 5 Justiciarii, dessen Vorsitzender seit Eduard I. Capitalis Justiciarius ad Placita coram Rege tenenda heißt — gewissermaßen ein Nachfolger des alten Großrichters, aber nur für richterliche Geschäfte. In diesem Hofgericht vereinigen sich:

1. Die Placita Coronae oder Straffachen, jetzt ausgedehnt bis zu den kleinsten Uebertretungen herab, doch so, daß der Ankläger gewöhnliche Fälle auch vor die Quartalsitzungen der Friedensrichter bringen kann.

2. Eine oberste Polizeigewalt; die Richter sind die höchsten Conservatores pacis von Amtswegen.

3. Oberaufsicht über die bürgerlichen Körperschaften, um sie zur Erfüllung ihrer Verbindlichkeiten zu nöthigen und Ueberschreitungen ihrer Befugnisse zu verhindern.

4. Die Oberinstanz der verfassungsmäßig bestehenden Untergerichte. In diesem Sinne nennt Bracton die Richter capitales, generales, perpetui et majores, a latere Regis residentes, qui omnium aliorum corrigere tenentur injurias et errores, — also ein Obergericht für die Gerichte des Landes, nur nicht für den Exchequer, der als souveräner Rechnungshof coordinirt bleibt.

II. Der Court of Common Pleas [2]) ist seit der Magna Charta Johann's und Heinrich's III. als ein stehender Gerichtshof formirt für Civilprocesse zwischen Privatpersonen, in welchen kein königliches Recht in Frage steht. Unter dem Namen eines Capitalis Justiciarius hat auch dieses Reichsgericht seit Eduard I. seinen besonderen Vorsitzenden und seinen regelmäßigen Sitz zu Westminster. Um der übertriebenen Centralisation entgegen zu wirken, untersagt das Statut von Gloucester 6. Edw. I. c. 8. den königlichen Gerichtshöfen Schuldforderungen zu verhandeln, die nicht über 40 Schilling betragen; diese Bagatellsachen bleiben den Grafschafts- und Localgerichten vorbehalten. Dennoch ist die Zahl der Processe so gewachsen, daß seit Edw. II. die Zahl der Richter von 3 auf 6, zeitweise 7 erhöht wird. Auf landständische Beschwerden wird die wiederholte Zusicherung gegeben, daß Communia Placita nicht mehr im Exchequer verhandelt werden sollen. Auch die persönliche Rechtsprechung des Königs ist in diesen Fällen aufgegeben. Der Court of Common Pleas ist nun der zweite Gerichtshof des gemeinen Rechts.

III. Der Court of Exchequer [3]) sondert sich jetzt als Finanzgerichtshof von der administrativen Centralbehörde des Schatzamts ab. Die Durchführung der Grundrechte der Magna Charta machte für einen großen Theil der Schatzgeschäfte eine neue Amtsverwaltung nöthig. Ueber freie Personen und freies Gut sollte jetzt nur entschieden werden nach „Landesrecht und nach den herkömmlichen Proceßformen". Die Grundsätze der Entscheidung sollten also der common law entsprechen, zu welcher freilich die hergebrachten Privilegien des Fiscus auch gehörten. Die Barons of the Exchequer formiren sich für diesen Geschäftskreis zu einem richterlichen Collegium, vergleichbar der Justizabtheilung unserer Kriegs- und Domänenkammern in späteren Jahrhunderten. Um diese richterlichen Entscheidungen unabhängig von dem Einfluß des Verwaltungschefs zu stellen, erhält seit Eduard II. die Justizabtheilung auch ihren eigenen Chef unter dem Titel Chief Baron, der in der Regel aus den zum Richteramt qualificirten Personen und oft ausdrücklich auf Lebenszeit ernannt wird. Dessenungeachtet hat die Einverleibung dieses Collegiums in die administrirende Behörde immer noch eine etwas untergeordnete Stellung des Court herbeigeführt, dessen Mitglieder aus den höheren Büreaubeamten des Schatzamts ernannt zu werden pflegten, in welchen daher auch der fiscalische Geist der Administrativjustiz schwer zu verbannen war. Um so begreiflicher ist es, daß die Beibehaltung der alten Weise, gewöhnliche Processe dem Schatzamt zu überweisen, jetzt zu lebhaften Beschwerden führte. Schon unter Heinrich III. war aus administrativen Gründen die Verhandlung von Civilprocessen den Barons untersagt worden. In 5. Edw. I. ergeht ein writ des Königs an die Barons, welches allgemein die Verhandlung von communia placita, als gegen den Wortlaut der Magna Charta gehend, den Barons untersagt. Es wird dies wiederholt in dem Statut von Rutland 10 Edw. I. mit dem Bemerken, daß sowohl die Klagen des Königs wie des Volks dadurch ungehörig verschleppt würden. Da indessen (wahrscheinlich wegen des Sportelinteresses) die Vorschrift oft umgangen wurde, ist sie nochmals in den Articuli super Chartas 28. Edw. I. wiederholt, dann nochmals in 5. Edw. II. Auch später wurde die Regel durch Fictionen wieder umgangen. Im Wesentlichen indessen wurde durch die Trennung der Gerichtshöfe doch ein verbesserter Zustand der Civil- und Strafjustiz erlangt, der mit den Zuständen der vorigen Periode nicht mehr in Vergleich zu stellen war.

IV. Die fortschreitende Consolidirung des Personals und des Geschäftsganges [4]) der Richtercollegien zeigt sich weiter in folgenden Aenderungen.

Die Richtercollegien absorbiren allmälig das Personal der besonders ernannten reisenden Richter. Nach 13. Edw. I. c. 30. sollen die Justices of Assize und Nisi prius aus des Königs geschworenen Richtern ernannt werden. Nach 27. Edw. I. c. 4.; 14. Edw. III. c. 16., kann jeder Justice der Reichsgerichte und jeder Schatzbaron, wenn er promovirter Jurist ist, in jeder Sache als reisender Richter sitzen, ohne daß es darauf ankommt, bei welchem Hofe die Sache eingebracht war. Während die reisenden Richter ursprünglich delegati principis sind, gehen sie allmälig über in delegati der stehenden Reichsgerichte. Die früher getrennten Commissions werden ihnen vereint ertheilt und immer mehr formularartig. Unter Heinrich VI. stand die Maxime fest, daß jeder Assisenrichter den ganzen Gerichtshof repräsentirt, bei welchem die Rechtssache anhängig gemacht ist. Es verschwindet damit die bedenklichste Seite der alten Gerichtscommissionen. Schon um die Mitte der Regierungszeit Eduard's III. sind die besonderen Reiserichter neben den ordentlichen Justiciarien der Reichsgerichte verschwunden. Daneben wurden freilich noch gesonderte Commissions of Oyer and Terminer an Localrichter ertheilt, nach Bedürfniß, in unruhigen Zeiten. Seit der Einführung des Friedensrichteramts gewinnen aber auch diese localen Criminalcommissionen eine stetige richterliche Gestalt, und damit der richterliche Amtsorganismus seinen Abschluß.

Das höhere Richterpersonal bildet jetzt einen besoldeten gelehrten Beamtenstand, in der Regel mit Titeln beehrt als Knight-Bannerets, Knights oder Ritter des Bathordens. Ein Antrag des Parlaments, die Richtergehalte selbst zu zahlen, wurde abgelehnt. Als persönliche Diener des Königs sind sie besoldet aus dessen persönlichem Einkommen, unterworfen seiner persönlichen Strafgewalt. So entsetzt Eduard I. seinen Oberrichter Hengham mit 7000 Mark Buße; die anderen Richter werden mit 3 bis 6000 Mark gebüßt wegen Erpressungen, auch wohl Bestechungen. Diese Strafgewalt wird in dem Jahrhundert Eduard I., II., III. unbestritten und wiederholt geübt. Noch bedenklicher aber wurde der Präcedenzfall unter Richard II., als die Richter sich an dem Streit der großen Adelsparteien betheiligt, und ein gemeinschaftliches Gutachten über die Richtigkeit einer königlichen Ordonnanz abgegeben hatten. Nach mißlungenem Staatsstreich werden die sämmtlichen Theilnehmer des Gutachtens von dem Parlament wegen Hochverrath zum Tode verurtheilt, der Chief Justice Tresilian hingerichtet, die Todesstrafe der übrigen in Verbannung umgewandelt, und die Rechtmäßigkeit dieses Verfahrens auch bei dem Regierungsantritt Heinrich's IV. aufrecht erhalten. Dieser wichtige Hergang hat für die spätere Zeit den Eindruck zurückgelassen, daß ein bloßes Beamtencollegium nicht dazu geeignet und berufen sei, über die Rechtmäßigkeit einer bestehenden Regierung zu entscheiden, daß zur Stellung eines Staatsgerichtshofes vielmehr eine weitere Verbindung des Richteramts mit der Macht des Besitzes gehöre, welche sich im Verlauf der Zeit in dem Oberhaus fand. Für den ordentlichen Lauf der Civil- und Strafjustiz in ihren Einzelentscheidungen war aber diejenige Stetigkeit und Festigkeit gewonnen, welche dem Geist der Magna Charta entsprach.

In Wechselwirkung mit dieser Collegialverfassung steht die Ausbildung eines besonderen Juristenstandes. Um die Zeit, wo die Reichsgerichte in Westminster stehend werden, bilden sich die Anfänge von Innungen der Juristen, Anfangs Lernende, Advokaten und Unterbeamte in bunter Mischung enthaltend, aber wie die Gerichtshöfe selbst in großem Maßstabe, und mit stark hervortretendem Standesgeist. In 20. Edw. I. ergeht die erste Anwaltsordnung, nach welcher der Chief Justice eine bestimmte Zahl von tüchtigen Attornati et Apprentitii qui curiam sequantur zulassen und andere ausschließen soll. Unter dem Namen der Inns of Chancery bilden sich zunächst kleinere Rechtsschulen für die vorbereitende Ausbildung; etwas später formiren sich die practisirenden Advocaten zu den noch heute bestehenden vier Inns of Court. Mit dem Innungswesen tritt die Stufe der Meisterwürde, des Serviens ad legem, Sergeant-at-law, Doctor juris auf, welche durch königliches writ ertheilt wird, und eine Mittelstufe zu den beamteten Richtern bildet. Die Sergeants werden als Substituten der Richter in den Assisen ernannt, erhalten als solche bereits ein Gehalt, und werden später zu den Richterstellen befördert. Zwei Attornati Regis für die Wahrnehmung der königlichen Gerechtsame kommen schon unter Eduard I. vor; gegen den Schluß der Periode seit 1. Edw. IV. werden die beiden Staatsanwälte durch den Titel King's Attorney und King's Sollicitor unterschieden. In 11. Eduard IV. erscheint zum ersten Mal der feierliche Amtstitel eines Attornatus Generalis in Anglia cum potestate deputandi clericos ac officiarios sub se in qualicunque Curia de Recordo.

Geschäftsgang und Personal der Reichsgerichte steht noch immer in einem gewissen Zusammenhang mit dem Kanzler. Aus seinem Büreau als Officina Justitiae ergehen die proceßeinleitenden writs und alle Commissionen unter dem großen Siegel. Als Clavis Regni ist die Reichskanzlei deshalb zu allen Zeiten offen. Die Zahl der wiederkehrenden Proceßformulare, Writs de Cursu, war schon so groß geworden, daß in 12. Henr. III. deren 51 nach Irland übersandt wurden. Fünf solche formulae actionum (de Recto, Mortdauncestor, Novell disseisin, de Nativis, de Divisis faciendis) konnte schon unter Johann der Großrichter ohne Rückfrage ertheilen. Diese writs sind also nicht mehr Gnadensache, sondern Klagformeln, welche den Rechtsuchenden auf gebührendes Verlangen ertheilt werden müssen.

Unter Eduard I. wird den vortragenden Räthen des Kanzlers auch gestattet in unbedenklichen Fällen neue actiones utiles (writs in consimili casu) zu ertheilen, in schwierigeren Fällen nur mit Zustimmung der rechtsgelehrten Mitglieder des Parlaments.

Die so gebildete jurisdictio ordinaria schließt indessen nicht aus ein in beschränkten Gebieten noch fortdauerndes

V. System von Specialgerichten,[5]) welche nach der Ordnung des normannischen Feudalstaates noch in der alten Weise der Administrativjustiz fortbestehen. Es sind dies die Militär-, Hofmarschallamts- und Forstgerichte.

1) Die Militärgerichtsbarkeit des High Constable und Marshall war aus der Ordnung der Lehnsmilizen hervorgegangen, und hatte seit der Creirung erblicher Feudalämter unter jenem Namen eine stetige Gestalt, wenn auch einen beschränkten Kreis erhalten. Noch heute findet sich in den Archiven eine Rolle von Placita Exercitus Regis aus 24. Edw. I., in welchen der High Constable und der Marshal den Vorsitz im Namen des Königs führt. Von einer Ausdehnung der Formen der Grafschaftsjury darauf konnte in Kriegsläuften natürlich nicht die Rede sein. In 2. Ric. II. versuchen jedoch die Gemeinden die Bestimmungen der Magna Charta auch auf dies Gebiet auszudehnen. Sie petitioniren, daß dieser Hof keine Entscheidungen wegen Verrath oder Felonie treffen möge, „sintemal solcher Hof nach der Law of Arms und nicht nach gemeinen Gewohnheiten des Landes entscheide". In 13. Ric. II c. 2. folgt die Zusicherung, daß darin kein Streit verhandelt werden soll, welcher in einem ordentlichen Gerichtshofe nach Landesrecht verhandelt werden könne, sondern nur „Contracte und andere Gegenstände, betreffend Urkunden von Wappen und Krieg in und außer dem Reich", mit Vorbehalt der Appellation an den König. Unbestritten blieb aber das Recht des Königs in Kriegszeiten Militärgerichte mit summarischem Verfahren über alle Arten von Verbrechen durch den High Constable oder Marshall oder deren Delegirte zu halten. Eine solche Curia Militaris wird unter Heinrich IV. öfter erwähnt, auf französischem Boden fortwährend geübt, und noch in der Ernennungscommission des High Constable 7 Edw. IV. ertheilt der König plenam potestatem ad cognoscendum et procedendum in omnibus causis de et super crimine laesae majestatis, coeterisque causis quibuscunque, summarie et de plano, sine strepitu et figura judicii. Verfassungsmäßig hat diese Gewalt bis zur Petition des Rechts unter Carl I. gedauert.

2) Vorbehalten ist ferner die Aufrechterhaltung des Königfriedens in der Residenz des Königs und deren Umgebungen, sowie die Gerichtsgewalt über die Diener seines Haushalts. Es besteht dafür ein Hofmarschallamtsgericht vor dem Steward of the Household und dem Marshal als Hofmarschall, in seinem Kreise jedem anderen Gericht vorgehend. Das Princip der Jury wird darauf so angewandt, daß in Civilprocessen zwischen der Hofdienerschaft die Jury nur aus dieser gebildet, sonst eine common jury zugezogen wird, 5. Edw. III. c. 2. — Eine Appellation geht von diesem Gericht an den „König in seinem Palast", welche der King's Bench überwiesen wird.

3) Vorbehalten ist endlich die besondere Administrativjustiz in Forstsachen. Die Concessionen der Charta de foresta betreffen nur die mildere Handhabung der hergebrachten Rechte des Königs, ohne die Grundrechte der Magna Charta darauf auszudehnen. Sogar in diesem bescheidenen Umfang hatten mehre Bischöfe gleich Anfangs gegen die Artikel remonstrirt, daß dadurch die zur Ordnung der Forsten nothwendigen Gewalten nicht alterirt sein sollen. Es bleibt also auf diesem Gebiet eine reine Verwaltungsjustiz ohne Jury. Alle 40 Tage versammeln sich die unteren Forstbeamten zu einem Forsttage für Anzeige der Forst- und Jagdfrevel, welche von dem Forstmeister notirt werden (Court of Attachment oder Woodmote). Dreimal jährlich hatten dann die Forstmeister (Verderors) ein Forstgericht über diese Anzeigen, und zur Entscheidung über streitige Weideberechtigungen (Court of Swanimote). Das Forstobergericht für die schwereren Fälle bilden zwei reisende Richter, der eine den Norden, der andere den Süden des Trentflusses bereisend (Court of Justice Seat oder Court of the Chief Justice in Eyre).

1) Die Formation des Court of King's Bench steht im Zusammenhang mit dem Aufhören des Amts des Capitalis Justiciarius Angliae. Nach der Schlacht bei Evesham hat Heinrich III. dies Amt nicht wieder besetzt. In 52. Henr. III. wird aber Robert de Bruse durch Patent zum Capitalis Justiciarius ad placita coram Rege tenenda ernannt, und dies wird von nun an der ordentliche Titel des Präsidirenden im Hofgericht, der nicht mehr Generalstatthalter des Reichs, sondern nur ein Stellvertreter im Gebiet der Rechtsprechung des Königs sein soll Foss II. 135. Im Beginn der Regierung Eduard's III. kommt dafür folgender Styl in Gebrauch: „ad Placita coram Domino Rege et R. de Hengham et sociis, Justiciis de Banco Domini Regis, et Octabis S. Mich. anno regni etc. apud Westm." Foss III. 18. Die Zahl der beisitzenden Justices war unter Eduard I. in der Regel 4, in den späteren Jahren seiner Regierung 3; unter Eduard III. Anfangs 3, dann wieder 4, Foss III. 19. 342. Auch unter den folgenden Regierungen wechselt die Zahl 3 und 4 ab. Fortescue sagt Mitte des 15. Jahrhunderts, daß in der King's Bench 4, zuweilen 5 Richter ihren Sitz haben, Foss IV. 224. Ueber die Jurisdiction der King's Bench vergl. Reeves II. 247. 248. Eine Beschreibung ihres gewöhnlichen Locals an dem oberen Ende der Westminster-Halle rechter Seite findet sich schon bei Stowe, welcher diese Anordnung auf Eduard III. zurückführt, Thomas, Materials 147. Für den gewöhnlichen Gang der Geschäfte war der Sitz in der Westminsterhalle allerdings der gewöhnliche, namentlich wenn der König außer Landes war. War er im Lande anwesend, so mußte der Gerichtshof nach normannischem Reichsbrauch noch immer dem König folgen. Eduard I. und Eduard III. beharren darauf trotz der Petitionen des Parlaments Foss III. 339. Auch unter Richard II. fand noch ein kurzer Umzug nach Coventry und Worcester statt Foss IV. 12. In der zweiten Hälfte dieser Periode aber wird der Sitz zu Westminster die Regel der Praxis mit Vorbehalt eines Umzugs in Kriegsläuften und Landescalamitäten.

Auf das hergebrachte Recht des persönlichen Vorsitzes ist von den Königen niemals ausdrücklich verzichtet worden. Richard I. hatte den Vorsitz gelegentlich geübt. Johann war vom 5ten bis zum 16ten Jahr seiner Regierung häufig anwesend (Foss II. 4), und hielt auch die circuitus als reisender Richter unter Begleitung einiger Räthe persönlich ab Foss II. 27. Heinrich III. hat noch in einigen wichtigen Fällen persönlich zu Gericht gesessen, namentlich in einem Proceß gegen die Bürger von Winchester strenge Cabinetsjustiz geübt, Palgrave I. 292.; in der Regel jedoch hat er die Gerichte selbständig walten lassen. Unter Eduard I. und II. kommen noch vereinzelte Beispiele eines persönlichen Vorsitzes in der King's Bench vor, Palgrave, Privy council 62. Rundreisen des Königs, so lange das gesonderte Institut der reisenden Richter fortdauerte, kommen noch bis zum Regierungsantritt Eduards III. vor, Palgrave Commonwealth I. 292. Auch nach dem Aufhören der besonderen Reiserichter kam es wohl noch vor, daß der König an den circuits seiner Reichsrichter Theil nahm. Von Heinrich IV. wenigstens wird noch erzählt, daß er zu den Criminalassisen ging: nemini etiamsi domestico suo parcens, quominus laqueo penderet, si in furto vel latrocinio deprehensus fuerit. Unter Heinrich VI. galt dies Verfahren jedoch nicht mehr für observanzmäßig; Fortescue sagt wenigstens, es sei nicht mehr „üblich" für die Könige von England zu Gericht zu sitzen und selbst ein Urtheil zu sprechen Foss IV. 215. Eduard IV. soll noch einmal 3 Tage in der King's Bench gesessen haben, „um zu sehen, wie seine Gesetze ausgeführt würden" Allen Prerogative 93. Von Richard III. wird nur erzählt, daß er einmal in der Sternkammer erschienen sei, also in den richterlichen Sitzungen des Privy Council, um den Richtern drei Rechtsfragen vorzulegen, Foss IV. 480. Auf dem Wege der Praxis also ist im Lauf dieser Periode die alte formelle Stellung des Königthums im Gebiet der Gerichtsgewalt wieder hergestellt.

2) **Die Formation des Court of Common Pleas** datirt nach den gründlichen Untersuchungen von Foss II. 160. ff. erst nach der Zeit der M. Charta. Die germanische Tendenz der Gerichtsverfassung, von der persönlichen Leitung des Königs und von den Einflüssen der Gunst oder Ungunst bei Hofe frei zu werden, machte sich hier stärker geltend. Die Nothwendigkeit einer festen Rechtsprechung im gewöhnlichen Eigenthums- und Civilrechtsstreit war nament-

lich unter dem Regierungssystem Johann's auf das Lebhafteste empfunden worden. Das unstetige Herumziehen dieses Königs im Lande steigerte sich für die Civiljustiz bis zur Unerträglichkeit; in seinem elften Regierungsjahr hat Johann an nicht weniger als 24 Orten zu Gericht gesessen, woraus die Clausel der M. Charta hervorging: communia placita non sequantur curiam Regis, sed teneantur in aliquo certo loco. Unter Heinrich III. kam die Zusicherung insoweit zur Ausführung, als meistens die Civilprocesse in einer besonderen Abtheilung des Hofgerichts, und zwar zu Westminster verhandelt wurden. Ein förmlich constituirter Hof der Common Pleas mit eigenem Präsidenten scheint indessen noch nicht bestanden zu haben. Erst seit dem Regierungsantritt Eduard's I. wird Gilbert de Preston als Capitalis Justiciarius dieser Abtheilung bestimmt bezeichnet Foss III. 20.; über die späteren Chief Justices vergl. Foss III. 195. 344., IV. 13. 134. 190. 230. ꝛc. Die Zahl der beisitzenden Richter wechselte unter Eduard I. zwischen 4 und 6, Foss III. 22. Unter Eduard II. waren gewöhnlich 6 Richter, von 6—9 Edw. II. wurde aber noch ein siebenter hinzugefügt. Unter Heinrich VI. stieg die Zahl einmal auf 8. Im Allgemeinen waren die Geschäfte hier zahlreicher wegen der größeren Weitläufigkeit des Civilprocesses. Der amtliche Styl dieses Gerichtshofes ist Commune Bancum, und im Gegensatz dazu wird die King's Bench als bancum regis oder bancum nostrum bezeichnet, Foss II. 175. Die Zusicherung der M. Charta von dem festen Sitz dieses Gerichtshofes wurde nicht buchstäblich innegehalten; es kam noch öfters eine Verlegung, namentlich von Westminster nach York vor. Foss II. 135. 175. 177. ff., III. 1. 16. 343. ff., IV. 13. In st. 2. Edw. III. c. 11. wird sogar geschäftsmäßig verordnet, daß die Richter zeitig vorher von der Verlegung in Kenntniß gesetzt werden sollen, um sich danach bei Ansetzung der Termine zu richten Foss III. 343. In der zweiten Hälfte der Periode ist aber der feste Sitz zu Westminster als observanzmäßig anzusehen. Eine Beschränkung der Competenz ergab sich aus dem Statut von Gloucester 6. Edw. I. c. 8., wodurch den königlichen Gerichtshöfen verboten wurde Schuldforderungen zu verhandeln, die nicht über 40 Schilling betragen. Diese Schranke der übertriebenen Centralisation wurde indessen auf die Dauer ziemlich unwirksam, theils durch das Sinken des Geldwerths, theils durch Umgehung mittels Fictionen, Blackstone III. 36. Für die Abgrenzung der Communia placita erwähnt Foss II. 135. einen interessanten Präcedenzfall, wo eine Partei vor das Hofgericht geladen wird, um sich über das Besitzrecht an einem manor auszuweisen. Der Beklagte excipirt, daß nach der M. Charta diese Klage nicht dem König folgen solle. Es wird darauf aber replicirt: dies sei kein commune placitum, sondern gehe die Person (das Finanz- und Lehnsinteresse) des Königs an.

3) Der Court of Exchequer hat sich als Gerichtshof von der Verwaltungsbehörde abgesondert. Als dirigirende Beamte des Exchequer gelten jetzt der Treasurer und der Chancellor of the Exchequer, neben welchen für die rechtlich zu entscheidenden Sachen die Barons zwar ein Justizcollegium bilden, aber Anfangs ohne eigenen Vorsitzenden. Die Barons rangirten nach dem Dienstalter, so daß nur ein „Senior Baron" vorhanden war, Foss III. 23. Erst unter Eduard II., a. 1312, wird Walter de Norwich zum ersten Mal als Capitalis baro bezeichnet; die Ernennung eines Capitalis baro durch königliches Patent datirt erst vom 30. Mai 1317, 10 Edw. II., Foss III.

196, 198. Thomas, Exchequer 107, 108. Die Beisitzer wurden in der Regel aus Unterbeamten befördert; ihr Gehalt blieb während der ganzen Periode weit unter den Gehalten der Justiciarii, Foss III. 44. Die Zahl war abwechselnd 4, 5 oder 6. Foss III. 196, IV. 233. Da sie nicht juristisch gebildete Mitglieder sind, nehmen sie keinen Theil an den Rundreisen der Richter. Nur die Stelle des Chief Baron wurde meistens, wenn auch nicht immer, mit servientes ad legem besetzt, weshalb auch nach 14. Edw. III. c. 16. der Chief Baron zum Assisenrichter ernannt werden kann, „wenn er zu des Königs geschworenen Sergeants gehört." In 5. Rich. II. kommt sogar eine Commission vor, in welcher die Barons dem Range nach unter die sergeants at law gestellt sind. Foss IV. 22. Selbst die Stelle des Chief Baron ist öfter nur als Nebenstelle mit dem Amt des Vorsitzenden oder eines Beisitzers der Common pleas vereint; es kommen sogar Beispiele vor, daß ein Chief Baron später zum Puisne judge der Common pleas befördert wird. Erst im Verlauf der Regierungszeit der Tudors ist die Gleichstellung der Barons mit den Justices in Qualification und Rang erfolgt, Foss V. 409. VI. 17. Um so begreiflicher ist es, daß das Publikum ebenso wie die Advocatur eine Verhandlung der Civilprozesse im Exchequer nicht gern sah. Schon in dem Statutum de Scaccario 51. Henr. III. 1266 war verordnet, daß der Schatzmeister und die Barons eidlich verpflichtet werden sollen, sich nicht mit den Sachen von Privatpersonen zu befassen, während sie mit dem Geschäft des Königs befaßt sind. In 55. Henr. III. ergeht ein königliches writ, welches der Verschleppungen wegen den Schatzmeister und die Barons anweist „alle schwebenden Sachen und alle Akten der Art den Justiciarien von der Bank zu übersenden, ausgenommen Klagen gegen Beamte des Exchequer", welche noch ihren eximirten Gerichtsstand bei der Behörde selbst behalten, Foss II. 196. Erst unter Eduard I. aber wird anerkannt, daß die Parteien selbst nach den Grundsätzen der M. Charta ein Recht darauf haben. Foss III. 22.

Als in späterer Zeit sich aus der Amtsstellung des Lord Kanzler eine neue Equity Jurisdiction bildete, wurden diese Grundsätze auch auf fiscalische Processe angewandt. Rechtsfragen der Art werden nach den Formen und Grundsätzen einer Administrativ-Justiz ohne Geschworene verhandelt, und so, daß außer den Richtern auch noch die Verwaltungschefs, der Schatzmeister und Schatzkanzler Theil nehmen, Thomas, Materials 11. Der alte Exchequer ist danach aufgelöst in vier Abtheilungen, welche aber zum Theil aus denselben Personen gebildet sind:

1) Der Rechnungshof, Court of Accounts.
2) Der Einnahmehof, Court of Receipt.
3) Der Hof der Prozesse, Court of Pleas.
4) Der Billigkeitshof in der Schatzkammer.

Die ersten beiden sind die alten Abtheilungen, die vierte ist neuerdings aufgehoben durch 5. Vict. c. 5; die dritte bildet einen der drei Gerichtshöfe des gemeinen Rechts. Die beiden administrativen Abtheilungen bestehen in der alten Weise fort unter dem Treasurer. Die Kämpfe mit den Baronen haben in dieser Periode zu vielfachen Anmaßungen königlicher Gerechtsame geführt, durch welche periodische placita quo warranto veranlaßt werden. Die Akten einer solchen Commission in 2. Edw. I. zur Untersuchung unbefugter Veräußerungen Seitens der Kronvasallen sind neuerdings gedruckt unter dem

Titel Rotuli Hundredorum (1812). Eine fortschreitende Tendenz zur Centralisation zeigt sich in der Einsetzung von drei Domänen-Inspektoren, welche in dem Statut del Eschekere (unter Eduard I. oder II.) vorkommen, zugleich die dem König zufallenden Lehnsvormundschaften und Escheats beaufsichtigen, und gemeinschaftlich mit dem Sheriff solche verpachten oder administriren sollen. Zur Vermeidung der übertriebenen Liquidationen der Sheriffs für öffentliche Bauten und Arbeiten sollen künftig Surveyors of the King's Works ernannt werden „auf den Eid von 12 Männern". Unter Henr. VI. kommt auch ein Ober-Inspektor und ein Comptroller of the Kings Works vor, (Materials 107).

4) Die Consolidirung des Personals und des Geschäftsgangs der Reichsgerichte beruht auf folgenden Punkten:

1) Die Richtercollegien absorbiren das Personal der reisenden Richter. Nach 13. Edw. I. cap. 3 sind die Präsidenten der Civilassisen vereidete Reichsrichter. Die folgenden Statuten sind darauf berechnet auch das Personal der beiden anderen Höfe an den Civilassisen zu betheiligen, 27. Edw. I. cap. 3. 4; 14. Edw. III. c. 16. Mit den Rundreisen dieser Assisenrichter werden nun aber immer regelmäßiger die Criminal-Assisen verbunden. Schon unter Eduard III. schmilzt daher das Personal der besonderen reisenden Richter zusammen, Foss III. 359.—360. Die letzten Erwähnungen sind aus den Jahren 1333 und 1349. Die reisenden Richter als solche sind identificirt mit den Richtercollegien. Es wirkten dahin auch die Gehaltsverhältnisse, da jeder Reichsrichter in seiner Eigenschaft als Assisenrichter die bedeutende Zulage von 20 £ erhielt. Die noch besonders ernannten Localcommissarien der Commissions of Oyer and Terminer sollen nur in dringenden Fällen ernannt, und zwar unparteiisch, nicht von den Großen, auch nicht von den Parteien, sondern von der Behörde designirt werden, 2. Edw. II. cap. 2, Coke II. Inst. 419. IV. Inst. 152. Nach 20. Ric. II. c. 3. soll Niemand Richter der Assise oder der Gaol delivery in seiner eignen Grafschaft sein, und kein Großer des Reichs mit den Richtern bei den Assisen sitzen.

2) Die Personalverhältnisse der Reichsrichter stellen eine angesehene, den höchsten Reichsbeamten nahe stehende Stellung dar. Persönliche Unehrerbietigkeit gegen sie wird mit großer Strenge geahndet, Foss III. 43. Die Gehalte sind während der ganzen Periode ziemlich gleichmäßig = 40 £ für die Chief Justices, = 40 Mark für die Puisne Judges und den Chief Baron. Nach dem Silberwerth sind 40 £ freilich nur ungefähr = 860 Thlr., allein nach dem relativen Geldwerth der Zeit bedeutet dies 8 bis 10 mal mehr. Die Justices und der Chief Baron erhalten stets noch eine Zulage von 20 £ als Assisenrichter und viele Richter außerdem noch persönliche Zulage. Unter Heinrich VI. hat der Chief Justice der Kings Bench = 180 Mark, der Chief Justice der Common Pleas = 140 Mark, alle Richter die an den Assisen Theil nehmen, außerdem die Zulage von 20 £, Foss IV. 227. Die Amtstracht war für das ganze Richterpersonal die gleiche, Foss III. 44, 375. Ueber den sehr feierlichen Richtereid vergl. Foss III. 360. Die Beförderung zum Justice erfolgte aus der Zahl der graduirten Advokaten, King's Sergeants. Schon in der vorigen Periode berechnet Foss unter 206 Justiciarii ungefähr 125 Männer der Legal profession. Unter Heinrich III. findet er unter 100 Justiciarii nur 11, von denen nicht anzunehmen sei, daß sie früher

in irgend einer Weise in der Advokatur praktisirt haben. In dieser Periode ist die Beförderung der Richter aus der Legal profession fast bei jedem Einzelen bestimmt nachweisbar. In Anerkennung der alten Grundsätze eines judicium parium erhalten die Justices die Ritterwürde, gewöhnlich sogar den Offizierrang tanquam Baneretti, Foss III. 362, 364.

3) Die persönliche Verantwortlichkeit der Richter wurde abgeleitet aus ihrer Stellung als Delegirte der persönlichen Gerichtsgewalt des Königs. Sie sind daher nicht nur in der Regel widerruflich durante bene placito ernannt, sondern unterliegen auch einer persönlichen Strafgewalt des Königs, welcher wohl nach der Weise normannischer Zeit eine Untersuchung durch eine ernannte Commission im Parliament vorangieng, Foss III. 262. Viel Aufsehen erregten die Absetzungen und Bestrafungen in 17. Edw. I.; doch scheint es sich in der Mehrzahl der Fälle mehr um Willkür, Unregelmäßigkeit und die alten Mißbräuche des Sportelwesens zu handeln, als um eigentliche Bestechung, Foss III. 38. In sehr summarischer und übereilter Weise schritt Eduard III. a. 1340 zur Entlassung und Verhaftung mehrer Richter, Foss III. 341., und nochmals 5 Jahre nachher aus ernsterer Veranlassung, Foss III. 365. In späterer Zeit sind Disciplinarbestrafungen aus solchen Gründen ziemlich verschwunden. Eine ernstere Seite der Verantwortlichkeit trat aber unter Richard II. hervor. Zwei Richter wurden in dieser Zeit in einem Volksaufstand ermordet, ein dritter wegen Hochverraths hingerichtet. Robert Tresilian hatte sich dazu gebrauchen lassen, im Einverständniß mit einem gestürzten Kanzler und mit den Wünschen des Königs eine Gegenrevolution anzubahnen. In 10. Rich. II. hatten nämlich die Großen die Absetzung de la Pole's durchgesetzt und durch Ordonnanz ein Comitee eingesetzt, welches in dem noch jugendlichen Alter des Königs die Regierung übernahm. Diese Ordonnanz war zum Parlamentsbeschluß erhoben und durch des Königs Letter patent bestätigt. Die gestürzte Partei suchte nun aber den Ausspruch der höchsten richterlichen Autoritäten zu erlangen, daß jene Ordonnanz ungesetzlich, „die Urheber desselben des Hochverraths schuldig und mit dem Tode zu strafen seien.“ Der Lord Chief Justice, der schon früher große Dienstfertigkeit gegen die zeitige Macht bewiesen hatte, versammelte in aller Stille und Eile seine Richter, um das gewünschte Gutachten abzugeben. Der Staatsstreich mißlang indessen; der flüchtig gewordene Chief Justice wurde ergriffen, vom Parlament wegen Hochverraths verurtheilt und am 19. Februar 1388 hingerichtet. Auch die übrigen Richter wurden von dem Unterhaus in Anklagestand versetzt, trotz ihrer Entschuldigung, daß man Zwang gegen sie angewandt habe, ebenso zum Tode und zur Confiscation verurtheilt, das Urtheil jedoch in Verbannung gemildert. Als später in 21. Rich. II. der König wieder zur persönlichen Gewalt gelangte, wurde dies Verfahren cassirt, aber kurz darauf beim Regierungsantritt Heinrichs IV. wieder hergestellt und bestätigt. Der schreckensvolle Eindruck dieses Herganges ist noch in späteren Menschenaltern erkennbar in einer großen Scheu der Richter außergerichtliche Gutachten in den politischen Streitfragen abzugeben. Der dauernde Eindruck ging dahin, daß überhaupt ein richterliches Beamtencollegium allein nicht die schiedsrichterliche Stellung in einem Conflict der großen Staatsgewalten zu tragen vermag. Vergl. über diese Hergänge Foss IV. 3. 4. 102—108. Das spätere Richterpersonal blieb so sehr außerhalb der großen Parteikämpfe, daß selbst bei dem Dynastiewechsel

unter Heinrich IV., Eduard IV., Richard III. und Heinrich VII. die früheren Richter bestätigt wurden. Unter Eduard IV. wurden nur die beiden Chief Justices ausgenommen, von welchen der eine ohnehin auf flüchtigem Fuß war. Foss IV. 380. Die Scheu der Richter vor einer Collision mit dem Parlament dokumentirt sich namentlich in ihrer Weigerung irgend ein Gutachten über den Umfang der Personal-Privilegien des High Court of Parliament zu geben in 32. Henr. VI.

4) Ueber den Geschäftsgang der Einleitung des Prozesses durch writs vergl. Palgrave, Privy Council p. 16. 17. Die Ertheilung von Writs in consimili casu wird unter Eduard I. zunächst den Clerks in Chancery überlassen, sofern sie darüber einig werden können; anderenfalls soll der Kläger „an das nächste Parlament" verwiesen werden, wo mit Zustimmung der rechtsgelehrten Mitglieder das neue Formular zu bestimmen ist. Am Schluß des Mittelalters war die Zahl der zulässigen Klageformulare writs de cursu noch erheblich gewachsen, wie die unter Eduard IV. entstandene Schrift de natura brevium ergiebt. Durch 36. Eduard III. c. 15. wird bestimmt, daß die mündlichen Verhandlungen und Rechtssprüche der Gerichte in englischer Sprache sein sollen, die Einregistrirungen und Protokollirungen aber in lateinischer Geschäftssprache. Das anzuwendende Recht hat jetzt den ausgeprägten Charakter des Juristenrechts. Die Einleitungen zu den Rechtsbüchern des Glanvilla und Bracton geben seit dem 13. Jahrhundert den Anstoß zur Unterscheidung der common law und statute law. Die letztere ist das aus den neueren Verordnungen und Parlamentsbeschlüssen hervorgehende Gesetzesrecht; die erstere das aus der Verschmelzung angelsächsischer Landesrechte mit dem normannischen Lehnssystem und ältere Anordnungen in der Praxis der curia Regis und der Grafschaftsgerichte entstandene Recht. Das Organ zur Fortbildung sind jetzt die Reichsgerichte. „Das gemeine Recht beruht in der Brust der Richter der Höfe des gemeinen Rechts," ist also judge-made law, Juristenrecht. Zur Erhaltung der Einheit dieses Rechts bilden sich analoge Grundsätze, wie in der Praxis des gemeinen deutschen Rechts: kein Gewohnheitsrecht gilt gegen das Gesetz; die Gewohnheit muß legitimo praescripta d. h. über Richard I. zurück schon bestanden haben; sie muß rationabilis sein, d. h. die Praxis scheidet solche Gewohnheiten aus, welche dem Organismus des gemeinen Rechts widerstreiten. — Ein zusammenhängendes Bild der Praxis unter Eduard I. giebt das in französischer Sprache geschriebene Rechtsbuch Britton, jetzt in kritischer Ausgabe neu herausgegeben: Fr. Nichols, Britton. London 1865. II. Vol. 8. Dieser neue Bearbeiter sieht Britton als eine abgekürzte zeitgemäße Umarbeitung des Bracton an, welche nach a. 1290 zu setzen und etwas jünger als das Rechtsbuch Fleta sei. Für den Zweck der Gerichtspraxis ist das System des Bracton, (welches auf einer Unterscheidung der verschiedenen Arten der Rechte beruht) zu einem jus actionum umgearbeitet, in welchem sich die Rechte zunächst an die einzelnen Mittel der Geltendmachung anknüpften. Ueber die sonstigen Rechtsquellen dieser Zeit vergl. Biener, das engl. Geschw.-Gericht II. 286—298. Seit Eduard II. beginnen auch die Sammlungen der Entscheidungen der Reichsgerichte, die sich unter dem Namen des Yearbooks 200 Jahre hindurch erstrecken und neben welchen der Gebrauch der Rechtsbücher (namentlich der über Britton zurückliegenden) fast verschwindet. Verhältnißmäßig einfach im Vergleich zu dem Civilprozeß ist das Strafverfahren. Die

gesammte Arbeitszeit der Reichsrichter beschränkte sich in dieser Zeit noch auf die Vormittagsstunden von 8—11 Uhr. Foss IV. 226.

5) In Wechselwirkung mit der ausgebildeten Technik des Prozesses steht sodann die Ausbildung eines besonderen Juristenstandes. Einen solchen Prozeß in Person zu betreiben war natürlich unmöglich. Früher waren die Geistlichen die Rathgeber für Haus und Gericht gewesen, „nullus clericus nisi causidicus". Aus vielen Gründen wünschte jetzt der päpstliche Stuhl eine minder häufige Verwendung der Geistlichen. Schon Richard I. hatte seinen Erzbischof von Canterbury als Großrichter entlassen müssen, und auf den Provinzial-Concilien war beschlossen: ne advocati sint clerici vel sacerdotes in foro seculari. Ebenso wie dies Verbot wirkte die Standeseifersucht. Die vornehmen Normannen hatten frühzeitig eine gewisse Geschäftsbildung; niedere Laien bildeten sich in den zahlreichen Stellen von Clerks im Exchequer, bei Justices, Sheriffs, Bailiffs aller Art; und das normannische Verwaltungsrecht zeigt, daß die so gebildeten Laien wohl wenig mehr von den Clerici zu lernen hatten. Um die Zeit nun, wo die Reichsgerichte in Westminster stehend werden, bilden sich die ersten Anfänge von Innungen der Laien-Juristen. Die Gerichte hatten ein Interesse an der Ausbildung tüchtiger Anwälte. Eduard I. verordnet deshalb, daß der Chief-Justice etwa 140 tüchtige Attornatos et apprentitios zulassen und andere ausschließen soll. In dem Rechtsbuch Fleta kommen schon innungsmäßige Abstufungen vor in Servientes, Narratores, Attornati, Apprentitii. Ein St. 4. H. IV. c. 18. verordnet eine Prüfung aller Attorneys durch die Richter und Einregistrirung in eine Rolle. Um dieselbe Zeit begann die höhere Klasse der Advokaten sich von der niederen Klasse der Anwälte fester zu scheiden und in den vier Inns of Court eine Art von Universität zu bilden. Unter Eduard IV. gebrauchte ein Student in dem Inn jährlich 28 £, und der Adel sandte dorthin seine Söhne, „um sie vor Laster zu bewahren und auszubilden in Musik, Tanzkunst, Geschichte und anderen Vollkommenheiten". Der höchste Grad der Innung, Serviens ad legem, Doctor juris, wurde durch königliches Writ ertheilt, Reeves IV. 121 ff. Eine neuere Zusammenstellung der geschichtlichen Nachrichten über die Entstehung der Advokateninnungen giebt Foss II. 200, III. 46 ff. 370—390. IV. 195 ff. 251 ff. Es ist indessen unmöglich, aus den fragmentarischen Notizen ein zusammenhängendes Bild zu gewinnen. In 18. Edw. I. st. 4. erscheint nur die Bezeichnung Countour. In 33. Edw. I. werden Countours, Attournees, Apprentis gebraucht; in 28. Edw. I. c. 11. Countours e sages gentz. Die im Parlament erlassene Ordonnanz 20. Edw. I. de Attornatis et Apprenticiis ist eine erste Anwaltsordnung. Das st. 14. Edw. III. c. 16. beruft die Klasse der Sergeants-at-law als Substituten der Reichsrichter für die Assisen, Coke II. Inst. 422; sie erhielten dafür gleich den Reichsrichtern ein Jahrgehalt von 20 £, wurden also auch gewiß als solche verwendet. Die Entstehung der heutigen 4 großen Inns der Advokaten wird in der Regel auf die Zeit Eduards III. zurückgeführt ohne eigentlichen Beweis Foss III. 378. Erst gegen Ende der Periode giebt Fortescue zusammenhängende Nachrichten über das Innungswesen. In dieser Zeit waren 10 kleinere Inns of Chancery gebildet, neben welchen dann die 4 großen Lincolns Inn, Inner Temple, Middle Temple und Grays Inn standen, in welchen die Rechtsstudenten ihre eigentliche Ausbildung für die Rechtspraxis

erhielten. Zu der Promotion als Sergeant-at-law sollte Niemand kommen, qui non in praedicto Legis studio sexdecem annos ad minus antea complevit (Fortescue). Sie war mit so kostbaren Feierlichkeiten verbunden und legte so viele beschränkende Ehrenrücksichten für die Advokatenpraxis auf, daß sie öfter abgelehnt wurde Coke II. Inst. 214, Foss IV. 223., war aber Vorbedingung für alle Richter der King's Bench und Common Pleas, Foss IV. 222. Die Erwähnung eines Attornatus Regis beginnt mit dem Anfang der Regierung Eduard's I.; in den meisten Jahren werden schon 2 Attornati Regis genannt, Foss III. 44, 45. Unter Eduard III. war der eine für die Kings Bench, der andere für den Gerichtshof der Common pleas bestimmt, beide mit einem Gehalt von 10 £, Foss III. 368. Die erste Erwähnung eines Sollicitor to the King ist in 1. Edw. IV. Foss IV. 397.

5) **Die Special-Gerichte dieser Gruppe** sind fortdauernde Gestaltungen des normannischen Verwaltungsrechts.

1) Die Militärgerichte sind zunächst ein Ausfluß der Kriegshoheit. Wie das erblich gewordene Amt des Constable und Marshal bilden sie aber auch ein ständisches Recht der Lehnsmilizen auf Friedensfuß, und einen Ansatz zu einem ritterlichen Standesrecht. Die Rechtsgleichheit der Stände im Privatrecht indessen, die starke Ausbildung der Staatsgewalt und das getheilte Interesse der Ritterschaft selbst ließen es hier zu keiner weitern Ausdehnung einer besonderen Standesgerichtsbarkeit kommen. Unverkennbar aber war in Folge der französischen Kriege und der Berührung mit dem Adel des Continents ein Widerspruch der Standesmeinung mit dem gemeinen Recht eingetreten. Adel und Ritterschaften verlangten die Beibehaltung des Rittergerichts „in Ehrensachen und zur Aufrechterhaltung der Rangstufen," namentlich für Streitigkeiten über Wappen, Vortritt und andere Familienauszeichnungen, während das gemeine Recht der Reichs- und Grafschaftsgerichte diese Gegenstände nicht kennt, namentlich keine Satisfaktion für einfache Ehrenkränkungen. Noch längere Zeit übt daher das Rittergericht eine wirkliche Jurisdiktion; insbesondere werden hier Zweikämpfe abgehalten in Ehrensachen, die „wegen Mangels an Zeugen nicht anders zu entscheiden sind", wie in dem Streit zwischen Norfolk und Heinrich von Lancaster unter Richard II. Ja noch Mitte des 15. Jahrhunderts kommen zwei Fälle vor: 1446 ein Zweikampf zwischen einem Waffenschmied von London und seinem Lehrling unter Autorität des High Constable und Earl Marshal; 1453 ein Zweikampf zwischen John Lyalton und Robert Norres wegen einer Anklage auf Hochverrath, unter Vorsitz des High Constable und unter großem Zulauf des Volks auf Smithfield. Als Jurisdictio extraordinaria tritt dieser Hof aber nur in subsidium ein, auf Specialbefehl (Writ), und heißt in dieser abgeschwächten Gestalt ein Court of Honour. Mit dem Aufhören der französischen Kriege und dem Verbluten der Adelsansprüche im Kampf der beiden Rosen verliert sich der Court. In einem vereinzelten Fall 1631 legte der König doch zuletzt sein Veto ein. Parlaments- und Grafschafts-Verfassung widerstrebten seiner Fortdauer. Nach der Periode der beiden Rosen werden solche writs als der neueren Rechts- und Standesbildung widerstrebend, nicht mehr erlassen, und der frühere Gerichtshof sinkt damit zu einem Heroldsamt herab. Ueberdies ist seit Heinrich VIII. das Erbamt des High Constable, also das oberste Ehrenamt der Lehnsmilizen, nicht wieder besetzt. Coke IV. Inst. 124.

2) Das Hofmarschallamtsgericht war bestimmt für Streitigkeiten zwischen der königl. Hausdienerschaft und trespasses innerhalb des Hofbezirks, wenn auch nur eine der Parteien königlicher Diener ist, und für Fälle von Schulden und Verträgen, wo beide Theile zum königl. Haushalt gehören. Nach 13. Richard II. wurde der Hofbezirk wie nach gemeinem Recht auf 12 Meilen im Umkreis der Residenz festgesetzt. Es unterlag nie der Jurisdiction des Summus justitiarius noch der Kings bench, sondern nur dem Parlament bis unter Eduard III. ein writ of error vor dem König in seinem Palaste eingeführt wurde, Thoms, Book of the Court 302, 303.

3) Vorbehalten ist endlich eine besondere Administrativ-Justiz in Forstsachen. Bis Richard I. hatte ein Summus Justiciarius omnium forestarum bestanden, dann eine Commission von 4 Justiciarii mit Unterbeamten. Schon die Charta de Foresta ergiebt ein außerordentlich zahlreiches Forstpersonal. In jedem größeren Forst sollen 4 Forstrichter (Verderors) sein, als dirigirende Verwaltungsbeamten und Forstrichter. Unter ihnen 12 Forstinspektoren (Regarders), zur Aufsicht, Untersuchung von Forstcontraventionen, Rodungen u. s. w. Unter ihnen die Förster (Foresters) mit der Pflicht, Wald und Wild zu conserviren, Uebertreter anzuzeigen und zu verfolgen. — Dazu Wildmeister (Rangers), Weideaufseher, (Agistors) zur Aufsicht über das weidende Vieh, Anzeige der Beschädigungen, Vereinnahmung der Holzgelder u. s. w.; Holzwärter (Woodwards), ebenfalls mit einer Anzeigepflicht; Stewards, Beadles, als Gerichtsboten und Exekutoren. Als Chef des Verwaltungspersonals kommt ein Oberforstmeister vor (Chief Warden of the Forests).

Außer diesen älteren Spezialgerichten ist aus der neueren Verwaltungsordnung des Continual Council eine neue Administrativ-Justiz hervorgegangen, nämlich die Billigkeits-Gerichtsbarkeit des Lord Kanzler, die Admiralitätsgerichte, und die Strafjustiz der Sternkammer, auf welche in §. 21. zurückzukommen ist.

§. 21.

Der dirigirende Reichsrath Continual Council. Die Reichskanzlei.

Die collegialische Verfassung der Reichsgerichte enthielt den ersten Halt des neueren Rechtsstaates, das Grundgerüst der sich bildenden Verfassung, dem auf anderer Seite die Consolidirung der Grafschafts- und Stadtverbände zu festen Körperschaften gegenüberstand. Unverkennbar besteht ein innerer Zusammenhang zwischen Grafschaftsverfassung und Reichsgerichten, und weiter zwischen diesen beiden und den Grundrechten der Magna Charta. Das Eine ist durch das Andere hervorgerufen und wirksam geworden, das Eine durch das Andere bedingt. Diese festen Elemente füllen indessen nicht den Staat aus, bilden vielmehr nur einen festen Ring, innerhalb dessen ein großer Kreis von Regierungsgeschäften zur persönlichen Entscheidung des Königs übrig bleibt. Aus den Rathgebern für diesen Geschäftskreis bildet sich jetzt ein Continual Council oder Permanent Council, welches in Gestalt eines Collegium zuerst entstand, als unter Heinrich III. zum ersten Mal eine Regentschaft nothwendig wurde. Auch ein großjähriger König konnte aber eine stetige Berathung nicht mehr entbehren, seitdem so mannigfaltige Rücksichten auf die Magna Charta, die Grafschaften und die Reichsstände nothwendig wurden. Thatsache ist es jedenfalls, daß seit Eduard I. ein Council oder Continual Council vorhanden war, welches in zahlreichen Sitzungen die laufenden Geschäfte des Reichs besorgte.

I. Die Geschäfte des Permanent Council[1]) lassen sich am nächsten den Geschäften eines heutigen Ministerraths vergleichen. Nur darf man die Einfachheit der Verhältnisse und die Trennung von Kirche und Staat nicht vergessen, sowie den bisher persönlichen Charakter der Regierung der Normannenkönige. Einigermaßen erkennbar lassen sich etwa folgende Geschäftsgruppen des Council unterscheiden:

Berathung des Königs bei Erlaß allgemeiner Verordnungen in dem ganzen Gebiet der Reichsverwaltung.

Beschließungen über Krieg und Frieden, Verträge mit auswärtigen Mächten, Aufgebote der Lehns- und Grafschafts-Milizen, Maßregeln zur Bildung von Soldheeren und obere Administration derselben.

Beschließungen über Maßregeln bei Landesnoth und Aufruhr; Ernennung außerordentlicher Commissionen und Instruktionen für solche Fälle.

Berathung des Königs bei Ausübung der Jurisdictio extraordinaria, welche für wichtige Fälle ohne feste Grenzen vorbehalten ist.

Beschließungen auf Petitionen von Privatpersonen, Körperschaften, Grafschaften, betreffend Beschwerden über fiskalische Härten, Amtsmißbräuche, mangelhaften Rechtsschutz, Begnadigungsgesuche, Gnadenbewilligungen. Bei den üblen Gewohnheiten der vicecomites und Ortsvögte, bei der Nothwendigkeit einer Neugestaltung vieler Verhältnisse, unter den Nachwehen früherer Verfassungskämpfe, unter dem Uebermuth streitlustiger Großen, mußte dies der laufende Geschäftskreis werden; besonders seitdem die Communen auf den Reichsversammlungen ein Organ für Beschwerden wurden. Das ganze Mittelalter hindurch gelten die Parlamente als Versammlungen „for the redress of wrongs and remedy of abuses.“ Mit jedem Parlament strömten Petitionen ein, nicht nur über öffentliche Angelegenheiten, sondern über oft kleinliche Privatsachen von allen Klassen von Personen, über alle Klassen von Gegenständen, jede Art von Beistand beanspruchend. Die „Armuth des Bittstellers“, die Macht und die Zahl seiner Gegner, die Unzulänglichkeit des Landesrechts bilden die gewöhnliche Motivirung. Es ist erkennbar darin die Grundvorstellung, daß „der König im Rath da sei als letzte Zuflucht für jede Beschwerde, welcher die ordentlichen Behörden nicht abzuhelfen vermöchten“.

Zur ersten Regelung dieser Geschäfte wird in 5. Edw. I. bestimmt: alle Petitionen sollen in erster Instanz von den richterlichen Beamten geprüft werden, in deren Departement sie gehören; nur Gegenstände von Wichtigkeit sollen vor König und Rath gebracht werden. — In 21. Edw. I. ernennt der König Receivers of Petitions, welche in fünf Bündel sortirt werden sollen, (1) für die Kanzler, (2) für den Exchequer, (3) für die Richter, (4) für König und Rath; (5) solche, die schon beschieden sind. In dieser Weise sollen sie dem König „rapportirt“ werden. Die Ernennung von Referenten dafür wird bald eine feste Einrichtung, welche das Rechtsbuch Fleta wie eine Art von Behörde beschreibt: Curia coram auditoribus specialiter a latere Regis destinatis, „welche nicht zu entscheiden, sondern nur Vortrag zu halten haben über das, was sie gehört, damit er beschließen möge, was unter den Interessenten geschehen soll“. — Unter Richard II., als das Council bereits in ein festeres Verhältniß zu dem Magnum consilium der Pairs getreten war, sollen die Petitionen in drei Klassen zerfallen: (1) bills of grace and offices, welche von dem Souverän in Person zu beantworten sind; (2) bills of council, über welche der Rath entscheiden kann; (3) bills of parliament, die nicht ohne Zustimmung des Parlaments beantwortet werden können. Der Beschluß auf den Vortrag des Referenten konnte sich in dreifacher Weise gestalten:

1. Immediatentscheidung, gewöhnlich am oberen Rande der Petition niedergeschrieben von einem Mitgliede des Raths, unter Henry V. und VI. gewöhnlich vom Chamberlain.

2. Ernennung eines Specialcommissars zur Abhülfe einer außerordentlichen Beeinträchtigung des Petenten, welche schleuniger Abhülfe bedarf. Es ist dies ein Delegatus a latere, dem eine Commission of Oyer and Terminer auf Specialbefehl (writ) in der Kanzlei ausgefertigt wird, oder auch ein bloßes Handschreiben.

3. Verweisung der Sache an den Exchequer oder eine andere Behörde, besonders an die Kanzlei. Schon seit Eduard I.

wird die Bescheidung: „Sequatur in cancellariam“ eine häufige, gewöhnlich unter dem Privatsiegel.

II. Das Personal des Council[2]) entspricht diesem Geschäftskreis. Es waren die Personen, deren Beirath der König zur Beschlußnahme in der höchsten Leitung der Reichsgeschäfte bedurfte, — modern ausgedrückt: die Spitzen der Reichsbehörden und eine Anzahl von Personen, welche er außerdem zu einer stetigen Berathung darüber zuzuziehen für gut befunden hatte. Vor Allen gehört dazu:

Der Lordkanzler; neben ihm sein Büreauchef, der Master of the Rolls, auch einige höhere Clerks (vortragende Räthe) als die Personen, welche in dieser Zeit noch die vielseitigste Rechts- und Geschäftskunde repräsentirten.

Die Hauptmitglieder der Reichsgerichte, also die Chief Justices, die anderen Justices und gelegentlich reisende Richter.

Die dirigirenden Mitglieder des Exchequer, der Schatzmeister und Schatzkanzler.

Die Hauptbeamten des königlichen Haushalts, vor allen der königliche Kammerherr King's Chamberlain, welcher Jahrhunderte lang ein Hauptmitglied des Raths ist. — Nächst ihm der Steward of the Household, und nach weiterer Verzweigung der Hofverwaltung der Treasurer of the Household, der Controleur und der Maître de Garderobe.

Der Privatsiegelbewahrer. Seitdem nämlich der Kanzler ein Großbeamter des Reichs geworden, bedurfte der König von Neuem eines Geistlichen in der vertraulichen Stellung eines persönlichen Cabinetsraths. Schon unter Eduard III. erscheint ein solcher als Staatsminister mit förmlichem Amtseid (14. Edw. III. c. 5) unter dem Namen Keeper of the Privy Seal, später als Lord Privy Seal.

Der Erzbischof von Canterbury als Primas erschien bei der Stellung der Kirche als ein so wesentliches Mitglied, daß in 10. Ric. II. derselbe einen feierlichen Protest einreicht, worin er für sich und seine Amtsnachfolger das Recht beansprucht, gegenwärtig zu sein bei allen Sitzungen des königlichen Raths, generellen, speciellen und geheimen (Rot. Parl. III. 223).

Dies sind erkennbar die Hauptelemente des Raths. Eine feste Begrenzung fehlt aber in den Zeiten, in welchen der Rath noch eine freie Schöpfung der persönlichen Regierung ist. Nach Bedürfniß werden daher auch niedere Beamte in den Rath berufen, um Gutachten, Auskunft zu geben, Anweisungen zu erhalten, wie King's Sergeants, Clerks der Kanzlei, Escheators, reisende Richter u. A.

Eine Begrenzung der eigentlichen oder ordentlichen Mitglieder beginnt erst als die rivalisirende Macht der Stände sich um die Besetzung des Raths zu bekümmern anfängt. Bei den ersten Reibungen dieser Art werden als Mitglieder virtute officii bezeichnet: der Kanzler, Schatzmeister, Privy Seal, Kammerherr und Steward (Rot. Parl. III. 73.) Diese fünf galten also wohl als Hauptmitglieder und Leiter der currenten Geschäfte. — Aus demselben Grunde giebt es während des Mittelalters keinen Präsidenten des Raths. Dies ist vielmehr der König selbst, dem es natürlich freisteht, zeitweise ein Mitglied mit der Geschäftsleitung zu beehren. So wird in der späteren Zeit Eduard's III. der Bischof von Winchester als Capitalis Secreti Consilii ac Gubernator Magni Consilii erwähnt. In Fällen persönlicher Verhinderung ist eben deshalb der Reichsverweser selbstverständlich Präsident des Raths, wie in 1. Henr. VI. der Herzog von Bedford, später der Herzog von York.

Die ursprünglich sehr arbiträre Gestalt des Raths hat sich aber modificirt, seitdem die Reichsstände einen entschiedeneren Antheil an der Regierung nehmen, unter Richard II. und unter dem Haus Lancaster. In dieser späteren Zeit erscheinen selten weniger als 10, gewöhnlich noch mehre geistliche und weltliche Lords als Mitglieder des Council, und mit ihnen die höchsten Staatsbeamten, jetzt als ordentliche Mitglieder, nicht mehr vermengt mit gelegentlich berufenen Unterbeamten. Unter Richard II. und Heinrich IV. werden die Mitglieder alljährlich ernannt, die Ernennungen aber regelmäßig erneuert, wenn nicht Anklagen wegen Uebelverhaltens oder Entlassungsgesuche dazwischen treten. Ihre Jahresgehalte stufen sich nach dem Range ab; ebenso die Geldbußen für Versäumung der Sitzungen.

In einem staatlichen Crystallisationsproceß ist also das rein persönliche conseil du roi der normannischen Könige zu einer Reichsbehörde geworden. Da aber das Collegium für eine Reihe von Geschäften doch zu groß und zu ungleichartig zusammengesetzt war, so bilden sich Delegationen und Commissionen, von denen einige den Keim selbständiger Behörden erhalten.

III. Die Commissionen und Delegationen des Council[3]) wurden namentlich dadurch veranlaßt, daß speciellere Rechts- und technische Fragen an den Rath kamen, für die es angemessen schien, einen engeren Ausschuß zum Zweck der Verhandlung und Entscheidung, oder vielmehr Begutachtung für die höchste Entscheidung des Königs zu bilden. Am meisten geeignet zu solchen engeren Functionen war durch seine Stellung und sein Unterpersonal der Kanzler. Am häufigsten wird daher die Subcommission aus dem Kanzler und den Justiciarien der beiden Reichsgerichte sammt oder sonders gebildet, und es ergehen darauf decreta per curiam cancellariae et omnes justiciarios, oder decreta cancellarii ex assensu omnium justiciariorum et aliorum de Regis Consilio. Im ersten Jahrhundert dieser Periode erscheinen ziemlich häufig förmliche Gerichtsverhandlungen vor dem Kanzler und den Richtern in der Westminsterhalle. Derartige Commissionen stehen ungefähr an der Stelle, wo in der vorigen Periode die Normannenkönige außerordentliche Gerichtscommissionen von Prälaten und Baronen für die reservirten Kronfälle zu ernennen pflegten.

Als eine dauernde Einrichtung ging daraus hervor eine Art von Comité für Appellationen vom Exchequer. Da dieser den Reichsgerichten nicht unter-, sondern nebengeordnet ist, so war nur eine Appellation an den König möglich, also jetzt an den „König im Rath“. Es handelte sich dabei um feine Fragen des Finanzrechts, nur geeignet für einen engeren sachverständigen Rath. Es wird daher Anfangs eine Commission aus dem Kanzler, Schatzmeister und zwei Richtern gebildet, dann aber in 31. Edw. III. st. 1. c. 12. verordnet: Kanzler und Schatzmeister sollen zusammentreten, sich die Acten kommen lassen, die Richter und andere kundige Personen nach ihrem Ermessen zuziehen, Bericht einfordern von den Schatzbaronen, nach Befinden dann das Schatzdecret ändern und dem Schatzamt zur weiteren Veranlassung remittiren.

Viel wichtiger noch wurde die Bildung eines eigenen Court of Equity, der aus dem System dieser Delegationen hervorging. Gewisse Petitionen in vermögensrechtlichen Fragen eigneten sich nach ihrer privatrechtlichen Natur zu einer Verhandlung vor dem Reichskanzler, der noch immer als die Hauptautorität und Hauptrepräsentant einer allgemeineren juristischen Bildung gelten konnte. Im Verlauf der Zeit traten nämlich Lücken und Härten in der Civiljustiz hervor, denen in dem ordentlichen Laufe des Rechts nicht abzuhelfen war, da sie entweder nicht für eine Jury geeignet oder nicht nach den Grundprincipien des gemeinen Rechts zu entscheiden waren (fraud, accident, trust — actio und exceptio doli). Dafür bildet sich nun supplendi et corrigendi juris civilis causa eine „Remedial Jurisdiction“, analog dem prätorischen Recht, in welcher der Kanzler nach aequitas, d. h. zunächst nach römisch-canonischen Grundsätzen verfährt, durch seine vortragenden Sekretaire (Masters) den Proceß instruirt und per Decretum entscheidet. Die häufigsten Fälle dieser Equitable Jurisdiction von Richard II. bis 37. Henr. VI. waren Fälle von formlosen Fideicommissen inter vivos (Uses); bereits damals war das Gebiet aber wahrscheinlich ein weiteres, und schon dieses Geschäftskreises wegen mußte das Kanzleramt bis zum Schluß des Mittelalters ein Amt für Geistliche bleiben. Begreiflicherweise gaben aber diese Funktionen eine ziemlich häufige Veranlassung zu Streitigkeiten mit den Parlamenten[3a]), welche sich überwiegend gegen die Civiljurisdiction des Kanzlers richten, zum Theil aber auch gegen die vom König im Rath geübte Strafgewalt, bei der sowohl eine Beseitigung wie eine Abgrenzung sich ebenso unausführbar erwies, wie für die Billigkeitsgerichtsbarkeit in Privatrechtsstreitigkeiten.

Nicht zu verwechseln damit ist aber die allgemeinere Stellung des Kanzlers als Chef der Reichskanzlei, welche schließlich noch einer gesonderten Erörterung bedarf.

IV. Die Stellung des Lordkanzlers als Chef der Reichskanzlei[4]) bildet in gewissem Sinne den Schlußstein der Verfassung des Council. Wie das große Büreau des Kanzlers das gemeinsame Band der Reichsgerichte geblieben war, so dient es als Clavis Regni auch für die sonstigen Geschäfte des königlichen Raths. Alle solennen Beschlüsse des Königs im Rath erhalten hier ihre Beurkundung. Der Protonotarius des Kanzlers besorgt die Vorbereitung, Ausfertigung und Einregistrirung der Staatsverträge in den Treaty Rolls. Die übrigen Staatsgeschäfte werden in den Charter-, Patent-, Close-, Fine-Rolls beurkundet. Die zahlreichsten administrativen Acte gehören dem Gebiet der Rotuli literarum clausarum (Close-Rolls) an, so genannt, weil sie mit dem Siegel verschlossen expedirt werden, im Gegensatz der literae patentes, welche an alle getreuen Unterthanen adressirt sind. Wie immer steht auch hier Centralisation und schriftlicher Geschäftsgang in Wechselwirkung. In der vorigen Periode wurden königliche Befehle auch noch mündlich ertheilt im Exchequer, ja selbst in Justizsachen. Jetzt wird die Schriftlichkeit die unbedingte Regel, und mit ihr in steigender Bedeutung das große Siegel. Abgesehen von Charten, welche auf Reichstagen öffentlich ertheilt werden, und bei welchen sich noch längere Zeit das bloße Handzeichen erhält, gilt für alle sonstigen writs der Gebrauch des großen Siegels als wesentlich; in ihm symbolisirt sich das Herauswachsen des englischen Staats aus dem gouvernement personnel. Seit Heinrich III. ist es wirklich die Clavis Regni, der treue Begleiter des Königs, selbst im Ausland. Da also die Geschichte des großen Siegels mit dem Schicksal der wichtigsten Staatsdocumente zusammenfällt, so hat Sir H. Nicolas eine Lebensgeschichte des großen Siegels zu schreiben angefangen. „Selten ist von dem Ort die Rede, wo sich die königliche Krone befand; das große Siegel aber ist selten in die Hände einer Person auch nur einen Tag gelegt, ohne daß diese Thatsache beurkundet wäre" (Nicolas VI. p. CXLVIII. seq.). Der Befehl zur Verwendung des großen Siegels kann mündlich oder schriftlich vorangehen; solenner Staatsact ist die Urkunde aber erst durch die wirkliche Beidrückung des großen Siegels. In Fällen der Abwesenheit des Königs wird für writs de cursu, welche der Kanzler ohne Rückfrage erläßt, ihm ein Duplikatoriginal des großen Siegels überlassen, aber stets zurückgeliefert nach weggefallener Veranlassung. Für nicht solenne Acte diente zuerst das Privatsiegel (Privy-Seal), und als auch dies eine staatsrechtliche Bedeutung erhalten hatte, das Handsiegel (Signet). Schon 28. Edw. 1. c. 2. wird die Zusicherung gegeben, daß kein writ nach gemeinem Recht unter dem Privatsiegel erlassen werden soll. Der Kampf gegen das Privatsiegel und Handsiegel, welcher von da an beginnt, bedeutet den Kampf der Stände gegen das gouvernement personnel.

Das für diese vielseitigen Gerichts- und Kanzleigeschäfte nothwendige Personal[5]), bestehend in einem Büreauchef und Vicekanzler (Master of the Rolls), einer Anzahl vortragender Räthe (Masters in Chancery) und überaus zahlreichen Clerks hat in dieser Periode seine Gestaltung erhalten.

*) Die Bildung des Continual Council in der reichsständischen Periode hat eine neue Grundlage erhalten durch den Abdruck der Staatsrathsprotocolle in der Schrift: Proceedings and Ordinances of the Privy Council of England, from 10. Ric. II. to 33. Henr. VIII., by Sir H. Nicolas, 7. Vol. 8 vo. 1834—1837. Auf der Grundlage derselben entstand die Monographie von Sir Francis Palgrave: An Essay upon the Authority of the King's Council. 1 Vol. 8vo. 1834, welche quellenmäßig (nur in den Folgerungen öfter zu weit greifend) zum ersten Male ein zusammenhängendes Bild dieses dirigirenden Staatskörpers und seines Verhältnisses zu den Parlamenten im Mittelalter zu geben versucht. Hallam hat in seinen historischen Schriften diese neueren Hülfsmittel zu verwerthen gesucht (gegen Palgrave s. Middle Ages c. VIII. 3. Note). Aus der älteren Literatur ist die Schrift von M. Hale, Jurisdiction of the Lords House of Parliament. 1796. 4°. noch von Werth.

1) **Der Geschäftskreis des Council** ist am nächsten vergleichbar einem modernen Ministerrath, in welchem sich die gesammte Reichsregierung zusammenfaßt, soweit sie nicht den Gerichten zur verfassungsmäßigen Entscheidung und der Kirche zu selbständiger Ordnung überwiesen sind. Die Beschreibung, welche Sir H. Nicolas I. p. 1. davon giebt, ist nichts weiter als die Beschreibung eines dirigirenden Reichsraths. „Die Darsteller der Verfassung sind nicht im

Stande gewesen, die Grenzen der Amtsgewalt des Raths zu bestimmen und seine Amtspflichten auf ein leitendes Princip zurückzuführen. Ehe die königliche Prärogative beschränkt wurde durch den schrittweisen Zuwachs auf Seiten der beiden anderen Stände des Reichs, und bevor die Jurisdiction der Gerichtshöfe des Rechts und der Billigkeit klar abgegrenzt war, gab es kaum ein Gebiet des Staats, welches nicht mehr oder weniger seiner unmittelbaren Controle unterworfen gewesen wäre. Kein Rang war so hoch oder so niedrig, um von seiner Wachsamkeit ausgenommen zu sein, kein Gegenstand zu unbedeutend für seine Dazwischenkunft." Es ist derselbe Geschäftskreis, welchen die Normannenkönige durch persönliche Vertraute und häufig wechselnde Rathgeber formlos ausfüllten. Der Fortschritt der Zeit beurkundet sich eben in der kollegialischen Gestalt dieses Reichskörpers. — Palgrave (Privy Council p. 34) nimmt an, daß das Council auch als ein gehörig besetztes Gericht für die Kronvasallen angesehen wurde. So wurde beispielsweise die Clausel der Magna Charta über die Amerciaments der Kronvasallen per pares suos als erfüllt angesehen wenn das Council die Buße feststellte. In gleicher Weise hatte die vorige Periode die barons of exchequer als ein judicium parium behandelt. Nur darf man nicht an eine feste Begrenzung einer „Jurisdiction des Königs im Rathe" denken, da Gesetzgebung und Gerichtsverfassung noch immer ein weites Gebiet für die persönliche Regierung übrig ließen. Auch gegenüber dem Exchequer war die Competenz des Council keine abgegrenzte. Es wird zwar noch in einer Rathsordonnanz 13. Ric. II. (Nicolas I. p. 18.) die laufende Finanzverwaltung des Schatzamts anerkannt. Dies schloß indessen nicht aus, daß zeitweise wichtige Finanzgeschäfte auch dem Rath vorbehalten wurden. Unter der Regentschaft 1. Henr. VI. werden beispielsweise Lehnsvormundschaften, Eheconsense, Verpachtungen ꝛc. den Lords vom Rath reservirt mit Einschluß der Geisteskranken, die gelegentlich auch zur Gemüthsuntersuchung vor den Rath gebracht werden! In anderen Fällen ist es dagegen nur ein Zufall, wenn Rathssitzungen im Local des Exchequer abgehalten werden. — Ueber die ältesten Geschäftsordnungen, namentlich die Gruppirung der Petitionen vgl. Palgrave S. 23. 79. Was die Gestalt der Beschlüsse betrifft, so ist

1) die persönliche Immediatentscheidung schon verhältnißmäßig selten, und auch bei diesen Marginalrescripten wird doch meistens erwähnt, daß sie nach Vortrag im Rath ergehen. Heinrich V. decretirte oft eigenhändig; zahlreiche Cabinetsbescheide kommen auch ohne alle Unterschrift vor. Nicolas VI. p. CCXIV.

2) Die Ernennung eines Specialcommissars durch eine commission of oyer and terminer war noch eine Fortsetzung der älteren Cabinetsjustiz und führte zu Collisionen mit dem ordentlichen Geschäftskreis der Reichsgerichte, gegen welche die Parlamente schon frühzeitig remonstriren. Das St. Westminster II. 13. Eduard I. giebt bereits die Zusicherung, daß kein writ of tresspass ad audiendum et terminandum anders ertheilt werden solle, als vor den Richtern der einen oder der anderen Bank oder vor den Reichsrichtern, es sei denn ein großer Frevel (heinous tresspass), welcher schleunige Abhülfe erfordert. Alle solche Zusicherungen (s. Note 3a.) sind jedoch stets so zweideutig und schwankend gefaßt, daß daraus nur eine langsam wirkende, durch die Praxis festzustellende Beschränkung des gouvernement personnel hervorging.

3) Die Verweisung der Sache an den Exchequer oder an die Kanzlei (vergl. Hardy, Introduction to Close Rolls p. XXVIII.) führte zu der Stellung des Lordkanzlers als einer eigenen Gerichtsbehörde, auf welche in Abschn. III. zurückzukommen.

2) Das Personal des Council wird namentlich von Nicolas aus den Staatsrathsprotocollen genauer als früher constatirt. Als Hauptperson tritt für den formellen Geschäftsgang überall der Lordkanzler hervor, wenn er auch nicht Präsident des Council ist, und keineswegs immer die einflußreichste Person in dem Rathe. — Neu ist die wichtige Stellung des königlichen Kammerherrn Kings Chamberlain, welcher seine erhöhte Stellung augenscheinlich dem Reichsrath verdankt. In 15. Eduard III. wird er ausdrücklich auf die Landesgesetze und die M. Charta vereidet. In 1. Ric. II. ist er Mitglied der Regentschaft. Er indossirt Petitionen, concipirt königliche Immediatbescheide, communicirt mit den Parlamenten. In 11. Ric. II. und später noch öfter wird er von den Ständen in Anklagestand versetzt. — Neu ist ferner die Stellung des Privatsiegelbewahrers Keeper of the Privy seal, wie er zuerst in 13. Eduard III. c. 5. heißt. Später kommt er als Clerk of the Privy seal in 2. Ric. II., als Guardian del Privy seal in den Parlamentsrollen Henr. IV., als Lord Privy seal in 34. Henr. VIII. vor. Es schloß dies aber nicht aus, daß daneben noch Laien und Geistliche als Correspondenzsecretäre des Königs und zu vertraulichen Specialcommissionen gebraucht wurden, in welchem Sinne King's clerks gelegentlich schon unter Johann und Heinrich III. vorkommen. — Der Mangel eigentlich militärischer Mitglieder im Rath beurkundet den Verfall des Lehnsmilizsystems. — Ueber die ältere Zusammensetzung des Council vgl. Palgrave p. 20 ff., Nicolas I. p. 3. — Sehr sorgfältig sind die Angaben des Letzteren über die Zeit Heinrich's VI., wo das Council unter dem übermächtigen Einfluß der Lords steht und in den Kämpfen der Adelsparteien abwechselnd aus den Anhängern der Yorks und der Lancasters besetzt wird. — Die wachsende Macht der Parlamente war namentlich darauf bedacht, den Lordkanzler und den Privatsiegelbewahrer als die beiden Träger der entscheidenden Reichssiegel einer bestimmten Verantwortlichkeit zu unterwerfen. Im Wesentlichen ist dies unter dem Hause Lancaster erreicht. Im achten Regierungsjahr Heinrich's IV. bewilligt der König im Parlament, „daß zur Erhaltung der Gesetze des Reichs, der Kanzler und der Privatsiegelbewahrer nicht passiren lassen sollen irgend ein Warrant, Bewilligung durch Patent, Urtheil oder irgend eine andere Sache unter dem in ihrer Verwahrung befindlichen Siegel, welche nach Gesetz und Recht nicht so passiren sollten; und daß sie nicht ungebührlich verzögern sollen solche, die passiren müssen." Versuche der Anklage des Privatsiegelbewahrers waren schon unter Richard II. gemacht worden.

3) Die Delegationen des Council und die Billigkeitsgerichtsbarkeit des Lordkanzlers haben ein und dieselbe Wurzel. Die Bildung von Subcommissionen aus dem Rath war zunächst eine Verwaltungsmaßregel, keine verfassungsmäßige Einrichtung. Erst im Verlauf der Zeit nehmen durch das stetige gleichartige Bedürfniß solche Bildungen den Charakter von Behörden an. Es ist nur eine juristische Pedanterie, welche aus diesen beweglichen Commissionen sofort förmliche Staatsrathsabtheilungen macht. Die Autorität von M. Hale nimmt auch noch ein sogn. concilium ordinarium oder legale an, welches „aus dem Privy council, gewissen Großbeamten, Richtern und anderen" bestanden habe. Allein weder der Ausdruck concilium ordinarium noch concilium legale kommt jemals in den Urkunden vor, noch irgend eine Bestimmung über das Personal und den Geschäftsgang. Es ist daraus also ebenso wenig eine Behörde zu machen, wie aus den flüssigen Gerichtscommissionen der normannischen Zeit.

Abgehalten wurden die Sitzungen der Rathscommissionen unter anderen auch in einem der Geschäftszimmer, welches den Namen der Sternkammer führte. Schon in 41. Eduard III. wird ein Streit über einen Heirathsvertrag in der Familie d'Audley erwähnt als eine Verhandlung „devant son conseil, c'est a scavoir Chancellor, Tresorier, Justices et autres Sages, assemblez en la chambre des Etoiles" (Tyrrell p. 234.) Diese Delegationen sind eben nur Subcommissionen des Raths. Ihre Entscheidungen lauten: per decretum cancellarii ex assensu omnium justiciorum et aliorum de concilio Regis praesentium, oder: per curiam concellariae et omnes justitiarios. Unter Eduard III. namentlich werden häufig Verhandlungen „an den Kanzler, Schatzmeister und andere von des Königs Rath" verwiesen Reeves III. 386. In 44. Edw. III. wird ein schwieriger Fall vor dem Kanzler und allen Richtern der King's Bench und Common Pleas verhandelt Foss III. 337. Schon früher unter Eduard II. wird die Westminsterhalle als der Ort genannt, an welchem der Kanzler seine Sitzungen hält, und dieser Ort wird als Magnum bancum bezeichnet Foss III. 177. In Rot. Claus. 19. Edw. III. in von dem Marmorstuhl die Rede, auf welchem der Kanzler gewöhnlich sitze, in der Mitte der Clerks of the Chancery, und diese Sitzungen werden bezeichnet als in plena cancellaria. Rot. cl. 25. Edw. III., Foss III. 373. — Ein wichtiges Beispiel solcher Delegationen aus dem Rath war auch das Admiralitätsgericht, beruhend auf einer Specialcommission des Königs, mit einer Jurisdiction in den Hafenstädten und über Vergehen auf hoher See, vielleicht schon unter Eduard I. vorhanden, später durch ständische Anträge enger begrenzt unter Richard I. — Eine andere Delegation bildet der Court of Requests unter dem Lord Privy Seal, Spence Equitable Jurisd. I. 351. — Das große practische Bedürfniß einer Milderung der Unbeholfenheiten der common law führte zu dem Geschäftskreis der später sogenannten equitable obligations, deren Erfüllung das Landesrecht dem Gewissen überließ, während das Bedürfniß des Lebens und die jetzigen Rechtsanschauungen einen obrigkeitlichen Zwang zur Erfüllung bedingten Reeves III. 188. Schon seit 2. Edw. III. wird die Verweisung der Sache in diesem Sinne mit der Formel sequatur in cancellaria immer häufiger, und bald auch mit dem weiteren Zusatz: fiat ulterius justicia in cancellaria; non potest juvari per communem legem, veniat in cancellaria et ostendat jus suum; fiat ei justicia secundum legem cancellariae Foss III. 178., Hardy, Introduction to Close Rolls p. XXVI. Seit der Zeit Richard's II. oder wenigstens unter dem Hause Lancaster tritt die Jurisdiction über die uses als Hauptgegenstand hervor. Reeves III. 381. Unzweifelhaft aber ergiebt der Gang der Sache, daß die besondere Jurisdiction des Kanzlers eine Delegation des königlichen Raths ist, welche ihm diese Gegenstände zur administrativen Verhandlung (ministerially) mit seinen clerks überwies, Palgrave, Privy council 25. Spence Equitable Jurisdiction I. 709—716. Hallam, M. Ages Note X. Es ist dies der Theil der königlichen Prärogative, durch welchen England die nothwendige Ergänzung seines Privatrechts erhalten hat, welche sich in Deutschland aus der Reception der fremden Rechte ergab.

3a) **Die Opposition der Parlamente gegen die Jurisdiction des Königs im Rath** beginnt von der Zeit an, wo das Parlament als Gesammtkörperschaft consolidirt ist Hallam, Note XI. Spence Equit. Jurisdiction I. 343—351. In 25. Edw. III. protestiren die Commons, daß Niemand wegen seines Freiguts vor Gericht gezogen werde, noch wegen solcher Rechtssachen, die an Leben und Glieder gehen, noch daß er gebüßt werde durch informations vor dem Rath oder einem der Minister, sofern nicht ein solches Rechtsverfahren „früher üblich" gewesen. In der Antwort darauf wird indessen namentlich das außerordentliche Strafverfahren ausdrücklich vorbehalten: mes de chose que touche vie ou membre, contempt ou excessez, soit fait wie es früher üblich Palgrave, Council 35. In 27. Edw. III. consentiren die Commons selbst ausdrücklich zu einem außerordentlichen Strafverfahren gegen Geistliche, welche an den päpstlichen Stuhl appelliren; in dem Statut wird sogar Gefängnißstrafe auf unbestimmte Zeit (during the King's Pleasure) gedroht, sowie Verwirkung der Ländereien und des beweglichen Guts gegen solche, die sich weigern würden wegen eines solchen Contempt vor dem König oder seinem Rath oder seiner Chancery oder vor den Richtern Rede zu stehen Palgrave 39. In 42. Edw. III. c. 3. wird zwar auf Beschwerde der Commons im Allgemeinen zugesichert, daß Niemand vor den Gerichten ohne ordentliches Rechtsverfahren zur Verantwortung gezogen werden solle. Allein die außerordentliche Gewalt des Council blieb dadurch unberührt, und wurde in unruhigen Zeiten, wie sie nun unter Richard II. folgten, von dem Rath und von der Kanzlei zur Aufrechterhaltung des Friedens in weitem Maße geübt. Nur in dem Civilverfahren des Kanzlers veranlaßte das writ subpoena eine Beschwerde in 13. Ric. II., Palgrave 45. Die Commons petitioniren: „daß weder der Kanzler noch der Rath nach beendetem Parlament irgend eine Ordonnanz erlassen mögen gegen die common law und die alten Gewohnheiten des Landes und gegen die schon beschlossenen Statuten oder die im gegenwärtigen Parlament zu erlassenden Statuten, sondern daß das gemeine Recht seinen Lauf haben möge ohne Ansehen der Person, und daß kein gesprochenes Urtheil annullirt werde ohne den gehörigen Rechtsgang". Die Antwort lautet mit der üblichen Zweideutigkeit: „es soll bei dem früher üblichen Verfahren bleiben, so daß die Regality des Königs gewahrt bleibe, und wenn sich Jemand beschwert fühlt, so mag er monstre en especial, et droit lui soit fait", Palgrave p. 70. Es war auch nicht gegen die außerordentliche Gerichtsgewalt des Königs überhaupt protestirt, sondern nur gegen ein solches Verfahren des Raths ohne Parlament. Es tritt bereits das Bestreben hervor, solche Gewalten des engen Körpers dem weiteren Körper, dem ganzen Parlament vorzubehalten. Auch in dem st. 17. Ric. II. wird nur protestirt gegen die Citationen vor den königlichen Rath und in der Kanzlei auf Grund von unrichtigen Angaben, und dabei ein Anspruch auf Schadenersatz vorbehalten, — worin gerade eine Anerkennung dieser Jurisdiction liegt, Reeves III. 194. In 1. Henr. VI. beschweren sich die Commons nur über Citationen vor den Rath oder die Kanzlei in Sachen, in welchen ein Rechtsmittel durch das gemeine Recht gegeben sei; auch solle ein writ subpoena nur erlassen werden, nachdem die Richter der einen oder anderen Bank vorher geprüft und attestirt haben, daß der Kläger in diesem Falle kein Rechtsmittel nach gemeinem Recht habe Palgrave 50. 51. In 8. Henr. VI. wird dem Council ganz unbestimmt eine Competenz vorbehalten, „so oft Ihre Lordschaften zuviel Macht auf der einen Seite und zuviel Unmacht auf der anderen Seite finden sollten", oder wenn sie sonst eine reasonable cause finden sollten Palgrave 81. In dem st. 31. Henr. VI. c. 2. werden die Vergehen speciell namhaft gemacht, welche der Rath vor sich zu ziehen pflegte und das dabei beobachtete Verfahren, insbesondere die strengsten Maßregeln, nach welchen der Ungehorsam gegen Anordnungen unter dem Privatsiegel oder unter einem writ subpoena als contemptus Regis zu verfolgen Palgrave 84. 86. Diese außerordentliche Strafgewalt wurde später in dem Sitzungszimmer der Sternkammer, Star-chamber geübt und daher häufig auch mit diesem Namen bezeichnet. In einer später berühmt gewordenen Entscheidung, dem Chamber-Case, Croke's Report V. c. 1. p. 168 erkannten die Richter an, „daß der Gerichtshof der Sternkammer längst vor dem declarirenden Statut 3. Henr. VII. bestanden habe als ein sehr hoher und achtbarer Gerichtshof." Es blieb hier eine offene Stelle für die administrativen Gewalten trotz der immer fortschreitenden gesetzlichen Regelung der Staatshoheitsrechte. Besser gelang es der Praxis der Reichskanzlei, selbst die verschiedenen Zweige ihrer Civiljurisdiction fester abzugrenzen, über welche G. Spence, the Equitable Jurisdiction of the Court of Chancery 1846 I. 334. ff., 420 ff., 435—683., 692—716. die umfassendste Uebersicht gewährt. Die Streitfrage über die Vorzüge der Collegialverfassung oder Büreauverfassung ist auf diesem engeren Gebiet schon im Mittelalter zum Austrag gekommen.

4) **Der Lordkanzler als Chef der Reichskanzlei** gewinnt eine wachsende Bedeutung mit der festeren Ausbildung des schriftlichen Geschäftsganges und mit dem Gebrauch der Siegel, Nicolas Proceedings VI. p. CIII. Die wichtigsten, durch die Record Commission zum Theil veröffentlichten Rotuli sind folgende:

Die Charter Rolls, enthaltend die königlichen Verleihungen an Cities, Boroughs und Corporations, Marktrechte u. dergl. Die Sammlung beginnt in 1. Johann und läuft bis 7. Henr. VIII., nach welcher Zeit solche Verleihungen in Form von Patenten gemacht wurden. Vergl. Rotuli Chartarum a. 1199—1206 ed. D. Hardy 1837 ff.

Die Patent Rolls, enthaltend die Verleihungen von Aemtern, Ländereien, Adelswürden und dergleichen, welche in offener Urkunde mit Anhängung des großen Siegels erlassen werden. Sie beginnen mit 3. Johann, vergl. Duffus Hardy, A discription of the Patent Rolls in the Tower of London 1835.

Die Close Rolls, enthaltend königliche Mandate, Handschreiben und writs, überhaupt Rescripte an Privatpersonen in Privatangelegenheiten, verschlossen von außen mit dem Siegel. Sie beginnen in 6. Johann. Vergl. Rotuli litterarum clausarum in Turri Londinensi cur. Duffus Hardy. a. 1204—1227. Vol. I. II.

Die Fine Rolls, enthaltend die Lehnsverleihungen der Kronlehne mit den Gebühren für Veräußerung, relevia, Heirathsconsense ꝛc. Vergl. Rotuli finium cur. D. Hardy und oben S. 191. 192.

Mit wenig Ausnahmen kann das große Siegel nicht gebraucht werden ohne ausdrücklichen Befehl des Königs, entweder 1) mündlich, 2) durch Schreiben unter seinem Handsiegel, 3) durch Schreiben unter dem Privatsiegel an den Kanzler, 4) durch Schreiben unter dem Handsiegel an den Privatsiegelbewahrer, der darauf das königliche Belieben dem Kanzler mittheilt durch einen **Warrant** unter dem Privatsiegel. Die Entstehung des schriftlichen Geschäftsganges mit dem großen Siegel giebt Palgrave, Commonwealth I. 147., Privy Council 13. Die fortlaufende Lebensbeschreibung des großen Siegels unter den einzelen Regierungen giebt Foss, Judges, Register v. Seal. Eine juristische Uebersicht der königlichen writs nach der Verschiedenheit ihrer rechtlichen Natur giebt Coke, 2. Inst. 40.

5) Das Personal der Kanzlei gewinnt mit der wachsenden Bedeutung des Amts in der Reichsverwaltung jetzt eine festgegliederte Gestalt. Das Verzeichniß der Kanzler unter Heinrich I. giebt Foss III. 5—11, 24; unter Eduard II. p. 179—189, 200; unter Eduard III. p. 320—326, 352; unter Richard II. vol. IV. 4—7, 17; unter Heinrich IV. p. 129, 136; unter Heinrich V. 186, 192; unter Heinrich VI. 217, 236; unter Eduard IV. 380—386, 394; unter Eduard V., Richard III. p. 481, 486; vergl. auch Spence I. 343—350. Schon unter Eduard II. kommt der Titel Cancellarius Angliae zweimal vor; auch kommt der Ehrentitel Lord Chancellor von dieser Zeit an allmälig in Gebrauch. In der Regel sind die Kanzler noch höhere Geistliche, beispielsweise unter Eduard III. sind unter 17 Kanzlern 4 Erzbischöfe und 8 Bischöfe, — allerdings aber auch 1 Ritter und 4 studirte Juristen. Der Versuch des Parlaments, die Geistlichen aus dieser Stelle zu verdrängen, wollte indessen nicht glücken. Die Kanzler aus dem Laienthum wurden immer nach sehr kurzer Zeit wieder durch Prälaten ersetzt Foss III. 320.

Aus dem zahlreichen Personal der Clerks tritt jetzt der Büreauchef als Custos Rotulorum Cancellariae Domini Regis hervor Spence I 357. 358. Er wird zum ersten Mal mit diesem Titel in der Patent Roll 14. Edw. I. bezeichnet. Unter Eduard III. wird dieser Master of the Rolls von dem König besonders ernannt, leistet einen besonderen Amtseid und wird mit großen Feierlichkeiten in das Amt eingeführt Foss III. 327. Die Ernennung geschieht sehr gewöhnlich auf Lebenszeit, oder quamdiu bene et fideliter se gesserit in offfcio, Foss III. 331. IV. 9., doch abwechselnd auch wieder quamdiu nobis placuerit Foss IV. 4. Mit dem Amt des Master of tho Rolls ist die Sinecure eines Keeper of the House of Converts seit Eduard III. dauernd verbunden. Er gilt nach dieser Zeit als Vicekanzler, welcher in dem st. Ric. II. c. 2. vor den Justices der Reichsgerichte rangirt. Die höheren Clerks der Kanzlei erhalten jetzt den Titel Magistri, Masters in Chancery, Spence I. 359. ff. Da nämlich diese Clerks ausnahmslos der niederen Geistlichkeit angehörten, so gewöhnte man sich die standesmäßige Bezeichnung derselben als Magistri auf ihr Amt zu übertragen. Schon in 18. 19. Eduard III. kommt die Bezeichnung Mistres de la Chauncellerie beiläufig vor; gegen Ende der Regierung Eduard's III. wurde der Titel Masters auch in den Ernennungsurkunden gebraucht Foss III. 334. In Begleitung des Kanzlers sind sie dann auch in dem Parlament thätig, in welchem sie gewöhnlich als Receivers of the petitions fungiren, während die Classe der Triers aus den Prälaten, Baronen und Justices ernannt wurde.

Noch zahlreicher ist natürlich das Personal der Clerici de secundo gradu, wie sie im Unterschied von den Magistri oder Clerici de primo gradu jetzt bezeichnet werden. Als Büreauchef für die Einregistrirung der Staatsverträge insbesondere diente der Protonotarius, dessen Treaty Rolls von

Edw. I. bis 22. Jacob I. noch vorhanden sind, von welcher Zeit an die Einregistrirung auf andere Behörden übergegangen ist. Die Gesammtheit der Clerks bewohnte ein Innungsgebäude (Inn) nahe dem königlichen Palast, und erhielt Gehalt und Naturalien aus dem königlichen Hofhalt.

§. 22.

Das Parlament der Prälaten und Barone.

An das Council als Sitz der Reichsregierung schließen sich seit Eduard I. periodische Versammlungen von notablen Prälaten und Baronen, welche mit dem Rath des Königs zu einem großen Rath zusammenwachsen und sich als Oberhaus von dem in der Mitte dieser Periode formirten House of Commons abscheiden. Eduard I. hatte einen Zustand vorgefunden, in welchem Prälaten und Kronvasallen bereits seit einem Menschenalter ihr Zustimmungsrecht zur Ausschreibung von Schild- und Hülfsgeldern durchgesetzt hatten und zur Berathung wichtiger Reichsbeschlüsse in corpore zugezogen waren. Ueberzeugt, daß eine solche Theilnahme an der Reichsregierung fortan unabweisbar sei, hat er dies Zugeständniß rückhaltlos gewährt und im Verlauf seiner Regierung noch über die ursprüngliche Anlage hinaus ausgedehnt. Geschäfte und Personal dieser Parlamentsversammlungen consolidiren sich nunmehr in einer Weise, aus welcher schließlich eine erbliche Pärie der weltlichen Herren hervorgeht.

I. **Das Concilium der Prälaten und Barone bildet seit Edw. I. ein anerkanntes Glied der Reichsverwaltung**, und wird als periodischer Reichsrath gewöhnlich vier mal im Jahre so berufen, daß die Magnaten mit dem Königlichen Council zusammentreten, und während der Dauer der Einberufung einen großen Rath bilden, in welchem Berufene durch Amt, durch kirchliche Würde und durch Besitz nebeneinander Platz nehmen. Es handelt sich hier nicht um eine bloße „Reichsstandschaft", in welcher ein privilegirter Besitz (ohne Rücksicht auf Leistung und Steuer) Virilstimmen beansprucht, sondern um eine geordnete Theilnahme der besitzenden Klassen an einem Staatswesen mit vollständig entwickelter Kriegs-, Gerichts-, Polizei- und Finanzhoheit, in welchem ein ständischer Körper nach dem Muster der Feudalstaaten des Continents nicht mehr möglich war. Nach der Natur der Reichsgeschäfte läßt sich in dem großen Rath ein vierfacher Geschäftskreis als **Gerichtshof**, als **steuerbewilligender Körper** als **Staatsrath** für die Reichsverwaltung und als **gesetzgebender Körper** unterscheiden, wobei die hergebrachte Formlosigkeit der normannischen Regierungsweise eine feste Abgrenzung lange Zeit erschwert, und politische Kämpfe die Grenzen der Gewalten mannigfaltig verrücken.

1) Die Stellung als Gerichtshof tritt unter Eduard I. in den Vordergrund. Das Parliament ist unter dieser Regierung noch vorzugsweise als Gerichtsversammlung gemeint, an welche sich die übrigen Funktionen anschließen. In diesem Sinne beruft Eduard I. alljährlich 4 mal ein Parliamentum, und ist erst später in sehr bewegten Zeiten von dieser Regel abgewichen. In diesem Sinne wird unter den späteren Regierungen wiederholt der Antrag gestellt und zugestanden, daß alljährlich mindestens einmal ein Parliament, d. h. eine Gerichtsversammlung der Magnaten stattfinden soll. Das Vorbild des Echiquier der Normandie, der Parlamente in Frankreich und die germanische Grundrichtung, nach welcher die höchste Reichsregierung den Charakter des Gerichts an sich trägt, sind dabei noch mitwirkend. Die Competenz dieses Gerichtshofes schließt sich an das alte königliche Recht, die wichtigsten und schwersten Fälle „an den Hof zu ziehen". Die laufenden Rechtsfälle waren jetzt zwar den collegialischen Reichsgerichten überwiesen, so wie früher den Grafschaftsgerichten. Allein diese Delegation hebt das königliche Recht der persönlichen Anordnung des Gerichts für außerordentliche Fälle nicht auf, wie ja auch in der deutschen Reichsverfassung ein Hofgericht neben dem Reichsgericht, und eine reichsständische Revision über dem beamteten Richtercollegium vorbehalten ist. Als solche wichtigste außerordentliche Fälle boten sich namentlich dar: (1) Beschwerden gegen irrige Entscheidungen der Reichsgerichte, die durch ein königliches Writ of error zugelassen werden und nun an den König im Rath gehen, wofür sich das Magnum Concilium als die höhere, mächtigere, angesehenere Stelle darbot. In den Yearbooks 39. Edw. III. 14. (Hale Jurisd. 41) sprechen es die Richter direkt aus, daß das Continual Council nicht der Ort sei, um Rechtsprüche der Reichsgerichte umzustoßen! Die Zuziehung des großen Raths an dieser Stelle hat sich aus der Lage der Verhältnisse stillschweigend ergeben. (2) Anklagen gegen die Mitglieder des Parliaments selbst. Von dem Zeitpunkte an, in welchem der große Rath eine gewisse Stetigkeit erhalten, wurde die Forderung erhoben, ihn als judicium parium seiner eigenen Mitglieder anzuerkennen. Die Forderung eines judicium parium für die Kronvasallenschaft hatte bisher ja nur wegen der ungleichen Stellung der Hunderte von kleinen Kronvasallen und Besitzer von Theilgütern keine Form gewinnen können. Jetzt, nachdem eine

formirte Körperschaft und eine äußerliche Abgrenzung vorhanden, war die Forderung eines Pairsgerichts für diesen engeren Kreis unabweisbar geworden. Sie war schon vorbereitet durch die Verordnung Heinrichs III., welche die großen Barone von der Gerichtsfolge beim Grafschaftsgericht entbunden hatte. Sie wurde um so dringlicher, je mehr der große Rath anfing die Justitiarien der Reichsgerichte als berathende Mitglieder bei seinen Rechtsentscheidungen zuzuziehen. Es war natürlich, daß sich die Herren sträubten, ihre rechtsverständigen Assistenten als standesmäßigen Gerichtshof über ihre eigene Person anzuerkennen. Der neue Ausdruck Piers de la terre tritt in dem Gerichtsspruch gegen die Despencers 15. Edw. II. als amtlicher Styl auf:

„Demgemäß erklären wir Pairs des Landes, Grafen und Barone, in Gegenwart des Königs, daß u. s. w.“

In dem Verfahren gegen Mortimer und in dem Streit des Erzbischofs Johann von Canterbury tritt die Forderung noch bestimmter hervor. In 15. Eduard III. wird sie auf Antrag der Barone zum Statut erhoben, in dem Umfang, „daß kein Pair des Landes zum Verlust seines weltlichen Besitzes, Arrest oder Gefängniß verurtheilt werden solle anders als durch Ausspruch der Pairs im Parlament“. Es reiht sich daran (3) die Anklage gegen die königlichen Großbeamten, die mit Rücksicht auf Macht- und Rechtsverhältnisse nicht vor die Justices als bloße Justitiarien des königlichen Raths verwiesen werden konnte. Sie gehen als außerordentliche Placita an den „König im Rath“, der für diese Fälle nur eben der große Rath sein konnte, welcher mit dem nothwendigen Ansehen den Entscheidungen freilich auch den Charakter gewaltsamer Parteileidenschaft aufprägt. Mit der wachsenden Macht des großen Reichskörpers ist diese Gerichtsbarkeit in allen drei Richtungen vorgeschritten, und unter Beibehaltung der Formen einer Rathsversammlung zum höchsten Gerichtshof des Reichs geworden.

2) Dieselbe Körperschaft ist zugleich steuerbewilligender Körper für die Scutagia und außerordentlichen Auxilia der Kronvasallen. Es stand durch die Präcedenzfälle unter Heinrich III. fest, daß die Kronvasallenschaft (baronage) diese Steuern bewilligt durch einen Ausschuß von notablen Prälaten und Baronen, welche durch königliches Writ einberufen, als Meistbesteuerte die Masse der kleineren vertreten. Eduard I. hat dies Recht der Vasallenschaft respectirt. Eine schwerempfundene Ueberschreitung dagegen in 25. Edw. I., die Steuerverweigerung der Geistlichkeit, die Kriegs-, Finanz-

noth und Unzufriedenheit des Landes nöthigen ihn aber in der Confirmatio Chartarum, 25. Eduard I. c. 6. zu dem noch weiter gehenden Zugeständniß, welches grundsätzlich die Bewilligung aller Auxilia, Scutagia, Tallagia an die gemeinsame Zustimmung der Prälaten, Barone und der Commons im Parlament bindet. Unter jeder folgenden Regierung ist dies Zugeständniß bestätigt, auf indirekte Auflagen erweitert und gegen Ueberschreitungen geschützt. Dies periodische Steuerbewilligungsrecht giebt dem großen Rath eine feste, nicht mehr anfechtbare Stellung, seinen sonstigen Ansprüchen einen continuirlichen Halt; nur mußte dies Recht frühzeitig mit den Vertretern der Communen getheilt werden, die gerade an dieser Stelle allmälig ein Uebergewicht gewinnen.

3) Das Magnum Concilium ist der höchste berathende Körper oder Staatsrath für die wichtigsten Maßregeln der Reichsregierung. Zunächst für Beschlüsse über Krieg und Frieden, schon wegen der wichtigen Militärstellung der großen Barone; ebenso aber auch in den inneren Angelegenheiten. Die Geschäfte sind insoweit prinzipiell dieselben, wie die des Continual Council. Naturgemäß werden vorzugsweise die wichtigsten der Plenar-Versammlung vorbehalten; eben deshalb sind aber auch die kleinsten nicht ausgeschlossen. Für diesen unbestimmten Geschäftskreis führt die Versammlung wohl vorzugsweise den unbestimmten Namen Concilium oder Magnum Concilium. Die regelmäßige Wiederkehr der Versammlung giebt aber den Magnaten einen immer wirksameren Einfluß auf die Regierung in folgenden Hauptpunkten.

Zunächst Theilnahme an dem currenten Geschäft der Prüfung und Bescheidung der Petitionen. Da die Berufung der Parlamente die „Fluthzeit" der Petitionen bildet, so lag der Anspruch nahe, die Referenten dafür, Receivers and Tryers of Petitions, aus den Ständen selber zu ernennen. Schon in der stürmischen Zeit der Ordinances of Ordainers 5 Eduard II. ist dieser Anspruch durchgesetzt; doch wechselt das Verfahren dabei nach dem Geist der Regierung. In 14. Edw. III. 1. c. 5. wird verordnet, daß fortan in jedem Parlament ein Prälat, zwei Grafen und zwei Barone erwählt werden sollen, mit königlichem Auftrag und Ermächtigung auf Petition alle Beschwerden über Rechtsverzögerungen oder Rechtskränkungen zu hören und geeignete schwierige Fälle vor das nächste Parlament zu bringen, — also eine Art von perpetuirlichem Parlaments-Commitee, wie es noch heute im Oberhaus besteht. Noch in der Mitte der Regierung

Edw. III. stehen indessen königliche Richter und Pairs als triers and auditors nebeneinander, und nur zum Zwecke einer Vorprüfung.

Ferner ein Antheil an der Besetzung der Großämter. Schon frühzeitig kommt es vor, daß der König sich bemüht solche Personen zu ernennen, welche dem großen Rath „genehm" seien, jedoch mit Vorbehalt seines Ernennungsrechts (Rot. Parl. III. 258. 349.). Häufig werden die Großbeamten im großen Rath eingeschworen. Mächtige und geschäftskundige Mitglieder des großen Raths erhalten in dieser Stellung einen natürlichen Anspruch auf die Berufung in den engeren. Schon unter dem Hause Lancaster besteht der größere Theil des dirigirenden Raths aus Mitgliedern, welche ihre Stellung dem persönlichen Ansehen im großen Rath verdanken.

4) Das Magnum Concilium wird auf diesen Wegen endlich die höchste gesetzgebende Versammlung des Reichs. Das Statut Marlebridge am Schluß der Regierung Heinrichs III. bildete einen wichtigen Präcedenzfall geregelter Berathung des Königs mit seinen Großen über wichtige und umfangreiche Gesetzesakte, der sich an früher vereinzelte Präcedenzfälle anschloß. Ohne sein hergebrachtes Verordnungsrecht aufzugeben hat Eduard I. seit dem Beginn seiner Regierung eine Berathung aller wichtigen, das Privat-, Strafrecht und Gerichtsverfahren abändernden Gesetze mit seinem Magnum Concilium eingeführt. Von dem Statut Westminster I. an bis weit in die Regierung Eduard III. hinein ist der große Rath der ordentliche Körper für die Gesetzberathungen, vorbehaltlich der zwischendurch gehenden Verordnungen des Königs im Rath, die aber seit Ende der Regierung Eduard III. nicht mehr die Kraft haben sollen, die im vollen Parlament beschlossenen Gesetze aufzuheben. Diese gesetzgebende Stellung war den Prälaten und Baronen nicht mehr vorzuenthalten, sobald ihre Stellung als höchster Gerichtshof, Reichsrath und steuerbewilligender Körper einmal feststand. Ihr beherrschender Einfluß wird auch an der Sprache der Statuten erkennbar, in welchen seit Edw. I. und II. die französische als die Lebenssprache der vornehmen Welt die lateinische Geschäftssprache zu verdrängen beginnt. Da aber die Gesetzgebung die höchste Funktion der Staatsgewalt bildet, so tritt auch seit Eduard II. eine Aenderung des Sprachgebrauchs ein, der nun unter dem Namen Parliament abwechselnd bald die höchste richterliche, bald die gesetzgebende Versammlung des Reichs versteht. Die letztere Bedeutung wird unter den folgenden Regierungen die vorherrschende. Neben dem großen Rath hat aber schon Eduard I. angefangen, Vertreter der Grafschaften, Städte, Kaufleute u. A. zu

solchen Gesetzberathungen zuzuziehen, die den engeren Lebenskreis der Commons angehen. Durch die wachsende Stellung des Unterhauses im Gebiet der Steuerbewilligung tritt auch hier eine Theilung des Rechts mit dem Unterhause ein.

In allen vier Richtungen aber schreitet im Laufe der Periode das Uebergewicht des Magnum Concilium über den dirigirenden Rath des Königs fort, so daß gegen Schluß der Periode das Continual Council zeitweise wie ein Ausschuß des großen Raths erscheint. Die Kämpfe zwischen dem Königthum und den Großen, die unter Heinrich III. durch einen Baronenkrieg ausgefochten wurden, concentriren sich jetzt in dem Verhältniß des Council zum Parlament.

II. Die Zusammensetzung des Parlaments der Magnaten war durch die Präcedenzfälle bis zum Schlusse der Regierung Heinrichs III. in großen Umrissen bestimmt. Nachdem das Parlament Simons von Montfort mißglückt, hatte Heinrich III. die schon herkömmliche Weise wieder aufgenommen, durch königliches Writ seine Bischöfe und Aebte, seine Earls und Barone zur Rathsversammlung zu laden, und so dauert das Verhältniß fort in dem Jahrhundert der drei Eduarde. Die Natur des Concilium stand aber in nothwendiger Wechselwirkung mit den zu ladenden Personen.

Zu dem Parlament als Gerichtsversammlung konnten nur auserwählte Kronvasallen geladen werden, weil sonst der Grundsatz des judicium parium verletzt worden wäre. Uebrigens war nach dem älteren Gerichtsherkommen kein Unterschied zwischen großen und kleinen Kronvasallen. Ebenso waren als tenentes in capite die Bischöfe und Aebte zu berufen.

Zu dem Parlament als steuerbewilligende Versammlung waren wiederum tenentes in capite zu berufen; bei den Aebten kam auch dafür der Gesichtspunkt in Betracht, ob sie ein Kronlehn besaßen, oder nicht.

Für das Parlament als Rathsversammlung waren, außer dem engeren Council, die kirchlichen Würdenträger altherkömmliche Mitglieder; die angesehensten Kronvasallen gewissermaßen geborne Mitglieder. Es stand aber von diesem Gesichtspunkt aus nichts entgegen, auch angesehene Männer ohne Kronlehn, selbst auswärtige Familien (wie die Beaumonts und Grandisons) zum Rath zu berufen, wie dies erweislich in ein Paar Fällen wirklich geschehen ist. Für einen homo novus war übrigens durch die Verleihung eines unmittelbaren Ritterlehns die volle Befähigung nicht schwer zu gewinnen.

Für das Parlament als gesetzgebende Versammlung endlich

treffen diese Gesichtspunkte gewissermaßen zusammen. Jemehr aber im Fortgang der Zeit Geschäfte und Personal zu einem festeren Ganzen werden, umsomehr verschmelzen diese Momente zu einer rechtlichen Abgrenzung nach einem lange und wohlerwogenen Durchschnitt, in der Weise, auf welche alle staatsrechtlichen Bildungen zuletzt zurückzuführen sind.

Diesen Funktionen entsprechend werden zum großen Räth die drei Gruppen der geistlichen Herren, der weltlichen Herren und die Mitglieder des Council geladen.

Die erste Gruppe bilden die geistlichen Herren, welche nach altem Herkommen den Vortritt haben. Sie zerfallen in Erzbischöfe, Bischöfe, Aebte, Prioren und Ordensmeister. Es ist dabei von Anfang an ersichtlich, daß die 2 Erzbischöfe und 19 Bischöfe in ihrer Eigenschaft als Häupter der Kirche und große Kronvasallen regelmäßig geladen werden sollen. Wo die Ladungen unvollständiger sind, handelt es sich um vacante Sitze, oder um persönliche Abwesenheit oder vorübergehende Hindernisse, oder um kleinere Rathsversammlungen, zu denen überhaupt nur eine engere Auswahl getroffen wurde. — Die Zahl der Aebte erscheint längere Zeit sehr wechselnd nach den Zwecken der Ladung. Viele deprecirten die kostbare und lästige Ehre und machten geltend, daß sie vermöge ihres Besitzes nicht verpflichtet seien der Curia Regis Gerichtsfolge zu leisten. Seit 15. Edw. III. wird in einer Reihe von Präcedenzfällen anerkannt, daß diejenigen von der Ladung zu entbinden, „welche nicht by barony, sondern nur in frankalmoign besitzen“. Von da an fixirt sich die Zahl der Aebte immer stetiger auf etwa 25. In Folge der gelegentlichen Ladungen sind jedoch im Ganzen 122 Aebte verschiedener Klöster irgend einmal geladen. — Noch schwankender sind die Ladungen der Prioren und Ordensmeister der drei geistlichen Orden. Von den Prioren ist jederzeit nur eine kleine Zahl geladen, und seit 15. Edw. III. auch dabei der Nichtbesitz eines Kronlehns als Entschuldigungsgrund anerkannt. Vermöge des häufigen Wechsels sind aber im Ganzen 41 Prioren geladen worden, von denen nur etwa 2 als fester Bestand anzusehen.

Die zweite Gruppe der weltlichen Herren umfaßt in dem Jahrhundert der drei Eduarde die Earls und Barone. Die Earls bildeten schon in der vorigen Periode die anerkannten Spitzen der Kronvasallenschaft, obgleich ihre Würde nur auf Patent beruht, nicht auf dem Lehnsbesitz einer „Grafschaft“. Die kleine Zahl der so charakterisirten Herren scheint von Anfang an regelmäßig geladen zu sein, ungefähr so wie die Bischöfe, so daß sich die Nichtladung aus Minderjährigkeit, Abwesenheit oder persönlichen Hindernissen erklärt. In der späteren Zeit tritt dazu die sehr kleine Zahl der durch Patent ernannten Herzöge, Marquis und Viscounts mit gleichem Charakter. — Sehr schwer erkennbar ist dagegen der leitende Grundsatz für die Ladungen der Barons. Das Herkommen unter Heinrich III. ging nur dahin, daß der König die Angesehensten und Meistbelehnten einlade, um in Gericht, Rath und Steuerbewilligung Alle zu vertreten. Dieser Gesichtspunkt ließ noch einen großen Spielraum offen. So ladet Eduard I. zu der Reichsversammlung in Shrewsbury a. 1283 nicht weniger als 110 Grafen und Barone; nach Westminster a. 1295 nur 49. Die Berufungen unter Eduard I. differiren zwischen 40 und 111, unter Eduard II. zwischen 38 und 123, unter Eduard III. zwischen 24 und 96, unter Richard II. zwischen 29 und 48, unter Heinrich IV. zwischen 24 und 37, unter Heinrich V. zwischen 20 und 32, unter Heinrich VI. zwischen 15 und 42,. unter Eduard IV. zwischen 23 und 37. In dem ersten Jahrhundert ist der Wechsel so häufig, daß 98 Barone nur ein einziges Mal geladen sind, 50 Barone nur 2, 3 oder 4 mal, ohne daß ihre Namen jemals wieder vorkommen. Andere wurden zwar auf Zeit ihres Lebens eingeladen, ohne daß jemals ihre Nachkommen geladen sind. Bei dem starken Hervortreten der Steuerbewilligung ist sicherlich ein Gewicht auf den finanziellen Gesichtspunkt gelegt worden, also zunächst auf solche Kronvasallen, welche das große Relevium von 100 Mark bei dem Besitzwechsel zahlen. — Unverkennbar und sachlich nothwendig war überhaupt eine Rücksicht auf die Meistbelehnten und auf die erblichen Großämter, obgleich der High Constable und der Earl Marshal erst seit 51. Edw. III. in dieser Eigenschaft besonders geladen werden. Unverkennbar ist ferner eine Rücksicht auf gewisse große Familien. Uebrigens konnte nach dem Zweck und nach dem Ort der Ladung und nach dem persönlichen Vertrauen um einen mehr feststehenden Kern von etwa 30 oder 40 Baronen eine größere, nicht selten doppelte, zuweilen beinahe dreifache Zahl Anderer geladen werden, und es kommt im ganzen Mittelalter kein Fall vor, in welchem die Barone einem so Geladenen den Platz in ihrer Mitte verweigert hätten. Der Besitz eines großen Kronlehens aber, mit Allem, was sich daran knüpfte an Bedeutung für Waffendienst, Steuer, Untervasallen, Ansehen in der Grafschaft legte der Berufung nothwendige Rücksichten auf, insofern dem König selbst daran lag, die Stimmführer der Kronvasallenschaft in seinem Rathe zu haben. Ehemänner von Erbtöchtern werden gewöhnlich geladen; Inhaber von Theilstücken, wo eine Theilung Statt gefunden hat, bald berufen, bald nicht. Ueber diese Gesichtspunkte ist das Jahrhundert der drei Eduarde nicht hinausgegangen.

Den dritten Bestandtheil des Magnum Concilium bilden die Mitglieder des Council. Nicht nur die ältesten Weisen der Ladung, der Zweck einer Rathsversammlung, der Entwickelungsgang des normannischen Verwaltungsstaats, sondern auch urkundliche Hergänge ergeben, daß von Hause aus die dirigirenden Mitglieder des Council als solche im Parliament mitstimmten. In 20. Edw. I. beispielsweise ergeben die Rotuli, daß unter dem Concilium Procerum et Magnatum der Kanzler, die Justiciarii und die höheren Beamten des Council als solche einbegriffen sind, Peers Report I. 206—208. Selbst für die Steuerbewilligung und das Judicium parium ließ sich dem kleinsten Kronvasallen eine Stimmberechtigung in dieser Stellung nicht bestreiten. Allein ebenso unverkennbar hat sich in der großen Versammlung der vereinte Einfluß der großen Prälaten und Herren bald als ein überwiegender gegen das bloße Beamtenelement geltend gemacht. Den ersten Stoß gaben der Stellung der bloßen Beamten schon die Statutes of Ordainers 5. Edw. II. Je entschiedener aber seit 15. Edw. II. die Idee der Pairie unter den geladenen Herren hervortritt, und in 15. Edw. III. zur gesetzlichen Anerkennung kommt, um so mehr wurde es Sitte, die Prälaten und Großlehnsträger, welche zur Zeit dem Continual Council angehörten, in die Reihe der übrigen Pairs zu laden, weil dies bereits eine politisch und social höhere Stellung ausdrückte. Die Mitgliedschaft im Council wird schrittweise angezogen und absorbirt von der sich als Einheit fühlenden Mitgliedschaft im großen Rath. Als Mitglieder des Council werden daher nur noch die Chief Justices, die Justices und die Rathsmitglieder zweiten und dritten Ranges in besonderer Formel geladen. Die Justices erscheinen bei den meisten Fragen nur noch als Assistenten der Lords, obwohl sie bei den Verhandlungen über die Petitionen als triers noch längere Zeit vor den Parlaments-Herren genannt werden. Für Steuerbewilligungen und Pairsgerichtsbarkeit erscheint die Fusion der Pairs im Rath und der Pairs im Parliament vollständig. — Anders in der Raths- und gesetzgebenden Versammlung, in welcher das Continual Council noch immer ein Concilium in Concilio bildet, wie es Hale nennt, — den administrirenden Körper unter persönlicher Leitung des Königs. Die Berathungsgegenstände werden im engeren Rath vorbereitet, die Verhandlungen von Beamten des Raths geleitet, alle conclusa von Beamten des Raths protocollirt, alle beschlossenen Verordnungen nachträglich im Rath redigirt (bis zu Henr. VI.); alle Sitzungen sind in Rathszimmern des königlichen Palastes, die Dienerschaft wird dazu aus dem königlichen Haushalt kommandirt, — wie noch heute. Die regelmäßigen Sitzungen des permanenten Raths werden nur periodisch unterbrochen durch diese Plenar-Versammlungen der Reichsstände „ad ardua negotia“. Man kann mit einem treffenden Ausdruck Palgrave's die Einberufung der Notablen dafür die Term-Zeit des Council nennen, vergleichbar den Terms der Gerichte. Daß der große Rath unter Eduard I. den Zeitgenossen so erschien, bezeugen auch die Worte der Fleta II. 2., die ihn mit anderen Behörden, Curiae, coordinirt:

Habet Rex curiam suam in concilio suo, in parliamentis suis, praesentibus praelatis, comitibus, baronibus, proceribus et aliis viris peritis, ubi terminatae sunt dubitationes judiciorum et novis injuriis emersis nova constituuntur remedia, et unicuique justitia, prout meruit, retribuetur ibidem.

III. Die Entwickelung der Erblichkeit der so gestalteten weltlichen Pairie wird seit dem Regierungsantritt des Hauses Lancaster allmälig sichtbar an einzelen Symptomen. Es sind dabei innere Gründe wirksam, die wie in jedem staatlichen Bildungsprozeß erst nachträglich eine Form gewinnen, nachdem die Sache bereits fertig ist. Es ist die persönliche Bedeutung der großen Herren für den Staat, welche diese Frage stillschweigend entschieden hat. Für den Kriegsdienst des Staats bedeutet der Großvasall mit seinen zahlreichen kriegsgeübten Mannschaften immer noch so viel wie eine kleinere Grafschaft, und diese Bedeutung trat durch die französischen Kriege fühlbar genug hervor. Für die Steuerleistungen bedeuten die Herrschaften, welche das große Relevium von 100 Mark und 100 £ zahlen (mit Allem, was daran hängt an periodischen Subsidien, nutzbarer Vormundschaft und zufälligen Lehnsgefällen) soviel wie eine kleine Grafschaft und mehr als die Masse der kleinen Flecken, welche jetzt schon zum Parlament geladen wurden. Im Kriege wie im Rath sind die großen Herren für ihre Person ein hervorragendes Element, welches sich fortschreitend befestigt durch ihr persönliches Zusammentreten zur Verhandlung des ardua negotia regni. Dies Zusammentreten von Jahr zu Jahr, die gewohnheitsmäßige Behandlung der großen Staatsgeschäfte, giebt ihnen die Erfahrung, das Ansehen und die Charaktereigenschaften, welche das berechtigte Gefühl einer geborenen Mitgliedschaft erzeugen, welche aber auch immer fester in ihrer localen Stellung wurzeln. Mit der Entwickelung der Grafschaftsmiliz sind sie die kriegserfahrenen Leiter der Volkswehr geworden. Mit der Friedensrichterverfassung seit 34. Edw. III. sind sie an die Spitze der Polizeiverwaltung und der Quartalsitzungen, also eines großen Theils der Strafjustiz und der inneren Landesverwaltung getreten. Diese hervorragende persönliche Stellung in dem Bereich ihres Wohnsitzes und ihrer Güter ergänzt sich mit der hervorragenden Stellung als Meistbesteuerte überall, wo Grundsteuern, Einkommensteuern, Grafschaftssteuern, Ortssteuern zu zahlen sind. Ihr örtliches Ansehen reflectirt auf ihre Stellung im großen Rath, ihre Stellung im Rath auf ihr Ansehen in der Grafschaft. Die Gesammtheit solcher Verhältnisse verwächst nothwendig mit dem Besitz. Nach der gemeinrechtlichen Erbfolge geht der Inbegriff dieser gewohnheitsmäßigen Leistungen und dieses gewohnheitsmäßigen Ansehens auf den erstgeborenen Sohn und rechtmäßigen Erben, und nur auf diesen über. Das absoluteste Recht der Könige durch ihre writs unter Hunderten zu laden, wen sie wollten, konnte sich über solche Ansprüche nicht mehr hinwegsetzen, wo eine höchste Raths- und Gerichtsversammlung des Reichs beisammen sein sollte. Das Gefühl der Gleichheit dieser Stellung war schon in den Parteikämpfen unter Eduard II. so stark entwickelt, daß das st. 15. Edw. III. die durch writ geladenen als Pares Regni formell anerkannte, und sie damit rechtlich abscheidet von der großen Zahl der übrigen tenentes in capite. Der lange vorhandene Unterschied zwischen den größeren und kleineren Vasallen in Heer, Gericht, Verwaltung und Steuer, mußte nach jahrhundertelangem Sträuben endlich zu einer rechtlichen Anerkennung kommen. Die Dynastie Lancaster aber sah sich genöthigt, ihren usurpirten Thron in erster Stelle auf ein Anerkenntniß der so constituirten Körperschaft zu stützen. Die Rechtmäßigkeit der jetzigen Staatsregierung wird durch gegenseitige Anerkenntnisse von König, Lords und Gemeinen stabilirt, und sollte dies Anerkenntniß eine Bedeutung haben, so mußte es von einer herkömmlich berufenen Versammlung ausgehen, nicht von einer willkürlich berufenen Zahl von Parteianhängern. Der Rath der Prälaten und Barone hat daher seitdem eine festere Gestalt gewonnen; die Zahl der Berufenen wird durchschnittlich kleiner und stetiger, die Zahl der bloß aus persönlichem Vertrauen berufenen neuen Mitglieder unbedeutender. Die häufigen Berathungen über Kriegsangelegenheiten und militärische Verdienste haben noch die Berufung einer Anzahl von Bannerets veranlaßt; aber auch für diese Neuberufenen kehren die Ladungen immer regelmäßiger wieder. Die alten wie die neugeladenen Mitglieder hatten nach der Tendenz der Pairie ein Interesse, die Ladungen als gewohnheitsmäßige anzusehen. Ohne das königliche Recht der persönlichen Berufung jemals aufzugeben, gestaltete es sich stillschweigend als eine dauernde Hinzufügung zu einer dauernden Körperschaft. Es handelte sich nur noch darum, dem thatsächlich vollendeten die rechtliche Form zu geben.

Diese rechtliche Form ließ sich aber aus der bisherigen Weise der Thronbelehnungen und Berufungsschreiben nicht entnehmen. Die Berufung durch writ konnte als einmaliger Ladungsakt kein dauerndes Recht ausdrücken oder begründen. Ebenso wenig konnte die Pairie an bestimmte Landgüter geknüpft werden, denn (1.) hätte dann jeder kleine Kronvasall immer noch mit gleichem Recht analoge Ansprüche erheben können, (2.) hätte jeder Käufer und neue Erwerber eines solchen Guts vermöge der Veräußerlichkeit der englischen Lehne die Pairie beanspruchen können, (3.) wäre das Recht der königlichen Berufungen nicht unwesentlich beschränkt worden. Von allen Seiten aus wurde dies nicht beabsichtigt. Die jetzige Entwickelung des Staats war bereits hinaus über die Formen des älteren Feudalismus, welcher unter König Stephan die Constabularia und Marescalcia Angliae noch mit bestimmten Gütern verbunden hatte. Die Unterdrückung der Grundherrlichkeit über geschlossene Güter und die Rechtsgleichheit der common law für alle Stände machte einen solchen Rückfall unmöglich. Die neue Rechtsform, in welcher eine erbliche Reichsstandschaft und ein Geburtsadel zur Geltung kommen konnte, war nur die eines königlichen Patents. Seit der Eroberung beruhte der einzige vorhandene Adelstitel, der des Grafen, auf Patent. Seit Eduard III. wurde auch eine Herzogswürde durch Patent kreirt, seit Richard II. die Würde eines Marquis. Die seit 10. Edw. III. ertheilten Würden der Prinzen des königlichen Hauses waren Creirungen reiner Personalisten, da die Prinzen des Hauses überhaupt kein Kronlehen besaßen. Der Vorgang des königlichen Hauses ließ sich aber für die unteren Stufen der Pairie unmöglich ablehnen. Nach dem Prinzip dieser Adelstitel wird nunmehr in 11. Richard II. zum ersten Mal John de Beauchamp of Holt, Kronvasall des Ritterguts Kydderminster, „in Erwägung seiner Verdienste und edlen Abkunft zum Herrn Beauchamp Baron von Kydderminster, zu erblichem Besitz für sich und seine männlichen Leibeserben, mit allen Rechten ꝛc. eines Barons“ ernannt. Nachdem seit 100 Jahren gewisse Barons vor den übrigen zum Parlament geladen waren, konnte mit den neuertheilten „Rechten“ nichts anderes gemeint sein, als in erster Stelle eine solche Ladung. Der Titel Baro wird damit als erblicher Adelstitel gleich anderen erblichen Adelstiteln mit einem Anspruch auf Berufung in's Parlament rechtlich anerkannt. So sehr diese erste Creirung gegen die Wünsche der Großen war, so war sie doch entscheidend für die Abschließung der Pairie. Die Kronvasallen, die bisher durch writ berufen waren, kamen dadurch in eine neue Lage. So wie jetzt neubaronisirte Günstlinge eine erbliche Reichsstandschaft beanspruchten, so durfte den älteren, angeseheneren, gewöhnlich geladenen Baronen ein gleicher Anspruch ohne Ungerechtigkeit nicht versagt werden. Die Bezeichnung Baron wird daher ein auch rechtlich anerkannter Adelstitel für reichsständische Barone. Es bestehen nunmehr im 15. Jahrhundert zwei Weisen der Berufung zur Pairie: (1.) durch Patent für Herzöge, Marquis, Grafen, Viscounts und patentirte Barone, anerkannt erblich, und bis heute immer mehr die übliche Weise geworden, (2.) durch writ für nicht patentirte Barone nach Herkommen. Dies Herkommen war im 15. Jahrhundert für die älteren und angeseheneren erblich, für andere nicht. Die bloß persönlichen Berufungen sind unter den Lancasters schon seltener geworden. Unter den Tudors aber hören sie ganz auf, und schon unter Elisabeth interpretiren die Gerichte die Berufung durch writ als „dem Herkommen gemäß“ erblich. Dem Charakter des persönlichen Adels entsprechend wird in 20. Henr. VI. der Gerichtsstand der Pairs vor dem Oberhaus auch auf die Frauen und auf die Wittwen ausgedehnt; darüber hinausgehend aber nicht.

1) **Die Competenz des Magnum Concilium** schließt sich an die entwickelten Hoheitsrechte an. Es sind die unumschränkten Königsgewalten, welche jetzt unter verfassungsmäßiger Mitwirkung der Großen geübt werden; das Ungemessene und Formlose darin ist das Erbstück der persönlichen Regierung. Doch lassen sich, mit Vorbehalt der flüssigen Grenzbestimmungen, bereits die 4 Hauptfunktionen scheiden, welche sich in das heutige Oberhaus continuiren.

1) Das Parlament ist ein großer ständischer Gerichtshof, wie er von den Großen längst erstrebt war. Der Ausdruck Parlament wird seit dem Schluß der vorigen Periode vorzugsweise in diesem Sinne gebraucht. Parry Parliaments XI., Peer's Report I. 169—171. Erst seit 3. Edw. II. kommt das Wort auch in dem Sinne einer gesetzgebenden Versammlung vor, und in sehr langsamer Aenderung des Sprachgebrauchs wird diese Bedeutung die überwiegende. Welche placita vor das Parlament gehören, ist niemals verfassungsmäßig bestimmt worden; denn die Gewalt des Königs, die wichtigsten und außerordentlichen Rechtsfälle seiner persönlichen Anordnung eines judicium parium vorzubehalten, dauerte fort; es war darauf niemals verzichtet worden,

und die Stände selbst waren interessirt diese Gewalten festzuhalten, seitdem ihre verfassungsmäßige Mitwirkung dabei feststand. Es können daher Civil- und Strafsachen sowohl in erster Instanz wie in den höheren Instanzen vor das Parlament gezogen werden, wenn der Gegenstand wichtig genug erschien. Ebenso unbegrenzt war in der normannischen Zeit die Ernennung einer außerordentlichen Gerichtscommission von Rechtsgenossen, an deren Stelle jetzt das Parlament stand. Uebereinstimmend mit dem Rechtsbuch Fleta wird in Edw. II. das Parlament als ein verfassungsmäßiger Gerichtshof stylisirt: „coram Rege et Concilio suo in presentia Domini Regis, Procerum et Magnatum regni, in Parliamento suo“. Es war nur eine Aenderung der Machtverhältnisse vor sich gegangen. Während früher die Gerichtscommission auf der persönlichen Auswahl aus vielen beruhte, ist es jetzt die als Körperschaft formirte Klasse der Magnaten, welche der König zur Ausübung seiner persönlichen Gerichtsgewalt zuzuziehen genöthigt ist. Was einst gegen Thomas a Becket sich als ein außerordentlicher Fall darstellte, wird jetzt die regelmäßige Weise der Besetzung. Auch der Peers Report erkennt an, daß diese Uebertragung stillschweigend vor sich gegangen, daß schon in den Rotuli 1. Edw. III. alle geistlichen und weltlichen Lords als die selbstverständlichen Gerichtsmänner dieses Gerichtshofes behandelt worden; daß aber der Zeitpunkt dieser stillschweigenden Uebertragung sich nicht bestimmt ermitteln lasse, Report V. 296. (IV. 376). In diesem Sinne wird in 4. Edw. III. die Zusicherung gegeben, daß Parlamente jährlich gehalten werden sollen, oder öfter, wenn nöthig. Peers Report I. 302; denn an einer Einberufung häufiger Steuerversammlungen war weder den Lords noch den Commons gelegen. Es ergiebt sich dies auch aus der Petition der Commons in 1. Richard II.: „daß jährlich ein Parlament gehalten werde, und daß darin die vertagten Streitsachen und die Sachen, in welchen die Richter verschiedener Meinung sind, recordirt und beendet werden,“ worauf in 2. Richard II. die entsprechende Zusicherung folgte. Genauere Nachrichten über die Verhandlungen werden in der Regel nur bei den großen politischen Prozessen gegeben, bei denen sich freilich auch die Formlosigkeit der normannischen Gerichtscommissionen in die so besetzte Curia Regis continuirt. Nachdem aber ein Menschenalter hindurch geistliche und weltliche Herren Jahr für Jahr zu diesen Gerichtsversammlungen erschienen waren, ist es natürlich, daß sie sich als eine engere Pairie, als Piers de la terre anzusehen anfangen. Die Unsicherheit der Grenzen war und blieb aber das unvertilgbare Erbstück der normannischen Curia Regis. In dem Falle Mortimer's 3. Edw. III. protestiren die Magnaten, daß sie nicht verpflichtet seien, über Simon de Beresford zu Gericht zu sitzen, weil er nicht ihr Pair sei. Umgekehrt lassen sie Thomas de Berkeley, einen durch writ herkömmlich berufenen Kronvasallen, durch eine Jury von milites coram Rege in pleno Parliamento verurtheilen. Vergl. Report I. 300. Der Anspruch auf ein solches Pairsgericht lag übrigens auch in dem alten Amtsrecht der normannischen Zeit, welches den Mitgliedern der höheren Courts stets einen außerordentlichen Gerichtsstand bei ihrer eignen Amtsbehörde, Exchequer ꝛc. zuerkannt hatte. In 15. Edw. III. stellen die Pairs den ausdrücklichen Antrag darauf, und nach dem Gutachten einer besonders ernannten Commission von 4 Bischöfen, 4 Earls und 4 Barons mit den Sages de la Ley wird noch in derselben Session ein Statut erlassen, „daß kein Pair des Landes, Kronbeamter oder anderer, von wegen seines Amts vor Gericht gezogen, zum Verlust seines weltlichen Besitzes verurtheilt, in Arrest oder Gefängniß gesetzt, zur Verantwortung gezogen oder gerichtet werden solle, anders als durch Ausspruch (award) der Pairs im Parlament." Peers Report I. 314. 315. Die Ungewißheit der Prozeßformen dauert jedoch noch lange Zeit fort. In 11. Richard II. stellen 5 Lords Appellant Anklageartikel auf Hochverrath. (Vergl. über diese Hergänge die Parl. Hist. I. 410—440). In Erinnerung an die Formen der alten Verwaltungsjustiz wird das Gericht als Council bezeichnet, Peers Report App. IV. 729, der Spruch als Award, der erst durch die Zustimmung des Königs definitiv wird. Nachdem die Gegenpartei an das Ruder gekommen, klagen umgekehrt die Commons in 21. Rich. II. den Erzbischof Thomas Arundel wegen Hochverraths an, der durch award im Parlament zur Verbannung verurtheilt wird. Andere Peers werden von den Lords Appellant angeklagt und zu Tod und Verbannung verurtheilt. Die älteren Beschlüsse aus 11. Rich. II. werden großentheils annullirt; in 1. Hen. IV. dann aber diese Beschlüsse für nichtig erklärt und die früheren aus 11. Rich. II. hergestellt.

2) Die Stellung als steuerbewilligender Körper bei der Ausschreibung außerordentlicher auxilia und aller scutagia, war unter Heinr. III. festgestellt, unter Eduard I. respectirt worden. Erst in der Kriegsnoth war in 25. Eduard I. die Erhebung eines Hülfsgeldes von allen Grundbesitzern im Werth von 20 £ für den Feldzug in Flandern durch Ordonnanz des Königs im Rath angeordnet. Peers Report I. 220, 221. Der allgemeine Widerspruch dagegen, zusammentreffend mit der grundsätzlichen Steuerverweigerung des Clerus, nöthigte nun aber den König zu dem entscheidenden Akt der Anerkennung des Steuerbewilligungsrechts in der Charte von Gent, vom 2. Novbr. 1297, die als Statutum de tallagio non concedendo 25. Edw. III. c. 5. 6. die Grundlage des Steuerbewilligungsrechts für den weiteren Verlauf der Zeit bildet.

3) Als Rathsversammlung des Königs hat das Concilium der Magnaten eine ebenso unbestimmte Competenz wie das dirigirende Continual Council. Alle Reichsgeschäfte werden unter Umständen mit ihrem Beirath beschlossen, je nach der Lage des Reichs und des Königthums. Schon in 4. Edw. I. beschließen „Prälaten, Earls, Barons und andere von des Königs Rath, Justices und Regis fideles im Parlament" den Krieg gegen Wales. In den späteren Kriegsläuften und in den Streitigkeiten mit der päpstlichen Curie werden sie überaus häufig um ihre Zustimmung befragt. Bei der Berathung der Petitionen werden sie stets zugezogen in solchen Fällen, wo es eines legislativen Akts oder eines besonderen Verfahrens zur Abhülfe bedarf, während die im gewöhnlichen Gange des Rechts und der Verwaltung zu erledigenden meistens nur durch den Kanzler, die Richter und das Council durchgehen. Peers Report I. 245. Von diesem Gesichtspunkt aus nimmt der große Rath auch Theil an den Delegationen. Die außerordentliche Civil- und Strafgerichtsbarkeit des Raths wird vom Magnum Concilium mehrfach befördert, nur mit der Maßgabe, daß die Herren über ihre Betheiligung daran mit dem Permanent Council öfter in Streit gerathen. In einer Adresse der unzufriedenen Großen in 10. Rich. II. heißt es: „der König möge die Lords, Edlen und Gemeinen einmal jährlich in seinem Parlamente versammeln als der höchsten Curia des Reichs, in welchem alle equity scheinen solle klar wie

die Sonne; und in welchem sowohl Arme wie Reiche finden mögen einen nie versagenden Schirm und Schutz durch Herstellung der Ruhe und des Friedens und Beseitigung jeder Art des Unrechts." In 21. Rich. II. wird auf Antrag der Commons ein Ausschuß von 12 Lords ernannt, um nach dem Schluß des Parlaments verschiedene Petitionen und unerledigte Gegenstände zu prüfen, zu beantworten und zu erledigen. Die Willkürakte gerade dieses Ausschusses führen aber den Sturz des Königs herbei. Parl. Hist. I. 482—498. — Nach Maßgabe der Machtverhältnisse greifen die Magnaten auch zeitweise in die Besetzung des ganzen Council ein. Natürlich nimmt während der Minderjährigkeit eines Königs das Magnum Concilium einen überwiegenden Antheil an der Bildung des Council, wie beim Regierungsantritt Eduard's III., Richard's II. und Heinrich's VI. Aber auch bei den Streitigkeiten mit einem selbstregierenden König dringen sie in oft tumultuarischer Weise dem König den verwaltenden Reichsrath auf. So übernimmt in 9. Edw. II. der Earl of Lancaster als Präsident des Raths die Regierung mit dem eidlichen Versprechen, „keine Reichsangelegenheiten ohne Beirath des Council zu führen, und daß jedes Mitglied des Council, welches einen Rath giebt präjudizirlich dem Reich entfernt werden soll im nächsten Parlament." In 12. Edw. II. wird beschlossen, daß der König 2 Bischöfe, 1 Grafen, 1 Baron und einen Baron oder Banneret des Earl von Lancaster thätig zur Seite haben soll; „alles, was ohne Parlament geschehen kann, soll mit deren Zustimmung beschlossen werden, alles in anderer Weise Geschehene als nichtig betrachtet und durch Urtheil der Pairs im Parlament zurecht gesetzt werden". Die großen Parteikämpfe verlaufen nun in periodische Einsetzungen, Absetzungen und Verurtheilungen der dirigirenden Mitglieder des Continual Council durch das Magnum Concilium.

4) Die legislative Stellung der Magnaten ist das Gesammt-Resultat, ihre Machtstellung als Gerichtshof, steuerbewilligender Körper und höchster königlicher Rath. Schon die Präcedenzfälle unter Heinrich III. haben einen Anspruch der Art vorbereitet. In 3. Edw. I. wird das Statut Westminster I. erlassen „mit Zustimmung der weltlichen und geistlichen Herren und der Communitas" (womit noch wie unter Heinrich III. die Gesammtheit der zum Parlament berufenen Mannen gemeint ist). Report I. 173, 174. Die wichtigsten Gesetzgebungsakte in dem nun folgenden Menschenalter sind mit dem Magnum Concilium erlassen und ohne Mitwirkung der Grafschaftsabgeordneten und Städte. Beispielsweise in 13. Edw. I. das Statut Westminster II. de donis conditionalibus und die Bestätigung der M. Charta „habito super hoc cum suo concilio tractatu" Report I. 194. Ebenso lange erhielt sich der Sprachgebrauch, welcher die Versammlung auch ohne jede Zuziehung von Commons ein Parliamentum nennt, wie die Versammlung in 27. Edw. I. Report I. 237. In 28. Edw. I. werden die Statuten, trotz der Anwesenheit von Commoners nur mit Beirath des großen Raths erlassen, Rep. I. 238, 239. In 3. Edw. II. ist von der gemeinsamen Zustimmung aller Bischöfe, Earls und Barons „in pleno parliamento" die Rede; in 4. Edw. II. wird von der Zustimmung im vollen Parlament gesprochen, gerade nachdem Grafschaften und Städte entlassen worden sind, Rep. I. 261. Noch in 6. Edw. III. kommt es vor, daß der Clerus und die Communen entlassen werden, die Prälaten und die des Council zu weiterer Berathung zurückbleiben, Parry 97; später in demselben Jahre bleiben nach Entlassung der Commoners die Prälaten

und Barone zurück, Parry 99, 100. Indessen werden doch seit dieser Zeit die Parlamente ohne Beiladung von Commoners seltner. Die Versammlung in 20. Edw. III. am 27. März 1346 ist noch ein solches Magnum Concilium, welches auffallender Weise eine Convocation genannt wird, Peers Report App. IV. 557. Dann kommt eine solche Versammlung noch in 27. Edw. III., vielleicht noch in 45. Edw. III. vor; dann noch einmal in 2. Rich. II. Rot. Parl. III. 55. Peers Report I. 320. — Zwischendurch gehen auch noch immer Gesetze, welche nur mit den Richtern oder dem Continual Council berathen sind, wie das Statut von Acton Burnell 11. Edw. I., Report I. 190. (206—208). Das St. de Prisonibus 23. Edw. I. Report I. 217., die Ordonnanzen für Irland und das St. de praerogativa Regis 17. Edw. II., Rep. I. 286. Der Wendepunkt, an welchem die Stellung der beiden Häuser „als gesetzgebende Versammlung" festbegrenzt hervortritt, ist nach dem Peers Rep. I. 357 der Akt der Absetzung Richards II. In 7. Henr. IV. ergeht bereits ein Statut, welches die Krone nach dem Ableben des Königs auf den ältesten Sohn und dessen männliche Leibeserben transmittiren läßt. Nach einem solchen Akt konnte allerdings die Autorität des Königs im Parlament als höchste gesetzgebende Gewalt nicht weiter in Frage gezogen werden.

2) Die Berufungen zum Parlament sind durch die Parliamentary writs seit 23. Edw. I. annähernd vollständig bekannt und in den großen Werken von Prynne (1659—1664), Dugdale (1685) und in den Reports on the Dignity of a Peer gedruckt und bearbeitet. Der First Report ist wegen seiner Wichtigkeit zu 4 verschiedenen Malen abgedruckt worden (1819, 1820, 1823, 1829). Auch die Fortsetzungen und Ergänzungen Vol. II—V enthalten ein überaus wichtiges Material, am Schluß die Namensverzeichnisse der creirten Lords. Dessenungeachtet sind die Ladungen nicht in der Weise gedruckt, um ein eigenes Urtheil über die Gestalt des Oberhauses bis zum Schluß des Mittelalters zu gewinnen. Parry Parliaments LII—LIV giebt eine tabellarische Uebersicht, aber nur der weltlichen Herren. Nachstehend gebe ich die vollständigere Uebersicht, umfassend (1) die Erzbischöfe und Bischöfe, (2) die Aebte unter Zuzählung der Prioren und Ordensmeister, (3) die Earls, denen seit 9. Rich. II. auch die kleine Zahl der von daan creirten Dukes, Marquisses und Viscounts zugezählt ist, (4) die Zahl der Barons, (5) die Zahl der Mitglieder des Council; wo die höheren und niederen Beamten des Raths geschieden werden, sind die letzteren in Parenthese gesetzt, wo die Zal der Members nicht angegeben, ist dies durch m. bezeichnet. (6) durch die Bezeichnung Sh. ist zugleich bemerkt, ob bei dem benannten Parlament Writs an die Sheriffs erlassen sind zur Beiladung von Rittern der Grafschaft und anderen.

	Bishops.	Abbots.	Earls.	Barons.	Council.	Sher.
11. Edw. I.	—	—	11	99	m.	Sh.
15. Edw. I.	—	—	—	117?	m.	—
22. Edw. I.	?	?	—	62?	—	—
23. Edw. I.	B.	56	12	53	m.	—
23. Edw. I.	21	70	8	41	m.	Sh.
24. Edw. III. . .	B.	A.	5	37	m.	Sh.
25. Edw. I.	—	—	10	79	13	0
25. Edw. I.	7	23	2	8	m.	Sh.
26. Edw. I.	0	0	6	B.	m.	Sh.

	Bishops.	Abbots.	Earls.	Barons.	Council.	Sher.
27. Edw. I.	20	40	11	78	21	0
27. Edw. I.	17	26	11	46	m.	0
28. Edw. I.	20	75	1	99	38	Sh.
29. Edw. I.	20	83	10	80	m.	Sh.
30. Edw. I.	18	47	9	82	17 (17)	0
30. Edw. I.	17	47	9	82	m.	Sh.
33. Edw. I.	21	78	8	94	34	Sh.
34. Edw. I.	15	19	7	63	m.	Sh.
35. Edw. I.	19	48	11	86	15	Sh.
35. Edw. I.	0	0	3	24	m.	0
1. Edw. II.	19	57	9	21	30	Sh.
1. Edw. II.	16	15	11	84	m.	Sh.
1. Edw. II.	16	14	10	47	36	0
2. Edw. II.	17	18	9	57	35	0
2. Edw. II.	11	0	9	42	16	0
2. Edw. II.	19	54	9	81	22	Sh.
3. Edw. II.	19	11	8	69	7	0
3. Edw. II.	19	0	12	84	—	
5. Edw. II.	18	52	7	55	24	Sh.
5. Edw. II.	16	8	8	38	m.	Sh.
5. Edw. II.	17	30	8	60	m.	Sh.
6. Edw. II.	21	58	9	42	16 (16)	Sh.
6. Edw. II.	21	58	9	44	30	Sh.
6. Edw. II.	20	50	10	89	42	Sh.
7. Edw. II.	19	49	10	88	m.	Sh.
7. Edw. II.	19	50	10	99	30	Sh.
7. Edw. II.	18	45	10	88	m.	Sh.
8. Edw. II.	21	4	9	101	m.	Sh.
8. Edw. II.	21	49	9	86	33	Sh.
9. Edw. II.	21	49	8	83	33	Sh.
11. Edw. II.	19	49	8	123	m.	Sh.
12. Edw. II.	20	46	9	84	25	Sh.
12. Edw. II.	20	55	9	79	25	Sh.
13. Edw. II.	18	32	9	98	m.	0
14. Edw. II.	21	32	9	74	32	Sh.
15. Edw. II.	21	0	9	90	38	Sh.
15. Edw. II.	21	55	9	72	33	Sh.
16. Edw. II.	21	32	10	52	23	Sh.
17. Edw. II.	0	0	10	49	21	Sh.
17. Edw. II.	19	31	9	49	23	Sh.
18. Edw. II.	21	0	8	48	m.	Sh.
18. Edw. II.	17	23	9	50	m.	0
18. Edw. II.	17	6	7	43	—	
18. Edw. II.	17	5	5	39	—	0
19. Edw. II.	19	31	4	40	23	Sh.
20. Edw. II.	5	0	2	B.	m.	
20. Edw. II.	20	19	7	47	23	Sh.

	Bishops.	Abbots.	Earls.	Barons.	Council.	Sher.
1. Edw. III. . .	20	19	6	46	14	Sh.
2. Edw. III. . .	21	19	6	50	8	Sh.
2. Edw. III. . .	21	0	7	50	11	Sh.
2. Edw. III. . .	21	17	8	50	10	Sh.
2. Ddw. III. . .	21	18	7	58	9	Sh.
3. Edw. III. . .	20	20	7	61	m.	0
4. Edw. III. . .	21	30	11	50	9	Sh.
4. Edw. III. . .	18	20	8	8	m.	0
4. Edw. III. . .	17	20	9	50	m.	0
4. Edw. III. . .	21	30	9	47	9	Sh.
5. Edw. III. . .	21	30	10	48	13	Sh.
5. Edw. III. . .	21	30	10	47	12	Sh.
5. Edw. III. . .	21	18	9	47	m.	Sh.
6. Edw. III. . .	21	58	11	67	10	Sh.
6. Edw. III. . .	21	31	11	66	10	Sh.
6. Edw. III. . .	21	31	11	65	8	Sh.
6. Edw. III. . .	18	28	5	37	m.	Sh.
8. Edw. III. . .	21	31	12	63	21	Sh.
8. Edw. III. . .	20	31	12	60	23	Sh.
9. Edw. III. . .	20	31	11	60	23	Sh.
9. Edw. III. . .	6	6	1	18	m.	0
10, Edw. III. . .	21	31	11	60	16	Sh.
10. Edw. III. . .	21	31	6	35	12 (3)	Sh.
10. Edw. III. . .	21	32	10	48	12 (3)	Sh.
11. Edw. III. . .	10	0	10	23	5 (3)	0
11. Edw. III. . .	16	29	11	38	m.	0
11. Edw. III. . .	19	31	13	33	11	Sh.
12. Edw. III. . .	20	32	16	48	13	Sh.
12. Edw. III. . .	20	32	11	46	14	Sh.
12. Edw. III. . .	18	19	10	28	12	0
12. Edw. III. . .	21	31	10	46	14	Sh.
13. Edw. III. . .	21	31	10	44	14	Sh.
13. Edw. III. . .	21	31	11	45	14	Sh.
14. Edw. III. . .	21	31	13	44	15	Sh.
14. Edw. III. . .	21	31	8	44	15	Sh.
15. Edw. III. . .	19	31	8	45	10	Sh.
15. Edw. III. . .	5	0	6	16	m.	0
16. Edw. III. . .	8	0	10	96	m.	0
16. Edw. III. . .	18	22	3	20	m.	Sh.
16. Edw. III. . .	6	0	5	17	m.	Sh.
17. Edw. III. . .	21	29	13	40	7	Sh.
18. Edw. III. . .	21	28	13	41	5	Sh.
20. Edw. III. . .	4	2	0	0	10	0
20. Edw. III. . .	18 (3)	25 (3)	5 (1)	11 (11)	16	Sh.
20. Edw. III. . .	3	0	1	15	m.	0
21. Edw. III. . .	6	25	8	7	—	—
21. Edw. III. . .	21	26	11	30	13 (4)	Sh.

	Bishops.	Abbots.	Earls.	Barons.	Council.	Sher.
22. Edw. III. . .	21	26	11	30	13 (4)	—
22. Edw. III. . .	20	37	10	56	12 (4)	—
24. Edw. III. . .	0	0	1	18	m.	0
25. Edw. III. . .	20	27	11	50	9 (4)	Sh.
25. Edw. III. . .	20	26	11	52	10 (4)	Sh.
26. Edw. III. . .	11 (9)	2	11	24	8 (8)	Sh.
27. Edw. III. . .	21	27	11	43	8 (4)	Sh.
28. Edw. III. . .	21	25	11	48	8 (4)	Sh.
29. Edw. III. . .	21	25	7	41	10 (4)	Sh.
31. Edw. III. . .	20	25	7	37	15	Sh.
32. Edw. III. . .	20	25	11	50	16	Sh.
32. Edw. III. . .	7	9	7	B.	m.	0
33. Edw. III. . .	7	6	4	19	m.	0
34. Edw. III. . .	3	2	0	4	m.	Sh.
34. Edw. III. . .	21	23	4	20	m.	Sh.
35. Edw. III. . .	21	25	11	44	33	Sh.
35. Edw. III. . .	0	9	11	33	12	0
36. Edw. III. . .	0	8	1	25	9	
36. Edw. III. . .	20	25	8	29	8	Sh.
37. Edw. III. . .	20	26	9	40	9	Sh.
38. Edw. III. . .	20	26	9	40	6	Sh.
40. Edw. III. . .	19	25	10	41	8 (6)	Sh.
42. Edw. III. . .	21	25	10	41	9	Sh.
43 Edw. III. . .	19	25	10	35	9	Sh.
45. Edw. III. . .	21	26	11	51	9	Sh.
45. Edw. III. . .	4	4	7	6	m.	Sh.
46. Edw. III. . .	19	27	2	17	1	Sh.
50. Edw. III. . .	21	25	9	39	9	Sh.
51. Edw. III. . .	19	23	9	36	10	Sh.
1. Rich. II.	21	25	12	47	12	Sh.
2. Rich. II.	21	25	11	47	14 (8)	Sh.
2. Rich. II.	21	25	11	47	12	Sh.
3. Rich. II.	21	24	13	47	12	Sh.
4. Rich. II.	21	27	10	36	10 (2)	
5. Rich. II.	21	25	10	47	8 (4)	Sh.
5. Rich. II.	21	25	9	44	m.	Sh.
6. Rich. II.	21	25	9	46	6 (2)	Sh.
6. Rich. II.	21	26	10	46	6 (2)	Sh.
7. Rich. II.	21	26	11	48	7 (2)	Sh.
8. Rich. II.	21	26	11	48	7 (2)	Sh.
9. Rich. II.	20	0	13	48	8 (2)	Sh.
10. Rich. II.	20	27	9	42	11 (2)	
11. Rich. II.	21	24	10	45	10 (2)	Sh.
12. Rich. II.	21	25	10	42	7 (2)	Sh.
13. Rich. II.	21	26	11	43	m.	Sh.
14. Rich. II.	21	24	12	42	11 (2)	Sh.
15. Rich. II.	21	26	12	40	11 (2)	Sh.

	Bishops.	Abbots.	Earls.	Barons.	Council.	Sher.
16. Rich. II.	21	26	9	39	11 (2)	Sh.
16. Rich. II.	21	26	12	40	11 (2)	Sh.
17. Rich. II.	20	25	13	40	11 (2)	
18. Rich. II.	21	27	8	29	m.	Sh.
20. Rich. II.	21	27	13	38	m.	Sh.
21. Rich. II.	21	27	10	37	m.	Sh.
23. Rich. II.	21	27	15	34	m.	Sh.
1. Henr. IV. . .	21	27	15	34	m.	Sh.
2. Henr. IV. . .	20	27	10	35	11	Sh.
2. Henr. IV. . .	21	27	11	35	11	Sh.
3. Henr. IV. . .	21	27	8	2	11	Sh.
3. Henr. IV. . .	21	27	9	24	m.	Sh.
4. Henr. IV. . .	21	27	9	24	m.	Sh.
5. Henr. IV. . .	21	27	7	34	m.	Sh.
5. Henr. IV. . .	21	27	8	34	m.	Sh.
6. Henr. IV. . .	21	28	7	37	m.	Sh.
7. Henr. IV. . .	19	26	8	33	m.	Sh.
9. Henr. IV. . .	19	27	9	32	m.	Sh.
11. Henr. IV. . .	20	26	9	32	m.	Sh.
13. Henr. IV. . .	20	26	7	32	m.	Sh.
14. Henr. IV. . .	20	26	5	33	m.	Sh.
1. Henr. V. . .	20	27	6	32	12	Sh.
1. Henr. V. . .	21	27	10	29	m.	Sh.
2. Henr. V. . .	21	27	14	28	m.	Sh.
3. Henr. V. . .	21	27	2	17	m.	Sh.
3. Henr. V. . .	21	27	6	20	m.	Sh.
4. Henr. V. . .	21	25	12	24	m.	Sh.
5. Henr. V. . .	21	25	3	14	m.	Sh.
7. Henr. V. . .	21	25	2	13	m.	Sh.
8. Henr. V. . .	21	25	7	20	m.	Sh.
9. Henr. V. . .	21	25	6	20	m.	Sh.
9. Henr. V. . .	21	25	3	12	m.	Sh.
1. Henr. VI. . .	21	25	6	16	m.	Sh.
2. Henr. VI. . .	21	25	6	15	m.	Sh.
3. Henr. VI. . .	21	25	7	19	8 (2)	Sh.
4. Henr. VI. . .	21	25	5	23	m.	Sh.
6. Henr. VI. . .	21	25	5	21	m.	Sh.
8. Henr. VI. . .	21	25	8	26	m.	Sh.
9. Henr. VI. . .	21	25	7	26	m.	Sh.
10. Henr. VI. . .	21	26	7	24	m.	Sh.
11. Henr. VI. . .	21	26	8	26	m.	Sh.
14. Henr. VI. . .	21	26	10	26	m.	Sh.
15. Henr. VI. . .	21	26	8	26	m.	Sh.
18. Henr. VI. . .	21	26	8	26	m.	Sh.
20. Henr. VI. . .	21	26	13	28	m.	Sh.
23. Henr. VI. . .	21	26	14	28	m.	Sh.
25. Henr. VI. . .	21	26	14	30	m.	Sh.

	Bishops.	Abbots.	Earls.	Barons.	Council.	Sher.
27. Henr. VI. . .	21	26	10	42	m.	Sh.
28. Henr. VI. . .	21	26	10	36	m.	Sh.
29. Henr. VI. . .	21	26	14	40	m.	Sh.
31. Henr. VI. . .	21	26	19	36	m.	Sh.
33. Henr. VI. . .	21	26	16	35	m.	Sh.
38. Henr. VI. . .	21	26	13	37	m.	Sh.
39. Henr. VI. . .	20	27	11	37	m.	Sh.
1. Edw. IV. . .	21	27	5	31	m.	Sh.
2. Edw. IV. . .	21	27	4	37	13	Sh.
6. Edw. IV. . .	21	27	13	34	15	Sh.
9. Edw. IV. . .	21	27	8	31	m.	Sh.
10. Edw. IV. . .	21	27	17	23	m.	Sh.
11. Edw. IV. . .	21	27	11	25	m.	Sh.
22. Edw. IV. . .	21	27	12	32	m.	Sh.
1. Rich. III. . .	21	27	7	28	m.	Sh.

Für die 3 Gruppen der Mitglieder ergeben sich daraus noch folgende Bemerkungen: (1) die geladenen Prälaten begreifen zunächst die Erzbischöfe und Bischöfe. Namentlich dann, wenn es sich um Bewilligung von Hülfsgeldern handelt, ist die Ladung möglichst vollständig, und es werden dann auch während der Sedisvacanz die Stellvertreter im geistlichen Amt, die Keepers of the Spiritualities (General-Vicare) eingeladen. Gelegentlich ist auch der Erzbischof von Dublin einmal mitgeladen. Seit Eduard I. beginnt die unten zu erwähnende Gewohnheit ein writ unter dem Namen Praemunientes zu erlassen, welches die Erzbischöfe und Bischöfe auffordert, Abgeordnete der Capitel und der niedern Geistlichkeit ihrer Diöcese zu der Rathsversammlung mitzubringen. Die Mehrzahl der Ladungen sind demgemäß cum clausula erlassen. Mittendurch gehen aber auch Ladungen ohne Clausel, wenn keine Subsidienbewilligung in Frage steht. — Die Zahl der Aebte erscheint allmälig auf etwa 23—25 fixirt. Nur wo es sich um eine Subsidienbewilligung oder um einen Kreuzzug u. dergl. handelt, ist periodisch eine größere Zahl geladen. Beispielsweise werden in 6. Edw. III. außer den gewöhnlich Geladenen noch 23 Aebte extra ordinem zugeladen. In 15. Edw. III. werden 2 Aebte und 2 Prioren von der Ladung entbunden, „weil sie nicht by barony noch sonst etwas in capite besitzen, wodurch sie verpflichtet wären zu Parliaments und Councils zu kommen." Parry 112. Noch in demselben Jahre werden mehre andere vom Erscheinen entbunden, „weil sie nur in frankalmoign besitzen." Parry 113. Ein Fall der Art kommt schon in 12. Edw. II. vor. Dieser Entschuldigungsgrund scheint von jener Zeit an als entscheidend behandelt zu sein. Noch schwankender sind die Ladungen der Prioren, Conventsprioren und Meister der geistlichen Orden. Die Zahl ist gewöhnlich eine kleine; vermöge des häufigen Wechsels sind aber im Ganzen 41 Prioren geladen worden, die größere Hälfte nur ein einziges Mal. Die Ordensmeister verschwinden durch Aufhebung der geistlichen Orden und aus anderen Gründen, so daß schließlich nur ein fester Bestand von 2 Prioren übrig bleibt. — In dem ersten Jahrhundert dieser Zeit gehen die Ladungen meistens auf Erscheinen in Person oder durch Stellvertreter. Die Aebte namentlich werden bei Steuerbewilligungen dispensirt, sofern sie einen Procurator senden, Parry 68. Zuweilen wird aber auch die Absendung von Proxies ausdrücklich verbeten, wie in 6. Edw. III., und im Verlauf der Periode wird die Forderung des persönlichen Erscheinens zur Rathsversammlung immer strenger.

2) Die Gruppe der weltlichen Herren zerfällt in die Earls und die einfach so genannten Barons. Die Earls gehörten wohl von Anfang an zum festen Bestand. Unter Eduard III. wird dann zuerst die Würde eines Duke für die Prinzen des Hauses creirt, und seit 24. Edw. III. wird es immer mehr Sitte einen solchen Duke von königlichem Geblüt oder den Prinzen von Wales an die Spitze der Geladenen zu stellen. Seit 10. Rich. II. kommen dazu öfters 1 oder 2 Marquisses, seit 23. Henr. VI. auch 1 Viscount, in 31. Henr. VI. einmal 3 Viscounts. Diese characterisirten Barons sind in der obigen Liste seit 9. Rich. II. mit den Earls zusammengezählt. — Viel schwankender ist die Zahl der sog. Barons. Die Kronvasallenschaft war nach wie vor sehr ungleich aus großen Herren, einfachen Gutsbesitzern und Besitzern von kleinen Parcellen zusammengesetzt. Statt der unanwendbaren Gesammtladung und der ebenso unanwendbaren Wahl blieb also nur die königliche Auswahl durch writ. Zu der stürmischen Reichsversammlung 49. Henr. III. hatte Simon von Montfort nur 23 Notable geladen, fünf mächtige Grafen und 18 Barone, darunter wahrscheinlich viele kleine (III. Peerage Report 106 ff.). Nach Herstellung der königlichen Autorität berief Heinrich III. natürlich wiederum eine Versammlung seiner Getreuen. Gewiß richtig wird dieser Hergang beschrieben von einem alten Schriftsteller, welchen Coke aus Camden citirt: Statuit et ordinavit, quod omnes illi comites et barones Angliae, quibus ipse Rex dignatus est brevia summonitionis dirigere, venirent ad Parliamentum, et non alii, nisi forte Dominus Rex alia brevia eis dirigere voluisset. Nur ist es unrichtig, dies als ein neues Statut anzusehen; es ist nur die Beschreibung des ursprünglichen Verhältnisses (Peers' Report I. 395. III. 114). Und so dauert es fort in dem Jahrhundert der drei Eduarde. Auch wenn man absieht von anomalen kleineren Rathsversammlungen, schwankt die Zahl der Berufungen unter Eduard I.—III. zwischen 24 und 123. Es kann danach nicht bezweifelt werden, daß die Ladung durch writ in dem ersten Jahrhundert keinerlei erbliches Recht auf einen Sitz enthielt. Peers Rep. I. 325. 326. III. 117. 265. Die schwierige Frage bleibt aber stets zurück, nach welchen anderen Gesichtspunkten verfahren ist. Die kriegerische Streitbarkeit kann der entscheidende Gesichtspunkt nicht gewesen sein; denn noch bei dem Kriegsaufgebot in 9 Edw. II. sind gegen 200 Vasallen außer der Generalorder an den Sheriff persönlich aufgeboten worden. Rechtliche Unterschiede des Lehnsbesitzes bestanden ebensowenig. Mit Rücksicht auf die Steuerbewilligungen, und auf die häufige Erwähnung des Besitzes „by barony" bei den Aebten erscheint es wahrscheinlich, daß der finanzielle Gesichtspunkt der Hauptgesichtspunkt wurde, und daß sich in dem Jahrhundert der drei Eduarde daraus ein Bestand von etwa 40 Baronen als eine Mittelzahl ergab, jedoch mit dem Vorbehalt, daß (1) die tenure by barony immer noch keinen Rechtstitel auf die Berufung gab, (2) daß umgekehrt auch kleinere Besitzer aus persönlichem Vertrauen geladen werden konnten, ja gelegentlich auch solche, die gar kein Thronlehen besaßen. — In 35. Edw. III. und sonst sind alle Mitglieder personaliter geladen. Uebrigens wird auch den weltlichen Herren eine Stellvertretung, na-

mentlich bei Acten der Steuerbewilligung noch längere Zeit gestattet. In 35. und 36. Eduard III. kommen sogar zwei anomale Versammlungen vor, zu welchen 7 countesses und 3 baronesses geladen werden, mit der Aufforderung sich durch Vertrauensmänner vertreten zu lassen. Es handelt sich dabei, wenigstens im letzteren Jahre ausdrücklich, um Gestellung bewaffneter Männer zu dem Feldzuge nach Irland.

3) Den dritten Bestandtheil bilden die Mitglieder des Council. In der ursprünglichen Stellung ist der dirigirende Rath integrirender Bestandtheil des Parlaments. In Uebereinstimmung mit dem Peers' Report bemerkt beispielsweise zu 18. Edw. III. Parry, Parliaments 116 folgendes: „Other proceedings in the Parliament appear to have been by the King and Council only, the King's Council still continuing to transact business as a Council and Court of Justice in Parliament. The Council seems always to have been present in Parliament, and every important act of the King in Parliament appears to have been sanctioned by the advice of his Council. The Commons, as well as Lords, appear to have been, at all times, particularly anxious as to the constitution of that Council. The Meetings of Parliament were still considered as Meetings of the King's Select Council, to which the Lords and Commons as the Great Council of the King, for legislative purposes, and for granting aids, and for their advice on extraordinary occassions, were summoned to attend". Report I. 317. Die Angaben über die geladenen Mitglieder des Council sind jedoch meistens recht unbestimmt, so daß die höheren, mittleren und niederen Beamten zusammengeworfen werden. In 23. Edw. I. werden die Richter beider Banken, die Reiserichter, die barons of the Exchequer „und andere vom Rath" genannt. In 1. Edw. II. 30 Justices und andere vom Rath. In 2. Edw. II. „35 vom Rath"; nochmals in 2. Edw. II. 16 Justices et Ministri; in 3. Edw. II. 7 vom Rath und andere. In 6. Edw. II. 16 Justices und 16 Clerks of Council; nochmals in 6. Edw. II. „42 of the Council". In 14. Edw. II. „32 Judges and of the Council". Ausdrücklich hervorgehoben werden oft die Justices, Masters und Clerks of the Council; seit Eduard III. auch öfters eine Anzahl King's Sergeants (Foss III. 370). Nachdem der Begriff der Pairie rechtlich entwickelt ist, sind die Großbeamten des Council in ihrer Eigenschaft als Pairs geladen, und die Justices als Nicht-Pairs erscheinen daneben als Beamte 2ten Ranges, welche mit der wachsenden Macht des großen Raths in den meisten politischen Fragen höchstens als Assistenten der Lords auftreten.

3) Die Entstehung der Erblichkeit der weltlichen Pairie ist Gegenstand eines alten Streits, da in dem staatlichen Bildungsprozeß die gegenseitige lebendige Einwirkung zahlreicher Faktoren das Entscheidende ist, während die Rechtswissenschaft, die Heraldik, die politischen und socialen Parteianschauungen vom Staat sich nur an die einzelen und an die äußerlichen Elemente der Erscheinung halten. Der Peers Report faßt mit Recht die Anerkennung der Gerichtspairie als den ersten Schritt zur Bildung eines erblichen Reichsadels auf, seit dem Spruch gegen die Despencers in 15. Edw. II., an dem sich aber keiner der Bischöfe betheiligt hat, was später unter anderen Gründen der Nichtgültigkeit geltend gemacht wurde. Parry 85. Ebenso verfahren in 4. Edw. III. die Earls und Barons als Peers of the Realm gegen Mortimer und Genossen. Hand in Hand damit geht der Protest, „daß sie nicht verpflichtet seien, über Andere als ihres Gleichen zu Gericht zu sitzen." Während also die Magna Charta nur ein judicium parium im Sinne der Rechtsgenossenschaft kennt, (in welchem Johann sogar den Juden ein „judicium parium" bewilligt hat), so tritt jetzt die neue Forderung der pares terrae auf, d. h. einer reichsständischen Genossenschaft über den Pares der Grafschaft. Die gesetzliche Anerkennung erfolgt dann in st. 15. Edw. III. als dem entscheidenden Act, durch welchen die Barone des Parlaments sich von den übrigen tenentes in capite als ein reichsständischer Adel absondern. Dies Standesrecht erstreckt sich auch auf die Zeit, in welcher kein Parlament sitzt, und später auch auf Frauen und Wittwen. Der Peers Report I. 313, 314 erkennt diese Bedeutung des Acts in vollem Umfang an. Die Grafschaftsritter und Bürger selbst unterscheiden in einer Petition 38. Edw. III. die Abgeordneten im Parlament von den Baronen, „queux sont et serront somonez par brief de venir a Parlement". Parry 136. 137. Ein weiteres Gewicht legt der Report auf die in 5. Rich. II. c. 4 ausgesprochene Präsenzordnung, durch welche weltliche und geistliche Herren legal als geschiedene Klasse vor den Knights genannt wurden. Sachlich entscheidender ist in jedem Falle der Thronwechsel unter dem Hause Lancaster, dessen Rechtstitel auf der Anerkennung dieser Körperschaft beruhte. Unter Heinrich IV., in dem Prozeß gegen Earl Huntingdon tritt noch die weitere formelle Concession hinzu, daß der König zur Abhaltung des Pairsgerichts seinen Groß-Seneschall, Lord High Steward, als Stellvertreter deputirt und damit wiederum ein Stück der Ceremonien einer feudalen cour de baronie einführt. — Dem entsprechend wird nun der Bestand des Oberhauses unter dem Hause Lancaster stetiger, und durch die Beschränkung auf die angesehensten Mitglieder kleiner. Bei den oft sehr kleinen Zahlen der Berufungen dieser Zeit ist indessen auch zu beachten, daß ein großer Theil oft im auswärtigen Kriege abwesend war. Ueberhaupt hat die kriegerische Richtung dieser Zeit die Titulaturen der Lehnsmilizen auch in die Berufungsschreiben eingeführt. In 51. Edw. III. und in 2.—5. Rich. II. ist neben den Barons von einem oder mehren „Chivalers" die Rede. Unter Heinrich VI. tritt überhaupt ein neuer Sprachgebrauch ein. In 3. Henr. VI. werden die 19 berufenen Barone bezeichnet als 17 Chivalers, 1 Miles, 1 Magister. Von 6—9 Henr. VI. sind alle Barons als Chivalers bezeichnet; in 18. Henr. VI. werden 23 Chivalers, Baron de Greystock „und andere" geladen; in 27. Henr. VI. 25 barons chivalers, 9 barons milites, 4 barons domini de, — und diese Unterscheidung von Chivalers, milites, armigeri, domini de, dauert bis zum Schluß der Regierung und unter Eduard IV. fort. Die rechtliche und politische Gleichheit der weltlichen Barone schloß also Abstufungen nach ihrem militärischen Range nicht aus, und erst sehr langsam wird der Titel Baron gleich dem des Earl, Marquis ꝛc. zu einem feststehenden Adelstitel im heutigen Sinne. Ueberhaupt schließt die Zusicherung des Pairsgerichts nach dem Geist der königlichen Gewalten immer noch nicht aus, daß außerordentlicher Weise auch noch Pairs von königlichen Richtern mit Jury verurtheilt werden, ohne daß die Rechtmäßigkeit des Verfahrens von den Zeitgenossen bestritten wird. Es wurde wohl noch immer die Fortdauer eines persönlichen Rechts der Anordnung des Gerichts durch den König in außerordentlichen Fällen behauptet. Am häufigsten ist dies bei Prälaten geschehen. In 25. Edw. III. überreicht zwar der

Primas Namens des Clerus eine Petition des Inhalts, daß die Erzbischöfe und Bischöfe ihre Temporalien in capite von dem König besitzen und insofern Piers de la terre sein, ebenso wie andere Earls und Barons. Diese Standespairie kam indessen nicht zur festen Entwickelung, da der Clerus noch viel vortheilhaftere Rechte einer besonderen geistlichen Gerichtsbarkeit und das viel weitergehende privilege of clergy beanspruchte, und sich in dieser Zeit von der weltlichen Verfassung des Reichs fast vollständig trennte. — Die Rechtsform für Erblichkeit der weltlichen Pairie ist eben die Creirung durch Patent, welches die Vererbung der Würde bestimmt ausspricht. Erst von diesem Zeitpunkt an kann von der „Creirung" neuer Barons die Rede sein, während die bisherige „Berufung" durch writ zu jeder einzelen Session an sich nicht den Charakter einer ertheilten Würde hat. Der willkürliche Sprachgebrauch, der von einer Creation der Pairs durch writ spricht, ist nur eine Quelle von Verwirrung und Streitigkeiten geworden. Bemerkenswerth ist aber, daß eine Zeitlang die höheren Creirungen durch Patent im Parlament proclamirt werden. In 6. Edw. III. wird der Prinz von Wales zum Duke of Cornwales ernannt, und ebenso sechs neue Earls in 6. Edw. III. „by common assent and council of the prelates, Earls, Barons and others of our council in Parliament". Es handelt sich hier nicht um Ertheilung neuer Lehne, sondern um persönliche Würden, wie auch in 36. Edw. III. ein Prinz des Hauses zum Herzog von Clarence creirt wird, ohne daß ein solches Herzogthum je existirt hat. Rep. I. 326. Verschiedene Acte dieser Art kommen zwischen den Jahren 1337—1414 vor, und die spätere Jurisprudenz behauptete, daß solche Ernennung wie ein Vorgang zu betrachten sei, der von der „ganzen Legislatur" ausgegangen. Allein die Verlautbarung feierlicher Acte des Lehnsherrn in der Cour de baronie war ein alter Lehnsgebrauch, und die sogenannte Zustimmung dazu ist ein Rest der Acclamation des Umstandes im Volksgericht, welcher keinesweges die Gültigkeit des Herganges bedingt. Es erklärt sich daraus zur Genüge, daß die Creation gerade der höchsten Würden im Parlament vorgenommen wurde, daß zwischendurch andere Lords auch außer dem Parlament oder ohne Erwähnung einer Zustimmung creirt wurden, und daß diese Form sich später wieder verliert. Eingehende Erörterungen darüber giebt Sir Harris Nicolas, Report on Proceedings on the Earldom of Devon App. IX. Der spätere Verlauf beweist in jedem Fall, daß die Könige das Recht der freien Ernennung sich in keiner Weise durch ein Zustimmungsrecht des Parlaments beschränken ließen. Das Ernennungspatent bestimmt zugleich die Art der Vererbung, welche bald enger, bald weiter auf alle gesetzlichen Leibeserben gefaßt ist. Es beruhen darauf die noch heute vorkommenden Variationen der Vererbung. Nachdem aber die Vererblichkeit überhaupt durch Patente zur Regel wurde, nachdem die Zahl der neuen Barons by patent von Menschenalter zu Menschenalter wuchs, konnte man vermöge der Rechtsgleichheit der Pairie den alten Bestand nicht schlechter stellen als den neuen. Die continuirlich berufenen älteren Mitglieder konnten nun ein erbliches Recht durch writ „by prescription" beanspruchen, wie dies auch der Peers Rep. I. 342 annimmt, mit der sehr richtigen Bemerkung, daß die neuere Creirung durch Patent unmöglich als der bessere und vortheilhaftere Modus hätte erscheinen können, wenn es jemals eine Pärie vermittelst des Besitzes bestimmter Güter, (eine barony by tenure) gegeben hätte, Rep. III. 119. Erst mit den Fortschritten der Adelsmacht unter dem Hause Lancaster ist diese altfeudale Vorstellung wieder soweit vorgeschritten, daß in 11. Henr. VI. die Grafenwürde von Arundel geradezu als eine Barony by Tenure beansprucht und anerkannt wird; ja daß man anfängt von einer Besitzweise zu sprechen, mit der Verpflichtung der Theilnahme an den Reichsversammlungen (by Servire of Attending the legislative Assemblies), welche mit allen daraus gezogenen Folgerungen geschichtlich und rechtlich unrichtig ist (IV. Peerage Report 269. 270.). Die Sitze der Lords im Parlament beruhten jetzt auf dem Herkommen innerhalb dieser Körperschaft, und bildeten insoweit ein besonderes Gewohnheitsrecht, law of Parliament. In 11. Rich. II. beanspruchen die geistlichen und weltlichen Pairs „als ihr Vorrecht (liberty and franchise) daß alle größeren Angelegenheiten, welche in irgend einem künftigen Parlament, betreffend die Peers of the land, verhandelt werden möchten, eingebracht und discutirt werden sollen im Parlament, nach dem Gebrauch des Parlaments und nicht nach dem Civilrecht und dem gemeinen Recht des Landes, wie es in den niederen Gerichtshöfen in Gebrauch ist," — und dieser Anspruch wird vom König bereitwillig anerkannt, ohne jedoch eine prinzipielle Abweichung vom gemeinen Privatrecht zu erstreben. Demgemäß machten die Richter in 7. Henr. IV. einen Unterschied zwischen dem Recht auf den Namen und Titel zur Pairie und dem Recht auf einen Sitz im Parlament. Die letztere Frage gehöre allein vor den König und die Pairs; das erstere dagegen (ein privatrechtlicher Anspruch des Familienrechts) sei ein Punkt des gemeinen Rechts und gehöre vor die ordentlichen Gerichte. Nicolas Proceedings III. p. LVIII. ff. Bei den durch writ berufenen Pairs nahm aber die Parlamentspraxis die wichtige Beschränkung an, daß das writ niemals erbliche Pairie und erblichen Adel ertheile, wenn nicht auf Grund des writ der Berufene seinen Sitz wirklich eingenommen habe, — ein Satz, der in dem Rechtsfall des Edward Nevill in 8. Jac. I. endgültig festgestellt ist. Die Ernennung durch Patent andererseits ist durch die Gerichtshöfe ausdrücklich als eine persönliche Würde ohne einen realen Zusammenhang mit einem bestimmten Landgut wiederholt anerkannt, und namentlich von dem Oberrichter Holt ausgesprochen, daß diese Baronie durch Patent einen „title of dignity and parcel of the name“ bilde. Die lange Reihe der späteren Pairs ist durch Patent creirt und die bloße Berufung durch writ längst außer Gebrauch gekommen, außer in einem Spezialfall. In 22. Edw. II. kommt nämlich zum ersten Mal der Gebrauch vor, den Sohn eines Duke, Marquis oder Earl aus einer gewissen Courtoisie schon bei Lebzeiten des Vaters in das Parlament zu berufen, unter dem Titel einer zweiten Baronie, welche der Vater nominell besitzt. Dieser Gebrauch hat sich bis heute erhalten. Die Berufung des Sohnes neben dem Vater gilt aber nur als eine persönliche Ehre; eine solche Pairie confundirt mit der Hauptpairie, wenn der Erbfall eintritt, und begründet keine erbliche Würde. — Der immer noch fortdauernde Streit, ob die englische Pairie nicht doch ursprünglich eine barony by tenure gewesen sei, entsteht aus gesellschaftlichen Vorstellungen. Alle gesellschaftlichen Klassen wollen ihre politischen Rechte nicht erwerben, sondern vermöge Besitzes und angeborener Rechte haben. Die feudale Vorstellung kam daher immer wieder auf die Lieblingsidee einer Reichsstandschaft durch bloßen Besitz zurück, während die englische Pairie nicht auf dem nackten Besitz privilegirter Güter ruht, sondern auf persönlichen Berufungen zum Reichsrath, die erst durch die gewohnheitsmäßigen Leistungen des großen Besitzes gewohnheitsmäßig erblich wurden. Die socialen Lieblingsideen, welche damit in ewigem Kampfe liegen, haben schon im Mittelalter eine Schrift fabrizirt unter dem Titel: Modus tenendi Parliamentum, die nach einer Handschrift eine Darstellung sein soll, „wie Wilhelm der Eroberer die Weise der Parlamentsberufung von Eduard dem Bekenner überkommen habe." Der Besitzer von 13⅓ Ritterlehen soll danach als Baron, der Besitzer von 20 Ritterlehnen als Earl ein Recht der Berufung zum Parlament, also eine eigentliche Reichsstandschaft beanspruchen können, — eine Meinung, die augenscheinlich auf einem bloßen Rechenexempel aus den Geldsummen der relevia beruht. Sir Edward Coke hat diese Schrift im Ernst für eine echte Rechtsquelle gehalten, und neuere Untersuchungen bemühen sich ein höheres Alter bis zu Edward I. zurück nachzuweisen. Sie würde dann nur beweisen, daß es schon damals Ideologen des Feudalismus gab.

§. 23.

Der Antheil der Commoners am Parlament.

Neben den Raths-, Gerichts- und Steuer-Versammlungen der Prälaten und Barone hat Eduard I. zu wiederholten Malen Abgeordnete der Communitates eingeladen*), ohne sich an den unregelmäßigen Hergang in 49 Henr. III. formell zu binden. Der kriegslustige und geldbedürftige König fand in seinen Kämpfen zur Erweiterung des Inselreichs die nächste Veranlassung zu der Aufforderung an seine getreuen Communitates „gemeinsame Gefahren mit gemeinsamen Kräften zu tragen", und über erhöhte Kriegs- und Geldmittel mit dem König Raths zu pflegen. Sicher erweisbar ist dies Verfahren zuerst in 11. Edw. I. (am 24. Nov. 1282), wo nach der Eroberung von Wales 4 Ritter aus jeder Grafschaft und 2 Abgeordnete aus verschiedenen Städten geladen werden, mit dem Auftrag „zu hören und zu thun solche Dinge, welche ihnen von Seiten des Königs vorgelegt werden würden." Noch einmal in 11. Edw. III. (am 30. Sept. 1283) werden zu dem Parlament in Shrewsbury neben 110 Earls und Barons zwei Ritter aus jeder Grafschaft, zwei Bürger aus 21 Städten geladen zur Berathung über die Angelegenheiten des eroberten Wales. In 18. Edw. I. a. 1290 werden die Sheriffs angewiesen zwei oder drei Ritter aus jeder Grafschaft „ad consulendum et consentiendum his quae comites barones et proceres tum duxerint concordanda" einzusenden; aber keine Abgeordneten der Städte. Es handelt sich um wichtige Gesetzerlasse, namentlich das Statut Quia Emptores über die Veräußerlichkeit der Lehne. — In 23. Edw. I. (am

30. Sept. 1295), in der Kriegsnoth, werden 2 Ritter aus jeder Grafschaft, 2 Bürger aus jeder Stadt entboten, ad faciendum quod tunc de communi consilio ordinabitur, worauf eine ansehnliche Bewilligung von Hülfsgeldern erfolgt. Nach diesem großen Parlament zu Westminster, bei welchem schon 200 städtische Abgeordnete erschienen, ist die Beiladung der Grafschaften und Flecken unter derselben Regierung noch wiederholt in den Jahren 1296, 1298, 1299, 1302, 1305, 1307. — Keine Verfassungsurkunde hatte bisher die Nothwendigkeit einer solchen Ladung anerkannt; allein was unter Heinrich III. in tumultuarischer Zeit einmal nothgedrungen geschehen, wird von einem weisen Monarchen in Anerkennung einer thatsächlichen Nothwendigkeit geübt. Er wollte die Gemeinen fragen, hören, zu gewissen Dingen ihre Zustimmung haben, — damit sie um desto bereitwilliger Beisteuer geben möchten. Dem entsprechend kommen zweierlei Arten von Ausschreibungen vor:

1. allgemeine Berufungen zur Stärkung der Gesetze und zur Abhülfe der Landesbeschwerden;

2. spezielle für eine Steuerbewilligung oder Berathung bestimmter Staatsakte.

Die Berufungen sind lange sehr diskretionär, die Zahl der Städte namentlich sehr wechselnd. Die Ladungen ergehen an die Sheriffs, zuweilen auch an die Stadtmagistrate unmittelbar; die Abgeordneten erhalten noch Spezialaufträge, und erscheinen schon der Geldverhandlungen wegen meistens je zwei von jeder Communitas, um sich gegenseitig zu kontroliren. Ihre Petitionen pflegt der König im Anfang der Verhandlungen entgegen zu nehmen, am Schluß sie zu entlassen mit seinem Dank und mit der Aufforderung jedes neuen Rufs gewärtig zu sein. Erst im letzten Regierungsjahr Eduard's I. werden sie im Eingang eines Gesetz-Beschlusses einmal miterwähnt. Von da an schreitet ihre Bedeutung aber vorwärts in drei Richtungen: (1) Steuerbewilligung (2) Theilnahme an der Reichsverwaltung durch Petitionen und Anträge (3) Theilnahme an der Gesetzgebung.

I. Die Steuerbewilligung der Grafschaften und Städte [1]) ist in den ersten Menschenaltern der unverkennbare Hauptzweck ihrer Berufung. Unter Eduard I. konnte es nicht zweifelhaft sein, was mit dem faciendum gemeint war. Die einst glänzenden normännischen Finanzen hatten im zwölften Jahrhundert für die gewöhnlichen Bedürfnisse noch ausgereicht. In Folge von Verleihungen des königlichen Guts und von Kriegsbedürfnissen in Wales, Irland, Schottland und Frankreich war aber unter Johann zum ersten Mal das Bedürfniß einer „außerordentlichen Revenue" zur Sprache gekommen. Der König konnte allerdings statt der Lehndienste scutagia fordern; allein nach den Hergängen unter Heinrich III. konnte von einer einseitigen Ausschreibung ohne Zustimmung der Kronvasallenschaft nicht mehr die Rede sein. Alle scutagia und auxilia der Lehnsmannen waren für die Fälle eines wirklichen Kriegs und für die persönlichen Bedürfnisse des Herrn bestimmt, nicht für gemeine Landesbedürfnisse, welche die Kronvasallen allein nicht tragen wollten. Der König konnte tallagia von Domänen und Städten erheben; allein gerade die größten und zahlungsfähigsten erhoben dagegen endlose Reclamationen; an vielen Punkten standen Ablösungen durch feefarm und erkaufte Zusicherungen, überall standen wirthschaftliche Gründe einer Ueberspannung ihrer Steuerkraft entgegen. Der Exchequer hatte dem Schatzungsrecht der Grundherren feste Grenzen gezogen, die folgerecht auch für die königlichen Städte innegehalten werden mußten. Die Geistlichkeit bekämpfte bereits grundsätzlich jede weltliche Besteuerung. Keine Klasse wollte die neuen Landeslasten ausschließlich tragen. Das allseitige Interesse forderte Einheit des Maßstabs, Gleichmäßigkeit der Vertheilung. Wollte man diese erreichen, so mußte man zusammentreten: der König für seine Domainen, die Barone für die ihrigen, und ebenso für königliche und Mediat-Städte.

Dazu kam die Entstehung neuer Steuerobjecte, seitdem Handel und Gewerbe ergiebiger wurden. Das Lehnssystem hatte einen rechtlichen Maßstab nur für Grundsteuern; um bewegliches Vermögen eines Freien nach seinem Ertrage zu besteuern, lag in dem Obereigenthum am Grund und Boden kein Recht. Unter Heinrich II. war allerdings im Eifer für die Kreuzzüge einmal $\frac{1}{10}$ und einmal $\frac{1}{15}$ vom beweglichen Vermögen bona gratia bewilligt worden. Ueber ähnliche Bewilligungen aber mußte mit Rittern und Städten verhandelt werden; sie bilden eine zweite Weise der Steuervertheilung nach dem Maßstab des beweglichen Vermögens. Sollte nun aber Grundbesitz und bewegliches Vermögen nach gleichmäßigem, billigen Maßstab herangezogen werden, so mußten scutagia und tallagia zusammenschmelzen und mit den Fünfzehnteln und ähnlichen Mobiliarsteuern in ein festes Verhältniß treten. Für solche Gesammtbewilligung war die Zustimmung der Stände nicht zu umgehen. Und nach langem Sträuben erfolgt in der Bedrängniß vom Jahre 1297 die Anerkennung derselben durch die Confirmatio Chartarum 25. Edw. I. st. 1. c. 5 et 6.; dann unter Edw. II. III., und fast unter jeder folgenden Regierung. — Dasselbe geschah mit den Zöllen. Die herkömmlichen Zölle auf Wolle und Leder (custuma antiqua) waren und blieben allerdings als erbliche Revenüe des Königs anerkannt; bei Einführung neuer aber stieß der König auf Widerspruch. Man fing an einzusehen, daß solche Zölle nicht bloß, wie man wohl geglaubt, von Ausländern bezahlt würden, sondern auf Produzenten und Consumenten fielen. Auch sie gehen daher in eine gemeinsame Steuerberathung und Beschließung über.

Die einzelen steuernden Gruppen machen ihre Bewilligungen lange noch gesondert. In verständiger Einsicht in ihr gemeinsames Interesse treten sie aber allmälig zusammen: zuerst Ritter und Städte, dann Gemeine und Lords, dann alle Faktoren des Parlaments, womit die Steuerbewilligung in eine ähnliche Form wie die Gesetzgebung übergeht. In 2. Ric. II. ist dies Verhältniß soweit consolidirt, daß ein Magnum Concilium der Prälaten und Barone sich für incompetent erklärt zu einer Steuerbewilligung ohne Commoners. In der Geldnoth suchen die Könige wohl von Zeit zu Zeit den anerkannten Grundsatz zu umgehen, indem sie auf einen älteren Specialtitel zurückgehen, bald als Domaineneigenthümer, bald als Lehnsobereigenthümer, bald als Hafenwächter. Da aber Lords, Ritter und Städte in gleichem Interesse zusammenhalten, so bleiben die Versuche vergeblich, und am Schluß der Periode folgt eine nochmalige Zusicherung Richards III.

Von großer Wichtigkeit wurde dafür auch die Concession Eduards I. welche die zu bewilligenden Steuern for the common profit of the Realm erklärt, also ein Stück persönlicher Regierung aufgegeben hatte, um dafür eine Landessteuer einzutauschen, für welche eine Menge Einwendungen wegfielen, für welche aber auch der Anspruch auf Prüfung der Zwecke und Mittel durch die Stände entstand. Die pactenartige Natur aller Steuerbeschlüsse über eine solche Extraordinary Revenue des Königs ist niemals aufgegeben. Die Steuerbeschlüsse sind niemals in die normale Gestalt der Gesetzbeschlüsse gebracht; sie erhielten keinen gesetzartigen Consens des Königs, an den sie vielmehr in formeller Urkunde adressirt werden, welche man später in das Protocoll des Parlaments eintrug. Das letzte Beispiel besonderer Bewilligungen nach verschiedenem Maßstab ist in 18. Edw. III. In den späteren Protocollen werden beide Häuser neben einander erwähnt, oft mit dem Bemerken, daß eine gemeinsame Berathung vorangegangen. Die verschiedenen alten Steuerweisen auxilia, scutagia, hydagia, tallagia, werden noch lange ausdrücklich genannt, fließen aber unter dem Hause Lancaster immer mehr in allgemeine Namen zusammen. Als das gewöhnliche Steuersimplum galt in dieser späteren Zeit eine Subsidie zu 70,000 £ und $\frac{2}{15}$ zu je 29,000 £.

II. Der Antheil der Commoners an der laufenden Reichsregierung entwickelt sich in Form von Petitionen, Landesbeschwerden, Anträgen, Anklagen.[2]) Die Erörterung der Beschwerden hatte freilich wegen ihrer richterlichen und administrativen Natur den Schwerpunkt im königlichen Council und in dem großen Rath. Sie wurden von den Receivers entgegengenommen, von den Triers und Auditors referirt und an die competente Stelle gewiesen. Die Grundsätze der Abschichtung der Petitionen: an den „Kanzler", an den „Exchequer", an die „Justices" u. s. w. enthalten eine fortschreitende Auseinandersetzung der Staatsdepartements; mindestens $\frac{9}{10}$ der Petitionen pflegten sich auf die administration of law zu beziehen. Das erste Auftreten der Commoners ist im feudalen Curialstyl dabei sehr bescheiden, vos humbles, pauvres communes prient et supplient pour Dieu et en oeuvres de charité, eine gewöhnliche Formel. Der König im Rath ist den Petitionen gegenüber die active Staatsregierung; ihm gehört die Gerichtsgewalt, die Gewährung neuer Rechtsmittel, die Entscheidung oder Verweisung vorkommender Fälle hierhin oder dorthin. Dem König gebührt das Ernennungsrecht der Reichsbeamten. Der königlichen Gewalt gegenüber erscheint selbst die Versammlung der Prälaten und Barone in diesem Gebiet nur als erweiterter Rath. Die Schlußredaction der Beschlüsse gehört dem Council, die Sitzungsprotocolle werden wie andere records der Staatsverwaltung von den Clerks des Kanzlers geführt. Allein das ganze Mittelalter ist eine thatsächliche Widerlegung der Theorie von einer vollziehenden Gewalt in abstracto. Die Anträge der Commoners, und die von ihnen befürworteten Petitionen erhalten mit jedem Menschenalter einen stärkeren Nachdruck, der ihr Bittrecht in ein Mitbeschließungsrecht verwandelt. Im Hintergrund dieser steigenden Macht liegt die Bedeutung des Grafschafts- und städtischen Besitzes und seiner Steuerkraft. Der formelle Rechtsgrund des Mitbeschließungsrechts ist für das Unter- wie für das Oberhaus allerdings eine Bewilligung der Krone, der materielle Grund aber sind ihre Leistungen für das Gemeinwesen. Den Hebel dazu bildet die Steuerbewilligung, die stetige Verbindung von Beschwerden und Beisteuern, — bei denen es allerdings nicht allzu oft fehlschlug „daß eine Bill in so passender Gesellschaft durchging." Wenn es wahr ist, sagt Hallam, daß die Freiheiten Englands mit Blut besiegelt sind, so ist es eben so wahr, daß sie mit schwerem Gelde erkauft sind.

Die Commons verlangen zunächst eine Kenntnißnahme der immer zahlreicher werdenden Petitionen. Schon in 3. Edw. II. kommen Receivers of petitions auch bei den Gemeinen vor. Nach Vorgang des Magnum Concilium wird ihnen in 12. Edw. III. auch ein Antheil an der Ernennung der Referenten zugestanden, aber kein Entscheidungsrecht, keine Theilnahme an den richterlichen Geschäften des großen Raths. Ihre veränderte Stellung wird auch in dem Sprachgebrauch sichtbar. Die humbles pauvres Communes heißen unter Richard II. schon die right wise, right honourable, worthy and discreet Communs. Die Bittsteller außer dem Hause adressiren ihre Gesuche nicht mehr an den König im Rath oder großen Rath, sondern an das hochansehnliche Haus der Gemeinen selbst, wie solche Petitionen seit Heinrich IV. in großer Zahl vorkommen. Die Antwort auf die Beschwerden pflegte am Schluß der Verhandlungen, also nach den Geldbewilligungen zu erfolgen. Die Versuche dies umzukehren wurden Anfangs zurückgewiesen, zuletzt aber doch in Fällen der Geldnoth nachgegeben.

Ebenso untrennbar von den Geldbewilligungen erschien das Recht der Kenntnißnahme von der Verwendung der früher bewilligten Gelder. Ein Anspruch dieser Art tritt im Beginn der Regierung Richard's II. zum ersten Mal auf, wird mit Verwahrung gegen Präcedenzfälle einmal bewilligt, in schwierigen Zeiten wiederholt, ohne jedoch zu einem System periodischer Rechnungslegung zu führen.

Bedeutungsvoll wird dagegen die Anwendung des Rechts der Anträge auf ein Anklagerecht der Commons gegen die dirigirenden Beamten des königlichen Raths. Das normannische Verwaltungsrecht hatte die Verfolgung der Verbrechen als Theil der Friedensbewahrung zu einer Gemeindepflicht gestaltet, und damit auch ein communales Anklagerecht gebildet. Wie die Communitas der Grafschaft ihre amtlichen presentments als öffentliche Anklagen erhebt, wie seit Eduard III. der Graund inquest sogar das regelmäßige Organ der Anklagen wird, so ließ sich consequent den im Parlament vereinigten Communitates ein Recht der Anklage nicht bestreiten. Als communitas regni beginnen sie von diesem Recht Gebrauch zu machen, zum ersten Mal in 51. Edw. III. (1376), in der Weise eines presentment durch die Grafschaft-Jury. Unter Richard II. werden die Anklagen zahlreich. Die Macht eines solchen Anklägers und die hohe Stellung eines solchen Angeklagten machten diese Fälle selbstverständlich zum Gegenstand der vorbehaltenen höchsten Jurisdiction; sie gehen also an den König im großen Rath, und es beginnt damit das System der impeachments des Unterhauses vor dem Oberhaus.

Aus den Machtverhältnissen hervorgegangen blieb das Petitions-

und Anklagerecht allerdings abhängig von den thatsächlichen Machtverhältnissen, und darum schwankend. In nachhaltigster Weise zeigt sich aber der Fortschritt in dem Uebergang des Petitionsrechts in einen Antheil an der Gesetzgebung.

III. Der Antheil der Commoners an der Gesetzgebung[3]) ist in Form und Inhalt eine Fortbildung ihres Petitionsrechts. In den Fällen nämlich, in welchen einer Landesbeschwerde innerhalb des bestehenden Rechts nicht abzuhelfen war, in welchen es also zur Abhülfe einer neuen Verordnung bedurfte, erging diese verfassungsmäßig von dem König im Rath; in wichtigeren Gegenständen seit Eduard I. mit Zustimmung der Prälaten und Barone im großen Rath. Von einer Zustimmung der Commoners war noch nicht die Rede. Allein der Antrag selbst enthielt die Zustimmung der Commons, und damit auch ihre im Voraus erklärte Zustimmung zu dem zu erlassenden Gesetz. Die wachsende Autorität der Commons giebt dieser virtuellen Zustimmung allmälig einen solchen Werth, daß man beginnt, ihren Consens auch formell zu erwähnen, wie dies einmal im letzten Regierungsjahre Eduards I. und unter Eduard II. mehrmals geschehen. Es wiederholt sich der Gang der Sache wie bei den Notablenversammlungen unter Heinrich II. und III. Die Erwähnung der Zustimmung, welche Anfangs nur als Act der Convenienz, als angemessen gebraucht ist, wird allmälig zu einer Forderung in gewissen Gebieten, welche sich stetig erweitern. Den Wendepunkt für diese Stellung bildet die lange geldbedürftige Regierung Eduard's III., welche von Jahr zu Jahr, im Ganzen nicht weniger als 70 Mal, vollständige Parlamente zu berufen veranlaßt war. Die Commons, bis dahin nur gelegentlich in den Parlamentsbeschlüssen erwähnt, werden jetzt selten mehr weggelassen, ihre Mitwirkung immer häufiger auch schon im Eingang der Gesetzbeschlüsse erwähnt. Der gewöhnliche Styl unterscheidet nun Antrag und Zustimmung: der König verordnet auf Antrag der Gemeinden mit Beistimmung der Lords und Prälaten. Die Parlamentsrollen ergeben, daß wirklich die wichtigeren Beschlüsse durch sie veranlaßt waren. Es war nur noch ein Schritt von einer solchen Initiative bis zu einem Zustimmungsrecht. Schon Eduard III., in der Geldverlegenheit und um ein Gegengewicht gegen die großen Barone zu gewinnen, sah sich am Schluß seiner Regierung zu einem allgemein gefaßten Zugeständniß gedrängt. Eine ausdrückliche Anerkennung folgt in 5. Ric. II.:

Es sei des Königs Wille den Rath und die Zustimmung der Gemeinen zu haben bei Feststellung und Einregistrirung der Gesetze, der Geldbewilligungen und aller sonstigen Dinge für den gemeinen Nutzen des Königreichs.

Seit 1384 erfolgen auch keine Specialberufungen mehr, sondern nur generelle für allgemeine Landesangelegenheiten; und es beginnt wie bei den Lords die gewöhnliche Zurückdatirung der ständischen Ansprüche. In einer Petition 2. Henr. V. erklären die Commons:

es sei die Freiheit der Gemeinen, daß kein Statut ohne ihre Zustimmung erlassen werde; sie seien stets ebensowohl Zustimmer als Petenten gewesen, und bäten daher, daß in Zukunft ihren Petitionen nichts hinzugefügt oder abgenommen würde.

In Erwiederung hierauf bewilligt der König, daß sie fortan in keinem Falle gebunden sein sollen ohne ihre Zustimmung (Rot. Parl. 2. Henr. V.). Seit Heinrich VI. wird es Sitte die Vorschläge sogleich in Form eines Gesetzentwurfs (bill) einzubringen. Seit Heinrich VII. wird das Zustimmungsrecht der Gemeinen in ganz gleicher Weise ausgedrückt wie das der Lords; die heutige Eingangsformel der Parlamentsstatuten hat sich indessen erst seit der katholischen Marie gebildet.

Im Zusammenhang damit steht nun die Aenderung des Sprachgebrauchs. Seit der Zeit, in welcher Heinrich II. und III. wichtige königliche Verordnungen mit Zustimmung von Notablenversammlungen erlassen hatte, begann man die solenneren Gesetzerlasse als Assizes, von den einseitigen königlichen Erlassen zu sondern. Die jetzigen Gesetze sind Vereinbarungen des Königs mit allen drei Ständen des Reichs, Prälaten, Baronen und Gemeinen (Statuta); woraus alsbald gefolgert wird, daß was zwischen dem König, dem großen Rath und den Gemeinden vereinbart worden, auch nur durch gemeinsamen Consens wieder aufzuheben ist. Mit 1. Edw. III. beginnt die englische Jurisprudenz, die sogenannten Statuta nova, weil erst von dieser Zeit an die Mitwirkung der drei Stände eine regelmäßigere ist. Sie werden als Landtagsabschiede mit fortlaufenden Kapiteln citirt. Die älteren gleich geltenden Verordnungen seit der M. Charta (Statuta vetera) werden angewandt, ohne näher einzugehen auf den Charakter der anordnenden Autorität. In weiterem Zusammenhang damit steht die beginnende Scheidung zwischen eigentlichen Gesetzen und anderen Beschlüssen. Unter dem System persönlicher Regierung lagen Einzelentscheidungen, zeitweise Verwaltungsmaßregeln und dauernde Verordnungen in buntem Gemenge. Oft blieben bewilligte Petitionen noch Jahre lang liegen ehe sie ausgeführt oder publizirt wurden. In der Regel sichtete das Council am Schlusse des Landtags die bunt durcheinander liegenden Beschlüsse und sorgte für die Ausführung. Insbesondere aber war es das Geschäft der Richter, die Beschlüsse auszusuchen, welche dauernder Natur, zur Kenntnißnahme der Gerichte in die sogenannte „Rolle der Statuten" eingetragen werden. Seitdem nun das Mitbeschließungsrecht der Stände auftritt, verlangen diese auch eine Theilnahme an jener Sichtung. Schon im Parlament 14. Edw. III. wird eine Anzahl von Prälaten, Baronen und Räthen nebst 12 Rittern und 6 Bürgern ernannt, um solche Petitionen und Bescheide zu bearbeiten, und im Entwurf zu redigiren, welche sich zu dauernden Anordnungen eignen (vergl. 15. Edw. III. c. 7.) Mehr als einmal fragt der König selbst die Gemeinen, ob gewisse Bewilligungen auf dem Wege eines Statuts oder einer Ordonnanz ausgeführt werden sollen, worauf sie erwiedern: die letztere Art sei vorzuziehen, damit die erforderlichen Verbesserungen leichter zu machen seien. Es tritt damit eine Unterscheidung zweier Klassen von Gesetzesakten auf:

1) Ordinances, Proclamations, d. h. Verordnungen, die nach alter Weise einseitig vom König erlassen werden, in der Regel mit Beirath des Council, und zuweilen noch des großen Raths.

2) Statutes, welche nach der neueren Weise mit den drei Ständen vereinbart, als dauernde Reichssatzungen in die Statutenrolle eingetragen und publicirt werden.

In den laufenden Geschäften indessen dauert die alte Vermengung fort. Einzelbescheidungen, Beschlüsse über Verwaltungsmaßregeln, Motionen, Anträge auf königliche Gnadenbewilligungen, Pairsernennungen u. s. w. werden in bunter Reihe und oft mit Erwähnung der Zustimmung des Hauses in die Parlamentsrolle eingetragen, ohne daß sie deswegen als Gesetze gelten oder als solche publicirt werden. Sie werden vielmehr durch Charten, Patente, Verwaltungsdecrete ausgeführt, oder nicht ausgeführt, oder modificirt, so daß der specielle Charakter des Beschlusses oft erst bei späteren Reklamationen in Frage kommt. Ebenso bleibt aber auch in der rechtlichen Wirksamkeit noch eine coordinirte Stellung. Die englische Verfassung schafft in der Regel cumulirte Gewalten. Bis zum Schluß des Mittelalters gehen noch königliche Charters und Ordinances mit voller Gesetzeskraft neben den Statuten einher; sogar die entscheidende Verordnung über das Steuerbewilligungsrecht, die confirmatio chartarum 25. Edw. I., hat noch die Gestalt der einseitigen Anordnung. Die Stadtrechte, die städtischen Berufungen zum Parlament, die späteren Incorporationscharten der Städte sind weitere Beispiele dieser Fortdauer persönlicher

Gesetzgebungsgewalt, die nur materiell beschränkt wird durch den Grundsatz, daß das durch Statuten mit den 3 Ständen des Reichs Vereinbarte nicht mehr einseitig durch Ordinances rückgängig gemacht werden könne. Eine Ueberschreitung dieser materiellen Grenze wurde durch das Beschwerde- und Anklagerecht der Parlamente geahndet. Die spätere Zeit führte im Ganzen zu einer Beschränkung der Verordnungsgewalt, da die wichtigsten Verhältnisse immer vollständiger durch Parlamentsstatuten geordnet wurden. Zeitweise konnte das Verordnungsrecht für neue Verhältnisse aber auch wiederum eine sehr erweiterte Gestalt gewinnen, wie dies in der folgenden Periode eingetreten ist.

Dieser Entwickelungsgang der Rechte der Commons führte nun aber von selbst und stillschweigend zu einer Trennung des Gesammtparlaments in zwei Häuser.[4])

Sie war die nothwendige Folge der Stellung der Krone und des weiten Vorsprungs, welchen das Haus der Lords bereits gewonnen hatte, als die Commons in Anfangs sehr bescheidener Stellung hinzutraten. Der Beschluß über Krieg und Frieden und völkerrechtliche Verträge, die Anordnung und Führung der bewaffneten Macht zur See und zu Lande, directes und indirectes Schatzungsrecht, Gerichts- und Polizeigewalt, provinzielle und locale Regierung, Aemter, Charten, franchises und liberties, alle obrigkeitliche Gewalt lag in der Krone: omnis libertas Regia est et ad coronam pertinet (I. Parl. Writs p. 383). An dies königliche Recht schloß sich das parlamentarische, das von den Ständen durch staatliche Leistung wohlerworbene Recht der Mitbeschließung. Die Krone war verwiesen auf ihre willige, kraftvolle Mitwirkung in Allem, wozu die herkömmlichen festen Einkünfte des Königs oder seine anordnende Gewalt nach den jetzt grundsätzlich befolgten Artikeln der Magna Charta nicht mehr ausreichten. Die Thätigkeit des Parlaments schließt sich daher als ein Mitsprechen an eine Staatsregierung in ihrer ganzen Machtfülle an. Der große Rath der Barone hatte dazu eine vierfache Stellung gewonnen (1) als höchstes Reichsgericht, (2) als steuerbewilligende Versammlung, (3) als höchste berathende Versammlung des Reichs, (4) als gesetzgebende Versammlung. An dem ersten Theil dieser Functionen konnten gewählte Abgeordnete nach der herkömmlichen Gerichtsverfassung keinen Antheil nehmen. Dagegen schloß sich ihr Steuerbewilligungsrecht eng correspondirend an das der Barone und Prälaten an, und wurde im Verlauf der Periode sogar das überwiegende. Eben dadurch wurde ihre Theilnahme an den Gesetzberathungen immer mehr zur Nothwendigkeit, und in einzelen Fällen auch die Theilnahme an der Bestimmung über den Gang der höchsten Reichsverwaltung. Wie weit die Theilnahme von mehren hundert gewählten und wechselnden Abgeordneten an den Staatsgeschäften wirklich gehen konnte, dafür mußte sich die Grenze schrittweise durch die Erfahrung ergeben. Trotz der Gleichheit der Rechtsgrundlage eigneten sich die beiden großen Bestandtheile des Parlaments nicht zu einer Abstimmung nach Köpfen und nach Majoritäten, auf die es bei den ersten Berufungen der Commoners überhaupt noch nicht abgesehen war. Selbst bei einer Abstimmung über die Subsidien konnten Personen, die für ihren eigenen Domänenbesitz steuern, rechtlich nicht auf eine Linie treten mit solchen, die als Bevollmächtigte einer Grafschaft oder Bürgerschaft ihre Stimme abgeben. Eine solche Confusion der steuerbewilligenden Versammlung war unverkennbar gegen das Interesse beider Theile selbst. Dem formellen Gange nach ferner entstand eine äußere Trennung dadurch, daß die Commons in den ersten Menschenaltern regelmäßig nur als berathende Versammlung einberufen wurden, „ad faciendum, quod communi concilio ordinabitur". Nach ihrem Erscheinen, in welcher Form sie auch empfangen werden mochten, zogen sich die Lords und Prälaten in die Staatsberathungszimmer zurück und ließen die Commons für sich. Die Zurückbleibenden fanden sich aber bereits nach einem Menschenalter mit dem Gefühl einer Körperschaft beisammen. Schon in 8. Edw. III. findet sich eine Berathung, zu welcher die Ritter der Grafschaft und die gentz de la commune zusammentreten und eine gemeinschaftliche Antwort geben. In 13. Edw. III. geben die gentz qui sount cy a Parlement pour la commune eine gesonderte und von dem großen Rath abweichende Antwort. In 25. Edw. III. ist von einer Berathung der Commoners in dem Chapter House die Rede, und seitdem finden unverkennbar die Versammlungen der beiden Theile in verschiedenen Localen statt. Beide verhandeln getrennt unter sich und mit dem Könige. In 51. Edw. III. wird der erste Sprecher der Commons erwähnt, der für sie Gesammterklärungen abgiebt. Unter Richard II. stehen sie als formirte Körperschaft da; bei der Absetzung Richard's II. als anerkanntes Glied der jetzigen Stände des Reichs. Der usurpirte Thron des Hauses Lancaster stand seitdem nicht auf Geburtsrecht, sondern auf Anerkennung des Parlaments. Es kommt daher die Zeit gegenseitiger Anerkennung der Verhältnisse, wie sie empirischer geworden waren, daher auch einer klareren Auseinandersetzung der Functionen, welche in dem Parlament von Gloucester 9. Henr. IV. ihren Ausdruck findet. Die beiden Häuser treten hier durch ausdrückliche Declarationen einander als gesonderte Körper mit gemeinschaftlichen, und auch wieder mit selbständigen Functionen gegenüber. Ihre Uebereinstimmung soll für die Geldbewilligungen vorweg perfect sein, ehe solche an den König gehen; den Commoners gebührt dabei eine Art Vortritt, den Lords der assent. Dagegen haben die Gemeinen eine Theilnahme an richterlichen Geschäften des großen Raths aufgegeben. Die Functionen des „Königs im Parlament" treten seit dieser Zeit deutlich auseinander.

Aus diesem Bildungsgange der parlamentarischen Körperschaften ergaben sich endlich auch die Wahlrechte zum Parlament.[5]) Als Eduard I. zum ersten Mal seine getreuen Communen berief, waren es bestehende Körperschaften, die nach Gesetz und Herkommen mit der Ausübung der Hoheitsrechte des Staats beauftragt, bestimmte Miliz-, Gerichts-, Polizeidienste leisteten, und bestimmte Steuerleistungen in ihrer Mitte aufzubringen hatten. Es verstand sich also von selbst, daß diese Körperschaften so berufen wurden, wie sie verfassungsmäßig ihre öffentlichen Geschäfte versahen: die Grafschaft in ihrem Grafschaftsgericht (county court), die Stadt in ihrer Bürgerversammlung (court leet). Die Theilnahme an den daraus entspringenden collectiven Rechten, also das Stimmrecht, regelte sich selbstverständlich nach dem regelmäßig wiederkehrenden Dienst jener Zeit, also nach dem Gerichtsdienst. Das Gerichtswesen war ja von Alters her die weltliche Civilverfassung. Die Abordnung zweier Ritter und Bürger war eines der vielen Geschäfte, die in der Grafschafts- und in der Bürgerversammlung ebenso vorzunehmen waren wie andere Geschäfte: es verstand sich „in pleno comitatu de consilio et voluntate eoraum de comitatu", wie es schon in einem writ 4. Hen. III. heißt. Die damalige Grafschaftversammlung bestand nun aber, verglichen mit der früheren Periode, in etwas verfallener Gestalt. Die placita coronae waren ihr abgenommen und einem anderen Gange gefolgt. Im Civilproceß konnten noch Gerichtsmänner fungiren, und zwar hauptsächlich Ritter, aushülflich andere Freisassen, die auch als Umstand bei den öffentlichen Gerichtssitzungen anwesend sein mochten. Die Concurrenz der Reichsgerichte und reisenden Richter hatte aber auch diese Civiljustiz zurückgedrängt und auf kleinere Fälle beschränkt. Die periodischen Grafschaftsgerichte waren daher schon weit überwiegend mit Steuer-, Miliz- und anderen administrativen Geschäften befaßt, und als solche schwach und ungleichmäßig besucht — ein Kreistag, bei dem nach allen sonstigen Analogien die Ritterschaft allein das Wort führte, und die meisten Geschäfte mehr durch Acclamation als durch formelle Abstimmungen erledigt wurden. Der eigentlich beschwerliche Gerichtsdienst ruhte auf den Civilassisen mit ihren aus Rittern und 40 sh. freeholders gebildeten Juries; in Strafsachen ebenso auf den Assisen der reisenden Richter mit ihren aus der Hundred gebildeten Rüge- und Urtheilsjuries. Seit der Mitte des 14. Jahrhunderts trat dazu die meistens aus Rittergutsbesitzern gebildete große Jury und das ungefähr ebenso besetzte Amt der Friedensrichter. Diese jetzt eigentlich activen Gerichtsmänner wurden nun aber zum Grafschaftsgericht als solche nicht berufen. Eine so incongruente Gestalt des Wahlkörpers konnte unbeachtet bleiben, so lange die Berufung zum Parlament mehr als eine beschwerliche Pflicht der Steuerzahler erschien. Erst unter dem Hause Lancaster kam mit den tiefer herabgehenden Parteikämpfen die wirkliche Lage der Verhältnisse zur Contestation, und es erscheinen damit die in diesem Zusammenhang wohl selbstverständlichen Statuten. Nach 7. Henry IV. c. 15. (a. 1405) soll die Willkür und Parteilichkeit der Sheriffs aufhören, und im nächsten county court nach Empfang der Wahlorder im vollen Hofe der Wahlact proclamirt und von allen Anwesenden, sowohl den besonders geladenen Gerichtsmännern (suitors) als von den übrigen anwesenden (suitors) vollzogen, und unter dem Siegel aller Wähler in beglaubigter Urkunde ausgefertigt werden. Nach 11. Henry IV. c. 1. sollen die justices of assize eine Entscheidung über den Wahlbericht (return), also im Fall des Streits über die Gültigkeit des Wahlacts haben, und ein gegen die Wahlordnung handelnder Sheriff in 100 £ Strafe verfallen. Nach 1. Henr. V. c. 1. (1413) sollen die Ritter, Rittergutsbesitzer und Andere, welche die Grafschaftsabgeordneten wählen, ansassig (resident) innerhalb der Grafschaft sein und ebenso die Gewählten. In 8. Henry VI. c. 7. wird verordnet, daß künftig nur Freisassen von 40 sh. Jahresrente an den Wahlen Theil nehmen sollen; nach 10. Henry VI. c. 2. nur 40 sh. freeholders innerhalb der Grafschaft. Damit ist das Wahlrecht wieder auf den normalen Grundsatz des Gerichtsdienstes zurückgeführt, der seit länger als einem Menschenalter als Geschwornendienst ebenso begrenzt war. In 23. Henr. VI. c. 15. (a. 1444) wird der Passivcensus hinzugefügt, „daß nur notable Ritter und solche notable esquires und gentlemen der Grafschaft zu wählen seien, welche Ritter werden könnten, aber keine yeomen und darunter," — also ungefähr übereinstimmend mit der Qualification zum Friedensrichteramt, wie denn auch in dieser Periode die custodes pacis regelmäßig als knights of the shire erscheinen und umgekehrt. So ist es 400 Jahre lang dem Princip nach geblieben. Die städtischen Wahlen sind bei der Mannigfaltigkeit der

Verhältnisse durch kein Gesetz normirt, sondern dem inneren Entwickelungsproceß der Theilnahme an der Stadtverwaltung überlassen.

Das Haus der Gemeinen besteht am Schluß des Mittelalters:

1) aus vierundsiebenzig „Grafschaftsrittern", als Abgeordneten der 37 Grafschaften, gewählt von der Ritterschaft mit Concurrenz aller zum Geschwornendienst verpflichteten Land- und Hauseigenthümer (40 sh. freeholders), welche sich indessen in ruhigen Zeiten nur in geringer Zahl zu betheiligen pflegen.

2) Daneben, jetzt noch etwas zurücktretend, über zweihundert Abgeordnete für mehr als 100 Städte und Flecken, gewählt dem Recht nach von der amts- und steuerpflichtigen Bürgerschaft, der Wirklichkeit nach meistens nur von einem engeren Ausschuß, — dem die Stadt- und Polizeiverwaltung führenden Körper.

*) **Die grundlegende Zeit Eduard's** wird in ausführlicher Darstellung gewürdigt in dem Peers Report I. 171—254. In allen Richtungen sind in dieser Zeit die Grundlagen gelegt. In 1. Edw. I. sind zwar schon je vier Ritter aus den Grafschaften und je vier Abgeordnete der Städte geladen, aber nur als Deputationen zur Ableistung des Huldigungseides. — In 3. Edw. I. erwähnt das Statut Westminster I. die Earls, Barons und die „Communitas", aber nur in dem bisherigen Sinne der gesammten Kronvasallenschaft, nicht in dem späteren Sinne der Gentz de la commune. Die Subsidienbewilligungen erfolgen nur durch die Prälaten und Barone im Namen der alii de regno. — In 11. Edw. I. erscheint die erste förmliche Abordnung von 4 Rittern aus der Grafschaft und 2 Männern aus den Städten, die mit „voller Gewalt von ihrer Communitas versehen" erscheinen sollen, um zu hören und thun solche Dinge, welche ihnen von der Seite des Königs gewiesen werden sollen; 32 Grafschaften sollen ihre Männer nach Northampton, 5 sollen ihre Abgeordneten nach York schicken. Es ist dies eine erste, irreguläre Formation. Peers Rep. I. 187., 188. — Zu dem späteren Parlament in Shrewsbury 11. Edw. III. werden für die Verhandlungen über die Einverleibung von Wales 2 Ritter aus jeder Grafschaft und Abgeordnete für London und andere 20 cities geladen. Das Statut Acton Burnell de Mercatoribus wird jedoch vom „König und seinem Rath" beschlossen, eine Zuziehung der Commoners dabei ist nicht ersichtlich. Rep. I. 189—191. — In 12. Edw. III. scheinen die Statuten von Wales und Rutland unter alleiniger Autorität des Königs erlassen. Rep. I. 191. 192. In 13. Edw. I. wird das Statut de donis conditionalibus, das Statut Westminster II. und die Bestätigung der Magna Charta wieder ohne Zuziehung der Communae „habito super hoc cum suo concilio tractatu" erlassen. Rep. I. 194. — In 16. Edw. I. schreibt der Schatzkanzler (nachdem die Barone eine Subsidie abgelehnt haben) ein tallagium von den Städten und Domänen aus. — In 18. Edw. I. werden die Sheriffs angewiesen 2 oder 3 Ritter de discretioribus mit vollen Gewalten für sich und die Communitas comitatus zu senden „ad consulendum et consentiendum his quae comites et barones

et pròceres tum duxerint concordanda"; 5 Grafschaften senden 3 Ritter, alle übrigen 2 Ritter; Städte sind nicht geladen. Die einzige Veranlassung war wohl, ihre Zustimmung zu dem Statut Quia emptores über die Veräußerung der Lehne zu erhalten. Rep. I. 197—204. Die writs zu dieser Versammlung sind die ältesten aus der Zeit Eduard's I. vorhandenen. — In 22. Edw. I. werden 2 Ritter de discrecioribus mit voller Gewalt geladen „ad consulendum et consentiendum zu allen Dingen, welche die Earls, Barons und Proceres beschließen würden"; durch ein zweites writ werden die Sheriffs nachträglich angewiesen außerdem noch zwei weitere Ritter einzusenden. Rep. I. 211. — In 23. Edw. I. erfolgt in großer Kriegs- und Geldnoth die erste regelrechte Ladung, deren writs noch im Original vorhanden sind, für je 2 milites aus jeder Grafschaft, für je 2 Bürger aus 115 cities und boroughs „ad faciendum quod tunc de communi consilio ordinabitur." Zweck ist die Erlangung einer bedeutenden Subsidie. Das Statutum de prisonibus in demselben Jahre scheint jedoch wieder als Ordonnanz des Königs im Rath erlassen. Rep. I. 217, 218. Erst von diesem Jahre an ist die Reihe der Parliamentary writs mit Sicherheit zu verfolgen. — In 24. Edw. I. erfolgt eine neue Subsidienbewilligung der Grafschaften und Städte. — In 25. Edw. I. versucht der König ohne Parlament ein Hülfsgeld durch Ordonnanz im Rath auszuschreiben von allen Grundbesitzern im Werth von 20 £, mögen sie Kronvasallen sein oder nicht. Der Ausbruch eines allgemeinen Widerstandes der Geistlichkeit, der Barone und der Stadt London erzwingt nun aber die Bestätigung der Magna Charta und die Ertheilung der Charte von Gent, welche das Steuerbewilligungsrecht der Prälaten, Barone und Communitates in Parliamento anerkennt; die darauf bezügliche Klausel ist in die Bestätigungscharte der Magna Charta 25. Edw. I. aufgenommen, die frühere einseitige Ausschreibung als unregelmäßig desavouirt. Grafschaften und Städte waren zu diesem Parlament nicht geladen. Es werden aber nachträglich 2 Ritter aus jeder Grafschaft beigeladen, um die Confirmation der articuli insbesondere des Zusatzes de tallagio non concedendo entgegenzunehmen. Rep I. 220—232. Durch diesen Akt erhält das gemeinschaftliche Bewilligungsrecht der Reichsstände seine erste gesetzliche Grundlage. (Das außerdem noch besonders angeführte Statutum de tallagio, angeblich aus 34. Edw. I., ist der Echtheit und der Zeit nach äußerst zweifelhaft Blackstone, Great Charter p. LXV—LXVIII). — In 27. Edw. I. werden die Statuten de finibus levatis und de falsa moneta wiederum ohne Zuziehung der Communae erlassen. — In 28. Edw. I. Ladung von 3 Grafschaftsabgeordneten zu einem concilium ohne Beiladung der Städte. — In 34. Edw. I. erfolgt eine gemeinsame Subsidienbewilligung in einem übrigens unregelmäßig geladenen Concilium Rep. I. 247—250. Diese Grundlagen sind dann unter den folgenden Regierungen zu förmlichen Verfassungsgrundsätzen consolidirt.

I) Die Entwickelung des Steuerbewilligungsrechts der Commons beruht auf der Verschmelzung älterer Steuerverhältnisse, die noch mannigfaltige Schwierigkeiten darbot.

1) Die Kronvasallenschaft war seit Menschenaltern daran gewöhnt, statt der Naturalkriegsdienste Schildgelder zu zahlen. Sollte daraus eine periodische Steuer zu Landesbedürfnissen werden, so ließ sich dagegen einwenden, daß zwar die alte Lehnstaxe die Ritterlehne einander gleich stellte, die

Einkünfte aber in der Wirklichkeit verschieden waren. Gegen eine einfache Gleichstellung mit den anderen Schatzungen ließ sich ferner einwenden, wie schweres Geld die Krone durch relevia, Vormundschaft, Verheirathung und Veräußerungsgebühr von den Kronvasallen erhob. Störend erschien es auch, daß die Kronvasallen unter den drei Eduarden zwischendurch wieder persönlich zum Kriegsdienst aufgeboten wurden. Dazu kam die immer wiederkehrende Verwirrung der Lehnsmatrikel durch die Lehnsveräußerungen. Die scutagia eigneten sich daher nicht zu einer normalen Grundsteuer. Besser dazu geeignet waren die auxilia, die zwar nur für die herkömmlichen drei Ehren- und Nothfälle in der Person des Lehnsherren bestimmt waren, die aber durch freien Entschluß der steuerbewilligenden Versammlung auf periodische Landesbedürfnisse ausgedehnt werden konnten, und zwischendurch auch mancherlei Surrogate zuließen, z. B. die Gestellung eines Fußsoldaten für jede Villata, Beisteuern in Wolle, Wollfellen und anderen Naturalien. Ohne den Rechtstitel der scutagia aufzugeben erscheinen daher die Kronvasallensteuern ziemlich früh unter der allgemeinen Firma von aids.

2) Die Steuergruppe der Untervasallen und ländlichen Freisassen stand in einem etwas gemischten Verhältniß, welches sie aber als Steuerzahler immer mehr mit den kleinen Kronvasallen zusammenbrachte. Der Untervasall sollte ursprünglich seine auxilia und scutagia an den Privatlehnsherrn zahlen, so oft dieser an den König zahlte. Allein die Krone wie der Untervasall hatten das Interesse, die Steuer lieber unmittelbar von dem Steuerobject zahlen zu lassen. Aus dieser Tendenz ging das St. Quia Emptores 18. Edw. I. hervor, welches jeden neuen Lehnskäufer zum unmittelbaren Vasallen, d. h. unmittelbaren Steuerzahler macht. Die ganze Regierung Eduards I. zeigt die consequente Tendenz, die Unterschiede zwischen mittelbaren und unmittelbaren Vasallen im Interesse der Krone zu beseitigen. Peers Rep. I. 248—250. Alles Freisassengut in free socage war schon herkömmlich zu den auxilia in Ehren- und Nothfällen herangezogen. Rep. 322. Sobald man also die auxilia zum Grundtypus der Besteuerung machte, war ein ziemlich gleichmäßiger Maßstab gewonnen für den gesammten ländlichen Freibesitz. (Bemerkungen über die Verschiedenheiten der tenures und aids giebt der Peers Rep. I. 274. 275.) Alle solche Schwierigkeiten konnten nur aus freiem Entschluß der Steuerzahler überwunden werden, der sich fand, je häufiger sie zur Steuerberathung zusammen kamen, um sich gegenseitig über Pflichten und Interessen zu verständigen. Ein Hinderniß der Verständigung bildeten lange Zeit die hohen Tagegelder der Grafschaftsabgeordneten. Die Untervasallen konnten dagegen einwenden, daß sie durch ihre Lehnsherren vertreten seien; allein die mittelbaren Lehnsverhältnisse treten immer mehr zurück, diese Frage ist daher stillschweigend wenn auch langsam beseitigt. Dagegen kehren in der Klasse der kleineren Freisassen fortwährend Streitigkeiten wieder. Je mehr sich die Repräsentation fortbildet, desto mehr wird der Beitrag zu den Tagegeldern ein Haupt-Merkmal des stimmberechtigten Steuerzahlers, und andererseits geriren sich die Grafschaftsritter immer vollständiger als Repräsentanten aller Personen, die zu ihren Tagegeldern beitragen, nämlich (1) der kleinen Kronvasallen, (2) der Untervasallen, (3) der beitragenden Freisassen zu nichtschildpflichtigem Besitz. Durch St. 12. Rich. II. c. 12. wird das Herkommen als maßgebend anerkannt. So lange diese Verhältnisse noch in der Bildung waren, fanden Rückfragen und

Rücksprachen der Grafschaftsabgeordneten mit ihren Auftraggebern Statt (Rep. I. 308, 309) welche dieser früheren Stufe der Steuerentwickelung angehören. In manchen Grafschaften wie in Kent erhielten sich abweichende Beitragsverhältnisse, Parry 76. Noch abweichender blieben die Verhältnisse der fünf Häfen, welche den Kriegsvasallen analog schwere Verpflichtungen zur Seevertheidigung in natura erfüllten, deshalb mit Beiträgen zu den Hülfsgeldern verschont wurden, und deshalb auch erst später Repräsentanten zum Parlament sandten.

3) Die Städte waren von Alters her einem arbiträren Schatzungsrecht unterworfen, welches die Krone niemals ausdrücklich aufgab. In der Confirmatio Chartarum ist eine ausdrückliche Zusicherung an die Städte vermieden, und noch in 6. Edw. III. wird Bezug genommen auf die herkömmlichen tallagia. Allein die vertragsmäßigen Ablösungen der städtischen Gefälle, das Interesse der Krone bei Erhaltung ihres Wohlstandes, die innere Nothwendigkeit einer gleichmäßigen Besteuerung brachte die tallagia immer mehr auf den Fuß der auxilia der Lehnsvasallen. Die Bewilligungen von Zehnteln, Funfzehnteln und anderen Einkommensteuern waren ausdrücklich nur aus „gutem Willen" gemacht. Der entschiedene Widerstand, besonders von Seiten Londons, hatte zur Erzwingung der Confirmatio Chartarum 25. Edw. I. beigetragen. Die Krone fand überdies, daß sie durch die gütliche Verhandlung weiter kam. Von Hause aus war hier also ein Gemisch von alter Verpflichtung und neuer Bewilligung aus gutem Willen. Die Krone sah sich daher veranlaßt die Ladung auf cities und boroughs möglichst weit auszudehnen, da wenn man nur zu einer Verständigung mit den einflußreicheren gekommen war, die beigeladenen kleineren sich fügten. Seit 6. Edw. III. scheint das alte Recht der tallagia aufgelöst in diese Subsidienbewilligung Rep. I. 305—306. So lange die Verhältnisse aber noch im Werden waren, bedurfte es öfter der Rückfrage der städtischen Abgeordneten bei ihren Auftraggebern, wie in 13. Edw. III. Nach anerkanntem Steuermaßstab fallen diese Rückfragen weg.

4) Die alten Domänen in Antient demesne befanden sich in einem exemten Verhältniß, in welchem ein arbiträres Schatzungsrecht der Krone noch länger fortdauern mußte. Roport I. 280. Aus wirthschaftlichen und rechtlichen Gründen konnte man sie aber doch nicht überbürden, und mußte auch bei ihnen einen parallelen Maßstab der Besteuerung annehmen. Man citirte ihre Abgeordneten öfter zum Parlament, ließ sie aber niemals mit den Commoners zusammentreten und niemals einen Theil des Parlaments bilden. Je mehr man sich gewöhnte, sie selbstverständlich auf gleichen Steuerfuß mit den Freisassen und Städten zu bringen, umsomehr verschmelzen sie mit der steuernden Communitas, und schon in 15. Edw. II. geriren sich die Stände des Reichs auch als Repräsentanten der alten Domainenbauern. Rep. I. 283.

5) Die Geistlichkeit wehrte sich seit der Bulle Urbans grundsätzlich gegen jede Besteuerung zu weltlichen Zwecken. Nachdem Eduard I. mit Unterstützung der übrigen Stände diese grundsätzliche Weigerung gebrochen hatte, hielt man wenigstens einen Unterschied fest zwischen der Besteuerung ihrer Temporalien und ihrer Spiritualien. Für die ersteren treten die Prälaten im Oberhause mit den weltlichen Lords zusammen als eine Repräsentation der geistlichen Kriegslehne. Für die Spiritualien (Zehnten u. A.) wird nochmals mit den Bischöfen und mit den Repräsentanten der niederen Geistlichkeit in der

Convocation verhandelt und auch von dieser Seite ein entsprechendes donum bewilligt.

Wie nun die Verhältnisse der Kronvasallen dahin führten, ihre Steuerbeiträge in den unbestimmteren Begriff von auxilia aufzulösen, so führte die Concurrenz der Städte, der Domänenbauern und der Spiritualien dahin die Form der Einkommensteuer, (Zehntel, Funfzehntel ꝛc.) zu dem Grundmaßstab zu machen, innerhalb dessen der Lehnsbesitz seine Hülfsgelder wohl nach herkömmlichem Maßstab zahlte. Von 23. Edw. I. bis 18. Edw. III. finden sich daher folgende Steuerbewilligungsgruppen:

	Clerus.	Barons.	Grafsch.	Städte.	Domainen.
23. Edw. I.	1/10	1/11	1/11	1/7	1/7
24. Edw. I.	0	1/12	1/12	1/8	—
25. Edw. I.	1/9	1/9	—	—	—
29. Edw. I.	0	1/15	1/15	1/15	—
34. Edw. I.	1/13	1/13	1/13	1/20	—
1. Edw. II.	1/15	—	1/20	1/15	1/15
7. Edw. II.	—	1/20	1/20	1/15	1/15
10. Edw. II.	—	1/16	1/16	—	—
12. Edw. II.	—	1/18	1/18	1/12	—
15. Edw. II.	1/10	1/10	—	1/6	1/6
6. Edw. III. . .	1/15	1/15	1/15	1/10	1/10
8. Edw. III. . .	1/10	1/15	1/15	1/10	—
10. Edw. III. . .	1/6	1/20	1/20	1/10	—
11. Edw. III. . .	1/10	1/10	1/10	1/15	—
18. Edw. III. . .	1/10	2/15	2/15	2/10	—

Die Unregelmäßigkeit in dieser Reihe erklärt sich theils aus der verschiednen Stellung der Steuerobjekte, theils daraus, daß zwischendurch andere Bewilligungen in Naturalleistungen erfolgen. In 9. Edw. II. bewilligen Barone und Grafschaften von jeder villa im Reich einen Fußsoldaten mit Ausrüstung und Sold; Städte und Domainen geben dafür im nächsten Parlament 1/15. — In 10. Edw. III. wird die Bewilligung ergänzt durch eine Steuer von 40 sh. für jeden Sack Wolle, der von englischen Kaufleuten exportirt wird, 3 £ von fremden Kaufleuten. — In 13. Edw. III. bewilligen Earls and Barons für sich und für „ihre Peers of the Land, welche by barony besitzen", das zehnte Schaffell und Lamm von ihren Domainen; die Commons 2500 Sack Wolle. — In 14. Edw. III. bewilligen die Prälaten und Barone für sich und ihre Lehnsmannen das neunte Schaffell und Lamm auf 2 Jahre; die Ritter der Grafschaften für sich und die communes de la terre ebenso; die Städte den wirklichen Neunten von ihrem beweglichen Gut; die Merchants, die nicht in Städten ansässig und andere Bewohner von forests und wastes 1/15. — In 20. Edw. III. wird unrechtmäßig ein auxilium von 40 Sh. für den Ritterschlag des Prinzen von Wales erhoben, obgleich die Commons nach dem Statut Westminster I. nur 20 sh. zugestehen und ihre Zustimmung verweigern. — In 45. Edw. III bewilligen beide Häuser eine Subsidie von 50,000 £ und ebenso der Clerus ein Hülfsgeld von 50,000 £. Bei dem ersteren war vorausgesetzt, daß jedes Kirchspiel 22 s. 3 d. zahlen solle; man hatte sich aber in der Zahl der Kirchspiele so gröblich verrechnet, daß bald darauf ein engerer Ausschuß einberufen wurde, welcher 106 sh. für jedes Kirchspiel bewilligt, um die Summe von 50,000 £ herauszubringen. — In 46. Edw. III. zeigt sich die Unsicherheit der Verhältnisse noch einmal darin, daß die Grafschaftsritter entlassen, die Städter aber zurückbehalten und bewogen werden, gewisse Abgaben von Wein und Waaren noch auf ein ferneres Jahr zu bewilligen. Parry 133. Selbst am Schluß dieser Regierung sind noch nicht alle Reservationen aufgegeben. Es heißt in 51. Edw. III.: „der König sei nicht Willens, irgend eine Last dem Volke aufzulegen, ohne Zustimmung der Commons außer in Fällen großer Nothwendigkeit und zur Vertheidigung des Reichs, und wo er es mit Recht thun könne". Parl. Hist. I. 328.

Seit 8. Edw. III. hatte man sich jedoch über feststehende Steuerquoten von Grafschaften und Städten vereinigt, welche das Bewilligungsgeschäft vereinfachten. Die Commons beginnen bald darauf sich eine Deputation der Lords und Prälaten zur Vorberathung zu erbitten. Nachdem beispielsweise in 47. Edw. III. auf ihren Antrag eine Anzahl von Bischöfen und Lords ernannt ist, überreichen sie in der darauf folgenden Plenarversammlung ihre schriftliche Bewilligung, die mit den Worten beginnt: „Die Lords und Commons von England haben dem König in diesem gegenwärtigen Parlament bewilligt einen Funfzehnten" u. s. w. Rep. App. IV. 659—662. Diese Conferenz mit Deputirten des Oberhauses wird nun längere Zeit die gewöhnliche Form der Verhandlung. Meistens benennen die Commons selbst die ihnen genehmen Personen. In 6. Rich. II. bezeichnen sie 3 Prälaten, 3 Earls, 3 Barons; das Gesuch wird bewilligt mit dem Proviso, daß es Sache der Auswahl des Königs sei, solche Bischöfe und Lords zu bezeichnen, welche er geeignet befinde, oder andere von ihm zu nominirende. (Aehnlich in 4. Henr. IV.). — In 7. Rich. II. bewilligen die Commons „mit Zustimmung der Lords" $^{2}/_{15}$, — dann nochmals in demselben Jahre Lords und Commons einen halben Zehnten und Funfzehnten. — In 11. Rich. II. ist allgemein von Bewilligung einer Subsidie durch die Commons die Rede. — In 21. Rich. II. machen Lords und Commons dem König eine bedeutende Bewilligung sogar auf Lebenszeit (was noch einmal in 3. Henr. V. wiederkehrt). — In 13. Henr. IV. bewilligen die Commons mit Zustimmung der Bischöfe und Lords eine Subsidie, wobei die Beiträge vom Grundbesitz geradezu als eine Grundsteuer (Land tax) bezeichnet werden. Parl. Hist. II. 119. Bewilligung der Commons mit Assens der Bischöfe und Lords ist von dieser Zeit an die häufigste Formel, namentlich in 3. 4. 5. Henr. V. 18. Henr. VI. 22. Edw. IV. Abgesehen von der immer noch variirenden Ausdrucksweise beurkundet sich jedoch das Schwankende des Steuersystems und die Unerfahrenheit der Steuerzahler auch noch in zahlreichen Steuerexperimenten. Schon erwähnt ist die wunderliche Bewilligung einer gleichen Summe von jedem Kirchspiel in 45. Edw. III., wobei das Parlament eine fünffach höhere Zahl von Kirchspielen angenommen hatte, als vorhanden. — In 51. Edw. III. bewilligen die Lords und Commons eine Kopfsteuer von 4 d. von allen männlichen und weiblichen Personen über 14 Jahre alt, ausgenommen Bettler, — mit der Entschuldigung, daß sie zur Zeit nicht mehr zahlen könnten. Dieser Mißgriff der besitzenden Klassen wiederholt sich im Anfang der Regierung des minderjährigen Richard II. und führt den gewaltsamen Aufstand der arbeitenden Klassen herbei, nach welchem die unglückliche Kopfsteuer nicht wieder vorkommt. — In 5. Rich. II. wird noch eine Subsidie in Wolle bewilligt. — Unter dem Hause Lancaster schmelzen aber die früher vereinzelten Beiträge vom Grundbesitz und vom beweglichen Vermögen immer regelmäßiger zu der Bezeichnung von Subsidien und Funfzehnten zusammen. Nach Coke IV. Inst. p. 33 galt in dieser späteren Zeit die Bewilligung einer Subsidie im Betrage von 70,000 £ und zweier Funfzehnten im Betrage von 29,000 £ als das regelmäßige Steuersimplum. Der Grundbesitz sollte nominell 4 sh. pro £, also 20 % steuern, das bewegliche Einkommen $2^2/_3$ sh. pro £, also $13^1/_3$ %, jedoch mit Zugrundelegung alter, sehr niedriger Localtaxen. Brady on boroughs 69.

Das in dieser Weise experimental fixirte Steuerbewilligungsrecht der Stände ist in der That eine normale Rechtsbildung. Die Sonderrechte der Klassen finden sich wieder und gehen auf in einem gemeinsamen ständischen Consens. Während die steuernden Gruppen in Deutschland nach Curien gesondert nur in der Noth zusammenhalten, dann aber zerbröckeln und verfallen, liegt die Eigenthümlichkeit Englands in dem ernsten und dauernden Zusammenhalten der Stände. Da Lords, Ritter und Städte sehr wesentlich gleiches Eigenthumsrecht und gleiche Steuerpflicht anerkennen, da sie unter gleichmäßigem Druck die Nothwendigkeit des Zusammenhaltens gelernt, bleibt ihnen auch das Bewußtsein der Zusammengehörigkeit. Der große Grundbesitz hat hier keine Steuerfreiheit, keine Gerichtsgewalt, kein Schatzungsrecht über Hintersassen zu vertreten: darum zeigt uns England die im deutschen Mittelalter unmögliche Erscheinung eines Zusammentretens der Reichs- und der Provinzialstände (Lords, Reichsprälaten — Ritter, Städte) in einen einheitlichen Körper. Eigenthümlich und entscheidend ist namentlich das Zusammenhalten von Ritterschaft und Städten, da weder Unveräußerlichkeit der Güter noch ausschließliche Gewerbsrechte beide gegen einander abschlossen.

2) **Das Recht der Commons zu Petitionen und Anträgen** gewinnt seine Bedeutung durch Umstände, die sich stets von selbst zur Geltung bringen, wo steuerbewilligende Versammlungen der angesehensten Männer periodisch zusammentreten und mit dem königlichen Rath persönlich verhandeln. Die Hauptmomente sind folgende:

1) Die rechtliche Grundlage einer langen Kette von Petitionen bildet die Magna Charta und ihre Ausführungsgesetze, die wie eine geschriebene Verfassungsurkunde Grundlage bestimmter Forderungen an die Reichsverwaltung werden. Das Königthum erkennt die Verpflichtung an, den Unterthanen Recht zu gewähren, und die so oft wiederholte Magna Charta zur Anwendung zu bringen, — nicht aus königlicher Gnade, sondern ex debito justiciae. Natürlich erheben sich stets Zweifel über die Auslegung der Gesetzesartikel, bei welchen das Council die wirklichen Anforderungen des Staats und der königlichen Rechte gegen extravagante Zumuthungen mit großer Consequenz wahrt. Wo indessen die Landesbeschwerden wirklich begründet sind, machen sie sich meistens bald geltend, theils durch die moralische Kraft, welche jeder Berufung auf den klaren Gesetzesbuchstaben zur Seite steht, theils durch das Steuerbewilligungs- und Anklagerecht, welches im Hintergrunde steht. Die Zahl der Petitionen wuchs in ansehnlichem Maße. In 1. Rich. II. werden 69 Petitionen von den Communitates vorgelegt, 14 vom Clerus, 9 von der City von London u. a. Die durchgesetzte Petition bildet einen Präcedenzfall zur Verstärkung jeder fol-

genden. In den wichtigsten Fällen erfolgt die Abhülfe durch ein neues Statut, welches durch den genauen Wortausdruck die Rückkehr desselben Verwaltungsmißbrauchs abschneiden soll. Ein Hauptbeispiel ist in 20. Edw. III. die Beschwerde über die Commissions of array aus der Kanzlei, durch welche der König die Grafschaftsmilizen zu auswärtigen Kriegen verwende ohne Bewilligung des Parlaments, worauf das St. 25. Edw. III. st. 5. c. 8 erfolgt.

2) Das thatsächliche Compelle aber, welches den Anträgen Nachdruck giebt, ist das Steuerbewilligungsrecht. Sobald die Commons ihre Zusammengehörigkeit in der Steuerbewilligung fühlen, folgen sie auch dem Beispiele der Barone, die Subsidien an Bedingungen zu knüpfen. Schon in 2. Edw. II. wird 1/25 bewilligt unter der Bedingung, daß der König acht vorgelegten Beschwerdeartikeln abhelfen wolle, was der König verspricht. In 18. Edw. III. kommen ähnliche Bedingungsstellungen vor, die sich unter seiner langen Regierung oft wiederholen. In 22. Edw. III. werden 3/15 unter der Bedingung bewilligt, daß künftig keine Auflage (tallagium) oder Zwangsanleihe oder sonst auferlegt werde durch den Rath des Königs ohne Bewilligung und Zustimmung der Commons im Parlament und daß dies statutarisch ausgesprochen werde. In 2. Rich. II. unter der Bedingung: der König möge geruhen darzulegen, in welcher Weise die großen für den Krieg bewilligten Summen ausgegeben seien. Die Antwort lautet: Es sei noch niemals eine Rechnung über Subsidien gelegt werden, doch solle das Verlangen bewilligt werden ohne Präcedenz für die Zukunft, Parry 140. Kurz nachher erhält indessen das Unterhaus die Anzeige, daß (ohne eine Petition abzuwarten) die Schatzbeamten bereit seien, ihre Rechnungen vorzulegen. Auf Gesuch der Commons werden 9 Commissarien ernannt, um zu untersuchen den status der Revenue und die Verfügung über das bewegliche Vermögen des hochseligen Königs. — In 3. Rich. II. bewilligen sie eine Subsidie mit der Bitte an den König, daß er kein anderes Parlament berufen möge, um seine armen Commons zu schatzen, bis 1 Jahr nach dato. Parl. Hist. I. 357. In 6. Rich. II. bewilligen sie 1/10 und 1/15 „so zu verwenden, wie es der (minderjährige) König mit Beirath seines Council und der Lords of the Realm angemessen finden werde." Die Reihenfolge zwischen Subsidien und Beschwerden wird frühzeitig ein Streitpunkt. Das Council giebt je nach der Dringlichkeit der Beschwerden und des Geldbedürfnisses von Zeit zu Zeit dem Verlangen nach, die Beschwerden zu beantworten vor der Subsidienbewilligung. Gnadenacte der Krone sollen aber niemals von solchen Bedingungen abhängig gemacht werden (5. Rich. II., Parry 145.). Unter den mannigfaltigen Bedrängnissen der Regierung Heinrichs IV. und im weiteren Verlauf des Hauses Lancaster ist das Recht der Commons, Bedingungen für die Verwendung der Subsidien zu bestimmen, in besonders gearteten Fällen Rechnungslegung zu fordern und die rechnungslegenden Beamten zu citiren, Ersparungen in bestimmten Zweigen der öffentlichen Ausgaben anzuempfehlen und die Bewilligungen neuer Subsidien von der Abhülfe gewisser Landesbeschwerden abhängig zu machen, durch mehrfache Präcedenzfälle festgestellt. Hallam III. 84.

3) Den endlichen Nachdruck gegen bösen Willen gewinnen die Commons aber erst durch das Anklagerecht. Dasselbe beginnt in einer Zeit großer Verwaltungsmißbräuche unter einem altersschwach gewordenen König in 51. Edw. III. Es ließ sich formell nicht verweigern, so wie das

Anklagerecht durch die große Jury jetzt gestaltet war. Es ließ sich aber auch materiell nicht verweigern, so fern die Befolgung der Reichsgesetze durch die Großbeamten des Königs debitum justitiae sein sollte. Unter Rich. II. beginnen nun die großen politischen Processe. In 7. Rich. II. petitioniren die Commons gegen den Bischof von Norwich und andere, die in Anklagestand versetzt werden. In 10. Rich. II. beschließen sie die Anklage des Lordkanzlers Earl of Suffolk, welcher verhaftet und demnächst verurtheilt wird. Bald darauf die Anklage gegen die Richter, welche mit dem schon erwähnten Todesurtheil endet. In 21. Rich. II. klagen sie nach eingetretener Reaction gegen den Erzbischof von Canterbury, welcher wegen Hochverraths zur Verbannung verurtheilt wird. Andere Lords werden durch die Lords Appellants in Anklagestand versetzt und verurtheilt. Die Anklageform und Verhandlungsweise innerhalb dieser neuen außerordentlichen Jurisdiction sind allerdings schwankend. Anfangs erscheint abwechselnd noch eine Privatanklage (appeal) mit Beweis durch Zweikampf oder Zeugen, die aber an dieser Stelle durch Heinrich IV. ausdrücklich aufgehoben wird. Die collegialische Anklage des Unterhauses in der Weise eines presentment durch die Grafschaft-Jury gilt anscheinend als Regel. Die Leidenschaft der Parteikämpfe verläuft nunmehr in diesem Brennpunkt, in dem die rechtliche Form den gewaltsamen Geist der Parteien nur theilweise verdeckt. Die Regierungen Heinrichs IV. und V. geben dem Parlament keine Veranlassung zu Ministeranklagen; vielmehr hat Heinrich IV. dringenden Beschwerden durch häufigen Wechsel seiner Rathgeber mit ziemlicher Leichtigkeit nachgegeben. Unter Heinrich VI. erneuern sich aber die Anklagen und beginnen in dem Falle Suffolk's in Form der Gesetzgebung, durch eine bill of attainder, die sich über die herkömmlichen Formen des Gerichtsverfahrens hinwegsetzt.

4) Aus der Initiative der Regierung selbst wird der Rath der Commons zu allgemeinen Reichsangelegenheiten in schwierigen Lagen häufig eingeholt. Es geschieht dies oft mit Widerstreben der Commons, welche eine Geldbewilligung als Consequenz ihres Raths vorhersehen. In 28. Edw. III. erklären sie auf einen vorgelegten Friedensvertrag: „was dem König und den Grantz gefallen werde, solle auch ihnen angenehm sein.“ In 43. Edw. III. beschließen sie aber gemeinschaftlich mit den Lords: daß der König mit Recht und gutem Gewissen den Namen eines Königs von Frankreichs wieder annehmen möge; zugleich wird die Wiedererneuerung des Krieges beschlossen und eine Subsidie bewilligt. Es hieß freilich nach solchen Rückfragen, „daß der Krieg mit gemeinsamer Zustimmung aller Lords und Commons des Reichs in verschiedenen Parlamenten unternommen sei“, woraus die Staatsregierung nicht verfehlte, weittragende Folgerungen zu ziehen. In 7. Rich. II. verweigern die Commons den Ausspruch über Krieg und Frieden, erklären aber nach langem Drängen: sie wären mehr für den Frieden. Parl. Hist. I. 380. — In 1. Henr. VI. werden sie consultirt bei der Einsetzung des Council während der Minderjährigkeit des Königs. Ihre Zuziehung auf solchen Gebieten der Prärogative des Königs hing natürlich von den Umständen ab. Der Geldpunkt erschien jedoch bei allen weittragenden Maßregeln so bedeutend, daß in 10. Rich. II. ein Magnum Concilium der Prälaten und Barone, welches zur Berathung über einen auswärtigen Krieg nach Oxford geladen war, sich für incompetent erklärte, seine Zustimmung zu geben ohne Beirath des Parlaments. Rot. Parl. III. 215.

5) Eine Theilnahme der Commons an den richterlichen Ge-

schäften des Council und des großen Raths wurde in dieser Zeit noch nicht unmittelbar erstrebt. Mit ihrer wachsenden Macht macht sich freilich die Idee einer Gleichheit mit den Lords, sowie die germanische Neigung zum Mitverwalten geltend. Wenn ihnen jedoch ein gewisser Antheil an der Ernennung der Receivers of petitions gestattet wird, so liegt darin kein Antheil an einer rechtlichen Entscheidung, sondern nur ein Recht der Kenntnißnahme von dem Inhalt der Beschwerde und deren Gang. In 22. Edw. III. beschweren sie sich, daß die Antworten auf ihre Petitionen verändert würden: auch darin war jedoch nur ein Recht der Kenntnißnahme beansprucht, event. ein Recht der Reclamation und eines erneuten Antrags. Bei dem tumultuarischen Hergang der Absetzung Richards II. haben zwar die Commons als Mitglieder der eingesetzten Commission mitgewirkt und zugestimmt. In 1. Hen. IV. stellen sie jedoch ausdrücklich den Antrag: sie wünschen nicht als Theilnehmer (parties) des Urtheils angesehen zu werden, welches Richard zu ewigem Gefängniß verurtheilt, „da solche Urtheile lediglich dem König und den Lords gehören.“ Die Antwort lautet: Die Commons seien Petenten und Antragsteller, und der König und die Lords haben jeder Zeit gehabt und sollen haben von Rechtswegen die Urtheilsprechungen im Parlament; mit dem Vorbehalt, daß in zu erlassenden Statuten, oder in Bewilligungen und Subsidien, oder in Bewilligungen für den gemeinen Nutzen des Reichs der König ihren Rath und ihre Zustimmung haben wolle. In 1. Hen. VI. hält der Herzog von Gloucester ein Gericht in einem Präcedenzstreit unter den Pärs mit den weltlichen und geistlichen Lords als Richtern, und „mit den Commons“ (als Umstand) Parry 176. Ein irgendwie regelrechter Hergang einer Theilnahme der Commons an den richterlichen Geschäften ist indessen unerweislich. Der Mangel aller richterlichen Gewalten setzte das Unterhaus in dieser Zeit auch außer Stand zu einer Entscheidung über bestrittene Wahlen.

6) Ein unmittelbares Eingreifen der Commons in die Ernennung der königlichen Minister und eine unmittelbare Direction des Ganges der Regierung im Council kommt nur vor als Ausdruck kranker Zustände im Staat, und stets nur in Verbindung mit den Parteien im Hause der Lords. Bei eingewurzelten groben Mißbräuchen der Centralverwaltung stellen sie allerdings nach Vorgang der Barone wohl einmal Anträge betreffend das Personal und den Gang der Centralverwaltung. In 5. Edw. II. machen sie mit den Lords gemeinschaftliche Sache zu der ziemlich gewaltsamen Einsetzung der Ordainers als eines Regentschafts-Raths, ebenso wie später nach eingetretner Reaction zu deren Absetzung. In 15. Edw. III. erscheint eine extravagante Petition, die sogar wieder auf Ernennung der Richter und Minister im Parlament hinaus lautet und in der Hauptsache bewilligt wird, jedoch unter Protest des königlichen Raths. Durch Proclamation an die Sheriffs erklärt der König aber nach dem Schluß des Parlaments das ergangene Statut für ein ihm wider Willen abgedrungenes und nichtiges, und zwei Jahre später willigt das Parlament in dessen formelle Aufhebung. Beim Schluß der Regierung Eduards III. und beim Regierungsantritt Richards II. wurden die Commons durch die persönliche Regierungsunfähigkeit des Königs und durch die dem Throne nächststehenden Mitglieder der königlichen Familie zu übergreifenden Aufträgen aufgestachelt. Unter Heinrich IV. ist es die Thronusurpation, welche in Verbindung mit der bald eintretenden Unpopularität des Königs Extravaganzen hervorruft: in 5.

Henr. IV. Anträge auf Entfernung gewisser Personen vom Hofe; in 7. Henr. IV. Anträge, welche die Ernennung gewisser Personen des königlichen Raths approbiren, und mit Rücksicht darauf Subsidien bewilligen; in 8. Hen. IV. 31 Artikel, die dem König sein Council positiv aufdringen. Alle diese Uebergriffe werden aber unter derselben Regierung wieder rückgängig gemacht. — Anders verhält sich ihre Mitwirkung bei der vormundschaftlichen Verwaltung während der Minderjährigkeit oder Geisteskrankheit eines Königs, welche in Ermangelung eines feststehenden Regentschaftgesetzes im wesentlichen dem Magnum Concilium zufiel unter einer wechselnden Mitwirkung der Commons, die von Macht- und Parteiverhältnissen abhing und von den zeitigen Zuständen bei Hofe. So empfehlen in 50. Edw. III. die Commons, daß der königliche Rath vermehrt werde, um dauernd der Person des (alterschwach) gewordenen) Königs nahe zu sein, was mit gewissen Provisos zugestanden wird. Bei dem Regierungsantritt des minderjährigen Rich. II. beantragt der Sprecher, daß 8 Personen zu ständigen Räthen des Königs ernannt werden; dann später: daß der Kanzler, Treasurer, die Großbeamten und Räthe durch das Parlament ernannt werden. Als besonders geartete Fälle sind auch die Hergänge beim Regierunsantritt Heinrichs VI. und der späteren Regentschaft des Herzogs von York zu betrachten. Abgesehen von den Fällen einer persönlichen Regierungsunfähigkeit ist ein unmittelbar bestimmender Einfluß der Commons auf Personal und Gang der höchsten Reichsregierung stets übel abgelaufen, und nach kurzer Frist desavouirt worden.

3) **Der Antheil der Commoners an der Gesetzgebung** geht formell aus ihrem Petitionsrecht hervor in dem oben angegebnen Gange. Es ist kein Zweifel, daß unter Eduard I. nur eine berathende Stimme der Commoners gemeint war, wo es der König für gut fand, wegen der besonderen Natur des Gegenstandes auch ihre Stimme zu hören. Es drückt dies schon die Form ihrer Ladung aus: „ad faciendum quod de communi concilio ordinabitur“ (in 26. Edw. I., 28. Edw. I., 7. Edw. II. und noch längere Zeit hindurch). In 35. Edw. I. enthält das Statut von Carlisle zum ersten Male folgende Erwähnung „Dominus Rex post deliberacionem plenariam et tractatum cum Comitibus, Baronibus, proceribus et aliis nobilibus ac communitatibus regni sui, habitum in praemissis, de consensu corum unanimi et concordi ordinavit et statuit etc.“ Allein diese Zustimmung wird offenbar nur erwähnt in dem Sinne, in welchem zur Zeit der ersten assisae, ja selbst schon in der ersten Normannenzeit, von einer Zustimmung der Prälaten und Barone die Rede war, als einem Moment der moralischen Autorität für das Land. Zur verfassungsmäßigen Gültigkeit gehörte der assensus ebensowenig wie die erwähnte Einstimmigkeit des Beschlusses. Zahlreiche Hergänge unter Eduard II. ergeben, daß noch immer der Rath der Prälaten und Barone allein als die gesetzgebende Versammlung angesehen wurde. Ja seit 5. Edw. II. haben die Großen den Antheil der Commons außer dem Gebiet der Subsidienbewilligung ziemlich in den Hintergrund gedrängt. Mit der Reaction, welche dagegen in 15. Edw. II. auftrat und in die Hinrichtung des Earl of Lancaster endete, ergeht eine Ordonnanz im Parlament, welche die exclusiven Anmaßungen der Barone zurückweist und wie ein Zugeständniß eines Antheils an der Gesetzgebung aussieht, in diesem Zusammenhang aber eine solche noch nicht enthält: Revocatio novarum ordinationum a. 1223: les choses, qui serount à establir, — soient tretées accordées et establies en parlaments par notre Sr. le Roi et par

lassent des Prelats, Countes et Barouns et la communalté du roialme. Die Spitze dieser Declaration ist gegen die Ueberschreitungen der Großen gekehrt: der König ist die gesetzgebende Autorität mit Zustimmung der übrigen, nicht aber die Lords als solche, wie sie es in einer Reihe von Jahren wider den Willen des Königs gewesen. Rep. I. 282. 283. Wichtig ist die Declaration aber, insofern sie die erste ausdrückliche Anerkennung des Parlaments als gesetzgebender Versammlung bildet. Sie erhält noch keine Norm dafür, in welchen Gegenständen die Zustimmung der großen legislativen Versammlung nothwendig: sie legt aber indirect einen Nachdruck darauf, daß wo eine Zustimmung zu königlichen Verordnungen hinzutritt, der Assens der zugezogenen Commons neben der Zustimmung der Lords in Betracht komme. Der weitere Gang der Sache ist nun derselbe, wie bei dem Zustimmungsrecht der Prälaten und Barone. Von Jahrzehnt zu Jahrzehnt häufen sich die Präcedenzfälle, nach welchen alle wichtigeren Gesetzerlasse mit Consens der Commons ergehen. Durch diese Praxis bildet sich unter der langen Regierung Eduards III. die neue Rechtsauffassung, nach welcher die mit Zustimmung der Stände erlassenen Gesetze eine stärker und dauernder wirkende Kraft üben,

> sofern das mit Zustimmung der Lords und Commons vom König Verordnete nicht mehr ohne Zustimmung derselben Factoren abgeändert werden könne.

Es lag darin nur eine consequente Durchführung des schon unter Heinrich III. gereiften, in dem Rechtsbuch des Bracton ausgesprochenen Grundsatzes, daß der König an die von ihm selbst promulgirten dauernden Gesetze gebunden sei. Die neue Maxime erkennt das königliche Verordnungsrecht noch grundsätzlich an, erschwert und verschränkt aber die Anwendung, sofern dadurch frühere statuta aufgehoben werden sollen. Ein solches Gebundensein des Königs an dauernde Grundgesetze, auch in Widerspruch mit seinem augenblicklichen Willen, drückt schon der Krönungseid Eduard's II. aus; unzweifelhaft dachte man dabei zunächst an die Magna Charta. Mit der consequenteren Durchführung kommt der tief-conservative Grundzug der Parlamentsverfassung zur Geltung, welche die königliche Gesetzgebungsgewalt in ihren Würden bestehen läßt, aber die Abänderung des bestehenden Rechts an sehr erschwerende Vorbedingungen bindet, in deren Ermangelung ein Willensausdruck des Königs nicht als Gesetz angesehen werden soll. Es entspricht dies so sehr dem stetigen Wesen des Staats, daß es in allem Wechsel der Jahrhunderte der Grundgedanke geblieben ist. Dem unabwendbaren Einfluß, welchen die Gesellschaft mit ihren unstetigen Interessen und Velleitäten auf die Person eines Monarchen übt, in Gestalt der Hofumgebung, vertraulicher Rathgeber und sogenannter Königsfreunde, war damit ein schützender Damm entgegengesetzt, den die Leidenschaft des Augenblicks wohl durchbrach, den man aber um so eifriger wieder herstellte, nach jeder neuen Erfahrung von den unheilvollen Folgen des Durchbruchs. Eine andere Grenze zwischen Ordonnanz und Statut hat es nie gegeben. Die gesetzgebenden Organe sind in dieser Verfassungsbildung cumulirt, daher coordinirt, wie dies Coke 2 Inst. 525. umgekehrt ausdrückt: acts of Parliament are many times in form of charters or letters patent; oder dierekt: multa sunt statuta, quae scribuntur D. Rex statuit; si tamen Rotulo Parliamentario intrentur et semper ut Acta Parliamenti approbentur, intendetur, haec authoritatem Parliamenti habuisse (Coke 8th Rep. 20. bei Hale, Hist. c. 1.) Auch die Introd. der offiziellen Gesetzsammlung Vol. I. p. XXXII. gesteht zu, daß der Unterschied zwischen Statuta und Ordinances nie genügend (prinzipiell) erklärt sei.

Alle Hergänge unter Eduard III. enthalten nicht mehr und nicht weniger als dies. In dem ersten Theil der Regierung Eduards III. ergehen die Gesetze noch regelmäßig auf Petition der Commons mit Zustimmung der Lords. Rep. I. 302. App. IV. 402. In 14. Edw. III. wird zuerst eine Commission von Richtern, Prälaten, Baronen, 12 Grafschaftsrittern und 6 städtischen Abgeordneten ernannt, um täglich zu sitzen, und in Statuten zu formiren die Punkte und Artikel, „que son perpetuels und solche que ne sont mye perpetuels". — Die Widerruflichkeit oder Unwiderruflichkeit bildet also das entscheidende Merkmal. In 15. Edw. III. petitioniren Grantz et Communes, daß Petitionen, welche bewilligt sind in Gegenständen von Dauer (pointz a durer) durch Statut, und andere durch Charte oder Patent bewilligt werden mögen, Parry 112. In 27. Edw. III. petitioniren sie, daß gewisse Artikel in dem nächsten Parlament wiederholt verhandelt und in die Rolle eingetragen werden mögen, da die im Rath erlassenen Ordinances nicht of record seien, wie die mit dem Parlament errichteten. Rep. App. IV. 596. Die Antwort lautet zustimmend. — In 28. Edw. III. billigen sie eine erlassene Ordonnanz und wünschen, daß sie zu einem dauernden Statut erhoben werde, worauf sie als solche in die Statutenrolle eingetragen wird. — In 37. Edw. III. befragt der König die beiden Häuser, ob sie wünschen, daß die gefaßten Beschlüsse im Wege der Ordonnanz oder des Statuts erlassen werden. Sie antworten: im Wege der Ordonnanz, „damit sie nach ihrem Belieben amendirt werden können". — In 51. Edw. III. folgt die prinzipielle Petition: daß die im Parlament gemachten Statuten nicht anders annullirt werden, als mit gemeinsamer Zustimmung im Parlament. Antwort: „daß sie nicht anders aufgehoben werden können." Und weiter schließt sich daran eine Petition: daß kein Statut noch Ordonnanz auf Petition der Geistlichkeit bewilligt werden soll anders als mit Zustimmung der Commons (Antwort: Soit ceste matir declaré en especial, Parry 137). — In 6. Rich. II. petitioniren die Commons, daß das in der letzten Session ohne ihre Zustimmung erlassene Statut gegen die Ketzer aufgehoben werden möge, Rep. App. IV. 697. Dessen ungeachtet blieb die Verordnung in der Statutenrolle stehen und continuirte sich in die späteren Gesetzsammlungen. — In 1. Henr. VI. wird der Clerk des Parlaments vor den Rath berufen, gewisse Beschlüsse des letzten Parlaments verlesen und der Clerk angewiesen, die besagten acts den Richtern der beiden Bänke vorzuzeigen, damit sie Kenntniß nehmen von solchen, welche Statuten des Reichs seien, und solche gehörig überschreiben mögen (auf die Statutenrolle) zur nachherigen Kenntnißnahme der Lords und zur Publication. Die Abschriften der anderen acts, betreffend die Verwaltung der Lords vom Rath und des Reichs, sollen dem Clerk des Raths übersandt, schriftlich redigirt und in der Kanzlei einregistrirt werden nach Herkommen. (Nicolas III. p. VI.). — Unter dem Hause Lancaster ergingen die oben citirten Anerkennungen, und nachdem in 7. Henr. IV. die Bestimmung der Thronfolge nach dem Ableben des Königs auf Parlamentsstatut basirt war, gab es keinen Gegenstand im weltlichen Staat mehr, welcher noch über dem Bereich des Statutenrechts stehend erachtet werden konnte. Die formelle Redaktion der Statuta bleibt jedoch verfassungsmäßig noch immer dem Continual Council. Die eigentlichen

Statuta werden bis zu Henr. VI. erst nach beendetem Landtag von den Richtern redigirt, doch mit dem Proviso, daß kein neuer Zusatz gemacht werden soll, was auf Antrag der Commons in 2. Henr. V. nochmals ausdrücklich zugesichert ist. Die Fassungsfrage verlor aber an Bedeutung, seit unter Henr. VI. die Commons anfingen ihre Gesetzanträge in Gestalt formulirter Gesetzentwürfe (bills) einzubringen. Waren diese mutatis mutandis durch beide Häuser passirt, so fand sich der König nun in der Lage, sie anzunehmen oder zu verwerfen ohne weitere Klauseln, wie dies im Laufe der Regierung Heinrich's VI. allmälig die Regel wird. Hallam III. 92. Auch Privatpetitionen, welche durch Vermittelung der Commons eingebracht waren, gingen durch Zustimmung der Lords und des Königs oft in die Gestalt von Statuten über und bilden nun private bills, welche unter Heinrich V. und VI. schon einen großen Theil der Parlamentsrollen füllen. Wie seit Eduard II. der dominirende Einfluß der Lords an dem Gebrauch der französischen Sprache in den Statuten sichtbar wird, so beginnen seit 5. Henr. IV. Beispiele des Gebrauchs der englischen Sprache als Symptome des wachsenden Einflusses der Commons.

4) **Die Scheidung des Parlaments in zwei Häuser** ergab sich zunächst daraus, daß der Rath der Prälaten und Barone verfassungsmäßige Rechte durch Präcedenzfälle seit 2 Menschenaltern erworben hatte, während die Commoners solche Rechte erst erwerben mußten. Die Commons werden in den ersten Jahrzehnten nur zu den Subsidien und zu bestimmten Zwecken geladen, welche das königliche Belieben bezeichnet. Die Ladungsformel ad faciendum, quod de communi Concilio ordinabitur drückt dieses Verhältniß eines außerordentlichen Bestandtheils mit nur berathendem Charakter bestimmt genug aus. Sobald der König im Beginn der Parlamente das Gesammtpersonal persönlich oder durch seinen Commissar empfangen hatte, trat daher ipso facto eine Trennung in dem Sinne ein, daß sich das Magnum concilium zur Berathung zurückzog, die Commoners daher allein blieben, um die ergehenden Vorbeschlüsse abzuwarten, die ihnen dann zur Aeußerung oder Zustimmung mitgetheilt werden. Dies ist das äußere Verhältniß, welches durch das Jahrhundert der 3 Eduarde noch fortdauert. — Von dem Augenblick des zugestandenen Steuerbewilligungsrechts indessen beginnen die Grafschaftsvertreter sich als die nothwendige Ergänzung der baronage, als das Surrogat der Ladung der kleinen Barone anzusehen, die nach Art. 14. der Magna Charta stattfinden sollte. Sie verweigern es daher anders als in ihrer Gesammtheit über Steuern zu verhandeln. Demselben Beispiel folgen die städtischen Bevollmächtigten, die auch nicht einzeln, sondern nur gemeinschaftlich in die Steuerberathungen treten. Das dringende gemeinsame Steuerinteresse bringt die Grafschaftsritter wiederum mit den Burgesses zusammen. Die von dem großen Rath zurückgelassenen Gentz de la Commune mußten sich also von selbst als ein zweites Corpus ansehen, in dem den Grafschaftsrittern der Vortritt zugestanden wurde. Das in 25. Edw. I. formell zugestandene Steuerbewilligungsrecht, welches neben den Prälaten und Baronen der tota communitas zustehen soll, führte unabweisbar dahin, daß auch die gewählten Repräsentanten sich als Communitas ansahen, behandelt sein wollten und behandelt wurden. Dieser langsame aber unwiderrufliche Gang spiegelt sich in einer Reihe von Vorgängen ab. In 33. Edw. I. werden die Vertreter der Communae am Schluß der Hauptverhandlung entlassen; die Prälaten, Barone

Richter und Andere vom Rath sollen noch zurückbleiben, und bilden noch immer das eigentliche Parlament. Von Beschlüssen „im vollen Parlament" wird beispielsweise in 3. Edw. II. gesprochen, obwohl dabei gar keine Abgeordneten geladen sind. In 4. Edw. II. wird von dem vollen Parlament gesprochen, nachdem die Abgeordneten der Grafschaften und Städte bereits entlassen sind, Peers Report I. 261. Erst unter Eduard III. beginnt die äußerlich erkennbare Formation in zwei Häuser. In 6. Eduard III. wird gesagt, daß die Geistlichkeit für sich beräth, die Earls, Barons und andere Grauntz für sich. Die proponirten Anordnungen (für Erhaltung des Friedens) werden dann genehmigt vom König, den Prälaten, Earls, Barons und anderen Grauntz — und von den Knights et Gentz du Commun. Darauf werden aber die Commons und der Clerus beurlaubt: die Prälaten, Earls, Barons und Gentz du conceil du Roi bleiben zurück, da der König ihren Rath in wichtiger Angelegenheit verlangt, Report I. 304. — In dem folgenden Parlament 6. Edw. III. berathen die Prälaten für sich; die Earls, Barons et autres Grauntz für sich, die Grafschaftsritter für sich. Dann folgt die Geldbewilligung: Prälaten, Earls, Barons et autres Grauntz und die Grafschaftsritter et tote la coe bewilligen ein Funfzehntel von der Coolté und ein Zehntel von den Städten und Domainen. (Es ist dies einer der Wendepunkte auch für die Gruppirungen der Steuerbewilligung). Rep. App. IV. 411. — In dem folgenden Parlament 6. Edw. III. resumirt der königliche Commissar die im letzten Parlament gegebenen Rathschläge, und zwar die Debatte der Geistlichkeit für sich, die der Earls und Barons für sich und die der Grafschaftsritter für sich, und daß der König jetzt den Rath seiner bonnes gentz et Liges de son Roialme verlange, „ob er ihren Beistand durch Kriegsdienst wie seine Vorgänger haben solle, oder la value". Worauf die Prälaten und Clerus für sich, Earls und Barons für sich und die Knights et gentz des Countez et Gentz de la Coe für sich berathen. Sie geben dann die Antwort insgesammt, daß ohne die Assistenz verschiedener Prälaten und anderer Grantz, welche nicht anwesend sind, sie dem König keinen Rath zu geben wagen; worauf eine Vertagung und nachträgliche Beiladung der abwesenden 18 Bischöfe, 5 Earls, 37 Barons 2c. erfolgt. — In dem nun folgenden Parlament 6. Edw. III. berathen wieder die Prälaten und Barone für sich, die Ritter und Gentz für sich. Nach dem Steuerbeschluß werden die letzteren entlassen; Prälaten und Barone bleiben noch bis zum folgenden Tage. Rep. I. 306. 307. — In 13. Edw. III. wird beschlossen von Allen, auxi dier as grantz come as petitz, daß der König durch eine große Summe zu unterstützen. Die Grauntz, Prälaten und justices geben eine schriftliche Antwort und bewilligen die zehnte Garbe 2c. Die Commons (Les Gentz que sount cy à Parlement pur la Commune) wünschen erst mit den Communitates ihrer Grafschaften zu berathen, da es sich um eine große Bewilligung handle; sie versprechen ihr Möglichstes zu thun, und es wird ein neues Parlament nach 3 Monaten ausgeschrieben. Bemerkenswerth ist, daß in demselben Jahr im Eingang der Verhandlung der Grund der Ladung nicht nur den Grantz, sondern auch den Communen eröffnet wird. Rep. IV. 503. In 14. Edw. III. wird der Grund der Ladung erst den Earls und Barons eröffnet, und dann gemeinschaftlich ihnen und den Commons. — In 17. Edw. III. treten Prälaten, Lords und Commons zuerst in der Chambre de Peynte zusammen. Am folgenden Tage versammeln sich die Prälaten und Grantz in der Chambre blanche zur Berathung. Die Ritter und Commons „warten den Prälaten und Lords auf" in der Chambre blanche und „geben ihm Antwort durch William Trussel," Parry 114. — In 18. Edw. III. wird ein Brief an den Papst erlassen von allen Princes, Dukes, Earls, Barons, citizens, burgesses und der ganzen Commonalty of the Realm „in pleno Parliamento" d. d. 18. Mai 1343, Parry 115. — In 21. Edw. III. beschweren sich die Commons über vielerlei, und namentlich darüber, daß König, Prälaten und Grantz nachträglich die Antworten und Zustimmungen, welche gemeinschaftlich gegeben seien, wieder abändern, sobald die Commons das Parlament verlassen haben. Rep. I. 320. — In 22. Edw. III. wird wieder einmal ein besonderer Rath von den Grafschaftsrittern verlangt ohne die städtischen Abgeordneten zu hören. — In 25. Edw. III. versammelt der König die Grantz in der Chambre de Peynte, und der Chief Justice erläutert den Grund der Ladung. Am folgenden Tage erscheinen auch die Commons, und der Chief Justice „bei Eröffnung des Parlaments" richtet seine Anrede vorzugsweise an die Commons. Zur Abkürzung ihres Aufenthalts proponirt er, daß sie 24 oder 30 aus ihrer Mitte wählen mögen, um zu dem König in die Chambre de Peynte zu gehen, und daß der König einige von den Grantz zu ihnen senden wolle, um mit den so gewählten zu conferiren, während die übrigen sich in dem Chapter House Westminster versammeln mögen. Die Commons lehnen dies ab, erscheinen vielmehr in corpore vor dem Prinzen und den anderen Gräntz an dem folgenden Tage. Von dieser Zeit an kommen Eröffnungsreden vor der Gesammtversammlung häufiger vor; in 36. Edw. III. zum ersten Mal in englischer Sprache. Rep. I. 327. — In 39. Edw. I. bleiben nach der Eröffnung die Commons in der Chambre de Peynte zurück; der König zieht sich mit den Prälaten und Lords in die Chambre blanche zurück, und erklärt ihnen speciell, was vorher in einer allgemeinen Ansprache an sie und die Commons ausgesprochen war. Die Commons werden dann wieder zugelassen und speziell über denselben Gegenstand informirt, und ihr Rath verlangt. Es handelt sich um Anmaßungen des päpstlichen Stuhls, wegen deren der König die Versammlung mündlich adressirt. Parry 129. — In 42. Edw. III. werden die Prälaten und Grantz in die Chambre blanche, die Commons in die Petite Sale beordert. — In 50 Edw. III. werden die Prälaten und Lords aufgefordert für sich zu berathen, und die Commons für sich; die Commons ziehen sich zurück an ihren „gewohnten Ort", das Chapter House. Eine Commission von Lords wird ernannt zu ihrer Assistenz und Berathung, nach welcher ein einstimmiger Subsidienbeschluß erfolgt. Parry 134. 135. — In 51. Edw. III. wird der erste Sprecher der Commons erwähnt: Sir Thomas Hungerford avait les paroles pour les Communes d'Engleterre. Von dieser Zeit an werden die Verhandlungsformen der beiden Häuser fester. Die Commons haben ihr übliches Sitzungslocal. Der Sprecher giebt für sie Gesammt-Erklärungen ab. Doch wechselt noch die Bezeichnung desselben: in 1. Rich. II. qui a la parole de par la Communité; in 1. Henr. IV. Parlour et Procuratour; in 9. Henr. IV. Parlour commune. — In 1. Rich. II. kommt es wieder vor, daß nach Entlassung der Commons, die Prälaten und Lords noch einen Monat länger sitzen. Unverkennbar hat jedoch die lange Regierungszeit Eduard's III. mit ihren häufigen Subsidienforderungen und Parlamenten den Commons ein sicheres

Gefühl ihrer Selbständigkeit und Bedeutung gegeben. Rep. I. 335. 336. Sie sind in diesem halben Jahrhundert ungefähr um soviel weiter gerückt, wie die Prälaten und Barone in dem halben Jahrhundert unter Heinrich III. In 5. Rich. II. ergeht eine Präsenzordnung für das ganze Parlament. In 2. Henr. IV. bewegen sich die Verhandlungen bereits in dem äußeren Rahmen des heutigen Verhältnisses der beiden Häuser. Rep. I. 305. In dem Styl der Commons kehren jedoch noch Reminiscenzen an ihre frühere berathende Stellung wieder, besonders wenn sie Geld geben sollen. In 1. Rich. II. erbitten sie eine Commission der Prälaten und Lords pur l'arduité de leur charges, le feoblesce de lour Pouairs et Sens. In anderen Dingen beginnen bereits Contestationen über Form und Inhalt der gegenseitigen Befugnisse. — In 7. Henr. IV. machen die Commons die „üblichen" Protestationen wegen ihrer Privilegien mit dem Verlangen, daß sie jederzeit nach ihren Bills bei den Lords zum Zweck der Amendirung senden mögen. In dem St. 7. Henr. IV. über die Vererbung der Krone auf den ältesten Sohn Heinrichs IV. werden die Gemeinen als Procuratores et Attornati aller Grafschaften, Städte und des „gesammten Volks des Königreichs" bezeichnet, und der ergangene Beschluß als ergangen per Universitates et Communitates der gedachten Grafschaften, Städte und „des ganzen Volks des Königreichs, rechtmäßig constituirt nach dem Styl, der Weise und Observanz des Reichs". Rep. I. 355. Von dem Akt der Absetzung Richards II. an datirt erkennbar die Auffassung der Prälaten als des ersten Reichsstands, der weltlichen Lords, als des zweiten Reichsstands, der Abgeordneten der Grafschaften und Städte, als des dritten Standes, welche in dieser Gestalt eine Vertretung des gesammten Volkes darstellte. Rep. I. 357. Der veränderte Charakter beurkundet sich auch in der längeren Dauer des Parlaments, welches sich in 8. Henr. IV. mit verschiedenen Vertagungen beinahe ein ganzes Jahr hinzieht zur großen Beschwerde des Landes von wegen der zu zahlenden Tagegelder. — In 9. Henr. IV. war von den Commons verlangt, daß sie 12 Mitglieder absenden sollen, um über die gestellten Fragen Bericht zu erstatten und zu antworten. Sie protestiren dagegen als ihren Freiheiten widersprechend, und es erfolgt nun die berühmte Declaration von Gloucester:

„Es soll rechtmäßig sein für die Lords zu verhandeln unter sich in Abwesenheit des Königs über den Zustand des Reichs und die nothwendigen Mittel der Abhülfe. Und in gleicher Weise soll es rechtmäßig sein für die Commons an ihrem Theil zu berathen mit einander über den vorhergedachten Zustand und Abhülfe ꝛc. Vorausgesetzt immer, daß die Lords an ihrem Theil dem König nicht einberichten sollen irgend eine von den Commons bewilligte und von den Lords assentirte Bewilligung, noch vor den Verhandlungen über diese Bewilligung, bevor die Lords und Commons einer Meinung und Vereinbarung in solchen Dingen geworden sind, und dann in der gewohnten Weise und Form, d. i. durch den Mund des Sprechers." (Rot. Parl. 9. Henr. IV. p. 610.)

Vorausgesetzt ist in dieser Declaration die alte Stellung des Parlaments als königlicher Rath. Sie bringt es mit sich, daß der König persönlich gegenwärtig sein mag in dem großen Rath seiner Prälaten und Barone; — und dies ist stillschweigend reservirt, außer für das Geschäft der Geldbewilligung, welches aus freiem Willen des Parlaments hervorgehend, durch die persönliche

Anwesenheit des Königs nicht beengt werden soll, und bei welchem den Commons schon der Vortritt dahin zugestanden ist, daß die Lords der Bewilligung der Commons zustimmen, nicht umgekehrt. Die vollendete Formation der beiden Parlamentshäuser tritt jetzt auch in dem Styl der Verhandlungen hervor, wie in 28. Henr. VI., wo der Kanzler die Sitzung vertagt in Gegenwart der drei Stände des Reichs.

Als selbstverständlich haben die Commons von Beginn an die Freiheit der Rede im Parlament beansprucht, d. h. die Unverantwortlichkeit ihrer Anträge und Debatten gegenüber den zeitigen Dienern der Krone. Als die Parteileidenschaft in 20. Richard II. gar eine Verurtheilung Haxley's zum Tode wegen eines verletzenden Antrags im Unterhause herbeigeführt hatte, wurde dies Urtheil auf Antrag der Prälaten verschoben, und kurz darauf als dem Gebrauch des Parlaments widerstreitend für null und nichtig erklärt. Hallam sagt dazu treffend III. 102. „No privilege of the commons can be so fundamental as liberty of speech. This is claimed at the opening of every parliament by their speaker, and could never be infringed without shaking the ramparts of the constitution.“ Es kommt noch einmal in der späteren Zeit Heinrichs VI. eine Beschwerde des Thomas Young vor, der wegen einer Rede im Unterhause in den Tower gesetzt war. Auch dieser Vorgang wird in den späteren Parlamenten desavouirt, und ist in Hatsell's Precedents wohl deshalb weggelassen, weil er bereits in die wüste Zeit des beginnenden Kampfs der beiden Rosen hineinreicht.

5) **Die Wahlrechte zum Parlament** sind erst nach Ablauf eines Jahrhunderts Gegenstand gesetzlicher Declaration geworden, was sich aus mehrfachen Gründen erklärt: daß Eduard I. die ersten Berufungen aus eigener Willensentschließung vornahm, daß die Commons zuerst nur als berathende Stände gemeint waren, daß das Zugeständniß ihrer Zustimmung zu den Steuern erst nachher gegeben wurde und absichtlich unbestimmt auf die ganze „Communitas“ lautete, und daß selbstverständlich die schon ausgebildete Verfassung der Grafschaften und Städte darüber entscheiden mußte, in welcher Weise sie ihre Bevollmächtigten zur Rathsversammlung zu ernennen hatten. Da verfassungsmäßig die Berufung durch königliches writ für genügend galt, um sogar die Kronvasallenschaft in ihrer Steuerbewilligung zu repräsentiren, so sah man es consequent als ein Recht des Königs an, durch ein writ zu bestimmen, ob und wie die Grafschaften und Städte als ergänzende Steuerkörper und Rathsversammlung berufen werden sollten. Dieser Charakter der Berufungen hat sich erst sehr langsam verloren. Die Fixirung der zu berufenden Körper, der activen und passiven Wahlrechte geht parallel der allmäligen Abschließung der erblichen Reichsstandschaft; und selbst nach Fixirung der Körperschaften bleibt immer noch die Prärogative offen, neucreirte Burgflecken hinzuzufügen. Dieser lange schwankende Charakter erstreckt sich auf alle drei Gruppen der Repräsentation.

1) bei der Berufung der Grafschaften zeigt sich der arbiträre Charakter in der Anfangs noch wechselnden Zahl der einzusendenden Ritter. In 18. Edw. I. werden die Sheriffs angewiesen zwei oder drei Ritter de discretioribus einzusenden, wobei offenbar an eine Abstimmung nach Majoritäten noch nicht gedacht war, Rep. I. 197. Schon mit Rücksicht auf die zu zahlenden Tagegelder wurde aber die kleinste Repräsentativzahl 2 frühzeitig die übliche.

In 28. Edw. I. werden wieder „drei Ritter oder andere" geladen zu einer Verhandlung über die Ausführung der Magna Charta. In 29. Edw. I. und 5. Edw. II. ergeht die Anweisung, dieselben Ritter und dieselben burgesses einzusenden, die im letzten Parlament gewählt waren. In der Regel wurden jedoch bei einer Vertagung neue writs für nothwendig erachtet, und bei diesen neuen Ladungen differirt die Zahl der Eingeladenen oft wieder von der früheren. Parry 70. — In 26. Edw. III. ergeht die Anweisung, der Erntezeit wegen aus jeder Grafschaft nur einen Ritter zu senden. — In 11. Rich. II. werden die Sheriffs angewiesen, solche gutgesinnte Ritter einzusenden, die in debatis modernis magis indifferentes seien; die Clausel wird jedoch zurückgenommen, als contra formam electionis antiquitus usitate a contra libertatem dominorum et communitatum etc. Parl. Hist. I. 410. Von da an steht die Zweizahl der Grafschaftsritter unbedingt fest, und ebenso die 37 zu repräsentirenden Counties. Ausgeschlossen waren noch Chester und Durham als Pfalzgrafschaften. Lancaster behielt seine zwei Abgeordneten, da es dies Recht schon geübt hatte vor der Creirung zur Pfalzgrafschaft. Rep. I. 343. In 15. Edw. II. werden einmal auch 24 Abgeordnete für Süd-Wales, und 24 Abgeordnete für Nord-Wales geladen, diese Ladung aber unter derselben Regierung nicht wiederholt und auch später nur gelegentlich erneuert. — Rücksichtlich des Wahlmodus ist in 9. Edw. II. die Rede von milites electi in pleno comitatu. In 50. Edw. III. wird verordnet, daß die Ritter communi assensu der ganzen Grafschaft erwählt werden. Dies scheint die erste Declaration der Art Rep. I. 329. Dann folgt in 7. Henr. IV. die ausdrückliche Verordnung über die Wahlen in pleno comitatu; in 1. Henr. V. über die Ansässigkeit der zu wählenden; in 8. Henr. VI. über den Census der Grafschaftswähler; in 24. Henr. VI. über die in den Grafschaften zu wählenden Notablen. Von jener Zeit an werden die Erfordernisse der Wähler in den writs übereinstimmend mit dem Wortlaut der Verordnungen ausgedrückt. — Was und wen die Grafschaftsritter eigentlich repräsentiren, erscheint Anfangs schwankend. Die Ausdrücke um die Mitte der Regierung Eduards II. deuten dahin, daß man sie wie ein Surrogat für die Clausel der M. Charta wegen Collektivladung der kleinen Barone ansah. Rep. I. 277. Längere Zeit noch sah man die Untervasallen als repräsentirt durch ihre Lehnsherren an, Parry 110. Der endlose Streit über die Tagegelder zeigt überhaupt, wie verworren die Vorstellungen von der Repräsentation noch waren, und durch den Streit darüber noch verworrener wurden. Rep. I. 336—338. Erst im Lauf des 15. Jahrhunderts wird durch das gleichmäßigere Herkommen der Tagegelder und durch die declarirenden Statuten das Verhältniß gleichmäßig.

2) Die Ladung der Städte ist in dem ersten Jahrhundert völlig discretionär. Unter Eduard I. sind nacheinander 165 cities, towns und boroughs zum Parlament geladen, und zwar a. 1283 zuerst 21, a. 1295 weitere 94, a. 1298 noch 12, a. 1299 noch 1, a. 1300 noch 9, a. 1302 noch 9, a. 1304 noch 13, a. 1306 noch 6. Diese Liste ergiebt sich aus den Parliamentary writs. Nach Prynne haben jedoch nur 107 cities und boroughs wirklich gewählt und Abgeordnete zum Parlament gesandt. (Parry Parliaments 69.) Es ist kein anderer Grundsatz dabei zu erkennen, als daß man die dem König schatzungspflichtigen Städte einlud, deren tallagia urspünglich vom Sheriff, später von den reisenden Richtern eingeschätzt wurden. Zur Vermeidung der endlosen

Reclamationen wählte man Anfangs die wichtigeren aus und erstreckte dies allmälig auf alle Städte, deren tallagia für das Schatzamt irgend eine Bedeutung hatten. Diejenigen, welche auf erfolgte Ladung keine Abgeordneten einsandten, wurden als zustimmend angesehen. Gelegentlich wurden die Einladungsschreiben an die Mayors direct erlassen, in der Regel aber an den Sheriff, der dann seine weiteren Ordres an die Stadtobrigkeit erließ, und sich dabei mancherlei Willkür zu erlauben pflegte. In 34. Edw. I. werden je 1 oder 2 Bürger geladen, je nachdem der borough größer oder kleiner sei. Noch in 26. Edw. III. ergeht eine Ladung an die Mayors und Bailiffs von 10 Städten auf die Absendung nur eines Abgeordneten wegen der Erntezeit. Da das ursprüngliche Recht des Königs auf die tallagia weiterging, als gegen die Ritterschaft, so erkannten die Städte auch noch längere Zeit eine Verpflichtung zu größeren Quoten der Vermögenssteuer an. Rep. I. 217. Die 5 Häfen, die ursprünglich nicht dem tallagium unterworfen waren, sind eben deshalb bis zu Edward III. nur gelegentlich und zu Specialgeschäften geladen. Rep. I. 215. Auch später finden sich noch einige Schwankungen in der Zahl von 2, 3 oder 4 Abgeordneten, besonders für London und die 5 Häfen. Erst als das Unterhaus als Körperschaft mit seinem Sprecher sich fester consolidirt hat, fixirt sich die Zweizahl der Abgeordneten, und auch die Zahl der regelmäßig geladenen und repräsentirten Städte gewinnt mehr Stetigkeit. In 40 Edw. III. und später noch öfter beschweren sich kleine Städte über die ihnen zugemuthete Repräsentation der Kosten wegen Rep. I. 327. Die Beiträge zu den Tagegeldern der Abgeordneten bilden auch für die Städte einen Streitpunkt. Zwischendurch neben den gewöhnlichen Parlamenten gehen noch speciellere Ladungen von städtischen Abgeordneten, in der Regel Kaufleuten, zur Besprechung über Anordnungen, welche speciell die Seestädte und den Handel angehen, wie in 10. Edw. III. und dann nochmals in 10. 11. 13. 14. 16. 17. 19. 21. 23. 30. Edw. III. 2c. In 10. Edw. III. wird dies ein Colloquium speciale oder personale genannt. Mit dem Heraufrücken der Commons in die Stellung beschließender Versammlungen verlieren sich aber solche Specialberathungen. — Der Wahlmodus blieb in den Städten der schon sehr bunt gestalteten Stadtverfassung überlassen (Gneist II. 196 ff.). Die Ueberzahl der städtischen Abgeordneten macht sich oft in sehr engherzigen Beschlüssen über die Stapelrechte und im Gebiet der Arbeitspolizei bemerkbar. (Gneist II. 251). Von den Verordnungen über die Wahlrechte erstreckt sich nur das St. 1. Hen. V. über die Ansässigkeit der zu Wählenden auch auf die Städte.

3) Die Vertretung der niederen Geistlichkeit wird durch Eduard I. nach Analogie der Vertretung der Communen gestaltet vermittelst der Clausel Praemunientes, auf welche sogleich im §. 24. zurückzukommen ist.

§. 24.

Die Kirche am Schluß des Mittelalters.

Die durchgreifende Umbildung des Staats in der Richtung der Freiheit beschränkt sich in dieser Periode auf das Gebiet der Weltlichkeit, auf die Rechtsverhältnisse des Laienthums zu der königlichen

Gewalt. Die Kirche bleibt allen diesen Fortschritten gegenüber unverändert, und umfaßt dieselbe Bevölkerung noch einmal in einer der Form und dem Geist nach sehr verschiedenen Verfassung. Am Schluß der vorigen Periode hatte die Selbständigkeit und Macht der römisch-katholischen Kirche ihren Höhepunkt erreicht, auf welchem sie ein in sich geschlossenes Staatssystem geworden ist.

Ein souveränes Oberhaupt der Kirche steht gegenüber dem weltlichen König, und beansprucht in England sogar eine Lehnsoberherrlichkeit mit einem jährlich zu zahlenden Lehnstribut.

Ein geistliches Parlament mit Ober- und Unterhaus (convocation) tritt in dieser Periode gegenüber dem weltlichen Parlament.

Eine geistliche Gesetzgebung, Steuerbewilligung und Gerichtsbarkeit steht geschlossen gegenüber der weltlichen. Die Jurisdiction im kirchlichen Sinne umfaßt ein der modernen Administration analoges Verwaltungswesen durch berufsmäßige Beamte in büreaukratischer Verfassung. Aber auch die allerwichtigsten weltlichen Aemter des Lord-Kanzlers, Master of the Rolls, des Geheim-Siegelbewahrers und nicht selten des Lord-Schatzmeisters sind noch in Händen von Geistlichen.

Beide Staatssysteme stehen jedoch noch koordinirt nebeneinander, das eine des anderen bedürftig, beide sich noch ergänzend. In die unteren Klassen herab erweitert die Kirche sogar noch ihren Einfluß, seitdem die Bettelorden ihren sympathischen Bund mit den ärmsten Schichten schließen, welche in vielen Dingen Grund zur Unzufriedenheit mit den Gesetzen und Steuermaßregeln der Besitzenden fanden. Das Beamtenwesen der Kirche mit dem stehenden Heere der Mönche und geistlichen Orden hatte sich zu einem vollendeten, stetigwirkenden System einer Herrschaft über den menschlichen Geist entfaltet. Keine weltliche Regierung vermochte sich grundsätzlich und dauernd feindselig gegenüber zu stellen einer solchen die Massen beherrschenden Macht, von welcher die stetige Ermahnung zum Gehorsam gegen den von Gott gesetzten Herrn ausging. Wie sie dem Königthum ihre Weihe ertheilt, so ist sie andererseits die Garantin der ständischen Rechte, und hält aus gleichem Interesse jetzt mit dem Adel an der Magna Charta fest, deren Bestätigung die hohe Geistlichkeit zu wiederholten Malen erzwungen hat. Ihr Ausspruch ist es noch immer, welcher alle Verfassungseide bindet, und von allen Verfassungseiden löst.

Dies Gegenseitigkeitsverhältniß findet seine entsprechende Form auch in der Parlamentsverfassung. In dieser erschien die Reichsstandschaft der Prälaten zwar nicht wie auf dem Continent als Ausfluß geschlossener Grundherrlichkeiten, sondern als Berufung zur höchsten Raths-, Gerichts- und Steuerversammlung durch königliches writ. Allein das königliche Berufungsrecht hatte für die geistlichen Herren doch eine andere Bedeutung als für die Barone. Die Berufung der Bischöfe war durch ihre verfassungsmäßige Stellung als Träger der Kirchengewalt von selbst gegeben, und die Erhebung zur Prälatur war seit König Johann keine königliche Gnadenbeleihung mehr. Durch die freie kanonische Wahl designirte der kirchliche Standesgeist seine Regierer und machte die Verleihung der Temporalien zu einer bloßen Bestätigung des Königs. Der durch den Cölibat und die Kasteneinrichtungen der Kirche geschaffene Standesgeist hielt die Prälatur fester zusammen als die weltlichen Großen. Der privilegirte geistliche Gerichtsstand machte sie persönlich viel unabhängiger als die weltlichen Herren. Es war daher ein Vorzug für die Reichsverwaltung, daß sich die Bänke der Bischöfe und der weltlichen Herren wenigstens nicht als zwei selbständige Curien bilden konnten, wie da, wo die Grundherrlichkeit Grundlage der Reichsstandschaft geworden war. Manche Ansprüche der Bischöfe wurden ermäßigt durch die Berufung einer mindestens gleichen Zahl von Aebten und Prioren, der kriegerische Uebermuth der großen weltlichen Herren in Schach gehalten durch die Stimmen der geistlichen, die nach den parliamentary writs die Majorität zu bilden geeignet waren, wenn sie auch nicht immer so zahlreich erschienen.

In derselben Richtung geht nun das Bestreben des Königthums neben den Prälaten auch die Capitel und Pfarrgeistlichkeit zum Parlament zu laden, um auch den geistlichen Mittelstand vertreten zu lassen. Den nächsten Anstoß dazu gaben freilich die Besteuerungsverhältnisse: allein die consequente Durchführung dieser Maßregel und der systematische Widerspruch der Geistlichkeit dagegen beweist, daß der königliche Rath darin eine politisch richtige Maßregel erkannte. Zunächst um dem päpstlichen Besteuerungsverbot entgegenzutreten, wollte Eduard I. der niederen Geistlichkeit eine analoge Stellung wie den Commons geben, um auch auf dieser Seite ein Gegengewicht gegen den hohen Clerus zu gewinnen. Es ergeht daher mit den Eingangsworten Praemunientes*) die Anweisung an alle Bischöfe, zur Landesversammlung auch die Dechanten und Archidiaconen in Person, jedes Kapitel durch je einen, den Pfarr-Clerus der Diöcese durch je zwei Bevollmächtigte vertreten, zu citiren, welche das Parlament um etwa 100 geistliche Abgeordnete vermehren und in ähnlicher Weise wie Ritter und Bürger berathen sollen. Alsbald erhob sich aber ein heftiger Widerspruch gegen diese Weise einer gemeinsamen

Steuerbeschließung mit den Laien und gegen diese Art der Citation. Eduard II. mußte sich dazu verstehen, neben der Ladungsclausel an die Bischöfe noch eine besondere zweite Ladung an den Erzbischof zu erlassen, und erst der letzteren als geistlicher Autorität leistete man Folge, als einer Ladung zu einer convocation und nicht zum Parlament — wobei Zeit und Ort sehr oft abweichend von dem königlichen writ bestimmt wurden. Mit dieser Maßgabe wird indessen jene Ladungsklausel (Praemunientes) seit Edw. III. eine regelmäßige.

Es war damit eine großartige Vereinigung aller Stände gegeben, zugleich aber auch ein schlagender Beweis, daß keine ständische Versammlung einen Boden hat ohne Gleichheit der rechtlichen Grundlagen. Im Oberhaus war die Gleichheit für Prälaten und Barone durch Lehnsbesitz und königliche Berufung vorhanden, sie halten daher zusammen; die niedere Geistlichkeit, Ritter und Bürger aber nicht. Je fester vielmehr Ritter und Bürger als Commoners im Unterhause zu einer Körperschaft verschmelzen, um so mehr scheinen sich die aufstrebenden Mittelstände der Geistlichkeit im Ganzen zu entfremden. In dieser wachsenden Spannung gewinnt auch das Königthum eine wiederwachsende Macht, am meisten da, wo die Privilegien der Kirche mit dem gemeinen Landesrecht am härtesten zusammenstießen. Der König hatte jetzt ein vollständiges Parlament zur Seite, welches mit Eifersucht über nationale Ehre und Selbständigkeit zu wachen begann. Man ließ die Kirche zwar walten auf den Gebieten, welche nicht unmittelbar das Landrecht berühren, wie persönliches Eherecht, Testamente, kirchliche Delicte, und in den Gerichtshöfen des Kanzlers, der Universitäten und der Admiralität. Jeder Versuch aber das Landesrecht zu ändern (Legitimation, Contracte der Ehefrau ꝛc.), wird fest zurückgewiesen. „Nolumus leges Angliae mutare“ hatten schon die Barone auf dem Reichstag zu Merton 20. Hen. III. erwidert. Als a. 1296 die Geistlichkeit ihren Beitrag zu den Landessteuern unter Berufung auf ihren höhern geistlichen Herrn grundsätzlich zu verweigern begann, erklärte der König die Kirche außer seinem Lehns- und Gerichtsschutz, und zwang sie zur Folgeleistung. Bei ähnlicher Gelegenheit erklärte das Parlament a. 1301: der Papst habe nicht das Recht, sich in die weltlichen Verhältnisse der Krone zu mischen, und sie würden dem König, selbst wenn er dazu bereit wäre, nicht gestatten, irgend einem der päpstlichen Ansprüche nachzugeben. Bei jedem wichtigen Streit finden sich Adel und Commons auf der Seite des Königthums gegen die Curie; am lebhaftesten natürlich bei jedem Streit über die Besteuerung. Als Urban V. gar den Anspruch auf Lehnsoberhoheit und Lehnszins zu erneuern wagte, kündigte Edward III. rückhaltslos das alte Protectionsverhältniß und behauptete, vereint mit seinen Ständen, die Selbständigkeit des Landes und der Landeskirche zugleich. Unter derselben Regierung folgen wiederholte Anträge des Unterhauses gegen die Geistlichkeit und eine Petition, daß keine Verordnung auf Antrag der Geistlichkeit erlassen werde, und „daß sie nicht gebunden sein sollten durch Anordnungen, welche jene zu ihrem eigenen Vortheil machten." A. 1371 folgte sogar der Antrag, alle Geistlichen von den hohen Staatsämtern zu entfernen und solche mit Laien zu besetzen, was mit dem Kanzler und im Schatzamte auf kurze Zeit wirklich geschah. Die Abneigung gegen den Clerus zeigt sich unter Richard II. auch in der Protection der Ketzereien (Lollardien), welche im Jahre 1406 zu dem Antrag führte: alle der Ketzerei Verdächtigen dem bischöflichen Gericht zu entziehen. Erst unter Heinrich IV. erlangte die Kirche vom Staat die schärferen Strafordnungen gegen die Ketzer, unter fortdauerndem Widerspruch des Unterhauses. Das Haus Lancaster war zu unmittelbar auf die Stütze der hohen Geistlichkeit angewiesen, um nicht in diesem Punkte Alles nachzugeben.

Das äußere Resultat dieser Reibungen ist eine gesetzliche Feststellung der Befugnisse der Staatsgewalt gegen die Uebergriffe der Kirche in den äußeren Gebieten des Rechts und der Besteuerung.**) Da die Kirchenverfassung geschlossen der weltlichen gegenüber stand, so gab es dafür keinen administrativen Weg, sondern nur die Anwendung der weltlichen Strafgesetzgebung gegen eine Reihe näher bezeichneter Uebergriffe, die unter der Bezeichnung der Strafen des Praemunire allmälig ein zusammenhängendes System bilden, welches den weltlichen Gerichten eine Cognition über die Grenzen der Kirchengewalt nach Maßgabe der Landesgesetze einräumt. Das erste st. 27. Edw. III. st. 1. richtet sich gegen die Citationen nach Rom in Angelegenheiten, welche zur Cognition des Königlichen Hofes gehören. Die darauf ergehenden writs of „praemunire facias" mit Androhung schwerer Leibes- und Geldstrafen bilden den Vorgang einer Reihe von Statuten, welche die Strafe des praemunire gegen Erlangung von kirchlichen Aemtern zum Präjudiz des Königs oder eines Unterthanen, gegen Ausführung von Geldern in das Ausland, gegen Einbringung von Excommunicationsurtheilen vom Ausland, gegen Exemtion geistlicher Personen, gegen Befreiung von der Zehntverpflichtung, gegen Einmischung des Papstes in die kirchlichen Wahlen wiederholen. Diesem Gebiet gehören dann weiter an die Gesetze gegen den Erwerb zur todten Hand (statutes of mortmain) und gegen Besetzung der Aemter durch geistliche Aufsichtsbehörde (statutes of provisors), — als der äußere Ausdruck der Zurückweisung kirchlicher Uebermacht und einer beginnenden Bewegung, welche im 16. Jahrhundert in die Reformation endet.

Der innere Grund des Zwiespalts lag aber in der allmälig veränderten Stellung der Kirche selbst. Die Wurzeln ihrer Größe werden auch die Wurzeln ihres Verfalls. Beide liegen in dem sittlichen und geistlichen Leben des Volkes. Seitdem der Kampf der Nationalitäten vergessen, der Druck gegen die schwächeren Klassen gemildert, die Leibeigenschaft im Verschwinden, die Fürsorge des Staats für den Rechtsschutz gewachsen war, hatte die Kirche einen Theil ihrer humanen Aufgaben verloren, die jetzt in weltlicher Gesetzgebung und Verwaltung gerechtere Würdigung fanden. Dies galt auch von der Kirche als Lehranstalt. Während sie bis zum 13. Jahrhundert die Trägerin aller friedlichen Künste und Wissenschaft gewesen, ist von da an ein Zurückbleiben ihrer geistigen Bildung bemerkbar. Von Wichtigkeit wurde zuerst der Umstand, daß sich im 13. Jahrhundert die Rechtswissenschaft der Laien von der Kirche emancipirt, und zur Vorkämpferin allgemeiner Emancipationsbestrebungen zu machen beginnt, denen bald der Zudrang der Laien nach den Universitäten folgt. Ein im Vergleich zum Continent ruhiges und geordnetes Staatsleben hatte strebsame Geister für die Künste des Friedens empfänglicher gemacht. Die Lehranstalt der Kirche hatte eine Zeit lang die Nationen gleichmäßig umgebildet: aber so gebildet und gehoben treten sie langsam wieder in ihre eigene Bahn zurück. Diesen berechtigten nationalen und geistigen Bestrebungen wußte die Kirche nichts weiter entgegenzusetzen als politische Macht und Geisteszwang. Je fester die canonisch gewählten Würdenträger im Besitz ihrer Baronien wurden, desto behaglicher fingen sie an sich als grundbesitzender Adel zu fühlen, wie umgekehrt der Adel zahlreich in die Kirche eintrat. Auch in England entschied jetzt die Geburt über Besetzung der hohen Stellen, während Verdienst, Bildung und Fähigkeit zurücktrat. Das Einkommen concentrirte sich immer mehr in den Prälaturen, die Zehnten waren Klöstern und Stiftern massenweis appropriirt auf Kosten der lehrenden und seelsorgenden Geistlichen. Die so gestaltete Kirche hatte weder die Fähigkeit noch den Willen mit dem Aufschwung der Laien-Wissenschaft zu wetteifern, überließ vielmehr einen Theil ihres Gebiets den Laien-Juristen, während sie den höheren allgemeineren Bestrebungen nur Abwehr, geistigen Zwang, Verbot der Selbstforschung entgegensetzte. Die natürliche Folge waren Zweifel an der Berechtigung der Kirche auf geistigem, dann auf weltlichem Gebiet, zusammentreffend mit der furchtbaren Zerrüttung der römischen Curie und der hohen Geistlichkeit des Continents. Da aber die Ketzereien Dogma und Verfassung der Kirche selbst angreifen, die Kirche also für ihre Existenz zu kämpfen beginnt, so bedient sie sich ihrer staatlichen Gewalt und behandelt die Häresien als geistlichen Hochverrath und politische Verbrechen. In England war dies allerdings schwieriger, da die Vollstreckung des Strafurtheils an ein königliches writ gebunden war. Mit Mühe erlangte sie von Richard II. ein writ, welches die Sheriffs zur Verhaftung ketzerischer Prediger ermächtigt, gegen Laien aber zu jeder Verhaftung ein besonderes Kanzlei-writ vorbehält. Auch dagegen protestirte das Unterhaus mit der Erklärung: „sie seien nicht gesonnen, sich oder ihre Erben mehr als ihre Voreltern gethan, den Prälaten zu verpflichten.“ Erst von Heinrich IV. erlangte die Kirche für ihre Strafjustiz freien Lauf ohne ein writ de heretico comburendo. Es beginnt eine Periode der Ketzerverbrennungen und der eidlichen Verpflichtung der Beamten zur Ausrottung dieser „Verschwörer gegen König und Reichsstände.“ Die religiösen Wirren werden aber lange Zeit verdeckt durch noch größere Wirren des Adelskampfes der beiden Rosen. Der tiefentsittlichte Zustand jener Zeit ist mit verschuldet durch eine Kirche, die sich ihrem Beruf und dem Herzen der Völker entfremdet hat.

*) **Die Ladung der niederen Geistlichkeit durch die Clausel Praemunientes** beginnt seit 23. Edw. I. Das writ an den Erzbischof von Canterbury lautet wie folgt: Sicut Lex justistima, providâ circumspectione sacrorum principum stabilita, hortatur et statuit, ut quod omnes tangit, ab omnibus approbetur, sic et innuit evidenter, ut communibus periculis pro (per?) remedia provisa communiter obvietur . . . Praemunientes Priorem et Capitulum Ecclesiae vestrae, Archidiaconum, totumque Clerum vestr. Diocs. facientes, quod iidem Prior et Archidiaconus in propriis personis suis, et dictum Capitulum per unum, idemque Clerus per Procuratores duos idoneos, plenam et sufficientem potestatem ab ipsis Capitulo et clero habentes, una vobiscum intersint, modis omnibus, tunc ibidem ad tractandum, ordinandum et faciendum, nobiscum et cum caeteris Praelatis et Proceribus, et aliis Incolis regni nostri, qualiter sit hujusmodi periculis et excogitatis malitiis obviandum. — Das Muster für diese Formel kommt schon in 22. Edw. I. vor in den Ladungen zu einer Convocation, Parl. writs I. 19. Nach Prynne wären diese Ladungen der niederen Geistlichkeit schon unter Heinrich III. Sitte gewesen, aber nur als eine innere Angelegenheit der Kirche; während sie Eduard I. zuerst als Ladungen zum Parlament anwendet. Der Clerus in dieser Versammlung schätzt sich selbst ein wegen seiner Spritualien, d. h. wegen des Besitzes in frankalmoign, wegen seines Pfarrhufen und des beweglichen Einkommens. Auch die Prälaten votiren in der geistlichen Versammlung nur den Steuerbeitrag für ihre Spiri-

tualien, während ihr Lehnsbesitz mit den Baronen im Parlament gemeinschaftliche Hülfsgelder bewilligt. Rep. I. 214. Die Clausel praemunientes wurde in diesem Sinne nach 23. Edw. I. ohne wesentliche Aenderung beibehalten, jedoch nicht allemal hinzugefügt. Mehre Parlamente sind erweislich ohne Ladung der niederen Geistlichkeit abgehalten. Unter Eduard II. beginnt aber die principielle Opposition gegen die Steuerladung des Königs. In 7. Edw. II. erklärt der Clerus, es sei nicht üblich, die Geistlichkeit unter Autorität des Königs zu berufen, und solle sie nach dem Gesetz in dieser Weise nicht berufen werden. Zum nächsten Parlament wird nun das erste Mal ein zweites Sendschreiben an den Erzbischof von Canterbury erlassen, mit dem wiederholten Befehl zu erscheinen. Dennoch protestirt der Clerus in 8. Edw. II. auch gegen diese mittelbare Citation. Er bezeichnet das Parlament als eine curia singularis, — begonnen und fortgesetzt in des Königs camera, — und zu einer solchen curia könne die Geistlichkeit nicht geladen werden ohne offenbare Verletzung ihrer Privilegien. Sie machte in dieser Zeit ihre Subsidienbewilligung von einem vorgängigen Gestattungsmandat des Papstes abhängig, wie ein solches in 13. Edw. II. die Bewilligung eines Zehnten auf ein Jahr erlaubt hatte. Parl. Hist. I. 159. 177. In 15. Edw. II. bewilligt sie in zwei Convocations noch einmal ein Hülfsgeld „in Gehorsam gegen die Autorität des apostolischen Stuhls." In 16. Edw. II. wird jede weitere Geldbewilligung ohne Autorität des apostolischen Stuhls direct verweigert Peers Report I. 284. In 17. Edw. II. befindet sich der König in der Lage, bei den beiden Erzbischöfen um Berufung der Convocation demüthig zu suppliciren. Im Verlauf des Streits indessen wird auch dieser Widerstand mit Hülfe des Parlaments überwunden. Die in 11. Edw. III. gebrauchten und später wiederholten Worte in dem zweiten Sendschreiben an die Erzbischöfe: „justum et consonum rationi, ut per communia subsidia communibus periculis occurratur", fanden im Parlament wie im Lande einen Wiederklang, dem sich die Geistlichkeit nicht zu entziehen vermochte. Doch blieb die Besteuerung der Spiritualien Gegenstand besonderer Vereinbarung. So wird in 15. Edw. III. entschieden, daß solche, „welche by barony besitzen, und auf Ladung zum Parlament kommen", 1/9 zu zahlen haben, dagegen „die Männer der Kirche, die nichts by barony besitzen und nicht zum Parlament geladen zu werden pflegen" nur 1/10. Parry 112. In demselben Jahre wird auch festgestellt, daß die Aebte, welche kein Kronlehn besäßen, nicht verpflichtet seien, der Ladung zum Parlament Folge zu leisten. Diese Steuerverhältnisse bildeten schon an sich einen ausreichenden Grund, die niedere Geistlichkeit von den Rittern und Bürgern getrennt zu halten. In 18. Edw. III. werden zum ersten Mal die Bewilligungen der Convocation in die Parlamentsrollen eingetragen und in Form eines Statuts endgültig festgestellt. Report. I. 317. Dies Verhältniß gesonderter Steuer- und Rathsversammlungen führt indessen fortdauernd zu Reibungen zwischen dem geistlichen und weltlichen Staatskörper. So proponiren in 4. Rich. II. die Commons 100,000 Mark, wenn der Clerus, (der ein Drittel des Königreichs besitze), seinerseits 50,000 Mark bewilligen werde. Die Geistlichkeit erwidert: „ihre Bewilligung sei niemals im Parlament gemacht, noch solle es so sein; das Laienthum solle und könne den Clerus nicht binden, und der Clerus nicht das Laienthum. Die Commons mögen thun was ihres Amtes und sie würden desgleichen thun." Der Peers Report bemerkt dazu mit Recht: The answer of the Clergy shows how entirely they had separated themselves from the Laity in their Convocations, and that these meetings were wholly unconnected with and independent of the National Assembly in Parliament. In 9. Rich. II. führt eine Bewilligung der Subsidien unter der Bedingung, daß der Clerus eine bestimmte Summe bewillige, zu ähnlichen Protesten. Parl. Hist. I. 384. Von Zeit zu Zeit kehren statistische Anschläge wieder, die ein Licht darauf werfen, wie hoch die Zeit den Gesammtbetrag der kirchlichen Revenuen schätzte. Einmal wurde behauptet, der Clerus habe außer der bewilligten Summe noch den Werth des Dienstes von 13 Earls, 1500 knights und 2600 esquires zu leisten. In 21. Rich. II. willigen die geistlichen Herren darin, einen Laien als Generalbevollmächtigten im Parlament zu bestellen, jedoch mit der Reservation, „daß sie vermöge des Rechts ihrer Kirchen und Temporalien ein Recht der Theilnahme an allen Parlamenten haben." Parry 157. Rep. I. 344. Die niedere Geistlichkeit ist anscheinend mit Rittern und Bürgern auch niemals zu gemeinsamer Gesetzberathung in pleno zusammengetreten. Ein oder auch zwei Fälle der Art sind jedenfalls sehr problematisch. Wie aber das Parlament es sich nicht nehmen ließ, die von der Convocation bewilligten Taxen zu bestätigen, so verlangte das Parlament jener Zeit auch, daß seine Statuten den Clerus binden, „wie die Gesetze aller christlichen Fürsten in den ersten Jahrhunderten der Kirche." Zum verfassungsmäßigen Austrag ist die Frage nicht gekommen, vielmehr endet der Streit im 15. Jahrhundert mit einem gänzlichen Zurückziehen der Geistlichkeit in ihre Convocation. Der Form nach fügte sie sich auch später nur der Ladung ihrer Erzbischöfe, und setzte dem Königlichen writ als solchem einen Exemtionsprotest entgegen. Eben deshalb mußte der König die Pflicht zum Erscheinen der Bischöfe und Aebte aus ihrer Lehnspflicht ableiten, daher folgerecht Aebte ohne Kronlehn vom Erscheinen dispensiren, — ein Verhältniß, aus welchem später sehr mit Unrecht ein Beweis der Reichsstandschaft aller tenentes in capite hergeleitet wurde.

) **Die Parlamentsstatuten gegen die Uebergriffe der kirchlichen Gewalt betreffen zwar in dieser Periode mehr Vermögens- und Steuerverhältnisse, jedoch in einzelen Punkten aber auch schon die kirchliche Gerichtsbarkeit und das ganze Gebiet der Zwangsmittel gegen das Laienthum. Sie sind prinzipiell wichtig, insofern der King in Parliament die höhere Entscheidung bestimmt in Anspruch nimmt, wo die Grenzen zwischen der geistlichen und der weltlichen Macht streitig werden. Von diesem Gesichtspunkte aus sind die Statuten über das praemunire als die wichtigsten hervorgehoben. Außerdem kommen noch in Betracht: 1) Verbote über Veräußerungen zur todten Hand, 7. Edw. I. st. 2 und spätere Parlamentsbeschlüsse, 2) articuli Cleri 9. Edw. II. st. 1. enthaltend 16 Beschwerdeartikel des Clerus über weltliche Eingriffe mit den darauf ertheilten Antworten des Königs im Rath, betr. hauptsächlich die Grenze des writ of prohibition und wiederholte Zusicherung, daß geistliche Personen nicht von weltlichen Richtern an Leben und Gliedern gerichtet werden sollen, 3) das st. 14. Edw. III. st. 4. betr. die geordnete Verwaltung der geistlichen Güter während der Sedisvacanz, 4) st. 25. Edw. III. st. 3, welches die königlichen Eingriffe in die kirchlichen Patronatsrechte beschränkt, und wiederholte Zusicherung der geistlichen Strafjustiz über Geistliche giebt, 5) Die Statutes of Provisors unter Edw. I., Edw. III. (insbesondere 25. Edw. III. st. 6) Ric. II. und Henry IV. gegen die beanspruchte Machtvollkommenheit des Papstes zur Besetzung englischer Prälaturen und Pfründen mittels Provision, 6) das Statutum de Asportatis Religiosorum 35. Edw. I. st. 1. gegen die Abführung von Steuern und Geldern aus englischen Klöstern an auswärtige Obere. Eine anschauliche Uebersicht der den Clerus betreffenden Statuten giebt Rowland, Manual of the Engl. Constit. 1859 S. 137—156. — Bei den späteren Conflikten sprachen die Reichsgerichte auch den Grundsatz aus, daß die den Clerus betreffenden Statuten einen Theil des Landrechts bilden, ihre Interpretation daher den Richtern des gemeinen Rechts gehöre Coke 2. Inst. 618. — Die Vertreter der souveränen Stellung der Kirche im Staat haben damals, wie jetzt, eine solche Gesetzgebung als die Freiheit der Kirche (beziehungsweise des Gewissens) verletzend angefochten. Allein so lange die historische Kirche der Staatsgewalt gegenüber wirklich das höhere Sittengebot und die geistige Freiheit vertrat, hat sie auch die Kraft gehabt in dem Grenzstreit das Recht des Staates zu überwinden. Die consequente Haltung der Parlamente unter den mannigfaltigsten Situationen giebt den überzeugenden Beweis, daß das Zurückdrängen der Kirchengewalt an diesen vorgeschobenen Posten dem sittlichen Gesammtzustand der Zeit entsprach. Die spätere Reformation knüpft auf diesem Gebiet an eine längst vorgezeichnete Richtung der Gesetzgebung an. Nicht leicht ist es freilich in dieser Periode zuverlässig festzustellen, wie tief die antirömische Bewegung ging. Es war vorzugsweise das Nationalgefühl, welches sich durch die päpstlichen Ansprüche verletzt sah in einer Zeit, in welche die 70jährige „babylonische Gefangenschaft" des Papstthums in Avignon fiel, welche den päpstlichen Stuhl gar noch zum Instrument der feindseligen Politik der Könige von Frankreich gemacht hatte. Noch 1378 bei dem Tode Gregor XI. waren in Folge dieser Zustände $^3/_4$ der Kardinäle Franzosen. Einige scharfsichtige und gewissenhafte Männer der Zeit verstanden die tiefer gehende Zerrüttung der gesammten Kirche; allein ihre Stimme fand sicherlich mehr Wiederhall in dem Nationalgefühl, als in der religiösen Ueberzeugung von der Unwahrheit einzeler römischer Glaubenslehren. Die späteren Hergänge der Reformation wenigstens sprechen für keine tiefgehende Bewegung in den Gemüthern der Menge.

§. 25.

Die Wechselfälle des King in Parliament.

Die Ausübung der Staatshoheitsrechte ist jetzt so tief verzweigt in dem selfgovernment der Grafschaften, so kunstvoll zusammengefügt im Parlament, daß es zweckmäßig erscheint, das Verhältniß der Gewalten noch einmal in der Reihenfolge der Regierungen zusammenzufassen, um danach schließlich den Grundcharakter der Regierungsgewalt (§. 26) zu bestimmen. Die Einzelheiten gehören einer Geschichte des Parlaments an. Den Zeitgenossen Fragen über Tod und Leben, erschienen sie den Nachkommen als farblose Precedents zur allmäligen Feststellung des Verfassungsrechts.

Eduard I. (1272—1307)[1])

Das Menschenalter Eduards I. ist das Gegenstück Heinrichs III. — die glänzende Wiederherstellung des Glaubens an die Monarchie, die Höhezeit des englischen Mittelalters, die grundlegende Zeit der Parlamentsverfassung in ihren drei Hauptrichtungen:

1) Die Gesetzgebung durch das Parlament hat in dieser Zeit ihre Initiative noch in dem König. Der hohe Sinn dieses Gesetzgebers, der in Bischof Burnel einen seltenen Rathgeber gefunden, hat aber aus eigenem Entschluß den Beirath und die Zustimmung seiner Prälaten und Barone gesucht, und in den Lebensfragen der damaligen Mittelstände auch den Beirath der Commons. In den Erfahrungen und in dem patriotischen Sinn der Stände fanden sich jene Standpunkte, welche den Namen dieses Gesetzgebers nach Alfred dem Großen am höchsten stellen. Uebrigens erfolgt die Berufung einer gesetzgebenden Versammlung nach des Königs freiem Ermessen, bald bloßer Notablenversammlungen, bald auch der Grafschaftsritter, bald der Grafschaften und Städte zugleich.

2) Die Besteuerung durch Parlament war für die Kronvasallenschaft ein schon vorgefundenes Rechtsverhältniß. Die grundsätzliche Steuerverweigerung der Geistlichkeit und der Widerstand der Großen hat Eduard I. zu einem weitern Zugeständniß bestimmt, in der Einsicht, daß es nicht mehr möglich war, ein einseitiges Besteuerungsrecht in alter Weise der Geistlichkeit und Weltlichkeit gegenüber aufrecht zu erhalten. Ein großartiger Sinn für die gegenwärtige und zukünftige Größe des Landes hat die dynastischen Bedenken überwogen, und die Steuerbewilligung der Communitas Regni for the common profit of the Realm anerkannt „ut quod omnes tangit ab omnibus approbetur."

3) Die Controlle der Staatsverwaltung durch das Parlament erscheint unter dieser wie unter späteren normalen Regierungen nur in Gestalt von Petitionen, Anträgen und Beschwerden. Der Sache nach sind die Militärgewalten des Königs zur Ehre und zum Nutzen des Reichs, die Gerichts- und Polizeigewalten zur Aufrechterhaltung von Recht und Frieden im Lande, die Finanzgewalten for the common profit of the Realm, die Gewalt über die Kirche zur Aufrechterhaltung nationaler Selbständigkeit geübt, — und deshalb hat Niemand an eine unmittelbare Einmischung in den Gang dieser Regierung gedacht.

Durch die ganze Zeit geht noch ein Grundton der Harmonie.

Ein volksbeliebter Monarch findet kräftige und willige Unterstützung, so oft er sie verlangt. Diese monarchische Regierung nach Gesetzen unter freier Mitwirkung der Stände, mit ihrer gewaltigen militärischen und finanziellen Machtentwickelung, bildet einen wunderbaren Gegensatz gegen das elende persönliche Regiment Heinrichs III. Sie ließ im Volk das Bewußtsein zurück, daß die Staatsregierung am besten in einer Hand ruht — in dem Sinne eines staatsbewußten Monarchen, und daß sie auch noch zur Genüge besteht — wo in dem Monarchen wenigstens das Gefühl des königlichen Berufs lebt. Zugleich aber hat diese Zeit auch den mannhaften Sinn entwickelt, um in Zukunft sich selbst zu helfen — in Zeiten, in welchen diese Eigenschaften dem Königthum fehlen. Es war gewiß nicht leicht, unter einer solchen Regierung den festen und gemessenen Widerspruch zu erheben, durch welchen der Groß-Constable und der Groß-Marschall, die Bohuns und die Bigods dieser Zeit, an der Spitze der Kronvasallenschaft ihren Widerspruch gegen den König erhoben, um das gemeinsame Steuerbewilligungsrecht der Stände zu erzwingen. Der Hergang der Magna Charta hat sich insoweit noch einmal wiederholt, und schon das nächste Menschenalter zeigte die Nothwendigkeit dieses Hergangs.

Eduard II. (1307—1327).[2])

Gleich nach dem Hinscheiden Eduards I. bekundet ein kopfloser Rückzug und das feige Aufgeben Schottlands, daß die königliche Leitung des Staats nach außen wieder aufgehört hat. Durch Verleihung der höchsten Reichswürden und durch Vergeudung der königlichen Staats- und Hausmittel an einen fremden Abenteurer bekundet Eduard II. ebenso seine Regierungsunfähigkeit im Innern. Die beleidigten Großen, den ersten Prinzen des Hauses an der Spitze, das Parlament zur Seite, lehnen sich auf, treten bewaffnet zusammen und dringen unter dem Namen der ordainers dem König einen Verwaltungsrath auf, bestehend aus 2 Bischöfen, einem Grafen, einem Baron und einem Stellvertreter des Grafen Lancaster. Obgleich indessen der mächtigste Graf des Reichs an der Spitze des Widerstandes steht, so ist die Folge doch wiederum Spaltung, und nach gegenseitigen Verfolgungen der Sturz der Parteiregierung nach einigen Jahren. Vergleicht man indessen diese Hergänge, in welchen Recht und Unrecht ziemlich gleich vertheilt sind, mit den Zeiten Heinrichs III., in welchen die besten und einsichtigsten Männer wie Pembroke und Montfort an der Unfertigkeit der Verfassung scheitern, so documentirt sich doch auch in diesen Kämpfen ein Fortschritt des gesetzlich regierten Staates. In der Noth treten die Spitzen der regierenden Klassen mit ihrer Gefahr und Verantwortlichkeit in die Lücke; die Parteiführer büßen aber die Uebergriffe in die Prärogative mit ihrem Leben und Vermögen, — ein Gang der Sache, der sich in die späteren Jahrhunderte fortsetzt und der englischen Aristocratie mit der Ehre und dem Einfluß auch stets die schwere Verantwortlichkeit einer regierenden Klasse erhalten hat. Mit Unterstützung der commoners gelingt es dem König noch einmal die Vormundschaft der Adelspartei abzuwerfen. Alle Anordnungen der ordainers, soweit sie gegen die Prärogativen der Krone gehen, werden aufgehoben, und feierlich anerkannt, daß über Kron- und Staats-Angelegenheiten nur vom König selber unter Beistimmung der geistlichen und weltlichen Stände beschlossen werden dürfe. — Dennoch kommt der schwache verlassene Monarch durch die offene Empörung seiner verbrecherischen Gemahlin bald nachher in die Lage weinend abzudanken, und wird in der Gefangenschaft ermordet. Die Person des Königs, nicht das Königthum, war diesmal einer Verbindung erlegen, welche die Gewaltthat mit den frechen Worten proklamirt: „der König habe seine Krone wegen unverbesserlicher Anlagen eingebüßt“, während der Erzbischof von Canterbury sie dem Volk verkündet, mit der Anrede, daß des Volkes Stimme, Gottes Stimme sei! —

Eduard III. (1327—1377).[3])

Unter dem Namen des 14jährigen Thronfolgers führt Anfangs eine verbrecherische, aber einsichtige und energische Faction eine Vormundschaftsregierung, welche nach wenigen Jahren blutiger Wiedervergeltung unterliegt. Mit Eduard III. beginnt die erste grundsätzlich parlamentarische Regierung, welche während ihrer funfzigjährigen Dauer in 37 Jahren 70 mal Parlamente zu freilich noch kurzen Sitzungen berufen hat, um mit ihnen die Gesammtverhältnisse des Reichs zu ordnen. Schon in den ersten Jahren hat eine äußerst lebhafte Thätigkeit beider Häuser in auswärtigen wie in inneren Verhältnissen begonnen unter einem vom Parlament ernannten Regentschaftsrath von 4 Bischöfen, 4 Earls und 6 Barons. Der großjährig gewordene König, die Parlamente zur Seite, führt seine lange Regierung in oft schweren Lagen des Reichs, in der Regel mit Kraft, Einsicht und Ruhm. Alle Machtelemente treten während dieses halben Jahrhunderts zeitweise in den Vordergrund und weichen wieder einer Verbindung der widerstrebenden im verfassungsmäßigen Kampf. Einerseits noch Uebergriffe der persönlichen Regierung in Steuerausschreibungen, Zwangsanleihen, Zwangsaushebungen von Rekruten und Schiffen, Ausdehnung der Forsten, willkürliche fines, Anfänge einer Administrativjustiz des Lordkanzlers: dann wieder endlose Landesbeschwerden, Bestätigungen der Magna Charta und des Steuerbewilligungsrechts, Beschränkungen der Hochverrathsgesetze, fortschreitende Begrenzungen der Ausübung der Hoheitsrechte durch die Gesetzgebung. Starke Eingriffe der Stände in das königliche Ernennungsrecht: andererseits ausdrückliche und wirksame Zurückweisung derselben. Proteste gegen eine Strafgewalt des Council, 25. Edw. III.: dann wieder ausdrückliche Anerkennung derselben in den Streitigkeiten mit der Kirche. Es bildet sich in dieser Zeit eine Art von Gleichgewicht der Gewalten, in welchem Lords und Commons die ihnen innewohnende natürliche Kraft im Staat entfalten.

1) Die Gesetzgebung erhält einen gewohnheitsmäßigen Gang unter Mitbetheiligung der Commons; die Initiative theilt sich zwischen ihnen und dem Königthum.

2) Die Besteuerung durch Parlament erhält eine feste Praxis; kleinere Uebergriffe dagegen werden von der Krone zurückgenommen; am Schluß der Regierung folgt nochmals eine Bestätigung mit einem ziemlich nichtssagenden Vorbehalt.

3) Die Controlle der Reichsverwaltung durch die Parlamente geht einen geregelten, aber zuweilen übergreifenden Gang. Die Hergänge unter Eduard II. haben das Selbstgefühl der Stände so hoch gesteigert, daß selbst der großjährig gewordene König zeitweise zurückweicht. In 15. Edw. III., nach einer mißlungenen auswärtigen Unternehmung, beginnt das Parlament mit stürmischen Beschwerden wegen der Besteuerung der Geistlichkeit und darüber, daß das Council und die höchsten Reichsbeamten ohne ihre Zustimmung ernannt seien; daß ein Pair zum Verlust von Recht und Besitz nur durch seine Standesgenossen verurtheilt werden dürfe; alle Großbeamten sollen beim Beginn des Parlaments auf kurze Zeit ihre Aemter niederlegen, um den Lords über ihre Führung Rechenschaft zu leisten rc. Alles wird bewilligt gegen eine Subsidie von 20,000 Sack Wolle. Nach dem Schluß des Parlaments aber erläßt der König eine Proklamation an die Sheriffs, erklärt, daß jenes Statut ihm gegen seine Prärogative und das Landesgesetz abgezwungen sei, unter Umständen, unter welchen er nichts anderes habe thun können, als „sich verstellen", und daß er deshalb nach Berathung in seinem Council solches widerrufe. Zwei Jahre später erklärt auch das Parlament das Statut für aufgehoben.

Ein abermaliger Regierungsversuch der Stände, 30. Edw. III., wird schon im folgenden Jahr zurückgenommen. Dennoch schließt der altersschwach gewordene Monarch in Unfrieden. In 50. Edw. III. erscheint der Antrag: da die jetzigen Beamten ihrem Amte nicht gewachsen seien, solle der Rath um 10 oder 12 Bischöfe, Lords und Andere als dauernde Mitglieder verstärkt und wichtige Dinge nur mit Zustimmung Aller beschlossen werden. Gleichzeitig erscheint der erste Fall einer Anklage des Unterhauses. Das Parlament des folgenden Jahres läßt diese Maßregel jedoch wieder fallen.

Das Resultat des halben Jahrhunderts ist die Consolidirung der Parlamentsrechte in allen drei Richtungen; Hand in Hand mit den mannigfaltigen Reibungen geht aber der wachsende Wohlstand des Reichs und eine Kraftentfaltung nach außen, die in den Kämpfen gegen Frankreich den englischen Waffen den ersten Rang unter den europäischen Feudalstaaten gewinnt.

Richard II. (1377—1399).[4])

Auf eine große Epoche der Monarchie folgt wiederum eine Zeit persönlicher Unfähigkeit zur Regierung. Unter dem Namen des zehnjährigen Königs übernimmt der Rath der Prälaten und Barone die Zügel der Staatsregierung. Durch die Parteien am Hofe selbst sind indessen die Commons zu einer gewissen Theilnahme daran ermuntert, welche sich bald fühlbar macht. Der regierende Rath wird aus 3 Bischöfen, 2 Grafen, 2 Bannerherren und 2 Rittern gebildet. Kanzler, Schatzmeister, chamberlain, Richter und andere oberste Beamte sollen während der Minderjährigkeit im Parlament ernannt werden. Die Regierung liegt in der Wirklichkeit in den Händen des großen Raths. Auf Grund immer wiederkehrender Beschwerden über Kriegskosten wird zum ersten Mal ein Antrag auf Rechnungslegung über die Staatsausgaben gestellt, der sich unter dieser Regierung mehrmals wiederholt und bewilligt wird. Schon in 3. Rich. II. erscheint ein Antrag auf Entlassung der Regentschaft und Ernennung der 5 ersten Großbeamten im Parlament, der aber nicht gewährt wird. Die oft sehr weitgreifenden Anträge der Commons erklären sich aus der Schwäche einer innerlich uneinigen Regierung und aus den Anregungen, welche der Ehrgeiz des Earl von Lancaster und anderer Herren vom Hofe solchen Ansprüchen gaben.

Die persönliche Regierung des Anfangs vielversprechenden Königs beginnt etwas leichtfertig, mit ungewöhnlichen Verleihungen an Günstlinge (Graf Oxford, Michael de la Pole). Schon in 10.

Richard II. fängt das Parlament an zu drohen. Der König setzt nachgebend seinen Kanzler ab, belegt ihn mit einer Geldstrafe und bewilligt eine Commission zur allgemeinen Revision der Verwaltung. In 11. Rich. II. erscheint als Beschwerdepunkt: daß die Beamten den König öfter verleitet haben, Rathsversammlungen zu berufen „von besonderen Lords, Richtern und Anderen ohne Zustimmung und Gegenwart der Lords des großen Raths". Der königliche Kammerherr wird in Anklagestand gesetzt. Es wird die Zusicherung gegeben, daß keine Schreiben unter dem Hand- oder Privatsiegel erlassen werden sollen zum Präjudiz des Reichs oder zur Störung des Rechts. Es ergeht sogar eine Verurtheilung der königlichen Richter zum Tode.

Auf diese Vorgänge folgt eine Zeit, in welcher der Sache nach die Herzöge von Gloucester, Lancaster und York unter dem Namen des genußsüchtigen indolenten Königs um die Regierung streiten. Durch vorübergehende Momente persönlicher Energie, durch Ueberraschung der Gegner und Unterstützung der Commons tritt aber ein Rückschlag ein, in welchem Richard II. anscheinend die vollen Gewalten zurückgewinnt. Ein von Bewaffneten umgebenes Parlament widerruft alle gegen die königliche Prärogative gefaßten Beschlüsse früherer Jahre, bewilligt dem König eine bedeutende Subsidie auf Lebenszeit, bietet die Hand zu jeder blutigen Verfolgung und Wiedervergeltung und sogar zur Einsetzung eines Landtag-Ausschusses, der nach dem Schluß des Parlaments mit entscheidender Gewalt und exorbitanten Befugnissen zurückbleiben soll, die sofort gemißbraucht und später durch Cassirung sämmtlicher Verordnungen, Urtheile und Maßregeln des Commitees desavouirt wurden. Da indessen Richard die wiedergewonnene Gewalt nur zu heimtückischer und grausamer Vergeltung zu benutzen weiß, sieht sich der übel berathene König, nach diesem Rückfall, plötzlich verlassen von Parlament, Kirche und Volk, und unterliegt dem Angriff des Herzogs von Lancaster, der mit einer Waffenmacht von 60 Personen in Ravenspur landend, nach wenigen Wochen sich an der Spitze der unzufriedenen Großen und eines Heeres von 60,000 Mann befindet.

Das Resultat dieser Zeit sind tiefe Eingriffe der Lords in die Besetzung der Aemter, für die Commons folgenreiche Präcedenzen einer Controlle der Staatsausgaben; für beide Häuser wiederholte Anklagen der Großbeamten. Durch das Verwaltungsrecht geht eine doppelte Strömung. Einerseits ein Bestreben der Stände, die diskretionäre Gewalt zu beschränken. Das Unterhaus petitionirt in 13. Rich. II., daß Niemand vor das Council oder den Kanzler citirt werden soll in Sachen, die nach gemeinem Recht entscheidbar, (dies wird abgelehnt). Kanzler und Rath sollen nach beendetem Parlament keine Ordonnanzen gegen das gemeine Recht oder frühere Parlamentsbeschlüsse erlassen (Antwort ausweichend). Dann wieder Erweiterungen der Amtsgewalt nach unten, insbesondere erweiterte Gewalt der Friedensrichter gegen die arbeitenden Klassen. Bei dem großen Bauernaufstand erfolgt ein summarisches Einschreiten des Raths zur Friedensbewahrung ohne Widerspruch. Jedenfalls zur Befriedigung eines wirklichen Landesbedürfnisses formirt sich in dieser Zeit die Equity Jurisdiction des Lord Kanzlers. Der folgenschwerste Hergang der Zeit ist aber ihr Schluß: die directe Empörung gegen das monarchische Prinzip, die förmliche Absetzung des erblichen Monarchen durch einen Beschluß der beiden Häuser des Parlaments.

Heinrich IV. (1399—1413).[5])

Die Regierung dieses ersten Königs aus dem Hause Lancaster beginnt mit den unüberwindlichen Schwierigkeiten einer usurpirten Macht, umgeben von Verschwörungen, Empörungen und Gefahren aller Art. Wie die große Familie der Percys dies Königthum als seine Schöpfung ansah, so wetteifern seine mächtigen Anhänger mit den alten Gegnern des Hauses in der Bekämpfung der neuen Dynastie. Schon die Protokolle des Council geben einen Begriff von den Sorgen, welchen der kräftige muthige Monarch frühzeitig erliegen mußte. Ein König in dieser Lage, umgeben von Prätendenten mit besserem und mit gleichem Recht, mußte zufrieden sein im günstigsten Falle den status quo zu erhalten. Es ist daher keine Rede mehr von Taxen ohne Parlament, selbst nicht in schweren Verwaltungsnöthen. In 6. Henr. IV. werden die Subsidien nur bewilligt unter der Bedingung, daß die Gelder durch einen im Parlament vereideten Schatzmeister in Empfang genommen und zur nächsten Sitzung über die Verwendung Rechnung gelegt werde. Ebenso in 7. Henr. IV., wo der König jedoch die Forderung, vor der Geldbewilligung erst die Petitionen zu beantworten, noch einmal zurückweist. In 8. Henr. IV. folgen 31 inhaltschwere Artikel, die sämmtlich bewilligt werden. Der König soll 16 Räthe ernennen, sich von ihnen ausschließlich berathen lassen, und sie nicht entlassen ohne Ueberführung eines Vergehens. Kein richterlicher oder Finanzbeamter soll auf Lebenszeit ernannt, keine Petition dem König außer seinem Rath präsentirt werden. Zahlreiche Mißbräuche im Rath und in der Justiz werden aufgezählt und untersagt. Die Camarilla am Hofe, wenn sie den König gegen seine

Unterthanen reize, soll entfernt und mit Geldbußen belegt werden. (Es waren schon früher 4 Personen aus des Königs Umgebungen entfernt mit der Zusicherung, „daß ein Gleiches geschehen solle mit jeder andern Person, welche die Unzufriedenheit seiner getreuen Unterthanen erregen werde"). Zur Erhaltung der Gesetze des Reichs soll der Kanzler und der Privatsiegelbewahrer nicht passiren lassen irgend ein Warrant oder eine Bewilligung durch Patent, Urtheil oder irgend eine andere Sache unter dem in ihrer Verwahrung befindlichen Siegel, welche nach Gesetz und Recht so nicht passiren sollten, — womit nun auch der Privatsiegelbewahrer einer unmittelbaren Anklage vor den Parlamenten unterworfen wird. — Im nächsten Parlament sendet jedoch der König eine Botschaft an die Gemeinen: es sei im letzten Parlament ein Gesetz durchgegangen, welches seine Freiheit und Prärogative verletze, und zu dessen Aufhebung er ihren Consens erbitte. Die Gemeinen bewilligen dies und empfangen dafür den Dank des Königs. — Noch stärkere Rücksicht war auf die Kirche zu nehmen. Einer der Gründe zu Richards Sturz war seine Nachsicht gegen die Ketzereien gewesen. Auf Verlangen der Kirche erläßt daher der König das st. 2. Henr. IV. c. 15. gegen die Lollards, nur mit Beirath des großen Raths und unter Widerspruch der Gemeinen. — Noch folgenreicher wurde die neue Stellung des Königthums für die Befestigung der Pairie. Ein König, dessen Thron nur auf Anerkennung des Parlaments beruhte, konnte das Haus der Lords nicht mehr als eine aus eigener Machtvollkommenheit frei berufene Versammlung behandeln. Das erbliche Recht der herkömmlich Berufenen auf eine Ladung zum Parlament wird daher thatsächlich anerkannt. Auch die Gemeinen sind damit einverstanden: wogegen die Lords die Subsidienbewilligung der Gemeinen und ihr Mitbeschließungsrecht bei Statuten, jedoch mit Vorbehalt der ausschließlichen Jurisdiction des Oberhauses anerkennen. Was ließ sich gegen diese gegenseitigen Anerkennungen sagen? — Beide Häuser erkannten dafür an, daß Heinrich der wahre und rechte König von England sei. Die oberste Gerichtsbarkeit des Hauses der Lords ist jetzt ausdrücklich sanctionirt, die bloßen Beamtenelemente treten in dieser höchsten Gerichtsgewalt des Königs im Rath in die Stellung von berathenden Mitgliedern zurück. Der Geschäftsgang der beiden Häuser erhält bereits eine dem heutigen äußerlich ähnliche Gestalt. Das Gesammtresultat aber ist überwiegend zu Gunsten der Lords ausgefallen, deren militärisches Uebergewicht durch ihre schnell zu mobilisirenden bewaffneten Gefolgschaften seit dem großen französischen Kriege fühlbar wird.

Heinrich V. (1413—1422).[6])

Die volkberühmte ruhmvolle Regierung Heinrich V. bewegt sich ebenso in den Grenzen der parlamentarischen Gerechtsame. Die großen Kämpfe auf französischem Boden geben der Staatsthätigkeit eine überwiegende Richtung nach Außen, neben welcher die Gesetzgebung und die Controllthätigkeit im Parlamente ziemlich ruht. Die nicht glänzenden Finanzverhältnisse der Regierung beanspruchen indessen eine öftere Steuerbewilligung. In 10. Henr. V. werden die Gemeinen auch berufen zu einer Verhandlung über die Ligue mit Kaiser Sigismund und den Vertrag von Troyes, nachdem ein großer Rath sich dafür incompetent erklärt hatte. In Eintracht mit der Kirche und mit den lebhaften Sympathien der Nation hat sich die Dynastie insbesondere durch die glänzenden Erfolge des Krieges in Frankreich befestigt.

Heinrich VI. (1422—1461).[7])

Unter diesem Namen beginnt wieder eine Vormundschaftsregierung über ein Kind von 9 Monaten, welches durch eine unglückliche Begabung der Natur bestimmt war, im Zustande der Minderjährigkeit zeitlebens zu verharren. Mit Beiseitesetzung der letztwilligen Anordnung Heinrich's V. wird der Herzog von Bedford nicht als Regent, sondern als Protector und Guardian eingesetzt, als sein Stellvertreter der Herzog von Gloucester. Die schwierig gewordenen Verhältnisse in Frankreich werden von Bedford bis zu seinem Tode (a. 1434) noch mit fester und erfahrener Hand geleitet. Die innere Landesverwaltung führt ein von den Lords ernanntes außerordentliches King's Council mit einer gewissen Sicherheit und Regelmäßigkeit. Die Lage des Reichs war schwierig, die Finanznoth drängend geworden; die Behandlung der Geschäfte durch den regierenden Adel aber bleibt lange Zeit hindurch eine würdige. Die zahlreichen Regulative des Council aus dieser Zeit beurkunden den regelmäßigen Gang der Staatsgeschäfte, welche so geordnet sind, um für die Hauptzweige einen bestimmten verantwortlichen Beamten zu designiren. Der Mangel des Adelregiments ohne monarchische Leitung wird indessen allmälig sichtbar in der bitteren Verfeindung des Herzogs von Gloucester mit dem Cardinal Beaufort und seinem mächtigen Anhang. Diese Gegenpartei findet in Margarethe v. Anjou nicht nur die von ihr gewählte Königin, sondern auch eine Parteiführerin von männlichem Geist und weiblicher Verschlagenheit. Die Ermordung des Herzogs von Gloucester (1447) verschafft der so verbündeten Hofpartei zwar die Herrschaft des Landes unter dem Namen des Königs, zugleich aber auch die erbitterte Feindschaft des Herzogs von York und seines Anhangs. Die verdiente Unpopularität der Regierung führt dann wieder zur Anklage gegen den Herzog von Suffolk (a. 1450) und zu dessen Ermordung. In der Parteileidenschaft, die sich auf beiden Seiten entzündet, tauchen die ersten Gedanken des Hauses York an eine Thronfolge auf, zu welcher dieser Zweig der Königlichen Familie nach dem Tode Richards II. allerdings näher gestanden hatte als die jüngere Linie Lancaster. Schon 1454 führt die Geisteskrankheit des Königs zu einem ersten Protectorat des Herzogs von York, welches nach scheinbarer Herstellung wieder erlischt. Der größere Theil des Adels hält noch in alter Lehnstreue an dem Hause Lancaster fest. Als Gegenpartei steht gegenüber der Herzog von York, der größte Grundbesitzer des Reichs, die mit ihm verbundene große Familie der Nevils, die Stadt London und die Sympathieen der Mehrzahl der städtischen Bevölkerungen. Die Schwierigkeiten und die Finanznoth der Regierung haben sich inzwischen gehäuft. Der unglückselige Ausgang der englischen Herrschaft in Frankreich, vereint mit den Gewaltthätigkeiten der Hofpartei, hat die Verhaßtheit dieser Regierung auf das Aeußerste gesteigert. Die Ermordung des Herzogs von Gloucester auf Anstiftung Margarethe's hat das Signal gegeben zu dem ferneren Verhalten der Parteien, welche in Folge der weiten Verzweigung der Königsfamilie durch Verheirathungen mit dem großen Adel, zwei große an Kraft ungefähr gleiche Gegner darstellen. Mühsam sind die Parteien noch einige Jahre durch die Verfassung und durch die formelle Ehrerbietung gegen das Königthum in Zügel gehalten. Sobald mit dem hoffnungslosen Schwachsinn des Monarchen diese Schranke fällt, bricht ein wüthender Kampf aus, in welchem beide Parteien nicht gegen, sondern um das Königthum streiten, — ein Kampf, in welchem Akte der Selbsterhaltung, der Gewalt und der Rache bald unscheidbar durcheinander laufen. Die Schlacht von St. Albans (1455) eröffnet einen 30jährigen Kampf der beiden Rosen. Nach einem kurzen Scheinfrieden kommt 1460 der König als Gefangener in die Hände seines Gegners, der noch mit großer Mäßigung eine Entscheidung des Oberhauses herbeiführt, welches ihn als Protector, und nach dem Tode Heinrichs VI. als dessen Thronfolger anerkennt. Ueberrascht durch einen Handstreich der Königin, unterliegt aber der Herzog von York, und die siegende Partei giebt das Signal zur Hinrichtung der gefangenen Gegner nach Kriegsrecht, zu endlosen Metzeleien und Gewaltthätigkeiten, welche schon im folgenden Jahre den Sturz der verhaßten Regierung herbeiführen.

Eduard IV. (1461—1483).[8])

Der Sieg der weißen Rose gegen Margarethe von Anjou führt den Erben des Hauses York auf den Thron. Der blutige Vernichtungskampf des hohen Adels unter sich, die Indifferenz der Kirche und der Masse des Volks gegen den Adelskampf überhaupt, machen ihn mit einer kurzen Unterbrechung zum Herrn des Landes, in einer tief entsittlichten Zeit, in welcher die noch vorhandenen Widersprüche des englischen Mittelalters zum gewaltsamen Austrag kamen. Die langen französischen Kriege hatten sich trotz alles Glanzes und Ruhms als ein hoffnungsloses Unternehmen erwiesen. Die europäische Stellung Englands bedingte eine endgültige Auseinandersetzung mit dem Continent, die sich zwar endlich zu Gunsten der französischen Nation entschied, aber doch auch entscheidend für das ganze nationale Bewußtsein Englands und sein Gewicht im europäischen Staatsverband wurde. Im Laufe von Jahrzehnten war im Kampf auf französischem Boden ein zweites England entstanden, war im Ausland ein Geschlecht aufgewachsen, welches in den friedlichen Grafschaften und Flecken der Heimath keinen Platz mehr fand. Uebermüthig geworden durch Lagerleben, Plünderung und Verschwendung, wußten die zurückkehrenden Herren sich noch schwerer in ihr Vaterland zu schicken, wie die Tausende von Soldtruppen. In dem nüchternen Communalwesen, in englischer Miliz-, Gerichts- und Polizeiverwaltung, war kein Boden mehr für Kampflust und Beute. Als diese Elemente nun massenhaft nach England zurückgeworfen waren, fand der Kampf der Adelsparteien unter den an ihre Führung gewöhnten Leuten ein nur zu bereitwilliges Material, aus welchem jeder reiche und beliebte Führer sich Heere für den Bürgerkrieg bilden mochte. Durch den streitigen Titel zur Krone war für alle Factionen die Parteifahne gefunden. Jener wilde Adelskampf erhält seine eigenthümliche Färbung gerade durch die Verflechtung aller großen Adelsfamilien mit dem weit verzweigten Königshause und durch die Centralisirung aller Staatsgewalt im King in Council und King in Parliament. Das staatskluge Haupt der Yorks, — die Interessen der Städte, die friedlichen Bedürfnisse des Landes vertretend, — erringt den Sieg auf Kosten der großen Familien des Landes. Gestützt auf die Commons, erklärt Eduard IV. die Regierung der Könige aus dem Hause Lancaster für Thronraub, die Lancasters, Somersets, Exeters, Northumberlands, Devonshires, Wiltshires, im Ganzen 151 Edelleute, Ritter und Geistliche verfallen dem Hochverrathsgesetze, nicht durch Gerichtsurtheil, sondern der Kürze wegen durch Parlamentsbeschluß (bill of attainder).

Ein Fünftel des Grund und Bodens kommt durch Acht und Confiskation in die Hände des Königs, der eine persönliche Regierung mit erbarmungsloser Strenge wiederherstellt. In wunderbarem Gegensatze gegen die frühere Zeit zeigt sich in aller Verwirrung aber dennoch das Zusammenhalten der festen Bestandtheile des jetzigen Staatswesens. Unter dem Getöse der Waffen gehen Reichsgerichte, reisende Richter und Juries ihren ununterbrochenen Gang, waltet die Gerichtsbarkeit des Kanzlers gegen fraud, deceipt, violence und Besitzstörung, mit probatio in perpetuam rei memoriam und habeas corpus-Dekreten; während der Adel in dem King's Council mit Intriguen, auf dem Felde mit blanken Waffen kämpft.

Eduard V. Richard III. (1483—1485).[9])

Die grausam erworbene und herzlos geübte Königsgewalt Eduards IV. fällt nach Ermordung seiner Söhne dem Thronräuber Rich. III. zu, welcher die schwere Verletzung aller göttlichen Gebote und menschlichen Rechte vergeblich durch populäre Concessionen zu sühnen sucht. Nach dem Bruch der organisirten Militärmacht des hohen Adels fällt der Schwerpunkt auf kurze Zeit in das Haus der Gemeinen, welches indessen (außer einem Beschluß gegen die benevolences) doch nur in Strafverfolgungen und Privat-bills thätig wird. Verlassen von dem größten Theil seines Anhangs, unterliegt Richard III. einer Coalition der Reste der beiden Adelsparteien und verliert durch Gewalt und Verrath den ebenso erworbenen Thron an das neue Haus der Tudors.

Mit einem thatsächlich nicht bestreitbaren Titel und ungeschwächter Regierungsgewalt geht die königliche Würde aus diesem gräuelvollen Kampfe hervor. Das Unterhaus aber hat, nachdem der Kampf der Adelsfactionen verblutet ist, das Gleichgewicht mit dem geschwächten Oberhaus erlangt, mit welchem diese Periode schließt.

1) Ueber die Parlamente Eduard's I. vergleiche Parry Parliaments S. 49—69, Peers Report I. S. 171—254. Die wichtigsten äußeren Hergänge sind oben in §. 23. Note *) zusammengestellt. Die Stellung des königlichen Gesetzgebers ist im Styl der Statuten noch festgehalten. Das Statut Acton Burnel 13. Edw. I. beginnt mit den Worten: der König selbst und sein Rath hat verordnet und festgestellt; — das St. Westminster 3: Unser Herr der König in seinem Parlament auf Bitte (instanze) der großen Männer des Reichs hat verordnet; — das St. Quo Warranto: Unser Herr der König in seinem Parlament aus seiner besonderen Gnade und Geneigtheit gegen seine Prälaten, Grafen und Barone hat bewilligt; — das Assisenstatut 21. Edw. I.: Unser Herr der König in seinem Parlament hat verordnet. — Dagegen vertritt Eduard dem Papst gegenüber das St. of Mortmain dadurch, daß es mit Beirath der Großen

gemacht und ohne deren Zustimmung nicht verändert werden könne. — Nicht gerechtfertigt ist wohl der gewöhnlich gegen Eduard erhobene Vorwurf einer Umgehung der verfassungsmäßigen Steuerbewilligung. Die abweichende Behandlung der tallagia der Städte lag einmal noch in dem Rechtsbewußtsein der Zeit. Eduard I. versuchte Anfangs sogar eine ausdrückliche Klausel in dem Statut de tallagio concedendo vorzubehalten. Als diese nicht durchzusetzen war, wurde die Zusicherung allgemein formulirt (par Comm. assent de tout roiaume), und nur der Ritterschaft, nicht den Städten gegenüber abgegeben, so daß die nochmals erfolgte Ausschreibung eines städtischen tallagium in wirklicher Landesnoth kein Wortbruch genannt werden kann. Es war sicherlich ein schwerer Entschluß, das Schatzungsrecht der Städte ohne ein Reservat für äußerste Nothfälle aufzugeben; und so sah man die Lage der Sache auch noch unter Eduard III. an. — Ein Schatten in dem Charakter Eduard's bleib taber, daß er dem Großconnetable und Marschall ihren Widerstand in Vertretung der Landesrechte niemals zu verzeihen vermochte.

2) Ueber die Parlamente Eduard's II. vergl. Parry 70—91, sowie die Ausführungen in dem Peers Report. Die vollständige Geschichte der Ordainers 5. Edw. II. ff. (Statutes of the Realm. I. p. 157—167 bedarf einer ausführlichen Darstellung, um die praktischen Fortschritte zu würdigen, welche der regierende Adel seit jenen Zeiten gemacht hat, wo das tolle Parlament zu Oxford die ersten Versuche einer Reichsregierung durch ein Committee des Adels gemacht hatte. Eine solche Parteiregierung auf die Länge zu ertragen, war aber die Verfassung in ihrer jetzigen Gestalt noch nicht geeignet. Die Blutschuld in dieser Zeit ist übrigens ebenso wie in den folgenden Kämpfen gleich vertheilt.

3) Ueber die Parlamente Eduard's III. vergleiche Parry Seite 92—137. Das große Material der Präcedenzfälle ist in dem Peers Report und in Hallam's Middle Ages nach Gebühr gewürdigt. Die Hergänge in 15. Edw. III. gewinnen ihren naiven Charakter durch die schweren Verlegenheiten, in welche sich Eduard III. nicht ohne Schuld durch Unternehmungen auf dem Continent verwickelt hatte. Unverkennbar sind es die 20,000 Sack Wolle, welche den König zu der leichtsinnig ausgesprochenen und sehr unregelmäßig zurückgenommenen Concession verleitet haben. Der Vorgang stand so isolirt in dieser Regierung da, daß er zu keinem Präcedenzfall werden konnte.

4) Ueber die Parlamente Richard's II. vergl. Parry 138—159. Bei dem Regierungsantritt zeigt sich der Mangel eines Regentschaftsgesetzes, in Folge dessen das Magnum Concilium selbst der Sache nach als Regentschaftsrath fungirt. Die daraus hervorgehenden Uneinigkeiten und Spaltungen durchkreuzen sich mit dem gefährlichen Aufstand der arbeitenden Klassen, der in Ermangelung eines regierenden Königthums von den besitzenden Klassen in ihrer Weise behandelt wird. Die Parlamente haben dafür keinen anderen Gesichtspunkt als die stetigen Klagen über die Auffätzigkeit der Villeins und Gutsbauern und über die Widersetzlichkeit bei Leistung der schuldigen Dienste. Sowohl in der Besteuerung wie in der Behandlung der privatrechtlichen und polizeilichen Verhältnisse kehrt indessen allmälig die Einsicht und die gute Gewohnheit der besitzenden Klasse wieder.

5) Ueber die Parlamente Heinrich's IV. vergl. Parry 159—170. Im Eingang zeigt sich die Schwierigkeit der Abänderung einer erblich-monarchischen Verfassung mit periodisch berufenen Rathsversammlungen. Das Parlament

Richards II. war als Rathsversammlung Richards mit dessen Absetzung erloschen. Das Parlament Richards konnte also nicht legal das Parlament Heinrichs werden. Man versammelte daher zwar die einzelen Mitglieder des früheren Parlaments, aber nur als eine convention, und erließ nach einigen Tagen neue writs zur Berufung derselben Personen als Parlament im Namen König Heinrich's IV. Allein die Juristen waren durch solche Fiktionen leichter zu befriedigen als die Percys und die großen kriegerischen Adelsfamilien, die in Verbindung mit Schotten und Wallisern ebenso eifrig auf den Umsturz der Dynastie hinarbeiteten, wie vorher zu deren Erhebung. Im Kampfe um seine Selbsterhaltung setzte sich Heinrich IV. über einzele Verfassungsformen hinweg, wie bei der summarischen Hinrichtung des Earl of Nottingham und des Erzbischof von York nach ihrer Gefangennahme mit den Waffen in der Hand. Den beiden Häusern und den Landesinteressen gegenüber war die Regierung so parlamentarisch correct, daß unter den mannigfaltigsten Uebergriffen der Häuser in die königliche Gerechtsame doch keine Veranlassung zu einer Ministeranklage zu finden war.

6) Ueber die Parlamente Heinrichs V. vergl. das ziemlich dürftige Material bei Parry 170—175. Es kommen unter dieser Regierung wiederum Acte einer persönlichen Strafgewalt war, wo sie nach feudalen Grundsätzen als vorbehalten erschien und andere Einzelakte persönlicher Regierung. Nicolas II. p. XXIX. XXX. Mehre Lords werden ohne Pairgericht durch Richter und Jury wegen einer Verschwörung gegen das Leben des Königs verurtheilt. Eine summarische Strafgewalt des Raths und des Kanzlers ex delegatione des Raths wird durch 2. Hen. V. st. 1. c. 9. bei Mord und Blutvergießen anerkannt.

7) Ueber die Parlamente Heinrichs VI. vergl. Parry, S. 175—189. Die ersten Jahrzehnte ergeben den sich häufenden Schwierigkeiten gegenüber immer noch ein Zeugniß für die Regierungstüchtigkeit dieses Adels. Der königliche Rath bestand im Februar 1424 2. Henr. VI. aus 23 Personen: dem Herzog von Gloucester, dem Erzbischof von Canterbury, 4 Bischöfen, dem Kanzler, dem Schatzmeister, dem Privatsiegelbewahrer, dem Herzog von Excester, 5 Grafen, 4 Sires, 2 Messieurs, Thomas Chaucer und William Alyngton (Nicolas III. p. 148). Die Gehalte sind nach Rang und Dienstzeit für den Erzbischof von Canterbury und den Bischof von Winchester 300 Mark, für einen Bischof, Grafen und den Lord Schatzmeister 200 Mark, für einen Baron und Bannerherrn 100 £, für einen Esquire 40 £ (Nicolas III. 155). — Das Regulativ für die Verwaltung des Raths, 2. Henr. VI. bestimmt unter Anderem: der Rath soll sich nicht einmischen in Gegenstände, die nach gemeinem Recht zu entscheiden, außer wenn eine Partei zu mächtig ist, um der anderen zu Recht zu stehen, oder aus anderen dringenden Ursachen. Der Clerk des Raths soll aussuchen die Bill des ärmsten Klägers, die zuerst verlesen und beantwortet werden soll; einer der Sergeants des Königs soll beeidet werden, dem Kläger seine beste Assistenz zu gewähren ohne Gebühren bei Strafe der Amtsentlassung. (Nicolas III. p. 149—152). — Ein ähnlicher Geist waltet in dem Regulativ 8. Henr. VI.: das Council solle einschreiten, „wenn ihre Lordschaften zu viel Macht auf einer Seite, zu viel Unmacht auf der andern Seite fänden". Der Rath hat zu hören, zu verhandeln, zu kommuniciren, zu ernennen, zu beschließen über die vorgelegten Gegenstände. Begnadigungs-Charten, Verleihungen von Pfründen und Aemtern und andere Gnadensachen gehören vor den König persönlich. Ueber Gegenstände von großem

Gewicht und Bedeutung soll er berathen, aber nicht endgültig beschließen ohne des Königs Rath (advice). Bei Stimmengleichheit im Rath ist die Sache dem König vorzutragen und die Entscheidung ihm zu überlassen. (Nicolas V. p. XXIII). — In 8. Henr. VI. c. 1. folgen einige Anordnungen zur Regelung des Gebrauchs des Hand-, Privat- und großen Siegels, mit Vorbehalt der Prärogative. (Nicolas VI. p. CLXXXV). — In den kottonianischen Handschriften finden sich Original-Beschlüsse des Council (wahrscheinlich aus 22. Henr. VI.) in denen es unter Anderem heißt:

„In Erwägung, daß alle solche Dinge, welche durch viele Hände gehen, minder wahrscheinlich zum Präjudiz des Königs oder einer andern Person durchgehen werden, ist es gut befunden, daß alle bills, welche der König bewilligt, überliefert werden sollen seinem Sekretair, damit er Briefe entwerfe unter dem Handsiegel an den Privatsiegelbewahrer, und von da unter dem Privatsiegel an den Kanzler.

Wenn Petitionen Justizsachen betreffen, so ist des Königs Beschluß einzuholen zur Uebersendung an den Rath, der sie dann dem competenten Hofe überweist, ausgenommen, wenn die Petenten außer Stand sind nach gemeinem Recht zu klagen. Betreffen sie Gnadensachen, so hatte der mit der Prüfung Beauftragte den kurzen Inhalt mit seiner Namensunterschrift zu indossiren, damit der König seine Zustimmung geben oder sie dem Rath zur Prüfung übersenden könne. Wird die Zustimmung gegeben, so hat der Beamte selbige am Fuß der Petition zu vermerken mit Angabe des Datums und der Lords, in Gegenwart welcher der König seinen Befehl gegeben hat. Der König hat dann unmittelbar darunter zu zeichnen, oder seinen Chamberlain mit der Zeichnung zu beauftragen, oder das Schriftstück seinem Secretair mit seinen weiteren Befehlen zu übergeben, doch so, daß nach der obigen Unterzeichnung Niemand etwas hinzufügen oder davon nehmen soll. (Nicolas VI. pag. XCII.)

Erst in der zweiten Hälfte der Regierung bricht die Ordnung des Staats langsam zusammen. Schon in 23. Hen. VI. weigert sich Suffolk in der Vorahnung der kommenden Dinge die Heirathsverhandlungen mit Frankreich zu führen. Es ergeht darauf im voraus eine Art von Indemnitätsbill, bestätigt von beiden Häusern und vom König, — die aber dennoch keinen Schutz gegen die spätere Minister-Anklage gewährt hat. In 28. Hen. VI. erfolgt eine Zurücknahme aller königlichen Verleihungen von Ländereien seit dem Regierungsantritt. (Nicolas VI. p. CXCIV.) In 31. Hen. VI. c. 2. folgt die Anerkennung einer außerordentlichen Strafgewalt des Raths — gegen great riots, extortions, oppressions and grievous offences, besonders gegen Gewaltakte der Großen; der Ungehorsam gegen den Rath soll als Contempt of the King an einem Pair mit Verlust seiner Güter, Aemter und seines Sitzes im Parlament geahndet werden 2c. Diese Verordnung soll nur auf 7 Jahre gelten, wird aber zu einem Precedent der späteren Sternkammer. — Das erste Protectorat des Herzogs von York in 32. Hen. VI. ist noch verfassungsmäßig widerruflich durante bene placito regis gestellt. Das zweite Protectorat lautet bereits auf unbestimmte Zeit, bis der Herzog dessen entbunden werden sollte durch die Lords im Parlament. Das Personal des Raths wird wechselnder. Schon im vorangegangenen Jahre sind 15 Mitglieder entlassen, dagegen 5 von der Partei des Herzogs aufgenommen. Bei der zweiten Ernennung zur Regentschaft verwahren sich die Mitglieder des Raths ausdrücklich, „daß die hohe Prärogative Präminenz und Autorität Sr. Majestät, und auch die Souverainetät über seine Räthe und das ganze Land, ist und bleiben soll in seiner höchsten Person." In der Wirklichkeit war es anders, der Anspruch des Hauses York auf die Thronfolge bereits ausdrücklich ausgesprochen. Ueber die Berechtigung dieses aus der Primogenitur erhobenen Titels zur Krone sagt Hallam III. p. 195: If the original consent of the nation, if three descents of the crown, if repeated acts of parliament, if oaths of allegiance from the whole kingdom and more particularly from those, who now advanced a contrary pretension, if undisturbed, unquestioned possession during sixty years, could not secure the reigning family against a mere defect in their genealogy, when were the people to expect tranquillity"? — Mit Zustimmung der Nation und des Parlaments allerdings, 60 Jahre hindurch unter Mitwirkung der Parlamente, saß das Haus Lancaster auf dem englischen Thron, hatte lange und ruhmvoll die Pflichten der Monarchie erfüllt, war mit 2 Generationen Englands in das Band gegenseitiger Treue, der Protection und der Unterthanenpflicht getreten. Konnte jetzt noch von einem Anspruch der älteren Linie die Rede sein? — Allein der König war anerkannt regierungsunfähig und in seinem Namen hatte die wüthende Verfolgungssucht Margarethes nach ihrem Siege von 1460 ein System der Executionen, Confiscationen und Hochverrathsprozesse begonnen, welches dem Hause York, seiner Partei und seinen Anhängern nach dem Gesetz der Selbsterhaltung nur die Waffengewalt, und der Nation kaum eine andere Wahl als die Parteinahme für die eine oder die andere Seite übrig ließ.

8) Ueber die Parlamente Eduards IV. vergl. Parry 189—194. Die völlige Dürre aller gleichzeitigen Geschichtsschreibung erstreckt sich auch auf die Parlamentsverhandlungen, die zu bloßen Registern von Privat-bills und Handelspetitionen werden. Es ist die erste Regierung in welcher kein einziges Statut zum Schutz der persönlichen Freiheit und zur Abhülfe von Landesbeschwerden erlassen ist, obwohl gerade unter dieser Regierung der Verwaltungsmißbrauch der sogenannten benevolences zur Umgehung des Steuerbewilligungsrechts beginnt. Es ist ein Schreckenregiment durch rücksichtslose Handhabung der außerordentlichen Gerichts- und Polizeigewalten, welches die proscripirte Gegenpartei unter stetiger Ueberwachung hielt, wenn auch die Nachkommenschaft der zu Tod und Confiskation verurtheilten Parteihäupter meistens durch Parlamentsbeschlüsse in ihre Erbfähigkeit restaurirt wurde. Die Gewalten des King's Council und der ganze bewegliche Theil der Staatsverfassung ist in diesem wüsten Kampf zwiespältig geworden, in welchem von einem staatsrechtlichen Prinzipienstreit nicht eigentlich die Rede ist. Nur insofern, als das Haus Lancaster seinem Bunde mit der Geistlichkeit und dem Parlament den Thron verdankte, standen auf dieser Seite mehr die Traditionen der Kirche und des hohen Adels, auf der anderen Seite mehr die entgegengesetzten. Uebrigens kämpfte jeder zunächst für seinen Antheil an der Staatsgewalt und für das Gefühl der Vergeltung und Rache. Durch die Parlamente erschien keine selbständige Lösung mehr möglich; ein jedes diente der siegenden Partei, durch welche es berufen war, und verurtheilte die andere. Auf der weltlichen Seite liegt der nächste Grund der Verwirrung in der militärischen Organisation der Gefolgschaften der großen Lords. Die Grafschaftsmilizen bilden dagegen kein genügendes Gegengewicht, so lange sie den rückströmenden Massen der kriegsgeübten Soldheere

gegenüberstehen. Von der geistlichen Seite aus liegt der Grundschade in der absoluten Indifferenz des Kirchenthums; für Vornehme und Geringe ist die Religion in der Kirche aufgegangen, während umgekehrt die hohe Geistlichkeit grundsatzlos jede Staatsmacht anerkennt, die ihren Besitzstand gelten läßt. Es fehlt die innere sittliche Verbindung und Durchdringung des geistlichen und des weltlichen Elements im Staat.

9) Ueber das Parlament Richards III. vergl. Parry 194. Das äußerlich Unglaubliche in dem Verbrechenslauf des Tyrannen wird psychologisch erklärlich als die Incarnation einer tief entsittlichten Zeit, in welcher mit dem Erlöschen aller rechtlich klaren Ueberzeugungen gleichzeitig die sittlichen Begriffe durch den tiefen Verfall einer Kirche gelöst sind, welche selbst die Schmeicheleien Rich. III. mit ihren Huldigungen erwiedert. Die mehrfachen Versuche, den Charakter Richards III. zu reinigen, sind bei dem Mangel aller zuverlässigen Geschichtsschreibung vergeblich geblieben. Der Tradition und dem tiefen Verständniß des englischen Charakters entsprungen, können die dramatischen Meisterwerke Shakespeare's als Geschichtsdarstellung gelten. Am Schluß des Kampfes der beiden Rosen erzählte man von 12 geschlagenen Schlachten und 80 Prinzen von königlichem Blut, welche im Kampf oder unter der Hand des Henkers oder durch Mord das Leben verloren. Uebrigens reicht die beglaubigte Geschichte weit genug, um zu sehen, daß in dieser tief tragischen Zeit die Blutschuld und die Vergeltung in wunderbar festem Kreislauf sich darstellt. Wenn die erste Urheberin dieser Gräuel, Margarethe von Anjou, der äußeren Vergeltung anscheinend entgeht, so mag daran erinnert werden, daß ihr einziger Sohn vor ihren Augen auf Geheiß Eduards IV. niedergemetzelt wurde.

§. 26.

Der King in Council. Die königliche Prärogative.

Die Grundlagen der Magna Charta sind im Laufe zweier Jahrhunderte gereift zu den Grundformen des englischen Staates, welche bis zum heutigen Tage fortdauern. Die nothwendigen Rechte der Staatsgewalt sind erhalten in den ungeschmälerten Hoheitsrechten des Königthums, aber begrenzt durch die Gesetzgebung, welche dem englischen Volk die persönliche Freiheit wiedergiebt, die in der persönlichen Regierung der Normannenkönige verloren gegangen war.

Die Kriegshoheit über die Kronvasallen dauert fort nach Lehnsbriefen und Herkommen (common law); wichtiger und lebendiger ist aber das System der Landesmilizen geworden, deren Verwendung durch Parlamentsstatuten begrenzt ist. Die gesetzlich geordneten commissions of array beschränken die Ausdehnung der Militärgewalt in bürgerliche Kreise; die mangelhaften Grundsätze der Aushebung lassen aber noch mancherlei Mißbrauch der Militärgewalt zu fremdartigen Zwecken offen.

Die Gerichtshoheit beruht zum Theil noch auf normannischer Verwaltungspraxis, in ihren wichtigsten Grundzügen aber auf den zahlreichen Statuten, welche die Stellung von Richter und Jury ordnen. Der offene Punkt ist die vorbehaltene jurisdictio extraordinaria, welche noch den laxen Grundsätzen der alten Verwaltung folgt, durch die Praxis der Parlamente zwar oft beschränkt, ebenso oft aber auch durch den Parteigeist erweitert wird.

Die Polizeihoheit beruht zum Theil noch auf common law; in den Hauptgebieten aber auf der unabsehbaren Reihe von Gesetzen der Sicherheits-, Gewerbe-, und Arbeitspolizei, welche die Hauptgarantien der persönlichen Freiheit bilden. Die offene Stelle sind die außerordentlichen Friedensgewalten des königlichen Raths.

Die Finanzhoheit beruht auf dem Domänenbesitz, den Lehnsgefällen und den übrigen erblichen Einkünften des Königthums, deren Ueberschreitung durch Statuten mehrfach begrenzt wird. Sie bilden die ordentliche Revenüe, aus welcher die laufenden Ausgaben des Staats zu bestreiten sind, — ergänzt durch außerordentliche periodisch bewilligte Grund- und Einkommensteuern, an deren Bewilligung die Stände mannigfaltige Bedingungen knüpfen.

Die Kirchenhoheit ist noch immer sehr beschränkt; in dem Dualismus des kirchlichen und weltlichen Staats sind nur die äußerlichen Grenzstreitigkeiten durch Statuten entschieden. Die Uebergriffe der Kirche gegen die Einzelen werden durch writs of prohibition, die Uebergriffe gegen den Staat durch Strafverfolgungen auf Grund der neuen Statuten verfolgt.

Die Organe für die Handhabung der so geregelten Staatshoheitsrechte sind in der bisherigen Darstellung entwickelt, hier aber nochmals in 3 Hauptgliedern zusammenzufassen.

I. Die Reichsgerichte, mit dem sich daran schließenden System der Grafschafts- und Ortsgerichte, bilden die jurisdictio ordinaria, den fertigen festen Theil der Rechtsordnung. Es dauert zwar noch fort eine gewisse persönliche Abhängigkeit der Reichsrichter, die zugleich Justitiarien des Council bleiben und in der Regel nur widerruflich ernannt sind; der Geist der monarchischen Regierung macht indessen diesen Mangel wenig fühlbar. Schon durch st. 2. Edw. III. c. 8. sind die Richter angewiesen dem Recht seinen stracken Lauf zu lassen, ohne sich an Befehle unter dem Großen- oder Privatsiegel zu kehren; das st. 11. Rich. II. c. 10 fügt hinzu, daß keine Schreiben des Königs unter dem Hand- oder Privatsiegel erlassen werden sollen zur Störung des ordentlichen Rechtslaufs.

II. Das dirigirende Continual Council ist die Centralbehörde für die Ausübung der Staatshoheitsrechte in allen Richtungen — mit Vorbehalt der davon unabhängigen jurisdictio ordinaria und der Kirchenverfassung. Hier ist der active Sitz der königlichen Staatsregierung, deren Gesetzmäßigkeit durch die Landesbeschwerden der Parlamente, im äußersten Falle durch die Praxis der Ministeranklage erzwungen wird. Durch einzele Statuten ist die persönliche Verantwortlichkeit der Hauptbeamten bereits ausdrücklich anerkannt.

III. Das Magnum Concilium im Parlament endlich bildet für die Ausübung der Staatshoheitsrechte einen höchsten periodisch berufenen Staatsrath, der im engeren Kreise die Prälaten und Barone, im weiteren auch die Vertreter der Commons umfaßt. Der beiderseitige Antheil an diesen Geschäften eines Reichsraths hat sich durch die Parlamentspraxis festgestellt, und zwar so, daß die höchste außerordentliche Jurisdiction auf das Oberhaus beschränkt bleibt.

In dieser Zwischenstellung zwischen den beamteten Gerichtscollegien und dem Parlament ist das Continual Council allmälig zu einer gesetzmäßigen Regierungsweise gezwungen und gewöhnt worden. Die schwersten Conflikte haben aber immer wieder den Beweis geführt, daß dazu weder beamtete Gerichte noch Parlamentsversammlungen für sich genügten, daß es vielmehr einer Verzweigung der Staatshoheitsrechte in die Bezirks- und Ortsverfassung bedurfte, um ein solches Gegengewicht zu gewinnen. Wirksam sind alle gesetzlichen Schranken der absoluten Gewalt erst geworden durch den gesetzlichen Auftrag der Funktionen der Kriegs-, Gerichts-, Polizei- und Finanzhoheit an die Grafschafts- und Stadtverbände, also durch das System des selfgovernment, nach welchem die besitzenden Klassen selbst, in feste dauernde Körperschaften vereint, sich der Ausübung der Staatsgewalten unterziehen, und so den Schutz der Einzelen gegen die absolute Gewalt als Gesammtheiten übernehmen. Das Mittelalter hatte dafür noch den lebendigen Sinn, welcher der heutigen Gesellschaft fehlt. Das Lehnswesen und die Lehnscurien einerseits, die hergebrachten sächsischen Gerichts-Institutionen andererseits, hatten diese Gewöhnung erhalten. Durch die Verschmelzung der Nationalitäten sind beide Richtungen verschmolzen; sie erscheinen concentrirt im Parlament als Ober- und Unterhaus. An die höchste Reichsregierung persönlich herangerückt, fassen sie Lehns- und Gemeinderecht, Militär- und bürgerliche Verfassung, herrschende Klassen

(Prälaten und Adel) und Mittelstände (Ritter, Bürger und niedere Geistliche) in einem lebendigen Organismus zusammen.

Erst aus dieser Zusammenfassung im Einzelen und Ganzen ist die persönliche und politische Freiheit hervorgegangen. Grafschaften und Gemeinden sind erst selbständig geworden durch ihre Verbindung mit der Gerichtsverfassung; die Gerichte erst selbständig geworden durch ihre Verbindung mit selbständigen Grafschafts- und Stadtverbänden (juries). Durch die Zusammenfassung im Parlament ist das Communalwesen zu einem hinreichenden starken Gegengewicht der absoluten Staatsregierung geworden. Das eigenthümliche Wesen der englischen Verfassung hat sich damals für alle Zeiten entschieden durch die Bildung communaler Körperschaften für den Dienst des Staats, durch die grundsätzliche Vereinigung der nachbarlich verbundenen Besitzklassen zur persönlichen Erfüllung der Funktionen des Staats. Der englische Sprachgebrauch bezeichnet sie einzeln als counties, ridings, hundreds etc., oder zusammenfassend als communae, communitates; nur in den Städten hat die erste Bildung von corporations in leisen Anfängen begonnen, welche später die Quelle künstlicher Verbildungen geworden ist. Wie aber in den communalen Grundlagen persönlicher Dienst und Steuerpflicht grundsätzlich mit einander verbunden sind, so auch im Parlament, — nur daß bei den Prälaten und Lords die persönliche Bethätigung im Staat, bei den communae die Steuerleistung als das Vorwiegende erscheint.

Dem Wesen des Staats entsprechend entsteht dadurch ein Gegenseitigkeitsverhältniß der öffentlichen Rechte. Die Rechte des Parlaments sind in ihrem Entstehen ein Ausfluß der königlichen Gewalt. Es giebt kein parlamentarisches Recht der Bischöfe, Lords, Ritter, und Bürger, welches nicht geschichtlich erweisbar auf königlicher Verleihung beruhte. Die Maxime der Gerichte dieser Zeit: Tout fuit in luy et vient de lui al commencement (Jahrb. 24. Edw. III.) war urkundlich richtig. Das Hervorgehen der Parlamentsverfassung aus einem System persönlicher Regierung blieb auch noch darin erkennbar, daß die Könige selbst in Kindesaltern gewisse Regalakte persönlich vornehmen mußten.

Andererseits war der Titel zur Krone in dieser Periode mehr als einmal durch die Parlamente geschaffen, noch öfter das Recht der Krone durch die Parlamente erhalten worden; der jetzige Bestand der Regierung beruhte zum großen Theil auch auf den von ihnen bewilligten Steuern. Unter dem Hause Lancaster jedenfalls steht die

Krone nicht mehr auf dem Boden des Erbrechts allein, sondern auf gegenseitigen Anerkennungen. Daher die Maxime der Grichte: La ley est le plus haute inheritance, que le roy ad; car par la ley il même et toutes ses sujets sont rulés, et si la ley ne fuit, nul roi, et nul inheritance sera. (Jahrb. 19. Henr. VI.)

Die festen Bestandtheile der jetzigen Staatsverfassung haben ihren Schwerpunkt in der Gerichtsverfassung, in der systematischen Verbindung der Ausübung der Hoheitsrechte mit dem Besitz (selfgovernment) und in der völlig stabilen Kirchenverfassung. Sie fassen sich zusammen in dem Oberhaus, als der Spitze aller Gerichtsverfassung und Verwaltung, einschließlich der höchsten jurisdictio extraordinaria. Die Vorrechte dieser hohen Körperschaft werden zwar als privileges bezeichnet. Diese Privilegien sind aber staatsrechtliche Selbständigkeiten nach oben, nicht wie auf dem Continent gesellschaftliche Bevorzugungen nach unten. Sie gewähren die nothwendige persönliche Selbständigkeit einer höchsten gesetzgebenden und Rathsversammlung gegenüber der Krone und ihren beamteten Dienern: aber keine Ungleichheit des Familien- und Vermögensrechts, keine Steuerfreiheiten und verletzende Exemtionen gegen andere Classen des Volks. Dieser conservative Theil der Verfassung ist schon am Schluß des Mittelalters mustergültig geordnet, um die Verfassung und die Führung der Reichsregierung nach den Landesgesetzen zu garantiren, beziehungsweise zu erzwingen.

Der bewegliche Theil der Staatsregierung hat daneben von Anfang an ein umfangreiches Gebiet. Innerhalb des unantastbaren Kreises, welchen Gerichte, Oberhaus und Kirche um die persönliche Regierung ziehen, bleibt ein weites Gebiet der Regierung, in welchem sich der königliche Rath und neben ihm die Commons mit ihren Beschwerden und Anträgen, mit ihrer Initiative zur Gesetzgebung, mit ihrer Steuerbewilligung und zahlreich gestellten Bedingungen dafür bewegen. Der feste Kreis der Staatsregierung, die Competenz der Gerichte und das selfgovernment, erweitern sich mit jedem Menschenalter: in gleichem Maße erweitern sich aber auch die beweglichen Kreise durch die stetig neuen Bedürfnisse des Staats und der Gesellschaft, durch die allmälige, aber stetige Erhebung der unteren Klassen, der Passivmitglieder in Gemeinde- und Parlamentsverfassung, welche jederzeit die große Mehrheit bilden. Es zeigt sich freilich schon im Mittelalter eine Einseitigkeit der Anschauungen, welche von einer Seite alle Staatsgewalt in einen festen Rechtsorganismus hineinbannen möchte, — so wie die andere Seite, welche um der unmittelbaren Befriedigung der augenblicklichen und der gesellschaftlichen Anforderungen willen sich über jede Rechtsschranke kurz und practisch hinwegsetzen will. Beide Partei-Richtungen sind in dieser Verfassung schon reichlich vertreten, das bewegliche Element vor Allem in dem Hause der Commons mit seiner Ueberzahl von kleinen Burgesses. Die Unstetigkeit aller Interessenvertretung wird hier ebenso sichtbar in zahllosen kleinen Zügen, wie die Parteileidenschaft in großen Zügen. Die Zerfahrenheit solcher Bestrebungen, verbunden mit der Gewaltthätigkeit des Mittelalters, weist dann immer wieder zurück auf den König, als die Verkörperung der ewig gleichen Staatsgewalt. Jeder Zusammenstoß der Stände unter sich und mit dem Königthum bringt es von Neuem zum Bewußtsein, daß die Quelle alles Rechts der Großen, daß der letzte Schutz und Halt der schwächeren Klassen nur in der dauernden Staatsgewalt, also im Königthum liegt. Nach jedem Uebergriff der Lords und der großen Parteien erwacht alsbald die Eifersucht der Gemeinen, eine veränderte Stimmung in den unteren Volksschichten und in der Kirche. So oft auch die Gemeinen in jenen Parteikämpfen der Führung der Lords folgen: im Augenblick der Noth findet ein seines Berufs bewußter König doch in ihnen die nächste Stütze, und die treue Erinnerung, daß sie ihre Freiheiten dem Königthum verdanken. Eine Erhebung der unvertretenen Klassen gegen das Königthum ist im ganzen englischen Mittelalter unbekannt.

Die Parlamentsverfassung hat daher zu einer Erhebung und Erhöhung der königlichen Würde geführt, trotz allen Schwankungen und Gewaltthätigkeiten dieser Zeit. „Es ist darin nichts, absolut nichts von einem republikanischen Aussehen. Alles erscheint aus der Monarchie herauszuwachsen und wird bezogen auf den Vortheil und die Ehre des Königs. Die Stimme der Bittsteller ist in den trotzigsten Stimmungen des Unterhauses stets ehrerbietig; die Prärogative der Krone wird stets in breiten und pomphaften Ausdrücken anerkannt.“ Hallam III. 153. Die Rechtsvorstellungen des Volks bestimmten sich naturgemäß durch die herkömmlichen Rechtsverhältnisse, mit einem starken Antheil der letzten Eindrücke. Die Vorstellungen von der königlichen Gewalt am Schluß des Mittelalters*) konnten daher nicht mehr ganz einfache sein. In den Vorstellungen jener Zeit fassen sich Staat und Gesellschaft, Vergangenheit, Gegenwart und Zukunft zusammen in einer dreifachen Grundlage der königlichen Gewalt.

1) Die althistorische Grundlage ist noch immer die Idee vom Domäneneigenthum des Königs und vom Ober-

eigenthum am Boden. Der König ist in der Wirklichkeit noch der größte Grundeigenthümer im Lande, der Theorie nach der einzige. Der Titel Dominus Angliae, mit einem Anklang an dies Domäneneigenthum, wird beispielsweise noch von Richard I. und Johann bis zum Tage ihrer Krönung geführt. Mit der Fortbildung des Lehnrechts in der Richtung des Privateigenthums tritt diese Auffassung etwas zurück; sie wird erschüttert auch durch den Wechsel der Dynastien. Die prinzipielle Anerkennung ist indessen für die besitzenden Klassen eine nothwendige, weil sie durch Rechtsconstruktion die Quelle aller Privatrechte am Boden geworden. Das englische Königthum hat damit eine solide Grundlage der Erblichkeit erhalten, wie sie das deutsche Kaiserthum nie erlangen konnte. Seit Eduard I. und II., also erst seitdem die Commons eine Macht im Staate werden, ist die Thronfolge nach dem Erstgeburtsrecht feststehende Rechtsvorstellung. Die Lehre der Juristen behandelt sie gleich der Erbfolge in das Grundeigenthum, von welcher auch die Bezeichnung Title entlehnt ist. Wie die Erbfolge in dem Grundbesitz schließt sie sich unmittelbar und ipso jure an das Besitzrecht des Vorgängers; seit dem Regierungsantritt Eduards I. wird in der Thronfolge kein Interregnum rechtlich mehr anerkannt. Allen, Praerogative 47.

2) Das Königthum ist als die Spitze der Gesellschaft anerkannt durch die Formen und Ceremonien des Hofstaats**), die am meisten in der Krönungsfeierlichkeit die Vorstellungen längst vergangener Jahrhunderte reproduciren. Die alten erblichen Hofämter des High Steward, des Great Chamberlain, High Constable, Earl Marshal dauern fort. Die Spitzen der dienstthuenden Hofbeamten, der Kings Chamberlain und der Steward of the Household, sind der erstere jetzt ein activer Staatsminister, der zweite dirigirender Chef des Haushalts geworden. Der Glanz der weltlichen wie der geistlichen Seite des Großstaats ist durch die Parlamentsverfassung gesteigert, nicht als eitles Schaugepränge, sondern in unwillkürlicher Anerkennung der Nothwendigkeit, das Königthum über den reichen und glänzenden Adel dieser Zeit, und damit die Staatsgewalt äußerlich erkennbar über alle Klassen der Gesellschaft zu erheben.

3) Das Königthum als erblicher Träger und Quelle aller obrigkeitlichen Gewalt im Staat bleibt aber den rechtlichen, sittlichen und religiösen Vorstellungen der Zeit der Kern und die Hauptsache, für welche alle Besitz- und gesellschaftlichen Verhältnisse des Königthums nur Mittel zum Zweck sind. Mit den gereiften

Vorstellungen treten dafür auch neue Bezeichnungen auf. Wie mit den neuen Vorstellungen vom ständischen Recht der Name Parliament auftritt: so erscheint jetzt als das Correlat dazu der Name der königlichen Prärogative. Anfangs dachte man dabei vorzugsweise an die Finanzrechte des Königs aus seiner Lehnsherrlichkeit, die den Ständen gegenüber ein Noli me tangere sein sollen. So noch in dem Statutum de Praerogativa Regis unter Eduard I. (früher gewöhnlich unter Eduard II. gesetzt). Später wird der Schwerpunkt der Prärogative die Gerichtsgewalt, welche dem König unabhängig von den herrschenden Klassen aus eigenem Rechte zukommt. Je weiter aber die Aufgaben der Staatsgewalt werden, desto weiter wird der Begriff der Prärogative bis zu den Auffassungen Coke's und Blackstone's herab. Wie immer haben sich aber auch in England manche Vorstellungen der späteren Zeiten irrig in das Mittelalter zurückübertragen. Der Unterschied der Verfassung des Mittelalters von derjenigen, welche Blackstone darstellt, liegt hauptsächlich in zwei Punkten.

1) Der König hat die gesetzgebende Gewalt, nicht die Parlamente. Die Vorstellung von einem Veto des Königs ist eine spätere Abschwächung; das Mittelalter kennt weder das Wort noch die Sache. Nicht die Stände haben ein Gesetzgebungsrecht mit Vorbehalt eines Veto, sondern der König giebt die Gesetze unter Mitbeschließung der Stände: Que le roy fist les leis par assent dez peres et de la commune, et non pas lez peres et la commune. (Jahrb. 23. Edw. III.). Der König ist daher auch nicht verbunden, Parlamente zu bestimmten Zeiten zu berufen. Die dahin gehenden Versprechungen (4. und 36. Edw. III.) sind absichtlich zweideutig, und werden als einseitige Zusicherungen ohne Präjudiz angesehen. Das Mitbeschließungsrecht bei dauernden Maßregeln wird dahin verstanden, daß der König nicht einseitig aufheben soll, was mit den drei Ständen vereinbart ist. Diese Vereinbarungen heben aber grundsätzlich das Recht des Königs zu befehlen und zu verordnen nicht auf. Das Mittelalter faßt die permanenten Gesetze noch als Vereinbarungen mit bestimmten Ständen (stabilimenta) auf; die höhere Idee des Gesetzes als einer sittlichen über allen Klassen des Volks stehenden Macht ist erst später von der Kirche auf den Staat vererbt.

2. Der König hat auch die beschließende Gewalt im Einzelen (Verwaltungsrecht). Aus allen Verirrungen und Uebergriffen ist das Parlament immer wieder freiwillig zurückgekommen auf das königliche Ernennungsrecht der Beamten. Nur wenige und untergeordnete Aemter werden in der feudalen Weise einer tenure be-

sessen. Uebrigens ist es die Regel der common law, daß alle obrigkeitlichen Aemter widerruflich, during King's pleasure, besessen werden; wobei jedoch die Lebenslänglichkeit des eigentlichen Richteramts schon factisch gewöhnlich war. Zu dem beweglichen Gebiet gehört auch die Jurisdictio extraordinaria, welche aber, wenn die Regel für den neuen Fall gefunden ist, zum Theil wieder dem festen Kreis der ordentlichen Gerichtsbarkeit zuwächst. Dem Umfange nach enthält diese Regierungsgewalt das, was die spätere Darstellung von Blackstone als die „königliche Autorität" darstellt, also (1) die Repräsentation des Staates nach außen, die Beschließung über Krieg und Frieden, und völkerrechtliche Verträge, (2) den Militärbefehl über jeden Zweig der bewaffneten Macht, (3) den König als Quelle der Justiz mit den daraus folgenden Ernennungsrechten, (4) den König als Quelle der Ehrenämter und Privilegien, (5) den König als arbiter of commerce, (6) die jetzt noch sehr beschränkte Kirchenhoheit. Die Abweichung von den Verhältnissen des achtzehnten Jahrhunderts liegt aber darin, daß die zahlreichen offenen Stellen der Hoheitsrechte, welche noch nicht durch die Gesetzgebung fixirt sind, diese Gewalten nicht als nominelle, sondern als reale Rechte erscheinen lassen, welche in normalen Zeiten der persönlichen Entschließung des Königs anheim gegeben sind. Noch besteht keine parlamentarische Regierung im Sinne des achtzehnten Jahrhunderts. Noch steht völlig getrennt von dem weltlichen Staat die Kirche da. Noch vereint sich die wirkliche Staatsregierung in der Person des Königs, seinen Räthen und Gerichten. Noch besteht kein Parlamentshaushalt, keine Einwirkung der Stände auf eine zusammenhängende Gestaltung der Einnahmen und Ausgaben des Staats. Der Schwerpunkt der Finanzen liegt noch in der erblichen Revenue des Königs. Dem König, nicht dem Parlament, legt der Schatzmeister einen status der Revenuen, ein Jahresbudget vor (wie dies zum ersten Male a. 1421 erwähnt wird). — Die Bewilligung der periodischen Subsidien durch das Parlament, der Antheil an der Gesetzgebung, so wie das Anklagerecht gegen die Reichsbeamten, erweist sich aber als eine sehr wirksame Theilnahme am Staat, die nöthigenfalls auch tief in das Einzele einzugreifen vermag.

Wechselnd und nur sehr langsam durch die Erfahrung festgestellt, sind die Grenzen zwischen der Gesetzgebung und dieser Regierungsgewalt im Einzelen. Die letztere ist rechtlich beschränkt durch die Verpflichtung der königlichen Diener, die königlichen Gesetze auszuführen und durch die Rechtspflicht des Königthums zur

Rechtsprechung. Aber eine feste schematische Trennung der gesetzgebenden und vollziehenden Gewalt erwies sich in der Ausübung als unmöglich. Die englischen Parlamente sind tüchtige gesetzgebende Körper nur geworden durch ihre starke Betheiligung an der Verwaltung, durch die gewohnheitsmäßige Thätigkeit der Mehrzahl ihrer Mitglieder in Kreis- und städtischen Verwaltungen. Das Mitbeschließungsrecht der Stände bei den Gesetzen führt zu einem steten Mitreden bei ihrer Anwendung, wie dies im Kleinen wie im Großen in der Tendenz der germanischen Völker liegt. Das Steuerbewilligungsrecht der Parlamente erwies sich als vollkommen genügend, diesem Mitreden Halt und Wirksamkeit zu geben, ja es scheint dazu mehr als genügend. Die Parlamente des 15. Jahrhunderts reden und interveniren zu seiner Zeit in Alles, in Krieg und Frieden, in diplomatische Verhandlungen, in kirchliche Angelegenheiten, in die innere Verwaltung des Hofhalts, in die Ernennung der Beamten, in die Rechtsprechung in großen und kleinen Sachen; kein Interesse ist ihnen zu groß oder zu klein, kein Attribut der Krone davon ausgeschlossen. Dies zeitweise starke Uebergreifen wird indessen erklärlich, wenn man an den Zustand des normannischen Verwaltungsrechts denkt. Jenes Aggregat von Willkür war nur durch tausendfältige Landesbeschwerden auf feste Rechtsmaximen zurückzubringen, und auf dem Wege der endlosen Landesbeschwerden ist dies durch Hunderte von Gesetzen und Verwaltungsordnungen im Laufe vieler Menschenalter schrittweise geschehen. Wo ein solcher Zweck erreicht ist, tritt fast monoton ein Rückschlag ein, eine stets populäre Reaction, ein williges Aufgeben schon erworbener, scheinbar wichtiger Rechte. Die immer wiederkehrenden Reibungen zwischen beschließenden Versammlungen und ausführenden Organen sind einmal die schwache, aber auch die starke Seite aller germanischen Verfassungen. Der stark ausgeprägte individuelle Rechtssinn macht sich in diesen Reibungen geltend; ihnen hauptsächlich verdankt England die fortschreitende Verbesserung seiner Verwaltung. Auf diesem Gebiet ist aber alle Verfassungsbildung experimental. Die schlimmen Erfolge führten sehr schnell von den Uebergriffen des Wahlprincips und der Parteiherrschaft in die scharf ausgeprägte Grundmaxime zurück, daß alle Gerichtsgewalt (sowohl Richter als Jury) nie aus Wahl, sondern nur aus Ernennung hervorgehen darf.

Gewiß waren diese Verhältnisse so schwierig wie in irgend einem neueren Verfassungsleben. Auch damals stand eine ältere regierende Klasse (Prälaten und Barone, zusammenfallend mit dem hohen Civil- und Militärbeamtenthum) gegenüber den jungen Wahlversammlungen der Steuerzahler. Die Ansprüche der einen Klasse auf Theilnahme am Staat waren ebenso unabweisbar wie die Rechte der anderen; denn der Staat bedurfte des Geldes, des Miliz-, Gerichts- und Polizeidienstes der einen ebenso nothwendig, wie der Kriegsmacht und Geschäftserfahrung der anderen. Unzweifelhaft waren die Commoners des 13. Jahrhunderts ebenso unerfahren in den wirklichen Bedürfnissen eines großen Staats, wie die neuen Wahlberechtigten des 19. Jahrhunderts. Es ist fast sprüchwörtlich in England geworden, wie scharfsinnig die Commoners in Wahrnehmung der Landesbeschwerden, wie unbeholfen und unerfahren sie sich in der Abhülfe zeigen. Unzweifelhaft waren ihre nächsten Wünsche, Vorstellungen, Anträge oft schwer vereinbar mit dem wirklichen Staat und mit den Ansprüchen der Prälaten und Seigneurs. Und doch fand sich die rechte Regierung des Landes — in einem Königthum berathen von seinem continual Council. Trotz aller Uebergriffe des Oberhauses und oft auch schon der Commoners, hat sich unter jedem tüchtigen und unter jedem pflichtgetreuen König die Ausgleichung des scheinbar Unversöhnlichen in eine Harmonie der Rechte und Pflichten gefunden, aus welcher unter allen Stürmen die parlamentarische Freiheit siegreich und mächtig hervorging. Dem staatlich Nothwendigen, was von König und Rath aus gefordert wurde, hat sich das Parlament schließlich stets gefügt. Trotz aller Leidenschaft und Gewaltsamkeit der Parteien geht (bis zur endlichen Katastrophe) ein Geist des Patriotismus und ein Sinn der Gerechtigkeit durch diese Zeit, der seinen letzten Grund hat in der gleichmäßigen Gewöhnung der Besitzenden an die selbstthätige Uebung der Staatspflichten. Es sind hier die lebendigen Elemente einer inneren Harmonie vorhanden, in welcher Besitz, staatliche Leistung und staatliches Recht sich bereits decken, in welcher der eigene Wille eines freien Volks sich selbstbestimmend seine Gesetze giebt. In der normalen Zeit Eduard's I. und III. und in der mittleren Zeit des Hauses Lancaster erscheint diese Harmonie in einem mächtigen Aufschwung der äußeren und inneren Kraft des Staats, zugleich als die ruhmvollste Periode englischer Kriegsmacht.

*) **Die Rechtsvorstellungen des Mittelalters von der königlichen Gewalt** sind wesentlich andere geworden, seit jener Zeit als sich in 15. Jo. die englischen Barone erhoben hatten, um mit den Waffen in der Hand gegen die Behandlung des Landes als Generalpachtung zu remonstriren; seitdem sie in 48 Hen. III. einen König in offener Feldschlacht besiegt hatten. Die Eindrücke dieser Hergänge zeigt Bracton II. 16. §. 3.

Rex autem habet superiorem, Deum scilicet. Item legem, per quam factus est rex. Item curiam suam, videlicet comites, barones, qui comites dicuntur quasi socii regis, et qui habet socium, habet magistrum, et ideo si rex fuerit sine fraeno, id est sine lege, debent ei fraenum ponere.

Diese cavaliermäßige Ausdrucksweise mag die Auffassung der ritterlichen Stände treu genug ausdrücken. Mönchs- und Volksanschauung der Zeit zeigt ein sinniges politisches Gedicht, Peter der Pflüger, welches die Hergänge aufzählend zu dem Schluß kommt, daß wenn der König sich verführen lasse und allen Harm billige oder aus eigenem Muthwillen seine Macht über das Gesetz stelle, alsdann die Großen ein Recht haben, das Land von solchen Verirrungen zu erretten. — Der König möge befragen seine Reichsgemeinde, der die eigenen Gesetze wohl bekannt sind; Unterthanen pflegen besser als andere im Landesrecht erfahren zu sein. — Dabei sei es aber doch nothwendig, daß der König seine Diener wählen könne, ohne an bestimmte Männer gebunden zu sein. (Lappenberg-Pauli III. 726). — Immer klarer tritt dabei die Vorstellung auf von einer Pflicht der Krone zur Rechtsprechung, und der Widerwillen gegen die bloß persönliche Regierung. Bracton III. c. 9. Ipse autem Rex non debet esse sub homine, sed sub Deo et sub Lege, quia Lex facit Regem; attribuat igitur Rex Legi quod Lex attribuat ei, videlicet dominationem et potestatem: non est enim Rex ubi dominatur voluntas et non Lex. In ungefähr 12 Stellen kommt Bracton immer wieder auf die Herrschaft des Gesetzes und des Königs Pflichten zurück (ad hoc creatus est, ut justiciam faciat etc.). Diese Vorstellungen knüpfen sich zunächst an die Vorstellung von einer Gegenseitigkeit der Lehnspflicht, als Lehnsprotection (warranty) auf der einen, als Lehnstreue auf der anderen Seite. Sie knüpfen sich aber noch tiefer gehend an die germanische Volksvorstellung von der Pflicht des Königs zur Rechtsprechung, die in den freilich unklaren Traditionen der englischen Witenagemote fortlebte. Beide Vorstellungen sind in der Gestalt des Ober- und Unterhauses verkörpert und verschmolzen. Die Parlamentsgesetzgebung bildet bereits feste Normen auch für die Ausübung der königlichen Prärogative, die von dem König nicht mehr einseitig zurückgenommen oder verändert werden dürfen. Die Innehaltung dieser Grenzen wird erzwungen durch Verantwortlichkeit der königlichen Diener. Die Parlamentspraxis hat alle früheren Postulate gereift zu der bestimmten Vorstellung, daß die Parlamentsregierung ihrem innersten Wesen nach Staatsregierung nach Gesetzen ist. Schon Bracton setzt der römischen Maxime des Absolutismus: quod principi placet, legis habet vigorem, die englische Maxime gegenüber: „legis habet vigorem, quicquid de consilio et consensu magnatum et reipublicae communi sponsione, auctoritate regis, juste fuerit definitum.“ Seit Edw. II. enthält auch der Krönungseid die direkte Anerkennung der Pflicht des Königs nach den Landesgesetzen zu regieren. Ein Chief Justice der King's Bench unter Heinrich VI., (später Erzieher des Thronfolgers aus dem Hause Lancaster in der Verbannung), drückt dieselbe Grundauffassung durch die Bezeichnung eines political government (nach Gesetzen) im Gegensatz eines regal government (nach persönlichem Willen) aus. Die Schrift Fortescue's, de laudibus Legum Angliae c. 9. spricht dies zur Belehrung eines künftigen Königs in Worten aus, die besonders von Hallam mit Recht gewürdigt und häufig citirt werden:

„Ein König von England kann nicht nach seinem Gutdünken Aenderungen in den Landesgesetzen machen; denn die Natur seiner Regierung ist nicht bloß eine königliche, sondern eine politische. Wäre sie bloß königlich, so würde er eine Gewalt haben zu allen beliebigen Neuerungen und Aenderungen in den Gesetzen des Reichs, würde tallagia auflegen und andere Lasten ohne die Zustimmung des Volks, in jener Regierungsweise, die das römische Recht meint, wenn es sagt: quod principi placet, legis habet vigorem. Aber es ist ganz anders mit einem König, dessen Regierung politisch ist; weil er weder Aenderungen in den Gesetzen des Landes machen kann ohne die Zustimmung der Unterthanen, noch sie wider ihren Willen mit neuen Auflagen belasten kann, so daß ein Volk, regiert durch Gesetze, die mit seiner Zustimmung und Genehmigung gemacht werden, sein Eigenthum sicher genießt, und ohne die Gefahr dessen beraubt zu werden, sei es durch den König oder einen andern." Was man am wenigsten im Mittelalter suchen darf, sind zuverlässige Angaben aus ferner Vergangenheit. Unter Eduard IV. erklärten die Richter einstimmig, „daß alle königlichen Gerichtshöfe über Menschengedenken hinaus bestehen, so daß Niemand wissen kann, welches der älteste ist." Nach diesem Maßstab wird man verständiger Weise messen müssen die dem Oberhaus und dem Unterhaus angedichteten Stammbäume, die Vorstellung von den sächsischen Gesetzen, den weisen Einrichtungen des guten Königs Alfred und die Traditionen über die angelsächsische Verfassung.

) **Der Titel und Hofstaat der Plantagenets hat wie zu allen Zeiten noch Reminiscenzen an eine ältere Ordnung der Dinge an sich, die nicht eigentlich das staatsrechtliche Grundverhältniß der Gegenwart ausdrücken, sondern die die Sitten einer lange entschwundenen Zeit reproducirten, um die Stabilität der Staatsgewalt symbolisch darzustellen. Es gilt dies am meisten von der Krönungsceremonie, in welcher der alte Hausstand eines germanischen Stammhäuptlings wieder auflebt, von den großen Ehrenämtern herab bis zu den kleinlichsten Dienstleistungen. Das Halten des Scepters ist noch heute das Erbamt des Grundherrn von Worksop; das Reichen des Handtuchs Erbamt des Grundherrn von Haydon; das Ueberreichen des ersten Bechers Wein Erbamt des Grundherrn von Wemonley, das Tragen des Baldachin gehört den Männern der 5 Häfen (Barons of the Cinque Ports.) u. s. w. Der Militair-Charakter des Normannenthum's und der Lehnskurie lebt fort in der wunderlichen Sitte des königlichen Kämpen mit seiner Herausforderung eines Jeden, welcher den königlichen Titel bestreiten werde, als Intermezzo beim Krönungsbanket. Mit der vergangenen Ordnung der Dinge lebt denn auch an diesem einen Tage die Hauptehre der alten erblichen Hausämter wieder auf. Das Amt des erblichen Haushofmeisters, Mayor Domus, Lord High Steward, als ersten Hausbeamten ist ziemlich früh erloschen, wird aber zur Krönungsfeierlichkeit und zu einem solennen Pairsgericht pro hac vice ins Leben gerufen. — Das Erbamt des Lord Großkämmerers, Lord Great Chamberlain besteht noch heute als Erbamt fort und hat am Krönungstage seine Hauptehre. — Das Amt des High Constable, mit seinem Platz in der Curia Militaris und seinem Patronat über untere Aemter am Hof, im Heer und im Gericht, dauert während der Plantagenets fort. — Das Amt des Earl Marshal ist nach häufigen Rückfällen an die Krone und neuen Verleihungen bald erblich, bald lebenslänglich, bald widerruflich besessen.

Anders verhält es sich mit den dienstthuenden Hofbeamten, die schon in der vorigen Periode eine zweite, von den Erbämtern gesonderte Reihe bildeten. Ein großes Verzeichniß dieses Hofstaats unter Eduard IV. giebt der Liber niger domus Regis Angliae, gedruckt mit anderen Dokumenten, von der Gesellschaft der Alterthumsforscher (1790.) Unter ihnen hat der königliche Kammerherr, King's Chamberlain eine wichtige Stellung im dirigirenden Rath. Der eigentlich administrirende Hofbeamte ist aber, wie heute, der Steward of the Household, Haushofmeister. „Der Steward of household", heißt es in dem schwarzen Buch Eduards IV. „empfängt sein Amt von des Königs hoher und eigener Person, und den Stab des Haushalts mit folgenden Worten: Seneschall tenez le bâton de nôtre hostiel, wodurch er auch sofort Steward des ganzen Hofes des Marschallamts ist, in welchem er Richter über Leib und Glieder, — ausgenommen solche Sachen, die vor den Treasurer, Comptroller, Cofferer etc. gehören." — „Item hat er das Amt aufzurufen die Namen der Ritter, Bürger und Flecken-Vertreter an dem Parlamentsthor, den ersten Tag des Beginns, zu büßen die Fehlenden, auch zu beurlauben die Abreisenden, wie er es glaubt, daß es dem König beliebe." Die übrigen Haus-Beamten (zum Theil zugleich Staatsbeamte) sind: der Bischof-Beichtvater, der Kanzler von England, der Oberrichter der Common-Pleas, des Königs Kammerherr; Bannerherren, Ritter; Secretaire, Kapellane; Leibjunker, Garderobenbewahrer, Gentlemen, Ushers, Yeomen of the crown, Grooms of the chamber, Kammerpagen, Beamte des Juwelenhauses; der Arzt, Wundarzt, Apotheker und Barbier des Königs; die Henxman, Junker vom Haushalt, Wappenkönig, Herolde, serjeants at arms, Minstrells, Aufwärter und Boten; der Dekan der Kapelle, Kapellane und Clerks, Yeomen und Kinder von der Kapelle; Clerk of the closet, master of grammar, office of vestiary, clerk of the crown, clerk of the market und clerk of the works. — Eine andere Abtheilung enthält die Pflichten und Gebührnisse der Haushaltungsbeamten, namentlich des Haushofmeisters, des Schatzmeisters, des Controleurs und des Cassirers (Cofferer), welche bezeichnet werden als die Souverains oder Regierer des Haushalts. Dazu ein Schreibpersonal von Clerks of the green cloth, Clerks vom Control-Amt und Rechnungshaus. Unter-Departements: das Backhaus, die Speisekammer, die Waffelküche, die Kellerei, die Weinaufseher, die Bierkellerei, das Krughaus und Humpenhaus, Bierschänker, die Gewürzkammer, Conditorei, das Lichtdepartement, Tafeldeckeramt, Linnen-Departement und Waschdepartement. Wie nöthig ein so verwickelter Hausstand nach den Standesbegriffen der Zeit war, zeigt uns der analoge Hausstand der königlichen Familie und der Großen. Das schwarze Buch setzt den Etat für die Königin 40 sh. täglich, sowie 12 d. für 100 Gefolgen jährlich (2555 £); für den Kronprinzen 30 sh. nebst 50 Gefolgen (1560 £); für einen Herzog und 240 Gefolgen (4000 £); für einen Marquis und 200 Gefolgen (3000 £); für einen Grafen mit 140 Dienern (2000 £); für einen Viscount mit 80 Dienern (1000 £); für einen Baron mit 40 Dienern (500 £); für einen Bannerherrn mit 24 Dienern (200 £); für einen Ritter vom Haushalt mit 16 Dienern (100 £); für einen Junker desgl. mit 6 Dienern (50 £). Als Klassifikation fast in allen Zweigen des Hofhalts kehrt die Eintheilung in Sergeants, Gentlemen und Yeomen wieder, — zugleich ein Ausdruck der Standesbegriffe der Zeit. Eine königliche Leibwache von 24 Sergeants at Arms hatte schon Richard I. gebildet, welche zugleich als dienstthuende Ehrenwache des Parlaments, des Kanzlers und des Schatzmeisters verwendet wird.

Vierte Periode.

Die Tudors und die Reformation.

Heinrich VII. 1485—1509.
Heinrich VIII. 1509—1547.
Eduard VI. 1547—1553.
Marie 1553—1558.
Elisabeth 1558—1603.

§. 27.

Die Wiederherstellung der verfassungsmäßigen Regierung.*)

Das Zurückschreiten der englischen Verfassung in dem letzten halben Jahrhundert des Mittelalters, jenes scheinbare Zurückfallen in die Verwirrungen und Stürme des 13. Jahrhunderts, liegt nur in einem Zusammentreffen äußerlicher und persönlicher Verhältnisse, welche unter der kräftigen Hand eines anerkannten Monarchen ohne gewaltsame Erschütterung hätten vorübergehen können. Allerdings lagen aber auch in den Rechtsverhältnissen der Geistlichkeit, des Adels und der Ritterschaft, der Städte und der Bauern, noch mancherlei Schwierigkeiten und Disharmonien. Während die Grundherrlichkeit dem Adel des Continents ein erfolgreiches Isolirungsbestreben giebt, zeigt der englische Adel in sehr formeller Ehrerbietung gegen das Königthum das Bestreben, in korporativer Gestaltung die Landesregierung unter dem Namen des Königthums an sich zu bringen. Daneben dauert noch fort eine Neigung zu Fehde und Gewaltthätigkeit, genährt durch das abenteuerliche Leben der großen Soldheere auf französischem Boden, durch die stetige Berührung mit den französischen Zuständen. — Die hohe Geistlichkeit ist mannigfaltig verflochten mit den Parteien und Interessen der Lords, und streitet nicht mehr für die sittlichen Aufgaben der Kirche, sondern für ihre politische Stellung und Herrschaft. — Ritterschaft und Städte sind zum Theil sehr wider ihren Willen in diese Kämpfe hineingezogen, nach ihrer Lebensstellung dagegen mehr auf die friedliche Entwickelung des insularen Staatslebens in Miliz-, Polizei- und Parlamentsverfassung hingewiesen. — Gleichzeitig mit den Zerwürfnissen der höheren Klassen regen sich im 15. Jahrhundert auch die arbeitenden Klassen, die kleinen Freisassen, die herrschaftlichen Gutsbauern, die ländlichen Arbeiter und die Reste der Leibeigenen. Die frühzeitige Lösung der Leibeigenschaft und der grundherrlichen Banden hat eine bewegliche Bevölkerung erzeugt, welche gegen verhältnißmäßig hohe Löhne Arbeit findet, in Hungersnoth und inneren Unruhen aber leicht den Frieden gefährdet, und von den Großen auch absichtlich dazu verwendet wird. Von Zeit zu Zeit sind es bald Mißgriffe der Parlamente bei Einführung von Kopfsteuern und Maßregeln der Arbeitspolizei, bald sind es allgemeine geistige Strömungen, mit denen als Vorboten der Reformation auch in England die ersten Versuche der arbeitenden Klassen auftreten sich zu helfen auf eigene Hand. Die beginnenden Bauerkriege waren zwar ziemlich rasch unterdrückt, und die Regierungsperiode des Hauses Lancaster war weder geneigt, noch im Stande, den schwächeren Klassen einen starken Schutz zu gewähren. Unter Eduard IV. hört aber das Fortschreiten des Systems der Arbeitspolizei auf, und die Gerichtsurtheile beginnen den herrschaftlichen Gutsbauern gegen willkürliche Besitzentsetzungen zu schützen. Im Allgemeinen ist seit dem Schluß des Mittelalters die aufstrebende Tendenz aller Klassen sichtbar,**) vermöge deren die größere Landgentry näher an die Stellung des mittelalterlichen Adels, die Freisassen und Städter in die Stellung des Mittelstandes hinaufrücken, während die Gutsbauern und arbeitenden Klassen die privatrechtliche Anerkennung als liberi homines immer vollständiger erlangen. Durch mannigfaltigen Eigenthumswechsel in den Bürgerkriegen, später durch die Herstellung der Testirfreiheit über $\frac{2}{3}$ des Ritterlehnbesitzes (statute of wills) und durch Säcularisation der Klostergüter war die Entstehung neuer Freieigenthümer und ein Unabhängigkeitssinn der Mittelklassen entstanden, der sich einem königlichen Regiment mehr zuneigte als einem organisirten Adelsregiment. Ein neubefestigtes Königthum, welches dieser socialen Grundrichtung der Zeit umsichtig entgegenkam, konnte eines starken Rückhalts in der Masse der Bevölkerung versichert sein.

Mit scharfem Blick hat die Dynastie der Tudors, und gleich von Anfang an Heinrich VII., diese Lage erkannt. Als Hauptgefahr der Monarchie war im letzten Menschenalter das militärische Uebergewicht der großen Herren hervorgetreten. Naturgemäß wandte sich die neubefestigte Dynastie zuerst an die dringendste Aufgabe: Beseitigung der militärischen Gefolgschaften (liveries) der Magnaten. Mit dem Verbluten des Adelskampfes war von selbst geschwunden die Zahl, der Reichthum und die Kraft der alten Geschlechter. Wurden auch viele Erben alter Namen in ihre Titel und Ehren restituirt, so erhielten sie doch weder den ungeschmälerten alten Besitz zurück, noch die alte Stellung zu bewaffneten Gefolgschaften, noch das alte fürstliche Ansehen im Lande. Die Niederhaltung der großen Barone ist der Hauptgedanke der Politik Heinrich's VII., über welchem er wie sein Zeitgenosse Ludwig XI. selbst die Ehrenpflichten des Königs und Edelmanns zu vergessen schien. „Er hielt eine feste Hand auf seinem Adel," sagt Lord Bacon, „und nahm lieber Geistliche und Juristen, die obgleich sie das Interesse des Volks hatten, fügsamer gegen ihn waren." Die zweideutigen Finanzkünste seines Schatzamtes brachten ihn soweit, daß er in den sieben letzten Regierungsjahren nur einmal ein Parlament zu berufen brauchte.

Königlicher verfolgt dieselbe Politik sein Nachfolger Heinrich VIII. Durch Veröffentlichung von Staatspapieren ist auf die Verdienste Heinrich's um die innere Verwaltung manches Licht gefallen, so daß die neueste Geschichtsschreibung solche viel eher zu hoch als zu niedrig anzuschlagen geneigt ist. Richtig ist es, daß zum ersten Male die Staatsverwaltung eine systematische Fürsorge für die arbeitenden Klassen zeigt. Anticipirend, was man später den aufgeklärten Despotismus genannt hat, finden wir eine Regelung der Löhne und Lebensmittelpreise, Verbote der Entvölkerung des Landes durch übergroße Pachtungen und Verwandlung von Aeckern in Weide, sogar Verbote von Erfindungen zur Deplacirung der Handarbeit; ernste Fürsorge für Erziehung, Arbeitsamkeit und Armenpflege, selbst für Volksvergnügungen; freundliche Rücksicht für Gilden, Handwerkervereine, Handelsgesellschaften, und sonstige Maßregeln, so gut sie die Zeit verstand. Unbestritten ist vor Allem Heinrich's Verdienst der Auswahl tüchtiger Beamten, der scharfe Blick, welcher Jeden an die richtige Stelle zu setzen verstand. Und diese Bestrebungen fanden nicht nur ein dankbares Echo in den Herzen der ärmeren Klassen, sondern auch eine ungeheuchelte Anerkennung bei einsichtigen Zeitgenossen. Unbestreitbar ist der Erfolg dieser Verwaltung: innere Ruhe, Wohlstand und Wohlbehagen in Stadt und Land.

Abgesehen davon bleibt die *weltliche Reichsverwaltung* unverändert. Die ganze bewaffnete Macht des Landes ist jetzt die Miliz unter Offizieren der Landgentry. In der Gerichts- und Polizeiverwaltung wächst das Friedensrichteramt durch die zunehmende Zahl und

Bedeutung seiner Geschäfte; womit die Landgentry allmälig in die Stellung einer regierenden Klasse rückt. Von unten herauf bilden sich die Kirchspiele zu selbstthätigen Ortsgemeinden dadurch, daß die Gesetzgebung ihnen die ökonomischen Humanitätspflichten der Kirche auflegt. Erst im 16. Jahrhundert schließt sich die Kreis- und Ortsgemeinde-Verfassung zu einem abgerundeten Ganzen ab. Wie sich in diesem Unterbau der Verfassung die Grundsätze der reichsständischen Periode fortsetzen, so dauert auch fort ihre Zusammenfassung zum Parlament. Die Gestaltung des Oberhauses folgt eben so sehr den vorgefundenen Rechtsgrundsätzen wie die des Unterhauses. Der englische Grundgedanke der Ausübung der königlichen Hoheitsrechte durch die besitzenden Klassen selbst und die daraus folgende Gesetzgebung mit ihrem Beirath und ihrer Zustimmung ist consequent weiter geführt.

Während so die weltliche Seite des Staats eine Fortsetzung der vorgefundenen Verhältnisse darstellt, tritt um die Mitte der Regierung Heinrich's VIII. die neue Aufgabe an die Dynastie heran, deren Lösung ihre geschichtliche Mission geworden ist. Die Entfremdung der Kirche von ihrem sittlichen Beruf hatte inzwischen einen Höhepunkt erreicht, welcher zu einer Lösung drängte. Zunächst aus persönlichen und selbstsüchtigen Beweggründen hat Heinrich VIII. die Aufhebung des Zwiespalts zwischen dem kirchlichen und weltlichen Staat unternommen, und in kraftvoller, wenn auch rücksichtslos gewaltthätiger Weise durchgeführt. Das Verhältniß von Kirche und Staat tritt von da an bis zum Schluß der Periode als das bestimmende in den Vordergrund, so daß es angemessen erscheint:

zuerst die **kontinuirlichen Verhältnisse**, die Fortbildung der Grafschaftsverfassung und die Parlamentsverfassung (§§. 28, 29.) darzustellen;

sodann die **Reformation**, **den neuen Organismus der Staatskirche** und seine Rückwirkung auf den Grundcharacter der königlichen Regierung folgen zu lassen (§§. 30—32.).

*) **Die Periode der Tudors in ihrer inneren Entwickelung**, die Gemeinde- und Kreisverfassung, ihre Zusammenfassung zu dem Verhältniß der Stände und im Parlament ist in Gneist II. S. 253—355 dargestellt, und zwar mit unmittelbarem Anschluß der Verhältnisse des folgenden Jahrhunderts. Hier ist die Stellung des **King in Council** und die Entwickelung der **königlichen Suprematie** der Schwerpunkt. Von diesem Gesichtspunkte aus ergiebt sich eine Darstellung in umgekehrter Ordnung und ein scharfer Gegensatz zwischen der Periode der Tudors und Stuarts, welche für die innere Entwickelung des Staatslebens ein Ganzes bilden. Aus Quellen und Literatur (Gneist II. S. 256—258) ist etwa Folgendes hervorzuheben:

1) Die Gesetzesurkunden sind seit 4. Hen. VII. ausschließlich in englischer Sprache. Die abgesonderten Statute Rolls enden mit 9. Hen. VII. und gehen in den Rotuli Parlamentorum auf. Die vollständige Uebersicht der Gesetzgebung enthält die offizielle Gesetzsammlung (Statutes of the Realm. 1810 ff.) Vol. II. p. 499—694. Vol. III. und IV.

2) Die Parlamentsverhandlungen sind in den Rotuli Parlamentorum als Original-Acten seit 12. Hen. VII. im Parliament Office vorhanden. Mit 1. Hen. VIII. beginnen die amtlichen Journals of the House of Lords, gedruckt mit General Index und einem besonderen Calendar from Hen. VIII. to 30. Aug. 1642. Die Journals of the House of Commons beginnen mit 1. Edw. VI. (1548).

3) Die sonstigen State papers in unabsehbarem Umfang sind in den Archiven vorhanden, aber nur in Bruchtheilen veröffentlicht. Die Staatsrathsprotocolle Sir. H. Nicolas, Proceedings etc. reichen bis zu 33. Henry VIII. Die State papers sind gedruckt aus der Zeit Heinrichs VIII. Vol. I.—XI. (1830—1852). State papers a. 1571—1596, by Murdin 1750 fol. Ein Calendar of the State papers a. 1547—1580 by R. Lemon 1857. Fortsetzungen dieser Verzeichnisse von Turnbull, Stevenson, A. Ev. Green und J. Bruse 1856—1865.

4) Die englische Rechtsgeschichte von Reeves, History of the English Law. 1815, umfaßt in Band IV. und V. die Zeit der Tudors. Sir Edw. Coke's Institutes, Part. II, bilden eine Hauptautorität auch für Fragen des öffentlichen Rechts.

5) Für die allgemeine politische Geschichte: Hallam, Constitutional History. Vol. I. Lingard, History of England (vom katholischen Standpunkt). Froude, History of England etc. 1858—1863, 8 Vols. (geistvolle Apologie der Tudors, vorzüglich auch Heinrich's VIII). Pauli-Lappenberg, Geschichte von England, Bd. 5 (bis zu Heinrich VIII). Ranke, Englische Geschichte, vornämlich im 16. und 17. Jahrhundert Band I. (1859). Mit beschränkter Aufgabe: Fr. Baconi, Historia regni Henrici VII. Amst. 1662. Lord Herbert Life and reign of Henry VIII. 1649 (amtlich). Camden, Annales Britt. regn. Elisabeth. Th. Smith, the Commonwealth of England. (Politischer Zustand zur Zeit Elisabeths).

**) Die Ständeverhältnisse dieser Zeit s. in Gneist II. 325—336 und in der sogleich folgenden Grafschaftsverfassung (§. 28). Die Umbildung des Communalwesens, die regere Thätigkeit der höheren und Mittelclassen, sowohl im Kirchspiel wie in der Kreisverwaltung, in Verbindung mit der Blüthe des Ackerbaues und dem Aufschwung von Handel und Gewerbe haben ein Aufrücken der Klassen bewirkt, für welches durch die gebrochene Macht der großen kriegerischen Barone der Platz geschaffen war.

1) Dem Adel rückt in seiner politischen Stellung immer näher der weitere Kreis der gentry. Die unter Eduard IV. massenhaft confiscirten Herrschaften werden nicht in der alten Weise wieder verliehen, sondern zersplittert und geschmälert. Andererseits wird die erbliche Reichsstandschaft an Personen verliehen, deren Besitzungen, (mochten sie vererbt oder durch Neuverleihungen, namentlich aus Klostergütern gebildet sein), sehr verschieden waren von den alten Baronien, die man im Schatzamt als honors fortzuführen gewohnt war. Durch die friedliche Entwickelung der Zeit, durch den lebendigen

Verkehr mit den reichwerdenden Städten, hatte sich die Grundrente der dem Adel zunächst stehenden Grundbesitzer überhaupt in bedeutendem Maße erhöht. Mit den Machtverhältnissen hatte sich aber auch die rechtliche Stellung im Kreis- und Communalleben verändert. Die alte Bedeutung der Barone als persönliche Herren eines waffengeübten, uniformirten Gefolges hat aufgehört. Aller Schwerpunkt der öffentlichen Thätigkeit des Grundbesitzes und seines Einflusses fällt daher in die Miliz- und in die Polizeiverwaltung. Die einflußreiche Betheiligung am Staat liegt jetzt in den Friedenscommissionen, die mit dem höheren Personal der Miliz großentheils zusammenfallen. An der Spitze der Commission stand regelmäßig als custos rotulorum (zugleich meistens als Lordlieutenant der Miliz) ein weltlicher Lord aus dem Parlament neben einer größeren Zahl von Gentlemen. Diese Gentry selbst erweitert sich in jedem Menschenalter mit dem Besitz und der öffentlichen Stellung, auf der sie beruht. Ihr Kern war am Schluß des Mittelalters die ländsässige Ritterschaft, deren Besitz durch das Erstgeburtsrecht und Familienstiftungen (entails) ziemlich stetig erhalten werden konnte. Andererseits hatten aber die Adelskämpfe und das Gesetz über die Testirfreiheit zu mannigfachem Besitzwechsel geführt, in welchen auch die reichgewordenen städtischen Klassen in großer Zahl einrücken. Die neuen Besitzer gehen dann durch Friedenscommission und Parlament zuerst politisch, und nach einiger Zeit auch gesellschaftlich in die Reihen der alten Gentry über. Da aber Friedenscommission und Parlament auch städtische Honorationen umfassen, da der wachsende städtische Besitz und der gleiche öffentliche Beruf diese Klassen eng verknüpft, so reihen sich auch neue städtische Honorationen in die Gentry ein. Die Ehrenbezeichnung Esquire, die am Schluß des Mittelalters den städtischen Herren nur vereinzelt ertheilt wird, breitet sich auf die reiche Klasse von liberaler Erziehung und Beschäftigung ungefähr soweit aus, wie sie die Aufnahme in die Friedenscommission nachzusuchen und zu erhalten pflegten. Selbstverständlich bleibt ferner der Pfarrgeistlichkeit der alte Ehrenrang, woran sich dann die höhere Klasse der Advocaten, die studirten Aerzte, die höheren Civil- und Militärbeamten anreihen. Fast überfreigiebig wurde das etwas niedrige Prädicat eines Gentleman ertheilt.

2) Die wahlberechtigten Freisassen der Grafschaften und die wahlberechtigten Bürger der Städte erscheinen bei dem allmäligen Aufrücken der Gentry zu einer regierenden Klasse nunmehr als ein politisch berechtigter Mittelstand. Die ältere Grundauffassung, nach welcher die Klassen, welche gewohnheitsmäßig den Geschwornendienst leisten, also die 40 sh. freeholders, auch die wahlberechtigte Körperschaft bilden, ist in der Grafschaft unverändert beibehalten. Mit dem sinkenden Geldwerth erweitert sich dieser Census. Etwas unklarer lag die Abgrenzung in den Städten. Hier wirkte die Beschränkung der activen Theilnahme an der Verwaltung fortschreitend auf das Parlamentswahlrecht zurück, so daß meistens nur die select bodies, capital burgesses etc. an den Wahlen theilnahmen. Andererseits war aber die Zahl der Freisassen durch die Säcularisirung der Klostergüter, durch die Theilbarkeit des Grundbesitzes und die Testirfreiheit seit Heinrich VIII. gewachsen. Noch mehr hatte die fortschreitende Bodencultur und der Absatz in den reichgewordenen Städten das Grundeinkommen auch der kleineren erhöht. Der städtische Mittelstand wuchs durch den Aufschwung von Handel, Schiffahrt und Gewerbe, und wurde seit Heinrich VIII. von oben herab begünstigt durch Pflege der Gilden, Handwerker-

vereine, Innungen, ihrer sicheren Nahrung und ihres soliden Gewerbebetriebes. Die Wollenindustrie jener Zeit stand ungefähr an der heutigen Stelle der Baumwolle. Das Aufsteigen dieser Klassen in die gentry — durch Grunderwerb und Wissenschaft — war vielfältig erleichtert und ziemlich häufig.

3) Die nicht wahlberechtigten Klassen in Stadt und Land bilden eine persönlich freie, rechtlich geschützte, in Familien- und Vermögensrecht der höheren gleichgestellte Klasse, aber ohne active Theilnahme an der Bestimmung des Staatswillens. Insoweit erscheint auch diese Klasse um eine Stufe erhoben. Die ehemalige Leibeigenschaft, soweit sie als vereinzelte Anomalie noch vorhanden, verschwindet spurlos. Die Copyholders sind aus Pachtbauern zu erblichen Besitzern geworden. Die ehemalige Unfreiheit des Guts dauerte nur fort in Gestalt von Reallasten und wenigen gemessenen Diensten. Die Stellung der bloßen Handwerker ohne Landbesitz hebt sich durch den Innungsschutz, welchen die Gesetzgebung als ein Aequivalent für die Gewerbe- und Arbeitspolizei gab. Auch für die untersten arbeitenden Klassen hat die Gesetzgebung in hergebrachter, der Zeit zusagender Weise eine väterliche Fürsorge getragen, durch Regelung der Lebensmittelpreise und Löhne. Mehr als dies erlangten die arbeitenden Klassen nicht. Die Behäbigkeit im wirthschaftlichen Leben, der gleiche Schutz im Privatrechte, ließ an diesen Klassen die Gewaltacte der Tudors gegen die höher stehenden ohne Beunruhigung, fast ohne Theilnahme vorübergehen.

§. 28.

Die Fortbildung der Grafschafts- und Gemeindeverfassung.

Die Grundinstitutionen, auf welchen die Triebkraft der Parlamentsverfassung beruht, sind durch die Tudors in einer Weise fortgebildet und erweitert worden, welche schon an sich den genügenden Beweis giebt, daß sie die Landesverfassung aufrichtig gewollt haben. Die Verbindung der Staatshoheitsrechte mit der Localverfassung dauert nicht nur in jeder Richtung fort, sondern verzweigt sich nach unten und zieht die jetzigen Mittelstände in die Selbstverwaltung hinein.

I. Die Milizverfassung[1]) gewinnt eine veränderte Bedeutung dadurch, daß sie die einzige legale Bewaffnung des Landes bildet. Die alten Lehnsmilizen sind jetzt praktisch beseitigt; das Streben der Tudors geht entschieden dahin, auch das Gefolgs- und Condottierewesen des hohen Adels gründlich zu beseitigen. Die Wiederkehr ähnlicher Zustände, wie unter dem Hause Lancaster ist schon dadurch unmöglich geworden, daß ein größerer auswärtiger Krieg vermieden, der Adel einer regelmäßigen Kriegführung allmälig entwöhnt ist. Die ganze Aufmerksamkeit der Tudors wendet sich dagegen den Grafschaftsmilizen zu, die in den schottischen Kriegen und öfter auf dem Continent sich noch ruhmvoll bewährten. In Fällen des

Bedürfnisses begann man wieder die Grafschaften zur Gestellung einer bestimmten Zahl von Mannschaften zu zwingen. Die Gesetzgebung half dabei nach durch einzele Vorschriften über die Heerfolge der königlichen Vasallen und Beamten und über den militärischen Gehorsam der Mannschaften gegen die bestellten Capitäne. Unter Heinrich VIII. kommen dafür zum ersten Mal außerordentliche Commissarien vor, die als Lieutenants des Königs (später Lord-Lieutenants) die Mannschaften durch Zwangsmaßregeln gegen Grafschaften und Städte aufbringen. Auch in 3. Edw. VI. bei den katholischen Unruhen ist von solchen Lieutenants die Rede, „um die Grafschaften in militärische Ordnung zu bringen." Diese Gewalten werden dann legal anerkannt durch das Musterungsgesetz st. 4. et 5. Phil. et Mary c. 3., welches die königlichen Lieutenants als bekannt voraussetzt. Gleichzeitig wird durch ein neues Milizgesetz 4. et 5. Phil. et M. c. 2. die Bewaffnungspflicht neu abgestuft und eine zeitgemäße Aenderung des Waffensystems getroffen. Das Milizgesetz unterscheidet die weltlichen Personen mit einem freien Grundbesitz nach den Abstufungen von 1000 £, 1000 Mark, 400 £, 200 £, 100 £, 100 Mark, 40, 20, 10, 5 £. Sodann Personen im Besitz von beweglichem Vermögen (Einkommen) von 1000 Mark, 400, 200, 100, 40, 20, 10 £. Danach wird die Verpflichtung zur schwereren oder leichteren Ausrüstung einer größeren oder kleineren Zahl von Personen abgemessen. Sonstige Personen, welche Jahreseinkünfte, copyhold oder erbliches Gut zum jährlichen Reinwerth von 30 £ oder darüber haben, sollen nach den Ansätzen des beweglichen Vermögens belastet werden. Alle sonstigen Bewohner, welche in den vorigen Ansätzen nicht speciell enthalten sind, „sollen auf gemeinschaftliche Kosten solche Rüstungen und Waffen halten, wie die königlichen Commissarien bestimmen werden." Die Friedensrichter haben die Anschaffung der Pferde und Waffenstücke zu überwachen. In Zeiten, wo die bewaffnete Macht versammelt ist, werden Vergehen im Dienst von dem Commandirenden summarisch gebüßt. Im wirklichen Kriegszustand tritt nach 7. Henr. VII. c. 1; 3. Henr. VIII. c. 5; 2. et 3. Edw. VI. c. 2. §. 6; 5. Eliz. c. 5 die Strafe der Felonie wegen Desertion ein. Auch als später Jacob I. dies Hauptgesetz aufhob, blieb doch das Musterungsgesetz; es fielen nur die bestimmten Abstufungen der Bewaffnungspflicht hinweg, es blieben aber die administrativen Gewalten zur Aushebung der Mannschaften nach älterem Recht und das Strafrecht wegen Desertion stehen.

II. Die Gerichtsverfassung[2]) ist in diesem wie in dem

folgenden Jahrhundert der stabilste Theil des Staatswesens, in welchem das fortschreitende Element nur in dem Amt der Friedensrichter liegt. Abgesehen davon bleibt die Gerichtsverfassung der vorigen Periode unverändert, basirt auf judge und jury, auf ein systematisches Zusammenwirken von königlichen Beamten und Gemeindeausschüssen in Civil- und Criminalassisen und in den Quartalsitzungen der Friedensrichter. Der Census des Geschworenendienstes wird dem veränderten Geldwerth entsprechend durch 27. Eliz. c. 6. von 40 sh. freehold auf 4 £ erhöht. Durch 1. Edw. VI. c. 1. wird die Zulassung von Vertheidigungszeugen in dem Beweisverfahren vor der Jury legalisirt. Es entstehen auch Anfänge festerer Beweisgrundsätze, einer law of evidence. Unverkennbar bildet dieses stetige Zusammenwirken von richterlichen Beamten und Gemeindeausschüssen, in welchen Ritter, Bürger und Bauern Jahr aus Jahr ein zusammentreten, den eigentlichen Halt und Kern der bürgerlichen Verfassung. In einzelen Fällen zeigt sich die Jury wohl parteiisch aus Furcht, oder durch dienstfertige Sheriffs parteiisch ernannt. Sie ist aber doch so verwachsen mit den Rechtsvorstellungen der Zeit, daß Heinrich VIII. sogar seine Hofgerichts-Commissionen mit einer Jury bildet, und die Jury auch auf das Admiralitätsgericht ausdehnt. Veranlaßt durch vorhandene Mißbräuche führte das st. 3. Henr. VII. c. 1. ein summarisches Strafverfahren vor den Friedensrichtern ein wegen concealments of inquests gegen pflichtschuldige Juries; dies Verfahren blieb aber unpraktisch. Bedenklicher wurde die Strafgewalt der Sternkammer, welche nicht selten den Geschworenen Verweise ertheilt, sie zuweilen mit Geld büßt, und mit Gefängnißstrafe bedroht. Nach der hergebrachten Stellung der königlichen jurisdictio extraordinaria war indessen ein Einschreiten der Oberinstanz prinzipiell zuläßig; in jedem Falle waltete dabei noch keine Tendenz einer systematischen Herabdrückung des Instituts vor.

Neben dieser laufenden Justiz durch Richter und Geschworene dauert allerdings noch ein Grafschaftsgericht des Sheriff fort; durch 2. und 3. Eduard VI. c. 25. wird noch die regelmäßige Abhaltung desselben von Monat zu Monat eingeschärft. Der Sinn der Einrichtung ist indessen mehr eine periodische Erledigung der laufenden Grafschaftsgeschäfte, neben welchen die Reste einer Civiljustiz in Bagatellsachen immer mehr verkümmern. Als Versammlung der Gerichtsmänner erscheint der County Court aus demselben Grunde fast nominell, und nur durch das Geschäft der Grafschaftswahlen von Zeit zu Zeit politisch bedeutend. Die localen courts leet dauern an einzelen Orten noch mit einem Theil ihrer alten Geschäfte fort. Ebenso verfallen, und meistens nur für nicht richterliche Geschäfte thätig erscheinen die Patrimonialgerichte. Die einigen Städten verliehene Civiljustiz scheint jedoch in dieser Zeit neben den Assisen noch practisch lebendig geblieben zu sein.

III. Die Polizeiverfassung der Grafschaft [3]) characterisirt sich durch eine Ausdehnung des Friedensrichteramts in dreifacher Richtung.

1) Die Friedensrichter erhalten das Voruntersuchungsamt für Straffälle aller Art. Diese neue Stellung knüpft sich an ihre Befugniß Bürgschaft (bail) von dem Angeklagten anzunehmen (3. Henr. VII. c. 3.), welche durch ein allgemeines Regulativ 1. et 2. Phil. et M. c. 13; 2. et 3. Phil. et M. c. 10. dahin bestimmt wird: „Bevor dies geschieht, sollen sie eine examination mit dem Verhafteten vornehmen und eine information mit denen, welche ihn einbringen über das Factum und die Umstände desselben, soweit solches zum Beweis des Verbrechens wesentlich, schriftlich aufsetzen und den Criminalassisen mit einsenden.“ So wird zum ersten Male legal eine Vernehmung des Angeschuldigten und ein Zeugenverhör angeordnet, zugleich das Friedensrichteramt ermächtigt, den verfolgenden Theil und die Zeugen durch Cautionsstellung zum Erscheinen in der spätern Gerichtssitzung anzuhalten (to bind over, to prosecute and to give evidence). Diese Vor-inquisition soll in jedem Falle eintreten, mag die Bürgschaft annehmbar erscheinen oder nicht, und bildet die noch heute bestehende Voruntersuchung im englischen Prozeß.

2) Eine fortschreitende Polizeigesetzgebung dehnt das Amt der Friedensrichter auf wichtige neue Gebiete aus. Die Arbeitspolizei wird zu einem mit Sicherheitspolizei und Armenpflege in einander greifenden großen System, welches in 5. Eliz. c. 4 zu einem codificirten Abschluß kommt, — mit einem Polizeizwang gegen unbeschäftigte Personen zu Gesinde- oder gewerblichen Diensten, Zwangslehrlingschaft, ländlicher Gesindeordnung, Vorschriften über Gesindeatteste, Jurisdiction über Kündigung und Dienststreitigkeiten, Vorschriften über die Löhne und Arbeitsstunden. Die Gesetzgebung gegen Vagabondiren und Betteln 39. Eliz. c. 4. bildet ein weiteres verwickeltes Decernat der Friedensrichter. Die Gewerbeordnung 5. Eliz. c. 4. giebt ihnen Jurisdiction über Streitigkeiten zwischen Meister und Lehrling. Mit den Tudors erscheint auch das System der Bierhausconcessionen in 7. Henr. VII. c. 2.; 5. et 6. Edw. VI. c. 25. Durch die Reformation hervorgerufen, beginnt eine Polizeistrafgesetz-

gebung gegen Papisten, Conventikel und Dissenters seit 5. Eliz. — Da aber die Anwendung der Jury auf die unabsehbare Reihe dieser Straffälle sich als unausführbar erwies, so setzte sich die Gesetzgebung direct über den ordo judiciorum hinweg, und gestattet schon eine Reihe kleinerer Strafbüßungen vor 1 oder 2 Friedensrichtern ohne Jury als summary conviction.

3) Das Friedensrichteramt wird zur geordneten Oberinstanz der neu gestalteten Kirchspielsverfassung. Zwei Friedensrichter haben die von den Armenaufsehern ausgeschriebene Steuer zu bestätigen und die Steuerexecution zu verfügen; die Quartalsitzungen entscheiden Reclamationen gegen die Steuereinschätzung. Durch Orders der Friedensrichter wird über Niederlassungsrecht, Rücktransport und Kostenerstattung zwischen den Armenverbänden entschieden. Die Ortsbeamten stehen unter der speciell geordneten Controlle der Friedensrichter, deren Quartalsitzungen die allgemeine Beschwerdeinstanz der ganzen Verwaltung bilden. Die Sessions der Friedensrichter erhalten immer vollständiger die Stellung einer Kreisbehörde, die durch ihre Orders eine Reihe von Verwaltungsgeschäften führt, welche nach Verschiedenheit des Gegenstandes bald den Quartalsitzungen, bald einem engeren Ausschuß, bald je zwei, bald je einem Friedensrichter aufgetragen sind. Durch diese Scheidungen hat die Polizeiverwaltung allmälig die Beweglichkeit wieder gewonnen, welche seit der Auflösung des Sheriffsamts verloren gegangen war, und zugleich hat sie eine Solidität erhalten, die dem jährlich wechselnden, sportulirenden Sheriffamt fehlte. Eine analoge Stellung ist den Friedensrichtern in der Wege- und Brückenverwaltung gegeben. — Sie ernennen das Personal der Armenaufseher, und bei dem fortschreitenden Verfall der Courts leet meistens auch die Constabler der Ortsgemeinden. In dem ganzen Gebiet der Ortsgemeindeverwaltung schlägt die Gesetzgebung immer mehr den Weg ein, die einzelen Versäumnisse, Insubordinationen und Pflichtwidrigkeiten der Beamten mit Geldbuße zu bedrohen, auf welche die Friedensrichter summarisch erkennen.

Alle diese erweiterten Befugnisse werden zusammengefaßt in den periodisch ausgefertigten Commissionen, welche im Jahre 1590 nochmals von den Reichsgerichten genau revidirt, das bis heute in Gebrauch gebliebene Formular bilden. Diese Formulare, analog denjenigen der reisenden Richter, begründen durch ihre Gleichmäßigkeit eine feste, verfassungsmäßige Gestalt des Polizeiamts, welche bei dem mannigfaltigen Wechsel der politischen Richtungen zu einer wichtigen Garantie wurde. Um so nothwendiger erschien die Festhaltung des königlichen Ernennungsrechts, welches in 27. Henr. VIII. c. 24. nochmals kategorisch eingeschärft ist. Wenn die so gestaltete Polizeiverwaltung noch immer in einer starken Abhängigkeit nach oben hin bleibt, so liegt der Grund dieser Erscheinung noch in besonderen Verhältnissen der Zeit und in den nach der Reformation entstandenen Zuständen. Die Gesetzgebung hat jedenfalls durch die Organisation der Polizeigewalten nicht den Absolutismus, sondern ein respectables, innerlich und äußerlich selbständiges selfgovernment begründen wollen, welches sich in den Parteikämpfen der folgenden Periode als eine wichtige Widerstandskraft gegen den Absolutismus bewährt hat.

IV. Der Antheil der Grafschaften und Stadtverbände an der Einschätzung und Erhebung der parlamentarischen Steuern bleibt ebenso grundsätzlich unverändert. Die innere Selbständigkeit und äußere Abschließung des Gemeindelebens wird aber wesentlich gefördert durch ein neues System von Gemeindesteuern, welches durch die Gesetzgebung der Tudors geschaffen, die Hauptgrundlage der englischen Ortsgemeindeverfassung geworden ist.[4])

Die Verfassung des Kirchspiels (parish) welche im Mittelalter nur der kirchlichen Seite angehört, tritt von dieser Zeit an in den weltlichen Staat ein, indem die Gesetzgebung einen Theil der Humanitätspflichten der Kirche den Ortsgemeindeverbänden auferlegt. Die positive Fürsorge für die Armen war im Mittelalter der Kirche anheimgefallen, in welcher ein Drittel der Zehnten für die Armen bestimmt war. Später wurde sie eine Hauptaufgabe der Klöster, theils nach ursprünglicher Bestimmung, welche ihnen die Pflicht der Hospitalität auferlegte, theils weil sie eine Menge von Zehnten appropriirt hatten. In den Klöstern war diese Fürsorge in sehr ungeregelter Weise an einzelen Punkten concentrirt. Durch 27. Henr. VIII. c. 25. übernimmt zum ersten Mal die Staatsgewalt die positive Armenpflege, veranlaßt durch augenblickliche Nothverhältnisse. Die bald darauf folgende Aufhebung der Klöster verstärkte diese Veranlassung, und legte der Krone eine neue moralische Pflicht auf, in Folge der daraus hervorgegangenen Säcularisationen. Die auf diesem Wege fortschreitende Gesetzgebung 1. Edw. VI. c. 3; 5. et 6. Edw. VI. c. 2; 5. Eliz. c. 3; 14. Eliz. c. 5; 18. Eliz. c. 3. kam endlich zu einem consolidirten System der Armenpflege und Wohlthätigkeitspolizei in sechs zusammenhängenden Gesetzen, unter welchen das st. 39. Eliz. c. 3. bereits die Grundzüge der Armengesetzgebung so enthält, wie solche mit Elisabeth abschließt. Nur eine neue Redaction dieses Gesetzes ist das st. 43. Eliz. c. 2, welches länger als 2 Jahrhunderte hindurch die englische Armenverwaltung normirt hat. Die Armenpflege ist danach die allgemeine, gleichmäßige Last eines jeden Kirchspiels. Für die persönlichen Functionen wird das Gemeindeamt der Armenaufseher gebildet mit genau geregelten Befugnissen und Pflichten; für die materiellen Bedürfnisse eine Gemeindesteuer (poor rate), welche den christlichen Hausstand als solchen zur Grundlage hat, und jeden occupier umfaßt, beruhe sein Hausstand auf freehold oder copyhold, auf dauerndem oder zeitlichem Besitz, auf Miethe oder Pacht.

In gleichem Geist wird die Wege- und Brückenbaulast umgestaltet. Die normannische Verwaltung hatte die Erhaltung der Wege und Brücken durch das Polizeisystem der amerciaments erzwungen, welche einen stehenden Artikel der Befragung in dem Sheriff's tourn und in dem Court leet bilden. Dabei hatte sich die sachgemäße Scheidung geltend gemacht, die Wegelast grundsätzlich den kleinen Ortsgemeinden, die Brückenlast den Grafschaften aufzulegen. Das st. of Bridges 22. Henr. VIII. c. 5. dehnt die Brückenlast auf alle householders aus. Das Lästige und Unzureichende eines Anklageverfahrens durch presentments und indictments führt aber zur Bildung des neuen Gemeindeamts der Wegeaufseher durch 2. et 3. Phil. et M. c. 8. Auf diesen Ortsbeamten geht die Verpflichtung zur Instandhaltung der Wege über, und dem entsprechend ermächtigt ihn das Gesetz, die Einwohner in ungefähren Abstufungen des Grundbesitzes zu Hand- und Spanndiensten heranzuziehen, an die sich bald ergänzende Geldleistungen anschließen, welche dem System der Armensteuer folgen.

Durch diese Einrichtungen erst ist die Ortsgemeinde ein selbstthätiges lebendiges Glied des Staatswesens geworden. Der Bezirk dieser Ortsgemeinde ist das Kirchspiel, welches die alten Zehntschaften (Tithings) mit dem Amt der Constables in den Hintergrund drängt. Wie Kirche und Pfarre von jeher Mittelpunkt der kirchlichen Gemeinde waren, so werden jetzt die Armen- und Wegebeamten, die Armen- und Wegesteuern, das lebendige Verbindungsglied der Gemeinde mit dem weltlichen Staat. Das System einer Communalbesteuerung, welche auf einer jeden Haushaltung ruht, nach dem Maßstab der visible profitable property in the parish wird der ordentliche Typus aller Communalsteuern. Die Ortsgemeindeversammlungen (vestries) mit ihren Steuerberathungen und Beamtenwahlen erhalten eine Triebkraft zur Neubildung von verwaltenden Gemeindeausschüssen und zur Selbstthätigkeit in mannigfaltigen Richtungen. Für das selbständige

Leben der kleinen Ortsgemeinden ist die Periode der Tudors in gewissem Sinne die Normalzeit.

V. Eine aus diesen Elementen zusammengesetzte Bildung ist die Stadtverfassung dieser Zeit,[5]) in welcher die neuere Kirchspielsverfassung mit der älteren Gerichts- und Polizeiverfassung zusammentrifft. In den städtischen Kirchspielen galt nunmehr das System der Kirchenvorsteher, Armen- und Wegeaufseher, und die damit verbundene Besteuerung, ebenso wie in den ländlichen. Diese Neubildung ging aber ihren selbständigen Weg ohne Zusammenhang mit der alten Stadtverwaltung, welche aus dem court leet hervorgegangen, für die Gerichts- und Polizeiverwaltung, für Friedensrichteramt und Bildung der Jury, sowie für die Verwaltung des älteren Grundvermögens diente. Bei dieser Trennung gerieth das Stadtregiment in eine Isolirung, die der fortschreitenden Bildung engerer Körperschaften ungemein förderlich war. Der court leet hatte meistens nichts mehr zu thun; die laufende Thätigkeit lag in den Händen der Friedensrichter. Für die Verwaltung des alten Stadtvermögens stand ihnen zwar noch ein Bürgerausschuß, town council etc. zur Seite, aber diese Verwaltung war in den meisten Städten unbedeutend. Dieser thatsächliche Zustand wurde nun durch die sogenannten Incorporationscharten zu einem rechtlich abgeschlossenen. Die neuertheilten Charten dieser Zeit geben oft die Stadtverwaltung, und zuweilen auch das Parlamentswahlrecht, in die Hände von Ausschüssen oder Gemeinderäthen, welche das erste Mal von der Krone ernannt, sich später durch Cooptation ergänzen. Die Wahl der städtischen Beamten erfolgt durch einen engeren Ausschuß von capitat burgesses, einen governing body, select body, der sich selbst durch Cooptation ergänzt. Wo die Charte es nicht enthält, kann ein solches Recht auch durch „Statuten, Verjährung oder alten Gebrauch" begründet werden. Die schlimme Folge dieses Incorporationsprincips wurde die willkürliche Gestaltung des Kreises der Bürgerschaft, welche die nach der alten Stadtverfassung berechtigten burgesses massenhaft ausschließt, und ebenso willkürlich auswärtige Ehrenbürger aufnimmt. Es wird damit der Zustand vorbereitet, der in der Periode der Stuarts die Stadtcorporationen zu dem Hauptturmmelplatz der Parteikämpfe und gewaltsamer Eingriffe von oben gemacht hat.

Abgesehen von diesem schwachen Punkt bilden die Schöpfungen der Tudors einen dauernden Gewinn. Die neuen Elemente des Gemeinwesens schließen sich ziemlich leicht an die schon vorhandenen Institutionen der Friedensbewahrung an und bilden mit denselben zusammengefaßt eine Polizeiverwaltung im weitesten Sinne des Worts. Während aber die alte Friedensbewahrung nur negativ die Abwehr des Uebels zur Aufgabe hatte, haben diese neuen Institutionen die positive Staatsidee der Kirche in sich aufgenommen, die Pflicht der Fürsorge für die schwächsten, hülfsbedürftigen Elemente der Gesellschaft. Die bis dahin sehr untergeordnete Ortsgemeindeverfassung wird dadurch zu einem selbständigen bedeutungsvollen Glied des Communallebens und damit zu einer primären Grundlage des Staats.

1) Ueber die Milizverfassung dieser Zeit vgl. Gneist II. S. 311—318. Die Reste der Lehnsmilizen sind nur noch sporadische Erscheinungen. Eine Scene wie in dem Bauernaufstand unter Heinrich VI., bei welchem noch einmal 40,000 Berittene erscheinen, um sich die Bauern abzuwehren, kehrt nicht mehr wieder. Ebenso stirbt das Material aus, mit welchem die Schlachten der Rosen geschlagen wurden. Zu den Maßregeln, welche Heinrich VII. der Aristokratie so verhaßt machten, gehörte auch die unerbittliche Strenge gegen die bewaffneten Gefolgschaften, ihre Farben, Zeichen und Livreen. Die schweren Erfahrungen eines Menschenalters aber konnten die Strenge rechtfertigen. Die Markgrafschaften an der Grenze von Wales und Schottland, als Militär-Gouvernements mit feudalem Anstrich, werden unter Heinrich VIII. aufgehoben. Als natürliche Folge der Lage erhielt sich indessen eine gewisse militärische Gewöhnung des Landadels der Grenze bis zur Zeit der schottischen Union. Ziemlich allgemein blieb eine Gewöhnung der Bevölkerung an Waffenübung, in Folge deren beispielsweise in der Grafschaft York allein die waffenfähige Mannschaft auf 70,000 Köpfe veranschlagt wird.

Die Commissions of Array dieser Zeit sind nicht in Uebereinstimmung mit den früheren Parlamentsstatuten, welche die Verwendung der Milizen zu auswärtigen Kriegen beschränken. Allein die Parlamente fanden es in ihrem allseitigen Interesse, der Verwaltung einen breiteren Spielraum zu lassen. Uebrigens fühlten die Tudors kein Bedürfniß, stehende Heere einzuführen, weder zur Landesvertheidigung, noch zur Erweiterung ihrer Regierungsgewalten. Einiger Mißbrauch wurde erst später unter Elisabeth mit der Anwendung des Kriegsrechts auf Civilpersonen getrieben. Elisabeth proclamirte das Kriegsrecht zuerst nach dem Aufstand im Norden von 1570; stand aber auf Vorstellung des Raths davon ab, offenbar mit Rücksicht auf die Magna Charta. Dennoch wurde 1588, als eine Landung der Spanier drohte, eine Ordonnanz erlassen, nach welcher die Verbreiter päpstlicher Bullen und aufrührerischer Flugschriften von dem Militärbefehlshaber bestraft werden sollen. Im Jahr 1595 wird sogar ein Provost-Marshall durch Commission ernannt, der auf Anzeige der Friedensrichter „notorisch rebellische und unverbesserliche Uebertreter" ergreifen und in Gegenwart der Magistrate hängen lassen soll. Die Königin sichert den Beamten im Voraus die Straflosigkeit für dies ungesetzliche Verfahren zu.

2) Ueber die Gerichtsverfassung vgl. Gneist II. S. 308—311. Allerdings hat im Anfang dieser Zeit das Parteiwesen die Jury afficirt. Nicht nur die Gesetze, sondern auch die Geschichtsschreiber bestätigen, daß die Nachwehen des Kampfes der beiden Rosen die Jury ergriffen hatten und zum Theil die Veranlassung zur Einsetzung der sogenannten Sternkammer wurden „in Erwägung,

daß durch rechtswidrige Anstiftungen, durch Bestechung, durch treuloses Benehmen der Sheriffs bei Anfertigung der Geschworenenlisten, durch Bestechung der Geschworenen ꝛc., die Ordnung und Ruhe des Reichs gefährdet ist". Die Ministerjustiz hat indessen in der Zeit der Tudors den eigentlichen Gang der Rechtspflege noch nicht afficirt. Die vereinzelten Versuche gegen Geschworenensprüche durch Strafurtheile der Sternkammer einzuschreiten, vergl. bei Hallam, Const. History I. c. 1. Ueber eine gewisse Abhängigkeit der Jury unter Elisabeth vergl. ebendaselbst c. 5. In der Regel ist die Sternkammer mit einer Abbitte zufrieden gestellt. Nur der Fall der Freisprechung des Nic. Throckmorton unter Mary erregte auch bei den Zeitgenossen Aufsehen. Die Geschworenen werden nach dem Spruch ins Gefängniß gesetzt, vier, die ihr Unrecht anerkennen, freigelassen, die übrigen, welche sich zu rechtfertigen suchen, von dem Rath zu 1000 bis 3000 Mark Buße verurtheilt, welche aber doch schließlich zum Theil erlassen wird. Die Ausdehnung der summarischen Strafgewalt der Friedensrichter beruhte weniger auf einer Tendenz gegen die Jury, als auf einem praktischen Bedürfniß der Polizeiverwaltung. Aus fiscalischen Tendenzen ging das bedenkliche st. 11. Henr. VII. c. 3 hervor, welches den Friedensrichtern eine summarische Strafgewalt aus Pönal-Statuten gab; nachdem aber die Neuerung sich gründlich verhaßt gemacht, wurden beim Regierungsantritt Heinrichs VIII. die leitenden Beamten Empson und Dudley preisgegeben, und die ganze Einrichtung durch 1. Henr. VIII. c. 6 wieder aufgehoben.

Principiell unverändert bleibt auch die Stellung des Sheriff für die Gerichts- und Grafschaftsverwaltung. Dem bestehenden Gesetz 14. Edw. III. c. 7. entsprechend wurden die Sheriffs alljährlich vom Lordkanzler, Schatzmeister und von den Richtern dem König präsentirt (State Papers I. 114.) Der Untersecretär im Büreau des Remembrancer hatte zu dem Zweck eine Liste der Personen zu führen, welche von den hohen Beamten als qualificirt genannt waren (Thomas, Materials 12). Sie legen noch jährlich ihre Rechnung im Schatzamt, eingeschärft durch 35 Hen. VIII. c. 16.

3) Ueber die Polizeiverfassung vergleiche die ausführliche Darstellung Gneist II. 291—308, wo die kaum mehr zu bewältigende Masse der Gesetzgebung unter die leitenden Gesichtspunkte gebracht ist. Die noch fortdauernde starke Abhängigkeit des Friedensrichteramts nach oben entsprach der hergebrachten Verfassung, und war auch rechtlich nothwendig, weil ohne das ein bedenkliches Klassenrecht des Besitzes gegen die arbeitenden Klassen entstanden wäre. Zunächst behalten die Reichsgerichte als verfassungsmäßige Oberbehörde ein grundsätzliches Abberufungsrecht (certiorari) und Correctionsrecht. Die Parteikämpfe der beiden Rosen hatten noch auf lange Zeit hinaus einen Geist des Parteiwesens, der Leidenschaftlichkeit und Demoralisation in einer unter Parteikämpfen aufgewachsenen Generation hinterlassen. Das declarirende Statut 3. Hen. VII. c. 3. über die Strafgewalt der Sternkammer gegen Amtsmißbräuche war auch gegen die Friedensrichtergewalten gekehrt, aber durch die Zustände motivirt. In königlichen Erlassen, wie in den Assisen der reisenden Richter, wird öfter ziemlich barsch den Friedensrichtern Absetzung und Bestrafung gedroht. Die Sternkammer übt zeitweise eine unwiderstehliche Gewalt gegen alle Einzelbeamte. Immer war jedoch eine solche summarische Büßungs- und Disciplinargewalt von geringerer Tragweite gegen die hochansehnlichen Personen in den Friedens-

richtercommissionen wie gegen das professionelle Beamtenthum, welches solche Proben unter den Tudors und Stuarts noch weniger bestanden hat, als die Gentry in dem Selfgovernment. Während sich mit der Consolidirung der Gesellschaft die innere Selbständigkeit und das moralische Ansehen des Friedensrichteramts mit jeder Generation hebt, erscheint dann das Eingreifen von oben in wachsender Willkür unter den Stuarts.

Das untere Polizeiamt der Constabler bleibt wesentlich in alter Stellung in immer stärkerer Unterordnung unter die Friedensrichter.

4) Ueber die Entwickelung der Kirchspielsverfassung vergl. Gneist II. 276—291. Auf die kirchlichen Verhältnisse ist unten im §. 31. Note 3) zurückzukommen. Das Charakteristische in dieser Neubildung sind

1) Die Bezirke: das zu einem Pfarramt vereinte Kirchspiel tritt an die Stelle der Zehntschaften des Mittelalters, die sich mit den Kirchspielen keineswegs decken.

2) Die Ortsämter: Kirchenvorsteher, Armenaufseher, Wegeaufseher und die alten Constabler bilden ein sich gegenseitig ergänzendes System persönlicher Selbstthätigkeit in dem kleinen Gemeindeleben, welches erst mit dieser Zeit beginnt und auch in zahlreichen Verwaltungscomitees der Kirchspiele sichtbar wird. Die Mittelstände in Stadt und Land erhalten dadurch eine früher unbekannte Bedeutung und einen gewissen Zusammenhang unter sich.

3) Das Communalsteuersystem: die Heranziehung aller Occupiers, ohne Rücksicht auf freehold oder copyhold, auf Eigenthum, Miethe oder Pacht. Die Gesammtheit der Hausstände wird damit auf dieser untersten Stufe zum ersten Mal in das öffentliche Leben hineingezogen, und damit die politische Gleichstellung der unteren Besitzweisen vorbereitet. In allen diesen Richtungen sind freilich die Verfassungskämpfe des 17. Jahrhunderts keineswegs günstig gewesen, haben vielmehr zuletzt das Uebergewicht der höheren Klassen von Neuem begründet.

5) Ueber die Stadtverfassung vergl. Gneist II. 318—325. Es sind in dieser Zeit 54 Incorporationscharten, 43 Nichtincorporationscharten an verschiedene Städte ertheilt. Die Basis der „Corporation" ist aber nicht wie im Mittelalter die Bürgerschaft, sondern ein engerer Körper, dessen Wahl oder Cooptation dem Herkommen oder besonderer Bestimmung überlassen wird. Eine bewußte Tendenz zu einer Verbildung der Stadtverfassungen ist freilich in dieser Zeit noch nicht anzunehmen. Indessen tritt doch schon ein gouvernementales System hervor, welches durch die von der Krone abhängigen Flecken das Unterhaus mit der Staatsverwaltung in Uebereinstimmung zu halten sucht, und zu dem Zweck auch neue, der Krone präsumtiv ergebene Wahlflecken creirt. Auch zeigt die Staatsverwaltung schon eine Neigung, entstehende Zweifel über das Wahlrecht in diesem Sinne zu entscheiden. Folgereich wurde namentlich ein Gutachten der Richter, erstattet in dem Michaelis-Term 40. et 41. Eliz. dem Privy Council, welches sich für die Zulässigkeit von stehenden Ausschüssen (select bodies), für die Befugniß derselben zur Errichtung von Statuten (bye laws), für die Anerkennung eines langjährigen Gebrauchs in solcher Richtung, für die Zulässigkeit einer Wahl der städtischen Beamten durch einen Ausschuß oder Gemeinderath ausspricht. Geringachtung der politischen Bedeutung des kleinen Bürgerthums, Ueberschätzung des dauernden Einflusses der Krone auf die kleinen Ortschaften, vorzugsweise aber die Gewöhnung a das Hergebrachte waren wohl

die Hauptmotive, aus denen man diese Dinge fortgehen ließ. Die Tudors waren mit dem Reformationswerk zu sehr beschäftigt, um sich dieser Frage zuzuwenden, die nach der damaligen Stellung der Parlamente als eine untergeordnete erschien.

§. 29.

Die Fortdauer der Parlamentsverfassung.

Wie von unten herauf die Lebenswurzeln der freien Verfassung im Gemeindeleben, so dauert auch fort ihre Zusammenfassung im Parlament. Was sich darin ändert, beruht wie im 15. Jahrhundert auf einer Verschiebung der Machtverhältnisse, welche jetzt wieder zu Gunsten des Königthums ausfällt in Folge der Schwächung des großen Adels, der Reformation und der socialen Verhältnisse der Zeit. Der King in Parliament des 16. Jahrhunderts steht insofern den staatsrechtlichen Verhältnissen unter Eduard III. näher als den Zuständen unter dem Hause Lancaster. Die Staatsgewalt erscheint nach wie vor als ein Königthum, umgeben von seinen engeren und weiteren Räthen in den hergebrachten drei Abstufungen.*)

I. Das Continual Council jetzt Privy Council genannt, der dirigirende Reichsrath, hat in Folge der Reformation eine so erweiterte Stellung erhalten, daß er als Quelle eines neuen Verwaltungsrechts gesonderter Darstellung bedarf (§. 32).

II. Das Magnum Concilium der Prälaten und Barone, oder Oberhaus, ist nach seiner äußeren Zusammensetzung unverändert in die Zeit der Tudors hinübergegangen. Heinrich VII. hatte zu seinem ersten Parlament zwar nur 29 weltliche Herren berufen können, darunter viele neugeadelte. Indessen wurden andere später in ihren Rang und theilweis in ihren Besitz wieder eingesetzt, und bis zum Tode Elisabeths die weltlichen Pairs mäßig vermehrt, so daß die Zahl der Earls einmal auf 19, die Zahl der Barons einmal bis auf 41 gestiegen ist. Dazu kamen noch je 1, 2 oder 3 Dukes, Marquisses und Viscounts. Nur einmal hat die Gesammtheit der weltlichen Pärs unter den Tudors die Zahl 60 erreicht. Am meisten sichtbar ist an dieser Stelle die Veränderung der Verhältnisse durch das Verschwinden der organisirten Militärmacht der großen Barone. Das Oberhaus ist dadurch gewissermaßen in die Verhältnisse des 14. Jahrhunderts zurückgekehrt. Der Schwerpunkt des Staats liegt wieder im Privy Council, der Einfluß der Pärs hauptsächlich in der Berufung zu einflußreichen Aemtern. Grade in diesem glänzenden, jetzt anerkannt erblichen Adel und in den geschmeidigen Bischöfen fanden sich die nöthigen Majoritäten ebenso leicht für die Gewaltthaten Heinrich's VIII., wie für die verschiedenen Religionen Heinrich's, Eduard's, der katholischen Marie, der protestantischen Elisabeth. Positiv und lange dauernd entschied darüber die Reformation, durch welche ein fester Bestand von 26 regelmäßig geladenen Aebten und zwei Prioren verschwindet. In dem Parlament vom 13. April 1539 erschienen nur noch 20 geistliche Pairs neben 41 weltlichen; beide Seiten aber sind ergriffen von demselben Geist, der auf dem Continent den Adel durch Heranziehung an den Hof und durch die Bevorzugung in den besoldeten Aemtern dienstbar macht. Länger als ein Jahrhundert hört der Adel auf Vertreter der Rechte des Landes zu sein. Einfluß und Bedeutung in Allem, was für die Zeit Reiz hatte, hing jetzt von der Gunst des Königs ab, um welche die alten Familien mit den neu creirten und reich gewordenen Günstlingen wetteifern.

III. Die Zusammensetzung des Unterhauses ist unverändert aus dem Mittelalter auf die Tudors übergegangen. Einige Erweiterungen treten nur dadurch ein, daß unter Heinrich VIII. 27 Parlamentsmitglieder für Wales hinzukommen, sodann 4 Mitglieder für die Pfalzgrafschaft und die Stadt Chester, welche jetzt der Parlamentsverfassung einverleibt ist. Noch mehr dadurch, daß eine Anzahl älterer Wahlflecken restaurirt und andere neu berufen werden: unter Eduard VI. 22, unter Marie 14, unter Elisabeth noch 62 Mitglieder. Trotz der wachsenden Macht der königlichen Prärogative fühlen sich die Communae den wachsenden Steuerforderungen gegenüber auf soliderem Boden stehend als die weltlichen und geistlichen Pairs. Eine indirecte Anerkennung ihrer Bedeutung liegt auch darin, daß in wichtigen Wendepunkten die Tudors einen persönlichen Einfluß auf die Wahlen geltend zu machen beginnen. So widerstrebend die Stellung des Unterhauses den Staats- und Kirchenmännern dieser Zeit oft schon war, so haben die Tudors doch in den wenigen Fällen eines ernstlichen Conflicts nachgegeben, namentlich in der Steuerbewilligung und in der Monopolfrage. Ihrer Auffassung entging es nicht, daß die Communalverbände durch Selbstthätigkeit und Steuerkraft eine wachsende Selbständigkeit gewannen, daß die königliche Regierung in der Uebereinstimmung mit dem Nationalgeist, mit dem Recht und mit den Bedürfnissen des Landes ihre Kraft finden müsse.

Diese Stellung des King in Parliament bethätigt sich auch im Einzelen, wenn man die drei Grundrichtungen des Parlaments in Gesetzgebung, Steuerbewilligung und Controlle der Verwaltung verfolgt.**)

1) Die Gesetzgebung durch Parlament wird sogleich unter Heinrich VII. mit einer Acte eröffnet, welche den Titel zur Krone anerkennt, oder vielmehr neu creirt. Die Thronfolge aller 5 Monarchen des Hauses Tudor ist auf Parlamentsgesetze basirt. Das Reformationswerk wurde in allen politisch entscheidenden Einzelheiten zu Stande gebracht durch die Beschlüsse des Parlaments vom 3. November 1529, und zwar meistens auf Anträge des Unterhauses; die sämmtlichen späteren Suprematie- und Uniformitäts-Akten beruhen ebenso auf parlamentarischer Gesetzgebung. Schon der äußere Umfang der Parlamentsstatuten dieser Zeit beurkundet eine lebendige Thätigkeit. Das Jahrhundert der Tudors ist sogar parlamentarischer als jedes vorangegangene, insofern das Parlament niemals wichtigere Aufgaben gehabt hat. Neu war namentlich eine Gesetzgebung über die inneren Verhältnisse der Kirche. Es war einmal vorgefundene Rechtsvorstellung, daß die Stände dauernd gebunden seien nur durch das, was sie mitbeschlossen haben. Noch fester stand die Vorstellung, daß das, was mit den drei Ständen einmal statuirt sei, nur mit Zustimmung der drei Stände wieder geändert werden könne. Alle wichtigen Maßregeln in Kirche und Staat fielen damit in das Gebiet der Parlamentsgesetzgebung. Gesetzvorschläge, welche von der Krone ausgingen, wurden zwar nach Lage der Verhältnisse in der Regel angenommen. Als indessen a. 1532 das Unterhaus doch einmal eine bill verwarf, fügte sich Heinrich VIII. mürrisch, aber ohne weitere Versuche. Mehre Beispiele der Art folgen unter Eduard, Mary und Elisabeth. Allerdings enthielt das st. 31. H. VIII. c. 8. eine weitgehende Anerkennung der Gesetzeskraft königlicher Ordonnanzen; allein die erklärte Absicht dabei war nur die Aufrechterhaltung gewisser Anordnungen in Religionssachen. Daß keine weitere Tendenz dahinter lag, zeigt das beigefügte Proviso, „daß Niemand dadurch an Grundbesitz, Freiheit oder Person gekränkt, noch die Gesetze und Gewohnheiten des Reichs dadurch umgekehrt würden." Ueberdies wurde jenes Gesetz in 1. Edw. VI. eiligst wieder aufgehoben. Elisabeth erließ allerdings zahlreichere Ordonnanzen, deren Verfassungsmäßigkeit aber nach dem hergebrachten Prinzip concurrirender Gesetzgebungsgewalt zu beurtheilen ist, so weit die Ordonnanzen nur nicht im Widerspruch mit beschlossenen Statuten traten. Von einer Tendenz das Parlament durch Ordonnanzen zu umgehen ist nichts ersichtlich. Mary selbst warf ein serviles Buch dieser Tendenz unwillig ins Feuer. Elisabeth behauptete zwar grundsätzlich ein Recht, in dem neuen Gebiet der Religionssachen ohne Parlament Gesetze zu ge-

ben: schließlich ließ sie aber, unter vielen Versicherungen, daß es unnöthig, selbst die 39 Artikel durch das Parlament sanctioniren.

2) Unbestritten ist auch das Steuerbewilligungsrecht. Die 7 Parlamente Heinrich's VII., die 5 ersten Parlamente Heinrich's VIII. haben Subsidienbewilligungen zum Hauptgegenstande. Seit Heinrich VI. war allerdings das Tonnen- und Pfundgeld dem Könige auf Lebenszeit bewilligt worden, und dadurch die erbliche Revenue soweit verstärkt, um die laufenden Bedürfnisse der Staatsregierung auch ohne Subsidien leichter zu bestreiten. Uebrigens war das Steuerbewilligungsrecht der Landstände durch zwei Jahrhunderte hindurch so festgewurzelt, daß Heinrich VII. und VIII. beim ersten Versuch der Willkür einen gefährlichen Widerstand hervorriefen. Die Parlamente Heinrich's VIII. zeigten sich in der Regel so willfährig, daß dieser König mehr Subsidien erhoben haben soll als seine Vorgänger zusammen. In dem Gefühl, daß der König für große Aufgaben großer Mittel bedürfe, erfolgten später die außerordentlichsten Bewilligungen, — freilich nicht ganz so viel wie Heinrich verlangte. Wo das Parlament direkt nicht mehr gewährte, ließ es indirekt den Verwaltungsmißbrauch gegen Einzele gewähren, — sogenannte freiwillige Anleihen, welche durch den Rath, durch Spezial-Commissarien, oder durch Einstellung in die Milizen den Capitalisten eindringlich gemacht wurden. Das Parlament schwieg dazu, ja es erklärte zuweilen die so geliehenen Summen für erlassen, sogar mit Wiedererstattung des Zurückgezahlten. Die kurzsichtige Selbstsucht glaubte die allgemeinen Lasten so auf die Schultern der Reichen abzuwälzen. — Elisabeth versuchte durch umsichtige Domänenverwaltung und Sparsamkeit neue Steuerbewilligungen möglichst zu vermeiden, niemals aber Steuern ohne Parlament zu erlangen.

3) Die Controlle der Staatsverwaltung durch das Parlament war sachlich noch immer garantirt durch das Steuerbewilligungsrecht und durch den Antheil an der Gesetzgebung. Sie wird auch zeitweise eifrig geübt durch Landesbeschwerden über fiscalische und Verwaltungsmißbräuche, seit der Reformation durch Religionsbeschwerden in der einen oder anderen Richtung. Von jeher war indessen diese Thätigkeit vorzugsweise abhängig von Machtverhältnissen, Stimmungen und Interessen. Wie sie im vorigen Jahrhundert oft über alle Schranken hinausgegangen, so blieb sie jetzt oft hinter allen gerechten Ansprüchen zurück. Es fehlte dabei viel mehr am Willen wie an der Macht. Wie das Oberhaus in der Verurtheilung mißliebiger Günstlinge, so erscheint das Unterhaus in der Beförderung von Zwangs-

anleihen, in der Ahndung unehrerbietiger Opposition zuweilen königlicher als der König. Dem neunzehnten Jahrhundert ist dieser überwältigende Einfluß socialer Interessen und Zeitstimmungen von Neuem verständlich geworden. Unter den Tudors hat er die Bedeutung der parlamentarischen Anklagen gradezu umgekehrt. Anstatt durch ihr Strafrecht die Verfassungsverletzung im Ganzen und den Mißbrauch der Staatsgewalt gegen den Einzelen zu verhüten, waren die Parlamente so ehrvergessen in ihrem Strafamt, daß unter Heinrich VIII. ein übermüthiger Despotismus, unter Eduard VI. die Factionsleidenschaft, unter Mary der Religionsfanatismus nicht sicherer die Gegner zu treffen wußte als durch Sprüche des Parlaments. Die Moralität der Zeit hielt das Unrecht, welches den Einzelen traf, für kein gemeinsames Uebel mehr. Die blutige Gewaltthätigkeit Heinrich's VIII. traf die nächsten Umgebungen des Königs, einen von ihm selbst erhobenen Adel, der geschmeidig die Standesgenossen verurtheilte, begierig nach Confiscationen, auf welche neue Schenkungen folgten. Die Masse des Volks aber suchte und fand in den Tudors die Befriedigung ihrer Interessen durch die Verwaltung, die Befriedigung ihres Nationalgefühls durch die Reformation.

Die Handhabung der parlamentarischen Rechte bietet demnach in dieser Periode manche Seite dar, welche ohne eingehende Rücksicht auf den Religionsstreit und auf die Stimmungen einer in der Neubildung begriffenen Gesellschaft als unlösbare Räthsel erscheinen würden. Allein die Parlamentsverfassung bestand, und es war auf Seite der Tudors weder eine ernste Absicht sie zu beseitigen, noch auf Seite ihrer Parlamente jemals die Meinung irgend etwas davon auf die Dauer aufzugeben.

*) **Die constituirenden Theile des Parlaments** sind verfassungsmäßig die alten. Bei dem verstärkten Einfluß des Privy Council wird es aber angemessen sein, dies Element voranzustellen.

1) Die Mitglieder des Council gehören zum Parlament theils als Pärs, theils als berathende Mitglieder des Oberhauses, theils als gewählte Mitglieder des Unterhauses. — Den Pairs, welche zugleich Mitglieder des Raths sind, hat Heinrich VIII. einen stark pronuncirten Vorrang gegeben, den eigentlichen Ministern vor den Herzögen, dem Staatssecretair wenigstens vor den Baronen. — Die Reichsrichter, Kronanwälte u. A. werden in früherer Weise als Rechtsconsulenten des Oberhauses geladen mit der hergebrachten Formel: ad tractandum nobiscum et cum caeteris de concilio nostro; während die Ladung der wirklichen Pairs lautet ad tractandum nobiscum et cum caeteris Praelatis, Magnatibus et Proceribus. Ihre Namen werden in den Ladungen stets denen der Pairs nachgestellt. In dem Präcedenzgesetz, 31. Henr. VIII. c. 14. wird ihnen im Oberhaus ein gesonderter Platz außer der

Reihe der stimmenden Pairs angewiesen (unten §. 32. I.). — Die Mitglieder des Unterhauses, welche mit einem Amt in dem Privy Council beehrt sind, nehmen dagegen eine ausgezeichnete Stelle, ein und werden für wichtige staatsrechtliche Fragen öfter als ein engeres Committee beauftragt. In 35. Eliz am 10. April 1593 spricht die Königin ihr Misfallen aus wegen „Irreverenz gegen die Geheimräthe, welche nicht zu betrachten sind als gewöhnliche Abgeordnete, die nur Räthe für die Dauer des Parlaments, während jene stehende Räthe und wegen ihrer Weisheit und großen Dienste zu dem Council ot State berufen sind". Parry Parl. 234. In 6. Mary erscheint einmal der Lordkanzler mit anderen geistlichen und weltlichen Lords im Unterhaus und nimmt seinen Sitz an dem für die Privy Councillors bestimmten Platz, worauf der Sprecher seinen Stuhl verläßt und mit den im Unterhaus sitzenden Privy Councillors seinen Platz auf den unteren Bänken nimmt. Parry 213.

2) Die ordentlichen Mitglieder des Oberhauses zerfallen nach alter Weise in die Klassen der Prälaten und Barone. Die Gesammtzahl der neucreirten und im Range erhöhten Pairien wird angegeben: unter Henr. VII. auf 20, unter Henr. VIII. auf 66, unter Eduard VI. auf 22, unter Mary auf 9, unter Elisabeth auf 29 (Dodd, Manual of Dignities 1843, S. 526). Die Tudors beschränken sich dabei auf ältere ritterschaftliche Familien. Die anschaulichste Uebersicht gewährt eine Fortsetzung der oben Seite 387 bis zum Schluß des Mittelalters gegebenen writs:

	Dukes.	Marqu.	Earls.	Visc.	Barons.	Council.
1. Henr. VII.	2	—	9	2	15	10
3. Henr. VII.	2	—	12	3	16	10
7. Henr. VII.	2	1	9	3	24	11
11. Henr. VII.	2	—	11	2	26	10
12. Henr. VII.	1	1	11	2	24	11
1. Henr. VIII.	1	1	8	0	27	11
3. Henr. VIII.	1	1	9	—	26	10
6. Henr. VIII.	2	1	9		26	10
14. Henr. VIII.	2	—	7	1	18	
21. Henr. VIII.	4	2	9	3	27	9
31. Henr. VIII.	2	1	15	1	27	
33. Henr. VIII.	2	1	14	1	26	m.
36. Henr. VIII.	2	1	13	1	27	
1. Edw. VI. .	1	2	12	—	33	
7. Edw. VI. .	2	2	14	1	31	
1. Mar. . . .	—	—	14	1	32	
1. Mar. . . .	1	1	13	1	34	
2. Mar. . . .	—	1	13	1	37	
3. Mar. . . .	—	1	14	2	39	
5. Mar. . . .	—	1	13	2	39	
1. Eliz . . .	1	1	12	2	29	
5. Eliz . . .	1	1	9	2	29	
8. Eliz . . .	—	1	17	3	41	
13. Eliz . . .	—	2	15	3	38	
14. Eliz . . .	—	1	9	2	43	

	Dukes.	Marqu.	Earls.	Visc.	Barons.	Council.
27. Eliz . . .	—	1	13	2	35	
28. Eliz . . .		1	19	2	37	
30. Eliz . . .	—	1	15	2	39	
35 Eliz . . .	—	1	14	1	40	
39. Eliz . . .	—	1	16	2	37	
43. Eliz . . .	—	—	16	2	33	

Die geistliche Pärie beschränkt sich seit der Aufhebung der Klöster auf die Erzbischöfe und Bischöfe. Der Tag, an welchem die Aebte zum letzten Mal im Oberhause saßen, war der 28. Juni 1539 (31. Henr. VIII.). Der Abt von Westminster, welcher unter der katholischen Marie als ein unicum restaurirt war, saß beim Beginn der Regierung Elisabeths nur noch einen Tag im Parlament, am 8. Mai 1559. Die geistlichen Pairs waren seitdem auf weniger als ein Drittel des Oberhauses zusammengeschmolzen. Die Uniformitätsakte 1. Eliz. c. 2 ist unter Widerspruch aller Bischöfe erlassen, weshalb auch im Eingang des Statuts die geistlichen Lords mit Stillschweigen übergangen sind. Schon in 7. Henr. VIII. hatten die Reichsrichter ausgesprochen, daß der König ein Parlament halten möge ohne alle geistlichen Lords, Coke II. Inst. 585—587.

Rücksichtlich der persönlichen Stellung der weltlichen Pairs ist bemerkenswerth, daß die Härte Heinrichs VIII. sich überwiegend gegen von ihm selbst erhobene Günstlinge kehrt, während er sonst im Unterschied von seinem Vater, seinen weltlichen Pairs (unter denen viele jüngere seine Lehnsmündel gewesen), ein wohlwollender, freigiebiger und verbindlicher Herr ist; daher auch die Nachgiebigkeit namentlich in dem Reformationsparlament von der persönlichen Seite wohl erklärlich. Die breiter fundirte Stellung der Gentry ist unter den Tudors noch nicht hinreichend entwickelt. Der Bruch in der Stellung der alten regierenden Klasse aber ist nirgends stärker sichtbar als in der Unfähigkeit dieser Pairs, sich selber zu schützen. Das schwer errungene Recht der Pairsgerichtsbarkeit wird unter Heinrich VIII. wirkungslos gegen die despotischen Launen. Das ordnungsmäßige Anklageverfahren macht Platz den bills of attainder, durch welche der König in Gesetzesform seine gefallenen Günstlinge verurtheilen läßt. In die Mitte gestellt zwischen den königlichen Willen und eine zustimmende Mehrheit der Commoners, wagt der erbliche Rath der Krone keinen Widerstand mehr. Die blutigen Gewaltthaten dieser Zeit sind nur Sanktionen königlicher Beschlüsse durch Spezialgesetz.

3) Die Zahl der Unterhausmitglieder wurde vermehrt durch die Abgeordneten für Wales, für die Grafschaft Chester, eine Anzahl kleiner, abhängiger Wahlflecken, welche unter dem unmittelbaren Einfluß der Krone oder eines der Krone ergebenen Pärs standen. Die Vermehrung und die Gestaltung des Personals bis zum Schluß der Periode wird erkennbar an den Parliamentary writs beim Regierungsantritt Jacob's I., zu dessen erstem Parlament 467 Mitglieder geladen sind, darunter 231 Knights, 140 Esquires, 71 Gentlemen, 9 Mercheants, 1 Mayor, 9 Aldermen, 4 Doctors of law, 1 Serjeant of law. In dem Reformations-Parlament Heinrich's VIII. saßen 298 Mitglieder. Bei wichtigen Veranlassungen trugen die Tudors kein Bedenken, persönlich auf die Wahl zu influiren. In 7. Edw. VI. wird in verschiedenen Grafschaften den

Sheriffs aufgetragen, bestimmte vom König bezeichnete Personen einzuberichten. In 2. Mary lautet die Anweisung an die Sheriffs, aus Grafschaften und Städten Männer „of the wise, grave and Catholic Sort“ einzusenden. Die Zahl der Hofbeamten und sonst abhängigen Mitglieder in dem Hause, war auch unter Elisabeth eine ansehnliche. Ihre einflußreichen Minister, wie Hatton, Knollys, Robert Cecil saßen nicht nur im Hause, sondern nahmen auch an der Debatte lebhaften Theil. Diese Mitglieder konnten um so leichter einen Einfluß gewinnen, als die Sitzungen des Hauses nicht sehr zahlreich besucht waren. Auch bei wichtigen Debatten pflegten allerhöchstens 200—250 anwesend zu sein. Ein Verzeichniß der seit 1. Henr. VIII. im Parlament vertretenen Städte giebt die Parl. History Vol. VI. a. E.

) **Die Ausübung der parlamentarischen Rechte unter den Tudors in ihren drei Richtungen ist

1) rücksichtlich der parlamentarischen Gesetzgebung inaugurirt durch die Parlamentsacte beim Regierungsantritt Heinrichs VII.: „daß der erbliche Besitz der Krone von England sein bleiben und verharren soll (soient estoient remaignent — be rest mayne and abyde) in Heinrich und seinen Leibeserben.“ In dem Sendschreiben des Papstes wird hinzugefügt: „Necnon Decreto Statuto et Ordinatione ipsius Angliae Regni trium Statuum, in ipso Conventu Parliamento nuncupato.“ Allerdings war die Abhaltung der Parlamente als Gegenstand des Bedürfnisses der Discretion der Krone überlassen; öfter wurde sie eine Reihe von Jahren ausgesetzt. Andererseits aber wird es jetzt immer häufiger, die Sessionen des einmal berufenen Parlaments auf nachfolgende Jahre zu prorogiren. Erst mit dem Reformationsparlament beginnt eine Neigung der beiden Häuser, dem König außerordentliche Gewalten und selbst die Gesetzgebungsgewalt zu delegiren. Das Reformationsparlament sprach ohne Bedenken aus: „Euer hoher Hof des Parlaments hat volle Gewalt und Autorität, nicht nur zu dispensiren, sondern auch eine bestimmte Person oder Personen zu authorisiren zur Dispensation von diesen und allen anderen menschlichen Gesetzen dieses Eures Königreichs“, Amos, on the Reformation Parl. 65. (vergl. 25. Henr. VIII. c. 23). Das weit übergreifende Statute of Prerogative 28. Henr. VIII. wurde indessen bei dem Regierungsantritt Eduard's VI. wieder aufgehoben. Der von Elisabeth gemachte Vorbehalt bezog sich nur auf die Gesetzgebung über die Kirche. Als in 14. Eliz. eine bill über den Ritus und die Ceremonien der Kirche zum dritten Mal verlesen war, ließ sie dem Hause durch den Sprecher erklären, daß „no bills concerning Religion shall be preferred or received into this House, unless the same be first considered and approved by the Clergy.“ Es bezog sich dies zunächst auf die Initiative der Gesetzgebung über die inneren Verhältnisse der Kirche, welche in der That ein neues Gebiet bildete, auf welchem die Mitwirkung der Parlamente durch alte Präcedenzen nicht festzustellen war. Die Ordonnanzen Elisabeth's lassen sich nach constitutionellen Vorgängen älterer Zeit (oben S. 417) in der Regel als verfassungsmäßig nachweisen Niemals ist die Rede von einer Aenderung des hergebrachten Privat- oder Strafrechts durch Ordonnanzen. Viele derselben beruhen auf ausdrücklicher Ermächtigung durch vorangegangene Statuten, andere auf ihrer Kirchengewalt, wie die Ordonnanz gegen die Conventikel (Prophesyings) und die Censurvorschriften, andere auf ihrer Lehns- und Hof-Prärogative, wie Ord. über die Länge der Degen, das Verbot der Aus-

führung von Lebensmitteln an den Feind. Zweimal wurde allerdings verfassungswidrig das Kriegsrecht proclamirt, einmal bei dem bevorstehenden Angriff der spanischen Armada, das zweite Mal (1595) in Erwartung von Unruhen die von den Jesuiten angezettelt sein sollten (vergl. oben S. 479); waren jedoch kurz vorübergehend, ohne Widerspruch des Parlaments, ja selbst auf Verlangen der „öffentlichen Stimme" getroffen. Wie bestimmt die Zeitgenossen Elisabeth's den Grundcharacter des königlichen Regiments als eine Regierung nach Gesetzen auffaßten, ergiebt unter anderem ein Citat Hallam's aus Harborowe of True and Faithful Subjects 1559: „If the parliament use their privileges, the king can ordain nothing without them: if he do, it is his fault in usurping it, and their fault in permitting it. — But to what purpose is all this? To declare that it is not in England so dangerous a matter to have a woman ruler, as men take it to be. For first it is not she that ruleth, but the laws, the executors whereof be her judges appointed by her, her justices and such other officers. Secondly, she maketh no statutes or laws, but the honourable court of parliament, she breaketh none, but it must be she and they together, or else not."

2) Die Steuerbewilligungen des Parlaments waren im späteren Mittelalter mit dem Herabsinken der erblichen Revenue der Krone der Hauptgrund der Abhängigkeit der Krone besonders vom Unterhause geworden. Einigermaßen ergänzt wurde die Lücke durch das Tonnen- und Pfundgeld auf Lebenszeit, welches sich auch bei dem Regierungsantritt der 5 Monarchen dieser Dynastie als Regel erhielt. Heinrich VII. hatte sich dadurch und durch seine finanziellen Erpressungen weit unabhängiger vom Parlament gemacht als seine Vorgänger, Peers Report I. 372; in allen 7 Parlamenten Heinrich VII. sind indessen Subsidien bewilligt worden. Viel reichlicher fließen die Bewilligungen unter Heinrich VIII., und zwar meistens in der hergebrachten Weise, daß die Commons „mit Zustimmung der Lords bewilligen", die Geistlichkeit in der Convocation für sich bewilligt, ihre Bewilligungen aber vom Parlament bestätigt werden, was sich auch nach der kirchlichen Restauration in 5 Mary wiederholt. Als in 14. Henr. VIII. Cardinal Wolsey im großen Aufzuge im Unterhaus erschien, um eine Subsidie zu beantragen, mußte er sich vom Sprecher sagen lassen, „that his coming thither was neither expedient nor agreable to the ancient Liberties of that House." Eine Amendirungsbefugniß der Geldbills Seitens der Lords wurde noch insoweit anerkannt, als in 1. Eliz. das Unterhaus ein Amendement der Lords annimmt. In 27. Eliz. bewilligen die Commons $^{2}/_{15}$ und $^{2}/_{10}$, die Lords streichen aber $^{1}/_{10}$, mit welcher Streichung die Bewilligung passirt. Trotz aller Sparsamkeit sind auch unter Elisabeth in 11 Parlamentssessionen 19 Subsidien und 38 Funfzehntel bewilligt worden, und zwar in 44. Eliz. 4 Subsidien und $^{8}/_{15}$ auf einmal. — Zwischendurch ging allerdings der Verwaltungsmißbrauch der Benevolences, d. h. einer Art von Zwangsanleihen mit oder ohne bestimmte Aussicht auf Rückzahlung. Unter Edw. IV. begonnen, war er unter Richard III. ausdrücklich desavouirt; das Statut wurde aber als Maßregel eines Usurpators nicht respectirt, wie dies später Cardinal Wolsey den Londonern ausdrücklich erklärte. In 7. Henr. VII. wurde mit indirecter Billigung des Parlaments dieser Mißbrauch erneut, der nun unter den Tudors öfter (namentlich a. 1491, 1505, 2525, 1544) wiederkehrt. Schon unter Heinrich VII. hatte Erzbischof Morton die sinnreiche Steuermaxime ent-

deckt, die als „Morton's Gabel" seinen Namen erhalten hat: denjenigen die wohlhäbig lebten, sagte er, daß ihr Reichthum durch ihre Ausgaben bewiesen würde; denjenigen, welche ökonomisch lebten, daß ihre Sparsamkeit sie reich gemacht haben müsse. Der Versuch vom Jahre 1525 verursachte indessen einen gefährlichen Aufstand, welchem Heinrich VIII. nachgab. Wirksam wurden die Zwangsanleihen stets nur durch directe oder indirecte Billigung der Parlamente. Es war ein mit Bewußtsein aus dem Motiv der Vermeidung einer Subsidienbewilligung geduldeter Mißbrauch. Elisabeth wies eine solche Zwangsanleihe einmal zurück, als sie vom Parlament offerirt wurde und zeigte sich in allen Fällen, in welchen sie aus eigener Bewegung dazu griff, stets gewissenhaft in der Rückzahlung, bei der sie statt der Zinsen zuweilen Ritterwürden und freundliche Worte gab. Einmal hat sie einen Zoll auf süßen Wein gelegt, ein anderes Mal eine Steuer von der Geistlichkeit ohne Convocation erhoben; grundsätzlich aber blieb das Besteuerungsrecht während dieser ganzen Periode anerkannt. Selbst in der Zeit der höchsten Loyalität sagt der Sprecher des Unterhauses Onslow, (zugleich Solicitor General) in einer Adresse an Elisabeth die Worte: „Our common law, although there be for the prince provided many princely prerogatives and royalties, yet it is not such as the prince can take money or other things, or do as he will at his own pleasure without order, but quietly to suffer his subjects to enjoy their own, without wrongful oppression; wherein other prinees by their liberty do take as pleaseth them."

3) Die Controlle der Verwaltung durch Landesbeschwerden, Anträge und Gesetzentwürfe zur Abhülfe unterscheidet sich bis auf einen Punkt kaum von früheren Epochen einer normalen Regierung. Das Neue ist das Verschwinden der impeachments des Unterhauses gegen die Minister der Krone. Das Strafverfahren des Parlaments erscheint vielmehr als politisches Mittel der Vernichtung hochstehender Personen, unter Heinrich VIII. als das geläufige Instrument despotischer Launen, in den Formen eines Gesetzbeschlusses gegen die Person. Die Richter erheben dagegen in 31. Henr. VIII. das bescheidene Rechtsbedenken: „daß es eine neue und gefährliche Frage sei; Billigkeit, Gerechtigkeit und Gesetz verlangen, daß der Angeklagte gehört werde; da indessen das Parlament der höchste Gerichtshof des Reichs ist, von welchem keine Appellation mehr stattfinden kann, so kann die Gültigkeit seiner Urtheile, welcher Natur sie auch sein mögen, nicht in Frage gezogen werden." — Der Vorwurf der Servilität, welcher gegen diese Zeit mit vollem Recht erhoben wird, trifft aber doch noch mehr den Adel als die Commoners. Dieser geschmeidige Adel war es vor Allem, der die blutigen Urtheile und Gesetze Heinrich's unterschrieb, und zwar ebenso sehr die alten Häuser, die Norfolks, Arundels, Shrewsburys, wie die neu erhobenen Günstlinge, die Cromwells, Riches, Russels, Powlets, Pages u. a. (Hallam Const. Hist. I. Cap. 2). Auch der politische Muth der hohen Geistlichkeit scheint mit Thomas Morus und Fisher begraben zu sein. Das Oberhaus enthält einen Adel in neuer Stellung, der erst in späteren Generationen corporativen Sinn und Charakter wiedergewinnt. Neben der Servilität des Oberhauses verrathen die Commons noch immer Symptome unabhängiger Gesinnung. Ihre schwülstige untergebene Sprache gehört überhaupt zum Styl der Zeit; ihre Nachgiebigkeit bei Zwangsanleihen und Gewaltacten gegen Einzele gehört zum Egoismus der Zeit. Ihre Unterwürfigkeit in religiösen Fragen ist die

nationale Sympathie für die englische Kirche. Die Debatten des Hauses wurden nicht öffentlich geführt, wurden unter der bestehenden Censur und bei dem Mangel einer periodischen Presse kaum bekannt, und fanden daher Unterstützung außerhalb des Hauses nur, wo die Opposition der Commons mit einer starken und allgemeinen Stimmung zusammentraf. In grundsätzlichen und materiellen Fragen, wie Steuern und Monopolen, zeigen sie sich aber hartnäckig genug. Die Regierung der Tudors hat in Würdigung dieser Verhältnisse die Commoners in ihrer eigenen Weise behandelt, gelegentlich durch Einfluß auf die Wahlen und durch Creirung abhängiger Wahlflecken. Ein gutes Vernehmen mit den Commons geht neben schreiendem Unrecht gegen Einzele durch die ganze Periode. Characteristisch ist der Hergang in 44. Eliz. wo die Königin den schweren Mißbrauch der Monopolertheilung nach einer Debatte von 6 Tagen zurücknimmt und dafür den Dank des Hauses empfängt.

Die irrigen Vorstellungen von einer grundsätzlich absolutistischen Regierungsweise der Tudors sind hauptsächlich durch Hume's parteiische Geschichtsdarstellung verbreitet worden. Sie werden widerlegt für die Zeit Elisabeth's durch die wirklichen Verhandlungen in D'Ewes Journal of Queen Elizabeth's Parliaments, durch die Zusammenstellungen in Brodie's Hist. of the British Empire Cap. 2, Hallam Const. Hist. I. c. 5 und durch die Mehrzahl der neueren Geschichtsdarstellungen. Characteristisch für die Anerkennung der Parlamentsverfassung ist auch das Verhalten der Tudors zu den persönlichen Rechten (Freiheiten) der Mitglieder. In 4 Hen. VIII. war zum ersten Mal der Mißgriff vorgekommen, daß ein Localgericht gegen das Unterhausmitglied Strode wegen eingebrachter bills ein Strafurtheil gefällt hatte. Auf Antrag der Gemeinen erging die übereinstimmende Erklärung der beiden Häuser und des Königs (Statutes of the R. III. p. 53), welche jenes Gerichtsverfahren für nichtig erklärt, mit dem Zusatz, daß „alle Anklagen, Verurtheilungen, Vollstreckungen, Geldbußen, Strafen u. s. w., welche gegen Strode angestellt oder verhängt worden seien, oder wegen einer Bill oder irgend welcher Aeußerung in Parlaments-Angelegenheiten später gegen ihn oder ein anderes Mitglied des gegenwärtigen oder künftigen Parlaments angestellt oder verhängt werden würden, als durchaus nichtig und wirkungslos behandelt werden sollten", May, Parl. Practice I. cap. 4. In 35. Henr. VIII. kommt der erste Fall vor, in welchem das Haus die Sheriffs von London wegen Verhaftung eines Mitgliedes vor seine Schranke citirt und in das Gefängniß setzt, welches Verfahren von dem König in ausdrücklichster Weise bestätigt wird. Hatsell, Precedents I. p. 53. Auch in 35. Henr. VIII. wurde das Privilegium des Hauses gegen Verhaftungsordre des Council anerkannt. Nicolas Proceedings VII. 306. Ebenso charakteristisch sind die Hergänge bei Nicolas VII. 332. In 2. Mary wurde eine Anklage in der King's bench gegen die Mitglieder versucht, welche wegen der Verhandlung über die Religionsfrage eigenmächtig das Haus verlassen hatten; dies Verfahren kam jedoch nicht zum Austrag. Parl. Hist. III. 312—335. Coke IV. Inst 17. Bekannt sind die Streitigkeiten Elisabeths mit den Commons über gewisse Gebiete der Verhandlungen. Der Versuch, ein Unterhaus-Mitglied durch königlichen Befehl von den Sitzungen auszuschließen (a. 1571) wurde zurückgenommen. Uebrigens bezog sich der Streit auf die Initiative zu Gesetzen über die Thronfolge, auf Aenderungen in der Kirchenverfassung, über die Vermählung der Königin, d. h. solche Gegenstände, bei denen die Initiative der Commons nach den vorhandenen Präcedenzfällen in der Wirklichkeit zu bestreiten war. Die Königin vermied es auch, ihr Eingreifen als einen Angriff wegen bloßer Parlamentsreden hinzustellen, und noch mehr ihre Gerichte in die Personalrechte des Parlaments einzumischen. Der Verlauf dieser Streitigkeiten ist schließlich zu Gunsten des Unterhauses ausgefallen. Hallam Const. Hist. I. c. 5. a. E. Vaughan II. 631.

§. 30.

Die Kirchenreformation.*)

Nachdem ein Menschenalter seit den Kriegen der beiden Rosen verflossen, und eine neue Generation in der Zucht und Ordnung des Staats aufgewachsen war, kam endlich die Zeit heran, in welcher das im 15. Jahrhundert abgebrochene Werk der kirchlichen Reform wiederum aufzunehmen war.

Es wird heute schwer, uns jene Zeit des Mittelalters zu vergegenwärtigen, in welcher die Kirche zugleich Politik, Rechtskunde, Diplomatie, Schule, Presse und vieles Andere darstellte; in welcher die Geistlichen nicht bloß als Beichtväter, sondern als Kanzler, Schatzmeister, Gesandte, Richter, Gerichtsschreiber, Advocaten, Anwälte, Aerzte, Rechnungsbeamte, Sekretäre, zu dem Staate gehörten, und deshalb das gesammte Recht, welches allen Zweigen der geistigen Arbeit in und außer dem Amt zusteht, in einem großen Stande vereinigten. Aus diesem Zusammenfassen des ganzen Geistes- und Gemüthslebens der Völker in einer Institution war der Besitz, die obrigkeitliche Gewalt, die Macht der Kirche entstanden und zu dem Universalstaat des Mittelalters emporgewachsen, welcher im Anfang der vorigen Periode seinen äußerlichen Höhepunkt erlangt hatte (§. 24.). Seitdem war allmälig ein Zustand der Spannung entstanden, in welchem die Kirche der Mehrzahl der Bevölkerung eine gleichgültige äußerliche Institution, den höheren Ständen ein Gegenstand der Abneigung, in welchem das alte Recht der Kirche bereits zum Privilegium geworden war. In dem Kampf der Rosen hatte sie sich als eine moralisch todte Institution erwiesen. Nachdem das kirchliche Vermögen durch Schuld der Körperschaft selbst seinen ursprünglichen Zwecken entfremdet war, behauptete die Kirche noch immer die Erfüllung der humanen Aufgaben des Staats als ihr Monopol; während der weltliche Staat jetzt die Einsicht, den Willen und die Organe hatte, solche Aufgaben selbst zu erfüllen. Nachdem die Gründe, aus welchen die Kirche sich von der obrigkeitlichen Gewalt des Laienthums hatte ablösen müssen, um nicht in die Zersplitterung und Roheit des Feudalstaats zu verfallen, schrittweise weggefallen waren, bestand die Kirche nur um so eifriger auf ihrer Exemtion als Standesrecht und Privilegium. Nachdem der Schluß des Mittelalters der europäischen Menschheit neue Gebiete der irdischen und geistigen Welt aufgeschlossen, nachdem die denkenden Geister der Zeit in eine früher unerhörte Bewegung gerathen, war die Kirche auf der Entwickelungsstufe früherer Jahrhunderte stehen geblieben und verlangte, daß das geistige Leben überhaupt still stehe, weil ihr Personal dem Fortschritt nicht folgen konnte und wollte. Nachdem also ihr geistiger und sittlicher Boden überall erschüttert, war die Kirche dennoch geblieben im Besitze aller Güter und Gewaltrechte, welche stets noch eine Zeit lang zurückbleiben, auch wenn die innere Berechtigung dazu verschwunden ist. Es ist dies der ewige Widerspruch, aus welchem die großen Reform-Aufgaben des Staats hervorgehen. Seine Lösung auf diesem Gebiet ist die Kirchenreformation.

Es ist in diesen Reformbestrebungen ein doppeltes Moment zu unterscheiden. Das erste ist der Kampf der Denk- und Gewissensfreiheit gegen römischen Geistesdruck, vertreten durch einzele kühne Denker und einen sehr kleinen Theil der Geistlichkeit und des Laienthums. Das zweite ist das Bestreben nach nationaler Selbständigkeit gegen den italienischen Oberherrn, vertreten durch die große Mehrheit des Volks. Diese zweite Richtung ist in England die überwiegende. Nachdem unter den Plantagenets die Stände in Ober- und Unterhaus sich zusammengefügt, nachdem die Nation sich als Einheit fühlen gelernt, kehrte auch die insulare Volksabneigung gegen den römischen Primat zurück. Es ist zuerst das Gefühl nationaler Abgeschlossenheit und Selbständigkeit, welches sich gegen den kirchlichen Universalstaat auflehnt. Während die deutsche Reformation zunächst aus einer geistigen Bewegung, aus tiefer Ueberzeugung von der Irrigkeit katholischer Glaubenslehren hervorgeht, und erst sekundär auf den Staat reflectirt: ist die englische in ihrem Anfang ein national-politischer Act, der sich erst nach Menschenaltern zu einer geistigen Bewegung in der Masse des Volks vertieft. Sie ist eben deshalb in ihrem Anfang praktischer, d. h. äußerlicher. Da die römische Kirche sich in festen Besitzungen und Staatsinstitutionen verweltlicht hat, so wird sie auch auf diesem äußerlichen Boden bekämpft, in ihrem Besitz, ihrem Oberhaupt: Abwerfung des italienischen Oberherrn ist das nächste Ziel.

Heinrich VIII. für seine Person war in katholischen Glaubenslehren erzogen, hatte sich an dem dogmatischen Streit der Zeit persönlich betheiligt, hatte selbst mit Eifer Ketzer verfolgen lassen: aber er hat doch in den Krönungseid auf die Kirchenverfassung eigenhändig die

Worte hineincorrigirt: nott prejudiciall to hys jurisdyction and dignity royall (Ellis Briefe). In seiner Betheiligung an den europäischen Intriguen hatte er mit der päpstlichen Curie auf dem Fuß der übrigen Großmächte verhandelt, hatte ihre Freundschaft und Feindschaft hinreichend kennen gelernt, um sie weder zu überschätzen noch zu unterschätzen. Seine Ehescheidungsache hatte ihn in eine Verwickelung geführt, aus welcher kein anderer Ausweg blieb, als die Lossagung von der äußeren Autorität des römischen Bischofs. Nach Lage der Verhältnisse konnte der König sich dabei nicht auf die Thätigkeit einzeler Reformatoren stützen, sondern nur auf das weitüberwiegende nationale Element, auf die wenig gebildete, aber einflußreiche Pfarrgeistlichkeit, auf die Masse des Volks. Deren Sympathien kamen aber seinen politischen Tendenzen und persönlichen Wünschen überall entgegen, und gewährten ihm eine ähnliche Stütze, wie einst den Plantagenets das Haus der Gemeinen geworden war. Auch mit diesen Sympathien blieb freilich die offene Auflehnung gegen die europäische Kirchengewalt ein verwegener Schritt. Es war die Aufkündigung des Gehorsams gegen die höchste legitime Macht, ein Bruch mit dem ganzen Autoritätssystem des Mittelalters. Die Kühnheit und Klarheit aber, mit welcher Heinrich VIII. den einmal gefaßten Entschluß durchgeführt hat, giebt seiner rücksichtslosen, selbstsüchtigen, gewaltthätigen Persönlichkeit eine für England providentielle Bedeutung.

Unter vorsichtiger Ablehnung irgend eines Zusammenhangs mit den lutherischen und reformirten Lehren des Continents wird die neue Gesetzgebung zunächst mit unbedingt populären und gerechtfertigten Maßregeln, Abschaffung kirchlicher Sporteln und einiger Verwaltungsmißbräuche eingeleitet.

D e r e r s t e e n t s c h e i d e n d e S c h r i t t i s t d i e v ö l l i g e T r e n n u n g u n d E m a n c i p a t i o n d e s k i r c h l i c h e n B e a m t e n t h u m s v o n R o m, Einschärfung des Praemunire, scharfes Verbot aller Appellationen an die Curie „in Erwägung, daß die Könige von England nie einen anderen Oberen gehabt als Gott allein.“ Das päpstliche Dispensationsrecht wird dem Primas übertragen, der Verkauf der Ablässe untersagt, päpstliche Indulgenzen für nichtig erklärt; die Ertheilung des Pallium von jeder Einwirkung der Curie befreit; jeder Doctor des römischen Rechts, Geistlicher oder Laie, zur Ausübung der obrigkeitlichen Rechte der Kirche (als Generalvikar, Kanzler, Richter) befähigt erklärt. Der König nimmt das unter Johann verloren gegangene Ernennungsrecht der Bischöfe wiederum an sich. Die Masse der niederen Geistlichkeit wird der bürgerlichen Strafgewalt unmittelbar unterworfen.

Der zweite entscheidende Schritt der Reformation ist die Beschränkung des Uebermaßes kirchlicher Besitzungen durch Aufhebung der Klöster. Sie besaßen bisher 1/5 des Grund und Bodens im Reich, — etwa dreimal so viel Einkünfte wie die ordentlichen Kroneinnahmen, — unter 400 bis 500 Institute sehr ungleich vertheilt. Müßiggang, Ueppigkeit und Unsittlichkeit der Regularen waren notorisch; dennoch hielt der König eine förmliche Agitation für nothwendig, um die Nation mit diesem gewaltsamsten Eingriff in die bestehenden Rechtsverhältnisse zu befreunden. Die Krone erhielt dadurch 500,000 £ bewegliches Vermögen, und mindestens 131,000 £ jährliche Grundrenten, nach anderen Angaben wohl zehnmal mehr. Mit königlicher Verschwendung werden diese Massen theils an Adel und Gentry verschenkt, theils für Staatsrechnung parcellirt, theils zur Landesbefestigung und zu Landesverbesserungen und Dotirung neuer Bisthümer verwendet. Dadurch wird zugleich der Besitz der vornehmsten Familien vom Rechtsbestand der Reformation abhängig, und die bisherige Majorität der geistlichen Pairs im Oberhaus durch das Wegfallen der Aebte und Prioren in eine Minorität verwandelt.

Theils gleichzeitig, theils nachfolgend tritt zu diesen concreten gegen den wirklichen kirchlichen Staat gerichteten Schritten die zusammenfassende förmliche Erklärung der königlichen Suprematie. Schon in 25. Henr. VIII. war deklarirt worden, daß die Convokationen keine neuen Canones erlassen sollen ohne königliche Einwilligung noch solche vollziehen ohne königliches Placet „sintemal dieses Königreich keinen Oberen anerkennt nächst Gott außer Ew. Gnaden allein, und es frei war und ist von einer Unterwerfung unter die Gesetze irgend eines fremden Fürsten, Potentaten oder Prälaten, vielmehr nur unter die gewohnten alten Gesetze dieses Reichs". Durch die förmliche Suprematie-Erklärung tritt nun aber der König als Successor der päpstlichen Gewalt mit ebenbürtiger Legitimität auf den Boden göttlicher Einsetzung und Unfehlbarkeit, und continuirt damit die gesammte bisherige Kirchenverfassung als Theil der königlichen Prärogative.

Bis dahin war die Reformation nur äußerlich geblieben; noch immer fehlte ein Dogma. Es ist dies der Punkt, in welchem das äußerliche Wesen des Acts am verletzendsten hervortritt. Während Heinrich Kirchen-Besitz und Verfassung revolutionirt, ist vom Dogma nur beiläufig die Rede. Das Parlament hatte ihn zwar ermächtigt eine Commission zu ernennen zur „Vereinbarung über eine neue Form der National-Religion". Allein man ging zögernd und schwankend zu Werke und wußte kaum etwas Neues aufzustellen. Die 6 Artikel Gardiner's lehren noch immer die Transsubstantiation, entziehen dem Laien den Kelch, behalten Ohrenbeichte, Seelenmesse und Cölibat bei und beschränken das Bibellesen auf „Leute von Stand". Während auf dem Continent Ströme von Blut um die Glaubenswahrheiten der Kirche fließen, werden hier staatsmännische Verhandlungen zur „Vermittelung der Extreme" in Glaubenssachen geführt, in deren Verlauf Heinrich stirbt.

Zur wirklichen Ausführung kam die Reformation erst unter Eduard VI., sowohl im Dogma wie in Kirchendienst und Liturgie, in Abschaffung des Cölibats und allgemeiner Gestattung des Bibellesens. Diese protestantische Reform war das Werk Cranmer's und anderer Männer von wahrhaften religiösen Ueberzeugungen. Aber die Meinungen der Nation waren noch immer getheilt. Die religiösen Wirren durchkreuzten sich mit Unzufriedenheit, Noth und socialen Zerwürfnissen im Lande, denen der Reichsregent, Herzog von Somerset, nicht gewachsen war. Die schwache Regentschaft unterliegt den ehrgeizigen Intriguen des Herzogs von Northumberland, der in der Verwirrung der Zeit sogar die Thronfolge zu Gunsten der eigenen Familie an sich zu reißen sucht.

Selten ist eine Reformation schneller wieder beseitigt worden wie in solcher Lage die englische unter der katholischen Marie. Die Aufhebung der königlichen Suprematie, die Wiedereinführung des Cölibats und des katholischen Abendmahls ging mit Leichtigkeit durch das Parlament, ja ohne Widerspruch durch das Oberhaus. 1500 (nach Anderen 3000) Geistliche werden aus ihren Stellen vertrieben, 284 Personen verbrannt, darunter Erzbischof Cranmer, 4 Bischöfe, 8 Gentlemen, 60 Frauen und Kinder. Marie hätte alles fordern können, nur Eines nicht: die Herausgabe der kirchlichen Ländereien!

Diese Regierung ist indessen nur eine kurze Unterbrechung in dem System der Tudors. In ihrer Nachfolgerin Elisabeth concentrirt sich noch einmal der Glanz des englischen Königthums. Durch die Act of Supremacy 1. Eliz. c. 1. und Act of Uniformity, 1. Eliz. c. 2. erklärt sie als Regiererin der Kirche die protestantische für die verfassungsmäßige Staatskirche (by law established), und die ganze Bevölkerung der Staatskirche von Rechtswegen zugehörig. Jeder Geistliche, jeder Engländer in einem öffentlichen Amt und beim Eintritt in das Unterhaus, soll den Suprematie-Eid leisten. Die 39 Artikel werden nachträglich auch vom Parlament bestätigt.

Damit ist die englische Staatskirche constituirt, selbständig dem römischen Kirchenstaat gegenüber gestellt, dem König und Parlament untergeordnet, dem bürgerlichen Gemeinwesen eingefügt. Die königliche Suprematie ist eine nothwendige Voraussetzung der jetzigen Staatsverfassung geworden mit allen Folgerungen für das äußere Leben. Seit diesem Act erst finden wir das Königthum auf dem Gipfel seiner Macht unter der langen ruhmreichen Regierung der jungfräulichen Königin.

*) Für die Geschichte der Reformation ist immer noch maßgebend die einseitige, aber quellenmäßige, von Burnet, History of the Reformation 1681. 3 Vols fol. Neuerdings Vaughan, Revolutions in English History, Vol. II. Revolutions in religion (1861). A. Amos, Observations on the Statutes of the Reformation-Parliament in the Reign of King Henry VIII. London 1859. Die Epochen der Reformation für sich betrachtet scheiden sich in folgender Weise.

1) Die Nationalkirche Heinrichs VIII. ist eine Fortsetzung der äußeren Politik seiner ersten 20 Regierungsjahre. Mit Vorliebe und leidlichem Erfolg hatte sich Heinrich in die Verwickelungen der europäischen Cabinette jener Zeit begeben. Er hatte dafür in dem Cardinal Wolsey einen versatilen, den Staatsmännern des Continents ebenbürtigen, ja an Unverschämtheit und Verlogenheit beinahe überlegenen Minister gefunden. Die Verhandlungen über seine Ehescheidung waren aber unter den dynastischen und politischen Verwickelungen des Continents zuletzt unheilbar verzettelt, wie dies der König in seiner Weise durch die Preisgebung Wolsey's anerkennt. Unmittelbar nach dem Sturz seines Herrn und mit dessen Zustimmung hat ein bis dahin untergeordneter Diener Wolsey's eine Audienz bei Heinrich VIII. erbeten und erhalten. Deren Gegenstand war unzweifelhaft die Erwägung, daß der König seine Ehre und Unabhängigkeit retten könne durch Ueberweisung seiner Ehefrage an die Autoritäten innerhalb seines eigenen Reichs, durch die Lossagung von der Oberautorität des römischen Bischofs, durch die Herstellung der englischen Nationalkirche in dem Sinne früherer Jahrhunderte (ohne jede Gemeinschaft mit dem Lutherthum), durch eine Reassumtion der königlichen Gewalten ungefähr in dem Umfang, wie sie bis zur Magna Charta bestanden hatten, — zugleich als Ausführung der nationalen Wünsche und Bestrebungen der Commons, wie solche im 14. und 15. Jahrhundert laut genug ausgesprochen waren. Der bescheidene, kluge und entschlossene Rathgeber für solche Pläne erscheint nach wenigen Monaten in dem Rath des Königs, nach wenigen Jahren als Lord Thomas Cromwell (zuletzt Earl of Essex) an der Spitze der Reichsverwaltung. Das sogenannte Reformations-Parlament, welches zur Ausführung jenes Planes berufen wurde, war mit vielen Prorogationen vom Nov. 1529 bis zum April 1536 dafür in einer stetigen Thätigkeit. Mit großem Geschick war die Einleitung durch eine Adresse der Commons getroffen, in welcher einerseits die Klage gegen das Ueberhandnehmen irrgläubiger Lehren erhoben wird (frantic and seditious books contrary to the true Catholic faith), andererseits die notorischen Gebrechen der Kirche als lange Liste von Landesbeschwerden auftreten mit der stark hervorgehobenen Anklage, „daß solche kirchlichen Gesetze

und Maßregeln Ew. Majestät Prärogative angreifen, und Euren getreuen Unterthanen schweres Unrecht zufügen." Die Vertheidigung der Kirche dagegen war schwer und wurde schwach genug geführt mit der Entschuldigung, daß „wenn einige ihrer Glieder unglücklicher Weise so schwer fehlen sollten, das doch nicht von Allen gesagt werden könne". Erst als die neuen Gesetze einschneidender zu werden begannen, fanden die Prälaten in dem 76jährigen Bischof Fisher ihren Wortführer: „Meine Lords, nehmt Euch und Euer Land in Acht; wahrt Eure heilige Mutter, die katholische Kirche; das Volk wird Neuerungen unterworfen und das Lutherthum verbreitet sich unter uns. Denkt an Deutschland und Böhmen, welches Elend sie dort schon betroffen hat; und laßt die brennenden Häuser der Nachbarn uns lehren, uns zu bewahren vor eigenem Unheil. Daher, meine Lords, will ich Euch klar sagen was ich denke, daß wenn Ihr nicht mannhaft widersteht mit Eurer Autorität diesem gewaltthätigen Haufen von Unfug, welcher von den Commons begonnen wird, ihr sehen werdet, wie alle Ehrerbietung zuerst der Geistlichkeit entzogen werden wird, und an zweiter Stelle Euch selbst, und wenn Ihr suchet nach den wahren Gründen alles dieses Unfugs, so werdet Ihr finden, daß er entspringt aus dem Mangel an Glauben!" — Allein in dem Oberhaus (zu welchem 44 weltliche und 46 geistliche Pairs berufen waren) zeigte sich keine ernste Widerstandskraft. In dem Gefühl, daß man den Hof, die Gemeinen, die Masse des Laienthums gegen sich habe, stimmten die Lords einer Maßregel nach der anderen zu. Die Reihenfolge derselben im Einzelen gehört einer Parlamentsgeschichte an. Oben sind sie nach dem Zusammenhang gruppirt, in welchem sie aus einem wohlüberlegten Plane hervorgehen. Nur bei dem ersten Ausspruch der königlichen Suprematie suchten die beiden Häuser der Convocation sich noch schüchtern einen Vorbehalt zu lassen „sole and supreme head of the church, as far as is allowed by the law of Christ". Durch die Suprematie-Erklärung erhielt die Nationalkirche den formalen Abschluß ihrer Verfassung im Gegensatz der römisch-katholischen, — immer noch mit der ausdrücklichen Reservation, daß dabei keine Intention obwalte, abzuweichen „von der Gemeinschaft der christlichen Kirche in irgend welchen Artikeln des katholischen Glaubens der Christenheit oder in irgend welchen anderen Dingen, welche durch die heilige Schrift und das Wort Gottes für nothwendig erklärt sind zur Seligkeit".

Der tiefe innere Widerspruch eines solchen Verfahrens mußte sich aber bald geltend machen. Heinrich VIII. empfand, daß mit dem kirchlichen Rom kein solcher Compromiß zu schließen war wie mit dem diplomatischen Rom. Er sah sich einem System gegenüber, welches absolut und souverain, oder gar nicht sein konnte. Es blieb ihm nur die Wahl, Sieger oder Besiegter zu sein. Er wollte keinen Zweifel lassen über seinen Entschluß nach dieser Seite hin. Er konnte auch aus anderen Gründen kaum anders, als den Widerspruch gegen die Suprematie in den Spitzen seines Beamtenthums gewaltsam niederzuschlagen, indem er den neuen Gesetzen gegen seinen Kanzler Thomas Morus und gegen Bischof Fisher ihren blutigen Lauf ließ. Andererseits wurde die dogmatische Frage gerade für ihn Ehren- und Charakterfrage. Die conformistischen katholischen Mächte Europas standen in geschlossener Reihe als Vertreter der befestigten Autorität und Legitimität den nicht conformistischen, protestantischen gegenüber. Sollte Heinrich im Widerspruch mit seiner Erziehung, Ueberzeugung, seiner eigenen Betheiligung am theologischen

Streit, seiner ganzen Regierungsweise, seiner ganzen Vergangenheit auf die dissidentische Seite treten? Er hatte kurz vor der Aufhebung der Klöster und unter schwierigen auswärtigen Verhältnissen durch 10 der Convocation vorgelegte Artikel in den Sakramentslehren starke Schritte zur Annäherung an die augsburgische Confession gethan. Allein eine definitive Lossagung vom alten Dogma war auch für Heinrich VIII. eine moralische Unmöglichkeit. Oder sollte er seinen Parlamenten die Vereinbarung über neue Glaubenssätze durch Majoritätsbeschlüsse überlassen? Es ist schwer zu sagen, was solche Beschlüsse ergeben haben würden. Die Mehrheit der Bevölkerung verhielt sich in Glaubensfragen noch passiv. Der Einzele ändert seinen Glauben nicht in einem Tage, noch weniger glücklicher Weise die Völker. Aenderungen des Glaubens nehmen ihren Ausgang von den tiefen Ueberzeugungen Einzeler, die in harten Proben bewährt, ihre überzeugende Kraft für andere gewinnen; sie gehen also von Minoritäten aus. Heinrich VIII. wollte auch nach der anderen Seite hin keinen Zweifel über die Grenzen seiner Handlungsweise lassen. Er ließ daher der Strafjustiz ihren Lauf durch Verbrennung einer Anzahl Ketzer wegen katholischer Irrlehren; ja er trug kein Bedenken auch seinen rechtschaffenen, treuen Diener Cromwell der tödtlichen Feindschaft mächtiger Kreise zu opfern. Aus diesem vacillirenden Zustand gingen jene 6 Artikel Gardiner's hervor, welche die Gegenwart des natürlichen Fleisches und Blutes Christi „in der Form, aber nicht in der Substanz" des Brods und Weines lehren, die Privatmesse, den Cölibat und die Keuschheitsgelübde beibehalten. „In Heinrich VIII. bemerkt man keine freie Hingebung, keinen Schwung der Seele, keine wirkliche Theilnahme an einem lebenden Menschen; sie sind ihm alle Werkzeuge, die er braucht und wieder zerbricht. Aber er hat eine praktische Intelligenz ohne Gleichen, eine den allgemeinen Interessen zugewandte kraftvolle Thätigkeit; er verbindet Beweglichkeit der Absichten mit einem jederzeit festen Willen. Man begleitet den Lauf seiner Regierung mit einer Mischung von Abscheu und Bewunderung". Ranke, Engl. Gesch. I. 224. Ein solches System konnte nur schließen mit einem Zustand der Rathlosigkeit, als Ausdruck der ewigen Wahrheit, daß kein Mensch es unternehmen darf, ohne tiefe Herzens-Ueberzeugung Reformator in kirchlichen Dingen zu werden, noch weniger als in staatlichen Dingen.

2) Die dogmatische Reformation unter Eduard VI. ist die Nachholung des noch fehlenden inneren Kerns, ihr geistiger Urheber Ridley, und besonders Erzbischof Cranmer, dessen Charakter (trotz nachgiebiger Milde) in Wahrhaftigkeit und in dem Willen zum Rechten keinen Zweifel läßt, und dem es auch beschieden war die Wahrheit seiner Ueberzeugung durch sein Ende zu bethätigen. Dieselbe Gesinnung lebt in dem Reichsregenten Somerset und in dem jugendlichen König selbst. Aus tiefer persönlicher Ueberzeugung kommt jetzt zur Geltung die protestantische Grundlehre von der Rechtfertigung durch den Glauben, von der sittlichen Selbstbestimmung und Selbstthätigkeit, welche den inneren Frieden durch eigenes Handeln zu finden vermag, ohne der vermittelnden Dienste des Priesters zu bedürfen. Das Commonprayerbook ist das unvergängliche Denkmal zugleich des nationalen Sinnes und des religiösen Gefühls dieser Zeit geworden. Die Unterscheidungslehren in den Sakramenten, die Beseitigung der Ohrenbeichte und des Cölibats, die Reform des Kirchendienstes und der Liturgie kommen zum Abschluß mit den 42 Artikeln. — Allein

es ließ sich doch nicht ändern, daß für die Mehrheit des Volkes immer noch mehr ein Regierungs- als ein Religionswechsel eingetreten war. Die Masse der Bevölkerung hatte andere Glaubenssätze gelernt, viele fanden sich in ihrem Gewissen geängstigt, freie Geister zu einer weiter gehenden Agitation getrieben; in den besitzenden Klassen kämpfte das Interesse eines neuen Erwerbs noch mit politischen Bedenken gegen die Neuerungen. Diese Verwirrung der Geister durchkreuzte sich mit socialen Nothständen, mit gewaltigen Unordnungen unter den arbeitenden Klassen, die zwar von dieser Regierung nicht verschuldet waren, die aber eine starke leitende Hand erforderten. In einer Zeit, in welcher die Monarchie nothwendiger als je, fand sich ein unmündiger König, ein im Handeln schwacher Regent an der Spitze des Reichs, dessen Neigung zu einer persönlichen Regierung im Widerspruch mit seiner Befähigung dazu unter schwierigen auswärtigen und inneren Verhältnissen stand. Es kehren daher in unglücklicher Stunde die Intriguen eines adligen Parteiregiments zurück. Die Selbstsucht des raschemporgekommenen Northumberland führt in ruhelosem Ehrgeiz den Reichsregenten auf das Schaffot und reißt die Regierung an sich, mit dem weitergehenden Plan, die Thronfolge an die eigene Familie zu bringen.

3) Die katholische Restauration unter Mary wird erklärlich aus der politischen Lage. An der jugendlichen Prätendentin Jane Grey, „der Königin von 9 Tagen", klebte die Blutschuld ihres Schwieger-Vaters. Die Erinnerung an die Hinrichtung des guten Herzogs Somerset, an die aristokratische Härte gegen die arme Bevölkerung hatte dem Herzog von Northumberland alle Gemüther entfremdet. Niemand traute diesem Manne. In dem herzlosen, selbstsüchtigen Regentschaftsrath bei dem Tode Eduard's VI. war überhaupt kein Mann, keine Familie, keine Partei des öffentlichen Vertrauens zu finden. Das wohlbegründete Gefühl von der Nothwendigkeit der monarchischen Ordnung wandte sich daher fast einmüthig der legitimen Erbin des Thrones, der vom Schicksal hartgeprüften Tochter Heinrich's VIII. zu. Die religiösen Meinungen hatten sich noch nicht geklärt. In dem neugewählten Parlament fanden sich etwa $1/3$ protestantische Mitglieder zusammen mit beinahe $2/3$ Anhängern einer „National-Kirche", welche die dogmatische als offene Frage zu behandeln geneigt war. Die Anhänger des päpstlichen Kirchenregiments bilden einen verschwindenden Bruchtheil. Noch einmal also hatte die Idee der bloßen National-Kirche die Oberhand gewonnen. Allein die den Zeitverhältnissen Rechnung tragende Majorität opferte die ganze Reformgesetzgebung Eduard's VI. in einer so frivolen Weise, daß die entschlossene romanisirende Richtung schon im zweiten Parlament Marie's die Oberhand gewann, zu welchem die Sheriffs ausdrücklich angewiesen waren, Männer „of the wise, grave and Catholic sort" einzusenden. Diese ehrbare Versammlung gelangte mit den Lords zu einer Supplication, welche in tiefer Betrübniß wegen der vergangenen Proceduren gegen den Papst, die Parlamentsacten gegen den Papst aufhebt „unter der Bedingung, daß er ihre Erwerbungen an Abtei- und Stiftsländereien bestätigen will." Um diesen Preis lassen die klugen Männer der Königin, Philipp von Spanien und ihren fanatischen Rathgebern freie Hand in der Verbrennung des Primas, und der Häupter des Protestantismus. Das Dritte „Reconciliation Parliament" gelangt zu dem erniedrigenden Schauspiel, in welchem Lords und Commons auf ihre Knie sinken, die Sünden ihres geistigen Abfalls demüthig bekennen und aus den Händen Cardinals Pole vollständige Absolution erhalten, — vorbehaltlich

des Besitzes der Kirchengüter. So war die große Partei der Nationalkirche in rückläufiger Bewegung vom Protestantismus zum Papstthum zurückgekommen, aber auch in der Achtung der Nation moralisch vernichtet für alle Zeit. Für die protestantisch-englische Kirche aber war die Verbrennung der Bischöfe, der Frauen und Kinder, begleitet von den gräuelvollen Scenen einer spanischen Inquisition, die Zeit der inneren Läuterung und des Glaubens geworden, welcher mitten in unglaublichen Wirren die englische Kirche in den Gemüthern des Volks zuerst begründet hat.

4) Die anglikanische Staats-Kirche Elisabeth's ist die Zusammenfassung der äußeren und der inneren Seite der Reformation. In aufrichtiger Ueberzeugung und in klarem Verständniß ihres königlichen Berufs stellt sie die königliche Suprematie ihres Vaters und das Reformationswerk ihres Bruders in einem großen Akt verbunden, wieder her. Dem entschlossenen Schritte der Königin tritt sofort auch die Sanction des Parlaments hinzu in der Suprematie- und Uniformitäts-Acte 1. Eliz. c. 1. 2. In dem Oberhaus stimmten nur 9 weltliche Pärs mit 9 Bischöfen gegen das allgemeine Gebetbuch; von 9400 Geistlichen in England fanden sich nur 189 durch die Reformation veranlaßt, ihre Pfründen niederzulegen. In ernster Ueberzeugung lebte die römisch-katholische Glaubenslehre nur noch in einer schwindenden Minorität fort. Das Verhalten der Bevölkerung ist jetzt völlig verschieden von demjenigen unter Eduard VI. Spurlos verschwunden ist die weltkluge Idee der Nationalisten von einer Kirche, die sich politisch von der katholischen Christenheit trennen, in ihrem Glauben katholisch bleiben sollte! Die unterscheidenden Glaubenslehren, die Verwerfung des Cölibats und der Ohrenbeichte, die mannhafte Grundlehre von der Rechtfertigung durch den Glauben sind nicht conventionelle, eingelernte Bekenntnißformeln, sondern sie entsprechen dem sittlichen mannhaften Charakter dieses Volkes. Sie stehen eben darum am nächsten den Lehren Luther's und Melanchthon's, in nüchterner Dogmatik zuweilen mehr Zwingli's und Calvin's, mit einem verhältnißmäßig kleinen Bestand der Kirchenlehre des Augustinus. Sie verwerfen das Kastensystem der mittelalterlichen Kirche und subordiniren die Kirche in ihrem äußerlichen Sein entschieden der Staatsgewalt, unter Verwerfung jeder fremden Autorität auf Erden jenseits der vier Seen. Die anglikanische Kirche ist kein staatsmännisches System mehr, sondern ein ehrlicher protestantischer Glaube, der sich als Kirche constituirt in der festen Meinung, recht und christlich zu handeln. Unter harten Prüfungen hat sich die siegende Gewalt religiöser Ueberzeugung gegen jede Staatskunst bethätigt. Und damit bestimmt sich auch fortan die Stellung dieser Kirche zu dem Protestantismus des Continents, mit welcher Elisabeth und ihre Staatsmänner offen, loyal und standhaft in ein Bündniß treten. Alles wesentliche der anglikanischen Kirche ist aber schon im ersten Regierungsjahre Elisabeth's vollendet. Ihre späteren Gesetze dienen nur ergänzend zur Stabilirung gegen ihre Widersacher nach 2 Seiten hin: st. 5. Eliz. c. 1. for assurance of the Queen's royal power over all estates and subjects; 13. Eliz. c. 1. against Bulls from Rome; 13. Eliz. c. 12. for Ministers of the Church to be of sound religion; 23. Eliz. c. 1. against Mass; 27. Eliz. c. 2. for the departure of Jesuits and Priests; 35. Eliz. c. 1. against Sectaries; 35. Eliz. c. 2. against Popish Recusants.

§. 31.

Der High Commission Court und der Verwaltungsorganismus der Staatskirche.

Das Verwaltungssystem der Staatskirche ergab sich aus diesen Hergängen in fester Rechtscontinuität. Die Kirche war als die Lehranstalt der Völker aufgewachsen: für Staat und Volk war nur eine gebietende, das göttliche Wort verkündende, in einem festen Beamtenstaat gegliederte Kirche vorhanden. Nach tausendjähriger Anschauung der Völker gab es eben deshalb nur eine Kirche. Auf der Stufe der Zeitanschauung konnten religiöse Vorstellungen überhaupt nicht blos geistige Ideale sein. In dem Maße, in welchem die römisch-katholische Kirche äußerlich geworden, konnte auch die davon abgelöste Staatskirche ihren Halt nur gewinnen in Staats-Institutionen, in realem Besitz, in Kirchenobrigkeiten, in der Person des Landesherrn. Der ganze Bestand des Lieblingswerks der Zeit und der Nation, der Besitz vieler tausend Pfründen und neuer Eigenthümer auf säcularisirtem Boden, stand und fiel nunmehr mit den nachfolgenden Staatseinrichtungen.

I. Für die souveräne Kirchenregierung wird der hohe geistliche Hof, High Commission Court, Oberkirchenrath gebildet.[1]) „Alle solche Jurisdictionen und Privilegien, wie sie früher ausgeübt worden durch eine geistliche oder kirchliche Gewalt zur Visitation oder Correction der Kirche, sollen für immer vereint und annectirt sein der souveränen Krone dieses Reichs." 1. Eliz. c. 1. §. 16. ff. Indem die Kirche den Bischofen und ihrem Oberbischof göttliche Einsetzung zuschrieb, erklärte sie diese Gewalten für unabhängig von jedem andern (ständischen) Willen und Einfluß. In diesem vollen Sinne war die Kirchenregierung vom Papst auf den König übergegangen, und diese Befugnisse hatte Heinrich VIII. zuerst seinem Cromwell als Generalvicar delegirt, beschränkt auf die „Ausführung der Reformation." Nach Vollendung derselben schien es nothwendig, dem Vorbild der mittelalterlichen Kirche gemäß, die höchste Gerichtsbarkeit und Oberaufsicht einer collegialischen Behörde zu delegiren. Durch die Suprematie-Acte wird die Königin ermächtigt, einen solchen „High Court of Commission" aus widerruflich durch Patent ernannten Beamten zu bilden, parallel gehend dem Privy Council in weltlichen Dingen. Der ausgesprochene nächste Zweck der ersten Commission von 1559 war „General-Visitation aller Kirchen" mit der Befugniß zur Suspension, Deprivation und Bestrafung der Geistlichen. Freiwillig resignirenden Pfarrern werden Pensionen bewilligt. Die unter Mary entsetzten Geistlichen sollen restituirt; alle wegen der Religion Eingekerkerten nach summarischer Prüfung freigelassen werden. — So weit war die neue Einrichtung schon durch die unter Mary eingetretenen Verwirrungen nothwendig geworden. — Zugleich erhält der Oberkirchenrath auch die Befugniß auf inquisitorisches Verfahren wie herkömmlich (also ohne Jury) einzuschreiten gegen Ketzerei, Irrthümer, Mißbräuche und Abweichungen in kirchlichen Dingen, und auf Geld und Gefängnißstrafen zu erkennen. Die Besetzung der Behörde war eine ziemlich wechselnde. In seiner Blüthezeit (a. 1583) bestand der Hof aus 44 Commissarien, darunter 12 Bischöfe, eine noch größere Zahl von Staatsräthen und andere Cleriker und Civilisten. „Er soll von Zeit zu Zeit durch eine Jury oder durch Zeugen und andere Mittel nachforschen allen Verletzungen und Vergehungen gegen die Suprematie-, Uniformitäts- und 2 andere Acten; sowie nachforschen allen ketzerischen Meinungen, aufrührerischen Büchern, Ungehorsam, Verschwörungen, falschen Gerüchten, verläumderischen Worten ꝛc. gegen die gedachten Gesetze.“ Je drei Commissarien, darunter ein Bischof, sind ermächtigt alle Personen zu bestrafen, welche nicht der Uniformitätsacte gemäß die Kirche besuchen; zu visitiren und zu reformiren Ketzereien und Kirchenspaltungen; alle Personen ihrer Pfründen zu entsetzen, welche eine Doctrin gegen die 39 Artikel behaupten; Fleischesverbrechen zu bestrafen; alle verdächtigen Personen eidlich zu examiniren; Ungehorsame durch Kirchenbußen, Geld- und Gefängnißstrafen zu verfolgen; die Statuten von Collegien, Schulen und Stiftungen zu verändern; den Suprematieeid zu verlangen.

Neben diesem geistlichen Privy Council wird aber auch der ständische Körper der mittelalterlichen Kirche aus der alten in die neue Verfassung continuirt. In den beiden Häusern der Convocation dauert die periodische Vereinigung der Prälaten mit den Vorständen der Capitel und den Repräsentanten der Pfarrgeistlichkeit in der alten Form fort. Sie wurde beibehalten schon als die verfassungsmäßige Form der Besteuerung der Geistlichkeit. Die Nothwendigkeit des königlichen Consenses zu ihrer Berufung und zu ihren Beschlüssen, noch mehr aber die Beamtenstellung der Personen, entziehen ihr die alte Selbständigkeit nach oben; andererseits wird die Convocation in späterer Entwickelung zu einem bedenklichen Organ für den wiedererwachenden Kastengeist des anglicanischen Clerus. In der Periode der Tudors wird diese Gefahr indessen noch weniger bemerkbar.

II. Die Diöcesanverwaltung der anglicanischen Kirche[2]) bleibt in ihren wesentlichen Zügen unverändert. An dieser Mittelinstanz des Kirchenregiments zeigt sich die Reformation nicht sowohl in veränderten Formen als in dem veränderten Beamtengeist. Die Erzbischöfe und Bischöfe behalten die herkömmlichen Gewalten des Kirchenregiments und der Jurisdiction in ihren Sprengeln, aber untergeordnet dem König in Ernennung und Amtsdauer (31. Henr. VIII. c. 9 und sp. G.). Sobald ein Bischofssitz vacant wird, soll der König dem Dechant und Capitel einen congé d'élire ertheilen, mit einem Sendbrief, welcher den Namen des zu Erwählenden enthält. Wird die Wahl um zwölf Tage verzögert, so ernennt der König direct durch Patentbrief. Cranmer und einige Bischöfe hatten sich schon unter Heinrich VIII. durante bene placito anstellen lassen. Beim Regierungsantritt Ed. VI. werden die Bischöfe genöthigt wie andere Verwaltungsbeamte neue Commissionen zu erbitten, nach denen sie ihre Aemter widerruflich als „Delegaten des Königs in seinem Namen und unter seiner Autorität" üben. Elisabeth stellt dies Verhältniß nach einiger Unterbrechung wieder her, und behauptet ein persönliches Recht zur Suspension und Entlassung der Prälaten. Der Natur der Sache nach fehlte einem solchen Beamtenthum die ständische Selbständigkeit des römisch-katholischen Prälatus. Die stehenden Heere und befestigten Plätze des kirchlichen Staats waren mit den Mönchsorden und Klöstern verschwunden; die Macht ihres materiellen Besitzes durch die Säcularisationen abgeschwächt, alle für die politische Stellung der Kirche wichtigen Aemter dem Königthum untergeordnet. Mit dem Bisthum ist das ganze kirchliche Beamtenthum bis zu einem gewissen Maße dem königlichen Willen dienstbar geworden.

III. Die Stellung der untersten Stufe der kirchlichen Ortsämter[3]) (Rector oder Vicar) ist äußerlich unverändert geblieben; aber es ist dem Pfarramt durch die Reformation leider das nicht wiedergegeben worden, was ihm gebührte. Die den Klöstern appropriirten Zehnten bleiben den Pfarrzwecken entzogen. Zahlreiche mit der Seelsorge betraute Aemter werden durch dürftig besoldete Vicare verwaltet und tragen eine Hauptschuld an der verhältnißmäßig niedern Bildungsstufe der großen Masse der Geistlichkeit. Es liegt darin auch eine Wurzel der aristokratischen Richtung dieser Kirche. Durch das weit ausgedehnte Patronatsrecht steht die Pfarrei in Abhängigkeit, aber auch in naher Verbindung mit der Land-gentry; durch die periodisch nothwendigen Bewilligungen einer Kirchensteuer tritt sie in eine gewisse Abhängigkeit von der Kirchengemeinde. Wie in der obersten

Stufe des Kirchenregiments der geistliche und weltliche Staat sich in einer gemischten Behörde vereinigen, so stellt sich auf dieser untersten Stufe eine Vereinigung wieder her durch die Kirchspielsverfassung. Die anglonormannische Miliz=, Gerichts= und Polizeiverfassung hatte im Mittelalter die kleinen weltlichen Gemeindeverbände zu bloßen Unterbezirken der Verwaltung herabgedrückt. Der eigentliche Mittelpunkt der Ortsgemeinde war damit Kirche und Pfarre geworden; die Feier kirchlicher Acte und Feste, der gemeinsame Begräbnißplatz wurden stärkere Elemente für ein örtliches Gemeindeleben als die Miliz=, Gerichts= und Polizeiinstitutionen. Auf dieser untersten Stufe rücken im 16ten Jahrhundert die kirchliche und weltliche Ortsgemeinde immer enger in einander, theils durch die kirchlichen Ortsämter, theils durch die kirchlichen Steuern, am meisten aber durch die neuen Aemter und neuen Steuern der Armen= und der Wegeverwaltung, für welche die Gesetzgebung der Tudors das Kirchspiel zur Grundlage macht.

Diesem stufenweis der Krone subordinirten Beamtenstaat ist nun aber das ganze Laienthum in kirchlichen Dingen untergeben.[4]) Die bisherigen Unterthanen des kirchlichen Staats sind durch die Reformation in ein neues Verhältniß der Unterwerfung unter die Krone getreten, in derselben Weise, wie nach den Jahrhunderte alten Vorstellungen vom Kirchenregiment jeder Christ Unterthan des Statthalters Petri geworden. Zum weltlichen Unterthaneneid tritt der geistliche hinzu; Abschwörung der päpstlichen Gewalt ist jetzt Unterthanenpflicht, ihre Verletzung Verrath. Durch 28. Henr. VIII. c. 10. wird die Vertheidigung der Autorität des römischen Bischofs durch Schrift, Druck, Predigt oder Lehre, Urkunde oder Akte den Strafen des Praemunire unterworfen, die Verweigerung des Abschwörungseides den Strafen des Hochverraths, die in der spätern Gesetzgebung auf vielerlei andere näher bezeichnete Handlungen ausgedehnt werden. Das Gesetz Elisabeth's verlangt den Suprematie-Eid von allen ordinirten Personen, Graduirten der Universitäten, Schullehrern und Privatlehrern der Jugend, Advocaten und Mitgliedern der Inns, Anwälten und Notaren, Sheriffs, Unterbeamten der Gerichtshöfe und allen Beamten und Dienern einer Behörde, bei Strafe des Praemunire. Es war nun einmal die hergebrachte in allen Lebenskreisen festwurzelnde Meinung der Zeit, daß das Bekenntniß des wahren Christenglaubens Bedingung aller politischen Rechte, ja der staatsbürgerlichen Existenz sei. Als Erbtheil dieser Auffassung ging unter andern auch die Censur, als ein bedeutsames Machtelement von der Kirche auf die Krone über. Entstanden aus dem Kampf der Kirche wider die Freidenker gegen Ende des Mittelalters, erschien sie zunächst als ein Ausfluß der Suprematie. Sie ließ sich aber auch auf die Prärogative der höchsten Friedensbewahrung zurückführen und wurde seit der Reformation überwiegend von dem König in den Rath gezogen. Das geistliche Unterthanenverhältniß war so nach allen Seiten wesentlich abgeschlossen. Die alten und neuen Gewalten des Kirchenregiments, die alte Autorität der „heiligen Kirche," das gewohnte Unterthanenverhältniß des Laienthums zur Kirche, bilden eine Kette von neuen Machtverhältnissen der Krone. Der fürsorgliche bevormundende Geist des Kirchenregiments durchdringt die gesammte Staatsregierung und reflectirt unvermeidlich auch auf den Charakter der jetzigen Staatsverwaltung. (§. 32.)

1) Ueber den High Commission Court vergl. Burnet, History of Reform. II. 358. Reeve's Hist. of the English Law. V. 216–218. Das grundsätzliche Recht dazu war schon unter Heinrich VIII. vom Parlament anerkannt: „to visit, repress, redress, reform, order, correct, restrain, and amend all errors, heresies, abuses, contempts, and enormities, which fall under any spiritual authority or jurisdiction." Heinrich VIII. hatte die neue Organisation zweckmäßig in die Hände eines Mannes, seines Generalvicars, gelegt. Unter Eduard VI. hatte man eine Generalvisitation durch gemischte Commissionen in der Weise der sechs circuits der weltlichen Gerichtsbarkeit eingerichtet. Erst Elisabeth giebt durch die collegialische Gestalt ihrer obersten Behörde den definitiven Charakter; Anfangs indessen noch getrennt für die beiden großen kirchlichen Provinzen. Wie in der Sternkammer wurde in dieser Behörde der reine Inquisitionsproceß in Form und Geist sofort herrschend. Es bethätigt sich auch in England die Wahrheit, daß in einem reinen Beamtenkörper und für die Disciplin eines Beamtenpersonals diese Grundform des Processes die gegebene und einzig mögliche ist. Allerdings zeigen sich einige Bedenken der weltlichen Gerichtshöfe gegen die Verfassungsmäßigkeit einer solchen Einrichtung und Beschwerden gegen den inquisitorischen Charakter des später dabei eingeführten Eides (oath ex officio). Die herrschende Meinung der Zeit sah aber doch den High Commission Court als nothwendige Consequenz der Reformation an. Die Opposition Leicester's, Burleigh's und anderer Räthe Elisabeth's hatte ihren Hintergrund wohl mehr in der Eifersucht weltlicher und geistlicher Staatsmänner dieser Zeit. Der Hof übte collegialisch nicht mehr als die verfassungsmäßigen Gewalten, welche dem Kirchenregiment von jeher zugestanden, das dabei gehandhabte Maaß der Strenge war zur Durchführung des Reformationswerks lange Zeit wohl nothwendig und darum nicht unpopulär. — Noch natürlicher erschien die Beibehaltung der ständischen Kirchenversammlung in der Convocation. Die wesentliche Aenderung aber lag in der Beamtenstellung der Personen, welche die Convocation bilden, indem die Prälaten durch ihre königliche Commission, die niedere Geistlichkeit durch ihre hierarchische Abhängigkeit von den Bischöfen den ständischen Charakter verloren, der in einem steuerbewilligenden Körper vorausgesetzt wird. Cardinal Wolsey stieß noch auf Widerstand bei einseitigen Geldforderungen. Unter Elisabeth war der neuere

Geist des Beamtenthums ein Menschenalter weiter geschritten und jeder ernste Widerspruch in dieser Richtung gebrochen.

2) **In den Diöcesen der Bischöfe** trat eine Aenderung ein durch die von Heinrich VIII. aus den Klostergütern neu fundirten 6 Bisthümer Gloucester, Bristol, Peterborough und Oxford welche zur Provinz Canterbury, Chester, Sodor und Man die zu York gehörten. Unverändert blieb die Jurisdiction der Bischöfe über das Laienthum in dem herkömmlichen Gebiet der Civil- und Straffälle, mit der Modification, daß die Häresien durch die neuere Gesetzgebung etwas anders geregelt waren. Man glaubte den dringendsten Ansprüchen durch einige Reformen in den geistlichen Gerichten genügt zu haben. Die verfallenen weltlichen Ortsgerichte und die periodischen Assisen und Quartalsitzungen waren zu einer Uebertragung dieser Gerichtsbarkeit allerdings nicht recht geeignet.

3) **Ueber die Entwickelung der Kirchspielsverfassung** vergl. Gneist II. 267—273. Das eigentlich Lebendige in dieser Neubildung liegt in der durchgreifenden Armengesetzgebung der Tudors. Dieses neue System schloß sich ziemlich leicht an die schon vorhandenen Institutionen der Friedensbewahrung an und bildet mit denselben zusammengefaßt eine Polizeiverwaltung im weitesten Sinne des Worts. Während aber die alte Friedensbewahrung nur negativ polizeilich eingreift, haben diese neuen Institutionen, wie oben bemerkt, die positive Staatsidee der Kirche in sich aufgenommen, die Pflicht der Fürsorge für die schwachen, hülfsbedürftigen Elemente der Gesellschaft. Von diesen Gesichtspunkten aus bildet sich die bis dahin sehr untergeordnete Ortsgemeindeverfassung zu einem bedeutungsvollen Glied des Communallebens fort. Die drei Glieder der Kirchspielsverfassung führen allmälig wieder zur engeren Verbindung des Clerus mit dem Laienthum.

1) Der Ortspfarrer ist die kirchliche Obrigkeit der Ortsgemeinde; von der weltlichen Seite aus ein hervorragendes Mitglied in der Steuerpflicht und in den öffentlichen Lasten. Seit der Entstehung des Friedensrichteramts kommt dazu die Ernennung von Capitularen und angesehener reich dotirter Ortspfarrer in die Friedenscommissionen, also eine Verbindung des obrigkeitlichen Amts auch von der weltlichen Seite.

2) Die beiden Kirchenvorsteher Churchwardens sind auf der kirchlichen Seite nur untergeordnete Hülfsbeamte des Pfarrers. Von der weltlichen Seite aus erhält das Amt aber eine neue Stellung durch die Entstehung der Kirchensteuer. Indem die Gemeinde für die Erhaltung der Kirchengebäude ursprünglich freiwillig eintritt, erhält sie auch ein unabweisbares Recht der Mitverwaltung an dem kirchlichen Vermögen. Da das verfallende Amt des Constable überhaupt für mancherlei Functionen eines Schulzenamts nicht mehr zuverlässig erschien, so wird gelegentlich eine Reihe von Pflichten eines Ortsvorstehers den Kirchenvorstehern auferlegt. In der Zeit der Tudors sind es hauptsächlich noch solche, welche mit der Kirchenzucht in Verbindung stehen.

3) Die kirchliche Ortsgemeinde, welche im kirchlichen Sinne alle der Seelsorge unterworfenen Personen als passive Mitglieder umfaßt, wird durch die Entstehung der Kirchensteuer und Ortsämter zu einer activen Ortsgemeinde (Pairshioners im engeren Sinne), an welcher alle diejenigen Theil nehmen, welche Theilnehmer der öffentlichen Lasten sind. Die Kirchensteuer hat sich von Anfang an als Personalsteuer nach der Größe des Hausstands gebildet, beruhe dieser auf freehold oder copyhold, auf dauerndem oder zeitigem Besitz, auf

Miethe oder Pacht. Die Erhebung der Kirchensteuern nach vorgängiger Besprechung mit der Gemeinde wird nunmehr ein Hauptgeschäft der Kirchenvorsteher. Die Versammlung der Gemeinde erfolgt dem Zweck entsprechend womöglich in der Sakristei, Vestry, wovon die Gemeindeversammlung selbst den Namen Vestry erhält.

Die Gesetzgebung der Tudors fügt nun überall die kirchlichen und die weltlichen Gemeindefunktionen eng aneinander. In dem System der Ortsämter sind die Kirchenvorsteher und Armenaufseher zu gleicher Thätigkeit in der Armenverwaltung verbunden. Das Wahlrecht der Gemeinde für die Kirchenvorsteher bleibt als populäres Wahlamt neben dem Ernennungsrecht der Friedensrichter für die Overseers stehen. Das Steuerbewilligungsrecht der Gemeinde für die Kirchensteuer, das Steuerauflegungsrecht der Armenbeamten für die Armensteuer wirkt auf der untersten Stufe des Staatslebens gegenseitig ermäßigend im Sinne nothwendiger Verständigung. Für die innere Durchdringung des kirchlichen und weltlichen Staats sind diese untersten Stufen der Gemeindebildung von unermeßlicher Wichtigkeit geworden.

4) **Das Verhältniß der kirchlichen Unterthanenpflicht** war auf Jahrhunderte zurück in den Gemüthern der Menschen historisch begründet. Solche Vorstellungen zu ändern, den Zwiespalt des Clerus und des Laienthums, den Kastengeist der römisch-katholischen Geistlichkeit zu überwinden, das allgemein Kirchliche mit dem national Besondern zu verschmelzen, war nicht das Werk eines Jahres, auch nicht das Werk eines Menschenalters, sondern eines consequenten Systems und dauernder in einem anderen Geist wirkender Institutionen. Die Suprematie- und Uniformitätsakten erscheinen zwar als harte Beschränkungen der persönlichen Freiheit: sie waren aber das nothwendige Gegengewicht, die Gegeninstitution gegen das viel härtere, ausschließlichere, durch Compromiß und Toleranz nicht zu überwindende System der römischen Hierarchie. Unbestreitbar ist dabei die Staatskirche in ihren Maßregeln zur Bekämpfung der Heterodoxie nicht auf eine Linie zu stellen mit den blutigen, leidenschaftlichen Maßregeln der römisch-katholischen Kirche dieser Zeit. Dagegen erscheint die Staatskirche freilich kleinlicher, polizeilicher, quälerischer mit ihrer Kette von Geld- und Gefängnißstrafen, Verbannungen, mit den zahllosen Straffällen des Praemunire. Allein der Grundsatz, daß das Bekenntniß des wahren Christenglaubens Bedingung der staatsbürgerlichen Existenz sei, daß in Kirche und Staat „Niemand Mitglied des einen sein könne, ohne Mitglied des anderen zu sein", war unmittelbar aus der alten Kirche in die neue übergegangen. Diese Gesetzgebung schließt ebenso Katholiken wie die strengere Richtung der Puritaner von allen öffentlichen Verwaltungen aus und kehrt die Strafen der Ketzerei nunmehr gegen die andere Seite. Als Häresie soll indessen nicht mehr alles das angesehen werden, was den traditionellen Grundsätzen der Verwaltung als Häresie erscheint, sondern nur das, was „durch ein anerkanntes General-Concil, durch die kanonischen Schriften oder durch Parlamentsakten ausdrücklich für eine Häresie erklärt sei". Die Regierung Elisabeths hatte auch von Anfang an nicht die Tendenz, diese Gesetze buchstäblich zu handhaben; sie sollten dem polizeilichen Geist dieser Administration Handhaben sein, die man nach den Umständen anwandte oder nicht anwandte. In den ersten 20 Jahren wurde keine Capitalstrafe gegen Papisten zur Ausführung gebracht; man begnügte sich mit Geld- und Gefängnißstrafen, welche meistens eine äußere Conformität zur

Folge hatte, mit der man sich ziemlich leicht genügen ließ. Die katholischen Pairs waren von dem Suprematie-Eide dispensirt. Erst in der zweiten Hälfte der Regierung Elisabeths beginnt die harte Handhabung dieser Gesetzgebung, Hand in Hand mit dem wüthenden Haß der katholischen Partei in Europa gegen die Person der Königin und mit einer Kette von Lebensnachstellungen, Verschwörungen, Intriguen gegen ihre Regierung. Auch nach dieser Richtung hin war die Person der Königin identificirt mit der Reformation, die religiöse und politische Frage noch nicht trennbar. Es ist nur zu wahr, daß die katholischen Souveräne Europa's noch der Doctrin ihrer Priester anhingen in Bezug auf den Zusammenhang zwischen Protestantismus und Anarchie, Zerstörung aller Religion, Desorganisation der Gesellschaft. Den guten Katholiken jener Zeit war der Protestantismus ungefähr dasselbe, was am Schluß des 18ten Jahrhunderts für die gute Gesellschaft der französische Republicanismus wurde. Elisabeth befand sich in einem Zustand der Nothwehr und unter dem Staatsgebot der Prävention. Sie berief sich darauf, wie die römische Partei jener Zeit in den Niederlanden und in den romanischen Ländern hauste, und vor Allem mit Recht auf die Gesetze ihres Landes, wie dies Lord Burleigh ausdrücklich sagt: „The allegation of the Popish ministers in Paris, noting that her Majesty did promise favour, and afterwards did show extremities to the Catholics, is false. For her Majesty, at her entry, prohibited all change in the form of religion as she found it by law; and when by law it was otherwise ordered by parliament, she did command the observation of the law newly established, punishing only the offenders according to law. So her Majesty's actions are justifiable at all times, having never punished any evil subject but by warrant of law". Murdin's State Papers 666.

Zu den gesetzlichen und verfassungsmäßig zulässigen Maßregeln gehört auch die Handhabung der Censur, als überkommenes Recht der Suprematie und der Friedensbewahrung. Nach Erfindung der Buchdruckerkunst hat das Privy Council häufige Verordnungen gegen die Einführung von Büchern und zur Regulirung ihres Verkaufs erlassen. Nach einer Ordinance der katholischen Marie ist der Besitz von ketzerischen oder hochverrätherischen Büchern für Rebellion erklärt, und nach dem Kriegsrecht zu ahnden. Nach den Verordnungen von 1559 soll Niemand ein Buch oder Papier drucken ohne vorgängige Licenz von dem Privy Council oder Bischof, und jetzt gilt umgekehrt der Besitz der katholischen Streitschriften als besonders strafbar. 1585 erläßt der Staatsrath verschärfte Verordnungen zur Regelung der Presse, Einregistrirung aller Buchdruckerpressen, Verbot alles Druckes außer London und je einer Presse in den beiden Universitätsstädten. Niemand soll ein Buch oder sonst Etwas drucken, bevor es gesehen, gelesen und genehmigt ist von dem Erzbischof von Canterbury oder dem Bischof von London. Die Drucker der Gesetze bedürfen des Imprimatur der Richter. Der Verkauf anders gedruckter Schriften wird mit Gefängnißstrafe bedroht, und die Buchdrucker-Company ermächtigt, Häuser und Läden der Drucker und Händler durchsuchen zu lassen, die verordnungswidrig gedruckten Bücher wegzunehmen, die Pressen zu zerstören, die Uebertreter zu verhaften und vor den Rath zu bringen. — So wurde schon unter den Tudors die Waffe der Censur in schroff entgegengesetzter Richtung gehandhabt.

§. 32.

Privy Council. Sternkammer. Neue Behörden. Reichsgerichte.

Mit dem Zurücktreten der Adelsmacht seit Heinrich VII. ist das Continual Council zurückgetreten in seine ursprüngliche Stellung. Es ist wieder ein bloßer Beamtenkörper, welchen der König aus freier Wahl ernennt, in welchem aber die größere Hälfte der Großbeamten Pärs oder neu creirte Pärs sind. Wie im 14. Jahrhundert ist es der berathende Körper, mit welchem der König die gesammten Reichsangelegenheiten verwaltet, so weit sie nicht

1. den Reichsgerichten und Untergerichten im ordentlichen Lauf der Justiz,

2. dem Exchequer und einzelen stehenden Verwaltungsbehörden im ordentlichen Lauf der Verwaltung,

3. dem Parlament zu außerordentlicher Berathung anheimfallen.

I. Personal und Geschäftsgang des Council[1]) ist auch thatsächlich wieder ein Ausfluß des königlichen Willens, unabhängig von dem ständischen Einfluß der Parlamente. „The King's will is the sole constituent of a privy Councillor" (Coke). Selbst der Protector Somerset hielt diese Auffassung fest. Im Zusammenhang damit steht der Name Privy Council, der schon am Schluß des Mittelalters zuweilen vorkommt, jetzt aber der regelmäßige wird. Allerdings enthält der Rath viele Namen von Lords, theils als Großbeamte, theils mehr Ehren halber einige Herzöge und Grafen als Spitzen der Pairie; die Ueberfluthung durch das Oberhaus (wie unter Heinrich VI.) hat aber aufgehört.

Als Zeichen der wiederkehrenden Bedeutung des Beamten-Elements erscheint jetzt ein Gesetz über Stellung und Rang der Reichs-Beamten. „In Erwägung, daß es ein Theil der Prärogative des Königs ist, seinen Räthen und anderen Unterthanen eine solche Würde und Stellung zu geben wie es seiner Weisheit am besten scheint," — ergeht das Präcedenz-Statut 31. Henr. VIII. c. 14. Zunächst soll der Generalvicar als Stellvertreter des Königs in der kirchlichen Suprematie den Vorrang vor dem Erzbischof von Canterbury haben, analog dem ehemaligen Großrichter in dem Gebiet der Laity. Sodann wird der Rang der eigentlichen Officers of State geordnet wie folgt:

1) In erster Stelle der Lord Kanzler oder Bewahrer des großen Siegels, welcher die aus verschiedenen Zeiten herrührenden

Functionen als Keeper of the King's conscience, als Chef der Billigkeitsgerichtsbarkeit und der Reichskanzlei, meistens auch als Vorsitzender im Oberhause, mit einigen neuen gesetzlichen Aufträgen vereinigt.

2) Der Lord-Schatzmeister, als Chef der Finanzverwaltung jetzt schon öfter die wichtigste Person für die weltliche Administration.

3) Der Lord-President des Privy Council.

4) Der Lord Privy Seal, Privatsiegelbewahrer.

5) Der Lord Chamberlain, Großkämmerer.

6) Der Lord High Constable (seit 1521 erloschen).

7) Der Earl Marshal in alter Stellung.

8) Der Lord High Admiral.

9) Der Lord Steward of the Household.

10) King's Chamberlain, königlicher Kammerherr.

11) Der King's Secretary,[2]) Cabinetsrath, anfangs noch ein Beamter zweiten Ranges, aber schon ein sehr einflußreiches Mitglied der Verwaltung, jedenfalls seit Elisabeth mit dem Titel Principal Secretary of State in die Reihe der eigentlichen Staatsminister eintretend. Abwechselnd sind auch schon 2 Staats-Secretäre ernannt, was im folgenden Jahrhundert zur Regel wird.

Diese Reihe der Großbeamten enthält ein Gemisch ständischer und reiner Amtsverhältnisse; die letzteren weit überwiegend, jedoch mit schonender Rücksicht auf herkömmlichen Rang. Die wichtigsten Großbeamten, Lord Kanzler, Lord Schatzmeister, Lord Präsident und Lord Privatsiegelbewahrer sollen im Parlament über den Herzögen rangiren, wenn sie Pairs von Geburt oder geadelt sind. Der Staatssecretär, wenn er ein Pair ist, rangirt vor den übrigen Barons. Uebrigens wird die herkömmliche Ordnung festgehalten, welche sich im Hause der Pairs festgestellt hat. „Wenn der Lord Kanzler, Lord Schatzmeister, Lord Privatsiegelbewahrer oder Staatssecretär unter dem Range eines Barons vom Parlament und deshalb ohne Stimmrecht sind, sollen selbige sitzen auf dem obersten Theil der Säcke in der Mitte der Parlamentskammer nach ihrer obigen Reihe." Wenn zwei Staatssecretäre ernannt sind, sollen beide im Oberhaus anwesend sein, sobald der König oder der Sprecher anwesend sind. Anderenfalls sollen sie abwechselnd Woche um Woche, der eine im Oberhaus, der andere im Unterhaus, bei gewissen wichtigen Verhandlungen aber beide im Unterhause den Verhandlungen beiwohnen.

Specielle Regulative hat Heinrich VIII. auch über den Geschäftsgang seines Raths erlassen.[3]) Nach der Geschäftsordnung von 1526 soll das administrirende Collegium zur Zeit aus 20 Personen bestehen, nämlich 14 Staats- und Hofbeamten, 4 Pärs, 2 Bischöfen. Zum engern Conferenzrath, welcher dauernd in der Nähe der Person des Königs bleiben soll, werden 10 Mitglieder designirt. Zum täglichen Dienst bei dem König wird der Cabinetsrath (Staatssecretär) und zwei Cleriker bestimmt. In der Weise eines modernen Ministerrathes wurde die innere Reichsregierung von dem so gestalteten Council mit ziemlicher Regelmäßigkeit geführt. Eine Erweiterung des Systems persönlicher Regierung zeigt sich indessen darin, daß doch keineswegs alle Regierungsmaßregeln von hier ausgingen; ja es kamen nicht einmal alle im Council zur Berathung. In gewöhnlichen Sitzungen pflegte Heinrich VIII. nicht anwesend zu sein, und sich nur die persönliche Zeichnung vorzubehalten. Wichtige Maßregeln der auswärtigen Politik gingen ganz persönlich von dem König aus durch die Feder seiner Correspondenz-Secretäre, oft auch anderer. In confidentiellen Angelegenheiten correspondirte er eigenhändig und las alle Briefe selbst. Wolsey und Cromwell waren seine Hauptrathgeber, so lange sie in Gunst blieben; nach Cromwell's Fall richtete er seine Befehle bald an den einen oder anderen Minister, ohne daß einer von ihnen wieder eine hervorragende Stellung gewinnen konnte. Der Geschäftsordnung wegen geht aber die Communikation zwischen dem König und dem Departements-Chef regelmäßig durch einen Privy Councillor. Unter Elisabeth war Will. Cecil in einer bevorzugten Stellung.

Die Delegationen und Commissionen des Raths übten schon in der vorigen Periode eine außerordentliche Civil- und Strafjurisdiction. Die letztere schreitet in dieser Periode zu einer eigenthümlichen Neubildung fort, welche eine besondere Darstellung erfordert. Es ist dies

II. Das Privy Council als Star Chamber,[4]) — die Sternkammer welthistorischen Andenkens, deren Stellung zuerst durch gesellschaftliche Unordnungen, später durch die Zustände der Reformation veranlaßt war.

Es war nicht sowohl die „doppelte Revolution welche aus einem glücklichen Thronräuber sehr leicht einen Tyrannen macht,“ sondern es waren die Nachwehen der Parteikämpfe, Disharmonien der Gesellschaft, Parteilichkeit und Bestechlichkeit der Sheriffs und der Geschworenen, Uebermuth der Großen und ihrer bewaffneten Gefolgen, welche eine stark eingreifende Polizeigewalt unter Heinrich VII. nöthig machten. Die dann folgende Reformation änderte den Sitz der Kirchengewalt, zerstörte die alte Autorität, griff schonungslos in Eigenthumsverhältnisse ein, und machte Maßregeln gegen kirchliche und weltliche Opposition nöthig, welche zu einer Erweiterung der administrativen Gewalten führen mußten. „In Erwägung vorhandener großer Tumulte und ungesetzlicher Versammlungen, Bestechungen und Parteilichkeiten" ermächtigt das st. 3. Henr. VII. c. 1. den Kanzler, Schatzmeister und Geheimsiegelbewahrer nebst einem Bischof, einem weltlichen Herrn vom Rath und zwei Reichsrichtern auf königlichen Cabinetsbefehl Personen zur Untersuchung zu ziehen und zu bestrafen wegen 7 namentlich genannter Vergehen, darunter hauptsächlich Aufruhr, ungesetzliche Versammlungen, Parteiverbindungen mit besonderen Trachten und Parteizeichen. Es ist dies die außerordentliche Strafgewalt des Königs im Rath (oben S. 363.), welche nie aufgehört hatte, und hier von Neuem anerkannt und commissarisch formirt wird. Der König kündigt nur an, daß er den Bedürfnissen der Zeit entsprechend seine Strafgewalt anwenden werde, und delegirt dafür eine kleinere Zahl von Geheimräthen unter Beiordnung von 2 Richtern. Heinrich VIII. setzt die Einrichtung fort; deklarirt aber, daß in diesen Straffällen auch der Präsident des Raths zu den wesentlichen Mitgliedern (Quorum) gehören soll (21. Henr. VIII. c. 20.), und später, daß die Richter nur berathende Stimmen führen, womit eine mehr administrative Handhabung angebahnt wird. In analoger Weise wird nach 31. Henr. VIII. c. 8. der „Ungehorsam gegen Ordonnanzen" zur Ahndung vor eine Anzahl Großbeamte, Bischöfe und Richter verwiesen. Die sog. Sternkammer ist nur ein Committee des Privy Council, weshalb auch gelegentlich jeder Privy Councillor Theil nehmen und auch das Plenum als Sternkammer sitzen konnte, wie dies Anfangs in wichtigen Sachen, später — jedenfalls seit Edw. VI. — gewöhnlich geschah, womit diese Strafjustiz ganz in den gewöhnlichen Gang der politischen Geschäfte kam. Der Name Sternkammer, als technische Bezeichnung einer selbständigen Behörde, kommt in keinem Gesetze vor; es war nur die von dem Lokal hergenommene Bezeichnung, welche der gemeine Sprachgebrauch dem Council in seiner administrativen Strafjustiz beilegte. Auch Coke beschreibt die Sternkammer als Curia coram Rege et Concilio, bestehend aus „Mitgliedern des Privy Council mit Assistenz zweier Richter;" nur mit dem Unterschied, daß in dieser späteren Periode wieder ein Anspruch der Pairs als Magnum Concilium zur Theilnahme daran von Manchem behauptet wurde, ungefähr so wie in den Präcedenzfällen aus dem 15. Jahrhundert. In der zweiten Hälfte des 16. Jahrhunderts waren nun folgende Umstände zusammen gekommen, (1) das Bedürfniß der Reformation, welche wie alle staatlichen Umgestaltungen von Grund aus, neuer administrativer Gewalten bedurfte, die erst später gesetzlich genauer zu begrenzen waren, (2) der Geist der Verfolgung und Willkür, der aus den Religionsstreitigkeiten hervorgehend, einen polizeilichen Geist im ganzen Staatswesen verbreitete, (3) das stillschweigende Einverständniß zwischen Council und Parlament über die „zeitgemäße" Ausdehnung einer solchen Administrativjustiz, welches sich eben daraus erklärt. Es wird wohl nie gelingen, diese Confusion der Einrichtungen des st. 3. Henr. VII. mit der alten jurisdictio extraordinaria des Raths in technisch-juristischer Weise zu erklären.

Das Verfahren war gesetzlich niemals näher bestimmt. Es bilden sich daher Maximen nicht unähnlich der Verwaltungsjustiz in Civilsachen, also analog dem Verfahren des Lord Kanzlers in Billigkeitsfällen. Ein reines Beamtengericht, ein Beweis mit Zeugen, Urkunden und Protokollen ohne Jury gestaltet sich von selbst inquisitorisch; und folgerecht taucht allmälig auch der Gebrauch der Folter auf.

Es entsteht so ein Staatsgerichtshof mit ziemlich unbestimmtem Strafgebiet, ohne Appellation, furchtbar den Mächtigen, eben deshalb lange Zeit populär. Die Zeitgenossen sprechen davon mit Achtung. Sir Thomas Smith (selbst ein Minister Elisabeth's) rühmt die Sternkammer als eine gute Einrichtung Wolsey's. Der heftigste Gegner aller Administrativ-Justiz, Sir Edw. Coke (selbst als Attorney General darin thätig) sagt: „Es ist der ehrenwertheste Hof in der Christenheit, ausgenommen unser Parlament, sowohl in Betracht der Richter wie ihres Verfahrens: dieser Hof, wenn die rechte Einrichtung und alte Ordnung desselben beobachtet wird, hält ganz England ruhig." Eine Tendenz zum Schutz des Armen und Unterdrückten ließ sich an solcher Einrichtung wohl rühmen: aber sie enthielt auch die Wurzel zu viel weiter gehenden und schlimmen Dingen. Systematisch gehandhabt gab sie der Staatsregierung eine unwiderstehliche Kraft, jede widerstrebende Selbständigkeit und zuletzt jedes Recht zu brechen. Ministerium und Staatsgerichtshof in einem Körper konnte die Sternkammer unter Umständen eine unwiderstehliche Gewalt über Personen und Vermögen üben. Was ursprünglich Bedürfniß der Zeit, in den Conflikten der Reformation eine relativ-nothwendige Durchgangsform, war schon in der späteren Zeit Heinrich's VIII. nebenbei ein Tummelplatz kleinlicher Denunciationen wegen Disaffection gegen den König und die Gesetze geworden. Es war hauptsächlich die Indifferenz des Parlaments, welche den Mißbrauch der Administrativ-Justiz ermöglichte. Fiel die controllirende Stellung des Parlaments ganz fort, so war dies die offene Stelle, von welcher aus die Versuche zum Umsturz der Verfassung ihren nächsten Ausgang zu nehmen hatten. (§. 34.)

III. Die übrigen Delegationen des Council und die neu gebildeten Behörden [5]) schließen sich wiederum der reichsständischen Periode an. Als ursprünglicher Ausfluß der Gewalten des Königs im Rath besteht zunächst die Billigkeitsgerichtsbarkeit des Lord Kanzlers fort, und hat jetzt durch die permanente Stellung des Master of the Rolls und des gesammten Kanzleipersonals, durch festgeregelte Competenz und Verfahren, im Wesentlichen den Charakter einer jurisdictio ordinaria erhalten.

Daneben dauert aber noch fort die Idee eines ergänzenden Hofgerichts, welches in Civilprocessen jedem Unterthanen zugänglich sein soll, als eine Art von forum miserabilium personarum. Unter dem Namen des Ordinary Council wurden noch immer Civilprocesse vor dem Rath verhandelt, und diese Specialcommission für Justizsachen bestand während der Periode der Tudors unangefochten fort. (Nicolas VII. p. XVI., XXII.) Es war dafür ein gewisses Bedürfniß in Processen zwischen einheimischen und fremden Kaufleuten, Streitigkeiten der Corporationen, Seerechtsfragen und Armensachen. Die englischen Gerichtshöfe waren schon damals dem Aermeren viel weniger zugänglich als billig, die Kostbarkeit der Advocaten und Anwälte, die Gebühren der Sheriffs und Unterbeamten, die Ueberfeinerung der Proceßformen, ließen ein solches Hofgericht in manchen Fällen wohl als eine dankenswerthe Erleichterung der Rechtsverfolgung erscheinen.

Im engen Zusammenhang damit stand der sog. Court of Requests, welcher unter dem Lord Privy Seal aus mehren Masters of Requests gebildet wurde, Doctoren des Civilrechts in analoger Stellung wie die Masters of Chancery. Die Entstehung dieses Hofes aus der Verwaltungspraxis des Council ist unsicher. Unter dem Protectorat Somerset's, wahrscheinlich schon unter Heinrich VIII. war eine Einrichtung der Art getroffen worden. Da indessen diese Hofgerichtscommission weder ein Gesetz noch einen festen Brauch als Grundlage hatte, so sprach in 41. Eliz. die King's Bench in einem Präjudiz aus, daß jene Behörde kein verfassungsmäßiger Court und zu einer Rechtsprechung nicht befugt sei, worauf die Krone diese Einrichtung fallen ließ.

Dauernder waren solche Hofgerichts-Commissionen, welche mit Zuziehung einer Jury construirt wurden, nämlich die neugestalteten Hofmarschallamts-Gerichte, Court of the Lord Steward, Treasurer and Comptroller of the Household 3. Henr. VII. c. 14., und der Court of the Lord Steward 33. Henr. VIII. c. 12. mit einer Strafgewalt über Verrath, Mord, Blutvergießen ꝛc. in königlichen Residenzen.

Ebenso gestaltet sich der Admiralitätshof in Strafsachen unter Heinrich VIII., indem eine Commission auf den Lord High Admiral und einige Richter ausgestellt wird, die nun nach gemeinem Recht und mit einer Jury verfahren sollen unter der Bezeichnung der Commissions of Oyer and Terminer of the Admiralty, at the Sessions House in the Old Bailey.

Eine zweite Gruppe von neuen Behörden bildet sich neben dem Schatzamt für besondere Zweige der erblichen Revenüe. Es ist dies der Court of Augmentations and Revenues of the Crown, welcher zuerst durch 27. Henr. VIII. c. 27., 28. für die Verwaltung der säcularisirten Klostergüter gebildet wurde. Mit diesem Hofe wurde dann die Generalinspection der Domänen verbunden, unter einem Kanzler als Chef zur Bewahrung des großen und kleinen Siegels, 2 General-Inspectoren und einem zahlreichen sonstigen Beamtenpersonal. — In einem Court of Wards and Liveries wird ferner die Verwaltung der Lehnsvormundschaften von dem Exchequer getrennt, und diesem Hofe dann auch die Ertheilung der Lehns-Investituren aufgetragen, anscheinend in der wohlgemeinten Absicht die strengen Finanzgrundsätze des Schatzamts in dieser Verwaltung zu ermäßigen.

Eine dritte Gruppe eigenen Charakters bilden neue Provinzialbehorden, welche nicht nach dem alten System des Selfgovernment, sondern nach einem mehr büreaukratischen Muster von der Centralverwaltung abgezweigt werden. Nach dem Vorbild des Privy Council bilden sie eine provinzielle Oberbehörde in solchen Grafschaften, wo unruhige Nachbarschaft und innere Unruhen eine Veranlassung dazu boten. So entstand zunächst der Präsident und Rath in Wales, umfassend Wales und die Marken, sowie die Grafschaften Hereford, Worcester, Salop und Gloucester. Sodann der Präsident und Rath des Nordens, umfassend Yorkshire, Durham, Northumberland und Westmoreland. Concurrirende Gerichtsbarkeit mit dem Rath des Nordens hatten dann noch die 3 Höfe der schottischen Marken (Ost-, West- und Mittelmark), welche Northumberland, Cumberland und Westmoreland einbegriffen. Dem Council ähnlich haben diese Gouvernements eine commissarische Gerichtsbarkeit in Strafsachen und in Civilprocessen „wo eine der Parteien zu arm sei um den ordentlichen Rechtsweg zu suchen." Die Richter werden ermächtigt Urtheil zu sprechen entweder nach Landesrecht und Gewohnheit, oder in der Weise der Billigkeit nach ihrer Weisheit und freiem Ermessen (also mit oder ohne Jury). Diese letzte Klausel war auf dringendes Verlangen der Aufständischen im Norden zugestanden. — Endlich behielt auch Lancaster eine Art von besonderer Kanzlei und Sternkammer, als es unter Heinrich VII. als besonderer Hausbesitz der Krone übernommen wurde.

Diesem beweglichen Organismus der Verwaltung, in welchem ein Einfluß der Reformation und erweiterter Beamtengewalten schon in bedenklichem Maße sichtbar wird, steht nun gegenüber:

IV. Die Verfassung der drei Reichsgerichte des gemeinen Rechts[6]) in völlig unveränderter und Achtung gebietender Gestalt. Die drei Höfe der King's Bench, Common Pleas, Court of Exchequer, sind wie früher nach Bedürfniß mit 3, 4 oder 5 Richtern besetzt. Die Zunahme der richterlichen Geschäfte hat im J. 1579 die Veranlassung gegeben, daß auch bei dem Court of Exchequer zuerst Robert Shute „mit gleichem Rang und Würde, wie die Richter der beiden anderen Höfe" ernannt wurde. Bald werden dann alle beisitzenden Richter dieses Hofes aus den höheren zum Richteramt qualificirten Advocaten ernannt, nehmen daher auch Theil an dem Präsidium der Assisen, so daß von nun an die drei Abtheilungen der Reichsgerichte in ihrer Besetzung einander gleichstehen.

Die Oberinstanz der beamteten Reichsgerichte bei dem Oberhaus ist in dieser Periode zurückgetreten, indem die Ueberweisung von Oberappellationen an das Haus durch writ of error außer Gebrauch kommt. Wie nun aber in der vorigen Periode eine Appellation von dem Court of Exchequer an ein Committee des Council gebildet wurde, so wird durch st. 27. Eliz. c. 8. ein Obergericht auch für die Urtheile der King's Bench so gebildet, daß die Appellation von der King's Bench an das vereinigte Collegium des Court of Common Pleas und des Court of Exchequer gehen soll. Unter dem Namen Court of Exchequer Chamber hat also auch diese höchste Instanz einen rein richterlichen Charakter erhalten. Ueberhaupt erscheint die Besetzung der Gerichte und die persönliche Stellung der Richter trotz ihrer widerruflichen Anstellung und ihrem Verhältniß als Justitiarien des Council als eine würdige, und bewahrt sich während der ganzen Zeit ein hohes Ansehen und den Ruf der Unparteilichkeit.

Ergänzend für gewisse Gebiete der Civil-Jurisdiction steht daneben die Billigkeitsjustiz des Lord Kanzlers, welche allmälig ebenfalls einen festen, richterlichen Charakter gewonnen hat. Die Tudors zeigen keine Parteilichkeit für eine Ausdehnung dieses Gebiets der Jurisdiction; das st. 27. Eliz. c. 1. verbietet vielmehr jede „application to other jurisdictions to impeer or impede the jurisdiction of the King's Courts," und ohne Widerspruch der Krone werden die Strafen des Praemunire jetzt auch angewandt gegen Ueberschreitungen der Grenzen der Billigkeitsjustiz auf Kosten der ordentlichen Gerichtshöfe.

Dieser feste Theil der Staatsverwaltung ergänzt das Gesammtbild der Regierungsweise der Tudors.[7]) Gerichts-, Parlaments- und Gemeindeverfassung in ihrer Gesammtheit ergeben eine Regierungsweise, in welcher das Gute und Tüchtige das im Ganzen und Großen Ueberwiegende ist. Die Tudors hatten ein durch die Adelsparteien tief zerrüttetes Reich vorgefunden. Diesen Adel zu demüthigen, die königliche Gewalt und Gerechtigkeit gegen die Mächtigen im Lande wieder herzustellen, war ihre nächste Aufgabe gewesen, und dazu gab ihnen die hergebrachte Prärogative schon die ausreichende Gewalt. Durch die weiteren Akte der Reformation gehen die alten und neuen Gewalten des Kirchenregiments auf die Krone über, als eine überreiche Quelle neuer Machtverhältnisse. Seit der Verbindung der kirchlichen Hierarchie mit dem Königthum durchdringt von oben herab die weltlichen Institutionen ein neuer monarchischer Geist, am meisten unter Elisabeth. Die Tudors haben aber nach innen und nach außen diesen Zuwachs ihrer Macht in königlichem Sinne gehandhabt, durch kraftvolle Vertretung der Reformation, durch wirthschaftliche und politische Entwickelung der Nationalkraft. War das religiöse Element in Heinrich VIII. rücksichtslos dem politischen untergeordnet, so haben seine drei Kinder auf dem Throne durch die Wahrhaftigkeit ihrer Ueberzeugung, — wenn auch in entgegengesetzter Richtung, — das Königthum auch in dem religiösen Gefühle des Volks rehabilitirt. Der Uebergang aus der alten in die neue Kirche machte ein persönliches Regiment auf diesem Gebiete nothwendig, dem die gewaltthätige egoistische, aber mit klarem Verstand vorschreitende Persönlichkeit Heinrich's VIII. entspricht. In dieser neuen Stellung haben Heinrich VIII. und Elisabeth den Widerspruch gegen ihren Willen oft in hochfahrender Weise zurückgewiesen. Mochte aber Herrscherberuf oder Selbstsucht ihre Schritte leiten: sie haben niemals ohne Parlament, und stets nach Gesetzen regieren wollen. Die Versicherung Elisabeth's, mit welcher sie am Schluß ihrer Regierung den Mißgriff der Monopole zurücknahm, that never thought was cherished in my heart, that tended not to my people's good (Parl. Hist. IV. p. 480.) fand ein gläubiges Echo in dem Gemüthe ihres Volks. Die Fehler und Härten dieser muthigen, willenskräftigen Königsfamilie waren die Fehler ihrer Zeit und ihres Volks, mit dessen Größe, Wohl und Recht sie eines sein wollten. In vielen Richtungen ist dies Jahrhundert eine große Zeit englischer Staatsbildung.

1) **Das Personal des Privy Council** bestand beim Regierungsantritt Heinrich's VIII. aus dem Erzbischof von Canterbury (zugleich Lord-Kanzler), Bischof von Winchester (Privy Seal), Earl of Surrey (Lord-Schatzmeister), Earl of Shrewsbury (Lord Steward), Lord Herbert (Chamberlain), Sir Thomas Lovell, Sir Henry Wyatt, Doctor Routhale, Sir Edw. Poinings, Sir Henry Marney und Sir Thomas Darry. (State Papers I. p. 507). — Später 1526 und 1540 ist das Beamtenthum noch weiter vertreten durch den Groß-Admiral, Schatzmeister und Controleur des Hofhalts, den Stallmeister, den Vice-Kammerherrn, die beiden Cabinetsräthe, den Dechant der Kapelle, den Kanzler von Lancaster, den Kanzler des Court of the Augmentations und des Court der Zehnten und ersten Früchte. (Nicolas VII. p. IV.). Im Norden, der damaligen Vendée England's, war dies ein Grund der Unzufriedenheit und des Aufstandes von 1536. Eine der Volksbeschwerden ging dahin: „daß der Geheimrath aus zu vielen Personen von niedriger Geburt gebildet sei, während er im Anfang der Regierung aus einer viel größeren Zahl vom Adel bestanden habe." Heinrich erwiedert darauf: Bei seinem Regierungsantritt habe der Rath nur aus 2 hochgeborenen Lords bestanden, andere seien erst durch ihn zu Rittern und Lords gemacht; die übrigen seien Rechtsgelehrte und Geistliche gewesen, außer 2 Prälaten, denen von Canterbury und Winchester. Gegenwärtig dagegen seien viele Edelleute darin, die Herzöge von Norfolk und Suffolk, der Marquis von Exeter, die Earls von Oxford und Sussex, Lord Sandys, Sir William Fitz-William, Sir William Poulet und die Bischöfe von Hereford, Chichester und Winchester. Und schließlich sei es nicht Sache seiner Unterthanen ihm seinen Rath zu ernennen und sich in Dinge zu mischen, die sie nichts angehen. (State Papers I. 507. 508).

Die Rangfolge der Reichs- und Hofbeamten, wie sie durch das st. 31. Henr. VIII. c. 14. geordnet wird, enthält eine Präcedenztafel für die gesammten Standesverhältnisse, und gilt noch heute als eine Hauptgrundlage. Gneist, Adel und Ritterschaft in England. S. 47—50. Die Rangordnung der weltlichen Beamten stellt an die Spitze

1) den Lord-Kanzler, der zuerst unter Heinrich VII. bei Eröffnung des Parlaments auch als Cancellarius Magnus bezeichnet wird. Foss, Judges V. 5. Das historisch zweifelhafte Verhältniß des Lord Keeper wird durch eine Declaration in 5. Eliz. c. 18. dahin bestimmt, daß beide Aemter identisch sein sollen. Der Kanzler ist jetzt auch Aufseher der milden Stiftungen, charities. 43. Eliz. c. 4. In Folge der Reformation tritt allmälig eine Säcularisation des Amtes ein. Seit Thomas Morus sind die Kanzler abwechselnd geistliche oder weltliche Staatsmänner; seit Lord Keeper Pickering 1592 bis heute nur Juristen, mit einer singulären Ausnahme (Bischof Williams). Die zahlreichen Büreaus der Reichskanzlei sind jetzt noch vermehrt durch das Six

Clerks office, bestehend aus 6 Notarii publici, welche zur Einregistrirung von Urkunden unter Henr. VIII. und Eliz. förmlich incorporirt wurden.

2) Der Lord-Schatzmeister ist der dirigirende Minister der Finanzverwaltung. Sein Unterschatzmeister legt dem König alljährlich den Status der Revenüen vor, wie ein solcher aus dem Jahre 1507 und dann noch eine ganze Reihe aus der Zeit Heinrich's VIII. vorhanden sind. Die Reihe der Schatzmeister unter den Tudors ist: 1486 Lord Dynham, 1501, Th. Graf v. Surrey, später Herzog von Norfolk, — 1522 Th. Graf von Surrey, später Herzog von Norfolk, — 1547 Graf von Hertford, später Herzog von Somerset, — 1550 W. Graf von Wiltshire, später Marquis von Winchester (unter Eduard VI. Marie und Elisabeth) — 1572 W. Cecil, Lord Burleigh — 1599 Lord Burkhurst, später Graf von Dorset. — Unter Lord Burleigh wird zum ersten Mal auch ein Secretary des Lord Schatzmeisters erwähnt.

3) Der Lord Präsident des Staatsraths ist unter den Tudors noch kein wesentlicher Beamte. Zeitweise hat der Lord Kanzler, der Lord Siegelbewahrer oder ein Hofbeamter die formelle Leitung. Ist aber ein besonderer Präsident ernannt, so rangirt er an dritter Stelle.

4) Der Lord Privy Seal, bis 30. Henr. VIII. regelmäßig ein Geistlicher, seitdem gewöhnlich ein weltlicher Lord.

5) Der Lord Chamberlain, Großkämmerer, ein erbliches Amt ohne Administration. Das alte noch höhere Erbamt des Lord Steward ist übergangen, weil es längst nur pro hac vice creirt wurde.

6) Der Lord High Constable ist als Erbamt a. 1521 erloschen; seitdem nur bei der Krönung auf einen Tag creirt.

7) Der Earl Marshal, als Hofamt und Heroldsamt, ohne Staatsverwaltungs-Departement.

8) Der Lord High Admiral, seit 7. Rich. II. wie ein Erbamt behandelt, für das noch wenig bedeutende Departement der Admiralität und des Admiralitätsgerichts.

9) Der Lord Steward of the Household, administrirender Chef des Hofstaats.

10) King's Chamberlain, Kammerherr, in einflußreicher vertraulicher Stellung, häufig zu speciellen Missionen verwendet, aber ohne Verwaltungs-Departement.

11) Der King's Secretary, Staatssecretär, schon unter Heinrich VIII. in der Stellung eines einflußreichen Cabinetsraths, unter Elisabeth ein Hauptminister der Krone (s. Note 2).

2) Die Entstehungsgeschichte des Secretary of State ist von Sir H. Nicolas gegeben (VI. p. CXVII. ff.) und in einem berühmten Urtheil des Lord Camden (Entick v. Carrington, Howel State Trials Bd. 19). Die in der früheren Zeit vorkommenden Secretarii Regis waren Beauftragte für Spezialmissionen. So J. Maunsel, Secretarius noster für die Negociirung der spanischen Allianz in 37. Henr. III. Franciscus Accursii von Bologna, Professor des Civilrecht's, Consiliarius familiaris et Secretarius noster, als Gesandter beim Papst in 6. Edw. I.; J. de Pemstede in 28. Edw. I. Seitdem aber der Privatsiegelbewahrer ein hoher Staatsbeamter geworden, erscheint natürlich wieder ein Cabinetssecretär in der vertraulichen Stelle, die einst der Privy Seal und noch früher der Kanzler eingenommen hatte. Dieser

Secretär ist aber im Mittelalter ein Beamter dritten Ranges, rangirt noch unter Eduard III. hinter den Hofbeamten zweiten Ranges, selbst hinter den Aerzten, wird in Rang und Gehalt mit den Kammereinehmern, Küchenschreibern, Kaplänen und Wundärzten klassificirt, jedoch öfter zum Privatsiegelbewahrer oder zu einer geistlichen Würde befördet. — Unter dem Hause Lancaster wird ihm ein zweiter französischer Secretär attachirt (zuerst erwähnt in 12. Henr. VI), der auch nach Verlust der französischen Besitzungen bestehen bleibt als „Secretär für die französische Sprache." — 1514 erscheint für die lateinische Correspondenz auch ein lateinischer Secretär (aufgehoben erst 1832). Unter Eduard IV. sind die Geschäfte dieser Correspondenz-Secretäre schon so gewachsen, daß in dem schwarzen Buch des Hofhalts 4 Cabinetskanzlisten (Writers of the Signet) vorkommen. Unter den Tudors ist der erste Cabinetssecretär zu der Bedeutung eines Cabinetsraths fortgeschritten. Er rangirt 1489 bei Bestätigung des portugiesischen Friedensvertrages in der Reihe der Zeugen unter den Barons, und Dr. Routhale behält das Amt sogar noch 6 Jahre als Bischof von Durham. Unter Heinrich VIII. erscheint er als ein Hauptmitglied des Council, oft ein Bischof, seit der Reformation gewöhnlich ein Laie. Er ist noch immer Hofbeamter, erhält seine Wohnung im Haushalt mit 3 Dienern, 8 Pferden u. s. w. Er wird ernannt durch Ueberlieferung des Handsiegels (Signet), im Jahre 1558 kommt dazu noch ein Patent. Ein Amtseid wird erst in dem Eidbuch von 1649 erwähnt. Kurz nach 1539 hat die wachsende Geschäftslast die Ernennung von zwei Cabinetsräthen mit gleichen Pflichten veranlaßt. Jeder erhält ein Handsiegel zur Siegelung aller Cabinetsrescripte (Warrants) und Cabinetsschreiben „innerseits und außerseits wie herkömmlich;" beide halten ihr Journal zu stetiger gegenseitiger Einsicht offen, — übrigens mit gleichem Rang im Council, Hofstaat und sonst. — Unter Elisabeth erscheint wieder nur ein Cabinetsrath, Sir W. Cecil, der als solcher schon für das einflußreichste Mitglied der Verwaltung galt. Später bei Ernennung seines Sohnes zu der gleichen Stelle kommt a. 1601 zum ersten Mal der Titel Our Principal Secretary of Estate vor, offenbar im Sinne eines Staatsministers; a. 1600 wird zum ersten Mal auch ein Under-Secretary der Königin erwähnt.

Im Zusammenhang mit diesem Amt erscheinen neue Anordnungen über den Geschäftsgang bei Anwendung der königlichen Siegel. Schon in der Geheimraths-Instruction 18. Henr. VI. war ein Reglement für den Stufengang des Handsiegels, Privatsiegels und großen Siegels enthalten. (Nicolas VI. p. CLXXXVII.—CXCIII.). Die Anordnungen Heinrich's VIII. sprechen zunächst die Absicht aus, den Cabinetsräthen gewisse Gebühren zu sichern. Es ist dabei aber auch an eine Sicherung der Regelmäßigkeit und Authenticität gedacht. Es wird verordnet: daß jede Vergebung, Verleihung oder andere schriftliche Bewilligung des Königs unter seinem Handsiegel, welche bestimmt ist zu passiren unter den großen Siegeln in England, Irland 2c. oder durch eine andere Procedur aus dem Exchequer, ehe sie die gedachten Siegel passirt, übermacht werden muß an des Königs Hauptsecretär oder an einen seiner Cabinetssecretäre, um das Siegelamt zu passiren. Der Secretär soll binnen 8 Tagen in des Königs Namen letters of warrant unter seiner Unterschrift und mit des Königs Handsiegel expediren, an den Lord Privatsiegelbewahrer. Einer der Clerks des Privatsiegels hat dann, nach gebührender Prüfung durch den Lord Siegelbewahrer, binnen 8 Tagen einen weiteren warrant unter seiner Unterschrift an den Lord Kanzler 2c. zu expediren; bei 10 £ Strafe gegen jeden Clerk für ein abweichendes Verfahren. Von dieser Acte werden ausgenommen alle Warrants, welche der Lord Schatzmeister ex officio unmittelbar erläßt für Aemter und Ländereien im Bereich seiner Vergabung. Auch wird es der Discretion des Lord Kanzlers überlassen, in schleunigen Fällen ohne die Gebühren für das Große, Hand- und Privatsiegel zu verfahren. Ferner bleiben vorbehalten, des Königs ausdrückliche Befehle in Privat- und Staats-Angelegenheiten ohne Warrant und Privatgebühren. Nicolas VI. p. CCI.—CCIII. — Charakteristisch ist eine Beschwerde des Lord Kanzler über Kränkung seines alten Hofes und Siegels und seines „armen Amtseinkommens", als davon die Rede war, den Court of Augmentations zu ermächtigen, seine Ausfertigungen selbständig unter eigenem Siegel zu erlassen. — In den späteren Verhältnissen knüpfte sich an diese Anordnungen von neuem die Verantwortlichkeit des Staatssecretärs gegen das Parlament. Und in der Vorahnung kommender Dinge klagte schon damals ein Cabinetsrath über die verfassungsmäßige Unbestimmtheit seiner Stellung mit folgenden Worten: All Officers and Councillors of Princes have a prescribed authority, by Patent, by Custom, or by Oath, the Secretary, only excepted; but to the Secretary, out of a confidence and singular affection, there is a liberty to negotiate at discretion, at home and abroad, with friends and enemies, in all matters of speech and intelligence. All servants of Princes deal upon strong and weary authority, and warrant disbursements, as Treasurers; in conference with enemies, as General; in commissions in executing offices by patent and instructions, and so in whatsoever else; only a Secretary hath no warrant of commission, no — not in matters of his own. On the other side, the place of a Secretary is dreadful if he serve not a constant Prince; for he that liveth by trust, ought to serve truly; so he that lives at mercy, ought to be careful in the choice of his master, that he be just and de bona natura. (Thoms, book of the Court 257).

2) Die Geschäftsordnung Heinrich's VIII. für das Privy Council ist in dem Regulativ für den königlichen Haushalt von 1526 enthalten. „Es soll eine gute Zahl ehrenhafter, tugendhafter, ernster, weiser, erfahrener und verschwiegener Personen vom Rath der königlichen Person aufwarten, deren Namen nachstehend folgen: (14 Staats- und Hofbeamte, 4 Pärs, 2 Bischöfe). Da jedoch der Lord Kanzler, Lord Schatzmeister und andere wegen ihrer nothwendigen Anwesenheit in den Gerichtssitzungen und anderer Aemter häufig vom Hofe abwesend sind, besonders in den Terminzeiten der Gerichte, so wird, damit des Königs Hoheit zu keiner Zeit ohne Umgebung von Räthen sei, mit welchen er nach seinem Belieben conferiren könne, verordnet, daß die folgenden Personen continuirlich aufwarten sollen in Rathsangelegenheiten, wo sich auch seine Hoheit befinden mag, nämlich: der Lord Kammerherr, der Bischof von Bath, der Schatzmeister und Controlleur des Hofhalts, der Cabinetsrath, der Kanzler des Herzogthums von Lancaster, der Dechant der königlichen Kapelle, der Vice-Kammerherr, der Capitain der Garde, und für Armensachen Doctor Wolman." — „Und da es vorkommen kann, daß auch einige der vorbenannten Personen aus entschuldbaren Gründen abwesend, so ist ferner verordnet, das entweder der Bischof von Bath, der Cabinetsrath Sir Thomas More und der Dechant der Kapelle, oder wenigstens zwei von ihnen immer gegenwärtig seien, es müßte ihnen denn ein Urlaub gegeben sein, — und zwar jeden Tag Vormittags spätestens 10 Uhr und Nachmittags 2 Uhr in des Königs Speisesaal oder der sonst verabredeten Rathskammer." (Nicolas VII. p. V.—VII.). Im Gegensatz der engeren Abtheilung blieb dann der Lord Kanzler, der Erzbischof von Canterbury, der zweite Cabinetssecretär und einige andere Mitglieder gewöhnlich in London zur Erledigung der Geschäfte, welche nothwendig in der Hauptstadt verhandelt werden mußten, doch unter Beibehaltung einer fortlaufenden Correspondenz zwischen den beiden Abtheilungen. — Bei den Abstimmungen im Rath votirt herkömmlich das jüngste Mitglied zuerst, der König selbst zuletzt. Coke 4. Inst. 55. — Die Staatsraths-Protocolle, welche namentlich aus den Jahren 1540—1542 sehr ausführlich vorhanden sind, ergeben freilich ein wunderliches Gemisch von großen und kleinen Geschäften und namentlich ein seltsames Bild der damaligen Sternkammerjustiz. — Der politische Höhepunkt des Council tritt unter Elisabeth ein, deren vertraute Rathgeber als Staatsmänner einer neuen und bessern Ordnung der Dinge erscheinen. Die laufende Verwaltung dieser Zeit ist nach den großen inneren und äußeren Schwierigkeiten der Regierung zu würdigen. Für die innere Landesverwaltung ist es die Normalzeit des King in Council und weiser Gesetze. An vielen dieser Gesetze, deren intellectuelle Urheberschaft in solchen Staatsmännern lag, haben 200 Jahre späterer Gesetzgebung wenig zu bessern gewußt.

4) **Die Stellung des Privy Council als Sternkammer** ist behandelt in Hale's Jurisdiction of the House of Lords c. V; Rushworth, Collection v. 2. p. 471 ff.; Palgrave's Essay on the King's Council p. 104 ff. Zu künstlich ist die Ausführung bei Hallam, Const. History I. cap. I. a. E. Ueber den älteren Streit wegen der außerordentlichen Strafgewalt des Council vergl. oben Seite 363, 364. In dem temporären st. 31. Henr. VI. c. 2. waren als Fälle der Gerichtsbarkeit des Council „great riots, extortions, oppressions and grievous offences" genannt. Das neue Gesetz 3. Henr. VII. c. 8. geht mehrfach weiter. „In Erwägung der Bestechungen und der Parteilichkeit der Sheriffs bei Anfertigung der Jurylisten, ihrer falschen Berichte, Annahme von Geld durch Geschworene, großer Tumulte und ungesetzlicher Versammlungen ꝛc., — zur Abhülfe dessen wird hiemit erklärt, daß der Kanzler, Schatzmeister und Geheimsiegelbewahrer ermächtigt sein soll, mit einem Bischof und einem weltlichen Herrn vom Rath und den Chief Justices oder zwei anderen Richtern, auf Grund eines writ oder eines Befehls unter dem Privatsiegel, Personen wegen solcher Vergehen vor sich zu fordern und nach vorgängiger Untersuchung sie so zu bestrafen, als ob sie im ordentlichen Wege Rechtens verurtheilt wären". — Es werden dann 7 Vergehen namentlich genannt (unlawful maintenance — giving of signs and liveries — tokens and retainers — embracery — untrue demeaning of sheriffs in the returns and pannels of juries, — great riots, — unlawful assemblies) als solche Vergehen, bei denen die Anklage-Juries ihre Schuldigkeit nicht thun wollten. Diese Voraussetzungen waren thatsächlich richtig. Es geschahen noch täglich Gewaltthaten, gegen welche kein Juryspruch zu erlangen war. Wie bedeutend ein lokaler Einfluß der Großen noch war, zeigt beispielsweise das Verbot, ihre Privat-Beamten zu Sheriffs zu machen. Bestechlichkeit der Sheriffs und Juries, Gewaltthätigkeiten und Schurkereien aller Art werden auch in den Gerichtsbüchern und bei den Geschichtsschreibern dieser Zeit als tägliche Hergänge bezeichnet. Ein vor-

übergehender Versuch, die summarische Strafgewalt der Friedensrichter über den alten Umfang hinaus auszudehnen, erwies sich als ungenügend gegen die Mächtigen. Die Friedensrichtergewalt selbst war noch vielen Mißbräuchen ausgesetzt in einer Generation, die unter den Nachwehen wilder Parteikämpfe aufgewachsen war. Eine Ausdehnung der Strafgewalt der Stadtmagistrate führte (wie gleichzeitig in Deutschland) auch nur zu einem Polizeiregiment. Das Bedürfniß jener Maßregel läßt sich also kaum bezweifeln. In der weiteren Entwickelung liegt die juristische Schwierigkeit darin, daß unter Heinrich VIII. und später diese Straffunktionen sich (1) auf eine Menge neuer Fälle in unbestimmter Begrenzung erstrecken, (2) die Betheiligung der Councillors sich nicht an die in dem st. 3. Henr. VII bezeichneten Personen bindet, sondern auf das Plenum des Raths, d. h. auf die gerade theilnehmenden Mitglieder erstreckt ohne Zuziehung der Justices. Es erklärt sich dies einerseits aus der offenen Stelle, die von jeher für eine jurisdictio extraordinaria des Raths vorhanden, und welche trotz vielen Streits doch immer wieder von den Parlamenten anerkannt und nach den Zeitbedürfnissen geübt war (oben S. 363), andererseits aus der sehr mangelhaften Controlle der Parlamente gegenüber der Ministerverwaltung und aus dem Charakter der Religionsstreitigkeiten. Die Stellung der königlichen Prärogative war auf dem Gebiet der Kirchengewalt durch die Gesetzgebung in keiner Weise so fest bestimmt und bestimmbar, wie auf den alten Gebieten der weltlichen Rechtsverhältnisse. Die offene Stelle der discretionären Gewalten, welche hier neu entstanden war, erweitert sich wie gewöhnlich auch in andere Gebiete hinein. Es bestätigt sich auch in dieser Zeit die Erfahrung, daß eine grundsätzlich beschränkte Staatsregierung gerade an solchen offenen Stellen am meisten zu Willkür und Parteilichkeit neigt. Die Verwaltungsweise des Raths ist schon unter den Tudors durch Willkür im äußersten Maße auffällig, Nicolas VII. p. XXVI. ff. Wenn sie als Landesbeschwerde weniger fühlbar wurde, so erklärt sich dies einigermaßen aus der Centralisation, die mit großen Schwierigkeiten zu kämpfen hatte, um Personen aus weiten Entfernungen durch ihre Pedellen zu citiren und vor die Sternkammer zu bringen. Vergl. darüber die Erörterung von Marquardsen in der Münchener kritischen Vierteljahrsschrift 1860, S. 213—219. Das Verfahren der Sternkammer ist wesentlich das des Kanzleihofes, nach Vorbild des canonischen Processes, wie ja auch der Lordkanzler ursprünglich den Vorsitz führt. Aus der Inquisition in reinen Beamtenkörpern entsteht nothwendig der Drang zum Geständniß, und daraus die Praxis der Tortur, die zwar von allen englischen Juristen als Theil des gemeinen Rechts geleugnet, aber doch von allen als ein außerordentliches Verfahren anerkannt wurde. Thomas Smith und Sir Edward Coke, die sich so stark darüber aussprachen, haben selbst wiederholt als Untersuchungsrichter die Tortur angewandt, die in solchen Fällen auf Specialbefehl des Königs oder Privy Council applicirt wurde. Der Charakter des Hofes ist übrigens unter jeder Regierung ein verschiedener. Unter Heinrich VII. war er ein Staatsschutz gegen mächtige Uebelthäter; unter Heinrich VIII., Eduard VI. und Elisabeth noch ein machtvolles Instrument zur Durchführung der Reformation. Die Zeitgenossen erkennen insofern die Tüchtigkeit seines Wirkens an, mit Ausnahme der „politischen Fälle". Allein auch die wichtigeren politischen Fälle waren im letzten Grunde Fälle des Widerstandes gegen die staatskirchliche Autorität, und die ganze Zeit war tief durchdrungen von der

Pflicht der Obrigkeit, den wahren Glauben zu schützen. Selbst die äußerste kirchliche Opposition verlangte noch immer, daß das Volk „zur Lehre und zum Bekenntniß des wahren Glaubens kräftig genöthigt" werde. In dem Verfahren gegen Wentworth ordnete sogar das Unterhaus selbst ein Untersuchungsverfahren nach dieser Weise an. Reeves, History V. 231. 232. Die Kurzsichtigkeit in der Handhabung solcher Einrichtungen zu gewissen nächsten, nützlichen, populären Zwecken ist zu allen Zeiten ungefähr dieselbe gewesen.

5) Die neuen Behörden dieser Zeit schließen sich nur zum Theil an das ältere System der Delegationen des königlichen Raths an. Ein neuer Typus tritt aber in den selbständigen Finanzbehörden hervor, welche, neben den Exchequer gestellt, laufende Verwaltung und Administrativ-Justiz in sich vereinigen. Diesen Charakter hat namentlich:

1) Der Court of Augmentations and Revenues of the King's Crown. Als das st. 27. Henr. VIII. c. 27. 28. zuerst die kleinen Klöster bis zu 200 £ Revenüen auflöste, wurde eine eigene Behörde jenes Namens für die Verwaltung der säcularisirten Güter gebildet, an der Spitze ein Kanzler mit einem großen und kleinen Siegel. Der Hof hat zugleich die Administrativ-Justiz über Streitigkeiten daraus. Später wird die Säcularisation auf die großen Klöster und andere Stiftungen ausgedehnt (im Ganzen 2374 Institute), deren Einkünfte nach einer Berechnung von 1717 auf eine Grundrente von 273,000 £ geschätzt sind. In Folge dieser Erweiterung wurde durch Patent der ursprüngliche Hof wieder aufgehoben, ein neuer errichtet und vereinigt mit einer inzwischen gebildeten Generalinspection der Domänen (Court of General Surveyor of the lands belonging to the Crown) unter dem Namen Court of Augmentations and Revenues of the Crown. Da indessen Zweifel über die Verfassungsmäßigkeit der früheren Aufhebung durch Patent entstanden, so wurde die Behörde neu constituirt durch st. 7. Edw. VI. c. 2., — ein interessantes Specimen von dem, was man zur Zeit der Tudors einen Court nannte. Der Hof besteht aus einem Kanzler als Chef zur Bewahrung des großen und kleinen Siegels, zwei Generalinspectoren General Surveyors als den früheren Chefs der Domänen-Inspection, einem Schatzmeister, zwei Oberforstmeistern (Masters of the Woods), zwei Forstinspectoren (Surveyors of the Woods), einem Secretär (Clerk), 12 Rechnungsrevisoren (Auditors), 11 Rendanten (Receivers), einem Steward in jedem Amt (Manor Court), einem Domänen-Inspector (Surveyor of lands) in jeder Grafschaft, einem Holzwart (Woodward) in jeder Grafschaft, einem Registrator (Record Keeper), einem Huissier (Usher), einem Boten (Messenger). — Schon Heinrich VIII. hatte indessen die säcularisirten Güter massenweis veräußert und verschenkt; die katholische Marie gab die noch vorhandenen appropriirten Zehnten, Pfarrhufen u. a. an die alten Pfarren zurück und hob demgemäß die ganze Behörde auf. Die übrigbleibende Domänen- und Forstverwaltung geht wieder zurück an den Exchequer (1. Mar. sess. 2. c. 10). Auch eine durch 32. Henr. VIII. c. 46 errichtete Nebenbehörde, Court of First Fruits and Tenth wurde in 2. et 3. Phil. und Marie wieder aufgehoben.

2) Der Court of Wards and Liveries ist ein Stück Finanzverwaltung, welches in die Gestalt einer gesonderten Administrativ-Justiz übergeht. Von Heinrich VIII. wird zunächst ein Lehnsvormundschaftshof errichtet,

welcher die Obervormundschaft über Mündel und Geisteskranke führt, den Königswittwen den Consens zur Wiederverheirathung giebt und die Geldbußen für Heirathen ohne Licenz einzieht. Es ist ein court of record, bestehend aus dem Master of the Wards, der zugleich Siegelbewahrer ist, Kings Attorney, Receiver General und zwei Auditors. Der Geschäftsgang wird der Herzogskammer von Lancaster nachgebildet mit 4 jährlichen Terminsperioden (Terms) und mit der Befugniß zu arbiträren Gefängnißstrafen. (Das st. 33. Hen. VIII. wegen Errichtung einer Domänen-Inspection enthält zugleich Geschäftsvorschriften für diese Behörde). Ein Jahr nach der Errichtung werden auch die Lehnsinvestituren (liveries) dem Court of Wards übertragen und ein Surveyor of the Kings Liveries als Vicepräsident hinzugefügt. Der Hof in dieser Gestalt hat bis zur Aufhebung der Ritterlehne unter Carl II. fortgedauert.

Eine eigenthümliche Bildung als eine Art von Handelsgericht ist das durch st. 43. Eliz. c. 12. formirte Gericht zur Entscheidung von Assecuranz-Streitigkeiten, zusammengesetzt durch eine Commission auf den Admiralitätsrichter, den Stadtrichter (Recorder) von London, zwei Doctoren des Civilrechts, zwei gemeinrechtliche Juristen und 8 Kaufleute, mit Appellation an den Kanzler. Dies Handelsgericht ist jedoch seit Menschenaltern vergessen und verschollen, wie denn Handels-, Gewerbegerichte und andere Bestrebungen nach Bildung von Spezialgerichten für besondere Erwerbs- und Berufsklassen in England niemals Fortgang hatten.

In stärkerem Maße tritt ein büreaukratischer Geist der Organisation in den neuen Provinzialbehörden auf, denen zunächst örtliche Bedürfnisse zu Grunde lagen. Eine dem Rath des Nordens analoge Bildung war auch ein Präsident und Rath im Westen, errichtet durch st. 32. Henr. VIII. c. 50., mit gleicher Autorität in den Grafschaften Devon und Cornwall, der jedoch bald wieder aufgehoben wurde.

6) **Die Courts of Common Law** in ihrer äußeren Zusammensetzung behandelt Foss, Judges V. 8, 405, 409 ff. Die früher als Regel übliche Ertheilung der Ritterwürde an die Reichsrichter wird jetzt seltener. Elisabeth, welche nach der Art weiser Monarchen Ehren und Titel sparsam ertheilte, pflegte nur die Präsidenten der Gerichtshöfe mit der Ritterwürde zu beehren. Dagegen waren die Tudors darauf bedacht, die persönliche Integrität und äußere Unabhängigkeit ihrer Richter zu erhalten, die sich auch in einem bedeutend erhöhten Amtseinkommen ausdrückt. Bei der Einkommenschätzung in 15. Henr. VIII. wird der Chief Justice der Kings Bench auf 1000 Mark, der Common Pleas auf 650 Mark, der Chief Baron auf 400 £, die beisitzenden Richter auf 400 £, 500 Mark, 240 £, 200 £ eingeschätzt. In der Anwaltschaft werden die Sergeants auf 100—250 £, der Attorney General auf 500 £ taxirt. Foss, Judges V. 99. Ueber das Visitationsrecht vergl. Reeves V. 250. — Wenn häufig behauptet wird, daß die Richter dieser Zeit große Willfährigkeit und Diensteifer für die Wünsche des Königthums gezeigt, so muß daran der Maßstab der Parlamente, insbesondere des Oberhauses jener Zeit gelegt werden. Es ist dabei der noch immer weite und unbestimmte Charakter des Hochverraths, die Fassung der politischen und religiösen Strafgesetze, so wie die an vielen Punkten noch schwankende Stellung der Jury zu beachten. Ueber das ehrenhafte Verhalten der Richter bei ihrer Remonstration gegen den Rath wegen willkürlicher Verhaftungen durch die Councillors im Jahre 1591

vergl. Hallam, Const. Hist. III. c. 5 im Anfang, wo der Wortlaut der Remonstration abgedruckt ist. Ebenso charakteristisch ist das Verhalten der Richter gegen ein Cabinetsrescript vom 21. April 1587 in Anderson's Report 154, wo die Königin über ein Amt verfügt, welches als eine freehold des zeitigen Inhabers anzusehen war, wogegen die Richter sich auf ihren Eid berufend den Gehorsam weigern und die Königin nachgiebt. Ihre persönlichen Wünsche haben die Tudors niemals bei dem Personal ihrer Reichsgerichte geltend gemacht, in die ordentliche Rechtsprechung sich überhaupt nicht eingemischt. Ihr würdiges Verhalten in diesem Gebiet erinnert an die besten Zeiten der Monarchie in Deutschland. — In ihrer Eigenschaft als Rechtsconsulenten des Oberhauses wurden den Reichsrichtern zuweilen, aber verhältnißmäßig nicht häufig, Rechtsfragen vorgelegt, wie bei dem Regierungsantritt Heinrichs VII. Auch in diesen Functionen erscheint das Verhalten der Richter ehrenhaft. Heinrich VIII. selbst nimmt in einer Parlamentsrede Bezug auf ein solches Gutachten über das Prinzip der Parlamentsverfassung: „Gleicherweise vernehmen wir von den Richtern, daß unsere königliche Würde nie erhabener steht, als während der Parlamentsversammlungen, wo wir als Haupt und Ihr als Glieder dermaßen zu einem politischen Körper verbunden und vereinigt sind, daß unsere Person und dem gesammten Parlament für geschehen und angethan gilt, was auch nur dem geringsten Mitgliede wiederfährt". — Ueber die Billigkeitsgerichtsbarkeit des Lordkanzlers vergl. Spence, Equit. jurisd. I. 478 ff.

7) **Der Gesammtcharakter dieser Staatsregierung** muß gewürdigt werden, indem man die Gerichts-, Gemeinde- und Parlamentsverfassung gegenüberstellt dem Verfahren gegen Einzele, der Sternkammer und den Hochverrathsgesetzen dieser Zeit. Die letzteren zeigen wenigstens einen Fortschritt in dem st. 11. Henr. VII. c. 1, welches die Strafen des Hochverraths beseitigt gegen den, welcher einem King de facto Unterthanentreue leistet (richtig gewürdigt von Hallam III. 196.). Dazu kommt ein Gesetz Eduards VI. über die Nothwendigkeit zweier Zeugen zum Beweis des Hochverraths. Die Uebertragung der Hochverrathsgesetze auf die Ableugnung der Suprematie ist eine schwere Verletzung unserer religiösen Gefühle: für das sechszehnte Jahrhundert lag darin eine Rechtsconsequenz des alten Kirchenregiments. Die st. 25. Henr. VIII. c. 22.; 26. Henr. VIII. c. 13.; 27. Henr. VIII. c. 2.; 28. Henr. VIII. c. 2. waren freilich nicht bloß die gewaltige Handhabe der Durchführung der königlichen Reformation, sondern zugleich ein Instrument für tyrannische Neigungen und rohe Willkür, welche die Geschichte mit Recht gebrandmarkt hat. In 1. Edw. VI. wurden jene blutigen Hochverrathsge etze wieder aufgehoben, die einzelen Fälle aber später doch wieder unter schwere Strafen gestellt. Die katholische Marie hob alle neuen felonies bis zu 1. Henr. VIII. zurück auf, aber nur um in kirchlichen Dingen desto erbarmungsloser, in weltlichen Dingen noch polizeilicher zu verfahren als Heinrich VIII. Die Trennung der religiösen und socialen Fragen von Verfassung und Recht hat in neueren Darstellungen zu übertriebener Vertheilung von Licht und Schatten geführt, der gegenüber Vaughan, Revolutións II. 334. wieder die rechte Mitte sucht: „It was, indeed, England, with many harsh laws, harshly administered; with an amount of crime and vagrancy beneath the surface of society, which no laws seemed to reach; with a labouring class, whose toil yielded them but a poor subsistence; with manufactures and trade hemmed in on all

sides by fiscal restrictions and monopolies; and with physical science and polite literature in no flourishing condition. But the crisis in our history in which an old order of society was to pass away, and another was to acquire place and stability, was naturally a crisis of stern conflict." Die gewaltigen Aenderungen in Kirche und Gesellschaft hatten auch im Volk den Sinn für Recht und Unrecht verwirrt und die Nation geneigt gemacht, das individuelle Recht einer Staatsmacht zu opfern, welche große Ziele verfolgte und zu erreichen wußte. In solchen Zeiten verschwindet Stolz und Selbstgefühl auch aus der regierenden Klasse, und kehrt erst in einer festen harmonischen Bildung der Gesellschaft wieder. Im Einzelen wie im Ganzen hatten die Verhältnisse der Zeit dahin geführt, die persönliche Königsgewalt zu erhöhen, und die Nation geneigt gemacht, Vieles geduldig zu ertragen. Die Vereinigung der beiden Rosen in Heinrich VII. war seit 80 Jahren die vierte Unterbrechung des regelmäßigen Erbganges der Dynastie! Ein dreißigjähriger wilder Kampf, Zerrissenheit und Demoralisation im Innern standen als die drohenden Wahrzeichen eines Dynastiewechsels vor den Augen der Nation. Heinrich VIII. war von Kindheit auf „a humoured and spoiled piece of royalty;" doch auch „the majestic Lord, who broke the bonds of Rome." Die Reformation machte ihn zum Gegengewicht gegen einen noch verhaßteren Despotismus, seine Persönlichkeit zum unentbehrlichen Träger des großen nationalen Werks: „the need of his presence was the great secret of submission to his oppressive rule", Vaughan II. 249. Gegenübergestellt dem Cardinal Pole und seinen Freunden erhielt diese Art des Absolutismus ihre Folie. Die große Mehrheit des Volks war in der Wahl zwischen beiden nicht mehr zweifelhaft. Der blutigen Marie und dem spanischen Philipp gegenüber erschien dann Elisabeth der Nation wie ein Engel der Erlösung mit allen Eigenschaften, welche die Monarchie zur leitenden und volksbeliebten Macht erheben. Die Reformation war in dieser Königin noch stärker personificirt als in Heinrich VIII., wie dies auch die überängstliche Fürsorge ihres Volks für die königliche Person ausdrückt. Alle diese Umstände treffen zusammen, um den monarchischen und zugleich den polizeilichen Geist der Regierung zu erhöhen. Es ist eine Zeit einer großen Erregung und Beweglichkeit der Geister, welche selten anders als auf Kosten des Charakters von Individuen und Ständen besteht. Alles aber machte die Persönlichkeit der Tudors, ihren Muth und ihre Willenskraft zu dem leitenden Mittelpunkt einer trotz aller Fehler großen Zeit.

Fünfte Periode.

Die Stuarts und der Verfassungskampf.

Jakob I.	1603—1625.
Carl I.	1625—1649.
Die Republik	1649—1660.
Carl II.	1660—1685.
Jakob II.	1685—1688.

§. 33.

Der Zwiespalt der Staatsverfassung.*)

Die englische Reformation hatte das Königthum zum Universalsuccessor des Papstthums gemacht. Die Macht der mittelalterlichen Kirche, ein großer Theil ihrer Reichthümer, der Einfluß der Geistlichkeit über die Gemüther, das System ihrer absoluten Autorität war auf den König von England übergegangen. War mit Beseitigung der lange bekämpften Fremdherrschaft des italienischen Kirchenhaupts ein wichtiger Schritt geschehen zur Befreiung der Geister, so war damit auch ein bedenklicher Schritt geschehen zur Gefährdung der Landesverfassung. Der Gegensatz, der das Mittelalter so lange und so tief bewegt hatte, war damit in das Innere der Verfassung versetzt. Im Mittelalter war die Grenzlinie zwischen Kirche und Staat durch die Nationaleifersucht bewacht worden: jetzt war diese Schranke zwischen beiden gefallen, seit beide sich vereinigen unter einem obersten Herrn. Die beiden Richtungen des menschlichen Geistes, die bisher in Kirche und Staat sich verkörperten, sind innere Gegensätze im Staate selbst geworden.

Nach tausendjähriger Anschauung der Völker gab es nur eine Kirche. Die lebende Generation befand sich aber in einem langen erbitterten Streit, welche Kirche die wahre christlich-katholische sei. Die Möglichkeit einer Gleichberechtigung, oder auch nur einer Duldung verschiedener Bekenntnisse innerhalb eines Staatswesens, war den Lebensanschauungen noch völlig fremd, und in der That unmöglich, so lange jede Kirche ein Maß der obrigkeitlichen Gewalt beanspruchte, welches, wie jede Staatsgewalt, nur eine einheitliche ausschließliche Macht sein konnte.

Die römisch-katholische Kirche, wo sie die Macht dazu hatte, machte diesen Standpunkt durch Feuer und Schwert geltend. Sie hatte sich im sechszehnten Jahrhundert durch ernste Reformen und starke Bündnisse von Neuem ermannt. Papst und katholische Fürsten des Continents agitirten durch Emissäre, durch Anstiftung von Verschwörungen und Entbindung der Unterthanen vom Gehorsam gegen die englische Krone und Suprematie. Solche Gegner waren nicht durch Duldsamkeit zu bekämpfen! Die Scenen der Pariser Bluthochzeit und der spanischen Niederlande machten eine abstracte Toleranz im 16. Jahrhundert zur Unmöglichkeit. Die Krone von England konnte die Nationalkirche nicht anders schützen und behaupten, als indem sie solche als die alleingültige, alleinseligmachende constituirte, und die größere Christlichkeit des neues Bekenntnisses nur darin bewähren, daß sie ihr Zwangsrecht mäßiger und menschlicher handhabte. Die Stellung der Krone gegen die alte Kirche war damit unzweifelhaft gegeben.

Schon in der zweiten Hälfte des 16. Jahrhunderts beginnen nun aber auch die Mißhelligkeiten nach einer anderen Seite, innerhalb der reformirenden Richtung selbst.**) Die Idee einer bloßen Nationalkirche mit indifferentem Dogma hatte sich unter Heinrich und unter Marie als völlig hohl und haltlos ergeben. Die staatskirchliche Obrigkeit selbst hatte sich überzeugen müssen, daß das neue Werk ohne inneren Glauben keinen Halt habe, daß in manchen Theilen des Landes noch gar kein Verständniß der Reform vorhanden war; darum griff sie zu der eigentlichen Waffe der Reformation, der Gestattung des Bibellesens. Die Wirkung war, daß das Volk anfing, die so lange verpönte Bibel mit jener Art von Vorurtheil zu erklären, „mit dem eine englische Jury auf einen Beweis zu blicken pflegt, den eine Partei im Proceß zu unterdrücken versucht hat.“ Mit der eignen Prüfung und Forschung beginnen nun auch die Zweifel an der neuen Hierarchie. Schon unter Eduard VI. erscheinen Mißhelligkeiten zwischen den gemäßigten Reformern, welche durch die obrigkeitlich festgestellte Glaubenslehre und Liturgie zufrieden gestellt sind, und den strengeren Reformern in der Richtung von Zwingli und Calvin (analog den Streitpunkten zwischen Lutheranern und Reformirten), genährt durch vielfache Berührungen mit der reformirten Geistlichkeit des Continents. Vom Standpunkt der Staatskirche aus beschloß Elisabeth, die daraus hervorgehenden Unregelmäßigkeiten im Gottesdienst zu unterdrücken, gegen Conventikel einzuschreiten, dissentirende Geistliche abzusetzen, heftige Pamphlete mit scharfen Strafen zu ahnden. Eben dadurch wurde aber eine ehrliche Ueberzeugung zum Widerspruch gegen die königliche Autorität selbst getrieben; Cartwright bestritt nunmehr in seinen kühnen Thesen die Suprematie selber. „Kirchen-Angelegenheiten sollten nur von Kirchenbeamten entschieden werden, und geistliche Personen auch ohne Zustimmung der Obrigkeit berechtigt sein, Kirchenordnungen und Ceremonien anzunehmen." Diese Opposition war allerdings das berechtigte Element der Selbstforschung in einem Reformationswerk, welches wie das englische, so äußerlich in seinen Ausgangspunkten, so lange Zeit äußerlich in seinem Verlauf geblieben war. Elisabeth aber folgte in der Niederhaltung desselben ihrer religiösen Ueberzeugung und ihrer Staatsraison. Ob sie darin zu viel oder zu wenig gethan: darüber waren die Zeitgenossen getheilter Meinung. Bei der tiefen Anhänglichkeit der Bevölkerung an ihre Person und bei der Geringfügigkeit der Differenz über eigentliche Glaubenslehren erscheint diese Seite der Opposition überhaupt noch als die untergeordnete.

Trotz dieser Uneinigkeit unter sich bleiben aber die reformirenden Richtungen einig in der Forderung einer nationalen Gestaltung der Kirche, also einig gegen die „Papisten," welche die National-Eifersucht jetzt wie landesverrätherische Unterthanen ansah, die einem fremden Herrscher anhingen. Wie das Parlament auf eigene Hand verfahren sein würde, zeigen einzele Gewaltakte und unaufhörliche Klagen über Nachsicht gegen den Papismus. Die Krone that durch Gesetzgebung und Verwaltung das Mögliche zur Ausrottung der Reste des Katholicismus: dennoch gab es von Elisabeth bis Jakob II. keinen Zeitpunkt, in welchem sie so viel that wie Parlament und Volksstimme eigentlich verlangten. Alle drängten zu Gewaltmaßregeln: den Presbyterianern war die Verfolgung der Katholiken zu schlaff; die Episkopalen verlangten größere Strenge gegen Beide. Alle hießen Ueberschreitungen der Verwaltung gut, sofern sie nur die Gegenpartei trafen.

In diesem Gebiet der Staatsthätigkeit wurde es zuerst klar, daß die Krone durch die Reformation eine neue selbständige Stellung gewonnen, daß die Suprematie die Bedeutung der Prärogative geändert hatte. Im Bereich der Kirche regiert der König als absoluter Herr mit einem Beamtenstaat; im Bereich der Weltlichkeit dagegen nur als formelle Autorität mit beschließenden Parlamenten und selbständigen Communitates. Beide Systeme standen ohne scharfe Grenzscheide neben einander. Eine Macht aber, welche in dem bisher höheren Kreise der Kirche unumschränkt herrschte, hatte das natürliche Bestreben auch in dem niederen Kreise nicht unbedingt an die Beschlüsse von Lords und Gemeinen gebunden zu sein. Wie jede Staatsverfassung die Tendenz einheitlicher Verwaltung in sich trägt, so hatte das Königthum damit die unabweisbare Tendenz erhalten, den Staat zu einer Verwaltungsordnung nach dem Muster der Kirche umzubilden, also die Tendenz zum Absolutismus.

Mit Klarheit und Entschiedenheit hatte Elisabeth ihre königliche Stellung zu diesen Verhältnissen genommen. Ihre Regierung zieht fortschreitend die Consequenzen aus der königlichen Suprematie. Die Suprematie-Akte hat die geistliche Gesetzgebung und Gerichtsbarkeit zu einem Ausfluß der Krone gemacht; der geistliche Unterthaneneid umfaßt gleichmäßig alle geistlichen und weltlichen Personen in öffentlicher Stellung, bis herab auch zu unteren und mittelbaren Beamten und Dienern der Staatsgewalt. Die Uniformitäts-Akte ordnet Ritus und Kirchendisciplin dem Königthum unter. Die spätere Gesetzgebung sucht durch ergänzende Maßregeln den erhobenen Widerstand an allen Punkten zu brechen, an welchen er sichtbar wird. Diese Maßregeln werden fortschreitend strenger gegen die Opposition nach beiden Seiten, oft hart gegen Einzele, aber ohne Verletzung des formellen Rechts, welches auch in dem Verfahren gegen Maria Stuart unzweifelhaft auf Seiten Elisabeth's steht. Allein mit derselben Klarheit hielt Elisabeth auch die verfassungsmäßigen Grenzen ihrer königlichen Gewalt inne. Sie wußte, daß ihre Militär-, Gerichts-, Polizei- und Finanzhoheit nicht mehr zu trennen war von dem verfassungsmäßigen Antheil der besitzenden Klassen; daß das darauf beruhende selfgovernment in tieferer Durchdringung fortschritt, daß die Zusammenfassung dieser Verhältnisse im Parlament die nothwendige Consequenz dieser Grundlagen war. Sie hat niemals verkannt, daß ihr eigener Titel zur Krone auf weltlichem Recht und auf der Anerkennung des Parlaments beruhte. Die göttliche Mission des Königthums, von der sie tief durchdrungen war und gern auch sprach, erachtete sie damit für wohl vereinbar. Mit der anerkannten Stellung der Parlamente vereinigt sie die neugewonnenen Gewalten in der Weise, daß sie (1) für die Gesetzgebung über die inneren kirchlichen Verhältnisse die ausschließliche Initiative für sich und ihren Clerus beansprucht; (2) daß sie die erweiterten administrativen Gewalten, welche der Kirchenstreit bedingte, durch Parlamentsakten sanktioniren läßt; (3) daß sie in Zuständen des Krieges oder der Landesunruhen durch Ordonnanzen außerordentliche Gewalten ertheilt, auch wohl ihre Beamten von bestehenden Gesetzen dispensirt. Sie macht davon aber einen gemäßigten und wohl motivirten Gebrauch in Fällen, für welche auch die Parlamente des 18. Jahrhunderts eine Indemnitäts-bill schwerlich versagt haben würden. Der Vorbehalt der inneren kirchlichen Gesetzgebung für ihre Initiative ließ sich aus dem inneren Grunde rechtfertigen, daß Aenderungen in Glaubenssachen nicht von Majoritätsbeschlüssen ausgehen sollten, sowie aus dem äußeren Grund, daß das Parlament auf diesem Gebiet keine hergebrachten Rechte zu beanspruchen, sondern (wie einst im Gebiet der Weltlichkeit) solche erst zu erwerben hatte.

Es lag nun aber in der Natur dieser zusammengesetzten Verfassung, daß in den nächsten Umgebungen der Krone eine solche Stellung gar vielen Anschauungen und Interessen nicht genügte. Wie von unten herauf dem presbyterianischen Verfassungsideal dies Königthum zuviel war, so war es manchen Staatsmännern der Zeit zu wenig. In dem Privy Council tauchte bereits die Vorstellung auf, daß neben der ordentlichen Prärogative der Königin noch eine „Obersouveränetät“ bestehe, die man auch die absolute Gewalt nannte, aus der zunächst die Rechtmäßigkeit außerordentlicher Maßregeln in außerordentlichen Nothständen abgeleitet wurde. Das berufsmäßige Beamtenthum war aber nur zu geneigt, jedes Hinderniß einer Regierungsmaßregel sich als einen „Nothstand“ zu denken, aus welchem die Obersouveränetät heraushelfen könne. Noch viel weiter gehend wurzelten solche Vorstellungen in dem berufsmäßigen Beamtenthum der jetzigen Staatskirche. Die neue Stellung der Bischöfe als Delegirte der königlichen Gewalt hatte die alte ständische Selbständigkeit verloren. Ihre höchste Behörde, der High Commission Court, ist ein reiner Beamtenkörper geworden, ohne ständische Mitbeschließung oder Controlle, mit einer ordentlichen Straf- und Disciplinargewalt, die sich mit den außerordentlichen Gewalten der Sternkammer in einandergreifend ergänzt. Das System dieser Beamtenkörper hat sich weiter ausgedehnt in große Provinzial-Räthe. Alle diese Körper haben die Verwaltungsformen und Maximen des kirchlichen Vorbilds, also des absoluten Beamtenstaats bereits angenommen. Es sind hier in einem engern Gebiet die Lebensbedingungen des kontinentalen Beamtenstaats bereits enge beisammen. Naturgemäß mußten sich innerhalb dieser neuen Verwaltung neue Rechtsvorstellungen bilden. Während in Deutschland aus neuen Rechtslehren ein neuer Beamtenstaat, so ging hier aus den schon vorhandenen Beamtenkörpern eine neue Rechtsanschauung hervor. Sie traf zusammen mit der alten Eifersucht zwischen Parlament und Geistlichkeit und mit der instinctiven Abneigung des Clerus gegen eine Unterordnung unter Parlamente mit wechselnden Partei-Majoritäten. Durch das tägliche Ineinandergreifen geistlicher und weltlicher Verwaltung übertrugen sich allmälig die Vorstellungen von dem Recht eines geistlichen Oberherrn auf dessen Stellung zu Parlament und Laienthum. Während das Mittelalter seine weltlichen Verfassungen nicht durch Reflexion, sondern nach dem Gefühl des Rechts und der Interessen und durch Herkommen gebildet hatte, entstehen hier zum ersten Mal förmliche Systeme***) für das königliche Recht, überwiegend aus theologischen Anschauungen und durch theologische Argumentation gebildet. Der eigentliche Sitz und die Triebkraft solcher Lebensanschauungen des berufsmäßigen Beamtenthums bildet sich aber erst da, wo das Beamtenthum selbst eine ständisch geschlossene Organisation gewinnt. In der anglicanischen Kirche war diese ständische Formation nicht erst neu zu schaffen, wie in dem Absolutismus des Continents, sondern sie hatte sich aus der alten Kirche continuirt durch die Beibehaltung des geistlichen Parlaments, also der beiden Häuser der Convocation, welche ihrer Anlage nach der Hauptsitz absolutistischer Staatslehren werden mußten. Nach einem Menschenalter haben sich die klerikalen Vorstellungen bereits consolidirt in den Canones der Convokation von 1606, welche jedoch der Oeffentlichkeit noch vorenthalten werden. Diese Thesen gehen auf den Ursprung menschlicher Regierung zurück, welchen sie im patriarchalischen Familienregiment und dessen Erscheinung im alten Testament suchen. „In diesen goldenen Tagen (heißt es) waren die Funktionen des Königs und Priesters die wahren Prärogativen des Geburtsrechts; bis die Schlechtigkeit der Menschen die Usurpation aufbrachte und den klaren Strom von der Quelle mit ihren schlammigen Zusätzen so trübte, daß wir jetzt uns nach der Verjährung umsehen müssen für das Recht, welches wir nicht der Erstgeburt vindiciren können.“ (Nachdem daraus der unbedingte Gehorsam gegen die Anordnungen des Königs hergeleitet ist, heißt es weiter:) „Des Königs Gewalt ist also von Gott, die des Parlaments nur von den Menschen, erlangt vielleicht durch Rebellion; welches Recht kann aber aus Rebellion entstehen? oder wäre es selbst durch freiwillige Concession entstanden, könnte der König eine göttliche Gabe veräußern und die Ordnung der Vorsehung brechen? Könnten seine Bewilligungen, wenn nicht in sich null, gegen seine Nachkommenschaft gelten, Erben gleich ihm unter der großen Belehnung der Schöpfung?“

Das Schicksal des Königthums und der Landesverfassung hing von dem Verhalten ab, welches die mit dem Anfang des 17. Jahrhunderts eintretende Dynastie zu diesen neuen Theorien einnahm.

*) **Die Periode der Stuarts** ist von der Seite der inneren Entwickelung aus in Gemeinde-, Grafschaftsverfassung, Ständewesen und ihrer Zusammenfassung im Parlament behandelt in Gneist II. 253—355; verbunden mit der Periode der Tudors. Die Gesetzesurkunden dieser Zeit geben die Statutes of the Realm vol. IV. a. V. VI. VII. a. Für die Zeit der Republik gehört dazu ergänzend: Acts and Ordinances during the Usurpation from 1640 to 1656 by Henry Scobell. Lond. 1658 fol. Die Parlamentsverhandlungen giebt in ziemlich ausführlichen Auszügen Parry Parliaments 1839 S. 240—603. Die Calendars der State papers von 1611—1625. 1661—1667 sind neuerdings von Ev. Green und Bruce edirt. Unter den Geschichtsdarstellungen steht jetzt an der Spitze die glänzende Darstellung in Macaulay, History of England. Für das massenhafte Material: Rushworth, Historical Collections from 16. James I. to the death of Charles I. (1659—1701). Die Staatsrechtsfragen der Revolution behandeln von verschiedenen politischen und nationalen Standpunkten: Clarendon, the History of the Rebellion. Oxf. 1705. Bas. 1798. Brodie Constitutional History of the Br. Empire from the accession of Ch. I. to the restauration, neue Ausg. 1866 3. Vol. Burnet, History of his own time from the Restauration etc. Guizot, Histoire de la révolution d'Angleterre, Histoire de la République d'Angleterre und in anderen Schriften. Dahlmann, englische Revolution. Ueber die auswärtigen Verhältnisse besonders eingehend: Ranke, Englische Geschichte Band I. Berlin 1859. Ueber die politischen Streitschriften von Hale, Prynne, Selden, Brady u. A. vergl. R. v. Mohl, die Literatur der Staatswissenschaft Bd. I. S. 325—330. II. 70 ff. 86. ff. Insbesondere Sir Roger Twysden, Certain considerations upon the Government of England, edited by J. M. Kemble, London 1849. 4°. Ein neuer Beitrag: J. Langton Lanford, Illustrations of the Great Rebellion. London 1858. Vaughan Revolutions in English History, Vol. III. 1863.

) **Die Stellung des Königthums zu der protestantischen Opposition wird in den neueren englischen Geschichtsdarstellungen meistens nicht nach dem Maßstab der Zeit gemessen. Mit modernen Ideen von kirchlicher Autonomie wäre die Kirchenreformation eine Unmöglichkeit geworden. Moderne Toleranz und Latitudinarismus hätte die englische Nationalkirche in dem Kampf gegen römische Uebermacht wehr- und hülflos gemacht. Der äußeren und dauernden Organisation kann die Kirche nicht entbehren, auch wenn sie von der wachsenden Staatsgewalt auf den engsten Kreis der sittlichen Lehranstalt und der Seelsorge beschränkt wird. Nachdem aber weit über diese Grenzen hinaus die vorgefundene Kirche zu einem abgeschlossenen Staatssystem geworden, konnte auch die Kirchenverbesserung ihren Halt nur gewinnen in Staatsinstitutionen, in einer wirksamen Kirchenobrigkeit und kirchlichem Besitz, nicht in dem bloß innerlichen Verhältnisse der „Kirche der ersten Jahrhunderte", welches der protestantischen Opposition vorschwebte. Um die nationale Kirche in dem schweren Kampf um ihre Existenz gegen ihre Widersacher zu erhalten, mußte in England die königliche Suprematie zur nothwendigen Voraussetzung der Staatsverfassung werden. Auch auf dem Continent war die Reformation genöthigt aus dem innerlichen Drang des Gemüths in äußerliche Institutionen überzutreten, — verschieden nach der Gestalt des vorgefundenen weltlichen Staats, aber immer in engem Anschluß an denselben. Solche Lebensbedingungen beurtheilt eine jede Zeit aus sich heraus richtiger als spätere Menschenalter. Wie aber die deutsche

Reformation allmälig aus den Gemüthern in die Staatsinstitutionen, so begann die englische aus den Institutionen in die Gemüther überzugehen. Die Regierung selbst hatte die römische Kirche in ihrer Aeußerlichkeit, mit ihren Wundern, Reliquien und Ablaßkram der Lächerlichkeit Preis gegeben. Mit der Gestattung des Bibellesens verbreitet sich auch die Meinung, daß Betrug und Verderbniß im Pfaffenthum herrsche in immer weiteren Kreisen. Das Mißtrauen gegen die autorisirten Lehrer der Kirche, (die hier als unmittelbare Diener der Staatsgewalt und wechselnder Regierungssysteme erscheinen) trifft zusammen mit dem Reiz der Neuheit der Selbstforschung, mit dem Streben nach individueller Selbständigkeit als germanischem Charakterzug. Daraus entspringt die puritanische Lehre, daß die heilige Schrift allein genüge, nicht nur in Sachen des Glaubens, sondern auch der Disciplin und Gottesverehrung, mit dem weiteren Anspruch der selbständigen Auslegung der Schrift kraft der eigenen Einsicht und des eigenen Gewissens. Dem entsprechend verwirft die neue Lehre die Rechtmäßigkeit des High Commission Court und der Convocation, so wie die Autorität der Canones, und tritt damit aus einem individuell berechtigten Standpunkt unmittelbar in den Staat. Ein streng sittlicher Lebenswandel, eine musterliche Häuslichkeit, ein tadelloses Familienleben charakterisirt diese Secte als Regel. Ein empfänglicher Boden für diese persönlich so ehrenhafte Opposition fand sich in den aufstrebenden Klassen der Yeomanry, dem Bürgerthum, einem Theil der Gentry, besonders aber in dem gebildetsten Theile der niederen Geistlichkeit. Wie immer verflechten sich hier die Vorstellungen gesellschaftlicher Klassen, und je nach dem Einfluß derselben gestaltet sich der Dissens zu einem presbyterianischen Verfassungsideal, oder zu den noch weitergehenden Sätzen der Independenten, welche die Kirche als Institut negiren, die Geistlichen zu gewählten Gemeindebeamten machen wollen, unbedingt abhängig von den Auftraggebern, welche sie wählen und besolden. Ob Elisabeth recht that diese loyale, in den Glaubenslehren auf der Seite der Staatskirche stehenden Opposition durch ihre Injunctions mit solcher Strenge nieder zu halten? Ob nicht einige Nachgiebigkeit gegen die gemäßigten Anträge des Unterhauses von 1584 die Bitterkeit des Streits besänftigt haben würde? Darüber waren die Meinungen ihrer eigenen Minister getheilt. Die Erfahrungen Schottlands waren nicht geeignet, ein mildes Kirchenregiment als ein Regiment des Friedens und der Eintracht zu empfehlen. Man darf in jener Zeit vor allem die Neuzeit der englischen Staatskirche nicht außer Augen setzen. Es ist überhaupt die Frage, ob *systematische* Toleranz je existiren kann anders als gegen Meinungen, die man als indifferent oder zweifelhaft betrachtet. In jener Zeit galt ausnahmslos der starke männliche Kampf gegen den Irrthum als untrennbar von der ernsten Ueberzeugung der Wahrheit. Noch weniger durfte die puritanische Richtung die mächtige Gegnerschaft der römisch-katholischen Kirche verkennen, welche sich zu ernstlichen Reformen entschlossen und unter dem Beistand des Jesuitismus einen großen Bund der katholischen Fürsten zu Stande gebracht hatte. Die Nothwendigkeit einer äußeren Constituirung der Kirche wurde daher auch von dieser Seite keinesweges geleugnet. Was die Opposition verlangte, war keine bloße Toleranz, sondern die *Alleingültigkeit ihres* kirchlichen Verfassungsideals: zur Anerkennung gelangt, verlangte sie ebensowohl Uniformität wie die Staatskirche. Ein merkwürdiger Ausdruck der höchsten Anschauungen der Zeit ist die Schrift Hooker's (Ecclesiastical Politic 1594), in welcher durch glänzende freisinnige Erörterungen des Staats doch der eine Grundgedanke hindurchgeht, daß Kirche und bürgerliches Gemeinwesen identisch und „Niemand Mitglied des einen sein könne, ohne Mitglied des andern zu sein." Selbst Cartwright in seiner heftigen Opposition gegen die Staatskirche verlangt, daß die Obrigkeit Atheisten und Papisten bestrafen müsse, wenn sie nicht der wahren Predigt von Gottes Wort theilhaftig werden wollen. Elisabeth hätte wohl besser gethan in äußerlichen Ceremonien Einzeles nachzugeben und die Priesterehe ungehindert zu gestatten: sie folgte darin persönlicher Ueberzeugung. Hätte sie aber dem Puritanismus freies Feld gegeben, so wäre daraus unzweifelhaft nur ein zwiespältiges, noch unduldsameres Kirchensystem entstanden. Es wäre das eine „Kirche des apostolischen Zeitalters" geworden: was aber zu dieser gehöre, würde ausschließlich von der Auslegung der presbyterianischen Geistlichkeit bestimmt worden sein, mit noch strengeren Grundsätzen über Dogma, Disciplin und Ritual. Die Hülfe der weltlichen Macht würde rücksichtslos in Anspruch genommen sein, um die Entscheidungen dieser Geistlichkeit zu erzwingen und gleichmäßig durchzuführen. Der spätere Erfolg hat dies nur zu sehr bestätigt. Elisabeth hatte Recht, wenn sie dem Kaiser Ferdinand erwiederte: „Sie sei nicht im Stande, denen Kirchen-Duldung zu gewähren, welche von ihrer Religion abwichen; es sei das gegen die Gesetze ihres Parlaments, würde den Keim legen zu einer Verschiedenheit der Meinungen in einer Nation, würde Parteien und Factionen nähren zur Störung der Ruhe des Gemeinwesens." Es bedurfte mindestens einer Generation, um der Staatskirche nach den Hergängen unter der katholischen Marie die nothwendige Festigkeit in den Einrichtungen und Sitten Englands zu geben. In diesem Zustand legte Elisabeth nicht mit Unrecht ein großes Gewicht auf „Conformität", auf die äußerliche Anerkennung ihrer Suprematie, die sie noch höher schätze, als den Gehorsam gegen ihre weltliche Macht. Die große Mehrheit fügte sich dem willig; denn trotz der Klage über Strenge war ihre äußere Regierung doch der Stolz der Nation, zeitweise die letzte Zuflucht der protestantischen Sache in Europa.

***) **Die neuen hochkirchlichen Staatstheorien** bilden den Gegenpol der puritanischen Opposition. Heinrich und Elisabeth hatten die bischöfliche Würde beibehalten, nicht als einen besonders geheiligten ordo, sondern als das gewohnte und bewährte Organ der Kirchenregierung. Seitdem aber die puritanische Seite das Bischofthum mit Heftigkeit angriff, antworteten die Bischöfe mit der Berufung auf ihre „göttliche Einsetzung." Sie folgten dem Puritanismus auf seinen eigenen Boden, indem sie ein jus divinum dem anderen gegenübersetzten, und gewannen damit zugleich eine gewisse Selbständigkeit gegen die bürgerlichen Gewalten. Das bischöfliche Amt sollte nun einmal kein Wahlamt sein, und doch auch wieder nicht ein bloßes Organ der bürgerlichen Obrigkeit, der bloßen Militär- oder Polizeihoheit der Krone. Je mehr sich die Staatskirche befestigt fühlte, um so mehr wuchs das Selbstgefühl nach dieser Seite, die Erinnerung an die einstige Stellung der Kirche. Das so erstrebte Ziel war aber jetzt nur zu erreichen durch eine Solidarität der göttlichen Einsetzung mit der Krone, welche die Bischöfe ernannte. Man sah ohnehin die Unabhängigkeit der Kirche jetzt weniger von der Krone als von den Parlamenten bedroht. Die Einseitigkeit der Beamtenanschauung, die dem continentalen Absolutismus anhaftet, erhält in England ihre specifische Gestalt durch die Fortdauer des Episcopalsystems. Die theologische Färbung der absolutistischen Theorie hat ihre Wurzeln in dem gewohnten Lehrberuf der Geistlichkeit. Die Gewohnheit den Laien zu belehren in übermenschlichen Dingen erzeugt die Neigung zur Belehrung in menschlichen Dingen, in denen der Laie der Belehrung nicht bedarf, in denen er vielmehr das Recht und das Rechte besser weiß als die Geistlichkeit. Wenn man der kirchlichen Opposition vorwarf, daß sie einen politischen Hintergrund habe, so galt dies in gleichem Maße von der staatskirchlichen Geistlichkeit, in welcher der alte solidarische Eifer für die heilige Kirche jetzt zu dem heiligen Eifer für die weltliche Macht des Kirchenoberhauptes wird. Wie in dem fürstlichen Beamtenthum Deutschlands lebt in diesem Uebereifer für die Gewalt des Herrn der stille Eifer für die erhöhte Geltung des eigenen Standes. Rein absolutistische Auffassungen der Art kamen auch schon in den Schriften der Zeit vor. In Cowells Interpreter (a. 1607) heißt es unter der Rubrik König: „er ist über dem Gesetz durch seine absolute Gewalt, und obwohl er zu einem bessern und gleichmäßigeren Gange der Gesetzgebung die 3 Stände zur Berathung zuläßt, so ist dies doch nach verschiedener gelehrter Männer Meinung nicht Sache der Beschränkung, sondern der Gnade. Und obwohl er bei seiner Krönung einen Eid leistet, nicht zu ändern die Gesetze des Landes, so mag er doch dieses Eides ungeachtet ändern oder suspendiren jedes besondere Gesetz, das ihm schädlich scheint für den Zustand des Staats." Unter der Rubrik: Parlament wird gesagt, daß der König über dem Parlament, d. i. über den positiven Gesetzen seines Reichs steht, „weil er sonst kein absoluter König wäre." — Der gewaltige Lärm, welcher darüber im Parlament entstand, ward besänftigt durch eine Ordonnanz Jacob's I., welche diese Schrift verbot. Die eigentliche Standarte der hochkirchlichen Theorien wurde aber unter Carl I. die Schrift von Filmer, Patriarca, welche als Grundlegung des Systems galt: „Alle Regierung ist absolute Monarchie. Niemand wird frei geboren; und folgeweise kann Niemand die Freiheit gehabt haben, einen Regierer oder eine Form der Regierung zu wählen. Der Familienvater regiert nach keinen anderen Gesetzen, als seinen eigenen. Die Könige succediren nach dem Recht der Eltern in die Ausübung der höchsten Jurisdiction. Sie sind über allen Gesetzen. Sie haben ein göttliches Recht auf absolute Gewalt und sind nicht verantwortlich einer menschlichen Autorität." Man war hier zur grundsätzlichen Negation der Parlamentsverfassung gelangt in einer so anstößigen Weise, daß der Druck dieser Schrift erst nach der Restauration gewagt wurde. Mit den bestehenden Landesgesetzen, dem Rechtsherkommen und dem Verfassungseide wußte die theologische Jurisprudenz in ihrer Weise an jedem Punkte fertig zu werden: „Auch dem Staate ist des Herrn Wort gesagt: Aergert dich dein Auge, so reiß es aus und wirf es von dir; ärgert dich deine rechte Hand, so reiß sie aus und wirf sie von dir, es ist dir besser, daß eines deiner Glieder umkomme, und nicht der ganze Leib in die Hölle geworfen werde" (vergl. die Briefe über Staatskunst. Berlin 1853). Wie die englische Reformation aus den äußeren Institutionen in die Gemüther übergegangen, so mußte der geistige Kampf des Puritanismus gegen dies hochkirchliche System und der Streit des Hochkirchensystems gegen den Puritanismus in den weltlichen Staat zurückkehren. Die Stuarts haben durch ihre Parteinahme für das eine Extrem die andere Seite bis zum Umsturz des Königthums selbst getrieben. Die tiefe Verflechtung der königlichen Gewalten mit dem Besitz, die parlamentarische Freiheit und die Grundrichtung des Volkscharakters führten die kirchliche Opposition nothwendig immer wieder in das Gebiet des Staats zurück. Als äußere Aenderung der Kirchenverfassung war in England die Reformation im 16. Jahrhundert begonnen, als Aenderung der Staatsverfassung ist sie im 17. Jahrhundert vollendet. Der Streit über die Grundlehren des Christenthums, wie über die Transsubstantiation, war niemals ein heftiger. Schon lebhafter wird er auf dem Gebiete der Liturgie und des Ceremonials. Heftig und mit der Neigung zur Gewaltthätigkeit tritt er auf bei den Verfassungs- und Machtfragen, wo die Selbstregierung der Kirche und der Gemeinde, der Suprematie und dem High Commission Court, das allgemeine Priesterthum den Bischöfen entgegentritt. Auch dem englischen Volk konnte dieser Kampf nicht erlassen werden; der leidenschaftlichen Gewaltthätigkeit der Puritaner verdankt die Staatskirche ihre weitere Verinnerlichung, welche in der deutschen Reformation von Hause aus vorhanden war.

§. 34.

Der Kampf des Jure divino Königthums mit den Ständen.

In dieser Spannung der Verhältnisse bestieg das Haus der Stuarts den Thron, in einer Zeit, in welcher überall auf dem Continent die ständischen Verfassungen zu Grabe gingen. Daß dieser Ausgang in England nicht eintrat, hat seinen letzten Grund nicht in der Persönlichkeit der Stuarts und in dem Mangel der stehenden Heere, sondern in der Rechtsgleichheit der Stände, in dem selfgovernment der Grafschaft, in dem ganzen Unterbau der englischen Verfassung. In Frankreich hatte das Königthum durch seine persönlichen Gewalten erst einen Staat und eine Nation zu schaffen. In Deutschland hatte das absolute Fürstenthum die ständisch geschiedenen Rechte zu einer nothdürftigen Einheit zu verschmelzen. In beiden Ländern war die Geschichte und die Größe des Königthums identisch mit dem Kampf gegen die Grundherrlichkeit, welche in England schon in der Normannenzeit aufgelöst war. England hatte den nothwendigen Durchgang durch den absoluten Staat schon auf der niederern Entwickelungsstufe des 11. und 12. Jahrhunderts durchgemacht. Die Verstärkung der Königsgewalt unter den Tudors war nur herbeigeführt durch die Wirren des 15. Jahrhunderts, nur bestimmt zur Durchführung der nationalen Aufgabe der Reformation. Nach Lösung dieser Mission war und blieb das englische Königthum eine Macht für sich. Es blieb die nothwendige Voraussetzung der Verfassung, der erbliche Träger der höchsten obrigkeitlichen Gewalt, die Quelle alles Rechts der höheren Stände, mit großen Aufgaben als Schutzherr der emporstrebenden Bauerschaft und der Städte, mit noch größeren Aufgaben zur Hebung der arbeitenden Klassen und des geistigen Lebens, nach außen hin mit der großen Aufgabe des Eintretens für die schwer gefährdete protestantische Sache in Europa.

Allein der Königsfamilie der Stuarts fehlte der Sinn für solche Aufgaben.*) Es hat kaum eine Regentenfamilie den Thron besessen, welche in gleichem Maße sich eines jeden Gefühls königlicher Pflichten so gänzlich baar und ledig gefühlt. Ihre Anschauungs- und Handlungsweise hat so gut wie nichts gemein mit dem Charakter des englischen Königthums und des englischen Volks, sondern gehört der Hauspolitik der Familie der Guises und dem Religionsstreit Schottlands an. Von ihrem Anfang bis zu ihrem Ausgang fehlt ihnen jedes Verständniß für das Landesrecht; nach außen das Verständniß für die Lage der protestantischen Sache in Europa. Es handelt sich unter den Stuarts nicht mehr um den Ruhm und die Größe des Landes, nicht mehr um den Sieg des befestigten Glaubens der Nation, nicht um den Schutz des hergebrachten Landesrechts, nicht um großartige Pflege und Förderung der schwächeren Klassen, sondern nur um den dynastischen Willen zu regieren. Alle Ziele dieses Königsgeschlechts sind daher verfehlt nach Außen wie nach Innen. Vertretung des Protestantismus in dem großen Kampf des Jahrhunderts war die äußere Aufgabe gewesen: die Stuarts haben ihn verlassen, zuletzt verleugnet. Versöhnung der Ansprüche des geistlichen Standes mit dem widerstrebenden Geist des Selfgovernment, Befestigung der Nationalkirche, und doch Toleranz gegen Andersgläubige war die innere Aufgabe gewesen, welche die Stuarts stets verkehrt haben. England war nun einmal der Gegenpol alles romanischen Wesens geworden. Seine europäische Stellung wies unzweideutig auf eine kraftvolle Entwickelung seiner Seemacht und das entschiedene Eintreten für die Sache der Reformation. Statt dessen verzettelte sich Jacob I. in das Intriguennetz der Fürstenhöfe des Continents, welches für England nur sekundäres Interesse hatte und durch ein ehrliches Eintreten für die Reformation zu zerreißen war. Die doctrinäre Verkehrtheit Jacobs I., die Ziellosigkeit Carls I. mußten vorweg die Stellung zu ihren Parlamenten verderben und verbittern. Im Aeußern wie im Innern, im Staat wie in der Kirche sind die Aufgaben der Zeit an diesem Königsgeschlecht unverstanden vorübergegangen.

Allerdings gleicht das erste Stadium des beginnenden Kampfes mehr einer komischen Scene, wie sie in den dramatischen Meisterwerken Shakespeare's einem tragischen Ausgang vorauszugehen pflegt. Mit Jakob I. hatte ein gelehrter Pedant den Thron bestiegen, unköniglich in Haltung, Manier und Redeweise, welcher die Verhandlungen in Kirche und Parlament wie Disputirübungen anzusehen schien, in welchen die absolute Obersouveränetät den Ungläubigen aufzureden sei; — dabei muthlos vor jedem ernsten Widerspruch zurückweichend, seine Minister der Rache des Parlaments Preis gebend. Seine ganze Regierung ist ein Hin und Her von Protesten, unter welchen aber das Parlament das Recht der Beamtenanklage erneuert, die Illegalitäts-Erklärung von Monopolen durchsetzt und im Unterhaus die eigene Entscheidung über die Wahlen.

Was aber der „Königskunst" Jacob's mißlungen, wurde unter Carl I. zum entscheidenden Kampf. Die Angriffe des jure divino-Königthums richten sich sogleich auf den practisch entscheidenden Punkt: Beseitigung der Subsidienbewilligungen. Jene periodischen Geldbewilligungen setzten ein stetiges System der Vereinbarung zwischen Krone und Parlament über die Acte der Gesetzgebung und der auswärtigen Politik voraus, mit welchen ein absolutes Königthum allerdings nicht bestehen konnte. Die Opposition seiner beiden ersten Parlamente und ihre verweigerte Subsidienbewilligung beantwortet Carl I. mit schnellen Auflösungen, mit Ordonnanzen zur Einschüchterung der Opposition. Die Sternkammer wird zu Zwangsanleihen benutzt, welche weiter durch Zwangseinquartirung, Matrosenpressen und willkürliche Verhaftungen beigetrieben werden. Die wachsende Opposition dagegen hatte jedoch bald die Stufe erreicht, auf welcher die Einschüchterung nicht mehr wirksam ist. Der König wird durch die Geldnoth zur Berufung eines dritten Parlaments und in diesem durch die vereinte Opposition der beiden Häuser zur Anerkennung der Petition des Rechts gezwungen, zu dem declarirenden Statut 3. Carl I. c. 1., welches Zwangsanleihen, willkürliche Verhaftungen und kriegsrechtliches Verfahren für die Vergangenheit und für die Zukunft als unstatthaft anerkennt. Bis zu diesem Stadium hat der Streit den Charakter früherer Zeiten beibehalten: Verwaltungsmißbräuche und Landesbeschwerden bewegen sich im Kreise früherer Kämpfe zwischen Königthum und Parlament.

Allein mit dem Vorsatz sein Wort nicht zu halten, hob der König nach erhaltener Subsidie das Parlament auf, fest entschlossen, nie wieder ein Parlament zu berufen. „Beschämt, daß seine Vettern von Frankreich und Spanien ein Werk vollendet haben sollten, welches er kaum begonnen," eröffnete er vom März 1629 an ein System der persönlichen Regierung wie es in England neu war, — ein System, welches planmäßig die Grundlagen der Parlamentsverfassung angreift und neue Richtungen der kirchlichen und weltlichen Verwaltung bildet nur zu dem Zweck, solche systematisch zu zerstören. Als die gegebenen drei Grundlagen, von welchen aus dieser

Angriff erhoben werden konnte, bot sich das königliche Kirchenregiment, das Privy Council und die Besetzung der Gerichtshöfe dar.

1) Das königliche Kirchenregiment[1]) hatte die Bildung der obersten Kirchenbehörde und die Ernennung der Bischöfe in die Hände des Königs gelegt zur Aufrechterhaltung der Landeskirche in ihrer durch die Parlamentsgesetze anerkannten Gestalt. Unter Jacob I. war die Zeit gekommen, wo dies Kirchenregiment nicht mehr der strengen Uniformität bedurfte, welche unter Elisabeth zu ihrer Stabilirung noch nothwendig erschien. Allein schon Jacob I. hatte kein Hehl daraus gemacht, daß das Bischofthum und die oberbischöfliche Gewalt vorzugsweise die Bestimmung habe, die Unterthanen zu schuldigem Gehorsam gegen den Landesherrn zu gewöhnen und darin zu erhalten. Carl I., obwohl Protestant in seinem persönlichen Glauben, vermeinte die Fortbildung seiner geistlichen Suprematie zum weltlichen Absolutismus am sichersten zu erreichen durch eine Rückwendung zu den bewährten Lehren und Formen des römisch-katholischen Beamtenstaats. Diesen Sinn haben die katholisirenden Reformen des Erzbischofes Laud: Rückkehr zur Transsubstantiation in zweideutiger Wortfassung, Ohrenbeichte, Bevorzugung unverheiratheter Priester vor den verheiratheten, Restauration des Bilderdienstes, des Crucifixes, der glänzenden Amtstracht, des Altars beim Abendmahl und der Verbeugungen, verbunden mit unerträglichen Quälereien und Verfolgungen der puritanischen Sekten. Im Widerspruch mit der bestehenden Kirche (by law established) wurde dies durch die königliche Verwaltung zu Stande gebracht. Durch die systematische Besetzung der hohen Kirchenämter in dieser Richtung wird das royalistische Kirchenthum und der kirchliche Kastengeist auf eine Höhe getrieben, der in den canones der Convocation von 1640 sich zu den Sätzen steigert: „Es soll Hochverrath sein zu predigen und zu lehren, daß neben der königlichen noch irgend eine unabhängige coactive power, either papal or popular, bestehen könne; alle Steuerzahlung ist eine schuldige Leistung der Unterthanen nach göttlichem, natürlichem und Völkerrecht; kein Geistlicher darf über die Gewalt Sr. Majestät anders sprechen als es in diesem Canon vorgeschrieben ist."

2) Das Privy Council[2]) war dazu bestimmt, in collegialischer Gestalt und unter Beirath der Reichsrichter die höchste Reichsregierung nach den Gesetzen des Landes zu führen, und diese Gesetze nach den Bedürfnissen des Staats und der Gesellschaft an den offnen Stellen zu ergänzen, an welchen die Ausübung der Hoheitsrechte gesetzlich noch nicht fixirt war. Für die Stuarts wurden jene offnen Stellen der

archimedische Punkt, von welchem aus die Verfassung selbst aus den Angeln zu heben. Von diesem Gesichtspunkte aus schreitet die Wahl der Minister von Buckingham bis zu Wentworth fort, in einer Steigerung bis zur Gewissenlosigkeit und frechen Hinwegsetzung über die Landesgesetze, die das politische Renegatenthum Strafford's charakterisirt. Da ihre Hauspolitik und wachsende Feindseligkeit gegen die Parlamentsverfassung in der Collegialität, in den gemessenen Geschäftsformen des Council und in seinen rechtsverständigen Consulenten ein begreifliches Hinderniß fand, so begann schon Jacob I. den lästigen Apparat bei Seite zu schieben durch Verhandlung der Staatsgeschäfte im „Cabinet" des Königs, — in kleinen confidentiellen Sitzungen, in welchen alsbald die Rathschläge der gesellschaftlichen Hofumgebungen, (einschließlich der Frauen) von dauernderem Einfluß wurden, als diejenigen der verantwortlichen Minister. Das so gestaltete Personal ist es, welches unter dem Namen eines königlichen Raths die discretionären Gewalten der „Sternkammer" übt, welche zu ganz anderen ehrbaren Zwecken entstanden waren. Von dieser Stelle aus gehen nun die dem neuen Regiment nöthigen Polizeimaßregeln, welche bei wachsendem Widerstand zu einem ineinandergreifenden System von Ortsausweisungen, Haussuchungen, Beschlagnahmen, Verweigerungen des habeas corpus werden. Von diesem Centrum aus consolidirt sich endlich jene Regierungsweise, welche nach Clarendon's Ausdruck „durch Ordonnanzen befiehlt, was durch die Gesetze nicht befohlen war, verbietet, was durch die Gesetze nicht verboten war, und die dann wieder den Ungehorsam gegen die Ordonnanzen durch schwere Geldbußen und Gefängnißstrafen ahndet."

3) Die Besetzung der Reichsgerichte durch königliche Ernennung[3]) aus den Spitzen der legal profession hatte die Bestimmung, den festen Theil des Rechtsorganismus unabhängig von den zeitigen politischen Systemen zu handhaben. Dies königliche Recht war bisher so unbefangen geübt worden, daß alle Dynastiewechsel des 15. Jahrhunderts, alle Religionswechsel des 16. Jahrhunderts mit einem unveränderten Richterpersonal bestanden. Unter Jacob I. erscheint zuerst die Entlassung des Lord-Oberrichters Sir Edw. Coke aus politischen Gründen und ein schamloses System des Verkaufs der Richterämter, welches den unter den Tudors erworbenen ehrenhaften Ruf der Gerichte untergräbt. Unter Carl I. wird diese Besetzung zum politischen System: schon im Jahre 1626 wird der Chief Justice Crewe entlassen, weil er die Gesetzlichkeit der gezwungenen Anleihen nicht anerkannte; 1630 wird der Chief Baron Walter suspendirt, weil er die Legalität eines Verfahrens gegen Parlamentsmitglieder wegen ihrer

Handlungen und Reden im Hause bezweifelte; 1634 Sir Robert Heath wegen seines Widerstands gegen das Schiffsgeld und gegen den Erzbischof Laud. An seine Stelle trat der bewährte Chief Justice Finch. Die kleine Zahl der Richterstellen, auf die es ankam, wurde mi „Männern des Vertrauens" so besetzt, daß alsbald die Zeit kam, in welcher kein Verfassungsgrundsatz und kein Gesetz vor der Interpretation der beamteten Richter mehr Stich hielt. In den Grafschaften erfolgte die Ernennung der Sheriffs und die Bildung der Friedensrichtercommissionen nach einem analogen System.

Mit diesem Apparat eines königlichen Regiments wandte sich nun Carl I. an die Beseitigung der drei parlamentarischen Grundrechte auf die es ankam.

Die Hauptsache war Beseitigung des Finanzrechts der Parlamente. Schon Jacob I. hatte einmal versucht seine Theorie der Obersouveränetät zur Ausschreibung von neuen Zöllen anzuwenden, hatte jedoch später nachgegeben. Dieser Angriff wurde jetzt ernsthaft aufgenommen mit dem welthistorisch gewordenen Schiffsgeld. Frühere Könige hatten wohl einmal in Kriegszeiten zur Vertheidigung der Küsten in Küstengrafschaften Geldbeiträge auf Grund ihrer Kriegshoheit erhoben. Jetzt wurde daraus mitten im Frieden eine Geldauflage auf alle Küsten- und Binnengrafschaften, welche von dem King in Council ausgeschrieben, auf die Grafschaften und Städte vertheilt und zu allgemeinen Staatsbedürfnissen bestimmt sein sollte. Es handelte sich dabei um ein Steuerquantum von durchschnittlich 200,000 £, reichlich entsprechend den gewöhnlichen Subsidienbewilligungen. Als Grundlegung dafür war zuerst ein einstimmiges Gutachten der zwölf Richter über die Vorfrage eingeholt worden. Nachdem aber der Fall durch Hampden's Weigerung zur gerichtlichen Entscheidung gebracht worden, fand sich nochmals eine Majorität der Richter für die Legalität der Steuer auch in judicando. Es war dies der Schwerpunkt der Angriffe gegen die Parlamentsverfassung und der Wendepunkt für den Verfassungsstreit, weil er die letzte Tendenz der Regierung und die systematische Corruption der Gerichte gemeinverständlich constatirte. Die weiter nöthigen Geldmittel wurden durch ergänzende Ordonnanzen beschafft.

Die gesetzgebende Gewalt der Parlamente hatte ihre offne Stelle in dem nicht streng begrenzten Gebiet der Ordonnanzen, (Seite 417). Sobald aber kein Parlament mehr einberufen und durch die Sternkammer eine administrative Executions-Instanz geschaffen wurde, fiel jene Schranke fort. Die Polizei- und Finanzmaßregeln der Regierung wurden nun durch eine fortschreitende Kette von

Ordonnanzen weiter geführt, welche die Preise der Lebensmittel regeln, die Incorporation der Kaufleute und Gewerbtreibenden gegen hohe Geldzahlungen ordnen und noch andere Finanzquellen öffnen; sie ergänzen sich mit dem Polizeisystem der Verhaftungen und Ortsausweisungen. Die unsinnig hohen Strafen der Sternkammer werden auch unmittelbar zu einer Finanzquelle. Das System der Ordonnanzen gegen verweigerte ungesetzliche Steuern, gegen mißliebige Geschwornensprüche, gegen mißliebige Parlamentsmitglieder in Verbindung mit der Sternkammer bringt eine Zeitlang jeden Widerspruch zum Schweigen.

Das Controllrecht der Staatsverwaltung und das Anklagerecht gegen die Minister endlich erledigte sich einfach durch die Nichteinberufung von Parlamenten. Als ein entscheidender Schlag zur Einschüchterung der Opposition wurde aber noch nach dem Schluß eines dritten Parlaments eine gerichtliche Anklage gegen John Elliot und zwei andere Parlamentsmitglieder wegen ihrer Parlamentsreden erhoben, nachdem zuvor mittels königlichen Handschreibens die Richter zu einer Zusammenkunft eingeladen waren, um die darauf bezüglichen Fragen des Generalstaatsanwalts gutachtlich zu beantworten. Nach Maßgabe dieses Gutachtens wurde dann der Anklagebeschluß (information) in der King's Bench erlassen, welcher mit einer Verurtheilung in schwere Geld- und Gefängnißstrafen endete. Elliot starb im Gefängniß.

Der Haupturheber und Rathgeber dieser neuen „starken" Regierung (vigorous government) war außer Laud vorzüglich Wentworth, Graf Strafford, geworden, der mit dem Feuereifer des politischen Renegaten und mit seinem Motto „Durch" die in Irland bewährten Grundsätze auf englischen Boden anwandte. Den Widerstand der Grafschaften glaubte man durch Ernennung der Sheriffs und Friedensrichter nach einem Vertrauenssystem, durch Corruption und Einschüchterung der Stadtverwaltungen, durch die administrative Strafgewalt der Sternkammer und in akuten Fällen durch Einsetzung von Kriegsgerichten überwinden zu können. Es lag darin freilich eine blinde Verkennung des Unterbaues der englischen Verfassung, — jener Verbindung der Kriegs-, Gerichts-, Polizei- und Finanzhoheit mit der Grafschafts- und den Stadtverfassungen. Mit der legalen Gestaltung der Landesmiliz, mit Friedensrichteramt und Jury als nothwendigen Organen des Gerichts und der Polizei, war dies System nicht durchführbar, welches ein Heer von besoldeten, nur von der Regierung abhängigen Militär- und Civilbeamten voraussetzt, und auf dem Continent auch nur mit einem solchen gehandhabt wurde. Das wachsende Widerstreben der durch den Besitz unabhängigen Organe der Communalverwaltung, der Mangel der ausführenden Ortsbeamten mußte den administrativen Gewalten und dem Steuerzwang ziemlich bald die Spitze abbrechen. Den mühsam geschaffenen Anfängen eines stehenden Heeres gegenüber war die verfallene Landesmiliz doch noch zu stark, um mit Waffengewalt gleichmäßig einzugreifen. Man konnte Sheriffs und Friedensrichter absetzen und einsetzen: immer aber mußte man sie aus dem Kreise der Grafschaft selbst nehmen, in welchem eine ungesetzliche Regierungsweise ganz anders empfunden wird als in einem berufsmäßig disciplinirten Beamtenthum. Daher kam es, daß der Sturm gegen die Parlamentsverfassung doch nur auf der Oberfläche wogte, daß er sich aber langsam in den Grafschaften brach, in denen die zuverlässigen Organe der Gewalt fehlten. Es war noch einmal die Gemeindeverfassung, welche die englische Freiheit gegen dies Verwaltungssystem gerettet hat. Der stille, aber nicht zu brechende Widerstand lag in dem Zusammenhalten des Vicinetum und der besitzenden Klassen im Ganzen, vor Allem in dem festen Gliederbau der englischen Grafschaft. Die Mittel des Systms erschöpften sich daher, die Kriegsnoth und der schottische Aufstand zwingen nach 11 Jahren den König zur Wiederberufung eines Parlaments; zunächst des sogen. „kurzen Parlaments", welches zwar nach wenigen Wochen leichtsinnig entlassen wird, aber nur um bald nachher dem „langen Parlament" vom 3. Nov. 1640 Platz zu machen.

Die Maßregeln des Parlaments richten sich der Reihe nach gegen den Mißbrauch der Gewalten, und nehmen daher eine rückläufige Bewegung gegen die drei mißbrauchten Organe der königlichen Gewalt:

1) gegen die corrumpirten Gerichtshöfe: mit Erklärung der Ungesetzlichkeit des Schiffsgelds und Cassirung des Urtheils gegen Hampden werden die theilnehmenden Richter in Anklagestand versetzt.

2) gegen das Privy Council: gegen Strafford wird die Anklage wegen Hochverraths erhoben, und — charakteristisch für den moralischen Charakter einer solchen Regierung — geben die 12 Richter in einer zweifelhaften Frage jetzt ihr Rechtsgutachten auf Hochverrath gegen den Minister, zu dessen bill of attainder und Hinrichtung auch der König selbst feig und selbstsüchtig seine Zustimmung giebt. Für alle Zukunft aber wird die administrative Strafgewalt und Civiljustiz des Privy Council und die Nebeninstitute der Sternkammer durch Parlamentsakte aufgehoben. Das st. 16. Car. I. c. 10. bestimmt kategorisch, „daß weder seine Majestät noch sein Rath habe oder haben solle irgend eine Jurisdiction, Gewalt oder Autorität, durch

Bill, Petition, Artikel, Libell oder in irgend einer anderen arbiträren Weise, zu prüfen, in Frage zu stellen, zu entscheiden, oder zu verfügen über Grundstücke, Besitzungen, Güter oder bewegliches Gut irgend eines Unterthanen, sondern daß solche verhandelt und entschieden werden in den ordentlichen Rechtshöfen und nach dem ordentlichen Rechte."

3) Gegen den Mißbrauch der Kirchengewalt gerichtet ist die Aufhebung des High Commission Court, welcher durch st. 16. Car. I. c. 11. in gleicher Weise für alle Zeiten abolirt wird. Es reiht sich daran in weiterem Verlauf die Anklage gegen 12 Bischöfe, die Aufhebung der Episcopalverfassung, später die Hinrichtung des Erzbischofs Laud.

Carl I. hatte diesen starken, aber consequenten Schritten nachgegeben. Die Petition des Rechts und die Gesetze 16. Car. I. haben die Bedeutung einer neuen M. Charta. Der Verfassungskampf war jetzt in ein Stadium gelangt, welches man im Mittelalter mit einem Friedensschluß, mit feierlichen eidlichen Pacten unter Garantie der Kirche abzuschließen pflegte. Allein es zeigte sich alsbald, daß ein solcher Abschluß nach beiden Seiten hin jetzt nicht mehr zu finden war. Der Zwiespalt der Gewalten geht weiter. Der unbesonnene Versuch des Königs fünf Mitglieder der Opposition im Unterhause persönlich zu verhaften und der Streit über das Commando der Milizen geben im Beginn des Jahres 1642 das Signal für beide Theile, zu den Waffen zu greifen.

In dem nun beginnenden Bürgerkriege**) treten auf zufällige Veranlassung die Parteinamen der „Cavaliere" und „Rundköpfe" hervor. Adel, Ritterschaft, Bürger- und Bauerthum spalten sich in zwei Lager, gleich der englischen Verfassung, deren Elemente mit einander in Kampf gerathen. Auf der Seite des Königs schlägt sich die größere Hälfte des Adels und der großen Gentry, theils aus Ueberzeugung, theils Ehren halber: auf der Seite des Parlaments die Mehrheit der blühenden gewerbtreibenden Städte und der freien Bauern, an ihrer Spitze wie zur Zeit der Magna Charta theils Lords, theils Männer der alten landsässigen Ritterschaft, wie Hampden, Digges, Vane etc., die nach dem Titelwesen des Continents große Adelstitel führen würden, oder die wie Blacke, Bradshaw, Cromwell doch zu guten Familien gehören. Die Masse der Truppen auf beiden Seiten bilden die ebenso gespaltenen Landesmilizen. Es ist die herrschende Gesellschaft, welche zwiespältig geworden, einander bekämpft, beiderseits noch zum Vergleich bereit; oft verhandeln die Cavaliere sogar ohne den Willen des Königs. Beiderseits wird der Krieg ehrenhaft geführt, mit gewissenhafter Beobachtung von Capitulationen und Waffenstillständen, nur mit weniger Disciplin auf Seiten der Königlichen. Es ist dabei kein Klassenhaß ersichtlich; noch unter den Friedensbedingungen von 1546 ist die Erhebung von Cromwell und 6 anderen zur Pairie oder zur Erhöhung in der Pairswürde.

Das Verfahren des Parlaments war das nach den Umständen mögliche. Da es Steuern auszuschreiben, Heere zu besolden und Gericht zu halten hatte, so war auf dieser Seite die Bildung einer Art von Executivgewalt nöthig geworden; jedoch noch immer mit grundsätzlicher Anerkennung der königlichen Gewalt. Zur Selbsterhaltung wurde in den 19 Artikeln dem König als Friedensbedingung die Beibehaltung dieser Einrichtungen auf Zeit vorgeschlagen, nicht als ein Precedent der Verfassung, sondern um sich nicht wehrlos der Rache Carl's und seiner Umgebung zu überliefern. Selbst in dem weiter gehenden Covenant ist noch die eidliche Verpflichtung zur „Aufrechterhaltung der Person des Königs und dessen Autorität" enthalten.

Allein eben deshalb war die bisher leitende Partei im Parlament außer Stande den Kampf zu Ende zu führen. Ihrem Prinzip treu konnte sie das Königthum, welches sie als Voraussetzung der Verfassung anerkennt, nicht niederwerfen, ohne ihr eigenes Recht zu untergraben. Ihr Grundsatz der rechtlichen Vereinbarung — wahr und wirksam innerhalb einer anerkannten Verfassung — scheiterte hier an der Unmöglichkeit eines Vergleichs über die gebrochene Verfassung. Und diese Unmöglichkeit lag in der Person des Königs selbst.

In einer Zeit und unter Umgebungen, in welchen die Falschheit für Staatskunst galt, war Carl erzogen worden. Mit seinen Vorstellungen von der königlichen Gewalt konnte eine Verfassung überhaupt nicht bestehen, geschweige denn nach ausgebrochenem Kampfe wiederhergestellt werden. Die Gerichtshöfe und alle Eide des Beamtenthums hatten sich durch zwanzigjährige Erfahrung als unzureichend erwiesen. Kein denkender Mensch konnte bezweifeln, daß der König im Besitz seiner Gewaltrechte mit verdoppelter Energie zu seinem System zurückkehren werde. Sein bekanntes Temperament, das Gefühl verletzter Ehre, der Einfluß einer hochmüthigen, ränkesüchtigen Gemahlin machten seine Rückkehr zur Verfassung unglaublich. In allen widersprechenden Akten seines öffentlichen Lebens war ein durchgehender Grundzug: Unwahrhaftigkeit und Wortbruch. Der tiefere Grund dieser Situation lag aber in dem ganzen, am Hofe und in dem Beamtenthum herrschenden System von dem göttlichen Recht des Königs. In dem Dunstkreis theologischer Jurisprudenz stand es fest, „daß zwischen einem König und seinen Unterthanen nichts von der Natur eines wechselseitigen Vertrages bestehen könne; daß er, selbst wenn er wolle, seiner absoluten Autorität nichts vergeben dürfe, daß in jedem Versprechen und Eid des Königs der Vorbehalt salvo jure regis liege, daß er deshalb im Falle der Nothwendigkeit das Versprechen brechen dürfe, und daß er allein über das Vorhandensein der Nothwendigkeit zu entscheiden habe." — Durch die Zurückführung der Staatsordnung auf einen unmittelbaren göttlichen Willen wird das Recht als unbegreiflich erklärt für die menschliche Vernunft ohne die Gnadengabe der Offenbarung. Folgerecht ist es die Kirche unter ihrem Oberbischof, welcher endgültig entscheidet, was im Staate als Verfassungsrecht heilig ist, und was dem Willen Gottes nicht entspricht. Ihr Amt der Schlüssel bindet und löset jetzt wieder, wie im Mittelalter, Monarchen und Volk. Dies war das System, welches die staatskirchliche Geistlichkeit durch den König, der König durch die Geistlichkeit verfolgte. Innerhalb dieses Systems giebt es keine Treue gegen königliche Worte und Eide, weil das System die geschichtlichen und rechtlichen Grundlagen des Staats überhaupt verleugnet. Und da Carl im Gegensatz seines Vaters den Muth und die unüberwindliche Hartnäckigkeit besaß, diese Theorie mit seiner Person zu identifiziren, so gab es keine Grundlage für einen Vergleich mit diesem Monarchen.

Die verfassungstreue Opposition befand sich also in der Alternative, entweder die Verfassung, und noch dazu ihre Person und ihr Vermögen preiszugeben, oder ihren Grundsätzen untreu das Königthum selber anzugreifen. Da sie keins von beiden wollte, so erscheinen die ursprünglich leitenden Männer in ihren Handlungen gelähmt, von Jahr zu Jahr schwankender vor der wirklichen Lage der Dinge stehend. Es war klar, daß die Partei des Covenant welche sich eidlich verpflichtet „zur Aufrechterhaltung der Person des Königs und dessen Autorität," nicht den Entscheidungskampf gegen diesen König durchführen konnte. Man half sich noch immer durch die Fiction, daß „der König im Parlament den Krieg führe gegen den König im Lager der Royalisten." Allein mit dieser legalen Fiction ließen sich wohl Parlamentsprogramme, nicht aber ein wirklicher Krieg gegen wirkliche Cavaliere durchführen.

Jetzt erst, nach jahrelangem entscheidungslosem Bürgerkrieg treten aus der Parlamentspartei die Elemente hervor, deren Ideale von Kirche und Staat weit über die bestehende Ordnung der Dinge hinausgehen. Erst jetzt war gekommen die Zeit der Männer des religiösen Glaubens an die Freiheit; und Oliver Cromwell war der erste gewesen, welcher ein Regiment bildete von solchen „Männern, wohl gewappnet durch die

Ruhe ihres Gewissens und von außen durch gute eiserne Rüstung, feststehend wie ein Mann." Es waren die durch den langen Verwaltungsdruck und durch die katholisirende Richtung der Staatskirche zum Fanatismus getriebenen Sekten. Halb willig, halb widerwillig räumen ihnen die Mittelparteiën das Feld. Mit einer schnell disciplinirten regelmäßigen Armee „nach dem neuen Modell," (Cuirassieren, Dragonern und regulärer Infanterie) unter tüchtigen Führern geht der Kampf mit Niederlage, Flucht und Gefangennehmung des Königs zu Ende.

Hand in Hand mit dem Sieg der Waffen geht in Parlament, Armee und Petitionen aller Art die Geltendmachung der Bibelargumente, mit welchen die Sekten das göttliche Recht des Königs bekämpfen, — mit gleichem Scharfsinn, gleicher Dialektik, gleicher Hartnäckigkeit, wie die Hoftheologie. Mit dieser biblischen Dialektik tritt nunmehr das Ideal der Republik hervor, von welchem in den ersten Jahren des Kampfes noch keine Spur vorhanden war. Die Puritaner waren bisher religiöse Parteien gewesen. Sie verlangten freie Selbstbestimmung in ihrer christlichen Gemeinde; ihre Ideale waren nur Ideale der Kirchenverfassung. Sie hatten den König als Papst bekämpfen wollen, nicht als weltlichen Monarchen. Erst in dem Bruch der Verfassung trat die jetzt vorhandene Untrennbarkeit des kirchlichen Staats und der staatlichen Kirche und damit fast unwillkürlich das republikanische Ideal hervor. Das häretische Dogma, daß das „Herrscherrecht in der Gnade begründet" sei, daß also die bürgerliche Obrigkeit ihr Recht durch Sündigen verliere, verweltlicht sich zur Idee eines „Hochverraths des Königs gegen das Volk" (Parlaments-Beschluß vom 1. Januar 1649). William Allen, General-Adjutant der Armee, bezeugt, daß schon im Anfang des Jahres 1648 der Rath der Offiziere „nach langer Consultation und Gebet zu der klaren und vereinten Beschließung kam, daß es ihre Pflicht sei, Carl Stuart jenen Blutmann zur Rechenschaft zu ziehen für das vergossene Blut und das äußerste Unheil, welches er angerichtet gegen die Sache des Herrn und das Volk." Während nun die verschiedenen Fractionen der siegreichen Partei zweifelnd das Verfahren gegen den gefangenen König erwogen und über den Frieden verhandelten, hatte Carl — unverbesserlich in jeder Lage — auch in der Gefangenschaft Königskunst geübt, um Parlament und Schotten, Armee und Volk zu veruneinigen. Gleichzeitig kam mit unwiderleglichen Beweisen eine neue Reihe seiner Falschheiten zum Vorschein und zur Kenntniß in weiten Kreisen. Fast widerstandslos überlassen daher endlich die Mittelparteien diesen König der Remonstranzder Armee und den puritanischen Heiligen. Charakteristisch für den Principienkampf dieser Zeit ist aber trotz der Leidenschaft und Gewaltsamkeit der Parlamentsparteien die Treue, mit welcher Individuen und Parteien an ihren Rechtsüberzeugungen festhalten. Noch am 28. April 1648 fassen die Commons die Resolution: „daß sie nicht Willens sind die fundamentale Regierung des Königreichs durch König, Lords und Commons abzuändern.“ Noch im December 1648 tritt die Majorität des Unterhauses für die Unverletzlichkeit der Person des Königs ein. Noch am 2. Januar 1649 verwirft das Haus der Lords (d. h. der Restbestand seiner äußersten Linken) einstimmig den Antrag, den König in Anklagestand zu setzen. Allein inzwischen war die Remonstranz der Armee bei dem Hause eingegangen, in welchem „Seine Excellenz der Lord General und der Generalrath der Offiziere die Gefahren des beabsichtigten Vertrages mit dem König vorstellen, und verlangen, daß die Person des Königs in dem ordentlichen Wege Rechtens verfolgt werde.“ Als dennoch die Commons am 5. Dezember 1648 mit 129 gegen 83 Stimmen die Annahme der Friedensbedingungen beschlossen, schreitet das Heer mit Waffengewalt gegen die Majorität ein, nimmt 47 Mitglieder des Hauses gefangen und erklärt 96 andere für ausgeschlossen (secluded). Trotz des erhobenen Protestes sitzt die zurückbleibende Minorität als House of Commons weiter, schließt die protestirenden Mitglieder aus und erhebt die Anklage gegen den König wegen Hochverraths gegen das Volk von England.

Die Anklage, die Bestellung einer Gerichtscommission, die Verurtheilung und die Hinrichtung des Königs ist die schwerste Gewaltthat der englischen Verfassungsgeschichte — ein Akt, welcher in der Geschichte eines europäischen Volkes nur einmal vorkommen kann. Die fundamentale Verletzung des Verfassungsrechts, welche von der Person des Königs ausgegangen, ist aber zuletzt auf seine Person zurückgefallen, nachdem er in 20jähriger Regierungsweise die grundsätzliche Nichtachtung der Rechte seines Landes bethätigt. Sein jure divino Königthum, welches jedes Recht seines Volkes einem angeblich höheren göttlichen Recht des Königs und der Auslegung seiner Hoftheologen Preis gegeben, unterliegt einer religiösen Ueberzeugung, welche sicherlich wahrhaftiger war als seine eigne.

*) **Der dynastische Charakter der Regierung der Stuarts** hat eine unverkennbare Grundlage in ihrer Abstammung. „In the princes of the house of Stuart we see little of the sober Gothic honesty of the lowland Scot, much of the vanity, unsteadiness and insincerity natural to the Italian and Gallic stock from which they came.“ Vaughan III. 13. Auch bei dem

späteren Hin- und Herschwanken ihrer Hauspolitik zwischen spanischen und französischen Verbindungen ist es vielleicht am meisten die genealogische Eitelkeit, welche sie von der natürlichen Verbindung mit den protestantischen Fürstenhäusern ablenkt. Ihre Stellung zu den theologischen Fragen ist im ersten Menschenalter durch den verbitterten Charakter der schottischen Reformation bestimmt. Die spätere Hinneigung zum Katholicismus ist durch die constante Verbindung mit katholischen Fürstenhäusern, durch den Einfluß der Frauen vermittelt. Bei aller Verschiedenheit der Persönlichkeit geht ein negativer Zug durch alle vier Stuarts hindurch; es ist der Mangel an Verständniß und Achtung für das Landesrecht, the law of the land. Sie haben vom Anfang bis zum Ausgang ihr Verhältniß zu England nie anders angesehen, als mit den Anschauungen ihres sehr verschiedenen Schottland, oder den Anschauungen ihrer Vettern auf dem Continent, oder nach den Abstractionen theologischer Jurisprudenz. Keiner von ihnen hat sich als „England" gefühlt, als eins mit der Ehre, den Rechten und Interessen des Landes. Statt eine Erweiterung der Grenzen des Reichs, eine Erhöhung seiner Stellung unter den Nationen zu erstreben, hat keiner von ihnen Bedenken getragen, die Ehre und den Nutzen des Landes dem persönlichen Vortheil zu opfern. Selbst ihre religiösen Ueberzeugungen zeigen sich nie in einem aufrichtigen Verhältniß zu ihrer Landeskirche, nie in Treue gegen geschworenen Eid, nie in Ausübung irgend einer christlichen Pflicht der Verzeihung und Gnade; sondern nur als Streitargumente zur Begründung dynastischer Ansprüche. Die Kirche ist ihnen nur Quelle für Machtverhältnisse. Ihre angebliche Zuneigung zu dem Adel des Landes zeigt sich nur in einem Geldhandel mit Pairien und in der Schöpfung eines leeren Adelstitels, des Baronet, welchen Jakob I. für 1050 £ der Gentry ausbot. Die großartige systematische Fürsorge für die Armenpflege, Unterricht und Beförderung des Wohlstandes der unteren Klassen, die großmüthige Beförderung des Talents und der Wissenschaften hört mit den Stuarts auf. Nimmt man dazu noch ihre Talentlosigkeit als Feldherren, ihre Unfähigkeit zu jeder größeren und dauernden politischen Combination, so wird es begreiflich, wie es möglich wurde, in kaum einem Jahrhundert den Glauben der Nation an das Königthum zu zerstören. Der letzte Grund aber, aus welchem Geschichtsschreiber und Politiker aller Richtungen Partei gegen die Stuarts genommen, ist die systematische Verkehrung des monarchischen Princips in ihrer Hand. Diese Parteinahme verkennt oft, daß die Stuarts in vielen Maßregeln mehr im formellen Recht waren, als nach dem Standpunkt der heutigen Verfassung angenommen wird. Es ist nicht bloße Usurpation, kein willkürliches Geltendmachen unerhörter Prätensionen, sondern ein Forschreiten auf der Bahn, welche die Tudors betreten hatten. Während aber jene in dem Bewußtsein ihrer königlichen Pflichten handeln, wird den Stuarts die Geltung ihres persönlichen Willens ein inhaltloser Selbstzweck. In verhängnißvoller Verkennung ihrer Stellung erschien ihnen der Zuwachs der königlichen Gewalt durch das Kirchenregiment als ein erbliches Familiengut, die hergebrachten Rechte ihrer Stände dagegen als ein Inbegriff von widerruflichen Concessionen und Anmaßungen. In Jacob I. kam noch die besondere genealogische Grille hinzu, vermöge deren der Sohn Maria Stuarts und Darnley's glaubte das Erbkönigthum der angelsächsischen Dynastie, der Normannenkönige, der Plantagenets und der Tudors in seiner Person zu vereinigen. Es trug das kein Geringes dazu bei, die ihm anerzogenen Vorstellungen von dem göttlichen Recht zum Extrem zu treiben. Wie sehr man auch die aus den schottischen Religionsstreitigkeiten herrührende Abneigung gegen das puritanische Wesen und die Geschmacklosigkeit des theologischen Streits der Zeit ihm zu gute halten mag, so ist doch das entschieden Unkönigliche in der Haltung dieses Monarchen von weittragender Folge für die Erschütterung der königlichen Autorität geworden. Die Gelehrsamkeit, welche sich in seinen Schriften, wie dem für seinen Sohn bestimmten Basilicon Doron, in Werken über Zauberei, Teufelsbeschwörung 2c. beurkundet, ein unverkennbarer Scharfsinn, selbst Schlauheit, und doch ein Mangel an gesundem Urtheil über die ihn umgebenden Verhältnisse, bilden ein wunderbares Charaktergemisch in diesem seltsamen Manne, den seine Bewunderer den britischen Salomo, den der Herzog von Sully den „weisesten Narren von Europa" genannt hatte. Die Streitigkeiten mit seinem Parlament gehören einer Specialgeschichte des letzteren an. Jacob besaß wenigstens das Eine, was die Mitglieder dieser Regentenfamilie regierungsfähig machte, die Furcht vor seinen Parlamenten.

1) Die Verkehrung des Kirchenregiments drückt sich in dem Motto Jacobs aus: „wo kein Bischof, da ist kein König." Die Kirchengewalt dient den Stuarts nicht mehr zur Vertretung der Reformation, sondern zur Erweiterung ihrer Gewalten gegen die Parlamente. Die unter Erzbischof Laud arminianisch gewordene Kirche ist das Instrument zur Erweiterung der Macht des Königs und des Clerus geworden. Die fortschreitende Härte des High-Commission Court, die unversöhnliche Verfolgung der Puritaner erzeugten jenes Maß von Erbitterung, welches im Laufe des Bürgerkrieges von dieser Seite her hervorbricht. Es scheint durch eine providentielle Bestimmung in jedem Verfassungskampf die extremste Partei dazu bestimmt, die Erziehung der Gegenpartei zu übernehmen. In dem unglücklichsten Augenblick, als Carl I. am 5. Mai 1640 das gemäßigte „kurze Parlament" wieder auflöste, blieben die geistlichen Herren beisammen um jene Canones zu beschließen, welche „jede Behauptung einer unabhängigen coactive Power neben der Königin für Hochverrath erklären und das königliche Besteuerungsrecht für einen Ausfluß des göttlichen, natürlichen und Völkerrechts." Das lange Parlament antwortete darauf mit dem st. 16. Carol. I. c. 11., durch welches der Court of High-Commission für ewige Zeiten aufgehoben wird, mit dem Proviso, „daß kein neuer Hof der Art errichtet werden dürfe mit dergleichen Gewalten, Jurisdictionen oder Autorität, und daß alle etwa darauf gerichteten Patente null und nichtig sein sollen." Das Unterhaus erklärt die anstößigen Canones für null und nichtig, auch für die Geistlichkeit unverbindlich, und versetzt Erzbischof Laud und später die 12 Bischöfe in den Anklagestand. Die Stimmung nach dieser Richtung wird erkennbar in der Einstimmigkeit des Beschlusses mit Ausnahme eines Dissentienten, welcher die Bischöfe nach Bedlam zu senden vorschlug. Durch Resolution vom 21. Februar 1642 werden die 12 Bischöfe zum Verlust ihrer weltlichen und geistlichen Güter und zum Gefängniß auf Lebenszeit verurtheilt. Am 1. Septr. 1642 resolvirt das Unterhaus nemine contradicente: „die Regierung der Kirche durch Erzbischöfe, Bischöfe, ihre Kanzler und Commissarien, Dechanten und Kapitel, Archidiaconen und andere kirchliche Beamte ist durch lange Erfahrung befunden worden als ein großes Hinderniß der vollkommenen Reformation und des Wachsthums der Religion und sehr hinderlich dem Staat und der Regierung dieses Königreichs, und das Haus beschließt solche aufzuheben." Kurz darauf ergeht eine Ordonnanz dieses Inhalts unter Sequestration des kirchlichen Vermögens zum Besten der

Commonwealth. Im weiteren Verlauf folgt dann noch die Verurtheilung und Hinrichtung des Erzbischof Laud.

2) Die Verkehrung des Privy Council und der verfassungsmäßigen Gewalten der Reichsregierung beruhte auf einer systematischen Verbindung der Verordnungsgewalt mit der Administrativ-Justiz. Es entsteht daraus in der That eine neue Gesetzgebungsgewalt, die nicht wie früher concurrirend, sondern destructiv der Landesgesetzgebung und Parlamentsverfassung gegenüber tritt. Es kehrt das Verhältniß der normannischen Zeit wieder, in welcher die königliche Befugniß zu der polizeilichen Büßung durch Amerciaments aktuell zu einer Gesetzgebungsgewalt führt. Vom Rath geht die Ordonnanz aus, welche das Schiffsgeld decretirt. Der fiscalische Scharfsinn sucht aber auch die veralteten Strafbußen für unterlassene Einholung der Ritterwürde, sogar die alten Forstgesetze heraus, um neue Finanzquellen flüssig zu machen. Gegen das Gesetz Jacobs I. werden die Monopole eine neue Quelle der Einnahme; ebenso die zünftige Incorporation der wohlhabendsten Gewerbe. Selbst in das bisher heilig gehaltene Gebiet der reinen Privatrechte greift das System der Ordonnanzen ein, durch die angeordnete Niederreißung der Häuser und Schließung der Läden zur Verschönerung der Umgebungen der Kathedrale von St. Pauls. Erzwungen werden die illegalen Ordonnanzen durch die Strafdekrete der Sternkammer, durch Verhaftungen und polizeilichen Zwang. Außer Geld und Gefängniß erkannte die Sternkammer jetzt auch auf Pranger, Prügelstrafen und Abschneidung der Ohren. Nur die Todesurtheile und Confiscationen blieben der ordentlichen Gerichtsbarkeit vorbehalten. Die Strafjustiz der Sternkammer ist aber auch unmittelbar Finanzquelle durch unsinnig hohe Geldstrafen von 20,000 £, 10,000 £„ 5000 £ wie solche jetzt zu gewöhnlichen Erscheinungen werden. Die Gesammtsumme derselben wurde von den Zeitgenossen auf den unglaublichen Betrag von „6,000,000 £" angegeben (Rushworth II. 219.) — Diese Bedrückungen trafen sämmtlich die höheren Stände in erhöhtem Maße. Es war das nicht eigentlich beabsichtigt, am wenigsten zur Schonung der arbeitenden Klassen angelegt; war vielmehr die Folge der hergebrachten Besteuerungsverhältnisse und des vorgefundenen Verwaltungsrechts. Die neueren Calendars der Staatspapiere von 1629—1631 ergeben, daß diese neue Verwaltungspraxis auch schon anfing durch neue Stadtcharten die Stadtverfassung zu ändern, so daß Mayor und Recorder von der Krone ernannt, Mayor und Aldermen auf Lebenszeit nominirt werden sollten, wie dies namentlich für den Flecken Huntingdon geschehen ist. 50,000 Emigranten verließen unter diesem Druck ihr Vaterland. Der König und der Erzbischof Laud fanden daran nur zu beklagen, daß die kirchliche Disciplin den Emigranten nicht folgen könne; eine Ordonnanz untersagte daher weitere Einschiffungen. — *Es giebt keine andere Sanction des öffentlichen Rechts* als die Bestrafung der königlichen Diener, welche solche Rathschläge geben und ausführen. Das Unterhaus schritt daher kühn und konsequent zu einer Anklage wegen Hochverraths und Verhaftung des Erzbischof Laud und des Earl of Strafford. Die Anklage lautete auf „Versuch zum Umsturz der Fundamental-Gesetze des Landes", wie dies der Wahrheit gemäß. Im Verlauf des Verfahrens stieß man jedoch auf das Bedenken, ob nach dem Wortlaut und der Praxis der Hochverrathsgesetze ein solches Unternehmen unter den Begriff des treason falle, da Alles auf Befehl oder doch mit dem Einverständniß des Königs unternommen war. Abgesehen von formlosen Rathschlägen, bezogen sich die meisten eigenen Handlungen Strafford's auf seine Verwaltung in Irland. Es war in früheren Straffällen wohl der thatsächliche Wille des Königs von dem gesetzlichen Willen unterschieden worden; der erstere hatte die Minister nicht schützen können gegen die Verletzung des letzteren. Allein die Ausdehnung der höchsten Strafsanction des High Treason darauf war ebenso neu wie das Verfahren Carls I. selber. Man holte daher den Rath der Richter ein und — ohne eine dissentirende Stimme, lautete die Antwort, „daß auf die erwiesenen Artikel hin Strafford die Strafen des Hochverraths rechtlich verwirkt habe.“ Parl. History II. 757. Die Verurtheilung erfolgte im Unterhause gegen 59, im Oberhause gegen 19 dissentirende Stimmen. Nachhaltiger noch war die Energie, mit welcher sich die beiden Häuser ebenso übereinstimmend gegen das verderbliche Instrument dieser Regierungsweise wandten. Die Aufhebung der gesammten administrativen Civil- und Strafjustiz der Sternkammer und ihrer Nachbildungen, der Provinzialräthe, durch st. 16. Carl I. c. 10 wurde ein für die ganze Zukunft Englands entscheidender Schritt. Um der Beseitigung der Parlamente durch systematische Nichteinberufung einen Damm entgegenzusetzen, wird durch die sogenannte Triennial Act die Einberufung eines Parlaments nach längstens dreijähriger Unterbrechung für obligatorisch erklärt. Auf den frivolen Gebrauch, welchen Carl I. von seiner Prärogative der Auflösung des Parlaments gemacht, antwortet das Parlament mit dem allerdings verhängnißvollen unconstitutionellen Beschluß, der das jetzige Parlament ohne seine eigene Zustimmung für unauflösbar erklärt. Der König giebt in seiner Bedrängniß auch dazu die Zustimmung (am 10. Mai 1641); selbst Prorogation und Vertagung sollen nur durch Parlamentsacte geschehen. Rushworth II. 1382. Endlich findet auch das System einer Cabinetsregierung mit Vertrauensmännern d. h. Männern, die sich das „Vertrauen“ durch bereitwilliges Hinwegsetzen über die Gesetze erworben hatten, seine Antwort in dem Gegenverlangen von Ministern, welche das „Vertrauen des Parlaments“ haben. In der großen Remonstranz von 1641 kommt zum ersten Male der Antrag vor, „that his Majesty be humbly petitioned, by both houses, to employ such counsellors, ambassadors, and ministers, as the parliament may have cause to confide in, without which we cannot give his Majesty such supplies as is desired.“ Es war dies noch bona fide von Ministern gemeint, welche nach den Gesetzen regieren sollen. Allein schon weiter geht der Antrag in demselben Jahre, daß der König den Tower von London, alle anderen befestigten Plätze und die ganze Miliz in solche Hände legen möge „as the parliament could confide in.“ So hat die Regierungsweise der Stuarts zuerst zu dem parlamentarischen Schlagwort geführt, mit welchem später die regierenden Parteien in der Reichsverwaltung sich einander ablösten.

3) **Die Verkehrung der Stellung der Gerichtshöfe und der Gerichtsgewalt** beginnt als dynastischer Charakterzug sogleich mit der Thronbesteigung der Stuarts. Jacob I. eröffnete seinen Richtern: er selbst werde Rechtsfragen entscheiden, da man ihm gesagt habe, daß das Recht auf der Vernunft ruhe, und er ebenso gut mit Vernunft ausgestattet sei als die Richter. Er verlangte oft persönliche Rücksprache mit den Richtern zu nehmen, bevor sie das Urtheil sprachen, — auricular saking of opinions, wie es Lord Coke nannte. Unter seinen Rathgebern befanden sich schon Anhänger der Obersouveränetät, welche ihm riethen, „ein Exempel gegen die Kühnheit eines Richters zu statuiren, wodurch

dann die ganze Körperschaft in besserer Furcht würde gehalten werden." Es war das derselbe Lord Bacon, der später die Absetzung des Oberrichters Coke befürwortete, „als eine Art von Disciplin, weil er sich des Königs Interesse widersetzt hatte, welches Beispiel die anderen mehr in Furcht halten wird." Ellesmere erhielt die Anweisung einen Proceß gegen einen Beklagten zu verschieben, „weil er sich im Parlamentshause sehr beflissen gezeigt hat in unserem Dienst." Foss VI. 2. Unter Jacob sind indessen stets die Grundsätze schlimmer als die Ausführung, zu welcher es an Muth und Consequenz fehlte. Verderblich wurde aber der schamlose Verkauf der Richterstellen, der Stellen des Attorney General und der Serjeants, bei welchen Summen von 10,000 £, 4000 £ u. dergl. geboten und angenommen wurden. Foss. VI. 3. Der heftige Streit zwischen den Billigkeits- und Rechtshöfen, welcher seit 1616 entbrannte, hatte zunächst geringfügige Veranlassungen, im Hintergrund aber schon den großen Conflict innerhalb des Staatssystems. — Unter Carl I. beginnt auch auf diesem Gebiet die „starke Regierung." Nicht die Gesetze des Landes, sondern der persönliche Wille des Königs sollen die Richtschnur der Gerichte werden. Demgemäß erfolgt die rücksichtslose Entlassung und Suspendirung der widerstrebenden Richter, die Besetzung der wenigen entscheidenden Stellen mit Männern des Vertrauens; wie beispielsweise Sir John Finch wegen seines erprobten Verhaltens als Sprecher des Unterhauses zum Chief Justice ernannt wird. Bei der Bewilligung der Petition des Rechts hatten die insgeheim consultirten Richter das Gutachten gegeben, man könne die bill passiren lassen und die Praxis der Regierung doch so fortsetzen wie früher. Die Hauptleistung aber, die von den Richtern verlangt wurde, war die Anerkennung der Legalität des Schiffsgeldes. Die zwölf Richter wurden zuerst unter Sir John Finch versammelt und (nach ihren eigenen Angaben durch Drohungen und Versprechungen) zu dem Gutachten vermocht, „daß wenn das Wohl und die Sicherheit des Reichs im Allgemeinen in Frage gestellt und das ganze Reich in Gefahr ist, Se. Maj. unter dem großen Siegel allen seinen Unterthanen befehlen möge, auf ihre Kosten zu beschaffen und auszurüsten eine solche Zahl von Schiffen mit Bemannung, Munition und Lebensmitteln, wie es in solcher Zeit angemessen erachtet wird für die Vertheidigung und Sicherheit des Reichs; und daß er nach dem Gesetz dies erzwingen möge im Fall von Verweigerung und Widerspenstigkeit; und daß er der einzige Richter sei über die Gefahr, und wann und wie sie zu verhüten und zu vermeiden." Nur zwei Richter dissentirten, wurden aber doch zur Mitunterschrift bewogen. Diese Richter ließen sich von Lord Wentworth sagen: „Es war das der größte Dienst, den die legal profession der Krone in dieser Zeit erwiesen hat." Die Assisenrichter erhielten die Instruction „auf ihren Rundreisen einzuschärfen die nothwendige Verpflichtung, den königlichen Dienst zu fördern durch Folgeleistung gegen das königliche writ." Eine solche schamlose Umkehrung klarer Verfassungsgrundsätze war gelegentlich schon unter Jacob I. von Chief Baron Fleming auf die neue Theorie von der Obersouveränetät zurückgeführt worden. Die damalige Ausführung lautete: „des Königs Gewalt ist eine doppelte, eine ordinäre und absolute. Die ordentliche Gewalt ist zum Besten der einzelen Unterthanen, wird in den ordentlichen Gerichtshöfen ausgeübt, heißt gemeines Recht, und kann in seiner Substanz nicht geändert werden ohne Parlament. Des Königs absolute Gewalt dagegen ist nicht bestimmt für das Beste irgend einer Privatperson, sondern für die allgemeine Wohlfahrt, und diese wird nicht geordnet durch die Regeln, sondern eigentlicher Regierung und Verwaltung genannt, wechselnd nach seiner Weisheit für das gemeine Beste. Die streitige Frage ist eine Staatssache, bestimmbar nach Verwaltungsrücksichten, durch des Königs außerordentliche Gewalt ꝛc." — In dem Fall des Schiffsgelds lautete die Ausführung des Attorney General Banks dahin: „diese Gewalt ist eingeboren der Person eines absoluten Königs. Alle obrigkeitliche Gewalt ist von der Natur, und Gehorsam und Unterwerfung ist von der Natur. Der König von England ist ein absoluter Monarch. Er kann nicht Unrecht thun. Er ist der einzige Richter und wir sollen ihn nicht in Frage ziehen. Wo das Gesetz vertraut, sollen wir nicht mißtrauen. Die älteren Parlamentsacten enthalten keine ausdrücklichen Worte, um eine solche hohe Prärogative wegzunehmen; und selbst in geringen Dingen ist des Königs Prärogative stets vorbehalten, wo nicht ausdrückliche Worte sie beschränken." Jacob I. war in dem früheren Fall wie gewöhnlich noch einmal von dem Prinzip zurückgewichen. Carl ging rücksichtslos auf Grund des Gutachtens mit seiner Maßregel vorwärts. Durch writs unter dem großen Siegel werden die Sheriffs angewiesen, jede Grafschaft mit einer Schiffsgestellung zu belasten. Die Grafschaft Buks beispielsweise, der Wohnsitz Hampden's, hat ein Kriegsschiff von 450 Tons zu stellen mit 180 Männern, Kanonen, Pulver, doppelter Tackelage, Proviant und allem Nothwendigen. Dies Schiff ist bis zu einem gewissen Tage nach Portsmouth zu bringen, und von da an 26 Wochen in Proviant, Löhnung und allem Nothwendigen auf Kosten der Grafschaft zu erhalten. Da es aber auf diese Schiffsrüstung gar nicht abgesehen ist, so wird der Sheriff weiter angewiesen, mit Hülfe der Bürgermeister die dazu erforderlichen Summen von den einzelen freeholders und Stadtbürgern einzuschätzen, und die Einschätzungslisten einzuberichten. Im Fall der Zahlungsweigerung wird die Zwangsvollstreckung angeordnet und rücksichtslos ausgeführt. Die Masse der Bevölkerung fügte sich dem gewaltsamen Verfahren der Sternkammer. Nur Sir John Hampden bringt durch die Steuerweigerung die Frage zur Entscheidung in den Reichsgerichten, diesmal in dem Plenum der Exchequer Chamber. Bei dieser Entscheidung im contradictorischen Verfahren, wurden die Richter doch bedenklich, — 3 Monate lang wurde das Deliberationsverfahren hingezogen. Endlich gaben 7 Richter ihre Entscheidung zu Gunsten der Krone, Crook und Hatton grundsätzlich zu Gunsten Hampden's, und die übrigen drei Richter traten ihnen aus formellen Gründen bei. Der moralische Eindruck dieses Herganges ist entscheidend geworden für den Verlauf des Bürgerkrieges. Ausführlich giebt den Verlauf des Schiffsgeldes Rushworth II. 335. 344. 352. 364. 453. 480—605, 727. 975. 985. 991. 1395. und App. 159—225 etc. Das erste Writ war vom 20. Octbr. 1634. 10 Car. I. Hallam II. cap. 8. Die royalistische Partei selbst pflegte in dieser Zeit nicht zu behaupten, daß das Recht eigentlich auf Seite der Regierung sei. Der König selbst sprach öfter aus, daß die eingeschlagenen Wege „außerordentliche Wege" seien, und nicht der durch die Verfassung vorgeschriebene ordentliche Weg. Man behauptete aber, das Temperament des Unterhauses habe sich nach wiederholten Versuchen so verkehrt und pflichtwidrig erwiesen, daß die Nothwendigkeit entstanden sei, sich „einige Abweichungen von den alten Wegen der Constitution" zu erlauben. Nächst dem Urtheil in Sachen Hampden's war es namentlich das frühere Strafurtheil der King's Bench gegen Sir John Elliot, Denzil Hollis und Benjamin Valentine, welches in allgemein verständlichen

Rechtsfragen die Verderbtheit der Gerichte, und damit das Aufhören einer Regierung nach Gesetzen constatirte. May Parl. Practice I. c. 4 sagt dazu: „die Verfolgung dieser Abgeordneten war in der That eine jener ungesetzlichen Handlungen, welche Carl I. seinem Schicksal entgegenführten." Foss Judges VI. 3: „einer der Hauptgründe der Unzufriedenheit des Volks war die Corruption der Gerichte und die Dienstwilligkeit ihrer Verwalter." — Schon Lord Clarendon sagt: „Als man sah, daß in einem Hofe des gemeinen Rechts, des Rechts, welches noch den Titel für Alles bildete, was man sein eigen nannte, Gründe der Staatsraison als Entscheidungsgründe in Betracht kamen, daß die Richter sich wie Staatssecretäre benahmen, daß ein richterliches Urtheil auf Annahmen gegründet wurde, hinsichtlich deren es an jedem Beweise fehlte, daß für die Zahlung der dreißig Schillinge Gründe aufgeboten wurden, welche den gesammten Rechtszustand jedes Einzelen in Frage stellten, so hatte man keine Ursache mehr zu hoffen, daß solche Doctrinen und ihre Vertreter sich noch in irgend welchen Grenzen halten würden. Es ist aber unmöglich, den Schaden zu ermessen, den die Krone und der Staat erlitt, in Folge des verdienten Tadels und der Ehrlosigkeit, welche die Richter traf. Denn es kann die Würde, Ehrfurcht und Achtung der Gesetze nicht anders aufrecht erhalten werden, als vermöge der Integrität und Fleckenlosigkeit der Richter." Ebenso Brodie II. 110.: nothing embitters oppression more than to pretend to justify it on principle; and men, though they may be dragooned, are not to be cheated out of their liberties. — Die Zeitgenossen bemerken übereinstimmend, daß von dem Zeitpunkt jenes Urtheils an die Stimmung im Lande zu entschiedenem Widerstand neigte. Das lange Parlament antwortete auf dies Verfahren der Regierung mit einer Anklage wegen Hochverraths gegen den Lord Keeper Finch und die sechs betheiligten Richter, von welchen der eine auf seinem Richtersitz in der Westminsterhalle selbst verhaftet wurde. Ein übereinstimmender Beschluß der beiden Häuser, welchem der König zu consentiren genöthigt wurde, bestimmt für die Zukunft, daß die Richteranstellungen auf Lebenszeit, quamdiu bene se gesserint erfolgen sollten.

) **Der Verlauf des Bürgerkrieges in seinen Einzelheiten gehört der allgemeinen Geschichte an. Wesentlich unbefangen und ziemlich vollständig behandelt denselben Hallam Const. Hist. II. c. 10. Die von dem Zeitgenossen und Parlamentssecretär hinterlassene Geschichte des langen Parlaments: Th. May, History of the Long Parliament, ist jetzt neu herausgegeben, London 1854; vergl. Parry Parliaments, S. 340—533. Das schicksalsvolle lange Parlament vom 3. November 1649 bestand aus 480 Unterhausmitgliedern für England, 24 für Wales. Zu dem Oberhaus sind geladen 1 Duke, 1 Marquis, 63 Earls, 5 Viscounts, 54 Barons, 2 Erzbischöfe, 24 Bischöfe. Das Unterhaus gehörte nach seiner socialen Stellung zu den reichsten und glänzendsten Versammlungen, welche England bisher gesehen. Allerdings versuchte Carl noch einmal eine Tactik schmeichelnder Nachgiebigkeit, welche er abwechselnd in solchen Lagen anwandte, allein seine Worte fanden keinen Glauben mehr. Die rückläufige Bewegung des Verfassungsstreits konnte daher keinen Halt finden. Der unbesonnene Versuch des Königs, 5 Mitglieder der Opposition im Unterhaus persönlich zu verhaften, konnte keinen Zweifel über die Pläne des Hofes lassen. Die Lage Schottlands und Irlands hatte dahin geführt, daß unabweisbar Subsidien bewilligt werden mußten: der König machte kaum ein Hehl daraus, daß er das Geld zur Anwerbung eines stehenden Heeres verwenden wolle. Das Parlament verlangt dagegen die Ernennung der Lord-Lieutenants der Grafschaftsmiliz: der König verweigert dies, worauf beide Theile zu den Waffen greifen. — Das Parlament war in der vortheilhaften Lage, seine Sitzungen der Form und dem Ort nach legal fortzusetzen. Dem späteren Ruf des Königs zu einem Parlament nach Oxford im Dezember 1642 leisten nur 118 Commoners Folge. Die zurückbleibende Majorität besteht der großen Mehrzahl nach aus presbyterianischgesinnten Mitgliedern und einer kleinen Zahl von Independenten. Auch die größere Zahl der Lords war Anfangs beim Parlament zu Westminster; erst später zieht die Majorität der Lords nach dem Parlament zu Oxford hinüber. Rushworth V. 559 ff. Die dem Ruf des Königs folgende Partei hält sich durch ihren kirchlichen und weltlichen Unterthaneneid gebunden: aber die große Mehrheit der royalistischen Lords und Gentlemen hält doch fest am Parlamentsrecht, während der König sein Oxford-Parlament (Mongrel-Parliament) fast verächtlich behandelte, welches eben deshalb keinen Glauben an sich selbst gewinnen konnte. Im großen Durchschnitt mochte die Parlamentspartei der königlichen in einem Verhältniß von zwei Dritteln zu einem Drittel der Bevölkerung gegenüber stehen. Wie indessen die kämpfenden Heere auf beiden Seiten nur die auseinander gelösten Glieder der Grafschaftsmiliz darstellen: so erscheint das ganze Volk in seinen Schichten getheilt. Adel und Gentry, Stadt und Land stehen auf beiden Seiten, wenn auch in verschiedenem Maße. Nur die Staatskirche mit ihrem absolutistisch gewordenen Amtsorganismus steht ganz auf der königlichen Seite. Zu der letzteren gehören gerade die Landestheile, in welchen trotz des Verfalls der Milizen, Gentry und Yeomanry noch kriegerische Gewohnheiten und Neigungen beibehalten hatten. Dieser Umstand und die Einheit des Commando bildeten einen Vortheil für die königliche Seite, der sich aber dadurch abschwächte, daß die berittenen Gutsbesitzer mit ihren Pächtern schwer in Subordination zu halten, und aus einer brauchbaren Truppe für Reitergefechte nicht leicht in eine reguläre Armee umzuwandeln waren. Die Parlamentspartei war überlegen an Kopfzahl, durch größere finanzielle Mittel, durch eine bessere Verwaltung, und vor Allem durch nachhaltigen Eifer, durch die religiöse Begeisterung der Sekten für die Sache der Freiheit. Sie ging daher im Verlauf des Krieges aus dem Milizsystem in die Organisation stehender Soldtruppen über, in welcher Schottland schon vorangegangen war. In der entscheidenden Schlacht bei Naseby fochten auf dieser Seite formirte Regimenter (mit Rekruten, die größeren Theils erst seit 2 Monaten bei den Fahnen) mit einem Offizierkorps unter welchem nur 9 die Kriege auf dem Continent mitgemacht hatten, während die königliche Armee mehr als tausend solcher Offiziere zählte. Dennoch wurde der Kampf zu einem Vernichtungskampf durch die Formation und den Geist der puritanischen Truppen, die auch später in den Niederlanden die beste spanische Infanterie wie Spreu vor sich hergetrieben haben. In Mannszucht waren die „Rebellen“ den „Uebelgesinnten“ von Anfang an überlegen.

Die Transactionen der beiden Parteien, insbesondere die 19 Artikel entsprechen zwar den früheren Vorgängen der Kämpfe zwischen Parlament und Königthum; sie sind aber tief durchflochten mit dem Religionsstreit. Der mit den Schotten abgeschlossene Covenant steht überwiegend auf diesem neuen Gebiet. Was den Vergleich aber unmöglich machte, war die seit 20 Jahren erkannte und erprobte Persönlichkeit Carl's. Vom ersten Augenblick seiner Regierung waren seine Worte Verheißungen, seine Thaten Wortbruch gewesen; nicht aus Uebereilung, sondern aus System und Berechnung. Vollgültig dafür ist das Zeugniß Lord Clarendon's, wie man bei Hofe darüber einverstanden war, „daß Alles was von Sr. Majestät unter dem Drange der Umstände zugelassen worden, bei der ersten geeigneten Gelegenheit von ihm zurückgenommen werden möge." Clarendon II. 251. ff. „Der nächste Besuch, den Se. Majestät seinen treuen Gemeinen abgestattet hätte, würde ernster gewesen sein, als der, womit er sie bereits beehrt hatte, ernster als der, den ihr eigener General ihnen einige Monate später machte." (Macaulay Essays). Bis zum Ausgang Carl's I. befanden sich die Parlamentsparteien unter dem Gebot der Selbsterhaltung. Mit einer Bitterkeit, welche die Zeitgenossen sicherlich noch lebhafter empfanden, fügt Macaulay hinzu: „Solche Fürsten, die Schande der Throne des südlichen Europa's, giebt es noch heute: Fürsten, gleich falsch gegen die Mitschuldigen, die ihnen dienten, wie gegen die Gegner, von denen sie geschont wurden, Fürsten, die in der Stunde der Gefahr alles bewilligen, alles beschwören, ihre Wange jedem Streich darbieten, jedes Werkzeug ihrer Tyrannei der Bestrafung ausliefern, und mit freundlicher, lächelnder Unversöhnlichkeit den gesegneten Tag des Meineids und der Rache abwarten." Der gewissenlose Eigenwille und die Halsstarrigkeit einer solchen Dynastie hat innerlich nichts gemein mit den Uebergriffen der königlichen Prärogative in dem Regierungssystem der Tudors, an welche sie sich äußerlich allerdings anschloß.

In dem Fortschreiten des Bürgerkrieges behauptet die politisch gemäßigte presbyterianische Partei noch lange Zeit das Uebergewicht. Trotz der Gewaltsamkeit gegen Einzele und vieler leidenschaftlicher und inconsequenter Beschlüsse, war unter ihrer Leitung das Streben des Parlaments nach Beobachtung der Rechtsgrundsätze anerkennungswerth. Noch am 4. Febr. 1648 erging beispielsweise die Resolution: „It is the Duty of the People to pray for Magistrates, to honour their Persons, to pay them their Dues, to obey their lawful Commands, and to submit to their Authority for conscience sake. Infidelity or difference in Religion doth not make void the Magistrates just and legal Authority, nor free the People from their just obedience to them, from which Ecclesiastical Persons are not exempted." Die Abstimmungslisten ergeben im Anfang December 1648 noch 234 anwesende Mitglieder des Unterhauses. Nach der gewaltsamen Austreibung der Mitglieder durch die Armee waren bei der letzten Abstimmung im December 1648 nur noch 51 anwesend. An die Stelle der Vertriebenen rückt die frühere Minorität der Independenten, der Levellers und Republikaner im Rath wie im Felde. Es ist der erste, jetzt noch gewaltsame Vorgang eines späteren Regierungssystems, in welchem Personen und Parteien ihren Ueberzeugungen treu bleiben, aber anderen Parteien in der Staatsregierung Platz machen, deren grundsätzliche Handlungsweise der jetzigen Lage des Staats entspricht. — Die uns fremdartige theologische Weise des Parteistreits entsprach den Hergängen, in denen die königliche Suprematie die Handhabe zum Sturz der Parlamentsverfassung geworden war. Die Theologen dieser Zeit waren Staatsmänner geworden, die Staatsmänner Theologen. Dialectische Waffen außer Bibelargumenten gab es auf dem Gebiet der Politik überhaupt noch nicht. Die Anschauungen über das Verhältniß des Volks zu dem jetzigen königlichen Papstthum standen auf diesem gemeinsamen

Boden, welchen alle Streiter anerkannten', der allen Parteien die gesuchten Beweisgründe darbot. Was die extremen Parteien zur Herrschaft brachte, war ihr entschiedener Wille, keinen Vergleich mit einem König zu schließen, dem sein Glaube verbot, die Treue der Verträge zu wahren. Wer aber den Vergleich nicht wollte, konnte nur den entschiedenen Sieg über das Königthum wollen, und dazu konnte nur eine Partei schreiten, die überhaupt in dem Königthum ein angemaßtes, dem göttlichen Willen widersprechendes Oberbischofthum erblickte. Diese einseitig religiöse, extreme Anschauung war sich nicht bewußt, daß das Königthum zugleich die weltliche Grundlage alles Rechts der Stände, die unentbehrliche Voraussetzung der vorhandenen Gesellschaft war. Allein der Bruch der Rechtsordnung, welchen die Stuarts in das Gesammtgebäude des Staats getragen, hatte den protestantischen Geist zur Selbstvertheidigung, die in ihrem Gewissen und ihrer bürgerlichen Existenz schwer verletzten Sekten zur Selbsthülfe getrieben. Für sie gab es keinen Mittelweg mehr zwischen einem gottlosen Absolutismus und zwischen dem Umsturz des Königthums selbst. Nach Jahre langem Bürgerkriege hatten auch die Mittelparteien keinen rechtlichen Ausweg mehr zu finden gewußt; sie lassen daher die extremen Parteien gewähren, wenn auch mit dem Bewußtsein eines folgenschweren noch unbekannten Ausgangs. Wie der Einzele im Freiheitskampfe Weib und Gut vergißt, vergißt ein Volk im entscheidenden Kampf um seine Freiheit, daß es eine Gesellschaft ist. Daß der absolutistische Umsturz der Verfassung zu einer extremen Geltendmachung des Princips der Selbstbestimmung in Kirche und Staat, zur gewaltsamen Selbsthülfe, und damit zur schwersten Verletzung des königlichen Rechts selbst führen mußte, lag in der Natur des Staats und des Rechts selber. Das energische, consequente Handeln nach dem, was die Partei als religiöse Wahrheit anerkannt, gehört aber zu dem Charakter der Zeit und des Volks. Der König dagegen setzt seine Königskunst fort auch in der Gefangenschaft des Heeres und der Parlamentspartei: „Ich bin nicht ohne Hoffnung", schreibt er an Digby, „daß ich im Stande sein werde entweder die Presbyterianer oder die Independenten auf meine Seite zu ziehen, damit eine Partei die andere aufreibt, und ich wirklich wieder König bin." Oberst Jreton hatte ihm schon früher gesagt: „Sire, Ihr habt die Absicht Schiedsrichter zwischen dem Parlament und uns zu werden, und wir gedenken es zwischen dem Parlament und Euch zu sein." Die große Remonstranz der Armee vom 20. Novbr. 1648 erzwingt im Parlament die Anklage, welche John Cooke „im Namen des Volkes von England gegen Carl Stuart als einen Tyrannen und Hochverräther, Mörder und als einen öffentlichen unerbittlichen Feind des Gemeinwesens von England" erhebt. Es war schwer genug geworden, eine Form und einen Vorsitzenden für eine solche Gerichtskommission zu finden. Der König führt mit Würde seine Vertheidigung vor dem gesetzwidrigen Gericht und endet mit den Worten: „das ist es, wofür ich nun hier bin; hätte ich der Willkür nachgegeben, alle Gesetze mit Hülfe des Schwertes umändern zu lassen, so hätte ich nicht hierher zu kommen brauchen, und darum sage ich Euch, ich bin der Märtyrer des Volks." Mit Festigkeit geht er dem Todesurtheil und der Hinrichtung entgegen, die unter Zeichen mitleidiger Theilnahme des Volks gegenüber dem Palast von Whitehall stattfand. Die äußere Würde hatte Carl I. nie gefehlt, wohl aber die innere Würde und das sittliche Bewußtsein der königlichen Pflichten. Die schwerste Verletzung dieser Pflichten war systematisch von der Person des Königs ausgegangen: das schwerste

Unrecht, welches ein Volk gegen das Königthum begehen kann, fiel auf seine Person zurück. Die „juridisch-priesterliche Natur" Carl's (Ranke II. 565) fand ihre ebenbürtigen Gegner. Es giebt für diesen Act keinen Maßstab des Rechts, sondern nur den relativen Maßstab des Unrechts — oder mit dem Wort Lord Chatham's: „There was ambition, there was sedition, there was violence; but no man shall persuade me that it was not the cause of liberty on one side, and of tyranny on the other."

§. 35.

Die Republik.

Der königslos gewordene Staat ist zur Republik geworden „the Commonwealth of England," wie man sie nannte unter Vermeidung eines fremden unpopulären Ausdrucks. Das Königthum und das Haus der Lords werden als „unnöthig und der Freiheit des Volks gefährlich" durch Beschlüsse des Parlaments ausdrücklich aufgehoben.

Die ausdauernde Thatkraft der Partei, welche diesen Erfolg erstritten, verkörpert sich einerseits in einem siegreichen Heere und seinem tapferen Lieutenant General Cromwell, andererseits in einem Parlamentshaus, welches nach Ausstoßung der gemäßigten Mitglieder nur noch die ehemalige Linke enthält. Aus der Wahl des Hauses geht ein Council of State hervor, in welchem Cromwell thatsächlich die Leitung übernimmt. Die einzelen Maßregeln der Regierung gehen Anfangs theils vom Council of State, theils vom Parlament, theils vom Rath der Offiziere, theils vom Lord General persönlich aus. Es zeigte sich alsbald, daß die Meinungen darüber sehr auseinander gingen, daß in dem Parlamentshaus und in dem stehenden Heere die Staatsanschauungen nichts weniger als identisch waren. Allein die Gefahren des Landes, die feste Einigkeit nach außen und wider die Gegenparteien der Royalisten und Episcopalen, die vermittelnde Stellung des Lord General, hielten diese unregelmäßige Regierung noch mehre Jahre hindurch zusammen. Cromwell erkannte in dem langen Parlament das einzig rechtliche und moralische Band der Vergangenheit mit der Gegenwart. Erst am 20. April 1653 schreitet er zur Auflösung der durch ihre Maßregeln und durch ihre Permanenz verhaßt gewordenen Versammlung mit Waffengewalt. Der eigentliche Charakter der Regierung bleibt von da an, trotz einiger wechselnden Formen die Militärdictatur Cromwell's — die Incarnation des Puritanismus.

Und bei einiger Unbefangenheit wird man zugestehen müssen, daß Cromwell den Staat mit Ehren vertreten hat. Während die Stuarts England im Ausland machtlos gemacht hatten, war Cromwell der angesehenste Herrscher seiner Zeit. Die Niederlande, Frankreich und Spanien beugten sich vor seiner Macht. Die gekrönten Häupter Europas brachten dem Protector der Reihe nach ihre Huldigungen dar. Heer und Flotte, Irland und Schottland gehorchten wie niemals zuvor. Handel und Gewerbe blühten, die Handelspolitik des Protector wurde auf mehre Menschenalter für England maßgebend, das Steuerwesen geregelt, ein Postwesen errichtet. Der Protector hat zuerst den Beruf Englands zur Seemacht vollständig erkannt. Die Civiljustiz wurde rechtschaffen gehandhabt; „die Westminster-Halle, gesteht selbst Lord Clarendon, war niemals angefüllt mit gelehrteren und rechtschaffeneren Richtern wie durch ihn, noch wurde die Justiz in den Rechts- und Billigkeitshöfen in Civilsachen gleicher vertheilt." Personen von Fähigkeit und Rechtschaffenheit wurden zu den verschiedenen Zweigen der Verwaltung ausgewählt, Genie und Wissen patronisirt. Dazu kam noch ein geistiger Fortschritt, welchen England den Puritanern verdankt: der Grundsatz religiöser Toleranz. Eine Religionspartei, welche nicht von den Standesinteressen der Geistlichkeit, sondern von einfachen Glaubenswahrheiten durchdrungen war, vermochte auf die Anwendung der Zwangsgewalt in Glaubenssachen zu verzichten. Es war jetzt die Zeit dafür gekommen, seit der Protestantismus sich in Europa seine Existenz unwiderruflich erkämpft hatte. Eine Aufhebung der Strafgesetze gegen Katholiken war allerdings der Nationaleifersucht noch nicht abzugewinnen; sie erhalten aber Duldung in gleichem Maße wie die protestantischen Sekten. Selbst den Juden wird nach einer Verbannung von beinahe drei Jahrhunderten die Niederlassung in England wieder gestattet. Dies und Anderes war die Verwirklichung des königlichen Berufs zur Beschämung eines entarteten Königsgeschlechts, welches die englische Politik im Auslande mit Schande und Verachtung bedeckt hat.

Trotz alledem herrschte im Lande keine Zufriedenheit, auch nicht unter der herrschenden Partei. Wie jede siegende Partei, so machte auch diese die Erfahrung, daß der wirkliche Besitz der Staatsgewalt ihre Stellung geändert hatte. Sie fand sich im Widerspruch mit den Grundlagen des Besitzes, mit dem gesammten Zustand der englischen Gesellschaft. Die Gliederung der Gesellschaft, so wie sie seit dem Mittelalter sich darstellte, in Lords, Gentry, Freisassen und Pächtern, in Bürgern und Gewerbtreibenden, in Geistlichkeit und Juristen-Innungen, mit festgewurzelten Einflüssen und traditionellen Anschauungen, stand in Widerspruch mit den Staatsidealen der puritanischen Parteien. Diese hatten sich überwiegend gebildet aus einem achtbaren Theil der englischen Mittelklassen, deren weltliche Stellung wenig Erfahrungen für die Ausübung der Staatsfunctionen im Großen gewährte, deren kirchliche Stellung unter langem Druck nur die Gewohnheit des Opponirens, nicht des Regierens gegeben hatte. Groß und siegreich in der Periode des Waffenkampfs, waren diese Anschauungen unfähig die Gestalt der Verfassung dauernd zu bestimmen. Es zeigte sich vielmehr, daß die Forderungen des „Volks" in gar sehr verschiedenen Meinungen und Interessen auseinander gingen, nachdem der Bürgerkrieg dies Volk mitten durch gespalten hatte. Die dem langen Parlament massenweis überreichten Petitionen ergeben das Bild einer sehr wechselnden und zerfahrenen öffentlichen Meinung.

Die royalistischen und episcopalen Parteigruppen hatten bisher eine Majorität in der herrschenden Klasse gebildet, welche jetzt besiegt, unter dem Druck gemeinsamen Unglücks enger zusammenhielt und ihre Parteiverschiedenheiten im Innern, einschließlich der katholischen und absolutistischen, zurückstellte. Die lange gemißhandelte, jetzt siegreiche Partei verlangte Bestrafung derjenigen, die an den gesetzwidrigen Maßregeln Carl's I. sich betheiligt, der jetzt so genannten „Delinquenten." Die Republik mit ihren bisher unerhörten Finanzbedürfnissen dekretirte dem entsprechend massenhafte Sequestration der Güter, verlangte ansehnliche Büßungssummen zur Abfindung (compound), schritt gegen die schwerer Compromittirten auch zum Verkauf der Güter. Man berechnete, daß in den Jahren 1640—1359 zwischen 3 und 4 Tausend Gentlemen mit einer Gesammtsumme von 1,305,299 £ 4 sh. 7 d. sich abfanden; die sequestrirten Güter derer, die sich nicht abfinden wollten, oder nicht dazu verstattet waren, wurden noch 5mal höher veranschlagt. Aus den Reihen der staatskirchlichen Geistlichkeit waren etwa 2000 ihrer Pfründen entsetzt worden. Ueberwunden und geschwächt, aber erbittert und immer noch mit persönlichem Einfluß in ihren Umgebungen, standen diese Klassen der Regierung feindselig gegenüber.

Die presbyterianische Partei, die ehemalige Majorität im Parlament, war am Schluß des Bürgerkrieges von der siegenden Partei gewaltsam herausgeworfen; sie stand der jetzigen Regierung mindestens ebenso feindselig gegenüber, wie die alten Royalisten. Sie hatte niemals den Sturz der Monarchie gewollt. Der Treueid gegen die republikanische Regierung war ihr noch anstößiger, als den Cavalieren; sie weigerte sich sogar die Ordonnanzen des Parlaments in üblicher Weise von den Kanzeln zu publiciren. Der unermüdliche Eifer für die Durchfanng üh ihres Schemas einer neuen Kirchenverfassung macht sie immer unduldsamer in kirchlichen Fragen, immer gleichgültiger gegen Fragen der politischen Freiheit und der bürgerlichen Rechte. Nachdem sie ihr kirchliches Verfassungsideal dem Namen nach durchgesetzt, erwies sich dasselbe überdies als unpraktisch und isolirte diese Mittelpartei in einer ziellosen Unzufriedenheit.

In den weitergehenden Parteien, welche durch Cromwell und durch die Armee zum Siege gelangt waren, beginnt von der Zeit ihrer wirklichen Geltung und Bethätigung im Staate an eine allmälige Zersetzung. In einem Theil verweltlicht sich der puritanische Eifer zu einem abstrakten republikanischen Staatsideal, mit Toleranz (oder Indifferenz) in kirchlichen Dingen. In einem anderen Theil bleibt der religiöse Eifer gegen den Bilderdienst und gegen die bischöfliche Hierarchie überwiegend. Begreiflicher Weise war die Verweltlichung des Puritanismus stark vertreten in der stehenden Armee; der politische Radicalismus bildete ein gewisses Gegengewicht gegen den religiösen. Beide aber, gleich unduldsam in ihrer Spezialrichtung, waren doch wenig geeignet nach ihren Parteiprogrammen die Gestalt der wirklichen Verfassung und den Gang der wirklichen Staatsregierung in England zu bestimmen. Die Alleinherrschaft jeder dieser Parteien wäre zu einem Despotismus gegen die große Majorität des Volkes geworden. Eben darum mußte der Organismus die Oberhand behalten, der sich überhaupt indifferent gegen den Besitz verhält, — die stehende Armee.

Das Neue in dieser Situation war für England die überwiegend gewordene Stellung der Mittelklassen. Die Stuarts hatten die veränderte Bedeutung ihres House of Commons überhaupt verkannt, sofern sie in den Prälaten und in dem den Hof umgebenden Adel noch immer die alte regierende Klasse vor sich zu haben glaubten, von der jene nur einen Theil darstellten. Noch niemals war in der englischen Geschichte eine große spontane Bewegung von dem Unterhaus allein ausgegangen, noch viel weniger von den kleineren wahlberechtigten Mittelklassen. Dies Mal war das Königthum überwunden nicht durch Gefolgschaften der Barone, sondern durch die tapferen Ueberzeugungen schlichter Männer, unter Offizieren, die großentheils aus ihrer eignen Mitte hervorgegangen, durch eine Armee, an der zwar auch der Adel und die Gentry betheiligt waren, aber nur als leitende Männer von gleicher politischer und religiöser Ueberzeugung. Diese Situation hatte den Mittelständen eine sehr gehobene selbstbewußte Stellung gegeben, über die eine bestehende Regierung sich ebenso wenig hinwegsetzen konnte, wie über die Stimmungen der stehenden Armee. Bald nach der Hinrichtung Carl's I. und nach der Proclamirung der Republik drängen sich lebhaft von allen Seiten Bittschriften der herrschenden Fraktionen — der „Gutgesinnten" (well affected) wie sie jetzt heißen — um ihre Vorstellungen im Staat zur Geltung zu bringen. Nicht aus dem Gesammtleben der Grafschaft hervorgegangen, sind diese Vorstellungen mehr negativ gegen das Dasein der bisherigen Gewalten gerichtet. Sie verlangen jährliche Parlamente, Befreiung der Obergewalt des „Volks" vom Einfluß des Königs und der Lords, Abschaffung des Staatsraths und hohen Commissionshofes, Selbstverleugnungs-Ordonnanz, Abkürzung des Gerichtsverfahrens, Aufhebung der Zehnten, der Monopole, Accise, Zölle, Verwandlung aller Steuern in eine direkte Subsidie, Verkauf der Güter der „Delinquenten," keine Zwangsgewalt in religiösen Dingen, jährliches Gehalt von 100 £ für die Diener des Evangeliums u. s. w. — Das später von Cromwell berufene Vorparlament kam zur Formulirung folgender Forderungen: Aufhebung des Kanzleihofes, Einführung der Civilehe, Aufhebung des Kirchenzehnten und des Patronats, — Forderungen, die im Widerspruch mit den Interessen der regierenden Klassen diesem sog. Barebone Parliament Hohn und Erbitterung in weiten einflußreichen Kreisen zuzogen.

War mit diesen Elementen eine parlamentarische Regierung nach den Landesgesetzen und nach den hergebrachten Einrichtungen überhaupt möglich? Jene Regierung hatte nicht darauf beruht, daß man den einen Parlamentskörper aus Wahlen in bestimmten Bezirken, den anderen permanenten Körper durch Adelsernennungen gebildet hatte: sondern sie beruhte auf der Verflechtung der Staatshoheitsrechte mit dem Besitz, auf der Gruppirung der sich nach den Landesgesetzen selbst verwaltenden Communitates. Diese ständischen Grundlagen des Staats waren bereits unabänderlich geworden. Die höheren persönlichen Leistungen im Staat waren mit dem größeren Besitz, der Geschworenendienst und das Ortsgemeindeamt mit dem mittleren Besitz so fest verwachsen, daß ein englisches Staatswesen nur in dem herkömmlichen aus Kreis- und Stadtverbänden zusammengefaßten, theils gewählten, theils durch Erbrecht und Amt gebildeten Parlament zusammengefaßt werden konnte. Nachdem der Bürgerkrieg die alten Formen zerbrochen hatte, zeigte sich die Unmöglichkeit mit jeder anderen Gruppirung zu einer harmonischen Selbstbestimmung und Selbstthätigkeit im öffentlichen Leben zu kommen. Kirchspiel, Grafschaft und Parlament standen sich als disjecta membra gegenüber von dem Augenblik an, in welchem Staatskirche und Bischöfe beseitigt, die erblichen Pairs außer Thätigkeit gesetzt, die königlich gesinnte Gentry ihrer politischen Rechte und ihres Besitzes beraubt, die kleinen wahlberechtigten Städte beseitigt, der Census neu gestaltet war. Die Zerreißung dieser Grundlagen machen das verfassungsmäßige Selfgovernment von unten herauf zur offenbaren Unmöglichkeit.

Die Milizverfassung der Grafschaft wurde unmöglich neben einem stehenden Heere, dessen Verdienst, Ruhm und Tüchtigkeit (wie immer) gepaart erschien mit der Nichtachtung des Milizsystems, welches sich in dem Bürgerkrieg als ungenügend erwiesen hatte. Die Miliz der Republik blieb daher eine ganz untergeordnete Einrichtung, mit der man es um so weniger ernst meinte, als mit einer lebendigen Miliz auch der lokale Einfluß einer der Republik feindseligen Gentry wieder aufleben mußte.

In dem Gerichtswesen war die Fortdauer von Judge und Jury in Civilsachen allenfalls durchführbar; in Criminalsachen aber wurde die aus der Gentry gebildete große Jury und die durch schroffe Parteigegensätze gespaltene Urtheils-Jury ein bedenkliches Element des Widerspruchs. Eine republikanische Regierung konnte von solchen Organen die Ausführung und Straffanktion ihrer Ordonnanzen nicht mehr mit Sicherheit erwarten.

Das Polizeiwesen hatte seinen Schwerpunkt im Sheriffs- und Friedensrichteramt. Eine republikanische Regierung hatte dabei nur die Wahl, entweder die geeigneten Personen in herkömmlicher Weise in die Friedenscommissionen aufzunehmen — in welchem Fall sie einer feindseligen Majorität gewiß war; oder sie mußte neue, geschäftsunerfahrene, ungeeignete Männer ernennen, denen das nothwendige Ansehen fehlte. Die Polizeiverwaltung war daher von Anfang an ein schwacher Punkt. Es ging damit allenfalls noch in den der Republik zugeneigteren Städten nach ihrer besondern Stadtverfassung. In den Grafschaften aber konnte der Protector die alten Elemente nicht massenweis beseitigen, noch weniger ihren alten Geist umschaffen. Gerade der Ordnungssinn des republikanischen Regiments führte daher zu einem barschen Polizeiregiment an Stelle eines Selfgovernment nach Gesetzen.

Das Finanzwesen der Republik erforderte früher unerhörte Mittel zur Erhaltung eines großen Soldheeres, welches auch durch die Verhältnisse zu Irland und Schottland bedingt wurde. Das alte Steuersystem mit seinen communalen Selbsteinschätzungen wurde dadurch völlig ungenügend; bis in die untersten Stufen herab war ohnehin die Kirchspielsverfassung durch die politischen und religiösen Parteien zerrissen. Die neuen Steuern drückten schwerer auf die Massen der Bevölkerung als das Schiffsgeld und die Ordonnanzen Carl's I.; ihre Legalität war ebenso bestreitbar wie die des Schiffsgelds. Es blieb daher keine andere Wahl, als an die Stelle des Selfgovernment auch hier die neue Militär- und Polizeigewalt zu setzen.

Im Gebiet der Kirchenhoheit waren an die Stelle der umgestürzten Staatskirche die ebenso intoleranten Ideen und die undurchführbaren Verfassungspläne der Presbyterianer getreten, unter fortdauerndem Widerspruch der alten Parteien und kleineren Sekten. Die Verwirrung auf diesem Gebiet war so radical geworden, daß die äußere Toleranz als ein Gebot der Nothwendigkeit sich für eine einsichtige Staatsregierung von selbst ergab.

Es war unmöglich aus englischen Grafschaften in dieser Gestalt die alten Wahlkörper des Parlaments wieder herzustellen, und noch unmöglicher wurde dies in den tiefzerrissenen schottischen und irischen Grafschaften, welche die Republik ihrer Verfassung incorporirt hatte. Aus diesen Zuständen heraus ließ sich kein englisches Unterhaus, kein englisches Oberhaus, kein harmonischer Staatswille für die Gesetzgebung und die Besteuerung des Landes bilden. Die Parlamentsverfassung war aus einem System gebildet, in welchem die politischen Rechte (als Ausübung der Staatshoheitsrechte) ihren Ausfluß aus einer einheitlichen Gewalt genommen hatten. Nach dem Umsturz des Königthums fehlte den zerrissenen Gliedern jede Rechtsgrundlage, um die widerstrebenden gesellschaftlichen Interessen und die noch widersprechenderen Ideale der Staats- und Kirchenverfassung auf einem von allen Theilen anerkannten Boden zu vereinigen. Jede Partei schob der anderen die Schuld dieses Zustandes zu. Nach einem in thesi richtigen Plan wünschte daher ein Theil der höheren Klassen, daß Cromwell die Königskrone annähme. Adel und Gentry meinten, daß mit der Königskrone ihr höheres Recht, — der Clerus, daß damit die staatskirchliche Verfassung wieder auflebe. Die Juristen dachten auch an die Gesetze über die Straflosigkeit derer, welche einem de facto König dienen für den Fall einer Restauration. „Ein König von England kann nur succediren in eine beschränkte Prärogative und muß regieren nach den bekannten Gesetzen: ein Protector, obwohl mit geringer nomineller Autorität hat alles was das Schwert ihm geben kann" (Thurloe). Die republikanische Strenge des Raths der Offiziere veranlaßte indessen Cromwell den Königstitel nicht anzunehmen. Er fühlte auch wohl selbst, daß diese den Mittelständen fremdartigen Gesichtspunkte dahin führen würden, ihn der eigenen Partei fremd und isolirt gegenüber zu stellen; er fühlte, daß das historische Königthum sich innerhalb einer lebenden

Generation durch keine neue Institution ersetzen ließ. Er zog den Titel Reichsverweser, Protector, vor; übrigens werden wichtige Attribute der Souveränetät aus der bisherigen Verfassung beibehalten. Die Nothwendigkeit seines Consenses zu den wichtigsten Akten wird vorausgesetzt, und gelegentlich kommt gar die Klausel vor: „und dies soll nicht geändert werden ohne den Consens der drei Stände im Parlament.“ Cromwell war zufrieden die für die jetzige Führung der Staatsgeschäfte nothwendigen Gewalten zu erhalten. Er genügte auch übernommenen Verpflichtungen und Versprechungen, indem er von Zeit zu Zeit den Versuch machte, ein Unterhaus nach den herkömmlichen Formen zu berufen, und die Ermächtigung zur Bildung eines Oberhauses zu erlangen;*) so schwer es war, den vorhandenen Wahlkörpern die Zustimmung zu einem ernannten Oberhaus abzudringen. Seine Lords-Ernennungen aber, obwohl mit Umsicht und Gewissenhaftigkeit vorgenommen, erregten nur den allseitigen Widerspruch. Ein Oberhaus, als den permanenten Träger einer bestehenden festen Rechtsordnung, hatte im Grunde genommen Niemand gewollt, weil Niemand die Permanenz des dermaligen Zustandes wollte! Eben deshalb war es dem Protector unmöglich mit diesen Parlamentshäusern jemals zu einem harmonischen Zusammenwirken zu kommen. Voll Verdruß über Parlamentsdebatten und Majoritäten, die zu keinem ordentlichen Gehorsam und zu keiner ordentlichen Opposition kommen konnten, schickt er seine Parlamente mit Scheltworten nach Hause. Anscheinend hat er selbst die inneren Gründe nicht bestimmt erkannt, aus welchen Form und Charakter des Parlaments nicht in das herkömmliche Geleis zurückkommen konnte, warum das Parlament weder durch Strenge noch durch Nachsicht zu einem Zusammenwirken mit der Staatsregierung zu bringen war.

Nicht unklar aber war der Protector über die Bedürfnisse des Staats im Ganzen und über den Gang der Staatsregierung.**) Die hergebrachten Aemter werden nach ihren Funktionen und Namen soweit wie möglich beibehalten und mit geeigneten Personen besetzt. Die Centralregierung wird wesentlich in den früheren Formen des King in Council geführt. In den Verwaltungscommittees ist die nothwendige Rücksicht auf die Männer der eignen Partei durch die energische Haltung des Hauptes der Regierung so weit ermäßigt, wie eine neue Staatsgewalt dazu überhaupt befähigt ist. Was eine königliche Regierung vom Centrum des Staats aus nach innen und nach außen leisten konnte, ist von Cromwell ganz anders als von den Stuarts geleistet worden. Was diese Regierung aber ihrer Grundlage nach nicht vermochte, war die Ausübung der Hoheitsrechte durch die geordneten Organe der Communitates, durch das hergebrachte Selfgovernment, dem sie noch viel übler gegenüberstand als Carl I. Die durch Ordonnanzen aufgelegten Steuern werden verweigert, und gegen den Widerstand sind von der Jury keine Strafurtheile zu erlangen. Es wird deshalb wieder ein „hoher Justizhof" gebildet, analog der Sternkammer, einige Personen werden wegen gewaltsamen Widerstandes sogar zum Tode verurtheilt. Aus gleichem Grunde leben die Provinzial-Gouvernements wieder auf. Das Reich wird in Distrikte getheilt mit 11 General-Majoren an der Spitze, meist erbitterten Feinden der Royalisten, barsch und übermüthig gegen die Civil-Autoritäten. Der Militär-Gouverneur ist für die Unterwürfigkeit seines Bezirks verantwortlich, hat die Vollmacht Truppen auszuheben, Steuern einzutreiben, Cavaliere und Katholiken zu entwaffnen, den Lebenswandel der Geistlichen und Schulmeister zu untersuchen, gefährliche und verdächtige Personen zu verhaften. Der Staat mußte freilich regiert werden: je länger aber diese Regierung im Widerspruch mit den gesellschaftlichen Grundlagen fortbestand, desto drückender erschien sie; die Klagen dagegen sind am Schluß des Protectorats im Wachsen.

So wird der Zustand im Ganzen immer ähnlicher demjenigen unter Carl I., und von Jahr zu Jahr entfremden sich die höheren Klassen in solidarischer Stimmung diesem Regiment. Die alten Lords aus dem Oberhause entfernt, theils im Exil, theils in mürrischer Zurückgezogenheit auf ihren Herrschaften lebend. Die alte Gentry in ähnlicher Lage, zum Theil verfolgt, als „Delinquenten," ihrer Güter beraubt; ihr alter Einfluß in Grafschaft und Parlament gebrochen. Die alte staatskirchliche Geistlichkeit zum großen Theil ihrer Pfründen entsetzt, zum Theil mit stillem Widerstreben dem presbyterianischen Wesen sich fügend. Die mächtigen Corporationen der Juristen nicht mehr zu den hohen Staatsämtern berufen, durch Reformen des Gerichtswesens unangenehm berührt. Die bisher angesehenen Familien und Klassen also aus ihrer Machtstellung mit allen Annehmlichkeiten und Vortheilen einer solchen verdrängt. Statt ihrer fast lauter neue Menschen an der Spitze der Regimenter und im Besitz der Aemter; Bildung, Beredsamkeit und parlamentarisches Geschick verdunkelt durch militärische Verdienste und Geschicklichkeiten ganz anderer Art; grundsätzlich überall nur die „Gutgesinnten" bevorzugt. Es wird dadurch begreiflich, wie den Großthaten der fanatisirten puritanischen Partei ein unversöhnlicher Haß der besitzenden Klassen folgte. Die gewaltsame Verschiebung aller herkömmlichen Verhältnisse ließ selbst bei denen, welche die Berechtigung der Revolution grundsätzlich anerkannten, das Gefühl eines in der Ausführung begangenen Unrechts zurück. Eben deshalb ist auch die Zeit der Republik spurlos vorübergegangen an dem inneren Staats- und Communalleben. Nicht eine Einrichtung, nicht ein Gemeindeamt, nicht eine Verwaltungsmaxime des selfgovernment datirt aus jener Zeit. Selbst die Kirchensteuer mußte durch Zwangsordonnanzen in Gang gehalten werden. Ein solches System war natürlich nur zu halten, wie es entstanden war: durch das stehende Heer. Statt des Königs mit seinen Höflingen herrscht der Protector mit seinen Offizieren, und schon die Selbsterhaltung zwingt die Partei in dieser Lage zu verbleiben. — Es ist die nothwendige Consequenz jeder gewaltsamen Verfassungsänderung, daß nicht das „Volk und das wahre Recht," sondern nur eine Partei mit ihren gesellschaftlichen Interessen in die Staatsgewalt succedirt.

Und warum das Alles? England hatte den Absolutismus abwehren wollen, es hatte mit den Waffen in der Hand sich gegen einen verfassungs- und wortbrüchigen König aufgelehnt, um in Parlament und Grafschaft das hergebrachte Landesrecht, die Freiheit der Person und des Eigenthums zu vertheidigen. Statt dessen sah sich das Land terrorisirt von einem strengeren Herrscher, einer stehenden Armee, einem militärisch-polizeilichen Regiment mit Beiseitesetzung des Parlaments und aller freien Institutionen des Landes. Es konnte das nur ein Zwischenzustand sein, welcher von keiner Partei im Ernst und auf die Dauer gewollt war. Der Tod des Protectors mußte nothwendig zu einer Transaction der alten Parteien, und diese zur Restauration führen.

*) **Die Verfassungsversuche der Republik** sind so schnell wechselnd, daß man von 7 oder 8 Verfassungen reden kann.

1) Die erste ist eine souveräne Republik unter dem langen Parlament mit einem gewählten Council of State. Schon am 4. Januar 1649 hatten die Commons erklärt, „daß sie als gewählte Repräsentanten des Volks die höchste Gewalt der Nation haben, und alle von ihnen beschlossenen Gesetze auch ohne Concurrenz des Königs oder Hauses der Pärs das Volk verbinden." Der Styl aller Erlasse soll sein: Authoritate Parliamenti Angliae. Das Haus der Pärs wird „als nutzlos und gefährlich" aufgehoben, ebenso das Königthum „als unnöthig, lästig und gefährlich für die Freiheit, Sicherheit und das öffentliche Interesse des Volks." Am 15. Febr. wird ein vorläufiges Council of State ernannt, welches von Zeit zu Zeit „die Ordres des Hauses entgegennimmt." Für die Jahre 1650, 1651, 1652, 1653 wurde ein Council von 40 Mitgliedern, ziemlich stetig aus denselben Personen ernannt. Diesem Council steht aber in stetiger Spannung gegenüber der große Rath der Offiziere, welcher schon im Laufe des Jahres 1648 eine so gewaltthätige Rolle

spielt. Die puritanische Armee hatte aus sich selbst heraus eine Art von Verfassung formirt: die Stabsoffiziere bilden den oberen Rath, jede Compagnie oder Schwadron wählt zwei Adjutanten oder Agitatoren, welche ein Unterhaus bilden. Da die Regimenter ohne Feldgeistliche sind, so haben Offiziere und Soldaten das Amt des Predigens und Betens auf sich genommen. Die oberste Behörde bildet einen Rath von 9 Offizieren und Civilpersonen. Das Ganze mit seinen Reminiscenzen aus der Parlamentsverfassung und aus dem geistlichen Amtsorganismus bildet einen geschlossenen Körper, der nur durch das Uebergewicht Cromwell's vor der stetigen Gefahr eines Bruchs mit dem Rumpfparlament bewahrt wurde. Am 19. Mai 1649 wird durch Parlamentsacte das Volk von England declarirt als eine „Commonwealth and free State." Jedes Mitglied des Hauses hat Treue zu versprechen der „Commonwealth von England, wie sie jetzt constituirt ist ohne einen König oder Haus der Lords." — Am 9. Jan. 1650 wird durch Resolution die Zahl der künftigen Abgeordneten für Grafschaften und Städte neu bestimmt und so vertheilt, daß künftig das Haus nur aus 400 Mitgliedern bestehen soll. Inzwischen wurde die kleine Zahl von Mitgliedern des Parlaments durch Nachwahlen einigermaßen ergänzt. Im Febr. 1650 hat die Zahl der Anwesenden das Maximum von 108 erreicht; im Nov. 1652 erreichte sie einmal 122 Mitglieder. Im Besitz des politischen Einflusses konnte aber das Haus zu einem Beschluß über seine eigene Dauer niemals gelangen. Der mehrmals dazu genommene Anlauf wurde immer wieder verschoben. Durch die lange Dauer, durch die kleine Zahl der Mitglieder und durch die Beseitigung des Oberhauses verlor die Versammlung den Repräsentativcharakter immer vollständiger. Sie war der Sache nach nicht mehr als ein Ausschuß von Vertrauensmännern der republikanischen und streng puritanischen Parteirichtungen, welche nach wie vor die Minorität im Lande bildeten, und nur durch die Anlehnung an die Armee sich zu behaupten vermochten. Die wirklichen Bedürfnisse des Staats waren sehr verschieden von den Majoritätsabstimmungen einer solchen Versammlung. In dem Heer war die republikanische Parteimeinung heftiger und stärker vertreten als in dem Hause, in dem Council of State verhielt es sich umgekehrt. Von den 40 Mitgliedern des zuerst ernannten Council konnten nur 19 dazu bewogen werden, ihre Bewilligung zu dem Verfahren gegen König Carl auszusprechen! Dennoch war dies Haus das einzig legale Band der Gegenwart mit der Vergangenheit. Unter den mannigfaltigsten Reibungen mit diesem Staatskörper, wartete Cromwell die wachsende Unzufriedenheit ab, welche aus den strengen Beschlüssen, den Steuerauflagen, den Mißgriffen, und vor Allem aus der Weigerung einen Beschluß über seine Auflösung zu fassen, entstehen mußte. Am 20. April 1653 war der Tag gekommen, an welchem er mit strengen Worten dies Parlament für aufgehoben erklärt, das Sitzungszimmer durch Soldaten räumen und schließen läßt. — Es tritt damit

2) die reine Militärdictatur ein, welche Cromwell als Captain General der Armee übernimmt. Nach wenigen Wochen wird aber durch Ladungen unter Brief und Siegel des Lord General eine Anzahl von Vertrauensmännern einberufen, welche von dem Rath der Offiziere, (anscheinend auch nach Vorschlägen der Geistlichen), nominirt werden. Die Versammlung trat am 4. Juli 1653 zusammen, legte sich den Titel Parlament bei, und wurde von den Zeitgenossen als das kleine Parlament oder Barebone Parliament bezeichnet. Die höchste Zahl der Anwesenden betrug anscheinend 113. Nachdem sie verschiedene Vorschläge

über Aenderungen in Kirche und Staat gemacht, und nachdem sie vorher ein Council of State gewählt hat, erklärt die Versammlung am 12. December, „daß die Fortsetzung ihrer Sitzungen nicht zum Wohl des Gemeinwesens gereichen werde" und legt ihr Mandat in die Hände des Lord General nieder. Die fromme ehrbare Versammlung, in welcher die Mittelstände der Zeit stark vertreten waren, hatte sich mit Vorschlägen über Verbesserungen beschäftigt, welche ihre Lebenskreise nahe angingen. Sie verlangte Aufhebung des Gerichtshofes des Kanzlers wegen seiner Verschleppungen und wegen der Ungewißheit seiner Entscheidungen (man sprach von 23,000 liegen gebliebenen Prozessen); Codification der Landesgesetze; Ernennung neuer Präsidenten für die Gerichtshöfe (wozu nur 2 Advocaten designirt wurden); Einführung der Civilehe vor den Friedensrichtern mit Rücksicht auf die zahlreichen Dissenters; endlich wurde die Absicht ausgesprochen, die Zehnten und den Kirchenpatronat künftig aufzuheben. Weitere Anträge gehen auf Regelung der Accise, Abschaffung unnöthiger Aemter, Verminderung der Besoldungen. Diese an sich wohl begreiflichen und rationellen Forderungen zogen aber der Versammlung den Hohn und die bittere Feindschaft der höheren Klassen, besonders der Geistlichen und Juristen zu. Der Protector konnte nur wenigen Vorschlägen eine Folge geben. Mit Rücksicht auf die Verfassungsbeschlüsse des langen Parlaments erfolgen aber zum 3. Sept. 1654 neue Ladungen zu einem Parlament und damit

3) eine Verfassung mit einem lebenslänglichen Lord Protector und einem Wahlparlament nach dem Einkammersystem. Man hatte bei den writs zu diesem Parlament die Masse kleiner Flecken übergangen, dagegen die Zahl der Grafschaftsritter erheblich vermehrt. Bei der Eröffnung waren etwa 300 Mitglieder zugegen. (Nachrichten über dies Parlament in der Schrift: A Diary of Thomas Burton Esq. by John Towell Rutt, London 1828). Der Lord Protector spricht in der Eröffnungsrede über die „Nothwendigkeit eines settled establishment, welches aber zu erwarten sei weder von den Levellers, welche Alles auf die Gleichheit zurückführen und eine Parteiregierung in bürgerlichen Dingen einführen wollten, noch von den Sectirern, welche alle Ordnung und Regierung in geistlichen Dingen niederwerfen wollen." Es zeigte sich aber schon in den ersten Verhandlungen ein dem Protectorat oppositioneller Geist. Schon am 12. September erklärt daher Cromwell: „Er habe sein Amt von Gott und vom Volke erhalten, er beabsichtige nicht die Privilegien des Parlaments zu brechen, aber Nothwendigkeit habe kein Gesetz. Er habe daher die Thüren des Parlaments schließen lassen und verlange von den Mitgliedern vor ihrem Eintritt einen schriftlichen Revers über Anerkennung seiner Autorität, ohne welchen der Eintritt nicht gestattet werde." Das Parlament fügt sich; die weiteren Verhandlungen behalten aber dennoch den Charakter einer constituirender Versammlung. Es sollen nach ihren Beschlüssen kurze Parlamente in festen Perioden berufen werden. Wahlberechtigt in den Grafschaften sollen sein die freeholders von 40 sh. jährlichem Einkommen, oder Besitzer von 200 £ Werth an unbeweglichem oder beweglichem Vermögen (hienach ist Gneist II. 335. 336. zu berichtigen); in den Städten bleibt es bei den alten Gewohnheiten, Charten und Privilegien rücksichtlich der Wahl. Die Zahl der Mitglieder für England und Wales soll 400 sein; dazu 30 für Schottland, 30 für Irland. Die Vertheilung der Mitglieder ist auf eine Ausgleichung berechnet, es war dies die feststehende Ansicht der herrschenden Partei; wie denn schon die

Petition der Armee vom 16. Juni 1647 verlangt hatte, daß die Vertheilung der Abgeordneten auf die Wahlkörper nach einer gewissen rule of equality, namentlich mit Rücksicht auf die Steuermassen erfolgen, die armen kleinen Wahlflecken wegfallen, die Zahl der Grafschaftsabgeordneten vermehrt werden solle. 270 Abgeordnete sollen demnach auf die Grafschaften fallen, 130 auf die Städte. Das Haus hat ausschließlich die gesetzgebende Gewalt und die Auflegung der Steuern. Der Lord Protector ertheilt alle titles of honor, aber keine erblichen ohne Zustimmung des Parlaments. Von der Constituirung eines Oberhauses oder irgend eines permanenten Körpers zum Schutz der bestehenden Rechtsordnung ist nicht die Rede. Eine Wahlversammlung hat aus sich selbst heraus wohl noch niemals einen anderen gesetzgebenden Staatskörper für nothwendig gehalten außer sich selber. Die Mitglieder des Council von 21 Mitgliedern sollen zwar vom Lord Protector nominirt, vom Parlament aber bestätigt werden. Die Frage, ob vor der definitiven Annahme dieser Verfassung eine Conferenz mit dem Lord Protector Statt haben soll, wird mit 107 gegen 95 Stimmen verneint, worauf am 22. Januar 1652 Cromwell das Parlament für aufgelöst erklärt.

4) Eine neue Verfassung mit einem permanenten Lord Protector und zwei Parlamentshäusern geht aus dem dritten Parlament hervor, welches Cromwell am 17. Septbr. 1656 berufen hat. Der Protector beansprucht aber, daß nur die Mitglieder zugelassen werden sollen, „die von dem Council approbirt seien und darüber ein Certificat erhalten haben." Auf diese Weise werden 93 Mitglieder excludirt; jedoch nach langen Contestationen endlich doch zugelassen. Nach einem Verfassungs-Beschluß vom 1. Oct. 1656 soll der Lord Protector jedem Gesetzbeschluß consentiren; im Fall die Zustimmung aber nicht binnen 20 Tagen erfolgt, soll der Beschluß ohne Consens Gesetz werden. Im Verlauf der Debatten zeigt sich, daß die besitzenden Klassen und die altparlamentarischen Vorstellungen wieder lebendiger werden. Es ist schon wieder die Rede von einer „Feststellung der Regierung auf der alten und erprobten Grundlage." Dem Protector wird die Ernennung seines Nachfolgers zugestanden. Das Parlament soll aus zwei Häusern bestehen; das „andere Haus" aus 40—70 Mitgliedern, ernannt von dem Protector, bestätigt „von diesem Hause." Am 25. März 1657 wird mit 123 gegen 62 Stimmen die Resolution angenommen, „daß seine Hoheit geruhen möge den Namen, Styl, Titel und das Amt eines Königs von England, Schottland und Irland anzunehmen und dasselbe auszuüben nach den Gesetzen dieser Nationen." Das Recht der freien Auflösung des gegenwärtigen Parlaments wird als dem Protector zustehend, ausdrücklich anerkannt. Der Protector erklärt indessen nach einiger Ueberlegung am 12. Mai seine definitive Ablehnung des Königstitels. Am 26. Mai tritt die Verfassung in Kraft. Am 24. Juni beschließt das Unterhaus, daß the other house of parliament „ohne weitere Approbation" in die durch die Verfassung bestimmten Functionen eintreten solle; wobei in den Debatten von einzelen Mitgliedern bereits anerkannt wird, daß die Anwendung des Wahlsystems mit seinem Parteiwesen in gewissen Verhältnissen nicht angemessen sei. Am 10. December 1657 macht der Protector von seinem Ernennungsrecht Gebrauch durch lebenslängliche Berufung von 63 Mitgliedern, freilich respectablen Männern, denen aber die öffentliche Meinung der Zeit das alte Ansehen eines House of Lords nicht zugestehen wollte. Die erblichen Pärs trugen Bedenken,

die neue lebenslängliche Würde anzunehmen; der Protector mußte also die Mehrzahl seiner Ernennungen auf Personen richten, die den Besitz- und Parteiverhältnissen der jüngsten Zeit eine gewisse Stellung verdankten. Die beiden Häuser treten nun am 20. Januar 1658 zusammen, empfangen von dem Protector mit der Anrede: „My Lords and you the Knigths, Citizens and Burgesses of the Commons." Bei der ersten Botschaft „from the Lords" erhebt sich jedoch ein Widerspruch über diesen Titel; die Annahme wird verweigert. Die Debatte darüber zieht sich durch mehre Tage hin, bis am 4. Februar Cromwell das Haus auflöst mit der Erklärung: Er habe die Regierung nicht übernehmen wollen ohne eine Anzahl von Personen als Mittelspersonen zwischen ihm und dem Hause der Gemeinen zur Verhütung tumultuarischer und popularer Geister. Es sei daraus nur Streit entstanden und Niemand sei damit zufrieden. Er löse dies Parlament auf, „und Gott mag Richter sein zwischen mir und Euch." — Am 3. Septbr. desselben Jahres unterliegt Cromwell den Sorgen einer solchen Regierung — bestattet mit königlichen Ehren. Ihm folgt

5) das Protectorat Richard Cromwells mit den beiden Häusern des Parlaments v. 27. Jan. 1659. Die Wahlen zu dem neuen Unterhaus waren jedoch nach der alten Weise unter Wiederberufung der kleinen, bisher ausgeschlossenen Boroughs erfolgt. Der Protector und die bestehende Verfassung wird zwar anerkannt, aber nach lebhaften Debatten und unter dem Ausdruck allgemeiner Unzufriedenheit, in welcher die Frage laut wird, „welche Autorität die alte Verfassung aufgehoben habe?" Das lange Parlament wird als eine Handfull of the House of Commons und als eine Oligarchie bezeichnet, „verabscheut von Allen, welche ein freies Gemeinwesen lieben." Das andere Haus wird „für die gegenwärtige Session" als Parlamentshaus anerkannt, aber mit dem Proviso, daß es nicht die Absicht sei, solche alte Pärs, welche sich dem Parlamente treu erwiesen, von ihrem Privilegium als Mitglieder jenes Hauses auszuschließen. Heftige Debatten veranlaßt namentlich die Aufnahme oder Nichtaufnahme der 30 Mitglieder für Irland. Am 22. April erfolgt nach dem Verlangen der Armee die Auflösung des Parlaments. Das Protectorat Richard Cromwell's wird nicht mehr anerkannt. Die Offiziere verlangen die Wiederberufung der Mitglieder des von Cromwell aufgelösten langen Parlaments. Es folgt daher

6) Die Wiederberufung des langen Parlaments (Rumpfparlaments) im Mai 1659. Der alte Sprecher Lenthall und ungefähr 50 Mitglieder (welche allmälig bis auf ungefähr 100 anwachsen) nehmen ihre Sitze wieder ein und erklären, „daß sie durch Gottes Gnade wieder eingesetzt seien in die Freiheit und das Recht ihrer Sitze, worin sie unterbrochen seien am 20. April 1653." Sie erwählen ein Council of State, kommen aber zu keinen materiellen Entschlüssen. Im October brechen heftige Uneinigkeiten mit der Armee aus über die Stellung der bürgerlichen Gewalten. Die entlassenen Offiziere hindern mit Waffengewalt die Versammlung des Parlamentshauses. Es folgt das Zwischenstadium einer Gewaltherrschaft der Armee mit einem Committee of Safety. Durch Nachzahlung des Soldes und durch Vermittelung des General Monk wird die äußere Ordnung zwar wieder hergestellt, das Parlament muß sich aber dazu verstehen, die im December 1648 gewaltsam herausgeworfenen Mitglieder wieder in seine Mitte aufzunehmen.

7) Die Sitzungen des langen Parlaments in so veränderter Gestalt dauern noch einige Monate fort. Am 16. März 1660 aber wird eine bill zum dritten Mal verlesen, welche „das am 3. November 1640 berufene Parlament“ auflöst und eine neue Versammlung der Lords, Knights, Citizens und Burgesses zum 25. April 1660 einberuft, — das sogenannte Convention Parliament, welches die Wiedereinsetzung Carls II. in die königliche Würde beschließt. Rücksichtlich der Wahlen des künftigen Unterhauses war am 4. Febr. 1660 die Resolution gefaßt: „This House shall be filled up to the number of 400 for England and Wales, and the distribution be as agreed in 1653.“

) **Das Verwaltungssystem der Republik, die stärkere Seite, ist in den Hauptrichtungen der Staatsgewalt folgendes:

1) Die Kriegshoheit war durch den Verlauf des Bürgerkriegs gezwungen, in das System der stehenden Heere überzugehen. Die Einrichtungen dieses Heeres sind mustergültig; in Manneszucht und unbesiegter Tapferkeit ist diese englische Armee von keiner früheren und keiner späteren übertroffen worden. Ebenso hat der Protector den Beruf des Landes zur Seemacht klar erkannt und durch entsprechende Maßregeln begründet. Aber kein Platz blieb neben der puritanischen Armee für die alten Grafschaftsmilizen. Schon seit 1647 duldete die stehende Armee keinen Versuch zu ihrer Auflösung oder Reduction und brach dagegen sofort in offenen Widerstand aus. Die verfallenen Milizeinrichtungen werden noch zu Zwecken der Polizeiverwaltung und der Steuererhebung benutzt; übrigens konnte neben einer solchen Veteranen-Armee die selbständige Bewaffnung der Grafschaften nicht mehr zu Kräften kommen.

2) Die Gerichtshoheit fand eine Schwierigkeit zunächst in dem vorgefundenen Personal der Juristen, welches so überwiegend royalistisch war, daß das Parlament im October 1649 beschloß, alle Richter, Serjeants at law, Advocaten, Anwälte und Gerichtsschreiber, welche sich dem Parlament feindlich erwiesen und den Gegnern Hülfe geleistet, aus ihren Aemtern und Functionen zu entlassen. Die neuen Richterernennungen durch den Protector waren aber so respectabel, daß auch die Restauration diese Richter zum Theil beibehielt oder wenigstens in ihre ehrenvollen Stellungen als Serjeants restituirte. Von 15 Richtern, welche im Augenblick der Restauration vorhanden, wurden nicht weniger als 9 von dem neuen Regime der Bestätigung oder Anerkennung in analogen Stellen würdig befunden Foss VII. 3.; darunter einer der ehrwürdigsten Namen der englischen Richterbank, Sir Matthew Hale, ferner Atkyns und Glynne. Der Grundsatz, daß alles Richterpersonal nur aus Ernennung nicht aus Wahl hervorgehen kann, wird auch von der Republik correkt beibehalten; ebenso der formelle Grundsatz, daß bei jedem Regierungswechsel die Commission erneuert wird, was also während dieser Zeit zu acht verschiedenen Malen geschehen. Die Civiljustiz war insoweit besser als sie unter den Stuarts gewesen. Ebenso war die Einführung der englischen Sprache in die Prozeßverhandlungen ein dankenswerther Fortschritt. Foss VI. 412. Alles dies Lob ist aber zu Ende, wo die Justiz mit den Regierungsgewalten des Protector in Widerspruch geräth. Dann werden Richter entlassen „for not observing his pleasure“, Gerichtscommissionen eingesetzt, die klägerischen Anwalte verhaftet u. s. w.

3) Die Polizeihoheit konnte mit der Grundinstitution der Friedensrichter unter dem republikanischen Regime nicht bestehen. In den Grafschaften wenigstens konnte die Republik mit einer friedensrichterlichen Gentry in alter Stellung

unmöglich auskommen. Sie fällt daher in das System des Provinzial-Gouvernements zurück, in militärischen Formen, die durch den puritanischen Sitteneifer überdies in Widerspruch mit den Volksgewohnheiten kamen.

4) Die Finanzhoheit der Republik machte bisher unerhörte Forderungen. Das Parlament beschloß nach früheren Vorgängen im Lauf des Jahres 1649 eine monatliche Einschätzung von 90,000 £ von den Grafschaften und eine Accise von 5% von einer langen Reihe von Consumtionsartikeln. Der Steuermodus war im Ganzen zeitgemäß, aber sehr hoch gespannt, und die Steuerauflagen legal so unregelmäßig, daß man den Gerichts- und Polizeiinstitutionen Gewalt anthun mußte, um sie aufrecht zu erhalten. Sinclair Revenue I. 285 berechnet wohl übertrieben die Staatseinnahmen vom 3. Nov. 1640 bis zum 5. Nov. 1659 auf 83,331,198 £, darunter 32,172,321 £ Landtaxe in meistens monatlichen Einschätzungen, — 7,600,000 £ Tonnen- und Pfundgeld, — 8,000,000 £ Accise, — 3,528,632 £ aus der Sequestration, 10,035,663 £ aus dem Verkauf geistlicher Güter, — 4,564,986 £ aus der Sequestration und Composition mit royalistischen Gentlemen, — 2,245,000 £ aus dem Verkauf der Güter der Delinquenten. Die Bedürfnisse der stehenden Armee schienen Alles zu verschlingen. Bei der Eröffnung des Parlaments 13. Car. II. konnte Lord-Kanzler Clarendon wohl sagen „That Monster Commonwealth cost this Nation more in her few years, than the Monarchy in six hundred years."

5) Am schwierigsten standen die Verhältnisse der Kirchenhoheit. Nach Beseitigung der Episcopalkirche gelang es den Presbyterianern ihr lang ersehntes Ideal zu verwirklichen. Gegen 2000 Geistliche der Staatskirche mußten der neuen Richtung weichen, von denen jedoch die Mehrzahl wegen unwürdigen Lebenswandels oder Unwissenheit entfernt sein soll, und für deren Unterhalt noch $1/5$ des Amteinkommens reservirt wurde. Die erledigten Stellen wurden durch Männer besetzt, die von den Gemeinden selbst empfohlen, von den Synoden der Geistlichen bestätigt wurden. Der Einfluß dieser Richtung war im Parlament noch stark genug, um durch Ordonnanz die Verfassung der Presbyterien durchzuführen, die aber doch nur in London, Lancashire und der einen oder anderen Grafschaft zur wirklichen Ausführung kam. Jede Pfarrei soll nunmehr ihren Geistlichen und mehre Laienälteste haben; mehre Pfarreien bilden eine Klasse (Kreissynode) mit einem Presbyterium von Geistlichen und Aeltesten; mehre Klassen bilden eine Provinz mit einer Provinzialversammlung; an der Spitze des Ganzen eine kirchliche Nationalversammlung. Dieses übereinandergeschachtelte System von Wahlversammlungen erwies sich aber für die Lehranstalt der Kirche und für ihr Verhältniß zum Staat ebenso bedenklich wie unausführbar. Die so gebildeten Wahlkörper zeigten alsbald dieselbe bigotte Intoleranz und Anmaßung wie das Episcopalsystem, und geriethen in Uneinigkeit mit dem Parlament, welches nicht geneigt war, das „göttliche Recht des Presbyteriums" anzuerkennen, vielmehr eine Appellation von den geistlichen Gerichtshöfen an weltliche Behörden beibehielt. Tendenzen und Institutionen durchkreuzten sich auf dem kirchlichen Gebiet so, daß der Grundsatz der Toleranz, welchen der Protector aus Ueberzeugung befolgte, sich auch als eine practische Nothwendigkeit ergab aus einer Gestaltung der Dinge, welche überall eine verschiedene örtliche Gestalt annahm und nach keinem durchgreifenden System mehr behandelt werden konnte. Der unduldsame, anmaßende Geist der presbyterianischen Richtung hatte sich aber in

dem Maße bethätigt, daß dadurch gerade der Wiederherstellung der episcopalen Kirche die Wege geebnet wurden.

Alle diese Verhältnisse wiesen auf die Zusammenfassung der Staatsgewalt in einer Person hin, für die sich in Oliver Cromwell die providentiell bestimmte Persönlichkeit fand. Die Schwerfälligkeit dieses Mannes, gepaart mit einer unermüdlichen Thatkraft, persönlichem Muth und Energie, das trockne, barsche Wesen, mit welchem er unmittelbar auf das Ziel losgeht, sind Incarnationen des englischen Wesens. Es gehört dazu aber vor Allem die Wahrhaftigkeit seines Charakters und die Treue seiner Ueberzeugungen, die von Späteren oft verkannt ist wegen der biblischen Salbung in seinen Worten, welche die Sprache der Zeit und der Partei war. Die englische Geschichtsschreibung einer späteren Zeit, nach durchgesetztem Verfassungskampf, steht der Handlungsweise des Protector feindselig gegenüber. Es ist den Engländern bis heute sehr schwer geworden, dem Manne und seiner Partei Gerechtigkeit widerfahren zu lassen. (Sociale Schilderungen aus der Höhezeit der Republik giebt beispielsweise Walter Scott's „Woodstok"). Erst der neuste „Heroenkultus" sucht das Versäumte nachzuholen. Ungerecht, ebenso persönlich wie national gefärbt, ist auch das Urtheil Guizot's, dem gegenüber noch das Urtheil eines englischen Doctor of Divinity hier Platz finden mag: „The age was an age of faith — we may say, of a childlike and a loving faith. Such men as Elliot and Hampden, Cromwell and Vane, believed in God and Christ, in Sin and the Evil One, in Heaven and Hell, as the Bible presents them, and very much as Milton has depicted them. The world to them was full of spiritual influences, both good and bad — full eminently of God. Where duty called, men of this order could brave all things, and still feel that nothing was hazarded. To them there was no such thing as accident. All was in the highest hands." Vaughan III. 132. Sehr objectiv ist das Urtheil Rankes III. 435—584.

§. 36.

Die Restauration.*)

Wie der Einzele das Recht seiner Zeit von seinem Standpunkte aus beurtheilt, bewußt oder unbewußt das Recht zuerst nach seinen Interessen mißt: so gilt dasselbe noch in verstärktem Maße von jeder Klasse der Gesellschaft. Darum pflegt die Gesellschaft eine Partei nicht nach ihrem Ursprung, sondern nach ihrem jetzigen Walten zu beurtheilen, und darum ist das Schicksal der handelnden Parteien im Leben der Völker stets dasselbe. Man läßt sie gewähren, wachsen, handeln, groß werden, um sie dann zu verleugnen. Dieser Umschlag ist in dem Maße gewaltsamer, je mehr die siegende Partei den Charakter einer gesellschaftlichen Gruppe hat, welche in das Recht der höheren Klasse eingreift. Seit Jahrhunderten war das gesellschaftliche Recht der Lords, der alten Gentry, der staatskirchlichen Geistlichkeit, des Juristenstandes nicht in dem Maße gekränkt worden wie unter der Republik. Die Gefahr des Absolutismus war durch den furchtbaren Ausgang Carl's I. beseitigt; die Unmöglichkeit solcher Bestrebungen schien unwiderruflich festgestellt. Die Gesammtanschauungen der Zeit gehen von da an sichtlich einer Veränderung entgegen. Das Ende Carl's I. schon hatte die milderen Gemüther von der siegreichen Seite abgewandt. Mäßigung und Gerechtigkeit schienen jetzt plötzlich auf der anderen Seite zu stehen. Hatte nicht der König schon 1640 alles zugestanden was billig? Sein tragisches Ende hatte nur die Erinnerung zurückgelassen an seine königliche Haltung in den letzten Stunden, an die Tugenden seines Familienlebens. Alles Geschehene erschien der unter dem Eindruck puritanischer Militär-Dictatur aufwachsenden Generation wie ein böser Traum.

Der treue Maßstab dieser Stimmung und der Machtverhältnisse ist das freigewählte Parlament, welches die Restauration Carl's II. beschloß: — ungefähr zur Hälfte Cavaliere, zur Hälfte Presbyterianer, mit einem Bruchtheil von 50 Republikanern. Bei dem Einzug des jugendlichen Königs war der Jubel so groß, daß Carl in seiner angenehmen Weise bemerkte: „es muß ganz bestimmt mein Fehler gewesen sein, daß ich nicht früher kam; denn ich habe heute keinen getroffen, der nicht versichert hätte, daß er sich immer nach meiner Einsetzung gesehnt habe." Die Erscheinungen einer Restauration der besitzenden Klassen sind psychologisch immer dieselben. Sobald die Interessen der Gesellschaft in den Vordergrund treten, kann es nur geschehen in der Weise des Egoismus, welcher das Wesen der Gesellschaft ist. In dem Adressensturm dieser Zeit aber nehmen die Universitäten in England noch einmal eine seltsame Stellung ein als Repräsentanten theologischer Jurisprudenz. Oxford erklärte, „daß es niemals von jenen religiösen Grundsätzen abweichen werde, vermöge deren es verpflichtet sei, dem König ohne irgend welche Vorbehalte oder Einschränkungen zu gehorchen." In einem eigenen Actus wurde später die Theorie des Filmer von der patriarchalischen Monarchie und von der Primogeniturordnung als der von Gott gesetzten Regierungsform proclamirt. Carl II. wurde für den „gesalbten Athem in der Nase des Herrn" erklärt. Auch Cambridge verdammte in strengen Ausdrücken „die Gewaltthätigkeit und Verrätherei jener ungestümen Männer, welche boshafter Weise versucht haben, den Strom der Thronfolge aus dem alten Bette wegzuleiten." Der Restaurationseifer gegen den Puritanismus wurde in den Gebieten des geselligen Lebens, in Kunst, Wissenschaft und Volksschauspiel, ja selbst auf dem Gebiet der häuslichen Sitte zur Carricatur. In den vornehmen Klassen wurde auf lange Zeit der

„Krieg zwischen Witz und Puritanismus zu einem Krieg zwischen Witz und Sittlichkeit.“ Mit ihnen schien aber jetzt das ganze Volk zu wetteifern in der Verdammung der Revolution und ihrer Gedanken, deren man körperlich nicht vollständig habhaft werden konnte, die man daher noch in den Gräbern aufsuchte, um die Leichen Cromwell's, Ireton's und Bradshaw's zu mißhandeln. Der Name „Republik,“ welcher stets dem Volke fremdartig geblieben, war jetzt verknüpft mit der Erinnerung an eine lange Zwangsherrschaft, an Sequestrationen, Confiscationen, schwere Steuern, an ein militärisch-polizeiliches Regiment, an die mürrische puritanische Sittenstrenge. Es waren nur noch die presbyterianischen Elemente der besitzenden Klassen, welche in religiöser Ueberzeugung und ernster Besorgniß vor der Zukunft Maß zu halten strebten.

In dem ersten Stadium der Restauration gehen die beiden Restaurations-Parteien noch ziemlich einmüthig mit einander in gezwungener Mäßigung, schon mit Rücksicht auf die noch vorhandene puritanische Armee. Ihr gemeinsames Werk ist die Herstellung der parlamentarischen Verfassung, also:

Feierliche Anerkennung der Erb-Monarchie und Sanction ihrer Unverletzlichkeit durch Bestrafung der „regicides“;

Herstellung des Oberhauses, d. h. der erblichen Lords, später mit Suspension der katholischen Stimmen;

Herstellung des Unterhauses, d. h. der Vertretung der Grafschaften und der herkömmlichen Städte, wobei den verfallenen Flecken ihr Stimmrecht wiedergegeben, großen Städten wie Manchester, Leeds, Halifax wieder genommen wird;

Herstellung der Grafschaftsverfassung mit Beseitigung der Gouvernements und unter Reorganisation der Miliz als Bewaffnung der besitzenden Klassen;

Herstellung der königlichen Suprematie, mit welcher im weiteren Verlauf die Episcopal-Verfassung, die Uniformitätsakten, die geistliche Gerichtsbarkeit, die staatskirchliche Liturgie wieder aufleben mußten; selbstverständlich auch das Stimmrecht der Bischöfe im Oberhaus.

Dazu kommen noch einige Gesetze im gemeinsamen Interesse: Amnestie, mit Ausnahme der Regicides; Befreiung der Rittergüter von den Lehnslasten; Rückgabe der sequestrirten und verkauften Güter an Krone, Kirche und Privatpersonen. Da aber ein Gesetz über diesen letzten Punkt nicht zu vereinbaren war, so setzten sich die alten Besitzer selbst in den Besitz durch Herauswerfung der neuen, — wobei freilich ein großer Theil der Beschädigten leer ausging. Nach Erledigung dieser schwierigen Punkte wird die puritanische Armee ohne jeden Widerstandsversuch in bester Ordnung entlassen. Es waren damit die höheren Klassen in ihrer Geltung wieder hergestellt, dem ehemaligen Ritterlehnsbesitz sogar sehr werthvolle Befreiungen unentgeltlich gewährt.

Der nächste Gebrauch aber, welchen die restaurirten Klassen von dem wiedergewonnenen Einfluß machen, ist nach Beseitigung der letzten Schranke der Mäßigung (der Armee) ein systematischer Kampf gegen die gemäßigte presbyterianische Partei, welche nunmehr ihre Dienste gethan hatte; sowie gegen die Städte, welche begreiflich den Haß der Ritterschaft erweckt hatten. Mit richtiger Berechnung wird das halbpresbyterianische Parlament vom 25. April 1660 am Schluß des Jahres aufgelöst. Die Neuwahlen bringen ein fast ausschließlich royalistisches. Obgleich die Restauration durch Mitwirkung der gemäßigten Mittelpartei bewerkstelligt war, so trägt die jetzige Majorität dennoch kein Bedenken die Presbyterianer sammt den Puritanern nachträglich für Anarchisten zu erklären, und durch eine Reihe von Parlamentsakten alle Parteien der Resistance in Kirche und Staat systematisch zu verfolgen. Verglichen mit dem Verfahren der Republik gegen die „Delinquenten" meinte die Restauration einen Schritt in der Repression zurück zu bleiben; allein mit der systematischen Consequenz der Gegner bestand die jetzige Majorität auf ihrer Verdrängung aus dem obrigkeitlichen Amt in Kirche und Staat, auf Purifikation des Beamtenthums. Da die Mehrheit des weltlichen Lokalbeamtenthums Corporationsbeamte sind, so war dies nur möglich durch Aufstellung von Amtseiden, welche jeden aufrichtigen Gegner von den Aemtern ausschlossen. Die „Akte zur Regulirung der Corporationen" macht die Ueberzeugung von der Unrechtlichkeit der Resistance zur Bedingung der Zulassung und Fortführung jedes städtischen Amts. Künftig Gewählte sollen außerdem das Abendmahl empfangen haben nach anglikanischem Ritus ein Jahr vor Zulassung zum Amt. In gleicher Weise wird durch eine neue Uniformitätsakte das Bekenntniß zum anglikanischen Gebetbuch zur Probe für das geistliche Beamtenthum gemacht, um trotz feierlicher Zusagen die presbyterianischen Geistlichen aus ihren Pfründen zu vertreiben. Als der dazu gesetzte Tag kam, verzichteten in der That 2000 Geistliche auf ihre Stellen! Jeder Ordinirte muß in Zukunft einen Prüfungseid über die Theorie der Non Resistance leisten, widrigenfalls er unfähig ist in Schulen zu lehren, und ihm sogar der Aufenthalt verboten wird in und im Umkreis von 5 Meilen um eine incorporirte Stadt. Ergänzende Polizeigesetze gegen die sog. Conventikel, d. h. gegen den Gottesdienst der

Dissenters, Gesetze zur Beschränkung des Petitionsrechts und zur Verschärfung der Censur bilden den gewöhnlichen Apparat einer politischen Reaktion, welcher hier aus einer spontanen Bewegung beider Parlamentshäuser hervorgeht.

Die überköniglichen Parteiworte, die Gewaltsamkeit der Maßregeln gegen jede Opposition, gegen Presse und Vereinsrecht können leicht den Schein eines Rückschritts über die Grenzen der Parlamentsverfassung erregen. So ist die Restauration in der That häufig aufgefaßt worden; sehr mit Unrecht. Trotz alles Eiferns gegen die Revolution, aller Ostentation der Universitäten, aller patriarchalischen Theorien ließ sich doch die Thatsache nicht ungeschehen machen, daß die Restauration eine Wiedereinsetzung des Königthums durch die besitzenden Klassen gewesen, welche eben deshalb in Ober- und Unterhaus mit einem anspruchsvollen Selbstbewußtsein auftreten, wie es seit den Baronen-Parlamenten in England nicht mehr erhört war. Aller Theorien ungeachtet ist kein einziger der von der Revolution errungenen Vortheile von diesen Klassen aufgegeben, kein einziges im Kampf mit Carl I. anerkanntes wirkliches Parlamentsrecht von Neuem in Frage gestellt. Das jetzt so stark accentuirte Schlagwort der Non-Resistance drückt nur noch die absolutistische Theorie in der Defensive aus, sehr verschieden von der früher positiven Forderung einer „Obersouveränetät." Ebensowenig konnte das Staatskirchenthum die Thatsache ungeschehen machen, daß es durch die besitzenden Klassen wieder eingesetzt war; nicht umgekehrt. Die selbständig hierarchische Richtung der Episcopalkirche ist seit jener Zeit gebrochen, und da sie in Carl II. von Anfang an keinen aufrichtigen Schutzherrn fand, so war sie auf das Parlament verwiesen; zu ihrem Nutzen und zu ihrem Schaden ist die Kirche fortan in die Stellung der regierenden Klasse verflochten. Die Revolution hatte trotz alles Hasses, den sie zurückgelassen, dem neuen England den Boden geebnet. Die charaktervolle Festigkeit eines Hampden, Pym und Elliot, die rücksichtslose Entschlossenheit der puritanischen Parteien waren nur der Ausdruck entschiedener Seiten des englischen Volkscharakters, und hatten das Gesammtbewußtsein zurückgelassen, daß die Grenzmarken der königlichen Gewalt von keinem Minister mehr ohne Gefahr seines Lebens, von keinem König mehr ohne Gefahr seines Thrones überschritten werden konnten. Carl II. und seine Minister waren sich über die Lage der Verfassungsfrage in so weit vollkommen klar. Innerhalb dieser Landmarken der Verfassung konnte man die ultra-royalistische Partei gewähren lassen, und man ließ sie gewähren, ohne daß sie selbst einen Versuch machte an den Grundlagen zu rütteln. Ueber den theoretischen Grundsätzen der Partei wurde der praktische Boden ihrer gesetzlichen Rechte nie vergessen, am wenigsten im Oberhause. Unter Herstellung des Königthums verstand man die Herstellung der alten, durch die Stände beschränkten Prärogative, wie sie vor den Uebergriffen der Stuarts gewesen. Die Magna Charta, die Petition des Rechts, die alten Verfassungsgesetze werden theils ausdrücklich, theils thatsächlich als fortbestehend anerkannt.

Die Regierung Carl's II. ist insofern die erste normal-parlamentarische Regierung im neueren Sinne. Alle Gesetzgebung dieser Zeit beruht auf unzweifelhafter Majorität legal gewählter Parlamente. Kein Versuch außerordentlicher Gesetzgebung durch den Rath; eine unbedeutende Ordonnanz gegen die Kaffeehäuser wird sogar wegen zweifelhafter Verfassungsmäßigkeit zurückgenommen. Ebenso unbestritten besteht das Besteuerungsrecht: kein Versuch einer Erschleichung von Zöllen, benevolences, Zwangsanleihen. Parlamentarische Controle der Verwaltung und Anklagerecht werden wirksamer wie jemals ausgeübt. Formelle Ueberschreitungen der Verwaltungsbefugnisse sind viel seltener als unter den Tudors. Die Möglichkeit solcher war auch größtentheils beseitigt, da selbst die extravagantesten Bekenner des göttlichen Rechts der Krone und der Nichtresistenz von Sternkammer und Commissionshof nichts wissen wollten. Die Errichtung eines High Commission Court wird ausdrücklich verboten, und bei Herstellung der geistlichen Gerichtsbarkeit die ausdrückliche Verwahrung eingelegt: „es sei nicht die Absicht jenen Hof wieder herzustellen, noch den Canones von 1640 Gültigkeit zu geben, noch die Autorität der Kirche zu erweitern."

Und dennoch ist anerkannter Weise England seit den Zeiten des ehrlosen Johann nicht schlechter regiert worden als in dieser Zeit der normalen Parlaments- und Kirchenverfassung. Die wahre Lage des Reichs, welche allerdings eine königliche Regierungsweise bedingte, war, daß die höheren Klassen, in den Besitz ihres Einflusses zurückversetzt, diese Gewalt nur gebrauchen zur systematischen Verfolgung ihrer Gegner in Kirche und Staat. Diese Erscheinung war nicht neu, aber sie traf früher einzele hochstehende Personen: jetzt war sie mit legaler Consequenz gegen Parteien und Klassen gerichtet. Sie hatte früher ihren Hauptsitz im Oberhaus: jetzt überwiegend im Unterhaus. Grade hierin zeigte sich, wie sehr schon der Schwerpunkt der Verfassung in das Unterhaus zu rücken begann, und wie viel gefährlicher der Einfluß der Parteien auf die Gesetzgebung und Verwaltung in einer faktiösen Wahlversammlung werden konnte.

Wohl gab es noch eine Macht, welche diesem Parteitreiben Halt gebieten konnte. Der König, persönlich beliebt und einflußreich, war von Neuem in der Lage sein königliches Schutzrecht für den schwächeren Theil auszuüben, das wahre Recht der königlichen Regierung wiederzugewinnen, — um so dringender dazu aufgefordert, als er der verfolgten Partei ebenso sehr den Thron verdankte wie der verfolgenden. Es handelte sich darum, den feierlich zugesagten Schutz in Kirche und Staat der Partei zu gewähren, welche als Majorität des Unterhauses im December 1648, welche als letzter Bestand des Oberhauses noch im Januar 1649 für das Recht der Krone und für die Person des Königs unter den Gewaltthätigkeiten der republikanischen Armee mannhaft eingetreten war. Allein zum zweiten Mal in entscheidender Zeit finden wir die Sinnesweise der Stuarts wieder. Unter Verleugnung des königlichen Berufs hat Carl II. noch einmal mit einem Maß der Leichtfertigkeit und Pflichtvergessenheit das von Gott gesetzte Amt verwaltet, wie es in der englischen Geschichte einzig dasteht. In liebenswürdiger, einnehmender Erscheinung, innerlich hohl, gewissen- und sittenlos, war diesem Stuart der Thron zunächst die Quelle geselliger Freuden. In seiner 25jährigen Regierung sucht der Geschichtsforscher vergeblich nach einem Zug königlicher Anschauung der Kirche wie des Staats, der Institutionen wie der Menschen. Wie er den Gottesdienst durch frivole Scherze, so entehrte er die Pairie durch seine 6 zu Herzögen erhobenen Bastarde; so waren ihm die Parteien des Ober- und Unterhauses nur wichtig nach dem Maßstab seines Comforts. Das extreme, eigennützige Treiben der Royalisten und ihrer Presse suchte er zuweilen als lästig von seiner Person abzuwehren. Später wurde ihm die Kritik über das Treiben seines Hofes lästig (that a set of fellows should inquire into his conduct. Burnet). Nie aber ist ihm der Gedanke ernsterer Pflichten des Königthums gekommen. Er ließ Factionen und Minister steigen und fallen, oder in Anklagestand versetzen, und verhandelte inzwischen englische Interessen zur Füllung seiner Kasse. Der einzige Glaube, der in seiner Handlungsweise zu entdecken, ist der Glaube an das Erbrecht des Königthums; die einzige Scheu der Gedanke an eine Wiedererweckung des puritanischen Widerstandsgeistes. Während Carl I. den Glauben an das Königthum politisch, hat Carl II. ihn moralisch untergraben. Die offenen Stellen der Verfassung aber, durch welche eine solche Regierungsweise ermöglicht wurde, wird die folgende Darstellung ergeben (§. 37.).

*) Das längere Zögern und Schwanken bis zum wirklichen Eintritt der Restauration (Ranke Bd. IV. S. 1—122) erklärt sich einerseits aus der noch fortdauernden

Furcht vor dem bewaffneten Republikanismus der Armee, theils aus den Besorgnissen vor extremen Restaurationsgelüsten. Man sah wohl ein, daß die Einsetzung der Familie eines hingerichteten Königs, umgeben von einem rachsüchtigen, schwer gekränkten Gefolge, daß die Restauration einer unterdrückten Partei, deren Verluste nicht ersetzt werden konnten ohne Eingriffe in das Eigenthum, keine leichte Sache sei. Man kannte zur Genüge die widersprechenden, gleich hartnäckigen Ansprüche der anglicanischen wie der presbyterianischen Kircheneinrichtung; man erinnerte sich der unerledigten Streitigkeiten zwischen Krone und Parlament. Diese Erwägungen hielten den Restaurationsact auf, und für dies Uebergangsstadium fand sich in General Monk der vorsichtige, sichere Mann. Erst als die volle Gefahrlosigkeit des royalistischen Bekenntnisses feststand, bricht der Loyalitätssturm los. Für den chronologischen Gang der Dinge ist noch eine kurze Uebersicht der fünf Parlamente Carl's II. erforderlich.

1) Das sog. Conventions-Parlament trat am 25. April 1660 in Westminster zusammen. In der ersten Sitzung waren nur 4 Earls, 1 Viscount, 4 Lords, 4 Barons anwesend, die aber schon am folgenden Tage ein Te Deum beschließen, „um Gott zu danken für die große Gnade der Befreiung der Nation aus langer Knechtschaft, Verwirrung und Elend.“ Das Oberhaus füllt sich indessen nach wenigen Tagen mit alten Lords. Am 1. Juni als der König zum ersten Mal persönlich erschien, waren bereits 3 Herzöge, 2 Marquis, 36 Earls, 5 Viscounts, 33 Barons anwesend. Im Unterhaus war die presbyterianische Partei noch so stark, daß am 12. Mai 1660 Lenthall eine scharfe Mißbilligung erfuhr, „weil er sich mißliebig über das Verfahren der Lords und Commons in dem letzten Parlament bis zum Jahre 1648 ausgesprochen, und diejenigen, welche das Schwert gezogen hatten zur Vertheidigung ihrer gerechten Freiheiten, auf eine Linie gestellt habe mit denen, welche dem König den Kopf abschlugen.“ Die Verhandlungen über die Amnestie kamen nach manchen widerwärtigen Zwischenstadien zu dem Endresultat, daß die an dem Tode Carl's I. Betheiligten gewissermaßen decimirt wurden. Die 10 hingerichteten Regicides (mit einer Ausnahme) sterben mit dem festen männlichen Ausdruck der Ueberzeugung von ihrem Recht. — Die Transaction über Aufhebung der Kriegslehne war in England (anders als auf dem Continent) kein Streit über die Aufhebung von Privilegien, sondern von Lasten. Die Lehnsgefälle beim Besitzwechsel, Vormundschaft, Heirath und dergl. waren staatlich grundlose, durch die Zufälligkeit ihres periodischen Eintritts harte und unbillige Belastungen geworden. Die republicanische Regierung hatte sie nicht mehr erhoben; von einer Wiedereinführung konnte trotz des Restaurationseifers nicht die Rede sein. Ebenso stand es fest, daß die Krone für diesen Hauptposten ihrer erblichen Revenue entschädigt werden mußte. Statt aber die Entschädigung als dauernde Rente oder erhöhte Grundsteuer der Gesammtheit der Rittergüter aufzulegen, wurde eine Malzsteuer beschlossen, welche ganz anderen Personen zur Last fiel. Dieser Beschluß war selbst unter Colorirung eines Nothstands der durch Sequestrationen und Confiscationen theilweis verarmten Gentry nicht zu rechtfertigen; wurde im Unterhaus auch nur mit 2 Stimmen Majorität gefaßt. Der gesammte Rittergutsbesitz unter Wegfall von Lehnsvormundschaft, Verheirathung, Veräußerungsgebühr, Hülfsgeldern 2c. 2c. wird durch 12. Car. II. c. 24. fortan für free and common socage erklärt und rechtlich gleich gestellt dem Freibesitz des Bürgers und Bauern. Seine volle Beitragspflicht zu den Grund-, Einkommen und Gemeinde-

steuern bestand selbstverständlich fort. Von einem feudalen Charakter der Aristokratie kann also auch dem Namen nach nicht mehr die Rede sein. — Nachdem diese Zwecke erreicht waren, folgte sehr eilig am 29. December 1660 die Auflösung des Hauses.

2) **Das zweite Parlament**, auch das **lange oder Pensionär-Parlament** genannt, tritt am 8. Mai 1661 zusammen und dauert mit langen Vertagungen und Prorogationen bis zur Auflösungsordre vom 24. Jan. 1679, also beinahe 18 Jahre. Seit dem Beginn dieses Parlaments ist die Restauration in eine maßlose Reaction der besitzenden Klassen gegen die ehemaligen republicanischen und Mittelparteien umgeschlagen. Die kurzsichtige Leidenschaftlichkeit verkörpert sich in dem Lordkanzler Clarendon, wie er zum Schluß der ersten Session am 19. Mai 1662 das Haus adressirt: „An Enemie is amongst us, of whom we are not jealous enough, and towards whom we cannot be too vigilant, in comparison of whom we may reasonably undervalue all other Enemies — the Republicans and Commonwealths men, who are every day calling in aid of the Law, that they may overthrow and abolish the Law, which they know to be their irreconcileable enemy. There is a very great party of these men, who have no Religion, but as the pretence seems to advance their Faction." Wie immer ertönen diese Kriegsrufe der Zionswächter in Staat und Kirche dann am lautesten, wenn keine Gefahr mehr zu bekämpfen ist, sondern die Selbstsucht den errungenen Sieg auszubeuten beginnt. Berechtigt war die Restauration für die regierende Klasse, insofern das was sie erstrebte und wiedererhielt, ihr wirklich zukam. Unberechtigt ist der nächste Gebrauch, welchen Gentry und Staatskirche von der wiedergewonnenen Gewalt in leidenschaftlichem Parteigeist zu machen beginnt. Ihr Haß scheint unversöhnlich und reiht eine Verfolgungsmaßregel auf die andere: die Corporationsacte 13. Car. II. c. 12 zur Purificirung des städtischen Beamtenthums und zur dauernden Verdrängung aller Dissenters aus den städtischen Aemtern; die Uniformitätsacte 13. et 14. Car. II. c. 4. strenger als unter Carl I. zur Verdrängung der Gegner aus den geistlichen Aemtern und Pfründen; das Preß- und Censurgesetz 13. et 14. Car. II. c. 33; 16. Car. II. c. 7; die Acte gegen die Conventikel 16. Car. II. c. 4; 22. Car. II. c. 1. Die tiefangelegte Testacte 25. Car. II. c. 2., die prinzipielle Durchführung des staatskirchlichen Charakters aller obrigkeitlichen Aemter, ist aber bereits ein Gegenschlag gegen die vom Hofe ausgehende Idee der Reconciliation mit dem römischen Stuhl. Die Parlamentsgeschichte dieser Zeit in ihren verwickelten Einzelheiten giebt anschaulich Hallam Const. History II. c. 11. 12. vergl. Parry Parliaments Seite 533—587; in kunstvoller Darstellung ihrer Verschlingung mit den auswärtigen Beziehungen Englands: Ranke Bd. IV. S. 174 bis Bd. V. S. 92. Das lange Parlament von 1661 bildet einen Angelpunkt für die Frage, ob die Parteileidenschaft gefährlicher ist in Gestalt der Gesetzgebung, oder einer nicht durch Gesetze gebundenen Staatsregierung? ob das Parteiwesen gefährlicher den **King in Parliament** oder den **King in Council** afficirt? Einschneidender hat die Parteigesetzgebung allerdings gewirkt: aber eine Regierung nach Gesetzen macht die Mißgriffe der Gesetzgebung stets auch der herrschenden Partei so fühlbar, daß sie zum Einlenken geneigt wird. Noch stärker wirkte in dieser Richtung das System des Selfgovernment. In dem Kreise der communalen Nachbarschaft wird das ungerechte und quälerische Gesetz in ganz anderem Maße

empfunden als in einem disciplinirten Beamtenheere. Hier liegt eine Hauptwurzel der im Lauf des langen Parlaments sich langsam ändernden Stimmungen. In dem Leben der Grafschaften, Stadtgemeinden und Kirchspiele gewinnt die herrschende Klasse aus sich selbst heraus wieder den Sinn der Mäßigung und Anerkennung des gegnerischen Rechts, welchen ein pflichtvergessenes Königthum nicht um sich zu verbreiten wußte. Die lange Dauer des Parlaments war ursprünglich darauf berechnet, der royalistischen Partei die volle Ausbeutung ihres Einflusses zu sichern. In dem Bewußtsein dieser Sicherheit beginnen aber mitten unter den Beschlüssen zur Verfolgung der Gegenpartei auch schon frühzeitig die Reibungen zwischen Ober- und Unterhaus. In den Jahren 1667 — 1670 ist die Parteirichtung an ihren Wendepunkt gelangt. Von da an führen die Spaltungen zu einer Ermäßigung, zu der auch die im Lauf von 17 Jahren nothwendig gewordenen Nachwahlen das ihrige beigetragen haben. Am Schluß ergiebt der Rückblick auf zahlreiche Ministeranklagen und auf wichtige Gesetze zum Schutz der persönlichen Freiheit einen schlagenden Contrast gegen die Stimmungen im Beginn (s. unten §. 38).

3) Das dritte Parlament dauert vom 6. März bis zum 12. Juli 1679, charakteristisch durch die heftigen Stimmungen beider Häuser, durch den Gesetzentwurf über Ausschließung des Herzogs von York von der Thronfolge, welcher im Unterhaus mit 207 gegen 128 Stimmen angenommen, zunächst die Vertagung, dann die Auflösung herbeiführt. Ranke V. 93—111.

4) Das vierte Parlament dauert vom 17. October 1680 bis 18. Januar 1681, wiederum charakterisirt durch heftige Beschlüsse gegen die Papisten, gegen Mitglieder des Privy Council und gegen die Thronfolge des Herzogs von York.

5) Das fünfte Parlament dauert vom 21. bis 28. März 1681, und wird nach der zweiten Lesung der Exclusions-bill im Unterhause geschlossen. Ranke V. 138—179.

§. 37.

Der King in Council und der King in Parliament. Eine hochkirchlich conservative Staatsverwaltung.

Mit der Restauration ist die alte Gliederung der Staatsgewalt zurückgekehrt. Das Königthum ist wieder umgeben von seinen engeren und weiteren Räthen; es tritt aber in dieser Periode eine Aenderung ihres gegenseitigen Verhältnisses ein, zum Nachtheil des Königthums und zu Gunsten des Parlaments.

I. Das Privy Council[1]) ist mit der Herstellung des Königthums als selbstverständlich wieder aufgelebt. Es besteht wieder aus den Großbeamten, Lords und „Anderen," welche der König dazu beruft. Die Großbeamten dauern im Wesentlichen so fort, wie sie in der Rangordnung Heinrich's VIII. aufgezählt sind.

An der Spitze steht noch immer der Lord Kanzler, welcher seit Lord Ellesmere (1603) schon häufiger zur erblichen Pärie erhoben wird.

Der Lord Treasurer verwaltet sein Amt nicht mehr persönlich im Exchequer und geht in die neuere Stellung eines dirigirenden Staats- und Finanzministers über. Unter dem Einfluß des Parteiwesens beginnt auch schon die Sitte, das Amt in eine Commission von mehren Personen aufzulösen.

Unter Carl I. war wieder ein besonderer Lord Präsident des Raths ernannt, dessen Amt seit 1779 ein dauerndes wird.

In die Reihe des Großämter rückt jetzt auch das Feldzeugamt zur Verwaltung der Kriegsmaterials, dessen Chef seit 1603 den Titel eines Generals erhalten hat; seit der Restauration wird das Amt durante bene placito wie ein Ministeramt besetzt, und durch Warrant von 1683 so gestaltet, wie es bis in die neueste Zeit bestanden hat.

Immer bedeutender tritt ferner das Amt der beiden Staatssecretäre hervor, unter Carl II. mit eigenem Verwaltungsdepartement. Von ihnen sondert sich seit 1666 noch ab ein Secretary-at-war, zur Finanzverwaltung der Armee, in etwas untergeordneterer Stellung.

Bedeutungsvoll für die Stellung des Council ist aber das st. 16. Car. I. c. 10. durch welches die Sternkammer und die ganze jurisdictio extraordinaria des Königs im Rath wegfällt. Einige dieser Gewalten wurden fortan von der King's bench geübt, soweit solche aus einer Oberaufsicht über die Gerichte sich ableiten ließen; für die wichtigeren außerordentlichen Fälle aber bleibt fortan nur der Weg einer Privat-bill, bill of pains and penalties, Restitution ꝛc. d. h. jene außerordentlichen Gewalten sind vom König im Rath auf den König im Parlament übergegangen. Es war damit weggefallen ein wichtiger Grund für die feste collegialische Gestalt des Council und für die Beibehaltung eines formelleren Geschäftsgangs. Für die jetzt nur berathenden und administrativen Funktionen des Council konnte die Bildung von neuen administrirenden Committees nicht unzweckmäßig erscheinen. Schon unter Carl I. war der Anfang gemacht mit einem Council of war und einen Foreign Committee. Eine gleiche Absicht waltete im Beginn der Restauration ob; das damals zur Ausführung gekommene Committee der auswärtigen Angelegenheiten wurde jedoch nur ein Name für die vertrauliche Verhandlung aller wichtigeren Angelegenheiten im Cabinet des Königs, welche ziemlich bald den Namen und Charakter der „Cabale“ annimmt. Von den übrigen Committees ist nur ein Handelsamt zu einer bestimmten Gestaltung gediehen. Nach Vorgang der Cromwellschen Handelspolitik glaubte man dem Handel und den Colonien einige Stetigkeit der Administration nicht versagen zu können. Durch Patent vom 7. Nov. 1660 wird daher ein Council for the General State and Condition of Trade durch Patent vom 1. Dez. 1660 ein Council of Foreign Plantations creirt, theilweis mit Functionen eines Ministers der Colonien; 1672 werden beide vereint zu einem Council of Trade and Plantations. Schon 1675 wird diese Behörde aber wieder aufgelöst, und erst a. 1695 ist wieder ein neues Handelsamt entstanden.

II. Das Oberhaus,[2]) in welchem auch die Bischöfe am 20. Nov. 1661 ihre Plätze wieder einnahmen, erhielt durch die starke Vermehrung der weltlichen Pärie einen veränderten Charakter. Schon unter Jakob I. erscheint die Zahl der Pärs verdoppelt, am Schluß der Periode verdreifacht. Diese Lords sind nicht mehr der Herrenstand des Mittelalters, sondern die Spitzen der die innere Landesverwaltung führenden Gentry, deren dauernde Stellung im Friedensrichteramt und in der Grafschafts-Miliz die Pärie wieder von unten herauf politisch gehoben und sittlich gekräftigt hat. Schon unter Jakob I. wird der Grundsatz erstritten, daß ein Pär zu jeder Parlamentssession berufen werden muß; es erneut und befestigt sich die Stellung des Oberhauses als höchster Gerichtshof des Landes. In den Bürgerkriegen ist mit geringen Schwankungen die Haltung der Lords auf beiden Seiten eine würdige und Achtung gebietende. Die Probe als Träger der Rechtsordnung war am 2. Januar 1649 bestanden worden, als die Pärie unter dem stürmischen Drang des Heeres nach der Verurtheilung des Königs noch den Muth zeigte, die Resolutionen des Unterhauses einstimmig zu verwerfen. Von der Restauration an erscheint sie als das mächtige und stetige Organ der regierenden Klasse, Anfangs allerdings der ultra-royalistischen Strömung folgend, bald aber auch wieder an der Spitze der Opposition. Durch die zahlreichen neuen Ernennungen dieser Zeit strömen neue Kräfte und Einflüsse von Jahrzehnt zu Jahrzehnt aus den Grafschaften in das Oberhaus, welches in der Zeit der Verderbniß und des Factionstreibens dem Parlament zuerst wieder einen moralischen Halt giebt, und bei der Bildung der rasch wechselnden Ministerien einen überwiegenden Einfluß gewinnt.

III. Das Unterhaus[3]) hat in der Periode der Stuarts nur noch geringe Aenderungen in seinem Bestande erfahren durch die Aufnahme der Pfalzgrafschaft Durham und durch eine nochmalige Vermehrung der Fleckenvertreter. Die Zahl der Mitglieder für England und Wales ist nach der Restauration 512. Der Verfassungskampf hat das Selbstgefühl der Commoners stark gehoben. Das örtliche Gemeindeleben hat sich innerlich consolidirt und den daran betheiligten Mittelständen einen stärkeren Einfluß auf die Parlamentswahlen gegeben. Weiter hinauf hat die große Ausdehnung des Friedensrichteramts den berechtigten Einfluß der Gentry befestigt, den Unterschied zwischen dem größeren und kleineren Adel mehr ausgeglichen, der Gesammtheit der höhergebildeten besitzenden Klassen das gemeinsame Gefühl einer regierenden Klasse gegeben. Im geistigen Leben des Volks zeigt sich überall das innere Durchdringen der Reformation. Es ist danach begreiflich, wie nach der Restauration das House of Commons mit einer früher unbekannten Sicherheit aufzutreten vermochte. Die achtzehnjährige Dauer des Parlaments hatte sehr gegen die Absicht Carl's II. den Erfolg, eine Körperschaft zu heben, deren angesehenste Mitglieder jetzt an Staatserfahrung und gesellschaftlicher Stellung den vielen neu creirten Pärs aus ihrer eigenen Mitte sich wohl ebenbürtig fühlten. Es erklären sich daraus die zahlreichen Competenz- und Etiquette-Streitigkeiten der beiden Häuser. Wesentlich erhöht erscheint der Einfluß des Unterhauses insbesondere auf die Finanzen. Schon a. 1626 haben die Commons ihren entscheidenden Vortritt bei der Steuerbewilligung durchgesetzt, in welcher sie nunmehr dem Styl nach als der alleinbewilligende Theil auftreten. Dieser Anspruch wird verstärkt durch die Aufhebung der besonderen erblichen Lehnsrevenüen des Königs, und durch das Aufhören der besonderen Steuerbewilligungen in der Convocation seit 1664. Das Steuersystem ist dadurch nochmals vereinfacht, weshalb denn auch die Restauration nach kurzen Zwischenversuchen zu dem republikanischen System einer einfachen Landtaxe zurückkehrt. Mitten unter den Intriguen des Hofes und der Parteien kommt durch 17. Carl II. c. 1. die weitere Aenderung in Gang, nach welcher den Subsidienbewilligungen eine Verwendungsklausel beigefügt wird. Durch diese „Appropriationsklausel" rückt das Unterhaus in das Ausgabebudget des Staats, gewinnt das Recht die Verwendung der öffentlichen Einkünfte im Zusammenhang zu prüfen und damit eine weniger sichtbare aber nachhaltigere Einwirkung auf den Gang der Staatsverwaltung. Charakteristisch ist auch, daß auf dem Höhepunkt der Loyalität beide Häuser mit einem früher unbekannten Eifer auf die Befestigung und die Erweiterung ihrer Personalprivilegien (liberties) bedacht sind.

Die Stellung des Königthums war den so gewachsenen Ansprüchen des Parlaments gegenüber keinesweges so günstig wie die ultra-royalistischen Theorien erwarten ließen. Allerdings war trotz der Beseitigung der Sternkammer und des High Commission Court noch manche offene Stelle für einen bestimmten Einfluß des Königs durch seine geistliche Suprematie und weltliche Prärogative, durch die Ernennung des Council und der Reichsrichter, durch massenhafte andere Ernennungsrechte in Kirche und Staat, durch Gnadenbewilligungen, durch persönlichen Einfluß auf das Personal des Oberhauses, des Unterhauses und aller wichtigen Lokalämter. Die Zukunft des Königthums hing von dem Gebrauch ab, den es in dieser Zeit von seinen persönlichen Rechten machte. In verhängnißvoller Verkennung der Zukunft hat aber Carl II. diese Rechte in einer Weise gehandhabt, welche das Königthum nachhaltiger beschädigt haben als die Gewaltthaten des Republikanismus.

1) Das Ernennungsrecht des Council führt in den Händen der Stuarts zur Verwandlung eines ehrbaren Ministerraths in ein ehr- und gewissenloses Cabinet.[4]) Schon Jakob I. hatte nach dem Tode der alten Minister Elisabeth's die Sitte der continuirlichen Behandlung der Staatsgeschäfte im Rath aufgegeben, um seine persönlichen Ideen von Kirche und Staat in vertraulicher Cabinetsberathung zur Geltung zu bringen. Carl I., selbst reizbar und unerfahren, hatte mit unbesonnenen Rathgebern diese Regierungsweise fortgesetzt, welche der Königin und den Herren vom Hofe in jedem kritischen Moment die entscheidende Stimme gegeben hat. Unter Carl II. aber beginnt das zweite Menschenalter einer Cabinetsregierung, welche in dem Ministerium der „Cabale" die höchstpersönliche Schöpfung des Königs darstellt. Auch nach Wegschneidung der Gerichtsgewalten des Raths blieb diesem Cabinet die Beschließung über die wichtigsten Maßnahmen der inneren Politik und das ganze Gebiet der auswärtigen, die ihrem Wesen nach nicht nach Rechtsgrundsätzen und Parlamentsgesetzen zu handhaben ist. Geschichtlich bekannt ist der davon gemachte Gebrauch. Die Verwaltung des pedantischen Clarendon (bis 1667) war noch die redlichste gewesen. Auf ihn folgt das Cabale-Ministerium, die Verwaltung Desbury's und Danby's, ein tiefverzweigtes Bestechungssystem im Unterhaus, durchkreuzt von den Intriguen mit Ludwig XIV., welcher gleichzeitig Pensionen an die Opposition und die Minister zahlt, während der König selbst sich Geldsummen für Vertagung der Parlamente und für die Preisgebung der Interessen des Landes zahlen läßt. In den europäischen Verwickelungen jener Zeit konnte Frankreich kein anderes Ziel verfolgen als die Consolidirung der Verfassungen in den Nachbarstaaten zu hindern, durch innere Uneinigkeit deren Theilnahme an der europäischen Politik zu lähmen und das persönliche Interesse der Monarchen zu dynastischen Bündnissen und Friedensschlüssen zu lenken. Mit dem vollen Bewußtsein dieser Lage zog es Carl II. vor, in selbstverschuldeter Geldverlegen-

heit sich periodisch seine Subsidienbewilligungen von Frankreich anstatt von seinen Parlamenten machen zu lassen. Natürlich war aber der Beistand des großen Ludwig nur mit dem Opfer englischer Machtinteressen zu erkaufen. Die rechtliche Verantwortlichkeit der Staatsminister reichte gegen ein solches Verfahren allerdings nicht aus. Es wird begreiflich, wie das Parlament dazu kam, nunmehr die Ministeranklagen auf das politische Verhalten auszudehnen, auf die honesty, justice and utility der Ministerverwaltung, wie dies zuerst in der Anklage gegen Danby principiell geltend gemacht wurde, und zu einer sog. politischen Verantwortlichkeit der Minister gegen das Parlament hinführte.

2) Das Ernennungsrecht der Reichsrichter[5]) war schon von Carl I. dazu gebraucht worden, die Richterämter mit den Männern des Vertrauens und der Obersouveränetät zu besetzen, und durch Einwirkung des Cabinets und Hofes die Richter zu Instrumenten einer verfassungswidrigen Regierung zu machen. Die zweite Periode der Stuarts ließ auch darin die erste hinter sich. Seit 1665 kehren die widerruflichen Richter-Ernennungen zurück, und seit der Entlassung Clarendon's glaubte sich der König keinen weiteren Zwang anthun zu sollen. Unter 55 richterlichen Personen wurden während seiner Regierung 3 Lordkanzler, 3 Chief Justices und 6 Richter aus allgemein bekannten politischen Gründen entlassen, und umgekehrt die entscheidenden Stellen mit geschmeidigen Dienern der Macht besetzt. Jakob II. brachte es in drei Jahren bis auf 12 Richterentlassungen und bis zur Erhebung der personificirten Ehrlosigkeit (Lord Jeffreys) zum Chief Justice der King's Bench, zum Lordkanzler und zum Präsidenten eines octroyirten Oberkirchenraths. Mit diesem Richterpersonal wurden nunmehr vom Hofe aus die politischen Prozesse dirigirt, die schwankenden Grundsätze vom Hochverrath, vom Aufruhr und von der Verleumdung, die Gesetze und Ordonnanzen über die Presse gehandhabt. Von diesem Richterpersonal gingen die brutalen Einschüchterungen der Jury aus, welche diese Zeit charakterisiren. Die verständliche Antwort darauf war die Habeas corpus-Acte, die grundsätzliche Anerkennung der Unverantwortlichkeit der Jury, die Versetzung der Richter in Anklagestand. Das ganze Personal erschien aber so verderbt, daß man nach Vertreibung Jakob's nur zur Strafverfolgung und Entlassung schreiten konnte. Es erschien nach diesen letzten Erfahrungen sogar nicht unbedenklich, die Unabsetzbarkeit der Richter durch Gesetz auszusprechen; vielmehr war man darauf bedacht, die Gesetzmäßigkeit der Regierung nicht blos auf das Gewissen einer Anzahl beamteter

Richter zu stellen, sondern auf einen weit verzweigten Organismus des Richteramts mit den besitzenden Klassen.

3) Der persönliche Einfluß des Hofes auf das Parlament und die Ernennung des Beamtenpersonals[6]) war der Natur der Sache nach ein weitreichender, und wurde von Carl II. in einer Weise gehandhabt, welche dem langen Parlament die Bezeichnung des Pensionary Parliament verschaffte. In solchen Umgebungen war es schwer genug auch in parlamentarischen Stellungen persönliche Integrität, in den Parteibildungen Offenheit und Beständigkeit zu behaupten. Die Liste der Pensionsempfänger umfaßt die ersten Männer der Zeit, wie eine Art von Amtsbesoldung. Zeitweise scheint auch in der Opposition nur noch der Glaube an das Einzige der Zeit, den materiellen Werth des Geldes und des Amtes, zu herrschen. Die damaligen Großämter waren mit Besoldungen verbunden, welche 1 bis 2 Procent der ganzen Staatseinnahme betrugen, höher als das Einkommen des reichsten Lords. Der Kampf um das Amt, in Wechselwirkung mit dem Parteitreiben im Parlament, wird damit ein Kampf auf Leben und Tod, und um die leitenden Männer des Augenblicks schaart sich eine Zahl von näheren Freunden, welche polypenartig an dem Staatsschatz hängen. Es kam auch im Amt nur noch an auf ein Glaubensbekenntniß der herrschenden Fraction (Gesinnungstüchtigkeit), Förderung ihrer nächsten Zwecke, Geschicklichkeit in der Intrigue, und schnellen Blick, um den Wechsel der Parteien am Hofe und im Parlament zur rechten Zeit wahrzunehmen. Auch von der inneren Verwaltung aus ließ diese Zeit den Eindruck zurück, daß die Zuverlässigkeit und Rechtschaffenheit der Staatsverwaltung nicht vom Königthum und von dem Hofe, sondern von dem Parlament, und am meisten von dem Charakter des Landes zu erwarten sei. Der Hofpartei gegenüber hat sich eine Landpartei gebildet. Das innerlich aufgelöste Council tritt in der Person der einzelen verantwortlichen Minister in immer sichtbarere Beziehungen zu den Majoritäten im Parlament, wobei auch eine wachsende Theilnahme des Unterhauses, insbesondere am Staatssecretariat und den Schatzcommissionen, sichtbar wird. Unverkennbar ist in Allem der Uebergang in ein System parlamentarischer Parteiregierungen.

1) **Das Privy Council Carl's II.** sollte wie alle Staatsverhältnisse unverändert in seine Stellung nach common law zurücktreten. Wie aber keine staatsrechtliche Erfahrung an den Parlamenten fruchtlos vorübergegangen ist, so behielt man die Aufhebung der Sternkammer bei, die in den prägnanten Worten des st. 16. Car. I. c. 10. aller Administrativ-Justiz an dieser Stelle unwiderruflich ein Ende macht. Das Gesetz erklärt die Sternkammer und jede

Behörde von gleicher oder ähnlicher Jurisdiction für unzulässig, negirt jede jurisdiction, power or authority des Council unter besonderer Hervorhebung streitiger Civilsachen, und droht schwere Geldbußen jedem Beamten, der sich an einem Erneuerungsversuch dieser Jurisdiction betheiligen werde.

Ueber die Großbeamten dieser Zeit finden sich nutzbare Nachrichten in den oben citirten Schriften Thomas, Materials und Thomas, Exchequer.

1) Der Lord-Kanzler befindet sich in der alten verfassungsmäßigen Stellung, die nach der Maxime der Stuarts in reichlicher Ertheilung von Adelstiteln schon häufig mit der ausdrücklichen Creirung zum Pär des Reichs verbunden wird.

2) Der Lord Treasurer tritt in diesem Jahrhundert oft als der leitende Minister hervor. Die Reihe der Lordschatzmeister unter den Stuarts war: 1609 Earl of Salisbury; 1614 Earl of Suffolk; 1620 Viscount Maundeville; 1621 Earl of Middlesex; 1624 Earl of Marleborough; 1628 Lord Weston; 1636 Will. Juxon, Bischof von London; 1643 Lord Cottington; 1660 Earl of Southampton; 1672 Lord Clifford; 1673 Earl of Danby; 1685 Earl of Rochester. Zwischendurch geht indessen auch schon die Verwaltung des Amts durch eine Commission a. 1612, 1618, 1635, 1641, 1654, 1658, 1659, 1660, 1667, 1679, 1684, 1687. — Carl II. hat die Treasury, als das Decernat der obersten Finanzverwaltung, dauernd getrennt von dem alten Exchequer als Central-Kassen-Verwaltung. Die Treasury erhielt ein neues Amtslokal im Cockpit von wo aus die Decrete, Orders, Berichte und Anweisungen ergehen; das persönliche Erscheinen der Treasurer im Exchequer hört von dieser Zeit an auf. Begonnen und theilweis ausgeführt war diese Aenderung schon seit Lord Burleigh (Thomas Exchequer p. 21). Neu hinzugekommen zum Finanz-Departement ist ein General-Accise-Amt, wie solches zuerst 1643 von dem langen Parlament in Gestalt von 8 Commissioners mit Untercommissarien für die Bezirke gebildet war. Durch st. 12. Car. II c. 23. 24. wird die Excise eine ordentliche Steuer unter einem Chief Excise Office in London mit zwei Commissioners oder Governors und zahlreichem Beamtenpersonal.

3) Das Amt eines President of the Council wurde von Carl I. wieder besetzt, blieb dann aber vacant, bis es nach der Reorganisation durch Sir W. Temple 1679 zu einem dauernden Amt wird.

4) Das Feldzeugamt wurde jetzt zu einem Ministerium, im Zusammenhang mit den Versuchen der Stuarts zur Einführung stehender Heere. Der Warrant von 1683 stellt an die Spitze einen Master General of the Ordnance, unter ihm ein Lieutenant General, Surveyor General, Clerk of the Ordnance, Principal Store Keeper, Clerk of the Deliveries, sowie das Feldzeugamt wesentlich unverändert bis 1854 bestanden hat. Die stehende Armee (sog. Garden), welche man nach der Restauration beibehielt, betrug Anfangs nur etwa 5000 Mann, welche jedoch 1685 auf 8700 Mann, und noch 7000 in Irland, gewachsen waren. Gneist II. 317. (Ueber die neugebildete Milizverfassung der Restauration vergl. Gneist II. 313—316).

5) Das Amt der Staatssecretäre hat eine Anfangs noch etwas schwankende Gestalt. Während Elisabeth in der letzten Zeit Sir William Cecil als einzigen Staatssecretär gehabt hatte, erscheinen in den Jahren 1616, 1617 sogar drei Staatssecretäre; nach dieser Zeit wird die Zweizahl die regelmäßige. Es dauern aber noch fort Reminiscenzen an die frühere minder bedeutende

Stelle eines Cabinetsraths; wenigstens will Clarendon sie bei dem Antritt der Regierung Carl's I. noch nicht als Minister angesehen wissen: „sie waren (wie er sagt) in jenen Tagen noch nicht Beamte von der Größe, wie seit jener Zeit, indem sie nur Depeschen nach den Beschlüssen des Raths zu fassen hatten, not to govern or preside in those Councils.“ Unter der Restauration ist ihre volle Ministerstellung unzweifelhaft.

Im Beginn der Restauration waltete die Absicht ob, dem Council wieder eine feste collegialische Gestalt zu geben, und im Anschluß an das jetzige Verwaltungssystem administrative Specialdepartements daraus zu bilden. In dem Amt der Staatspapiere ist eine Handschrift, wahrscheinlich aus der Zeit kurz nach 1660 vorhanden, welche ein Verzeichniß der proponirten Committees enthält:

1. Committee der auswärtigen Angelegenheiten, einschließlich der Correspondenz mit den Friedensrichtern und anderen Grafschaftsbeamten.

2. Committee für die Admiralitäts-, Militär-, Befestigungs-Angelegenheiten 2c., soweit sie sich für den Rath eignen.

3. Committee der Beschwerden (Petitions of complaintand grievance) mit Ausschluß der rein privatrechtlichen.

4. Committee für die Handelsangelegenheiten, namentlich die Colonien, mit Einschluß von Schottland und Irland. (Thomas, Materials S. 34. 77—79.)

Die Staatssecretäre sollen zu allen Committees gehören. Außer den festen Committees (Established Committees) sollen außerordentliche Angelegenheiten, welche einer Special-Berathung bedürfen, durch besonders ernannte Committees entschieden werden, „wie bisher üblich.“ Solche Committees sollen schriftliche Berichte an den König erstatten, vorzulegen Sr. Majestät in der nächstfolgenden Sitzung des Council. Wenn Debatten entstehen, soll der jüngste Staatsrath anfangen und nicht zum zweiten Mal reden. Von den projectirten Abtheilungen wurde ein Council board praktisch, bestehend aus Clarendon, Ormond, Southampton, Albemarle, Nicholas und Morrice, welches unter dem Namen einer Abtheilung für die auswärtigen Angelegenheiten in der That die ganzen Regierungsgeschäfte führte. Nach dem Sturz Clarendon's löst sich der Rath aber in die ganz diffuse Cabinetsregierung Carl's II. auf. Der daraus hervorgehende heillose Zustand und die Bemerkung, daß durch die Auflösung des Raths nur der Einfluß des Parlaments erhöht werde, scheint 1679 den Plänen Sir W. Temple's Gehör verschafft zu haben, die ein Belag für die Eindrücke sind, welche die Reichsverwaltung durch Hof- und Parlamentsfactionen auf den berühmten Staatsmann gemacht hat. Der Rath soll aus 30 Mitgliedern bestehen, davon die Hälfte hohe Staatsbeamte; die andere Hälfte aus den Häuptern der Opposition im Ober- und Unterhaus ernannt werden. Die Mitglieder sollen zusammen 300,000 £ Einkünfte haben, um das Unterhaus zu „balanciren“, welches damals auf 400,000 £ geschätzt wurde. Als Gegengewicht gegen Hof und Parlament sollte also wieder ein fester Staatskörper entstehen, und der Urheber des Planes mochte hoffen, daß der Ernst der Geschäfte und der Berathung wieder einen collegialischen Geist erzeugen würde. Für eine laufende Staatsverwaltung war die Zahl der Mitglieder zu groß; vielleicht war der Versuch für England überhaupt schon zu spät. Weder dem König noch den Parteien war es Ernst damit. Es bildet sich aus diesem Council alsbald wieder ein secret committee, und die ganze Einrichtung besteht schon nach Ablauf eines Jahres nur noch nominell. Nicht einmal bei der Frage nach Auflösung des Parlaments wurde der Rath als solcher mehr konsultirt. Ranke V. 101 ff. Macaulay, Essay on W. Temple.

2) Die Bildung des Oberhauses verändert unter den Stuarts ihren Charakter schon durch die sehr zahlreichen Pärs-Ernennungen. Die von Elisabeth noch knapp gehaltene Pärie erscheint unter Jacob I. in sichtbarem Wachsen. In 4 Jacob I. ergehen die writs an 1 Marquis, 22 Earls, 3 Viscounts, 46 Barons. Ein Menschenalter später lauten die writs zu dem langen Parlament auf 1 Duke, 1 Marquis, 63 Earls, 5 Viscounts, 54 Barons, 2 Erzbischöfe, 24 Bischöfe, die Gesammtzahl ist also auf 150 gewachsen, die weltliche Pärie beinahe schon verdoppelt. Zu dem langen Parlament Carl's II. wurden a. 1661 geladen: 5 Herzöge, 4 Marquis, 56 Earls, 8 Viscounts, 69 Barons; die Zahl der weltlichen Pärs allein ist jetzt 142. In 31. Car. II. ist die Gesammtzahl 181 (einschließlich 14 Minderjährige und 7 Recusanten), in 1. Jacob II. 178. Daneben bleibt die Zahl der Bischöfe (26) unverändert. Die Pärserhöhungen und Neuernennungen werden berechnet auf 98 unter Jacob I., 130 unter Carl I., 137 unter Carl II., 11 unter Jacob II. — zusammen 376 unter den Stuarts gegen 146 in der Zeit der Tudors. Neucreirt hat schon Jacob I. 62 Pärs, Carl I. 59, Carl II. 64, Jacob II. 8 (May Const. Hist. c. 5 Note 1) zusammen 193, denen 99 erloschene Pärien gegenüber standen. Jacob I. hielt eine Zeitlang die Würden eines Baron, Viscount und Earl sogar für 10,000 £, 15,000 £, 20,000 £ feil. Zu gleichem Zweck wurde 1611 eine erbliche Ritterwürde unter dem Namen eines Baronet creirt und unter den Stuarts an mehr als 1000 Personen verliehen, als eine Art von Bindeglied zwischen der erblichen Nobility und der nicht erblichen Gentry. Schon diese Zahlenverhältnisse mußten für die neue Grundanschauung entscheidend werden, welche die Pärie als einen erblichen durch Patent verliehenen Vorrang innerhalb der Gentry, nicht aber als eine regierende Klasse für sich anzusehen begann. Schon bei Beginn des langen Parlaments berechnete man (Rushworth II. p. 1150) daß von 62 Earls 22 erst seit Carl I., 21 erst seit Jacob I. datirten; unter 5 Viscounts waren 2 von Jacob I., 2 von Carl I. creirt; unter 51 Barons waren 13 von Jacob I., 18 von Carl I. geadelt. Es waren unter dieser Pärie nur noch sehr wenig fürstliche Herren, welche im Zusammenhang mit der mittelalterlichen Baronie standen, die große Mehrzahl war nur eine potenzirte Gentry, deren persönlicher Einfluß in Oberhaus und Staatsverwaltung ziemlich unabhängig von der Länge des Stammbaums dastand. Ihre Machtwurzeln in der Grafschaft ruhen auf dem Selfgovernment, auf ihrer hervorragenden Stellung in der örtlichen Miliz- und Polizeiverwaltung, welcher im Centrum ihre Stellung als erbliche Räthe der Krone correspondirt. Mit der radicalen Aufhebung aller Reste des Lehnsnexus durch 12. Car. II. c. 24. tritt diese neuere Stellung noch reiner und entschiedener auf. Erst in dieser neueren Stellung kehrt aber auch der Charakter und das Selbstgefühl in die Pärie zurück. Unter Jacob I. wird diese Selbständigkeit zuerst sichtbar in der Opposition gegen die Frivolität und den Uebermuth des Herzogs von Buckingham. In der Opposition gegen Carl I., bei der Petition des Rechts, bei der Aufhebung der Sternkammer, bei der Anklage gegen Strafford, im Bürgerkriege, nach der Restauration, bei dem Parteikampf um die Exclusions-bill erscheinen diese erblichen Spitzen der Gentry allerdings nach Parteien getheilt, wie die regierende Klasse selbst, in diesem Verhalten aber stetiger und gesetzmäßiger als die Parteiführer der Majorität, mit verhältnißmäßig seltenen Ausnahmen persönlich ehrenhaft sowohl in einer leidenschaftlichen wie in einer verderbten Zeit. Die Pärie ist das moderirende Element geworden zum Schutz der **bestehenden** Verfassung gegenüber den heftigen Parteiforderungen auf Aenderung. In 22. Car. II. hatte der König in Erneuerung alter Sitte auch wiederum angefangen persönlich an den Verhandlungen Theil zu nehmen, ohne jedoch durch seine hohe Gegenwart den Verhandlungen eine erhöhte Würde zu verleihen.

3) Die Zusammensetzung des Unterhauses wurde unter Jacob I. noch um 27, unter Carl I. um 18, unter Jacob II. um 6 Mitglieder vermehrt. Zu dem langen Parlament sind 504 Mitglieder geladen, zu dem Parlament von 1661 507 Mitglieder, zu dem Parlament Jacobs II. 512 Mitglieder. Die übermäßige Zahl der städtischen Vertreter war nun schon seit Jahrhunderten ein Problem der Gesetzgebung geworden. Sie war entstanden zu einer Zeit, als die Commons noch in untergeordneter Stellung sich hauptsächlich zur Steuerbewilligung einfanden. Jetzt war das Unterhaus eine einheitliche Körperschaft, deren Mitglieder nach langen politischen Kämpfen sich längst nicht mehr als die Beauftragten ihres Wahlkreises, sondern des ganzen Landes ansahen. Es war klar, daß an dieser Gesammtheit die Städte einen mindestens 10 mal größeren Antheil nahmen, als ihnen nach ihren persönlichen und Steuerleistungen für den Staat zukam. In den Parlamenten der Republik waren sie von $^4/_5$ der Stimmen in England auf $^1/_3$ der Stimmen herabgesetzt, jetzt aber wieder zahlreicher als zuvor vertreten. Dies Mißverhältniß mußte verhängnißvoll für die innere Entwickelung der Stadtverfassungen werden (vergl. Gneist II. p. 319—325). Nach der Restauration waren Landadel, Kirche und Königthum zunächst darin einverstanden, den Geist der Selbständigkeit in den städtischen Mittelklassen niederzuhalten. Die Corporationsacte 13 et 14 Car. II. c. 2 hatte eine Reihe von Jahren in dieser Richtung vorgehalten. Allein schon im Lauf des langen Parlaments wurde doch die Opposition an dieser Stelle wieder sichtbar in den vereinzelten Nachwahlen. Die Frage war jetzt zur Machtfrage geworden, die man allerseits zu würdigen begann. Die städtischen Wahlen eröffneten der Land-Gentry in ihrer friedensrichterlichen und gesellschaftlichen Stellung einen größeren persönlichen Einfluß als die Grafschaftswahlen, aber doch nicht jedem Gentleman, sondern nur einem solchen, welcher die Interessen und Stimmungen der Städter einigermaßen respectirte und für sich zu gewinnen suchte. Sie blieben also der Hauptherd politischer und dissenterischer Opposition, aus welchem die oppositionelle Landpartei ihre Hauptkraft zog. In dieser Situation beschloß Carl II. 1681 zu einer Aenderung des völlig verkünstelten Verhältnisses zu schreiten, nicht aber durch eine Verminderung der städtischen Stimmen und Wiederherstellung ihrer inneren Verfassung, sondern durch weitere Verkrüppelungen im Interesse des Hofeinflusses. Durch das writ of quo warranto wird der neue Grundsatz einer Verwirkung der Stadtverfassungen wegen Mißbrauchs oder Formwidrigkeiten zur Geltung gebracht. Die Charten werden massenhaft cassirt, um durch neue nach oligarchischem Muster ersetzt zu werden. Jacob II. setzt diesen Feldzug fort, schafft überall engere städtische Ausschüsse, die ebenso wie die städtischen Aemter widerruflich sein sollen nach dem Willen der Krone. Der verhältnißmäßig geringe Widerstand dagegen erklärt sich wohl aus der Isolirung der Corporations, die an den meisten Stellen in keinem Zusammenhang mit der steuerzahlenden Bürgerschaft mehr standen, und durch ihre Polizeiverwaltung und Steuerausschreibungen vielfach unpopulär geworden waren. In London hatte Jeffreys 1900 privilegirte freemen des Wahlrechts beraubt und wurde vom König noch getadelt, daß er nicht gründlicher aufgeräumt. In wenigen Jahren sind 200 neue Charten ertheilt worden. Ueberdieß war der Krone vorbehalten von Zeit zu Zeit Aenderungen der neuen Charten nach freiem Ermessen durch Regierungskommissarien vorzunehmen. Anstatt eine selbstthätige und selbständige Bürgerschaft nach einem der Grafschaftsverfassung gleichartigen Typus herzustellen, haben die Stuarts auch mit den Städten nur ihre Königskunst getrieben.

Uebrigens lag in diesen Willkürakten nur eine unwillkürliche Anerkennung der stetig wachsenden Macht des Unterhauses, deren eigentlicher Grund in dem System des Selfgovernment und in den Steuerverhältnissen ruhte. Es wird dies am meisten sichtbar in den wachsenden Finanzrechten der Commons. Die Zusammenziehung der gesammten directen Staatssteuern zu einer gleichartigen Einschätzung, verbunden mit den neuen Bedürfnissen des Hofes, des Staats und des Heeres, am meisten aber die schlechte Finanzwirthschaft unter Carl II., führen zu einer bedeutsamen Erweiterung des Steuerbewilligungsrechts in ein Budgetfeststellungsrecht. Seit 1664 ist nicht mehr die Rede von den alten Zehnten und Funfzehnten, sondern man kehrt zu der republikanischen Weise der in concreto eingeschätzten Grund- und Einkommensteuern zurück. In diese durchgreifende Steuereinschätzung wird jetzt auch das kirchliche Vermögen hineingezogen. Nachdem die besonderen Steuerbewilligungen des Clerus längst den ständischen Charakter verloren, war es nur eine etwas verspätete Consequenz, wenn endlich auch die äußere Form der Bewilligung in der Convocation durch einfache Uebereinkunft zwischen dem Lord Kanzler und dem Erzbischof seit 1664 in Wegfall kam, wogegen man der Geistlichkeit als selbstverständlich das Stimmrecht bei den Parlamentswahlen vermöge ihres Freehold-Rechts zugestand. Durch 16 et 17 Car. II. c. 1 wurden die parlamentarischen Subsidien zum ersten Mal nach diesem neuen System erhoben. Die lange stille Arbeit der Verschmelzung des Clerus mit dem Laienthum war unwillkürlich zu diesem Resultat gelangt. Noch nachhaltiger aber wurde der Einfluß des Unterhauses durch die Einführung der sog. Appropriationsklauseln in die Subsidienbewilligung. Charakteristisch genug kam diese Aenderung mit Hülfe einer Intrigue bei Hofe zur Geltung. Sir George Downing, einer der Tellers im Exchequer, hatte Carl II. die Vorstellung gemacht, es möge der bevorstehenden bill of supply ein Proviso beigefügt werden, „daß alle nach der bill zu erhebenden Gelder ausschließlich zu den Zwecken verwandt werden sollen, zu welchen sie gegeben sind.“ Dadurch werde die Gewalt des Lord High Treasurer beseitigt und der König in den Stand gesetzt werden, die Angelegenheiten des Schatzamts persönlich zu leiten, so daß der Exchequer zugleich die beste Gelegenheit zur Anlegung von Geldern darbieten und folgeweise die größte Bank in Europa werden würde. Es hing dies zusammen mit der bisherigen Sitte für die laufenden Bedürfnisse der Regierung Vorschüsse von Banquiers (damals der Goldschmiede-Innung in London) auf den persönlichen Credit des Königs und des Lord-Schatzmeisters zu entnehmen. Der König wollte durch jene Klausel auch wohl der Verpflichtung entgehen, die bewilligten Gelder zur Rückzahlung der Vorschüsse zu verwenden. Die Minister bemühten sich die gefährliche Neuerung rückgängig zu machen (Life of Clarendon, Continuation p. 315 ff.); allein die Bill hatte das Unterhaus passirt, wurde zwar bei den Lords aufgehalten, konnte aber nicht mehr zurückgenommen werden, ohne die ganze Subsidie (1,250,000 £) zu riskiren. Der König erklärte daher, daß die Clausel mit seiner Genehmigung proponirt sei, und die Acte 17. Cor. II. c. 1. §. 5 ging wirklich mit dem Proviso durch, daß ein besonderes Conto über die nach diesem Gesetz erhobenen Gelder geführt werden soll, gesondert von des Königs anderer Revenue, „and that no moneys leviable under the act should be issued out of the Exchequer during the war, but by order or warrant, mentioning that they were payable for the service of the war." Als das Parlament im folgenden Jahr nach dem großen Brande von London von neuem Subsidien bewilligen sollte, entstand der Verdacht der Veruntreuung, und es wurde eine Bill in das Haus gebracht behufs Ernennung von Commissarien zur Prüfung der Rechnungen über die von dem König vereinnahmten und verausgabten Gelder. Diese Bill wurde zwar im Oberhaus abgeworfen; die Commons bewilligten aber die Subsidien für dies Jahr wieder mit demselben lästigen Proviso, dem sich der König verdrießlich fügte und die Ernennung einer Commission unter dem großen Siegel versprach, die dann auch pro forma ernannt wurde. Im folgenden Jahre aber ging das st. 19 Car. II. c. 9 durch, „An Act for taking the Accounts of the several Sums therein mentioned", womit das Unterhaus die im 15. Jahrhundert schon gelegentlich geübte Befugniß, die Specialverwendung der öffentlichen Einkünfte zu prüfen, also einen mitbestimmenden Theil an dem Ausgabebudget, wirksam zur Geltung brachte. Die Appropriationsclausel wurde seit jener Zeit immer mehr formulārartig und stehend. — Denselben Charakter zeigt die lebhafte Geltendmachung der Personal-Privilegien des Hauses. In 15. Carl II. kam das Haus auf das verfassungswidrige Strafverfahren gegen Sir John Elliot und Genossen unter Carl I. zurück. Mit voller Uebereinstimmung des Oberhauses wurde das damalige Urtheil der King's bench für nichtig erklärt und die unbedingte Unverantwortlichkeit der Mitglieder für ihre Reden und Proceduren im Hause durch ausdrückliche Resolution anerkannt. May Parl. Practice I. c. 5; die ausführlichen Verhandlungen giebt Hatsell Preced. I. p. 86. 208 ff. 251 ff. Die Redefreiheit ist seitdem nie wieder in Frage gestellt worden. — Die Consolidirung des Unterhauses documentirt sich endlich auch in der Entstehung der Parteinamen. Bei der Exclusions-bill traten zum ersten Mal die zwei großen Parteigegensätze einander geschlossen gegenüber. Bei den Neuwahlen bezeichnete man die Parteien als Petenten und Recusanten. Die Leidenschaft der Gegenpartei nannte aber die Royalisten Tories, hergenommen von einer radicalen katholischen Parteirichtung in den gemeinen Volksklassen Irlands, — die Landpartei nannte man Whigs, hergenommen von einer niedern und extremen Classe von Covenanters. Man gewöhnte sich bald an diese gegenseitigen Complimente und acceptirte im Eifer des Streits die von den Gegnern gewählten Bezeichnungen, die sich bis heute erhalten haben.

4) **Das Cabinet und die auswärtige Politik Carl's II.** waren eine Fortsetzung des vorgefundenen Systems der Stuarts. Schon Jacob I. hatte die feierlichen Sitzungen des Council, die geregelte Berathung mit Assistenz der Reichsrichter, die formale Beurkundung durch Protocoll immer mehr verlassen. Carl I. hatte während des Bürgerkrieges zuletzt alle Formen aufgegeben. Die offne Stelle, die sich Carl II. hier darbot, überließ die ganze auswärtige Politik

einer zwanglosen Behandlung. Bündnisse, Verträge und politische Combinationen nach außen ließen sich nicht durch Gesetze normiren und wurden daher für die Frivolität dieses Charakters die eigentliche Domäne. In Carl II. kam zu der verkehrten Familientradition noch hinzu der Einfluß französischer Erziehung und Sitten. Die Lage der auswärtigen Verhältnisse hatte in der zweiten Hälfte des 17. Jahrhunderts eine mehr zusammengesetzte Gestalt erhalten als in der ersten Hälfte. Die Frage des Protestantismus stand nicht mehr ausschließlich im Vordergrund, sondern durchkreuzte sich mit den Machtfragen des europäischen Gleichgewichts. Der Verbindung Englands mit Holland stand zeitweise ein krämerhafter Geist der Eifersucht entgegen, welchen die Regierung eines Königs nicht auszubeuten, sondern zu ermäßigen berufen war. Für diplomatische Passionen bot sich hier ein unvergleichlicher Knäuel von Verwickelungen dar. Wendepunkt auch dafür war die Entlassung Clarendon's. Als 1668 der König seine Kassen leer und sein Parlament schon in kritischer Stimmung fand, faßte er den Plan bei dem König von Frankreich geheime Verhandlungen anzuknüpfen, welche zur Beschaffung von Geldmitteln führen möchten. Im Verlauf der vertraulichen Correspondenz verwickelt sich alsbald die Religionsfrage mit der Geldfrage. Im Januar 1669 beruft der König Clifford, Arlington und Arundell zu einer vertraulichen Conferenz bei dem Herzog von York und erklärt, wie peinlich es ihm sei, seinen wahren Glauben nicht bekennen zu dürfen. Mit Thränen in den Augen bittet er um Rath über die beste Weise, die katholische Religion in dem Reich zur Geltung zu bringen. Diese Verhandlung führt dann nach Jahr und Tag zu dem geheimen Vertrag mit Frankreich (1670), in welchem Carl überlassen wird, den Zeitpunkt zu wählen, der ihm angemessen scheinen würde, sich öffentlich als Katholiken zu bekennen. Dagegen verspricht Frankreich eine jährliche Summe von 200,000 £ zur Bestreitung der Kriegskosten für die zugesagte Unterstützung gegen die Holländer und zur Niederhaltung der wahrscheinlichen Unzufriedenheit in England. Beide Theile verzichten auf selbständige Friedensverhandlungen Ranke IV. 358 ff. Nachdem diese französischen Hülfsgelder zu Ende gegangen, forderte Carl im Jahre 1674 wieder 400,000 £ mit der Andeutung: man werde sonst das Parlament einberufen müssen, welches sich sofort für den Krieg mit Holland gegen Frankreich erklären werde. Ludwig indessen schützte dies Mal Geldmangel vor, und nur ungefähr ein Viertel der geforderten Summe war zu erlangen gegen ein Versprechen, das Parlament vom Nov. 1674 bis zum April 1675 zu prorogiren. In den späteren Verhandlungen (1678) hält Carl II. die Linie inne, die Neutralität stets zu dem höchsten Preise zu verkaufen, welcher von Frankreich zu erlangen war. Während die Vergrößerung Frankreichs Europa mit Besorgniß erfüllte und das Parlament zum Kriege bereit in 29. Carl II. ein Bündniß mit den Generalstaaten befürwortet, beantwortete der König diese Adresse zurückweisend, „als einen für die Einmischung des Hauses ungeeigneten Gegenstand, welcher in seine fundamentale Gewalt, Krieg und Frieden zu machen, eingreife.“ In dieser Lage verstand sich Ludwig zu einer weiteren Zahlung von 2,000,000 Livres für das Jahr 1681 und einer Jahresrente von 500,000 Kronen für die folgenden zwei Jahre. Während der König dem Parlament die Bereitwilligkeit aussprach, einen Krieg mit Frankreich zu beginnen und dafür Subsidien forderte, war er gleichzeitig thätig, dem französischen König seine Dienste zu dem möglichst hohen Preise zu verkaufen. Die Darstellung dieser Verhältnisse (Ranke IV. 196—496, V. S. 1—

92) bietet ungewöhnliche Schwierigkeiten wegen der Verflechtung der europäischen und der Cabinetsintriguen mit den Parteiverhältnissen im Parlament. Ueber die ersten Versuche zur Wiedervereinigung mit Rom vergl. Ranke IV. 232—256, über die Entstehung der Test Acte IV. 411—425; über den geheimen Vertrag mit Frankreich von 1670 IV. 358—376. Bei den späteren Verwickelungen tritt Ludwig XIV. auch in Verbindungen mit der Parlamentsopposition (Ranke V. 55—73,) über welche Carl II. ebenso getäuscht wurde, wie das Parlament durch ihn. Der Gesammtbetrag der französischen Geldzahlungen an Parlamentsmitglieder soll jedoch eine Summe von 16,000 £ auf einen Zeitraum von drei Jahren nicht überstiegen haben. Es ist begreiflich, wie diese Art der Cabinetsregierung zu dem Gedanken führen mußte, die ehrbare Verhandlung der Staatsgeschäfte im Council wieder herzustellen. Der Plan des Sir William Temple von 1679 erschien aber solchen Gewöhnungen gegenüber als unverständliche Neuerung. Die Jahrhunderte alte Grundform der Staatsregierung war dem König wie dem Parlament zu einer lästigen Fessel geworden.

5) **Die Besetzung der Gerichtshöfe des gemeinen Rechts** war mit der Restauration in die alte Verfassung zurückgekehrt. (Ueber die Entstehung des Baron Cursitor als eines richterlichen Hülfsbeamten im Court of Exchequer vergl. Foss, Judges VI. 23 ff.). Eine Monographie über die Constitution under Charles II. von Amos, London 1857 giebt die Einzelheiten aus den Verwaltungszuständen thatsächlich meistens richtig, nur durch die Gruppirung outrirt. Seit 1665 scheint Carl II. die lange Prorogation seines Parlaments benutzt zu haben, um stillschweigend statt der seit 41 Car. I. üblichen lebenslänglichen Ernennung die widerrufliche Ernennung durante bene placito zurückzuführen und die Richterstellen mit Personen zu besetzen, „über die sich zuviel sagen ließ", Amos 262. Andererseits wurden die Lordkanzler Clarendon, Shaftesbury und Bridgeman, die Chief Justices Rainsford, Scroggs, Pemberton und sechs Richter aus bekannten politischen Gründen entlassen. Anscheinend aus gleichen Gründen nahmen die Richter Atkyns und Leeke ihre Entlassung. Foss VII. 4. Der Wechsel steht in sichtbarem Zusammenhang mit den Phasen des politischen Streits, wenn man die Jahre der Ernennung mit dem Jahr der Entlassung zusammenstellt: Ellis ernannt 1672, entlassen 1676; Wilde ernannt 1672, entlassen 1679; Atkyns ernannt 1672, entlassen 1679; Dolben ernannt 1677, entlassen 1683; Brampston ernannt 1678, entlassen 1679. Bei Atkyns war der Grund der Verabschiedung, weil er auf einer Rundreise der Meinung des Richters Scroggs widersprochen, „daß das Petitioniren um Berufung eines Parlaments Hochverrath sei, und daß der König durch Ordonnanz verordnen könne, was ihm beliebe." Es war die Regierungsmaxime zurückgekehrt, welche Baco schon Heinrich VII. unterlegt: „daß er die Unterthanen durch die Gesetze, die Gesetze aber durch die Juristen regierte." Die feinere Weise Carl's II. ließ diese Operationen mit der Justiz nicht gern zu offenkundig werden. In dem Prozeß gegen Sir S. Barnardiston war aber doch ein Verfahren für Jedermann verständlich, nach welchem der König unmittelbar vor der Entscheidung in der Appellations-Instanz mehre Advocaten, welche die Klage geführt hatten, zu Mitgliedern des Gerichtshofes ernannte. Als die Prozesse über das angebliche Papistencomplott begannen, wurde Chief Justice Rainsford entlassen, um Platz für Scroggs zu machen, der auch dem Vertrauen vollkommen entsprach, indem er den falschen Anklagen erst nach der einen, dann nach

der anderen Seite Fortgang schaffte, und den Herzog von York durch plötzliche Entlassung einer großen Jury von einer bedenklichen Anklage befreite. Da er indessen in dem Scandal zu sehr den öffentlichen Credit verloren hatte, so fand man es angemessen ihn zu cassiren, und ihm einen Nachfolger zu geben, der sich bei derselben Gelegenheit als ebenso gewissenloser Richter bewährt hatte. Pemberton wird zum Chief Justice erhoben, zunächst um den Prozeß gegen Lord Russell zu führen, welchen er zwar auf das Schaffot brachte, ohne jedoch allen Anforderungen des Hofes zu genügen. Er erhielt daher bald einen noch zuverlässigeren Nachfolger. Die wichtigste Gerichtsentscheidung für den König wurde nämlich die Cassirung der Stadtverfassung von London und der städtischen Charten. Zu dem Zweck wurden nach der Auflösung des letzten Parlaments (am 28. März 1681) die Proceduren durch writ of quo warranto eröffnet unter Leitung von Saunders, dem geschicktesten special pleader seiner Zeit. Als der Prozeß nach den Regeln der Kunst instruirt war, wurde dann derselbe Saunders zum Chief Justice der King's Bench ernannt (Amos 141 und 263). Zum Ueberfluß forderte Carl die Richter auch noch persönlich auf, zu seinen Gunsten Recht zu sprechen, worauf dann die Stadt zum Verlust ihrer Stadtprivilegien und zu 70,000 £ Geldbuße verurtheilt wird. (Die 8 einflußreichsten Aldermen wurden entsetzt, die übrigen Aldermen zu bloßen Friedensrichtern herabgesetzt, der Lord Mayor und die beiden Sheriffs durch neue Patente zu bloßen custodes durante bene placito umgewandelt; nach 2mal versagter Bestätigung der Wahlen soll der König die Rathsherren selbst ernennen; und nach diesem System werden die Operationen gegen die Stadtcharten weiter fortgesetzt). Nach dem Tode des Chief Justice Saunders wurde Jeffreys zum Chief Justice ernannt zunächst für den politischen Prozeß gegen Algernon Sidney. Bei der Ministeranklage gegen Lord Danby leistete Lord Jeffreys aber auch noch den wichtigen Dienst, den Minister gegen Bürgschaft von der Haft zu befreien ohne Angabe von Gründen, — „das erste stumme Urtheil in der Westminster-Halle", — wie es ein späterer Solicitor General genannt hat. (Amos 56). Einem solchen Richterpersonal waren nunmehr die Strafgesetze anvertraut, von deren Auslegung die wichtigeren Maßregeln der Regierung abhingen. Die Handhabe dafür war die alte Unbestimmtheit der Hochverrathsgesetze, welche durch eine Acte von 1661 wiederum erweitert war durch die Clausel, daß „Druck, Schrift, Predigen oder böswilliges und überlegtes Reden" als genügende Beweisung zu erachten. Ebenso ausgiebig erwies sich der Begriff des Aufruhrs, nachdem schon Clarendon ein Präjudiz ausgesprochen hatte, „daß die Veröffentlichung eines solchen Buchs ganz ein und dasselbe sei wie die Aufbringung einer Armee gegen den Thron des Königs." Unter anderen wurde auch der Prozeß gegen die 7 Bischöfe wegen Aufruhrs erhoben, dessen Begriff nach common law nach einem Ausdruck des Lord Guilford „die Natur des weichen Wachses" hatte. Am ausgiebigsten erwies sich der Begriff der Verläumdung (libel). Die Interpretation solcher Begriffe ergänzte sich mit der Preßgesetzgebung dieser Zeit. Das Hauptgesetz 13 et 14 Car. II. c. 33 sollte nur auf 3 Jahre gelten, wurde aber 2mal verlängert bis 1679. Als es erloschen, wurde die Gerichtspraxis um so strenger in Beschlagnahme und Bestrafung von Preßvergehen, die nun als Versuche des Friedensbruchs construirt wurden. Nach einem einstimmigen Gutachten der Richter hielt sich der König aber auch für berechtigt, durch Ordonnanz das alte System der Licenzen, also die Censur, wieder einzuführen.

Die neue Ordonnanz erschien am 17. Mai 1680 in dem Staatsanzeiger und wurde Gegenstand heftiger Anfechtungen im Parlament. Dennoch sind in der Reactionsströmung von 1685 die alten Censurgesetze erneuert worden. Bei den weiten Befugnissen des Richteramts überschritten die Strafurtheile, namentlich wegen libel jedes Maß. Man erkannte nicht nur auf Geldsummen wie 40,000 £, sondern beispielsweise auch auf Stockschläge mit der neunschwänzigen Katze (317 Hiebe dieser Art wurden gegen den Geistlichen Johnson wegen eines libel erkannt Amos 253). Zu Gunsten des Herzogs von York wurde zu drei verschiedenen Malen eine Geldgenugthuung von 100,000 £ erkannt. Amos 271. Ein Hinderniß solcher Justiz fand sich noch in der Jury. Nach einem feinen jahrelang fortgesetzten Plan, in welchem der Chief Justice North, sein Bruder, ein Turkey Merchant, und noch ein dritter Bruder verwendet wurden, brachte es Carl II. mit unwürdigen Mitteln bis zur Ernennung dienstfertiger Sheriffs für London, behufs Ernennung der großen Jury. In der Correspondenz darüber wird als der Zweck geradezu genannt: „die Beseitigung jenes Ungeheuers, welches in den Jahren 1680—1682 in der City von London gewüthet habe unter dem Namen Ignoramus (d. h. die Freisprechungen der großen Jury). Es handle sich für die Krone um die Frage, ob Verrath und Aufruhr in London und Middlesex noch strafbar sei oder nicht.“ Die Einzelheiten giebt Amos 266 ff. Es war auch einer der Zwecke der Cassirung der Stadtcharten, die selbständigen Sheriffs und Magistraturen zu beseitigen, welche die Dienstliste der Geschwornen zu bilden hatten. Im November 1683 wurde mit den Juries nach dem neuen System Algernon Sidney in der That auf das Schaffot gebracht. — Mitten in solchen Zuständen entstand die Habeas Corpus Acte, nach verschiedenen Anläufen von 1668, 1670, 1674, 1675 vergl. Amos S. 180—190. Als Haupturheber derselben ist Lord Shaftesbury anzusehen. Bei der Abstimmung im Oberhaus soll sie mit 57 gegen 55 Stimmen angenommen sein, während das Protocollbuch nur 107 anwesende Pärs nennt. Die Zeitgenossen erzählen, daß Lord Grey, der zum Zähler für die bill ernannt war, im Scherz einen sehr corpulenten Lord für zehn gezählt habe, was von der Gegenseite nicht bemerkt wurde. Das Motiv der Annahme für Carl II. lag darin, daß er soeben im Begriff stand das Parlament aufzulösen, um günstigere Wahlen gegen die Exclusions-bill zu erlangen. Man begreift aus solchen Zuständen das bittere Wort Marvell's am Schluß der Regierung Carl's II: „what French counsel, what standing armies, what parliamentary bribes, what national oaths, and all other the machinations of wicked men had not been able to effect, was more compendiously acted by twelve men in scarlet.“ (Amos 261). — Allein doch noch schamloser erscheint dies königliche Regiment unter Jacob II., der es in der kurzen Zeit seiner Regierung bis zu 12 Richterentlassungen brachte, — entsprechend der Gesammtzahl der Richter. Sir Edward Herbert und Sir Francis Withers wurden 1685 von der King's Bench entlassen wegen ihrer Weigerung ein gesetzliches Decret auf Befehl des Königs zu erlassen; Chief Justice Jones, Chief Baron Montague und die Richter Charleton und Nevil 1686, wegen ihrer Bedenken gegen die Dispensationsgewalt des Königs; die Richter Powell und Hollway 1688, wegen ihrer Abstimmung im Prozeß der 7 Bischöfe. Für die entscheidende Frage der Dispensirungsgewalt ließ sich Jacob zuerst ein Gutachten über seine Befugniß zur Suspension der Test-Acte geben. Dann wurde der Form wegen eine Strafverfolgung gegen einen der katholischen Offiziere in der King's Bench veranstaltet, die nach Beseitigung der widersprechenden Richter und mit Hülfe neuer Ernennungen (unter denen zwei katholische Richter) nun endlich zu der Entscheidung kam, daß die Gesetze „the King's own laws" seien, woraus dann die Dispensirungsgewalt heraus interpretirt wurde. Jacob nannte dies eine einfache Maßregel, damit die Richter „all of one mind" sein möchten. Lord Kanzler Jeffreys, der wohl Autorität für solche Frage gelten kann, bezeichnet mit gewohnter Offenheit seine Collegen: „As for the judges, they are most of them rogues." Foss VII. 201. Das traurige Geschäft einer Lebensskizze dieses Chief Justice, Lord Kanzlers und Präsidenten des Ober-Kirchenraths hat nochmals Foss VII. 226 ff. übernommen. Nach der Vertreibung Jacob's II. wurde keiner der vorgefundenen 10 Richter der Beibehaltung für würdig befunden, Lord Jeffreys zum bürgerlichen Tod und Confiscation verurtheilt, sechs andere von der Act of indemnity ausdrücklich ausgeschlossen. Charakteristisch ist aber, daß Jacob in einem Brief von 1692, An Meinen Sohn den Prinzen von Wales schreibt: „Es war ein großes Unglück für das Volk sowohl wie für die Krone, der Erlaß der Habeas Corpus Acte, ... sie ermuthigte unzufriedene, streitsüchtige und unruhige Köpfe ihre bösen Pläne mit mehr Sicherheit zu ersinnen und auszuführen, und wurde zu dem Zweck von dem Grafen Shaftesbury erfunden und ausgeführt." Amos 203.

6) Der Gesammtcharakter der Verwaltung und des Beamtenthums erklärt sich aus der tiefgehenden Erbitterung der politischen Parteien gegen einander, zwischen denen das Beamtenthum ohne jeden Halt an dem Königthum dasteht. Nach dem Abgang des pedantischen und unpopulären Earl Clarendon bricht dieser Zustand der Demoralisation unaufhaltsam ein. Charakteristisch aber für die Parteiprogramme ist der Umstand, daß alles dies im Namen des Königs proclamirt, daß der Name der Monarchie und der Wille Gottes von den Männern der staatlichen und kirchlichen Autorität wohl niemals öfter und lauter im Munde geführt ist als unter diesem ehrlosen System, von welchem Macaulay in seinen Essays kaum übertrieben sagt: „Ehren und öffentliche Aufträge, Pärschaften, Baronetschaften, Regimenter, Fregatten, Gesandtschaften, Gouverneurstellen, Commissionen, Pachtungen von Kronländereien, Contracte über Uniformen, über Lebensmittel, Munition, Gnadenbriefe für Mord, für Raub, für Brandstiftung wurden zu Whitehall kaum weniger offen verkauft, als Spargel in Covent-Garten oder Heringe zu Billingsgate. Mäkler hatten fortwährend in den Vorräumen des Hofes nach Kundschaft gespürt, und unter diesen Mäklern waren die glücklichsten, in den Tagen Carl's die Buhldirnen, und in den Tagen Jacob's die Priester gewesen. Von dem Palast, der der Hauptsitz dieser Pest war, hatte die Ansteckung sich über jede Behörde und über jeden Rang in jeder Behörde verbreitet und überall Schwäche und Desorganisation erzeugt." — Von dem politischen und Beamtencharakter dieser Zeit giebt Macaulay in seiner Geschichte c. 2 das nachfolgende Bild: „Ihr Charakter war mitten unter häufigen und gewaltsamen Revolutionen und Gegenrevolutionen gebildet worden. Im Laufe weniger Jahre hatten sie die kirchliche und bürgerliche Verfassung ihres Vaterlandes wiederholt sich ändern gesehen. Sie hatten eine bischöfliche Kirche gesehen, wie sie Puritaner verfolgte, eine puritanische Kirche, wie sie Episcopale verfolgte, und eine bischöfliche Kirche, wie sie wieder Puritaner verfolgte. Sie hatten die erbliche Monarchie abgeschafft und wiederhergestellt gesehen. Sie hatten das lange Parlament dreimal zu oberst im Staate und dreimal, unter den Verwünschungen und Gelächter von Millionen, aufgelöst gesehen. Sie hatten eine neue Dynastie gesehen, sich in reißender Schnelle zur Höhe von Macht und Ruhm erhebend, und dann plötzlich von dem Sessel des Staats ohne Kampf daniedergeworfen. Sie hatten gesehen, wie ein neues System der Vertretung entworfen, versucht und aufgegeben ward. Sie hatten ein neues Haus der Lords geschaffen und zerstreut gesehen. Sie hatten gesehen, wie große Massen von Eigenthum gewaltsam von den Cavalieren auf die Rundköpfe und von den Rundköpfen zurück zu den Cavalieren übertragen wurden. Unter solchen Vorgängen konnte Niemand ein strebsamer und glücklicher Politiker sein, wer sich nicht gefaßt machte, mit jedem Wechsel des Glücks die Farbe zu wechseln. Nur in der Zurückgezogenheit konnte Jemand lange den Ruf, sei es eines beharrlichen Royalisten, oder eines beharrlichen Republikaners behaupten. Wer in solch einer Zeitlage gesonnen ist, staatliche Größe zu erringen, der muß jedem Gedanken an unverrücktes Festhalten entsagen. Statt inmitten endloser Veränderung nach Unveränderlichkeit zu streben, muß er immer auf der Wache sein, um die Anzeichen einer kommenden Reaction zu spüren. Er muß den genauen Moment ergreifen, um eine fallende Sache zu verlassen. Nachdem er eine Faction, so lange sie oben auf war, überall hin begleitet, muß er sich plötzlich von ihr losmechen, wenn ihre Schwierigkeiten beginnen, muß sie angreifen, muß sie verfolgen, muß in Gemeinschaft mit mehren Verbündeten eine neue Bahn der Macht und des Glückes betreten. Seine Lage entwickelt natürlich in ihm eine besondere Klasse von Geschicklichkeiten, und eine besondere Klasse von Lastern bis zum höchsten Grade. Er wird schnell im Beobachten und fruchtbar in Hülfsmitteln. Er eignet sich ohne Mühe den Ton jeder Seite oder Partei an, zu der er sich zu gesellen kommt. Es giebt nichts im Staat, zu dessen Vertheidigung oder Zerstörung er nicht ohne einen Scrupel oder ein Erröthen mitwirken könnte. Treue für Meinungen und Freunde erscheint ihm als bloße Beschränktheit und querköpfiges Wesen. Die Politik betrachtet er nicht als eine Wissenschaft, deren Gegenstand das Glück der Menschheit ist, sondern als ein aufregendes Spiel, aus Zufall und Kunst zusammengesetzt, worin ein glücklicher Spieler ein Landgut, eine Adelskrone, vielleicht eine Königskrone gewinnen, und worin eine voreilige Bewegung zum Verlust von Glück und Leben führen kann."

§. 38.

Die Vertreibung der Stuarts.

In dem moralisch trostlosen Zustand des Staats werden die ersten Symptome der Besserung wieder sichtbar im communalen Leben der Grafschaften und Städte. Zunächst ist es die alte landsässige Ritterschaft, plump, derb, vorurtheilsvoll, aber voller Gefühl für die Ehre des Landes, in welcher der Unmuth über eine solche Regierungsweise einen Ausdruck findet. In den Städten regt sich leise der unterdrückte puritanische Geist. Die royalistische Partei hatte ein Ideal aus Englands Vergangenheit restauriren wollen. Ihr Ideal des Königthums waren die glorreichen Zeiten der Königin Elisabeth gewesen: statt ihrer war ein Stuart mit einem verworfenen Beamtenthum, einem bestochenen Parlament restaurirt worden. Noch immer gab es viele, welche meinten, der König sei nur von einer kleinen Zahl verderbter Menschen umstrickt und seinem treuen Volke entfremdet; die Täuschung könne nur noch kurze Zeit dauern. Allein sie dauerte fort, und einem schlimmen Ministerium folgte ein schlimmeres. Jeder ausschließlichen Geltung einer Parteirichtung folgt überhaupt eine Periode der Enttäuschungen. Der vernachlässigte Cavalier, der verfolgte Presbyterianer, der entlassene Offizier der Armee hatten jeder seine besondere Beschwerde und fand sich in einer übleren Lage als jemals zuvor. Die Regierungsweise Carl's II. war nicht bescheiden in ihren Anforderungen an die Steuerzahler. Von der Verwendung der Gelder des Volks, von den Verhandlungen mit dem Ausland, von den sittlichen Zuständen in Westminster drang zwar kein Gesammtbild, aber doch so viel in die Grafschaften, um Mißtrauen in Gentry und Mittelklassen zu erwecken. Solche Stimmungen konnten nur mittelbar und sporadisch durch die Nachwahlen auf das Parlament wirken; sie werden aber vom Jahre 1665 an, langsam wachsend, in den Verhandlungen sichtbar. Man wird aufmerksamer auf die Mißbräuche der Verwaltung, die Landesbeschwerden werden wieder lebendig, es kehren die Anklagen gegen Minister und hohe Staatsbeamten wieder, welche bis zum Schluß der Periode die früher niemals erreichte Zahl von 40 erreicht haben. Es ist der unverwüstliche Geist der Gesetzlichkeit und der Rechtschaffenheit der sich in der öffentlichen Selbstthätigkeit dieses Volks, in der täglichen Anwendung des obrigkeitlichen Amts, vorzugsweise im Gerichts- und Polizeiwesen stets verjüngt. In dem nachbarlichen Zusammenleben der Commune versöhnt sich allmälig der Parteigeist, welcher die staatskirchliche Richtung von den Dissenters trennt. Beide sind doch noch einig in ihrem Abscheu gegen den Papismus, als dem unversöhnlichen Feind der Nationalkirche und der Parlamentsverfassung. Die Royalisten erkennen ihre nicht conformistischen Gegner mit vielem Widerstreben doch als „fromme Männer" und gute Unterthanen an. Den Mißbräuchen der Verwaltung gegenüber kehrt ein Geist der gesetzlichen Freiheit in den Parlamenten von 1679 und 1680 sehr ähnlich wieder wie einst in den Anfängen des langen Parlaments. Unbekümmert um die Doctrinen von Oxford, verlangt das Parlament wieder eine Regierung nach „Gesetzen." Die Diener des Königs sollen den Gesetzen gehorchen; der König darf sie von der Befolgung der Gesetze weder entbinden, noch einen wegen Verletzung der Gesetze verurtheilten Minister begnadigen. Die Steuern sollen nicht nur ausschließlich vom Parlament bewilligt, sondern auch ihre Verwendung vom Parlament geregelt und controllirt werden. Niemand soll ohne speciellen und gesetzlichen Grund verhaftet, nur durch Richterspruch in der Haft festgehalten, nur durch den Spruch einer unabhängigen Jury verurtheilt werden. Unter allem Wechsel und Treiben der Parteien weht ein Geist der bürgerlichen Freiheit, der in der Habeas corpus-Acte, der Unverantwortlichkeit der Jury, dem Budgetrecht des Unterhauses noch eine neue Magna Charta erringt, welche nicht wie im Mittelalter von den Baronen, sondern von dem weiten Kreise der Gentry, nicht von dem Oberhaus, sondern von dem Unterhaus erstritten ist. Dieser Geist ist es, der unter allen Irrwegen der Parteien nach innen und nach außen doch zuletzt das Rechte will, und welcher diese Zeit zur „era of good laws and bad government" macht, wie sie Fox genannt hat. Es kehrt aber auch noch einmal wieder die Ueberschreitung des rechten, d. h. des rechtlichen Maßes.

Die von den Factionen angeregte bill zur Ausschließung des katholischen Thronfolgers führt seit 1681 zur Spaltung und Umkehr. Die Opposition war kühn bis zu einem Punkte vorgeschritten, an welchem sie die erbliche Monarchie bedrohte. Und hier tritt nun zum ersten Mal jene Parteischwankung hervor, welche sich bis heute periodisch wiederholt. Die Exclusions-Anhänger (Petenten) verlieren ihre Majorität, da sie die Grundlage der Prärogative, die Quelle des Rechts der höheren Klassen angreifen. In lebhafter Theilnahme führt der Clerus einen förmlichen Kreuzzug gegen sie. Von allen Kanzeln ertönt wieder die Lehre vom passiven Gehorsam, vom unabänderlichen Erbrecht der Krone, vom göttlichen Ursprung und von der patriarchalischen Descendenz der Monarchie. Loyalitätsadressen füllen wieder die Blätter der London Gazette. Die Krone benutzte schnell die günstige Wendung zu dem entscheidenden Schlag gegen die städtischen Verfassungen. Nicht die Verstärkung der königlichen Gewalten für irgend eine Forderung des Staates, sondern die Königskunst der Stuarts leitete diese Politik, die in den Städten nur das Haupthinderniß für den Einfluß des Hofes auf das Unterhaus erkennt, den man durch eine gewaltsame Abänderung der Stadtverfassungen in oligarchischem Sinne zu heilen glaubte! Anstatt auf dem Wege gesetzlicher Reform einem wirklichen Uebelstande zu helfen, zogen es die Stuarts vor durch Eingriffe in das bestehende Recht die Verwirrung noch zu vermehren, und sich dazu lieber ihrer verderbten Gerichtscollegien als der Parlamente zu bedienen. Dem Urtheil gegen London folgten ähnliche Informations gegen andere Städte; die meisten kamen dem Angriff zuvor durch freiwillige Aufgabe ihrer Stadtverfassung, wogegen sie eine neue nach „conservativem" Muster empfingen. Namentlich mißbrauchten die reisenden Richter dazu ihre Amtsgewalt, und Jeffreys in dem Northern Circuit „machte alle Stadtcharten vor sich fallen wie die Wälle von Jericho, und kehrte zurück beladen mit Ergebungen, den Spolien der Städte."

Mitten in dieser Strömung bestieg Jakob II. den Thron.*) Er findet ein vertrauensvolles, halb nach den neuen Charten gebildetes Parlament, reichliche Subsidien, loyale Unterstützung. Dennoch dauert der Feldzug gegen die Stadtcorporationen fort, die Einschüchterung und systematische Besetzung der Corporationsämter mit Wohlgesinnten. Der Triumph, welchen Jakob über den unüberlegten Aufstand Monmouth's feiert, bringt seinen persönlichen Plan nur um so schneller zur Reife — den Plan, die Anhänglichkeit seines Volks mit Umsturz der Verfassung zu lohnen.

Die Hergänge unter Carl I. hatten unwiderruflich bewiesen, daß der geistliche und weltliche Absolutismus in England nicht gleichzeitig eingeführt werden könne. Allein Jakob war der Meinung, daß durch Kirche und Schule sich ein neues Geschlecht heranziehen lasse; darum sollte das Autoritätssystem der katholischen Kirche zurückgeführt werden, damit das kirchlich erzogene Volk zu unbedingtem Gehorsam gegen den weltlichen Oberhirten zurückkehre. „Ich möchte am liebsten das Papstthum, weil es so viel Macht über die Gemüther hat, wenn nur nicht der Papst auch Macht über die Könige verlangte," hatte einst Jakob I. gemeint. Sein Enkel glaubte den Absolutismus theilen zu können, indem er die geistliche Hälfte dem Papste zurückgäbe. Allerdings hatte Jakob die Aufrechterhaltung der staatskirchlichen Verfassung und der Rechte der Geistlichkeit beschworen. Allein vor der theologischen Jurisprudenz bestehen keine Eide. Die beschworenen Privilegien, meinte er, seien ja diejenigen welche König Eduard der Bekenner ertheilt habe, und „Niemand werde bezweifeln wollen, daß Eduard ein Katholik gewesen."

Die offene Stelle, welche Jakob für seine Pläne gefunden zu haben glaubte, lag in der kirchlichen Suprematie und in dem Dispensationsrecht des Königs. Das letztere war nach älteren Präcedenzfällen streitig, und am meisten unklar auf dem Gebiet der kirchlichen Gesetzgebung, auf welchem die Theilnahme des Parlaments verhältnißmäßig neu und unter heftigem Parteistreit geübt war. Die unter Carl I. gezogenen Grenzmarken der Verfassung schienen hier noch Raum zu lassen. War auch kein Minister und kein Richter mehr zu finden, der eine positive Gesetzgebungsgewalt des Königs zur Abänderung der common law und der weltlichen Statuten noch zu behaupten gewagt hätte, so fanden sich doch noch Rathgeber und Richter für diese negative Function, nach welcher sich die ganze kirchliche Gesetzgebung und damit die anglicanische Kirche wegdispensiren ließ. Mit der Rückkehr der römisch-katholischen Kirche glaubte Jakob dem Absolutismus die ideale Macht zurückzugeben, die reale Macht aber durch eine stehende Armee mit katholischen Offizieren, wozu das Parlament selbst nach der Besiegung des Aufstandes des Herzogs von Monmouth bereitwillig die Mittel gewährt hatte. Durch einen oktroyirten Oberkirchenrath, Lord Jeffreys an der Spitze, meinte er die genügende Disciplinargewalt zur Katholisirung der Landeskirche zu gewinnen. Ueberall taucht das Mönchswesen und die katholische Amtstracht wieder auf. Zum Abschluß erfolgt im Wege der Ordonnanzen die Aufhebung der Staatskirche unter dem Namen einer „Declaration der Gewissensfreiheit.“

So wohl berechnet diese Maßregeln nach der Doctrin des Autoritätssystems sein mochten: so völlig verkehrt und hoffnungslos waren sie nach dem Unterbau der Verfassung, nach den gesellschaftlichen Interessen und den nationalen Sympathien Englands. Die staatskirchliche Geistlichkeit in ihrer kirchlichen und politischen Machtstellung, die Ritterschaft in ihrer Anhänglichkeit an die „Kirche von England“ und an die Milizverfassung, die Städte in ihren puritanischen Reminiscenzen, die ganze Nation in ihrem eifersüchtigen Stolz auf eine Nationalkirche waren tödlich beleidigt. Die ständischen Grundlagen dieses Staatswesens waren nun einmal so unabänderlich gelegt, daß die Gewaltthätigkeiten Carl's I. und Jakob's II., die Gewaltthätigkeiten Cromwell's und der Puritaner, zwei royalistische, eine republikanische und eine ständische Revolution gleich spurlos daran vorübergingen. Die ersten Versuche des Widerstandes gerade in der Partei der Non Resistance hätten den König warnen können. Allein Jakob, unbeugsam, fanatisch in seinem Glauben an die Unfehlbarkeit jesuitischer Rathschläge, Pessimist in seinen Vorstellungen von den Menschen, hart und hartnäckig bis zum Unverstand, geht grade auf sein Ziel.

Die Folge ist, abgesehen von den dramatischen Einzelheiten: Vereinigung der beiden Parteien, der Theorie des Widerstandes und des Nichtwiderstandes, zum wirklichen bewaffneten Widerstand, Herbeirufung des Statthalters von Oranien, Flucht des plötzlich von Allen verlassenen Monarchen, Berufung des Conventions-Parlaments, Uebertragung der „vakant“ gewordenen Krone auf den Prinzen von Oranien, förmliche vertragsmäßige Festsetzung zwischen dem Prinzen und dem Parlament, durch welche alle bisherigen Ueberschreitungen der Prärogative für ungesetzlich erklärt werden.

Noch heute lebt im Bewußtsein der Nation die Rechtmäßigkeit dieses Acts durch die Bezeichnung als glorreiche Revolution. Nichts war geschehen, sagt Hallam, durch die Menge; keine neuen Leute, keine Soldaten oder Demagogen hatten Gelegenheit, ihre Talente in dieser reißend schnellen und friedlichen Revolution zu entwickeln. Sie kostete kein Blut, sie verletzte kein Recht, sie war kaum bemerklich in dem ordentlichen Laufe der Justiz. Kurz es war „ein Ereigniß, welches den unabhängigen Charakter eines nationalen Acts mit der Regularität und Disciplin einer militärischen Occupation vereinigte."

Das „Glorreiche" dieser Revolution lag nicht sowohl in der Größe der Personen, welche sie herbeiführten, als in dem formirten Charakter der Parteien, welche sich dazu vereinigten. Wie einst zu der Restauration von 1660 die presbyterianische Partei der royalistischen hatte helfen müssen, so sahen sich die Tories von 1688 halb wider Willen genöthigt, den Whigs zur Vertreibung der Stuarts Beistand zu leisten. Es gab einen Boden, auf dem sich die entgegengesetzten Staatsideale zusammenfinden konnten und mußten: in der Forderung einer Staatsregierung nach den Gesetzen des Landes. Auf diesem Boden kamen die beiden Parteien zur Formulirung übereinstimmender Grundsätze, nach denen die Regierung des Reichs fortan unabänderlich geführt werden soll.**) Es sind dies 13 Sätze der Declaration der Rechte, nach ihrem Wortlaut:

1) That the pretended power of suspending of laws, or the execution of laws, by regal authority, without consent of parliament, is illegal.

2) That the pretended power of dispensing with laws, or the execution of laws, by regal authority, as it hath been assumed and exercised of late, is illegal.

3) That the commission for creating the late court of commissioners for ecclesiastical causes, and all other commissions and courts of the like nature, are illegal and pernicious.

4) That levying of money for or to the use of the crown, by pretence of prerogative, without grant of parliament, for longer time, or in other manner, than the same is or shall be granted, is illegal.

5) That it is the right of the subjects to petition the king, and all commitments and prosecutions for such petitioning are illegal.

6) That the raising or keeping of a standing army within the kingdom in time of peace, unless it be with consent of parliament, is against law.

7) That the subjects which are Protestants may have arms for their defence, suitable to their condition, and as allowed by law.

8) That election of members of parliament ought to be free.

9) That the freedom of speech, and debates or proceedings in parliament, ought not to be impeached or questioned in any court or place out of parliament.

10) That excessive bail ought not to be required, nor excessive fines imposed, nor cruel and unusual punishments inflicted.

11) That jurors ought to be duly empannelled and returned, and jurors which pass upon men in trials for high treason ought to be freeholders.

12) That all grants and promises of fines and forfeitures of particular persons, before conviction, are illegal and void.

13) And that for redress of all grievances, and for the amending, strengthening, and preserving of the laws, parliaments ought to be held frequently.

Es waren dies wesentlich vollständig und correkt die Punkte, in welchen die königlichen Regierungsrechte der Reihe nach von den Stuarts gemißbraucht waren, wie dies auch in den Erwägungsgründen punktenweise vorangeschickt wird. Sie umfassen fast alle Theile der königlichen Gewalten. Die Staatshoheitsrechte bestehen ungeschmälert fort, ihre Ausübung soll aber nicht nach dem persönlichen Ermessen, nicht mehr nach Zeit und Ort wechseln, sondern bis zu dem äußerst möglichen Maße nach stetigen Grundsätzen geschehen. Diese Grundsätze gehen noch immer von dem König aus, welcher aber gebunden ist: für die Vergangenheit an das durch Gewohnheit festgestellte gemeine Recht, an seine eigenen Gesetze, an die Gesetze seiner Vorgänger; für die Zukunft gebunden durch die Nothwendigkeit der Zustimmung zweier Parlamentshäuser zu jeder Aenderung und zu jeder Abweichung von dem so festgestellten Recht. Es war das eine in der Geschichte der Staatsverfassung bisher unerhörte Fixirung der Regierungsgrundsätze, welche den folgenden Menschenaltern das Problem hinterließ, ob unter solchen Maßgaben eine Staatsregierung den realen Bedürfnissen des Staats und der Gesellschaft in jedem gegebenen Zeitpunkt genügen konnte?

*) Die Stellung der Parteien beim Regierungsantritt Jakob's II. bedarf einiger Erläuterung. Die specifisch-royalistische Partei dieser Zeit hatte die römisch-katholische Richtung, die strenge Opposition die Reste der republikanischen Partei als starken agitirenden Hintergrund. Um in den besitzenden Klassen, die in ihrer großen Mehrzahl an der bestehenden Verfassung hingen, Fuß zu gewinnen, hatte die eine Partei die „Monarchie," die andere den „Protestantismus" zu ihrer Parteifahne machen müssen. Diese mächtigen Schlagworte konnten bei den Wahlen ihre Wirkung nicht verfehlen. Die Bestrebungen der Opposition, welche jetzt, mit der gereiften Einsicht in die gesellschaftlichen Grundlagen Englands, bürgerliche Freiheit und protestantische Toleranz fordert, verkörpern sich in Männern wie Shaftesbury, William Russel, Algernon Sidney, von welchen die beiden letzteren durch den einen von Carl II. persönlich angelegten Justizmord zu Märtyrern der Freiheit ihres Landes wurden. Allein diese Opposition kämpfte mit der großen Schwierigkeit, daß die landesverrätherischen Verhandlungen des Hofes und die Umsturzpläne gegen die Staatskirche nur den Führern, und auch diesen nur theilweis bekannt waren; daß die hochkirchliche Partei daran nicht glauben wollte; daß sie der Masse der Wählerschaften in überzeugender Weise nicht darzulegen waren. Die Opposition hatte in dieser schwierigen Lage und in übermäßiger Heftigkeit schwere Fehler begangen. Nicht wählerisch in den Mitteln hatte sie ein papistisches Complott, welches Titus Oates und seine Spießgesellen zu enthüllen sich die Mühe gaben, als Agitationsmittel mit Erfolg verwandt. Allein den meineidigen Zeugen folgte eine Reihe meineidiger Gegenzeugen: das erdichtete Mittel verlor den Glauben, und damit die Partei in großen Kreisen den Credit. Gradezu abenteuerlich aber war der verwegene Plan ihres Parteiführers Shaftesbury, den katholischen Herzog von York von der Thronfolge auszuschließen und dafür den eitlen, charakterlosen Bastard Monmouth auf den Thron zu bringen. Es verletzte das mit vollem Recht alle diejenigen Parteigenossen, welche die Erbtochter Marie (Gemahlin des Statthalters der Niederlande, später Wilhelm III.) als die zur Thronfolge Berechtigte ansahen, deren protestantischer Charakter hinreichend bekannt war. Ohnehin schien die Thronfolge Jakob's, der (nur wenige Jahre jünger als Carl II.) ebensowohl vor ihm sterben konnte, als eine hypothetische Frage. Die maßlose Agitation für die Exclusions-bill mußte daher das gerechte Mißtrauen Allen erwecken, welche der erblichen Monarchie jetzt nach den Erfahrungen der Republik mit doppeltem Eifer anhingen. Auch die Kriege der beiden Rosen waren noch unvergessen! Durch diese Mißgriffe hatte die Opposition 1681 jene Rückströmung herbeigeführt, welche die erste systematisch-toryistische Parteiregierung in England ermöglichte, die nun direkt ihre Angriffe auf die Bollwerke der Opposition in den Stadtverfassungen und in der Stellung der Jury richtete. — Die Thronfolge Jakob's II. war also von Umständen begleitet, welche an den Regierungsantritt der katholischen Marie erinnern. Die große Mehrzahl der Bevölkerung war zufrieden, daß der sichere Erbgang der Krone, und nicht die abenteuerlichen Pläne einer republikanischen Doctrin zur Geltung gekommen. Jakob's erste Ansprachen verursachten große Freude bei denen, welche sich jetzt den „getreuen Theil der Nation" nannten. Die Universität Oxford versprach noch einmal Gehorsam ohne Einschränkung und Vorbehalt. Das unter dem Einfluß der neuen Corporationschartern gewählte Haus erklärte jeden Antrag auf Aenderung der Thronfolge im Parlament für Hochverrath, und bewilligte 700,000 £ für ein stehendes Heer

nach Unterdrückung des Monmouth-Aufstandes. Die Loyalität der Land-gentry, die Abhängigkeit der eingeschüchterten Stadtcorporationen, ein stehendes Heer mit einem ergebenen Offiziercorps (großentheils aus der Zahl irischer und englischer Katholiken), ein gewissenlos serviles Richtercollegium, die hochkirchliche Geistlichkeit mit ihrem Glaubensartikel von der Non resistance, die Uneinigkeit der protestantischen Sekten unter sich eröffneten eine gar nicht ungünstige Perspective. Allein der Absolutismus blieb dennoch unvereinbar mit der Nationalkirche wie mit den Grundinstitutionen der Grafschaft. Jakob II. sah sich daher genöthigt sogleich in erster Stelle die staatskirchliche Partei selbst zu verletzen durch die gegen klares Gesetz erfolgte Wiedereinsetzung eines High Commission court, der den protestantischen Clerus in Disciplin und Obedienz zu bringen bestimmt war. Ebenso unzweideutig gegen die Tories gerichtet war die Suspendirung der Grafschaftsmiliz, die grundsätzliche Entwaffnung der besitzenden Klassen. 16 Lord-Lieutenants wurden ihrer Aemter entlassen und 12 dieser Stellen, so wie ein Drittel der Sheriffämter mit Katholiken besetzt. Die Beseitigung der staatskirchlichen Gesetzgebung durch ein sogenanntes Dispensirungsrecht aber war ein vernichtender Schlag, welcher die Ausführung aller die Religion betreffender Strafgesetze suspendirte, alle Uebertretungen derselben für straffrei, den Suprematie-Eid und die Vorschriften der Testacte bei der Uebernahme öffentlicher Aemter für nicht mehr erforderlich erklärte. Die Rechtsprechung war noch nicht im Klaren über die eigentlichen Grenzen zwischen dem anerkannten Begnadigungsrecht der Krone und zwischen einer grundsätzlichen Außerkraftsetzung der Landesgesetzgebung aus königlicher Machtvollkommenheit, bei der man auch das Vorbild der päpstlichen Clausel Non obstante vor Augen hatte. Allein auf allen Seiten wurde doch die Tragweite der Frage verstanden. Die Krone ebenso wie vorher die Whigs war damit an die Schranke der Verfassung gelangt, welche beide Parteien aller Theorien ungeachtet als die wirkliche Schranke der königlichen Gewalten ansahen. Die Verbindung der beiden großen Parteien dagegen war ein unvermeidlicher Erfolg. Es war freilich ein wunderbares Geschick, welches die eifrigsten Prediger des absoluten Gehorsams zwang, das erste entschiedene Beispiel des Ungehorsams zu geben. Die 7 gegen die Declaration petitionirenden Bischöfe werden wegen Aufruhrs in Anklagestand versetzt, aber von der Jury freigesprochen, und unter endlosem Jubel des Volks über die Freisprechung bricht der offne Aufstand aus; die Flucht des Königs und die weiteren Schritte zum Thronwechsel schließen sich daran in rascher Folge.

**) Die Declaration der Rechte schließt mit den kategorischen Worten, welche den Charakter verfassungsmäßiger Grundsätze ausdrücken: „Sie beanspruchen, fordern und bestehen auf den gesammten und den einzelen vorgedachten Sätzen als auf ihren unbezweifelten Rechten und Freiheiten; und daß, aus keinen Declarationen, Urtheilen, Handlungen oder Proceduren zum Präjudiz des Volks in irgend einem der vorgedachten Rechte in irgend einer Weise fortan eine Consequenz oder ein Vorgang entnommen werden soll." Die so formulirten Sätze, die als ein Codex der Grundrechte oder als eine Declaration der Menschenrechte freilich sehr mangelhaft sein würden, erhalten ihre Bedeutung im Zusammenhang mit den hergebrachten Grundsätzen und Gesetzen über die Ausübung der königlichen Hoheitsrechte. Sie beziehen sich auf die noch offnen Stellen in der Kriegshoheit (6., 7.), Gerichtshoheit (3., 10., 11., 12.), Polizeihoheit (5., 10.), Finanzhoheit (4., 12.), Kirchenhoheit (1., 2., 3.). Sammt und sonders enthalten sie ausdrückliche Anerkenntnisse über das Verhältniß der Gesetzgebung zur Verwaltung, also des King in Parliament zu dem King in Council, auf welche in dem Verlauf der Darstellung zurückzukommen ist. Wie eine Wahlcapitulation wurden sie dem Statthalter zur Annahme unterbreitet. Erst nachdem sie unter dem Namen der „Declaration der Rechte“ von beiden Häusern angenommen, verlesen, vom Prinzen anerkannt und angenommen waren, erfolgte die Proclamation des neuen Königthums am 13. Febr. 1689. Bei der Redaction als Parlamentsacte (bill der Rechte) wurde eine Modification aufgenommen, rücksichtlich der Illegalität der Dispensationsgewalt der Krone. Es sollte in derselben Session ein neues Statut ergehen, welches die Grenzen einer zulässigen Ausübung derselben bestimme. Dies Statut ist aber niemals ergangen. Rücksichtlich des Thronwechsels vereinten sich die Parteien zu einer Formel, die das Verfahren Jakob's II. als einen Verzicht auf den Thron darstellt. Rücksichtlich der Thronfolge kam jetzt, nach den gemachten schweren Erfahrungen, der Grundsatz der Exclusions-bill zur wirklichen Geltung.

Für den inneren Lebensprozeß des Staats, aus welchem diese Wendung zum Besseren hervorgegangen, darf ich an die Worte in Gneist II. S. 355. erinnern. „In den Kämpfen dieses Jahrhunderts, in den unendlich mannigfaltigen Phasen des Streits, sind der Reihe nach die inneren Gegensätze eines so zusammengesetzten Staatswesens der Nation in allen ihren Schichten so vor Augen getreten, um Verstand und Gemüth in seiner tiefsten Innerlichkeit zu ergreifen. In diesem Streit wurden die Hergänge des Mittelalters in Kirche und Staat noch einmal lebendig als ein unerschöpfliches Material von Streitargumenten für beide Seiten. Dieselbe Behandlung erfuhren die Satzungen der geoffenbarten Religion. Die Zeit ist für das geistige Leben der Nation die eines riesenhaften Fortschritts zum Selbstbewußtsein über staatliche und allgemein menschliche Dinge. Das aber was die politische Literatur von der des Continents scheidet, ist die unmittelbare praktische Beziehung auf den Staat und seine Verwaltung. Das Verständniß von dem, worauf es ankommt, welches schon den Adel der Magna Charta charakterisirt, kehrt auf einer höheren Stufe in den Geistern und Herzen der jetzigen Generation wieder. In Cavalieren und Puritanern, in Hobbes wie in Locke, spiegeln sich die praktischen Erfahrungen im wirklichen Staat. Es ist die Schule des Gemeindelebens und ihre Zusammenfassung im Parlamente, die auch den extremsten Parteien im Guten wie im Schlimmen das Verständniß und einen wirksamen Einfluß auf den Staat giebt. Es ist die Gewöhnung des Gemeindelebens und seine sittlich läuternde Kraft, die von unten herauf die Fäulniß im Staat wieder abstößt, welche der Hof der Stuarts um sich verbreitet hatte. In wunderbarem Gegensatz gegen die späteren Revolutionen des Continents, in welchen aus der Begeisterung für die Idee der Freiheit die Gewaltthat und die Unfreiheit hervorgeht, wird hier die Aera der schlechtesten Königsfamilie, des verdorbensten Hofes, des corrumpirtesten Parlaments, die Aera großer, die politische und sittliche Freiheit des Volks begründenden Gesetze.“

Sechste Periode.

Das achtzehnte Jahrhundert.

Wilhelm und Marie	1689—1695.	Georg I.	1714—1727.
Wilhelm III.	1695—1702.	Georg II.	1727—1760.
Anne	1702—1714.	Georg III.	1760—1820.

§. 39.

Der Gliederbau des englischen Staats.*)

Mit Reformation, Revolution, Restauration und Vertreibung der Stuarts ist die englische Staatsform abgeschlossen. Eine äußere Aenderung tritt noch ein durch die Union Schottlands (1706) und Irlands (1801). Abgesehen davon bezeichnet die Thronbesteigung Wilhelm's III. mit der Declaration der Rechte den Beginn der parlamentarischen Parteiregierungsweise, deren Würdigung noch einen Rückblick auf den Gliederbau dieses Staatswesens voraussetzt.

Wie alle großen freien Staaten, so beruht auch der englische auf einer starken Construction der Staatsgewalten. So weit es sich darum handelt, die Person und den Besitz des Einzelen dem Staate dienstbar zu machen, ist dieser Staat stärker, als der absolute Selbstherrscher in der europäischen Welt, durch seine Gestaltung nach folgenden Grundmaximen:

I. Die wesentlichen Hoheitsrechte des Staats sind durch Gewohnheitsrecht und Gesetzgebung scharf ausgebildet, die dazu erforderlichen Leistungen den besitzenden Klassen als persönliche Verpflichtungen auferlegt, und ihre Ausübung durch das Gesetz in einer Weise specialisirt, welche den willkürlichen Gebrauch gegen den Einzelen ausschließt.[1])

Die Kriegshoheit stellt die durch den King in Parliament organisirte Militärmacht unter den Heerbefehl des Königs zu Wasser und zu Lande. Die Milizgesetze sind aber so gefaßt, um die Rechte und Pflichten des Einzelen wie der Grafschaften genau abzugrenzen. Die der Verwaltung unentbehrlichen freien Gewalten werden durch Ermächtigungsclauseln im Gesetz ertheilt. Noch specieller wird die Ausnahmsstellung der stehenden Sold-Armee seit 1689 durch eine jährlich erneute Mutiny-Act bestimmt. Die gesetzliche Regelung ist schrittweise auch auf die Marine übertragen.

Die Gerichtshoheit macht die Ernennung des Richterpersonals zu einem ausschließlichen Recht des Königs, und stellt auch die Bildung der juries auf den durchgreifenden Grundsatz der Ernennung. Die Amtsgewalten beruhen hier vorzugsweise auf alter Gerichtspraxis, common law, ergänzt durch Statuten; beides nur abänderlich durch die Gesetzgebung.

Die Polizeihoheit macht den König zur Quelle aller Polizeigewalt und überträgt das höhere Polizeiamt, in Gestalt widerruflicher Commissionen für Kreise und Städte, den Friedensrichtern nach Maßgabe der unübersehbaren Reihe von Specialgesetzen der Sicherheits-, Gewerbe-, Sitten-, Armenpolizei und vieler Lokalacten für besondere Zweige der Wohlfahrtspolizei. Die nothwendigen discretionären Gewalten werden durch ebenso zahllose Ermächtigungs-Clauseln ertheilt. Das Friedensrichteramt vereinigt in sich: das Voruntersuchungsamt, das Polizeirichteramt, die Oberinstanz der Kirchspielsverwaltung; die Quartalsitzungen bilden zugleich ein Strafgericht, Appellationsinstanz, Beschwerdeinstanz und Kreisverwaltungsbehörde für die geeigneten Gegenstände.

Die Finanzhoheit des Staats besteht in den hergebrachten Revenüen, Accise 2c. und als gleichmäßige direkte Steuerpflicht alles Freibesitzes an Land und Häusern nach Maßgabe des Gesetzes. Das Einschätzungsgeschäft wird durch theils ernannte, theils gewählte Einschätzungscommissionen in Grafschaften und Städten geübt; Steuer-Reclamationen und Executionen gehören in das Gebiet des selfgovernment und der Gerichte. Noch gleichmäßiger ist dies System für alle Communalsteuern durchgeführt.

Die Kirchenhoheit und Suprematie wird durch die Suprematie-, Uniformitäts-Akten und ergänzende Gesetze geregelt, unter Beibehaltung der alten Gerichtspraxis über die Grenzen der kirchlichen und weltlichen Gewalt. Die Unions-Acte mit Schottland fügt eine Zusicherung der Unabänderlichkeit der Kirchenverfassung hinzu. Die ständische Organisation der Kirche in der Convocation ist aber seit Georg I. außer Activität gesetzt.

Die Jurisdiction über das so construirte öffentliche Recht hat ihren Schwerpunkt im Friedensrichteramt, in welchem von unten herauf bestrittene Acte der Polizei, der Militär-Aushebung, Steuerexekutionen u. s. w. einer contradictorischen Verhandlung und Urtheilssprechung unterliegen. Die Mittelinstanz bilden in der Regel die Quartalsitzungen, deren Entscheidungen in der Mehrzahl der Fälle für endgültig erklärt sind. Die oberste Instanz liegt in einem Rekurs an die Reichsgerichte. Dies Competenzverhältniß stellt die ganze innere Landesverwaltung, die Auslegung der Gesetze, die Deutung der Landesverfassung völlig unabhängig von dem System der zeitigen Minister, und ermöglicht eine gesetzmäßige Regierung auch in den Händen einer Parlamentspartei. Das berufsmäßige Beamtenthum tritt dabei nur ergänzend ein zur Handhabung der Gesetzcontrolle, sodann in dem großen Lehramt der Kirche, so wie in Büreau- und dienenden Functionen. Die Habeas Corpus-Acte, Preßfreiheit, Vereinsrecht, das ganze System der sogenannten „Grundrechte" ist nur ein Ausdruck des Grundsatzes: daß die Staatshoheitsrechte durch Gesetz, nicht durch Maßnahmen der zeitigen Staatsverwaltung geübt werden. Die Handhabung der großen Principienfragen reicht sogar noch über die beamteten Reichsgerichte hinaus in das Oberhaus als Oberappellationsgericht. Gegen direkte Eingriffe in das öffentliche Recht steht im Hintergrunde die Ministeranklage und das Oberhaus als Staatsgerichtshof.

II. Da die Ausübung der Staatshoheitsrechte nach geographischen Bezirken erfolgt, so sind durch dieses System die Grafschaftsverbände, Städte und Kirchspiele die festen Träger der Staatsfunktionen in weitmöglichstem Maße geworden. Es ist dies der vielfach mißverstandene Charakter des Self-government,[2]) bestehend in gesetzlich geregelten Aemtern und Steuern. Kreis-, Stadt- und Ortsgemeinden sind nicht befugt, Rechtspflege, Polizei, Armenpflege, Steuern nach ihrem Ermessen, also nach örtlichen Interessen zu gestalten; sondern sie üben die durch Gesetz geregelten Staatspflichten als Organe des Staats. Ihre „Selbständigkeit" besteht darin, daß die Beamten nur einer Controlle durch Rechtspruch unterliegen, und daß sie (in den gesetzlichen Schranken) nach eigenem Ermessen, nicht nach dem Ermessen eines vorgesetzten Staatsbeamten handeln. Diese stetige Ausübung öffentlicher Funktionen ändert, bildet und gewöhnt die Anschauungen im öffentlichen Leben. Es entsteht dadurch in dem Betheiligten das Bewußtsein eines berechtigten Einflusses in seinem Kreise, unter stetiger Erinnerung daran, daß er diesen Einfluß nur Kraft eines vom Staat verliehenen Berufs und nur nach einem höhern Gesetz, nicht aber von Geburts oder Besitzes wegen, nicht nach seiner Willkür und zu seinem Nutzen zu üben hat.

Diese praktische Ausübung der Pflichten des Menschen gegen den Menschen erhebt den Einzelen über den natürlichen Zug der Interessen, welcher nur nach Erwerb und Besitz, nach Genuß und Einfluß geht. Das gesellschaftliche Leben der Grafschaft und der Gemeinde wird damit tief durchdrungen und befruchtet von dem Verständniß für den Staat und von dem Gemeinsinn, welchen der Absolutismus auch in seiner besten Gestalt nur zu einem Monopol der Beamtenklasse macht.

III. Dies gleichmäßige System der Grafschafts- und Gemeinde-Verbände ergiebt eine Gesammtstellung der Stände,[3]) welche ihrer Bedeutung für den Staat entspricht. Das obrigkeitliche Ehrenamt der Miliz, des Gerichts und der Polizei macht die Besitzklassen, welche dasselbe gewohnheitsmäßig verwalten, zu einer regierenden Klasse, also Lords und gentry, einschließlich der städtischen Honorationen, der Pfarrgeistlichkeit und der Advocatur. Die nobility ist nicht mehr wie im Mittelalter die regierende Klasse selbst, sondern bildet nur die Spitzen einer sehr zahlreichen Klasse, welche in dem selfgovernment die Grundlage des entscheidenden politischen Einflusses gewinnt. In analoger Weise begründet die massenhafte Heranziehung der Mittelklassen zu dem Dienst der Jury und den noch zahlreicheren Ortsämtern die entsprechende Stellung der Mittelstände, welche freilich durch Absterben der Selbstthätigkeit in Corporations und Vestries während dieses Jahrhunderts nicht vorwärts, sondern rückwärts geht. Den Klassen endlich, welche nach ihrer Besitz- und Bildungsstufe an Geschwornendienst und Gemeindeverwaltung sich nicht gewohnheitsmäßig betheiligen können, ist das Wahlrecht versagt, aber die rechtliche und sociale Freiheit ebenmäßig gewährleistet.

IV. Das Haus der Commons ist die Zusammenfassung dieser Verhältnisse[4]) von der Seite der Steuern und Amtslasten durch ein dem wechselnden System gesellschaftlicher Interessen entsprechendes Wahlsystem. Diese Wählerschaften waren aber vorher durch Aneinandergewöhnung in der Arbeit des Gemeinwesens zu festen, sich selbst regierenden Körpern verbunden, bevor sie in dem House of Commoners zu dem dominirenden Körper im englischen Staate werden konnten. Schon die Betheiligung der höheren Klassen an der großen Jury, der Mittelklassen an der Urtheilsjury, der gesammten Bevölkerung an der Anklagepflicht ist eine Hauptwurzel des Rechtsinns, und damit der politischen Bildung des englischen Volkes geworden. Durch das Gesammtsystem des selfgovernment erhielt diese Vorbildung einen umfassenden Charakter. Aus der täglichen Gewöhnung der zur Selbstthätigkeit im engern Kreise verbundenen

Klassen entsteht ein politisches Gesammtbewußtsein, welches die natürliche Vielheit der Meinungen und Bestrebungen zu einem kraftvollen Gemeinwillen zu verbinden vermag. Die persönliche Thätigkeit gilt dabei für wichtiger als bloßer Steuerbeitrag. Man ließ also den altherkömmlichen Verwaltungskörpern des selfgovernment ihre herkömmlichen Parlamentsstimmen, selbst wenn sie wirthschaftlich in Verfall, und als Steuerkörper völlig unbedeutend geworden waren. Nach den mannigfaltigen gewaltsamen Verstümmelungsversuchen gegen die Stadtverfassungen im 17. Jahrhundert ist schließlich das alte Stimmverhältniß zwischen Grafschaft und Städten beibehalten.

V. Das Oberhaus ist die nothwendige Ergänzung zu dem House of Commons[5]) als Träger der bestehenden Rechtsordnung, ohne welche die Minoritäten schutzlos gegen die Majoritäten, die dauernde sittliche Ordnung des Staats haltlos gegen die gesellschaftlichen Interessen sein würde. In jeder Communitas sind auch schon die Elemente vorhanden, welche concentrirt im Parlament das Oberhaus bilden. Der Grundsatz der königlichen Ernennung, welcher im Gebiet der Militär-, Gerichts- und Polizeihoheit gilt, in Verbindung mit der gewohnheitsmäßigen Amtsverwaltung durch den erblichen Grundbesitz, führt zur erblichen Pärie, ebenso wie in dem Beamtenstaat die Natur des Amts zu einer lebenslänglichen Stellung des Beamten und zur Zusammenfassung in stehende Beamtenkörper führt. Erst durch diese Permanenz des Einzelen und der Gesammtheit wird ein Organ zum Schutz der bestehenden Rechtsordnung geschaffen. In ihren socialen Interessen bildet die Pärie keinen Gegensatz zu dem Haus der Gemeinen: Vermögens- und Familienrecht sind ihr gemeinsam mit der Gesammtheit der Bevölkerung. Es ist vielmehr der gewohnheitsmäßige Beruf des großen Grundbesitzes zu den Ehrenämtern, der in der erblichen Pärie eine Ehrenrepräsentation der gentry bildet, aus deren Reihen sie hervorgeht, in deren Reihe die ganze Familie außer dem Pär zurückbleibt und stetig zurücktritt. Die massenhafte Ernennung von 268 Pärs und 528 Baronets unter Georg III. bezeichnet den Höhepunkt dieser Stellung. Die geistliche Seite des Oberhauses schließt in analoger Weise den kirchlichen Beamtenstaat mit dem weltlichen Staat zur Einheit zusammen.

VI. Der King in Parliament und der King in Council fassen die Gesammtheit dieser Verhältnisse zusammen[6]) zu einem lebendigen Staatskörper, mit einheitlichem Willen, gleich fähig zum Verharren wie zum Fortschreiten. Das Königthum ist der Ausgang dieser Bildungen durch Uebertragung der Staatshoheitsrechte zur

Selbstverwaltung: das selfgovernment geht als System der Ständebildung durch die Gesellschaft hindurch; die so gegliederten Besitzklassen formiren dann wieder einen weiteren und engeren Rath der Krone. Diese Einheit in Ausgang, Formation und Gewöhnung ermöglicht die Zusammenfassung der Vielheit zu einem einheitlichen Willen, die politische Freiheit des Ganzen und die rechtliche Freiheit des Einzelen.

*) Die Entwickelung des 18. Jahrhunderts von der inneren Seite des Communallebens und des Ständerechts s. in Gneist II. S. 356—400. Die kürzere Zusammenfassung ist für diese Periode gerechtfertigt, weil die Darstellung des heutigen Rechts auf das 18. Jahrhundert überall zurückgreifen muß. Aus Quellen und Literatur ist in Gneist II. 358, 359 eine Auswahl gegeben. Eine Rechtsgeschichte für diese Zeit fehlt. Um die Mitte der Periode entstanden indessen Blackstone's Commentaries on the Laws of England, in erster Auflage 1763, und bis zum Schluß des Jahrhunderts in noch elf Auflagen. Eine Uebersicht der staatsrechtlichen Literatur giebt R. v. Mohl, Literatur der Staatsw. Bd. II. 1856, S. 3—236. Aus der politischen Geschichte sind hervorzuheben: Hallam, the Constitutional History of England vol. III. (bis zum Tode Georg's II.). Der Zeit nach sich anschließend: Th. Erskine May, Constitutional History since the accession of George III. vol. I. 1861. vol. II. 1862 (übersetzt von Oppenheim). Lord Mahon, History from the peace of Utrecht (toryistisch). Die umfangreiche historische und Memoiren-Literatur läßt für die Zwecke dieser Darstellung auch nicht einmal eine abgekürzte Uebersicht zu.

1) Die Gesetzgebung über die Staatshoheitsrechte zu welcher auch die Act of Settlement 12 et 13 W. III. c. 2 als Ergänzung des parlamentarischen Titels der Krone gehört, ist im 18. Jahrhundert dem Geist nach wenig verändert, aber durch Specialisirung vervollständigt.

a. über die Militärgesetzgebung s. Gneist II. 372—376. Die Gesetze über die Miliz schließen sich dem st. 13. Car. II. c. 6; 13 et 14 Car. II. c. 3; 15. Car. II. c. 14. dem Charakter nach an. Die späteren Gesetze 30 Geo II.; 2 Geo III. c. 1; 26 Geo III. c. 107 nehmen den Inhalt der früheren großentheils wörtlich wieder auf. Die erste Mutiny Act für die stehende Armee ist 1 Will. et M. c. 5. Sess. 2. c. 14. Die Gesetze über die Marine consolidiren sich nach 2 Will. et M. c. 2. fortschreitend.

b. Die Gesetze über die Gerichtsverwaltung (Gneist II. 363, 364) betreffen die Anstellung der Reichsrichter und den veränderten Census für die Jury (st. 4 et 5 Will. et M. c. 24; 3 George II. c. 25). Für das Richteramt kehren mit Wilhelm III. die Patente quamdiu se bene gesserint zurück, welche durch die Act of Settlement und durch 1. Geo. III. c. 23. zum gesetzlichen Grundsatz erhoben werden.

c. Die Gesetze über die Polizeiverwaltung (Gneist II. 364 — 370) sind so unermeßlich gewachsen, daß sie nur in einer Specialdarstellung des heutigen Friedensrichteramts, (Gneist II. 540—846) gruppirt werden können. Von der polizeilichen Seite aus gehört hierher auch die Uebersicht der Stadtverfassung (Gneist II. 370—372, 847—928) und der Ortsgemeindeverfassung (II. 360—363, 376—382).

d. Die Gesetzgebung über die Steuer- und Finanzverwaltung ist mit der Darstellung des heutigen Rechts zu verbinden. Mit 1 Will. et M. c. 20, sess. 2. c. 1; 2. Will. et M. c. 1. beginnt die lange Kette der Parlamentsbeschlüsse über die Subsidienbewilligungen; mit 1. Will. et M. c. 24; 2. Will. et M. c. 3. 4. die Reihe der Gesetze über die excise, customs etc. Ueber das Communalsteuersystem vergl. Gneist II. 362. 363.

e) Ueber die Stellung der Staatskirche s. Gneist II. 377, 378.

Die Jurisdiction über das öffentliche Recht, die Stellung der Oberaufsichts- und Beschwerde-Instanz, der Justiz und Verwaltung, ist in gedrängter Skizze Gneist II. 1330—1349 zusammengefaßt.

2) Das System des Selfgovernment ist in Gneist II. 1211—1376 principiell zusammengefaßt. Es bildet den Gegensatz gegen die Ideen des 19. Jahrhunderts von einer Repräsentation „der Interessen", die als solche zu keiner Einheit des Staatswillens führen können, daher nicht zur politischen Freiheit. Die Kreis- und Gemeindeverbände sind nicht Lokal-Parlamente. Diese Zwischenglieder zwischen dem Staat und dem Individuum haben nicht die Bestimmung, die „Interessen" des Einzelen zur Geltung zu bringen, sondern umgekehrt, den Einzelen zur Erfüllung seiner öffentlichen Pflichten zu zwingen und zu gewöhnen. Der natürliche Zug der Interessen führt dazu ebensowenig wie die natürlichen Triebe und Begierden den Einzelen zur Sittlichkeit leiten. Ein Zwang ist daher an dieser Stelle in jeder Staatsform nothwendig. Während er aber im absoluten Staat unvermittelt dem Einzelen gegenübersteht, hat der anglonormannische Staat diesen Zwang gegen die Grafschafts- und Gemeindeverbände geübt, durch diesen Zwang die communae zu selbstthätigen selbstbewußten Organen des Staats, zu politisch freien Körperschaften erhoben. Das Selfgovernment ist insofern verschieden von der Autonomie und Selbstverwaltung, wie sie sich auf dem Continent für Provinzen, Landschaften, Städte und kleinere Gemeinden gebildet hat. Es gewährt dem localen und Einzelwillen viel geringeren Spielraum, gewährt dagegen um desto stärkere politische Rechte durch die Vereinigung der gleichgegliederten Communalverbände zu einer Gesammtheit im Parlament.

3) Ueber die Ständeverhältnisse des 18. Jahrhunderts vergl. Gneist II. 382—388. Ueber das Grundsystem der Ständebildung II. 1350—1363. Die königliche Gewalt hat die Abschließung des Klassenrechts zum feudalen Standesrecht in England verhindert. An die Stelle desselben tritt der berechtigte Einfluß, welchen die Uebernahme des obrigkeitlichen Amts und der schweren Steuerpflichten den höheren Klassen gewährt, und damit die jetzt sogenannte „regierende Klasse" bildet. Der ursprünglich unbedeutende Census, mit dem sie sich abschließt, ist im 18. Jahrhundert etwas erhöht worden. Die Nachwehen der Revolution führten nämlich zu einem Rangstreit zwischen der Landaristokratie und einem geldstolzen Bürgerthume, und damit zu einem Census, der die Ueberlegenheit der landed gentry dem städtischen Patriciat fühlbar machen sollte. Der Grafschaftsritter soll fortan 600 £ Grundrente aus freehold oder copyhold, der städtische Abgeordnete ebenso 300 £ Grundrente besitzen, (9. Anne. c. 5.) Das Friedensrichteramt soll bedingt sein durch eine Grundrente von 100 £ aus freehold oder copyhold, (5. Geo. II. c. 18; 18. Geo. II. c. 20.). Ein analoger Census waltet in den Milizgesetzen. Vor Allem ist also das Friedensrichteramt, der Schwerpunkt der Grafschaftsverwaltung und des Stadtregiments, durch jenen

Census von 100 £ Grundrente der gentry gesichert. Dieser Census schließt städtische Grundbesitzer, Geistliche, grundbesitzende Advocaten u. s. w. nicht aus, gilt überhaupt nicht für die städtischen Friedens-Commissionen; allein für den großen Verband der Grafschaft giebt er der landed gentry das Uebergewicht und eine feste politische Organisation, welche durch die Polizeiverwaltung auch in das städtische Leben übergreift. Die Milizverwaltungs-Commission und die Offizierstellen sind durch directen Census, durch die Kostbarkeit des Dienstes und durch das Vorschlagsrecht des Lordlieutenant der Gentry gesichert; das Amt des Sheriff durch schwere Ehrenausgaben; das Unterhaus durch direkten Census. Es ist in der That nicht schwer, die Kette aufzufinden, durch welche die regierende Klasse das Parlament, und vom Parlament aus die wichtigen Aemter occupirt, wie sie unter Wahleinfluß der Mittelstände das Unterhaus, durch erbliche Ernennung aus den hervorragendsten Familien das Oberhaus bildet. Ihre politische Stetigkeit beruht auf der *Verschmelzung der Gewohnheit der Ehrenämter mit den festen Besitzmassen*. Thatsächlich überwiegend ist eben deshalb der große Grundbesitz, sowohl in Folge seiner permanenten socialen Macht, als in Folge der Gemeindeverfassung. Eben dadurch ist der Grundadel, in einer stetig verjüngten Bildung, der natürliche Leiter der regierenden Klasse geworden.

4) *Das Unterhaus* auf diesen Grundlagen communaler Wahlkörper bestand in seiner jetzt verfassungsmäßigen abgeschlossenen Gestalt aus:

	80	Mitgliedern	für die	40 Grafschaften Englands,
	12	"	" "	12 Grafschaften von Wales,
	50	"	" "	25 Cities,
	339	"	" "	172 Landstädte und Flecken,
	16	"	" "	8 Seehäfen,
	4	"	" "	2 Universitäten,
(dazu	45	"	"	Schottland seit 1706,
	100	"	"	Irland seit der Union 1801).

Es war in seiner *Wirklichkeit* weit verschieden von allen Theorien einer Repräsentativverfassung keine Repräsentation von Geburtsständen, Besitzklassen, Berufsklassen und Interessen. Historisch war es aus einer Repräsentation der Gerichts-, Miliz-, Gemeindeamts- und Steuerpflichten hervorgegangen. Eben deshalb werden nur große und kleinere communae als solche, (Kreisverbände und analoge Städte) vertreten. Eben deshalb bildeten die höchst besteuerten Klassen, welche gewohnheitsmäßig das Friedensrichteramt und die Offizierstellen der Miliz bekleiden, die Wählbaren (600 £ und 300 £), die Mittelstände bis zu der alten Grenze des Geschworenendienstes herab (40 sh.) die Wähler. In den Städten ist das ungebührliche Uebergewicht der Zahl der Vertreter ausgeglichen durch eine ebenso ungebührliche Verstümmelung der Wahlkörper. Je größer die Zahl und je kleiner die Bedeutung der Wahlflecken wurde, um so mehr fielen sie unter den dominirenden Einfluß der benachbarten Landgentry. Seit der Vertreibung Jacob's II. haben die Gewaltthätigkeiten gegen die Corporations aufgehört, aber nur um den unmittelbar vorangegangenen der Aristokratie günstigen Zustand wieder herzustellen. Umgeben von dem vorherrschenden Einfluß eines mächtigen Grundbesitzes erscheinen diese nominell populären Körper gerade als Hauptsitze eines befestigten Einflusses; in vielen derselben haben sich die großen Adelsparteien ebenso sicher befestigt, wie in den Burgen des Mittelalters. Diejenigen kleineren Flecken aber, in denen noch ein wechselnder Wahleinfluß zurückblieb, wurden nun ein Gegenstand der Bewerbung für den Reichthum des Landadels auf der einen Seite, für die reichgewordenen städtischen Klassen (Nabobs) auf der anderen Seite. Es entwickelt sich daraus ein Bestechungssystem, welches gerade die Blüthezeit der parlamentarischen Regierung charakterisirt.

5) Das Oberhaus des 18. Jahrhunderts zeigt eine stetige Vermehrung der weltlichen Pärie. In den Jahren von 1700—1800 sind nicht weniger als 34 Herzöge, 29 Marquis, 109 Grafen, 85 Viscounts, 248 Barone und mehr als 500 Baronets neu creirt, welche schon für sich allein genügen würden, die Bedeutung der erblichen Würden als Ehrenauszeichnungen der Gentry in ihrer dermaligen Gestalt zu bestimmen. Der Lehnsnexus ist aufgehoben. Die Ernennung zur Pärie setzt weder eine bestimmte Art noch ein bestimmtes Maß des Besitzes voraus, keinen privilegirten Grundbesitz, kein Fideicommiß, keine gutsherrlichen Rechte, noch weniger begründet sie solche. Die Pärie ist nicht Vertreterin eines feudalen Besitzes, sondern des gemeinrechtlichen Eigenthumssystems. Alles Feudale darin ist nur Name und Rechtsfiction, um die Weise der Vererbung des Sitzes im Reichsrath festzuhalten. Die Pärie ist eine nochmalige Vertretung der Gentry durch die Häupter ausgezeichneter Familien, unabhängig von wechselndem Wahleinfluß. Die Vertretung der Kirche durch die (26) Bischöfe wird daneben zu einer immer mehr herabsinkenden Minorität, einem Supplement. Wie die Pärie einerseits der regierenden Klasse ihr höchstes Ehrenrecht gewährt, so giebt sie andererseits dem Körper der Staatsregierung diejenige Stabilität, deren diese von Majoritätsbeschlüssen unmittelbar abhängige Regierung bedarf, um den Gesetzen einen Halt zu geben gegen die stetige Tendenz zur Abänderung in dem durch seine Finanzgewalt übermächtigen Unterhause.

6) Ueber die Zusammenfassung des Staats in Council und Parliament s. §. 42.

§. 40.

Die Bildung der regierenden Parteien.

Das Problem des freien Staats, aus der Vielheit des freien Einzelwillens zur nothwendigen Einheit des Staatswillens zu gelangen, ist in England durch die Zwischenglieder der Communalverfassung gelöst. Die so zusammengesetzte Verfassung führt aber nothwendig zu einer zweiseitigen Anschauung, je nachdem der Staat von oben nach unten — oder von unten nach oben angesehen wird; je nachdem die nothwendige Einheit des Staatswillens — oder der freie Wille des Einzelen zum Ausgangspunkt genommen wird; je nachdem man das Hoheitsrecht der Obrigkeit — oder die Rechte und Freiheiten des Volks als die Hauptsache meint. In dem langen Parlament Carl's II. hat sich die Scheidung der großen Parteien bereits vollzogen. Die in den Bürgerkriegen und in den Zeiten der Republik noch unklare Durchkreuzung religöser und staatlicher Anschauungen hat sich geklärt zu zwei

Grundsystemen, welche seit 1680 in den Parteinamen Whigs und Tories ihren volksthümlichen Ausdruck finden.

Die vereinigte Gentry hatte Jakob II. überwunden. Parlaments-, Grafschafts-, Corporations-Verfassung, der ganze Rechtszustand des Landes war als unantastbar erklärt durch die königliche Gewalt. Die Gegenseitigkeit des Rechtsverhältnisses zwischen Volk und Königthum war durch die offene Verletzung von einer Seite noch einmal zum klaren Bewußtsein gekommen, und als ein original contract ausgesprochen worden. Die Unverletzlichkeit der ständischen Rechte war sogar durch die Vertreibung einer Dynastie sanctionirt, die Rechtmäßigkeit dieses Vorganges eine nothwendige Voraussetzung der bestehenden Verfassung geworden. In den Augen eines Theils erschien dies als das höchste Princip: Widerstandsrecht gegen das Königthum bei verfassungswidrigen Eingriffen, Resistance — das Parteiwort der Whigs.

Andererseits übt die regierende Klasse die obrigkeitlichen Rechte. Durch das Parlament beherrscht sie die Central-Verwaltung, durch das Friedensrichteramt die Grafschaft. Sie bedarf also einer sanctionirenden Autorität, um den Gehorsam der unteren Klassen zu fordern. Sie ist den Millionen gegenüber keine Gebieterin aus eigenem Recht: der englische Rechtsbegriff kennt keinen Hochverrath oder Ungehorsam gegen das Parlament. Alles Recht der höheren Stände ist vielmehr ein Ausfluß des Königthums, und der Kirche. Nur indem die Gentry einem Sittengesetz gehorcht, welches für alle Stände gleich in der Kirche von England sich verkörpert, ist ein sittlicher Gebrauch ihrer Herrschaft gewährleistet; wie andrerseits für die Masse des Volks im 18. Jahrhundert der Gehorsam nicht als Vernunftnothwendigkeit, sondern nur als Gefühl der Pflicht, als Glaube vorhanden ist. In den Augen des anderen Theils war das höchste Princip: „Thron und Altar," oder vielmehr in absichtlicher Umstellung, Church and Crown, — das Parteiwort der Tories.

Die beiden Parteiprinzipien sind Abstraktionen aus einem und demselben Zustand nothwendig zusammengehörend, wie der wirkliche Zustand des Staats und der Gesellschaft in England. Es sind die zwiespältigen Anschauungen des Mittelalters, welche auf einer höheren Stufe in den Parteien fortleben: in den Tories der von der Kirche vererbte Gedanke der Nothwendigkeit einer festen, stetigen Staatsgewalt als Grundlage des Verwaltungsrechts; in den Whigs der genossenschaftliche Gedanke des germanischen Gemeindelebens als Grundlage des Verfassungsrechts. Die im Mittelalter getrennten Staatssysteme sind jetzt nothwendige Elemente innerhalb des einheitlichen Staats. Beide

Parteien erkennen sich daher an, so weit auch ihre Vorstellungen über die Fortbildung der Verfassung und über die Richtung der Verwaltung auseinander gehen.

Unter dem Namen der Whigs und Tories haben nun das achtzehnte Jahrhundert hindurch die besitzenden Klassen der Regierung ihre Richtung gegeben, — tief verwachsen mit erblichen Familientraditionen, mit nationalen Fragen und socialen Interessen der gentry und der wahlberechtigten Mittelklassen. Die Schlagworte der Parteien waren im Anfang des Jahrhunderts noch Resistance und Non Resistance; dann Stuarts und Hannover; dann amerikanischer Krieg; dann französische Revolution. In dem größeren Theil des Jahrhunderts ist mit den Reminiscenzen an die Uebergriffe der Krone die Whig-Regierung im Ganzen überwiegend; in den letzten Jahrzehnten wird mit dem Mißtrauen gegen den Gehorsam der unteren Klassen die Tory-Regierung vorherrschend. Beide Parteien sind zunächst Parteiungen der regierenden Klasse, an ihrer Spitze große adlige Familien. Bei den Parlamentswahlen zeigt sich eine wechselnde Majorität in den weiteren Kreisen der Gentry und der wählenden Mittelstände, welche nicht zufällig, sondern in erweisbarer Verbindung mit nothwendig gewordenen Bewegungen der Staatsgewalt steht. Naturgemäß bestimmen sich die Anschauungen darüber durch individuelle Lebenserfahrungen und allgemeine Richtungen des menschlichen Geistes: in diesem Sinne ist eine whigistische oder troyistische Tendenz in jeder Gesellschaftsgruppe und in jedem Individuum zu finden. Die Vergangenheit Englands ergab dafür in unendlich reichen lebendigen Bildern eine zweiseitige Anschauung, in welcher bald die Furcht vor der Zügellosigkeit des Volks, bald die Furcht vor den Uebergriffen der zeitigen Regierung die Oberhand gewinnen konnte.

Die Begründungsweise dieser Theorien entspricht der Bildungsstufe der Zeit. Die theologische Weise des episcopalen und des puritanischen Standpunkts hat sich schon im Laufe des Bürgerkrieges und der Republik stark verweltlicht. Was nach der Restauration davon fortdauert, ist weniger ein Ausdruck religiöser Ueberzeugungen als die affektirte Parteisprache eines politisirenden Clerus. Die jetzt vorherrschende Richtung leitet das Wesen des Staats aus dem Wesen des Menschen ab. Einerseits wird aus der Natur des freien Willens die Theorie des Staatsvertrages entwickelt, welche bei Locke eine Abstraktion aus der englischen Grafschafts- und Parlamentsverfassung ist. Andererseits ein System ererbter Autorität aus dem Gefühl der Abhängigkeit, aus dem Bedürfniß der Beherrschung und Leitung, welches sich aus dem Wesen der Gesellschaft ergiebt. Der unabänderliche Einfluß des Besitzes und Erwerbes, des gesammten Güterlebens, auf die Gestaltung des Staats ist zwar noch nicht zu einer systematischen Auffassung durchgedrungen, lebt aber in dem Bewußtsein des Volks nach den Erfahrungen des Jahrhunderts der Verfassungskämpfe. Bei Hobbes ist die Grundauffassung unverkennbar aus den Zuständen des Bürgerkrieges abstrahirt. Diese praktisch-nationale Richtung hat seit dem 17. Jahrhundert zu einer geschichtlichen Begründung geführt, bei welcher einerseits die ursprüngliche Regierungsgewalt der anglonormannischen Könige, andererseits die traditionelle sächsische Gemeindeverfassung als die ursprüngliche Grundlage galten. Der unendliche Reichthum der Präcedenzen unterlag aber einer so verschiedenen Gruppirung nach vorgefaßten Gesichtspunkten, daß auch die Geschichte unter den Händen der Parteimänner ihre Gestaltung änderte, und die Erfahrungen der Vergangenheit keinen sicheren Leitstern der Gegenwart bildeten.

Während so die leitenden Geister in Staat, Kirche und Wissenschaft sich regelmäßig in einer Parteirichtung befanden, blieb eine feste Grenze für die Verwirklichung beider Parteiprogramme in der Rechtsprechung und ihrer weiteren Entwickelung zur Rechtswissenschaft. Der conservative Charakter der Parlamentsverfassung, welcher Gewohnheitsrecht und Statuten von Generation auf Generation häuft, und ihre Abänderung von der Uebereinstimmung aller drei Faktoren der Gesetzgebung abhängig macht, hatte einen positiven Bestand von Rechtsgrundsätzen hinterlassen, der zwar an Bestimmtheit viel, an Specialität wenig zu wünschen übrig ließ. An diese gegebene Grundlage lehnen sich die Parteiprogramme an. Beide Theile haben gleichmäßig das Verhalten der Stuarts zu den Gerichtshöfen verurtheilt, und durch stillschweigende Uebereinkunft dem Mißbrauch der Gerichtsgewalt zu Parteizwecken ein Ende gemacht. Mit diesem Jahrhundert beginnt für England „a new era of judicial purity." Ein aus harten Prüfungen und bitteren Erfahrungen entsprungenes Gefühl hat die Parteien abgehalten, an der ehrwürdigen Verfassung der Gerichtshöfe und der Rechtsinnungen zu rütteln. In ihnen fand sich der stronghold des öffentlichen und Privatrechts und die Charakterfestigkeit, welche unter den Kämpfen des Tages das vorhandene Recht feststellte und fortbildete. Die juristischen Schriftsteller bemächtigen sich dann allmälig der Prinzipien, und suchen sie einigermaßen zu verarbeiten. Aus Gesetzen, Präcedenzen und Präjudicien fixirt sich dasselbe als ein continuirlich fortschreitendes Juristenrecht, analog wie einst die römische Jurisprudenz ihr Recht aus der ratio und aus einer oft dürftigen Gesetzgebung bildete. Eine systematische Unterlage erhielt es endlich in Blackstone's weltberühmten Commentaries. Ihr Hauptverdienst ist unparteiische Fixirung, anschauliche und gefällige Darstellung, — neben einem gemüthsreinen Optimismus, der aus der englischen Verfassung ein Ideal zu bilden vermochte in einer Zeit der höchsten Corruption der Whigverwaltung. Obwohl darin die eigentlich praktische Grundlage des Staats, das Selfgovernment und der Verwaltungsorganismus fehlt, so hat doch diese Darstellung durch ihre Anknüpfung an die klassische Bildung und an Montesquieu's System der Theilung der Gewalten die Vorstellungen des Continents von der englischen Verfassung beherrscht bis in die Gegenwart.

Ueber die Begründungsweise der beiden politischen Partei-Theorien vergl. R. v. Mohl, die Literatur der Staatswissenschaften, Bd. II. S. 38. ff. Während des Bürgerkrieges unterschied man Cavaliere und Rundköpfe; in den Strömungen der Restauration hauptsächlich Royalisten und Presbyterianer, Hof- und Landpartei; zur Zeit der Exclusionsbill Petitioners und Abhorrers; unmittelbar darauf Whigs und Tories, als Schimpfnamen zum ersten Mal gebraucht bei den Wahlen von 1680. Für die theologischen Begründungsweisen darf ich auf §. 32 zurückweisen. Das 18. Jahrhundert steht wesentlich auf rationalistischem Boden. Die jetzt vorherrschenden Begründungsweisen aus der Natur des vernünftigen Willens verkennen in England weniger als auf dem Continent, daß der Staat kein Erzeugniß des abstracten Willens ist, sondern wie der wirkliche Mensch zugleich auf der Grundlage des Besitzes und der Arbeit, auf den dadurch bestimmten Bedürfnissen, Interessen, Klassen, Ständen ruht. Eben deshalb hat schon im 17. Jahrhundert eine geschichtliche Begründung begonnen. Dauernden Werth haben in dieser Richtung die Arbeiten von Selden, Prynne, Cotton u. A., welche sich aber zu sehr an die äußerliche Erscheinung der Präcedenzfälle halten. Die einseitigen Folgerungen, welche z. B. Brady und seine Sinnesgenossen aus richtigen Thatsachen zogen, machten es zur nationalen Aufgabe, die ganze Gestaltung des normannischen Staats wegzuargumentiren, indem man älteren unbestimmten Ausdrücken die spätere parlamentarische Bedeutung unterschob, einzele Sätze aus dem Zusammenhang verschiedener Menschenalter riß und sie verband mit der Logik der späteren Jurisprudenz. Diese Darstellung ohne Perspective nannte man auch in England Rechtsgeschichte! Sie hat für das Unterhaus wie für das Oberhaus einen hochansehnlichen Stammbaum gefunden; ihre frommen Fälschungen gehen sogar bis in das dreizehnte Jahrhundert zurück (Modus tenendi parliamentum). „Oft sind in unserem Lande (sagt Macaulay) die theuersten Interessen von den Ergebnissen der Nachsuchungen von Alterthumsforschern abhängig gemacht worden. Die unvermeidliche Folge war, daß unsere Forscher ihre Nachsuchungen im Sinne von Parteimännern anstellten. Es ist daher nicht zu verwundern, daß die, welche über die Grenzen des Hoheitsrechts und der Freiheit in dem alten englischen Staatswesen geschrieben haben, in der Regel die Stimmung nicht von Richtern, sondern von zornigen und unredlichen Advocaten gezeigt haben.

Mit solchen Stimmungen blickten beide Parteien in die Chroniken des Mittelalters. Beide fanden gar leicht was sie suchten und beide weigerten sich hartnäckig zu sehen, was sie nicht suchten." Ein Hauptmagazin für diese Argumentationsweise ist Tyrrell, Bibliotheca juridica 1694.

Während so die Geschichte ihren läuternden belehrenden Werth zum großen Theil wieder verlor, galt dies fast nicht weniger von der positiven Religion. Sie war unter den Tudors und den Stuarts zu königlichen und unköniglichen Zwecken tief verflochten mit dem weltlichen Staat. Die wahrhaften aber fanatischen Ueberzeugungen der Secten waren durch die Parteigesetze der Restauration wieder zum Schweigen gebracht. Von da an begann die anglicanische und die katholische Geistlichkeit in Abhandlungen und Predigten um die Gunst der beiden königlichen Brüder zu streiten, jede sich für die wahre Stütze des Throns ausgebend. Diesen politisirenden Charakter hat die Geistlichkeit nie wieder verloren. Bald in Gunst bald in Opposition war die Kirche einmal hineingezogen in das zusammengesetzte System ständischer Regierung, war die Kanzel ein politischer Lehrstuhl geworden, — um so wirksamer als der Redner keine Widerrede fand. Statt ihrer Seelsorge und ihres Lehrberufs schien sie in manchen Zeiten die Parteinahme an dem Tagesstreit, die Denunciation mißliebiger Richtungen zu ihrer Hauptaufgabe zu machen. In ähnlicher Weise wurden auch die theologischen Hochschulen, die beiden historischen Universitäten, zu halb politischen Instituten.

Diese Parteifärbung der geschichtlichen und der religiösen Auffassung gab dem von den beiden Universitäten getrennten Juristenstand eine so hohe Bedeutung für das öffentliche Recht. Da aber die Entscheidungen und Entscheidungsgründe des englischen juris auctores in großen Sammlungen dem Continent unzugänglich blieben, so wurde die systematische Zusammenfassung in Blackstone entscheidend für die europäische Welt. Ihr Verdienst ist nicht eine umfassende historische Forschung, nicht Tiefe der philosophischen Auffassung, sondern die richterliche Unparteilichkeit, welche zu den beiderseitigen Verfassungsadvocaten sich referirend verhält, nach Abwägung des Für und Wider, der Thatsachen und der Gründe, der Präcedenzen der alten, mittleren und neueren Zeit, mit der Gewohnheit des Richteramts das Facit zieht. Die Durchsichtigkeit, Einfachheit und Eleganz der Darstellung habe Blackstonen zum Mittelpunkt dessen gemacht, was wir heute englisches Staatsrecht nennen. Auch die neuere Staatsrechtswissenschaft ist nicht viel weiter gekommen als zur Interpolation Blackstone's (Bowyer, Stephens, Kerr, Warren u. A.).

§. 41.

Theorie und Praxis des constitutionellen Systems.

Der glorreichen Revolution ist im 18. Jahrhundert eine Periode des ruhigen Genusses der Parlamentsverfassung gefolgt, welche, nach ihrer äußeren Erscheinung beurtheilt, allerdings dem politischen Ideal der beiden Parteien wenig entspricht.

Wenn die englische Nation drei Menschenalter hindurch die Mißregierung der Stuarts ertragen, wenn sie in der unvermeidlich gewordenen Catastrophe die Gewaltthätigkeiten Jakob's II. noch mit der schonenden Fiction einer Thronentsagung verschleiert hatte; so lag der Grund dieser Mäßigung in der reifen Erfahrung eines zum Mannesalter fortgeschrittenen Volks. Es war das Bewußtsein der tiefen Erschütterung aller rechtlichen und sittlichen Grundlagen, welche dem Sturz der legitimen Staatsgewalt folgen. Es war das Vorausgefühl der darauf folgenden Ueberfluthung des Staats durch die Gesellschaft, durch ihren Egoismus, ihr Parteiwesen, um dessentwillen die Nation so Schweres lange getragen hatte.

In der That waren die aus dem Thronwechsel hervorgehenden Zustände vergleichbar der nächsten Zeit nach der Magna Charta. Die Unzufriedenheit war nie größer gewesen als jetzt, wo alles erreicht schien. Ein factiöser Adel, mit verwickelten Programmen ohne irgend welche große Ziele, ein launischer Wechsel der herrschenden Meinungen, erfüllen das ganze erste Menschenalter. Die Whigs, deren Hauptstärke ein großer Theil der Nobility und die höheren Klassen der Städte bildeten, hörten trotz aller Rechtsfictionen nicht auf, den König als ihre Schöpfung anzusehen; die Tories wollten ihn nur als Träger einer Art von Regentschaft gelten lassen. Die arbeitenden Klassen hatten in stumpfer Theilnahmlosigkeit ihren natürlichen Schutzherrn, die legitime Monarchie, scheiden sehen; sie empfingen ebenso gleichgültig den neuen Herrn. Parlament, Kirche und Landesrecht waren in ihre alte Lage zurückgekehrt; allein die siegende Partei sah dies als selbstverständlichen Erfolg an; Niemand fühlte sich gesellschaftlich verbessert; die toryistische Partei aber fand zu ihrem Verdruß, daß nur die gehaßten Gegner und mit ihnen ein fremder Fürst zur Macht gelangt sei. Dies Königthum, wenn auch ein Act politischer Nothwendigkeit und Weisheit, war und blieb etwas Gemachtes; es fehlten ihm die Herzen des Volks und deshalb vielleicht auch dem König ein herzliches Gefühl für England. Wilhelm's Hauptgesichtspunkt, der Kampf gegen die Uebermacht Frankreichs, Erhaltung der Unabhängigkeit Hollands und des europäischen Gleichgewichts, blieb den insularen Anschauungen fremd. Die großartigen Bestrebungen des Staatsmanns gewannen den Beifall weder der einen noch der anderen Partei, noch die Neigungen der Menge. Das Parlament hatte freilich auf Kosten des Königthums gewonnen, was sich in dieser Verfassung gewinnen ließ; das Königthum war jetzt „an expensive but otherwise inoffensive capital to the social column“ geworden. Die Folge war aber nicht ein Gefühl der bürgerlichen Freiheit und harmonische Entwickelung, sondern ein übermüthiger raufsüchtiger Adel, ein geldstolzes Bürgerthum, eine intriguirende zwiespältige Geistlichkeit.

Unter der schwachen charakterlosen Anna sind die Parteiprogramme so tief verwachsen mit Familien- und Factionsinteressen, daß man ebenso vergeblich nach den Verfassungsidealen der beiden Parteien sucht. Auf dem Banner der Whigs steht: siebenjährige Parlamente, französischer Krieg, alte Handelspolitik, No Popery. Auf dem Banner der Tories: dreijährige Parlamente, Opposition gegen den französischen Krieg, gegen Schutzzölle und Handelsbeschränkungen, Verbindung mit der katholischen Fraction in England, mit der Nationalpartei in Irland. Selbst der Ruhm der englischen Waffen ist den Parteien nur ein Rechnungsfactor; die leitenden Männer sind entweder ohne sittlichen Werth, oder ihre großen Eigenschaften doch mit niedrigen gepaart, wie in Marlborough. Am Todtenbett Anna's scheint sich die Rückkehr der Stuarts fast nur um eine Adelsintrigue zu drehen, welche von einer Gegenintrigue durchkreuzt wird.

Erst mit dem Regierungsantritt des Hauses Braunschweig-Hannover (1714) entscheidet sich das Uebergewicht der großen Adelspartei, welche an der Spitze des Widerstandes gegen die Stuarts gestanden hatte. An funfzig Jahre dauert dies Regiment der Whigs, welches durch strenge Partei-Disciplin und systematische Benutzung der Regierungs-Gewalt der toryistischen Opposition des kleineren Landadels und der Geistlichkeit Herr wird. Sie verliert dabei freilich immermehr den idealen Boden ihres Parteiprogrammes; denn ihr Prinzip des „Widerstandes" hat mit dem Gegenstand das Ziel verloren. Sie erscheint als ein Verband großer Adelsfamilien, der im Einverständniß mit den städtischen Interessen und durch geregelte Bestechung eine sichere Majorität im Unterhause behauptet; eben deshalb aber allmälig in intriguirende Coterien zerfällt. Das Volk gewöhnt sich indessen an die Weise einer Parteiregierung. Die Verwaltung Walpole's ist zu einer systematischen Förderung materieller Interessen vorgeschritten, hat Verdienste um Handel, Finanzen und Wohlstand des Landes. In den persönlichen Beziehungen aber ist Intrigue und kaufmännischer Geist vorherrschend. Die jetzige Weise der Bestechung im Parlament war zuerst in Form von Präsenzgeldern (retaining fees) für die schottischen Mitglieder aufgekommen, und entfaltet sich dann weiter in directe Geldzahlungen, Pensionen und Sinecuren. Auch das Königthum Georgs I. und II. enthält also nur wenige Momente, auf welche die Nation mit Stolz zurückblicken kann. Beiden war ihr deutsches Kurfürstenthum verständlicher als die Mysterien des englischen Parlaments. Georg I. verstand nicht einmal die Landessprache. Ihre Civilliste wurde pünktlich gezahlt, die Whig-Verwaltung verschmähte auch nicht jeder Mätresse Georg's I. 10,000 £ zu zahlen. Bezeichnend für diese Zeit einer entwickelten Parteiherrschaft ist die Ausdehnung der Parlaments-Perioden von 3 auf 7 Jahre und das Ueberwuchern der Parlaments-Privilegien, ähnlich wie zur Zeit der Restauration. Es waren noch immer unsägliche Schwierigkeiten von unten herauf in dem innern Leben der Nation zu überwinden, welche ein pflichtbewußtes Königthum einst leichter überwunden hatte. Es war das Hinwegnehmen aller außerordentlichen Regierungsgewalten von dem King in Council und ihre unnatürliche Aufhäufung im Parlament, welche jede Regierungsfrage durch zwei große Körperschaften hindurchtrieb, die nur mit Anwendung künstlicher Hülfsmittel zu den nothwendigen Majoritätsbeschlüssen gebracht werden konnten. Im Innern des Landes ging inzwischen die örtliche Regierung ihren gemessenen würdigen Gang, und diese Zusammengewöhnung beginnt wieder auf das Parlament zurückzuwirken.

Georg III. (1760—1820) bestieg den Thron mit dem Entschluß die vorgefundene Parteiregierung zu brechen, und den persönlichen Willen des Monarchen im Staate zur Geltung zu bringen. Es ist ihm auch gelungen durch seinen persönlichen Anhang (des Königs Freunde) die Herrschaft der Parlamentsparteien stetig zu durchkreuzen. Im Widerspruch mit beiden Parteien ist dies freilich mißlungen; mehr als einmal hat auch der redliche, aber zuweilen beschränkte Gesichtskreis des Königs das wahre Interesse des Staats beschädigt. Die überwiegende Macht des Parlaments war einmal nicht zu beseitigen; verfehlte Bestrebungen der Art nöthigten Georg III. sogar zum ersten Mal ein solidarisches Cabinet (1782) wider seinen offen erklärten Willen anzunehmen. Der König war aber wieder ein positiver Factor des Staatswillens geworden, und waltete einflußreich, seitdem er in Verbindung mit den verjüngten Parteien volksthümliche Ziele verfolgte. Solche Aufgaben waren der englischen Regierung wieder erwachsen seit dem siebenjährigen Kriege; noch höhere mit dem Kampf gegen die amerikanischen Colonien; die höchsten in dem großartigen Kampf gegen die französische Revolution. Und jetzt erst beginnt die Epoche der großen Staatsmänner, mit deren Ruhm das heutige Urtheil Europa's über die englische Verfassung eng verwebt ist. Auch in dieser Zeit innerer Durchbildung bleibt jedoch die Stellung der Parteien ein Labyrinth von persönlichen Beziehungen, und das Bestechungssystem dehnt sich vom Unterhaus auf die kleinen Wahlflecken aus, in denen ein Stimmhandel sogar mit öffentlichen Ausgeboten beginnt. Die eigentliche Lebensaufgabe Georg's III. wie seiner Staatsmänner fand sich erst in dem großen populären Kampf gegen Frankreich, dessen sociale Revolution dem innersten Wesen der englischen Gesellschaft feindselig gegenüberstand. In der Periode dieses Kampfes steht der überlegene Geist Pitt's an der Spitze einer fest disciplinirten Partei, welche in Verbindung mit dem König und der großen Mehrheit des Volks über eine sichere Majorität des Unterhauses und eine unermeßliche Staatsmacht verfügt. Diese Zeit bis zu dem Triumph der nationalen Sache (1815) bildet den Höhepunkt der Parlamentsregierung.

Es ist ein seltsamer Widerspruch darin, wie dennoch jede neue Bereicherung der Geschichtsschreibung und der Memoiren-Literatur neue Schwächen der Zeit und ihrer Menschen zu Tage fördert, welche den anerkannten Höhepunkt der parlamentarischen Regierung bildet. Der Grund dieser Erscheinung liegt aber wohl unabänderlich in dem Wesen einer sich selbst regierenden Gesellschaft, und kehrt daher in jeder analogen Periode, in der Glanzzeit jeder Republik wieder. Das Zurücktreten der monarchischen Regierungsgewalt bedingt hier zu unbedeutenden Regierungsakten eine Majorität der Stimmen, also ein stetiges Aufgebot gesellschaftlicher Kräfte für den Staat, für welches die Masse der kleinen Wahlflecken und die schottischen Wahlkreise den breiten Boden ergaben. Das Verharren wie der Fortschritt im Staat fordern eine Selbstthätigkeit der Parteien im Streit mit der Gegenpartei, welche die Gesellschaft in weiteren und weitesten Schichten bald in Unbehagen setzt, bald in tiefer Leidenschaft aufregt. Dieses stetige Zusammenfassen einer Vielheit zu einem einheitlichen Willen bedingt ein Aufgebot von künstlichen Parteimitteln, Unterordnung des Einzelwillens unter eine eiserne Disciplin der Partei, so viel Resignation des Einzelen, so viele Gefühle der Kränkung und Entsagung von der einen, der Enttäuschung von der anderen Seite, daß die Zeit des freien Staats niemals eine Zeit des Behagens und der Zufriedenheit für die Gesellschaft ist. Die stetige gegenseitige öffentliche Kritik der Parteistandpunkte kann wohl zu ungetheiltem Tadel, nie aber zu ungetheilter Anerkennung führen; denn die Characterprobe, welcher jede Persönlichkeit in dem Streit der Parteien unterliegt, wird auch von den besten Männern der Zeit nur nach dem Maße menschlicher Kraft bestanden. Nicht am Stand einer Parteiregierung und der Parteimänner im gegebenen Augenblick, sondern an der Gesammtbewegung des Staats, am Gesammtcharacter des Volks, am Gesammtresultat ist solche Regierungsweise zu messen. Dies Resultat ist nach Außen hin allerdings eine großartige Entwickelung der Britischen Macht in allen Welttheilen, fortschreitende Entfaltung der Kriegs- und Handelsmacht in engem Bunde mit einander. Auch dem inneren Character nach hat diese Zeit im Großen an Beständigkeit und

Treue gegen erkannte Wahrheiten mehr geleistet, als andere Zeiten und Nationen. Ebendeshalb treten aber die Charactereigenschaften des ἀρχαῖος πλοῦτος und der ἀρχαία ἀρετή unverkennbar in den Vordergrund. Wie im Mittelalter jeder Verfassungskampf zu einer Verstärkung der Macht der Barone zu führen pflegte, so hat der jetzt chronische Parteistreit das Uebergewicht der regierenden Klasse als Ganzes befestigt, und neben ihr die Mittelklasse, trotz persönlicher Tüchtigkeit, Unternehmungsgeistes und Ehrbarkeit der Sitten, zurückgedrängt. Die Schwächen der socialen Entwickelung sind später, als sie im 19. Jahrhundert fühlbarer hervortraten, mehr als zur Genüge geschildert und bekannt geworden: die einseitige Erhebung der höheren Klassen auf Kosten der Mittelstände, der arbeitenden Klassen, der geistigen Bildung des ganzen Volks. Die starke Seite dieses Staatswesens ist und bleibt aber die Entwickelung des männlichen Sinnes, der sich aus der festgeschützten Freiheit der Person ergiebt, die Energie des Strebens, welche alle Klassen da characterisirt, wo kein Standesrecht eine Rechtsschranke zieht, vor Allem aber die Richtung der Erziehung des gesammten Volks auf den Staat, welche durch Friedensrichteramt, Geschwornendienst und Kirchspielsverwaltung den rechten Sinn für das öffentliche Leben weckt und erhält.

Diese Erziehung für den Staat hat die Größe und den Charakter des englischen Volkes begründet, ebenso wie einst die Größe Roms. Diese Gewöhnung an die Selbstthätigkeit im Staat verbindet die gesellschaftlichen Klassen zu höheren Zielen, verleiht aber vorzugsweise den besitzenden Klassen den Schwung und die männliche Kraft, welche ein Weltreich zu begründen vermag. Es ist keine Zeit des gesellschaftlichen Fortschritts. Aber innerhalb einer festgewordenen Gesellschaftsordnung ist hier die persönliche Freiheit, die Freiheit der Rede, der Schrift und der politischen Association, die Selbstbestimmung des Volkswillens, zu einer großartigen Höhe, gewissermaßen zu einem normalen Standpunkt durchgebildet.

Die Auffassungen des Continents von dem Wesen der parlamentarischen Regierung waren stets bedingt durch die eigenen Zustände der Zeiten und Völker, die demselben ihre Aufmerksamkeit zuwandten; sie bilden daher eine Geschichte für sich. Man muß bei den Darstellern nicht bloß das prüfen, was sie gefunden, sondern mehr noch das, was sie gesucht haben. „Es gab eine Zeit, die England als den politischen Musterstaat betrachtete, in dessen Verfassungsformen das ganze Geheimniß seiner Freiheit und seines Glückes enthalten sein sollte. Es kam eine andere, die in denselben Einrichtungen nur Mängel entdeckte, für die jene blind gewesen, und eine Freiheit überhaupt bezweifelte, die sich so schlecht erklären ließ. Der übertriebenen Bewunderung folgte eine eben so übertriebene Geringschätzung Englands. Man hatte das Gute gesucht, wo es sich nicht findet, und man glaubte es in Abrede stellen zu dürfen, weil man es nicht mehr fand, wo man er irrigerweise gesucht hatte. — Seltsam genug war es ein Fremder, de Lolme, der die Engländer selbst auf die geheimeren Reitze und Wohlthaten ihrer Verfassung zuerst aufmerksam machte". (Jochmann's Reliquien II. 134). Nicht sowohl in der Periode großer Parteien und Parteiführer, sondern in einer wenig glänzenden Zeit, hat die englische Verfassung unauslöschliche Eindrücke auf dem Continent erzeugt, welche schon vor der Mitte des vielseitigbewegten 18. Jahrhunderts sichtbar werden. Es liegen dahinter die ersten Regungen der höheren Stände zur Theilnahme am Staat; am dringendsten da, wo der Beamtenstaat sich am frühesten und schroffsten gestaltet hatte, in Frankreich. Das Urtheil über England wurde dadurch nothwendig einseitig, wie jede Anschauung die etwas Fehlendes sucht. Man fand hier einen mächtigen geehrten Adel, gewählte Parlamente, Selfgovernment, Rede- und Preß-Freiheit. Dies waren die Desiderata. Die wirkliche Entstehung der englischen Verfassung und ihre gesellschaftlichen Grundlagen kannte Montesquieu nicht. Er ergänzte aber das Fehlende, mit schillernder Vielseitigkeit und französischem Scharfsinn, aus antiken und mittelalterlichen Ideen zu einem „System der Theilung und des Gleichgewichts der Gewalten", welches durch Blackstone und de Lolme auch in England traditionell wurde. Adel und Prälaten, Ritterschaften und Städte, alle Grundlagen eines Parlaments waren ja auch bei uns im Mittelalter vorhanden gewesen, — großartiger als in England. Die landständischen Verfassungen beruhten auf einem wohlerworbenen Recht zu Steuerbewilligung und Theilnahme an der Verwaltung. Die Theilung der Gewalten ließ sich leicht vornehmen. Warum sollte dem Continent versagt bleiben, was in England so ehrenvoll mit der Rechtssicherheit und der Blüthe des Landes bestand?? Trotz zahlreicher Enttäuschungen ist seitdem in den germanischen und romanischen Stämmen Europa's das Gefühl zurückgeblieben, daß keine Zufriedenheit zurückkehren, kein Fortschritt zu einem kräftigen Staatswesen mehr gemacht werden kann ohne *analoge* Institutionen.

Die Abneigung gegen den absolutistischen Beamtenstaat hat aber verkannt, daß auch die englische Staatsbildung des 18. Jahrhundert einseitig ist, und grade das Gleichgewicht verloren hat, von welchem die Theorie so viel sprach. Die Vernichtung des Glaubens an ein selbstthätiges Königthum — in England ein unvermeidlicher Erfolg seiner Geschichte seit dem Jahre 1603 — hat diesen Staat so sehr in eine starre Regelung durch die Gesetze gebracht und alles Bewegliche in die Hände einer ständischen Parteiregierung gelegt, *daß diese Statsform nur mit einer stabilen Ordnung der Gesellschaft vereinbar blieb.* Obgleich in den Händen der besten Aristokratie Europa's, fehlte in dem Staat des 18. Jahrhunderts jede Förderung der schwächeren Klassen, für welche freilich auch die Stuarts kein Vorbild hinterlassen hatten. Für die Erleichterung und die Befreiung des kleineren Grundbesitzes geschah seitdem nichts. Der Untergang des noch vorhandenen freien Bauerthums in England war ein Fehler der inneren Rechtsconstruction der real property, von dem eine regierende Gentry schwer zu überzeugen ist. Sie selbst hat sich niemals der Steuerlast entzogen: aber doch nur unter ihrem Einfluß konnte jenes überwuchernde System indirekter Steuern und Schutzzölle für Handel und Ackerbau entstehen, jener Mangel an Sparsamkeit und übertriebenes Schuldenmachen. Nur unter einer regierenden Gentry konnte sich ein Zustand der Civiljustiz erhalten, welche der Kostbarkeit wegen den niederen Ständen fast unzugänglich war. Neben den tüchtigen Formen des Strafprozesses steht ein verwildertes, durch Gelegenheitsgesetze verunstaltetes Strafrecht. Dazu kam der Mangel einer wirksamen Gesundheits- und Sitten-Polizei, und eine Armengesetzgebung, die sich in ein engherziges System der Niederlassung und der Ausweisungen verzettelte, und trotz großer Kostbarkeit den ärmeren Klassen ihre Lebensstellung erschwerte und verbitterte. Diese und andere Schwächen sind vielseitig gemildert durch die insulare Lage, durch den natürlichen Reichthum des Landes, durch die ungeheuren Fortschritte des Handels, durch den Verfall der concurrirenden Seemächte. Auch wurden schreiende Mißbräuche der inneren Verwaltung in die Parteidialektik gezogen und allmälig beseitigt. Minder günstig waren indessen auch diese Momente für die Ausbildung der Kirche und des geistigen Lebens. In natürlicher Abneigung gegen ständisches Parteiregiment war die Kirche sehr bald zur Parteifahne der Stuarts zurückgekehrt; die politische Secession der non jurors dauerte ein Menschenalter in offener Opposition gegen die herrschende Dynastie. Da aber die Whigministerien whigistische Bischöfe anstellen, so folgt der Entfremdung zwischen Kirche und Staat die Entfremdung zwischen hoher und niederer Geistlichkeit, deren Streitigkeiten nur durch eine gänzliche Suspension der Convocationen seit Georg I. zu beschwichtigen waren. Allmälig gewinnt die Kirche wieder ihre korporative Selbständigkeit, allein damit trat auch wieder im geistlichen Berufe eine Erschlaffung ein. Keine Secte machte mehr ernste Concurrenz; die Katholiken wurden unter harten Strafgesetzen nieder gehalten. Die Besitzer der Pfründen verloren ihr Interesse an dem Beruf der Seelsorge. An vielen Orten wuchs die Bevölkerung weit über die Anlage der Kirchspiele hinaus: statt mit den reichen Mitteln der Kirche neue Gemeinden zu bilden, überließ man sie der Verwahrlosung oder dem Methodismus, der sich jetzt aus dem Drang des Gemüths und des Individualismus massenhaft von der zu vornehm gewordenen Kirche abscheidet. In eine ähnliche Stellung kamen die Universitäten, die ihre corporative Selbständigkeit gegen wechselnde Parteiverwaltungen auf Kosten innerer Reformen und wissenschaftlichen Fortschritts behaupten. Die Wissenschaft, soweit sie nicht in Corporationen und Stiftungen befestigt ist, bleibt der Energie des Einzelen und der Protection der Großen überlassen; die Wege dazu der großen Masse der Mittelstände unzugänglich; der Volksunterricht in völliger Verwahrlosung. Vernachlässigung, Armuth und Entsittlichung werfen in der großen Pyramide der gesellschaftlichen Klassen ihre Schlagschatten nach unten. Ich schweige absichtlich von den Zuständen Irlands; denn eine ständische Parteiregierung konnte unmöglich einem Lande gerecht werden, dessen Religion, Nationalität und Volkssitte ihr so tief widerstrebend entgegenstand.

Ein ziemlich unbefangenes Bild der Parteiregierungen in der ersten Hälfte des Jahrhunderts giebt Hallam Const. Hist. III. c. 15. 16; während die geistvolle Darstellung Macaulay's nur bis zum Anfang des 18. Jahrhunderts gediehen ist. Von Georg III. an ist das Verhältniß der Parteiregierungen zum Königthum eingehend gewürdigt von May, Const. Hist. I. c. 1. Vom toryistischen Standpunkt aus in Lord Mahon's History; objectiv gehalten W. Massey's, History of England under George III. Vergl. v. Norden, die parlamentarische Parteiregierung in England in von Sybels Histor. Zeitschr. XIV. 45—118. Es bedarf zu einem Urtheile über die wirklichen Zustände jedenfalls einer Kenntniß der zweiseitigen Geschichtsschreibung und, soweit dies möglich, der Memoiren-

und Special-Literatur (beispielsweise Coxe's Memoirs of Sir Rob. Walpole, und Memoirs of the Pelham Administration). Zur Specialgeschichte der Parteien gehören aus älterer Zeit: Th. Somerville, History of political transactions from the Restoration to the death of W. III. Lond. 1794. Wingrove Cooke, History of Party, from 1666—1832 3. Vol. 1836—1837 (whigistisch). C. Lewis, Essays on administrations of Great Britain 1783—1830, by Head Lond. 1864. Meddyn, Chiefs of Parties Lond. 1859 2. Vol. Vergl. auch Fischel, die Engl. Verf. B. VII. c. 12.

Die doctrinäre Vorliebe für englisches Wesen sollte aber darauf verzichten, diese Wirklichkeit der Zustände, welche heute in England kaum mehr geläugnet wird, verdecken und verschweigen zu wollen. In Deutschland muß man vor Allem daran erinnern, wie die Grundverhältnisse von Staat und Gesellschaft andere sind, wie die durchschnittlich viel tüchtigere Entwickelung der Mittelstände und arbeitenden Klassen Licht und Schatten anders vertheilt. Die starken Seiten des englischen Staatswesens liegen nicht ausschließlich, auch nicht vorzugsweise in den Formen und Gewalten des Parlaments, sondern in der inneren Entwickelung: „die Selbstthätigkeit der besitzenden Klassen in Kreis und Gemeindeamt ist das Lebensprincip der Parlamentsverfassung. Das Einzele darin ist einförmig, nüchtern und ernst, wie im altrömischen Wesen, weit entfernt von den glänzenden Bildern, welche durch Delolme und durch den Verfasser des esprit des lois in Europa einst verbreitet wurden; aber diese nüchternen Institutionen sind fest und nachhaltig, und in der Stunde der Gefahr, in der Prüfung durch große Aufgaben, zeigen sie den ganzen Schwung und die Größe des Charakters einer stolzen freien Nation.“ Gneist II. 396–400. Uebereinstimmend May, Const. History II. 492.

§. 42.

Das neue Verhältniß des King in Council und in Parliament. Die Bildung des Ministerraths Cabinet.

Die Revolution hat das königliche Amt erhalten, nicht als Königthum göttlicher Einsetzung, sondern als erbliches Königthum menschlicher Einsetzung, mit einem parlamentarichen Titel, vergleichbar den Hergängen bei dem Regierungsantritt Heinrich's VII. Beide Parteien hatten sich aber doch dahin geeinigt, daß das Königthum nicht von den Ständen ab- und eingesetzt werden dürfe, daß vielmehr durch eine Fiction der Thronentsagung die Rechtscontinuität erhalten werden müsse. Der englische Staat bleibt also Monarchie, und zwar verfassungsmäßige Monarchie in einem doppelten Organismus: als King in Parliament und als King in Council — das heißt: der König ist in Ausübung der Staatsgewalt entweder an die Zustimmung des einen oder an den Beirath der Gegenzeichnung des andern gebunden. Die alten Regierungsgewalten dauern fort, stetig erweitert, beschränkt, modificirt durch die Gesetzgebung, also durch den „King in Parliament,“ aber doch nach ihrem Grundbestand davon unabhängig, schon der vorparlamentarischen Verfassung, der common law angehörend. Diese Regierungsgewalten haben sich verzweigt in eine Reihe verfassungsmäßiger Behörden (courts), in neuere durch Parlamentsakte gebildet (parliamentary boards), schließlich aber doch wieder zusammenlaufend im „King in Council," dem König als Haupt der sogenannten Exekutivgewalt. Die Hergänge von 1688 haben jedoch ein dem Geist nach neues Verhältniß herbeigeführt, welches auch auf die Form der Reichsverwaltung zurückwirkt.

I. Das Privy Council ist noch immer der verfassungsmäßige Sitz der Staatsregierung, jedoch mit einer Verschiebung der Funktionen. Die ergänzende und concurrirende Gesetzgebung des King in Council dauert zwar fort: da aber die Staatshoheitsrechte im Innern fast vollständig durch Parlamentsgesetze fixirt sind, und fortschreitend noch weiter fixirt werden, so beschränkt sich die Verordnungsgewalt immer mehr auf Colonial- und auswärtige Verhältnisse. Die Beschließung des Council über außerordentliche Maßregeln der zeitigen Regierung bleibt grundsätzlich stehen: da aber jetzt alle Dispensirungs- und Suspendirungs-Gewalt gegen die Parlamentsgesetze hinweggenommen ist, geht das wesentliche derselben auf das Parlament über in Gestalt von private bills etc. Die Jurisdiction des Council in Civil- und Strafsachen ist erloschen mit der Sternkammer; es ist davon nur ein Recht der Voruntersuchung übrig geblieben. Der praktische Schwerpunkt der Reichsregierung liegt demnach in der Berathung des Königs über Berufung, Auflösung und über die Verhandlungen mit dem Parlament. Dieser übrig gebliebene Geschäftskreis steht in unmittelbarer oder mittelbarer Abhängigkeit vom Parlament. Es handelt sich dabei um Maßregeln der auswärtigen und Colonialpolitik, um einzubringende neue Gesetze, um temporäre Ausnahms-Maßregeln, um Neubesetzung vacant gewordener Aemter, — also Geschäfte, für welche die ceremoniellen Plenarsitzungen eines zahlreichen Collegiums in der That weder nothwendig noch angemessen waren. Die üble Sitte, welche unter den Stuarts entstanden war zur Durchführung einer persönlichen Regierung im schlechtesten Sinne, wird jetzt die relativ berechtigte Form zur Durchführung des neuen Verhältnisses zwischen Königthum und Parlament. Schon unter Wilhelm III. wird es feststehende Praxis, die Geschäfte des Raths in einem engeren Ausschuß zu verhandeln, der sich aus 5, 7 oder mehren Mitgliedern des Raths bildet, als die „zeitige Regierung Sr. Majestät" — der Ministerrath, das Cabinet. Auch der großen Persönlichkeit Wilhelm's III. war es trotz aller Bemühungen nicht mehr möglich, eine gemischte Verwaltung von Tories und Whigs zu bilden: bei einem verunglückten Versuch der Art waren in den Jahren 1793—1796 die dissentirenden Elemente stillschweigend ausgeschieden, bis ein homogenes Whigcabinet übrig blieb. Wilhelm III. hat zum letzten Mal in wirklichen Berathungen eines Privy Council präsidirt. Der Grund der Aenderungen liegt aber lediglich in dem Uebergewicht des Parlaments als des großen Reichsraths.

II. Der King in Parliament steht nämlich dem Council gegenüber nicht nur als die gesetzgebende und Besteuerungsgewalt, sondern als ausschließlicher Depositar aller außerordentlichen Regierungsgewalten. Dieser zusammengesetzte höchste Staatskörper (corporate body) übt als solcher

1) die gesetzgebende Gewalt in jeder Richtung, einschließlich der seit 1689 unabsehbar wachsenden private acts;

2) die Finanzgewalt durch Bewilligung neuer Steuern, Erneuerung periodischer Steuern und jährliche Feststellung des Staatshaushalts im Ganzen und im Einzelen;

3) die Controlle der Staatsregierung und zwar (1) Prüfung der Verwendung der Staatsmittel nach den Hauptrubriken des Budget, (2) Untersuchungsrecht gegen Verwaltungsmißbräuche nach gewissen durch Präcedenzfälle festgestellten Normen, (3) das Recht der Ministeranklage wegen ihrer Amtsüberschreitungen, für welche freilich die Möglichkeit jetzt sehr beschränkt und die Versuchung sehr gering geworden ist. Auf allen streitigen Grenzgebieten ist seit der Deklaration der Rechte die Competenzfrage zu Ungunsten des Council und zu Gunsten des Parlaments entschieden. Die Regierungsweise der Stuarts hatte einmal den unvertilgbaren Eindruck zurückgelassen, daß der Mißbrauch außerordentlicher Gewalten mehr Gefahr von Seiten des Königs und des Hofes als von Seiten des Parlaments darbiete. Im allerweitesten Maße sind die inneren Funktionen der Staatsgewalt durch eine mißtrauische Gesetzgebung festgestellt, die Befugnisse des Parlaments bei Feststellung des Staatshaushalts und der stehenden Armee weit über alles frühere Maß hinaus ausgedehnt; alle außerordentlichen Gewalten der Prärogative bis auf schwache Reste beseitigt. Da aber die Bedürfnisse eines Volks stetig herauswachsen aus der vorhandenen Gesetzgebung, da jede Staatsgewalt neuer und außerordentlicher Machtvollkommenheiten bedarf: so blieb nichts übrig, als daß die wirkliche Staatsregierung (der König im Rath) stets zurückgehen mußte auf den König im Parlament; d. h. das Ministerium war Jahr aus Jahr ein in der Lage, die praktisch-nothwendigen Mittel und Gewalten sich

vom Parlament ertheilen zu lassen. Es führte das zu stetigen, engen persönlichen Beziehungen der Minister mit den beiden Parlamentshäusern, d. h. zur Auswahl der Minister aus dem Personal der beiden Häuser selbst, wie dies schon Carl I. und Carl II., freilich nach der Weise der Stuarts in unstetiger und trügerischer Weise, mehrfach versucht hatten. Das daraus hervorgehende

III. Verhältniß des Cabinets zum Parlament erscheint als eine praktisch-nothwendige fortlaufende Verständigung zwischen der zeitigen Staatsregierung und dem weiteren höchsten Rath des Königs, die ihrem Wesen nach nur eine formlose, confidentielle Gestalt annehmen konnte, soweit sie sich auf die Initiative der Regierungsmaßregeln bezog. Bedingt wurde dies neue Verhältniß durch die einmal unabänderlich gewordene Abhängigkeit einer jeden Verwaltung von dem Parlament, — am meisten in Finanzsachen. Die Abhängigkeit vom Parlament bedeutet aber Abhängigkeit von der Majorität desselben, also von den zeitigen Parteiverhältnissen. Je schwieriger in dem großen Reichskörper die Durchführung neuer Gesetze und Maßregeln wurde, desto unvermeidlicher wurde es ihre Durchführung compacten Parteien und ihren tüchtigsten Führern zu überlassen. Trotz der Gegenbemühungen Georg's III. ist daher das System der Parteiregierungen in fortwachsender Uebung. Die Hauptgefahr derselben war durch die jetzige Gestalt des Verwaltungsrechts beseitigt: die Parteiregierung kam erst zur Entwickelung, nachdem die Unabhängigkeit der ganzen inneren Landes-Verwaltung von den Maximen der herrschenden Partei gesichert war. Ein Whig- und ein Tory-Ministerium bezeichnete in diesen Verhältnissen nur neue Gesetzentwürfe, neue Finanzmaßregeln, eine neue Richtung der auswärtigen Politik; während die Justiz-, Polizei-, Finanz-, Militär- und kirchliche Verwaltung in festem, herkömmlichem Gange blieb.

Diese Neuerung beruhte allerdings auf keinem Gesetz, sondern auf stillschweigendem Einverständniß der leitenden Staatsmänner und der Opposition, d. h. auf dem Bewußtsein, daß eine Regierung Großbritanniens mit dem Parlament nur noch in dieser Form geführt werden könne.

Die Act of Settlement machte noch einmal den Versuch der Herstellung des ursprünglichen Verhältnisses durch die Vorschrift, „daß künftighin alle Gegenstände der Verwaltung dieses Reichs, welche ordnungsmäßig im Privy Council zu verhandeln nach den Gesetzen und Gewohnheiten des Reichs, dort verhandelt und gezeichnet werden sollen von solchen Mitgliedern des Raths, welche dazu gerathen und consentirt haben." Allein dieser Satz wurde wieder aufgehoben, bevor er in Wirksamkeit trat. Es lag dabei die praktische Erwägung der Verhältnisse zu Grunde, so wie sie nun einmal geworden waren. Nachdem alle Jurisdiction auf die Gerichte, alle wichtigen außerordentlichen Gewalten auf das Parlament übergegangen, nachdem die stabilen Elemente im Staat durch ein mächtiges Oberhaus und durch die Verfassung der Staatskirche verstärkt waren, wäre ein dirigirender Reichsrath in Gestalt eines collegialischen Staatsraths und mit den feierlichen Formen einer Collegial-Verhandlung ein so schwerfälliges corpus geworden, daß die Regierung eines so zusammengesetzten Reichs den nothwendigen Forderungen des Augenblicks nicht hätte genügen können.

Die Verfassungsmäßigkeit oder Verfassungswidrigkeit der Regierung durch Cabinet ist Gegenstand staatsrechtlicher Controversen geworden. Eine sorgfältige Prüfung der Frage giebt namentlich Hallam Const. Hist. III. c. XV. a. E. Es ist richtig, daß kein englisches Gesetz ein Cabinet als eine verfassungsmäßige Behörde kennt, daß die Mitglieder weder sammt noch sonders gesetzliche Rechte und Pflichten haben als Mitglieder eines Cabinets, sondern sammt und sonders nur als Mitglieder des Privy Council. Die Existenz eines Cabinet wird durch keinen amtlichen Akt festgestellt, weder dem Publikum, noch den Behörden, noch dem Parlament werden die Mitglieder bekannt gemacht. Blackstone und de Lolme kennen in ihren Darstellungen nicht einmal den Namen Cabinet. Es ist auch richtig, daß die Verantwortlichkeit der Minister abgeschwächt wird durch die Formlosigkeit dieser Ministerconseils, über die nicht einmal ein amtliches Protocoll geführt zu werden pflegt. Der Stufengang des Handsiegels, Privatsiegels und großen Siegels bringt es jedoch mit sich, daß es nie an einer Person fehlen kann, welche die politische Verantwortlichkeit trägt. Uebrigens läßt sich der Natur der Sache nach die Verhandlungsform zwischen einem Ministerium und den Majoritäten zweier Parlamentshäuser über die Initiative der Regierungsmaßregeln ebensowenig durch Gesetz fixiren, wie die Verhandlungsformen und Tractaten mit auswärtigen Mächten über Bündnisse und Friedensschlüsse! Den schwersten Vorwürfen würde diese Regierungsform allerdings ausgesetzt sein, wenn die Handhabung des bestehenden öffentlichen Rechts in irgend einer Weise von solchen zwanglosen Zusammenkünften der Parteimänner abhinge. Allein die völlig verschiedene Lage des Verwaltungsrechts giebt der Frage für England ein ganz anderes Ansehen wie für eine Ministerverwaltung des Continent. Trotz des Cabinets ist die Regierung eine Regierung nach Gesetzen geblieben, wie dies Lord Chatham in einer Antwort an Lord Mansfield mit vollem Recht aussprechen konnte: „we all know, that the first principle of the Constitution is, that the Subject shall not be governed by the arbitrium of any one man, or body of men less than the Legislature, but by certain laws, to which he has virtually given his consent, which are open to him to examine, and not beyond his ability to understand." Das Sträuben Wilhelms III. gegen die Bildung von Parteiministerien beruhte sehr begreiflich auf dem Sinn und den Traditionen der Monarchie. Er selbst aber hat sich im Verlauf davon überzeugen müssen, daß die Initiative zu neuen Maßregeln in diesem Staat nur von Parteiministerien mit wesentlich einheitlicher Zusammensetzung und mit einem einheitlichen Programm ausgehen kann. Er ließ es stillschweigend geschehen, daß zu den Sitzungen des Privy Council nur seine activen Minister und ein Paar andere Mitglieder ihres Vertrauens pro forma eingeladen wurden; und ebenso fügte sich die Gegenpartei. Es blieb seitdem bei der Praxis, welche stillschweigend die Nichtvertrauensmitglieder von den Berathungen des Council ausschloß. Noch einmal am Todtenbette der Königin Anna ist die alte Verfassung gewissermaßen wieder aufgelebt. Schon hatten Bolingbroke und sein Anhang im Cabinetsrath die Thronfolge der Stuarts beschlossen, als die Herzöge von Argyl und Somerset plötzlich im Rathszimmer erschienen, ihre Plätze einnahmen und erklärten, daß sie bei der Lebensgefahr der Königin, obgleich nicht speciell geladen, ihre Assistenz offeriren. Sie proponiren ein Verhör der königlichen Leibärzte, auf deren Bericht beschlossen wird, das Amt des Lordschatzmeister sofort zu besetzen und ihrer Majestät den Herzog von Shrewsbury dazu vorzuschlagen. Es ist hier eine offene Stelle geblieben für latente Gewalten des King in Council. — Bei dem Regierungsantritt Georg's I. wird das Privy Council aufgelöst, ein neues von 33 Mitgliedern gebildet, zugleich aber wieder beschlossen, daß zu dem Cabinet nur 8 Mitglieder gehören sollen (Nottingham, Sunderland, Somers, Halifax, Townshend, Stanhope, der Lordkanzler und Marlborough). Seitdem wuchs die Zahl der nominellen Mitglieder des Council in stetiger Weise, indem Mitglieder früherer Ministerien und die Ehren halber ernannten Privy Councillors fortgeführt und auch nach einem Thronwechsel neu bestätigt wurden, so daß heutigen Tages die Liste 200 Personen umfaßt, unter denen eine collegialische Geschäftsbehandlung schon praktisch unmöglich sein würde.

§. 43.
Die Auflösung der Großämter. Das Staatssecretariat. Die Minister-Departements.

Die Bildung des Cabinets war in der ersten Zeit fast ausschließlich aus Hauptmitgliedern der großen Adelsparteien erfolgt. Die überwiegende Rücksicht auf das Oberhaus war nicht bloß bedingt durch die Nothwendigkeit seiner Zustimmung zu jeder wichtigen Maßregel, sondern mehr noch durch den gesellschaftlichen Einfluß der großen Familien, die als Spitzen der regierenden Klasse durch ihre Verbindung unter sich und durch ihren örtlichen Einfluß in Grafschaft und Wahlflecken die compacteste politische Macht im Staate darstellten. Allmälig macht sich jedoch die nothwendige Rücksicht auf das Personal des Unterhauses immer stärker geltend, und Walpole, Anfangs nur zum General-Zahlmeister ernannt, erhielt einen wichtigen Sitz im Cabinet. Von da an wird es Sitte, einzelen Principal Debaters einen Sitz im Cabinet zu ertheilen; und es bildet sich nun ein System der Vertheilung der Aemter etwa nach folgenden Maximen:

Die **Hofämter** bleiben den adligen Familienhäuptern der herrschenden Partei oder ihren Söhnen; zwar ohne directen Antheil an der Leitung der Geschäfte, aber mit hohem Ehrenrang, erheblichen Gehalten und gesichertem Einfluß bei Hofe.

Die **großen Staatsämter** fallen größerentheils den parlamentarisch einflußreichen adligen Mitgliedern der herrschenden Partei zu, mit entscheidender Rücksicht auf die Parteiverhältnisse des Unterhauses; eben deshalb wird eine kleinere Zahl von Ministerstellen auch an Unterhausmitglieder vergeben, welche nicht zu den Pärsfamilien gehören.

Die Aemter zweiten und dritten Ranges fallen regelmäßig unter die Patronage von Ober- und Unterhaus-Mitgliedern.

Das Arrangement im Einzelen erfolgt durch den von der Krone autorisirten Leiter der Partei, der natürlich auch die Verdienste einzeler emporgekommener Mitglieder zu würdigen weiß; zunächst Verdienste in der Parlaments-Debatte, sekundär auch Verdienste in der Administration. Seitdem der Antheil der Unterhaus-Mitglieder mehr gewachsen ist, kommt wohl auch einmal ein homo novus unter den Leitern der Partei vor. Der Grundcharakter dieser neueren Regierung ist Beibehaltung der Aemter aus der älteren Verfassung, Beibehaltung ihrer vollen Amtsrechte, Amtsattribute und Amtsgehalte, — aber ein Arrangement, nach welchem die herrschende Partei thatsächlich die Vertheilung bestimmt. Um dabei indessen die wachsende Rücksicht auf die Unterhaus-Mitglieder nehmen zu können, erwies sich noch eine wichtige Aenderung als nothwendig: die Auflösung der alten Großämter, welche noch einmal ein Zurückgehen auf die Großämter des 16. und 17. Jahrhunderts in ihrer alten Ordnung bedingt.

I. Der Lord Kanzler[1]) hat zu seinen ursprünglichen Funktionen noch zahlreiche delegirte Gewalten erhalten. Natürlich kann er daher sein Richteramt nur in den wichtigeren Fällen in Person verwalten, und dann nach festen Präcedenzen. Neben ihm bildet sein Büreauchef, der Master of the Rolls, einen eigenen Court als Vicekanzler; seine Masters in Chancery werden zu vortragenden Räthen für die höheren richterlichen und Büreaugeschäfte. Die übrige unabsehbare Masse der Geschäfte geht in festen Büreaus ihren hergebrachten Gang. Die mit den Parteien wechselnden Kanzler haben also keinen wesentlichen Einfluß auf eine veränderte Richtung der Verwaltung, wohl aber ein Vergabungsrecht für eine sehr große Zahl hochbesoldeter Aemter. Zuweilen wird auch das Kanzleramt durch Commission verwaltet.

II. Der Lord Schatzmeister[2]) erscheint seit dem 18. Jahrhundert in der Regel als dirigirender Staatsminister. Da das Unterhaus die National Purse darstellt, so wird aber gerade hier eine starke Betheiligung der Commoners nothwendig. Seit Georg I. ist es deshalb unabänderliche Praxis, die Befugnisse des Lord Schatzmeisters einem Collegium zu übertragen, welches besteht:

1) aus einem First Lord Commissioner, entweder einem Pair oder einem Commoner,

2) 3 oder 4 Junior Lords, darunter womöglich ein schottisches und ein irisches Mitglied,

3) dem Schatzkanzler, der zugleich das zweite Hauptmitglied der Commission, und regelmäßig Mitglied des Unterhauses ist. Wenn der Premier (First Lord) ein Unterhaus-Mitglied, so kann er zugleich Schatzkanzler sein; wenn er ein Pair ist, so bleiben beide Ämter stets getrennt.

III. Der Lord Präsident des Staatsraths verliert mit dem Council selbst seine frühere Bedeutung. Sein Amt ist eine Ehrenstelle, wie ein Ministerium ohne Portefeuille, an sich ohne entscheidenden Einfluß auf die Geschäfte. Im Jahr 1782 ist wieder ein Staatsraths-Committee unter dem Namen des Handelsamts entstanden; auch dies jedoch ohne eigentliche Administration.

IV. Der Lord Privy Seal siegelt die Ordres oder Vollmachten für das große Siegel, bildet also eine Controle des ministeriellen Geschäftsganges, ohne eigenes Verwaltungs-Departement.

V. Der Lord Oberkammerherr ist Theater-Intendant und Chef der Theatercensur. VI. Der Lord High Constable hat aufgehört. VII. Der Earl Marshal: Chef des Herolds-Amts.

VIII. Das Amt des Lord Groß-Admiral[3]) hat seine richterlichen Geschäfte an den Admiralitäts-Hof verloren; für die administrative Verwaltung aber wird ein Admiralitäts-Collegium gebildet, bestehend aus einem First Lord of the Admiralty (an Stelle des Groß-Admirals), 6 Unter-Lords mit berathender Stimme, alle wechselnd mit dem Ministerium außer einem Secretary.

IX. Der Lord High Steward als dirigirender Chef und

X. Der Lord Chamberlain, für das Hofdepartement der Garderobe, Kaplane, Aerzte u. s. w., gehören dem Hofstaat an.

XI. Das Feldzeugamt[4]) besteht seit Carl II. unverändert aus dem General-Feldzeugmeister und 5 Mitgliedern, gewöhnlich aus dem Parlament, und mit dem Ministerium wechselnd.

Unter Beibehaltung der Namen, Titel, Gehalte und Sporteln haben sich also 4 Haupt-Ministerien aus den alten Großämtern gebildet:

1) Ein dirigirendes Staats- und Finanz-Ministerium.
2) Ein Departement des Lordkanzlers.
3) Ein Marine-Ministerium (Admiralty).
4) Ein Feldzeugamt (Ordnance).

Zu diesen großen Ministerien treten dann noch mehre neue durch Umbildung des Staatssekretariats. Aus der ursprünglichen Stellung eines Cabinetsraths war der Secretary of State zu einer Correspondenz mit den Lokalbehörden über Maßregeln des Innern und der Polizei und zu der Correspondenz mit auswärtigen Gesandten und fremden Cabinetten gelangt, — Functionen, die mit der jetzt veränderten Bedeutung des Cabinets auf die parlamentarischen Parteiregierungen übergingen. Dazu kamen noch mancherlei vermischte Amtsgeschäfte, welche nach der älteren Praxis in das Privy Council gehörten, jetzt aber durch einen Staatssekretär allein, oder nach vertraulicher Rücksprache im Cabinet erledigt wurden. Gleich nach der Revolution erschien daher das Staatssekretariat als ein bedeutendes Amt für einen hohen Pair der herrschenden Partei. Unter Georg I. wurde der erste Staatssekretär Lord Townshend sogar als Premier-Minister angesehen. Wie in der vorigen Periode stand Anfangs ein erster und zweiter Staatssekretär neben einander, welche sich über die Geschäftsvertheilung arrangirten. Nach der Union mit Schottland entstand ein dritter für die schottischen Angelegenheiten, dessen Amt aber 1746 wieder einging. Im Jahre 1768 wurde ein dritter Staatssekretär für die amerikanischen Colonien eingesetzt, 1781 aber wieder aufgehoben durch 22 Geo. III. c. 82. Inzwischen war durch Arrangement unter den beiden Haupt-Staatssekretären eine Vertheilung der Geschäfte in ein Nord- und Süd-Departement eingetreten. Der Southern Secretary hatte die Verwaltung der inneren Landesangelegenheiten, die Correspondenz mit Irland, den Colonien und den Staaten von Westeuropa; der Northern Secretary die Correspondenz mit den übrigen europäischen Staaten. Im Jahre 1781 (gleichzeitig mit der Aufhebung des amerikanischen Sekretärs) folgte endlich eine systematischere Eintheilung in ein Departement des Inneren und des Auswärtigen, Home Department und Foreign Department. Das Ministerium des Innern wurde aus dem alten Süd-Departement gebildet, einschließlich Irlands und der Colonien; das Auswärtige aus dem alten Nord-Departement. Im Jahre 1794 veranlaßte das Verhältniß zu Frankreich wieder die Einsetzung eines dritten Staatssekretärs für den Krieg, Secretary of State for War, auf welchen 1801 auch die Verwaltung der Colonien überging. So sind aus dem einst untergeordneten Staatssekretariat drei weitere Hauptministerien hervorgegangen:

5) Ein Ministerium des Innern,[5]) Principal Secretary of State for the Home Department.

6) Ein Ministerium der Auswärtigen Angelegenheiten[6]) Principal Secretary of State for the Foreign Department, mit Unterordnung des Gesandtschafts- und Consulatswesens.

7) Ein Ministerium des Kriegs und der Colonien[7]) Principal Secretary of State for War and Colonies, (seit 1816 hauptsächlich auf die Colonial-Verwaltung beschränkt).

Der dirigirende Staatssekretär hat in der Regel zwei Unterstaatssekretäre, welche hier, wo der Chef selbst Secretary heißt, den Titel Under-Secretary erhielten. Noch immer galten die Staatssekretäre im Sinne des Gesetzes für eine Person; auch die spätere Gesetzgebung vermied es, beengende Vorschriften über ihre Geschäftsvertheilung zu geben, da eine größere Beweglichkeit in dem Bedürfniß des jetzigen Verwaltungsrechts lag. Die Geschäfts-Vertheilung unter ihnen ist daher Sache des administrativen Arrangements. Gewisse Unter-Departements stehen noch immer unter ihrer gemeinschaftlichen Verwaltung: das Staatsministerialarchiv, State Papers Office, mit einem Archivar (Keeper), und der Redacteur des Staatsanzeigers, Gazette-Writer.

*) Die Gestaltung der Ministerialdepartements wird von Blackstone und den Staatslehrern nur nach Maßgabe der darüber ergangenen Statuten berührt, welche kein Bild von der wirklichen Verwaltung geben. Die Centralverwaltung war schon im 18. Jahrhundert überaus verwickelt. Eine Anzahl alter ziemlich unnöthiger Aemter mit hohem Einkommen wurde beibehalten und manche neue geschaffen, um die Mitglieder des Ober- und Unterhauses in die zeitige Verwaltung und in das Interesse derselben zu ziehen.

1) Das Departement des Lordkanzlers mit seinen stehenden Bureaus wird durch den Wechsel der Parteiministerien kaum merkbar verändert. (Der Titel eines Lord Keeper ist seit a. 1755 nicht mehr ertheilt worden). Es gereicht zur hohen Ehre der regierenden Klasse wie der Advokateninnung, daß dieser Großkanzler stets den Geist richterlicher Verwaltung bewahrt hat. Er bildet eine Rechtscontrole der Ministerverwaltung, sofern alle solennen Staatsurkunden nur durch das große Siegel ihre Sanction erhalten. Aus Rücksicht auf das Oberhaus, in welchem er präsidirt, wird der Kanzler jetzt regelmäßig zum erblichen Pär ernannt. Zeitweise wird auch dies Amt in eine Commission aufgelöst, und dann ein commissarischer Sprecher des Oberhauses ernannt. Der große „Hof des Lordkanzlers" bestand a. 1755 aus dem Lord Kanzler Graf von Hardwicke (2100 £ und Gebühren, zusammen über 7000 £), dem Master of the Rolls, 12 vortragenden Räthen (Masters in Chancery), einem Accomptant General, 3 Secretaries, 2 Clerks of the Crown mit Stellvertretern; einem Principal Register, Herzog von St. Alban's mit 2 Stellvertretern; dem Six Clerks Office; dem Clerk of the Hannaper (Herzog von Chandos) und Stellvertreter; dem Warden of the Fleet; dem Keeper of the Records und 2 anderen Archivaren; 2 Examiners; dem Petty-Bag-Office; dem sub poena Office; 2 Siegelbeamten mit Stellvertretern; dem Clerk of the Letters Patent; einem Principal Secretary to the Lord Chancellor; den Secretaries of Petitions, of Presentations, of Commissions of the peace, of Bankrupts, of Lunatics, of the Decrees, of the Briefs, of Appeals; dem Receiver of Fines; den Serjeants at Arms, Ushers, Pursebearers, Gentlemen of the Chamber, Tipstaffs, Criers, dem Principal Cursitor; dem Alienation Office; 50 Commissioners of Bankrupts. — Die Herzogskammer von Lancaster enthält eine Nachbildung der Kanzlei im kleineren Maßstab, im Ganzen etwa 30 Sinecuren.

2) Das Departement der Treasury enthält als First Lord of the Treasury in der Regel den Premier-Minister oder Leiter des Cabinet und der Partei.

Für den Geschäftsgang der Ministerialrescripte (warrants) bestehen zwei Secretaries in der Stellung von Unterstaatssecretarien mit gleichen Rechten (Joint Secretaries). Die Geschäfte der eigentlichen Centralverwaltung wurden dann von Zeit zu Zeit in modernisirte Bureaus unter Chief Clerks vertheilt. Unter ihnen aber bestehen noch fort die alten Bureaus mit einigen neuen seit den Zeiten der Tudors hinzugekommen. Der alte Exchequer dauert als eine überaus schwerfällige Centralkassenverwaltung mit seinen zahlreichen Offices fort, die nun zum guten Theil Sinecuren für Parlamentsmitglieder, ein Paar derselben auch noch feudale Erbämter bilden.

Im Jahre 1755 bestand die Treasury aus einem First Lord, Herzog von Newcastle (8000 £), 3 Junior Lords (Graf Darlington, Visc. Dupplin, R. Nugent) und dem Schatzkanzler; dazu 2 Unterstaatssecretäre, 3 Chief-Clerks, 2 Solicitors ꝛc., welche zusammen das dirigirende Finanzkollegium bilden. — Die Einnahmeseite des Exchequer besteht aus dem Auditor (Graf Lincoln), 4 Chief Clerks etc., dem Clerk of the Pells (Sir Edw. Walpole), dessen Stellvertreter, 3 Chief Clerks, 11 Clerks; den 4 Tellers, (Graf Macclesfield, Hon. Th. Townshend, Visc. Royston und H. Walpole), jeder mit einem Stellvertreter, First Clerk etc.; den 2 Kämmerern, Sir S. Stewart Bart. und Sir W. Ashburnham Bart., jeder mit einem Stellvertreter, mehren Beamten vom Kerbholz-Departement, dem Usher of the Exchequer (H. Walpole), Zahlmeistern u. s. w. Die Gehalte und Gebühren sind in diesem Departement selbst für jene Zeit sehr hoch. Im Jahre 1780 hatte der Auditor of the Exchequer 14,060 £, jeder der 4 Tellers 7,038 £; der Clerk of the Pells 7,597 £. Zur Rechnungsseite gehören 12 große zum Theil uralte Bureaus. Noch zahlreicher sind die selbständig formirten Unterbehörden der Treasury: Oberzollamt, Generalacciseamt, Salz-Commission, Stempelamt, Grundsteuerkommission, Generalpostamt, Münze. Einige der Unterdepartements eigneten sich zu einer ministeriellen Nebenverwaltung, die im Verlauf der Zeit gelegentlich einem Mitglied des Cabinet übertragen wurde, wie das Departement der Domänen und Forsten und ein Board of Work. Das wachsende Staatsschuldenwesen führt zur Bildung eines Consolidirten Fonds mit eigener Verwaltung unter dem First Lord als Chef. Mit Einschluß des Unterdepartements und Unterbehörden ist dies ein so massenhaftes Personal, daß die Treasury allein ungefähr die Hälfte des ganzen Civildienstes enthält.

3) Das Departement der Admiralität bestand a. 1755 aus 7 Lords Commissioners (1000 £), 1 Secretär (800 £) ꝛc. Dazu gehört eine Liste von 6 Admiralen, 9 Viceadmiralen, 6 Rear-Admirals und 237 Captains. Die Marinecommission bestand aus einem Comptroller of the Navy, 9 höheren Beamten (500 £), 78 Clerks und 13 Localbehörden für die Arsenale; das Proviantamt der Marine aus 7 Commissioners (400 £), dem Treasurer of the Navy etc.

4) Das Departement des Master of the Ordnance, Feldzeugamt, bestand unter dem berühmten Herzog von Marlborough in einer Weise, welche zugleich einen Begriff giebt von der damaligen Whig-Administration. Der Herzog war Feldzeugmeister mit 3000 £ Gehalt, 1825 £ Reisediäten, 1000 £ Tafelgeldern, 2000 £ als Oberst des Garderegiments zu Fuß, (dazu 7000 £ als Bevollmächtigter der Staaten, 10,000 £ als Commandeur zweier Armeen, 10,000 £ als Commandeur der holländischen Truppen, 15,000 £ Tantieme von den Soldtruppen, 5000 £ Pension; — die Herzogin mit 4 Hofämtern und einer Pension zusammen 9500 £). — Im Jahre 1775 bestand das Feldzeugamt aus 6 dirigirenden Beamten (400—1500 £), einem Treasurer (500 £), einem Secretary, Under-Secretary, 47 Clerks und 2 Local-Commissionen. Die Militairbranche des Feldzeugamts aus einem Chef der Ingenieure, 8 Directoren, 4 Unterdirectoren rc., mehren Spezial-Departements, und der gesammten Artillerie.

5) Das Home Department bestand jederzeit aus einem Principal Secretary, 2 Under-Secretaries rc. Das Unterpersonal bestand 1795 aus 12 Clerks, einem Justitiarius (Law Clerk), einem Spezial-Referenten (Precis Writer), einem Führer der Straflisten (Registrar of Felons) rc. Der Law Clerk hatte die Ministerialschreiben und Correspondenzen mit den Richtern und Kronjuristen über Rechtspunkte zu entwerfen.

6) Das Foreign Department bestand 1782 aus einem Principal Secretary, 2 Under-Secretaries, 10 Clerks, 2 Chamber Keepers, 1 Necessary Woman.

7) Das Departement des Secretary für die Colonien und den Krieg bestand abwechselnd so, daß die Colonien die Hauptsache, die Kriegsverwaltung ein Nebendepartement bildete, bald umgekehrt. Zum Colonial-Departement gehörte a. 1755 ein Auditor general of the Plantations (H. Walpole), 21 Gouverneure mit Vice-Gouverneuren, kommandirenden Offizieren, Richtern, Staatsanwälten.

Die besoldete Landarmee stand a. 1755 unter 2 Civil-Chefs zweiten Ranges, dem Kriegssecretär und dem Kriegszahlmeister. Der Secretary at War (Henry Fox) und der General-Zahlmeister (W. Pitt) sind zusammen die Chefs des Allgemeinen Kriegsdepartements, Establishment of Guards, Garrisons and Landforces in Great Britain, welches die General-Adjutantur, das Generalquartiermeisteramt, das General-Commissariat mit seinen Untercommissarien, Militärjustiz, Medizinalwesen, Kasernenverwaltung rc. enthält. — Hier wie in allen Kassenverwaltungen waren die Gehalte wieder außerordentlich hoch und wurden noch erhöht durch die Kassenbestände, welche der Beamte wegen langer Verzögerung der Abnahme oft Jahre lang in Händen behielt und nutzen durfte. Der Generalzahlmeister hatte z. B. 1781 3061 £ jährlich, seine balances für die 12 vorhergehenden Jahre betrugen aber 558,898 £! Der erste Kassirer hatte 460 £, die durch Gebühren auf 7159 £ stiegen. Eine brauchbare Uebersicht der Formation der Armee giebt Geisler Gesch. der Großbrittanischen Kriegsmacht 1784.

**) Um die Mitte des 18. Jahrhunderts bildet das Staatssecretariat noch in dem Sinne ein Ganzes, daß die geographische Eintheilung vorwaltet, die sachliche untergeordnet ist. Das Secretariat zerfällt in ein nördliches und südliches Departement mit Unterordnung der Colonien. Der Staatssekretär für das nördliche Departement (Graf von Holdernesse) hat in seinem Departement 2 Unterstaatssecretäre, einen First Clerk, 8 Clerks rc. Der andere Staatssecretär (Sir Th. Robinson) hat ein gleiches Personal. Gemeinschaftlich beiden Departements sind 4 Clerks of the Signet, 2 stellvertretende, 2 Archivbeamte, ein Dechiffreur, ein Redacteur der Staatszeitung und ein lateinischer Secretär. Zum nördlichen Departement gehören 9 Gesandte und bevollmächtigte Minister, zum südlichen Departement eine gleiche Zahl; dazu 25 Consuln, 20 Colonial-Agenten rc. Das Gehalt eines Staatssekretärs ist a. 1795 auf 6000 £ normirt, während es unter Eliz. nur 100 £ mit freiem Tisch betragen hatte.

Ende des geschichtlichen Theils.

Druck von G. Bernstein in Berlin.

GPSR Compliance

The European Union's (EU) General Product Safety Regulation (GPSR) is a set of rules that requires consumer products to be safe and our obligations to ensure this.

If you have any concerns about our products, you can contact us on ProductSafety@springernature.com

In case Publisher is established outside the EU, the EU authorized representative is:

Springer Nature Customer Service Center GmbH
Europaplatz 3
69115 Heidelberg, Germany

Batch number: 10852600

Printed by Printforce, the Netherlands